顾肖荣先生近照

经济刑法
论衡

顾肖荣教授学术文集

顾肖荣　著

Remarks on Economic Criminal Law

北京大学出版社
PEKING UNIVERSITY PRESS

图书在版编目（CIP）数据

经济刑法论衡：顾肖荣教授学术文集/顾肖荣著. —北京：北京大学出版社，2017.8
ISBN 978-7-301-28609-8

Ⅰ. ①经… Ⅱ. ①顾… Ⅲ. ①经济犯罪—刑法—中国—文集 Ⅳ. ①D924.334-53

中国版本图书馆 CIP 数据核字（2017）第 188838 号

书　　　　名	经济刑法论衡——顾肖荣教授学术文集	
	Jingji Xingfa Lunheng——Gu Xiaorong Jiaoshou Xueshu Wenji	
著作责任者	顾肖荣　著	
责 任 编 辑	陈　康	
标 准 书 号	ISBN 978-7-301-28609-8	
出 版 发 行	北京大学出版社	
地　　　　址	北京市海淀区成府路 205 号　100871	
网　　　　址	http://www.pup.cn　http://www.yandayuanzhao.com	
电 子 信 箱	yandayuanzhao@163.com	
新 浪 微 博	@北京大学出版社　@北大出版社燕大元照法律图书	
电　　　　话	邮购部 62752015　发行部 62750672　编辑部 62117788	
印 刷 者	北京中科印刷有限公司	
经 销 者	新华书店	
	730 毫米×1020 毫米　16 开本　48.25 印张　1028 千字	
	2017 年 8 月第 1 版　2017 年 8 月第 1 次印刷	
定　　　　价	168.00 元	

不知不觉中，我已接近不逾矩之年了。学生和朋友们都希望能将我发表过的文章结集出版，以志庆贺。我感谢大家的美意和盛情。这本书收集的仅是我历年发表的论文和文章，著作没有收录。我想借此机会，对自己所有论著略作梳理。回顾自己30多年的学术生涯，主要是围绕着刑法学研究展开的，大致取得以下一些成绩：

一、 在刑法学基础理论研究领域

主要集中在20世纪80年代和90年代初这一阶段。1986年出版专著《刑法中的一罪和数罪问题》，是我国改革开放后最早出版的刑法学个人专著之一。高铭暄教授在该书序言中评价："应当说这本书是对我国刑法学在罪数问题研究上的一个重要的贡献。"从1983年至1994年，在《法学研究》上发表《也论刑法中的因果关系》等8篇个人独撰论文，创下上海法学界至今无人能破的纪录。1991年主持翻译并出版近百万字的《刑法学词典》，该书由木村龟二主编的《体系刑法学》翻译而来，系统阐述了刑法学的基本概念和"四梁八柱"。1989年主持出版《中国刑法词典》（98万字）。这两本书在很长一段时间内被国内知名高校列为考博的必备参考书。1991年还主编出版《量刑的原理与操作》（国家"七五"规划法学重点项目成果，上海社科院出版社）。2012年，由我领衔主编的258万字的基础理论论著《体系刑法学》（共分8册）由中国法制出版社出版。2017年，由我主持翻译的《刑法的根基与哲学》（日本西原春夫著）第三版在中国出版了。该书第一版于1991年由上海三联书店出版；第二版于2004年由法律出版社出版；第三版于2017年由中国法制出版社出版。该书在中国有广泛影响。正如作者西原先生（早稻田大学原校长）所说："我到中国去演讲，演讲结束后，就会有学生排着队拿着这本《刑法的根基与哲学》的中译本请我签名。"这本书"在某种意义上，好像成了中国法律学生的必读书"。（西原春夫：《我的刑法研究》，北京大学出版社2016年版，第155页、第156页。）

二、 在金融证券犯罪研究领域

在国内较早从事该领域研究并取得显著成果。1992年的《法人犯罪概论》（与林建华合著；上海远东出版社）是国内最早出版的关于肯定法人犯罪的系统性专著。

1994年的《证券违法犯罪》（上海人民出版社）被北京大学法学院白建军教授评价为："在这方面，当首推上海社会科学院法学研究所顾肖荣教授及其同事们。1994年11月，上海人民出版社出版了顾肖荣教授主编的《证券违法犯罪》一书，这是我国近年来第一本研究证券欺诈的专著。"（白建军：《证券欺诈及对策》，中国法制出版社1996年版，第8页。）该书获得上海市哲学社会科学优秀著作二等奖。

1995年，主编《证券交易法教程》（法律出版社），当时由司法部法学教材编辑部组织编写和出版。该书1999年更名为《证券法教程》出版，仍由我主编。2006年、2009年增补后再版。前后共经四个版本,作为普通高校国家级规划教材使用。

2003 年,《证券期货犯罪比较研究》(与张国炎合著)出版(90 万字,法律出版社)。2005 年该书又单独再版。该书获北京市哲学社会科学优秀著作二等奖。

在 20 世纪 90 年代,还主编了《证券管理与证券违规违法》(福建人民出版社 1994 年版,国家社科基金项目成果)、《证券犯罪与证券违规违法》(中国检察出版社 1999 年版)、《股票官司50 例》(上海人民出版社 1993 年版)、《美国日本证券犯罪案例精选》(上海社科院出版社 1999年版)等书。

1997 年修订《刑法》实施后,主编“金融违法犯罪研究丛书”。从银行、票据、保险、证券期货、投资信托、信用卡信用证等方面进行系统研究,共出版了 7 本书(由中国检察出版社 1999 年出版)。

2005 年,《金融犯罪惩治规制国际化研究》一书出版(法律出版社),该书是国家社科基金项目“金融犯罪惩治规制国际化研究”的最终成果。

2016 年,主编《深化金融体制改革研究》一书并出版(73 万字,黑龙江人民出版社)。该书是国家社科基金重大项目的研究成果。

三、 在经济刑法的其他研究领域

21 世纪初,上海市委宣传部确立经济刑法为重点学科,由我担任学科带头人,给以较强力度的支持。后又经数次评估考核,继续保持重点学科称号。

除了在金融证券领域主持(完成)国家社科基金两项一般项目和一项重大项目外,还与华东政法大学合作于 2003 年创建刑法学博士点。

2008 年,出版《经济刑法总论比较研究》(合著)一书(上海社会科学院出版社),对经济刑法总论的基本问题进行了较为系统的研究。

从 2003 年开始,主编了“当代经济刑法丛书”,目前已出版 20 多本(每本均在 20 万字以上),均是以我和林荫茂同志指导的刑法学博士生撰写的博士论文为基础,磨砺完善而成的专著。

从 2002 年开始,主编《经济刑法》不定期丛刊。目前已出版近 20 期。每期都在 40 万字以上。作为公、检、法、司等实务工作者与教学、研究部门同志共同参与、互相交流的平台,已经在全国产生广泛影响。

20 世纪 80 年代中期,参与“刑法分则实用丛书”的撰写。具体参加了其中 4 本书的写作:《罪与罚——侵犯公民人身权利、民主权利罪的理论与实践》(合著,上海社会科学院出版社1986 年版)、《罪与罚——侵犯财产罪和妨碍婚姻、家庭罪的理论与实践》(合著,上海社会科学院出版社 1987 年版)、《罪与罚——妨碍社会管理秩序罪的理论与实践》(合著,上海社科院出版社 1989 年版)、《破坏经济秩序罪新探》(合著,学林出版社 1991 年版)。

四、 参加国家重要立法活动

从 20 世纪 90 年代开始,我参加多项全国性的立法活动。1994 年,受全国人大法律委、财经委和常委会法工委邀请,赴京参加制定《证券法》的专门会议;1996 年 11 月,受全国人大法律委、常委会法工委邀请,赴京参加修订《刑法》的专门会议;1999 年 11 月,受全国人大常委会法工委点名邀请,赴京参加制定期货犯罪立法的专门会议;2000 年 11 月初,作为中方主要专家之一,赴京参加由全国人大常委会法工委和亚洲银行举办的"信托立法国际研讨会";2006年11月,受全国人大常委会办公厅邀请,赴京参加"加强社会主义民主法制建设问题研究"专门会议;2012年6月,参加由全国人大常委会办公厅和中国人民银行举行的"金融消费者权益保护重点提案"办理工作会议。在上述活动中,我就证券法、信托法和证券期货犯罪、金融消费者权益保护等问题都作了大会发言并提供专题研究报告,发挥了法学研究工作者在立法中应有的作用。

我撰写的有关立法建议的研究报告,获全国人大以及中央有关部门领导同志和上海市有关部门的重视(参见《上海人大》1998年第3期,第11页)。比如公司法、证券法、信托法立法及刑法修订和期货犯罪立法制定等。1992年,我撰写的《建立打击证券犯罪的法律体系》的研究报告,获高层领导肯定性批示。该报告拟出了证券犯罪的四种类型:即知情交易犯罪(又称内幕交易犯罪)、违反内部情报公开义务的犯罪、操纵行情的犯罪、证券欺诈(包含损失填补)的犯罪等,明确建议在今后出台的证券法和刑法中列入该四种犯罪,为立法机关采纳并沿用至今,有关研究报告、论文和专著引起中央立法机关的关注。2003年以来,在立法机关和有关部门就宪法、公司法、证券法和刑法修订举行的专门会议上,我均提供了专业建议和意见,会后也发表了专门的文章,有些建议得到采纳。

五、 在国际学术研究和交流领域

1990年代初,成为国际刑法学协会会员,是该协会中国分会的第一批会员。现任国际刑法学协会中国分会常务理事。

积极参加中日刑事法学术研讨会。该研讨会在日方由早稻田大学校长西原春夫主持;中方开始由上海市对外友好协会会长李寿葆主持,以后有所变化,比如改由北京大学、中国人民大学、武汉大学等名校主持。该研讨会从1988年开始平均两年举办一次,在日本和中国轮流举办,至今已办过10多次。其成果集结为《日中刑事法学术讨论会报告书》,日文已出版10卷,日本成文堂出版社出版;中文也有相应的出版社出版。我从第二次开始,大概参加过五次,每次都撰写了不同主题的论文,在会上发言并发表在相应的出版物上。

2003年,参加由中国法学会组织的代表团(本人任副团长)出席在奥地利维也纳召开的"国际刑法学协会第17次大会预备会"。会前我参与撰写了中方主题报告书。中方报告书得到了协会主席巴西奥尼先生在大会上的热情肯定。

此外,与加拿大不列颠哥伦比亚大学也有长期学术合作关系。该校亚洲研究所所长庞德教授主持加拿大国家人文社会科学基金项目"亚太地区争端解决机制比较研究"前后两期共12年。本人作为中国组负责人,始终参加该项目,并主编《"选择性适用"的假设与中国的法治实践》一书(上海社会科学院出版社2009年版)作为该项目的成果出版,在国内的学术著作中首次提出"选择性适用法律"的正当性问题。

上海社科院法学研究所和澳门基金会合作,由我领衔主编的"祖国大陆与港澳台地区法律比较研究丛书"一套12本,于1998年出齐(港澳版由澳门基金会出版;内地版由福建人民出版社出版)。2016年该套书经修订后又重新出版(法律出版社2016年版),产生良好的社会反响。

1999年,主编《20年来中国政治体制改革与民主法制建设》(重庆出版社1999年版,90万字)。该书得到全国人大常委会副委员长、中共中央政治局候补委员王汉斌的肯定。

1990年,与他人合著《党制之争》一书(上海人民出版社1990年版),系统阐述了"一党制"

与建设中国特色社会主义政治制度的适应性。

回顾从事法学研究、特别是刑法学研究的30多年，自己取得了一些成绩。"《法学研究》三十年:刑法学"一文对我的评价是:"回眸1978—1987年间……顾肖荣……等13位学者,堪称《法学研究》头十年的刑法风云人物","在《法学研究》的第二个十年里……顾肖荣……等七位学者续写了他们的辉煌"(邓子滨:《〈法学研究〉三十年:刑法学》,载《法学研究》2008年第1期,第73页、第78页)。在1996年至今的20多年里,我领衔主持了一项国家社科基金重大项目、两项一般项目并顺利结项;多次参加国家立法机关的立法研讨咨询工作,发挥了理论工作者应有的作用;并在中国人民大学、北京师范大学、华东政法大学和上海社会科学院联合博士点担任刑法学博士生导师,指导三个博士点19名博士生顺利完成论文答辩,取得博士学位……虽然取得了以上一些成绩,但自己深知,这些成绩是微不足道的,与先进者相比,还差得很远,因此,时时有汗颜的感觉。今天之所以对自己的学术人生作一简要回顾,除了对自己、对学生有个交代外,也希望这些习作对读者和后人有些参考作用。

回顾自己的学术生涯和成长过程,我要感谢上海社会科学院和上级领导对我的信任和培养,感谢全国人大常委会法工委领导和上海市人大及各政法部门领导给我提供的各种机会和支持,感谢各位老师和前辈,感谢所内外许多同志给予的支持和帮助,使我从一个下乡知青成长为一名"合格"的法学研究人员;并从1992年到2011年期间主持法学研究所的工作。2016年12月,被上海市人民政府聘为上海市文史研究馆馆员。我还要感谢养育我的父母、陪伴我的家人、关心我的朋友和学生们,他们给我以温暖,激励我不断前行。

顾肖荣

2017年3月于家中

第一编　经济刑法

第二编　刑法基本理论问题

第三编　法哲学、法理学、法文化

第四编　民商事法律

附　录

经济
刑法
论衡

第一编

经济刑法

第一章 基本理论

论经济犯罪的概念和范围[*]

一、我国目前经济犯罪的概念

在我国,经济犯罪的概念一开始并没有像在西方和日本那样引起很多争论。根据我国 1980 年 1 月 1 日开始施行的《中华人民共和国刑法》(以下简称《刑法》)和 1982 年全国人民代表大会常务委员会颁行的《关于严惩严重破坏经济的罪犯的决定》(以下简称《决定》),所谓经济犯罪,是指违反国家海关、工商与金融、财政等经济管理法规,破坏社会主义经济秩序,破坏全民和集体财产所有制关系,依照法律应当受到刑罚处罚的行为,它大致包括以下三类:

(1)破坏社会主义经济秩序罪。我国《刑法》分则第三章以 15 个条文、17 个罪名规定了这类犯罪。计有走私罪、投机倒把罪、伪造计划供应票证罪、倒卖计划供应票证罪、偷税罪、抗税罪、伪造国家货币罪、贩运伪造的国家货币罪、伪造有价证券罪、伪造有价票证罪、破坏集体生产罪、挪用国家特定款物罪、假冒商标罪、盗伐林木罪、滥伐林木罪、非法捕捞水产品罪、非法狩猎罪等。这类犯罪均以违反财政、经济管理法规,妨碍国家经济管理活动,破坏社会经济秩序为特征。

(2)部分侵犯财产罪。我国《刑法》分则将侵犯公私财产的抢劫罪、抢夺罪、盗窃罪、诈骗罪、敲诈勒索罪、故意毁坏公私财物罪等 6 个罪名列为第五章的侵犯财产罪。其中贪污罪(第 155 条)和诈骗、盗窃公共财物(第 151、152 条)的犯罪被列为经济犯罪,因为它们与侵犯社会主义公有财产、破坏社会经济秩序有直接关系。

(3)其他经济犯罪。如《刑法》分则第六章中的制造、贩运毒品罪(第 171 条),制造、贩卖假药罪(第 164 条),盗运珍贵文物出口罪(第 173 条);《刑法》分则第八章中的贿赂罪(第 185 条)等。

除《刑法》以外,经济犯罪还散见于单行刑事法律和非刑事法律的刑法规范中。例如,1988 年 1 月颁行的单行刑事法律《关于惩治贪污罪贿赂罪的补充规定》(以下简称《补充规定》)规定了新罪名:挪用公款罪。再如《中华人民共和国计量法》第 28 条规定:"制造、销售、使用以欺骗消费者为目的的计量器具的,没收计量器具和违法

---

[*] 原载于《法学研究》1990 年第 2 期。

所得,处以罚款,情节严重的,并对个人或者单位直接责任人员按诈骗罪或投机倒把罪追究刑事责任。"这条后段的规定,虽然不是新立罪名,但却是对《刑法》第151条的诈骗罪、第117条的投机倒把罪所作的补充,实际上,这也是规定经济犯罪新内容的一种方法。

对经济犯罪持上述概念和包括范围的学者认为,经济犯罪的本质特征是侵犯社会经济秩序和公有财产所有权。这些人被称为狭义经济犯罪论者。另一部分学者持广义的经济犯罪论的观点。与狭义论者不同,他们认为:①盗窃、诈骗私人财物也应列入经济犯罪的范围;②玩忽职守罪、私拆隐匿邮件电报罪和重大责任事故罪均应列为经济犯罪,因为它们都使社会和个人遭受了经济损失。官方的统计持狭义观点,如法院的统计只把盗窃、诈骗公共财物列入经济犯罪中。诈骗、盗窃私人财物算作一般的刑事犯罪。

二、中外经济犯罪概念的比较

1985年以来,不少境外的关于经济犯罪的论著被翻译介绍到大陆。其中包括日本宫泽浩一教授的《经济犯罪与宣传报道犯罪》和神山敏雄教授的《德国经济刑法制度的变迁》。人们对经济犯罪概念的认识又进了一步。学者们在论著中所提出的各种各样的概念,归纳起来大体是四种:

(1)以犯罪主体为出发点。所谓经济犯罪就是企业主(生意人)在自己业务活动中所实施的犯罪。因其主体的社会地位较高,就被称做"白领犯罪"。又因在自己的业务活动中实施,故又被称为"职业犯罪"。

(2)以犯罪目的为标准。所谓经济犯罪就是以获取非法经济利益而实施的犯罪。按这一定义,经济犯罪的范围就很广。它不仅包括破坏经济秩序的犯罪,而且还包括许多传统的财产犯罪,如盗窃、抢夺、诈骗等。

(3)以犯罪行为方式和侵害客体为标准。所谓经济犯罪是指利用经济交易许可的活动方式而违反经济管理法规,破坏经济秩序的图利行为。这一概念排除了传统形态的财产犯罪,所以又被称为狭义的经济犯罪概念。从这一前提出发,经济犯罪之所以不同于普通的财产犯罪,主要就在于因行为方式的差异而引起侵害利益的不同。前者侵害了社会整体的经济利益,后者侵害了特定个人的财产权利。

(4)以刑法、其他法令或道德规范为标准。违反了这些规定,即构成经济犯罪。这是最广义的经济犯罪。

实际上,仅凭个别因素定义经济犯罪并不妥当,应综合考虑犯罪主体、犯罪行为方式、侵犯客体以及是否触犯刑法和其他刑罚性法规等因素。1932年,德国刑法学者悌德曼提出,经济犯罪是一种侵犯国家整体经济及其重要部门与制度的可罚性行为。这一定义,抓住了经济犯罪的本质。1954年,联邦德国在修改经济刑法时,进一步明确下列两种情况都是经济犯罪:①该行为按其所波及的范围或造成的影响具有严重破坏经济秩序,特别是现行市场秩序或价格制度性质的;②行为人顽固地反复进行违法行为,或在营业上追求应受谴责的利益,或实施其他不负责任的行为从而表现出对经济秩序,特别是对关于保护现行市场秩序和价格制度的公共利益持蔑视态度。① 这些话从侵犯客体、行为方式、主观心理状态等几方面对悌德曼的定义作了引申,值得重视。笔者认为,从刑法的角度看,所谓经济犯罪,一般是指为了谋取不法利益,利用法律交往和经济交易所允许的经济活动方式,直接或间接地违反规范经济活动的法规,而足以危害正常的经济活动与妨碍经济秩序的应受刑罚处罚的行为。

从这一前提出发,1981年召开的欧洲共同体高级领导会议认为,经济犯罪的范围应包括以下16种:①联合企业的犯罪;②跨国公司的犯罪;③以欺骗方法获取国家或国际组织贷款及其挪用的;④计算机犯罪;⑤设立徒有虚名的公司;⑥账目不清或以不正当手段借款的;⑦诈骗公司资本的;⑧企业违反有关劳动卫生与安全规则的;⑨对债权人进行诈骗的;⑩侵害消费者利益的犯罪;⑪搞非法竞争或做虚假广告的;⑫公司的租税犯罪;⑬关税犯罪;⑭汇率犯罪;⑮股份交易或金融犯罪;⑯环境犯罪。②

经济犯罪和普通财产犯罪虽然都以财物和经济利益为犯罪目标,但却有以下区别:①普通财产犯罪往往针对特定人的财产权益,故被害人受损情况通常是直接的、具体的,而经济犯罪却很少针对某个特定个人,其受害者不但有个人,而且有社会整体或集体,故其被害人的受损情况往往是间接的、复杂的。②从犯罪背景看,经济犯罪发生在经济活动的过程中,而普通财产犯罪中并不存在真实的经济活动。③从犯罪手段看,普通财产犯罪大多为体力犯罪,且与犯罪者的职业行为无关,而经济犯罪则大多为智力犯罪,且与犯罪者所从事的职业有关。

将我国与外国的经济犯罪概念比较一下,可看出下列异同。二者相同或相似之处在于:①在侵害的客体上,都强调经济犯罪是一种违反国家经济管理法规,损害国家整体经济利益和经济秩序的行为。②在犯罪的主观方面,都认为经济犯罪是一种谋取不法利益的图利行为。③在犯罪的可罚性上,都肯定经济犯罪是一种应受刑事法规处罚的行为。但有些西方国家,如联邦德国的所谓经济犯罪却是广义的,既包括应受刑罚处罚的经济犯罪行为,又包括应处以行政罚或秩序罚的"经济秩序违法行为"。

二者的不同之处在于:①在犯罪的方式或手段上,外国强调经济犯罪必须是一种职业犯罪或智力犯罪,而我国一般不太强调这一点:例如,即使某个人在非业务活动中诈骗或盗窃公共财物,在中国目前仍属经济犯罪。②在犯罪主体上,外国的概念比较强调"白领",即强调行为人社会和经济地位较高。这一点在法律上虽无多大意义,但在刑事政策和犯罪学上却有重大意义,因为它把矛头首先指向为历来的犯罪学所不加过问的有权、有势、有钱的人物在职业上的各种犯罪活动。而中国的概念并不突出上层人物。事实上,由于中国的概念含义较广,不少经济犯罪任何人都能实施,如伪造有价证券、伪造货币、伪造计划供应票证的实施者反而以普通公众为多。③在保护对象上,中国明确强调保护公有制和社会主义经济秩序,而外国则笼统地提出保护

---

① 参见〔日〕神山敏雄:《德国经济刑法制度的变迁》。
② 参见〔日〕宫泽浩一:《经济犯罪与宣传报道犯罪》。

财产所有权(不分公私)和市场经济秩序。当然,由于西方经济以私有制为基础,因此,实际上是强调保护私有制。

三、对中国经济犯罪概念的反思

通过以上对比分析,我们不得不承认,中国目前通行的经济犯罪的概念比较模糊,不够明确,由此产生了一系列问题。实际上,确定经济犯罪的概念和范围与刑事政策有关。在西方各国,经济犯罪的对象被严格限制在破坏国家整体经济、妨碍市场秩序的范围内。尽管这种犯罪危害大,影响面广,但处罚却较轻,对经济犯罪不仅不适用死刑,终身监禁也罕见,有期徒刑的法定最高刑一般不超过 10 年。对其常用的刑罚是罚金。其原因有二:一是经济犯罪本身的性质决定了对其难以控制;二是观念问题,一般认为剥夺人身自由的徒刑(监禁刑)是对付暴力犯罪的基本方法,而经济制裁才是对付经济犯罪的主要措施,这是商品经济等价交换原则的反映。总之,在西方,经济犯罪从总体上讲,是一种性质较轻的犯罪。

但在我国,1982 年的《决定》和 1988 年的《关于惩治走私罪的补充规定》《关于惩治贪污罪贿赂罪的补充规定》表明,中国刑事政策将许多经济犯罪作为重罪处罚。《决定》将原来刑法规定不可以处死刑或无期徒刑的走私罪、投机倒把罪、盗窃罪、贩毒罪、盗运珍贵文物出口罪、受贿罪等都补充或修改为情节特别严重的,处 10 年以上有期徒刑、无期徒刑或者死刑;同时,在另一方面,大部分经济犯罪,如我国《刑法》分则第三章中的十多个罪名,如偷税抗税罪、假冒商标罪等还是属于轻罪(它们的处罚一般在 3 年有期徒刑以下)。所以,从我国法律上看,经济犯罪既是一种重罪,又是一种轻罪,缺乏整体的统一性。但从舆论上看,宣传工具一直在大张旗鼓地宣传从重从快打击经济犯罪,把公众和司法干部的期望值提得很高,总以为打击经济犯罪,只有杀一批人、判一批无期徒刑才能见效。然而,真正的经济犯罪从性质上讲并非重罪,不可能惩罚得很重。于是,在公众和司法人员中就产生了严重的失望情绪,并进而产生了对社会和政府的沮丧、埋怨情绪。

总之,我国现行刑事政策将经济犯罪从总体上作为重罪对待是不明智的。应当恢复经济犯罪本来从总体上构成轻罪的性质。为此,必须做到:①将原本不属于现代经济犯罪范畴的盗窃、贩毒等罪名从经济犯罪中排除出去。将它们作为普通刑事犯罪依法进行惩处,这并不妨碍对其中的严重者进行严惩。②以我国现行《刑法》分则第三章破坏社会主义经济秩序罪的 17 个罪名为基础,修改或补充经济犯罪的罪名。可以取消一些含义不清的罪名,如投机倒把罪;增加一些破坏市场经济秩序的罪名,如非法竞争罪和虚假不实广告罪等。③虽然要从总体上恢复经济犯罪是轻罪的本来面貌,但也不排除对其中个别的罪行作为重罪加以惩处,如走私罪、伪造贩运国家货币罪等。

如果中国刑事政策作出以上修正,就可减少司法实际工作和公众舆论方面的许多麻烦。同时,也不会妨碍对贿赂、贪污、贩毒、走私、严重盗窃等严重危害经济秩序和社会秩序的犯罪的惩处,岂不是一举两得。

中日经济犯罪概念和范围的演进[*]

近年来,刑法界(包括实务和理论界)主张刑法轻刑化的呼声比较高。他们还主张,轻刑化从惩处经济犯罪做起。因此,确定经济犯罪的概念和范围就成了一个热门话题。当然,本文的主题在法解释论和刑事政策学上也有重要意义。

一、我国 20 世纪 80 年代经济犯罪的概念

在我国,经济犯罪的概念一开始并没有像在西方和日本那样引起很多争论。根据我国 1980 年开始施行的《中华人民共和国刑法》(以下简称《刑法》)(即 1979 年《刑法》)和 1982 年全国人民代表大会常务委员会颁行的《关于严惩严重破坏经济的罪犯的决定》(以下简称《决定》),所谓经济犯罪,是指违反国家海关、工商、金融、财政等经济管理法规,破坏社会主义市场经济秩序,破坏全民和集体财产所有制关系,依照法律应当受到刑罚处罚的行为①,它大致包括以下三类:

(1)破坏社会主义经济秩序罪。我国 1979 年《刑法》分则第三章以 15 个条文、17个罪名规定了这类犯罪。计有走私罪、投机倒把罪、伪造计划供应票证罪、倒卖计划供应票证罪、偷税罪、抗税罪、伪造国家货币罪、贩运伪造的国家货币罪、伪造有价证券罪、伪造有价票证罪、破坏集体生产罪、挪用国家特定款物罪、假冒商标罪、盗伐林木罪、滥伐林木罪、非法捕捞水产品罪、非法狩猎罪等。这类犯罪均以违反财政、经济管理法规,妨碍国家经济管理活动,破坏社会经济秩序为特征。

(2)部分侵犯财产罪。我国 1979 年《刑法》分则将侵犯公私财产的抢劫罪、抢夺罪、盗窃罪、诈骗罪、敲诈勒索罪、故意毁坏公私财物罪等 6 个罪名列为第五章的侵犯财产罪。其中贪污罪(第 155 条)和诈骗、盗窃公共财物(第 151、152 条)的犯罪被列为经济犯罪,因为它们与侵犯社会主义公有财产、破坏社会主义经济秩序有直接关系。

(3)其他经济犯罪。如 1979 年《刑法》分则第六章中的制造、贩运毒品罪(第 171条),制造、贩卖假药罪(第 164 条),盗运珍贵文物出口罪(第 173 条);《刑法》分则第八章中的贿赂罪(第 185 条)等。除《刑法》以外,经济犯罪还散见于单行刑事法律和非刑事法律的刑法规范中。例如,1988 年 1 月颁行的单行刑事法律《关于惩治贪污罪

---

* 原载于《东方法学》2008 年第 1 期。

① 参见顾肖荣:《论经济犯罪的概念和范围》,载《法学研究》1990 年第 2 期。

贿赂罪的补充规定》(以下简称《补充规定》)规定了新罪名:挪用公款罪。再如《中华人民共和国计量法》第 28 条规定:"制造、销售、使用以欺骗消费者为目的的计量器具的,没收计量器具和违法所得,处以罚款;情节严重的,并对个人或者单位直接责任人员按诈骗罪或投机倒把罪追究刑事责任。"这条后段的规定,虽然不是新立罪名,但却是对《刑法》第 151 条的诈骗罪、第 117 条的投机倒把罪所作的补充,实际上,这也是规定经济犯罪新内容的一种方法。

二、中外经济犯罪概念的比较

1985 年以来,不少境外关于经济犯罪的论著被翻译介绍到大陆,其中包括日本宫泽浩一教授的《经济犯罪与宣传报道犯罪》和神山敏雄教授的《德国经济刑法制度的变迁》以及一些美国和德国的经济刑法学著作和资料。人们对经济犯罪概念的认识又进了一步。学者们在论著中所提出的各种各样的概念,归纳起来大体有四种:

(1)以犯罪主体为出发点。所谓经济犯罪就是企业主(生意人)在自己业务活动中所实施的犯罪。因其主体的社会地位较高,就被称做"白领犯罪"。又因在自己的业务活动中实施,故又被称为"职业犯罪"。

(2)以犯罪目的为标准。所谓经济犯罪就是以获取非法经济利益而实施的犯罪。按这一定义,经济犯罪的范围就很广。它不仅包括破坏经济秩序的犯罪,而且还包括许多传统的财产犯罪,如盗窃、抢夺、诈骗等。

(3)以犯罪行为方式和侵害客体为标准。所谓经济犯罪是指利用经济交易许可的活动方式而违反经济管理法规,破坏经济秩序的图利行为。这一概念排除了传统形态的财产犯罪,所以又被称为狭义的经济犯罪概念。从这一前提出发,经济犯罪之所以不同于普通的财产犯罪,主要就在于因行为方式的差异而引起侵害利益的不同。前者侵害了社会整体的经济利益,后者侵害了特定个人的财产权利。

(4)以刑法、其他法令或道德规范为标准。违反了这些规定,即构成经济犯罪。这是最广义的经济犯罪。

实际上,仅凭个别因素定义经济犯罪并不妥当,应综合考虑犯罪主体、犯罪行为方式、侵犯客体以及是否触犯刑法和其他刑罚性法规等因素。1932 年,德国刑法学者悌德曼提出,经济犯罪是一种侵犯国家整体经济及其重要部门与制度的可罚性行为。这一定义,抓住了经济犯罪的本质。1954 年,联邦德国在修改经济刑法时,进一步明确下列两种情况都是经济犯罪:①该行为按其所波及的范围或造成的影响具有严重破坏经济秩序,特别是现行市场秩序或价格制度性质的;②行为人顽固地反复进行违法行为,或在营业上追求应受谴责的利益,或实施其他不负责任的行为从而表现出对经济秩序,特别是对关于保护现行市场秩序和价格制度的公共利益持藐视态度。① 这些话从侵犯客体、行为方式以及主观心理状态等几方面对悌德曼的定义作了引申,值

---

① 参见〔日〕神山敏雄:《德国经济刑法制度的变迁》,载《经济犯罪研究(第一卷)》,日本成文堂 1991 年版,第 3 页。

得重视。笔者认为,从刑法的角度看,所谓经济犯罪,一般是指为了谋取不法利益,利用法律交往和经济交易所允许的经济活动方式,直接或间接地违反规范经济活动的法规,而足以危害正常的经济活动与妨碍经济秩序的应受刑罚处罚的行为。从这一前提出发,1981 年召开的欧洲共同体高级领导会议认为,经济犯罪的范围应包括以下 16 种:①联合企业的犯罪;②跨国公司的犯罪;③以欺骗方法获取国家或国际组织贷款及其挪用的;④计算机犯罪;⑤设立徒有虚名的公司;⑥账目不清或以不正当手段借款的;⑦诈骗公司资本的;⑧企业违反有关劳动卫生与安全规则的;⑨对债权人进行诈骗的;⑩侵害消费者利益的犯罪;⑪搞非法竞争或做虚假广告的;⑫公司的租税犯罪;⑬关税犯罪;⑭汇率犯罪;⑮股份交易或金融犯罪;⑯环境犯罪。

经济犯罪和普通财产犯罪虽然都以财物和经济利益为犯罪目标,但却有以下区别:①普通财产犯罪往往针对特定人的财产权益,故被害人受损情况通常是直接的、具体的;而经济犯罪却很少针对某个特定个人,其受害者不但有个人,而且有社会整体或集体,故其被害人的受损情况往往是间接的、复杂的。②从犯罪背景看,经济犯罪发生在经济活动的过程中,而普通财产犯罪中并不存在真实的经济活动。③从犯罪手段看,普通财产犯罪大多为体力犯罪,且与犯罪者的职业行为无关,而经济犯罪则大多为智力犯罪,且与犯罪者所从事的职业有关。

将我国与外国的经济犯罪概念比较一下,可看出下列异同。二者相同或相似之处在于:①在侵害的客体上,都强调经济犯罪是一种违反国家经济管理法规,损害国家整体经济利益和经济秩序的行为。②在犯罪的主观方面,都认为经济犯罪是一种谋取不法利益的图利行为。③在犯罪的可罚性上,都肯定经济犯罪是一种应受刑事法规处罚的行为。但有些西方国家,如联邦德国的所谓经济犯罪却是广义的,既包括应受刑罚处罚的经济犯罪行为,又包括应处以行政罚或秩序罚的"经济秩序违法行为"。

二者的不同之处在于:①在犯罪的方式或手段上,外国强调经济犯罪必须是一种职业犯罪或智力犯罪;而我国一般不太强调这一点,例如,即使某个人在非业务活动中诈骗或盗窃公共财物,在中国目前仍属经济犯罪。②在犯罪主体上,外国的概念比较强调白领,即强调行为人社会和经济地位较高。这一点在法律上虽无多大意义,但在刑事政策和犯罪学上却有重大意义,因为它把矛头指向为历来的犯罪学所不加过问的有权、有势、有钱的人物在职业上的各种犯罪活动,而中国的概念并不突出上层人物。事实上,由于中国的概念含义较广,不少经济犯罪任何人都能实施,如伪造有价证券、伪造货币、伪造计划供应票证的实施者反而以普通公众为多。③在保护对象上,中国明确强调保护公有制和社会主义经济秩序;而外国则笼统地表示保护财产所有权(不分公私)和市场经济秩序。当然,由于西方经济以私有制为基础,因此,实际上是强调保护私有制。

三、对中国 20 世纪 80 年代经济犯罪概念的反思

通过以上对比分析,我们不得不承认,中国 20 世纪 80 年代通行的经济犯罪的概

念比较模糊,不够明确,由此而产生了一系列问题。实际上,确定经济犯罪的概念和范围与刑事政策有关。在西方各国,经济犯罪的对象被严格限制在破坏国家整体经济,妨碍市场秩序的范围内。尽管这种犯罪危害大、影响面广,但处罚却较轻,对经济犯罪不仅不适用死刑,终身监禁也罕见,有期徒刑的法定最高刑一般不超过10年。对其常用的刑罚是罚金,其原因有二:一是经济犯罪本身的性质决定了对其难以控制;二是观念问题,一般认为剥夺人身自由的徒刑(监禁刑)是对付暴力犯罪的基本方法,而经济制裁才是对付经济犯罪的主要措施,这是商品经济等价交换原则的反映。总之,在西方,经济犯罪从总体上讲,是一种性质较轻的犯罪。

但在我国,1982年的《决定》和1988年的两个补充规定表明,中国刑事政策将许多经济犯罪作为重罪处罚。《决定》将原来刑法规定不可以处死刑或无期徒刑的走私罪、投机倒把罪、盗窃罪、贩毒罪、盗运珍贵文物出口罪、受贿罪等都补充或修改为情节特别严重的,处10年以上有期徒刑、无期徒刑或者死刑。而大部分经济犯罪,如我国1979年《刑法》分则第三章中的十多个罪名,如偷税抗税罪、假冒商标罪等还是属于轻罪(对它们的处罚一般为3年有期徒刑以下)。所以,从我国法律上看,经济犯罪既是一种重罪,又是一种轻罪,缺乏整体的统一性。但从舆论上看,宣传工具一直在大张旗鼓地宣传从重从快打击经济犯罪,把公众和司法干部的期望值提得很高,总以为打击经济犯罪,只有杀一批人、判一批无期徒刑才能见效。然而,真正的经济犯罪从性质上讲并非重罪,不可能惩罚得很重。于是,在公众和司法人员中就产生了严重的失望情绪,并进而产生了对社会和政府的沮丧、埋怨情绪。

总之,我国20世纪80年代的刑事政策将经济犯罪从总体上作为重罪对待是不明智的,应当恢复经济犯罪本来从总体上构成轻罪的性质。为此,必须做到:①将原本不属于现代经济犯罪范畴的盗窃、贩毒等罪名从经济犯罪中排除出去,将它们作为普通刑事犯罪依法进行惩处,这并不妨碍对其中的严重者进行严惩。②以1979年《刑法》分则第三章破坏社会主义经济秩序罪的17个罪名为基础,修改或补充经济犯罪的罪名。可以取消一些含义不清的罪名,如投机倒把;增加一些破坏市场经济秩序的罪名,如非法竞争罪和虚假不实广告罪等。③虽然从总体上恢复经济犯罪是轻罪的本来面貌,但也不排除对其中个别的罪行作为重罪加以惩处,如走私罪、伪造贩运国家货币罪等。

如果中国刑事政策作出以上修正,就可减少司法实际工作和公众舆论方面的许多麻烦。同时,也不会妨碍对贿赂、贪污、贩毒、走私、盗窃等严重危害经济秩序和社会秩序的犯罪的惩处,岂不是一举两得。

四、世纪之交的经济犯罪概念和范围

世纪之交,即从20世纪进入21世纪的10年间(大约从1995年到2005年),随着经济全球化、信息化和技术创新(以电脑、互联网为代表)的进程,经济犯罪的条件和可能性随之改变。人们明显地感觉到经济犯罪的领域迅速扩展,并且,其间又充斥着大量模糊不清、互相冲突且具可变性的规范。① 这些都促使人们对经济犯罪的概念、范围、观念和解释进行新的讨论和思考。

我国《刑法》在1997年经过了一次大的修订。其后,从1997年至2007年年初,全国人大常委会又出台了六个刑法修正案和三个与刑法修订相关的决定。我国《刑法》经过上述修订,大量增加了经济犯罪的罪名。目前(指2007年年初),我国《刑法》中的经济犯罪以分则第三章"破坏社会主义市场经济秩序罪"和分则第八章"贪污贿赂罪"的全部罪名再加上分则第五章"侵犯财产罪"的部分罪名,共约125个罪名,比1979年《刑法》可称之为经济犯罪的18个罪名,增加了100多个罪名。

从经济犯罪的范围看,中国现在的主流观点认为:①将普通诈骗罪、普通盗窃罪视做经济犯罪是不妥当的;②由于毒品犯罪已经列入妨害社会管理秩序罪,也不宜将其视为经济犯罪。

从经济犯罪的概念看,拟可在前面的基础上有所简化。典型的经济犯罪,是指发生于合法商业或经济活动领域,为获取经济利益而实施的一种非法行为,这种非法行为已经达到了应受刑罚惩罚的程度。以这个定义为标准,就可以把贩毒、运毒等不具备合法商业活动要件的行为排除在经济犯罪之外。

经济犯罪的侵害对象,包括自然人(含消费者)、企业以及公共利益。经济犯罪的定义通常包含了合法公司里发生的各种偷逃税、欺诈和侵占行为,但那些纯粹以诈骗为业的非法组织所实施的诈骗犯罪则应排除在外。

个人也能成为经济犯罪的主体,但必须通过合法的经济活动来实施非法行为,例如,证券内幕交易和操纵证券市场行为就是通过合法的证券买卖来实施的。

和商业活动相关的贪污、贿赂、职务侵占、挪用资金或公款等行为,在我国《刑法》分则第三章第四节都有特别规定,因此也符合经济犯罪的特征。

比较难以解释的是伪造货币这类行为。伪造货币属非法行为自无疑问,它可能会在合法的商业领域流通。伪造货币是一种古老的犯罪,究竟是自然犯还是法定犯一时也难以说清,将其视为经济犯罪可能来自于习惯吧。

经济犯罪大部分是法定犯,比如违反经济管制的各种非法行为,违反金融和经济管理法规、侵害经济秩序的行为等;但也有一部分可属于自然犯,例如向公司、企业或者其他单位人员行贿罪等。

在日本,经济犯罪的概念也是难以统一的。其概念常常是通过以下不同的层次体现出来:第一,也是最核心的领域,经济犯罪是指违反反垄断法以及以保护自由市场竞争秩序为前提的相关法规的行为。第二,经济犯罪是指违反规制一定经济乃至于经济交易秩序的行业法的行为,这里涉及一系列法的领域,例如出资法、商品交易所法、证券交易法、上门推销法等,经济犯罪违反了这些经营法。第三,经济犯罪违反了维持经济管制的法律,例如,物价管制法、对生活必须物品买卖及惜售采用紧急措

---

① 参见〔瑞典〕汉斯·舍格伦、约兰·斯科格编:《经济犯罪的新视角》,陈晓芳、廖志敏译,北京大学出版社2006年版,第127页。

施的法律、石油供需适当化法、规制进出口的外汇法、食品管理法等。从法益论的观点看,这些都可视为实定法上的经济犯罪。在日本,一般都是以此为前提讨论制裁经济犯罪的。①

进入 21 世纪,有日本学者认为:"把经济刑法定义为'对企业犯罪和有关经济交易犯罪所适用的刑罚法规的总体'就足够了。"从其目的看,这些法规又可分成以下三类:①以保护个人或企业的财产为主要目的的法规;②以保护一定的经济秩序本身为主要目的的法规;③不属于这两者中的任何一类,旨在保障对一定营业或者经济交易加以限制的经济法规的实效性,对违反行为加以处罚的法规。第一类所保护的基本上是个人(包括企业在内)的法益;而第二、第三类所保护的则是超越个人的法益。第二、第三类可称为狭义的经济刑法。② 该学者认为,对经济刑法的概念作过于严格的定义是没有必要的。过于追求概念的严谨化,往往会导致把现实中应当处罚的一些重要犯罪类型从定义中漏掉。

在日本,现代经济犯罪与有组织犯罪的关系越来越密不可分。经济犯罪往往与黑社会组织有着直接或间接关系,过去一直隐蔽在社会暗处,随着 20 世纪末日本泡沫经济的破灭,通过翻炒地皮浮上了社会明处。可以说,最近与土地、金钱有关的民事纠纷中有相当大一部分都与黑社会组织有关。这些组织在泡沫经济时期积累了充裕的资金,这些资金有力地扶持黑社会组织浮到社会表面。③

从日本经济犯罪的范围看,主要包含公司经营犯罪、金融犯罪、证券犯罪、违反反垄断法的犯罪、刑法对消费者的保护、电脑犯罪、知识产权犯罪和企业秘密犯罪、信用卡犯罪,围绕关税和对外贸易的犯罪,围绕贿赂和政治资金方面的犯罪,等等。

五、经济犯罪概念的若干注意点

在日本刑法学界,有以下一些涉及经济犯罪概念的问题引起了注意和讨论④:

1. 广义的经济犯罪与狭义的经济犯罪

虽然神山敏雄教授个人至今为止尽量避免给经济犯罪确定一个定义(或概念),但仍主张狭义的经济刑法概念,即主张经济刑法应以违反传统的经济管制法、市场自由竞争法以及其他领域行业法的行为为中心。此外,经济犯罪行为(用刑罚处罚之)和违反经济秩序的行为(用行政处分处罚之)在实践中是有区别的,将两者严格加以区分是一项必须坚持的原则,但对经济犯罪的对策而言,违反经济秩序行为的对策发挥着前阶段的作用,对这一点也是不能忽视的。总之,在神山教授看来,经济犯罪行

---

① 参见〔日〕中山研一等:《经济刑法入门》,日本成文堂 1992 年版,第 132 页。
② 参见〔日〕芝原邦尔:《经济刑法》,金光旭译,法律出版社 2002 年版,第 110—111 页。
③ 同上书,第 112 页。
④ 参见〔日〕神山敏雄:《经济犯罪研究(第一卷)》,日本成文堂 1991 年版,第 4—9 页;〔日〕芝原邦尔:《经济刑法》,金光旭译,法律出版社 2002 年版,前言部分;〔日〕中山研一等:《经济刑法入门》,日本成文堂 1992 年版。

为和违反经济秩序的行为都应当成为经济犯罪乃至经济刑法的研究对象。① 此外,也有学者主张,即使在其他领域,即由刑法典规定的诈欺、违背任务、侵占罪,侵害国家以及地方自治体财政的犯罪等广义的经济犯罪也应包括在内。

在广义的经济刑法之下,究竟以什么为边界呢? 这是一个很大的问题。为了确定广义的经济犯罪,有的采用以行为主体为标准的方法;有的采用以法益为标准的方法;有的采用以行为为标准的方法;也有从中选取两种或三种作为标准的方法。还有人放弃了上述种种方法,而列举个别具体的犯罪种类,这就是德国在实务中采用的立法方式。例如,如果把企业或企业活动作为行为主体,在企业引起了公害犯罪的情况下,被侵害的法益就是生命和身体健康,这种公害犯罪就应视做经济犯罪。

2. 营业活动与诈骗罪、职务侵占罪等犯罪

日本刑法中的诈欺罪就相当于我国刑法中的诈骗罪;日本的侵占罪和我国的侵占罪、职务侵占罪也相类似。日本的违背任务罪,即背信罪,在我国《刑法》第 169 条和第 169 条之一中得到了部分体现。

日本的诈欺、违背任务、侵占等,通常与营业行为乃至经济交易行为是没有关系的,完全是在一个市民对另一个市民之间的水平上发生的,在经济犯罪中考虑这个问题似乎是没有必要的。但在这些犯罪通过营业活动而实施时,它们就会对不特定多数的消费者造成危害。而且,交易要素多结构复杂,对相关行为法律或交易结构说明很不容易,所以,这些犯罪的理论构成和举证都比较困难。在行业法的水平上探讨其对策,必须从诈欺罪的观点出发进行综合性的检讨,这样,作为经济犯罪讨论就很有必要。实际上在诈欺案件中,通过营业活动损害一般大众的案件是很多的。即使从被害的角度出发,将其作为经济犯罪考虑也是不过分的。

3. 个人的非营业行为与经济犯罪

侵害营业主体——企业经济利益的犯罪,是应当作为经济犯罪来看待的。企业作为一种社会性存在体而从事经济活动,向消费者提供商品和服务,拥有众多的从业人员,支撑着他们的家庭,因此,必须同样重视对企业经济利益的侵害和对消费者经济利益的侵害。更何况,侵害企业的经济利益,可能还会包含侵害其他企业或侵害其他个人的情况。虽然是否构成营业上的行为也是有问题的,但在反垄断法的领域,由于垄断、不正当地限制交易、不公正的交易方法(根据现行法律不被判处刑罚)等行为,不仅消费者的利益,而且企业的利益都受到了侵害。

问题在于,把个人非营业上的侵害行为引入经济犯罪是否妥当。个人侵害了作为特定或不特定企业的经营基础的财产:硬盘或软件,对该企业的经营活动造成了沉重打击或形成严重障碍,同时扰乱了经济秩序,给企业或消费者的具体经济生活造成侵害。这种情况,从法益侵害的严重性和广泛性出发,将它们作为经济犯罪论处也是必要的。从某种意义上讲,它们既是妨害业务的犯罪,也是经济犯罪。此外,滥用电脑和信用卡给企业造成财产上损害的行为,考虑到该交易体系的特殊性,作为经济犯

---

① 参见〔日〕神山敏雄:《经济犯罪的研究(第一卷)》,日本成文堂 1991 年版,第 3 页。

罪来讨论也是必要的。可以说,这些犯罪都属于经济犯罪,但这并非出于对企业利益加强保护的意图。当然,企业是一种为求利益而构造出来的体系,从受益者负担的原理出发,既要依靠自身的努力,也要防止滥用权力,这些都有严格要求。在这种情况下,刑事上的选择只发挥补充性的作用。而且,由于制度性诱惑而导致规避行为的消费者也是大量的,因此,在立法和司法上,基于风险分配的法理,必须考虑减轻行为者的责任。

4. 侵犯的客体

有学者认为,经济犯罪是侵犯了抽象的经济交易秩序的犯罪,和是否侵害消费者或者企业的经济利益没有关系。为了贯彻国家的经济政策,在规制货币或物资的进出口时,其侵害的就不是具体的利益,而是抽象的经济秩序。而且,伪造、变造流通货币或证券及其行使的行为不仅使个人或企业受到损害,也危害经济交易秩序的安全。从这种观点出发,也可以说是侵害了抽象的交易秩序。

进而,在分析日本的贪污案件时,可以概括出侵害了抽象交易秩序的某些犯罪。例如,行贿罪即某些企业为了扩大规模,获取或维持自己在竞争上的优势,或追求其他经济利益,而向部长、官员或议员提供巨额贿赂。第二次世界大战后,在日本发生了许多围绕着政治家以及官僚的巨额的贿赂案件,比如昭和电工案件、炭矿国管案件、大阪出租车贪污案件、共和制造案件、日本通运案件、洛克希德案件、里库路特案件等。其中第一种形态是,企业为了从政府金融机构取得巨大的资金;第二种形态是,为了制定、审议、表决对企业有利的法案或者废止对企业不利的法案;第三种形态是,为了提出有利于企业的质询和取消对企业不利的质询,而分别提供或收受贿赂。在这里,直接被侵害的法益是公共职务的公正性以及职务的不可收买性。但在这里,不能否认也妨害了企业间的竞争或侵害了其他经济秩序。而且,经济全球化是一种超越国境的经济活动,自由公正的经济活动在各个国家都必须得到保障。为了确立国际性的经济秩序,对贿赂罪的对策就要发挥重要作用,在这一点上,有必要进行国际性的比较法研究。从这一观点出发,贿赂罪也应作为广义的经济犯罪进行讨论。

5. 国际性的经济犯罪

我们迎来了这样一个时代:国际性的经济犯罪正以全球性的规模跨越国境而展开,同时还伴随着大量的规避法律的行为,仅仅依靠一个国家进行取缔或立法已经远远不够了,必须展开各国之间的协助合作。关于这一点,欧洲是最热心的,欧洲评议会对正宗的经济犯罪进行了认真检讨,而且提出了针对经济犯罪的对策,对成员国还提示了研究课题。"关于经济犯罪问题的欧洲委员会"概括了研究成果,提出了报告,进一步推进了经济犯罪对策的具体化。此外,作为联合国的一个机构 UNAFEI[①],也公布了对若干国家经济犯罪状况和对策的报告,表现出对国际性经济犯罪的重视。特别是经济刑法研究者们对多国籍企业犯罪很重视,已经开始着手研究。在这一领域,首要的问题是选择什么样的犯罪进行调查研究,以实际发生的案件为契机进行抽象

---

① UNAFEI,是"联合国亚洲及远东犯罪预防和罪犯处遇研究所"的英文缩写。

理论、立法论和实务对策方针的研究。

6. 纵向经济犯罪

租税犯罪或违反补助金适正化法律的行为,使国家或地方自治体受到损害,可以将财政法益作为基准考虑。这种违反行为由企业实施也好,由个人实施也好,对这些犯罪要进行统一考虑。在这一块,经济交易观念的引入是没有余地的,它们都是在专门的租税制度、补助金制度框架内的某种义务行为、权限行为、申请行为、裁量行为等过程中的规避行为。这种规避行为,从犯人的一侧看,由于实施了欺骗行为而取得了财产性的利益,属于违反特别法的其他行为,是否构成诈骗罪值得研究。这类规避行为是以国家与国民之间的权力关系、义务关系、裁量关系等纵向的关系为特征的;它不同于通常的经济交易以及在市民生活中取决于对等的当事人的自由意志而进行交往为前提的平等关系(横向的关系)。以横向的关系为特征,以市民之间平等的交易、生活交往为前提的诈欺罪的适用才是可能的。国家对种种规避行为,在这种制度框架结构内采用各种对抗措施进行应对,应当解释为有实行义务。因此,将这种规避行为作为刑法上的诈欺罪看待不一定妥当。在这一领域内的犯罪还是作为侵害国家或地方自治体财政的犯罪,看做经济犯罪进行独立讨论比较妥当。

六、关于经济犯罪的具体类型的议论

日本学者神山敏雄将经济犯罪分成以下几种类型:

(1)侵害一般消费者的经济生活和利益的犯罪。这里的行为主体可以是企业,也可以是个体经营者;作为行为样态,可以是营业上的行为,也可以是装扮成营业活动,以不特定多数或者一定的消费者为对象,达到某种程度类型的行为。其中大体有:①违反反垄断法的行为;②伴随着期货交易的规避行为;③以丰田商事案件为代表的冒充现货的经商手法[①];④无限连锁会(老鼠会),即我国所称之"传销",连锁贩卖交易(倍增交易法);⑤以财产增值为诱饵的交易手法(违反《出资法》,随着抵押证券交易的规避行为);⑥随着分担赋税贩卖的有害行为;⑦伪造商品、伪造商标的商品交

---

① 丰田商事案件是指发生在 20 世纪 70 年代后期最大的诈骗案件。丰田商事本身并不是什么正经公司,而是一个打着公司幌子的诈骗集团,其主要手段是以有高利可图为诱饵,让退休老人,家庭主妇等对商业交易不熟悉的人买下金条,并向他们收取货款。但公司并不把成交的金条交给顾客本人,而约定由公司代为保管并运作。此时公司交给顾客名为"纯金家庭合同证券"的证书。约定内容为丰田商事以租借金条的租借费的名义向顾客事先支付高额利息,等到 1 年或 5 年的借用期满时,公司保证还给顾客同一种类同一铭牌,同一数量的金条。这种交易,从表面看是顾客购买金条,由丰田商事代为保管和运作,实际上却是一种高利息存款。即:顾客出一定的金钱,然后以出租金条的名义事先获取利息,到一定期限将本金收回。由于表面上采取金条买卖的形式,所以被称为"冒充现货交易经商"。丰田商事之所以玩弄如此复杂的技巧,一是为了欺骗顾客;二是为了规避法律(日本《出资法》禁止非正规金融机构从不特定多数人那里收集金钱),钻法律空子。当时从 1981 年 4 月至 1985 年 7 月,大约四年期间,丰田公司从分布在全国各地的顾客处收集了约 2 020 亿日元的金钱。众多投资者未能收回本金,损失惊人,达 1 150 亿日元,受害者约 29 000 人。有的顾客因出卖祖传林地投入丰田商事损失巨大而自杀。1985 年,主犯被杀后丰田商事公司破产,其他公司骨干 5 人也以诈骗罪被处罚 10—13 年刑役。参见〔日〕芝原邦尔:《经济刑法》,金光旭译,法律出版社 2002 年版,第 91—92 页;〔日〕神山敏雄:《经济犯罪研究(第一卷)》,日本成文堂 1990 年版,第 223—224 页;〔日〕松原芳博:《消费者保护与刑事法》,陈家林译,法律出版社 2005 年版,第 236 页。

易;⑧违反证券法的行为;⑨幽灵经商手法,也称显灵推销手法①;⑩贷款业法上的高利贷;⑪其他情况。

（2）对经济活动主体企业的财产性或经济性利益进行侵害的犯罪。这类行为的主体不仅有企业,也包括消费者。其行为既有营业上的行为或滥用交易体系的行为,也包括非类型化的行为。具体有:①违反反垄断法行为中的一部分;②不正当使用信用卡及其他电磁卡;③电脑犯罪中的一部分;④妨害企业生产活动或经济交易;⑤侵害企业秘密、特许权或其他知识产权;⑥公司犯罪;⑦其他。

（3）由于串通投标使国家或地方自治体财产受到损失的犯罪。具体有:①刑法上的串通投标罪;②违反反垄断法行为中的一部分。

（4）妨害抽象交易秩序的犯罪。这里的行为主体既有企业,也包括个别的消费者。行为样态也以非类型性的活动居多。具体有:①违反外汇法的行为;②从形式上违反各种行业法的行为;③伪造货币、有价证券的行为;④为了追求企业的利益而实施的贿赂罪;⑤违反证券交易法的行为;⑥其他。在③的犯罪中,虽然个人、法人或团体遭受到财产性的损害,但这种行为侵害的法益仍然是交易秩序的安全。在④的犯罪中,虽然其侵害的法益是公务的公正性,但值得重视的是:伴随着这种侵害,交易秩序也受到了侵害。在⑤的犯罪中,几乎都侵害了证券交易秩序,但个人遭受具体财产侵害的情况也是不少的。

（5）所谓国际经济犯罪是多种犯罪的组合。这种犯罪往往由犯罪集体或团伙实施,以经济犯罪为中心,其概念不是很确定的。这里的行为主体往往是企业;行为通常是以营业活动来实施的;被侵害的利益涉及国家、个人和企业。主要有:①多国籍企业的犯罪;②逃税犯罪;③侵害半导体、音乐著作权以及其他知识产权的海盗行为;④其他。

（6）因侵害财税制度而使国家或地方自治体遭受财政损失的犯罪。这里的行为主体是企业或消费者。行为方式主要有违反公法上的义务,向政府进行虚假申报或不申报(申报的不作为),等等。具体有:①租税犯罪;②诈骗补助金等。

对以上六个方面的犯罪用一个统一的上位概念来概括几乎是不可能的。但可以大致归纳一下:从（1）到（5）这五个方面,虽然每一方面都有自己特殊的被侵害法益,但大体可以归结为侵害了经济交易秩序这一极其抽象的概念。第（6）方面可以作为一个独立的领域来考虑。虽然租税和补助金与经济交易没有直接关系,但它们作为实现经济政策的重要手段也是发挥了很大作用的。且租税犯罪和诈骗补助金犯罪实际上也侵害了经济秩序,因此,将它们作为经济犯罪来讨论也是可以的。神山教授认为,从理论上构筑经济犯罪或经济刑法的严格概念是比较困难的。从实定法上的经济犯罪来考察,能够构筑起这类犯罪的大致框架也就可以了。经济犯罪的概念问题在某种程度上可以通过各论的研究得到进一步的明确。②

---

① 即行为人对用户谎称贵宅有很深的前世冤灵之类的话使对方感到心理不安,然后高价推销印章、壶、多重宝塔等物,或是以祭祀费的名义索取高额金款的情况。参见〔日〕芝原邦尔:《经济刑法》,金光旭译,法律出版社2002年版,第90页。
② 参见〔日〕神山敏雄:《经济犯罪研究(第一卷)》,日本成文堂1991年版,第8页。

日本学者芝原邦尔也认为对经济犯罪的概念下过于严格的定义没有必要。他认为："在适用法律时，首先必须就不同的经济犯罪类型分别明确其具体的保护法益，基于此进行严格的法律解释。""在具体解释不同的犯罪类型时所需要的是深思熟虑，每一种处罚法规到底是为了保护哪些利益或价值而制定的。在刑法解释上所要求的基本态度是把每一个规定的处罚范围限定于那些真正值得处罚的行为。"①

从上述观念出发，进入21世纪以来，日本刑法学者关于经济犯罪的专著几乎都是先写各论（即各种具体犯罪），少写或后写总论中的问题，或不写总论中的一般问题，比如神山敏雄的《日本的经济犯罪》（日本评论社2001年版）、芝原邦尔的《经济刑法研究》（有斐阁2005年版），等等。

21世纪前后，我国学者关于经济犯罪或经济刑法的专著已有数十种，对经济犯罪的概念和具体类型进行了较为深入的探析。关于经济犯罪的具体类型，我国学者与日本学者的见解基本相同。但也有明显区别：我国学者陈泽宪等人将破坏环境资源的犯罪和走私犯罪列为经济犯罪②，而日本学者没有列入。笔者认为，由于我国《刑法》分则第三章第二节列有走私罪，因此，将走私罪列为经济犯罪是恰当的。而破坏环境资源的犯罪，在我国《刑法》中列在第六章第六节，属于妨害社会管理秩序罪，所以，将破坏环境资源保护罪列为经济犯罪并不妥当。既然经济犯罪应以实定法为依据，而实定法明确将破坏环境资源保护罪归入分则第六章妨害社会管理秩序罪，那它就不属于分则第三章破坏社会主义市场经济秩序的经济犯罪。

---

① 〔日〕芝原邦尔：《经济刑法》，金光旭译，法律出版社2002年版，第111页。

② 参见陈泽宪主编：《经济刑法新论》，群众出版社2001年版，第14页。

论经济刑法中的几个基本问题[*]

一、经济刑法总论应当具备的基本特征

各国的经济刑法总论大体上都认可以下三个特征：

（1）经济刑法在罪状的设定上，广泛使用空白刑法规范。所谓空白刑法规范，又被称为白地刑法、空白刑罚法规等，是一个相对于完全刑法而言的概念。完全刑法是指在一个刑法条文中完全表现出犯罪构成要件和法定刑的刑罚规范。从广义上讲，空白刑法是指刑法虽然明确规定了法定刑，但该罪的犯罪构成要件的全部或一部分，却被安排在另一法律条文或行政法规中。这就意味着，其本身是留有应当补充空白的刑罚规范。从狭义上讲，空白刑法构成要件的内容是需要由其他法律条文或行政法规来加以明确或具体规定的。补充空白刑法中空白的规范（法律或行政法规规范），被称做补充规范或空白规范。

（2）在正犯和共犯的理论领域，与一般的刑事法律关系相比，经济刑法具有自己的特征，它是从现代经济生活的劳动分工中产生的。在这种情况下产生的问题是，如何确切地发现应当负责任的行为者；如何正面回答"由于被组织化了就不能追究责任"的问题。

对此，主要的争论在于：所有实施固有实行行为的人是不是都是正犯？换句话讲，构成正犯的（正犯性）能否显示出责任的分摊，其结果是，在自然意义上没有行动的人（甚至包括法人）也能成为正犯吗？关于正犯性的规范性（或者功能性）的见解，在关系到消费者保护的若干构成要件上，通说已经有些黯然失色了。例如，在数量和品质上做假的食品"制造者"，不仅包括直接操作机器生产的人、从事交易使产品价值实现的人，还应包括使人产生误解的产品"宣传者"；不仅包括将该产品放入橱窗进行陈列的人，也包括该店的老板（所有者）。当然，他们必须是明知故犯（这个问题不构成经济刑法所要解决的主要问题）。在这个问题及其之外的众多领域，经济刑法不仅要与整体刑法及其解释学进一步共同发展，而且要发挥率先发展的功能。对以上这些问题，由于各国刑法的规定不同，就有了不同的答案。以德国为例，《德国刑法典》总则中并没有关于法人犯罪的一般规定（尽管其第 14 条有关于"代理行为"的规定）；同时，《德国刑法典》分则和附属刑法也没有把生产、销售伪劣食品的行为规定在一个条文或罪名中，因

　　* 第二作者涂龙科，原载于《法学》2008 年第 8 期。

此,在德国,要追究上述各类自然人的刑事责任是比较麻烦的。但在中国就不一样了:《中华人民共和国刑法》(以下简称《刑法》)总则规定有单位犯罪(第30条、第31条);分则又规定了具体的罪名,如"生产、销售不符合卫生标准的食品罪"(第140条)和"生产、销售有毒、有害食品罪"(第141条),等等。因此,对相应的所有者、经营者、管理者、销售者、生产者,只要负有直接责任,就可以追究刑事责任。

把企业当做第三者对待。在德国刑法中,首先是在发现危险源的场合,企业所有者和相关的上级在与第三者的关系上对该企业从业人员犯罪行为的防止具有保证义务。[1] 而且,基于劳动法上的指挥权处于保证者的地位,但这种地位是否对所有的企业和经营单位都能适用呢?这实际上是存在争议的。在判例和学说上,认为只能肯定少数危险性行业经营者的保证者地位,例如武器弹药的制造者、建筑业、对道路交通产生外部影响的运动设施的经营等行为。可见,在德国,以"保证责任"为基础,追究上级领导和相关人员的刑事责任是受到较多限制的。至今尚不明确的是,企业的什么样的机构由于合议而实施了何种行为的场合(即使没有指挥权),才能构成刑法上的义务?这种义务是用来防止该机构对业务对手或一般公民实施不利益行为的。[2] 在中国,由于刑法规定了单位犯罪,这一问题的答案是比较明确的:是负有直接责任的主管人员和直接责任人员;是该单位本身,而不是该单位的某个内设机构。

(3)在违法性或责任层面上,在雇佣者或控制人的指使下,由于被雇佣者实施了犯罪行为或者违反秩序的行为,被认为是没有正当化理由的。另一方面,异常情况(包括最终失去工作的危险)是可以把经济犯罪行为以及环境犯罪行为当做正当化的紧急避险(如《德国刑法典》第34条的规定)[3]来看待的。这种事情在具体什么样的场合才能被认可,这即使是在环境刑法中也是不明确的。[4]

另外,是否应对作为构成要件的刑罚法规以外的法律规定(非刑罚法规)或对其适用有认识?德国和日本的判例和学说上的多数观点,对此持否定态度。而且,认定故意在构成要件要素的认识上要求得十分充分,或者至少必须对部分事实有充分的认识。[5] 反之,作为反对这种观点的学说认为,在"自然性"的暴力犯罪场合,产生了对构成要件的认识或者事实认识的合规范性态度的要求;但所谓经济刑法是"人为性"的法规范,在这种场合,有了规范的认识之后,才会产生合规范态度的要求。持这种

---

① 《德国刑法典》第34条(阻却违法性的紧急避险)规定:"为使自己或他人的生命、身体、自由、名誉、财产或其他法益免受正在发生的危险,不得已而采取的紧急避险行为不违法。但要考虑到所要造成危害的法益及危害程度,所要保全的法益应明显大于所要造成危害的法益,而该行为实属不得已才为之的,方可使用本条的规定。"

② 参见〔德〕悌德曼:《经济犯罪和经济刑法》,日本成文堂1990年版,第26页。

③ 同前注①。

④ 德国实务中的不明确,大多是因缺乏单位犯罪引起的。在自然人犯罪的场合,只要具备刑法上的正当化事由(例如,上级命令、被害人承诺、紧急避险、正当防卫等),行为人就可以从轻、减轻或免除刑事责任,这在中外各国大体上都差不多。

⑤ 参见日本的"穿凉鞋案"。《福岛县公安委员会规则》规定不得穿凉鞋驾车,被告人违反了此规定。对此,一审法院判定行为人并无故意,但东京高等法院认为,"行为人对于自己穿凉鞋驾驶普通汽车存在认识,只是并不知道上述规则的规定而已",因此,"该当于(符合)刑法第38条第3款之所谓法律的不知,对此并不缺少故意"(参见东京高判1963年12月11日高刑第16卷,第787页)。日本学者西田典之认为,在本案中,只要行为人对自己穿凉鞋驾车及这种行为的危险性存在认识,即可肯定存在故意。转引〔日〕西田典之:《日本刑法总论》,刘明祥、王昭武译,中国人民大学出版社2007年版,第202页。

观点的人主张,就行政犯而言,应以违法性意识作为认定故意的前提,即要求对"空白刑罚规范"有认识(自然犯、行政犯区别说)。按"二分说"的主张,行为人不知道上述规则即可阻却故意,不构成犯罪。但是,在采取责任说的场合,是无法采取这种二分说的。日本的判例多采用"违法性意识不要说"。[①] 一般刑法错误理论的发展,对经济刑法产生了决定性的影响。也就是说,经济刑法也适用一般刑法的错误理论,并无多少特别之处。

二、关于空白刑法的基本特征及规范化

(一) 我国空白刑法的基本规定模式

中国的刑罚规范全部都集中在一部法律,即《刑法》中,因此,其空白刑法的分布比较清楚。大致有以下一些情况:

(1)刑法明确规定违反了哪一部具体法律。例如,我国《刑法》第 141 条(生产、销售假药罪)第 2 款明确规定:"本条所称假药,是指依照《中华人民共和国药品管理法》的规定属于假药和按假药处理的药品、非药品。"类似的,还有第 142 条的"生产、销售劣药罪"。我国《刑法》第 159 条(虚假出资、抽逃出资罪)也以"违反公司法的规定"为前提。该条虽然没有了公司法的全称,但同样很明确。

(2)不提所违反的具体法律,只提"违反国家规定"或"违反法律、行政法规"。这类条文在我国《刑法》中很多。我国《刑法》第 96 条规定:"本法所称违反国家规定,是指违反全国人民代表大会及其常务委员会制定的法律和决定,国务院制定的行政法规、规定的行政措施、发布的决定和命令。"因此,这类条文的具体指向是:"违反国家规定或法律和国务院行政法规",不包括"地方性法规和部门规章"。其范围很小,要求很严格。例如,我国《刑法》第 186 条就规定,"违法发放贷款罪"以"违反国家规定"为前提。该条文经 2006 年 6 月的有权机关修改而成。在修改之前,原条文就是"违反法律、行政法规",后修改为"违反国家规定"。

(3)只提"违反规定"。这样的条文极少。例如,我国《刑法》第 188 条(违规出具金融票证罪)就以"违反规定"为前提。这里的"规定"显然不限于国家法律、行政法规,还应包括部门规章以及银行或其他金融机构制定的相关规章制度和重要业务规则等行为规范。

(4)混合型。即所违反的内容,既有法律规定,也有法规规定。比如,《刑法》第 186 条第 4 款规定:"关系人的范围,依照《中华人民共和国商业银行法》和有关金融法规确定。"

(二) 空白刑法的基本特征

综合刑法规定来看,空白刑法是指全部或部分被"开放"的刑罚规定。也就是说,

---

① 同前注,西田典之书,第 201 页。

它是必须参照其他法规范(包括行政规范)才能满足和补充构成要件的刑罚规定。其典型例子就是租税刑法,其整体都与税法相关。① 近年来,环境刑法也成为这方面的适例,例如,我国《刑法》分则第六章第六节规定的破坏环境资源保护罪的9个条文中,就有7个条文以违反法律或行政法规(环境资源保护方面)为前提。这些破坏环境资源保护罪都是将违反环境资源保护法律法规作为构成要件的必备条件来考虑的。也就是说,行为规范与刑罚规范在法律条文上是相分离的。行为规范规定在行政管理法律或法规中,而刑罚规范则规定在刑法典中,例如,按德国1954年《经济刑法》第1条的规定,违反《经济保障法》第18条规定的,处5年以下有期徒刑或者罚金。② 换言之,该罪的行为构成必须引述《经济保障法》第18条,否则便无法弄清该罪的具体犯罪构成。值得注意的是,我国《刑法》的立法技巧与德国有所不同。我国的空白刑法中,行为规范与刑事惩罚规范并不是截然分离的,具体表现为以下两种情况:

(1)《刑法》中既有"空白刑法",又有行为描述。我国《刑法》分则中往往是既有空白行为规范("违反国家规定"),又有对行为特征的概括性描述。例如,《刑法》第342条的罪状中,既写上了"违反土地管理法规"这样的空白罪状,又较具体地描述了"非法占有耕地罪"的行为特征("非法占用耕地、林地等农用地,改变被占用土地用途,数量较大、造成耕地、林地等农用地大量毁坏的")。实际上,这些行为特征就是"违反土地管理法规"的具体内容的概括。这样的条文还有第338条、第339条、第340条、第341条第1款、第343条等。

(2)行为规范的主要内容与刑事惩罚规范都规定在《刑法》中,行为规范的主要内容没有借助"空白刑法",但一些辅助性的名词解释却须借助其他法律或行政法规的规定。例如《刑法》第180条"内幕交易、泄露内幕信息罪"的罪状描述了该行为规范的构成要件,其主要内容并没有借助于其他法律法规,但第180条第3款规定:"内幕信息、知情人员的范围,依照法律、行政法规的规定确定。"可见,其辅助性的名词解释却要借助证券法等其他法律或行政法规。

对以上现象进行理论性和解释学上的探讨,现在才刚刚开始。以下一些问题值得讨论。

首先是特别刑法中的行为规范和制裁规范在形式上相分离的问题。例如,在德国、日本都有特别刑法(比如日本证券交易法中惩罚证券内幕交易罪的刑罚规定)。这样,刑法上的行为规范和经济法上的(即刑法以外的)行为规范之间就会产生以下问题:它们既可能在内容上是相同的,也可能有部分是相异的。这时就产生了究竟按照哪一部法律来认定行为规范,即构成要件的问题。在我国,由于不存在《刑法》之外的特别刑法,所以,同样的问题只发生在《刑法》和其他法律之间。这里可分成两种情况:

---

① 我国《刑法》分则第三章第六节所规定的危害税收征管罪中虽然没有明确以违反税法为前提,但条文提到"纳税人欠缴应纳税款"(《刑法》第203条),这里的"应纳税款",显然以税法为根据。此外,我国《刑法》分则第三章第二节所规定的走私罪,也以违反海关法为前提,是偷逃关税的行为。

② 参见《德国刑法典》,徐久生、庄敬华译,中国法制出版社2000年版,第304页。

第一,我国《刑法》第 180 条"内幕交易、泄露内幕信息罪"的行为规范和《中华人民共和国证券法》(以下简称《证券法》)第 202 条的相关内容完全相同,区别仅仅在于是否具备"情节严重";从制裁规范看,它们也各不相同,各有各的制裁规范:《刑法》第 180 条规定,构成犯罪的"处五年以下有期徒刑或者拘役,并处或者单处违法所得一倍以上五倍以下罚金";《证券法》第 202 条规定,对内幕交易、泄露内幕信息行为,尚未达到情节严重程度而不构成犯罪的,"责令依法处理非法持有的证券,没收违法所得,并处以违法所得一倍以上五倍以下的罚款;没有违法所得或者违法所得不足三万元的,处以三万元以上六十万元以下的罚款"。类似的情况还发生在我国《刑法》第 181 条第 1 款和《证券法》第 20 条之间,等等。在这种情况下,虽然行为样态规范相同,但仍按不同法律处罚,即刑事犯罪按《刑法》处理,行政违法按《证券法》处理,各不相扰。

第二,刑法行为规范和证券法行为规范略有不同,但性质相近的也有不少。比如,我国《刑法》第 182 条与《证券法》第 203 条,虽然都针对操纵证券市场行为,但行文内容却略有不同;再如,《刑法》第 179 条与《证券法》第 18 条之间、《刑法》第 160 条和《证券法》第 189 条之间、《刑法》第 161 条与《证券法》第 193 条之间都有类似情况。这里不存在以哪部法律为准的问题。正确的答案是:刑事处罚以《刑法》的规定为准,行政违法处罚以《证券法》的规定为准,各不相扰。

其次,经济刑法从整体上讲都关系到典型性的违法现象。对没有实现刑罚的构成要件,有意识回避可罚性现实化的人,原则上是不可处罚的,如果否定违法行为者的态度,就是违反经济刑法规制的目的。由于在法律上欠缺明确的条文规定,那就是不可罚的。当然,就刑事判决而言,从刑事政策的理由出发,把构成要件的标志解释成上述情况的也有,因此,尝试把它们作为违法事例对待的情况仍然存在。从 20 世纪 80 年代发生的事例(比如投资补贴案件)来看,德国联邦普通法院认定案件的行为人对税务署构成欺骗,因为补助金申请人没有向税务署报告过去有效的买卖合同已被取消的事实。在这里,利用了"事实的考查方法",在该申请书中所使用的"登记"的概念限定于最初的"登记"。最近有些文章对此进行了批评,认为可以增加"登记",按此观点行为人的态度就应被允许,但法院的观点与此相反,还是宣判其属于欺骗。这里所讨论的,已经涉及根本性的问题,即经济刑法必须毫无例外地以经济的考察方法为基础。然而,所谓经济的考察方法,并没有固定的观点和解释,也不过就是导入了一般性的解释方法论而已。不管怎么讲,《德国基本法》第 103 条第 2 项关于"禁止类推和明确性"的要求,有时也会遇到挑战,带来疑惑。比如,在一人有限公司的场合,该有限公司的财产如何在"经济性"上被视做一个公司成员的财产呢?进一步说,法律上独立的不同的公司在同一个联合企业集团中,个别具体公司的财产是否应当作为子公司的财产加以处理呢?这种概括性的处理可能会伴随着明显的滥用职权的事例。与此相反,彻底的经济性的考察,从整体上讲,资产负债表和税法就有矛盾;而且,为了保护债权人利益,实行财产和责任在量上的分离的公司法也是有矛盾的,一旦考虑债权人的利益,就不能允许把有限公司的财产毫无制约地作为一人公司成员自己的财产考虑,因为该一人公司的成员只以该公司财产为限负有限责任,不是以自己全部个人财产负无限责任。同样,子公司形式上也有自己的财产,不能由于发生了问题,就毫无限制地把各种不利益都给予母公司(联合企业集团)。占支配地位的多数公司成员(或者甚至是少数公司成员)由于其给公司的业务执行带来的影响,而成为"事实上的"业务执行者,在这种情况下,其对公司负有诚实义务,对债权人负有破产申报义务,等等。从什么时候开始计算,都是有问题的,至今还没有一个明确的解答。① 这些问题在我国处理破产犯罪案件或妨害清算罪案件时同样存在。

第三,由于经济生活和经济政策变化很快,因此,经济刑法规范的变更也相当频繁。经济法和经济刑法总是以某种典型性的状态结合在一起,这是没有问题的,但法规范却明文规定了有效期限。在这种场合,《德国刑法典》第2条第4项规定,即使在行为之后法律已经失去了效力,仍然可以对行为者进行处罚。② 通说认为,限时法只适用于内容变化的经济方面的情况,只对这种情况有效,也就是说,对这种没有确定期限的情况应当实施暂时性的法律规制。因此,法的效力问题,也只能以此为限进行解释。因此,像税法、外汇法这类法律究竟是作为"限时法"看待,还是作为与刑法相关的效力消灭看待或不能适用的"通常的"法看待?这些都是不明确的。但这是一个非常重要的实际问题。这里有一个典型案例,即1987年年初德国联邦普通法院所判决的政党捐助金案件,在这个案件中,新的法人税法明文规定,对以前可罚的行为现在变成允许了,而且将这些行为放在应当促进的国家政策的位置上。尽管这样,成千上万的企业因通过暗中向政党捐款而逃税被处罚。

(三) 空白刑法与法律明确性的关系——从德国刑法理论展开

空白刑法构成要件的满足及补充的必要性引出了法律明确性这一德国宪法上的问题。也就是说,立法者是否将设定法律的任务委托给了行政?是否有自我减轻亲自规制任务的嫌疑?具体讲,行为规范与惩罚规范在法条(甚至不同法律)上的分离,这种立法方式是否违反了宪法所要求的法律明确性的规定。这一问题曾经在德国刑法学界引起关注,即这种立法方式(技术)是否违反《德国基本法》所要求的法律明确性的规定。一些学者认为,"空白刑法规范"将刑法的行为规范交由行政管理机关或其他法律来填补或补充,好像有立法机关放弃自己立法职责的味道。③ 但这种立法方式得到了德国联邦宪法法院的认可。法院认为这种做法不违反《德国基本法》第103条第2款规定的法制原则。因为在空白构成的法条规定中,在其犯罪构成中至少已经说明了被宣布为犯罪的行为是什么,引述其他法律法规的规定只不过是进一步说明和价值评价的需要,空白刑法的违宪性以及随之而来的无效性是不能成立的。④

---

① 参见〔德〕悌德曼:《经济犯罪和经济刑法》,日本成文堂1990年版,第28页。

② 《德国刑法典》第2条第4项规定:"只适用于特定时期的法律,即使该法律在审判时已经失效,但仍可适用于在其有效期间实施的行为。法律另有规定的除外。"

③ 参见王世洲:《德国经济犯罪与经济刑法研究》,北京大学出版社1999年版,第157页。

④ 参见王世洲:《德国经济犯罪与经济刑法研究》,北京大学出版社1999年版,第158页。

虽然德国联邦宪法法院有了上述态度,但不同意见仍然存在。持异议者认为,如果空白刑法的"空白"由刑法的另一个条款来填补或补充,这是允许的。因为它们都是真正的犯罪构成描述。但如果这种"空白"由刑法以外的法律或行政法规来填补或补充,这就不能允许。因为它们不是真正的犯罪构成。特别是在由行政法规填补的情况下更是如此,因为行政法规不是由立法机关制定的,而是由行政机关制定的。这种争议至今仍在继续。

德国著名刑法学者悌德曼教授从另一个角度论证空白刑法的必要性。他认为,就刑法性的考察而言,依然有一些不明确的地方,比如,由于刑罚构成要件的不完整,对故意论或错误论会产生何种影响,这就是个问题。在判例或学说中,说明了它的意义,将单一法主题的几个法规范集中在一处,用几个法规范来解释就具体化了;而且,从其自身来讲并没有完全意识到,非常规范的刑罚构成要件也用这种方法就强烈地带有记述性的构成要件色彩了。[1] 例如,德国的破产刑法规定,对商业上的资产负债表"应当在规定期间内提出"(《德国刑法典》第 283 条第 1 项 7 号 b),在这种情况下,行为人对"行为者可以利用的期间"可能发生认识上的错误;根据《德国刑法典》第 16 条的规定,行为人行为时对构成要件的认识错误可以阻却故意。[2] 但是,在利用《商法》第 39 条第 3 项将其作为刑罚构成要件解释的情况下,所谓"规定的时期",表现为非常具体的数字,即"5 个月之内"。也就是说,商人在明知营业年度终结之后已经过了 5 个月,才制定资产负债表而提交的,可以被认定为故意怠延。由此可见,《商法》第 39 条的规定完全可以成为刑法规定的一部分,对其没有认识或者解释有误的,根据《德国刑法典》第 17 条的规定[3],可以归结为法律上的错误。这种观点到底对不对,需要用规范理论进一步说明。

由于经济生活复杂多变,对其规制的法律也变得比较复杂,不得不使用不明确的法概念和一般性的条款。比如,《德国刑法典》第 283 条第 1 项就规定,"以其他违反通常经济要求的方式",这里的"其他……方式"就是不太明确的法概念。此外,在《德国刑法典》第 265 条 b(信贷诈骗)及传统的租税刑法中,也表现出规范构成要件的特征。关于这一问题,立法论上提出以下应对,也就是说,联邦法院反复表明而且成为通说的观点是,在刑法上不明确的法概念和一般条款,应当得到承认并确定其价值评价,也就是说,在核心领域的不明确概念成问题时,仍然允许将它们作为有罪判决的根据,但只是将它们作为解释的标准。《德国刑法典》第 264 条 a 处罚那些不披露"本质性"事项的广告宣传(这些广告是用来促进投资的)是有意义的,这些行为应当受到处罚。

从破产刑法的角度来说,地理状况及利润回报,手续费的种类及高低,这些投资

---

① 参见〔德〕悌德曼:《经济犯罪和经济刑法》,日本成文堂 1990 年版,第 89 页。

② 《德国刑法典》第 16 条(事实上的认识错误)规定:"行为人行为时对法定构成要件缺乏认识,不认为是故意犯罪,但要对其过失犯罪予以处罚。"

③ 《德国刑法典》第 17 条(法律上的认识错误)规定:"行为人行为时没有认识其违法性,如该错误认识不可避免,则对其行为不负责任。如该错误认识可以避免,则依第 49 条第 1 款减轻处罚。"

客体本质性的要素多得不可胜数;它们与多数公司的相关人员也有密切关系,而且相关公司机构引起丑闻的倾向也是多得不可胜数。破产刑法的大部分构成要件中,把企业存在危机状态作为其要件(《德国刑法典》第283条),在这种条件下,认定企业的危机状态就很重要。这实际上是一个企业经济的评价问题(还关系到非物质性的企业价值评价以及对企业参与者的评价),多是一些不确定的因素。认定负债只限于一定的情况。也就是说,刑法上的这种否定结果在企业经济上也是得到认可的,根据所有的方法考虑都不会产生歧义。当然,破产刑法的实用性还是残留着一些问题的。例如,企业的危机状态和企业破产之间是用什么样的形态发生关联性的。这个问题在破产刑法中并没有得到很好的说明,将所谓企业危机状态的要件,作为其抽象性危机化的内容而与破产行为相联结,似乎在法政策上更具有正当性。与此相反,立法者可能有以下一些考虑:责任主义是刑法上乃至宪法上的原则,如果有必要,为了实现这些原则可以牺牲刑法的实用性。[①] 我国《刑法》第162条所规定的"虚假破产罪"并没有将企业濒临危机或陷入严重债务作为构成要件,因此,这个问题并不突出。

最后,在刑法以外的领域,适用一般条款也不存在任何疑问。例如,与《德国租税基本法》第42条一样,在补助金法(《德国租税基本法》第4条),伪装行为和违法行为,是经济犯罪和租税犯罪普通的典型形态。虚假交易、虚假生产品交易,以及轮回式交易行为都是行政法处罚的对象。欧洲经济共同体(EEC)级别上也包含了上述行为的滥用条款。在这种情况下,成问题的案件包括有名的帝国法院判决案例:某商人在从俄罗斯进口鱼子酱至德国之前,把小罐换成大瓶,但只以小单位申报,以逃避高额关税,仅靠解释是难以追究其责任的。这个案件说明,对违法案件处理的法律常常有不周全之处。通常,立法者会承认有时实行了有错误的规制或者不完备规制。[②]

在具备规范性构成要件要素的场合(它不同于记述性要素的场合)就具备作广义解释的可能性,而且在这种场合,违法行为也是可罚的。与此相关的案例是,奔驰汽车公司从业人员所实施的投资补助金欺诈案,这是德国联邦普通法院比较新的判决(20世纪80年代初——作者注)。[③] 具体是指,在1974年德国经济状态不景气时,政府为了刺激经济,决定对1974年12月1日以后进行的投资给予国家补助金。这样一来,那些在12月1日稍前一些日子购进卡车及其他大型车辆的投资者就非常不满。奔驰公司在其他汽车制造商的劝诱下(以后他们没有都被刑法追诉),废除了和卖主签订的有效的买卖合同(当时车辆还没有交付),重新签订了一份日期为12月1日以后的新合同(合同签订日期的变更)。德国联邦普通法院认为,在"投资补助金法"意义上的"登记",应当理解为完全是"最初的登记",以此为理由,奔驰公司的行为就是可罚的违法行为,这种违法行为,是由于关于补助金规范限制的解释才被认定的。在这种场合下,究竟是用解释来补充了关于补助金规范的不周全,还是一种实际上的类推,这本身就是一个问题。当投资补助金达到购入价格的10%时,可以向税务机关提

---

① 参见[德]悌德曼:《经济犯罪和经济刑法》,日本成文堂1990年版,第46页。
② 同上注,第47页。
③ BGHst. 93. ff.

出申请并附加合同书。就大型重型的起重机、卡车而言,每一台就要数 10 万马克。因此,不管怎么样,只要涉及"滥用"一词,这种滥用就要作刑法上的判断,这也是可以肯定的。反之,行政法上的一般条款是否具有刑法上的意义,并不明确。这个问题当然应当否定。

(四) 空白刑法规范与罪刑法定原则的关系——基于我国刑法理论的观点

关于空白刑法规范(空白罪状)与罪刑法定原则的关系,我国刑法学界也有两种不同的意见。

一种意见持质疑态度,他们认为:"空白罪状在刑法分则中的存在,应从民主法治原则、法律专属性原则、法律明确性原则等角度加以追问。空白罪状的存在在一定程度上都有违上述三原则之嫌疑,因此,立法者应当采取相应的措施来提高空白罪状的'合法性'。"[①]另一种意见持肯定态度,他们认为:"空白刑法规范即符合罪刑法定主义之明确性原则的体现和运用,是与现代法治国思想及罪刑法定原则相一致的一种刑法立法模式。"[②]

质疑论者主要以罪刑法定原则、法律专属性原则和明确性原则为理由:

(1)从实质层面看,空白罪状的行为规定不是通过刑事法律的犯罪构成要件来描述的,而是由相关法律法规中的其他条款或者其他制度所包含的,从而导致行为构成与惩罚处于相脱离的状态。这种状态令人质疑:立法者是否逃避了自己的立法责任?是否或多或少将立法工作交给了行政管理机关?这种做法是否违背了刑事立法权只能由最高立法机关行使的社会主义民主、法治原则?

(2)法律专属性原则是指只有法律才是刑法的渊源或成文法主义所体现的内容。具体应从成文载体、成文的"法"必须是"法律"、排斥习惯法、排斥判例法等方面进行理解。我国《刑法》分则中有些条款的空白罪状的层级太低,比如《刑法》第 31 条中的"违反国务院卫生行政部门的有关规定";《刑法》第 18 条中的"违反规定";《刑法》第 132 条中的"铁路职工违反规章制度";第 131 条中的"航空人员违反规章制度";等等,与法律专属性的四项要求明显不符。

(3)法律本身要求明确性,空白刑法规范也不能例外。但空白罪状将犯罪构成要件的内容部分或完全委托给了其他法律法规或规章制度,而这些法律法规和规章制度有可能脱离刑法而时常变动,因而带来了不明确性。[③]

肯定论者(即肯定空白罪状并不违背罪刑法定原则)主要持以下理由:

(1)行政犯及空白刑法的产生是现代法治国家的因应之道,是顺应时代发展潮流的。[④]

---

① 刘树德:《罪刑法定原则中空白罪状的追问》,载《法学研究》2001 年第 2 期。
② 刘艳红:《空白刑法规范的罪刑法定机能》,载《中国法学》2004 年第 4 期。
③ 参见刘树德:《罪刑法定原则中空白罪状的追问》,载《法学研究》2001 年第 2 期。
④ 参见刘艳红:《空白刑法规范的罪刑法定机能》,载《中国法学》2004 年第 4 期。

（2）空白罪状本身并不违背罪刑法定原则。因为某条文允许采用空白罪状的形式，这本身就是由《刑法》分则条文特别规定的，只不过其具体内容由其他法律法规或规章制度来补充而已。

（3）法律专属性原则也有绝对和相对之分：通常对法定刑采绝对主义；而对罪状采相对主义。既然对罪状采用相对主义，就应允许以层级较低的法规和规章来补充罪状的具体内容。

（4）在我国，作为空白罪状补充规范的行政管理法规本身都是明确的。因为我国《刑法》分则中的空白罪状绝大部分以违反法律、行政法规为前提，这些补充规范不仅法律法规名称明确，而且条文内容清楚明了，符合法定主义要求。

（5）少部分空白罪状以部门规章、规章制度作为补充规范，例如前述《刑法》第131条、第132条、第331条、第188条等，但因为有法律条文的特别规定，所以仍发挥法律的作用。从其内容看，铁路和航空机构的规章制度确实与普通企业的有所不同，其严肃性、规范性和强制性要求更高，公共性、安全性更强，其作为空白罪状的补充并无不妥。

（6）我国《刑法》第96条对"违反国家规定"有明确解释："本法所称违反国家规定，是指违反全国人民代表大会及其常务委员会制定的法律和决定、国务院制定的行政法规、规定的行政措施、发布的决定和命令。"据此，可以涵盖我国《刑法》分则条文中的大多数空白罪状。可见，其补充规范不仅层级高、内容具体明确，而且与行政执法也容易衔接、协调，这是我国法制的优点之一。笔者持肯定说观点。

三、关于限时法在经济犯罪中的特点及其适用

由于行政犯（法定犯）的构成要件涉及其他法律法规（大多为经济社会管理方面的法律法规），而这些法律法规又时常处在变动（有效或失效）之中，因此，就发生了一个限时法问题。所谓限时法，是指为适应一时的或特殊的情况，而在一定时期禁止实施某种行为或命令实施某种行为的刑罚法规，当该一定时期的或特殊的情况已经消灭或变更，认为没有再加以处罚必要而废除时，或因指定的施行有效期间已经终了而失效时，对于在该法规有效期间中的违法行为，仍可适用该法规作为处罚的根据。这种具有"溯及既往"效力的法规，被称为"限时法"或"一时的刑法"。[①]

《德国刑法典》第2条第4项规定："只适用于特定时期的法律，即使该法律在审判时已失效，但仍可适用于在其有效期间实施的行为。法律另有规定的除外。"可见，德国刑法对限时法有明文规定。从司法实践看，在德国，所谓对特定时期的适用情况，通常是指经济危机时期、供应危机时期等。这也是1954年《德国经济刑法》第1条（应受处罚的违反保障法规的行为）所规定的空白刑法罪状所涉及的内容。此外，各种国家补助只在一定时期内受到刑法保护。如果行为人不是依法获得补助（或救

---

① 参见〔日〕木村龟二主编：《刑法学词典》，顾肖荣等译，上海翻译出版公司1990年版，第93—96页。

济),就必须依据《德国刑法典》第 264 条(诈骗救济金)和有关保护国家补助的法律来追究其刑事责任。即使这部法律在审判时失效了,行为人的刑事责任也不能免除(需行为时法律有效)。在德国的实践中,涉及"限时法"的案件还有与经营管理、价格规定、税收和关税方面有关的案件。①

在日本的实践中,有关限时法的判例是有变化的。日本刑法典中并没有像《德国刑法典》第 2 条第 4 项那样的关于限时法的明确规定。但在实践中,却有类似的判例。然而,这些判例对限时法的态度却有所不同:有主张可以免除刑罚的。例如,日本临时限制转移马匹的法律(省令)委托政府有限制马匹转移的权限,规定了对违反这种限制的罚则。被告人的行为属于违反省令所规定的限制(行为时违反该省令),由于审判时这一省令已改正,遂成为没有违反限制的案件,作为刑罚已废止而宣布免予起诉。② 也有主张追究刑事责任的。例如,《日本道路交通取缔法》施行令原来是禁止两人乘坐附带发动机的自行车的,但后来的《日本道路交通取缔法》第 23 条第 1 项修改了这一规定,解除了这条禁令,但也应该处罚在法律修改前有两人乘坐的情况。③

日本采用限时法的理由是:限时法基于特定目的,在一定期限内禁止、处罚特定犯罪行为。如果行为人在此期限内实施了特定的犯罪行为,就应按照限时法进行处罚;否则,在临近期限届满时实施犯罪行为,期待审判时废除限时法因而免受刑法处罚的案件会大量增加。④ 持肯定限时法观点的人认为,如果经过上述有效期间后不再处罚该有效期间内的行为,那么,该有效期间越临近终了,就越能推迟诉讼而摆脱刑罚。实际上,没有预想到处罚的可能性就会做出无视法律的行为,从而产生不能达到法律目的的危险。⑤ 另外,也有持否定见解的。他们认为,限时法违背罪刑法定原则,因为所有的法律都是针对特定时期和特定情况而制定的,没有永恒不变的法律,从该定义上讲,所有的法律都是"限时法"。因此,在限时法失效后再处罚该法效期间的行为是不妥当的。除非法律明文特别规定经过其有效期间后仍要处罚其有效期间内的行为。⑥

我国刑法中没有类似《德国刑法典》第 2 条第 4 项的规定。因此,可以说,我国刑法中并没有明确的关于"限时法"的规定。但我国仍然存在空白刑法罪状因行政管理法律法规的变化或存废而产生的是否构成犯罪的问题。

笔者认为,空白刑法罪状因行政管理法律法规的变化或存废而引起的构成犯罪与否的问题,大体可分成以下两种情况。

第一,限时法的废除是由于某种状态的消失,这时,对时限经过后发现的在该法

---

① 参见王世洲:《德国经济犯罪与经济刑法研究》,北京大学出版社 1999 年版,第 126 页。
② 参见日本大判昭和 13 年(1938 年)10 月 29 日刑集 17 卷,第 853 页。参见〔日〕木村龟二主编:《刑法学词典》,顾肖荣等译,上海翻译出版公司 1990 年版,第 94 页。
③ 参见日本最判昭和 37 年(1962 年)4 月 4 日刑集 16 卷,第 345 页。参见〔日〕木村龟二主编:《刑法学词典》,顾肖荣等译,上海翻译出版公司 1990 年版,第 95 页。
④ 参见〔日〕大塚仁:《刑法概说(总论)》,有斐阁 1997 年版,第 71 页。转引自张明楷:《刑法学》,法律出版社 2003 年版,第 88 页。
⑤ 参见〔日〕木村龟二主编:《刑法学词典》,顾肖荣等译,上海翻译出版公司 1990 年版,第 94 页。
⑥ 参见〔日〕木村龟二主编:《刑法学词典》,顾肖荣等译,上海翻译出版公司 1990 年版,第 94 页。

有效期限内实施的行为,仍应依限时法处罚。试以我国《刑法》第30条规定的"妨害传染病防治罪"为例,该罪以"违反传染病防治法的规定"为前提,以"引起甲类传染病的传播或者有传播的严重危险"为后果,是典型的空白刑法罪状犯。当某种甲类传染病被人类彻底征服,从法律法规列举的名单中消失后,妨害该甲类传染病防治的行为就不再构成犯罪了,这是没有疑问的。但此后发现某A在该法有效期间实施了妨害传染病防治的行为,对某A是否仍以《刑法》第30条之罪追究其刑事责任呢?笔者认为,仍应追究。这是因为此时限时法的废除是基于某种状态的消失(某种甲类传染病已被人类征服),而某A在限时法有效期间实施的行为仍然违反了社会伦理道德,同时也具有违法性和社会危害性。行为本身的无价值判断没有改变,刑法的构成要件也没有改变(此时应适用行为时的限时法)。实际上,符合构成要件的事实也没有改变。

第二,限时法的废除是由于对行为本身的判断发生了变化,这时,对时限经过后发现的在该法有效期内实施的行为,就不再按限时法处罚。例如,我国1979年《刑法》第117条规定有投机倒把罪,当时往往将长途贩运钢材等物资的行为作为犯罪处罚。1997年《刑法》取消了投机倒把罪。虽然1997年《刑法》第225条规定有非法经营罪,但已不将长途贩运钢材的行为视为犯罪。这是因为立法者对长途贩运钢材行为之本身性质的看法发生了变化:在市场经济条件下,这种行为不再具有社会危害性。按我国《刑法》第12条规定的从旧兼从轻原则,对发生在旧法有效期间的长途贩运钢材的行为,不再追究刑事责任,也可认为是不再按当时的限时法处理了。当然,长途贩运钢材的行为之所以不处罚,既是工商管理法规发生了变化,也是刑法发生了变化(取消了投机倒把罪)。

随着时间的推移和形势的发展,在刑法(特别是含有空白罪状的经济刑法)条文持续有效期间,作为补充规范的行政管理或经济管理法律法规却不时失效或生效的现象会越来越多。限时法问题将会摆在我们面前,值得予以充分的重视。

论法律干预经济生活的适度性*

——以党中央确立的"十二五"发展主线为视角

"加快经济发展方式转变"是"十二五"期间的发展主线。加快转变经济发展方式，是我们党在深入探索和全面把握我国经济发展规律的基础上提出的重要方针，是关系国民经济全局紧迫而重大的战略任务。加快转变经济发展方式，就是要作出如下转变：在需求结构上，促进经济增长由主要依靠投资、出口拉动向依靠消费、投资、出口协调拉动转变；在产业结构上，促进经济增长由主要依靠第二产业带动向依靠第一、第二、第三产业协同带动转变；在要素投入上，促进经济增长由主要依靠增加物质资源消耗向主要依靠科技进步、劳动者素质提高、管理创新转变。

这是基于以下原因：第一，法律规范和程序比较明确，各方当事人或相关人员对问题解决的方法方式、周期长短、成本支出和预期收益都能了然于胸，能够比较理性地计算利弊得失并作出判断。而其他手段要么是一事一议，要么是在一段时间针对某些特定对象而实施，往往缺乏稳定性和公共知晓度。第二，法律经过严格的立法程序而出台，法律规范和程序在制定时已经综合考虑了各方面利益的平衡，考虑到公平公正、便民利民。在解决旧矛盾时防止引起新的矛盾和冲突。第三，大多数法律由专门机构和专业人员负责实施，基本上都经过专业培训或专门训练，并有经费、编制、职数的配置，能更好地发挥保障作用。第四，法律一旦制定出来就要通过官方公报和各种媒体向全社会公布，公众知晓度高，公信力和稳定性都强。第五，其他手段的实施必须以法制手段为前提，都不能违法。政策手段、经济手段和行政手段的实施必须依法进行，至少是不得与法律相违背。第六，就保障经济发展方式加快转变这件事而言，我国已经制定了很多法律法规和多层次的配套性规范文件，主要涉及民商法、经济法、行政法、刑法和相关诉讼法。不论是实体法还是程序法，内容都比较完备，实际上已经"有法可依"。同时相应的行政执法和司法机构也都已经建立起来并有效运作了几十年，取得并积累了比较丰富的经验。同时，我们要注意法律在保障经济发展方式加快转变的过程中也必须注意其介入的适度性问题。从层面上进行划分，它可以分为立法上的适度性、执法上的适度性和司法上的适度性。立法上的适度性要求立法机关在制定法律时能综合考量该法律关系所涉主体的利益和诉求，平衡各方合法权益，制定出适合国民经济发展水平、促进社会进步、具有低成本高效益的良法。执

---

* 原载于《政治与法律》2011 年第 7 期。

法上的适度性和司法上的适度性乃是要求执法机关和司法机关在适用法律时依照法律规定办事,但同时结合实际问题和案件的具体情况,将惩办与宽大的理念深入到工作中的每一步,营造宽严适度、宽严相济的良好法治环境。笔者所论及的法律干预经济生活的适度性主要是指立法上的适度性问题,本文重点讨论知识产权法律保护的适度性、刑法介入经济生活的适度性等问题。

一、知识产权法律保护的适度性问题研究

有人将"十二五"期间的发展主线"加快经济发展方式转变"概括为"创新驱动、转型发展"。"创新"就对现阶段的法律制度和环境提出了新要求。"科技创新"要求在法制建设中寻找"保护知识产权"与"引进消化和仿制"先进技术之间的平衡点。对知识产权保护不力,则容易引发知识产权侵权案件的激增,不利于对知识产权人利益的保护,打击社会进行科技创新的积极性,最终会阻碍一国技术水平的进步和发展。但对知识产权的过度保护和对知识产权的保护不力一样都有巨大的危害。这就涉及对"模仿创新"的法律规制问题。

经过改革开放以来近30年的发展,虽然我们的科技水平和创新能力有了大幅度提高,但不管是沿海地区还是内地,从总体上讲,仍然应按"引进消化""模仿创新"和"自主创新"三种方式同时进行"创新驱动"。沿海发达地区人才、资金和技术条件相对好一点,"自主创新"能力也强一些,但在现阶段其经济发展仍不能放弃"引进消化"和"模仿创新",更不用说内地和经济不发达地区了。模仿创新是自主知识产权获取的必由之路。任何一个国家的发展,其从无到有的过程其实就是引进吸收以及消化的过程,只有经历模仿创新的积累和再创造,才能最终向自主创新转化,从而创造出自主知识产权,所以必须对创新过程中的"借鉴""模仿"和"再创造"而产生这样那样的问题,进行法律上的研讨和规制。在这个问题上,有关方面和部门应取得共识,明确将"侵犯知识产权"与"引进消化"或"模仿创新"区别开来,制定一些切实有效的措施,保护中小型企业创新创业,达到既保护这些群体学习和借鉴的权利,又保护知识产权的目的。

如何在法律允许的范围内拓展模仿创新的空间,是我国企业进行模仿创新的首要前提。通过知识产权法和反不正当竞争法对合法模仿行为的界定,规制侵犯已有知识产权以及破坏市场竞争秩序的非法模仿行为,联系实际,不断补充完善法制建设,在立足我国国情的基础上,加快对技术创新相关法制的建设,成为目前我国科学技术立法的当务之急,也是我国知识产权战略运用的重点。①

模仿创新是指在经济运行中,后动经济行为主体受先动经济行为主体的影响,在经济利益和规避风险动机的驱使下,学习先动经济行为主体的一种经济行为,并且此种经济行为有利于人类社会福利的增长,有利于保持社会正常秩序,而不是损害整体

---

① 参见《加快经济发展方式"三个转变"的重大理论意义和实践意义》,《人民日报》2007年11月29日,第2版。

福利的增长或者是即使有利于福利增长却以社会正常秩序的大大破坏为代价。它和盲从模仿有着本质区别。尽管各国关于盲从模仿的构成要件并不相同,司法上对于盲从模仿的含义未作统一阐释,但是,我们仍然可以从是否违背市场竞争中诚实信用的原则,是否使竞争对手的商品或其出处引起混同这个标准作为判定盲从模仿行为的主要依据。对于盲从模仿,必须予以打击。如果允许不正当的盲从模仿行为的话,将会严重地损害市场主体对创新成果的生产激励。[①] 而对于模仿创新,则应当受到足够重视和法律保护。

现有的《中华人民共和国专利法》《中华人民共和国商标法》《中华人民共和国著作权法》《集成电路布图设计保护条例》《中华人民共和国反不正当竞争法》以及商业秘密相关制度,为模仿创新留下了一定范围和余地,但仍存在一定研究和改进的地方。我们应当确立模仿创新的途径并对相应的立法进行完善。

首先,我们应积极开展反向工程,通过对合法取得的产品进行全方位的分解研究,探寻其具体技术方案。最高人民法院于 2007 年 1 月颁发的《关于审理不正当竞争民事案件应用法律若干问题的解释》中对反向工程的规定就为模仿创新的进一步发展提供了有力的法律支持。[②]

其次,应完善专利档案,将专利的相关情况汇总存档,以备模仿创新者进行信息的选择,并借助专利档案的有关信息,防止非法模仿的出现,避免模仿企业卷入知识产权纠纷,使自身在经济上和形象上蒙受巨大损失;同时能利用充分的信息资源研究技术引进中专利的保护范围和适用年限,以支付合理的对价。

再次,我们应规范和健全知识产权中介服务体系,积极为各方提供全方位、优质、通畅的信息服务,充分发挥整体功能,消除由信息不对称等因素所致的交易和再创新障碍。

最后,应大力完善知识产权法体系,创设最佳的专利保护期和范围,对不同产业根据其周期和成本而设定专利;同时也要完善相关配套法律措施,促进科技成果转化法及相关法规和政策的建设,充分利用市场管理法来消除技术创新的障碍。

二、刑法介入经济生活的适度性问题研究

在加快经济发展方式转变的过程中,必然会出现一些钻法律漏洞,甚至是严重扰乱社会经济秩序的违法犯罪行为。例如,企业在创新过程中会因为"借鉴""模仿"和"再创造"而产生这样那样的问题,甚至有打"擦边球"的现象,对此,有关机关和部门不宜动辄上纲上线地以"保护知识产权"为名进行严厉打击。再如,经济发展方式转

---

① 参见何炼红:《盲从模仿行为之反不正当竞争法规制》,载《知识产权》2007 年第 2 期。

② 最高人民法院《关于审理不正当竞争民事案件应用法律若干问题的解释》第 12 条规定:"通过自行开发研制或者反向工程等方式获得的商业秘密,不认定为反不正当竞争法第十条第(一)、(二)项规定的侵犯商业秘密行为。所称'反向工程',是指通过技术手段对从公开渠道取得的产品进行拆卸、测绘、分析等而获得该产品的有关技术信息。当事人以不正当手段知悉了他人的商业秘密之后,又以反向工程为由主张获取行为合法的,不予支持。"

型意味着资源开发方式会发生转变,产业结构将进行升级。这一过程必然会涉及企业经济组织的兼并、重组和结构调整。我们可以注意到,改革开放以来,企业的成立、发展和壮大经历了不同的阶段,有的情况比较复杂。我们必须尊重历史、尊重实际情况,实事求是地解决历史遗留问题,既按照《中华人民共和国企业国有资产法》保护国有资产,又不能随便给有关人员扣上"国有资产流失"的帽子。已经重组成功,经济效益、社会效果都比较好的,就应稳定下来,不能因个别瑕疵或有个别人闹腾就轻易作出反复。这实际上就涉及刑法介入经济生活的适度性问题。

所谓刑法介入经济生活的适度性,是指刑法干预社会经济生活必须适当,既不能过度,也不能不足,既要严厉打击严重的违法犯罪行为,保障社会维持所需的最基本秩序,又要给予社会经济活动主体足够的自由度。详细而言,刑法介入经济生活的适度性可以通过以下三个原则来判断:刑法的必要性原则、刑法的相当性原则以及刑法的可操作性原则。

刑法的必要性原则,又称为最后手段性原则,指的是如果利用其他非刑罚手段可以控制违法行为时,就不应当以刑法加以规制。"刑法只不过是保障社会生活中已经被实施的行为规范的顺利实行而已。因而人们往往把刑法称之为二次性规范或保障性规范。"[1]"社会只在迫不得已的情况下才能规定并运用刑法(罚)。"[2]在整个国内法律体系中,刑法以外的其他部门法,是控制社会的第一道防线。在调整社会经济关系时,应当首先充分发挥其他法律如民事法律和行政法律的作用,理顺相应的经济法律关系,营造良好的基础性法治环境。只有当行为达到相当高的社会危害性程度,在其他法律不能有效打击违法行为时,刑法才有介入的必要。

刑法的相当性原则,又称为超量禁止原则,即在刑法介入有必要的情况下,还要考虑它介入的程度,以与犯罪行为的社会危害性具有相当性为准则,做到罪刑相适应,不同社会危害性的行为配置不同程度的刑罚。

刑法的可操作性原则是指刑法在确立其干预范围时,还必须考虑刑法的实效性即刑法的实际可执行性。如果刑法作出了规定,而可操作性和可执行性差的话,就会适得其反,造成刑法适用的混乱,从而损害刑法的权威性和公平性。

三、保障经济发展方式加快转变的若干法律建议

为了在新形势、新起点下进一步保障经济发展方式加快转变,特提出以下四个建议。

(一) 倡导和树立科学的法治理念

完善法制环境,必须以社会主义法治理念[3]为指导,同时又必须树立以下一些

---

① 李海东主编:《日本刑事法学者(上)》,法律出版社、成文堂联合出版 1995 年版,第 252 页。
② 陈忠林:《意大利刑法纲要》,中国人民大学出版社 1999 年版,前言。
③ 其具体内容为:党的领导、服务大局、依法治国、公平正义、司法为民。

理念。

一是树立服务大局的理念。各级司法机关、行政执法机关及其工作人员和法律服务工作者都要以国际化、现代化、战略化的视野,着力保障、倾心服务于改革发展稳定的大局,在依法办事的同时,实现法律效果和社会效果的统一。

二是树立尊重贸易惯例、金融惯例和交易规则的理念。尊重惯例和交易规则是商法的基本原则。在科技创新和金融创新领域,立法往往相对滞后,专业性又很强,这时规范交易市场、维护交易秩序通常不得不借助交易惯例和交易规则。同时,由于我国金融创新起步较晚,某些金融产品的创新也借鉴了一些国外的经验,因此,在对这些产品进行鉴别、评判和审理时,有必要参考国外一些较为成功、成熟的做法。当然,与此同时,我们也不能忽视对国际金融风险和其他经济风险的防范。要充分注意考虑地域、行业以及国际社会对这些交易惯例的认同度、内在价值、正负效应是否符合我们的国家利益,积极寻求安全与效率、成本与收益的协调统一,引导科技创新和金融创新朝稳定、健康的方向发展。

三是树立促进和维护创新的理念。企业是创新的主体,也是经济转型的微观载体。创新主体创造力和活力的激发,离不开较为宽松的法制环境。对于创新中产生的新型法律关系和新类型纠纷,司法机关和政府部门既不能因为没有成文法的明确规定而拒绝过问,也不能笼统地采取怀疑、否定态度,而应当积极支持鼓励。对创新和转型中的不合理、不周到之处,积极提供可行的化解手段和解决途径。在对偏离轨道的创新行为及时加以纠正的同时,也应对创新这种新生事物给以合理的发展空间。

四是树立司法保障应最后出手的理念。促进和保障"创新驱动、转型发展"有多种手段,比如,有行业协会或行业公会的自律管理和维权手段、行政机关的行政管理和保护手段、司法手段中又有民事和刑事之分。应当树立先穷尽其他手段,然后才使用司法手段的理念。而司法手段中应先穷尽民商事手段,最后才是刑事手段。同时在诉讼与非诉讼关系上,也应先穷尽非诉讼手段,尽可能先用调解、仲裁等方式,不断加强多元的矛盾和纠纷的解决机制。

五是树立衡平保护的理念。在加快经济发展方式转变的新形势、新起点下,不仅要求衡平保护投资者、消费者与劳动者的关系,衡平保护知识产权与引进消化、仿制先进科学技术的关系,还要求衡平保护不同所有制企业的创新活动、政府与企业之间的关系、垄断性行业企业与普通企业之间的关系,等等。对在市场上处于强势的机构,特别是垄断性机构,法律通常会让它们在某些方面承担较多的义务,比如信息披露、格式合同条款的告知和风险告知义务等,以保护相对方的合法权益。当然,对这些强势机构的合法权益,法律也给以平等保护。

(二) 不断完善法律保障机制

法制和制度有密切联系。制度又可以区分为体制和机制两个方面:体制涉及权力的配置或权力的结构与组织;机制往往涉及权力的运行。法制则是以法律的形式将制度固定下来。法制保障比政策优惠、税收减免等措施更稳定、更明确、更长久;但它也离不开一系列机制的运行，这样才能有效发挥作用。围绕着"创新驱动、转型发展"（以下简称"创新发展"），建立下述机制很有必要。

第一，对创新企业和行为的鼓励机制。主要是通过降低设立创新企业和行为的准入门槛，扩大并保护其经营活动，简化各种登记注册手续等法律措施来实现。当然，如果税收征管法对创新企业和转型升级企业能明确特殊的税率待遇，那也是一项有力的法律措施。

第二，创新产品和行为的识别评估机制。建立该机制的目的在于，从众多自称创新的产品和行为中甄别出合理有效、有发展前景的东西来。为达到此目的，一是要确立识别评估的法定程序和相应的机构；二是要确定评估标准或相应的评估指标体系；三是构建明确的认可制度（颁发权威授权证书）。现有的专利申请和授权制度，大体上具备了这三项要件，且有法律保障措施。专利制度可以涵盖大部分的科技创新和金融创新，对专利制度不能涵盖的创新产品和行为，也要按上述三个要件进行识别和评估。

第三，创新进程控制与风险防范机制。创新的进程控制包括以下内容：对创新主要环节点的控制，实施主体资格和标准的控制，监管机构介入干预的准则、标准和方式，创新试点与扩散、传播的范围和程序，创新主体在各个环节需要承担的责任和享有的权利。创新本身就是伴随着一定风险，如果再掺入某些人为因素①，风险就会成倍地上升。为了改变这种情况，首先必须强调创新目的是为客户盈利并减少风险，而不是成倍提高自己伴随高风险业绩的提成回报。其次，强调透明度问题。没有透明度，没有风险告知，"买者自负"的原则就是片面的。制造或销售产品的机构应当把创新产品的风险和所有的相关信息披露给买者，否则也要负责任。透明度还包括卖者必须告知买者，你最多亏损多少、我赚多少、你赚多少，等等。再次，针对不同的客户应有不同的风险告知和披露。客户可以分成专业机构、专业个体投资者和普通投资者三类。金融创新产品的风险应当平等披露给他们。但对投资者应格外关注，因为你把那么复杂的产品卖给他们，他们当中有很多是退休老年人，责任应在卖者身上。金融机构在卖高风险产品时应有一定的流程保护客户，不能误导客户。此外，创新产品的风险防范，政府监管机构负有重大责任。例如，建立应对风险预案、监控风险并适时发布，创新信息的汇总、分析和发布，创新活动与传统活动相互关系的处理和协调等。其中最重要的是监控风险并建立预测预警机制。

第四，创新危机化解与善后机制。科技创新、金融创新可能会产生不测或失控，从而引发金融危机或其他危机，这时就要有强有力的危机化解与善后机制。其具体如危机评估机制（包括对危机性质、起因、后果等的研判），应对启动机制，危机应对预案启动机制，危机处理责任归属机制，危机联合应对协同方案，危机损失补偿机制，等等。

---

① 比如经营者为追求自身高额薪酬，而使金融衍生产品脱离实体经济疯狂增值，并将这种产品销售给客户。这种积累了巨大风险的产品是金融机构高管与客户利益冲突的产物。

第五,与创新相关的行为的惩戒机制。需要惩戒的与创新相关的行为主要是指打着创新名义进行的诈骗或创新中的违法违规活动。一是诈骗活动,主要有两种:一种是打着创新旗号在高新园区骗启动资金、骗低价或免费用房、骗各种优惠政策带来的好处;另一种是通过各种不正当手段骗专利或专利证书以及骗金融许可证等。二是创新活动本身故意严重侵犯了他人的知识产权或其他合法权益。三是对创新活动有重大失误或严重失控,因而导致重大损失或严重社会后果。对以上三种情况的直接责任人应当进行处罚。

上述五项机制的运行,都离不开法律制度。根据不同情况,有的依靠得多一些,比如上述惩戒机制,就主要依靠相关行政法和刑法;有的则相对少一些,比如上述鼓励机制,则主要依靠政策和行政手段。从总体上讲,目前和上述五项机制相配套的法律、法规及相应的规范性文件都已具备,只是从内容上还需要进一步完善,以适应新形势的要求。这也是完善创新发展法制的重点。

(三) 完善法制环境,必须加强基础性制度供给条件的建设

所谓基础性制度供给条件,既包括法律、法规等正式的制度安排,也包括商业文化传统、股权产权文化传统等非正式的制度安排。相比较而言,后者更不容易获得,但在很多情况下它对维系市场经济有序运行更为重要。由于我国社会主义市场经济30年来发展过于迅速,法律法规等正式的制度性安排总算勉强跟上了;但非正式的制度性安排却不能吻合,特别是契约精神、诚信原则和股权产权至上等核心因素没有被一些企业或政府机关接受并实践,也没有被投资者广泛认同,因而出现了许多不规范的行为,甚至是违法行为。比如,在一段时间里,大股东把上市公司当成提款机的现象很普遍。证监会虽然三令五申要求归还,也采取了很多有力措施,但这一问题的基本解决仍花了好几年时间。这种情况在其他国家是很难想象的。此外,还要处理好常规运作和非常规运作的关系。常规运作就是依法办事,依法行政,按规则出牌,按程序操作。非常规运作,就是灵活机动。"灵活性"可以优于"原则性"。上述两对关系处理不好,就会造成体制资源流失并削弱创新和转型发展。

(四) 完善法制环境,必须注意保持长期以来形成的、在实践中被证明是行之有效的做法

完善法制环境,离不开继承传统,例如,走群众路线、专门机关与群众路线相结合、惩办与宽大相结合、集中整治专项活动,等等。有人说,这些都过时了,是"运动式"的做法,"有始无终",是"治标不治本",等等。但从近年来开展的"打击非法证券专项整治行动"等多项整治行动的效果看,不仅惩治了大批违法犯罪分子,遏制了非法证券活动的猖獗势头,而且还建立了防范长效机制,使政法机关和行政机关形成合力。因此不但"有始有终",而且"治标又治本"。

展望今后10年到15年,我国经济发展转型升级,将更具市场化特征、更适应国际化与全流通需求。科技创新和贯穿于投资、融资、交易、产品等整个市场体系的治理

举措、创新制度等将会不断地推陈出新。市场格局、创新业务和产品、交易行为方式等也将面临多方位的变革和激荡。任何一次经济与产业结构的调整和升级都是一项社会财富再分配的过程。我国现在已经建成中国特色社会主义法律体系,与此相伴,我国社会主义市场经济体系得以建构,其内生机制也得以形成。今后 10 年,我们将面临一次从"有限开放"的市场走向国际性市场的再造过程,法制环境将发挥越来越重要的作用。

战后日本经济刑法和经济犯罪研究的演进[*]

日本学界对战后日本的经济刑法和经济犯罪的研究,是根据当时经济犯罪的现实和惩罚经济犯罪的刑法展开的。其研究的进程大体可分为:①战后的混乱时期(1945 年至 1952 年)和经济重建时期(1952 年至 60 年代末期)的经济犯罪理论;②经济高速增长时期(20 世纪 60 年代末期至 70 年代末期)的"企业犯罪"论;③20 世纪 70 年代末期开始的"新经济刑法理论"。在各个不同时期,经济刑法和经济犯罪的研究具有不同的特点。

一、战后混乱时期和经济重建时期的经济刑法与经济犯罪理论

(一) 战后混乱时期的经济刑法与经济犯罪理论

战后初期,日本经济出现了前所未有的混乱和疲敝。当时,日本力图在美国的占领体制下,克服混乱,复兴经济,实现统制经济体制向自由经济体制过渡。但是,当时日本物资极度匮乏。为了重建经济,维护国民生活的安定,战时的那种经济统制在那一段时间内仍不可少,所以占领军也继续采用经济统制的管理政策。随着经济逐渐复苏,经济统制逐步由直接统制变为间接统制,以至于最后许多统制性措施都被废除,并逐步实现向自由经济体制的过渡。在此期间,新的立法不断产生又不断变化,一般国民难于应付。尤其在违反经济管理法令的活动中,人们确实感受到了"民众与法律之间的隔膜"。

当时以井上正治为代表的学者们对经济统制法令作了批判。他们认为,战时经济刑法理论使侵略战争和国内的战时体制正当化,因此,战时的统制经济立法是完全背离国民道义的责任感情的。特别令人注目的是人们围绕违反经济统制法令的"期待可能性理论"的适用所展开的议论。这是一种在战后混乱时期避免对经济罪犯进行不当处罚的理论,可以缩小打击面,对否定下级审的刑事判例有一定影响。

为了促进财阀解体,防止新的垄断集团产生,日本于 1947 年制定了《禁止垄断法》,但其刑事制裁的使用仅仅停留在文字上。不久该法就逐渐向缓和垄断规制的方向修正。在实际运用中,通常以规避该法制裁的行政指令占优势。这样,以禁止垄断法为核心来确立经济刑法理论的现实基础就显得很薄弱。

---

* 原载于《上海社会科学院学术季刊》1991 年第 3 期。

（二） 经济重建时期的经济刑法和经济犯罪理论

《旧金山和平条约》生效（1952 年）前后，日本进入战后资本主义的确立和发展时期。随着国家对企业发育成长的干涉和对企业补助的增加、国家资本投入企业的活跃，调整这些活动的立法不断出现。特别在 20 世纪 60 年代后半期以后，资本的自由化促进了以大企业为核心的企业重组，与此相适应，形成了与这种经济政策相配套的法制度。但在这些法制度中，刑罚的规制很少，并且禁止垄断的法制在 1953 年修改的《禁止垄断法》中大幅度地减少了。

在这一时期，统制经济刑法的研究失去了对象，以《禁止垄断法》为中心的经济犯罪和经济刑法的研究失去了现实的基础。在这种客观条件下，"公司犯罪研究"以及基于所谓"经济交易与犯罪"为视点的研究却有了进展。这些研究多多少少受到萨瑟兰所开创的白领犯罪研究的影响。公司犯罪理论将那些把公司的财产作为私人财物，把公司作为侵害对象的工作人员的行为作为研究的焦点。同时也强调公司或者其工作人员是犯罪主体这一侧面。与此相反，所谓"经济交易与犯罪"的视角是在刑法的财产犯罪之中的。为了维护健全的交易秩序，进而保护在交易中的私人利益，《日本刑法》设立了欺诈罪、侵占罪以及业务上的侵占罪、背任罪以及伴随着这些罪行的伪造文书罪、伪造有价证券罪等，研究这些罪的刑事制裁的定义和界限，在那段时间里比较盛行。

1. 白领犯罪的理论

1955 年，萨瑟兰的《白领犯罪——垄断资本与犯罪》的日译本出版了。众所周知，萨瑟兰否定了犯罪集中发生在下层阶级的传统观念。他指出，中上层的白领阶层犯罪在增多。金钱性被害的危害在加剧。他还证明了这些人的犯罪罪恶感薄弱，犯罪观幼稚，其犯罪种类除了贿赂、背任、侵占、伪造文书、滥用职权、诈骗等以外，还有妨碍交易、操纵金融等，范围非常广泛。虽然萨瑟兰理论本身受到不少批评，但对日本战后的经济犯罪和经济刑法的研究仍然具有持续的影响。

前田信二郎的《犯罪社会学的诸问题》（1955 年）把财产犯罪分成以盗窃为中心的穷困的利欲犯和以惯骗为中心的营利的智能犯两大类，他一方面介绍了萨瑟兰等人的白领犯罪的理论，另一方面把白领犯罪放在发展、扩大智能犯的地位上，认为它具有与政治犯罪、官僚机构密不可分的非刑法犯的性质。在此基础上，还叙述了日本的各种白领犯罪，如垄断企业型、诈骗欺匿型、敲诈型、官僚型、恶霸型等。

2. 公司犯罪理论

在这一时期，受萨瑟兰把公司工作人员损害公司的行为作为重点的白领犯罪理论的影响，日本学者们发表了许多从法解释论视点出发的著作。河井信太郎的《股份有限公司工作人员的刑事责任——商法罚则的研究》（1958 年初版，1963 年新订版，财政经济弘报社），概括性地论述了公司工作人员的刑事责任。作者在这本书中对股份有限公司在设立、经营、组织变更、撤销等各个阶段中公司工作人员的刑事责任作了分析说明，探讨了资本主义经济社会的病理现象的理论与实践。该书把公司工作人员的刑事责任分为两种,一种是对公司的违背任务,另一种是对股东及公司债权者的违背任务。前者以特别的违背任务罪为中心而构成,作为其补充的有:取得禁止取得的本公司的股票、违法红利、投机交易、合谋假装支付股金、收贿超额发行、逃避支付责任等;后者包括对股东大会的虚假报告,对公司有损害的行贿、操纵卖出方面的申报、报告的行为等。在法律领域,以商法的罚则为中心,涉及证券交易法、禁止垄断法、税法以及刑法的业务上侵占、违背任务等财产犯罪。伊达秋雄、津田实、河井信太郎的《公司犯罪的理论和实例》(1959 年)是实际工作者所写的著作,关于公司和法人犯罪,从实务上、法制上或者审判上最主要的一些问题,它都提到了,而且给予它们以理论体系和丰实的事例。前田信二郎的《公司犯罪的研究》(1968 年)也是从法律的角度来论述企业经营者的犯罪的。因此,对商法罚则的其他条款(如第 226 条第 1款),如以董事违反忠诚义务为中心也进行了理论上的探讨。具体地讲,对特别违背任务罪,竞业行为、暗中奖赏、动用公司资本分红、在公司目的以外支出等行为,都是危害公司财产的犯罪,非法接受预付或特价的股票的刑事责任,贪污、对公众进行虚伪表示等,关系到证券交易法上的犯罪,都进行了研究。

二、经济高速增长期的"企业犯罪"理论

自 20 世纪 60 年代以来,在日本经济高速增长的同时,各种社会问题也大量涌现。以公害问题为首,药物危害、企业灾害、逃税、以石油冲击为契机而进行的囤积居奇、黑色卡特尔·洛克希德事件等一连串的行贿受贿案,企业的一系列反社会行为引起了人们的极大关注。这些事件,许多都与一流或超一流的能够代表日本的大的企业组织有关。针对这种社会状况,公众舆论不仅对企业的这些反社会行动从伦理上加以指责,而且要求从法律上追究责任。在刑事法的研究上,学者们从"企业犯罪"的角度来把握经济犯罪的动向,提出了"企业组织体责任论"等新理论。

藤木英雄教授在其著作《公害犯罪》(1975 年)及《公害犯罪和企业责任》(1975年)中指出:"应当从保护居民生命、健康的角度来讨论公害问题,最重要的首先是,它不是单纯地违反规章或发生了令人遗憾的灾难,而是人的灾难、是犯罪,应将这种基本认识作为出发点。"强调了公害的自然犯、实质犯的性质,提倡企业组织体责任论。

针对企业的反社会行为,以藤木英雄、板仓宏两教授为代表的学者们,大力提倡从"企业犯罪"这一角度看问题。与"白领犯罪"理论只重视上层阶级的人物的刑事责任,"公司犯罪"理论重视公司的高级职员或一般职员损害公司利益,侵吞公司财产的犯罪等理论相反,"企业犯罪"则重视企业组织体本身的刑事责任,重视保护一般居民和消费者等企业外部的一般市民。

藤木博士对经济犯罪和经济刑法的观察角度是有变化的。他在《行政刑法》一书中给经济犯罪下了一个定义:所谓经济犯罪,是指"在自由经济的体制下,滥用或乱用经济交易的自由,用各种方法引起市场经济的混乱,或者在具体的经济交易中,给广大消费者和大众投资者造成很大的经济损失,而使自己获取更大经济利益的经济活

动,这种类型的活动是滥用自由而危害了自由经济体制的基础"。重要的是,藤木博士强调,为了保护消费者和大众投资者的利益,不仅要用刑法上原有的财产犯罪来对经济犯罪进行事后处罚,而且必须事先防止这类危害,强调以行政刑法进行规制。详言之,在经济法领域,国家必须根据经济法介入经济活动。刑事制裁实际上是行使各种权力的保证,当使用它时,这种刑罚的总体作为行政刑法的一个领域就构成了经济刑法,作为行政犯的一个领域,就构成了"经济犯罪"。作为"经济刑法"和"经济犯罪",主要包括:①国民生活安定紧急措施法、防止囤积居奇法和物价统制令;②违反禁止垄断法、限制不正当交易罪;③金融取缔与保护大众投资者;④围绕不动产交易的犯罪;⑤外汇管理方面的问题。

这种观点与他以前的观点有明显区别,他过去认为,"在我国,涉及欺诈、侵占、违背任务、行贿受贿等刑法上的犯罪的非法行为,构成了经济犯罪的核心"。这种观点上的差异,是由于自1970年以来"企业犯罪"的增多和多样化,对一般消费者和市民的经济利益的损害加剧而开始的。

板仓宏教授在《企业犯罪的理论与现实》(1975年)一书中指出:"从宏观上看,企业犯罪是现代资本主义经济制度的产物,作为是企业组织体的活动这一点看,与杀人等传统的犯罪有所不同。"他还指出,传统的理论是有利于作为社会强者的企业的,而"企业犯罪"论则是一种有利于居民、消费者、工人等社会弱者的新理论。作为企业犯罪的具体问题,有:①公害;②油污事故;③都市灾害,以大阪煤气爆炸事故为中心;④有缺陷的汽车;⑤药物之害;⑥经济交易与犯罪;⑦囤积居奇,不正当的高价交易;⑧老鼠会,连锁销售法等特殊的推销方法;⑨禁止垄断法的罚则;⑩公司犯罪;⑪逃税;⑫改正刑法草案的泄露企业秘密罪,等等。

板仓宏所编的《企业犯罪·商业犯罪》(1981年),主要论述了以下犯罪:①企业灾害;②企业交易上的犯罪;③经营者、职员的犯罪;④从业人员的犯罪;⑤逃税。其中,"企业灾害",包括公害犯罪,食品、药物事故,企业灾害、都市灾害等;"企业交易上的犯罪",包括非法协议,黑色卡特尔,囤积居奇,不正当的高价交易,不正当竞争,围绕金融、投资方面的犯罪,围绕证券交易、商品交易上的犯罪,毁损名誉信用、侵害无形财产权等;"经营者、职员的犯罪",包括围绕公司成立、股票发行的犯罪,公司财产的不正当处分与不正当交易,营业外支出,围绕股东大会的犯罪,公司在经营不良、破产时的犯罪;"从业人员的犯罪",有私吞回扣、佣金,业务外的交易与不正当支出,泄露企业秘密,等等。这里可以说是描绘了企业犯罪的整体形象。

企业犯罪这一视角是由藤木教授提倡,板仓教授继承和发展的。它与企业组织体责任论、有别于生活关系的刑事责任论都是密不可分的。企业组织体责任论的基本点是:"把法人等企业组织体本身作为犯罪主体,首先讨论将其组织活动作为一个整体来把握是否合适,这里,着眼于在其组织活动中所完成的作用,将每个个别行为者的责任分离出来。"它特别在有关企业灾害、公害等场合被主张。然而,有很多人认为,企业组织体责任论,恐怕要损害责任主义等刑法的古典性的保障原则。

三、"新经济刑法"理论体系化的尝试

1. 经济犯罪的动向

到了 20 世纪 70 年代末期，与市民反公害运动相适应，行政上对企业公害的政策有了一定程度的进步，公害作为一个社会问题也有了某种程度的缓和。公害罪法实际上很少被运用，只是一种象征性的立法。刑法学者对公害犯罪的关心，与 70 年代初、中期相比，显然已经淡化了。在 80 年代，以丰田商事案为契机，各种期货交易、空头买卖、老鼠会①、连锁销售办法②等各式各样的带有诈欺性的非法经商手法越来越活跃，严重损害了零售商的合法利益。以一般职员为对象的放债也成了社会问题，与地价高涨、地上物联系在一起的各种犯罪也更加引人注目。

在禁止垄断法的领域，最高法院确定石油卡特尔有罪，但禁止垄断法的刑事制裁在这以后极少被使用。1977 年修正的《禁止垄断法》所引入的课征罚金的制度却得到了一定程度的使用，同时，公平交易委员会的告诫也用得比较多。电子计算机技术的发展和普及导致 1987 年计算机犯罪立法的产生和刑法的部分修正。日美在许多领域经济摩擦的表面化，也引起了一些经济犯罪，例如 IBM 产业的间谍事件和 1987 年东芝机械违反巴黎统筹委员会规定的事件。以东芝机械事件为契机，修正了《外汇兑换法》，扩充和强化了安全保障条款。随着日本证券交易市场的国际化，规制知情人交易也成了立法的课题，经过修改的《证券交易法》从 1989 年开始施行。从 1988 年到 1989 年，大规模的带有结构性因素的里库路特案件的曝光，使规制政治捐款也成为立法的课题。这样，在 20 世纪 80 年代，当公害犯罪得到一定缓和后，恶劣的经商方法、侵犯一般市民利益的经济犯罪的危害加剧了，随着日本企业经济力量的增长，经济犯罪显示出国际化的倾向。针对经济犯罪的新动向，日本学界试图找出一些新对策。例如，在丰田商事等事件中，主张批评警察在揭发和追查方面的懈怠。

2. 经济刑法的法益论

与 70 年代针对各种具体问题的对策研究相反，在 80 年代的"经济刑法"的框架内，出现了从法律的角度出发的分析法益论，进而以它为轴心来实现"体系化"的研究动向。其代表是神山敏雄教授和芝原邦尔教授。

神山教授在 1981 年发表的《经济刑法的保护法益》一文中，考虑到东京高等法院对石油卡特尔的有罪判决，试图确定经济刑法的位置。他认为，经济犯罪应从统制经济秩序和自由的市场经济秩序这两个领域去考察。一方面，为了对付战争或恐慌以

---

① 老鼠会是指某些消费者以低于零售价的价格从生产厂家直接购入大批商品，然后将这些商品卖给他周围的熟悉的人，这种做法会损害零售商的利益和消费者的利益（有时购入的商品卖不出去，造成大量积压）。

② 连锁销售办法是指参加者（销售员）不断扩大其他人员加入销售网的做法。为努力扩大组织，把新参加者缴纳的部分或全部会费，或把参加者进货的批发利润分配给发展会员的人及成员中的晋升者。这种做法会使销售组织迅速扩大，但结果是使最基层的销售员的库存增加，这对加入者或消费者都有害，所以，有关上门推销的法律，严格限制这种"连锁销售交易"。

及在自由竞争原理不起作用的领域进行正当的生产和物资的分配,就出现了或暂时性的、或经常性的、或支配经济整体的、或支配部分经济领域的统制经济法,当感觉到最后非要用刑罚权的威力来进行保护时,就产生了对经济刑法的需求;另一方面,大企业或资本实力雄厚的企业家以经济实力为背景而滥用或侵害自由市场制度,就产生了保护以国民的经济利益为基础的,保护企业或企业家的经济自由和利益的必要性。这样,神山教授就把经济刑法分成统制经济秩序和保护自由市场经济秩序两个领域。而且,他把"刑法典的财产犯所不能容纳"的犯罪,界定为"狭义的经济犯罪",将"一般的消费者的经济利益"作为核心的保护法益。神山教授也指出,"经济刑法"概念本身是不明确的,仅仅是把除刑法典财产罪以外的经济刑法,称为狭义的经济刑法。因此,可以考虑广义和狭义的"经济刑法"概念。

神山教授在统制经济秩序和自由市场经济秩序这两个领域分析,经济犯罪所侵害的法益大致有以下五种形态:①一般消费者乃至国民经济生活中的经济利益(超个人的经济法益);②构成经济交易主体的企业、企业家、商人等的经济活动的自由以及经济利益(自由竞争的经济秩序及企业、企业家等的经济利益);③关系到国家经济制度的制度性利益;④当侵害了上述第①和②的法益或构成危险时,为了排除这种状态的国家作用;⑤为了防止侵害上述第①②③种的法益,进行事先预防的国家的作用。现行经济刑法虽然对侵害某些法益已经规定了刑事制裁,但这里仍有疑问。作为经济刑法的保护法益应当以一般消费者或国民的经济利益以及经济交易主体的经济利益为中心来考虑。关于第③种和第⑤种形态,原则上不应用刑罚,而应用行政罚和秩序罚来解决。

与神山教授的观点相似,近年来,芝原教授将经济刑法分成广义和狭义两种。所谓广义的经济刑法,是指"与广泛的企业活动和经济交易相联系的犯罪",这里有:①将保护个人或企业的财产作为主要目的的;②将保护一定的经济秩序本身作为主要目的的;③虽然在上述两个目的以外,但是,为了确保经济法规的有效性(这种法规是用来规制一定的事业或经济交易的),也包含着处罚违反行为的刑罚法规。第②和第③点与历来的"经济刑法"概念对应,可以称为"狭义的经济刑法"。狭义的经济刑法的概念是在战时经济体制下形成的,在战后混乱时期的违反经济统制法令的领域中得到确立。随着统制经济向自由竞争的经济秩序的转化,这种经济刑法的概念,也随着经济犯罪实际情况的变化而消失了。虽然日本制定了以维护自由竞争经济秩序为目的的垄断禁止法,但因违反该法而受到刑事追诉的案件几乎没有,把自由竞争经济体制作为前提的统一的经济刑法和经济犯罪的概念一直没有形成。

而且,在狭义经济刑法的领域施加刑事制裁的一般倾向,也受到以下一些批评。与统制经济时代不同,为了维持一定的经济秩序本身而施用刑罚的,现在几乎看不到。但是,即使是违反经济取缔法规,其态样侵害了市民的经济生活,当其盖然性相当高时,可以进行积极的追诉。而且,在关系到规制一定的事业或经济交易的经济法规的处罚规定的领域,对直接威胁市民经济生活的违法行为可以进行积极的检举揭发。因此,"在今后的经济刑法领域中,使用刑事制裁也要在行政性的规制等其他制裁手段的关系上,考虑其特殊的性质,比起狭义经济政策这一侧面来,保护一般消费者的利益,保护市民的经济生活应放在更重要的位置上"。而且,"关于经济刑法的处罚规定,随着其法规性质的不同,相竞合的保护法益的比重也是不同的,这一视点(所谓视点,是指看问题的角度。——作者注)不一定用直接的形式表现出来,这样的视点通常要考虑考察问题规定的必要性"。根据芝原教授的见解,广义的经济刑法,是特别刑法的一部分,这是没有分歧的。刑法上的各种财产罪,也包括各种伪造罪、贿赂罪、毁损信用妨害业务罪、逃避强制执行、妨害投标竞争、非法协议等罪。

神山和芝原都重视法益论,都将保护一般消费者的利益、保护市民经济生活作为重点。并支持由此而产生的积极的刑罚介入。从重视保护弱者这一点看,有板仓教授的"企业犯罪"的视点。但神山教授也把"作为经济交易主体的企业、企业家、商人等的经济活动的自由及经济利益",以及"企业等的财产"的保护当做经济刑法的重要的保护法益。"企业犯罪"的视角,是"从社会的强者——企业所带来的危害中保护社会的弱者——消费者和居民,这就是当今法律学的最重要的任务"。如果从这一立场出发,即使不积极主张保护企业的利益,似乎也可以。但这种倾向也在变化,对企业秘密进行刑法保护等具体问题也引起了人们的关注,这些都值得注意。

京藤副教授认为,把广义的经济刑法与经济活动联系在一起只不过意味着刑罚法规的一般,这里面既包含着保护个人经济利益的刑罚法规,也包含着保护国民经济利益的刑罚法规。当然,财产犯除外。而狭义的经济刑法只是意味着保护国民经济利益的刑罚法规。所谓竞争刑法,是根据经济刑法性质的一种分类,其中心是保护作为竞争制度的功能,那么,保护个人经济利益的刑罚法规也就可以包括在其中。

从这一立场出发,把个人利益作为经济刑法的核心构成要件是不妥当的。它主要保护作为超个人法益的国民经济的利益的本身。其中,具有侵害国民经济利益这一法益可能的,也可构成侵害客体,应当把它们理解为是对这种法益的具体危险犯和侵害犯。这种法益的构成不是制度本身,而是"制度的功能"。这里所说的国民经济的利益,本质上是和个人幸福联系在一起的。因此,可以认为有法益性,但其利益本身没有必要还原为个人利益。而且,在竞争刑法中,乃至于竞争制度中,不是竞争秩序,而是竞争制度的"机能"作为超个人的法益而受到保护。他认为,作为这种竞争刑法的刑罚法规,作为防止不正当竞争法的系列刑罚法规,是以确保竞争制度的存在为前提的。但保护竞争制度功能本身的是禁止垄断法。因此,处于竞争刑法中心位置的,是禁止垄断法中的私自垄断罪、不正当交易罪和刑法中的妨害投标竞卖罪。

3. 特别刑法中的经济刑法体系

特别刑法的体系是80年代的产物。伊藤荣树、小野庆、庄子邦雄等人编的八卷本的"注释特别刑法"是特别刑法注释方面的一大成果,其第五卷Ⅰ、Ⅱ相当于经济刑法编。内田文昭教授在第一卷总编中,执笔了"特别法的体系",在"经济刑法"体系的问题上,发表了以下一些议论:

> 由刑法典所规定的许多"财产犯",由于具有保护经济利益的功能而具备经济刑法的性质。刑法典以外的特别刑法,历来存在着保护经济利益的

法令,所以,也属于经济刑法。经济刑法这一名称的使用是相当明确的,从19世纪30年代开始,就有了各种经济刑法,在"战时"各种统制经济法令法律中,就有"经济刑法"。在当时整体主义的国家体制下,有必要进行强有力的经济统制,因此,当时的"经济刑法"有将处罚扩大化的倾向。

在"战后"日本以禁止垄断法为首的许多经济法中,都规定了新的经济刑法。最近,违反经济刑法的"违法性""有责性""未遂""既遂"等问题逐渐为人所关注。

根据内田教授的体系,行政刑法、租税刑法和劳动刑法是并列的,经济刑法只是特别刑法的一种。经济刑法的范围有:①刑法典中的财产犯或特别刑法中保护"经济利益"的法令;②战时整体主义的统制经济法令中的刑罚法规;③以战后法制国思想为前提的禁止垄断法中的刑罚法令,具有多方面的内容。以禁止垄断法为核心的经济法的罚则是经济刑法的基础。在经济刑法中,国家的法益是核心,法益从国家法益伸展推广到社会法益和个人法益。内田教授以法益为轴心,将其体系化了。

此外,从《注释特别刑法》第五卷经济刑法编的内容看,第Ⅰ部分是禁止垄断法、商法、证券交易法、外汇兑换以及对外贸易管理法、破产法、合同法、公司改善法的罚则;第Ⅱ部分是租税法、特许法、专利法、商标法、森林法、河流法、矿业法、渔业法、上门贩卖法等法律,还有关系到动物保护及狩猎的法律、赛马法、自行车竞赛法等的罚则,都详细加以注释。第Ⅱ部分无疑是关于产业法和保护无形财产权领域的罚则。还有一个特别刑法的大工程是平野龙一教授等人的"注释特别刑法"第四卷的经济编,那里列举了商法、防止不正当竞争法、专利法、商标法、著作权法及上门贩卖法等法律中的罚则。

四、小结

1. 经济犯罪概念的内涵和外延

在日本战时统制经济法的时代,违反统制经济法令的罚则被称为"经济犯罪"。随着战后自由经济体制的确立,"经济犯罪"和"经济刑法"被"公司犯罪""白领犯罪""企业犯罪"等概念所代替,其内涵和观察的角度都有变化,最近,所谓的"经济刑法""经济犯罪"的框架又风行起来。在这一框架中,人们对以下问题仍有疑虑:

第一,这一框架是社会学的还是法学的?第二,经济犯罪包括多大范围的犯罪和反社会的行为?只是限于维护竞争秩序呢,还是也包含财产罪和"产业法"上的规制,并包括违反租税法、劳动灾害、公害、药害等?是归入"企业犯罪"的框架,还是归入"经济犯罪"、经济刑法框架?第三,行为主体是组织体还是也包括特定阶层的自然人?第四,行为是限于经济交易,还是也包括生产过程中的事故、灾害(公害、劳动事故),甚至也包括政治过程中的违法乃至于反社会的行为(贿赂、围绕政治捐款的违法、违反附带企业的选举等)?第五,法益的侵害,是限于特定交易的对方,还是自己所属的公司,或者涉及不特定的多数人? 被害的是财产,还是也包含对身体和生命的危险(公害犯罪、环境犯罪、药害、劳动事故等)? 或者,还有上述以外的东西(如贿赂罪的法益等)? 第六,企业是被放在犯罪主体的位置上,还是被放在侵害法益的位置上?

2. 作为社会学、刑事学概念的经济犯罪

近年来,像以欧洲为中心所使用的经济刑法、经济犯罪的概念那样,在日本,经济犯罪、经济刑法的概念也在广泛使用。然而,将它作为法学的范畴使用,还是作为社会学的(刑事学)的范畴使用呢? 这是有争论的。芝原教授等人,直接借助于法的解释论,将经济犯罪和经济刑法作为法学的范畴来考虑。但也有从社会学范畴来使用"经济犯罪"这一术语的。例如,宫泽浩一教授在1981年欧洲共同体国家部长会议上发表的关于经济犯罪的现状、立法、对策的报告书。在这里,"经济犯罪"是广义的概念,它包括违反刑法、违反其他各种法令以及违反道德的行为。在该部长会议作为研究课题的报告中,经济犯罪有以下16种:①联合企业的犯罪;②跨国公司的犯罪;③以欺骗方法获取国家或国际组织贷款及其挪用的;④计算机犯罪;⑤设立徒有虚名的公司;⑥账目不清或以不正当手段借款的;⑦诈骗公司资本的;⑧企业违反有关劳动卫生与安全规则的;⑨对债权人进行诈骗的;⑩侵害消费者利益的犯罪;⑪搞非法竞争或做虚假广告的;⑫公司的租税犯罪;⑬关税犯罪;⑭汇率犯罪;⑮股份交易或金融犯罪;⑯环境犯罪。这个经济犯罪的报告包括劳动灾害、公害、租税犯罪,更重视多国籍的企业的犯罪。这种经济犯罪也可以是社会学范畴,这种框架与日本所主张的"企业犯罪"是比较接近的。

与此相反,这种框架,在美国,虽然使用了受批判的"白领犯罪"这一术语,但其范围却很广。林干人教授介绍了1980年美国联邦司法部所公布的"白领犯罪在起诉调查时的重点"。以此为据,作为"白领犯罪"取缔重点的是:①联邦、州、地方自治州的公务员的受贿;②一般市民对政府进行诈骗,被害款在2.5万美元以上的,其中也包含对政府供应的诈欺、诈骗补助金、伪造货币、违反关税法、逃税等;③对公司的犯罪,其中包括诈骗保险金、破产诈骗、侵占等;④违反反托拉斯法,对消费者的犯罪;⑤对投资者的犯罪,证券诈骗、不动产诈骗等;⑥对劳动的犯罪,其中包括侵占工会会员的年金及收贿等,还包括侵害工人生命安全的犯罪;⑦侵害一般公众的健康和安全的犯罪,排放超标准污染物之罪,不遵守食物、药品安全标准之罪等。在这里,环境犯罪、公害、药害、劳动灾害等都被归入白领犯罪的框架之中。而且,白领犯罪不限于企业组织体和职员的犯罪,也包括社会地位更高的人的犯罪,及作为公务员犯罪的贿赂罪,等等。这里,关于工会工作人员的犯罪是令人关注的。

3. 看问题视角的变化

经济犯罪的外延在扩大,从什么视角对它进行分析,在法解释论、政策论或者实态分析上,都是很重要的。在"战时"统制经济的时代,经济刑法的理论论证了"经济犯罪向自然犯转移"。在"战后",井上正治博士对"战时"统制经济法时代的经济刑法理论展开了激烈的批判,他认为,经济犯罪向自然犯变化是虚构的。其后介绍了

"白领犯罪"理论,和进行了公司犯罪研究的前田信二郎,将批判、阐明白领犯罪的阶级性质作为重点。依据同样的白领犯罪的框架,在次登佳人等人著的《经济犯罪》中,阐明了"由于经济犯罪而腐蚀了经济界、官僚界、政治界的实际情况"。这些都着眼于批判的角度。在高速增长期,公司的上层吞并公司,公司变成了受害者,那时以对犯罪进行法解释论上的分析为重点。到了 20 世纪 70 年代,高速增长时期的矛盾表面化了,企业的反社会行为在许多领域更加明显,因此,"企业犯罪"这一框架被提了出来。这里,"要从社会的强者——企业所造成的危害中救出社会的弱者——消费者和市民",学界从这一角度出发,就开始提倡追究企业组织本身的刑事责任的理论,这是一种新的理论。近年来,芝原、神山等教授提倡"保护一般消费者的利益""保护由自己资产形成的市民的经济生活的利益",将"消费者的经济利益"作为经济刑法核心性的保护法益。京藤副教授提倡以禁止垄断法为中心的"竞争刑法"和"市场竞争制度的机能"即国民经济的利益作为看问题的立足点。

随着论者、时代的变化,观察经济犯罪的角度和立场也在变化。齐藤丰治教授认为,对企业的民主规制更重要。他发表了下述全面而系统的见解:随着日本成为经济大国,企业,特别是大企业不仅在经济方面,而且在政治、社会、文化方面对全体国民产生有支配性的影响力。与"白领犯罪"的行为人犯罪感淡薄相比,日本的企业,从其成立一开始,就受到国家的良好保护,对经济犯罪的犯罪感自然更加淡薄,而政府也像石油卡特尔事件所表明的那样,对经济犯罪是放任的,甚至在一定程度上还助长了这种犯罪。为了防止大企业滥用权力,让这种能力对提高国民生活和福利水平发挥作用,对企业的民主规划就很重要。可以成为这种力量的,有国民主权、民主主义,还包括社会权以及尊重基本的人权、持久的和平、国际协调主义这些宪法的基本原则。

的确,"保护消费者"和"市民经济生活的利益"是重要的。但由于企业所实施的违法活动是多方面的,把侵害法益只限于消费者的利益和市民的利益就太狭窄。"从对企业的控制、规制",转换到"对企业的民主规制",进一步打开理论思路很有必要。这种民主规制,一方面是从以自由市场为前提的社会公正和国民福利的观点出发,规制企业社会力的滥用;另一方面,它需要以法解释论为指针,同时也需要政策和立法上的指导方针。

民主规制将经济犯罪和经济刑法的研究推进了一步。为了防止企业滥用社会力量,民主规制很有必要。特别是对作为政治腐败的原因之一的企业的政治捐款,要强化刑事规制,对此有深入研究的必要。

在日本,保护企业秘密的刑事立法提案已经通过。以此为背景,情报化的社会已经到来,情报的财产性价值越来越高,更直接的是,电子计算机犯罪规制的立法化,国际性知识产权保护的要求都很强烈,围绕刑法草案的泄露企业秘密罪,必须注意滥用企业的社会力量进行违法活动。

4. 经济犯罪的国际化及多国籍企业活动的规制

进入 20 世纪 80 年代后,日本企业的进出口、多国籍企业化以及日本市场本身的国际化,都在飞速进行。随之对 IBM 产生的间谍事件、马科斯疑惑等向外国不正当支付、东芝机械违反巴黎统筹委员会事件、外汇法的修正、知情人交易的规制、日美经济协议中禁止垄断法的刑事制裁的强化等要求,向发展中国家输出公害、环境问题的世界规模的规制、保护知识产权及企业秘密的强化,围绕着这些国际动向,还有近海犯罪及国际性的逃避租税等各种问题,金融、期货交易等的国际化,在灾害领域中,由于修理上的一点点失误而引起民航大型客机的坠落事故。从国际的角度看,关于经济犯罪的问题多起来了,犯罪的国际化问题突出。在经济犯罪领域,国际化的问题更显著,为了防止滥用以多国籍企业为首的企业的力量,规制经济犯罪已经成为国际性的课题。

国际性的经济犯罪问题,在东西关系、南北关系、西方各国之间都有,其规制问题,也必须在全球的规模上探讨。美国、欧洲共同体、亚洲各国及在联合国所采用的动作,要有系统性的情报积累,而且对规制多国籍企业必须有国际上的一致意见。

第二章 金融刑法

"知情证券交易"与经济犯罪[*]

不久前,在我国上海、深圳已经成立了证券交易所,并相应颁布了地方性证券交易法规。1991年年初,也已有全国人大代表向全国人大提出了制定证券交易法的提案。这些对于进一步深化改革,维护商品经济秩序是完全必要和十分紧迫的。一部证券交易法不仅要规定证券交易的管理办法,还要规定对违反这些管理办法的行为的罚则,其中有一部分是刑罚罚则,以处分那些情节或后果严重者。关于证券方面的犯罪,人们比较熟悉的有规定在《中华人民共和国刑法》(以下简称《刑法》)第123条的伪造有价证券罪,而对所谓"知情证券交易"(以下简称"知情交易")却比较陌生。实际上,这种行为对经济秩序的危害大、受害面广,必须引起我们的重视,并在立法时予以注意。

一、"知情交易"的概念

所谓"知情交易",是指发行股票的公司的职员等人,利用与该公司有关的没有公开的内部情报而进行的股票买卖或有偿转让。这种行为利用了一般投资者(即一般的购买股票者)所不知道的情报而获取了实实在在的利益,因此,是一种不公正的交易行为。这种行为危害很大。1987年,日本某化工公司的干部投资债券的期货交易失败,致使该公司损失了280亿日元,陷入经营危机。知道这些情况的只有该公司职员3人,大股东2人。一与该公司素有往来的某银行,在上述消息公布的前一天,突然卖掉了该公司的大量股票(33.7万股),遂被怀疑为有"知情交易"行为。这一案件发生后,在日本引起很大反响,要求修改法律。对这类行为加以刑罚处分的呼声日增,终于导致内阁向国会提出《部分修改证券交易法的法律案》,并获通过,于1989年4月1日起施行。该案于1990年9月经东京简易裁判所审理后,被判有罪并处以高额罚金。20世纪80年代以来,欧美发达国家普遍重视"知情交易",并向重罚化的方向发展。随着证券市场作用的扩大,参与交易的法人和自然人越来越多,因此,维护证券市场的正常秩序,保障交易的公平性、公正性和健全性,不仅关系到国家和社会的

---

[*] 原载于《法学研究》1992年第4期。
　　本文的写作得到日本冈山大学教授神山敏雄先生的大力支持,特此说明并致谢。

安定、经济界的利益,而且涉及众多投资者的利益。许多国家都对此采取了强化规制的措施。美国早在 20 世纪 30 年代就主张对知情交易采取严厉手段。在 1960 年还成立了行政机关——证券交易委员会(SEC)负责对这类案件实施追究。根据 SEC 的检控,可以进行行政处分和刑事处分。美国在 1984 年制定了《知情交易制裁法》,规定对这类行为可以科处相当于所得利益或所造成损失的 3 倍的制裁金。英国在 1980 年的《公司法》中也引入了处罚知情交易的规定,并在 1985 年专门制定了《公司证券法》来规制这类行为。法国在 1967 年就设立了证券交易委员会(COB)来规制证券交易。1970 年又修改了法律,规定对知情交易可以进行刑事处罚。其他国家,如加拿大、奥地利、瑞士等都在法律中规定了对这类行为实行刑事处罚。当然,对知情交易处以刑罚采取消极态度的国家也有,如原联邦德国主张,知情交易应由证券交易所和本行业业务界自己规制。总之,除个别例外,多数发达国家对知情交易都朝着强化规制和处罚的方向发展。当然,各国处罚的范围和构成要件有所不同,但在必须给以刑事处罚这一点上是相同的。

二、知情交易的构成要件

关于知情交易的构成要件,一般仍从行为主体、侵犯对象、行为等几个方面分析,大致有以下几种:

1. 行为主体(行为者)

大致有三类人员:一是公司的内部人员,二是和公司有关系的准内部人员,三是公司以外的接受第一手情报的人员。这里的公司,包括发行、上市股票的公司,证券公司和证券交易所等与股票发行、上市、交易有关的单位。

(1)内部人员。内部人员是指前述公司的高级职员、代理人或其他从业人员;拥有该上市公司股票发行总额十分之一以上股份的股东。

(2)准内部人员。准内部人员是指根据法律和法规,对公司可以行使一定职权的人,如行使搜查权的警官或检察官、可以行使审判权的法官、行使调查权的税务专管员和税务局职员、签发许可证的有关管理机关的工作人员、行使仲裁权的仲裁员、国会议员以及助手、秘书等。与公司订有各种形式契约的人员,如上市公司的法律顾问、会计师;咨询评估公司的咨询师,交易银行、包销证券公司的有关人员,口译笔译人员,以及其他的与公司签订有关契约的人员。如果前述大股东(占有该上市公司1/10以上股份)是法人或前述与公司订有契约的也是法人时,那么,这些法人的有关职员也是准内部人员。上述几方面人员,都与公司业务上的重要事实有关:或是一种职务上的关系,或有权阅读公司的内部文件和查看账目,或通过行使法定权限,或在履行契约过程中,都有了解内部情况的机会。因此,上述人员都应构成"知情"的主体。当然,对他们的"知情"也应划一条时间界限,一般在与公司的业务脱离关系一年以后,就可不再划入"知情"范围。

(3)接受第一手情报的人员。这些人是从前述内部人员和准内部人员处直接得到有关公司的重要事实的。反之,如果又有人从接受第一手情报的人员那里得到第二手、第三手情报,那么,这些人就不构成本罪的主体。但如果某人通过中介者从内部人员或准内部人员处得到情报,该人仍应算做接受第一手情报的人员。具体讲,他们可以是内部人员和准内部人员的家属、朋友、亲戚,新闻记者,证券行情分析家,等等。这里有两个问题需注意:一是这些人须对下述三种事实有认识:首先,他认识到自己是从内部人员和准内部人员处接受情报;其次,认识到这些情报是法律所规定的重要事实;再次,认识到这些情报尚未公开。二是时限问题,即从这些人知道内部情报开始,他们就成为行为主体了。

2. 作为侵犯对象的有价证券

成为规制对象的是:①在证券交易所上市的附担保的或无担保的公司债券、股票、表示包销新股票权利的证书。②外国法人所发行的证券或证书具有有价证券的性质,而且这些证券是被允许在本国证券交易所上市的。我国目前尚未作出允许外国证券进入中国市场的规定。这一点当然应十分慎重,但预作考虑还是必要的。③证券公司所发行的非上市的有价证券。④购买上市股票的优先权。它是在将来的一定时候,以一定的价格来买卖特定证券的一种权利。例如,在我国某市的证券买卖中就规定,持有某种股票的老股东可以以低于市场价的优惠价购入一定比例的新上市的本公司的股票。由于这种权利也可成为交易对象,所以,也应纳入规制范围。

3. 行为样态

所谓行为,就是指行为主体(前述三类人)知道内部情报而进行股票、债券等有价证券的买卖或其他有偿转让。但是,获取利益的目的和利用内部情报却并不是本行为的构成要件。即既不要求内部情报与交易有关联性乃至于因果关系,也不要求行为人通过这种交易可以获取利益或免除损失。总之,法律只要求行为者一旦知道了内部情报就不得从事交易,对违者必须加以刑事处罚,不管行为者是否从交易中获取了利益,也不管行为者是否利用了这些情报。

4. 内部情报

所谓内部情报,一般讲,是指关系到对投资判断有重大影响的没有公开的重要事实。主要是指:①关系到公司经营业务决策的事实。具体有:股票、债券的发行及新证券的包销,资本的减少,股份的分割,年息和红利的分配,部分或全部业务的转让或接受转让,合并,解散,新产业或新技术的企业化,与业务活动有直接利害关系的命令的颁布。②敏感问题,包括起因于灾害或业务活动的损害,主要股东的变动,上市股票停止上市的原因,根据前述事实所作出的带有强制性的规定。③与原预测的获利值有差异。当公司的股票卖价发生变动,就经常性利益或纯利而言,与最近公布的预测值相比较,该公司算出了新的预测值或使该财政年度的决算产生了差异。④除了前述①—③所列举的内容外,其他与该公司的经营、业务或财产关系有关的重要事实(这些事实也会给投资者的判断以显著影响)。

三、处罚

各主要发达国家对"知情交易"犯罪的立法例如下：

日本证券交易法规定，对知情交易犯罪处 6 个月以下有期徒刑或 50 万日元以下的罚金。美国本来对知情交易规定处 10 万美元以下的罚金或 5 年以下的自由刑。但从 1988 年起大幅加重，即提高为处 5 年至 10 年自由刑，罚金额提高到 10 万美元至 100 万美元（法人为 50 万美元至 250 万美元）。

法国从 1966 年禁止知情交易后，经过 1970 年、1983 年、1989 年三次修改法律，现在对这类行为可判处 1000 万法郎以下罚金或因交易所得利益的 10 倍的罚金。此外，还规定有自由刑。

英国 1980 年《公司法》规定对这类行为处 2 年以下自由刑或罚金或二者并科。而且在 1985 年的《公司证券法》中列表对可罚的知情交易行为作出了详细规定。在 1986 年至 1985 年期间，伦敦证券交易所就受理了 284 件"知情交易"案。此外，如荷兰、比利时、奥地利、瑞典、挪威等许多国家都有类似的立法例。

1981 年，欧洲评议会的高级部长会议研究了各成员国的经济犯罪对策，列举了 16 种犯罪类型，其中即包括"知情交易犯罪"。在欧洲共同体内部，一方面，各国有不同的知情交易法和独立的标准；另一方面，以有价证券的日益国际化为契机，1977 年欧共体理事会提出了"规制调整知情交易的理事会指令案"。1989 年 6 月，欧共体成员国财政部长会议同意欧共体对知情交易实行统一规制。1989 年 11 月，欧共体委员会采取了欧共体理事会在 1988 年 10 月提出的"欧共体知情交易指令的第二草案"，规定欧共体各成员国在 1992 年 6 月 1 日以前，必须把"欧共体知情交易指令"变成本国的国内法。此外，1989 年 4 月 20 日的"关于知情交易的第一国际条约"以及 1989 年 9 月 11 日的"追加议定书"，都规定了要相互交换对有价证券市场进行监视的情报。

综上所述可知，由于知情交易是一种不平等竞争，侵害了商品经济的秩序，因此，对其必须加以禁止。很多国家在这一点上都取得了共识。当然，究竟以什么样的形式、做到什么程度，这要根据各国的文化、习惯、国民的意识等不同的情况来决定，但对采用刑罚手段作为最后的保障，却取得了共识。

四、值得研究的几个问题

（一）如何判断"知情"及行为主体的范围

要认定知情交易犯罪，首先要判断是否"知情"，从何时开始"知情"。由于这是一个主观认知的问题，所以取证很难。根据西方一些国家的证券交易法，在内部情报公开以后，谁都可以参与交易，包括证券公司的职员、上市公司的职员和大股东。但在内部情报公开以前,就有一个判断是否"知情"的问题:如果前述三种行为主体是"不知情"而参加交易,就不构成违法犯罪,反之就构成违法犯罪。这时,判断是否"知情"就成了关键。这里,大致上有三个难点:

首先,"知情交易"不是以特定的投资者为目标让他遭受损失,而是混入证券市场,和其他投资者一起进行股票等有价证券的交易而获利的,因此,被发现的可能性极低,行为者的犯罪感也比较薄弱。其次,对行为人主观内心上的"知情",取证很难。再次,内部情报是否已经公开是一条原则界限。但以什么标准作为公开的界限呢?是以上市公司提出的报告书、申请书为准,还是以其他标准为准?这些都应以法律形式来明确。最后,接受第一手情报者如何确定也较难。有些人利用巧妙手段,将自己伪装成第二手以下的情报接受者,这时又如何取证,都值得研究。

从我国现有的地方性的证券交易法规看,是不允许证券公司和证券交易所以及政府部门的国家公务员购买股票等证券的,也不允许他们自己参加交易活动,不管是在内部情报公开以前还是以后交易,均属违法。

这样就可以避免对他们作出是否"知情"的判断,只要这些人自己参与了交易。但也还有两个问题:一是没有禁止准内部人员、接受第一手情报的人员参与"知情交易"的规定;二是对大股东参与"知情交易"也无限制性规定。这在今后制定证券交易法时应当注意。

（二） 刑事制裁与行政、民事处分的关系

从前面所举的各国立法例看,大多直接处以刑罚,不太注意行政和民事处分。这有一定的理由:

"知情交易"所侵犯的是证券交易的公平性、公正性和健全性,以及一般投资者和企业的财产性和经济性的利益。但又很难确定这些行为究竟是侵犯了哪些投资者的什么样的具体的利益,程度又如何,从而也就很难确定应由哪一个原告来行使民事起诉权以及赔偿多少金额。此外,"知情交易"主要是损害了某上市公司的财产和经济利益,然而,某一公司股票的价格以及运筹资金的能力,最终还是取决于该公司的实力以及所公开的重要事实的内容。因"知情交易"而受到的损害往往不是首要因素。因此,一些国家的法律只规定判处数倍于所得利益的罚金,剥夺行为人的违法利益,进行惩罚性的损害赔偿,这与本来意义上的民事赔偿制度是有所不同的。

鉴于对"知情交易"的"知情"难以取证,审判上有不少困难,一些专家指出,能否在刑事起诉前设立行政罚:即由国家确定一个专门的行政性机关（例如证券交易委员会）来行使这项权力,它有权决定处以罚款、追缴非法所得,所作出决定有强制性效力;只对那些危害后果严重、违法获利巨大者,才由该委员会移交法院给予刑事处分（判处自由刑或罚金）。

防治"知情交易"是一项综合性工程,新闻传播媒介、消费者保护团体、律师界、企业界都有义不容辞之责。但是,确定或成立一个专门的行政机关来管这件事,却是刻不容缓。由于证券交易专业性特强,并与国内外、海内外有密切关系,因此成立一个独立的权威性极高的行政机关是十分重要的(美国证券交易委员会由总统任命、参议院认可的五名委员组成,是一个独立的行政机关)。这件事在拟制定的"证券交易法"中应得到体现。

(三) 进一步加强对证券交易犯罪和其他金融犯罪的研究

本文的研究是很初步的。我国现正处在改革开放的关键性阶段。对于证券犯罪、金融犯罪这类敏感性强、过去我们又不太熟悉却又很具体,甚至很繁琐的领域,我们必须敢于接触并大胆探索。因为中国的经济毕竟已跟世界经济接轨了。我们必须熟悉这一整套的运作方法,只有熟悉它,才谈得上吸收、消化、改造。规制金融犯罪和证券犯罪,光靠几个刑事条文还是远远不够的,因为这类犯罪往往与整个经济的运作体系和方法有关,其地位只有在通盘考虑中才能确定。因此,在立法的准备阶段,必须有计划地相对集中一些资金、人力,对一些主要问题,从原则到细节进行精心研究。

违反情报公开的义务与证券犯罪[*]

一

为了保护证券投资者的利益,美国和日本的证券法或证券交易法,都规定了发行证券的公司有公开企业情报的义务。有了这种制度,投资者就可以了解企业运营、财务等情况,以此作为投资判断的重要材料。由于发行证券的公司的经营情况与投资者有密切关系,所以,要求它所公开的情报比一般的发行公司应更为详尽。投资者只有掌握了必要的情报,才能将企业情报和证券情报区别开来,从而选择自己是买进还是卖出以及进出额。

就情报的公开制度而言,法律有两种规定:一种是发行公开制;另一种是继续公开制。所谓发行公开制,是指证券情报在证券发行、募集和销售时必须公开的制度。而所谓继续公开制,是指证券在发行募集以后,证券情报仍然需要实行公开的制度。与证券的发行市场相比,证券流通市场的规模更大,因此,继续公开制也很重要。

所谓违反情报公开义务的犯罪,是指违反情报公开制度,在以发行公开为义务时,违反提出有价证券发行申请书及证券销售说明书的义务;在以继续公示为义务时,违反提出证券报告书、半期报告书及临时报告书的义务。违反义务的具体内容,一般是不按规定的期限提出或送达上述各类文件以及在文件上弄虚作假,作不实登载或故意对重要项目不作登载。

日本证券交易法规定,有价证券发行申请书必须包括以下内容:公司发行证券的目的;公司的资本额或出资额;有关公司营业或经营上的重要事项;该公司的重要组成人员(董事、监察委员或其他类似人员)或发起人的情况;以及其他有关保护公共利益或投资者的事项。

此外,法律还规定,在受理有价证券发行申请书以后的 15 日内为申请效力的有效期。在这期间,发行人可以提出对该申请书的订正。当然,如果政府主管部门认为发行人所提出的申请书的内容不完备,形式不符合要求,或所记载的重要事项不充分时,也可以通知申请人进行补充或订正。这时,就可以不受上述有效期的限制。

所谓证券销售说明书,是指在募集和销售股票和债券等有价证券时,为向应募人或购买人介绍公司的组织情况和营业概要而制定的文件,其具体内容大体上与证券

---

* 原载于《政治与法律》1992 年第 4 期。

发行申请书相同。除此之外,证券销售说明书还应合并记载根据财政部的命令所应记载的其他事项。

半期报告书和临时报告书都是以向证券流通市场提供投资判断资料为目的而设立的,在证券交易所上市股票的公司或在证券协会进行登记的公司在每一年度都应向政府财政主管部门提出这类报告书。这类报告书不仅要交给财政部证券局,以及本公司或分公司所在地的财政分局(直接管辖者),而且还要交给证券交易所,以便于公众投资者查阅。报告书的内容为:公司的概况、事业的概况、营业的状况、设备的状况、经营的状况(贷借对照表、损益计算表等),各种财务报表应有公认会计师(在中国又称为注册会计师)的监督。这种有价证券报告书必须在事业年度开始后的 3 个月内提出。半期报告书由于是记载事业年度开始以后 6 个月内的经营状况的,所以,它必须在这之后的 3 个月之内提出。由于经营权的变更、重要资产的取得和处分、破产、财产管理和监督人的变更、主要股东发生变动,以及遭受严重灾害等重大事件时,应及时提出临时报告书,不得延误。

<h1 style="text-align:center">二</h1>

构成违反情报公开义务的犯罪,其行为特征:一是不提出或不按法律所规定的内容或期限提出或送达上述各类文件;二是在上述各类文件上弄虚作假,作不实记载或故意漏载法律规定的重要事项。

从实际情况看,违反情报公开义务的犯罪主要有两大类型:

一类为进行虚伪决算,提出假报告。实施这类行为的公司往往在发生重大亏损时,为了维护对外信用,或者维持本公司股票的股价,以达到从证券市场、金融市场顺利调动资金的目的,就在事业的年度报表上,填写比实际情况高得多的收入和结余金额;填写比实际情况要少得多的损失金额,并依此制定借贷对照表和损益计算表,还以证券报告书的形式公布于众,欺骗政府财政主管部门和广大证券投资者。

另一类为支付承诺,即债务保证。支付承诺(债务保证)是金融机构等经济实体(如银行等)对客户所负债务提供保证的业务,作为代价,收取一定的保证费。它有提供信用这一便利方面;但另一方面,因伴随履行保证而有不能收回垫款的风险,因此,应十分慎重。在司法实践中,某些银行或公司企业既发行证券又承担了巨额的支付承诺(有的高达数百亿日元),由于有关企业出了问题(例如,到期不能清偿债务),银行或作担保的公司便会因此蒙受上百亿日元的巨大损失。但这些受损的银行或公司在给财政主管部门的报告中,不提或少提支付承诺之事,在借贷对照表中,支付承诺的数额根本反映不出来,这实际上也是一种违反情报公开义务的行为。

本罪的主体既可以是自然人也可以是法人。主要有两类:一是证券上市公司的有关工作人员(办事员、董事、经理等),包括其代理人或代表人;另一类是出售证券的大股东。

本罪主观上只能由故意构成。日本的证券交易法对此没有明文规定,不过,由于法律规定了文件的订正期,还规定政府主管部门可以通知证券发行人或销售人对文件进行补充或订正,这样,实际上就可以弥补因过失而导致的错漏。因此,本罪在主观上应由故意构成,因过失而导致违背情报公开义务的,不构成本罪。

三

按照西方一些国家的法律规定,对违反公开企业情报义务的行为,可以有行政处分、民事处分和刑罚三种处罚方式。

1. 行政处分

日本证券交易法规定:国家财政主管部门可以采取下列行政措施:

(1)对在证券发行申请书上就有关重要事项或重要事实作虚伪登载的,可以行政命令的形式,中止其申请效力以及发布延长生效期限的命令。

(2)只要发现申请人在证券发行申请书上对有关重要事项或重要事实作虚伪登载或不登载时,就可以通知申请人并在对其进行询问后,告知其理由,命令申请人提出订正申请书;如认为有必要,也可下令中止其申请的效力。

(3)对于形式不全、内容不充分的证券发行申请书,可以通知申请人并在对其进行询问后,告知其理由,命令其提出订正申请书。

2. 民事处分

民事处分主要是责令行为人对受害人进行民事赔偿。

(1)不实证券销售说明书的使用者的赔偿责任。使用在重要事项或重要事实上有虚假或有欠缺的证券销售说明书而让他人取得有价证券的人,应对取得该种证券者所遭受的损失负赔偿责任。但是,应当负赔偿责任的人,如果能够证明自己也不知道该证券销售说明书是虚假的或有欠缺时,而且能够证明自己是警惕的,但仍然不可能知道时,就可不负赔偿责任。这条规定加重了证券公司以及其他中介人的责任。

(2)不实申请书和销售说明书提出者的赔偿责任。由于证券发行申请书或销售说明书中有关重要事项或重要事实有虚伪登载或有欠缺,而使在相应的募集或销售中取得相应证券的人遭受损失时,那么,上述申请书或说明书的提出者就应负赔偿责任。但是,如果取得相应证券的人当时就知道在相应的文件上有虚假登载或欠缺时,申请书和说明书的提出人就可不负赔偿责任。

(3)提出不实申请书、说明书的公司的重要成员等人的赔偿责任。包括:

①在提出前述申请书和说明书时,公司在任的重要组成人员(如董事长、经理等)。如果在提出上述文件时,公司还没有正式成立,那就应由公司发起人负责。

②与相应的抛售有关的证券所有者(一般指大股东)。

③如果募集和销售活动有监督人员或注册会计师参与的话,这些人也应负一定的赔偿责任。

④在买卖双方间起中介作用并和其中任何一方订有合同契约者。

(4)赔偿金额的确定。应当赔偿的金额,是从请求人为了取得该证券而付出的总价额中扣除以下市场或处分价之一所得的差额：

①请求损害赔偿时的该种证券的市场价(如果当时没有市场价,可以由权威部门推定处分价额)。

②如果在请求损害赔偿时,受害人已将相应的证券处分完毕了,那就是该处分价额。

3. 刑事处罚

刑事处罚主要以自由刑或罚金刑或两者并处进行处罚。

日本证券交易法对违反情报公开义务,书写不实申请书、报告书,提出不实的中间报告书、公开上市申请书的,规定可以处 1 年以下有期徒刑及 100 万日元以下的罚金。

违反情报公开义务的行为在什么情况下才构成犯罪并应受刑事处罚呢？从日本的实例看,违法犯罪行为不仅要符合证券交易法所规定的条件,而且还须具备下述构成犯罪的特征之一：

(1)时间长。即行为人在长时间内,有的甚至在长达 15 年的期间制作内容虚伪的财务报表和各种报告书。

(2)数额巨大,即掩饰作假的内容涉及巨大的财产额。

(3)一行为触犯数罪名。某些公司不仅制作虚假报告书、隐蔽本公司的巨额亏空,而且还进一步根据这种假的内容,制作假的信贷对照表和损益计算表,并以此为据制订利益分配方案,报告董事会。这种违法红利有时也会达到数亿日元的数额,使公司蒙受巨大损失,而有的当事人却从中为自己及家属获取数千万日元的利益。这种行为不仅触犯了证券交易法上的违反情报公开义务的条款,而且还违反了商法上的违法红利罪条款及特别违背任务罪条款,实际上触犯了数罪名,危害更大。

(4)情节恶劣。有的当事人不听部下的一再劝阻,一意孤行,一再授意有关人员做假账;有的则串通注册会计师一起做假账。这些均属情节恶劣。

以上四个方面,无须同时符合,只要符合其中的一个或几个,即可构成犯罪。

由于违反情报公开义务的行为之一,是在法律所规定的"重要事项"上弄虚作假,因此,如何确定"重要事项"的范围和内涵,就很重要。对此,一些国家的法律虽有规定,但却比较原则和笼统,如经营情况、重要人事变动等,都不够具体,就容易产生歧义。笔者认为,我国在制定这方面的法律时,拟对"重要事项"进行列举式的规定(当然也可以采取由权威部门进行法律解释的形式)以免引起歧义。

操纵证券行情的犯罪初探*

在西方各国的证券犯罪中,操纵证券行情是其中极为重要的一种。但对其犯罪构成的认定和把握却十分困难,引起了不少争论。本文以日本、我国香港特区等国家和地区的有关法律、法规和实例为基础,供我国在制定相关法律的刑事条款时参考。

在证券市场上,由供需关系自然形成的价格涨落是正常的。而操纵行情却人为地扭曲了证券市场的正常价格,给证券市场的秩序造成很大的危害,因此,法律必须对其加以禁止。所谓操纵行情,是指人为地变动或固定股票行情或债券行情,以引诱他人参加买卖交易从而为自己谋取利益的行为。

从日本、美国等国家和地区的法规看,操纵行情主要有以下几种行为形态:①假装买卖;②通谋买卖;③假装买卖和通谋买卖的委托或受托;④连续以高价买进或低价卖出某种证券以操纵行情;⑤违反政令而实施安定操作;⑥故意散布足以影响市场行情的流言蜚语或不实资料等行为。

1. 假装买卖

所谓假装买卖有两种情况:一种是指在有价证券集中交易的市场上无实际成交的意思,但却空报价格,业经有人承诺接受而不实际成交,足以影响市场秩序者;另一种是意图影响市场行情,不转移证券所有权而伪作买卖者。这里又分两种情况:

第一种情况是指在同一个公司范围内的买卖,即同一个公司既是买方又是卖方,买进卖出,实际上证券的所有权并不发生转移。第二种情况是在不同公司之间的交易,例如 A 公司与 B 公司以不转移证券的权利为目的而商定。A 公司把从 B 公司处买进的股票,事后返还给 B 公司。本行为的主体是任何人,也就是说,不管是不是交易所的会员,也不管是自然人还是法人,只要在有价证券集中交易市场上实施假装买卖的,就可构成本罪。集中交易是与分散、个别交易相对立的。在个别、分散交易中假装买卖的,不构成本罪。

《日本证券交易法》第 125 条对假装买卖行为加以主观目的的限制,即假装买卖行为,必须以使"他人对上市有价证券的买卖状况产生误解"为目的。也就是说,任何人不得以意图降低、抬高任何证券的市场价格或使之波动为目的,而对这种证券进行不改变其受益所有权的任何购买或售卖行为。这里所指的"不改变受益所有权的购买或售卖",是指某人在买卖证券以前,对该证券拥有利益,而在买卖以后,该人或者有关该种证券与之联营的人,仍然拥有利益。

---

* 原载于《法学》1992 年第 2 期。

2. 通谋买卖

通谋买卖,是指意图影响市场行情,与他人通谋,以约定的价格于自己卖出或买入有价证券时,使约定人同时实施买入或卖出的相对行为的情况。例如,甲、乙两个公司通谋,以一定的价格由甲公司卖出 5 000 股股票,然后乙公司以相同的价格将这部分股票买入,这样的行为反复进行,就可抬高该种股票的价格,最后,就能以高价将该种股票卖出,获取暴利。这种行为会使他人对股市产生极大误解,导致错误判断而受损,因此,它对证券市场秩序有极大破坏力。通谋买卖实际上也是一种假装买卖的行为形态,但日本证券交易法将其单独列出,故本文也将其专门列出,以便于掌握。

3. 假装买卖和通谋买卖的委托或受托

例如,某甲通过 H 证券公司买入丙种股票 1 000 股,同时又通过 B 证券公司将这些股票卖出,这样连续不断地进行,就可以逐步抬高丙种股票的股价,当一般公众对这种股价见涨的股票产生兴趣而开始买进时,某甲就一下子以高价将该种股票全部抛出,获取暴利。反之,这种行为也可以使股市见跌,让一般公众抛出股票,以利于自己低价买进。这些行为都委托证券公司进行,形成假装买卖和通谋买卖的委托。对这些委托人当然必须加以处罚,而作为受托者的证券公司,当认识到委托人是实施假装买卖或通谋买卖而仍然受托时,也应受到处罚。若仅仅只有委托和受托,但买卖交易尚未实际执行(交割)的,上述行为就不构成犯罪。

4. 连续高价买进或低价卖出某种证券以操纵行情

前述三种行为(假装买卖,通谋买卖以及假装、通谋买卖行为的委托和受托)的目的实际上均在于使他人对证券市场的行情产生认识错误,引诱他人买进或抛出股票等证券以利于自己获取暴利,这实际上是一种操纵行情的行为。此外,行为人以影响市场行情为目的,对某种有价证券,连续以高价买进或以低价卖出的,也是一种操纵行情行为。有时,一天之内对同一种股票反复买进卖出,显示这种股票交易的活跃,造成见涨的声势,诱使别人上当受骗,这些都是较为常用的手法。

5. 违反政令而实施安定操作

所谓安定操作,是指行为人单独或与他人合谋,违反有关行政命令,以固定、稳定或者安定有价证券的行情为目的,而在有价证券市场上实施一连串的买卖交易行为。这种行为通常在募集或销售有价证券时实施。这时,往往一下子有大量的有价证券流入证券交易市场,如任其自然发展,就会破坏供需之间的平衡,股价就会大幅度下跌,募集和卖出证券变得困难,这样,就要实施安定操作。然而,如果放任安定操作行为的实施,就会损害投资者的利益。因为为了实施安定操作就必须人为地增加一连串的买卖交易,这种人为因素会影响到其他投资者对市场行情的判断,从而影响他们的交易,增加投资判断失误的危险。

对安定操作行为,法令在对其加以限制的同时,也给以部分的允许。一些国家往往以《安定操作规则》来规定实施安定操作的条件。这类规则的主要精神如下:①为了便于募集和销售有价证券而必须实施安定操作时,当事人必须向财政主管部门和实施安定操作的证券交易所提出《安定操作通知书》;②实施安定操作的当事人,在有价证券市场上,对于正在实施安定操作的有价证券,以自己或他人的计算形式或以完全委托结算的形式买进证券时,必须以实施安定操作以前的价格或超过卖出价的价格买进这些证券;③实施安定操作的当事人,在实施安定操作的有价证券市场以外,将这种正在实施安定操作的有价证券卖给别人或者以他人结算的形式买进时,必须在交易之前,向他人表明这种证券正在实施安定操作。

对安定操作行为究竟如何评价? 部分人主张绝对禁止,认为这种行为以人为因素影响市场秩序,破坏了公平交易的原则;另一部分人则主张,原则上应加以禁止,但作为例外,可以部分允许,这样可以使市场避免大起大落,也是为了保障投资者的利益。目前,实务界以主张后者为多,即不作绝对禁止。

6. 故意散布足以影响市场行情的流言或不实资料等行为

为了维持公正自由的证券市场的市场秩序,必须处罚那些以影响证券市场行情为目的的散布流言或不实资料的行为,以及那些以其他欺骗、巧计或暴力、胁迫手段来达到同样目的的行为。这类行为大致有以下几种情况:

(1)传播、散布或者授权涉及传播、散布关于任何证券的价格行情将上升或下落的陈述或信息。

(2)任何人不得直接或间接地为诱使售卖任何法人团体的证券而就这种证券,或就该法人团体的经营或其过去和未来发表:①任何陈述,就其发表的时间和根据发表的环境而言,乃虚假或导致误解的,且其知晓或有合理理由认为虚假或导致误解;②任何陈述,由于遗漏重要事实,形成虚假或导致误解的,且其知晓或有合理理由知晓由于遗漏该事实而形成虚假或导致误解。

对操纵市场行情行为,有行政、民事、刑事三种处罚方式:

(1)行政处分。对操纵行情的行为,西方一些国家的法律规定了比较严厉的处分办法,例如命令变更业务;停止营业3个月至半年;部分或全部停止业务,委托保管财产以及其他加强监督的措施,直至下令吊销证券公司的营业执照。也有些国家的法规规定,财政主管部门对操纵行情的主要责任人员可以给予解除职务、降低职务、减薪、减奖金的处分。此外,行政上还可以处以罚款。

(2)民事处分。从民事上讲,主要是责令行为人对受害者进行损害赔偿。从时效上讲,日本法律规定被害者在知道自己因前述各类行为而被害时起的1年内,或者从违法行为实施后的3年内,被害人可以向法院提出损害赔偿的要求。法院在紧急情况下,或为了保护公共利益及投资者的必要时候,也可以下令禁止或停止前述各类行为。

(3)刑事处罚。《日本证券交易法》规定,对假装买卖等操纵市场行情的行为,可以处3年以下有期徒刑或30万日元以下的罚金。

《香港证券条例》规定,对操纵行情的行为,经公诉程序可以处罚金5万港元及监禁两年。该法规还规定,行为人除应负刑事责任外,还应向有关受到损害的人员支付损害赔偿金。

股票内幕交易认定中的争议[*]

股票内幕交易使少数掌握内幕信息的人员迅速而非法地致富,破坏了证券交易的公平、公开原则,扰乱和危害了交易秩序,因此,近年来,西方各主要发达国家均对其加强监控措施并加重了处罚(包括刑罚)。1993 年 9 月 2 日,我国国务院证券委员会也颁布了《禁止证券欺诈行为暂行办法》,明确禁止内幕交易。但由于这种行为常在幕后进行,且需判断行为人主观上是否知情,故它是一种难以侦查和证明的行为,在认定时有许多困难。理论界和实务界也因此产生一些争议,现将有关问题的争议介绍如下:

(一) 内幕交易是否应以利用内幕信息为前提?

1988 年以前,围绕着这一问题,美国证券理论界和实务界展开了一场争论,实际上有两种不同看法:一种看法认为,"内幕交易"必须以"利用"内幕信息为基础,因为法律禁止内幕交易的主要目的,在于防止不公平,阻止人们以不公平的方式致富,被告只有利用"内幕消息"进行交易,才构成不公平(因其他人无法利用这些消息),才构成违法。另一种看法认为,内幕交易不一定以"利用"内幕消息为基础。因为法律之所以处罚内幕交易,主要是处罚被告在交易过程中,没有向交易的对方公布自己所知道的内幕消息,所以,被告只要属于获悉"内幕信息"而从事证券之买卖,其行为便违反了证券交易法的有关规定,可不问其交易行为是否"利用"了内幕信息。

实务界也有将上述两种观点折中起来的,例如,在 1985 年发生的美国证券管理委员会(以下简称 SEC)诉 M 一案中,被告在出售股票时已经获知"内幕信息",但他主张,他之所以会在那时出售股票,并非出于知道内幕消息,而是为了还清银行贷款。该案在法院判决前,SEC 就与被告达成和解。SEC 以行政命令的方式,命令被告在一定期间内,不得再从事与证券有关的行为,但 SEC 没有要求被告缴出抛售股票所得的利润。

美国在 1988 年制定的《内部人交易与证券欺诈执行法》认为,只要"内部人"在从事交易时知道"内幕消息",他就应接受处罚,而不问其交易行为是否基于他所知道的这些消息(即不问其是否利用这些消息)。此外,由美国法律协会所草拟的"联邦证券法"的有关条款规定,在"内部人交易"案中,只要能证明被告在交易过程中知道"内幕消息",被告便必须负责任,而不问其交易目的或其交易行为是否基于已获悉的"内

---
* 原载于《法学》1993 年第 12 期。

幕消息"。

我国台湾地区有关解决该问题的法规也有一些特点：从有关条文看，被告似乎只有具备"图利自己"的意图，才能对其加以处罚。但在司法实践中，为了在刑事案件中便利检察官举证，在民事案件中便利一般股民请求赔偿，法院往往认为，只要被告在从事股票交易时已获悉"内幕信息"，便可直接推定被告有"图利"之意图，而不需要检察官或原告对此点再加以详细证明。但如果被告主张自己的交易行为与其所获悉的"内幕消息"之间并无关联时，便可通过举证责任之转换，由被告自行举证证明。这种做法，对原告、被告双方都较有利。因为，如果采用美国法律协会在联邦证券法草案中的观点，认定被告只要在进行交易时已获悉内幕信息，就是从事"内幕交易"的话，这对被告似乎过于严厉，反之，如果要求检察官或原告证明被告在交易时具有"图利"之意图，这似乎也要求过高。因此，采用推定的方式来证明被告"图利"之意图，但允许被告以反证来推翻此种推定，这样，对原告、被告双方来讲，都不是过分的要求。

（二）哪些消息算未公开的消息？

所谓内幕消息，有两个基本要件：一是消息持有人所知悉的消息，尚未被市场上其他投资人获悉；二是这项消息本身相当重要，足以影响投资人的判断，使相关公司的股价在消息公开之后，受到该消息的影响而产生波动。

该说是以"有效市场"理论为根据的。该理论认为，一旦消息被相当数量的投资人知悉时，会影响他们的投资判断，相关公司的股价会很快产生波动，或涨、或跌，以这些为标准来反观股市对这项消息的感受。然而，消息公开的具体时间、场合应如何认定呢？其标准究竟如何？

在美国 SEC 诉 T 一案中，被告 T（系内部人）在公司向新闻界发布公司探矿成功的消息以后约 30 分钟，在市场上买进该公司股票。该被告主张，当他买进股票时，公司已将有关消息对外公布了，所以他并未利用未公开的消息进行"内幕交易"。但法院不同意被告人的主张，认为虽然公司在被告买进股票以前约 30 分钟发布了消息，但并非所有投资人都知道了这些消息，投资人还没有足够的时间来分析、消化。"内部人"必须等待一个更长时间才能买卖。这段时间到底是多长？法院拒绝提供一张时间表，主张具体问题具体分析。一般来讲，大公司、知名度高的公司，只需等待十多小时即够；小公司则需等待数天。

从公开的具体标准看，大致有以下几种：①以新闻发布会的形式公布；②通过全国性的新闻媒介；③市场消化消息；④只要有相当数量的股票分析师知悉该消息就行了，即使大部分投资人不知道，也算公开。从美国目前的情况看，一般采取第④种观点。从我国《股票发行与交易管理暂行条例》中的有关规定看，公布和公开应以有关消息和文件刊登在中国证监会指定的报刊上为准。我国台湾地区证券交易法规虽无明确规定，但一般认为，消息公布之后，经过了 10 个营业日，应可消化该消息。这样，"内部人"必须要等到消息公布后第 11 个营业日开始，才可以安全地在市场上买卖相关公司的股票。

（三） 被告是否知道消息尚未公开？

被告"犯意"的存在，往往以被告是否知道某项消息尚未公开为前提。要确定其所获悉、利用的消息是不是未公开的重要消息，被告人的身份、职务很重要。1979 年，美国 SEC 诉 M 一案中，被告 M 是某共同基金的投资分析师，被告与某上市公司的经理人员会面，讨论该公司的营业问题，以作为被告所从事分析的依据。在讨论过程中，被告获悉了一项有关该公司业务的重要消息，该公司的经理使被告误信，其他股票分析师也都知道了该消息。法院指出，被告不构成"内幕交易"，因为他不知道公司经理在将消息告诉他时，违反了对公司所负的义务，而且也不知道，他所获知的消息是"内幕消息"。当然，这时的举证责任在被告。

（四） "戒绝交易或公布消息说"与"私用内幕消息说"

当被告是"内部人"（如公司经理、董事或占公司股份总额 10% 以上的大股东等）或"准内部人"（如与公司有关的律师、银行业务员，税务专管员等）时，对他们适用"戒绝交易或公布消息说"。该说认为，当公司"内部人"或"准内部人"获知未公开的重要消息，而有意买卖该公司股票时，他可以选择：在交易市场上公布该消息，然后进行交易；或者完全不从事任何交易。但实际上，由于大部分的上述人员无权私自公布内幕消息，因此，他们应完全不能从事任何交易行为。违反了这两条原则，就是法律所禁止的"内幕交易"。在 1980 年以前，美国各级法院一直是以这种理论来处理案件的。但这种学说遇到了挑战；例如，某律师事务所在为甲上市公司准备一项大型投资计划的合同时，草稿的内容被清洁垃圾的工人在垃圾筒内发现，该工人利用该项消息在股市进行交易。在这种情况下，该工人确实知道了"内幕消息"，而且是从"准内部人"处获知的，但该清洁工却不对甲公司负有任何义务，而律师事务所也没有故意泄露消息，因此，虽然该工人利用内幕信息进行了交易，法院却不能根据"戒绝交易或公布消息说"之理论判决该工人违法。这样，就发展出了"私用内幕消息说"。

"私用内幕消息说"认为，如果被告从"内部人"或"准内部人"处得到"内幕消息"，为了个人私利而利用该消息买卖股票或再告诉他人，使他人买卖股票的，则不论在任何情况下，均须负法律责任。其理论基础为：任何人如果为了个人利益，而将他人因为信任关系而告知的消息私自利用时，就构成了欺诈。在这种理论构架下，先要找出被告与消息来源者之间的"信用关系"。因为如果不存在"信用关系"，任何人在法律上都没有替别人保守秘密的义务。

论金融凭证诈骗罪适用中的几个问题[*]

根据《中华人民共和国刑法》(以下简称《刑法》)第194条第2款的规定,金融凭证诈骗罪,是指使用伪造、变造的委托收款凭证、汇款凭证、银行存单等银行结算凭证的行为。本文结合当前的司法实践,就这一罪名的适用问题谈点看法。

一、如何理解金融凭证诈骗罪的构成要件

关于金融凭证诈骗罪构成要件的理解有两个问题需要探讨:

其一,本罪的对象即所谓"伪造、变造的委托收款凭证、汇款凭证、银行存单等其他银行结算凭证"之"伪造"如何界定。

银行结算凭证,是指参与货币结算的各方当事人据以确定相互之间经济关系的书面证明。根据《银行结算办法》,我国银行结算凭证主要包括汇票、本票、支票以及委托收款凭证、汇款凭证、银行存单、贷记凭证等。由于使用伪造、变造的汇票、本票、支票进行诈骗活动的行为已被《刑法》第194条第1款规定为票据诈骗罪,因此,本罪的对象中所指的"其他银行结算凭证",自应指汇票、本票、支票以外的银行结算凭证。对于这一点,在司法实践和刑法理论上都不存在争议。但是,什么是"伪造"的银行结算凭证呢?从实践中出现的案件来看,则值得研究。比如,有这样一起案件:被告人陈某,系上海某私有制衣公司的总经理,1996年年底因做服装生意亏损,为偿还债务,自1997年3月至1998年7月期间,以支付高额利息为诱饵,骗取上海某购物(超市)中心集团财务部经理王某(因挪用公款而另案处理)的信任,使王某利用职权先后将本单位700万元资金存入银行(该银行与被告人陈某关系熟稔),而后由被告人陈某将这笔巨资划入自己的账户使用。[①] 被告人陈某转账的手段是:在对方即购物超市中心答应"借款"后,以帮助对方到银行开户为借口,将对方携带财务印鉴章的财务人员骗出单位,趁该财务人员疏忽之机,在出租车上秘密用对方的财务印鉴章偷盖在自己事先从银行购买的空白贷记凭证上,而后填写转账数额。对此案,检察机关以金融凭

---

[*] 第二作者肖中华、第三作者张建,原载于《人民检察》2001年6月8日。

[①] 这种筹资行为方式俗称"背靠背",在上海市存贷款领域的违法犯罪活动中具有普遍性。其具体操作过程是:"出资方"(暂时有闲置资金而欲以放贷方式赚取"高息补差"的单位或个人)与"借款方"(提供"高息补差"以接受资金的单位或个人)按照"高息补差"融资的合意,"出资方"按约将资金存入指定银行,承诺在一定期限内不动用资金,银行可在期限内放贷,而"借款方"有存款使用权,以向"出资方"支付"高息补差"为代价。至于"借款方"何时、以何种方式和途径从银行获取存款,"出资方"不甚关心。

证诈骗罪起诉。辩护律师则认为，行为人陈某并没有使用"伪造"的贷记凭证，而只是在真实的贷记凭证上偷盖了对方印鉴章。最后，法院采纳了控方意见，以金融凭证诈骗罪判处被告人陈某无期徒刑。

上述案件中存在的关于"在真实的空白金融凭证上偷盖也是真实的印鉴章算不算伪造金融凭证"的争议，实际上就是一个怎样理解"伪造"的问题。从深层次上讲，如何理解"伪造"这一用语，又是一个如何合理解释刑法规范及把握罪刑法定原则的问题。在我国刑法理论上，关于伪造银行结算凭证之"伪造"的含义，一般都理解"为行为人未经国家有关部门的批准，通过印刷、复印、绘制等手法，非法制作银行结算凭证的行为"。① 笔者认为，这种见解是正确的。而且，正如有的学者进一步所强调的，所谓伪造金融票证，还必须是以某种客观存在的票证为仿照的对象；如果行为人并无仿照某种客观存在的票证，而只是自己"独创"或"首创"一种与客观存在的票证完全不同的所谓"票证"，则不能以伪造票证认定。② 上述案件中，被告人陈某通过在事先购买的真实的空白凭证上偷盖"借款方"真实印鉴的手段取得他人款项，不能认为是使用"伪造"的金融凭证骗取财物。如果将这种手段行为理解为"伪造"金融凭证，明显超出刑法用语的应有涵义，有违罪刑法定原则。

其二，本罪是否以"非法占有"为目的。

我国《刑法》分则第三章第五节以"金融诈骗罪"为节名，但是对于该节下各种诈骗犯罪的主观目的要件未作统一规定，即对于有的犯罪（如非法集资罪、贷款诈骗罪）明确规定了"以非法占有为目的"，而对包括金融凭证诈骗罪在内的一些犯罪则未明确规定。目前，在司法实践中，有一种观点认为，这些是在《刑法》条文中没有明确"以非法占有为目的"作为犯罪构成要件加以规定的诈骗犯罪，因而非法占有的目的不是这些犯罪的构成要件；行为人即使没有非法占有的目的，其客观行为同样破坏了金融秩序；是否具有非法占有的目的，只是作为量刑情节考虑。③ 笔者认为，无论刑法有无明确规定，包括金融凭证诈骗罪在内的所有金融诈骗犯罪，在主观上都必须以"非法占有"为主观要件，这是由诈骗犯罪的本质特征决定的，也是对刑法进行体系性解释的当然结论。

坚持把"以非法占有为目的"作为金融凭证诈骗罪的主观要件，在目前司法实践中应当注意，不能一概将任何带有欺诈性质、隐瞒或掩盖有关事实而无法返还借款的行为判定为金融凭证诈骗罪。因为没有返还对方当事人的欠款，既可以是诈骗的结果，也可以是民事欺诈的结果。反过来说，也就是并非一有无法返还欠款（尤其是巨额资金）的事实，就可以推断行为人具有非法占有的目的，从而认定其成立金融凭证诈骗罪。罪与非罪，需要综合整个案件中可资推定的客观事实后才可定夺。

---

① 王新：《金融刑法导论》，北京大学出版社 1998 年版，第 141 页；刘宪权：《金融风险防范与犯罪惩治》，立信会计出版社 1998 年版，第 150 页。
② 参见刘宪权：《金融风险防范与犯罪惩治》，立信会计出版社 1998 版，第 152 页。
③ 参见李影影：《试论票据诈骗与合同诈骗的界定》，载《上海检察调研》2000 年第 5 期。

二、如何处理金融凭证诈骗罪与其他诈骗犯罪的竞合

对于诈骗犯罪,我国刑法采取了"罪群"立法方式加以规定,即除了在侵犯财产罪章中规定普通诈骗罪外,还在破坏社会主义经济秩序罪中规定了若干特殊诈骗犯罪。具体而言,包括集资诈骗罪、贷款诈骗罪、票据诈骗罪、金融凭证诈骗罪、信用证诈骗罪、信用卡诈骗罪、有价证券诈骗罪、保险诈骗罪、骗取出口退税罪和合同诈骗罪。这些特殊诈骗犯罪,在诈骗方法和对象上有其特定性,虽然和普通诈骗罪一样也侵犯了他人的财产权,但主要破坏了金融秩序、市场秩序等社会主义市场经济秩序。普通诈骗罪与这些特殊诈骗犯罪,在构成上是一般与特殊的关系。当行为人的诈骗行为符合包括金融凭证诈骗罪在内的这些特殊诈骗犯罪的构成时,不应以普通诈骗罪定罪处罚,而应根据其诈骗方法和对象依照特殊诈骗犯罪定罪处罚。这是刑法理论和司法实践中的共识。问题是,当行为人的一个行为同时符合金融凭证诈骗罪和其他特殊诈骗犯罪时,即行为人的一个诈骗行为同时符合的构成均是特殊诈骗罪的构成时,如何定罪处罚呢?比如,行为人以伪造的银行存单作抵押,通过签订借款合同骗取银行巨额贷款的行为,就同时触犯了金融凭证诈骗罪、合同诈骗罪和贷款诈骗罪三个罪名,对此究竟怎样定罪处罚?笔者认为,这种情况属于想象竞合犯形态。按照想象竞合犯的处罚原则,对行为人应当从一重罪从重处罚。考察刑法的规定,刑法对金融凭证诈骗罪与其他各种特殊诈骗罪的法定刑设置,均以诈骗"数额较大""数额巨大或者有其他严重情节"和"数额特别巨大或者有其他特别严重情节"为各个量刑档次的依据。实践中应当注意,各种诈骗犯罪中的"数额较大""数额巨大"和"数额特别巨大"的具体标准,可能在具体数额起点上并不一致。最高人民法院1996年《关于审理诈骗犯罪案件具体应用法律若干问题的解释》对各种金融诈骗罪的"数额较大""数额巨大"和"数额特别巨大"的界定,就采取了不同的标准。如贷款诈骗、个人保险诈骗以1万元以上为"数额较大"的标准,5万元以上为"数额巨大"的标准;个人票据诈骗、信用卡诈骗则以5 000元以上为"数额较大"的标准,5万元以上为"数额巨大"的标准。因此,对想象竞合犯情形下的行为人究竟选择哪一个诈骗罪名定罪处罚,应当以对行为人实际处刑较重为标准。当然,如果竞合的数个特殊诈骗犯罪的刑罚相同、不存在孰重孰轻,对行为人则应选择于行为性质评价最为适当的罪名定罪处罚。

三、如何处理连续诈骗行为同时涉及数种诈骗罪名的情形

同金融凭证诈骗罪与其他诈骗犯罪的想象竞合现象不同,所谓"连续诈骗行为同时涉及数种诈骗罪名",是指行为人先后实施了数个独立的诈骗行为(而非如想象竞合中单一行为),其行为方法分别符合金融凭证诈骗罪与其他诈骗犯罪(包括普通诈

骗罪和其他各种特殊诈骗罪)的方法要件的情况。① 这里的"连续诈骗行为",既可以是针对同一被害人或被害单位,也可以是先后针对多个被害人或被害单位;行为人对其中各个被害人或被害单位诈骗,既可以是使用单一的诈骗方法,诈骗行为仅符合一种诈骗犯罪的方法要件,也可以是混合使用诈骗方法,诈骗行为同时符合两种以上诈骗犯罪的方法要件。例如:被告人林某于1997年12月至1998年9月间,在北京市东城区、朝阳区等地,采取冒用北京T工贸集团、北京K有限公司的名义与单位签订合同,或采用虚构事实、隐瞒真相的手段,以及签发空头支票、使用伪造的汇款凭证的手段,以购买办公用具、收取工程预付款及质量保证金等名义,骗得北京市A公司、B公司、C公司、D公司和E幼儿园人民币30.5万元及办公家具、空调机等物品,物品价值人民币29万余元。另外,被告人林某以北京K有限公司的名义诱骗北京市H装潢公司为其装修后不付款,造成该公司经济损失1万元。上述活动中,被告人林某采用签订合同方式,骗取各单位款物折合人民币39万余元;采用虚构事实、隐瞒真相的手段,骗取各单位款物折合人民币19万余元;采用签发空头支票的手段,骗取D公司空调机1台,折合人民币8 200元;采用使用伪造的汇款凭证的手段,骗取C公司家具1套,折合人民币2万元。

对于"连续诈骗行为同时涉及数种诈骗罪名"的情形如何定罪处罚? 刑法理论和司法实践中存在争议。有的认为,应当按照牵连犯的处罚原则择一重罪处理;有的认为应当按照行为人的主行为定性。② 笔者认为,当行为人的数个诈骗行为分别触犯不同的诈骗犯罪时,最为可取的做法应是实行数罪并罚。上述第一种观点,首先将这种形态认定为牵连犯是值得商榷的;其次,按照这种观点的主张,当行为人触犯的各种诈骗犯罪之中有两种以上犯罪的刑罚轻重相当时,便无法选择罪名,而即便在刑罚轻重有别的情况下择一重罪处理,那么,行为人触犯的其他诈骗的犯罪数额是否均计入该重罪的犯罪数额? 不无困惑。按照上述第二种观点,当各种方法的诈骗行为在整个犯罪活动中难分主次时,便难以定性;而即使有主次之分的,犯罪数额的归属,也如按上述第一种观点那样成问题。笔者认为,"连续诈骗行为同时涉及数种诈骗罪名",应视为连续犯。连续犯通常是指行为人基于连续犯罪的故意,实施数个相互独立的犯罪行为,触犯同一罪名的犯罪形态。但是,如果数次犯罪行为触犯具体名称虽然不同,但实际性质相同的,各罪亦可视为同种性质,成立连续犯形态。那么,对犯罪方法各异、触犯罪名不同的"连续诈骗"犯罪实行数罪并罚,是否违背连续犯从一罪处断的原则而不合理呢? 笔者认为,理论上历来主张连续犯是实质的数罪而非处断的一罪,只考虑到了连续行为所触犯罪名完全相同的情况,而没有把数次犯罪行为触犯具体罪名虽然不同、但实际性质相同的连续犯(要否拓展"连续犯"的范畴,另当别论)纳

---

① 当然,更为复杂的是在"连续诈骗行为同时涉及数种诈骗罪名"的情形中,还可能存在某一或某几个独立的诈骗行为本身又涉及数种诈骗犯罪的竞合。如行为人分别采用签订假合同、非法集资、使用作废的信用证之方法诈骗了甲、乙、丙三个单位,而其中采用签订假合同对甲进行诈骗时又使用了伪造的银行存单作担保。此时,对于行为人的定罪处罚,应当将上述"关于想象竞合犯的处理原则和连续诈骗行为同时涉及数种诈骗罪名"的处理原则结合起来。

② 转引自陈为钢:《办理金融诈骗犯罪案件亟待解决的法律问题与思考》,载《上海检察调研》2000年第4期。

入研究范围。这在很大程度上是由过去刑法所保护的各种社会关系本身相对单纯，同种罪名细化的必要性不大，因而连续犯也只存在数罪名完全相同的情形所决定的。而如今，由于社会关系日趋复杂，刑法采用罪名体系、"罪群"性的罪刑规范设置方法也已相当普遍①，固守罪名不同的连续犯只能从一罪处断，显然是不智亦不可行的。实际上，最高人民检察院在有关司法解释中也认可了特殊情况下对连续犯实行数罪并罚的做法。最高人民检察院1998年12月2日《关于对跨越修订刑法施行日期的继续犯罪、连续犯罪以及其他同种数罪应如何具体适用刑法问题的批复》（以下简称《批复》）指出："对于开始于1997年9月30日以前，继续到1997年10月1日以后终了的连续犯罪，或者在1997年10月1日前后分别实施同类数罪，其中罪名、构成要件、情节以及法定刑均没有变化的，应当适用修订刑法，一并进行追诉；罪名、构成要件、情节以及法定刑已经变化的，也应当适用修订刑法，一并进行追诉……"根据这个《批复》，如果行为人的连续行为跨越修订《刑法》施行前后，而同时修订《刑法》对这些行为的定性与修订前《刑法》的规定不同且将其罪数由一罪变为数罪的，对该连续犯就应当实行数罪并罚。比如，行为人在修订《刑法》施行前一直从事伪造国家机关和事业单位的印章的犯罪行为，修订《刑法》施行后只伪造国家机关的印章的，按照修订前《刑法》行为人只构成妨害印章罪（国家机关和事业单位印章均为该罪对象所包括）一罪，而在修订《刑法》施行后，按照《批复》的规定，应当以伪造国家机关印章罪和伪造事业单位印章罪对行为人伪造印章的连续行为实行数罪并罚。再如，行为人在修订《刑法》施行前后分别实施利用合同进行的诈骗犯罪和一般欺骗手段的诈骗犯罪的，也以合同诈骗罪和普通诈骗罪实行数罪并罚。《批复》的上述规定无疑有助于司法实践解决实际问题，也对传统理论提出了挑战，值得赞赏。在实践中，将这一《批复》的精神加以发挥，对于"连续诈骗行为同时涉及数种诈骗罪名"的，均应实行数罪并罚。

与"连续诈骗行为同时涉及数种诈骗罪名"相关的问题是，在连续诈骗行为中，当各种特殊诈骗行为（包括利用伪造的委托收款凭证等银行结算凭证进行诈骗在内）及普通诈骗行为，分别依照各种特殊诈骗犯罪和普通诈骗罪的构成要件不构成犯罪（未达起刑标准），而其诈骗总数额按照任何一种诈骗犯罪的定罪标准都可构成犯罪；或者有的诈骗行为数额上达到定罪标准可以认定为普通诈骗罪或各种特殊诈骗罪，而其中有几种行为构不成其诈骗方法对应的特殊诈骗犯罪时，应如何处理呢？笔者认为，对此，应当坚持如下原则：各种诈骗方法的诈骗行为，首先分别以其对应的诈骗犯罪的起刑标准为基准，考察能否构成该对应的诈骗犯罪（包括普通诈骗罪和各种特殊诈骗罪）；凡依照任何特殊诈骗犯罪的构成要件不构成犯罪的，不应对行为人的各种特殊诈骗行为分别根据行为特征认定其不构成犯罪，而应当把这些诈骗行为作为有机整体看待，将这些无法认定为特殊诈骗罪的诈骗行为，连同本来以普通诈骗方法实

---

① 如除了诈骗犯罪外，对于生产、销售伪劣商品犯罪，走私犯罪，贿赂犯罪，等等，都存在"罪群"立法。甚至伪造印章犯罪、招摇撞骗犯罪都分立了不同罪名。

施的诈骗行为,以《刑法》第206条为基准,进行罪与非罪的评判;构成犯罪的,依照普通诈骗罪定罪处罚。当然,如果按照前述①对有的诈骗行为已经认定了特殊诈骗罪的,须对行为人以普通诈骗罪和已经认定了的特殊诈骗罪实行数罪并罚。从这个意义上说,《刑法》第206条的普通诈骗罪,在构成上并不完全排斥各种特殊诈骗罪中的客观行为方式,当行为人实施的特殊诈骗行为数额等情节未达(特殊诈骗罪)定罪标准时,该未达定罪标准部分的诈骗行为却可能构成普通诈骗罪。

---

① 参见姜伟:《犯罪形态通论》,法律出版社1994年版,第335—336页。

关于操纵证券市场行为
认定和处罚中若干问题比较*

新修订的《中华人民共和国刑法》(以下简称《刑法》)第182条和我国香港特区、台湾地区的证券法律中都规定有操纵证券市场罪(又可称为操纵证券行情罪或操纵证券交易价格罪)。

在证券市场上,由供需关系自然形成的价格是正常的、具有权威性的价格。而操纵市场的行为却人为地扭曲了证券市场的正常价格,给证券市场的秩序造成极大危害,因此,法律必须加以禁止。所谓操纵市场,是指人为地变动或者固定证券行情,以引诱他人参加证券交易,从而为自己谋取利益的行为。操纵市场,实际上是一种欺骗行为,旨在通过人为地影响证券市场价格而欺骗广大投资者从而使自己从中获益或转嫁风险。就操纵市场的本质特征而言,祖国大陆和香港特区、台湾地区实际上是一致的。

但是,就操纵市场的具体形式来看,祖国大陆和香港特区、台湾地区还是有所不同的,现就以下一些主要问题展开比较。

一、关于非法卖空证券

非法卖空证券是操纵证券市场的一种重要手段。有些法律将其列入操纵证券市场行为之中;有的将其单独列开。在此,我们将其作为一个专门问题加以研究。

所谓卖空是指卖方出售其在出售时并不持有的物品。其涵盖范围非常广泛,从以样品形式的推销,到报纸杂志的每年预订,其物品在预售时都还没有生产出来。在这种情况下,卖方相信在物品交付日时,他们会把这些物品供应给买方。

在证券交易时,出售证券后,必须在短期内交付。证券卖空交易的一般做法是,卖空方先向第三者借来证券,以结清交易,然后迟一些日子再购买证券还给出借人。如果卖方在出售后证券价格下跌,卖空方便能获利,因为此时他可以用较低的价格买进证券而还给出借人;反之,如果在出售后证券价格上涨,卖空方则遭受损失,因为此时他要用较高的价格买进证券而还给出借人。

卖空的作用,是在证券市场价格上涨时,可以减慢其上涨的速度;而在证券市场价格下降时,由于卖空者会趁机买进证券用以还给出借人,因此,卖空就成了减缓价

---

* 原载于《政治与法律》1999 年第 4 期。

格下降的缓冲器。卖空的这些正面作用是得到承认的。例如,纽约和伦敦的证券交易所都允许卖空。但卖空也有负面影响,特别是对那些不成熟或比较脆弱的市场而言,卖空会加速行情下跌而产生许多负面的影响。

我国大陆是禁止证券卖空交易的。《中华人民共和国证券法》(以下简称《证券法》第141条规定,"证券公司接受委托卖出证券必须是客户账户上实有的证券,不得为客户融券交易"。《刑法》第182条也将"相互买卖并不持有的证券"作为受刑法禁止的行为之一。

在我国香港特区法律原则上是禁止证券卖空交易的。根据《香港证券条例》第80(1)条,任何人士在香港未经证券借贷而进行卖空活动,便属违法,一经定罪,便可被判入狱半年和罚款1万元。1994年1月,香港证监会成功检控一名汪姓女士,指控其在没有借入股票的情况下卖空股票。汪氏被控13项卖空多种不同证券的罪名。香港西区裁判法庭判处汪氏违反《香港证券条例》第80(1)条之规定,罪名成立,罚款2.5万元,并被下令支付调查费0.55万元。1995年5月,香港证监会又成功检控三名非法卖空人士,指控他们卖空某集团认股证,各被判处罚款1万元,另分别支付0.2万元至0.42万元的调查费用。

香港联合交易所从1994年1月3日起实施股票卖空计划。卖空必须遵守《卖空规例》(《联合交易所规则》第11附件),《卖空规例》有以下一些主要条款:

(1)意欲进行卖空交易的股票经纪,在实施卖空行为前,必须在证券交易所登记。

(2)卖空股票经纪只能按照《卖空规例》的条款卖空"所指定的证券"。它是指由联合交易所指定的,适宜卖空的,自动对盘的证券。这些证券通常交易量很大。当时选择长江实业、中华电力等21只股票作为可以卖空的对象。

(3)卖空股票经纪必须保留和提交他们所有卖空活动的详细记录。

(4)一宗卖空交易只能买卖指定的证券,及在自动对盘和成交系统内自动完成,这个系统是联合交易所为证券交易而设置和营运的(这使联合交易所能够根据最新的资料对卖空活动进行监督)。

(5)卖空股票经纪应当在发出卖空指令时,表明该指令实际上是一卖空指令。

(6)如果出卖价格低于市场当时最好的要价,则不应在联合交易所进行指定证券的卖空交易(也是为了防止卖空使股市加剧下跌)。

(7)除非卖空股票经纪已经订立协议以确保在规定的交收日,他能获得指定的证券用以交付,否则不应以自己的名义或代表客户发出指定证券的卖空指令。这一条的目的在于保证卖空者能交付有关卖空交易的股票。

(8)如果客户没有设立证券保证金账户,卖空股票经纪不得从客户处接受卖空指令。

(9)卖空股票经纪应确保那些有未平仓卖空头寸的客户,在任何时期都保持着一个最低保证金,其数额不少于他们卖空头寸价值的105%(这是为了控制与行情波动有关的风险)。[①]

---

① 参见《香港公司证券法》,法律出版社1999年版,第226—227页;《金融投资法律实务》,商务印书馆1996年版,第69—71页;《中港股票投资法律实务》,商务印书馆1994年版,第175—177页。

从《香港证券条例》当时的规定看,股票卖空所需借入的股票期限最多为14天,即必须在借入股票的14天内平仓。

由于香港在卖空证券方面限制较多,因此初期交易不够活跃。1994年1月至6月,卖空成交股数只有283.1万股。后陆续放宽某些措施,再加上证券的期货期权交易,使卖空证券的数量迅速放大。在1997年、1998年的亚洲金融危机中,卖空成为国际金融炒家冲击香港汇市、股市、期市的重要手段。香港特区政府在1998年9月初向立法会提交30项建议,内容包括加重惩罚非法卖空股票者的刑期及罚款等。其中针对股票卖空和交割的有以下一些措施:

(1)联合交易所应加强管理股票卖空活动,对卖空股票未按时交割的情况有权进行调查。

(2)联合交易所成立专职小组,对违反法律的经纪会员将采取更加严厉的惩罚,除了罚款之外,停止股票交易权利或取消交易所会籍。

有关措施得到证监会批准后,联合交易所就即时恢复限价卖空股票措施,以减低卖空港股被国际炒家用作压低股价的工具,同时联合交易所要清楚地知道卖空股票客户的身份,以便进行调查。

中央结算公司严格执行股票交易两天后交割的规定,中央结算公司修订有关规则,对于不能按时交割的经纪商采取适当的处分。

经纪商持有的未结算期指合约数目,应该与经纪公司资本成正比,如果经纪商借用资本增加期指合约数目,也只能增加20%。

为了加强期货市场透明度,经纪商要向证监会提供大额客户持有的期指合约资料,经纪商持有的期指情况也要向市场公布。对于期交所将期指合约押金由每张8万港元增至12万港元,财政事务局建议,将增加押金的期指合约持有数由1万张降至5 000张,甚至更低。

在期货及现货市场成交量方面,如果成交数量完全超乎股票及现货实际比例,一旦发现有操控市场活动,经济事务局和期交所以及证监会,马上订定有关监察制度,防止这种趋势恶化。

证监会将加强非法卖空股票活动的调查及检控工作,未能申报的股票卖空活动,考虑定为刑事罪,证监会将加重惩罚非法卖空股票活动,由目前判刑半年及罚款1万港元,改为判刑两年及罚款10万港元。

对于股票经纪商及交易商在申报交易资料时,如果发现申报虚假,应该列为刑事罪。为了避免再出现股票延迟交割或借贷及卖空工作管理不好,所有证券都进行电子交易,统一所有会计记录,同时,强令所有投资者都要在中央结算所开设交易户口,使港府容易掌握风险管理。

财经事务局研究加强股票借贷活动监督,以提高透明度,避免股票托管人将股票借贷给国际炒家,财经事务局应向立法会提出上述修订建议。

根据现时香港法律,只有行政长官才能指令证监会,再由证监会指令两间交易所或证券公司,做一些维护公众利益的事情,为了应付今后的紧急情况,建议立法赋予行政长官权力,可以直接指使两个交易所及中央结算公司,执行维持公众利益的事情。

财政事务局将统筹成立跨部门及跨市场监察小组,定期与金管局、证监会、两个交易所及中央结算所高层管理人员,交换及分析市场最新趋势,使港府能够预先得知操纵市场的活动,以及时采取对策。

我国台湾地区"证券法"规定的是有条件地允许融券交易,即卖空的。我国台湾地区"证券交易法"第60条及《证券商办理有价证券买卖融资融券管理办法》《有价证券得为融资融券标准》《复华证券金融股份有限公司对证券商转融通业务操纵办法》等规章、规则和办法,对融券的对象、保证金的比例、利率、融券的额度、期限等问题都作了具体规定。

在台湾地区,由投资人缴纳规定比例的保证金,借得一定数量的股票,委托证券经纪商卖出,而由融券机构取得售出股票价格之质权,作为融券的担保。委托融券交易的投资人必须先在证券经纪商处开户,并与融券机构签订契约,才可能委托融券经纪商卖出股票。委托人必须交付规定比例的保证金,而以借得股票卖出后如办理交割,再等适当时机补进股票还给融券机构。由于委托人卖出的股票是借来的,而不是自己所有的,故称之为卖空。

台湾地区原来规定50万股以上的巨额交易只限于现款现券交易,不得融券卖出,后改为采取以下两项标准:

①每种可进行融券交易的股票,其每股市场成交收盘价格低于13元连续达2个营业日时,暂停融券卖出;待其成交收盘价格回升至13元以上连续达6个营业日时,再行恢复该股票融券交易。

②每种可进行融券交易的股票,其融券余额达该种股票上市股价8%时,暂停融券卖出;待其余额低于5%时,恢复其融券交易。

对非法融资融券者,其中包括非法卖空证券者,处2年以下有期徒刑、拘役或科或并科15万元以下罚金("证券交易法"第175条)。

1998年9月,我国台湾地区"财政部"宣布,融券卖出价格不得低于前一日收盘价格,以维持市场安定。

综上所述,我国大陆的证券法律禁止证券卖空交易。而我国香港特区和台湾地区的证券法规虽然有条件允许证券卖空交易(融券交易),但规定了许多限制条件,并对非法卖空行为进行严厉处罚,直至刑事处罚。特别是在东南亚金融危机后,对卖空行为更加强了管制,以避免证券市场受到国际炒家有计划及跨市场进行操纵,维护证券市场的正常秩序。

当然,从我国香港特区和台湾地区的监管措施讲,还是有所差别的。例如,从卖空的对象看,香港特区限制在流通量很大的21种股票品种上;而台湾地区则比较宽,实际上有两大类:上市半年以上、上市股价在票面价格以上的第一类上市普通股票和最近一年度的营业利益和税前利润占实收资本额的比例达6%以上的第二类上市普通股票,均可成为融券的对象。再如,在融券期限上,也是台湾地区比香港特区宽,台湾地区的融券期限可长达 6 个月。但在限价措施、刑罚处罚等方面,香港特区比台湾地区宽。

二、关于操纵市场

我国大陆、香港特区和台湾地区关于操纵市场行为的内容实际上差别不大。只是在立法技巧上有所不同而已。

《香港证券条例》第 135、136、137 条规定了市场操纵行为:

(1)制造虚假交易[《香港证券条例》第 135(1)(a)条]。

(2)制造虚假市场[《香港证券条例》第 135(1)(b)条]。

第 135(2)条规定,当任何证券的市场价格借下列方法被推高、压低、固定或稳定时,即就该证券而言,便构成制造虚假市场:

①由某些人合力互相进行出售及购买,目的是确保该种证券达致某市场价格,但该市场价格,就发行该种证券的法团的资产或该法团的利润(包括预期利润)而言,是并无充分理由支持的;②具有阻止或限制关于证券的购买或出售而自由商议市场价格的作用的任何作为;③使用任何虚构的交易或手段或其他任何形式的欺骗或诡计。

(3)不涉及实益拥有权转变的证券交易;对冲性交易[《香港证券条例》第 135(3)(4)条]。

(4)流传或散播资料[《香港证券条例》第 135(5)条]。

(5)使用欺诈或欺骗手段(《香港证券条例》第 136 条)。

(6)证券价格的限制(《香港证券条例》第 137 条)。

《香港证券条例》第 139 条规定,任何人违反第 135、136 条或 137 条的任何规定,即属犯罪,处 5 万港元的罚款或 2 年以下的监禁。

典型案例有:王某于 1990 年 7 月出售 D 公司的 51% 的控股权给河联投资有限公司(是家上市公司,以下简称河联公司),河联公司则以股份代替现金的方式,向王某发行股票 3 890 万股,占河联公司已发行股份的 19.8%。在 1991 年 1 月至 9 月间,由于发生海湾战争使股价大跌。王某在这一期间通过不同途径多次以同一价格买卖相同数量的河联股票,共购入 4 990 多万股,卖出 8 390 多万股,净出售约 3 400 万股,在多次买卖活动中,赚取近 2 300 万港元。香港地方法院认为,王某故意将其名下的股份买入及卖出,制造河联股票在联交所交投活跃的假象,蓄意托高股价,以便本人可以在更高的价格上出售自己持有的股票。法官最后裁定王某操纵市场(造市)的非法行为罪名成立,判其入狱 4 个月,缓刑 12 个月,并支付证监会调查费 47 万多港元。

我国台湾地区"证券交易法"第 171 条、第 155 条对操纵市场行为作了明确规定:

(1)在有价证券集中交易市场报价,已经有人承诺接受,却不实际成交或不履行交割,足以影响市场秩序的行为。

(2)在集中交易市场,不转移证券所有权而伪作买卖的行为。

(3)意图抬高或压低集中交易市场某种有价证券的交易价格,与他人通谋,以约定价格于自己出售或购买证券时,让约定人同时进行购买或出售的相对行为。

(4)意图抬高或压低集中交易市场某种有价证券的交易价格,自行或以他人名义,对该有价证券连续以高价买入或低价卖出的行为。

(5)意图影响集中交易市场有价证券交易价格,而散布流言或不实资料的行为。

(6)直接或间接从事其他影响集中交易市场某种有价证券交易价格的操纵行为。

实例1:1994年10月初,我国台湾地区股市突然爆发违约交割风潮,违约交割金额超过73亿元新台币。洪福、永丰、大江、凤山等四家证券公司被勒令停业整顿。导致台湾地区股市连跌4天,暴跌近1000点,跌幅深达14%。

这次风潮的导火线是台湾洪福证券公司因银行拒付其巨额支票而资金周转不灵导致违约交割的发生。洪福证券自10月4日已遭银行拒付,金额高达27亿元新台币。紧接着它的姐妹公司永丰、大江、凤山公司也遇到同样的问题,违约交割金额总数达73亿元新台币。这四家公司同属于华隆集团旗下。导致违约交割风潮的最直接原因是华隆集团炒作华国饭店等股票的失手。

从1994年2月14日起,翁某、李某等华隆集团负责人利用300多个个人名的股票账户买卖股票、将华国饭店股票价格拉抬至10月4日之每股338元(该股1993年1月为每股30元)。但这次炒作缺乏基础,许多投资者不敢跟进,形成华隆集团左手进右手出,自拉自唱的局面。但该集团仍不思引退,反而越陷越深,不得不以票贴方式,即利用信用交易持续操作,以量滚量,维持高股价。以达到进一步向金融机构抵押借款的目的。但旅馆业当时并不景气,炒作明显缺乏配合。为求自保,资金提供者抽回资金,导致华隆集团资金调度出现困难,进而连累其属下的证券公司,终于发生违约交割事件。

1994年12月初,台北"地方检察署"对翁某、李某等34人提起公诉,指控他们违反"证券交易法"第155条有关虚伪买卖、炒作、违约交割的条款及"商业会计法"和"刑法"的背信及侵占罪。[①]

实例2:股市大户陈某自1992年1月至1993年2月,利用22个人名在康和证券等24家券商处开立账户,对长荣运输公司股票连续以高价买入,并以人头交互当日买进卖出,制造活络假象,使荣运股票从82元涨至210元。台湾台北地方法院以市场操纵罪判处陈某等18人有期徒刑10个月至2年零6个月不等。

实例3:股市大户雷某于1992年5月至同年9月间,与厚生公司董事徐

---

① 参见1994年12月26日的《工商时报》《联合时报》等。

某联手炒作厚生公司股票,将每股70元之价格哄抬炒作至370元,并造成巨额的违约交割。"台北地方法院"以操纵市场罪于1993年10月12日判处雷某等39人有期徒刑4个月至1年不等。[①]

我国修订后《刑法》第182条规定了操纵证券交易价格罪;第181条规定了编造并传播证券交易虚假信息罪和诱骗投资者买卖证券罪。这三个罪名所规定的各种行为样态大致可以涵盖前述我国香港特区和我国台湾地区法律法规所规定的各种操纵市场的行为。然而,却不包括违约交割,即台湾地区的"证券交易法"第155条第1项第1款规定的"不实际成交或不履行交割",这将成为一个很大的漏洞。此外,我国《刑法》规定,操纵证券交易价格等行为,必须达到"情节严重"或"造成严重后果"的程度才构成犯罪。由于至今为止,关于何谓这些行为的"情节严重""造成严重后果"的司法解释还没有出台,因此,我国大陆处罚的操纵市场案件均为行政处罚,尚未有追究刑事责任的。

三、关于处罚

(一) 刑事责任

关于操纵证券市场的刑事处罚,以我国台湾地区为最重。按我国台湾地区"证券交易法"第171条的规定,对构成操纵证券市场罪的,处7年以下有期徒刑、拘役或科或并科25万元以下罚金。

我国《刑法》第182条规定,对构成操作证券交易价格罪的,处5年以下有期徒刑或者拘役,并处或者单处违法所得1倍以上5倍以下罚金。《刑法》第181条规定,对构成编造并且传播证券交易虚假信息和诱骗投资者买卖证券罪造成严重后果的,处5年以下有期徒刑或者拘役,并处或者单处1万元以上10万元以下罚金。

《香港证券条例》第139条规定,任何人违反第135、136、137条的任何规定,即构成犯罪,处5万港元以下罚款和2年以下监禁(1998年提出加重至2年有期徒刑和10万港元罚款)。

(二) 关于民事责任

《香港证券条例》第141条规定,任何违反第135、136、137条的人,除按照第139条承担刑事责任外,还有责任对自己造成的损害支付赔偿。违反第135、136、137条,可能导致某些证券价格的上升或下跌,从而给那些证券的购买者和出售者造成损失。根据第141(1)条,这些受损的当事人,可以起诉那些违反第135、136、137条的人,请求损害赔偿。第141(2)条规定,尽管有关违反规定的行为并没有依据第139条被指

---

① 参见马英九:《违反证券交易法等金融、经济犯罪问题案报告》,1994年10月26日。

控或被判罪,但这些违规行为的受害人仍可对违规人提起请求赔偿的诉讼。第 141 (3)条规定,第 141 条的规定对任何人可能依据普通法而承担的法律责任没有任何的限制或减轻。

我国台湾地区的"证券交易法"第 155 条第 3 项规定:"违反前二项规定者,并对善意买入或卖出有价证券之人所受之损害,应负赔偿之责。"也就是说,操纵证券市场的行为人,对于善意买入或卖出该种有价证券之相对人因此而遭受到的损害,应负赔偿责任。

我国《刑法》和《证券法》有关禁止操纵证券市场的条款对行为人给他人造成的损失承担民事赔偿的责任,没有作出明确具体规定。但根据我国《民法通则》和《股票发行与交易管理暂行条例》第 77 条的规定,违反禁止操纵证券市场的有关规定,给他人造成损失的,应当依法承担民事赔偿责任。

（三） 行政责任

我国大陆及我国香港特区、台湾地区的证券法规对行为人的行政责任,都作了具体而详尽的规定。也就是说,行为人不仅要承担刑事、民事赔偿责任,还可能同时会承担被吊销营业执照,取消从业资格等行政处罚。行政处罚的具体内容大同小异:有警告、罚款、取消从业资格、吊销营业执照、责令停业整顿等。

也谈证券犯罪的民事赔偿[*]

——以美国的内幕交易为例

目前我国证券犯罪的民事赔偿问题引人注目。由于证券犯罪是近年来出现的一个类罪,因而对证券犯罪民事赔偿问题中被害人主体资格的认定、犯罪行为与损害结果之间因果关系的确认、举证责任的归属等诸多问题,理论界、实务界议论颇多。而当前在保护投资者合法权益呼声甚高的情况下,一些报刊杂志刊登了一些有关建立证券犯罪民事赔偿机制的文章,强调西方国家对此实行无过错责任和举证责任倒置的情况。这无疑对保护广大投资者,特别是中小投资者的合法权益、规范证券市场有积极作用。但推介必须全面、确切,否则容易引发有关人员过高的不切实际的期望值。正是出于这个初衷,我们将着重探讨美国在一般投资者或因"内幕交易"而受到损害的人所能提起的民事损害赔偿诉讼中,原告所能援用的学说、法条,以及在不同诉讼中可能遇到的问题,并就解决我国内幕交易民事赔偿问题提出相应的改革与完善建议。

一、美国内幕交易民事赔偿的学说及判例研究

当发生了内幕交易行为后,由美国证监会(SEC)对被告提起诉讼,请求法院对被告科以刑罚,这往往是最直接的处理方式。当然除了刑事处罚外,还可采取行政处罚的方式来制裁"内幕交易"的行为人。美国证券法规同时也允许因"内幕交易"而受到损害的投资者依照一般民事诉讼程序请求民事上的损害赔偿。长期以来,SEC 一直支持这种由受损害的投资者所提起的民事诉讼。SEC 认为这种诉讼是帮助政府管理机构执行禁止"内幕交易"任务的有效手段。

在投资者提起的民事赔偿诉讼中,产生了许多不容易解决的问题。例如,在 SEC 提起的诉讼中,或由联邦检察官提起的民事诉讼中,他们不需要清楚地指出被害人的身份,在这类诉讼中,原告只需证明被告违反了对某些人所负的"信用义务",利用所获悉的"内幕信息"进行证券交易,而不需要特别指出,哪些人因为被告的行为而受到损害,甚至不用考虑这些受害人可否提起民事上的损害赔偿之申诉。因为不论是

---

* 第二作者杜文俊,原载于《政治与法律》2002 年第 1 期。

SEC 提起的诉讼,还是联邦检察官提起的民事诉讼,其主要的目的均在于处罚从事内幕交易的被告。但在一般投资者所提起的民事损害赔偿诉讼中,原告为了从被告处取得赔偿,原告必须先要证明被告对他负有"信用义务",而且被告违反了这项义务,并以所获悉的"内幕信息"进行交易。因为只有在原告证明了这一点之后,他才能被视为是"适格"的当事人。为了解决这个问题,美国联邦最高法院分别作出了查雷拉(Chiarella)和德克斯(Dirks)两个判决。① 但这两个判决只解决了部分问题,不仅有不少问题仍有待解决,而且这两个判决本身还引出不少其他问题。到了 1988 年,美国国会制定了《内部人交易与证券诈欺执行法》,并在 1934 年的《美国证券交易法》中增加了第 20A 节,该节明文规定,任何人在被告从事"内部人交易"的同时,基于善意而从事与被告相反的交易行为时,可以要求被告赔偿其损失,而不需要证明对自己负有"信用义务"及"因果关系"等事项,但原告所能得到的赔偿额则可能受到一定限制。

（一）"戒绝交易或公布消息说"在民事损害赔偿诉讼中的适用

1. 如何确定原告的身份

美国禁止"内幕交易"的法规以 1934 年《美国证券交易法》第 10 节(b)款和 SEC 规则 10b－5 为主,一般投资者或其他被害人在提起民事诉讼时,可以以被告违反了 1934 年《美国证券交易法》第 10 节(b)和 SEC 规则 10b－5 的规定为理由,要求民事损害赔偿。因为美国联邦最高法院承认,根据 1934 年《美国证券交易法》第 10 节(b)款和 SEC 规则 10b－5 的立法宗旨,一般原告享有"默示的"损害赔偿请求权。在以这种方式提起的民事诉讼中,"戒绝交易或公布消息"说也是支持原告主张的主要理论。如同在 SEC 和联邦检察官提起的诉讼中的一样,在查雷拉一案中,美国联邦最高法院在判决中表示,在一个集中交易的市场上,只有在"内部人"或接受消息者对一般投资者负有直接或间接的"信用义务"时,前者才负有"戒绝交易或公布消息"的义务。这一原则看似很清楚,但在适用上仍有一些问题需要澄清。

当被告违反了自己所负的"信用义务",而利用"内幕信息"进行交易时,被告要对哪些人负民事上的损害赔偿责任? 是仅限于实际上与他交易的相对人? 还是包括其他人? 如果被告的交易行为发生在集中交易市场时,到底哪些人是他实际上从事交易的相对人?

如果被告在一个"面对面"的交易中,以"内幕信息"为交易的基础时,上述问题很容易回答。因为通常有资格成为原告的人,就是被告直接交易的对象。而原告则可以主张被告的行为是一种"欺骗"行为,根据 1934 年《美国证券交易法》第 10 节(b)款和 SEC 规则 10b－5 之规定,或普通法上欺诈行为的规定,要求被告予以赔偿。在一般情况下,不会发生原告是否"适格"的问题。

如果被告的交易发生在集中交易市场时,谁可以成为原告很成问题。因为在集

---

① 参见顾肖荣、郁忠民:《美国日本证券犯罪实例精选》,上海社会科学院出版社 1999 年版,第 267—304、145—188 页。

中交易市场上,除少数例外情况外,通常买卖双方都不知道对方的身份,实际上也无法知道。因为交易是通过证券商,由交易所中央电脑予以撮合,而不是由交易双方自行决定完成的。在美国各联邦法院中,最早提出这个问题的是联邦第二巡回上诉法院的"Shapiro 案"的判决。在该案中,被告主张,"内幕人"只对实际上与自己进行交易者负有"信用义务",因此也只有这些人才能提起民事损害赔偿之诉讼。法院不同意被告的主张,法院认为被告的主张不符合实际情况,正如前面提到的那样,在证券集中交易市场上,买卖双方并不知道对方的身份,也没有兴趣知道;既然彼此并不知道对方的身份,而且也没有兴趣知道,便没有理由在诉讼中要求原告必须证明自己与被告的关系。而且,如果采纳被告的主张的话,那么,在大部分情况下,就几乎没有任何人可以提起民事损害赔偿诉讼。因此,该法院主张,被告对于所有在集中交易市场上就被告所交易的股票,对于与被告从事相反方向交易的人,均负有"戒绝交易或公布消息"的义务(至少是否限于只有与被告同一天从事相反方向交易的人,才能以原告资格提起诉讼,这是另一个问题)。

"Shapiro 案"的判决,基本上只是在重复一个禁止内幕交易的理由:内幕交易行为本身是一个欺诈行为。如果美国法院不作出这一决定,内幕交易的性质便要重新加以考虑。如果原告无法证明被告曾诱使原告与其从事交易,或证明原告知道"内部人"在市场上进行交易,那么,原告将很难证明自己是因为受到被告的误导,才与被告进行交易的(因为被告并未公布他们知道的"内部消息")。不能证明这一点,便也无法证明内幕信息本身是一种欺诈行为。因此,联邦第二巡回上诉法院的判决等于推翻了长期以来美国各联邦法院一贯坚持的见解。虽然,第二巡回上诉法院作出这一决定是很不情愿的。

但到了 1976 年,美国联邦第六巡回上诉法院在一个案件中[①],对这个问题作出了一个完全不同的判决。在该案中,法院将重点放在"戒绝交易或公布消息说"的真正含义"因果关系"的理论上。法院在判决中指出,"内部人"只有在利用"内幕信息"进行交易时,才负有公布消息的义务;但是"内幕信息"本应由公司对外公布,在公司尚未对外公布之前,"内部人"无权私自对外公布,否则将违反对公司所负的"信用义务"。既然不能公开,"内部人"当然也无权利用这些未公开的信息进行证券交易。所以,一般投资者无法合理地期待"内部人"会违反对公司所负的"信用义务",而将"内部消息"对外公布,以便"内部人"自己进行交易。美国联邦第六巡回上诉法院在判决中指出,在这种情况下,投资人怎样才能在诉讼中主张自己信赖"内部人"?或主张他们自己的交易行为是由于"内部人"的不当行为所引起的?在适用 1934 年《美国证券交易法》第 10 节(b)款的案件中,原告对被告的信赖,以及原告的损失与被告行为之间的"因果关系",必须要分别加以证明后,原告才有胜诉的可能。所以美国法院对本案,基于前面有关投资人与"内部人"在交易市场上关系的推论,判决所有无法证明自己本身与被告之间具有直接关系行为的原告,均为不适格的当事人。

---

① Fridrich V. Bradford, 542F. 2d 307 (6thcir1986), cert. demied, 929 u. s. 1053 (1977).

"*Fridrich* 案"的判决,从就事论事的角度看,在理论上似乎没有什么错误,特别是法院在判决中强调信赖关系和因果关系的部分。但其结果似乎有问题,因为根据这个结果,似乎没有一个在集中交易市场买卖证券的投资人可以成为原告,因为他们几乎无法证明他们与"内部人"之间的直接交易关系。这样一来,任何人在集中交易市场从事内幕交易时,都不必担心民事责任问题。这种结果似乎并不是法院所希望看到的。

　　对各联邦巡回上诉法院之间的不同见解,美国联邦最高法院在"查雷拉案"和"德克斯案"中加以解决。在这两个案件中,联邦最高法院在判决中指出,当"内部人"对投资人员有"信用义务",而又利用"内幕信息"进行交易时,"内部人"的行为就违反了1934年《美国证券交易法》第10节(b)款和《SEC规则》10b-5的规定。但判决并没有提到原告是否需要证明自己与被告之间的直接交易行为,以便确定被告对原告负有"信用义务"。

　　实际上,不论是SEC(证交会)还是各级法院,基本上都承认投资人有权依照1934年《美国证券交易法》第10节(b)款提起民事诉讼,要求从事内幕交易的被告赔偿其损失。但原告的身份如何?哪些人才能成为"适格"的原告?却是一个很难掌握的问题。如果根据"*Shapiro* 案"的理论,原告应该包括与被告有"信用关系",并且在被告利用"内幕信息"进行交易时点与消息公布时点之间的时间内,在证券市场上从事证券交易的人。但按照"戒绝交易或公布消息说"之理论,原告应包括所有在"*Shapiro* 案"所规定的时间内,与被告从事相反方向交易的人。但在1981年,美国联邦第二巡回上诉法院在"*Wilson* 案"中①,却采取了一个比 *Shapiro* 案所作决定要狭窄的观点。在 *Wilson* 案,法院主张,只有与被告"同时"进行交易,并且是进行相反方向交易的人,才能成为"适格"的原告。在"*Wilson* 案"中,原告的交易行为发生在被告从事内幕交易行为后的1个月,但仍然在公司正式对外公布"内幕信息"之前,法院判决原告的交易行为并非与被告的交易"同时"进行,所以原告无权向被告要求赔偿。在 *Kreindler*② 一案中,美国联邦地方法院判决原告不"适格",因为原告是在被告进行交易7天之后才进行交易的。

　　到目前为止,"*Wilson* 案"似乎已经成为判断原告是否"适格"的主要判决。原告究竟在什么时候进行交易才算是"同时"与被告进行交易,则尚未得出明确结论。如果原告的交易行为发生在被告的交易行为之前,则原告无法提起诉讼。因为在这种情况下,原告既无法主张被告违反了对原告所负的"信用义务",也无法主张他的交易行为是受到了被告交易行为的引诱。如果原告和被告的交易行为发生在同一天,原告可以被视为与被告"同时"进行交易。但如果原告的交易行为发生在被告交易行为之后的一天或两天时,又当如何呢?1988年,美国国会在1934年《美国证券交易法》中增加了第20A节,该条文明确许可与被告"同时"进行相反方向交易的投资人可以

　　①　*Wilson v. Comtech Telecommunications Inc.* 648 F. 2d 88 (2d Cir. 1981).
　　②　*Kreindle v. Sambo's Restayrant Inc* (1981 Transfer Binder) Fed. Sec. L. Rep (cch), 98, 312 (S. D. N. Y. 1981).

向被告要求损害赔偿。但条文却没有明确规定"同时"的具体含义。美国国会在立法理由中说明,"同时"的定义必须视不同的状况而定,美国各联邦法院在审理涉及第20A节的案件时,应当参考以往的判决(例如,"*Wilson* 案""*Shapiro* 案"等),以便判断原告是不是"同时"与被告进行相反方向交易的投资人。

2. 如何确定赔偿的数额

在确定原告是否"适格"后,如果原告能够证明其他必须加以证明的事项(例如,信赖、因果关系、损害的发生、被告的身份与消息的性质等因素),法院这时又面临另一个难题,即损害赔偿数额的计算。这种计算不仅在内幕交易民事赔偿案中要碰到,在其他类型的赔偿案中也会碰到,如上市公司虚假报表和证券欺诈等。法院采取的标准,通常是"内部消息"公布后,证券市场对这个消息评论、消化后所作出的体现在股票价格上的反映。即原告所能得到的赔偿额,通常是被告因为从事内幕交易所得到的利益或所避免损失的数额。此外,原告也可要求被告恢复原状,即恢复到原、被告双方交易以前的状况,即要求被告退还被告所买入的证券(如果原告是卖方);或收回被告卖给原告的证券(如果原告是买方)。以上的前提是原告和被告之间存在直接的交易关系。

如果原告和被告之间不存在直接的交易关系,赔偿额的计算就更困难了。例如,无论是采用"*Shapiro* 案"的见解,认为所有在被告利用内幕信息进行交易时点与公司将消息对外公布时点之间进行交易的人都可以成为原告,还是采用 *Wilson* 案的见解,认为只有与被告"同时"进行交易的人才可以成为原告,原告的人数都会大量增加。在这种情况下,如果法院仍以原告与被告之间有直接交易的方式计算赔偿额,那么,被告所要付出的赔偿金额将会大大增加,将远远超过被告因从事内幕交易所得到的利益或所避免的损失。显然,对于被告来讲,这种负担是过于沉重了。

1980 年,美国联邦第二巡回上诉法院在 "*Elkind* 案"中[①]对内幕交易的民事赔偿问题作出了一个重要决定。在该案中,"内部人"将消息告诉第三人,由接受消息者利用所获悉的消息进行证券交易,投资人控告"内部人",要求损害赔偿。法院在判决中指出,所有原告(该案是一起"集体诉讼")所能得到的赔偿金额,不得超过被告因为从事内幕交易行为所得到的利益或所避免损失的总额。换句话说,美国法院所采取的方法,与 SEC 对被告的要求相同;SEC 要求被告缴出相当于所得利益或所避免损失的金额。

法院之所以作出这个决定,是基于以下考虑:①这种方式可以避免原告得到过多的赔偿,也不会变相加重对被告的处罚,使其不堪承担。因为在不强调原告与被告之间必须有直接交易关系的前提下,可以成为原告的投资者的人数会大大增加,并且这些人都是在证券集中市场上进行交易的。如果要求被告全额赔付每一个原告受到的损失,法院就是在法律无明文规定的情况下,变相加重对被告的处罚,这是违反民事损害赔偿的诉讼原则的。②赔偿数额过分巨大会使被告无力承担。③相对来讲,这种计算方式比较有可操作性。

---

① *Elkind v. Liggett and Myers Inc*, 635F. 2d156 (2d Cirl1980).

在这种计算方式下,原告必须证明以下几点(当原告是买受人时):①原告购买证券的时间、数量和价格;②任何一个理性的投资者在知道"内幕信息"的情况下,都不会付出自己所付的价钱,甚至不愿意购买该证券;③自己所购买的证券的价格,在消息对外公布以后,因为受到这个消息的影响,而持续下跌。

法院在"Elkind 案"的判决中指出,法院之所以允许原告依据"戒绝交易或公布消息"说的理论提起民事损害赔偿诉讼,其主要目的在于剥夺被告的不当得利,而不是弥补原告的损失。所以原告所能得到的赔偿金额,仅限于被告因进行内幕交易所得到的利益,或所避免损失的数额。立法者之所以要宣传禁止内幕交易,其主要目的在于禁止任何人以不当手段致富,而不是弥补任何人所受到的损失。"Elkind 案"的判决所采用的赔偿方式符合这一基本观念。这样,既可防止被告的不当得利,也不会使原告得到过分的赔偿。至于对被告,另外还可进行刑事处罚和行政处罚。

3. 集体诉讼案件的处理

在证券违法犯罪而引起的民事损害赔偿案件中,很多案件的原告都是以集体诉讼的方式提起诉讼的。由于内幕交易的类型比较特殊,使这类集体诉讼会出现一些新特点。

在一个集体诉讼案件中,由于原告人数较多,美国法院通常会预先做好以下两项程序上的工作:

(1)确定哪些人才是"适格"的原告;

(2)在众多的原告中选出代表人(或由原告自行推举,再由法院核准其代表人的身份)。

美国法院要求,代表必须是原告之一,具有原告身份;他必须代表全体原告的利益,而不是仅仅代表自身的利益。至于身为代表的原告交易金额的大小,或其交易日数的多少,都非法院所问。在诉讼进行中,如果法院发现并认为被选定的代表不能或无法为全体原告的利益而努力时,法院可以主动撤换代表,或将所有的原告再细分为几个不同的团体,然后由每一个团体再各自推出 1 名或数名代表(法院可以主动行使该项权力,也可应其他原告之请求来行使该项权力)。例如,被告的内幕交易行为可能持续了好几天,而每天的交易额并不相同;原告代表的交易行为发生在这数天中的某一天;如果在诉讼过程中法院发现该代表中只为自己交易行为发生的这一天的交易额斤斤计较,而不顾其他日子交易的原告的利益,这时,法院就可将原告分成数个团体,以被告进行交易的每个单一日期为划分标准,然后由这些团体再分别推选代表来参与诉讼。这可能就是这类诉讼的特点。

例如,在某 S 诉某 F 公司一案中[①],被告分别在 1975 年 3 月 3 日至 3 月 6 日,以及在 3 月 10 日至 4 月 10 日,购买 F 公司的股票。本案的原告,都是在 3 月 3 日到 3 月 6 日在市场上出售 F 公司股票的人。被告在答辩状中主张,原告所能得到的赔偿总额,应限于被告第一次(即由 3 月 3 日至 3 月 6 日)买进股票所获利益。因为对于被告第

---

① *State Teachers Retirement Board v. Flour Corp.* 589F. Supp. 1268(S. D. N. Y. 1984).

二次(即由 3 月 10 日至 4 月 11 日)期间买入的行为而言,这些原告并没有与被告"同时"进行证券交易。美国联邦地方法院不同意被告的主张,法院允许原告就被告所得到的全部利益(包括被告第一次和第二次的买入行为)求偿。法院在判决中指出,对于那些没有提起诉讼的投资人而言,特别是那些在被告第二次买进 F 公司股票时卖出该股票的人而言,他们的请求权,由于超过时效而归于消灭,如果法院对现有原告的求偿范围予以限制,被告将可以保留部分不当得利(约 200 万美元),这个结果并非是法院所希望的。所以法院在这个案件中,愿意放弃原告必须与被告同时进行交易的要求(当然,SEC 在这种情况下也可提起诉讼,要求被告交出因从事内幕交易而获利的数额)。

4. 同一个被告面临数起民事求偿案件怎么办

在内幕交易引起的民事赔偿案件中,还可能发生同一个被告,在不同的地方法院被不同的原告控告的情况。对此,美国法律协会草拟的《联邦证券法》第 1171 条提供了一个解决方案:当被告知道其他投资人,在不同的联邦地方法院对自己提起民事损害赔偿之诉时,该被告应当通知所有受理以自己为被告的内幕交易案件的受理法院。当这些法院收到了被告的通知以后,他们必须将此情况通知"跨区诉讼案件司法委员会",然后再由该委员会作出决定,将这些案件集中到某一个联邦地方法院一并审理。

5. 不同类型诉讼同时发生时的处理

如果同一个被告所面临的不是数起民事损害赔偿之诉,而是同时面临一般投资人提起的民事求偿之诉和 SEC 所提起的要求交出不当得利作为赔偿基金的诉讼时,又怎么办呢? 如果民事诉讼和 SEC 提起的诉讼是在不同的联邦地方法院提起的,那么,虽然美国的证券交易法并没有明确规定这两个诉讼必须合并在一个法院内进行,但实际上,美国法院通常会将这两个案件合并到同一个地方法院审理,以避免因认证不一而产生的困扰,且符合司法经济的原则。不论审理是否合并在一个法院进行,法院都会面临一个问题:被告到底要交出多少钱? SEC 总是强调,为了发挥警戒作用,剥夺被告的不当得利,被告必须交出所得利润作为赔偿基金。而法院通常会适用"衡平法"(The Law of Equity)原理,将被告所交回的金钱,作为对一般投资人的损害赔偿金。在这种情况下,被告通常不会在同一个案件中做重复赔偿。1934 年《美国证券交易法》第 20A 节(b)(2)项明确规定,当与被告同时但从事相反方向交易的投资人依照第 20A 节的规定要求被告赔偿时,法院判决的赔偿金额,必须扣除被告依照证券委(SEC)所获法院命令而交出的作为赔偿基金的金额。

虽然在 1985 年判决的一个案子中[1],美国联邦第六巡回法院在判决中指出,SEC 在诉讼中要求被告交出所得到的利润,其主要目的在于防止被告的不当得利,而不在弥补受害人的损失,但美国法院仍然可以依照衡平法上的权力,将这笔款项作为对受害人损失的赔偿。当然,受害人也可另行提起民事诉讼,要求被告赔偿其所受到的损失。如果受害人的人数众多,所要求的赔偿金额超过被告所交出的数额时,美国法院

① *SEC v. Blavin.* 760F. 2d306(6th Cir. 1985).

应当依照比例将基金分配给不同的受害人。如果无法找出足够的受害人,而使基金有所剩余时,法院应将剩余的金额交给美国国库。这一判决所引出的做法,到今天为止仍然适用。所以,当投资人以被告从事内幕交易为理由,依据美国法院在判例中所承认的"默示的"损害赔偿请求权,要求被告赔偿其损失时,在理论上,美国法院在决定原告可以得到赔偿金时,可以不考虑被告依照证券委(SEC)所获法院命令而交出的作为赔偿基金的金额。实际上,除非案件情况特殊,美国法院一般不会要求被告付出过高的赔偿金。

(二) "私用内部消息说"与 SEC 规则 14e - 3 的适用

1. 一般投资人的民事赔偿请求权

根据"私用内部消息说"的理论,被告的行为违反了他对消息来源(通常是被告的雇主,有时也包括雇主的客户)所负的"信用义务"。被告的行为对一般的投资人而言,并不负有任何义务。因此,似乎只有被告的消息来源主体(雇主等)才可以向被告请求损害赔偿。根据法院对"查雷拉案"和"德克斯案"的判决,由于被告对一般投资人不负任何义务,一般投资人在被告"私用内部消息"时似乎无法向被告要求民事损害赔偿。

在 *Moss* 一案[1]中,摩根·斯坦利公司的一名职员,利用因工作关系而获悉的"内部消息",在市场上进行交易。该职员的行为被发现后,原告提起民事损害赔偿诉讼,主张该职员的行为违反了 1934 年《美国证券交易法》第 10 节(b)款和 SEC 规则 10b - 5 的规定,要求该职员和其雇主负连带民事损害赔偿责任。美国联邦地方法院在第一审判决中指出,原告无权依据 1934 年《美国证券交易法》第 10 节(b)款和 SEC 规则 10b - 5 的规定,在"私用内部消息"说的理论下对该职员的行为提起民事损害赔偿诉讼。美国联邦第二巡回上诉法院支持第一审法院的判决。上诉法院在判决中指出,依据"私用内部消息"说的理论,该职员的行为违反了他对雇主所负的"信用义务",但这并不表示他也违反了对一般投资人所负的义务。因为对一般投资人而言,他根本不负有任何义务。

从"查雷拉案"的理论看,"*Moss* 案"的判决并没有错误。美国联邦最高法院在查雷拉一案的判决中指出,当被告因从事内幕交易而被控告违反 1934 年《美国证券交易法》第 10 节(b)款和 SEC 规则 10b - 5 的规定时,法院必须首先确定,被告违反了对某些人所负的"信用义务"。而被告并不因为获悉"内部消息",就对每一个人员有"信用义务"。"信用义务"的存在与否,取决于"信用关系"的存在与否,而"信用关系"的存在与否,又取决于某些事实上或法律上的关系是否存在。雇佣关系或者委托关系是建立信用关系的最主要的基础,但并非是唯一基础,只是原告与被告之间,一定要具有某种关系,才能建立起信用关系,也才能要求被告在利用"内部消息"进行交易时,对原告负赔偿责任。

---

① *Moss v. Morganstanley Inc*, 719F. 2d 5(2d cir. 1983). cer. denied, 104 S. Ct. 1280(1984).

当"私用内部消息说"成为判决基础时,该案事实情况通常是被告与"内部消息"所涉及的公司不具有直接关系。事实上,"私用内部消息说"之所以会发展起来,也是因为缺乏这种关系。当被告与"内部消息"所涉及的公司不具有直接关系时,他与一般投资人之间就更没有关系了。而一般投资人又如何主张他们"信任"被告呢?所以在 1988 年以前,一般投资人无法依据"私用内部消息说"的理论要求被告赔偿,但在 1988 年,美国国会制定《内部人交易与证券欺诈执行法》,并在 1934 年《美国证券交易法》中增加第 20A 节,明示地给予与被告同时交易、但进行相反方向的交易的投资人损害赔偿请求权。美国国会在立法理由中表明,第 20A 节制定的目的之一,就在于推翻"Moss 案"的判决,而使一般投资者在被告"私用内部消息"进行交易的情况下,也可以要求被告赔偿其损失。

2. 消息来源者的民事赔偿请求权

既然一般投资人可以按第 20A 节的规定,在被告"私用内部消息"的情况下,要求被告赔偿其损失。那么,身为消息来源的公司(通常是被告的雇主或雇主的客户)是否可以向被告要求损害赔偿呢?消息来源者的确受到被告欺骗,并且也很可能因为被告的行为而受到损害。至于能否依照 1934 年《美国证券交易法》的规定向被告提起民事损害赔偿诉讼,则要看其是不是证券的买受人或卖出人。在 blue [1] 一案中,美国联邦最高法院指出,在一个根据 1934 年《美国证券交易法》第 10 节(b)款和 SEC 规则 10b-5 规定所提起的民事损害赔偿诉讼中,原告必须是系争证券的买受人或卖出人。若以"卡彭特(Carpenter)案"为例,《华尔街日报》便无法依照 1934 年《美国证券交易法》第 10 节(b)款和 SEC 规则10b-5向被告要求损害赔偿,因为《华尔街日报》并没有从事证券买卖。如果在被告"私用内部消息"进行交易时,消息来源者正在从事证券交易行为,那么,该消息来源者就可以成为原告。例如,被告的消息来源于雇主的客户,而这项消息又与该客户正在进行的企业吞并行为有关时,客户就可以主张被告的行为构成了对他的欺诈,而他也是纷争证券的买受人;由于被告"私用内部消息"进行交易的行为使得相关证券的价格提高,使自己被迫付出较高的数额来购买相关的股票,因此受到损害。在这种情况下,消息来源者就可以依照 1934 年《美国证券交易法》第 10 节(b)款和 SEC 规则 10b-5 的规定,向"私用内部消息"的被告要求损害赔偿。

在 Anhecser 一案[2]中原告主张,被告私自将原告有意吞并 C 公司(Campbell Taggart, Inc)的消息告诉其他人,而接受消息者又利用所获得的消息进行交易,致使 C 公司的股票价格上涨,迫使原告必须多付出 8 000 万美元才得以完成吞并计划,因此,原告要求被告赔偿其损失 8 000 万美元。美国国会在制定《内部人交易与证券欺诈执行法》时,特以本案为例,说明在哪些情况下第 20A 节(b)所指有关第 20A 节并不排除原告依 1934 年《美国证券交易法》其他条文要求"内部人"赔偿损失之事实;并特别强调,在本案的情况下,原告可以要求被告赔偿其全部损失,而不以被告实际所获取的

---

[1] *Blue hip Stamp v. Manor Drug Store*, 421 U.S. 723(1975).
[2] *Anhecser-Busch Companies Inc. v. Theyer, etal.* CA3-85-0794-RCW・D・Texas(1986).

利益作为赔偿额的限制。

在上述案例中,因为被告所私用的"内部消息"与企业兼并有关,所以,原告可以依照1934年《美国证券交易法》第10节(b)款和SEC规则10b－5的规定要求被告赔偿。此外,原告是否还可以依照SEC规则14e－3要求被告赔偿损失呢?

SEC规则14E－3是根据1934年《美国证券交易法》第14节(e)款所作出的行政性规则,SEC规则14E－3本身并没有明确,一般投资人能否以被告违反SEC规则14e－3的规定进行内幕交易为理由,要求被告负民事损害赔偿责任。因此,要解决这一问题,必须首先讨论第14节(e)款本身。从第14节(e)款条文看,并没有明文赋予一般投资人提起民事损害赔偿诉讼的权利。但在 Schreinber 一案①中,美国联邦最高法院默示地承认1934年《美国证券交易法》第14节(e)款与第10节(b)款相同,均给予一般默示的民事损害赔偿请求权。

在 O'Conner 一案②中,美国联邦地方法院在判决中指出,如果SEC规则14E－3所规范的对象(获悉有关企业兼并的内部消息者)违反了本项规则,而利用自己所获悉的"内部消息"进行交易,因此而受到损害者,可以提起民事损害赔偿之诉,要求被告赔偿其损失。

SEC规则14E－3规定,任何直接或间接知道有关企业兼并消息的人,在合并公司已展开兼并行动或即将展开兼并行动时,不得利用所知道的有关该项兼并计划的"内部消息"在证券市场上进行交易。根据本项规则的规定,以及SEC和美国各联邦法院对本项规则所作出的解释,可以认为,知悉"内部消息"者,对于所有的投资人均负有"戒绝交易或公布消息"的义务。这项义务之所以产生,是因为行为人知道了有关企业兼并的"内部消息"。至于他是如何获知该项消息的,以及他与消息来源之间到底是什么关系等问题,均非所问。可见SEC规则14E－3的适用范围较规则10b－5要更广。因此,当原告主张被告违反SEC规则14E－3的规定,要求民事损害赔偿时,原告并不用证明被告对自己负有"信用义务",也不用证明原告与被告之间已有直接的交易关系。原告甚至可以不用证明自己是相关证券的买受人或卖出人(原告可以是兼并公司,原告主张其吞并计划因为被告的交易行为而被迫放弃。因为被告的交易行为使得兼并目标公司的股票价格上涨,原告无法负担而被迫放弃)。原告只需证明被告的行为与原告所受的损害之间具有因果关系,原告就可以要求被告赔偿。由于SEC规则14E－3制定至今时间还不太长,美国司法实践中判例甚少,因此,对此问题也还没有很明确的解释。

(三) 1934年《美国证券交易法》第20A节的适用

1. 实际从事交易者的赔偿责任

美国国会1988年制定《内部人交易与证券欺诈执行法》。该法案成为1934年

---

① *Schreinber v. Barlington Northern Inc*, 105 S. Ct. 2548(1985).

② *O'conner v. Bean Witten Reynolds Inc*, 529F, Supp. 1179(S·D·N·Y·1981).

《美国证券交易法》第 20A 节（a）款。该法律条款成为在内幕交易案中,一些投资者向从事"内幕交易"的行为人请求民事赔偿的依据,以减轻在依 1934 年《美国证券交易法》第 10 节（b）款和证交会（SEC）10b－5 规则所提起的民事赔偿诉讼中,原告所承担的众多举证责任。同时,也推翻了"Moss 案"的判决,使一般投资人在被告"私用内部消息"的情况下,有权向被告要求损害赔偿。

按《美国证券交易法》第 20A 节（a）款之规定,任何知悉"内幕信息"者,以不法方式利用"内幕信息"进行交易时,对于所有与其在同一个时间内进行相反方向的交易者,均负有赔偿责任。例如,张三知道 A 公司未公开的重要利好消息,在市场上买进 A 公司的股票;依《美国证券交易法》第 20A 节（a）款之规定,张三对所有在其买进 A 公司股票时卖出 A 公司股票的人,均应负赔偿责任。依照 1934 年《美国证券交易法》第 20A 节（a）款的规定及美国国会的立法理由,如果被告是利用"内部消息"进行交易者,而不是从其他人处得悉该项"内部消息"时,原告在诉讼中必须要举证证明以下几点:①交易时知道相关公司（本例中为 A 公司）的"内幕信息";②被告知道或有理由知道他所得悉的信息为"内幕信息";③原告的交易行为与被告的交易行为同时发生;④原告的交易行为与被告的交易行为是反方向的交易行为（即被告买入,而原告卖出;或被告卖出,而原告买入）;⑤原告受到损失。

如果被告是接受消息者（即被告是从其他人处获悉"内部消息"的人）时,原告同样要证明被告知道或有理由知道他们接受的消息为"内部消息";但与一般涉及接受者案件的不同点在于:①原告无需担心被告之所以得到"内部消息",是否因为有人违反了"信用义务"而将消息告诉被告。因为《美国证券交易法》第 20A 节（a）款在被告"私用内部消息"的情况下同样适用。②原告也不用证明将消息透露给被告之人是否从中图利。因为《美国证券交易法》第 20A 节（a）的规范针对实际进行交易者。所以,如果当被告偷听到他人的交谈,而获悉了"内部消息",只要被告知道或有理由知道他所偷听到的消息是未公开的重要消息,而被告又依据所获悉的消息进行交易时,任何在被告进行交易的同时从事相反方向交易的人,均可依据 1934 年《美国证券交易法》第 20A 节（a）款的规定要求被告赔偿。换句话说,第 20A 节（a）款的基本观念是:以被告知悉并利用"内部消息"进行交易为处罚对象,而不考虑被告是如何得到"内部消息"的以及被告与原告之间究竟是什么关系。

在一个依《美国证券交易法》第 20A 节（a）款提起的民事损害赔偿诉讼中,原告不需要证明被告对其负有"信用义务",也不需要证明其损失与被告之交易有"因果关系"。因为第 20A 节（a）款是一个简易求偿的规定,它只问被告是否从事了"内幕交易",而不问被告与原告的关系为何。但原告仍然要证明被告知道或有理由知道他所获悉的信息为"内幕信息",而不用证明被告是如何得到这项信息的。

至于哪些投资者才算是与被告"同时"进行相反方向的交易者,《美国证券交易法》第 20A 节（a）款对"同时"并未加以定义。美国国会在立法理由中说明,国会故意不对何谓"同时"加以定义,而要求美国各联邦法院参照不同的事实情况,以及以往的判决,在每一个具体案件中单独决定。国会认为,《美国证券交易法》第 20A 节（a）款是一个"概括性"条款,其目的在于对那些因为"内幕交易"而受到损害的投资者,在无法依据1934年《美国证券交易法》的其他规定请求赔偿,或依其他规定求偿必须要负过重的举证责任时,可以依《美国证券交易法》第20A节(a)款而找到求偿之捷径。但因为各个案件的具体情况不同,如果在条文中明确定义什么是"同时",则可能会在某些特殊案件中,使原告丧失请求赔偿的权利。

正因为《美国证券交易法》第20A节(a)款是一般投资者求偿的捷径,所以限制也比较多。《美国证券交易法》第20A节(b)款对同节(a)款作了限制:①《美国证券交易法》第20A(b)A(1)规定,(a)款请求的赔偿总额,不应超过违法行为(如内幕交易)在交易中所获利润或避免的损失的数额。即使原告提起的是集团诉讼,本项限制仍然适用。②《美国证券交易法》第20A(b)(2)规定,在依《美国证券交易法》第21(d)节进行的这类交易的程序中,如果该类人员依照证券交易委员会(SEC)所获之法院命令而退还股票,则对该类第20A(a)小节规定下的人员所付的损害赔偿额应予减少。也就是说,如果在证交会(SEC)提起的诉讼中,法院已经命令被告交出相当于所获利益或避免损失的数额的财物作为赔偿受害人的基金时,那么,在原告依第20A节(a)款提起的请求赔偿诉讼中,原告所能得到的赔偿额必须扣除被告已经缴纳的基金数额。如果在SEC提起的诉讼中,被告将自己所获利润全部缴纳给基金了,那么,被告就不再对原告所要求的赔偿额负责。③第20A节(b)(3)规定,任何人都不得仅仅因为雇佣了依本节应承担责任之人员而承担责任,例如,被告是证券公司从业人员,原告不能仅仅因为证券公司雇佣了被告,就让证券公司也负连带赔偿责任。

至于按《美国证券交易法》第10(b)节和SEC规则10b-5起诉,原告必须证明被告有义务公布有关信息。此外,原告还必须证明以下几点要素,但由于SEC规则10b-5给予原告的自诉权是默示的,与明确的诉讼权不同,因此,必须证明的要求由法院规定。不同的法院对SEC规则10b-5自诉案件的要求可能会有所不同,但大体如下:①诉讼的资格。即原告提起诉讼的主体资格和条件。②故意。按10b-5起诉要求赔偿的原告必须证明被告的行为是故意的。③严重性。即原告必须证明被告所依据的虚假陈述或遗漏的事实是重要的。④依赖的因果关系。即索赔的原告还必须证明自己信赖了被告的不正当行为,并因此而受到损失。⑤废除交易和衡量损失。如果原告能证明被告违反了《美国证券交易法》SEC规则10b-5,法院通常会给予原告两种选择:其一,废除交易;其二,如果废除交易不可能,则维持原来的交易并要求被告赔偿原告的损失。

2. "具有控制权的人"的赔偿责任

如果从事内幕交易的被告之所以会获悉"内部消息",是因为工作或职务上的关系(例如,被告是证券公司的职员),那么,因为被告的违法行为而受损的投资人,在依据1934年《美国证券交易法》第20A节(a)的规定要求被告赔偿损失的同时,可能也会控告被告的雇主,要求雇主负连带赔偿责任。对此,1934年《美国证券交易法》第20A节(b)(3)规定:"任何人都不得仅因为雇佣了依本节应承担责任之人员而承担责任。"但第20A节(b)(3)也规定,对被告具有控制权的人,可能会因为1934年《美国证券交易法》第20A节(a)的规定,而必须与被告共同对原告负连带赔偿责任。换句话说,除非对被告具有控制权的人,能证明自己的行为出于善意(即本着诚信原则行事),而且并未直接或间接地诱使受自己控制的人进行内幕交易,方可免除连带赔偿责任。

如果具有控制权的人,被法院判决必须负连带责任,因为其所负的责任是连带责任而非单独责任,所以其赔偿范围也受到1934年《美国证券交易法》第20A节(b)(1)的限制,即所负的责任限于实际从事内幕交易者所得利益或所避免损失的数额。但这项赔偿是否受到1934年《美国证券交易法》第20A节(b)(2)的限制,却存在争议。1934年《美国证券交易法》第20A节(b)(2)规定,当法院依1934年《美国证券交易法》第20A节(a)款的规定,要求从事内幕交易的人负赔偿责任时,被告所实际负担的赔偿数额,必须扣除被告依照SEC所获法院命令而交出的数额。1934年《美国证券交易法》第20A节(b)(2)是对依照该法第20A第(a)的规定必须负责的人士所作的限制,而具有控制权的人的连带责任是由于1934年《美国证券交易法》第20A节(a)的规定而来。两者不是一回事。美国国会在立法理由中,对这一点也没有加以说明。在实践中,靠审理案件的各个法院自己掌握。

3. 提供消息者等人的赔偿责任

如果实际从事内幕交易的被告,不是直接获悉"内部消息",而是从"内部人"或其他人处得到这些消息时,提供消息者可能也要对原告连带赔偿责任。1934年《美国证券交易法》第20A节(c)规定,任何人不法地将"内部消息"告诉接受消息者,提供消息者和接受消息者对原告共同或分别承担民事赔偿责任(连带责任),但提供消息者所负的是有限责任。他只对直接接受消息者所造成的损害负责。如果直接接受消息者又将"内部消息"告诉其他人,而间接接受消息者也因从事内幕交易而被一般投资人依1934年《美国证券交易法》第20A节(a)的规定控告时,提供消息者对控告间接接受消息者的原告,就不会因为第20A节(c)的规定而承担赔偿责任。例如,A将W公司的"内部消息"告诉B,B利用该消息从事内幕交易,在一般投资人依1934年《美国证券交易法》第20A节(a)的规定,对B提起的民事损害赔偿诉讼中,A必须对原告负连带赔偿责任。如果B再将"内部消息"告诉C,而C又利用所得消息进行交易时,依照第20A节(c)的规定,A不必与C一起对原告负连带赔偿责任,赔偿责任由C自负。美国国会在立法理由中说明,本项之所以作此限制,主要目的在于防止提供消息者可能由于"内部消息"的不断被转告,而必须不断负连带责任。在以上案例中,如果A在将"内部消息"告诉B时,也要求B再将这一消息转告C,那么,A对C的行为必须负连带赔偿责任,因为在这种情况下,C等于是直接从A处获知"内部消息"的,因此要求A负连带责任并无不妥。

1934年《美国证券交易法》第20A节(c)款对提供消息者责任所作的另一层限制为:提供消息者所负责任的范围与接受消息者依第20A节(a)款所负的责任范围相同。该项限制的目的,在于避免让提供消息者承担过重的责任。因为第20A节(a)款是一条求偿的捷径,如果一般投资人希望获得更多的赔偿,就必须依1934年《美国证券交易法》第 10 节（b）款和《SEC 规则》10b－5 或《SEC 规则》14e－3 的规定提出诉讼。

1934 年《美国证券交易法》第 20A 节（d）款规定，本条赋予一般投资人的损害赔偿请求权，并不具有排他性，一般投资人仍可依照 1934 年《美国证券交易法》或美国法院所承认的默示请求权，要求从事内幕交易的被告赔偿其损失。美国国会在立法理由中指出，原告依本节所要求的赔偿，按照 1934 年《美国证券交易法》第 20A 节（b）（1）的规定，将限于被告所得利益或所避免损失的数额；而且按照 1934 年《美国证券交易法》第 20A 节（b）（2）的规定，还要扣除被告在 SEC 所提起的诉讼中所交出的赔偿受害人的基金额。美国联邦最高法院及各联邦法院，多年来依照 1934 年《美国证券交易法》第 10 节（b）款和 SEC 规则 10b－5 及规则 14E－3 作出了不少内幕交易案的判决，形成了一套比较清晰的判例体系和法则。

（四）美国法中的其他求偿方式

1970 年，美国国会制定并通过《暴力威胁与不法组织法》（Racketeer Influenced and Corrupt Organization Act，以下简称 RICO）。该法制定的主要目的在于打击有组织的犯罪行为（例如，黑社会组织、贩毒组织等）。在最近几年里，该法也成为投资人对付证券欺诈的一项规定。该法规定，任何因为本法所规范的行为而受到损害者，可以依本法的规定提起民事损害赔偿诉讼，要求被告赔偿相当于原告所受损害三倍的赔偿金，并可要求被告支付原告的诉讼费用和律师费。

由于 RICO 主要目的在于打击有组织的犯罪，因此，法院在涉及证券欺诈案时，对 RICO 的条文，会给以比较严格的解释，以避免该法被原告滥用。

如果因内幕交易行为而受到损害的人，决定依照 RICO 的规定要求赔偿时，原告必须要证明：①被告的行为构成证券交易上的欺诈；②被告曾不止一次地从事内幕交易；③被告的行为必须符合 RICO 的所谓"事业"（enterprise）的规定；④被告的行为与原告所受的损失之间已有直接的因果关系。

（五）基本理念和思路

从上述美国的学说、判例、判决理由和法律法规条文可以看出以下一些基本理念和思路：

（1）证券犯罪民事诉讼的主要目的，不在于补偿被害人的经济损失，而在于剥夺被告的不当得利。因此法律明文规定，民事损害赔偿的总额，不得超过被告所得利益或所避免的损失。

（2）原告必须"适格"。即对原告的主体资格有一定限制。例如，内幕交易民事损害赔偿诉讼的原告必须是与被告"同时"从事相反方向的投资者。虽然对何谓"同时"，国会在立法理由中没有作出明确的、具体的解释，由法院根据具体情况掌握，但不外乎是"同一天""同一时刻"。这样，"适格"原告的范围就有一定限制，涉及面不会太大。

（3）除法律有特别规定外,举证责任必须遵循民事诉讼的一般原理,即举证责任在原告。而且从具体立法例看,对民事诉讼原告的举证责任要求比较严格,在一段时间里甚至超过刑事举证要求。

（4）注意在保护原告的权益和被告的合法权益之间寻找平衡点。一方面,注重对原告权益的保护,例如1934年《美国证券交易法》第20A节（b）（4）给予原告5年的诉讼时效（自最后一次侵权交易之日起计算）;原告有默示的民事诉讼请求权;即使被告已被处以刑事或行政处罚,原告仍可提起请求民事损害赔偿的诉讼,等等。另一方面,也保护被告的合法权益,如法院以判例的形式注意不给被告以过重的负担;限制民事赔偿被告的范围,民事赔偿的规定不及于"有控制权的人员",如1934年《美国证券交易法》第20A节（b）（2）款规定,《美国证券交易法》中赔偿内幕交易相对人损失的规定不适用于"有控制权的人员";注意行政处罚（民事制裁金）和民事赔偿金额之间的合理比例关系,等等。

证券犯罪的民事赔偿诉讼是一种监督股市健康运作的好办法,而运用这个办法时美国法院很注意在保护原告利益和被告合法权益之间寻找一个平衡点,这是一种聪明的做法。

二、借鉴与创新:建立和完善我国内幕交易民事赔偿机制的若干思考

我国对于证券犯罪民事赔偿的研究与司法运作尚处于起步阶段,因而借鉴和吸收国外的一些基本理念和思路是十分必要的。因证券犯罪涉及面广,在此难以全面展开论述,我们仅以内幕交易民事赔偿为例作一探究。

（1）对于内幕交易的被害人主体资格的认定宜采用"同时交易说",至于何为"同时",的确应根据具体的案件情况来确定。

（2）对于此类案件的举证责任,除法律有特别规定的外,应按照民事诉讼法的举证责任原则来处理,过分地将举证责任的负担加于被告,甚至实行举证责任倒置,是缺乏法律依据的。

（3）解决此类案件应尽力在保护原告的权益和被告的合法权益之间寻找平衡点。内幕交易民事赔偿的主要目的,不在于补偿被害人的经济损失,而在于剥夺行为人的不当得利。因而对于内幕交易行为人的非法收益,应予剥夺。民事损害赔偿的总额,不得超过被告所得利益或所避免的损失。

（4）当前解决内幕交易民事赔偿的另一大障碍,在于我国缺乏有效的民事诉讼救济手段。虽然我国有些法律条文在实体上规定了可以请求民事赔偿,但是由于缺乏程序法的支持和保障,这些请求权往往流于形式。这种程序立法滞后的现状给司法实践的操作带来很大困难。或许正是出于这种考虑,最高人民法院最近发出一项通知,要求各地法院对因内幕交易、欺诈、操纵市场等三类证券犯罪的民事赔偿案暂不受理。下面,笔者对于建立我国内幕交易民事赔偿机制的若干具体问题作些探讨。

（一）完善我国刑事附带民事诉讼制度

因内幕交易刑事案件的被害人数量众多,且主体难以确定等特点,使得当前我国的刑事附带民事诉讼制度陷入了尴尬的境地。因而,对于此类案件的刑事附带民事诉讼的程序就有必要作出变更和补充,以适应保护投资者利益的迫切需求。

1. 主体资格的认定

附带民事诉讼的提起人必须是刑事案件的被害人,这就要求内幕交易案件中附带民事诉讼的提起人必须是内幕交易的被害人。而目前对主体资格的认定有一种过分扩大的观点,认为只要有内幕交易案件发生,凡是从事过该股票交易买卖的投资者都可认为自己是受害者,符合主体条件。这是对内幕交易被害人概念的误解,无益于指导司法实践。对此主体的认定,我国可借鉴美国"同时交易说"的观点。如前文所述,该理论主张,在证券市场中与内幕交易同时为相反交易之善意投资者,是内幕交易的受害者,具有对内幕交易行为人提出损害赔偿之诉的资格。我国台湾地区"证券交易法"第157条之一也规定,内幕交易行为人须对善意从事相反买卖之人负赔偿责任,委托经纪商以行纪名义买入卖出之人,视为善意从事相反买卖之人。而且这种观点已越来越为世界上许多国家所接受。不过,主体资格的认定还有一个不容忽视的问题,内幕交易的被害人不仅仅是自然人,事实上,单位也同样可能成为被害人,它如何提起附带民事诉讼值得我们进一步研究。作为主体资格认定的一个标准,笔者认为,我国亦可采用"同时交易说"的观点。

2. 提起的期间

我国《刑事诉讼法》规定,被害人"在刑事诉讼过程中"有权提起附带民事诉讼。根据立法本意,这一规定主要是强调法律允许在追究被告人刑事责任的同时,解决因被告人犯罪行为所造成的损害赔偿问题,并且强调提起附带民事诉讼必须以刑事诉讼存在为前提,而不是具体规定提起附带民事诉讼的时间。在实践中,司法部门将提起附带民事诉讼的期间限定在刑事案件立案之后第一审判决宣告之前,这是符合诉讼原理和立法本意的。但因内幕交易民事赔偿案件具有两个明显的特点:一是被害人数量众多,难以在提起的时间上做到整齐划一,如果按照上述刑事附带民事诉讼的提起期间,很难保证刑事案件的及时审判,势必造成审判的过分拖延;二是因为进行证券交易是通过证券交易所的中央电脑撮合配对完成,所以内幕交易的被害人可能是来自全国各地,因而在刑事审理阶段完成内幕交易的附带民事诉讼几乎不可能,更何况还有一个前面提及的主体资格的认定问题。因此,对于内幕交易的附带民事诉讼案件原则上不适用"同刑事案件一并审判"的时间限制,这就有必要对其进行特别规制。

3. 被害人的申报制度

要解决内幕交易的附带民事诉讼案件的集中审理就必须建立被害人限期申报的制度。正因为内幕交易案件具有被害主体多而散的特点,就有必要在有人提出附带民事诉讼后,向全国发出申报通告,将主体资格的认定条件明确置于通告之上,并规定一定的申报期间,符合主体条件的被害人限期向审理内幕交易的法院申报,以便做好资格认定,进入民事审判程序。

4. 附带民事诉讼的审判

根据《刑事诉讼法》的规定,附带民事诉讼应当同刑事案件一并审判,只有为了防止刑事案件的过分迟延,才可以在刑事案件审判后,由同一审判组织继续审理附带民事诉讼。但是由于内幕交易的附带民事诉讼案件的特殊性决定了它几乎不可能与刑事案件一并审理,换言之,刑事案件必须先行审理、结案。待被害人申报期限结束和主体资格认定完毕,由审理该刑事案件的审判组织开庭审理附带民事诉讼。一审判决以后,附带民事诉讼的当事人和他们的法定代理人如果对判决不服,可以向上一级人民法院就附带民事诉讼部分的判决、裁定提出上诉,不影响刑事判决的生效、执行。但二审法院应当对全案进行全面审查,审查后对附带民事诉讼部分作出终审裁判。所以,从一定意义上讲,证券犯罪中的附带民事诉讼是对立法本意的扩大解释和运用,或许用准附带民事诉讼的概念更为确切。

当然,所有以上刑事附带民事诉讼制度的改革与完善,都最终要以有完善的配套立法为前提,这就需要进一步对我国的证券法、刑事诉讼法和民事诉讼法进行补充、修改,才能使得上述举措落到实处。

(二) 借鉴辩诉交易机制

内幕交易行为的复杂性不仅是指内幕交易行为的发现难,而且也包括查处难,即检察院的调查取证难、法庭上的举证难。因而勿庸置疑,处理一起内幕交易案件的成本相当大。诉讼无效率必然带来诉讼不经济。美国的辩诉交易在一定程度上解决了这个问题。辩诉交易的好处在于它对公诉人和被指控者均有利。就公诉人而言,辩诉交易产生了无需增加有限的公诉资源的定罪;就被告而言,危险被一定程度的控制和确定性所代替。如20世纪80年代,美国华尔街发生的现代金融史上最大的一起内幕交易案——德克塞尔·伯汉姆·兰伯特公司的迈克尔·米尔肯与丹尼斯列文和伊凡·博斯基有限公司的伊凡·博斯基等人在华尔街长达数年的内幕交易活动,迈克尔·米尔肯仅从一家多年参与非法活动的企业中便获得5亿美元的收益。这一串案件的大多数最终是以双方的辩诉交易解决的。美国SEC和联邦检察官指控丹尼斯·列文从内幕交易中获利1 260万美元,丹尼斯·列文认罪并与检察官合作之后,被判处2年监禁并同意支付1 160万美元的罚款;伊凡·博斯基同意支付1亿美元的罚金并判处3年监禁,以了断SEC对他从事内幕交易的指控;德克塞尔·伯汉姆·兰伯特公司同意服六项重罪并上缴6亿美元。① 当然,美国的辩诉交易作为一项独特的制度,在中国不一定适用,我们也不一定要全盘照抄。但是,我们可以借鉴其中的合理因素。在我国,当发生一起内幕交易刑事案件时,检察院一方面可以作为国家的公诉机关追究犯罪嫌疑人的刑事责任;另一方面,当检察院查清内幕交易人的非法获利数额时可以以内幕交易被害人的身份与之进行协商、和解,达成赔偿数额。这样刑事案

---

① 参见〔美〕J. 斯图尔特:《股市大盗》,四川人民出版社1997年版。

件及其附带的民事诉讼既可一并审理又极大地提高了诉讼效率,投资者的合法权益也因此得到及时救济。当然,这是建立在一定的刑事政策基础之上来运作的,如宽大处理,从轻发落等。事实上,我国《刑事诉讼法》也规定,如果是国家、集体财产遭受损失的,人民检察院在提起公诉的时候,可以提起附带民事诉讼。而上述运作方式只不过是对该法条的合理变通,笔者认为是可取之径。不过值得一提的是,检察院与内幕交易人的协商并非是无原则的,原则的把握只能在司法实践中针对个案作出。

(三) 完善代表人诉讼,确立团体诉讼和股东派生诉讼

在证券集中交易市场,受害人数从几人到几百人甚至成千上万人不等,有的案件在当事人起诉时还可以确定受害人数,而有的在起诉时还不能确定受害人总数。如果请求权人先后分别向法院提起诉讼的话,无论是对法院还是对诉讼当事人均是沉重的负担,并可能产生其他问题(如被告财产分配以及原告能否实际受偿),在诉讼上非常不经济。而我国的代表人诉讼在一定程度上改变了法律在该问题上的无能状态,能够较为有效地保护当事人的权益,保证市场机制的正常运行。《中华人民共和国民事诉讼法》第55条和最高人民法院《关于适用〈中华人民共和国民事诉讼法〉若干问题的意见》第31条、第63条、第64条确立了我国的代表人诉讼制度,为内幕交易民事赔偿提供了法律依据。但是,代表人诉讼制度在司法程序操作中也存在着一些制度性缺陷,如代表人的选任、诉讼事项的通知、上诉等,这些程序的障碍使得代表人诉讼程序非常复杂,难以操作。这就使得代表人诉讼制度不能完全适应证券犯罪中被害人获得民事救济的需要,完善代表人诉讼制度对于规范证券市场就成为一种迫切的现实需要。在这方面,美国的集体诉讼值得我们借鉴,首先确定哪些人是"适格"的原告;然后由众多的原告选出自己的代表人,或者由法院将所有的原告按一定标准再分成几个不同的团体,然后由每一团体再推出1名或数名代表共同参与诉讼,其法律效力及于团体中的每一个人。

证券犯罪中民事救济途径单一,一直是我国证券市场发展的现状,这种现状的延续必将成为保护投资者合法权益的瓶颈。因而可考虑借鉴国外及我国台湾地区的做法,增设团体诉讼制度。所谓团体诉讼是以团体组织为当事人,诉讼实质上仍然是一对一结构的诉讼,团体与成员的关系也比较简单,不像代表人诉讼内部关系那样复杂。如我国台湾地区设立了"证券市场发展基金会",该基金会政策性地持有每一家上市公司的1000股股票,具有上市公司股东的身份,当发生内幕人短线交易时,它愿意协助证券市场监管机构以及投资者对短线交易行为行使归入权。如果证券监管机构接到投资者有关内幕人员短线交易的举报,应立即通知当事人及其公司依规定将利益归入公司,否则就将该案件移送至"证券市场发展基金会",该基金会即以股东的身份行使归入权。实践证明,它对于保护投资者的利益往往有效。所以团体诉讼与其他解决多人争议的诉讼制度相比有其独特优势,使多人诉讼更加经济。团体诉讼将多数人分别提起的多个诉讼变为由团体统一提起的单一诉讼,能简化诉讼程序,节省人民法院的人力、物力和时间,克服多人分别诉讼的弊端。近年来,随着群体诉讼

的增多及其大型化,团体诉讼受到很多国家的关注,尤其在解决证券市场上的民事赔偿纠纷时备受重视。我国诸如消费者保护协会之类的社团组织很多,如果赋予这些组织以团体诉权,那我国的民事救济途径将大大增加。

另外,股东派生诉讼也是投资者寻求私权救济的有效途径之一。股东派生诉讼是指当公司的正当权益受到他人侵害,特别是受到有控制权的股东、关联公司、董事和管理人员的侵害时,股东以自己的名义为公司的利益对侵害人提起诉讼,追究其法律责任。① 股东派生诉讼通常行使的是损害赔偿请求权,它的目的是当公司投资者投入公司的资产权益受到损害时,为投资者提供的一种司法救济。美国的派生诉讼制度相对完善,可操作性强。1934年《美国证券交易法》第16节(b)款规定:"为了避免任何证券所有者、公司董事或主管不公平地利用其与发行人的关系而获得信息,凡是他短线买卖该公司证券所获利润,只要买卖之间的时间不超过6个月,都应归还给发行人。要求归还利润的诉讼,可由发行人发起,如果发行人没有发起或拒绝发起,任何一个发行人证券的持有人都可以在发出请求60日后,以发行人的名义代替发行人发起。如果发行人并非真诚地进行诉讼,发行人证券的持有人亦可以代之进行诉讼。但是,如果该利润获得已超过2年,则不得再以任何理由进行诉讼了。但是,如果证券所有者在6个月内只购买了或只卖出了证券,或者如果该交易被证券交易委员会的有关规则或管理规定认可不受本款规定之限制,则本节规定不应适用。"该款被认为是"极其经验式的"(Crude rule of thumb),因为它用非常客观的方式来限制使用内幕信息。② 根据该款至少有3项内容明确而具体:①内部人范围。依该条款短线交易的主体主要包括:董事、监事、经理人、重要职员,持有发行公司10%以上股份的大股东等。②行使归入权的主体。归入权的行使主体为公司自不待言,但是根据法律规定,具体代表公司的有公司董事和监委会。因此,两者都可代表公司行使归入权。在董事、监事怠于行使其职权时,赋予股东代表公司行使权利。③除斥期间。为维护交易秩序,督促交易人及时行使权利,《美国证券交易法》第16节b款明确要求公司须在内部人获得利益之日起两年内行使。股东代表公司行使归入权时,须先请求董事、监事进行诉讼。而董事、监事怠于行使超过请求权后,股东方可行使归入权。由此可见,条文对股东派生诉讼的规定具有现实性、适用性和可操作性。

根据1993年4月我国公布的《股票发行与交易管理暂行条例》第38条第1款规定:"股份有限公司的董事、监事、高级管理人员和持有公司百分之五以上有表决权股份的法人股东,将其所持有公司股票在买入后六个月内卖出或者在卖出后六个月内买入,由此获得的利润归公司所有。"从原则上讲,本条也是我国关于短线交易归入权的规定,但是由于规定过于简单,所以该规则基本上处于废而不用的状态。③ 1999年7月1日施行的《中华人民共和国证券法》第42条对该规定进行了修改,它规定持有一个股份有限公司已发行的股份5%的股东,将其所持有的该公司股票在买入后6个

---

① 参见郑顺炎:《证券市场不当行为的法律实证》,中国政法大学出版社2000年版,第115页。
② 参见高如星、王敏祥:《美国证券法》,法律出版社2000年版,第306页。
③ 参见冯果:《内幕交易与私权救济》,载《法学研究》2000年第2期。

月内卖出,或者在卖出后 6 个月内又买入,由此所得收益归该公司所有,公司董事会应当收回该股东所得收益。公司董事会不按规定执行的,其他股东有权要求董事会执行。公司董事会不按规定执行,致使公司遭受损害的,负有责任的董事依法承担连带赔偿责任。从该条款的规定来看,它比《股票发行与交易管理暂行条例》第 38 条对短线交易的法律规制更有可能落到实处。然而,这些条文均未规定股东派生诉讼制度,而且我国的民事诉讼法也无相应的规定。这种不合理的诉讼障碍极大地限制了股东寻求法律保护的机会和途径。因此,笔者认为应在借鉴美国立法和司法实践的成功做法的基础上,完善我国相关立法,确立保护投资者合法权益的股东派生诉讼制度。

当然,建立和完善我国内幕交易民事赔偿诉讼机制不可能一蹴而就,文中提到的多种诉讼制度的改革或创设也难以同时并举、全面兼顾,但是建立起一整套相互配套的保护投资者合法权益、规范证券市场的诉讼制度却是我们努力的方向。

我国香港特区、台湾地区内幕交易的民事责任*

我国香港特区、台湾地区法学界人士对证券内幕交易民事责任的积极探讨,对我们有借鉴作用,现分述如下:

(一) 香港特区

在香港,内幕交易者的民事责任只限于普通法下的义务。尽管存在寻求其他救济方式的可能,但这基本是建立在受信责任基础上的,例如,通过一些关于泄露机密或法定责任的诉讼。民事责任可分为对公司的责任、对股东和其他人的责任两种。

1. 对公司的责任

到 1999 年,在香港还没有发生过一件公司要求内幕人士归还通过内幕交易而获得利益的案例。①

2. 对股东和其他人的责任

香港《证券(内幕交易)条例》第 13 条(机构高级人员的责任)规定:"任何机构的每一高级人员,具有责任采取一切在任何时间及任何情况下均是合理的措施,以确保有恰当的预防措施,以防止机构作出会导致它被审裁处指出为内幕交易的作为。"这里虽然规定董事等高级人员对预防内幕交易负有责任,但没有讲清应负什么责任;更没有明确董事等高级人员在拥有公司的内部消息时,对从股东手中购买股票要负民事赔偿责任。

(二) 我国台湾地区

1. 一般规定

"证券交易法"第 157 条之一第 2 项明文规定,违反同条第 1 项规定的人员,对"善意从事相反买卖之人"负损害赔偿责任。

如果被告是"接受消息者"(即第 4 款规定的"从前三款所列之人获悉消息者"),那么,对于前项损害赔偿,应与前三款所列提供消息之人负连带赔偿责任。但提供消息者有正当理由相信消息已经公开的,不负赔偿责任。

而且,为了解决实践上由于集中交易而产生的"行纪"与"居间"的不同,第 157 条第 5 项明文规定,第 20 条第 4 项之规定,于第 157 条第 2 项从事相反买卖之人求偿时

---

* 原载于《法治论丛》2002 年第 1 期。
① 参见郭广琳、区沛达等:《香港公司证券法》,法律出版社 1999 年版,第 260 页。

准用之。这就使那些因善意而从事相反买卖者可以直接向被告求偿,不需要再通过证券经纪商辗转向被告行使偿权。

2. 举证责任

由于"证券交易法"第157条明文规定了原告求偿的对象,所以原告在民事诉讼中不需要再证明两者之间的关系,也不需要证明被告对原告所负的义务,这样便可省却不少麻烦。但原告仍须证明以下各点:①被告为第157条第1项所列之人员;②被告在所获悉的"内幕消息"尚未对外公布之前,买入或卖出相关公司的股票;③原告为善意从事相反方向买卖之人;④原告受到损害。

3. 谁能成为"适格"的原告

"证券交易法"第157条第2项规定"善意从事相反买卖之人"为受偿对象,即这些人可以成为民事诉讼中的原告。但这些人具体指谁?不仅"证券交易法"没有加以定义和说明,而且"证券交易法施行细则"中也没有加以解释。从表面来看,这是一个很容易回答的问题,但实际情况并非如此。从字面解释看,所谓"善意从事相反买卖之人",是指当被告获悉"内幕消息"而买卖股票时,由于不知道"内部消息",而实施与被告交易的相反方向交易行为之投资者。例如,当被告获悉"内部消息"在市场上买进W公司的股票时,则卖出该公司股票的人便可能为原告。而且,从字面上看,原告不需要直接与被告进行交易,因为法律并没有规定可以成为求偿对象的人必须是被告交易的相对人。即原告卖出的那些股票,不必要正好是被告买进的。如果这种解释成立的话,那么法院在审理案件时就会面临一个很大的难题:即原告人数之多,求偿数额之巨,将远远超出被告的想象。因为该法律没有像1934年《美国证券交易法》第20(A)节那样,对从事相反方向交易的投资者用"同时"加以限制。这样,所有"善意从事与被告相反方向交易之人",从被告买卖股票之时起,到消息公布之日止,均可成为原告。如果这段时间较长,如果长达数十天的话,那么,原告的人数可能达到成千上万。被告从内幕交易中所得利益或所避免的损失将不胜负担,并使实际上的求偿成为一纸空文。因此,似乎应将"善意从事相反交易之人",进一步限制为"同时"交易者为妥。但由于缺乏有权解释,也只能说说而已。

由于是在一个集中交易市场上,特别当买卖双方是以电脑撮合时,买卖双方几乎不可能知道自己的交易相对人是谁。这跟证券最初实行面对面的交易已经有了很大不同。法律规定谁能成为原告应有可操作性。只有定性没有定量的做法是不可取的。

4. 赔偿数额问题

"证券交易法"第157条第2项提供了一个很清楚的计算方法:即被告"应就消息未公开前其买入或卖出该股票的价格,与消息公开后10个营业日收盘平均价格之差额限度内,对善意从事相反买卖之人负损害赔偿责任;其情节重大者,法院得依善意从事相反买卖之人的请求,将责任限额提高至三倍"。这里必须注意以下几点:

(1)"限度内"和"责任限额"。条文使用了"限度内"和"责任限额"这两个词,这就表明法院应在一个数额的限度之内决定赔偿额。例如,被告进行内幕交易时买进

W 公司的股票为每股 20 元,共买进 1 万股;而消息公布后 10 个营业日收盘的平均价格为每股 30 元。这样,法院就可以在这 10 万元的限度内决定对原告的赔偿额。这个赔偿额可以高达 10 万元,也可能只有 1 万元或 2 万元。但这个赔偿限额是否代表每一个原告所能分别取得的最高数额?还是所有原告按比例共同分享的赔偿总额?例如,在上例中,原告只卖出 1 000 股,原告所能得到的赔偿额应当只有 1 万元;但如果原告当时卖出 1 万股以上时,他们能得到的赔偿数额是否也不得超过 10 万元呢?(在没有重大情节的情况下)也就是说,被告应支付的赔偿额是否应当限于其所得利益或所避免的损失的数额呢?[即像 1934 年《美国证券交易法》第 20A 节(b)(1)款的规定那样。]再如,在上例中,当被告买进 W 公司股票 1 万股时,有投资人共 40 人共卖出 W 公司股票 30 万股,如果所有这些出售 W 公司股票的人士都提起诉讼,而且没有一个原告在被告从事交易之日卖出 1 万股以上时,这是否表示被告一共要承担总额达 300 万元的赔偿额呢?如果不是,则被告这时应承担的赔偿额又是多少?根据"证券交易法"第 157 条第 2 项"限度内"的规定,是否可以理解为仍在 10 万元的限度之内呢?由于对此没有明确的司法解释,我们只能从"字面上"作这样的理解。证券民事赔偿的目的在于剥夺被告的不当得利,而不在于弥补原告的损失,更不在于使原告致富(因为根据上述案例,原告可从每股中获利 10 元),如果对被告的赔偿额不加限制,而原告又人数众多,求偿数额巨大,远远超过被告所获利益或所避免的损失时,被告就可能会因此而破产,一旦被告宣布破产,原告的求偿也就落空了,这对双方都不利。

(2)"情节重大者,……将责任限额提高至三倍"。何谓"情节重大",该法律和其施行细则均未加以解释。但将责任限额提高至三倍的立法例,却可以在 1934 年《美国证券交易法》第 21A 节(a)(2)款中找到。但美国的处罚是行政性质的,虽然名称叫"民事制裁金"(Civil penalty);而我国台湾地区的处罚却是民事赔偿性质的,两者有区别。在民事赔偿请求之诉中,立法将赔偿责任限额提高数倍,这种做法是否妥当,也是有疑问的。因为这里的责任限额并非来自于原告的损失,而是来自被告方面。既然立法在前面已经有"限度内"的提法,后面又在同一条文中突破"限度",岂不自相矛盾。这实际上成为一种变相处罚的手段。

5. 诉讼程序问题

由于在我国台湾地区"民事诉讼法"中并未设立"集体诉讼制度",因此,在发生内幕交易案件而原告又人数众多时,他们可以选择"选定当事人"或"共同诉讼"的方式进行诉讼。

(1)"选定当事人"诉讼方式。根据我国台湾地区"民事诉讼法"第 41 条的规定,当多数有共同利益之人,不属于法人团体时,得由其中选定一人或数人为全体起诉或被诉;而一旦选定以后,其他当事人便脱离诉讼。我国台湾地区"民事诉讼法"第 41 条至第 44 条对"选定当事人"诉讼的要件、效力、程序、诉讼行为之限制、救济等事项作出具体规定。在某一项内幕交易案为大众知晓后,有意提起诉讼的人应设法通过大众传媒或其他形式表明自己的意图,以便顺利选定当事人。但在前面的叙述中,我们可以知道,在内幕交易案中,究竟谁可以成为原告,尚成为一个问题:是同时从事相反方向交易者呢？还是在更长的时间段内从事相反方向交易的人士？具体的数量概念至今难以确定。因此，这成了"选定当事人"的一个难点。因为被选定人是应当具有"原告"资格，才能成为有"共同利益者"。

（2）"共同诉讼"方式。对内幕交易民事赔偿程序，原告也可以选择"共同诉讼"的方式。因为在针对某一被告的内幕交易求偿案中，原告们的诉讼标的相同，他们的求偿权均产生于被告的"内幕交易"行为。民事诉讼法通常将共同诉讼分成"普通的共同诉讼"和"必要的共同诉讼"。我国台湾地区"民事诉讼法"第56条对"必要的共同诉讼"规定了比较严格的"诉讼标的合一确定"条件。所谓"诉讼标的合一确定"，是指所有共同诉讼人为一体，与相对人（对造）间仅存有一个诉讼。这样，在当事人不是全部一同起诉时，即为当事人不适格。如果认为内幕交易求偿案是"必要的共同诉讼"，那么，所有自认为是因被告的内幕交易行为而受到损害的原告必须全部一同起诉，否则即为当事人不适格。而事实上，内幕交易的受害人分布在全国各地，受害时间也有先有后，很难做到一下子找到所有的受害人并让他们全部一同起诉。因此，内幕交易民事求偿案通常通过"普通共同诉讼"程序进行，而不通过"必要的共同诉讼"程序进行。既然是"普通的共同诉讼"，它本来就是几个不同的诉讼，只不过为了诉讼便利，将其合并在一起。所以在共同诉讼进行中，一个当事人的行为或相对人（他造）对于共同诉讼中某一人的行为，并不影响其他共同诉讼人。而法院对于各共同诉讼人所作的裁判，在内容上也允许各不相同（甚至相互分歧）。

（3）普通共同诉讼中的"既判力"问题。既然内幕交易求偿案通常是"普通的共同诉讼"，那么，这表示有权求偿者不一定要全部在同一个诉讼中均列名为原告，他们中有人可以先提起诉讼，有人可以后提起诉讼。如果在前一个诉讼中，法院对被告是否从事"内幕交易"的事实已经作出认定，那么，在以后的类似诉讼中，另一个原告能否依据同一事实，对同一个被告提起求偿之诉呢？前一个诉讼中的事实认定部分，能否在后一个诉讼中加以引用？如果可以引用，又是否具有拘束力？这些问题，对当事人的利益有很大关系。例如，原告某A以某B为被告，控告某B从事"内幕交易"，请求损害赔偿，法院判决某A胜诉，某B没有上诉，判决生效。其后，某C又根据同一事实（某B从事内幕交易）提起要求某B赔偿损害之诉。如果在后一个诉讼中，法院不认可前一个诉讼中已经认定的事实，不承认其拘束力，那么，某C必须就所有的重要事实，例如某B的身份、某B获悉的消息为"内幕消息"等事实部分，一一加以重新举证，而不能援用在某A与某B的诉讼中，前一法院对相同事实已经作出的决定，请求本案审理法院作出与前一法院相同的判决。在这种情况下，后一个法院可以重新认定事实，其认定结果可能与前一个法院在某A与某B的诉讼中所作出的认定不同，从而导致某C受到败诉的判决。

这就是法院判决的"既判力"问题。我国台湾地区"民事诉讼法"第400条第1项规定：诉讼标的于确定之终局判决中经裁判者，除法律另有规定外①，当事人不得就该

---

① 指台湾地区"民事诉讼法"第496条有关再审的规定。

法律关系迳行起诉。学者认为,这就是"民事诉讼法"上的"既判力"的原义。我国台湾地区通说认为,"既判力"只及于判决主文,而对判决理由不具有约束力。根据这一观点,在上述某 C 诉某 B 的求偿案中,前一法院对某 A 诉某 B 所作出的判决,就判决理由部分,即事实认定部分而言,对后一法院认定事实没有约束力。据此,后一法院可以作出与前一法院不同的判决,即可以判某 C 败诉。

对操纵股价案的思考*

2002 年 3 月 11 日上午,"中科创业操纵股价案"在北京市第二中级人民法院开庭审理。在此之前,1999 年 10 月,上海市静安区人民法院也审理过一起"赵某操纵证券交易价格案"。被告人赵某在证券营业部通过操纵电脑终端,对该营业部的委托报盘数据内容进行了修改,将周某等 5 位股民买卖其他股票的数据,修改成以当日涨停价位买入"兴业房产"198.95 万股;"莲花味精"298.95 万股。当日下午股市开盘时,上述经修改的数据被该证券营业部发送到证券交易所后,立即引起"兴业房产"和"莲花味精"两种股票价格大幅度上扬。赵某和其朋友高某等人乘机以涨停价抛售了自己的 7 800 股"兴业房产"股票(获利 7 277.01 元)和 8.9 万股"莲花味精"股票(获利8.4万余元)。由于其他拥有该两种股票的股民都纷纷乘机抛售,致使该证券营业部遭受经济损失达 295 万余元。法院经审理认为,赵某的行为触犯了《中华人民共和国刑法》(以下简称《刑法》)第 182 条第 1 款第 4 项"以其他方法操纵证券交易价格的"规定。最后,法院以《刑法》第 182 条的操纵证券交易价格罪对赵某判处有期徒刑 3 年。赵某没有上诉,判决生效。该案例被收入《最高人民法院公报》2001 年第 2 期。这是我国第一例经法院判决有罪的操纵证券交易价格案。

事隔两年后,北京市第二中级人民法院日前又开庭审理"中科创业案",其案值和恶劣影响远远超过赵某案,引起了人们的广泛关注。一般会想到两个问题:①操纵股市案在我国受到查处的已经不少,从 20 世纪 90 年代中期开始,中国证监会查处的操纵股市案有数十起,给以严厉的行政处罚;1998 年法院又判决赵某有罪案,但为什么这类案件仍屡禁不止,屡查屡犯,且案值越来越大? ②担心依法严肃查处是否会引起股市大跌?

第一个问题涉及证券监管的有效性,涉及证券监管的目标和基本任务的关系问题。证券监管的基本任务有两个:一是控制系统风险,避免整个股市发生大的动荡;二是惩罚违法违规者。要求监管者杜绝证券市场发生的所有问题是不可能的,也是不切实际和过于理想化的。证券监管的目标是维护"三公"原则和保护投资者的合法权益。但目标和基本任务是有区别的。例如,在社会治安综合治理工作中,维护社会稳定和社会秩序,保障人民群众生命财产的安全是我们的目标;而基本任务是集中力量打击那些对社会治安和人民群众的生命财产安全有严重影响的杀人、抢劫、强奸、入室盗窃等严重刑事犯罪,遏制毒品犯罪、经济犯罪等严重犯罪的上升势头。我们的

---

* 原载于《检察风云》2002 年第 13 期。

警力有限、资源有限,而犯罪种类很多,范围很广,我们不可能面面俱到,只能集中力量,解决那些对群众安全感有重大影响的社会治安问题。证券监管也是一样,即使现在充实了稽查力量,这支队伍才300人左右,面对全国市场,还是资源有限、人力有限。我们只能集中力量针对那些挑战法律、胆大妄为之徒;针对那些为群众深恶痛绝的造假制假者、"翻手为云,覆手为雨"的操纵股市者,依照法律对证券欺诈、操纵股市等行为进行查处。因为这些行为动摇了广大股民对证券市场的信心,也就是动摇了证券市场的基础。庭审"中科创业案",就是对严重危害证券市场、以身试法者的一个警告。弄清基本任务和目标的关系,可以使我们对这些案件的产生、防范和惩治有一个比较清醒的认识。

第二个问题,涉及规范和发展的关系,这是证券市场的重要主题。证券市场上"恶庄"即"恶劣的庄家"很多,但受到查处的相对来讲还是很少。从刑法、证券法到行政法规、部门规章,惩处操纵股市行为的法律规范不可谓不完备。2001 年 4 月 18 日最高人民检察院和公安部《关于经济犯罪案件追诉标准的规定》第 32 条具体规定了对操纵股市犯罪的追诉标准。案件查处少,究其原因,似乎主要不是监管技术手段不够,经验不足,而是认识上的问题。担心依法严肃查处会引起股市大跌。其实,只要制定恰当的标准(包括构成要件标准和数量标准),就可以分清市场交易过程中什么是正常的、什么是允许的、什么是过分的、什么是违法的、什么是犯罪的,随犯随查随惩,法律和标准面前人人平等,这样可以避免许多执法上的随意性,从而有利于防止股市的大起大落。我国《证券法》和《刑法》的相关条款吸取了世界各国立法的精华和经验,为这些标准划定了大的框架。具体的标准和细节可以由权威部门制定,可以将现有的相关规定作为基础(如《关于经济犯罪案件追诉标准的规定》),从行为本身和行为后果等角度来进一步制定量化标准。只要解决了认识问题,以监管部门和相关单位现有的经验和能力来说,制定量化标准是不成问题的。

信用卡犯罪认定的新思考[*]

一、《刑法修正案(五)》是否增设了新罪名

2005 年 2 月 28 日,全国人大常委会公布并施行了《中华人民共和国刑法修正案(五)》(以下简称《刑法修正案(五)》)。《刑法修正案(五)》第 1 条规定:"在刑法第一百七十七条后增加一条,作为第一百七十七条之一。"对此,有一种意见认为,仍应以《中华人民共和国刑法》(以下简称《刑法》)第 177 条的罪名,即"伪造、变造金融票证罪"加以概括比较妥当。因为法案并没有明确提出增加新罪名;同时"妨害信用卡管理"这句话,只是说明以下这些行为侵犯的客体,即它们的客体是共同的,这并不是新罪名。

笔者认为,《刑法修正案(五)》第 1 条实际上增加了一个新罪名,即"妨害信用卡管理罪"。其理由为:第一,《刑法修正案(五)》明确规定,"在刑法第一百七十七条后增加一条,作为第一百七十七条之一",可见,它不是《刑法》第 177 条。而且新增条文的立法方式,在外国刑法中也很多,比如,《日本刑法》就在第 246 条诈骗罪之外,又规定了第 246 条之二,增加的罪名为"使用电子计算机诈骗"。第二,《刑法修正案(五)》第 1 条规定,"有下列情形之一,妨害信用卡管理的……"可见,新规定的各种犯罪形态的共同特征是"妨害信用卡管理",因此,可将其作为新罪名。第三,《刑法》第 177 条之一,仍属《刑法》第三章第四节"妨害金融管理秩序罪"。"妨害信用卡管理罪"这一新罪名完全符合要求,可以归入。第四,《刑法修正案(五)》第 1 条所规定的几种情况,已经不是"伪造、变造金融票证罪"所能包容的了。其行为样态也远远不止伪造、变造这两种,既有盗取、购买,为他人提供和骗领,又有持有、运输等,因此,只能以"妨害信用卡管理"加以概括。

在我国刑法中,信用卡犯罪大致包括三个罪名:一是《刑法》第 177 条的伪造、变造金融票证罪;二是《刑法》第 177 条之一的妨害信用卡管理罪;三是《刑法》第 166 条的信用卡诈骗罪。

二、司法介入应否提前

关于信用卡犯罪的司法介入是否应当提前这一问题,是日本学者伊东研祐教授

---

 * 原载于《法学》2005 年第 11 期。

（日本庆应义塾大学）于2006年9月在中国长春举行的"第十次中日刑事法学术研讨会"上提出来的。由于《日本刑法》将犯罪的未遂、预备行为的处罚规定在刑法分则而不是刑法总则中，因此，对信用卡犯罪的预备、未遂行为的处罚，在日本就成了问题。日本在2001年《刑法部分改正法律》(法第97号)中增加了刑法第二编第十八章之二的"关于付款用信用卡电磁记录的犯罪"。该罪处罚盗取信用卡资料（数据）的预备行为。这种犯罪的前置化正是从犯罪国际化和IT化的对策中产生出来的。该罪也处罚所有的国外犯。[①]

在中国，由于对犯罪预备、中止、未遂是规定在刑法总则中的，从而可适用于一切分则的个罪，所以，从法律上讲，对信用卡犯罪的预备、中止、未遂行为均可处罚，这本来不成问题。但由于司法实践中往往只考虑处罚故意杀人、抢劫、强奸等重罪的犯罪预备、中止、未遂行为，不太处罚轻罪的预备、中止、未遂行为，而信用卡犯罪的刑期从3年以下有期徒刑或拘役开始，重至无期徒刑，通常不被人们认为是重罪，因此，对信用卡犯罪的预备、中止、未遂的处罚也成了一个问题。

前不久，上海市某区人民检察院提出就信用卡犯罪的预备、未遂、中止的五种情况（10个案件）进行研讨，主要也是解决是否要将这些行为作为犯罪来加以处罚的问题。这五种情况大致如下：①已经选好货物，商定好价格，但是信用卡未出示，是构成犯罪预备还是已经着手，是否需要定罪？②信用卡已经交付收银员，但是尚未使用，因核实真实性而停止，是构成犯罪预备还是已经着手，是否需要定罪？③信用卡刷卡成功但是尚未签单，因营业员核实真实性而停止，是构成犯罪未遂还是既遂？④信用卡刷卡成功且已经签单完毕，但是未取货，是构成犯罪未遂还是既遂？⑤在前述四阶段，犯罪嫌疑人利用他人信用卡实施诈骗中，当收银员产生怀疑要求进一步核对时，嫌疑人因害怕被识破而要求取消消费，或者主动撤销签单的行为，是犯罪中止还是犯罪未遂？

笔者认为，以上五种情况，除第一种情况可以不定罪以外，其余情况都可以作为犯罪预备和犯罪未遂考虑。第④种情况甚至还可考虑定为犯罪既遂。因为根据国际信用卡组织的规则，签名对刷卡没有影响，只看付款业务是否完成。刷卡成功，就说明付款业务成功、钱款已经支付，这时就应看做行为已经完成。至于是否取到货，那就更不是认定信用卡犯罪既遂的标准了。

总之，在我国，对于信用卡犯罪而言，只要能认定其处于预备、中止、未遂阶段的，就可以处罚。由于信用卡犯罪有三个罪名，其最重亦可处无期徒刑，所以我们应当消除信用卡犯罪是轻罪而不可处罚其预备、中止或未遂的观念。

三、对伪造的国际信用卡如何鉴别和认定

随着境外信用卡在国内的广泛使用，境外信用卡的鉴定问题也随之产生。对信

[①] 参见〔日〕伊东研祐：《现代社会中危险犯的新类型》，载《第10次日中刑事法学术讨论论文集》，成文堂2005年，第119页。

用卡真伪的鉴定机关、鉴定依据和鉴定程序,我国至今没有专门的规定。在实践中,当行为人供述使用伪造的境外信用卡进行诈骗后,即使找到了这张伪卡,但找谁做鉴定也是问题。目前在我国尚无专门鉴定外国信用卡的专业机构。所以只能找 VISA 卡国际组织上海办事处,请他们提供鉴定意见并附翻译文本。但由于它们不是我国法定的鉴定机构,因此,其所出的文本就不是鉴定结论,只能作为一般的书证对待。当它和其他证据相矛盾时,其证明力并不占优势。此外,对这类信用卡真正的持有人(通常是外国人)身份的查询和查证也不容易。通常是将该境外信用卡送到国外发卡银行参加的国际信用卡组织[如维萨卡(VISA 卡)和万事达卡等]上海办事处,请他们协助查询,通常要花费一些时间,取证时间比较长。往往在批捕和审查起诉阶段期间届满以后,他们还没有把信息反馈回来,这样就会误事。

针对上述情况,笔者认为,应由我国权威机构在国内成立对境外信用卡的专门鉴定机构;或者请五大国际信用卡组织的中国办事处来提供鉴定服务,由我国相应机构予以承认。

四、被害人如何认定

实施信用卡犯罪往往涉及许多方面的利益,例如真正的持卡人、收单行、委托行(发卡行)、特约商户、保险机构等。比如在一起韩国人利用以低价购入的他人信用卡到中国来进行高价消费的案件中,中国的特约商户和付款银行实际上都没有遭受损失,因为韩国的发卡银行把钱款都汇过来了。真正的被害人其实是韩国银行,但他们不愿意或不可能以被害人的身份出现在刑事诉讼程序中,而信用卡诈骗罪案件的处理须有被害人和受损失数额。但中国的特约客户或相关银行无法以被害人的身份出现在刑事诉讼程序中。

五、"出售""赠送"伪卡的行为应如何认定

在《刑法修正案(五)》出台前,在司法实践中有人认为"出售""赠送"伪造的信用卡的行为属"使用"伪卡的范围,因此,可定为《刑法》第 196 条第(一)项的"信用卡诈骗罪"。但《刑法修正案(五)》出台后,这种行为的罪名应改为"妨害信用卡管理罪"。因为《刑法修正案(五)》第 1 条第(四)项明确规定了"出售、购买、为他人提供伪造的信用卡或者以虚假的身份证明骗领的信用卡的"情节。这里的"为他人提供",可相当于"赠送","赠送"实际上是"为他人提供"的一种形式。因此,"出售""赠送"伪卡的行为应定为《刑法》第 177 条之一之罪,即妨害信用卡管理罪,而不再是《刑法》第 196 条的信用卡诈骗罪。并且由于"出售""赠送"的对象(即相对人)有可能在主观上知道自己接受的信用卡是伪卡,因而也就不存在被骗的问题。所以,将这种"出售""赠送"伪卡的行为定为"妨害信用卡管理罪"较为妥当。

六、使用自己购买来的他人多余的信用卡（真卡）的行为应如何认定

笔者认为，应定为两个罪：其一，应适用《刑法》第 177 条之一第 2 款，定为妨害信用卡管理罪；其二，应适用《刑法修正案（五）》第 1 条第（三）项，定为信用卡诈骗罪。两罪有牵连关系，可按从一重处罚的原则处理，也可进行两罪并罚（因为我国《刑法》总则对牵连犯从一重处罚并无明确规定）。其理由为：①行为人低价购买他人信用卡是真的，不是假的，因此不能适用"使用伪卡"的条款；②信用卡和信用卡信息是可以画等号的。因为卡是一张塑料片加芯片，就值几角或几元钱，主要是卡内的信息值钱。因此，行为人低价收买他人信用卡的行为，实际上就是收买他人信用卡信息，可直接构成《刑法》第 177 条之一第 2 款之罪。③行为人的行为不符合"恶意透支"的特征，因为《刑法》条文明确"恶意透支"的主体必须是持卡人本人，而持卡人通常解释为合法持卡人。④行为人的行为符合"冒用"的特征。所谓"冒用"，是指行为人将自己冒充为持卡人本人而使用他人的信用卡。"冒用"通常有以下三种情况：①擅自使用为持卡人代为保管的信用卡；②利用捡拾到的他人信用卡进行取现或消费（比如伪造他人签名，或使用伪造的身份证等）；③接受他人通过盗窃、捡拾、骗取等方式获得的他人的信用卡并使用的。如果行为人以低价收买了他人的信用卡又使用的，其前半部分构成《刑法》第 177 条之一第 2 款之"妨害信用卡管理罪"；其后半部分，即使用他人信用卡的行为可构成"冒用"。因为：①行为人明知是他人的信用卡仍冒充他人之名又使用它；②行为人在收买他人信用卡时不会把自己的真实意图全部讲清楚，因此，行为人的行为与"冒用"的三种典型情况比较接近。所以，行为人的后半部分行为，可适用"冒用他人信用卡"的规定［《刑法》第 196 条第（三）项］，构成信用卡诈骗罪。

如果认为该两罪之间确有"手段与目的"之牵连关系，即可从一重即按信用卡诈骗罪定罪处罚。由于我国《刑法》总则并无关于牵连犯的规定，也可对行为人定两罪（即妨害信用卡管理罪和信用卡诈骗罪）实行两罪并罚。

七、如何处理"烧卡"行为

所谓"烧卡"，是指将他人的信用卡资料录入伪造的信用卡的行为，也就是在信用卡的磁条上写入事先非法获取的他人信用卡的资料。犯罪分子往往利用专门的技术设备，在伪造卡、空白卡或废弃卡上输入合法持卡人的密码、账户号、签名以及其他信息资料。例如，前不久广东警方破获一起国际性的特大伪造信用卡案，抓获犯罪嫌疑人 7 人，缴获伪造的"维萨卡"（Visa）、"万事达卡"（Mast）、"大来卡"（Diners club）、运通卡等各种信用卡 17126 张，为一些国家和地区的金融机构挽回潜在的经济损失约 3.2 亿元人民币。这个犯罪集团的主要手法就是在一些国家和地区盗取国际信用卡资料（他们制造

了专门用于盗取信用卡资料信息的盗码器,送到各地同伙手中盗取他人的信用卡信息),然后将这些资料送到珠海利用专门设备录入伪造的信用卡内。他们将这些假信用卡、盗码器销往英国、澳大利亚、马来西亚等国以及我国香港、澳门特区,牟取暴利。[①]

"烧卡"本身是一种伪造行为。但使用"烧卡",究竟是"使用伪造的信用卡",还是"冒用他人信用卡"本身存在争议:一种意见认为,这种行为应适用"使用伪造的信用卡",因为"烧卡"符合主体是无权制作的和非法伪制即以假充真这两个"伪造"的基本特征。而使用"烧制的卡",就是使用伪卡,这是毫无疑义的。另一种意见认为,"伪卡"实际上有两种:一种卡中的信息是真实的,是烧制进去的他人的真信息;另一种卡中的信息也是假的,是行为人编造的。在前一种情况下,就是"冒用他人信用卡信息",即"冒用他人信用卡",因为信息是真的,行为人并没有"以假充真",只是"冒用"而已。在后一种情况下才是"使用伪造的信用卡"。而后一种情况通常不作为"烧卡"看待。现在互联网技术越来越发达,只要知道他人信用卡信息就可以在网上直接用,盗取他人钱财。往往用不着将这些信息录入伪卡中,也不需要使用伪卡。因此,还是定"冒用他人信用卡"比较妥当。笔者认为,对有形的"烧卡"进行使用的,和在网上直接使用他人信用卡信息,盗取钱财的都可适用"冒用他人信用卡的"规定。其实,这两种情况都定为信用卡诈骗罪,量刑幅度一样,只不过在法律文书中说明理由时不同而已。

八、如何处理涉外信用卡犯罪案件

随着经济全球化的进程,商品、资金、人员跨境大量流动,涉嫌信用卡犯罪的跨境案件(即犯罪行为的预备地、实施地或结果地在跨越了至少两个以上国家或地区,使得至少有两个以上国家或地区可以对其进行刑事处罚的案件)大量增多。例如,窃取他人信用卡资料并盗用 500 英镑的案件,其发卡行在英国,窃取资料地也在英国,但消费用款地在德国,行为人是意大利人,被害人是中国人。该中国人 2001 年至 2002年在英国留学。期间办了这张信用卡,进行过一次网上购物。2002 年 8 月回国,之后再也没有使用过这张卡,也没有到德国去过。该信用卡一直保留在自己手中,从未脱过手。英国金融监管当局称,类似这样的案件,仅英国一地,每天都要发生约 3 万起。再比如,1997 年 1 月,上海发生了一起利用读码机窃取信用卡信息(资料),转移至国外(日本),然后制造成伪卡进行消费的案件。[②] 前一例因类似案件发生太多,司法机

① 载 http://news 3. xinhuanet. com/it/2004 - 12/22/content - 2366127. htm.
② 参见上海市静安区人民法院编:《优秀论文案例选集》,第 260—261 页。蒋某(在逃)向王某、翁某、董某等 3 人提供专用于读取信用卡磁条信息的工具"读码机",要翁某等人利用收银员工作中接触外汇信用卡的机会,用"读码机"拉卡(即将信用卡插入"读码机"的卡槽拉划),以读取信用卡上的磁条信息。蒋某允诺,每拉一张卡,给报酬人民币 500 元。从1996 年 12 月至 1997 年 1 月,翁某、董某等人先后数次在希尔顿酒店餐厅等处秘密使用"读码机",读取了客人外汇信用卡上的磁条信息。之后,王某将存有磁条信息的"读码机"交还给蒋某,从蒋某处获得人民币 2 万元。王某、翁某共分得 0.7万元;董某分得 1.3 万元。蒋某在境外(日本),根据这些信息制成伪卡在日本等地消费,致使各发卡银行损失 22 万港元[经被害人(外国游客)报案后已查获的],被害人涉及欧美等好几个国家。

关无法全部处理,最终只能以银行自认倒霉了结;后者因主犯蒋某在逃,对王某等3人只能以伪造金融票证罪分别判处不等期限的有期徒刑结案。在前述窃取他人银行卡资料并盗用 500 英镑的案例中,就产生了以下一系列实际问题,这些问题就涉及惩治规制:①中国被害人应当向谁报案,是英国,还是中国的公安机关? 或者应当先向英国的发卡银行报案,再由英国发卡银行向英国公安机关报案? ②如果公安机关要管这件事,那么,哪一国的公安机关有管辖权? 如果都可以管,谁先管? ③如果犯罪地在第三国,即犯罪分子是在第三国(比如德国)使用该信用卡消费的,被德国警察抓获了,英国和中国的司法机关(检察机关和法院)能不能要求将该犯罪分子引渡到英国或中国审判? ④审判时应依据哪国法律? 是被害人所在国——中国的法律? 还是行为人居住国——意大利法律? 或者犯罪地——英国法律? ⑤如果在中国审判,关于窃取他人信用卡资料的刑法条文,中国和英国的不一致怎么办? ⑥如果被害人要求民事赔偿,他又该如何获得救济呢? 我国《刑法修正案(五)》对"窃取他人信用卡资料"的行为规定为犯罪,最高可判处 10 年有期徒刑;英国针对这类行为的专门条款规定最高可判处 10 年有期徒刑,两者虽然最高刑期相同,犯罪构成要件差不多,但中国的这一规定是从 2005 年 2 月 28 日起生效的;而英国 10 年前就生效了,那么,如果遇到一起 2004 年发生的这类案件,又该如何处理呢? 从这个例子可以看出,金融犯罪的国际化引起了金融犯罪惩治规制的国际化,引发了一系列法律上的程序和实体问题。这些问题过去也曾发生过,但比较少,可以按部就班慢慢解决。但现在随着金融全球化的迅猛发展,这类案件就非常之多,需要我们从程序法和实体法上作出迅速和有效的反应,这就是我们面临的迫切课题。

金融犯罪惩治规制的国际化研究*

金融犯罪惩治规制的国际化,是 20 世纪末以来出现的客观现象,也是今后的发展趋势。笔者参照现有的惩治金融犯罪的国际性协议和惯例,提出金融犯罪惩治规制国际化的衡量标准。用该标准对照我国现有的立法和司法制度,可以找出差距,从而在惩治的技术、理念、配套的法律制度建设和参与国际合作的程度等方面,予以改进和完善。

一、金融犯罪国际化特征

金融犯罪的国际化有以下特征:其一,全方位、多层次、多种犯罪并发,轻重罪名并发,既有涉外货币犯罪、涉外票据犯罪、涉外信用卡信用证犯罪、涉外期货犯罪、涉外证券犯罪和涉外信贷犯罪,也有涉外洗钱犯罪、保险诈骗犯罪,等等;既涉及普通公民,也涉及各种企业、银行及非银行金融机构等。比如,2004 年年初,英国发生了一起窃取他人信用卡资料并盗用 500 英镑的案件,其发卡银行在英国;窃取信息地也在英国;但消费用款地在德国;行为人是意大利人;被害人是中国人。该中国人 2001 年至 2002 年期间在英国留学时办了这张信用卡,进行过一次网上购物。2002 年 8 月回中国,之后再也没有用过这张卡,也没有到德国去过。英国金融监管当局称,类似的案件,在英国每天都要发生约 3 万起。其二,破坏后果严重、持续时间长。例如 1995 年,尼克·里森在新加坡期货交易所进行非法期货交易,弄垮了有 200 多年历史的老牌巴林银行,给英国金融界带来一场危机,对全球金融市场也是一次冲击,其影响延续达数年之久。其三,跨越国界、跨越边界,扩散范围广,难以完全控制。比如跨国信用卡欺诈,量大面广,而受到查处的只是其中的极小部分。其四,在很多情况下,犯罪组织以类似于公司企业一样的结构从事犯罪活动,运用高技能人才和机制协助谋取利润和隐藏利润。其五,犯罪组织能够根据不同的形势不断作出调整,使自己适应市场变化,迎合公众对商品和市场的需求。

总之,经济全球化为新的扩大化的金融犯罪创造了一个比较成熟的条件和环境。金融犯罪活动和组织越来越多地跨越国界,在许多情况下具有全球性质。

---

* 原载于《人民检察》2005 年第 8 期。

二、金融犯罪惩治规制的国际化

目前,金融犯罪呈现出智能化、国际化、专业化的趋势,给国际社会的经济秩序和金融安全造成巨大的危害。仅全世界每年非法洗钱的数额就高达 1 万亿美元至 3 万亿美元,达到全世界 GDP 的 2% 至 5%。[①] 由于世界上各国在法律和体制上的差异所造成的漏洞以及各国文化、传统、风俗习惯、意识形态的不同所引发的矛盾乃至冲突,各国在预防和打击跨国金融犯罪时往往难以统一标准和政策,难以形成合力,这也给犯罪分子和犯罪集团提供了可乘之机。为了解决这些问题,20 世纪 80 年代以来,经过国际社会的不懈努力,金融犯罪惩治规制的国际化取得了一些重要进展。具体表现为:预防和打击金融犯罪的标准和政策比较统一;打击金融犯罪的国际合作机制初步形成;各国打击跨国金融犯罪的行动比较协调。

所谓惩治规制,是指惩罚和防治的规则、制度和机制,是一个含义比较广泛的概念。它不仅包含刑法和刑事程序法,也包括民事、经济、行政等实体法和程序法的相关内容,涉及犯罪预防、侦查、起诉、审判、执行等各个环节。例如,在前述意大利人盗取中国人银行卡资料并盗用 500 英镑的案例中,就产生了以下一系列实际问题,这些问题就涉及惩治规制:①中国被害人应当向谁报案,是英国,还是中国的公安机关?或者应当先向英国的发卡银行报案,再由英国发卡银行向英国公安机关报案? ②哪一国的公安机关有权管?如果都可以管,谁先管? ③如果犯罪分子在第三国(比如德国)使用该信用卡消费,被德国警察抓获了,英国和中国的司法机关(检察机关和法院)能不能要求将该犯罪分子引渡到英国或中国审判? ④审判时应依据哪国法律?是被害人所在国——中国的法律?还是行为人居住国——意大利的法律?或者犯罪地——德国的法律? ⑤如果在中国审判,关于窃取他人信用卡资料的刑法条文,中国和英国的不一致怎么办?[②] ⑥如果被害人要求民事赔偿,他又该如何获得救济呢? 如果中国刑法对"窃取他人信用卡资料"的行为没有特定的条款规定为犯罪,而英国有针对这类行为的专门条款,最高可判处 10 年有期徒刑,这时又该怎么办呢? 从这个例子可以看出,金融犯罪的国际化引起了金融犯罪惩治规制的国际化,引发了一系列程序和实体上的法律问题。这些问题过去也曾发生过,但比较少,可以按部就班地慢慢解决。随着金融全球化的迅猛发展,这类案件就非常之多,需要从程序法和实体法上都能作出迅速和有效的反应,这就是我们面临的迫切课题。

金融犯罪的国际化有三种情况:即具有涉外因素的国内犯罪;跨国、跨地区犯罪;国际犯罪。针对不同的情况,其惩治规制的运作也会有所不同:比如,对国际犯罪,就应由国际刑事法院[③]依据国际刑法规范进行惩治;而对具有涉外因素的国内犯罪和跨

---

① 参见张燕玲:《2002 年国际金融十大新闻》,载《金融时报》2002 年 12 月 31 日。

② 2005 年 2 月,全国人大常委会通过《刑法修正案(五)》,已经将窃取他人信用卡信息资料的行为规定为犯罪。

③ 2002 年 7 月 1 日,国际刑事法院依照《国际刑事法院罗马规约》的规定正式成立。目前惩治的对象是违反国际法规定、实施了严重国际犯罪的个人,即实施灭绝种族罪、危害人类罪或战争罪的个人。

国、跨地区犯罪,则主要应由各国司法当局根据国内刑事法律进行惩治。当然,这只是一个大的原则和框架。由于国际刑事法院目前并没有把国际金融犯罪作为惩治对象,所以,国际金融犯罪也只能由各国司法当局依照国内刑事法律的规定来进行惩治。

总之,加强国内刑事立法对涉外刑事案件的有效适用,加强国家之间的合作,是金融犯罪惩治规制国际化运作的两个关键性环节。只有运作好这两个环节,才能使一切金融犯罪不会因为国家壁垒形成的缝隙而逃脱应有的法律惩处;同时,也能切实保护被告人或其他当事人的合法权益。

三、金融犯罪惩治规制的国际标准

金融犯罪惩治规制的国际标准,通常是指在惩罚和防治金融犯罪方面,国际上公认的准则和规范。这些标准体现在预防、侦查、起诉、认定金融犯罪的各个环节中,也体现在执行环节中。这些标准既对追究刑事责任的公检法等执法机关起作用,也对政府机关和银行等金融机构起作用,更对各国相关机构和人员的国际合作提出了要求。这些标准既有实体性的,也有程序性的,有的是实体性和程序性相结合的。

概括起来讲,惩治金融犯罪的国际标准大致体现在以下五个方面:①预防;②刑事定罪量刑和执行;③国际司法合作与执法合作;④资产追缴(追回)或返还;⑤履约监督。

有时候,一个国际公约就包含了上述五个方面的标准,比如,2003 年 10 月的《联合国反腐败公约》就基本包含对腐败犯罪的预防、定罪量刑、国际合作、资产追回或返还、履约监督等方面的所有标准;有时候为了惩治某种金融犯罪,以一个联合国公约为主,再辅以其他国际组织的示范性文件,这些文件加在一起,共同包含了五个方面的标准,比如,1988 年的《联合国禁毒公约》加上巴塞尔委员会《关于防止犯罪分子利用银行系统洗钱的原则声明》等文件就基本包含了对洗钱犯罪的上述五方面的所有标准。但在多数情况下,这五个方面的标准是不集中的,分散在有关国际组织的文件或者各国国内法律的规定中。比如信用卡犯罪、保险犯罪等。

联合国、各类金融监管国际组织和各国政府通过公约、协议和国内法律所发布和体现的惩治金融犯罪的标准和准则,涉及许许多多具体罪名,多达 100 项以上,这些都已为签约国、多边机构和相关组织所接受。但对一个国家来讲,这 100 多项标准的紧迫程度可能是有所不同的,必须学会如何合理决策、有效配置自己有限的资源,去满足某一项最紧迫的具体标准。比如,证券发行人的会计、审计和财务报告必须采用国际标准,才能对国内外公开发行股票或债券;违反这些国际标准对外发布信息,就构成刑事犯罪。我们必须在一段时间内集中培训相关人员并引进国外著名的会计师来编制财务会计报表,才能达到该项国际标准。当然,一项标准的有效实施离不开必要的制度支持:资本监管标准离开有效的会计及审计规则将无法发挥作用;法律标准在一个不能推行法治的司法体系中将一事无成。如果违反国际标准提供虚假财务会计报告的人可以不承担法律后果,那么这种标准就无法引导人们的行动,也无法维护正常的金融秩序。

总之,国际社会已经提供的标准是具有普遍性的,是一个宽泛的各国都可以接受的最低标准;同时,它允许各国政府能自主选择具体的实施方式。为此,这些标准不宜过于明确和过于具体。

四、我国应对金融犯罪国际化的措施

我国作为联合国常任理事国之一,积极参与国际社会合作控制金融犯罪的行动,从规则、制度和机制层面采取了许多措施。到目前为止,已初步建立起惩治金融犯罪的法律法规体系,构建起惩治金融犯罪的运作机制和体制,开展了惩治金融犯罪的国际合作。对照金融犯罪惩治规制的国际化标准,我国还需要采取进一步的应对措施。

(一) 进一步完善我国刑事立法

(1)关于完善洗钱犯罪的构成要件的问题。我国刑法中洗钱犯罪的上游犯罪是否需要从目前的四种进一步扩大? 扩大到多少种为宜? 这里有三种不同意见:第一种观点认为,应当将洗钱犯罪的上游犯罪扩大到所有产生犯罪所得的罪行;第二种观点认为,应将洗钱犯罪的上游犯罪从现有的四种(毒品犯罪、黑社会性质的组织犯罪、走私犯罪、恐怖犯罪)扩大到包括贪污贿赂、挪用资金、挪用公款、金融诈骗和出口骗税骗汇等犯罪;第三种观点认为,洗钱犯罪的上游犯罪可以维持目前的四种不变。笔者赞成第二种观点。从目前情况看,扩大上游犯罪的范围,但不扩大到所有财产性犯罪似乎成了通说,这就需要完善刑事立法,修订洗钱犯罪的构成要件。

(2)对金融犯罪应引进资格刑。由于金融活动通常会涉及一些公司法人或专业机构,因此,赋予执法机关吊销营业执照、剥夺某些人的专业资格的权利也是很重要的。这些应在修改《刑法》时加以补充完善。

(3)进一步明确规定"域外管辖权"。我国《刑法》第7—10 条实际上已有"域外管辖权"的规定,即凡在我国领域外犯我国刑法规定之罪的,适用我国刑法,但视法定情况的不同,有的可以不追究刑事责任;有的可以不受处罚;有的可以减轻或免除处罚。各国关于洗钱犯罪的上游犯罪的规定五花八门、种类繁多,有的在我国刑法中并不构成犯罪,但只要洗钱行为发生在我国领域内的,我国对该上游犯罪也应有管辖权。这是《联合国打击跨国有组织犯罪公约》第6 条第2 款(c)项的要求。这一点在我国《刑法》修改时应有所体现。

(二) 建立和完善配套的法律法规体系和行业规范

一是制定专门的反洗钱法,将洗钱的预防、查处、惩治和国际合作等问题都规定进去,使之具有系统性和完备性。

二是提高中国人民银行2003 年颁行的"一个规定、两个办法"的立法层次。2003

年年初实施的《金融机构反洗钱规定》和《人民币大额和可疑支付交易报告管理办法》《金融机构大额和可疑外汇资金交易报告管理办法》只是中国人民银行颁发的部门规章。但它们规定的制度,比如"了解客户"制度、大额交易报告制度、可疑交易报告制度和保存记录制度都很重要。而且洗钱并不只是通过银行这一条渠道进行。因此,应当提高"一个规定、两个办法"的立法层次,不仅要在银行系统建立制度,而且要在非银行金融机构和其他商业性机构都建立反洗钱制度。

三是制定和健全防范金融犯罪的行业规则。目前,已有不少商业银行制定了一些规章制度和自律准则,以加强反洗钱工作。可在此基础上进一步形成银行业、证券业、期货业、保险性的行业性的防范金融犯罪的规范。

(三) 进一步改善国际合作的体制和机制

我国以积极的态度参与惩治金融犯罪的国际合作,并且取得了令人赞赏的成绩。但从目前来看,打击犯罪的国际合作工作机制,主要还是通过双边合作和国际刑警组织渠道来解决的。而且,从操作层面讲,都要通过地方公安局(厅)报公安部相关部门,再通过公安部与对方国家警察当局或国际刑警组织联系,这样一来,往往费时费力,耽误了破案的最佳时机。国家有关部门可以授权某些大城市的相关机构[如上海、广州的公安局(厅)]对一般的反洗钱合作案件直接开展国际警务合作,先做后报,只有特别重大、复杂案件才按程序报批。这样可以提高工作效率。

此外,在追缴犯罪所得的国际司法合作中,可以从以下方面进一步完善法律制度和工作机制:①完善现行的"简易处置"程序并增加配套的法院裁决制度;②建立承认与执行外国刑事罚没裁决的司法审查制度;③在特定情况下将附带民事诉讼程序前移,在条件成熟时设立独立的财产没收程序;④变通现行的证据规则,要求有关财物的持有人或者关系人承担关于财物的合法来源或者善意享有的证明责任;⑤以互惠和务实的精神处理被追缴财物的分享问题,建议成立专门的基金组织,将分享的资金转换为开展有关国际司法合作的资源。[①]

---

① 参见黄风:《关于追缴犯罪所得的国际司法合作若干问题研究》,载《国际刑法问题研究(2002)》,中国方正出版社2002年版,第192—193页。

建立金融犯罪及时揭发机制更重要[*]

新法更具可操作性

自 1997 年以来,《中华人民共和国刑法》(以下简称《刑法》)已多次修订,其中大多涉及金融犯罪,但这次修订涉及的面最广,内容也最多。主要是为了适应我国金融体制深刻变革的需要。这次修订可归纳出以下一些特征:

(1)《中华人民共和国刑法修正案(六)》(以下简称《刑法修正案(六)》)对每一种犯罪构成要件的修订,都使其更具可操作性,这是自 1997 年修订《刑法》实施以来,总结实践经验的结果。

(2)前述各罪都以"情节严重""造成严重后果"或"数额巨大"为构成犯罪的前提,也就是说,立法者考虑到我国金融证券市场的发展刚起步不久,不规范的情况还比较多,因此对构成金融犯罪规定了比较严格的构成要件(和国外相比)。例如,在美国或日本,构成证券内幕交易罪或操纵证券交易价格罪,都是只要实施该行为就构成犯罪,不需要"情节严重"或"造成严重后果"这些要件。

(3)以上 13 个罪名中有 11 个罪名规定有单位犯罪,其中有 3 个罪名的主体只能由单位构成。另外 8 个罪名的主体既可由单位也可由个人构成。在规定有单位犯罪的 11 个罪名中,对其中的 9 个罪名实行两罚制,即对单位判处罚金并对直接负责的主管人员和其他直接责任人员判处刑罚(自由刑或罚金或者两者并处)。

(4)将原来的结果犯改为"行为和结果并重",例如《刑法修正案(六)》第 13 条"违反国家规定发放贷款罪"、第 14 条"吸收客户资金不入账罪"等犯罪原来都仅以"造成重大损失"为构成犯罪的前提,现在则改成"数额巨大或者造成重大损失",即"行为和结果并重",它们都是构成犯罪的前提,这样改有利于认定犯罪和提高司法效率。

(5)提高了个别罪名构成犯罪的标准。这是指《刑法修正案(六)》第 13 条"违反国家规定发放贷款罪"将原《刑法》第 161 条第 1 款的"造成较大损失"修改为"造成重大损失",作为构成犯罪的前提。

(6)前述各罪名的法定刑都还比较轻。起刑点通常是 3 年以下或者是 5 年以下有期徒刑或拘役,这些都是和我国金融市场起步不久、不够成熟的实际情况相适应的。

法律不再宽大无边

有一位证券业内人士发表了一篇文章,题目叫做"一同股市沾边,法律宽大无

---

* 原载于《中国证券报》2006 年 7 月 7 日。

边",列举出我国近年来发生的许多"大案宽处,重案轻判"的案例,提出了立法和司法上一些值得深思的问题。《刑法修正案(六)》的颁行,并不等于所有的问题都能一下子解决。证券犯罪事关大局,事关千万股民,敏感度高,世界各国都持慎重态度。有人统计过,在全球 87 个有禁止内幕交易立法的国家和地区中,发生内幕交易诉讼案件的国家和地区直至 2000 年才有 30 多个。从处罚力度看,大多是处以罚金或罚款,罚款数额大体等于行为人从内幕交易中所获取的利润。几乎没有判处自由刑的。日本从 1988 年到 2000 年,10 多年来,每年只判处 1 例内幕交易犯罪案件,绝大多数是缓刑和罚金,只有一例实刑(1 年有期徒刑)。

笔者认为,首先,应制定适当的认定标准和处罚标准,一旦制定了就应当切实执行,这才是最重要的。其次,不能简单地讲几句加大执法力度就完事了,要建立及时发现、及时揭发金融犯罪的机制,这比加大处罚力度"把人罚得倾家荡产"要重要得多。

另外,《刑法修正案(六)》虽然已经出台,但相配套的最高人民检察院和公安部《关于经济犯罪案件追诉标准的规定》也应尽快作出相应修改:一方面需对法案各罪中增加的"情节严重""数额巨大""造成重大损失"的具体标准作出规定;另一方面,对原定标准中不合理的部分进行修改,例如,应将证券内幕交易和操纵证券交易价格罪的标准适当提高。

《刑法修正案(六)》
给惩治金融犯罪带来的新变化[*]

金融犯罪是指金融机构和金融机构工作人员围绕金融和资金筹措而实施的犯罪。[1] 在我国,金融犯罪是指从事金融活动或者相关活动,危害金融管理秩序,依法应当受刑罚处罚的行为。[2] 其范围主要包括《中华人民共和国刑法》(以下简称《刑法》)分则第三章第四节"破坏金融管理秩序罪",第五节"金融诈骗罪",再加上个别的渎职犯罪和相关犯罪。从犯罪种类来讲,大体上包括非法设立金融机构犯罪、银行犯罪、票证票据犯罪、证券期货犯罪、保险犯罪、信用卡信用证犯罪、金融机构内部人员贪污贿赂挪用等犯罪。这次《中华人民共和国刑法修正案(六)》(以下简称《刑法修正案(六)》)给惩治金融犯罪带来的较大新变化,具体有以下内容。

一、关于银行犯罪和相关犯罪

1. 调整归并"违法发放贷款罪"的内容

《刑法修正案(六)》第 13 条将《刑法》第 186 条的第 1 款和第 2 款合并并进行了修改,有以下新变化:

①原第 186 条第 1 款的"违法向关系人发放贷款罪"的罪状变得简单了,取消了一些过于具体的规定,而只是概括性地规定为"违反国家规定,向关系人发放贷款的,依照前款(即第 13 条第 1 款)的规定从重处罚",成为《刑法修正案(六)》第 13 条第 2 款。②原《刑法》第 186 条第 2 款的"违法发放贷款罪"变成了《刑法修正案(六)》第 13 条第 1 款,其罪状也作了相应简化,取消了"向关系人以外的其他人"字样。③《刑法修正案(六)》第 13 条将原《刑法》第 186 条第 1 款和第 2 款中的"违反法律、行政法规规定"统一改为"违反国家规定"。这样更加规范,因为《刑法》第 96 条对"违反国家规定"早有统一的法律解释。④改变了构成犯罪的前提。原《刑法》第 186 条第 1 款以"造成较大损失"为前提,同条第 2 款以"造成巨大损失"为前提。而《刑法修正案(六)》第 13 条通过将"数额巨大或者造成重大损失"作为构成犯罪的前提,改变了

---

* 原载于《政治与法律》2006 年第 4 期。

① 参见〔日〕西原春夫:《犯罪各论》(修改版),成文堂 1991 年版,第 342 页。

② 参见胡启忠等:《金融犯罪论》,西南财经大学出版社 2001 年版,第 20 页。

本罪以结果犯为唯一形式的局限。现在本罪既可以是行为犯,也可以是结果犯(造成重大损失)。⑤《刑法修正案(六)》第13条第2款之罪与第1款之罪的构成条件相同,但必须依照第1款的规定从重处罚。

2. 修改了"用账外客户资金非法拆借、发放贷款罪"的构成要件和罪名

《刑法修正案(六)》第14条的规定与原《刑法》第187条第1款相比,有以下几点新变化:①取消了"以牟利为目的"的主观构成要件;②取消了"将资金用于非法拆借、发放贷款";③增加了"数额巨大"和"数额特别巨大"的规定;④罪名由"用账外客户资金非法拆借、发放贷款罪"变为"吸收客户资金不入账罪"。

修改之后,该罪的构成要件更为简要明确,可操作性更强了。这是因为:①"以牟利为目的"是一种主观性的东西,在认定该罪时既无必要也比较困难。②将不入账资金的用途限制为"非法拆借、发放贷款"也是不妥当的。因为如果行为人将这笔资金用于其他用途,其性质更为严重,难道就不构成本罪吗?③"造成重大损失"一般是指贷款发放出去收不回来了。原《刑法》第187条第1款只规定了这一种后果,只有出现了这种后果,才构成犯罪;现增加"数额巨大"的规定,这是从行为本身来讲的,只要"不入账的资金"达到"数额巨大"的标准,不管是否造成损失后果,都构成犯罪。

至于不入账的"账"如何认定,也是一个比较复杂的问题。是指哪一级银行或者其他金融机构的账?是分行、支行还是营业部的账,还是证券公司、分公司还是营业部的账?有的营业部有几个账户,到底以哪个账户为准?这些都是需要认真考虑的。

总的来讲,吸收客户资金不入账,达到一定的数额标准和损失标准就构成犯罪。这样规定是完全必要的,也是市场经济发达国家的通行做法。

3. 修改了非法出具金融票证罪的构成要件

《刑法修正案(六)》第15条与原《刑法》第188条第1款相比,有以下新变化:将结果犯改为"情节犯"。原《刑法》第188条第1款规定:"银行或者其他金融机构的工作人员违反规定,为他人出具信用证或者保函、票据、存单、资信证明,造成较大损失的"构成犯罪,现改为"……情节严重的",构成犯罪。这是一个重要的修改。按原规定,只有造成较大损失后果的,才构成犯罪,而根据《刑法修正案(六)》第15条,只要"情节严重",即为足够。何谓"情节严重"呢?是指既要看行为又要看结果,还可看主观动机是否恶劣,一般包括:所出具的金融票证数额巨大、采用手段比较恶劣,例如经他人提醒仍然出具;后果严重,即造成较大损失的,等等。

4. 拓宽了洗钱犯罪的上游犯罪的范围

与原《刑法》第191条相比,《刑法修正案(六)》第16条将洗钱犯罪的上游犯罪增加为"毒品犯罪、黑社会性质的组织犯罪、恐怖活动犯罪、走私犯罪、贪污贿赂犯罪、破坏金融管理秩序犯罪、金融诈骗犯罪的所得及其产生的收益"。增加的虽然只有三类犯罪,但罪名却有48个,其中贪污贿赂犯罪有12个罪名;破坏金融管理秩序犯罪有27个罪名(不含洗钱罪本身);金融诈骗罪有9个罪名。可以说,洗钱犯罪的上游犯罪的范围大大拓宽了。

5. 修改了赃物犯罪的构成要件

《刑法修正案(六)》第 19 条对原《刑法》第 312 条作了两点修改:①增加了赃物犯罪的对象,即增加"犯罪所得及其产生的收益",也就是赃物犯罪的对象不仅是"犯罪所得"而且包括"及其产生的收益"。应当注意的是,《刑法修正案(六)》第 19 条删去了原《刑法》第 312 条中的"赃物"两字。②增加行为样态,即增加"以其他方法掩饰、隐瞒的"的规定。

经过修改的赃物犯罪与洗钱罪多了几分相似,我们如何对它们加以区别呢? 大体可从以下几个方面进行区分:①洗钱犯罪的上游犯罪是法定的,即只有刑法规定的七种犯罪;而赃物犯罪的"犯罪所得"指涉较广,这里的"犯罪"没有受到法律的限制。②洗钱行为是掩饰、隐瞒违法所得的来源和性质;而赃物犯罪是掩饰,隐瞒"财物及其产生的收益"的本身。③从行为看,洗钱犯罪的前四种行为样态均为协助型,而赃物犯罪的前四种行为样态均为自身行动型。④洗钱罪的主体既可以是个人,也可以是单位,而赃物犯罪的主体只是个人犯罪。总的来讲,洗钱罪是将"黑钱洗白",在这过程中可能采取"转移""转换""汇往境外"等多种方法;而赃物罪则是对"黑钱""黑物"本身实施转移、窝藏、收购、代为销售等行为。

二、关于证券犯罪和相关犯罪

1. 新增信息披露犯罪的行为样态

《刑法修正案(六)》第 5 条的规定与原《刑法》第 161 条相比,有以下几点新变化:

(1)对主体添加了限制词,即"依法负有信息披露义务的公司、企业",而不是原来的"公司、企业",实际上缩小了主体范围。这里主要是指上市公司和发行人,也包括依法应向股东和社会公众披露信息的其他人,例如基金管理人、基金托管人等,这里的"依法",是指依照《中华人民共和国证券投资基金法》(以下简称《证券投资基金法》)第 60、61 条的规定。

(2)增加了行为样态。即增加了"或者对依法应当披露的其他重要信息不按照规定披露"。新《中华人民共和国证券法》(以下简称《证券法》)第 54、64、65、66、67 条和《证券投资基金法》第 62 条对应当公开披露的信息内容进行了具体列举性规定,原《刑法》第 161 条规定的"财务会计报告"仅是其中的一项。违反上述规定,对应披露的信息不披露的,即构成本罪客观行为的一种样态,这实际上扩大了行为的范围。

(3)增加了"其他严重情节犯",即增加了"或者有其他严重情节的"规定。"其他严重情节"可以是行为后果,也可以是行为的其他严重情况,例如"致使股票被取消上市资格或者交易被迫停牌的"。① 这些都超出了原《刑法》第 161 条规定的"严重损害股东或其他人利益"的范围。

---

① 最高人民检察院、公安部《关于经济犯罪案件追诉标准的规定》第 5 条。

2. 增加操纵市场的行为样态，并加重了《刑法》第 182 条的刑罚

《刑法修正案(六)》第 11 条对《刑法》第 182 条进行了修改，主要是在第 1 款第(三)项中增加了"在自己实际控制的账户之间进行证券交易"这一规定。鉴于有些证券公司或投资人到贫困山区或农村，收买了数百张甚至上千张身份证，开立证券账户、资金账户，然后在这些账户之间进行证券交易，这些交易实际上都为这些券商或投资人所控制，这是一种操纵市场的典型手法。其本质还是自买自卖，现将其单列出来，是为了更有效地规范市场行为。此外，《刑法修正案(六)》第 11 条对"操纵证券、期货市场"，"情节特别严重的"，处 5 年以上 10 年以下有期徒刑，并处罚金。

3. 对公司背信行为规定了刑事责任

背信，即违背信任，又称为违背任务，在《日本刑法》中有违背任务罪(或称为违背信任罪)，主要是针对证券、期货犯罪的。《刑法修正案(六)》第 9 条提到了"上市公司的董事、监事、高级管理人员违背对公司的忠实义务"；《刑法修正案(六)》第 12 条提到了"违背受托义务"，这些都有违背信任、违背任务的含义，但它们的构成要件不完全等同于国外的违背任务罪(有部分相同)。为了叙述方便，我们把这两条称为广义的"背信行为"。它们具有自己的特点：

第一，《刑法修正案(六)》第 9 条(即《刑法》第 169 条之一)是对《刑法》第 169 条的补充。《刑法》第 169 条规定："国有公司、企业或者其上级主管部门直接负责的主管人员，徇私舞弊，将国有资产低价折股或者低价出售，致使国家利益遭受重大损失的……"其实这也是一种背信行为，只不过其主体和行为都有局限性。而第 169 条之一[即《刑法修正案(六)》第 9 条]就不同了：①其行为主体是上市公司的董事、监事、高级管理人员，这就突破了《刑法》第 169 条"国有公司、企业"的限制；②其行为的对象是资金、商品、服务或者其他资产，还包括债权、债务、担保等，这就突破了《刑法》第 169 条的"国有资产"这一种形式；③其行为的样态也有《刑法修正案(六)》第 9 条列举的六种之多，突破了《刑法》第 169 条的"低价折股、低价出售"的限制。

第二，《刑法修正案(六)》第 12 条(即《刑法》第 185 条之一)是对《刑法》第 185 条规定的挪用资金罪和挪用公款罪的重要补充。它是针对证券行业常见多发现象而设立的，其特征为：①这是单位犯罪，不是个人犯罪。其主体是商业银行、证券交易所、期货交易所、证券公司、期货经纪公司、保险公司或其他金融机构；个人本身不能成为本罪主体。②其行为样态是"违背受托义务，擅自运用客户资金或者其他委托、信托的财产"。这里必须注意以下几点：一是关于"擅自"。这里的"擅自"，是指没有经过客户或委托人的同意，不是指没有经过上级同意或批准。由于本罪的主体是单位而不是个人，所以，即使经过上级同意但没有经过客户或委托人的同意，仍属于"擅自"。二是关于"运用"。这里的"运用"，应包括"动用""提取""动支"。从字面上看，似乎也应包括"挪用"，但由于《刑法》第 185 条已对"挪用资金和挪用公款"作了专门规定，因此，本条的"运用"，似应包含除《刑法》第 185 条之外的"挪用"情况。此外，这里的"运用"还应包括财产处分行为。三是关于"违背受托义务"。"受托义务"一般来源于委托合同和信托合同，而不问其采用口头形式还是书面形式(除法律有规

定必须采用书面合同的以外)。所以,一般而言"违背受托义务"就是违反合同义务,应负违约责任。但由于行为人实施了擅自运用客户等行为并达到情节严重程度,所以,行为人要负刑事责任。四是"违背受托义务"和"利用职务之便"是不同的。《刑法》第185条规定的是"利用职务上的便利";本条规定的是"违背受托义务"。也就是说,没有任何职务便利的人员也可能"违背受托义务",只要有委托合同或信托合同存在即可;而"利用职务之便"却不以"委托合同"的存在为前提,只要该职务存在,就可利用该职务上的便利。

4. 新增虚假破产罪

《刑法修正案(六)》第6条(《刑法》第162条之二)在《刑法》第162条的妨害清算罪和《刑法》第162条之一的隐匿、故意销毁会计凭证、会计账簿、财务会计报告罪的基础上,规定了虚假破产罪,这三种行为都妨害了国家对公司、企业管理的秩序,应当构成犯罪。它们是逃避债务、损害债权人和广大投资者利益的典型手法,对证券市场也有严重影响,必须严加惩治。

5. 对公司、企业人员贿赂罪增加了新内容

其一,扩大了公司、企业人员受贿罪的主体范围。原《刑法》第163条的公司、企业人员受贿罪的主体只限于"公司、企业的工作人员",《刑法修正案(六)》第7条增加了"或者其他单位的工作人员",例如事业单位(医院、学校)的工作人员。这一扩大还相应延伸至本条第2款,"其他国有单位"则引入第3款。其二,扩大了行贿对象范围。原《刑法》第164条第1款的"对公司、企业人员行贿罪"的对象仅限于"公司、企业的工作人员",《刑法修正案(六)》第8条增加了"或者其他单位的工作人员",相应的也扩大了行贿对象的范围。

三、本次金融犯罪修订的特征

自1997年《刑法》实施以来,《刑法》已经多次修订,其中大多涉及金融犯罪,但这次涉及的面最广,内容也最多。这是为了适应我国经济体制改革乃至金融体制机制深刻变革的需要。这次修订,大致可以归纳出以下一些特征:

(1)《刑法修正案(六)》对以上每一种犯罪构成要件的修订,都使其更具有可操作性,这是自1997年修订《刑法》实施以来,总结实践经验的结果。

(2)前述各罪都以"情节严重""造成严重后果"或"数额巨大"为构成犯罪的前提,也就是说,立法者考虑到我国金融证券市场的发展刚起步不久,不规范的情况还比较多,因此,对构成金融犯罪规定了比较严格的构成要件(和国外相比)。例如,在美国或日本,构成证券内幕交易罪或操纵证券交易价格罪,都是只要实施该行为,就构成犯罪,不需要"情节严重"或"造成严重后果"这些要件。

(3)以上13个罪名中有11个罪名规定有单位犯罪,其中有3个罪名的主体只能由单位、而不可能由个人构成。另外,8个罪名的主体既可以由单位构成、也可以由个人构成。在规定有单位犯罪的11个罪名中,对其中的9个罪名实行两罚制,即对单位

判处罚金,并对其直接负责的主管人员和其他直接责任人员判处刑罚(自由刑或罚金或者两者并处),但对其中的《刑法》第161条和第162条之罪实行单罚制,即对单位不判处罚金,只对该单位犯罪直接负责的主管人员和其他直接责任人员判处刑罚(自由刑或罚金或者两者并处)。

(4)将原来的结果犯改为"行为和结果并重"。例如《刑法修正案(六)》第13条的"违反国家规定发放贷款罪"、《刑法修正案(六)》第14条的"吸收客户资金不入账罪"等犯罪原来都仅以"造成重大损失"为构成犯罪的前提,现在则改成"数额巨大或者造成重大损失",即"行为和结果并重",它们都是构成犯罪的前提。

(5)提高了个别罪名构成犯罪的标准。这是指《刑法修正案(六)》第13条的"违反国家规定发放贷款罪"将原《刑法》第161条第1款的"造成较大损失"修改为"造成重大损失",作为构成犯罪的前提。

(6)前述各罪名的法定刑都比较轻。起刑点通常是3年以下或者是5年以下有期徒刑或拘役,且大多适用罚金刑,这些都是和我国金融市场起步不久而不够成熟的实际情况相适应的。

《刑法修正案(六)》虽然已经出台,但相配套的最高人民检察院和公安部《关于经济犯罪案件追诉标准的规定》亦应作相应修改:一方面需对法案各罪中增加的"情节严重""数额巨大""造成重大损失"的具体标准作出规定;另一方面,对原定标准中不合理的部分进行修改,例如,将证券内幕交易和操纵证券交易价格罪的标准适当提高,原定"内幕交易数额在二十万元以上""操纵证券交易价格,非法获利数额在五十万元以上"的标准,未免太低了。

惩治金融犯罪机制研究*

——以国际化为视角

本文参照现有的惩治金融犯罪的国际性协议和惯例,提出金融犯罪惩治规制国际化的衡量标准。用该标准对照我国现有的立法和司法制度,找出差距,从而在惩治的方法、技术、理念、配套的法律制度建设和参与国际合作的程度等方面,提出改进和完善的对策性建议:应立足我国国情,适应"规制国际化"趋势;应分阶段、有重点、有步骤地完善我国法律制度;同时应有选择、有步骤地参加一些国际组织,积极参与国际合作。

一、金融犯罪惩治规制的国际标准

所谓标准,是指衡量事物的准则,引申为规范、榜样。① 金融犯罪惩治规制的国际标准,通常是指在惩罚和防治金融犯罪方面,国际上公认的准则和规范。这些标准既体现在预防、侦查、起诉、认定金融犯罪的各个环节中,也体现在执行环节中。由于惩治规制涉及预防环节,因此,它可能超出刑事法律的范围,而涉及民商法和国际经济法等内容。这些标准既对追究刑事责任的公检法司等执法机关起作用,也对政府机关和银行等金融机构起作用,更对各国相关机构和人员的国际合作提出了要求。这些标准既有实体性的,也有程序性的,还有的是实体性和程序性相结合的。

概括来讲,惩治金融犯罪的国际标准大致体现在以下五个方面:①预防;②刑事定罪量刑和执行;③国际司法合作与执法合作;④资产追缴(追回)或返还;⑤履约监督。

有时候,一个国际公约就包含了上述五个方面的标准。比如,2003 年 10 月的《联合国反腐败公约》就基本包含对腐败犯罪的预防、定罪量刑、国际合作、资产追回或返还,履约监督等方面的所有标准;有时候为了惩治某种金融犯罪,以一个联合国公约为主,再辅以其他国际组织的示范性文件,这些文件加在一起,共同包含了五个方面的标准。比如,1988 年的《联合国禁毒公约》加上《巴塞尔委员会的原则声明》等文件,就基本包含了对洗钱犯罪的上述五方面的所有标准。但在多数情况下,这五个方

　＊　原载于《金融犯罪与金融刑法新论》,山东大学出版社 2006 年版。
　①　参见《辞海》(缩印本),上海辞书出版社 1999 年版,第 1547 页。

面的标准是分散的,主要分散在有关国际组织的文件或者各国国内法律的规定中,对这些犯罪实际上并没有专门的国际公约或协定加以规范,比如信用卡犯罪、保险犯罪等。

（一）预防标准

预防标准主要包含在两类规范性文件中:一类是以国际公约、国际协议为代表的国际性规范文件;另一类是各主权国家主要是发达国家的法律。

由于金融监管的主要目标之一就是预防各种类型的金融犯罪,所以,有关金融监管的国际公约(多边或双边协议)和各主权国家主要是发达国家关于金融监管的法律法规就成了预防金融犯罪标准的集大成者。比如,美国的证券监管法律就成了全世界各国预防证券犯罪的标准样本,巴塞尔委员会 1997 年的《有效银行监管的核心原则》(Core Principles for Effective Banking Supervision)成了预防银行犯罪的基本标准。由于这些规范性文件往往是呈现出行业性或专业性的特点,从而让相应的各种预防标准也带上了行业性或专业性的特征。比如,国际证券委员会组织(IOSCO)1994 年东京会议通过的《关于承诺高标准和相互合作与帮助的基本原则的决议》、联合国1995 年通过并于 2000 年 1 月 10 日生效的《独立担保和备用信用证公约》(United Nations Convention on Independent Guarantees and Stand-by Letter of Credit)、国际联盟 1930 年于日内瓦订立的《汇票和本票统一法公约》和 1931 年订立的《支票统一法公约》(该两公约于 1934 年生效)、联合国国际贸易法委员会 1982 年和 1987 年提出的《国际流通票据公约》(草案)(包括《国际汇票与国际本票公约草案》和《国际支票公约草案》),国际商会 1979 年实施的《托收统一规则》,等等。发达国家的国家金融管制法律,往往以美国和欧盟国家的为主。

1. 预防银行犯罪(包括洗钱犯罪、存贷款方面的犯罪等)的标准

包括业务准入标准、资本充足标准、对关联贷款的限制标准、允许开展的业务范围标准、资产的分类标准、准备金状况标准、外部审计标准、强制监督检查权标准、破产处理机制标准,以及验证客户身份、保持记录和报告可疑交易的标准,等等。这些标准与预防银行犯罪都有直接或间接的关系。

2. 预防证券犯罪的标准

包括证券信息公开和交易公开标准,强化发行人对披露信息的准确性和真实性责任的标准,证券业与信托业、银行业分业经营和分业管理的标准(近年来又出现了变分业经营为混业经营的现象),审计业务的独立性标准,市场准入标准,允许开展的业务范围的标准,发行标准和上市标准,一线监管标准,资本充足标准,等等。

3. 预防票据犯罪(本票、支票、汇票)的标准

包括建立和落实印、押、证分管制度标准,票据复核制度标准,内控机制标准,等等。

4. 预防信用卡犯罪的标准

包括对信用卡申领人的资信审查标准、透支管理标准、催促客户及时还款和控制

客户透支标准、授权授信标准、对持卡人用卡行为的监督标准、对恶意透支者的处罚标准、与本地司法当局合作协议的标准文本,等等。

5. 预防信用证犯罪的标准

包括资信调查标准,"软条款"识别标准,对合同以及信用证、保函上的支付条款的识别标准,对随附单证的识别标准,银行内部的稽核标准,等等。

6. 预防保险诈骗犯罪的标准

包括风险勘查和评估标准,承包规程标准,保单设计标准,理赔规程标准,协防体系标准,信息收集、交流、处理标准,等等。

(二) 犯罪的认定和处罚标准

金融犯罪的认定和处罚标准主要规定在各国刑法中,个别具体犯罪的标准,比如洗钱犯罪的犯罪构成要件在国际公约(1988 年《联合国禁毒公约》第 3 条)中已有体现。可以说,时至今日,各种主要的金融犯罪,如洗钱犯罪、信用卡信用证犯罪、保险诈骗犯罪、证券犯罪、伪造变造货币犯罪等,各国刑法规定的构成要件基本是一致的或渐趋一致,在某些细节上也不容疏漏。例如,1997 年的《中华人民共和国刑法》(以下简称《刑法》)中并无"盗用信用卡资料罪",但 2005 年的《中华人民共和国刑法修正案(五)》[以下简称《刑法修正案(五)》]已经把这种行为列入,可见金融犯罪构成要件的共同性特征比较突出。

(三) 国际合作标准

国际合作的内容:①引渡;②被判刑人的移管;③司法协助;④刑事诉讼的移交;⑤执法合作;⑥联合侦查;⑦特殊的侦查手段。[①] 以上七项内容的每一条,都规定有具体标准。

(四) 资产的追回或追缴标准

包括预防和监测犯罪所得的转移,直接追回财产的措施,国际合作追回资产的机制,没收事宜的国际合作、特别合作,资产的返还和处分,设立和运用金融情报机构,等等。

(五) 履约监督标准

包括公约的实施机制,公约的履约监督标准,公约缔约国会议的常设机构的职责标准。由于《联合国禁毒公约》(1988 年)、《联合国反腐败公约》(2003 年)、《联合国打击跨国有组织犯罪公约》(2000 年)等,都对金融犯罪惩治规制有所规定,所以,这里有一个公约的实施机制问题。

联合国、各国际组织和相关国家通过的公约、多边或双边协议和相关国家的国内

---

① 详见 2003 年 10 月 31 日《联合国反腐败公约》第 43 条至第 50 条。

法,发布和体现了一系列的标准和准则,以规范和指导各国预防和惩治金融犯罪和相应的国际合作活动。这些标准和准则通常起源于发达国家(比如打击洗钱犯罪就起源于美国和欧盟),然后向中等发达国家和发展中国家扩散,逐渐为绝大多数国家所接受。除了官方或准官方的组织和机构外,民间的、私营的组织也可以成为标准或准则的提供者,例如,国际商会、国际会计师或审计师组织等。标准的制定者往往着眼于最低标准和最佳效果的结合,因为只有有一个被广泛接受的最低标准,即既能为发达国家接受,也能为广大发展中国家接受的标准,才能发挥各国的执法积极性,从而产生最佳或较佳的效果。此外,应当允许各国可以选择不同的方式和路径来达到标准的要求,这就是选择性的适应。强求一律反而会适得其反,因为只有在制度环境已经达到某一水平时,采用一定的标准或准则才能发挥积极的作用,从而增加社会的总体福利;而只有切实采取措施鼓励相关国家、组织和个人采用这些标准或准则,才能有助于制度环境发展到某一水平,甚至更高一级的水平。这就是相辅相成的关系。在低收入的发展中国家推行某种标准或准则尤为困难。因为在这些国家中,市场机制的建设仍不完善,制度环境缺乏,强行推行这些标准和准则反而会破坏原有的经济交易基础且又无助于建立一个有效的新基础。例如,很多国家都参加了国际证券委员会组织(IOSCO),也在国内刑法中引入了禁止内幕交易和操纵证券市场的规定,但长期以来根本就不执行,多年来从未有过一起实际案例。①

联合国、各类金融监管国际组织和各国政府通过公约、协议和国内法律所发布和体现的惩治金融犯罪的标准和准则,涉及五大方面和许许多多具体罪名,多达一百项以上,这些都已为签约国、多边机构和相关组织所接受。但对一个国家来讲,实施这一百多项标准的紧迫程度可能是有所不同的。因此,必须学会如何合理决策有效配置自己有限的资源,去满足某一项最紧迫的具体标准。比如,证券发行人的会计、审计和财务报告必须采用国际标准,才能对国内外公开发行股票或债券,违反这些国际标准对外发布信息,就构成刑事犯罪,必须受到惩处。这就要求我们必须在一段时间内集中培训相关人员并引进国外著名的会计师来编制财务会计报表,才能达到该项国际标准。当然,一项标准的有效实施离不开必要的制度支持,资本监管标准离开有效的会计及审计规则,将无法发挥作用,法律标准在一个不能推行法治的司法体系中将一事无成。如果违反国际标准提供虚假财务会计报告的人可以不承担法律后果,那么这种标准就无法引导人们的行动,也无法维护正常的金融秩序。建立这套制度并使其正常运行也是需要耗费资源的。

总之,国际社会已经提供的标准是具有普遍性的,实际上应该提供的是一个宽泛的各国都可以接受的最低标准;同时,它允许各国政府能自主选择具体的实施方式。为此,这些标准不宜过于明确和过于具体。

---

① 全球103个拥有证券交易所的国家中,截至1999年,已有87个国家立法禁止内幕交易,但其中只有30多个国家发生过实际案例,其余50多个国家根本没有处理过内幕交易(转引自朱从玖主编:《投资者保护》,复旦大学出版社2002年版,第185—186页。)

二、国际合作机制

惩治金融犯罪的国际合作机制已经初步形成。惩治普通跨国、跨地区的刑事犯罪的国际合作通常是通过各国签订双边的国际刑事司法合作协议或引渡协议来解决的。[①] 当然,也有一些国际性的组织和机构在发挥作用,比如国际刑警组织等。但惩治金融犯罪的国际合作机制比普通刑事犯罪要强得多,具体表现为:

(一) 国际专业组织惩治金融犯罪

建立了专门的组织或对某些国际组织扩充了专门的惩治金融犯罪功能。

1. 建立了金融行动特别工作组(FATF)

根据 1989 年 7 月美国、法国、英国、日本、德国、意大利等七国首脑巴黎峰会所发表的共同宣言,建立了金融行动特别工作组(FATF)。这是一个专门致力于控制洗钱的国际组织。该组织的任务是"评估在防止利用银行和金融系统洗钱方面已有的合作成果,考虑在该领域内其他的预防措施,包括改进法律和规章制度以加强多边司法协助"。[②]

现在其成员包括 26 个国家和地区[③],还有 2 个国际组织[④]和 3 个观察员。[⑤] 该工作组在全球有 6 个区域性小组,即加勒比海金融行动小组、中东欧金融行动小组、亚太金融行动小组、东南非金融行动小组、中西非和南美金融行动小组等。

该工作组发挥了以下主要作用:

(1)提出了《反洗钱的四十条建议》和《打击恐怖融资的八条特别建议》。

(2)对成员国进行评估。各成员国明确承诺接受多边监督和执行相互评审的纪律。[⑥]

(3)跟踪和考查洗钱方法和技术的发展,研究应对措施。

(4)提供反洗钱的国际合作。这主要从两个方面入手:一是促进非工作组成员国采纳《反洗钱的四十条建议》;二是促进反洗钱的各种国际组织和有关国家和地区的合作。

---

① 参见对国家合作的以下八个方面的主要内容,联合国有关公约和法律范本有明确规定:(1)引渡;(2)被判刑人的移管;(3)司法协助;(4)刑事诉讼的移交;(5)执法合作;(6)联合侦查;(7)特殊的侦查手段;(8)资产的追回或追缴。这些公约和范本主要有《联合国禁毒公约》(1988)、《联合国禁止向恐怖主义提供资助的国家公约》(1999)、《联合国打击跨国有组织犯罪公约》(2000)、《联合国反腐败公约》(2003)、《联合国与犯罪收益有关的洗钱、没收和国际合作示范法》(1999)、《联合国刑事事件互助示范条约》(1990)、《联合国关于犯罪收益的刑事事件互助示范条约的任择议定书》(1990)、《联合国刑事事件转移诉讼示范条约》(1990),等等。
② 1989 年 7 月 16 日七国集团《经济宣言》。
③ 澳大利亚、奥地利、比利时、加拿大、丹麦、芬兰、法国、德国、希腊、葡萄牙、新加坡、西班牙、瑞典、瑞士、土耳其、英国、美国等。
④ 欧委会和海湾合作理事会。
⑤ 巴西、墨西哥、阿根廷。
⑥ 澳大利亚、奥地利、比利时、加拿大、丹麦、芬兰、法国、德国、希腊、葡萄牙、新加坡、西班牙、瑞典、瑞士、土耳其、英国、美国等。

（5）公布不合作的国家和地区名单。为了推动反洗钱斗争,工作组还公布了不合作的国家和地区名单(NCCT)。[①]

2. 建立艾格蒙特小组

该小组成立于1995年,是一些国家的金融情报机构开展相互合作的一个非正式的组织。其宗旨包括扩大金融情报的交流规模和使其系统化,改进有关专门技术,提高金融情报中心工作人员的能力,利用现代高科技手段,加强机构之间的联络。[②]

3. 对某些国际组织和机构扩充了惩治金融犯罪功能

（1）巴塞尔银行监管委员会。该委员会于1975年成立于瑞士巴塞尔,由美国、英国等十国集团成员国的中央银行和监管当局的代表组成,其主要职责是交流金融监管信息,制定银行监管条例,加强各国监管当局的国际合作与协调,维护全球银行体系的稳健运行。1988年12月,巴塞尔委员会通过了《关于防止犯罪分子利用银行系统洗钱的原则声明》;2001年,该委员会又发布了题为《银行客户尽职调查》的咨询文件,对银行监管当局和银行业提出了更加具体的对客户进行尽职调查的要求。

（2）国际刑警组织。该组织的前身是国际刑警委员会,正式成立于1923年,1946年重建,1956年更名为国际刑警组织,总部设在法国里昂。中国于1984年正式成为该组织成员。组织机构包括成员国全体大会、执行委员会、秘书处和各国中心局。国际刑警组织从1985年开始就把反洗钱作为一项重要任务,建立了专门机构即犯罪资金调查组,专门负责各国打击洗钱活动的情报和协调工作,不断向各成员国通报洗钱活动信息,并制定相关的反洗钱政策和决议。

（二） 区域组织惩治金融犯罪

1. 欧洲理事会及其他区域性组织的惩治金融犯罪

最早对洗钱等惩治金融犯罪问题关注和研究的区域性国际组织是欧洲理事会(该理事会成立于1949年)。它在控制跨国洗钱方面提出了许多创新建议,对国际社会反洗钱行动产生了重要影响。

1991年6月10日,欧洲共同体部长理事会通过了《关于防止利用金融系统进行洗钱的指令》(以下简称《欧洲指令》)。《欧洲指令》对洗钱犯罪的定义、成员国应禁止的洗钱行为、金融系统应承担的义务、对金融系统提供的法律保护等方面给予明确规定。

2001年10月6日,APEC财政部长在美国华盛顿召开会议,会后发表了《打击资助恐怖主义活动的行动计划》。与会各国保证合作切断恐怖分子经济命脉以打击恐怖主义。

2. 美洲国家组织的惩治金融犯罪

20世纪80年代以来,毒品犯罪和毒品洗钱日益猖獗,美洲国家组织(成立于

---

① 参见梁英武:《支付交易与反洗钱》,中国金融出版社2003年版,第54页。
② 参见郭建安等主编:《国外反洗钱法律法规汇编》,法律出版社2004年版,第806页。

1890 年）开始关注和研究毒品犯罪及洗钱的法律控制问题。1986 年，该组织在巴西里约热内卢通过了一份行动纲要，提出了一系列控制毒品犯罪和毒品洗钱的措施和建议，并首次在国际性组织的文件中使用了"洗钱"这个术语，明确把"洗钱"规定为犯罪并予以惩罚；1992 年，该组织在巴哈尔举行全体大会，通过了《关于非法毒品交易的洗钱犯罪与相关犯罪的法律规范》（也有译成《模式规则》或《示范规则》的）；1995 年 2 月，又在阿根廷召开了"关于清洗犯罪收益与工具"的美洲国家部长级高峰会议，会议要求成员国有必要将清洗严重犯罪收益的行为规定为刑事犯罪。随后，对上述文件又进行了三次修改。1999 年 6 月，在危地马拉举行的全体大会上通过了新的《关于非法毒品交易的洗钱犯罪与相关犯罪的法律规范》修订案，并更名为《关于非法毒品贩运和相关严重犯罪有关洗钱罪的法律规范》（以下简称《法律规范》）。现在，该文件成为美洲国家组织成员国具有法律效力的反洗钱规范。

美洲国家组织的《法律规范》综合性比较强，基本上概括了控制洗钱的主要对策和措施。《联合国禁毒公约》规定的措施主要集中在刑法方面。金融行动特别工作组的《反洗钱的四十条建议》主要集中在金融系统的预防对策和措施方面。欧洲理事会的《公约》主要侧重于有关控制洗钱的国际合作，规定了一系列控制洗钱的国际合作措施。欧共体的《欧洲指令》着重考虑金融系统预防洗钱的对策和措施。美洲国家组织的《法律规范》，1992 年初次通过后又历经过三次修改，1999 年通过的文本所提出的对策和措施更加完善，并具有可操作性。

3. 联合国的惩治金融犯罪

联合国公约和有关法律范本在惩治金融犯罪的实体问题和开展国际合作方面提供了重要的依据。

20 世纪 80 年代以来，联合国先后出台了数个重要的与惩治金融犯罪有关的国际性法律文件，即 1988 年的《联合国禁毒公约》（亦即 1988 年《联合国禁止非法贩运麻醉药品和精神药物公约》）、1995 年的《联合国禁毒总署反洗钱法律范本》、2000 年的《联合国打击跨国有组织犯罪公约》、1999 年《联合国禁止向恐怖主义提供资助的国际公约》、2003 年的《联合国反腐败公约》、1999 年的《联合国与犯罪收益有关的洗钱、没收和国际合作示范法》等，这些文件不但对洗钱犯罪、银行犯罪等金融犯罪的构成要件提供了范本，而且对惩治金融犯罪开展国际合作提供了系统性规范。

此外，联合国关于刑事司法合作、引渡、转移诉讼等一系列适用于普通刑事犯罪的法律范本，对金融犯罪也同样适用。这些也是在惩治金融犯罪领域开展国际合作的依据。

20 世纪 70 年代以来，严重的毒品犯罪、恐怖犯罪和有组织犯罪总是与跨国的洗钱活动等金融犯罪交织在一起。洗钱犯罪是维系毒品犯罪、恐怖犯罪和有组织犯罪的生命线，国际社会对这一点的认识越来越清楚。同时，国际社会还认识到单靠一国司法和行政机关的力量，难以有效地遏制这些犯罪的上升势头。为了有效打击这些犯罪，必须依靠国际社会大家庭的力量，依靠各国政府和司法机关之间建立的更加密切的协助关系。上述几个重要文件不仅提供了比较统一的国际反洗钱标准、政策和行动规则,同时,也提供了一个具有可操作性的国际合作机制,使各国的惩治金融犯罪行动能在比较协调的基础上实施。实践证明,联合国的参与,对遏制金融犯罪、恐怖犯罪、毒品犯罪和有组织犯罪上升的势头具有重要的积极意义,也是必不可少的。

三、我国的积极应对

我国作为联合国常任理事国之一,积极参与国际社会合作控制金融犯罪的行动,从规则、制度和机制层面采取了许多措施,取得了明显成效。

（一） 初步建立起惩治金融犯罪的法律法规体系

从规则层面看,我国已正式加入《联合国禁毒公约》(1988 年)《联合国打击跨国有组织犯罪公约》(2000 年)《联合国反腐败公约》(2003 年)《联合国制止向恐怖主义提供资助的国际公约》(1999 年)等国际公约,根据这些公约规定的义务,并参照有关国际性示范文件的精神,制定了国内打击金融犯罪的法律法规体系。

1. 法律

在法律层面上,打击金融犯罪的内容集中规定在《刑法》中。1997 年修订后的《刑法》分则第三章在第四节规定了破坏金融管理秩序罪,在第五节规定了金融诈骗罪,再加上其他章节的若干条文,应当说,符合本文金融犯罪概念的罪名已经有四十个左右。比如,第 191 条的洗钱犯罪(又经 1999 年《刑法修正案》修正)、第 193 条的贷款诈骗罪、第 194 条的金融票据诈骗罪、第 195 条的信用证诈骗罪、第 196 条的信用卡诈骗罪、第 180 条的证券期货内幕交易犯罪、第 182 条的操纵证券期货交易价格罪,等等。这些犯罪无论从罪名的设置,还是从犯罪构成要件的主要内容看,都是符合相关国际条约或国际示范文件的要求(或者是标准)的,也和主要发达国家的国内法律比较一致或接近。

在实行金融监管、预防金融犯罪方面,我国已正式颁布实施了《中华人民共和国人民银行法》《中华人民共和国商业银行法》《中华人民共和国银行业监督管理法》《中华人民共和国证券法》《中华人民共和国信托法》《中华人民共和国保险法》《中华人民共和国票据法》《中华人民共和国公司法》等,初步建立起预防金融犯罪的法律体系。

在我国,最高人民法院和最高人民检察院具有司法解释权,而司法解释通常也是法律的渊源之一。最高人民法院和最高人民检察院对刑法有关金融犯罪条款在司法实践中的应用作出了大量的司法解释,其中比较重要的最高人民检察院、公安部《关于经济犯罪案件追诉标准的规定》(2001 年 4 月),最高人民法院《关于审理单位犯罪案件具体应用法律有关问题的解释》(1999 年 6 月),最高人民法院关于印发《全国法院审理金融犯罪案件工作座谈会纪要的通知》(2001 年 1 月),等等。

2. 行政法规

在行政法规层面上,主要是预防金融犯罪、加强金融监管方面的规范,比如,《个人存款账户实名制规定》(国务院 2000 年 3 月颁布)、《金融违法行为处罚办法》(国务院 1999 年 2 月发布实施)等十多件。

3. 规章

规章是国务院各部、委员会、中国人民银行、审计署和具有行政管理职能的直属机构发布的。在金融监管领域,规章通常由中国人民银行、证监会、银监会、保监会、财政部等机构发布实施。在规章层面上,国务院所属的金融监管部门或机构发布了大量的部门规章,涉及反洗钱、存贷款、信用卡、信用证、证券期货、外汇管理、金融票证、保险等各个方面,数以百计,难以一一列举。比如,在反洗钱领域,2003 年 1 月,中国人民银行作为中国的中央银行颁布了三部反洗钱规章,即《金融机构反洗钱规定》《人民币大额和可疑支付交易报告管理办法》和《金融机构大额和可疑外汇资金交易报告管理办法》(以下简称"一个规定,两个办法")。在此以前,我国政府主管机关已经颁布了一些与反洗钱相关的规章,主要有 1997 年 8 月中国人民银行发布的《关于大额现金支付管理的通知》,等等。这些规范性的文件主要从以下几个方面采取措施防范金融犯罪:①对大额现金交易制定预防性规范;②对外汇现钞交易、携带与汇款出入境进行预防性规范;③大额支付交易的报告制度;④账户管理制度;⑤支付工具管理制度;⑤内部控制制度;等等。这些规范性文件的运作实践为 2003 年中国人民银行实行"一个规定,两个办法"奠定了良好的基础。

(二) 构建惩治金融犯罪的运作机制和基础

目前,我国已经初步建立起由中国人民银行、银监会、证监会、保监会、国家外汇管理局、财政部、公安部、检察院、法院等国家机关或监管机构组成的惩治金融犯罪的运作框架和机制。

在反洗钱领域,2001 年 9 月,中国人民银行成立反洗钱工作领导小组,统一领导、部署我国银行业的反洗钱工作。2003 年 9 月,中央机构编制委员会办公室《关于中国人民银行主要职责内设机构和人员编制调整意见的通知》,将人民银行原来的保卫局经增加反洗钱职能后改成反洗钱局。原由公安部承担的组织协调国家反洗钱工作的职责,转由中国人民银行承担(2003 年 9 月 29 日,央行发言人对外宣布保卫局改名为反洗钱局)。国家外汇管理局负责制定大额、可疑外汇资金交易报告标准和制度,并对大额、可疑外汇资金交易报告工作进行监督管理。各商业银行目前也相继成立了专门的反洗钱机构,负责报告大额、可疑的外汇资金交易。2002 年 4 月,公安部经济犯罪侦察局洗钱犯罪侦察处成立,负责对银行系统及外汇局上报的涉嫌犯罪的洗钱行为进行侦查。由于各相关部门认真履行职责并相互配合,各金融机构近年来在业务活动中,发现了一些涉嫌洗钱与洗钱犯罪的重要线索,并及时采取了堵截、控制并向公安、司法机关报告等措施,为打击逃套外汇走私、骗税、贩毒、洗钱等犯罪活动,发挥了重要作用。

在惩治证券、期货犯罪领域,我国目前采取集中管理型,即以政府监管为主、自律管理和自我管理为辅的三结合的模式。广义的证券、期货监管可以包括以下几个方面:①中国证监会是证券、期货监督管理的执行机构和牵头单位;②中国人民银行、银监会、财政部、国有资产管理委员会和司法部等国家机关对有关证券服务机构和中介机构,如涉及银行账户保证金存款的商业银行,涉及证券业务的会计师事务所、审计事务所、律师事务所和资产评估机构等进行管理;③中国人民银行和国家发改委是发行企业债券的审批机关;④公安、检察、法院等机关是对证券、期货犯罪追究刑事责任的执法机关;⑤法院是证券、期货民事赔偿诉讼的受理机关和审判机关。

在惩治信用证、信用卡犯罪领域,被害人往往面广量大,一般情况下,被害人总是先向公安机关报案,由于信用证、信用卡都涉及银行及其网络,因此,银行和公安之间的协作和配合就很重要,要注意发挥相关组织的作用,比如国际维萨卡(VISA)组织等等,加强信息交流和沟通。

在惩治保险犯罪、票据犯罪、银行存贷款犯罪方面,都已经建立起由公安部和相应的政府职能机关相互配合、相互协助的运作机制,有效地开展预防和惩罚金融犯罪的工作。

(三) 认真开展惩治金融犯罪的国际合作

我国政府认真参与惩治金融犯罪的国际合作,除已经参加《联合国禁毒公约》《联合国打击跨国有组织犯罪公约》《联合国反腐败公约》等重要国际公约外,还参加了国际证监会组织(IOSCO)[①],并在参加金融行动特别工作组、亚太地区反洗钱小组等反洗钱国际组织方面取得了一定进展。[②]

从 2001 年到 2002 年年底,我国有关部门协助外国警方调查涉及洗钱犯罪的线索70 多起,涉及 17 个国家和地区。[③]

美国"9·11"事件后,根据联合国 1373 号决议和美国政府的请求,为配合打击恐怖主义和制止为恐怖主义组织融资,中国人民银行先后向全国银行系统转发了多批涉嫌恐怖组织和个人的银行资金账户名单,要求对其密切关注,认真核查,并将情况及时通报联合国和美方。这些负责任的行动,受到国际反恐怖和反洗钱组织的赞扬。[④]

我国还与几十个国家签署了 70 多个有关警务合作、打击犯罪等方面的合作协议、谅解备忘录和纪要,与 20 多个国家签订了引渡协议。自 1998 年国家成立打击经济犯罪的专门机构——公安部经济犯罪侦查局以来,到 2004 年上半年为止,已成功地从境外缉捕逃犯 230 多人,约占逃犯总数的 1/3,涉及欧洲、北美、南美、大洋洲、东南亚、俄罗斯等 30 多个国家和地区,其中既有妄图逃避法律制裁的贪污腐败分子,也有走私犯、毒品犯罪涉嫌洗钱的犯罪分子。[⑤]

此外,从加强全球金融监管合作的角度讲,我国已经参加了国际货币基金组织、亚洲开发银行、世界银行、非洲开发银行、国际清算银行等 8 个国际性的金融组织和

---

① 参见周正庆主编:《证券知识读本》,中国金融出版社 1998 年版,第 46 页。中国证监会在 1995 年的巴黎年会上正式加入 IOSCO,成为其正式成员。

② 参见梁英武:《支付交易与反洗钱》,中国金融出版社 2003 年版,第 133 页。

③ 参见 2002 年 12 月 8 日《金融时报》。

④ 参见梁英武:《支付交易与反洗钱》,中国金融出版社 2003 年版,第 133 页。

⑤ 参见沈路涛等:《跨越疆界的较量》,载《解放日报》2004 年 5 月 11 日。

会议,在不同层次、不同程度、不同领域内,进行金融政策和监管问题的对话和讨论。我国作为各种组织的成员国,发挥了积极作用。另外,从双边关系看,近年来,我国先后与英国、日本、新加坡、美国、韩国、泰国等国家的金融监管当局(包括银行监管、证券监管、保险监管等)建立了正式或非正式的双边磋商和联系制度。我国金融监管机构与外国金融监管当局合作交流的范围在不断扩大,信息交流和共享日渐频繁。这对预防、打击犯罪产生深刻影响。[1]

(四) 进一步完善我国刑事立法

1. 关于完善若干金融犯罪的构成要件的问题

这里主要是指洗钱罪和信用卡诈骗罪。

(1)关于洗钱犯罪。我国刑法中的洗钱犯罪的上游犯罪是否需要从目前的四种进一步扩大?扩大到多少种为宜?这里有三种不同的观点:第一种观点认为,应当将洗钱犯罪的上游犯罪扩大到所有产生犯罪所得的罪行;第二种观点认为,应当将洗钱犯罪的上游犯罪从现有的四种(毒品犯罪、黑社会性质的组织犯罪、走私犯罪、恐怖犯罪)扩大到包括贪污贿赂、挪用资金、挪用公款、金融诈骗和出口骗税骗汇等犯罪;第三种观点认为,洗钱犯罪的上游犯罪可以维持目前的四种不变。笔者赞成第二种观点。从目前情况看,扩大上游犯罪的范围,但不扩大到所有财产性犯罪似乎成了通说,这就需要完善刑事立法,修订洗钱犯罪的构成要件。

(2)关于信用卡诈骗罪。近年来,跨国跨境信用卡犯罪明显增多,并有向我国转移的趋势。2003年我国破获的韩国信用卡诈骗案,涉及数千张卡,涉案金额高达3 000多万元。[2] 这些犯罪分子,有的窃取、收买或者非法提供他人信用卡磁条信息;有的非法持有、运输、伪造的信用卡;有的使用虚假的身份证明骗领信用卡……而这些行为在现有的由《刑法》规定的信用卡犯罪条文中却没有规定。因此,需要针对信用卡犯罪的各个环节的特点,细化犯罪构成要件,完善现有的刑事立法。过去,我们注意了从大的框架结构方面使我国的信用卡犯罪符合国际标准;现在更感觉到从细节方面、从各个环节上都要符合国际标准的重要性。在2004年年底举行的全国人大常委会第十二次会议上,《刑法修正案(五)》草案首次提请审议时,上述内容已经包含在该草案中。

2. 对金融犯罪应引进资格刑并加强处罚力度

比如,我国《刑法》第191条规定对洗钱犯罪最重处10年有期徒刑。而反观当今各国,美国是20年监禁、英国是14年有期徒刑、瑞士也是20年监禁。相比之下,我国的处罚显得比较轻,因此,应加重刑罚力度,建议加重为10年以上有期徒刑或无期徒刑。

此外,由于金融活动通常会涉及一些公司法人或专业机构,因此,赋予执法机关吊销营业执照、剥夺某些人的专业资格的权力也是很重要的。这些都应在修改《刑法》时加以补充完善。

---

[1]　参见刘凤易主编:《金融安全与法制建设》,法律出版社1999年版,第126页。

[2]　参见吴兢:《立法惩治信用卡犯罪》,载《人民日报》2004年10月28日。

3. 进一步明确规定"域外管辖权"

我国《刑法》第 7、8、9、10 条实际上已有"域外管辖权"的规定,即凡在我国领域外犯我国刑法规定之罪的,适用我国刑法,但视法定情况的不同,有的可以不追究刑事责任,有的可以不受处罚,有的可以减轻或免除处罚。目前,各国关于洗钱犯罪上游犯罪的规定五花八门、种类繁多,有的在我国刑法中并不构成犯罪,但只要洗钱行为是发生在我国领域内的,我国对该上游犯罪也应有管辖权(这是《联合国打击跨国有组织犯罪公约》第 6 条第 2 款 c 项的要求)。这一点,在我国《刑法》修改时应有所体现。

4. 将属地原则和保护国家法益原则明确规定为第一级次的管辖原则,再补充规定代理处罚原则和代理原则

(五) 建立和完善配套的法律法规体系和行业规范

(1)建议我国像美国、日本、瑞士那样,制定专门的反洗钱法,将洗钱的预防、查处、惩治和国际合作等问题都规定进去,使之具有系统性和完备性。前两年,就有全国人大代表将制定反洗钱法作为议案提交全国人大相关部门。

(2)建议提高人民银行 2003 年颁行的"一个规定,两个办法"的立法层次。2003年年初实施的《金融机构反洗钱规定》和《人民币大额和可疑支付交易报告管理办法》《金融机构大额和可疑外汇资金交易报告管理办法》,只是人民银行颁发的部门规章,但规定的四项制度,比如"了解客户"制度、大额交易报告制度、可疑交易报告制度和保存记录制度都很重要,而且洗钱并不只是通过银行这一条渠道。因此,应当提高"一个规定,两个办法"的立法层次,扩大规范的领域,不仅要在银行系统建立制度,而且要在非银行金融机构和其他商业性机构都建立反洗钱制度。可以将"一个规定,两个办法"在近期内提高到国务院行政法规的层次。

(3)建议制定和健全防范金融犯罪的行业规则。目前,已有不少商业银行制定了一些规章制度和自律准则,以加强反洗钱工作,可在此基础上进一步形成银行业、证券业、期货业、保险业的行业性的防范金融犯罪的规范。

(六) 进一步改善国际合作的体制和机制

我国以积极的态度参与惩治金融犯罪的国际合作,并且已经取得了令人赞赏的成绩。但从目前来看,打击犯罪(包括打击金融犯罪和洗钱犯罪)的国际合作工作机制,主要还是通过双边合作(国与国之间或地区与地区之间)和国际刑警组织渠道来解决的。而且,从操作层面讲,都要通过地方公安局(或厅)报公安部相关部门,再通过公安部与对方国家警察当局或国际刑警组织联系。这样一来,往往费时费力,耽误了破案的最佳时机。因此,国家有关部门(如公安部)能否授权某些大城市的相关机构[如上海、广州的公安局(厅)]对一般的反洗钱合作案件能直接开展国际警务合作,先做后报,只有特别重大、复杂案件才按程序报批。这样可以提高工作效率。

此外,在追缴犯罪所得的国际司法合作中,可以从以下几个方面进一步完善法律

制度和工作机制：①完善现行的"简易处置"程序并增加配套的法院裁决制度；②建立承认与执行外国刑事罚没裁决的司法审查制度；③在特定情况下将附带民事诉讼程序前移，在条件成熟时设立独立的财产没收程序；④变通现行的证据规则，要求有关财物的持有人或者关系人承担关于财物的合法来源或者善意享有的证明责任；⑤以互惠和务实的精神处理被追缴财物的分享问题，建议成立专门的基金组织，将分享的资金转换为开展有关国际司法合作的资源。①

（七）进一步完善惩治金融犯罪的工作机制

1. 建立和健全惩治金融犯罪的信息系统

为了加强惩治金融犯罪工作，我国外汇局已经设计和开发了大额和可疑外汇资金交易信息系统，实现了大额和可疑外汇资金交易的电子化采集。在我国外汇领域，目前已初步形成了银行、外汇局和公安等执法部门三位一体的反洗钱工作机制。2003年3至10月，外汇局共收到全国各外汇指定银行报送的大额和可疑外汇资金交易信息202.13万笔，金额4 900.35亿美元。外汇局配合公安部门，捣毁了一批有组织的"地下钱庄"和外汇黑窝点，涉案金额达数亿元人民币。②除外汇领域外，在人民币可疑和大额资金交易信息方面，我们也建立和健全了报告、采集和保存制度。

2. 形成相互配合、相互协调的整体合力

人民银行根据"三定方案"，从上到下都建立起反洗钱和防范金融犯罪的组织机构。金融机构是洗钱活动的主要通道，反洗钱的工作重点要放在银行、证券、保险等金融机构展开，这是遏制洗钱和金融犯罪活动的主要关口。但在反洗钱和防范金融犯罪的实际操作中，还涉及海关、外贸、工商、税务、公安、司法等多个部门。打击洗钱和防范金融犯罪也是综合性的联合行动，需要各方配合，协同作战，形成多层次、全方位的有效工作机制。洗钱和金融犯罪活动又是一种过程犯罪。这一过程延伸到哪里就要追查到哪里，漏掉一个环节对侦破整个案件都可能造成前功尽弃。

3. 强化并加快业务培训

反洗钱和防范金融犯罪对我国来讲是一项新业务，强化并加快业务培训成为当务之急。首先，要加紧对反洗钱和防范金融犯罪工作人员的培训，提高他们的业务操作能力，以胜任目前的任务。其次，人民银行总行反洗钱局应牵头编写教材，培训骨干教员，采用多种灵活多样的培训方式，来达到事半功倍的效果。

总之，可从以下几个方面考虑完善工作机制：①法律法规的操作机制；②明确各部门、各级别各负其责的职能机制；③健全金融系统各组织机构的岗位职责机制；④建立健全信息采集和分析机制；⑤形成不同机构不同部门的配合协调机制；⑥构建针对违规操作的及时发现和处罚机制。

---

① 参见黄风：《关于追缴犯罪所得的国际司法合作若干问题研究》，载《2002年国际刑法问题研究》，中国方正出版社2002年版，第191—193页。

② 参见"国家外汇局局长郭树清的发言"，载《民主与法制时报》2004年3月9日。

近期证券市场的主要涉罪问题*

从近年来证券市场犯罪的司法实践看,其新形态大体有以下几种情况:以委托理财形式出现的非法吸收公众存款罪、集资诈骗罪或操纵证券交易价格罪;以代理非上市公司股权并引诱交易形式出现的非法经营罪或职务侵占等犯罪;违规披露重要信息和操纵证券市场;背信运用受托财产罪;围绕银行存贷款业务而实施的各种犯罪;等等。

由于上述各种犯罪往往案情复杂,涉案人员多,持续时间长,资金流向曲折,被害人有时涉及群体,案值和违法金额巨大,所以,罪与非罪、此罪与彼罪界限的认定比较困难。本文仅就实践中已经碰到过的问题作一些概括性的论述,以求教于同行。

一、打着委托理财旗号的犯罪

"委托理财"并不是一个严格意义上的法律概念,而是证券金融行业的一个习惯用语。① "委托理财"通常是一个民事法律关系上的用语,泛指委托人将自己拥有所有权或处分权的财产(动产或不动产;现金、证券或其他金融资产)委托给受托人,由受托人进行投资管理的活动。近年来,在我国大量出现的"委托理财"仅仅指金融市场上的理财行为②,通常不包括其他实物商品或房地产理财行为,例如,商品质押物管理、房地产租赁管理,等等。

从目前已发生的案件看,"委托理财"涉及刑事犯罪的,往往与非法吸收公众存款、操纵市场和内幕交易等金融犯罪联系在一起。例如,上海友联管理研究中心有限公司和唐万新等人指使和操纵金新信托、德恒证券、恒信证券、中富证券、大江国投等单位,采取承诺保底和固定收益率等方式,签订大量的委托理财、国债委托理财、资产管理合同,向社会不特定对象(包括上市公司、自然人或其他机构),变相吸收公众存款人民币 437. 427 亿余元,其中未兑付资金金额为人民币 167. 052 亿余元,数额特别巨大,已构成非法吸收公众存款罪。此外,新疆德隆(集团)有限公司和唐万新等人集中资金优势、持股优势,以自己为交易对象,以自买自卖等手段长期操纵股票交易价

---

* 原载于《法学》2007 年第 6 期。

① 中国证监会于 2004 年 2 月 1 日起施行的《证券公司客户资产管理业务试行办法》未提"委托理财",只提"客户资产管理业务"。

② 我国目前金融市场上的理财行为,主要有几类:一是基金管理公司所从事的委托资产管理业务;二是证券公司所从事的客户资产管理业务;三是信托投资公司所从事的资金信托管理业务。此外,期货管理公司、企业财务公司、资产管理公司等也会涉及"理财业务"。

格,严重扰乱了证券市场交易秩序,其行为均已构成操纵证券交易价格罪。①

这类案件往往有以下特点:

(1)从接受"委托理财"的主体看,有证券公司、投资管理公司、信托投资公司、保险公司和私募基金(有时也以公司名义出现)。从法律上讲,这些机构都没有资格向社会不特定对象吸收存款,但它们却打着"委托理财"的旗号,实际上干着非法吸收公众存款的行动,即出具凭证,承诺在一定期限内还本付息或给以保底收益。其中以私募基金较为常见,它们往往连"委托理财"的资质也没有(综合类证券公司经过有权机关批准才有理财资质),一旦产生了亏损,又不积极采取措施,私募基金就容易成为案件被告。证券公司(券商)也很容易成为被告:通常因"委托理财"产生巨额亏损,证券公司营业部操盘人逃跑或失踪而案发。当事人(原告)往往愿意按民事案件处理,要求追回财产损失;如果按刑事案件处理,就有可能追不回财产。按法律规定,券商即使具备"理财"资质,也不得从事非法吸收公众存款业务。但正规基金因委托理财成为被告的就很少见。因为,一方面购买基金合同中本身就没有保底条款,不存在违法犯罪的前提;另一方面,国家对证券投资基金有严格的法律监管和信息披露制度,从客观上防止了其成为民事、刑事案件的被告。

(2)从委托人的身份看,大多数是自然人和上市公司,当然也包括其他机构,如非上市企业或事业单位等。这些主体难以抵挡高额回报的诱惑,就把大笔财产,甚至一生的积蓄送到这些非法机构的手中。德隆旗下的德恒证券,从2002年年底到2004年7月间,以开展委托理财和资产管理业务为名,以承诺保底和固定收益率的方式(一般是年利12%~15%),向413家单位和772名个人变相吸收资金208亿元,至案发,尚有68亿元客户资金未兑付。②

(3)从委托理财的手法看,主要采取以下三种形式:一是国债委托理财;二是委托理财;三是三方监管协议,即委托理财合同由三方主体(委托方、受托方和监管方)共同签订,一般由证券公司(券商)充当监管方,出资人充当委托方,投资管理公司或投资顾问公司充当受托方。三种形式的共同点是对客户承诺保底收益,一般是年利12%~15%,有时高达22%。一般情况下还采取子母合同形式,即与客户签订的合同分为正式合同和补充协议两份。在正式合同中不体现任何承诺保底收益的文字,以规避监管。另在补充协议中写明承诺保底收益。

(4)从合同的名称看,也是五花八门,各不相同。有委托理财、资产管理、委托投资、合作投资、受托资产管理、信息咨询服务协议、国债托管协议,等等。

从涉罪法律关系看,主要有以下问题值得研究:

1. 受托理财人的主体资格问题

受托人是否具有从事资产管理业务的资格,对刑事和民事法律关系的认定有极大关系。从刑事法律关系看,重庆市中级人民法院认定德恒证券有罪;武汉市中级人

---

① 参见武汉市中级人民法院刑事判决书(2006)武刑初字第37号。

② 参见林华薇:《德隆案庭审纪实》,载《财经》2005年6月13日。

民法院认定上海友联有罪,都是以德恒证券和上海友联从未取得过资产管理业务资格为重要理由的。从民事法律看,受托人是否具有从事资产管理业务的资格,直接关系到合同效力的有无问题。一般来讲,有资格的受托人与客户签订的合同应认定为有效,否则就属无效。

2. 怎样才能构成非法吸收公众存款罪

实践中,并非所有没有资格的受托人的行为都构成非法吸收公众存款罪。至于没有资格的受托人的行为在什么情况下才能构成非法吸收公众存款罪,这就要看其行为特征是否符合该种犯罪的构成要件了。从委托理财行为来看,作为金融系统推出的委托理财是以受托投资管理形式出现的,但是国务院《非法金融机构和非法金融业务活动取缔办法》(以下简称《办法》)和相关证券管理规定都明确规定,任何非金融机构不得擅自设立、从事或主要从事吸收或变相吸收公众存款的业务。存款是商业银行接受客户存入的资金,存款人可以随时或按约定支取本金和利息。商业银行是取得商业银行业务资格的金融机构。《办法》第 4 条第 2 款规定:"非法吸收公众存款,是指未经中国人民银行批准,向社会不特定对象吸收资金,出具凭证,承诺在一定期限内还本付息的活动;所称变相吸收公众存款,是指未经中国人民银行批准,不以吸收公众存款的名义,向社会不特定对象吸收资金,但承诺履行的义务与吸收公众存款性质相同的活动。"德恒证券和上海友联在未取得国家资产管理资格单项审批的情况下,以承诺固定收益和保底为诱饵,向社会不特定对象吸收资金分别至 208 亿元和437 亿元,符合国务院 1998 年颁发的《办法》第 4 条第 2 款的规定,且达到数额巨大程度,应构成《刑法》第 167 条之非法吸收公众存款罪。

3. 关于"保底条款"

所谓"保底条款",是指承诺给以保底收益或客户本金不受损失。《中华人民共和国证券投资基金法》(以下简称《证券投资基金法》)第 20 条和《中华人民共和国证券法》(以下简称《证券法》)第 143 条禁止基金管理人和证券公司以任何形式对客户(含基金份额持有人)承诺收益或者承担损失。这是法律规定的强制性条款。根据《中华人民共和国合同法》第 52 条之规定,违反法律、行政法规强制性规定的合同无效。因此,在基金和证券交易合同或委托代理合同中的"保底条款"都是无效的。此外,中国证监会颁布并于 2004 年 2 月起施行的《证券公司客户资产管理业务施行办法》第 41 条也规定,证券公司不得向客户作出保证其资产本金不受损失或者取得最低收益的承诺。可见,不管是在基金、证券还是理财业务中,我国法律及有关规定都有不得设立"保底条款"的硬性规定。在民事案件中,"保底条款"往往导致合同无效的法律后果;但在刑事案件中,"保底条款"就成了保证还本付息的明证,成为构成非法吸收公众存款罪的不可缺少的一个要件。

二、操纵证券市场和违规披露信息

随着 2006 年和 2007 年上半年的"大牛市"以及《中华人民共和国刑法修正案

（六）》（以下简称《刑法修正案（六）》）于 2006 年 6 月 29 日的公布实施,操纵证券市场和违规披露信息行为出现了一些新情况。

（一）关于操纵证券市场

近来,有一些人突破《中华人民共和国刑法》（以下简称《刑法》）第 182 条中通谋买卖、连续买卖、自买自卖等行为框框,采取了以下一些手法操纵证券市场:一是通过以明显高于市场成交价格的申报价格进行大笔、连续交易,从而快速推高股价,造成涨停,严重影响股票市场的正常供求,扰乱市场交易秩序[①];二是不以实际成交为目的,一天中连续大量申报买入或卖出一种或几种股票,在实际成交前却撤回申报,这种手法也会对其些股票股价的涨跌形成巨大的冲击力,从而扰乱整个证券市场的秩序;三是通过不断炒作"欲说还休"或"说不清楚"的信息,操纵某公司股票价格,使其屡屡"涨停板"或"跌停板"。例如,2007 年 3 月 13 日,杭萧钢构公告披露签下 300 多亿元的安哥拉大订单,但从 2 月 12 日起股价从 4.24 元开盘后已经连续涨停,3 月 13 日公告后的第三天,竟出现了 34% 的日换手率。提前获知被走漏的信息在先,消息公开蜂拥出货在后,仅 10 来个交易日（中间隔了个春节）获利便可超过 100%。股价和信息披露配合得天衣无缝,这是纯属偶然还是有人为操纵之嫌? 2007 年 4 月 4 日,中国证监会立案稽查杭萧钢构,股价连续 2 个跌停,但随即又拉出 2 个涨停,令很多市场人士叹为观止。从 2 月到 4 月的近两个月时间里,公司几乎每隔一天都有澄清公告或其他说明公告,但最终这 300 亿元的"利好"仍悬在市场上空;期间,该股历经 11 个涨停 +2 个跌停 +2 个涨停,成为中国证券史上的一个"奇迹"。2007 年 4 月 27 日,中国证监会发出相关文件,认定杭萧钢构在"安哥拉天价订单"项目上对外信息披露违规违法,信息披露不及时、不准确、不完善;同时,经证监会调查,在杭萧钢构事件中,有人涉嫌犯罪,证监会已将相关证据和线索移送公安机关,请其依法追究刑事责任。此外,炒作信息操纵股票价格的,还可举出不少例子,例如,某家券商想借壳上市,期间,一家券商可能先后或同时与十多家有合作意向的上市公司进行洽谈。券商每与一家上市公司接洽,该公司股价就会飙升,而往往直到 10 多家上市公司全部接洽完毕,最终可能谁也没有被选中,但股价却早已飙升得让人看不懂了。[②] 以上三种操纵手法与《刑法》第 182 条第 1 款之第（一）至（三）项所列举的情况不能完全吻合。

第一种操纵手法虽有连续买入的行为,但连续特征并不明显,行为人主要通过明显的高价申报,大量买入,迅速推高股价,来造成涨停;这与传统的通过波段性的连续买卖,逐步推高股价,使其达到预想的高位的手法有所不同。

第二种操纵手法甚为奇特,行为人不以实际成交为目的,一天中连续大量申报买入或卖出一只或几只股票,但在实际成交前却撤回申报,而这时股价已经大受影响,甚至已对市场秩序造成冲击。有人认为,由于在实际成交前撤回申报是交易规则所

[①] 参见许超声:《打击非法违规交易决不手软》,载《新民晚报》2007 年 4 月 20 日。

[②] 参见蒋娅娅:《说清 300 亿元就这么难》,载《解放日报》2007 年 4 月 13 日;徐建华等:《识牛市"妖股"》,载《扬子晚报》,2007 年 4 月 11 日。

允许的,因此,就事论事而言,很难认定这种行为属于违法。①

第三种手法更加怪异,行为人不断打擦边球。你说我违规披露信息,我说自己没有:我一有信息就披露,几乎隔天披露,即使受到证监会查处,我也及时披露已被调查的信息,我还不断向投资者提示风险。但不管怎么披露,怎么提示风险,股价还是要涨,我有什么办法!《刑法》第181条之罪要求制造并传播证券交易虚假信息,而"签下300亿元合同大订单"不是虚假信息,只要签下该合同就行了,至于今后是部分履行还是全部履行甚至不履行,那就是另外一回事了。因此,第三种手法与《刑法》第181条之罪不相符合。总之,前述三种手法都属于新情况,在法律适用上产生了一些不同意见。笔者认为,这三种手法都有严重的社会危害性,也对金融管理秩序造成了大的冲击和扰乱。从"罪刑法定"原则出发,实际上有相应的《刑法》条款可以应对:《刑法》第182条第1款第(4)项规定"以其他方法操纵证券、期货市场的"。笔者认为,这三种手法都可以归入"其他操纵方法",从而认定行为人犯有操纵证券市场罪。②这是因为:①经过《刑法修正案(六)》第11条的修订,操纵证券市场罪目前不以"获取不正当利益或者转嫁风险"为要件,不管这是主观目的还是客观后果,刑法都不要求。②这三种行为的行为人在主观上都有故意,即知道自己行为会引起扰乱证券市场管理秩序的后果(即股价大起大落),却仍然这样做。③这三种行为与操纵证券市场的前三种情况相类似,即制造交易活跃的表象,吸引其他股民和机构盲目跟进,迅速拉升或杀跌股价,所以可归入"以其他方法操纵证券、期货市场"。

对上述三种情况,虽然从构成要件上讲可以适用刑法,但因《刑法》第182条规定有"情节严重"这一要件,所以,仍有一些前置因素需要考虑:例如,在行政稽查或处理的相关阶段和程序上,行为人是否及时纠正自己的错误,认识态度的好坏也有极大关系。按照法律、行政法规、部门规章和交易规则的规定,证券监管机关和一线监管机关可以对行为人的账户采取限制交易、暂停交易、警告等措施,如果行为人一意孤行、不听劝告和警告,屡教不改,或屡纠屡犯,这样,就应对其采用最严厉的刑罚手段。

(二) 关于违规披露信息

《刑法修正案(六)》第5条新增了违规披露信息罪,并对原《刑法》第161条提供虚假财会报告罪的行为主体予以扩大。但在实施中,也有以下问题值得探讨。

1. 定罪界限问题

最高人民检察院、公安部于2001年发布的《关于经济犯罪案件追诉标准的规定》(以下简称《追诉标准》)第5条规定,实施了《刑法》第161条规定之行为,涉嫌下列

---

① 我国台湾地区"证券交易法"第155条第1项第1款规定,"在集中交易市场报价,业经有人承诺接受而不实际成交或不履行交割,足以影响市场秩序者",对这种行为(违约交割),处7年以下有期徒刑、拘役或并科罚金。有人认为,由于现在大量实施电脑撮合交易,所以这种现象目前已经不存在。实际上,由于交易规则允许在未实际成交前撤单(包括基金也可以撤单),而且实务中实行二级交割[即(1)券商与交易所(中央结算公司)之间的交割;(2)券商与投资者(股民)之间的交割],所以,"违约交割"的现象还是可能发生的。借鉴我国台湾地区"证券交易法",对这种行为有刑事处罚之必要。

② 第一种操纵手法也可适用《刑法》第182条第1款第(1)项,直接以"连续买卖"(单独或合谋、利用资金优势)定操纵证券市场罪。

情形之一的,应予追诉:①造成股东或者其他人直接经济损失数额在 50 万元以上的。②致使股票被取消上市资格或者交易被迫停牌的。这里产生以下疑问:

第一,所谓"交易被迫停牌",就是根据证券交易所的决定,股票暂停交易或暂停上市。"交易被迫停牌"可能出于法定事由,如上市公司不再符合上市条件或进行违法活动等;也可能出于技术性原因,如证券交易所在监管中发现上市证券有异常交易情况,需要调查时,也可决定该证券做技术性暂停交易。这些都可视为"被迫停牌"。特别在后一种情况下,暂停交易是经常发生的,如果把这种情况都作为构成《刑法》第 161 条之罪的严重情节,那么,打击面就太宽了。因此,笔者建议,在修订《追诉标准》时,应取消"交易被迫停牌"这一句,不能将其与"情节严重"等同,否则,就混淆了刑事处罚与行政处分的界限,使罪与非罪界限不清。反过来,有时异常交易非常严重,引发证券市场激烈震荡,严重破坏金融市场管理秩序,在这种情况下,即使只有一次暂停交易(停牌),也可成为构成犯罪之前提。总之,暂停交易一次或数次本身不能成为判断情节是否严重的独立标准,应结合行为后果等情况一并考虑。

第二,50 万元的追诉标准太低。2002 年最高人民法院已就投资者因证券虚假陈述受损而提起民事赔偿之诉的问题作了专门的司法解释。按此规定,股民可就已受中国证监会立案处罚的虚假陈述案件和受法院判决构成《刑法》第 161 条之罪的案件提起民事赔偿之诉。多年来,构成虚假陈述犯罪的案件只有数起,绝大部分都是受行政处罚的案件①,且"股东和其他人的直接经济损失"都在 50 万元以上。涉案人员往往数十人、数百人乃至上千人。如果严格按《追诉标准》第 4 条的要求办,这些案件的行为人都要被追究刑事责任,那显然是打击面过大。因此,笔者建议,将 50 万元改为500 万元,甚至是 1 000 万元以上。这样才有可操作性。

2. 罪数问题

类似杭萧钢构那样的案件,究竟应构成一罪还是两罪? 如果是一罪,究竟应定哪一个罪? 是《刑法》第 182 条的操纵证券市场罪,还是《刑法》第 161 条的违规披露信息罪?

从目前媒体已经披露的材料看,中国证监会已经认定杭萧钢构违法违规披露信息;至于涉嫌犯罪并无实体上的具体内容。如果行为人只有违规违法披露信息的行为,而这种行为的确引起了证券市场的激烈震荡。对此应如何定性呢? 第一种选择:可以考虑定为《刑法》第 161 条之罪,但该罪以"严重损害股东或其他人利益,或者有其他严重情节"为前提,因为有连续 10 多个涨停板只有 2 个跌停板,大势又不断向上,所以受严重损失的人不会多。然而这种行为的确引起股市在近两个月时间里的激烈震荡,故可认定具备"其他严重情节"。总之,可以认定构成《刑法》第 161 条之罪。第二种选择:即如本文前面分析的那样,认定该行为符合《刑法》第 182 条第 1 款第(四)项之特征,构成《刑法》第 182 条之操纵证券市场罪。

---

① 据统计,中国证监会在 1994 年至 2002 年 4 月间,查处涉及虚假陈述类案件有 52 起,作出 93 件处罚决定。参见顾肖荣等:《证券期货犯罪比较研究》,法律出版社 2005 年版,第 152 页。

上述两种认定都有一定道理,但最终应定哪一个罪名呢? 如果将两者关系认定为法条竞合关系,就应适用特别法优于普通法的原则,适用《刑法》第161条的违规披露信息罪(就违规披露信息而言,第161条之罪是特别法;第182条之罪是普通法)最高刑为3年有期徒刑。

如果将两者关系认定为一行为触犯数罪名的想象竞合犯,即行为人以一个类似于杭萧钢构的行为既触犯了《刑法》第161条之罪,又触犯了《刑法》第182条之罪,这时就应择一重罪而处断之,即应认定为犯有《刑法》第182条之操纵证券市场罪(因为情节特别严重的第182条之罪最高刑为10年有期徒刑;同样的第161条之罪最高刑为3年有期徒刑,两相比较,以第182条之罪为重),最高刑为10年有期徒刑。

笔者认为,以后一种认定,即构成想象竞合关系较为适宜。这是因为如果认定为法条竞合关系,两者之间必然具有错杂规定、相互重复的关系。而第161条之罪和第182条之罪并不具备相互包容、错杂规定的典型情况。因此,这类案件宜定操纵证券市场罪。当然,如果某些案件从证据材料看,违规披露信息和操纵证券市场都可以独立成罪的,那就构成两罪,实行数罪并罚。此外,操纵证券市场往往与证券内幕交易交织在一起,因此,我们也要关注内幕交易能否独立成罪的问题。

三、"老鼠仓"与违规运用资金罪

"老鼠仓"有多种含义,在基金业,通常是指基金经理或实际控制人在运用公有资金(基金资金)拉升某只股票之前,先用个人资金(包括亲朋好友或本人)在低价位买进股票建仓。等到用公有资金将股价拉升到高位后,个人的仓位会率先卖出获利,而机构(公有)和散户的资金可能会因此而套牢。比较典型的例子是,某基金经理的情人以1元多价格买入五粮液认沽权证,不久后在11元以上全部抛出。[①] 这种行为的危害性不仅在于损人利己,即为自己或小圈子谋取利益,而让机构和散户资金套牢,而且会引起股市不正常地暴跌暴涨。[②]

对这种行为究竟如何认识,如何处理呢? 这既是一个老问题,也是一个新问题。之所以说它是老问题,是因为在本世纪初,吴敬琏等经济学家就揭露过"基金黑幕",其中也包括"老鼠仓"问题。只不过,当时操纵股市、内幕交易、非法集资、掏空上市公司资金等问题更为突出,"老鼠仓"问题不太显眼而已。现在,随着对操纵股市等问题治理力度的加大,判了不少操纵者的刑,还有不少高管成了证券市场禁入者,情况有了很大好转。在这种背景下,"老鼠仓"问题相对突出起来了。

迄今为止,"老鼠仓"问题的讨论基本集中在如何进行行政处罚、如何收集证据、如何进行事前防范上。但对其如何追究刑事责任,却鲜有提及。其实,根据《刑法修正案(六)》第12条即《刑法》第185条之一第2款违规运用资金罪的规定,对建造"老

---

① 参见徐建华等:《"老鼠仓"坏了牛市汤》,载《扬子晚报》2007年4月19日。

② 参见徐建华等:《股市一天蒸发7 000亿,疑是老鼠仓引发"血案"》,载《扬子晚报》2007年4月20日。

鼠仓"的行为人是可以追究刑事责任的。该款规定："社会保障基金管理机构、住房公积金管理机构等公众资金管理机构，以及保险公司、保险资产管理公司、证券投资基金管理公司，违反国家规定运用资金的，对其直接负责的主管人员和其他直接责任人员，依照前款的规定处罚。"①该罪的主体包括证券投资基金管理公司。基金经理是基金管理公司下属基金的负责人，属于直接负责的主管人员，符合主体要求。该罪的行为是"违反国家规定运用资金"。

这里应注意以下几个问题：

1. 关于违反国家规定

这里的违反国家规定，是指违反法律和行政法规的规定。我国法律明确规定禁止类似"老鼠仓"的行为，我国《证券投资基金法》第 20 条规定："基金管理人不得有下列行为：……（三）利用基金财产为基金份额持有人以外的第三人牟取利益……"上述例子中，基金经理的情人就属于"基金份额持有人以外的第三人"，因为她是五粮液认沽权证的持有人。基金经理除了为本基金公司管理的基金的基金份额持有人谋取利益外，不得为第三人牟利，否则就属于"违反国家规定运用资金"。

2. 关于"运用"

这里的"运用"，应包括"使用""动用""提取""动支"等含义。从字面上看，"运用"似乎也应包括"挪用"，但由于《刑法》第 185 条已对"挪用资金和挪用公款"作了专门规定，因此，本条的"运用"，似应包含除《刑法》第 185 条之外的"挪用"情况，例如某基金的主管经理将本基金的资金 30 万元借给自己的朋友，应急办理出国留学手续，2 个月后归还了。这种"挪用"行为不构成《刑法》第 185 条或《刑法》第 272 条的挪用公款罪或挪用资金罪，但仍应构成《刑法》第 185 条之一第 2 款的"违规运用资金罪"。此外，这里的"运用"，应包括各种财产处分行为和占有行为。

3. 关于"资金"

有些文章将《刑法》第 185 条之一第 2 款之罪称为"违规运用公众资金罪"。笔者认为，这种提法不妥。因为《刑法》条文在这里明确将资金分成两部分：前半部分是"公众资金"，即社会保障基金管理机构、住房公积金管理机构等公众资金管理机构管理的资金，由于有财政资金加入到社会保障基金和住房公积金当中，所以它们被称为公众资金。而后半部分刑法条文只称之为资金，即保险公司、保险资产管理公司、证券投资基金管理公司所管理的资金，这些资金属于投保人和投资人（基金份额持有人），虽然为社会上不特定多数人所持有，有的也通过公募渠道筹集，但由于没有财政资金的加入，所以它们不同于公众资金。综上，将本条款笼统地称之为"违规运用公众资金罪"并不妥当，而应使用涵盖面更广的"违规运用资金罪"。

4. 本条款没有"违背受托义务"和"利用职务便利"的要件，这是要特别注意的

《刑法》第 185 条之罪以行为人"利用职务上的便利"为要件，即以行为人有职务

---

① 按《刑法》第 185 条之一第 1 款的规定，情节严重的，对单位判处罚金，并对其直接负责的主管人员和其他直接责任人员，处 3 年以下有期徒刑或者拘役，并处 3 万元以上 30 万元以下罚金；情节特别严重的，处 3 年以上 10 年以下有期徒刑，并处 5 万元以上 50 万元以下罚金。

为前提。没有职务之人或无职务之便可资利用之人是不会成为该罪主体的。《刑法》第185条第1款的行为人以"违背受托义务"为要件,而这种义务来源于委托合同或信托合同,不受这些合同约束也就不可能"违背受托义务"。《刑法》第185条之一第2款的主体既不受职务之便限制;也不受委托合同或信托合同的约束,只要"违反国家规定"即为足够。也就是说,没有任何职务便利之人员,或不受任何委托合同或信托合同约束的人员都可能成为本罪的主体。

5. 本罪是单位犯罪

从法条看,本罪的主体是"机构"和"公司",因此,本罪只能是单位犯罪,不是个人犯罪。这里就产生了以下问题:

(1)犯罪主体可以是"其他直接责任人员",也就是说,被追究刑事责任的不一定仅限于基金公司的负责人、基金经理或公司的实际控制人,也可以是一般工作人员,只要他符合"其他直接责任人员"的要求,比如相关的财会人员、策划人员,等等。

(2)单位犯罪通常是指以单位的名义实施犯罪,为单位牟取利益的行为。建"老鼠仓"是为情人(第三人)或自己牟利,从表象看,似乎与单位犯罪无关。笔者认为,建"老鼠仓"情况比较复杂,市场运作结果可能也有所不同。有时是"公私兼顾",基金和"第三人"都赚了钱;有时是"损公肥私",基金经理投入大笔资金拉升股价,结果自己也被套牢,"老鼠仓"却"船小好掉头",赚钱先跑了;有时是"公私皆损",基金和个人都没跑掉,都亏了,当然这种情况比较少。不管是哪种情况,行为人都是利用自己的特别优势,运用大量的客户资金或公众资金,在为个人或小团体牟利,具有严重的社会危害性,应当追究刑事责任。设想一下,如果行为人为了本单位小团体利益而违反国家规定运用资金要构成犯罪,但其中只要夹杂了自己情人或其他第三人利益反而不构成犯罪了,这岂不荒唐!

四、"代理一级半市场股权买卖"引发的涉罪问题

"代理一级半市场股权",通常是指行为人以代理买卖非上市公司股权为名,先低价买进(有时根本无须买进,行为人只是与上家谈好以低价位买进的意向就行了),然后以该公司股权将要到美国或其他海外市场上市,可获得高额回报为诱饵,鼓动下家(一般投资者)以较高价格购买。行为人从价差中获取利益。[①] 这种现象在我国已相当普遍地存在较长时间了,往往涉案被害人众多,案值巨大,后果严重。在少数情况下,目标公司(非上市公司)的股票后来果然在国内或海外上市,这样,购买"一级半市场股票"的投资者就可赚一笔。但在大多数情况下,目标公司最终大多不能在国内或海外上市,有的经营情况越来越差,甚至还有破产的。这时,购买"一级半市场股票"的投资者就会受损害,甚至遭受巨大的损失,从而引起严重后果,例如,有投资者倾家荡产后自杀的,也有集体闹访而引致社会秩序混乱的。

---

① 参见顾肖荣等:《擅自代理非上市公司股权并引诱交易该如何处理》,载《人民检察》2006年第12期。

典型的"代理一级半市场股票"的行为通常具有以下特征：①目标公司（非上市公司）的股权或股票是真实的，不是子虚乌有的。②行为人所获取的投资者的款项中，有一部分或大部分付给"上家"，作了"购股款"；其余部分被行为人占有。③所称"海外上市"，有些纯粹是编造，有些则为事出有因。

有这样一个典型案例：2004 年 8 月，方某等三人注册成立上海方锦投资咨询有限公司（以下简称方锦公司）。2004 年 8 月至 2005 年 4 月，方某等三人先后租赁了两处办公场所，招聘员工进行代理销售股权的业务。在未经中国证监会批准及取得证券经营许可证的情况下，伪造产权经纪资质及产权交易管理办公室的确认回函，并通过陕西省西安市的中介人林某（在逃）等人联系了西安某科技股份有限公司、西安某制药股份有限公司的自然人股东，低价买进大量股权，然后以股权将要在美国上市，可获得高额回报为诱饵，鼓动某市市民以较高价格购买，共卖出股权 67 万股，合计金额达人民币 285 万余元。方某等人将获取资金的一半按事先约定汇给西安市林某等人，其余资金除部分用于方锦公司开支外，由方某等三人私分。方某个人分得人民币 20 万元，另两人各分得人民币 10 万余元。

对此案究竟如何定性呢？大体上有以下四种意见：

第一种意见认为，应构成集资诈骗罪。因为行为人具有非法占有的目的，事实上也占有了差价款，并采用了代理股权买卖这种变相发行股票的方法，骗取社会上不特定对象的钱财，侵犯了国家的金融管理秩序，因此，在主观要件和客观要件上都符合集资诈骗罪的特征。

第二种意见认为，应构成普通诈骗罪。因为行为人未经有权机关批准而擅自代理非上市公司股权交易，虚构高额回报，隐瞒事实真相，引诱社会上不特定人员购买，符合诈骗罪的特征。

第三种意见认为，应构成非法经营罪。因为国家对从事证券中介业务采取准入制，即如果要从事非上市公司股权中介业务，必须得到中国证监会的批准。上述行为人所从事的代理股权买卖，属于经纪行为，他们没有取得许可证即进行代理股票转让的行为，应属于刑法所规定的非法经营行为。《刑法》第 225 条第 1 款第（三）项明确规定"未经国家有关主管部门批准，非法经营证券、期货或保险业务的"，为非法经营行为。

第四种意见认为，这类行为不构成犯罪。其理由为，非上市公司的股权依法可以自由转让，且无须经过证监会批准或许可，行为人代理股权转让，属一般的民事代理行为，不构成非法经营罪。《刑法》条文（包括《刑法》第 225 条的非法经营罪）并没有将代理非上市公司股权交易列入非法经营罪。

这四种不同意见实际上都因在以下一些法律问题上有不同见解而产生：

（1）非上市股权凭证是否属于证券？股东转让非上市公司股权是否属于证券经营行为？

（2）未经中国证监会批准而擅自代理非上市公司股权交易，是合法的民事代理行为还是非法经营行为？

(3)怎样理解《刑法》第225条中的"违反国家规定"?

(4)如何理解非法经营罪的主观要件?

关于问题(1)就有以下三种观点:

第一种意见认为,非上市公司股权凭证不属于我国证券法上的证券。我国《证券法》第2条第1款规定,"在中华人民共和国境内,股票、公司债券和国务院依法认定的其他证券的发行和交易,适用本法"。可见,我国证券法上的证券是指股票、公司债券和国务院依法认定的其他证券。非上市公司股权既不是股票、公司债券,也从来没有被国务院依法认定为"其他证券",因此,它不是我国证券法上的证券。那么,买卖或代理买卖非上市公司股权凭证的行为就不属于"非法经营证券"。法律对非上市公司的股权转让并无特别要求,实践中股东转让非上市公司股权凭证也是一件很简单的事情,无须主管机关批准,只要双方签个合同,然后到工商机关把股东名称变更一下就可以了,不需要什么特别手续。也就是说,非上市公司股权凭证的转让行为不属于必须经过证监会批准而从事的证券业务,因此,代理非上市公司股权转让的行为本身并无违法性可言。

第二种意见认为,非上市公司股权凭证应当属于证券。从一般意义上讲,证券就是权利凭证,其包括商业证券(又称货币证券),如汇票、支票等;财务证券,如提货单、交货单等;资本证券,如股票、债券等。我们通常所说的证券是狭义的证券,即指有价证券中的资本证券,股权凭证当然属于证券。那么,转让非上市公司的股权凭证是否属于"非法经营行为"?则要具体情况具体分析。

第三种意见认为,非上市公司股权凭证虽然其本身不是我国证券法上的证券,但因方某等人一再宣传其可以到国外上市,广大投资者(不特定多数人)也认为其有投资价值而踊跃购买,所以其拥有了公共性和市场性,代理买卖这类证券不同于一般的股权转让,应当经过有权机关批准。方某等人未经有权机关批准、未取得许可就从事股权凭证买卖的代理业务,当然属于"非法经营证券行为"。

笔者基本上赞成第三种意见。实际上,股东本人在非特定场所转让公司股权既不是非法转让行为,更不是非法经营行为。我国公司法、证券法都没有限制或禁止股东转让自己在公司的股份。《证券法》第39条规定:"依法公开发行的股票、公司债券及其他证券,应当在依法设立的证券交易所上市交易或者在国务院批准的其他证券交易场所转让。"股东本人转让自己在非上市公司的股权不是公开发行行为(《证券法》第10条对"公开发行"下有定义),因此,不受《证券法》第39条的限制。而方某等三人代理股权买卖,吸引不特定多数人前来购买,这种行为符合《证券法》第10条第1款第(一)项"向不特定对象发行证券"的特征,构成"公开发行",理应经过有权机关批准方可进行。方某等三人未经批准没有获得经营许可证就针对不特定多数人代理买卖非上市公司股权,应当属于非法经营。

关于问题(2),未经中国证监会批准而擅自代理非上市公司股权交易,是合法的民事代理行为还是非法经营行为?这个问题仍与第一个问题密切相关。关键在于行为人的代理行为是面向200人以下的不特定对象,人数再少,这种代理行为也是非法经营行为;如果是面向特定对象,只要人数在 200 人以下(根据《证券法》第 10 条第 1 款第(二)项之规定精神)的,这种代理行为就是合法的民事代理行为。尽管未经中国证监会批准也没有关系。

关于问题(3),即怎样理解《刑法》第 225 条中的"违反国家规定"? 对中国证监会办公厅(2005)7 号函(以下简称"7 号函")应如何看待? 有以下分歧意见:

第一种意见认为,《刑法》第 225 条中的"违反国家规定",是指违反法律和国务院行政法规(《刑法》第 96 条有明确规定),因此,不包括证监会办公厅 7 号函。该函规定:"公司采用以股东转让股权形式向不特定投资者筹集资金,属于变相公开发行股票行为,未经中国证监会核发证券业务许可证而代理非上市公司股权交易的行为,涉嫌构成未经批准并领取证券业务许可证擅自经营证券业务的行为。"也就是说,以中国证监会办公厅 7 号函为依据认定被告人犯有非法经营罪是缺乏法律根据的。

第二种意见认为,7 号函基本上属于国务院行政法规的范畴。因为国务院下面有很多部门,证监会实际上是代表国务院对整个证券市场进行管理和监督的职能部门,有权对涉及证券业务的问题作出解释,而且它的解释应该说是代表了国务院,应当视为是国务院的规定。事实上,国务院的很多规定都是以部委办的名义来颁布的,并不是全部以国务院名义颁布。综上可以认为,违反中国证监会办公厅 7 号函就是违反"国家规定"。

笔者基本上赞成第一种意见:①不能以中国证监会办公厅 7 号函为依据认定被告人"违反国家规定",国家规定只能是法律和行政法规。②7 号函至多只能算部门规章。依我国立法法规定,法律、行政法规与部门规章是不容混淆的。③这里的"违反国家规定"主要是指违反《证券法》第 10 条和第 39 条的相关规定,这已经足够,不必再引用 7 号函。

关于问题(4),如何理解非法经营罪的主观要件? 笔者对此问题有以下看法:

首先,《刑法》第 225 条并没有明示该罪主观要件为"以非法占有为目的"或"以营利为目的"。非法经营罪的主观要件不同于《刑法》第 192 条的集资诈骗等犯罪,不需要"以非法占有为目的",行为人主观上意图通过自己的非法经营活动来获取利益(差价),并不想将他人的钱财直接变为自己所有。

其次,非法经营罪的主观要件也不同于《刑法》第 214 条的侵犯著作权等犯罪,也不是通常的"以营利为目的"。"以营利为目的"的犯罪,一般在刑法理论中被称为"目的犯",是指《刑法》分则明文规定某种犯罪必须具有某种犯罪目的,这种目的是该犯罪的特别构成要件。通常来讲,指控犯罪方必须举证证明被告人具有该种"犯罪目的"。从《刑法》条文看,非法经营罪既没有显示"以营利为目的",也没有明显"以牟利为目的",可见对其主观要件的证明要求是比较低的。指控方只需证明被告人主观上有故意即足够,即被告明知自己的行为会带来扰乱市场秩序的后果而仍然实施,就行了。至于是直接故意还是间接故意,均非所问。

综合对以上四个问题的回答和分析,笔者认为,方某等三人可以构成非法经营罪,但其理由并非因为他们违反了中国证监会办公厅(2005)7 号函,而是因为违反了《证券法》第 10 条和第 39 条的相关规定,从而符合"违反国家规定"的要件,实施了未经有权机关批准而向社会上不特定多数人代理非上市公司股权买卖活动,构成了非法经营行为。

金融犯罪惩治规制国际化解读[*]

金融犯罪惩治规制的国际化,是 20 世纪末以来出现的客观现象,也是今后的发展趋势。它的出现和发展是出于防范和化解经济全球化带来的金融风险,维护社会稳定和各国金融安全的需要。概念的内涵问题是一切问题研究的理论基础和逻辑起点。具体到金融犯罪惩治规制国际化的内涵,笔者认为,其中包含两层意思:一层是金融犯罪国际化的内涵,一层是惩治规制国际化的内涵,只有全面把握两层意思的真实含义和相互关系,才能对其内涵进行全面解读。

一、金融犯罪国际化的内涵解读

(一) 金融犯罪国际化的含义

金融犯罪国际化是金融犯罪惩治规制国际化的现实基础,也是理解其内涵的逻辑前提。何为金融犯罪国际化?在实际使用中,我们经常将金融犯罪国际化与国际金融犯罪混为一谈,从而导致对其内涵理解的混乱。因此,笔者认为,首先要厘清金融犯罪国际化与国际金融犯罪这对概念之间的相互关系,在比较中把握金融犯罪国际化的实质含义。

关于"国际犯罪"的概念,其本身并没有明确定义,也没有很客观的内容,一般有广义说和狭义说两种概念。一种比较流行的说法是:"国际犯罪是国际社会通过条约、习惯或其他方式认定为应予刑事制裁的行为。"[1]国际著名刑法学者巴西奥尼认为,国际犯罪是指那些违反国际刑法规范规定的禁止性行为,极易影响人类和平与安全,或者违背人类的基本人道主义价值观,或者这种行为是国家行为或国家政策支持的行为。这实际上是主张狭义说。他还具体列举了 25 种国际犯罪:①侵略罪;②灭绝种族罪;③危害人类罪;④战争罪;⑤危害联合国及有关人员罪;⑥非法持有、使用或者放置武器罪;⑦盗窃核材料罪;⑧充当外国雇佣军罪;⑨种族隔离罪;⑩奴役及与奴役有关习俗的犯罪;⑪酷刑和其他残忍、不人道或有辱人格的待遇或处罚罪;⑫非法人体试验等;⑬海盗罪;⑭劫持航空器和危害国际航空安全罪;⑮危害航海安全和公海固定平台安全罪;⑯威胁和使用武力危害国际保护人员罪;⑰劫持人质罪;⑱非

---

　* 原载于张智辉、刘远主编:《金融犯罪与金融刑法新论》,山东大学出版社 2006 年版。

　① 陈弘毅:《从"皮诺切特"案看国际刑法和国际人权法的发展》,载《国际刑法与国际犯罪专题探索》,中国人民公安大学出版社 2002 年版,第 45 页。

法使用邮政罪;⑲非法贩卖毒品及与毒品有关的犯罪;⑳破坏、盗窃国际珍贵文物罪;㉑危害国际环境罪;㉒国际贩卖淫秽物品罪;㉓伪造、变造货币罪;㉔非法干扰国际海底电缆罪;㉕贿赂外国官员罪。其中第①—⑫种为主要的国际犯罪。[①]

这里涉及金融犯罪的只有第㉓种(伪造、变造货币罪)和第⑲种(与毒品有关的犯罪,比如洗钱罪)等。

关于犯罪的国际化,我们是否可以借用巴西奥尼教授的一句话:"国际刑法是国内刑法的国际方面和国际法的刑事方面的结合。"[②]笔者认为,犯罪的国际化,是指国内犯罪的国际方面(或涉外方面)和某些国际犯罪的结合,其中包括跨国犯罪、涉外的国内犯罪和某些狭义的国际犯罪。

跨国犯罪是指由两个以上国家的公民或组织实施的犯罪或跨越两个以上国家实施的犯罪(包括行为或结果)。例如,日本人甲某,给海外旅行的乙某投人身伤害保险,并与乙某一起去美国,在洛杉矶雇用杀手将乙某杀害。再如,A某从东京给在伦敦某地的B某邮寄一个小炸弹包裹,B某收取包裹开启时发生爆炸,导致B死亡。[③]

还有一种情况,虽然看上去是国内犯,但也有涉外因素。例如,外国人从外国进入中国,犯下信用卡诈骗、盗窃等罪行,在被抓获归案之前逃出中国。在这种情况下,因为犯罪行为只发生在中国一地,属于国内犯,但是为了侦查,有必要依据国际调查协助及国际私法协助,从犯罪人的国籍国、居住地国获取信息或证据。[④]

这些都体现了国内刑法的国际适用的特点。

关于国际犯罪,本文通常是指前述列举的第⑬—㉕种犯罪。因为前面的第①—⑫种犯罪大多是国家行为或国家政策支持的行为。而第⑬—㉕种大多为个人行为,是本文重点研究的对象。

综上所述,我们可以看到,所谓"国际金融犯罪",是狭义国际犯罪的一种,在巴西奥尼教授列举的25种犯罪中,只有伪造、变造货币犯罪和洗钱犯罪(与毒品有关的犯罪)这两种。

而"金融犯罪的国际化",其内容就广泛得多,不仅包括跨国金融犯罪,比如前述在英国发生的盗窃信用卡信息的犯罪,也包括具有涉外因素的国内金融犯罪,再加上某些国际金融犯罪,比如妨碍货币罪和洗钱罪,等等。其实,国际化既是一个空间的概念,即国内刑法空间效力的概念,也是一个过程,即包含了从国际化程度由低向高过渡的过程。

笔者认为,"金融犯罪的国际化"与"国际金融犯罪",大致有以下区别:

(1)金融犯罪的国际化虽然含有国际因素或涉外因素,也可能在国际刑法规范中有所规定,但它得以成立的法律依据,首先在于国内刑法,而且可能是两个或两个以

---

① 参见巴西奥尼:《国际刑法的渊源和内涵》,王秀梅译,法律出版社2004年版,第150、151—152页。

② 赵永深:《国际刑法与司法协助》,法律出版社1994年版,第3页。

③ 参见〔日〕森下忠:《国际刑法入门》,阮齐林译,中国人民公安大学出版社2004年版,第7、8页。

④ 参见〔日〕森下忠:《国际刑法入门》,阮齐林译,中国人民公安大学出版社2004年版,第6页。

上国家的刑法;而国际金融犯罪得以成立的法律依据,则主要是国际刑法规范。某些犯罪,比如伪造、变造货币罪,虽然在各国刑法中也多有规定,可以是国内犯罪,但其成为国际犯罪的依据却是 1929 年 4 月 20 日在日内瓦签订的《防止伪造货币国际公约》(1931 年 2 月 22 日生效),而不是各国的国内刑法。

(2)金融犯罪的国际化包括跨国跨地区犯罪、具有涉外因素的国内犯罪和国际犯罪三种情况,因此,它并非必然地而只是可能危害整个国际社会的共同利益,而国际金融犯罪所危害的必须是整个国际社会的共同利益。

(3)从刑事管辖权上看,金融犯罪的国际化不及国际犯罪所属的管辖范围广。国际犯罪的行为人一旦逃脱了犯罪行为地国的管辖范围,其他国家的有关当局可以根据国际公约的规定,依照普遍管辖的原则,对行为人直接进行刑事管辖。而对跨国跨地区犯罪的行为人或具有涉外因素的国内犯罪的行为人而言,非行为地或结果地国、非被害人所在地国、非行为人所在地或国籍地国的有关当局,一般无权对行为人直接进行刑事管辖。

当然,金融犯罪的国际化本身就是一个有跨度的概念,从具有涉外因素的国内犯罪到跨国跨地区犯罪、再到国际犯罪。随着人们认识的不断深化和逐渐统一,有些跨国跨地区犯罪也会被视为对整个国际社会的犯罪,并通过国际公约、条约、惯例和一般法律原则等形式,要求世界各国对其实行普遍管辖,以惩治这类犯罪。在这种情况下,原来单纯的跨国跨地区犯罪就转化成国际犯罪了。这种转化实际上也是一个过程。可以说,金融犯罪的国际化和国际金融犯罪之间,在概念上既有某些重叠或交叉,也有许多不同之处。这是必须弄清楚的。

(二) 金融犯罪国际化的表现和特征

随着经济全球化和金融全球化的迅猛发展,金融犯罪日益国际化。在我国加入世贸组织(WTO)后,金融犯罪的国际化,直接影响到我国公民的日常生活和国家的经济安全和金融安全。金融犯罪国际化大体体现如下:

(1)涉嫌金融犯罪的跨境案件大量增多。随着商品、资金、人员的跨境大量流动,经济往来日益频繁密切,涉嫌金融犯罪的跨境案件(即犯罪行为的预备地、实施地或结果地跨越了至少两个以上的国家或地区,使至少有两个以上的国家或地区可以对其进行刑事处罚)大量增多,例如 2004 年年初,在英国发生一起窃取他人信用卡资料并盗用 500 英镑的案件,其发卡行在英国,窃取资料地也在英国,但消费用款地在德国,行为人是意大利人,被害人是中国人。该中国人于 2001 年至 2002 年在英国留学期间办了这张信用卡,进行过一次网上购物。2002 年 8 月回国,之后再没有使用过这张卡,也没有到德国去过。该信用卡一直保留在自己手中,从未脱过手。英国金融监管当局称,类似这样的案件,仅英国一地,每天就要发生 3 万起。再比如,1997 年 1 月,上海发生了一起利用读码机窃取信用卡信息(资料),转移至国外(日本),然后制造成伪卡进行消费的案件。① 前一例因类似案件发生太多,司法机关无法全部处理,最终只能以银行自认倒霉了结;后者因主犯蒋某在逃,对王某等 3 人只能以伪造金融票证罪分别判处不等期限的有期徒刑结案。

(2)大批境内涉嫌金融犯罪的腐败分子,特别是银行界、金融界的腐败分子携大量赃款逃往国外、境外,使某些金融犯罪从单纯的国内犯罪演变成跨国、跨境犯罪。据公安部负责境外缉逃的有关人员表示,自 1998 年国家成立公安部经济犯罪侦查局以来,已成功从境外缉捕逃犯 230 多人,约占逃犯总数的 1/3,涉及欧洲、北美、南美、大洋洲、东南亚、俄罗斯等 30 多个国家和地区,其中不少是涉嫌金融犯罪的腐败分子。②

(3)随着金融市场的逐步开放和我国加入 WTO 承诺的逐步兑现,中国境内一些不够成熟的金融市场可能会成为“国际金融大鳄”的袭击目标,比如证券市场、期货市场、大企业并购市场等。由于中国金融市场本身的“内功”尚欠火候,对国际金融市场的运作规律也不够了解和熟悉,再加上国外发达国家的金融工具创新层出不穷,金融衍生产品和技术令人目不暇接,我们对相应的金融犯罪行为缺乏感性认识和破获这类犯罪的经验积累,因此,在一段时间里,新形式涉外金融犯罪的上升趋势将是很难避免的。

(4)现代科学技术的高度发展在创造了巨大正面效应的同时,也使金融犯罪的国际化变得更加便捷。这些犯罪分子利用现代计算机技术、现代通信技术和现代信息技术等提供的便利条件实施“来无影、去无踪”式的高智能犯罪,给我们破获、检控和处罚这类犯罪造成了很大的困难。“电子银行”“网上交易”“电子票据”等新型金融交易工具的出现并在世界上不少国家的流行,给我们司法机关和公安机关带来了一系列的实际问题和法律问题。

总之,金融犯罪的国际化有以下特征:

其一,全方位、多层次、多种犯罪并发,既有涉外货币犯罪、涉外票据犯罪、涉外信用卡信用证犯罪、涉外期货犯罪、涉外证券犯罪和涉外信贷犯罪,也有涉外洗钱犯罪、保险诈骗犯罪,等等;既涉及普通老百姓,也涉及各种企业、银行及非银行金融机构等。

其二,破坏后果严重、持续时间长。例如,1995 年尼克·里森在新加坡期货交易所进行非法期货交易弄垮了有 200 多年历史的老牌巴林银行,给英国金融界带来一场危机,对全球金融市场也是一次冲击,其影响延续达数年之久。

① 参见上海市静安区人民法院编:《优秀论文案列选集》,第 260—261 页。蒋某(在逃)向王某、翁某、董某等 3 人提供专用于读取信用卡磁条信息的工具“读码机”,要翁某等人利用收银员工作中接触外汇信用卡的机会,用“读码机”拉卡(即将信用卡插入“读码机”的卡槽内拉划),以读取信用卡上的磁条信息。蒋某允诺,每拉一张卡,给报酬人民币 500 元。从 1996 年 12 月至 1997 年 1 月,翁某、董某等人先后数次在希尔顿酒店餐厅等处秘密使用“读码机”,读取了客人外汇信用卡上的磁条信息。之后,王某将储有磁条信息的“读码机”交还给蒋某,从蒋某处获得人民币 2 万元。王某、翁某共分得0.7 万元,董某分得 1.3 万元。蒋某在境外(日本),根据这些信息制成伪卡在日本等地消费,致使各发卡银行损失 22 万港元,被害人涉及欧美等好几个国家。

② 参见沈路涛等:《跨越疆界的较量》,载《解放日报》,2004 年 5 月 11 日。

其三,跨越国界、跨越边界、扩散范围广和难以完全控制,比如跨国信用卡欺诈,量大面广,仅一个英国每天就要发生数万起,而受到查处的只是其中的极小部分,洗钱犯罪也是这样。

其四,在很多情况下,犯罪组织以类似公司企业一样的机构从事犯罪活动,运用高技能人才和机制协助谋取利润和隐藏利润。

其五,这种犯罪活动往往与合法经济中的组织十分相似,犯罪组织能够根据不同的形势不断作出调整,使自己适应市场变化,迎合公众对商品和市场的需求。

总之,经济全球化为新的扩大化的金融犯罪形式创造了一个比较成熟的条件和环境。贸易、金融、通信和信息结构的变化形成了一个使犯罪活动突破国家界限的环境。犯罪活动和组织越来越多地跨越国界,在许多情况下具有全球性质。

二、惩治规制国际化的内涵解读

(一) 惩治规制国际化的含义

所谓惩治规制,是指惩治和防治的规则、制度和机制,是一个含义比较广泛的概念。它不仅包含刑法和刑事诉讼法,也包括民事、经济、行政等实体法和程序法的相关内容。涉及犯罪的预防、侦查起诉、审判、执行等各个环节。例如,在前述窃取他人银行卡资料并盗用 500 英镑的案例中,就产生了以下一系列实际问题,这些问题就涉及惩治规制。

(1)中国被害人应当向谁报案,是英国还是中国的公安机关? 或者应当先向英国的发卡银行报案,再由英国发卡银行向英国当局报案?

(2)如果公安机关要管这件事,那么,哪一国的公安机关有权管? 谁有管辖权? 如果都可以管,谁先管?

(3)如果犯罪地在第三国,即犯罪分子是在第三国(比如德国)使用该信用卡消费的,被德国警察抓获了,英国和中国的司法机关(检察机关和法院)能不能要求将该犯罪分子引渡到英国或中国审判?

(4)审判时应依据哪国法律? 是被害人所在国——中国的法律? 还是行为人居住国——意大利法律? 或者犯罪地——英国法律?

(5)如果在中国审判,关于窃取他人信用卡资料的刑法条文,中国和英国不一致怎么办?

(6)如果被害人要求民事赔偿,他又该如何获得救济呢? 如果中国刑法对"窃取他人信用卡资料"的行为没有特定条款规定为犯罪[①],而英国有针对这类行为的专门条款,最高可判处 10 年有期徒刑,这时又怎么办呢? 从这个例子可以看出,金融犯罪的国际化引起了金融犯罪惩治规制的国际化,引发了一系列法律上的程序和实体问

---

① 2005 年 2 月,我国全国人大常委会通过的《刑法修正案(五)》已将"窃取他人信用卡资料"的行为规定为犯罪。

题。这些问题过去也曾发生过,但比较少,可以按部就班地慢慢解决。但现在随着金融全球化的迅猛发展,这类案件就越来越多,需要我们从程序法和实体法上都能作出迅速和有效的反应,这就是我们面临的迫切课题。

由于金融犯罪涉及面广,关系到约四十种罪名,而惩治体制又与一国金融管理体制、金融法律体系和司法制度密切相关,一项年度课题难以面面俱到。因此,本文只能选择常见多发的信用卡信用证诈骗、银行犯罪票据犯罪、证券犯罪、期货犯罪和洗钱犯罪等作为重点研究对象。一般来讲,本文所说的金融犯罪的惩治规制也是围绕着以上列举的这些犯罪而言的。

(二) 惩治规制国际化的表现形式

金融犯罪惩治规制国际化的表现形式,大体可从规则层面和制度、机制层面这两个角度来观察。

从规则层面看,大体有四类:一是与防治金融犯罪有关的具备法律效力的国际公约。这些公约对缔约国产生法律效力,规范缔约国的防治金融犯罪的行为和程序,比如《联合国打击跨国有组织犯罪公约》《联合国反腐败公约》《联合国防止向恐怖主义提供资金的国际条约》《联合国禁毒公约》等,还有《防止伪造货币国际公约》(1929 年4 月 20 日由英、美、中、苏、法、德、印、日等 28 个国家通过)。二是对防止金融犯罪有指导意义的国际性文件,虽然它们没有法律上的约束力,但对各国防治金融犯罪和防范金融风险工作有指导意义,例如巴塞尔银行监管委员会发布的《有效银行监管核心原则》和《防止犯罪分子利用银行系统从事洗钱活动的原则声明》等。三是区域性的防治金融犯罪的规范性文件,比如,1990 年欧洲理事会的《关于洗钱、搜查、扣押和没收犯罪收益的公约》等。四是国际警务合作、国际刑事司法协助等方面的法律规范,其中有的是国际性的公约或示范性的国际条约,比如《国际刑事警察组织章程与规则》《联合国刑事事件互助示范条约》《联合国引渡示范条约》《联合国刑事诉讼转移示范条约》等,有的对缔约国有法律约束力,有的则是示范性的。由于金融犯罪的具体罪名繁多,因此,并不是每一种具体犯罪都能与以上四方面的规则相对应。某些犯罪的国家化程度高,其对应的规则就多,例如对洗钱犯罪,以上四方面都有规则与其相对应;某些犯罪的国际化程度相对低一些,则其相对应的内容就少一些,比如信用卡犯罪,目前就没有与其直接相对应的国际公约(联合国公约)。

从制度和机制层面看,国际组织、区域性组织或各国政府在惩治金融犯罪的组织、机制层面上主要采取以下三种形式:一是组建专门的国际机构打击某种金融犯罪,比如组建金融特别工作组打击洗钱犯罪;二是扩大某一原有国际组织的功能,赋予其打击某些金融犯罪活动的任务,如联合国禁毒总署原有的功能是打击毒品、走私活动,后来,根据《联合国禁毒公约》,又赋予其打击洗钱犯罪的任务;三是成立地区性的打击某些金融犯罪的机构,比如建立亚太地区反洗钱小组,等等。

（三）　惩治规制国际化的运作

由于金融犯罪的国际化有三种情况,即具有涉外因素的国内犯罪、跨国跨地区犯罪、国际犯罪,因此,针对不同的情况,其惩治规制的运作也会有所不同:比如,对国际犯罪,就应由国际刑事法院依据国际刑法规范[①]来进行惩治;而对具有涉外因素的国内犯罪和跨国跨地区犯罪,则主要应由各国司法机关根据国内刑事法律进行惩治。当然,这只是一个大的原则和框架,由于国际刑事法院目前并没有把国际金融犯罪作为惩治对象,所以,国际金融犯罪也只能由各国司法当局依照国内刑事法律的规定来进行惩治(当然,相关的国际公约、条约、惯例或一般法律原则可以转化为国内刑事法律)。

虽然国际金融犯罪目前不属国际刑事法院管辖,但由于其仍属国际犯罪,所以,应适用普遍管辖原则,即各国司法当局都有权直接进行刑事管辖,其打击力度相对来讲比较大一些。

巴西奥尼教授指出:"尽管某些国际机构具有超国家的特点,但国际刑事法律制度本质上仍是一种国家之间的制度。""从本质上说,国际刑法至少在发展阶段上是一种国家间的法律制度。"[②]这是因为:①国际刑法通过国家统一确立的现行标准,或者因为这些标准系强行法的一部分而对国际产生约束,亦不会将这些标准转化为超越国家之上的标准。②即使某些准则和某些国际特设机构具有超国家的特征,但这些超越国家的准则或机构在执行或发挥作用方面所采用的合作方式也应依赖于国家法律制度。③除了国家同意与国际设立的某个机构协商外,这些源于多方面法律渊源(公约、条约、惯例和一般法律原则)的国际法律制度都不具有超越国家法律制度的特征。国家行使主权,同意对某些国际设立的机构予以认可并尽心合作的事实证明,没有必要说明这些制度具有超国家的特点。[③]

巴西奥尼教授还指出:①国际刑事法律制度通过公约、惯例和一般法律原则规定国际犯罪,因此,国际犯罪并不是由立法机构通过立法程序产生的。这是它有别于国家刑事法律制度的根本点。因而,在大多数法系的刑事司法制度中,通过上述国际法渊源发展而成的国际犯罪并不具备制定实体刑法的相同特征,由此引发了这些犯罪是否符合当今世界大多数国家刑事审判制度的公认和合法性原则的难题。②在起草风格、法律方法和具体形式上,国际刑法往往也比较欠缺,因为它们大多是由外交家起草的,而外交家的专长并不在比较刑法和程序法方面。③为了克服上述难题和欠缺,有必要引入间接执行国际刑法的办法,即国家立法机关制定一个恰当的立法,吸收国际刑法的具体内容,并与各法系法律制度在起草风格、法律方法和具体形式上相一致。当然,间接执行方法不仅受制于某个国家的立法能否吸纳并接受国际确立的禁止性规定,不能贬损强行法规定的国际犯罪,而且还延伸了国家执行方式的范围和

　　[①]　2002 年 7 月 1 日,国际刑事法院依照《国际刑法法院罗马规约》的规定正式成立。目前惩治的对象是违反国际法规定,实施了严重国际犯罪的个人,即实施灭绝种族、危害人类罪或战争罪的个人。

　　[②]　巴西奥尼:《国际刑法的渊源和内涵》,王秀梅译,法律出版社 2004 年版,第 1 页。

　　[③]　参见巴西奥尼:《国际刑法的渊源和内涵》,王秀梅译,法律出版社 2004 年版,第 1、2 页。

国家之间在调查、起诉、审判被指控犯罪和处罚犯罪行为人的合作形式。[①] 综上所述，即使对国际犯罪，实际上也要争取间接执行的方法，即将国际刑法转化为国内刑事立法，然后按国内刑事立法的程序进行运作。当然，有的运作需要通过双边或多边的合作形式才能解决。

总之，加强国内刑事立法对涉外刑事案件的有效适用和加强国家之间的合作，是金融犯罪惩治规制国际化运作的两个关键性环节。只有运作好这两个环节，才能使一切金融犯罪（不仅仅是国际法上的金融犯罪）不会因为国家壁垒形成的缝隙而逃脱应有的法律惩处，同时也能切实保护被告人或行为人的合法权益。

---

① 参见巴西奥尼：《国际刑法的渊源和内涵》，王秀梅译，法律出版社 2004 年版，第 2、3 页。

证券犯罪①惩治规则国际化研究*

证券市场向国际化方向的发展,在方便国际证券交易和分散投资风险的同时,也使得和证券有关的违法犯罪活动和过度投机行为带有了跨国性特性。因此,如何在国际化的同时,加强对跨国证券犯罪的惩治,以有效遏制证券违法犯罪活动和过度投机行为,已成为摆在世界各国面前的一项紧迫任务,而在我国加入 WTO 后,为了履行我国承诺的国际义务,我国在今后要进一步开放证券市场,证券市场也正快速地向国际化方向迈进。在这种背景下,如何更有效地遏制和打击跨国证券犯罪就显得更为迫切。

一、证券犯罪的国际特性

证券犯罪的国际性特征表现在证券法律关系的基本要素上,包括主体、客体、标的及法律行为等都呈现出不同程度的复杂性,不同于目前单一投资主体(中国内地投资者)、单一证券中介机构(国内中介机构)和境内上市公司在单一证券交易场所(主板市场)形成的性质相对单纯的社会经济关系。证券市场的各种经济关系发生了变化,调整这种经济关系的证券法和刑法就要与之相适应。

(一) 证券市场参与主体多样化

纵观世界各国金融实践,大都已经逐步放宽了对金融市场的管制,金融市场正朝着自由化、国际化、一体化方向发展,而同时按照 WTO 金融证券行业开放有关条款,各缔约成员要逐步开放境内资本市场,允许 WTO 其他各缔约成员金融证券机构进入境内金融服务领域,以我国为例,随着我国的入世,我国的证券业也要遵守 WTO 金融证券行业开放的相关条款,根据有关协议条款的规定,2006 年以前,外国投资者可以通过参股中外合作投资基金管理公司或中外证券公司的途径进入我国证券市场,外资证券机构在不通过中方证券机构的情况下,直接从事 A 股、B 股交易,在 2006 年以

---

① 证券犯罪实际上是很大的一个概念,本文指狭义的证券犯罪,包括一级市场的欺诈发行,二级市场的内幕交易、操纵市场等比较典型的证券犯罪概念,涉及所有与证券相关的犯罪,包括经常发生的盗窃盗卖股票,还有与证券相关的一些职务犯罪以及单位犯罪,如非法国债回购、大股东、管理层挪用、占用上市公司资金以及证监会的监管人员或者其他司法机关人员实施的犯罪等。中国证监会从 1998 年查办第一个证券刑事案件到 2004 年,向司法机关一共移送了近 60 件涉嫌犯罪案件,而 1993 年到 2004 年证监会查处的行政违法案件大概有 600 多件。

* 第二作者安文录,原载于《经济刑法》(第四辑),上海人民出版社 2006 年版。

后,还可以进行一级市场的证券承销业务。除此之外,境外企业境内上市、外资并购国内上市公司等制度正在逐步实行,这样就有可能触犯我国法律中有关证券犯罪的规定,成为我国法律规定的证券犯罪主体的就不单单只是我国的公民和法人,外国的证券机构和个人同样也有可能成为我国法律规定的证券犯罪主体。同时,随着 QDII(国内机构投资者赴海外投资资格认定制度,Qualified Domestic Institutional Investors)的逐步实施,我国的机构投资者也会逐渐成为国际证券市场的重要成员。① 这样一来就产生了证券犯罪主体多样化的问题。

（二） 国际巨额游资引发跨国证券犯罪

当今世界不存在没有相互影响的两个证券市场,尤其是在网络科技高度发达的今天,网上交易和发行打破了证券市场局限于一国的地域疆界,资本追逐利润的天性和这种灵活的交易系统的结合,为大量国际投机资金的迅速流动提供了机会和可能。可以想象,国际巨额资金如果进入国内证券市场②,从事诸如操纵证券交易价格、内幕交易以及诈骗投资者购买股票等跨国证券违规、犯罪活动,将会给该国的证券市场产生巨大的冲击。1998 年亚洲金融危机中的"量子基金"就给亚洲,特别是我国香港特区金融证券市场造成巨大的破坏。

（三） 证券市场已经成为国际洗钱犯罪分子用做清洗"黑钱"的一种隐蔽手段③

洗钱者的洗钱手段包括用犯罪收益购买房地产等不动产,也包括购买股票、债券、银行票据等有价证券,然后再出售或转手,达到洗钱的目的。洗钱者还通过中间公司向股市渗透资金,抬高自己手中持有的股票价格,然后卖出股票,取得形式合法的收入,这种新型的洗钱手段因操作简单、不易暴露、成本较低等"独特优势"越来越受到国际洗钱犯罪分子的"青睐",证券市场有了洗钱者的参与,也就增加了许多证券违规和证券犯罪。如在 1996 年 10 月"金融行动特别工作组"和国际刑警组织在香港召开的洗钱犯罪方法研讨会上,一个国家的代表以证券投资为例:洗钱者是证券交易人员,他通过虚假的委托人进行虚假的"卖出"和"买进"交易,再根据证券市场的涨落,来伪造买进或卖出的交易合同,客户当然在每一笔交易中都获得一笔"收益",洗钱者通过这种方式"制造"了 15.7 万美金的收益,而警方为调查此案却用了近百倍于此的费用。④

---

① 我国首家 QDII——全国社保基金投资香港股市的申请于 2004 年年初已获国务院批准,初期投资规模为 40 ~ 50 亿元。同时,社保基金《海外投资管理办法》的法规正由证监会、银监会、劳动和社会保障部以及全国社保基金理事会共同制定。

② 事实上除了合法的 QFII 外,在我国目前的外汇管理体制下,境外资金完全可以通过境内合资、独资企业或相关联的投资性公司和生产型企业通过从境外收取外汇并办理结汇从而进入我国的 A 股证券市场。

③ 为打击洗钱犯罪,中国人民银行与公安部等成立了反洗钱工作部,并于 2003 年先后公布《金融机构反洗钱规定》《人民币大额和可疑支付交易报告管理办法》《金融机构大额和可疑外汇资金交易报告管理办法》和《人民币银行结算管理办法》等相关部门规章。

④ 参见赵凤祥主编:《国际金融犯罪比较研究与防范》,中国大百科全书出版社 1998 年版,第 187 页。

二、惩治规制国际化的表现形式

对于一个跨国犯罪的国际惩治规则,应包括国际公约、区际公约以及国际、区际行业组织制定的规范性文件和一些司法协助规范、警务合作规范等。

(一) 国际性条约

目前还没有在全球范围内适用于证券犯罪的国际性公约。

(二) 国际行业性组织制定的有关规范

国际行业性组织在为惩治跨国证券犯罪而制定的规范中,相当大一部分是关于有关当局为进行国际合作、协助而签订的规范,如《承诺国际证券监管委员会组织监管标准和相互合作与援助基本原则的决议》(以下简称《决议》)就是比较典型的一个,这是国际证券监管委员会组织(ISOCO)在1994年东京年会上通过的一项重要决议,该决议的内容主要是规定了其成员在证券国际化进程中应该履行的义务,除了在监管方面加强合作、相互交流信息和经验、建立国际证券交易的准则和有效监督机制以外,还有一个非常重要的内容,那就是成员国之间应加强协作,通过严格执行准则和有效制裁跨国证券犯罪,以确保证券市场的完整性。除了《决议》以外,ISOCO《多边磋商、合作及信息交换备忘录》也是有关ISOCO各成员国进行合作、协助的重要规范性文件。这是ISOCO在2002年土耳其年会上通过的一个协议,在这个备忘录中主要针对跨区管辖的证券违法犯罪行为的合作机制制定了相应的措施和保证,主要包括:全面调查金融犯罪是各成员国所面临的一项共同任务,成员国之间的信息共享必须扩展到包括各管辖区的证券监管者以及执法机构和其他当局。这个谅解备忘录是ISOCO为促进跨境执法合作和消息交流,朝着正确方向迈出的重要一步。

ISOCO在促进各国在惩治国际证券、期货违法犯罪方面最突出的贡献首先表现在制定、通过一系列协议、标准与准则。这些协议、标准与准则除了上述的两个以外,与惩治证券犯罪有关的还有:制定于1992年的《洗钱》,制定于1993年的《跨国证券与期货欺诈》。另外,在1994年10月,该组织技术委员会还制作了《监管不力和司法不合作对证券和期货监管者所产生问题的报告》,以报告的形式介绍了技术委员会从不合作的司法机构获取信息的方法,强调了在减少证券欺诈犯罪和泛滥方面进行合作的好处。这些协议和ISOCO技术委员会发布的报告、决议、建议标准被各国所采用,对规范各国证券与期货市场的发展、惩治国际范围内证券不当行为起到了极大的推动作用。

(三) 区域组织制定的规范

在有关区际组织制定的惩治证券违法犯罪规范中,欧共体的实践最具有代表性,欧共体制定的有关证券犯罪惩治的规则主要有:

1. 《协调有关内幕交易规范的指令》

内幕交易(Insider Trading or Insider Dealing)是内幕信息人员以获取利益或减少损失为目的,利用内幕信息或泄露内幕信息使他人利用该信息进行证券发行、交易的活动。[①] 这一定义是从美国证券法中归纳出来的,禁止内幕交易的规则也首先发轫于美国1891年美国证券内幕交易的衡平法案例。[②] 尽管如此,在禁止内幕交易方面规定得最详尽的当数欧盟的法律。长期以来,在欧盟内部有一些对内幕交易不进行规制的国家,或者某些国家即使进行规制,但也有一些不同于内幕交易法律的任意性规则(即不具有强制效力的规制)[③],为了保护证券市场的交易秩序,欧盟理事会以有价证券的日益国际化为契机,于1977年通过《规制内幕交易的理事会指令案》,1988年10月,欧盟理事会提出了欧盟内幕交易指令第二草案,并于1989年11月3日通过,即《协调有关内幕交易规范的指令》(Council Directive Coordinating Relations on Insider Dealing) (以下简称《反内幕交易指令》),这就为欧盟各成员国颁布或修订有关内幕交易的法规确立了最低标准。[④] 其结果就是欧盟各成员国必须要在1992年6月1日前将该《反内幕交易指令》变成各国的国内法,但究竟是成为刑事规制,还是行政、民事规制,就要看各国的法律和政策了。《反内幕交易指令》迄今为止仍是欧盟内部唯一的专门规制证券内幕交易的立法文件。

在该指令中对内幕信息的含义予以界定,在该指令第1条第1款规定:"就本指令而言,内幕信息是指尚未公开的(Not Yet Published),与一个或几个可转让证券[⑤]的发行人有关或与一种或几种可转让证券有关的,具有具体(Precise)性质的信息。如果这种信息被公开,它可能对上述可转让证券的价格产生重大的影响。指令还列举各成员国应当禁止的内幕交易行为,指令还允许各国作出比指令所确定的标准更为严格的规定,同时要求他们赋予国内的一个或数个行政当局以充分实施该指令的职权,并鼓励各国适格机构间的合作。"[⑥]

2. 《关于内幕交易与市场操纵的指令》

《反内幕交易指令》在1992年生效之后就一直没有修订过。随着时间的推移和欧盟整体金融环境的变迁,《反内幕交易指令》自身的缺陷已经越来越明显:指令确立的只是防范内幕交易的最低标准,所以虽然各成员国都已经遵照执行,但不同国家对内幕交易的实际规制水平并不统一;指令措辞的概括性也给各成员国以很大的回旋

---

① 参见吴志攀:《国际金融法》,法律出版社1996年版,第209页。

② See Crowell v. Jackson, 53N. J. L. 526, 23A. 426, 427. (c. App. N. J. 1891),转载于刘丰名:《国际金融法》,中国政法大学出版社1996年版,第209页。

③ 参见顾肖荣、张国炎:《证券期货犯罪比较研究》,法律出版社2003年版,第17页。

④ 在《反内幕交易指令》通过之前,《欧洲理事会关于内幕交易第一国际公约》已于1989年4月对外开放签字。根据该公约,各签约国之间应采取一切可能的措施在有关内幕交易事宜的情报交换方面提供协助,协助是强制性的,但有一个前提条件就是两国法律都将内幕交易定为犯罪。

⑤ 依据《反内幕交易指令》第1条第(二)款的规定,"可转让证券"包括的范围很广,包括股票、债券以及等同于股票和债券的证券;认购、取得或处分这类证券的合同或权利;期货合约、期权以及有关这类证券的金融期货;有关这类证券的指数合同。

⑥ 而且根据欧盟1989年4月20日通过的内幕交易第一国际条约以及1989年9月11日的追加议定书,各国有义务相互交换监视有价证券市场的情报。

余地,使得欧盟成员国对内幕交易规范的协调程度与一体化市场需要相距甚远。同时,尽管"证券市场上 80% 以上的违法案件与内幕交易有关"[①],但是仅仅限制内幕交易不可能杜绝欧盟证券市场中各种违法犯罪的行为产生。在这种情况下,在 2002 年《关于内幕交易与市场操纵的指令》(Directive of the European Parliament and the Council on Insider Dealing and Market Manipulation)应运而生,并于同年年底生效。其宗旨是通过减少机构投资者与中间商利用不正当竞争手段操纵交易的可能性,设定通用准则、增加市场诚信。[②]

《关于内幕交易与市场操纵的指令》共包括以下四个方面的内容:

(1)禁止内幕交易。内幕信息是与金融工具或其发行人有关的尚未明确公开的信息,而这一信息一旦公开,可能对上述金融工具或相关衍生金融产品的价格产生重大影响。《关于内幕交易与市场操纵的指令》故而禁止与内幕信息有关的行为。在《关于内幕交易与市场操纵的指令》中规定内幕交易的主体是拥有内幕信息的任何自然人和法人(包括在其中参与决定为法人利益而进行交易的自然人);管理或监管发行者的政府当局的成员,作为发行者的持股人,因职业、专长或职责的实践而正在接触信息的人。在主观方面,必须具有故意直接或间接地为自己或第三方谋取利益的嫌疑,除非完全了解自己占有内幕信息这一事实,任何人都不受该指令的规定的限制。

《关于内幕交易与市场操纵的指令》的规定与《反内幕交易指令》相比较有三点改变之处:其一,终止原指令中关于最初内幕人士的"对情势有完全了解"的表述,因为这些内幕人士能够每天接触内幕信息,并了解其秘密性的特点完全能够为新指令关于内幕交易主体的定义所涵盖;其二,为了适应新产品的发展,以"金融工具"取代"可转让证券";其三,取消了由"专业中间商"和非专业中间商参与的交易间的区别,这意味着当事双方基于内幕信息所进行的直接交易也将被新指令所禁止。

(2)禁止市场操纵。《关于内幕交易与市场操纵的指令》中所指的市场操纵是指通过交易或交易指令、借由媒体(含因特网)散布信息(包括散布谣言和虚假、误导新闻)对金融工具的供需、价格提供或可能提供虚假、误导的信号;一人或数人联合操纵,使金融工具的价格处于一个反常或虚假的水平;任何为实现上述目的而使用的虚假策略或其他欺骗手段。

《关于内幕交易与市场操纵的指令》要求成员国禁止任何自然人或法人参与市场操纵,主要包括:试图通过交易行动制造虚假印象、试图以交易行为制造短缺、从事发生在特殊时段的交易行为、从事与信息有关的活动等几种形式。

(3)例外。有两类交易行为可以作为《关于内幕交易与市场操纵的指令》的例外:一类是成员国、欧央行、各国央行和其他官方机构或个人为实现货币、汇率或公共债务管理政策而实施的相关行为;另一类是为市场参与者有条件地提供的,如果是为

[①] 郑顺炎:《证券市场不当行为的法律实证》,中国政法大学出版社 2000 年版,第 1 页。
[②] 参见李昕:《欧盟反市场滥用立法评述》,载《欧洲》2002 年第 6 期。

了充实发行者的实体资本,符合投资者的利益,相关实体可以通过"回购"程序对其股份进行交易。

（4）适用。在对指令的适用上,《关于内幕交易与市场操纵的指令》对各成员国的适格监管当局提出了两点要求:其一,为保证指令条款得到有效和明确的适用,并加强各国监管合作,适格监管当局应该是单一的;其二,这些单一的适格监管当局必须具有行政性质,以确定它们在市场中的独立性,避免利益冲突。

指令为上述适格当局[①]的执行作了最基本的规定:可以获取任何文件并获得复本,从任何人处获得信息以及在需要时获取证言,执行现场检查,调取电话和数据往来的记录,要求冻结和扣押财产,要求暂时禁止从业活动,等等。《关于内幕交易与市场操纵的指令》还要求各成员国确保采取有效、相称和劝阻性的措施,针对违反本指令的自然人和法人,施行与本国国内法一致的行政和刑事处罚;未适当履行合作义务的监管当局也应在受罚之列。

除了上述的两个指令以外,欧盟理事会为规范证券领域的各种行为还制定了以下指令:①《市场进入指令》(1979年),规定了证券发行商必须遵守的条件。②《上市细节指令》(1980年),规定了当股票、债券和股权证书被允许列入证券交易目录时应提供的信息项目。③《中期报告指令》(1982年),规定了中期报告的最低标准。④《共同基金指令》(1985年),对共同基金的运作作了规范。⑤《主要持股指令》(1988年),主要对持股额超出10%以上的大股东要求公开信息以保护投资者的利益。⑥《公告说明书指令》(1989年),对公告说明书的制作作了统一要求。

在惩治跨境证券犯罪的规则中,除了有公约、指令和有关组织的指导性文件外,还存在众多的监管当局合作、刑事司法协助方面的规范。这其中既有强制性规范,也有指导性规范。

三、惩治证券犯罪的国际标准

对于证券犯罪,我们可以从以上的惩治规制措施中归纳出一定的国际惩治标准。

（一）预防标准

证券犯罪重在预防。在微观上的预防标准主要包括:证券信息公开和交易公开标准;强化发行人对披露信息准确性和真实性责任标准;证券业与信托业、银行业分业经营分业管理标准;审计业务独立性标准;市场准入标准;容许开展业务范围标准;发行上市标准;等等。

对于跨国证券业务和其他类似证券交易的证券机构,各国监管机构除采取上述审慎监管措施外,还应包括:①加强跨国信息披露制度。信息披露制度应该由静态监

[①] 成员国可以依据本国宪法、法律和惯例,规定上述某些权力只能由监管当局与本国其他机构(如司法机构)联合行使。

管向动态监管转变,在加强强制性信息披露的同时,鼓励自愿性信息披露,特别要加强对网上信息披露的监管。②在各个层次上进行信息共享、信息公开。国际证监会组织(IOSCO)的调查表明,信息共享对于监管合作具有重要的意义,信息共享应该在国内、国际层次上开展,包括交易所之间的合作、交易所和监管者间的合作、监管者和其他当局者的合作。国际上的合作包括:国际监管者间的合作、国内监管者和国外监管者之间的合作、国内监管者和国外交易所的合作以及不同国家交易所之间的合作。③应该加强对本国投资者的教育,并与对监管者的教育相联系。各国证券市场有不同的运行机制,证券市场运行过程包含复杂的技术、技巧,电子技术的普遍应用及卖空机制、衍生工具使得对不同证券市场运行的不熟悉,进而导致监管者的无所适从。④各国监管当局对于预防跨国证券犯罪的态度。各国监管当局应当收集国外证券机构的充分资料,以了解该机构的业务情况;了解该机构的资金来源情况,对来源于高风险国家、高风险活动领域以及外国公职人员①的资金进行更严格的监控,同时及时更新该机构的相关档案材料;通过现有公开信息确定该机构的声誉和监督质量,包括它是否曾受到该国国内证券犯罪调查或曾被置于管制之下;评价该机构的防范证券犯罪的控制措施,并将每个机构的责任形成书面文件;应当对本国证券机构不寻常或可疑交易活动向其他相关国家通报;特别是对于英美法系国家,各国监管机构应当采取措施防止对法律安排的非法利用,应确保主管当局能够及时获取国外证券机构如私募基金的书面信托,包括关于信托财产的委托人、受托人和受益人的充分、准确和及时的信息。

(二) 刑事定罪量刑标准

各国应采取符合其法律原则的必要措施,确定法人参与涉及证券的严重犯罪时应承担的责任。在不违反缔约国法律原则的情况下,法人责任可包括刑事、民事或行政责任。法人责任不应该影响实施此种犯罪的自然人的刑事责任。各国应特别确保使负有责任的法人受到有效的刑事制裁。同时,应当明确和量化行政责任与刑事责任的界限,改变不确定的状态。②

各国在国内立法上应规定证券犯罪包括内幕交易、虚假陈述、泄露专业秘密、误导客户和操纵市场等。③ 同时,应当尽可能地将相关证券犯罪的上游犯罪活动如洗钱活动纳入其中,并确保对跨国实施证券犯罪的自然人和法人,应施行与本国国内法相一致的行政和刑事处罚。④

对内幕交易和操纵市场的量刑标准,各国立法大多控制在 5 年以下有期徒刑。

---

① 包括在其他国家以及国际组织中的公共信托机构担任职位的人(如政府官员、政府企业高级行政人员、政治家、政党重要官员等)及其家属和密友。

② 我国的证券犯罪首先面临的是刑事、民事以及行政责任交叉的问题。目前我国的实践是把证监会的行政处罚作为刑事、民事立案的前提条件,证监会必须先作出行政处罚,尽管涉嫌证券犯罪的案件要移送出去。行政处罚包括财产罚、资格罚、名誉罚、刑罚跟行政处罚交叉的包括罚金和没收违法所得。可见,二者之间不是替代关系。

③ 参见 William H., Lash Ⅲ, International Securities,载《IOSCO 华沙会议声明》。

④ 参见《关于内幕交易与市场操纵的指令》。

（三）国际司法合作与执法合作标准

各国为起诉证券犯罪的外国人而行使其国内法规定的法律裁量权时，应确保对这些罪行的执行措施取得最大成效。在不影响本国的宪法限制和基本的国内法情况下，对于证券犯罪嫌疑人不应认定为政治犯罪或是出于政治动机，各国应当确保将证券犯罪视为可引渡罪行。在规定只有系双重犯罪才提供法律互助或进行引渡的情况下，如果两国都已将该犯罪所隐含的行为进行刑事定罪，则无论两国是否将此犯罪规定为同一犯罪类型或是否以同一术语来描述此犯罪，都应认为该项规定得到了满足。

为了能迅速答复其他国家有关当局的资料查询要求，本国监管当局应保留所有与国际证券交易活动相关的记录材料一定的时间。这些材料必须足以再现每项交易（包括交易方、所涉及的金额和证券类别），以便在必要时提供有关犯罪行为的证据，供起诉之用。各国国内的相关金融机构及中介机构可以向建有计算机数据库的国家中央机构报告超过一定限额的跨国证券交易，以供主管当局用来调查跨国证券犯罪案件，但须采取严格的安全措施保证信息的正当使用。

各国适格部门间应加强合作。① 各国应指定一个部门或在必要时指定若干部门，使之负责和有权执行关于相互司法协助的请求或将该请求转交主管部门加以执行。各国应在证券犯罪的调查、起诉和有关程序方面迅速地、有建设性地和有效地提供尽可能广泛的法律互助；不禁止提供法律互助或不为提供法律互助设置不合理或不适当的限制条件；确保法律互助的执行请求有明确和有效的程序可供遵循；不以法律要求金融机构保密为由拒绝执行法律互助请求。为避免司法冲突，对于那些可在一个以上国家进行起诉的案件，应从司法公正的角度出发，考虑制定和实施有助于确定被告最佳起诉地点的机制。

各国应确保作出安排，使其司法机构了解证券犯罪工具和收益的识别、追踪、冻结或扣押、没收方面的国际合作中的最佳做法。各国证券监管者应尽最大努力寻求制定和执行与国际标准完全一致的国内标准，以避免潜在的监管套利。

在惩治跨国证券犯罪中，未适当履行合作义务的监管部门也应在受罚之列。

（四）资产追缴（追回）标准②

各国在收到对证券犯罪拥有管辖权的另一国关于没收位于被请求国领土内的犯罪所得、财产、设备或其他工具的请求后，应在本国国内法律制度的范围内尽最大可能将此种请求提交其主管部门，以便取得没收令并在取得没收令时予以执行；或将请求国领土内的法院签发的没收令提交主管部门，以便按请求的范围予以执行。

对证券犯罪拥有管辖权的另一国提出请求后，被请求国应采取措施，辨认、追查和冻结或扣押所述犯罪所得、财产、设备或其他工具，以便由请求国下令最终予以没

---

① 参见《协调有关内幕交易规范的指令》。
② 参见《联合国打击跨国有组织犯罪公约》第13、14条。

收。请求国应当向被请求国提交关于拟予没收的财产的说明以及关于请求其他国家协助执行所依据的事实的充分陈述,以便被请求国能够根据本国法律取得没收令;应有请求国据以签发请求的、法律上可接受的没收令副本、事实陈述和关于请求执行没收令的范围的资料;应有请求国所依据的事实陈述以及对请求采取的行动的说明。被请求国根据作出的决定或采取的行动,应符合并遵循其本国法律及程序规则或可能约束其与请求国关系的任何双边或多边条约、协定或安排的规定。

被请求国应在本国法律许可的范围内,根据请求优先考虑将没收的犯罪所得或财产交还请求国,以便其对犯罪被害人进行赔偿,或者将这类犯罪所得或财产归还合法所有人。

四、惩治证券犯罪的国际机构

证券犯罪的国际惩治机构主要包括全球范围内的国际组织、行业组织以及区际组织等。具体来说,主要有:

(一) 国际证监会组织

国际证监会组织,全称国际证券监管委员会组织(International Organization of Securities Commissions,简称 IOSCO)是国际各证券、期货管理机构所组成的常设性国际合作组织。总部设在加拿大的蒙特利尔市,正式成立于 1983 年,其前身是成立于1974 年的证监会美洲协会。目前国际证监会组织共有 81 个正式会员、10 个联系会员和 45 个附属会员。该组织的宗旨是:通过交流信息,促进全球证券市场的健康发展;各成员组织协同制定共同准则,建立国际证券业的有效监管机制,以保证证券市场的公平有效;并共同遏制跨国不法交易,促进交易安全。由此可见,打击跨国证券违法犯罪是国际证监会组织的一个重要职责。

其组织结构包括:主席委员会,四个地区常设委员会(亚太、欧洲、美洲和非洲/中东地区委员会)、执行委员会(下设技术市场委员会和新兴市场委员会)、秘书长和咨询委员会。其中执行委员会是证监会国际组织的日常管理委员会。秘书长负责日常事务,由执行委员会提名、主席委员会任命。秘书长服从于执行委员会并接受执行委员会主席的直接领导。咨询委员会由全部 45 个附属会员组成,多为各重要的证券交易所、金融机构或金融公司。在以上的组织机构中,对证券跨国发行与交易行的法律监管起主导作用的则是技术委员会。

技术委员会由世界上大多数发达市场的证监机构组成,其工作分为五个工作小组来执行。第一工作小组负责审议国际会计、多国信息披露与稽核,即一级市场的监管。第二工作小组负责证券、期货交易、结算、交割三个环节的监管,即二级市场的监管。第三工作小组负责经纪机构、投资银行、财务顾问机构等的监管,即中介机构的监管。第四工作小组负责法规执行,目前主要研究防止及打击利用互联网跨国进行的非法活动,比如跨地区的内幕交易、操纵市场等。第五工作小组负责投资基金业的监管,研究为集体投资机构提供健全的操作规则。在五个工作小组的协调一致的努力下,技术委员会发表和通过了一系列有关国际证券监管的报告、决议以及建议标准,对促进全球证券市场的公正、高效地发展,规范和有效监控国际证券的发行与交易,打击跨国证券违法犯罪,促进证券违法犯罪活动惩治的国际合作起了无可替代的作用。因此,有学者认为:"从历史和现实来看,IOSCO 是在证券、期货市场的国际监管与调控方面做得最好的国际组织。"[1]

中国证监会在国际证监组织 1995 年的巴黎年会上加入该组织,成为其正式会员。按地区划分,中国证监会属亚太地区委员会正式成员。按市场发展状况划分,中国证监会是新兴市场委员会的正式成员。我国的上海证券交易所、深圳证券交易所于 1996 年 9 月加入其咨询委员会。

(二) 世界交易所联盟

世界交易所联盟(World Federation of Exchanges, 简称 WFE,)其前身为国际证券交易所联盟(FIBV),这是一个世界性证券市场组织,成立于 1961 年,其总部位于巴黎,与作为政府性监管机构的 IOSCO 不同的的是,WFE 属于一个非政府的民间监管组织,其宗旨是:致力于通过提高会员交易所的自律标准来建立一个高效、公平、安全的市场体系,从而充分保护国内和国际投资者。世界交易所联盟不遗余力地推动会员交易所制定充分合理的国际证券发行、交易和结算准则方面的合作,以规避可能发生的证券欺诈和风险。近年来,世界交易所联盟进行了一次大规模的机构重组,并决意在金融市场国际化和证券化领域扮演一个更为重要的角色。此外,FIBV 还加强了与其他民间组织的合作。1990 年 11 月,FIBV 与国际律师协会(IBA)和国际会计师联合会(IFA)达成了共同合作研究世界资本市场的协议。

(三) 区域性组织和区域行业组织

1. 欧洲联盟

欧盟国家证券市场是全球证券市场的重要组成部分,而欧盟(欧共体)也自 1979 年以来,通过了一系列旨在协调各成员国证券市场经营与监管、打击证券欺诈的重要指令。[2] 欧盟理事会为惩治证券欺诈已制定了《协调有关内幕交易规范的指令》《关于内幕交易与市场操纵的指令》等有关的指令,这些指令出于消除欧盟内部的管制障碍和加强监管执法的双重目的,对于各成员国有关证券法律及相关规则进行了最低限度的协调,在共同水准上确立了一套惩治证券欺诈,规范证券发行、上市、交易等方面的原则、标准和制度,成为在欧洲单一市场内从事证券活动的基本法律依据。并且欧盟在促进各成员国监管部门在惩治相关的证券欺诈行为的合作方面也做了大量卓有成效的工作。

---

[1]　邱永红:《证券跨国发行与交易中的法律监管问题刍议》,载《河北经贸大学学报》1998 年第 5 期。
[2]　根据《罗马条约》和《马斯特里赫特条约》的规定,欧盟的指令对各成员国具有约束力,因此,欧盟理事会制定有关证券的指令可以直接纳入各国国内法而为各国所遵守。

2. 区域性证券监管协会

在惩治证券跨国发行与交易中违法犯罪方面，一些区域性行业组织也发挥了重要作用，其中北美证券管理协会（NASAA）是比较有代表性的一个。北美证券管理协会成立于1919年，由美国50个州和哥伦比亚特区、加拿大、墨西哥和波多黎各的证券管理部门组成，其目的是为保护投资者的利益，并从基层来维护资本市场的有效性。近年来，NASAA把对证券跨国发行与交易行为的监管与执行着重提上了议事日程，并极力鼓励其成员国在相互之间、成员国与非成员国之间进行国际证券监管方面的合作，在打击跨国、跨地区的证券欺诈行为过程中所发挥作用的综合性报告，并在该报告中提出了进一步的行动建议。[①] 2002年，北美证券管理协会对该机构选出的2002年前十项投资欺诈活动予以公布，提醒投资者给予足够的警惕。在这十项投资欺诈活动中，排在第一位的就是保险公司出售高风险或有欺骗性的证券。排在第二位的是股票经纪人的欺诈行为。声明指出，股市下跌使很多经纪人投机取巧，甚至完全采用欺骗手段来掩盖损失或谋取利益。排名第三的是财务分析师利用不正当手段获取利益。例如，某些财务分析人员故意给投资公司出具良好的财务报告，误导投资者，以谋取好处。另外，与期票业务有关的投资欺诈以及利用特殊关系进行的投资欺诈等也被列入了排行榜。针对网上投资欺诈行为日渐增多的局面，北美证券管理协会也采取了不少积极的制裁措施，取得了一定的成效。此外，北美证券管理协会在打击证券欺诈方面积极加强了有关监管部门的合作，如2003年9月，美国证交会和北美证券管理协会就宣布成立一个工作组，以"提出改善联邦和各州在重大执法活动中进行合作的方法"。[②]

区际的监管组织中发挥作用比较突出的，除北美证券管理协会以外，还有美洲证券管理者委员会（CORSA），该委员会成立于1992年，其成员国有阿根廷、加拿大、智利、哥伦比亚、哥斯达黎加、厄瓜多尔、洪都拉斯、墨西哥、巴拉圭、秘鲁、美国、乌拉圭和委内瑞拉。CORSA也采取了一系列措施来促进该地区证券市场监管的合作与协调，打击、惩治证券欺诈行为。

除上述的国际、区际组织之外，国际有价证券管理者协会（ISSA）、有价证券国际协会（FIBV）、国际证券市场协会（ISMA）、国际证券和互换交易委员会（ISDA）、亚洲证券分析员协会（ASAC）、国际会计准则委员会（ISAC）等组织在对证券跨国发行与交易行为的法律监管、惩治相关的欺诈行为方面也进行了许多卓有成效的工作。

五、惩治证券犯罪的国际合作机制

统一、稳定的市场体系及制度是证券市场国际化发展的客观要求，并对证券业及市场的持续繁荣极为重要，而"进入国际市场的便利和跨国交易的剧增刺激了违法或不当

[①]　See Peter E. Millspallgh., "Global Securities Trading: The Question of A Watchdog", Geo. Wash. J. Int' I and Econ. Vol. 26, NO. 2, 1992, p. 365.

[②]　http://sichun. Tz888. Net/news/detailnews. Asp.

行为。现在,证券和期货市场中的欺诈和其他权利滥用行为可以通过单个行为跨越几个国家的管辖而变得更加隐蔽"。[①] 因此,在这种形势下,加强证券市场国际监管的合作与协调,加强对跨国证券欺诈等违法犯罪惩治的国际合作已成为各国的共同要求。

(一) 多边合作制度

国际组织体系框架内的合作主要是指国际证券监管委员会组织、世界交易所联盟、国际有价证券管理者协会等组织内有关国家监管部门进行合作,其中,在国际证券监管委员会体系内的合作是惩治跨国证券犯罪多边合作最重要的一种,如前所述,国际证监会组织的所有成员,均需签署1994年东京年会通过的《关于遵守国际证监会组织相互合作协助最高标准的基本原则决定》,在这个决定中,要求会员必须遵守的一项就是相互协助,通过严格执行准则和有效制裁违法犯罪,以确保证券市场的完整性。多年以来,国际证券监管委员会组织一直致力于推进和协调成员间的多边合作,为了指导证券监管合作谅解备忘录[②]的签署,该组织还在1991年9月通过了《关于谅解备忘录的十大原则》,该文件所阐述的原则几乎涵盖了一份完整的谅解备忘录所必要的组成部分,这对于更好地促进成员国之间在监管问题上的合作起到了巨大的作用。欧盟内部各国的实践是区域性合作的典型代表,欧盟通过一系列有关证券监管指令的发布、实施,对各成员国有关证券法律及相关规则进行了最低限度的协调,成为在欧洲单一市场内从事证券活动的基本法律依据。

世界各有关国家签订多边性合作协议来加强对证券跨国发行与交易行为的法律监管,也是多边合作机制的一种重要形式。例如,1995年5月,16个不同国家的监管机构在英国的温莎召开会议,发出了一份有关跨境监管联合声明(即《温莎宣言》),他们一致同意,加强交易间的合作,努力保护客户资金和资产;澄清和加强违约过程管理;在紧急情况下加强监管合作。

(二) 双边合作制度

在对证券欺诈行为进行惩治的国际合作中,最基本、最常见的形式就是双边合作,即两国证券监管部门之间就证券管理的一些法律性、技术性问题开展交流与协作,这种合作一般是通过签订双边协定来实现的,其主要形式有《相互法律协助条约》(Mutual Legal Assistance Treaties, 简称 MLATs)和谅解备忘录(简称 Memoranda of Understandings,简称 MOUs)。

1.《相互法律协助条约》(MLATs)

《相互法律协助条约》,又称做《司法互助协定》,是各国通过外交途径签订的,具

---

① 李仁真:《国际金融法》,武汉大学出版社1999年版,第283页。

② 有关证券监管合作的谅解备忘录是指两国证券主管机关就证券监管事项而签订的一种双边法律文件。它一般要求双方以互惠为基础,就相互法律协助条约不同,谅解备忘录是专门针对证券监管事项而达成的,其目的在于设置双边信息交流机制,以加强证券监管领域的合作。谅解备忘录作为国际范围内证券监管机构合作的一种形式,最早见于1982年美国与瑞士之间达成的一个涉及证券内幕交易多重管辖问题的谅解备忘录。

有法律约束力的双边协议。依 MLATs,应缔约一方的请求,除特殊情形外,缔约另一方有义务在约定的民事、刑事等法律事务方面提供协助。《相互法律协助条约》一般都包括下列一些内容,可适用协助的种类、请求协助的要件、请求执行的方式、所获信息的用途以及拒绝请求的情形。[①] 尽管《相互法律协助条约》不是专门针对这个问题而专门签订的,但其内容大都明确包含了证券法律事务方面的协助,特别是涉及证券违法行为如内幕交易的查处事宜。[②]

世界上第一个有关证券的 MLATs 是由美国和瑞士在 1973 年签订的《美瑞相互法律协助条约》,按照此条约的规定,缔约一方要获得另一方有关强制措施方面的协助,必须满足三个条件:第一,请求国必须有正当理由怀疑所涉行为构成了犯罪;第二,所涉行为必须构成双重犯罪,即有关行为根据被请求国的法律应受刑事处罚;第三,所涉行为必须属于条约"附表"所列明的可被请求采取强制措施的行为。其中条约有关"双重犯罪"条件的要求曾一度限制了美国有关内幕交易法律的执行,因为瑞士并不像美国那样严厉禁止内幕交易,直到 1988 年,瑞士法律才将内幕交易规定为犯罪行为。与此不同的是美国与加拿大于 1985 年签订的《相互法律协助条约》,就没有双重犯罪标准的限制,它规定,凡是涉及证券、消费者保护等领域的违法行为均可适用相互法律的协助。《相互法律协助条约》在国际社会中的应用比较普遍,以美国为例,美国除了与瑞士、加拿大以外,到 1996 年年底,美国还与土耳其(1979 年)、荷兰(1981 年)、意大利(1982 年)、英国(1986 年)、墨西哥(1987 年)、巴哈马(1988 年)、阿根廷(1990 年)、西班牙(1990 年)等十几个国家签署了有关证券的 MLATs。这些协定为缔约国一方证券法在域外适用时获得外国有关部门的协助带来了极大的便利[③],从而有利于缔约国之间携手共同打击证券违法犯罪活动与过度投机行为。

2. 谅解备忘录(MOUs)

签订双边的谅解备忘录是两国证券监管者之间国际双边合作与协调的一个重要途径,与《司法互助协定》不同的是,谅解备忘录仅是双方就某些特定类型的案件所作的一种无法律上约束力的意向声明,它一般要求双方以互惠为基础,通过交流信息以便利各自职责的履行,虽然谅解备忘录对有关各国之间不产生有约束力的国际法律义务,但是由于它的签订程序简便,特别是它是由直接负责管理各自证券市场的机关予以签署并实施,故执行效果极佳,因而成为一种双边合作的最常见形式。还是以美国为例,到 1994 年年底,美国监管者已与加拿大、英国、挪威、阿根廷等 41 个国家签订了双边谅解备忘录。其他国家的情况是:法国,17 个;英国,15 个;西班牙,11 个;意大利,7 个。

谅解备忘录的内容繁简不一,且格式和基本条款也在不断变化。从最初的主要

---

① 参见莫维诺:《国际刑事法律问题》,载《纽约大学法学杂志》(英文版)1994 年第 2 期,第 3 页。

② 参见李仁真:《国际金融法》,武汉大学出版社 1999 年版,第 284 页。

③ 缔约国的证券法在另一方协助下的域外适用与一国证券法的域外管辖效力有着根本的不同,前者的法律约束力来自条约另一缔约国对国内司法管辖权的限制与让渡,而某些国家证券法中规定的域外效力的法律约束力就来自于本国法律规定。如美国就以判例法的形式确立了本国证券法的域外效力,但只要其股票在美国的任何一家证券交易所上市或者登记,与该家公司相关的不法交易造成了对美国投资者利益的损害,或者是欺诈行为发生在美国境内,但交易是外国公司在外国完成的交易时,法院即可行使管辖权。参见李清池:《美国证券法的域外效力》,载《金融法苑》2001 年第 5 期。

是针对某些跨国的证券违法犯罪活动如内幕交易的规则,继而扩展到目前在证券国际化过程中可能出现的所有情况。如依美英于 1991 年签订的《谅解备忘录》的规定,缔约双方相互提供协助的范围,广泛涉及对证券的内幕交易、虚假陈述、市场操纵等证券违法行为的查处,以及对证券投资业务行为、公司证券权益披露以及其他证券与期货的管理。由于这些谅解备忘录是在各国对证券市场负有直接监管责任的监管部门之间达成的,因此它在获取有关证券违法和犯罪的情报方面比《相互法律协助条约》更为有效,更具有预见性。世界上最早的谅解备忘录是美国与瑞士在 1982 年达成的一个涉及证券内幕交易的多重管辖问题的谅解备忘录。

六、我国的法律对策

自 20 世纪 80 年代以来,随着有计划的商品经济的转型发展和经济体制改革的不断深化,我国证券市场在经历了新中国成立后的短暂存在、而又长期中断的一个曲折过程后,又逐步萌芽、形成和发展起来。截至 2003 年 10 月,作为证券市场主要部分的沪、深两交易所的境内上市公司达到 1278 家;投资者开户 699 635 万户;股票市价总值 3 852 251 亿元;流通市值 1 237 907 亿元;总股本达 632 341 亿股。[1] 可以说,我国证券市场用 20 年时间,走完了发达国家几十年甚至上百年才走完的历程。但是我们必须要清醒地看到,我国证券市场监管经验、治理和调整证券市场机制的缺乏,我国在证券市场的法治化、国际化方面仍存在着许多问题,有关证券违法犯罪预防、惩治的立法还有所欠缺,但是我们同时也相信,随着我国证券市场的日益成熟,我国关于证券违法、犯罪的遏制机制也必将随之渐趋完善、成熟。[2]

(一) 我国已经初步建立起关于惩治证券犯罪的法律体系

就我国法律体系的建设来看,目前规范证券市场的有效法律、法规、部门规章共计 340 多件:其中国家法律 25 件,如《中华人民共和国证券法》《中华人民共和国公司法》《中华人民共和国刑法》《中华人民共和国证券投资基金法》等;行政法规 79 件,如《关于进一步加强证券市场宏观管理的通知》《证券交易所风险暂行管理办法》《国务院关于股份有限公司境内上市外资股的规定》《股票发行与交易管理暂行条例》等;部门规章 244 件,比如中国证监会颁发的各种规范性文件等。可以说,国外由刑事法律规范的证券犯罪,例如证券内幕交易、操纵市场、证券欺诈、虚假陈述等主要罪种,我国刑法中有规定;证券违法的主要行为也都规定在证券法、公司法等法律中。至于供操作的部门规章更是体系完整,规定具体,深入到证券发行、交易、中介等方方面面。

---

① 参见中国证券监督管理委员会网站上公布的相关信息。
② 参见薛智胜、苏哲:《证券犯罪及其治理对策研究》,载《天津大学学报(社会科学版)》2003 年 10 月。

（二）建立国务院证券监督管理机构和相关的执法机构

改革开放以来，随着中国证券市场的发展，建立集中统一的证券违法、犯罪监管规制体制势在必行。1992年10月，国务院证券委员会（以下简称国务院证券委）和中国证券监督管理委员会（以下简称中国证监会）宣告成立，标志着这一体制的形成。

国务院证券委是中华人民共和国政府的最高证券管理权力机关，是国家对证券市场进行统一宏观管理的主管机构，下设办公室，负责日常工作，其任务是加强证券市场的宏观管理，统一协调股票、债券、国债等有关政策，保护人民群众利益。中国人民银行、国家体改委、国家计委、财政部、经贸办、监察部、最高人民法院、最高人民检察院、经贸部、国家工商局、国家税务局、国家国有资产局、国家外汇管理局等13个部委的负责人担任委员，其职责主要是组织拟定证券市场的有关法律、法规草案，研究制定证券市场的方针和规章。

中国证监会是国务院证券委的监管执行机构，依照法律法规对证券市场进行监管。其职能主要有：起草证券期货市场的有关法律法规；依法对证券期货违法违规行为进行调查、处罚。其中，证监会稽查局负责组织调查证券期货交易中操纵市场、内幕交易违法违规案件223件，对390家机构和537名个人分别作出了行政处罚①；归口管理证券期货行业的对外交往和国际合作事务；监督检查证券法规和方针政策的执行。

1998年4月，根据国务院机构改革方案，决定将国务院证券委与中国证监会合并组成国务院直属正部级事业单位。经过这些改革，中国证监会职能明显地得到加强。1998年9月，国务院批准了《中国证券监督管理委员会职能配置、内设机构和人员编制规定》，进一步明确中国证监会为国务院直属事业单位，是全国证券期货市场的主管部门，进一步强化和明确了中国证监会的职能。

另外，为切实维护证券市场秩序，公安部还于2002年3月28日专门成立了证券犯罪侦查局②，该局是在公安部经济犯罪侦查局证券犯罪侦查处的基础上扩编形成的，其主要任务是对涉及全国范围的证券期货违法犯罪案件进行查处，全力维护金融资本市场秩序。证券犯罪侦查局还在北京、大连、上海、武汉、成都和深圳等六地派驻直属分局。证券犯罪侦查局在公安部和中国证监会的共同领导下履行法定职能，依法查处了操纵"中科创业"股票交易价格案、"银广厦"提供虚假财会报告案等一批侵害投资者利益、影响证券市场稳定发展的重特大案件。

（三）完善惩治证券违法犯罪机制的思考

由于证券犯罪种类繁多，因此，如何有效惩治证券犯罪面临复杂问题。下面以惩

---

① 载 www.e521.com。
② 与交易所依据其交易规则进行市场监管和证监会主要依据《中华人民共和国证券法》和《中华人民共和国行政处罚法》对证券市场违规案件进行行政执法相区别，证券犯罪侦查局依据《中华人民共和国证券法》《中华人民共和国刑法》《中华人民共和国刑事诉讼法》行权，有司法赋予的专有执法手段，主要查处触及刑律犯罪案件。

治证券内幕交易为例加以说明。应当承认,惩治证券内幕交易比防治证券虚假陈述更难,防治虚假陈述可以从强化信息披露制度着手进行事先预防;而内幕交易发生的随意性和几率更大,防不胜防。即使事先在同一机构的部门之间设置"防火墙",也很难有效阻止内幕信息的传递,美国的 IBM 收购莲花内幕交易案就充分说明了这一点。因此,应强调惩治内幕交易是禁止内幕交易的主要手段。

自从 1934 年美国制定第一部禁止内幕交易的法律以来,到目前(2003 年)为止,世界上大多数国家都已经制定了禁止内幕交易的法律。据美国学者的一项研究①,到1998 年年底,世界上共有 103 个国家拥有证券交易所,而其中 22 个发达国家全部都已制定禁止内幕交易的法律,81 个发展中国家或地区中也有 80% 有了禁止内幕交易的立法。两者相加达 87 个国家或地区,占总数(109 个)的 80% 。但上述研究表明,光有立法是不够的。关键是要有执法行动。从执法来看,存在以下一些特点:

1. 执法明显落后于立法

这主要体现在三个方面:一是发生实际诉讼案件少。在 87 个有禁止内幕交易立法的国家和地区中,发生内幕交易诉讼案件的直至 2000 年也才只有 30 多个国家和地区。二是起步晚。美国是世界上禁止内幕交易最严格的,但从 1934 年《美国证券交易法》明文规定禁止内幕交易以后,在近半个世纪中,这项规定几乎形同虚设,从未认真执行过,直至 1961 年才出现了第一起根据联邦法律进行的内幕交易诉讼。进入 20世纪 70 年代后,由于那时美国企业间收购兼并盛行,利用内幕交易非法牟利行为猖獗,美国联邦证交会才被迫出击,加大了执法力度,查处案件数量才逐渐上升,从全球范围看,到 1990 年为止,只有 9 个国家对内幕交易行为人提起过司法诉讼。其中 22个发达国家中仅有 23% 有过内幕交易司法诉讼,而 81 个发展中国家仅有 7% 曾经有过内幕交易司法诉讼。三是处罚力度不强。从处罚力度看,大多是处以罚金或缓刑,罚款数额大体等于行为人从内幕交易中所获得的利润或减少的损失,几乎没有判处自由刑的。

2. 进入 20 世纪 90 年代后,各国普遍加强了执法力度

从 20 世纪 90 年代以来,加强禁止内幕交易的执法活动成为世界性的潮流。截至1999 年,在全球 103 个有证交所的国家或地区中,已有 38 个国家或地区有过执法实例。发达国家或地区的 82% 有过内幕交易诉讼;发展中国家或地区也达到 25% 。大多是从 1994 年开始的。

3. 定罪的仍十分有限

从诉讼案件看,禁止内幕交易既有刑事诉讼,也有民事诉讼案件。真正给内幕交易行为定罪的,仍比较少。见下表:

---

① See VtpalBhattachary a and HazemDaouk, 2002, 转引自付浩:《内幕交易监管与投资者保护》,载《投资者保护》,复旦大学出版社 2002 年版,第 185 页。

不同国家（地区）对内幕交易定罪的比较①

国家或地区	定　　罪
美国	50 起（1980—1988 年）,77 起（1994—1997 年）
英国	23 起（1980—1994 年）
日本	11 起（1988—1988 年）
澳大利亚	3 起（自 1991 年）
印度	1 起
香港特区	3 起（1974—1990 年）
中国内地	0 起

4. 对提高惩治内幕交易有效性的建议

在提出具体建议前,我们应看到以下三个因素:①证券内幕交易大多与操纵证券交易价格、证券虚假陈述行为结合在一起发生,例如 2001 年美国世界通讯公司虚假陈述案曝光前几天,该公司股票出现异常交易,内部人从抛售自己手中的持股获利达 1.7 亿美元。②各国对内幕交易规定的刑罚大多比操纵证券交易价格和证券虚假陈述重,例如美国和我国对内幕交易规定的最高自由刑均为 10 年;而后两者只有 5 年。③立法和执法反差特别巨大。立法尽管很严厉,但严厉的刑罚鲜有实际执行的。我国修订《刑法》实施近 6 年了,至今 1 例内幕交易犯罪也没有。美国鲜有判处自由刑的实例。当然,定为犯罪的,在美国和日本也有一些,但刑罚很轻,大多判缓刑或罚金刑。日本 10 多年来只有 1 例判处 1 年的实刑。实际经验告诉我们,以上三点,不是一个国家的特例,而是比较普遍的,这就使我们认识到,提高惩治内幕交易的有效性,不能简单地讲几句加大执法力度就完事了。实际上,对提高惩治内幕交易的有效性而言,及时发现及时揭发,比加大处罚力度要重要得多。为此,提出以下五条建议:

(1)加强一线监管,做好实时监控。证券交易所是一线监管机构,装备了先进的实时监控设备,可以自动发现、锁定和跟踪异常交易,而异常交易的背后往往可以发现内幕交易、操纵股市的规律。以美国为例,内幕交易大多发生在消息正式公布前 6 天到 13 天期间,因内幕交易造成该股股价平均会上升 6.85%。②

(2)实行异常情况报告制度。我国《证券法》第 71 条、第 110 条有明文规定。各国法律也有这方面的规定,交易所一线监管机构发现异常后,应及时向政府监管机构报告,根据不同情况作出具体处理。

(3)加强对上市公司高管人员和大股东持股情况、交易情况的申报检查。虽然我国目前有这项制度,但只有填报,却没有检查,这也是一个漏洞。

(4)对同一资金来源开设大批账户的要加强检查,提高警惕。2003 年中科创业

---

① 参见刘裕辉:《内幕交易监管的国际比较》,载《证券市场导报》1999 年 9 月。

② 参见郎咸平:《如何查处证券内幕交易》,载《新财富》2002 年第 1 期,第 24 页。

操纵股市案中,有一个情况值得引起重视:行为人用他人名义开设了600多个账户。其中有70多个是用安徽一个偏僻乡村的村民的身份证开立的。这些村民几乎不知道什么叫炒股。实际上这种现象并不是个别的,可以说在世界上也不少见。同一资金来源掌控数百个账户或几十个账户,这已经摆出了要进行操纵股市或内幕交易的架势。

(5)转变认识,提高标准。有人把股市称为"消息市",中外似乎都很难免。美国的IBM收购莲花的消息从一个公司员工开始传递给6个层次的24个人。从中国证监会已经查处的8个案件看,似乎还没有那么多人。但"消息市"在中国也很普遍。法不责众,对查处这种没有被害人的证券内幕交易,监管者存在畏难情绪。同时,我国公安部和最高人民检察院将追诉标准定为"内幕交易数额在20万元以上的",似乎又太低。这样低的标准会导致扩大打击面。所以,笔者建议,将量化标准适当提高。有了适当的量标准,就可以分清什么行为是正常的,什么是允许的,什么是过分的,什么是违法的,什么是犯罪的,随犯随查随惩,法律和标准面前人人平等,从而避免许多随意性,使大家有所遵循。

金融刑法的制度能力建设与抵御金融风险[*]

金融犯罪^①及其惩治的国际化,是 20 世纪末以来出现的客观现象,也是一种趋势。金融刑法制度能否或在多大程度上能够帮助本国政府抵御金融风险(或金融危机),这是自 2007 年美国次贷危机引发的国际金融危机出现以后,各国政府和司法机关都十分关注的问题。我国改革开放 30 多年来,已经建立起全国性的金融市场并相应设立了金融刑法制度,以保障我国安然渡过 1997 年的亚洲金融风暴并坦然应对本次国际金融风波。当然,在制度选择和建设上,如何增强制度能力,有一些经验但也有很多教训值得吸取。

所谓制度能力,通常是指政府运用制度和体制来控制社会、经济和政治的能力。社会变动和经济危机往往对原有的制度和体制形成挑战或冲击,该如何应对?能否适用这种变化,也是一种制度能力。在社会转型过程中,政策往往缺乏连贯性和稳定性,因而创建能有效运作的新体制、新制度的能力也很重要。从刑事政策以及刑法发展的角度来说,只有勇敢面对挑战,积极参与金融刑法制度国际化的进程,并从我国国情和传统出发,才能从容应对金融风险和国际金融风波。

一、金融犯罪及其规制国际化的表现

随着经济全球化和金融全球化的迅猛发展,金融犯罪也日益国际化。在我国加入 WTO 后,金融犯罪的国际化,更是直接影响到我国公民的日常生活和国家的经济安全和金融安全。大致有以下表现:

一是涉嫌金融犯罪的跨境案件大量增多。随着商品、资金、人员的跨境大流动,经济往来日益频繁密切,涉嫌金融犯罪的跨境案件(即犯罪行为的预备地、实施地或结果地跨越了至少两个以上国家或地区)大量增多。比如,近年来多次发生的外籍人士大量携带低价收购来的外国银行信用卡或废卡进入我国境内实施信用卡诈骗或非

---

* 原载于《法学》2009 年第 8 期。

① 金融犯罪并没有严格的定义,一般是指与金融机关或金融过程相关的犯罪(参见〔日〕表谷利幸:《金融犯罪——解释和实务》,日世社 1974 年版,第 4 页)。也有人称,其是指与金融机构或与金融交易相关的犯罪(参见〔日〕芝原邦尔:《经济刑法》,法律出版社 2002 年版,第 25 页)。二者含义相近,前者范围似乎要大一些。在我国,金融犯罪大体包括《刑法》分则第三章第四节"破坏金融管理秩序罪"的 25 个罪名和第五节"金融诈骗罪"的 8 个罪名,再加上近年来《中华人民共和国刑法修正案(五)》《中华人民共和国刑法修正案(六)》以及《中华人民共和国刑法修正案(七)》新增的若干罪名等,共约 40 多种。在西方发达国家,金融犯罪的核心部分,是金融机关工作人员所进行的不法贷款行为等,包括违反《银行法》《出资法》《存款法》等法律中刑罚罚则条款的犯罪。

法透支套现等活动。

二是大批境内涉嫌金融犯罪的腐败分子,特别是银行界、证券界等金融界的腐败分子携大量赃款逃往国外、境外,使某些金融犯罪从单纯的国内犯罪演变成为跨国跨境犯罪。据公安部有关人士披露,自 1998 年至 2004 年,我国已成功从境外缉捕逃犯 230 多人,约占逃犯总数的 1/3,涉及欧洲、北美、南美、大洋洲、东南亚、俄罗斯等 30 多个国家和地区,其中不少是涉嫌金融犯罪的腐败分子。[①] 从 2004 年至今,缉捕犯罪分子归案并追回部分赃款的案例也时见报端。

三是随着金融市场的逐步开放和我国加入 WTO 承诺的逐步兑现,中国境内一些不够成熟的金融市场可能会成为"国际金融大鳄"的袭击目标,比如证券市场、期货市场、大企业并购市场等。由于中国金融市场本身的"内功"尚欠火候,对国际金融市场的运作规律也不够了解和熟悉,再加上国外发达国家的金融工具创新层出不穷,金融衍生产品和技术令人目不暇接,我们对相应的金融犯罪行为缺乏感性认识和破获这类犯罪的经验,因此,在一段时间里,新形式涉外金融犯罪的上升趋势将是很难避免的。这些犯罪对国际金融危机不仅有推波助澜的效应放大作用,而且从某种程度上讲,它们也是增大金融风险的重要诱因之一。例如,美国 2007 年发生的麦道夫金融诈骗案就起了这种作用。

四是现代科学技术的高度发展在创造了巨大正面效应的同时,也使经济犯罪的国际化变得更加便捷。某些犯罪分子利用现代计算机技术、通讯技术和信息技术等提供的便利条件实施"来无影、去无踪"式的高智能犯罪,给我们破获、指控和处罚这类犯罪造成了很大困难。"电子银行""网上交易""电子票据"等新型金融交易工具的出现以及在世界上不少国家的流行,给司法机关和公安机关带来了一系列的实际问题和法律问题。

总之,金融犯罪的国际化有以下特征:其一,全方位、多层次,多种犯罪并发,轻重罪名并发,既有涉外货币犯罪、涉外票据犯罪、涉外信用卡信用证犯罪、涉外期货犯罪、证券犯罪和涉外信贷犯罪,也有涉外洗钱犯罪、保险诈骗犯罪等,既涉及普通老百姓,也涉及各种企业、银行及非银行金融机构等。其二,破坏后果严重、持续时间长,例如 1995 年,尼克·里森在新加坡期货交易所进行非法期货交易,弄垮了有 200 多年历史的老牌巴林银行,给英国金融界带来一场危机,对全球金融市场也是一次冲击,其影响延续达数年之久。其三,跨越国界、边界,扩散范围广并难以完全控制,比如跨国信用卡欺诈,量大面广,仅英国每天就要发生数万起,而受到查处的只是其中的极小部分,洗钱犯罪也是这样。其四,在很多情况下,犯罪组织以类似于公司企业一样的结构从事犯罪活动,运用高技能人才和机制协助谋取利润和隐藏利润。其五,这种犯罪活动往往与合法经济中的组织十分相似,犯罪组织能够根据不同的形势不断作出调整,使自己适应市场变化,迎合公众对商品和市场的需求。

经济全球化为经济犯罪特别是新的金融犯罪提供了土壤和环境,贸易、金融、通

---

① 参见沈路涛等:《跨越疆界的较量》,载《解放日报》2004 年 5 月 11 日。

信和信息结构的变化促生了犯罪活动突破国家界限。犯罪活动和组织越来越多地跨越国界,在许多情况下具有全球性质。

所谓金融犯罪规制,通常是指惩罚和防治金融犯罪的制度、规则和机制。这些制度和规则一般由国际性协议、建议、声明等文件和国际惯例构成或提供。其中不少并无法律上的约束力,只是公认的行动准则。例如 FATF(金融行动特别工作组)关于反洗钱的《40 条建议》(1990 年制定,1996 年修订),不仅包含刑法和刑事程序法,也包括民事、经济、行政等法律的实体法和程序法的相关内容,涉及金融犯罪的预防、侦查起诉、审判、执行等各个环节。看起来抽象,实际上却和公民的日常生活密切相关。例如,2004 年年初,一名中国留学生在英国留学期间,因从网上购物而导致自己的信用卡信息被盗,后被他人盗用 500 多英镑。在这起案件中,信用卡发卡行在英国,窃取资料地也在英国,但信用卡消费用款地却在德国,行为人是意大利人,被害人是中国人,而被害人从未去过德国,更不曾用信用卡在德国消费过。在这个案例中,就产生了以下一系列实际问题,这些问题就涉及惩治规制:①中国被害人应当向谁报案,是英国,还是中国的公安机关?或者应当先向英国的发卡银行报案,再由英国发卡银行向英国相关机关报案?②如果公安机关要管这件事,那么,哪一国的公安机关有权管?谁有管辖权?如果都可以管,谁先管?③如果犯罪地在第三国,即犯罪分子是在第三国(比如德国)使用该信用卡消费的,被德国警察抓获了,英国和中国的司法机关(检察机关和法院)能不能要求将该犯罪分子引渡到英国或中国审判?④审判时应依据哪国法律?是被害人所在国——中国的法律,还是行为人居住国——意大利的法律,或者是犯罪地法律即英国法律?⑤如果在中国审判,关于窃取他人信用卡信息的刑法条文,中国和英国的不一致怎么办?⑥如果被害人要求民事赔偿,他又该如何获得救济呢?从这个例子可以看出,金融犯罪的国际化引起了金融犯罪惩治规制的国际化,引发了一系列法律上的程序和实体问题。这些问题过去也曾发生过,但比较少,可以按部就班慢慢解决。但现在随着金融全球化的迅猛发展,这类案件就越来越多,需要我们从程序法和实体法上都能作出迅速和有效的反应,这就是我们面临的迫切课题。

由于金融犯罪涉及面广,关系到约 40 多种罪名,而惩治体制又与一国金融管理体制、金融法律体系和司法制度密切相关,因此本文只能从比较宏观的角度论述。

金融犯罪惩治规制国际化的表现形式,大体可从规则层面和制度、机制层面来观察。

从规则层面看,大体有四类:一是与防治金融犯罪有关的具备法律效力的国际公约。这些公约对缔约国产生法律效力,规范缔约国的防治金融犯罪的行为和程序,比如《联合国打击跨国有组织犯罪公约》《联合国反腐败公约》《联合国防止向恐怖主义提供资金的国际条约》《联合国禁毒公约》等,还有《防止伪造货币国际公约》(1929 年 4 月 20 日由英、美、中、苏、法、德、印、日等 28 个国家通过)。二是对防治金融犯罪有指导意义的国际性文件,虽然它们没有法律上的约束力,但对各国防治金融犯罪和防范金融风险工作有指导意义,例如巴塞尔银行监管委员会发布的《有效银行监管核心原则》和《防止犯罪分子利用银行系统从事洗钱活动的原则声明》等。三是区域性的防治金融犯罪的规范性文件,比如 1990 年欧洲理事会的《关于洗钱、搜查、扣押和没收犯罪收益的公约》等。四是国际警务合作、国际刑事司法协助等方面的法律规范,其中有的是国际性的公约或示范性的国际条约,比如《国际刑事警察组织章程与规则》《联合国刑事事件互助示范条约》《联合国引渡示范条约》《联合国刑事诉讼转移示范条约》等,其中有的对缔约国有法律约束力,有的则是示范性的。由于金融犯罪的具体罪名繁多,因此,并不是每一种具体犯罪都能与以上四方面的规则相对应;某些犯罪的国际化程度高,其对应的规则就多,例如对洗钱犯罪,以上四方面都有规则与其相对应;某些犯罪的国际化程度相对低一些,则其相对应的内容就少一些,比如信用卡犯罪目前就没有与其直接相对应的国际公约(联合国公约)。

从制度和机制层面看,国际组织、区域性组织或各国政府在惩治金融犯罪的组织、机制层面上主要采取以下三种形式:一是组建专门的国际机构打击某种金融犯罪,比如组建金融行动特别工作组打击洗钱犯罪。二是扩展某个原有国际组织的功能,赋予其打击某些金融犯罪活动的任务,如联合国禁毒总署原有功能是打击毒品走私活动,后来,根据《联合国禁毒公约》,又赋予其打击洗钱犯罪的任务。三是成立地区性的打击某些金融犯罪的机构,比如建立亚太地区反洗钱小组等。

由于金融犯罪的国际化有三种情况,即具有涉外因素的国内犯罪、跨国跨地区犯罪、国际犯罪,因此,针对不同的情况,其惩治规制的运作也会有所不同。比如,对国际犯罪,就应由国际刑事法院依据国际刑法规范来进行惩治;而对具有涉外因素的国内犯罪和跨国跨地区犯罪,则主要应由各国司法机关根据国内刑事法律来进行惩治。当然,这只是一个大的原则和框架。由于国际刑事法院目前并没有把国际金融犯罪作为惩治对象,所以,国际金融犯罪也只能由各国司法当局依照国内刑事法律的规定来进行惩治(当然,相关的国际公约、条约、惯例或一般法律原则可以转化为国内刑事法律)。

总之,加强国内刑事立法对涉外刑事案件的有效适用和加强国家之间的合作,是金融犯罪惩治规制国际化运作的两个关键性环节。只有运作好这两个制度性环节,才能使金融犯罪不会因为国家之间壁垒形成的缝隙而逃脱应有的法律惩处,也才能有效地保护本国的金融安全。

二、我国选择积极参与金融犯罪惩治规制国际化的进程

就制度选择层面来说,我国首先选择了积极参与金融犯罪惩治规制国际化的进程,积极参与国际社会合作控制经济犯罪特别是金融犯罪的行动,从规则、制度和机制层面采取了许多措施,取得了明显成效。

从规则层面看,我国已正式加入《联合国禁毒公约》(1988 年)、《联合国打击跨国有组织犯罪公约》(2000 年)、《联合国反腐败公约》(2003 年)、《联合国制止向恐怖主义提供资助的国际公约》(1999 年)等国际公约,根据这些公约规定的义务,并参照有关国际性示范文件的精神,制定了国内打击金融犯罪的法律法规体系。大致体现在法律、法规和规章三个方面。

在法律层面上,打击金融犯罪的内容集中规定在《中华人民共和国刑法》(以下简称《刑法》)中。1997 年《刑法》修订时,其分则第三章第四节规定了破坏金融管理秩序罪、第五节规定了金融诈骗罪,再加上其他章节的若干条文以及近年来《刑法修正案》新增的若干罪名,应当说,符合金融犯罪概念的罪名已经有 40 多个,比如第 191 条的洗钱犯罪、第 193 条的贷款诈骗罪、第 194 条的金融票据诈骗罪、第 195 条的信用证诈骗罪、第 196 条的信用卡诈骗罪、第 180 条的内幕交易、泄露内幕信息犯罪、第 182 条的操纵证券期货市场罪等。无论从罪名的设置,还是从犯罪构成要件的主要内容看,这些犯罪都是符合相关国际条约或国际示范文件的要求(或者是标准)的,也和主要发达国家的国内法律比较一致或相接近。

最高人民法院和最高人民检察院对刑法有关金融犯罪条款在司法实践中的应用作出了大量的司法解释,其中比较重要的有最高人民检察院、公安部《关于经济犯罪案件追诉标准的规定》(2001 年 4 月)和《补充规定》(2008 年 3 月)、最高人民法院《关于审理单位犯罪案件具体应用法律有关问题的解释》(1999 年 6 月)、最高人民法院《关于印发〈全国法院审理金融犯罪案件工作座谈会纪要〉的通知》(2001 年 1 月),等等。

在行政法规的层面上,主要是预防金融犯罪、加强金融监管方面的规范,比如《个人存款账户实名制规定》(国务院 2000 年 3 月颁布)、《金融违法行为处罚办法》(国务院 1999 年 2 月发布实施)、《行政执法机关移送涉嫌犯罪案件的规定》(国务院 2001 年 7 月发布实施)、《人民币管理条例》(国务院发布,2000 年 5 月实施)、《外资金融机构管理条例》(国务院发布,2002 年 2 月实施)、《非法金融机构和非法金融业务活动取缔办法》(国务院 1998 年 7 月发布实施),等等。

在规章层面上,国务院所属的金融监管部门或机构发布了大量的部门规章,涉及反洗钱、存贷款、信用卡信用证、证券期货、外汇管理、金融票证、保险等各个方面数以百计,难以一一列举。比如,在反洗钱领域,2003 年 1 月,中国人民银行颁布了三部反洗钱规章,即《金融机构反洗钱规定》《人民币大额和可疑支付交易报告管理办法》和《金融机构大额和可疑外汇资金交易报告管理办法》(以下简称"一个规定、两个办法")。这些规范性文件与《巴塞尔声明》和 FATF 关于反洗钱的《40 条建议》的要求都是一致的。

从体制方面看,我国已经初步建立起由中国人民银行、银监会、证监会、保监会、国家外汇管理局、财政部、公安部、检察院、法院等国家机关或监管机构组成的惩治金融犯罪的运作框架和机制。在反洗钱领域,2001 年 9 月,中国人民银行成立反洗钱工作领导小组,统一领导、部署我国银行业的反洗钱工作。2003 年 9 月,中央编制委员会办公室《关于中国人民银行主要职责内设机构和人员编制调整意见的通知》将人民银行原来的保卫局增加反洗钱职能改成反洗钱局。原由公安部承担的组织协调国家反洗钱工作的职责,转由中国人民银行承担。2007 年央行成立"反洗钱监测分析中心"。[①] 国家外汇管理局负责制定大额、可疑外汇资金交易报告标准和制度,并对大

---

① 钟文倩:《中国正式加入 FATF》,载《21 世纪经济报道》2007 年 7 月 1 日。

额、可疑外汇资金交易报告工作进行监督管理。各商业银行目前也相继成立了专门的反洗钱机构,负责报告大额、可疑的外汇资金交易。2002 年 4 月,公安部经济犯罪侦查局洗钱犯罪侦查处成立,负责对银行系统及外汇局上报的涉嫌犯罪的洗钱行为进行侦查。由于各相关部门认真履行职责并相互配合,各金融机构近年来在业务活动中,发现了一些涉嫌洗钱与洗钱犯罪的重要线索,并及时采取了堵截、控制并向公安、司法机关报告等措施,对打击逃套外汇走私、骗税、贩毒、洗钱等犯罪活动发挥了重要作用。

在惩治证券、期货犯罪领域,我国目前采取集中管理型,即以政府监管为主、自律管理和自我管理为辅的三结合的模式。广义的证券、期货监管可以包括以下四个方面:①中国证监会是证券、期货监督管理的执行机构和牵头单位;②中国人民银行、银监会、财政部、国有资产管理委员会和司法部等国家机关对有关证券服务机构和中介机构,如涉及银行账户保证金存款的商业银行、涉及证券业务的会计师事务所、审计事务所、律师事务所和资产评估机构等进行管理;③中国人民银行和国家发展和改革委员会是发行企业债券的审批机关;④公安、检察、法院等机关是对证券、期货犯罪追究刑事责任的执法机关。

在惩治保险犯罪、票据犯罪、银行存贷款犯罪方面,都已经建立起由公安部门和相应的政府职能机关相互配合、相互协助的运作机制,有效地开展预防和惩罚金融犯罪的工作。

从开展惩治金融犯罪的国际合作的角度来看,我国政府认真参与惩治金融犯罪的国际合作。除参加《联合国禁毒公约》《联合国打击跨国有组织犯罪公约》《联合国反腐败公约》等重要国际公约外,还参加了国际证监会组织(IOSCO)①,并已正式参加金融行动特别工作组(FATF)、亚太地区反洗钱小组等反洗钱国际组织。② 从 2001 年到 2002 年年底,我国有关部门协助外国警方调查涉及洗钱犯罪的线索 70 多起,涉及17 个国家和地区。③ 美国"9·11"事件后,根据联合国 1373 号决议和美国政府的请求,为配合打击恐怖主义和制止为恐怖主义组织融资,中国人民银行先后向全国银行系统转发了多批涉嫌恐怖组织和个人的银行资金账户名单,要求对其密切关注、认真核查,并将情况及时通报联合国和美方。这些负责任的行动受到国际反恐怖和反洗钱组织的赞扬。④ 我国还与几十个国家签署了 70 多个有关警务合作、打击犯罪等方面的合作协议、谅解备忘录和纪要,还与 20 多个国家签订了引渡协议。自 1998 年国家成立打击经济犯罪的专门机构——公安部经济犯罪侦查局以来,至 2004 年上半年已成功地从境外缉捕逃犯 230 多人,其中既有妄图逃避法律制裁的贪污腐败分子,也有走私犯、毒品犯罪分子、涉嫌洗钱的犯罪分子。⑤

---

① 参见周正庆主编:《证券知识读本》,中国金融出版社 1998 年版,第 46 页。中国证监会在 1995 年的巴黎年会上正式加入 IOSCO,成为其正式成员。

② 参见钟文倩:《中国正式加入 FATF》,载《21 世纪经济报道》2007 年 7 月 1 日。

③ 参见《金融时报》2002 年 12 月 5 日。

④ 参见梁英武:《支付交易与反洗钱》,中国金融出版社 2003 年版,第 133 页。

⑤ 参见沈路涛等:《跨越疆界的较量》,载《解放日报》2004 年 5 月 11 日。

此外,从加强全球金融监管合作的角度讲,我国已经参加了国际货币基金组织、亚洲开发银行、世界银行、非洲开发银行、国际清算银行等 8 个国际性的金融组织,在不同层次、不同程度、不同领域内进行金融政策和监管问题的对话和讨论。我国作为各种组织的成员国发挥了积极作用。另外,从双边关系看,近年来,我国先后与英国、日本、新加坡、美国、韩国、泰国等国家的金融监管当局(包括银行监管、证券监管、保险监管等)建立了正式或非正式的双边磋商和联系制度。我国金融监管当局与外国金融监管当局合作交流的范围在不断扩大,信息交流和共享日渐频繁,这对预防、打击犯罪产生了深刻影响。[1]

三、保持自己创造的行之有效的制度和传统

在金融刑法的制度建设上,除了选择积极参与国际化进程,接受相关国际标准,构建相应的体制机制外,注意保持自己长期以来形成的、在实践中被证明是行之有效的制度和传统也尤为重要。

近年来,在制度的选择、建设和执行上,我国在坚持传统的同时作出了不少创新、改革和完善。

在行政执法方面,开展集中整治专项行动。针对一段时间内在全国范围内出现的突出问题,开展专项或集中整治活动,这是我们的一种传统做法。对此,在理论和实务界有一些不同看法,大多认为这是一种"运动式"的执法活动,往往"虎头蛇尾""治标不治本"等。笔者认为,专项行动是完全必要的。以打击非法证券活动为例,我们在集中打击的基础上,还注重建立打击非法证券活动的机制和制度,取得了显著成效。

近年来,非法证券活动处于高发期,不法分子利用网络为平台,以提供证券投资咨询服务或买卖非上市公司股票为幌子,诱使投资者将资金汇入由不法分子控制的账户,诈骗投资者钱财。这类活动蔓延速度快,危害面广,从沿海发达地区向中西部地区扩展,给社会稳定造成相当大的危害。为了打击非法证券活动,2006 年 12 月,国务院办公厅下发文件,对打击非法证券活动的组织体系、政策界限、执法标准、善后处理等各方面作出了进一步明确。从组织层面讲,成立了由中国证监会牵头,公安部、工商总局、人民银行、银监会以及最高人民法院、最高人民检察院等有关部门参加的整治非法证券活动协调小组(2008 年 11 月又增加工业和信息化部、广电总局、新闻出版署为成员单位),全面负责打击非法证券活动的组织协调、政策、解释性质认定等工作。此外,还明确各地按属地原则由各省、自治区、直辖市及计划单列市人民政府负责非法证券活动的查处和善后处理工作。截至 2007 年 11 月,已经有 31 个省和直辖市出台了贯彻落实这一国务院文件的实施意见,为有力打击非法证券活动提供了制度保证。一套反应灵敏、配合密切、应对有力的工作机制已经初步建立。

---

[1]　参见刘风易主编:《金融安全与法制建设》,法律出版社 1999 年版,第 126 页。

打击非法证券活动要严格依法进行,行为人的行为必须符合刑法相关罪名的犯罪构成(如非法经营罪、集资诈骗罪或非法吸收公众存款罪等),同时符合有关司法解释确定的数额标准(非法证券业务经营额在 30 万元以上,非法发行股票涉嫌发行金额在 50 万以上),才能追究刑事责任。[①] 2008 年 1 月,最高人民法院、最高人民检察院、公安部、中国证监会四部门联合下发《关于整治非法证券活动有关问题的通知》,对公司或公司股东向社会公众擅自转让股权的行为作了界定:擅自发行股票的,可依照不同的犯罪事实,按照《刑法》分则的规定,分别追究擅自发行股票罪、非法吸收公众存款罪或集资诈骗罪等。据不完全统计,非法证券活动中 90% 以上都涉嫌犯罪,但真正追究刑事责任的只占其中很小的一部分,因此需要各部门加强配合,加大打击力度。[②]

2008 年 12 月,中国证监会有关负责人表示,打击非法证券活动工作成效显著,非法证券活动已得到有效遏制。截至 2008 年 11 月,中国证监会系统共处理涉及非法证券活动的来信、来访共 931 件,比 2007 年同期的 1297 件相比,投诉量下降了 30%。这些投诉反映的活动大多发生在 2007 年或更早,2008 年新发生的非法证券活动只占总投诉量 931 件中的 3% 左右。在 2008 年,协调小组各成员单位和各地方政府主动出击,共同推动了打击非法证券活动的深入开展,基本遏制住了全国范围内的非法发行股票等涉众型违法犯罪活动的蔓延势头。

在行政执法和司法机关的共同努力下,金园汽车集资诈骗案、华财信达非法经营案、福茗优公司擅自发行股票案、广州环华公司非法经营案、美国第一联邦北京代表处非法经营案、美中融公司非法经营案等重大案件均由相关法院依法作出刑事判决,相关当事人受到了法律的惩罚。

2009 年 2 月,中国证监会有关部门负责人就打击非法证券专项整治行动的情况作了通报。在专项行动中,对"带头大哥 777"等 37 起利用互联网开展的非法证券活动进行了立案调查,对 9 起案件作出了行政处罚,向公安机关移交线索 230 件。同时,证监会相关业务部门根据公安部门和司法机关的要求,对非法证券活动作出性质认定近 120 件。在此期间,整治非法证券活动的协作机制和长效机制得以建立,证券监管系统、各有关部门和地方政府的职责得以明确。为健全对互联网非法证券活动的常规监控机制,证监会于 2008 年 5 月设立了网控办,集中监控并收集分析网络非法证券活动信息。

针对新的形势,证监会将继续与地方政府和有关部门紧密配合,开展专项整治行动。除网站信息的纠正和清理外,还将依法打击网上各类非法证券活动,对以"推荐黑马""提供内幕""代客理财"为名实施诈骗的违法犯罪活动进行重点打击,将不法分子绳之以法。同时,还将公示合法证券经营机构的名单、网址和投诉联系电话,曝光一批典型案件,提示投资者防范假冒欺诈行为,并要求证券经营机构加强投资者教育,提高服务水平。[③]

---

① 参见赵晓辉、陶俊洁:《我国已经基本建立打击非法证券活动的工作机制》,载《上海证券报》2007 年 11 月 2 日。
② 参见赵晓辉、陶俊洁:《擅自发行股票可按刑法定罪》,载《新民晚报》2008 年 1 月 7 日。
③ 参见周翀:《证监会将重拳打击网络证券活动》,载《上海证券报》2009 年 2 月 28 日。

综上，我们可以看出，打击非法证券的专项整治行动实施 3 年来，不但"有始有终"，而且"治标又注重治本"。作为一项执法行为，具有规范性、法治性、持续性、实效性的特征，它既是专门机关工作和群众路线相结合传统的体现，又是一种制度创新。这种形式符合中国国情，符合惩治金融犯罪的需要，也符合法治化的要求。近年来，在经济犯罪和金融犯罪领域，我们还采取了其他一些集中整治专项行动，都取得了很好的社会效果和法律效果。例如，商业贿赂的专项治理活动①；加强银行安全管理和打击银行卡犯罪的专项活动②；打击非法传销的集中行动③；等等。这些集中整治行动是一定条件下打击金融犯罪的有效手段。"徒法不足以自行"，光有法律是不够的，法律不会自动去找金融犯罪分子并加以惩罚。在"依法治国"的前提下，依靠专门机关和群众路线相结合的办法，主动积极依靠有权部门的组织和协调工作，才能有效惩治形式多变、蔓延迅速、危害很大的金融犯罪，适应"犯罪变我变"的形势。从 2003 年至 2007 年，证券稽查部门共处理案件 736 件，移送公安机关案件 104 件，作出行政处罚 212 个，180 家单位和 987 名个人受到处罚，165 名责任人被市场禁入。④

在司法改革方面，为了有效惩治金融犯罪也采取了一些制度性的措施。例如，2009 年年初经有权部门批准，上海市法院系统在金融案件频发的浦东新区人民法院设立了专门的审判庭，负责审理辖区内的所有金融案件（包括刑事和民事案件）。上海市高级人民法院还设立了金融审判专家咨询团。上海市检察系统在浦东新区人民检察院也设立了相应机构（公诉二处），专门起诉金融犯罪和知识产权犯罪案件。这些措施对提高司法人员的专业水准和办案效率有非常积极的意义。

在金融犯罪立法方面，从 2005 年至今，我国立法机关出台了 3 个刑法修正案，即《中华人民共和国刑法修正案（五）》《中华人民共和国刑法修正案（六）》《中华人民共和国刑法修正案（七）》，增加了妨害信用卡管理罪、背信损害上市公司利益罪、背信运用受托财产罪、违法运用资金罪等近 10 个金融犯罪罪名，同时还修改了某些金融犯罪的罪名和构成要件。⑤之所以在短短的 4 年左右时间里能作出如此快的反应，主要有以下一些因素：一是充分发挥了人民代表大会制度的优越性。近年来，每次全国人代会开会期间，代表们提出建议修订《刑法》的议案比较多，其中要求增加金融犯罪罪名或修改现行规定的占有一定比例，再加上行政执法机关和专家提出的建议和意

---

① 2006 年 2 月 28 日，中共中央办公厅、国务院办公厅印发了《关于开展治理商业贿赂专项工作的意见》，对治理商业贿赂专项工作进行了全面部署，2008 年 6 月，中央治理商业贿赂领导小组又发布了《关于在治理商业贿赂专项工作中推进市场诚信体系建设的意见》。

② 据 2009 年 4 月 2 日《上海证券报》报道，中国人民银行、银监会、公安部和工商总局等部门联合召开相关工作会议，酝酿出台《关于加强银行卡安全管理和打击银行卡犯罪的通知》。

③ 国家工商总局和公安部自 2007 年 7 月 16 日至 8 月 15 日，用 1 个月的时间在全国组织开展打击传销集中行动，重点查处跨地域、涉案金额大、人员多、社会危害严重的传销组织，以及由传销引发的刑事案件和扰乱社会治安秩序案件。参见程刚：《国家工商总局和公安部：传销组织与执法部门对抗加剧》，载《中国青年报》2007 年 7 月 11 日。另据国家工商总局网站 2007 年 7 月 12 日的报道，2007 年 1 月至同年 5 月，全国工商行政管理机关共查处传销案件 1200 多件，取缔传销窝点 1.49 万个，教育、遣返受骗群众 32.4 万多人次，移送司法机关追究刑事责任案件 132 起，592 人。

④ 参见于海涛：《尚福林稽查新政："三及时"与铁案原则》，载《21 世纪经济报道》2007 年 12 月 19 日。

⑤ 例如《刑法》第 197 条的吸收客户资金不入账罪就从原第 187 条用账外客户资金非法拆借、发放贷款罪而来，其罪名和构成要件都有变化。

见,可以感受到人民群众的反映和现实生活的需求比较强烈和迫切,有力地促进了立法。二是有一支训练有素、经验丰富的专门队伍。全国人大常委会法工委刑法室是我国刑事立法的职能部门,有一批同志长期专业从事刑事立法工作,其中有些同志对金融犯罪颇有研究,善于深入实际调查研究,保证了立法的基本质量。三是制度保证。《中华人民共和国刑法修正案(七)》在网上和新闻媒体上公布,向全国征求意见,引起了较大反响。此外,立法机关的同志还深入基层,深入各政法机关和相关单位,召开专题座谈会、研讨会,听取意见,深入剖析有争议的问题,取得相对一致的认识。最后,经全国人大常委会通过的最后定稿和先前公布的草案相比,已经有了较大的改动。这充分说明立法有充分的民意基础,也有可操作性,具有较高的质量。

四、关于"选择性打击"和"选择性适应"问题的思考

所谓"选择性打击",是指在打击犯罪(特别是经济犯罪或金融犯罪)时,并非对所有符合构成要件的行为都进行无差别对待,而是只选择其中的一部分进行重点打击。这种情况在打击内幕交易、操纵证券期货市场等金融犯罪时比较突出。例如,按照最高人民检察院和公安部 2008 年 3 月 5 日《关于经济犯罪案件追诉标准补充规定》第 3 条之规定,实施内幕交易"买入或卖出证券,成交额累计在 50 万元以上的",就要追究刑事责任;但实际情况是,按内幕交易罪名追究刑事责任的真实案件,被告人的累计成交额往往达到几千万、数亿或数十亿以上,对数十万、数百万交易额的内幕交易案基本不追究刑事责任。笔者认为,"选择性打击"的提法不仅是对我国打击经济犯罪实际工作的客观概括,实际上也有普遍意义,因为世界各国包括美国、日本等发达国家,都存在这个问题。以有关内幕交易的法律为例,到 2003 年为止,大多数国家都制定了禁止内幕交易的法律[1],但实际执法情况却很差:发生内幕交易诉讼案件的直至 2002 年才只有 30 多个国家或地区,只占总数(87 个)的 34.5%。从已经发生的诉讼案件看,既有刑事诉讼案件,也有民事诉讼案件,真正给内幕交易行为定罪的,仍然非常少。例如,在 1988—1998 年的 10 年期间,日本只有 11 起内幕交易刑事诉讼案件,平均每年 1 件;在 1994—1997 年的 4 年期间,美国有 77 起;在 1980—1994 年的 15 年期间,英国有 23 起,平均每年不到 2 件;处罚力度也很小,大多判处罚金或缓刑,几乎没有处以自由刑实刑的。[2] 这实际上也是"选择性打击"的结果。

笔者认为,所谓"选择性打击"并不是一项刑事政策,即不是立法执法部门刻意的安排或选择,因此,一般来讲,它本身并不是一种制度性的安排,而是一种行动方式或方法。例如,"宽严相济"是一项刑事政策,对立法、司法都有指导意义。按照这项政策,我国最近在立法(如《刑法修正案(七)》中的相关条文)、执法(如最近的"两高"司法解释)活动中都作了某些制度性的安排。而"选择性打击"却与"宽严相济"不同,它只是一种

---

① 参见付浩:《内幕交易与投资者保护》,载《投资者保护》,复旦大学出版社 2002 年版,第 185 页。
② 参见〔日〕表谷利幸:《金融犯罪——解释和实务》,日世社 1974 年版,第 4 页。

实际情况,是从长期的司法实践中总结出来的经验和认识。但这种经验和认识会反作用于我们的法律工作者,产生一定的指向或导向作用,对实践工作产生影响。在长期的司法实践中,我们对很多犯罪实行"零容忍",进行"无差别打击"。例如,我们对故意杀人案实行"命案必破";对抢劫、强奸、绑架等严重危害公民生命权和财产权的严重刑事犯罪,实行"无差别打击"。即使对盗窃、诈骗、抢夺等财产型犯罪,各级政法机关也是只要接到报案就积极破案,绝不手软,主观上不会有"选择性打击"的念头。

但对经济犯罪和金融犯罪,情况就有些不同了:遇到内幕交易、虚假陈述等证券犯罪案件,我们就会综合各方面的情况,慎重考虑、反复掂量后,才会决定"是否立案""是否查处",一般不会"接一起,查一起","选择性打击"的观点在这时就起作用了。"选择性打击"通常有两种情况:一是在同一个罪名之内选择,例如对内幕交易,并非对所有成交额累计在 50 万元以上的行为都追究刑事责任;而是根据当时当地的实际情况,选择那些符合构成要件并造成严重后果或产生其他严重恶劣影响的行为追究刑责。二是在不同罪名之间进行选择。例如,1997 年《刑法》新增了许多经济犯罪罪名,但政法机关并非对所有新罪名都抱积极态度,实际上他们只选择那些比较熟悉、有过近似经验的罪名出手;对不熟悉的,则抱等待、观望态度,期待吸取其他地区的处理经验。

"选择性适用理论"是皮特曼·彭德教授提出的,该理论认为,在全球化条件下的制度发展中,人文准则是最为关键的因素。人文准则(即文化传统规范)体现在规则之中,其中包含了正式的法律法规以及非正式的程序和实践。潜藏在各种社会规则之下的本地化的人文准则,往往对制度的选择发挥重要影响。非本地的规则在本地的实施同样受到制度环境的影响。[①] 选择性适用理论对经济全球化条件下民主国家的法律发展和适用作出了独到的分析,是解读发展中国家法律发展和适用的一个有用视角。我们可以借用这一视角来分析许多具有国际标准的金融刑法在我国的制度环境下是如何发挥效能的。

在彭德教授看来,"选择性适用可以用来解释法律和政治文化方面的相关问题,而制度能力则可以用来分析涉及政治和社会经济系统运行效果的因素"[②]。制度能力的基本问题为体制的目的、范围、定位及连贯性。选择性适用和制度能力的模型可以帮助解释国际法律标准在本地履行时的互动过程。因此,惩治金融犯罪国际标准的本地解释和本地化可以被看做是国际标准被本地的法律传统与政治条件所调和,而结果则是认知形态、互补性和受认同度这些因素影响了国际标准的解释与应用这一选择性适用的互动过程。国际标准的本地实施也可以通过目的、范围、定位和连贯性制度能力因素来理解,可以看到这些因素对履行国际标准所产生的影响。[③]

---

① 参见〔加〕皮特曼·彭德、顾肖荣等主编:《"选择性适用"的假设与中国的法治实践》,上海社会科学院出版社 2009 年版,第 1 页。

② 〔加〕皮特曼·彭德、顾肖荣等主编:《"选择性适用"的假设与中国的法治实践》,上海社会科学院出版社 2009 年版,第 3 页。

③ 参见〔加〕皮特曼·彭德、顾肖荣等主编:《"选择性适用"的假设与中国的法治实践》,上海社会科学院出版社 2009 年版,第 5 页。

在经济全球化的背景下，各国一般都会选择加入有关经济贸易和金融的国际公约，例如关于国际货物买卖的公约和 WTO 规则等。当然，各国一般也会积极参加打击"走私毒品、洗钱和贪污贿赂等"犯罪的国际公约，接受国际共同的法律标准，但是，各国的具体情况又是千差万别的，不太可能在同一时间立即适用同一规则。因此，各国在加入国际公约、适用国际标准时，一般都有一个接受、保留、选择和逐步扩大范围的过程。在这一过程中，哪些因素发挥了主要作用呢？选择性适用理论认为，当地的人文准则和制度能力发挥了至为关键的作用。

从我国接受、适用惩治金融犯罪的国际标准的过程看，大体上也体现了这一特点，特别是在金融刑法制度能力的建设上，有比较明显的特征。

首先，是体制目的的定位。所谓体制目的，指的是体制目标所反映的物质和精神内容，制度所拥有的人力、物力、财力以及对制度效能的各种限制。体制目的在决定制度能力方面起重要作用。金融刑法的制度目标有两个：一是惩罚违法犯罪者；二是为防治系统性的金融风险提供刑法保障。目标必须定得恰如其分，不能过高，否则，制度所拥有的人力、财力和物力就难以保障该目标的实现；当然，目标也不能定得过低，否则既浪费了资源，也难以凝聚前进的动力。中国金融刑法制度履行国际标准的能力依赖政策目标的清晰性和一致性。如果目标前后不一致、相互矛盾就会白白消耗各种资源，削弱制度能力。

体制范围是指所处的阶段、位置对观念和行为的影响。改革开放 30 多年来，尽管中国经济社会有了很大发展，但仍处于社会主义初级阶段，所面临的经济社会问题与发达国家相比有很大差别：经济水平低，社会财富分配不公平，经济发展建立在对资源和环境的过分开发的基础上，因而中国国内面临的经济问题与发达国家并不在同一个层面上，更不可能用发达国家的模式来解决问题。此外，由于我国金融刑法有很多罪名采用"空白罪状"的形式，因而刑事责任的追究与金融监管制度有密切的依赖关系。发达国家的金融监管已经走过了四个时期，即金融自由化发展时期（20 世纪 30 年代以前）、广泛的金融监管时期（20 世纪 30—70 年代）、从管制到自由化的回归时期（20 世纪 70—90 年代）、安全与效率并重时期（20 世纪 90 年代）。目前出现的金融监管改革实际上是经历第五个时期演进的过程。① 我国的金融监管制度目前到底处在什么位置，属于哪一时期，这是个见仁见智、争论不休的问题。我们所学习、仿效的"成熟"的金融监管体制本身也在一直变动，甚至是剧烈的变动。可见，我国目前很难一劳永逸地找到一个发达国家的范例来照搬照抄。我们只能根据我国自身的历史背景、传统、政治、文化因素，探索符合我国国情的金融监管和金融刑法制度。改革开放的前 30 年，我们对西方的技术、管理、制度引进、效仿比较多，这是可以理解的（当然我们在引进、效仿的同时，也有消化、吸收和自主创新）；现在，随着改革的深入和我们自身经验的积累，我们更应该加强探索本土模式而放弃对西方模式的盲目追求和复制，这样才能真正增强制度能力。

---

① 参见连平：《次货危机背景下对全球金融监管的反思与启示》，载《21 世纪经济报道》2009 年 5 月 25 日。

其次,是体制定位。所谓体制定位,指的是一个体制的习惯行为和确定工作重点的能力。对于政府而言,体制定位具体表现在其常规运作和非常规运作的矛盾中。常规运作就是依法行政,按规则办事,按程序办事。非常规运作,就是"关系"优先,"灵活性"优于"原则性"。这两者的矛盾往往会造成体制内的资源流失并削弱制度的能力。譬如,基础性制度供给条件的获取。[①] 基础性制度供给条件,包括法律法规等正式制度安排,也包括商业文化传统、股权文化传统等非正式制度安排。相比较而言,后者更不容易获得,但在很多情况下它对维系金融市场的有序运行更为重要。由于我国证券市场和金融市场十多年来发展过于迅速,法律法规等正式的制度性安排总算勉强跟上了,但非正式的制度性安排却跟不上,特别是契约精神、诚信原则和股权至上等核心制度因素没有被一些企业接受并实践,也没有被投资者广泛认同,因此出现了许多不规范的投资行为,甚至是违法行为。

最后,制度能力也取决于体制连贯性。连贯性是指体制内的个人遵从组织内外领导者指令的意愿,从而实现体制的目标。一般认为,遵从应包括对于规范的认同和执行。当体制内的个人规范与组织规范有差异时,两者就会形成冲突。例如,证券市场上的个人投资者进行内幕交易的行为,就是个人追逐非法利益的行为与证券监管规范发生了冲突。好的制度容易得到广大守法者的认同和执行,从而有利于孤立和惩罚违反制度者。

综上,近20年来,我国金融刑法制度能力的建设通过积极参与国际化进程和坚持并改善我国的传统体制相结合的途径,取得了长足的进步。但无论在正式的制度安排,还是非正式的制度安排方面,还有很大差距,仍有很长的路要走。金融刑法的制度能力建设要充分尊重金融市场自然演进的秩序,要协调好短期的技术性措施与长期的基础性安排这两方面的因素,注意防止因任何一方面超前或滞后带来的负面影响。

---

① 参见《我国证券市场发展的"后发劣势"》,载《证券市场导报》2009年5月号。

金融风险与金融法治的制度创新*

在社会转型过程中,政策往往缺乏连贯性和稳定性,因而创建能有效运作的新体制、新制度的能力很重要。金融刑法的制度能力建设要充分尊重金融市场自然演进的秩序,要协调好短期的技术性措施与长期的基础性安排这两方面的因素,防止因任何一方面超前或滞后带来的负面影响。

金融刑法制度能否或在多大程度上能够帮助本国政府抵御金融风险,这是自2007年美国次贷危机引发国际金融危机以来,各国政府和司法机关十分关注的问题。改革开放30年来,特别是1990年上海建立证券交易所以来,我国已经建立起全国性的金融市场,并相应设立了金融刑法制度,有效发挥了积极作用;保障我国安然渡过1997年的亚洲金融风暴,坦然应对本次国际金融危机。在制度选择和建设上,我们进行了大量卓有成效的工作,增强了我们的制度能力,但也有很多教训值得反思。

所谓制度能力,通常是指政府运用制度和体制来控制社会、经济和政治的能力。社会变动和经济危机往往对原有的制度和体制形成挑战或冲击。如何应对,能否适应这种变化,也是一种制度能力。在社会转型过程中,政策往往缺乏连贯性和稳定性,因而创建能有效运作的新体制、新制度的能力很重要。制度创新是增强制度能力的重要内容。

一、金融犯罪国际化增加了金融风险

随着经济全球化和金融全球化的迅猛发展,金融犯罪也日益国际化。在我国加入 WTO 以后,金融犯罪的国际化,更是直接影响到我国公民的日常生活和国家的经济安全和金融安全:

一是涉嫌金融犯罪的跨境案件大量增多。随着商品、资金、人员的跨境大流动,经济往来日益频繁密切,涉嫌金融犯罪的跨境案件大量增多。比如,近年来多次发生外籍人士大量携带低价收购来的外国银行信用卡或废卡进入我国境内实施信用卡诈骗或非法透支套现等活动。

二是大批境内涉嫌金融犯罪的腐败分子,特别是银行界、证券界等金融界的腐败

---

* 原载于《文汇报》(论苑版)2009 年 8 月 10 日。

分子携大量赃款逃往国外(境外),使某些金融犯罪从单纯的国内犯罪演变成为跨国(跨境)犯罪。近些年来,我国已成功从境外缉捕逃犯数百人,涉及欧洲、北美、南美、大洋洲、东南亚等 30 多个国家和地区,其中不少是涉嫌金融犯罪的腐败分子。从2004 年至今,缉捕犯罪分子归案并追回赃款的案例时见报端。

三是随着金融市场的逐步开放和我国加入 WTO 承诺的逐步兑现,中国境内金融市场可能会成为"国际金融大鳄"的袭击目标,比如证券市场、期货市场、大企业并购市场,等等。由于中国金融市场本身尚不完善,对国际金融市场的运作规律也不够熟悉,再加上发达国家的金融工具创新层出不穷,金融衍生产品和技术令人目不暇接,我们对相应的金融犯罪行为缺乏感性认识和破获这类犯罪的经验积累。因此,在一段时间里,新形式涉外金融犯罪的上升趋势将是很难避免的。

四是现代科学技术的高度发展在创造了巨大正面效应的同时,也使经济犯罪的国际化变得更加便捷。某些犯罪分子利用现代计算机技术、现代通讯技术和现代信息技术提供的便利条件,实施高智能犯罪,给我们破获、检控和处罚这类犯罪造成了很大的困难。"电子银行""网上交易""电子票据"等新型金融交易工具的出现,给我们带来一系列的实际问题和法律问题。

经济犯罪,特别是金融犯罪的国际化有以下特征:其一,全方位、多层次,多种犯罪并发,轻重罪名并发,既有涉外货币犯罪、涉外票据犯罪、涉外信用卡信用证犯罪、涉外期货犯罪、证券犯罪和涉外信贷犯罪,也有涉外洗钱犯罪、保险诈骗犯罪,等等;既涉及个人,也涉及各种企业、银行及非银行金融机构等;其二,破坏后果严重、持续时间长;其三,跨越国界犯罪,扩散范围广和难以完全控制,比如跨国信用卡欺诈,量大面广,仅一个英国每天就要发生数万起,而受到查处的只是其中的极小部分,洗钱犯罪也是这样;其四,在很多情况下,犯罪组织以类似于公司企业一样的机构从事犯罪活动,运用高技能人才和机构协助犯罪;其五,这种犯罪活动往往与合法经济中的组织十分相似,犯罪组织能够根据不同的形势不断作出调整,使自己适应市场变化。

总之,经济全球化为新的扩大化的经济犯罪,特别是金融犯罪形式创造了一个比较成熟的条件和环境。贸易、金融、通信和信息结构的变化帮助形成了一个使犯罪活动突破国家界限的环境。犯罪活动和组织越来越多地跨越国界,在许多情况下具有全球性质。

金融犯罪惩治规制的国际化,是 20 世纪末以来出现的客观现象,也是今后发展的趋势。它的出现和发展是出于防范和化解经济全球化带来的金融风险,维护社会稳定和各国金融安全的需要。

自 20 世纪 90 年代以来,我国政府果断决策、勇敢面对挑战,积极参与金融刑法制度国际化的进程。同时,又从我国国情和传统出发,坚持一系列被实践证明是行之有效的制度并不断加以改革、创新和完善,从而保证我国在关键时刻、关键问题上能始终保持主动,从容应对金融风险和国际金融危机。

二、我国积极参与金融犯罪惩治规制国际化进程

从制度选择讲,我国首先选择了积极参与金融犯罪惩治规制国际化的进程。这看起来抽象,实际却和许多公民的日常生活密切相关。例如,一名中国留学生在英国留学期间,因从网上购物而导致自己的信用卡信息被盗,后被他人盗用 500 多英镑。在这起案件中,信用卡发卡行在英国,窃取资料地也在英国,但信用卡消费用款地却在德国,行为人是意大利人,被害人是中国人,她从未去过德国,更不曾用信用卡在德国消费过。这些问题过去也曾发生过,但比较少,可以按部就班慢慢解决。但现在随着金融全球化的迅猛发展,这类案件非常之多,需要我们从程序法和实体法上都能做出迅速和有效的反应,这就是我们面临的迫切课题。

我国作为联合国常任理事国之一,积极参与国际社会合作控制经济犯罪特别是金融犯罪的行动,从规则、制度和机制层面采取了许多措施,取得了明显成效。

(一) 初步建立起惩治金融犯罪的法律法规体系

从规则层面看,我国已正式加入《联合国禁毒公约》(1988)、《联合国打击跨国有组织犯罪公约》(2000)、《联合国反腐败公约》(2003)、《联合国制止向恐怖主义提供资助的国际公约》(1999)等国际公约,根据这些公约规定的义务,并参照有关国际性示范文件的精神,制定了国内打击金融犯罪的法律法规体系。

(二) 构建惩治金融犯罪的运作机制和体制

目前,我国已经初步建立起由中国人民银行、银监会、证监会、保监会、国家外汇管理局、财政部、公安部、检察院、法院等国家机关或监管机构组成的惩治金融犯罪的运作框架和机制。

(三) 认真开展惩治金融犯罪的国际合作

我国政府认真参与惩治金融犯罪的国际合作。除已经参加《联合国禁毒公约》《联合国打击跨国有组织犯罪公约》《联合国反腐败公约》等重要国际公约外,还参加了国际证监会组织(IOSCO),并已正式参加金融行动特别工作组(FATF)、亚太地区反洗钱小组等反洗钱国际组织。我国作为各种组织的成员国,发挥了积极作用。我国金融监管当局与外国金融监管当局合作交流的范围在不断扩大,信息交流和共享日渐频繁。

三、保持自己创造的行之有效的制度和传统

在金融刑法的制度建设上,除了选择积极参与国际化进程,接受相关国际标准,

构建相应的体制机制外,我们还应注意保持自己长期以来形成的,在实践中被证明是行之有效的制度和传统。

近年来,在制度的选择、建设和执行方面,我们在坚持传统的同时做出了不少创新、改革和完善:

(一) 在行政执法方面

开展集中整治专项行动。针对一段时间在全国范围内出现的突出问题,开展专项或集中整治活动,这是我们的一种传统做法,对此,在理论和实务界有一些不同看法,有人认为,这是一种"运动式"的执法活动,往往"虎头蛇尾""治标不治本",等等。笔者认为,专项行动是完全必要的。以打击非法证券活动为例,我们在集中打击的基础上,还注重建立打击非法证券活动的机制和制度,取得了显著成效。

开展打击非法证券的专项整治。行动实施 3 年来,成效显著,群众欢迎。不但"有始有终",而且"治标又注重治本"。作为一项执法行为,具有规范性、法治性、持续性、实效性的特征,它既是我党专门机关工作和群众路线相结合传统的体现,又是一种制度创新。这种形式符合中国国情,符合惩治金融犯罪的需要,也符合法治化的要求。近年来,在经济犯罪和金融犯罪领域,我们还采取了其他一些集中整治专项行动,都取得了很好的社会效果和法律效果。

进行制度和体制创新与改革。随着我国资本市场的迅速发展,金融监管和行政执法体制也在不断创新和改革。我国证券执法体制,即证券稽查体制已经进行了改革。新体制下,稽查资源被进一步整合,便于贯彻"及时发现、及时制止、及时查处"的方针,提高证券执法的效率。

(二) 在司法改革方面

为了有效惩治金融犯罪,我们在司法改革上也采取了一些制度性的措施。例如,2009 年年初,经有关部门批准,上海市法院系统在金融案件频发的浦东新区法院设立了专门的审判庭,负责审理辖区内的所有金融案件。上海市高级人民法院还设立了金融审判专家咨询团。上海市检察系统在浦东新区检察院也设立了相应机构,专门起诉金融犯罪和知识产权犯罪案件。这些措施对提高司法人员的专业水准、提高办案效率有非常积极的意义。

(三) 在金融犯罪立法方面

从 2005 年至今,我国立法机关出台了三个刑法修正案,增加了妨害信用卡管理罪、背信损害上市公司利益罪、背信运用受托财产罪、违法运用资金罪等近 10 个金融犯罪罪名,同时还修改了某些金融犯罪的罪名和构成要件。这也是我们不断完善改进立法机制、强调立法质量的结果。

四、关于我国金融刑法制度创新的建议

（一）制定适当的目标

金融刑法的制度目标有两个：一是惩罚违法犯罪者；二是为防治系统性的金融风险提供刑法保障。目标必须定得恰如其分，不能过高，否则，制度所拥有的人力、财力和物力就难以保障该目标的实现；当然，目标也不能定得过低，否则既浪费了资源，也难以凝聚起前进的动力。中国金融刑法制度履行国际标准的能力依赖政策目标的清晰性和一致性。如果目标前后不一致、相互矛盾，就会白白消耗各种资源，削弱制度能力。

（二）明确范围：即明确所处的阶段、位置对观念和行为的影响

改革开放30年来，尽管中国经济社会有了很大发展，但仍处于社会主义初级阶段，中国面临的经济社会问题与发达国家有很大差别：经济水平低、不发达、社会财富分配不公平，经济发展建立在对资源和环境的过分开发的基础上等问题，仍然比较突出。因而，中国国内面临的经济问题与发达国家并不在同一个层面上，更不可能用发达国家的模式来解决我们的问题。我国目前很难找到一个发达国家的范例来照搬照抄。我们只能根据我国自身的历史背景、传统、政治、文化因素，探索符合我国国情的金融监管和金融刑法制度。

（三）掌控好定位：指的是一个体制的习惯行为和确定工作重点的能力

对于政府而言，体制定位具体表现在其常规运作和非常规运作的矛盾中。常规运作就是依法行政，按规则办事，按程序办事。非常规运作，就是"关系"优先，"灵活性"优于"原则性"。这两者的矛盾往往会造成体制内的资源流失并削弱制度的能力。

基础性制度供给条件，包括法律法规等正式制度安排，也包括商业文化传统、股权文化传统等非正式制度安排。相比较而言，后者更不容易获得，但在很多情况下它对维系金融市场有序运行更为重要。由于我国证券市场和金融市场十多年来发展过于迅速，法律法规等正式的制度性安排勉强跟上了；但非正式的制度性安排却跟不上，特别是契约精神、诚信原则和股权至上等核心制度因素没有被一些企业接受并实践，也没有被投资者广泛认同，因此出现了许多不规范的投资行为，甚至是违法行为。

（四）注意连贯性：制度创新也取决于体制的连贯性

连贯性是指体制内的个人遵从组织内外领导者指令的意愿，从而实现体制的目标。遵从应包括对规范的认同和执行。当体制内的个人规范与组织规范有差异时，

两者就会形成冲突。例如,证券市场上的个人投资者进行内幕交易的行为,就是个人追逐非法利益的行为与证券监管规范发生了冲突。好的制度容易得到广大守法者的认同和执行,从而有利于孤立和惩罚违反制度者。金融刑法的制度能力建设要充分尊重金融市场自然演进的秩序,要协调好短期的技术性措施与长期的基础性安排这两方面的因素,注意防止因任何一方面超前或滞后带来的负面影响。

金融刑法制度能力建设的五个注意点[*]

所谓制度能力,通常是指政府运用制度和体制来控制社会、经济和政治的能力。制度能力是可以用来分析涉及政治和社会经济系统运行效果的因素。社会变动和经济危机往往对原有的制度和体制形成挑战或冲击。如何应对以及能否适应这种变化,也是一种制度能力。在社会转型过程中(即从计划经济向市场经济、外向型向内需拉动型、人治向法治转型),政策往往缺乏连贯性和稳定性,因而创建能有效运作的新体制、新制度的能力也很重要。

金融刑法制度能否或在多大程度上能够帮助本国政府抵御金融风险(或金融危机),这是自 2007 年美国次贷危机引发的国际金融危机以来,各国政府和司法机关都十分关注的问题。改革开放 30 年来,特别是自 1990 年上海建立证券交易所以来,我国已经建立起全国性的金融市场,并相应设立了金融刑法制度,虽然前后只有 20 多年左右时间,却有效发挥了积极作用:保障我国安然度过 1997 年的亚洲金融风暴并坦然迎对本次国际金融风波。在制度选择和建设上我们既进行了大量卓有成效的工作,增强了我们的制度能力,但也有很多教训值得汲取。

自 20 世纪 90 年代以来,我国政府果断决策、勇敢面对挑战,积极参与金融刑法制度国际化的进程。同时,又从我国国情和传统出发,坚持一系列被实践证明是行之有效的制度并不断加以改革、创新和完善。从而保证我国在关键时刻、关键问题上能始终保持主动,从容应对金融风险和国际金融风波。

笔者认为,在金融刑法制度能力的建设上,有以下五个问题需要注意:

(一) 体制目的:指的是体制目标所反映的物质和精神内容,制度所拥有的人力、物力、财力以及对制度效能的各种限制

体制目的在决定制度能力方面起着重要作用。金融刑法的制度目标有两个:一是惩罚违法犯罪者;二是为防治系统性的金融风险提供刑法保障。目标必须定得恰如其分,一方面不能定得过高,比如把目标定在制止所有的金融犯罪上,这是不可能也做不到的,否则,制度所拥有的人力、财力和物力就难以保障该目标的实现;当然,目标也不能定得过低,否则既浪费了资源也容易放纵犯罪,引起群众不满,并使有关金融机构的一大堆问题老是得不到制止和解决,这样,就难以凝聚起前进的动力。中国金融刑法制度履行国际标准的能力依赖政策目标的清晰性和一致性。如果目标前

---

* 原载于《毛泽东邓小平理论研究》2009 年第 10 期。

后不一致、相互矛盾,就会白白消耗各种资源,削弱制度能力。目前,我国已经参加了联合国打击毒品犯罪、有组织犯罪等多个公约。

（二）体制范围:是指所处的阶段、位置对观念和行为的影响

改革开放 30 多年来,尽管中国经济社会有了很大发展,但仍处于社会主义初级阶段。中国面临的经济社会问题与发达国家有很大差别:经济水平低、不发达、社会财富分配不公平,经济发展建立在对资源和环境的过分开发利用的基础上等问题,仍然比较突出。因而,中国国内面临的经济问题、金融问题与发达国家并不在同一个层面上,更不可能用发达国家的模式来解决我们的问题。此外,由于我国金融刑法有很多罪名采用"空白罪状"的形式,因而与金融监管制度有密切关系。发达国家的金融监管已经走过了四个时期,即金融自由化发展时期(20 世纪 30 年代以前)、美国 1929年经济大危机之前广泛的金融监管时期(20 世纪 30—70 年代)、从管制到自由化的回归时期(20 世纪 70—90 年代)、安全与效率并重时期(20 世纪 90 年代)。目前出现的金融监管改革实际上是经历第五个时期演进的过程。[①] 我国的金融监管制度目前到底处在什么位置,属于哪一时期,这是个见仁见智争论不休的问题。有人一直强调要学习、仿效"成熟"的金融监管体制。但这种体制本身也在一直变动,甚至是剧烈的变动。可见,我国目前很难一劳永逸地找到一个发达国家的范例来照搬照抄。只能根据我国自身的历史背景、传统、政治、文化因素,探索符合我国国情的金融监管和金融刑法制度。改革开放前的 30 年,我们对西方的技术、管理、制度引进、效仿比较多,这是可以理解的(当然我们在引进、效仿的同时,也有消化、吸收和自主创新);现在,随着改革的深入和自身经验的积累,我们更应该加强探索本土模式而放弃对西方模式的盲目追求和复制,这样才能真正增强我们的制度能力。

制度能力的模型可以帮助解释国际法律标准在本地履行时的互动过程。因此,惩治金融犯罪国际标准的本地解释和本地化可以被看做是国际标准被本地的法律传统与政治条件所调和,而结果则是认知形态、互补性和受认同度这些因素影响了国际标准的解释与应用这一选择性适用的互动过程。国际标准的本地实施也可以通过目的、范围、定位和连贯性制度能力因素来理解,可以看到这些因素对履行国际标准所产生的影响。[②]

在经济全球化背景下,各国一般都会选择加入有关经济贸易和金融的国际公约,例如关于国际货物买卖的公约和 WTO 规则,等等。当然,各国一般也会积极参加打击"走私毒品、洗钱和贪污贿赂等"犯罪的国际公约,接受国际共同的法律标准。但是,各国的具体情况又千差万别,不太可能在同一时间立即适用同一规则。因此,各国在加入国际公约、适用国际标准时,一般都有一个接受、保留、选择和逐步扩大范围的过程。在这一过程中,哪些因素发挥了主要作用呢?许多专家认为,当地的人文准

---

① 参见连平:《次贷危机背景下对全球金融监管的反思与启示》,载《21 世纪经济报道》2009 年 5 月 25 日。
② 参见〔加〕彭德、顾肖荣主编:《"选择性适用"的假设与中国的法治实践》,上海社会科学院出版社 2009 年版,第 5 页。

则和制度能力发挥了至为关键的作用。

（三） 体制定位：指的是一个体制的习惯行为和确定工作重点的能力

对于政府而言，体制定位具体表现在其常规运作和非常规运作的矛盾中。常规运作就是依法行政，按规则办事，按程序办事。非常规运作，就是"关系"优先，"灵活性"优于"原则性"。这两者的矛盾往往会造成体制内的资源流失并削弱制度的能力。

再如，基础性制度供给条件的获取。[1] 所谓基础性制度供给条件，包括法律法规等正式制度安排，也包括商业文化传统、股权文化传统等非正式制度安排。相比较而言，后者更不容易获得，但在很多情况下它对维系金融市场有序运行更为重要。由于我国证券市场和金融市场十多年来发展过于迅速，法律法规等正式的制度性安排总算勉强跟上了；但非正式的制度性安排却跟不上，特别是契约精神、诚信原则和股权至上等核心制度因素没有被一些企业接受并实践，也没有被投资者广泛认同，因此出现了许多不规范的投资行为，甚至是违法行为。例如，在一段时间里，大股东把上市公司当成提款机的现象非常普遍。证监会虽然三令五申要求归还，也采取了很多有力措施，但这一问题的基本解决却花了几年时间。这种情况在发达国家是很难想象的。

（四） 制度能力也取决于体制连贯性

连贯性是指体制内的个人遵从组织内外领导者指令的意愿，从而实现体制的目标。一般认为，遵从应包括对于规范的认同和执行。当体制内的个人规范与组织规范有差异时，两者就会形成冲突。例如，证券市场上的个人投资者进行内幕交易的行为，就是个人追逐非法利益的行为与证券监管规范发生了冲突。好的制度容易得到广大守法者的认同和执行，从而有利于孤立和惩罚违反制度者。

（五） 制度能力建设还取决于继承传统，完善工作机制和体制

在制度能力建设中，我们必须注意保持自己长期以来形成的，在实践中被证明是行之有效的制度和做法。

1. 集中整治专项活动

以集中整治专项活动为例，目前在理论和实务界对这一举措的争论都比较大。有人认为，这是一种"运动"式的执法活动，往往治标不治本，而且恐怕也不符合很多西方发达国家的逻辑。而笔者认为，目前至少在金融犯罪的惩治方面，专项整治还是相当必要的。

拿打击非法证券活动来说，几年前，未上市公司股权转让仍是一个金融监管中的"灰色地带"，事端频发，从发达城市向中西部地区蔓延。2006 年年初，全国首例经营未上市公司股权转移案件发生在上海，由浦东新区人民检察院查办。直到案件进入

---

[1]　参见《我国证券市场发展的"后发劣势"》，载《证券市场导报》2009 年第 5 期。

起诉阶段,有关上市公司股权转移是否合法,仍是争执不下的焦点。后来,案件得到国家证监会的认可后才最终判决。

这之后,2006 年 12 月,国务院办公厅下发文件,对打击非法证券活动的组织体系、政策界限、执法标准、善后处理等各方面作出了进一步明确的规定。同时成立了中国证监会牵头,公安部、工商总局、人民银行、银监会以及最高人民法院、最高人民检察院等有关部门参加的整治非法证券活动的协调小组。

到 2008 年 1 月,最高人民检察院、最高人民法院、公安部、中国证监会四部门联合下发《关于整治非法证券活动有关问题的通知》,对公司或公司股东向社会公众擅自转让股权的行为作了界定:规定擅自发行股票的,可以依照不同的犯罪事实,按照刑法分则的规定,分别追究擅自发行股票罪、非法吸收公众存款罪或集资诈骗罪,等等。

官方统计,2008 年初至 2008 年 11 月,中国证监会系统处理涉及非法证券活动的来信来访共 931 件,比 2007 年同期下降了 30%。而且,投诉反映的活动也多半发生在 2007 年或者更早以前,当年发生的只占总投诉量的 3% 左右。像金园汽车集资诈骗案、华财信达非法经营案、美国第一联邦集团公司北京代表处非法经营案这些重大金融案件都是在行政执法和司法机关共同努力下查处的。

更主要的是,在专项整治活动期间,证监会相关业务部门根据公安部门和司法机关的要求,对非法证券活动做出性质认定的近 120 件。整治非法证券活动的协作机制和长效机制也在这期间建立起来了,证券监管系统、各有关部门和地方政府的职责也渐渐明确了。

因此,就打击非法证券专项整治行动实施 3 年的情况看,不但"有始有终",而且"治标又注重治本"。这是符合中国国情的一种制度创新,也符合金融犯罪类型更新快的特点。由于金融犯罪领域涉案人员的高智商和犯罪形式隐性化,现有的法律法规、政策等都相对滞后。光有法律是不够的,法律不会自动去惩处金融犯罪分子,我们要有"犯罪变我变"的意识。

2. 宽严相济的刑事政策

这也是传统和当前的结合。从严的方面来讲,要从重从快到位。例如,对惩治商业贿赂,窃取商业机密,危害国家金融安全、社会经济秩序、公众利益等方面的犯罪就应从严,不能久拖不决。宽的方面更要扩大范围,也就是要扩大"刑事和解"和"宽严相济"中宽的范围。例如,对被害人进行有效赔偿,被害人不要求追究刑事责任的被告人,尽可能从轻、减轻判处,甚至免予刑事追究都可以。扩大宽的范围,还有一个理由:我国刑法中某些条文有数额规定,十多年过去了,我国经济有了飞速发展,但这些数额标准都没有变,如果都严格执行,效果不一定好。因此,通过"宽严相济"的刑事政策和"刑事和解",可以消化一部分不合理之处。这样做既能解决问题,又不违法,一举两得。

3. 工作机制和体制的创新

例如在法院设立金融审判庭,将刑事、民事、行政、执行等功能集中在一个庭,在检察院设立专门机构对金融犯罪案件进行公诉,等等。

综上,近 20 年来,我国金融刑法制度能力的建设通过积极参与国际化进程和坚持并改善我国的传统体制及做法相结合的途径,取得了长足的进步。但无论在正式的制度安排,还是非正式的制度安排方面,还有很大差距,仍有很长的路要走。金融刑法的制度能力建设要充分尊重金融市场自然演进的秩序,要协调好短期的技术性措施与长期的基础性安排这两方面的因素,注意防止因任何一方面超前或滞后带来的负面影响。

必须防范金融刑事立法的过度扩张*

我国金融刑事立法近年来发展很快,总体上比较合理,为我国打击金融犯罪、构建和谐有序的金融市场提供了有力的保障,但也存在一定的不足,最为突出的问题是金融刑事立法的过度扩张。

一、关于目前我国金融刑事立法过度扩张的判断

从 1997 年新《中华人民共和国刑法》(以下简称《刑法》)出台到现在短短十余年间,我国共出台了 9 个刑法修正文件(1 个补充性决定、8 个刑法修正案)。经过这些年的修订补充,我国刑法涉及金融犯罪的条文共有 58 条,金融犯罪的罪名达 69 个之多,金融犯罪的犯罪主体、行为方式和犯罪对象的范围不断扩大。①

(一) 设立新罪欠谨慎、考虑不够周密

我国立法机关对金融领域出现的违法活动应对十分积极,但有时却过分依赖刑法,对新罪的设立不够谨慎,考虑不够周密,没有充分评估该行为的社会危害性是否足以需要刑法的介入;犯罪化的该行为与其他民事违法行为的界限是否清晰;该罪的设立是否与现行刑法的其他规定或其他罪名之间存在冲突等因素。

以骗取贷款罪为例,该罪的设立带来了较大的负面影响。

第一,容易混淆罪与非罪的界限。该罪的要件实际上有两个:一是采用欺骗手段;二是欠款不还。实际生活中,银行贷款的民事纠纷也大多具备这两个特征。借款人往往会编造一些理由向银行借款,一旦筹钱到手却用来做其他的用途。另外,经银行多次催讨,借款人还是还不上借款,于是被银行告上民事法庭。有了这个罪后,刑事民事的界限就模糊了。此外,骗取贷款罪要求借款人在向银行或金融机构申请贷款时,具有骗取贷款的故意。倘若借款人在申请时确无骗贷的故意,但在贷款发放以后又将贷款挪作他用,这时如何与一开始就有骗贷故意的贷款挪用行为进行区分呢?理论上就是看申请时有无骗贷的故意,但在实践中,这是行为人的主观想法,只能依

* 第二作者陈玲,原载于《法学》2011 年第 6 期。
① 作者单位:上海社会科学院法学研究所。本文受国家社科基金重大项目"深化金融体制改革研究"(项目编号:09&ZD030)的资助。
本处所指的"金融犯罪"是指所有涉及金融机构以及金融过程的相关犯罪,包括第三章第四节和第五节的所有犯罪,也包括第三节中的大部分犯罪以及其他章节的一些符合上述定义的犯罪,例如走私假币罪、非法经营罪等。

靠客观事实予以推断和证明,而这两者所表现的客观事实几乎没有差别。

第二,正因为骗取贷款罪中罪与非罪的界限十分模糊,难以区分,所以骗取贷款罪的外延可能被极度放大。按《刑法》第175条之一骗取贷款罪的构成要件看,上述银行贷款纠纷案件中的借款人在一般情况都可入罪。但实际上,真正入罪的又不会很多,这就给某些机关、某些人出入罪留下了很大余地,容易滋生腐败和贪污,也容易造成司法上的不公平现象,降低司法的可信度和公正性。

第三,从已经发生的实际案例看,这个罪名并未达到银行界当初提议设立此罪的预期目的,银行甚至已经后悔当年提出要设这个罪名了。银行当年提出要增设骗取贷款罪,一方面是为了加强金融管理秩序,更主要的是为了防止银行贷款收不回来,从而以刑事处罚来威慑借款人及时将贷款归还,但现实情况却在向相反的方向发展。上海有一个案件,原来是按欠银行贷款的民事案件处理的,被告人已经还了近2亿元人民币欠款,尚欠1亿多元,后被担保人作为刑事案件(骗取贷款罪)举报到司法机关,结果被法院判为构成骗取贷款罪(《刑法》第175条之一),抓了法定代表人。本来余下的欠款是可以还上的,但把对方法定代表人一抓,剩下的欠款反而没有希望追回了。金融机构认为构成该罪也没有用。

第四,我国目前尚处于社会主义初级阶段,以发展经济为第一要务。如果借款人是为了发展公司的业务和经营而在申请银行贷款的过程中使用了一些欺骗的手段,只要借款人不是以非法占有贷款为目的,那么其行为尚不具有刑法意义上的社会危害性。实际上,借款人骗取贷款的现象,与目前银行发放贷款的标准有些过于严苛,不利于中小企业和暂时处于困难中的企业的贷款申请有一定的关系,同时也与整个经济环境和市场规范不完善有关。我们要做的应该是加强对贷款的事前审查和事后监督,加大对企业的融资支持力度,规范整个市场的运作,仅仅通过犯罪化这个途径并不能从根本上解决骗取贷款的问题,在一定程度上反而会阻碍企业的经营发展和整个市场经济的繁荣。

(二) 金融刑事立法经司法解释细化后打击面过宽

我国金融刑事立法中的许多条文没有对构成犯罪所要求的社会危害性程度作出明确规定,而往往是概括性地规定为"情节严重"或"数额较大""数额巨大"等,以留待司法解释或法院在办理具体案件时根据当时的社会经济情况做出相应的处理。最高人民检察院和公安部规定的有关刑事案件立案追诉标准就是司法解释对金融刑事立法的具体细化。但对某些金融犯罪,特别是证券犯罪,其标准相对社会实践而言往往过低。例如,2010年5月7日最高人民检察院、公安部颁布的《关于公安机关管辖的刑事案件立案追诉标准的规定(二)》将内幕交易、泄露内幕信息案的立案和追诉标准分别规定为证券交易成交额累计在50万元以上、期货交易占用保证金数额累计在30万元以上、获利或者避免损失数额累计在15万元以上等。但是在实际的证券期货市场中,这样的数额标准显然太低,不可能对所有符合标准的案件都立案追究刑事责任。这就造成了法律条文层面打击面过宽,而实际惩处比例过小的局面,在很大程度上损害了刑法的权威性,也削弱了刑法的一般威慑力。

(三) 刑法规定和司法解释都过于严厉

我国金融刑事立法的处罚对象是那些严重危害金融市场秩序的行为,而对于情节显著轻微、危害不大的行为则只构成金融违法。刑法对行为社会危害性的判断有时会通过"情节严重""后果严重"或"数额较大"等描述来表达。当然,对一些极其严重的犯罪,即使情节不严重、后果不严重或者数额不大,也应当以犯罪论处。但对于某些行为而言,如果没有达到情节严重或数额较大的程度也予以犯罪化,则会显得刑法过于严苛。例如《刑法》第177条之一第2款规定的"窃取、收买、非法提供信用卡信息罪"本身没有"情节严重""后果严重"或"数额较大"的要件,最高人民法院、最高人民检察院2009年的司法解释将其解释为即使收买、提供了一张信用卡信息资料,也能构成犯罪,这种解释虽然与上述刑法规定是配套的,但显然过于严厉。①

(四) 金融刑事立法的程序扩张

我国自1999年12月25日第九届全国人民代表大会常务委员会第十三次会议上首次以刑法修正案的模式修改刑法典以来,立法机关至今已经颁布了8个刑法修正案,以完善和补充刑法的相关规定。但目前我国刑法修正案的立法主体及其立法权限却存在法律依据上的不足,造成了金融刑事立法的程序扩张。

根据《中华人民共和国宪法》和《中华人民共和国立法法》的规定,全国人大常委会只具有在全国人民代表大会闭会期间,对全国人民代表大会制定的法律进行部分补充和修改之权,并且其部分补充和修改不得同该法律的基本原则相抵触。但这些年我国全国人大常委会颁布的某些决定和刑法修正案不但包括对刑法的修改补充,而且包括对刑法的制定(增设新罪)。因此,我国的金融刑事立法在程序上进行了扩张,全国人大常委会实际上行使了应由全国人大行使的刑法制定权,这是与宪法和立法法的精神不相符的。正如有的学者所言:"反思过去的修法,真正应该引起批评的,是增加新罪名的补充部分,这部分不应该由全国人大常委会以修改或补充的方式进行,而应该属于制定权,属于全国人大的权力。即使由全国人大常委会修改刑法中已经存在的罪名,也应该慎重对待,不能频繁进行,否则,赋予其修改补充基本法律的权力而不对其修改内容进行限制,全国人大常委会的部分修改权侵袭全国人大的制定权就成为必然。"②

此外,用刑法修正案这种方式来增加新罪名到底好不好也是一个问题。有学者认为,这种方式好,反应快,社会上出现的问题马上就能够得到反映。我们现在的刑

---

① 2009年10月12日通过的最高人民法院、最高人民检察院《关于办理妨害信用卡管理刑事案件具体应用法律若干问题的解释》第3条规定:"窃取、收买、非法提供他人信用卡信息资料,足以伪造可进行交易的信用卡,或者足以使他人以信用卡持卡人名义进行交易,涉及信用卡1张以上不满5张的,依照《刑法》第一百七十七条之一第二款的规定,以窃取、收买、非法提供信用卡信息罪定罪处罚……"

② 张波:《论刑法修正案——兼谈刑事立法权之划分》,载《中国刑事法杂志》2002年第4期。

法几乎每年一个修正案,反应多快啊!网上一炒作,群众一激动,然后马上就成了人民代表和政协委员在两会上发言的热点,人代会上的热点变成法律的可能性就大了。采用刑法修正案的方式既能较快地对社会实践作出回应,同时又能保持刑法典较长期的相对稳定性和社会适应性,维护刑法典的完整性和统一性;维护刑法典的权威性和连续性,实现刑法规范的指引、评价、教育和预测功能。[1] 但也有学者认为,反应太快不行,容易反应过度。外国刑法修改是很少的。有的国家一百多年才修改了几个条文,而我们短短十多年里增加上百个条文都有了,频度和数量都太高了,今后要注意改进。后一种意见是值得重视的。

二、金融刑事立法过度扩张的危害

金融刑事立法过度扩张,将原本属于民事纠纷和行政违规的案件纳入刑法的调整范围,模糊了民事、行政和刑事案件之间的界限,导致了金融市场被刑法过度干预,不利于保障市场主体的经营自主权和公民的人权,在一定程度上阻碍了我国金融市场的发展。而民事、行政和刑事案件的界限模糊也容易引起司法审判上的混乱和困难,导致司法不公和司法腐败的滋生,同时损害了法律本身以及司法活动的公信力和权威性。此外,刑法对金融违法行为的过度规制,使得民事和行政法律制度的前置性屏障作用难以发挥,不利于民事和行政法律制度本身的完善,也不利于金融、民事、行政法规与刑法的衔接。

金融刑法将一些经济纠纷纳入刑法的调整范围,本意是想利用刑法的威慑打击、迫使当事人一方尽快合理地解决纠纷,加强对被害一方的保护。但从实际发生的案件来看,刑法介入后,经济纠纷反而更难以解决了,被害人的利益更加无从保障。因为,一旦当事人一方被刑事逮捕后,他就没有办法筹集资金或继续经营或采取其他办法解决纠纷了;在心理上,他也会倾向于绝望和自暴自弃,反正刑事处罚已经代替了民事赔偿,被告人就不会积极主动地履行其民事义务。这时被害人即使想延缓期限或者采取其他解决纠纷的方式,也来不及了。

经过三十多年的改革开放,我国金融市场的市场体系和监管框架已经初步建立,而且发挥了积极和有效的作用。其间,立法机关对市场发展中的突出问题作出积极回应,及时制定金融刑事立法,比如内幕交易、操纵证券期货市场和证券欺诈等犯罪是完全必要和正确的。2008 年由美国次贷危机引发的国际金融危机也告诫我们加强金融监管的必要性和重要性。但加强金融监管不等于把金融违法违规行为大幅度犯罪化。过度犯罪化会压缩金融市场的空间,甚至压制金融机构和相关主体的生存,不仅会妨碍金融创新、制度创新和中小企业的生存发展,而且使国内外投资者对这种过于严厉的法律环境望而生畏、裹足不前。金融是整个经济的核心,经济转型更需要得到金融的支持。金融刑事立法的过度扩张不仅阻碍金融市场和体系的生机,而且会

---

[1] 参见黄华平、梁晟源:《试论刑法修正案的立法模式》,载《中国人民公安大学学报》2005 年第 3 期。

对整个经济的发展起到负面影响。

此外,由于社会习惯、历史传统和立法模式的不同,我国刑法上的犯罪与有些国家法律上的犯罪并非完全相同的概念。这些国家规定的犯罪只是一个质的概念,没有量的评价,盗窃1分钱也是犯罪。甚至违法就是犯罪,犯罪和违法之间没有区别。例如,日本东京曾经颁布一个地方法规,规定女性在电车上抹口红给别人以不愉快的感觉也构成犯罪;见了老人和小孩不让座也是犯罪;拿着手机大声打电话都可以当做犯罪来处罚。[1] 实际上,这其中的许多犯罪只相当于我国的违法行为。因此,在国外,犯罪特别是某些违反金融秩序的犯罪对被告人的影响并不很大。即使犯了这类罪,被告人在社会地位、就业等方面也不会受到太大的负面影响。而在我国情况就不同了,一旦构成犯罪,对被告人一生的影响极大,社会地位、经济地位一落千丈,不但被视为有前科,而且很多工作不能从事,很多职务不能承担。如此严厉的后果,有时对被告人非常不公平,也不利于被告人的改过自新和回归社会。

三、金融刑事立法过度扩张的审视和防范

(一) 防范金融刑事立法过度扩张的社会现实基础

我国目前还处于社会主义初级阶段,必须以经济发展为中心。因此,金融刑事立法必须限缩其对市场的干预,保障市场主体的经营自主权,尊重市场各方的意愿和行政法规的相关配套规定。对处于违法与犯罪之间的"灰色地带"的行为,刑法应当从促进市场创新和维护公民人权出发,不轻易作为犯罪处理,最大程度上解除市场参与者的包袱,以加快经济的发展。

对国外刑法进行研究和借鉴是我国金融刑事立法保持合理性、前瞻性、超前性、国际性的有效途径之一,但这种研究和借鉴绝不是孤立和片面的。首先,它必须建立在对国外刑法的全面研究基础上,对国外刑法的研究必须从世界范围内进行分析,不应只看到某一个或少数几个国家对某一行为的规定,还要看到其他大多数国家对此的态度和规制措施。例如,我国部分学者在支持设立骗取贷款罪时,提到德国刑法和《美国模范刑法典》对这一犯罪行为作出了规定,但却忽略了其他大多数国家没有将其犯罪化,并且《美国模范刑法典》并不是真正意义上的"刑法",而只是一种学术上的法律模板。其次,对国外刑法的研究必须注重整体性,不应局限性地理解某一条文的内涵和相关立法变动,而应当对其所有相关的法律条文和立法背景进行整体分析,准确把握立法内涵和变动的实质。最后,对国外刑法的借鉴必须立足于我国的实际国情,准确辨别我国和别国在文化、法律理念和其他配套制度上的不同,并根据我国相关领域发展的趋势,对国外刑法加以合理借鉴,而不能一味地生搬硬套。

刑法是社会公平正义的最后一道防线,作为社会利益保护的最后手段,具有第二

---

[1] 参见王云海:《日本刑罚是重还是轻》,载中国人民大学刑事法律科学研究中心编:《明德刑法学名家讲演录》(第1卷),北京大学出版社 2009 年版,第 461 页。

次规范的特征。如果第一次规范能及时有效地得到完善和补充,规范金融市场的有序发展,减少金融违法行为的发生,就无须金融刑法立法的大量介入。因此,在现阶段完善金融市场相关的民事和行政法律法规,充分发挥民事和行政等其他法律部门的作用,进一步完善金融运行法制环境建设,加强社会内部预防机制建设,完善金融违法行为的行政和民事责任制度,有效预防和惩治金融违法行为,就能有效地从源头上减少金融刑事立法的过度扩张。

此外,近几年我国刑事立法经常受到重大案件中"民意"的影响,容易受到热门"炒作"话题的波及。但大多数普通民众对金融违法行为的评价往往是基于感性认识,缺少对行为本身性质、社会危害性以及现有民事、行政和刑事法律制度的必要考量和分析,缺乏对于金融刑法立罪依据的深层次把握,认为刑法可以解决所有的金融违法活动,这种倾向是十分危险的。所以,立法者应当正确对待"民意",在立法时既要充分考虑民意的诉求,也要坚持金融刑法立罪的专业性、谦抑性和适当性。

(二) 防范金融刑事立法过度扩张的具体措施

1. 设立专家论证机制,慎重启动立法程序

当金融领域出现新的违法违规活动,立法机关感到有必要设立新的犯罪予以应对之时,应首先聘请相关专家对行为性质、前置性救济效果、国外立法现状以及我国设立新罪的必要性和可行性进行论证。在经过专家充分论证并得到肯定结果之后,方能进入立法程序。

2. 建立表决过程中立法信息充分披露机制

有关该罪设立的专家论证信息、广大社会公众对该罪的意见以及相关信息,应当在全国人民代表大会与会代表或者常务委员会委员面前充分披露,让有投票权的代表和委员们切实了解有关该项立法的背景、争议焦点、设罪的利弊等情况,然后选择和做出自己的合理决定。

3. 对已有的金融犯罪进行梳理,建立有效的出罪机制和设立概括性罪名

目前,我国金融刑事立法中的有些罪名设置并不合理,建议对其进行整体梳理,考察其合理性。在总结完善的基础上,进行相应的修改。这主要包括两个方面:一是对一些没有必要存在的罪予以删除,将该行为排除出犯罪圈,例如骗取贷款罪;二是对一些特别具体的犯罪进行修改,设立概括性罪名。我国金融刑事立法的一个特点就是概括性罪名较少,不能对新型犯罪进行有效应对,而必须不断地根据新情况增加新罪名。例如,我国针对背信行为规定了背信损害上市公司利益罪(《刑法》第169条之一)、背信运用受托财产罪(《刑法》第185条之一第1款)、违法运用资金罪(《刑法》第185条之一第2款)和徇私舞弊低价折股、出售国有资产罪(《刑法》第169条)等四个罪名,但还不能规制全部的背信行为,而日本和德国刑法中的一个"背信罪"(《日本刑法》第247条、《德国刑法》第266条)就把我国规定的犯罪都包括进去了,并且还能不断应对新的背信行为的出现。

4. 完善司法解释出台前的协调机制

为了保证司法解释的质量,最高人民法院和最高人民检察院已经制定了一套出台司法解释的内部操作流程,同时按照规定,最高人民法院、最高人民检察院必须将其司法解释提交全国人大相关部门进行备案。这些程序上的保障对于促进司法解释的合法性和合理性发挥了十分积极的作用,但仍有可待完善之处。

目前我国的司法解释还存在一些不足,不正当地扩张了金融刑事立法的犯罪圈和打击面。为进一步促进司法解释对法律的合法补充和合理细化,笔者建议在全国人大常委会法工委备案室下设一个协调处(咨询协调机构),专门负责金融立法过程中刑事法律、民事法律和行政法律之间,以及司法解释和法律内容之间的协调工作,因为金融法律的整体性较强,法律之间相互交叉的情况较多。尽管目前我国司法解释出台之前也会征求一些专家的意见,但往往局限于某一方面的专家。而实际上,金融刑事立法不仅仅涉及刑法的相关规定,而且与证券法、民法以及相关的行政法律等都有着密切的联系,所以协调处应培养和吸纳精通多个法律领域或精通法律之间相互关系的人才,并与各个领域的专家建立相关的咨询关系,为尚未出台的司法解释提供咨询和协调意见,以确保司法解释与法律之间的协调性。

中日金融消费者刑事法保护比较初探[*]

　　金融消费者是消费者的一部分。^① 在欧美、日本等发达国家,消费者保护主要是通过行政法与民商法等部门法进行的,刑法只起到补充和保障作用。在刑法领域,消费者保护通常会涉及食品药品危害、虚假广告宣传、性质恶劣的欺诈性经商手法,等等。此外,一部分金融犯罪也会直接损害金融消费者的利益,比如违法吸收公众存款账外贷款等行为。将金融消费者的刑事法保护单列讨论具有重要意义,因为进入 21世纪,特别是 2008 年世界性的金融危机爆发后,我们已经进入了一个从投资服务法向消费服务法转变的时期。美国、欧盟、日本等发达国家纷纷从金融危机中吸取教训,制定或完善了金融消费者保护法或金融商品交易法、金融商品销售法,等等,其宗旨都是加强对金融消费者的保护,而刑事法保护是其中重要的一环。这种刑事法的保护虽然仍离不开对投资者保护的各种规定,但必须考虑到金融消费者保护的特殊性,如有必要,还要对现行的刑事法进行完善,这就是本文探讨的主题。本文论及的金融消费者刑事法保护,不包括危害食品药品安全犯罪等普通消费者刑法保护问题,而专指与金融机构或金融交易相关的危害消费者利益的犯罪。本文就金融消费者刑事法保护的范围、标准、程序等问题,将中国和日本的立法及相关司法案件作一些比较,以求完善我国的金融消费者刑事法保护法制。

一、金融消费者刑事法保护的范围

(一) 狭义论与广义论的对立

　　金融消费者刑事法保护的范围是一个比较复杂并有争议的问题,有广义说和狭义说的对立。狭义说在金融消费者的概念以及刑事法保护的范围上均持狭义观点。其认为,金融消费者是指接受金融业提供的商品或服务的人,但不包括专业投资机构和具备一定财力或专业能力,从事需要市场准入资格的金融商品交易的自然人或法人。关于刑事法保护的范围,也仅限于刑法及其附属刑法、特别刑法上已有规定的围绕金融机构或金融过程的犯罪,而且这些犯罪必须直接和保护金融消费者的财产权、

---

　　* 本文受国家社科基金重大项目"深化金融体制改革研究"(项目编号:09&ZD030)的资助。第二作者胡春健,第三作者陈玲,原载于《政治与法律》2013 年第 8 期。
　　① 本文所称金融消费者,是指接受金融业提供的商品或服务的人,但不包括专业投资机构和具备一定财力或专业能力从事需要市场准入资格的金融商品交易的自然人或法人。

知情权、信息保密权等权益相关。也就是说，金融犯罪中只有一小部分符合上述特征；在普通刑事犯罪中，也有个别犯罪，比如诈骗罪的一部分情况符合上述特征，比如编造某种理财产品卖给众多老年人，骗取不特定多数人的财物。与之相对应，广义说在上述两个问题上均持广义立场。其认为，凡刑事法规定的犯罪，只要已经侵犯或可能侵犯（威胁到）金融消费者的合法权益，就可以纳入该范围，比如操纵证券市场罪和内幕交易罪，虽然直接侵害的法益是证券市场的管理秩序，但也可能对广大金融消费者的利益造成损害，因此，这两个犯罪应当也纳入金融消费者刑事法保护的范围。而持狭义说观点的则认为，操纵证券市场罪并不必然致使金融消费者受到财产损失；内幕交易罪更被认为是一种"没有受害者"的犯罪，因此，这两个罪不宜纳入金融消费者刑事法保护的范围。

笔者持狭义说观点，主要理由如下。其一，保护金融消费者合法权益的任务主要应由行政法、民商法来承担，刑事法只能作为补充和保障，范围不宜太广。也就是说，纳入金融消费者保护范畴的，能不用刑罚尽量不用刑罚，为达此目的，纳入该范围的刑事法宜少不宜多。其二，在相关刑事法条款中只取直接关联的，不取间接相关的。如果将间接相关的都纳入进来，打击面就太宽了。如操纵证券市场罪和内幕交易罪首先侵害的是金融管理秩序，并可能侵害相对人的财产权益，因此可不纳入该范围。其三，纳入该范围的保护对象通常是相对弱势的群体或个体，这是金融消费者刑法保护的特征之一。

（二）日本刑事法的保护范围

在日本，金融消费者刑事法保护范围大体上有两种分类法。第一种是将保护范围划分为刑法典上诈骗罪的保护和行政刑法（特别法）的保护两类。行政刑法（即刑法典以外的行政管理法中的刑罚罚则）大体又有两种情况：一是，对一定行为本身加以限制，或者对方法加以禁止的罚则。例如，出资法、防止无限连锁法、特定交易法等行政管理法中的刑罚罚则。再如，发现老鼠会（无限连锁销售）时，即使不特定消费者的财产没有受到损失，对这种行为本身也可以给予刑事处罚，如果等到消费者发生损害结果才处罚那就太迟了。二是，为了保障金融消费者能够得到正确信息而设立的特别法中的刑罚罚则，比如金融商品销售法、防止不正当竞争法、反垄断法、不当赠品类及不当表示防止法等法律中的刑罚罚则，都是为了对广告、宣传、销售中的虚假宣传、夸大宣传和误导行为作出处罚。[1] 第二种是将范围划分为三类：一是以恶劣经商手法损害金融消费者利益的犯罪；二是以财产增值为诱饵的经商手法损害金融消费者利益的犯罪；三是围绕着提供虚假信息和不正当表示的犯罪等，具体包括部分金融犯罪、证券犯罪、计算机犯罪（银行卡犯罪）、恶劣经商手法的犯罪、以财产增值为诱饵经商手法的犯罪等。[2]

---

① 参见〔日〕松原芳博：《消费者保护与刑事法》，载高铭暄、赵秉志主编：《中日经济犯罪比较研讨》，法律出版社2005年版，第234页。

② 参见〔日〕神山敏雄等：《新经济刑法入门》，成文堂2008年版，第2页。

（三）中国刑事法的保护范围

中国刑事法对金融消费者的保护都体现在刑法上。这是因为相当于日本行政刑法的所有内容,中国将它们都归在刑法内。中国刑事法上的这种保护范围,主要体现在《刑法》分则第三章第四节"破坏金融管理秩序罪"的部分罪名和第五节"金融诈骗罪"的部分罪名中。同时,还涉及《刑法》分则第三章第三节"妨害对公司、企业的管理秩序罪"和第三章第八节中的部分罪名。当然,《刑法》分则第五章的诈骗罪是基本罪名,其具体可分为四类:一是以普通诈骗罪和金融诈骗罪为中心的诈骗类犯罪;二是以破坏金融管理秩序和市场秩序为中心的犯罪;三是围绕信息披露、虚假广告等不实表示和宣传等的犯罪;四是银行卡和计算机犯罪。

（四）中日关于金融消费者刑事法保护范围问题的比较

中国将相关犯罪都集中在刑法典中,查阅和适用都比较方便,也容易为一般公众了解,有利于发挥一般预防作用;而日本除刑法典外,大部分经济、金融犯罪都规定在特别刑法中,即行政管理法的罚则中,比较分散,一般公众不大了解。从保护内容看,中日都以诈骗罪为中心展开保护。中国有金融诈骗罪,而日本没有。很多日本学者认为,诈骗罪的要求比较严,不利于打击相关犯罪分子。其他三类,即破坏金融市场管理秩序、破坏市场管理秩序和银行卡、计算机犯罪中许多都是直接侵害金融消费者权益的。日本没有同类客体的说法,因此,可以将某些情况规定为行为犯;而中国虽然将它们规定为侵害经济秩序的犯罪,从理论上讲,可以不必产生财产损失的后果,但实际上仍以产生一定的后果为构成犯罪的前提。从金融消费者的概念和需要保护的权益内容看,中日双方大体上一致,多数赞成狭义说,强调刑事法保护的补充性和谦抑性,都主张实施刑罚要慎重。

二、以诈骗罪为中心的刑事法保护比较

（一）日本的相关规定

《日本刑法》第246条规定了诈欺罪,该罪一般具备以下要件:①欺骗他人;②使他人基于错误而实施处分行为;③给他人造成财产上的损害。在实践中,与金融消费者保护相关的诈骗罪主要是和所谓恶劣经商实践联系在一起的,实践中有三个著名的案例。[①]

一是丰田商事案。丰田商事通过纸片推销法,向顾客出售金条,同时与顾客签订金条租赁合同,代顾客保管金条,向顾客支付租赁金。实际上,丰田商事并不持有和合同一致的金条,金条的买卖和租赁都是虚构的。该案构成诈骗罪没有争议,但该案

---

① 参见〔日〕松原芳博:《消费者保护与刑事法》,载高铭暄、赵秉志主编:《中日经济犯罪比较研究》,法律出版社2005年版,第235—240页;〔日〕芝原邦尔:《经济刑法》,金光旭译,法律出版社2002年版,第91—94页。

如何具体构成诈骗罪则有分歧。第一种观点认为,丰田商事并不持有与合同一致的金条而假装持有,是一种"欺骗他人"的行为,顾客由此支付金条购买款就是财产损害。因此,自丰田商事创业开始,所有的"纯金家庭合同"都成立诈骗罪。[①] 第二种观点认为,顾客是以增值而不是以实际持有金条为目的,因此,丰田商事没有持有金条而声称持有并不构成诈骗,但在经营面临破产后,声称能提供顾客投资回报,仍劝诱顾客继续与公司签订合同时才成立诈骗罪。大阪地方法院采纳了第二种观点,但也导致对消费者保护过迟,从而造成损害扩大。

二是假装代办股票买卖的投资期刊社事件。某投资期刊社声称,只要顾客向公司支付相当于10%的保证金,公司发放较低利率的贷款用于购买股票,并代理顾客向证券公司购买;又谎称以前曾以低价购买了股票,现在愿以低于市场价的价格卖给顾客,实际上,公司并没有代理顾客在证券公司办理股票买卖手续。法院认为,顾客的目的是要购买股票,如果没有公司的谎言,顾客就不会交付现金,因此,本案成立诈骗罪。

三是以"宰顾客"作为主要特征的"同和商品"案。"同和商品"的员工劝诱顾客全权委托其进行期货交易,却不顾客户的利益而"宰顾客"。其主要手法有:顾客的收益不予返还,而作为新的委托金进行下一轮交易;让顾客进行不必要的交易而获取手续费;与市场正常操作相反,让顾客进行赔钱的交易等。一审神户地方法院不认为公司的交易行为构成诈骗,只对在劝诱顾客委托其进行期货交易过程中明显使用了谎言的职员认定为诈骗罪。控诉审大阪地方法院认为,上述各种宰客行为是以顾客遭受损失而公司获利为目的的,公司隐瞒宰客的意图劝诱顾客委托公司从事期货交易就属于欺诈行为,在取得委托费用时即构成既遂。最高法院支持大阪地方法院的判决,认为"认定被告人的行为构成刑法第246条第1项的诈骗罪的原判决是适当的"[②]。

(二) 中国的相关规定

中国对诈骗罪的规定包括两个部分:一为普通侵犯财产犯罪中规定的诈骗罪;二为特殊的金融诈骗类犯罪,包括集资诈骗罪、票据诈骗罪、金融凭证诈骗罪、信用证诈骗罪、信用卡诈骗罪(后文将单独详细论述信用卡犯罪)和有价证券诈骗罪。

(三) 中日以诈骗罪为中心的比较

不管是日本刑法还是中国刑法中的诈骗行为都必须满足"虚构事实、隐瞒真相——令对方陷入错误认识——对方基于错误而交付财物"和"以非法占有为目的"的条件才构成犯罪。日本刑法只规定了一个统一的诈欺罪,而中国则采取了细分的方式,在统一规定了普通的诈骗罪之外,具体规定了金融领域内若干种经常发生的诈骗犯罪,对金融消费者的刑法保护更为细致。此时,金融诈骗罪与普通诈骗罪是特殊法条与一般法条的关系。当行为人的行为既符合普通诈骗罪的犯罪构成,又符合金融诈骗罪的犯罪构

---

① 参见〔日〕神山敏雄:《经济犯罪研究》(第1卷),成文堂1991年版,第268页。
② 最决平成4年(1992年)2月18日刑集46卷2号1页。

成时,行为人构成金融诈骗罪;当行为人的诈骗行为不符合特殊金融诈骗罪的犯罪构成时,则以诈骗罪予以惩治。但值得注意的是,虽然中国规定了诸多的诈骗犯罪罪名,但对诈骗罪的行为理解上则比日本要严格一些,上文中日本刑法认为是诈欺罪的某些恶意经商行为在我国并不认为是诈骗犯罪,只构成民事违约或侵权。

三、以行政刑法所规定的若干犯罪为中心的比较

以诈骗罪为中心的犯罪惩罚体系虽然能够给予金融消费者一定的保护,但随着金融的创新和发展,已经远远不能满足现实需求,因此,日本通过制定若干行政刑法条款加以补充。中国在刑法典中也对类似行为作出了一些规定。

（一） 日本的相关规定

日本行政刑法对金融消费者的保护主要体现为违反《银行法》的犯罪、违反《出资法》的犯罪和违反《取缔导入存款法》的犯罪,等等。

违反《银行法》的犯罪有两种:一种是违法营业行为,比如,无执照营业罪或违反执照条件、违反停业命令的行为等,如"地下银行"接受在日本的外国人的委托,秘密向海外汇款的行为,就构成无执照营业罪(《银行法》第 61 条);另一种是在银行监管机构进行检查之际所实施的违法行为,比如虚假报告罪或妨碍检查罪等(《银行法》第62 条)。这些罪可处罚金上亿日元。[1]

违反《出资法》的犯罪有三种:一是出资与收存款的限制(第 1 条、第 2 条)。二是账外贷款等的处罚(第 3 条)。所谓"账外贷款"(日文为"浮贷")是指金融机构的工作人员不是作为金融机构的业务,而是作为个人的副业(即第二职业),利用自己的地位进行贷款的行为。三是高利息的处罚及金钱借贷中介费的限制(第 4 条、第 5 条)(法定刑皆为处 3 年以下惩役或 500 万日元以下罚金,或两者并科)。[2] 总之,违反《出资法》规定的要件是:第一,主体是金融机构的工作人员(或称为职员);第二,利用其地位;第三,为谋求自己或金融机构以外的第三者的利益;第四,实施了收存款、贷款、中介借贷、保证债务的行为。

1983 年,日本在修改《出资法》的同时,还制定了《贷款业法》。该法对贷款业的准入、合同行为、业务行为都作了具体规定,违者要处以罚款、取消登录等行政处分,同时对违法讨债行为给予刑事处罚。比如,在夜间等不妥当的时间讨债、以威胁他人或侵害私生活或业务安宁的言行讨债、无休止地反复打电话或登门讨债赖着不走的行为、到工作单位给债务人或保证人制造麻烦的行为都要受到处罚(第 21 条,罚则为第 48 条:处 1 年以下的惩役或 300 万日元以下罚金,或二者并科。)

日本所称的导入存款,是指银行在收取 A 的存款时,作为对存款的回报,向 A 所

---

① 参见〔日〕芝原邦尔:《经济刑法》,金光旭译,法律出版社 2002 年版,第 31—32 页。
② 日本《出资法》全称为《关于取缔接受出资、收存款及利息等的法律》。

指定的特定第三人 B 发放贷款的情况。在此过程中往往会有向银行导入存款的中介人介入。这里有四方当事人:银行、存款人 A、借款人 B、中介人。其中的关键环节是:中介人让 B 承诺向 A 支付超过银行正常利息的黑利。最后的结局是:银行从 A 处接受存款,然后将该款贷给 B,B 作为酬谢向中介人支付黑利,中介人从其中扣除自己的手续费后将剩余部分交付给 A。这样,A 就获取了高于银行一般存款利息的好处。《取缔导入存款法》①对参与存款的存款人、中介人、金融机构(包括其职员)加以处罚(3 年以下惩役或 30 万日元以下罚金,或两者并科)。其要件为:存款人以获取黑利等特别金钱利益为目的;存款人与特定第三人相互串通;存款没有被作为贷款的担保;商定向存款人所指定的第三者贷款。对接受贷款的人(即特定第三者),考虑到他们往往是经济上的弱者,因此,只要他们本人没有从事中介活动,则不予处罚。

(二) 中国的相关规定

中国的刑事犯罪都规定在刑法典中。虽然其他金融法律法规没有对各种不法的金融借贷行为规定刑事责任,但刑法典对此作出了积极回应,规定了若干种犯罪,主要包括擅自设立金融机构罪,伪造、变造、转让金融机构经营许可证、批准文件罪,高利转贷罪,非法吸收公众存款罪,擅自发行股票、公司、企业债券罪,吸收客户资金不入账罪,诱骗投资者买卖证券、期货合约罪以及非法经营罪。

(三) 中日比较

日本的《出资法》中规定的犯罪是对诈骗罪的补充,当行为尚不满足诈骗罪的犯罪构成要件时,也可以予以刑法规制,以此加大对侵害金融消费者违法行为的打击力度;当行为满足诈骗罪时,则以更为严重的诈骗罪处罚。而中国的相关金融犯罪则与诈骗罪没有太大的联系,其制定是为了通过维持金融市场秩序而保护金融消费者的利益。

日本刑法规定了对高利贷的限制,对高利贷的规制和处罚有法可循。我国刑法没有专门涉及高利贷的规定,实践中都是以非法经营罪予以惩处。一方面,非法经营罪作为一个"口袋罪",的确可以随着社会经济的发展,对新的问题进行适时的刑法规制;但另一方面,非法经营罪也很容易被滥用,从而阻碍金融市场的创新和发展。此外,非法经营罪并非针对高利贷而特别制定的,对打击和预防高利贷行为难以发挥最佳作用。

日本刑法还对违法讨债行为作出了具体规定,中国刑法对此没有专门规定。实际上,随着民间借贷的日益活跃以及银行不良贷款和信用卡烂账收账业务的外包,这一问题变得日益严重。深圳多次出现大规模的违法讨债事件,引起民众广泛关注。这些违法讨债情况,例如,在夜间等不妥当的时间讨债、以威胁他人或侵害私生活或业务安宁的言行讨债、无休止地反复打电话或登门讨债赖着不走的行为、到工作单位给债务人或保证人制造麻烦的行为,很多时候并不构成犯罪,刑法难以规制,然而这

---

① 该法全称为《关于取缔与存款相关之不当合同的法律》,参见〔日〕芝原邦尔:《经济刑法》,金光旭译,法律出版社 2002 年版,第 40 页。

些行为会对欠债人甚至其隔壁邻居、亲朋好友产生极大的伤害,具有严重的社会危害性。日本的立法例值得我国借鉴。

如前所述,对于恶劣经商事件,日本司法实践中通常适用诈骗罪予以规制。

中国刑法特别规定了诱骗投资者买卖证券、期货合约罪,对于诱骗投资者买卖证券、期货合约的行为加以惩处,但对其他诱骗金融消费者的行为没有规定。实践中,单纯诱骗金融消费者签订金融合同,而不是以合同作为噱头来诈骗受害人的,往往很难定罪。在这一点上,日本对金融消费者的保护力度比中国更强一些。

四、以信用卡犯罪为中心的相关犯罪

信用卡犯罪在当今金融犯罪领域具有十分突出的地位,在很多情况下直接损害了金融消费者的利益。因此,本文将信用卡犯罪单列出来加以讨论。

（一）日本的相关规定

日本刑法原来并未专门设立信用卡犯罪的独立条款。根据司法实践,日本对信用卡犯罪的处罚是根据某一具体行为加以确定的。例如,伪造信用卡的按伪造私人文书罪论处,处 3 个月以上 5 个月以下的惩役;窃取信用卡的,按盗窃罪论处,处 10 年以下惩役;以他人名义从信用卡公司骗取信用卡的,视为同时犯有伪造私人文书罪和诈骗罪。根据《日本刑法》的规定,犯有诈骗罪的,处 10 年以下惩役。

随着网络技术的发展,人们越来越多地在计算机上使用信用卡,这往往需要用到信用卡里的电磁记录,而不需要实际在计算机上使用物理状态的信用卡。为适应这一发展变化,进一步保护信用卡中的电磁信息,1987 年,日本修改了《刑法》,新设了三个罪名:①不正当制作和提供电磁记录罪(第 161 条之二);②损坏电子计算机等妨害业务罪(第 234 条之二);③使用电子计算机诈骗罪(第 246 条之二)。另外,还修改了两个条文,在有关公文书的伪造、损坏等 4 个分则罪名中,加入了电磁记录的内容。2001 年,又进一步在《日本刑法》第十八章之二中增设了"有关支付用磁卡电磁记录犯罪",具体包括以下内容:①支付用磁卡电磁记录的不正当使用等罪(第 163 条之二);②持有不正当电磁记录的磁卡罪(第 163 条之三);③准备不正当制作支付用磁卡电磁记录罪(第 163 条之四)。这些罪名包含了不正当制作、提供、出让、出借、输入支付用磁卡电磁记录行为,持有不正当电磁记录的磁卡行为,以及准备不正当制作支付用磁卡电磁记录的行为等。

（二）中国的相关规定

中国对信用卡犯罪的立法问题一直比较重视。现行《刑法》规定了伪造、变造金融票证罪,信用卡诈骗罪,妨害信用卡管理罪和窃取、收买、非法提供信用卡信息罪等四个罪名,对以下涉及信用卡的刑事犯罪予以打击:其一,伪造信用卡;其二,使用伪造的信用卡,或者使用以虚假的身份证明骗领的信用卡;使用作废的信用卡;冒用他

人信用卡;恶意透支等的信用卡诈骗行为;其三,明知是伪造的信用卡而持有、运输,或明知是伪造的空白信用卡而持有、运输;非法持有他人信用卡;使用虚假的身份证明骗领信用卡的;出售、购买、为他人提供伪造的信用卡或者以虚假的身份证明骗领的信用卡等妨害信用卡管理的犯罪行为;其四,窃取、收买或者非法提供他人信用卡信息资料的犯罪行为。

（三） 中日比较

日本刑法针对信用卡虽然没有规定专门的罪名,而是将其规制内容分散规定在各个刑法条款中,但其内容却比较全面,不但针对信用卡的犯罪可以惩处,而且将信用卡电磁记录或计算机电磁记录的犯罪行为都纳入规制范围。中国刑法对信用卡犯罪进行了专门的规定,相对比较集中,都在分则第三章中,但对信用卡犯罪的分类并不够准确,对若干信用卡犯罪的方式未能全面规定,对新型智能化的信用卡发展规制仍较落后,似有缺憾。①

首先,随着IT技术和网络的广泛应用,信用卡持卡人已经不再需要实际使用信用卡的实物就可以进行金融消费了。犯罪分子也同样可以通过非法设置用于网上消费的信用卡账户,进行网上消费或转账,实施无卡诈骗。在这种情况下,犯罪分子的行为就无法归入我国《刑法》第196条规定的几种行为中。因为与其他信用卡诈骗行为不同,无卡诈骗情况下,诈骗工具并不是信用卡的物理本身,而是同信用卡本身不可分割的账号和密码,也就是信用卡的电磁记录。这是信用卡诈骗罪所无法涵盖的内容,根据罪刑法定原则,其行为虽然实质上也是一种信用卡的诈骗犯罪行为,但却不能以信用卡诈骗罪定罪,只能以诈骗罪论处,这样就违背了把信用卡诈骗罪和普通诈骗罪区分开来的初衷,也造成了同类犯罪行为不同罪名、不同处罚的弊端。

其次,中国刑法所规定的信用卡犯罪之中没有明确包含变造信用卡的行为。在现实生活中,变造信用卡的行为经常真实存在。信用卡内部的电磁记录可以使用计算机进行电子涂改和变造,很多情况下,犯罪分子往往勾结信用卡机构内部工作人员来进行变造并使用。尽管有学者认为,"伪造信用卡"包含了篡改电磁记录的变造行为,没有遗漏对这一行为的惩治。但也有学者认为,变造信用卡的行为实际上是使用伪造的信用卡电磁记录中的账号、密码信息而非伪造信用卡本身,所以并不能与伪造信用卡视为同一类型。而中国刑法所规定的信用卡犯罪条文之中仅规定了"伪造信用卡的",遗漏了变造信用卡的行为,至少也是一种规定上的缺失。

五、与金融消费者保护相关的信息犯罪的比较

与金融消费者保护相关的信息犯罪包括两个方面:一是针对金融市场信息的虚假发布、违规披露或不披露;二是针对金融消费者自身信息和隐私权或与金融消费者

---

① 参见李睿:《中国信用卡产业研究与犯罪规制》,上海交通大学出版社2013年版,第74页。

利益有关的其他单位、组织和个人的身份信息的侵犯。

(一) 日本的相关规定

在涉及企业信息公开方面,日本在其《证券交易法》中规定了提交虚假有价证券申报书罪、提交虚假有价证券报告书罪。此外,日本《证券交易法》还规定了信息披露的方式和途径,对于"以变动有价证券价格为目的"的散布流言行为进行处罚,防止虚假信息的制造和传播。[①] 2006 年制定的《金融商品交易法》又进一步提高了相关刑事责任,例如对于有价证券申报书、有价证券报告书、公开收购申报书等的虚伪记载、不公正行为、谣言散布、暴力胁迫及操纵市场的行为等的最高刑期和罚金,分别从 5 年和 500 万日元或两项并罚,提高为 10 年和 1 000 万日元或两项并罚。[②] 在涉及身份信息的侵犯方面,日本规定了伪造公文书罪、制作虚伪公文书罪、公证证书原本不实记载罪、行使伪造的公文书罪、伪造私文书罪、行使伪造的私文书罪、泄露秘密罪以及前述的有关电磁记录的犯罪,等等。

(二) 中国的相关规定

中国刑法在涉及金融市场信息的犯罪上规定了欺诈发行股票、债券罪,违规披露、不披露重要信息罪,提供虚假证明文件罪,出具证明文件重大失实罪,隐匿、故意销毁会计凭证、会计账簿、财务会计报告罪,虚假广告罪,编造并传播证券、期货交易虚假信息罪,组织、领导传销活动罪。在涉及身份信息的侵犯上,中国刑法规定了伪造、变造、买卖国家机关公文、证件、印章罪,伪造公司、企业、事业单位、人民团体印章罪,伪造、变造居民身份证罪,出售、非法提供公民个人信息罪,非法获取公民个人信息罪等罪名。

(三) 中日比较

中日两国都十分重视金融市场信息公开,注重保护金融消费者的知情权,确保金融消费者能了解应该了解的市场信息,不受虚假信息的误导,从而做出正确的市场判断。日本在身份信息保护上比中国起步要早,所以在打击伪造文书的范围上比中国要广,包括伪造私文书的行为。中国在其后的刑法修改中对个人信息的保护则后来居上,规定了专门的个人信息犯罪,对个人信息加以保护,比日本在个人信息方面的刑法保护要先进得多。当然,中国的个人信息犯罪立法尚有若干不足之处。

六、完善我国金融消费者刑事法保护制度的建议

金融消费者立法旨在保护购买金融产品或接受金融服务的弱势群体(经济实力

---

① 参见张淼:《日本对证券犯罪的法律规制与防范对策》,载《现代日本经济》2006 年第 3 期。
② 参见吴兴旺:《日本金融消费者保护的经验及对中国的启示》,载《金融时报》2011 年 4 月 25 日。

和信息都弱于金融经营机构）。也就是说,这种保护需要制度性的倾斜。另外,从当今世界潮流看,已经从投资服务法时代走向金融服务法时代。在我国,由于30年的跨越式发展,经济迅速崛起,我们实际正处在投资服务法和金融服务法并处及交叉的时期。从以上两个背景出发,我国金融消费者刑事法保护似将呈现出以下三个特征:一是倾斜性。这是将金融消费者刑事法保护从一般刑事法中独立出来研究的原因。二是交叉性。进入金融服务法时代,金融消费者的内容和范围都进一步扩大,需要将原来已有的信息披露制度、禁止不公平交易、各行业规则是否能很好适用的制度等内容再扩张到流通性不强的银行领域和保险领域。这样,某些犯罪板块就会出现交叉情况,比如,证券期货犯罪原来就是自成体系的独立板块。虽然它们也有保护金融消费者的功能,但现在并不将他们列入保护弱势群体为特征的金融消费者刑事法板块了,当然,从功能上讲,证券犯罪仍然担负着金融服务法时代的三大任务。三是阶段性。人们对完善金融刑法总有一些建议,例如制定单行刑法(金融消费者保护刑事法或消费者保护刑事法案)或特别刑法(在行政法中规定刑事处罚罚则等),但这些在我国目前条件下都是做不到的。因此,本文只从具有可行性的方面提一些建议,即立足于当前阶段现实条件的建议。通过以上中日金融消费者刑事法保护的比较可以知道,我国在金融消费者刑法保护的立法上已经取得了一定的成绩,与日本相比有其优势所在,但同样也存在若干有待完善之处。

(一) 严密信用卡犯罪法网

如前所述,我国信用卡犯罪立法在若干方面存在缺漏:一是缺乏对"变造信用卡"行为的明确规定;二是缺乏对使用"信用卡电磁记录"诈骗的专门规定,难以应对信用卡犯罪的新形势和新发展。因此,建议我国刑法严密信用卡犯罪法网,将信用卡诈骗罪,伪造、变造金融票证罪和妨害信用卡管理罪的行为模式分别扩展至"使用变造的信用卡"和"变造信用卡"以及"明知是变造的信用卡而持有、运输""出售、购买、为他人提供变造的信用卡",更好地保护信用卡持卡人的利益,避免金融消费者成为信用卡类犯罪的受害人。

(二) 严厉打击恶劣经商行为

在金融机构或金融中介服务机构面前,金融消费者在经济实力和信息方面明显处于弱势地位。如果放任金融机构或金融中介服务机构利用其专业知识和信息丰富的强势地位,在与金融消费者的交易过程中误导和诱骗金融消费者订立金融商品买卖合同或金融服务合同,必然会对金融消费者的利益产生严重损害。目前,我国刑法只规制那些比较显而易见的金融诈骗活动,对一些隐蔽的诈骗行为,例如理财产品的销售或操作人员故意诱骗顾客不断进行金融交易或进行与市场预期相反的金融交易,从而骗取手续费用或为本机构获取利益的行为,实践中通常并不作为诈骗罪处理,而同样的情况在日本则被认为是恶劣经商的诈骗罪。因此,我国刑法必须加大打击恶劣经商行为的力度,只要能够认定金融机构或金融中介服务机构或其工作人员在交易过程中故意虚构或隐瞒事实,使金融消费者对订立合同产生错误认识并因此遭受了损失,在司法实践中可以将其认定为诈骗罪。

(三) 整治违法讨债行为

如前所述,随着民间借贷的日益活跃以及银行不良贷款和信用卡烂账收账业务的外包,讨债和收账变成一项业务,并且是一项日益边缘化,游走在道德和法律边界线的业务。收账公司往往会聘请一些社会无业人员甚至是黑社会背景人员向欠债人讨债,其违法讨债方式给一些正当的金融消费者造成了严重的损害,成为巨大的社会隐患。因此,建议刑法规范收账讨债业务,禁止违法讨债,例如像日本一样,禁止夜间等不妥当的时间讨债、以威胁他人或侵害私生活或业务安宁的言行讨债、无休止地反复打电话或登门讨债赖着不走的行为、到工作单位给债务人或保证人制造麻烦的行为。

(四) 将伪造私人文书和印章的行为规定为犯罪

随着个人在金融市场上的日益活跃,个人文书和印章的重要性逐渐增加,特别是涉及个人的股权转让协议、股权转让声明、委托理财授权书、保险权益转让协议书等与金融消费者金融利益密切相关的个人文件、文书和印章一旦伪造并得以顺利使用,金融消费者的利益就将受到难以弥补的损害。因为我国刑法目前并不处罚伪造自然人名义的私文书和私章的行为,在打击此类行为上有些力不从心。因此,建议我国刑法将相关伪造个人文书和印章的行为规定为犯罪,更好地保护金融消费者的合法利益。

(五) 加强对金融消费者个人信息的保护

相比日本,我国刑法虽然在个人信息保护方面享有一定的优势,但仍有以下方面值得进一步完善。首先,应当明确个人信息的内容,尤其要重视金融消费者在金融交易过程中使用的各种虚拟信息,例如网络代码、网上银行和其他支付系统登录名、密码、操作口令,等等。其次,扩大个人信息犯罪的主体。虽然金融机构是掌握金融消费者的个人信息最多的单位,但也不排除其他单位、行业,甚至个人也能大量掌握金融消费者的个人信息。因此,建议拓宽该罪的犯罪主体,将其规定为一般主体,即凡是达到刑事责任年龄,并具有刑事责任能力的人,单位也可以成为本罪的主体。最后,增加个人信息犯罪的行为样态。将"出售或者非法提供"修改为"出售、非法提供、收集、使用、披露、伪造、购买",加大对侵犯个人信息的打击范围和力度,更为全面地保护金融消费者的隐私权。

(六) 倾斜性保护措施与刑事法适用平等性之间的协调

面对金融经营者和消费者之间事实上的不平等,法律必须平衡金融经营者和消费者之间的利益,设定经营者对消费者负有某种强制性的法定义务。这主要指公平交易义务,了解消费者风险承担能力的义务,对金融产品或服务的说明义务,以及风险揭示义务等。这些都是拟制定的"金融消费者保护法"应当承担的义务。对违反上述义务的金融经营者设定承担行政、民事责任，少数甚至应承担刑事责任，这是一种对金融消费者的倾斜性保护措施。倾斜性体现在"自愿"之外的强制性义务上，体现在法律分配义务的倾斜性上，并不违反刑事法的适用平等性。

当然，对金融消费者的刑事法保护离不开其他配套法律和法规的支持。我国应当进一步完善银行法、证券法、期货法等金融法律，尽快出台"金融商品服务法"或"金融交易法"，明确金融机构和金融服务中介机构的行为界限和对金融消费者的义务，保护金融消费者的知情权和实质公平交易权；尽快出台"个人信息法"，加强对金融消费者个人信息和隐私权的保护，避免其遭受不法侵害。

在完善立法之外，还要继续加强行政程序保护金融消费者的力度。我国目前"一行三会"在保护金融消费者权益上作出了很大的努力，采取了很多措施，有些已经取得了很好的效果。未来，应进一步加强金融消费者的行政保护力度。其一，各地方"一行三会"相关局，依循中央做法，在"一行三会"框架下成立金融消费者保护处，专司各自行业的金融消费者保护工作。在整体上，由地方金融办一名副主任统一协调、管理上述四个部门的工作。其二，建立金融消费纠纷的处理机制，完善金融消费者权利救济渠道。在慎用刑事手段的前提下，形成投诉、调解、仲裁、诉讼等全方位的纠纷解决机制。其三，重点着力于改革现有的金融机构及其从业人员的考核指标体系与收入分配制度，形成金融机构及其从业人员收入与金融消费者资产盈亏的合理互动机制。其四，加强有关金融消费者保护的宣传与教育。通过运用电视、报纸、网络等媒体，在全社会范围内进行有关金融消费者保护和金融知识的宣传与教育。着力加强对金融机构从业人员进行有关金融消费者保护法律法规的教育与培训，提高认识、强化观念。

金融刑事法体系治理能力建设若干问题思考[*]

——以国家治理能力现代化为视角

中共十八届三中全会通过的中共中央《关于全面深化改革若干重大问题的决定》指出,"全面深化改革的总目标是完善和发展中国特色社会主义制度,推进国家治理体系和治理能力现代化"。这里的"治理能力"引起了各方面的关注和解读。笔者认为,所谓国家治理能力,通常是指政府运用制度和体制来控制社会、经济和政治的能力。治理能力是可以用来分析涉及政治和社会经济系统运行效果的因素。社会变动和经济危机往往对原有的制度和体制形成挑战或冲击,如何应对以及能否适应这种变化,也是一种治理能力。在社会转型的过程中(即从计划经济向市场经济转型、外向型向内需拉动型转型、人治向法治转型),政策往往缺乏连贯性和稳定性,因而创建能有效运作的新体制、新制度的能力也很重要。

我国刑事法体系治理能力尤其是金融刑事法体系治理能力是国家治理能力现代化的一个重要方面。金融体制和制度能否或在多大程度上能够帮助本国政府抵御金融风险(或金融危机),是自 2007 年美国次贷危机引发的国际金融危机以来,各国政府和司法机关都十分关注的问题。改革开放 35 年来,特别自 1990 年上海证券交易所建立以来,我国已经建立起全国性的金融市场,并相应设立了金融刑法制度,虽然前后只有 20 多年左右时间,却有效发挥了积极作用,保障我国安然渡过 1997 年的亚洲金融风暴,并坦然应对本次国际金融风波的来临。在制度选择和建设上我国进行了大量卓有成效的工作,增强了治理能力,但也有很多教训值得汲取。

自 20 世纪 90 年代以来,我国政府果断决策、勇敢面对挑战,积极参与金融刑法制度国际化的进程,又从我国国情和传统出发,坚持一系列被实践证明是行之有效的制度并不断加以改革、创新和完善,从而保证了我国在关键时刻、关键问题上能始终保持主动,从容应对金融风险和国际金融风波。

一、金融刑事法体系治理能力现代化离不开国家治理体系现代化

国家治理体系,通常是指政府控制政治、经济和社会的制度体系,包括涉及经济、

---

[*] 第二作者王佩芬,原载于《政治与法律》2014 年第 1 期。

政治、文化、社会、生态文明和党的建设等各方面的法律法规和体制机制。国家治理体系和治理能力现代化，意味着制度体系的改革和完善，也意味着治理方式的提升和转变。两者有相互依存、相互促进的关系：一方面，治理体系是治理能力存在的基础，治理能力的提升必须依赖于国家治理体系的完备有效；另一方面，国家治理能力的提升和强大，也彰显了国家治理体系的完善和有效。可见，治理体系与治理能力有相辅相成的关系，它们的现代化必须齐头并进。

金融刑事法体系治理能力现代化自然离不开国家金融法律治理体系的现代化。也就是说，一国的国家治理体系现代化是该国治理能力现代化的前提和基础。在法治国家，治理体系离不开法律体系，但也并不等同于法律体系。治理体系的内涵和外延比法律体系更广一些。治理体系既包括制度性安排，也包括非制度性安排；既包括硬实力，也包括软实力。治理体系涵盖了法律法规的立法、司法、执法等各个环节，也包括了法律法规之外的其他政治、经济、社会、文化手段和方法的影响力。中共十八届三中全会通过的《中共中央关于全面深化改革若干重大问题的决定》提出，"必须更加注重改革的系统性、整体性、协同性"，要"在重要领域和关键环节改革上取得决定性成果……形成系统完备、科学规范、运行有效的制度体系，使各方面制度更加成熟更加定型"。一个完备、系统、协调的治理体系将会有效促进治理能力的建设。

二、金融刑事法体系治理能力建设的主要方面

笔者认为，金融刑事法体系治理能力的建设主要包含以下主要内容。

（一）明确的治理目的

治理目的指的是治理目标所反映的物质和精神内容，制度所拥有的人力、物力、财力，对制度效能的各种限制。金融刑事法律制度的治理目标有两个方面：一是惩罚违法犯罪者；二是为防治系统性的金融风险提供法律保障。目标必须定得恰如其分，一方面不能定得过高，比如把目标定在制止所有的金融犯罪上，这是不可能也做不到的，否则，制度所拥有的人力、财力和物力就难以保障该目标的实现；另一方面目标也不能定得过低，否则既浪费了资源也容易放纵犯罪，引起群众不满，并使金融机构的一大堆问题总是得不到解决，这样，就难以凝聚起前进的动力。中国金融刑法制度履行国际标准的能力依赖政策目标的清晰性和一致性。如果目标前后不一致、相互矛盾，就会白白消耗各种资源，削弱治理能力。目前，我国已经参加了联合国打击毒品犯罪、有组织犯罪等多个公约，这些公约规定了惩治相关犯罪的国际标准。在目标清晰、明确、前后一致的前提下，这些标准才能得到切实履行。

（二）适当的治理范围

治理范围是指所处的阶段、位置对观念和行为的影响。改革开放 35 年来，尽管中国经济社会有了很大发展，但仍处于社会主义初级阶段，中国面临的经济社会问题

与发达国家有很大差别:经济水平低、不发达、社会财富分配不公平、经济发展建立在对资源和环境的过分开发利用的基础上等问题仍然比较突出。因而,中国国内面临的经济问题、金融问题与发达国家并不在同一个层面上,更不可能完全用发达国家的模式来解决我们的问题。此外,我国金融刑法有很多罪名采用"空白罪状"的形式,因而与金融监管制度有密切关系。发达国家的金融监管已经走过了四个时期,即金融自由化发展时期(20世纪30年代以前)、美国1929年经济大危机之后广泛的金融监管时期(20世纪30年代至70年代)、从管制到自由化的回归时期(20世纪70年代至90年代)、安全与效率并重时期(20世纪90年代)。目前出现的金融监管改革实际上是经历第五个时期演进的过程。① 我国的金融监管制度目前到底处在什么位置?属于哪一时期?这是个见仁见智的问题。有些学者一直强调要学习、仿效"成熟"的金融监管体制。但这种体制本身也在一直变动,甚至是剧烈的变动。可见,我国目前很难一劳永逸地找到一个发达国家的范例来照搬照抄,而只能根据我国自身的历史背景、传统、政治、文化因素,探索符合我国国情的金融监管和金融刑法制度。改革开放的前30年,我国对西方的技术、管理、制度引进、效仿比较多,这是可以理解的(当然在引进、效仿的同时,也有消化、吸收和自主创新);现在,随着改革的深入和自身经验的积累,我们更应该加强探索本土模式而放弃对西方模式的盲目追求和复制,这样才能真正增强我国的治理能力。

治理能力的模型可以帮助解释国际法律标准在本地履行时的互动过程。因此,惩治金融犯罪国际标准的本地解释和本地化可以被看做是国际标准被本地的法律传统与政治条件所调和,其结果则是认知形态、互补性和受认同度这些因素影响了国际标准的解释与应用这一选择性适用的互动过程。国际标准的本地实施也可以通过目的、范围、定位和连贯性治理能力因素来理解,可以看到这些因素对履行国际标准所产生的影响。②

在经济全球化背景下,各国一般都会选择加入有关经济贸易和金融的国际公约,例如关于国际货物买卖的公约和WTO规则等。当然,各国一般也会积极参加打击"走私毒品、洗钱和贪污贿赂等"犯罪的国际公约,接受国际共同的法律标准。但是,各国的具体情况又是千差万别的,不太可能在同一时间立即适用同一规则。因此,各国在加入国际公约、适用国际标准时,一般都有一个接受、保留、选择和逐步扩大范围的过程。在这一过程中,哪些因素发挥了主要作用呢?无疑,当地的人文准则和治理能力发挥了关键的作用。

(三) 精准的治理定位

治理定位指的是一个体制的习惯行为和确定工作重点的能力。对于政府而言,治理定位具体表现在其常规运作和非常规运作的矛盾中。常规运作就是依法行政、

---

① 参见连平:《次货危机背景下对全球金融监管的反思与启示》,载《21世纪经济报道》2009年5月25日。
② 参见〔加〕彭德、顾肖荣主编:《"选择性适用"的假设与中国的法治实践》,上海社会科学院出版社2009年版,第5页。

按规则办事、按程序办事。非常规运作就是"关系"优先,"灵活性"优于"原则性"。这两者的矛盾往往会造成体制内的资源流失并削弱治理能力。

治理定位还取决于基础性制度供给条件的获取。[①] 所谓基础性制度供给条件,包括法律法规等正式制度安排,也包括商业文化传统、股权文化传统等非正式制度安排。相比较而言,后者更不容易获得,但在很多情况下它对维系金融市场有序运行更为重要。我国证券市场和金融市场十多年来发展过于迅速,法律法规等正式的制度性安排总算勉强跟上了,但非正式的制度性安排却跟不上,特别是契约精神、诚信原则和股权至上等核心制度因素没有被一些企业接受并实践,也没有被投资者广泛认同,因此出现了许多不规范的投资行为,甚至是违法行为。例如,在一段时间里,大股东把上市公司当成"提款机"的现象非常普遍,中国证监会虽然三令五申要求归还,也采取了很多有力措施,但这一问题的基本解决却花了几年时间。这种情况在发达国家是很难想象的。

(四) 注意体制连贯

治理能力也取决于体制连贯性。连贯性是指体制内的个人遵从组织内外领导者指令的意愿,从而实现治理的目标。一般认为,遵从应包括对于规范的认同和执行。当体制内的个人规范与组织规范有差异时,两者就会形成冲突。[②] 例如,证券市场上的个人投资者进行内幕交易的行为,就是个人追逐非法利益的行为与证券监管规范发生了冲突。好的制度容易得到广大守法者的认同和执行,从而有利于孤立和惩罚违反制度者。

(五) 继承传统

治理能力建设要坚持继承传统,完善工作机制和体制。在治理能力建设中,必须注意保持自己长期以来形成的、在实践中被证明是行之有效的制度和做法。

第一,要坚持集中整治专项活动。以集中整治专项活动为例,目前在理论和实务界对这一举措的争论都比较大。有人认为,这是一种"运动"式的执法活动,往往治标不治本,并且恐怕也不符合很多西方发达国家的逻辑。而笔者认为,目前至少在金融犯罪的惩治方面,集中整治专项活动还是相当必要的。

拿打击非法证券活动来说,几年前,未上市公司股权转让仍是一个金融监管中的"灰色地带",事端频发,从发达城市向中西部地区蔓延。2006 年初,全国首例经营未上市公司股权转移案件发生在上海,由上海市浦东新区人民检察院查办。直到案件进入起诉阶段,有关未上市公司股权转移是否合法,仍是争执不下的焦点。后来,该案得到中国证监会的认可后才最终判决。

之后,2006 年 12 月,国务院办公厅下发文件,对打击非法证券活动的组织体系、

---

① 参见《我国证券市场发展的"后发劣势"》,载《证券市场导报》2009 年第 5 期。
② 参见齐萌、李明镜:《论金融监管的公众认同》,载《上海财经大学学报(哲学社会科学版)》2013 年第 2 期。

政策界限、执法标准、善后处理等各方面作出了进一步明确,同时成立了由中国证监会牵头,公安部、工商总局、中国人民银行、中国银监会以及最高人民法院、最高人民检察院等有关部门参加的整治非法证券活动的协调小组。

到 2008 年 1 月,最高人民检察院、最高人民法院、公安部、中国证券监督管理委员会四部门联合下发《关于整治非法证券活动有关问题的通知》,对公司或公司股东向社会公众擅自转让股票的行为作了界定:规定擅自发行股票的,可以依照不同的犯罪事实,按照《刑法》分则的规定,分别以擅自发行股票罪、非法吸收公众存款罪或集资诈骗罪等追究刑事责任。

据官方统计,2008 年初到 2008 年 11 月,中国证监会系统处理涉及非法证券活动的来信来访共 931 件,比 2007 年同期下降了 30%。而且,投诉反映的活动也多半发生在 2007 年或者更早以前,当年发生的只占总投诉量的 3% 左右。像金园汽车集资诈骗案、华财信达非法经营案、美国第一联邦集团公司北京代表处非法经营案这些重大金融案件都是在行政执法和司法机关共同努力下得以查处的。

在集中整治专项活动期间,中国证监会相关业务部门根据公安部门和司法机关的要求,对非法证券活动作出性质认定的,有近 120 件。整治非法证券活动的协作机制和长效机制在这期间建立起来,证券监管系统、各有关部门和地方政府的职责也渐渐明确。

所以,就打击非法证券专项整治行动实施 3 年的情况看,不但"有始有终",而且"治标又注重治本"。这是符合中国国情的一种制度创新,也符合金融犯罪类型更新快的特点。由于金融犯罪领域涉案人员的高智商和犯罪形式隐性化,现有的法律法规、政策等都相对滞后。光有法律是不够的,要有"犯罪变我变"的意识。

第二,要坚持"宽严相济"的刑事政策。这也是传统和当前的结合。从严的方面来讲,要从重从快到位。例如,对惩治商业贿赂,窃取商业机密,危害国家金融安全、社会经济秩序和公众利益等方面的犯罪就应从严,不能久拖不决。从宽的方面来讲,更要扩大范围,也就是要扩大"刑事和解"和"宽严相济"中宽的范围,例如,对被害人进行有效赔偿,被害人不要求追究刑事责任的被告人,尽可能从轻、减轻判处,甚至免予刑事追究都可以。扩大宽的范围,还有一个理由:我国刑法中某些条文有数额规定。十多年过去了,我国经济有了飞速发展,但这些数额标准都没有变,如果都严格执行,效果不一定好。因此,通过"宽严相济"的刑事政策和"刑事和解",可以消化其一部分不合理之处。这样做既能解决问题,又不违法,可以一举两得。

第三,要总结工作机制和体制的创新经验。这些经验包括在法院设立金融审判庭,将刑事、民事、行政、执行等功能集中在一个庭,在检察院设立专门机构对金融犯罪案件进行公诉,等等。

三、金融刑事法体系治理能力现代化的紧迫性和必要性

金融刑事法体系治理能力现代化包括多个方面,其中金融刑事法体系治理能力

国际化是最为重要的一个方面。加强金融刑事法体系治理能力现代化建设,是应对经济全球化的迫切需要,也是应对金融犯罪国际化增加金融风险的需要。

随着经济全球化和金融全球化的迅猛发展,金融犯罪也日益国际化。在我国加入世贸组织(WTO)后,金融犯罪的国际化,更是直接影响到我国公民的日常生活和国家的经济安全和金融安全。其大致有以下表现。

第一,涉嫌金融犯罪的跨境案件大量增多。随着商品、资金、人员的跨境大流动,经济往来日益频繁密切,涉嫌金融犯罪的跨境案件(即犯罪行为的预备地、实施地或结果地跨越了至少两个以上国家或地区)大量增多。比如,近年来多次发生的外籍人士大量携带低价收购来的外国银行信用卡或废卡进入我国境内实施信用卡诈骗或非法透支套现等活动。

第二,大批境内涉嫌金融犯罪的腐败分子,特别是银行界、证券界等金融界的腐败分子携大量赃款逃往国外(境外),使某些金融犯罪从单纯的国内犯罪演变为跨国(跨境)犯罪。2010 年年底,据公安部经侦部门掌握的数据,约有 580 名涉嫌经济犯罪的人员潜逃在境外。[①] 自 1998 年至 2004 年,我国已成功从境外缉捕逃犯 230 多人,约占逃犯总数的 1/3,涉及欧洲、北美、南美、大洋洲、东南亚、俄罗斯等 30 多个国家和地区,其中不少是涉嫌金融犯罪的腐败分子。[②] 从 2004 年至今,缉捕犯罪分子归案并追回部分赃款的案例时见报端。

第三,随着金融市场的逐步开放和我国加入 WTO 承诺的逐步兑现,中国境内一些不够成熟的金融市场可能会成为"国际金融大鳄"的袭击目标,比如证券市场、期货市场、大企业并购市场等。中国金融市场的执法者对国际金融市场的运作规律也不够了解和熟悉,再加上发达国家的金融工具创新层出不穷,金融衍生产品和技术令人目不暇接,对相应的金融犯罪行为缺乏感性认识和破获这类犯罪的经验。因此,在一段时间里,新形式涉外金融犯罪的上升趋势将很难避免。这些犯罪对国际金融危机不仅有放大作用,而且从某种程度上讲,它们也是增大金融风险的重要诱因之一。例如,美国 2007 年发生的麦道夫金融诈骗案就起了这种作用。

第四,现代科学技术的高度发展在创造了巨大正面效应的同时,也使经济犯罪的国际化更加便捷。某些犯罪分子利用现代计算机技术、通讯技术和信息技术等提供的便利条件实施"来无影、去无踪"式的高智能犯罪,给破获、指控和处罚这类犯罪造成了很大的困难。"电子银行""网上交易""电子票据"等新型金融交易工具的出现以及在世界上不少国家的流行,给司法机关和公安机关带来了一系列的实际问题和法律问题。

金融犯罪的国际化有以下特征。一是全方位、多层次,多种犯罪并发,轻重罪名并发,既有涉外货币犯罪、涉外票据犯罪、涉外信用卡信用证犯罪、涉外期货犯罪、证券犯罪和涉外信贷犯罪,也有涉外洗钱犯罪、保险诈骗犯罪等;既涉及普通老百姓,也

---

① 参见张琰:《公安部:约有 580 名经济犯罪逃犯外逃境外》,载《中国日报(英文)》2010 年 12 月 28 日。

② 参见沈路涛等:《跨越疆界的较量》,载《解放日报》2004 年 5 月 11 日。

涉及各种企业、银行及非银行金融机构等。二是破坏后果严重、持续时间长,例如 1995 年尼克·里森在新加坡期货交易所进行非法期货交易,导致有 200 多年历史的巴林银行倒闭,给英国金融界带来一场危机,对全球金融市场也是一次冲击,其影响延续达数年之久。三是跨越国界,扩散范围广并难以完全控制,比如跨国信用卡欺诈,量大面广,仅英国一个国家每天就要发生数万起,而受到查处的只是其中的极小部分,洗钱犯罪也是这样。四是在很多情况下,犯罪组织以类似于公司企业一样的结构从事犯罪活动,运用高技能人才和机构协助谋取利润和隐藏利润。五是这种犯罪活动往往与合法经济活动十分相似,犯罪组织能够根据不同的形势不断做出调整,使自己适应市场变化,迎合公众对商品和市场的需求。

总之,经济全球化为新的扩大化犯罪特别是金融犯罪形式创造了一个比较成熟的条件和环境。贸易、金融、通信和信息结构的变化促生了犯罪活动突破国家界限。犯罪活动和犯罪组织越来越多地跨越国界,在许多情况下具有全球性质。

金融犯罪惩治规制的国际化,是 20 世纪末以来出现的客观现象,也是今后发展的趋势。它的出现和发展是出于防范和化解经济全球化带来的金融风险、维护社会稳定和各国金融安全的需要。国家治理能力现代化提升的紧迫性也就在于此。

四、积极参与国际化是实现国家治理能力现代化的必然选择

我国积极参与金融犯罪惩治规制国际化的进程,这是实现国家治理能力现代化的必然选择。

在制度选择方面,我国首先选择了积极参与金融犯罪惩治规制国际化的进程。这实际和许多公民的日常生活密切相关。例如,2004 年年初,一名中国留学生在英国留学期间,因从网上购物而导致自己的信用卡信息被盗,后被他人盗用 500 多英镑。在这起案件中,信用卡发卡行在英国,窃取资料地也在英国,但信用卡消费用款地却在德国,行为人是意大利人,被害人是中国人,而被害人从未去过德国,更不曾用信用卡在德国消费过。在这个案例中,产生了以下一系列实际问题,这些问题就涉及惩治规制。

(1)中国被害人应当向谁报案,是英国,还是中国的警察当局,或者应当先向英国的发卡银行报案,再由英国发卡银行向英国警察当局报案?

(2)如果警察当局要管这件事,那么,哪一国的警察有权管?谁有管辖权?如果都可以管,谁先管?

(3)如果犯罪地在第三国,即犯罪分子是在第三国(比如德国)使用该信用卡消费的,被德国警察抓获了,英国和中国的司法机关(检察机关和法院)能不能要求将该犯罪分子引渡到英国或中国审判?

(4)审判时应依据哪国法律?是被害人所在国中国的法律,还是行为人居住国意大利的法律,或者是犯罪地法律即英国或德国的法律?

(5)如果在中国审判,关于窃取他人信用卡信息的刑法条文,中国和英国的不一

致怎么办？

（6）如果被害人要求民事赔偿,他又该如何获得救济？

从这个例子可以看出,金融犯罪的国际化引起了金融犯罪惩治规制的国际化,引发了一系列法律上的程序和实体问题。这些问题过去也发生过,但比较少,可以按部就班慢慢解决。现在随着金融全球化的迅猛发展,这类案件非常之多,需要从程序法和实体法上都能作出迅速和有效的反应,这就是我国面临的迫切课题。

惩治金融犯罪的制度和规则一般由国际性协议、建议、声明等文件和国际惯例构成或提供。其中不少并无法律上的约束力,只是公认的行动准则。例如 FATF（金融行动特别工作组）的关于反洗钱的《40 条建议》（1990 年制定、1996 年修订）。实际上,它含义比较广泛,不仅包含刑法和刑事程序法,也包括民事、经济、行政等法律的实体法和程序法的相关内容,涉及金融犯罪的预防、侦查、起诉、审判、执行等各个环节。

作为联合国常任理事国之一,我国积极参与国际社会合作控制经济犯罪特别是金融犯罪的行动,从规则、制度和机制层面采取了许多措施,取得了明显成效。其一,初步建立起惩治金融犯罪的法律法规体系。从规则层面看,我国已正式加入《联合国禁毒公约》（1988 年）、《联合国打击跨国有组织犯罪公约》（2000 年）、《联合国反腐败公约》（2003 年）、《联合国制止向恐怖主义提供资助的国际公约》（1999 年）等国际公约,根据这些公约规定的义务,并参照有关国际性示范文件的精神,建立了国内打击金融犯罪的法律法规体系。其二,构建惩治金融犯罪的运作机制和体制。目前,我国已经初步建立起由中国人民银行、中国银监会、中国证监会、中国保监会、国家外汇管理局、财政部、公安部、检察院、法院等国家机关或监管机构组成的惩治金融犯罪的运作框架和机制。其三,认真开展惩治金融犯罪的国际合作。我国政府认真参与惩治金融犯罪的国际合作,除已经参加《联合国禁毒公约》《联合国打击跨国有组织犯罪公约》《联合国反腐败公约》等重要国际公约外,还参加了国际证监会组织（IOSCO）[1],并已正式参加金融行动特别工作组（FATF）、亚太地区反洗钱小组等反洗钱国际组织。[2]我国还与几十个国家签署了 70 多个有关警务合作、打击犯罪等方面的合作协议、谅解备忘录和纪要,与 20 多个国家签订了引渡协议。近年来,公安部全力开展缉捕境外逃犯工作,自 1998 年国家成立打击经济犯罪的专门机构即公安部经济犯罪侦查局以来,至 2007 年上半年,已成功缉捕回国 413 名逃犯,其中既有妄图逃避法律制裁的贪污腐败分子,也有走私犯、毒品犯罪分子、涉嫌洗钱的犯罪分子。[3] 2006 年至 2010 年,从 20 余个国家、地区缉捕的经济犯罪逃犯达 250 人。[4]

此外,从加强全球金融监管合作的角度讲,我国已经参加了国际货币基金组织、

---

① 参见钟文倩：《中国正式加入 FATE》,载《21 世纪经济报道》2007 年 7 月 1 日。

② 参见《金融时报》2002 年 12 月 5 日。

③ 参见张耀宇：《公安机关从 20 多个国家和地区缉捕回国 413 名在逃人员》,载公安部网站,发布日期：2007 年 7 月 31 日。

④ 参见何春中：《5 年跨国缉捕 250 名经济犯罪逃犯》,载《中国青年报》2010 年 11 月 18 日。

亚洲开发银行、世界银行、非洲开发银行、国际清算银行等 8 个国际性金融组织,在不同层次、不同程度、不同领域内进行金融政策和监管问题的对话和讨论。我国作为各种组织的成员国发挥了积极作用。另外,从双边关系看,近年来,我国先后与英国、日本、新加坡、美国、韩国、泰国等国家的金融监管当局(包括银行监管、证券监管、保险监管等)建立了正式或非正式的双边磋商和联系制度。我国金融监管当局与外国金融监管当局合作交流的范围在不断扩大,信息交流和共享日渐频繁,这对预防、打击犯罪产生了深刻影响。积极参与金融犯罪惩治规制的国际化,也是加快提升治理能力现代化的体现。

五、金融刑事法体系治理能力现代化建设应当注意的三个问题

金融刑事法体系治理能力现代化建设应当注意以下三方面问题。

第一,治理能力现代化不在于追求高速度,而在于追求适度。适度是指适应社会和经济发展的需要,符合我国社会主义初级阶段的国情。在我国现阶段,支持和保障法律制度规范运行和实施的资源不足,而犯罪的种类很多,法律不可能面面俱到。尤其是我国处于社会转型时期,所面临的社会经济问题与发达国家不同,各种社会纠纷矛盾交织在一起,呈现多样化、复杂化、群体性等特点,只能根据我国的历史背景、传统、政治、文化因素,随着改革的深入与自身经验的积累,逐步探索适合我国国情的法律制度体系,而不能盲目追求对西方模式的照抄照搬。

第二,治理能力现代化不在于盲目追求高标准,而在于追求能保障和调适各种重大利益。金融刑法制度是金融法制建设的最后一道屏障或者说最后一道防线。金融刑事立法是我国构建和谐有序的金融市场的有力保障,但金融刑事立法并非越严厉越好。

我国金融刑事立法近年来发展很快,总体上比较合理,但也存在一定的不足,最为突出的问题是金融刑法立法的过度扩张。1997 年《刑法》出台及其后十余年的修订补充后,我国刑法涉及金融犯罪的条文共 58 条,金融犯罪的罪名达 69 个,金融犯罪的主体、行为方式和犯罪对象的范围不断扩大。[①]

金融刑事立法的过度扩张,将原本属于民事纠纷和行政违规的案件纳入刑法的调整范围,模糊了民事、行政和刑事案件之间的界限,导致了金融市场被刑法过度干预,不利于保障市场主体的经营自主权和公民人权,不利于纠纷的解决和对被害人的保护,更不利于金融业的创新活跃和繁荣。因此,在金融刑事立法上应采用谦抑原则,坚持刑事立法的谦抑性、专业性、适当性,尽量不使用刑罚打击手段,而是尽量采用民商、行政手段。在司法上应采用依法打击、对被告人有利原则。同时,对于刑事诉讼法规定的刑事和解和附条件不起诉原则也应尽量采用。

第三,惩治效果不在于打击有多重,而在于社会效果、经济效果和法律效果的统

---

① 参见顾肖荣、陈玲:《必须防范金融刑事立法的过度扩张》,载《法学》2011 年第 6 期。

一。近年来我国股市持续不振，不利于改善经济运行情况、促进居民金融资产保值增值和增强群众凝聚力，这与我国惩治金融犯罪的效果不佳亦有一定的关系。例如，一段时间以来，证券监管部门多次强调要对证券犯罪进行"零容忍"式的打击，也对证券市场造成了一定的负面影响。我国金融刑事立法中有些犯罪如内幕交易、操纵股市都是50万元交易额就应定罪，打击面太宽，不利于股市健康发展。在对于证券犯罪的刑事打击上，英美等发达国家也越来越认识到，打击金融犯罪的关键不在于刑罚有多严厉，而在于刑事惩治是否存在多元的法律救济机制，既可以保持刑罚的威慑力，又能提升市场参与者的自我约束。我国不能过分倚重刑事打击这一途径，而应当注重刑事政策的运用，达到法律效果和社会效果、经济效果的统一。

近20年来，我国金融刑事法体系治理能力现代化通过积极参与国际化进程和坚持并改善我国的传统体制和做法相结合的途径，取得了长足的进步。但无论在正式的制度安排还是非正式的制度安排方面，都还有很长的路要走。国家治理能力建设要充分尊重金融市场自然演进的秩序，要协调好短期的技术性措施与长期的基础性安排这两方面的因素，注意防止因任何一方面超前或滞后带来的负面影响。

不能忘了宽严相济的刑事政策[*]

检察机关对立案、侦查活动进行法律监督,具体表现为:依法纠正公安机关该立案不立案和不应当立案而立案,以及立而不侦、侦而不结等问题;同时还依法纠正漏逮漏诉问题。在这方面,检察机关做了大量的工作,取得了很大的成绩:仅 2006 年以来,对应当立案而公安机关未立案,要求公安机关说明不立案理由的 944 件,公安机关已立案 666 件,监督立案案件向法院提起公诉后,有罪判决率为 100%。另外,对应当逮捕而未提请逮捕,应当起诉而未移送起诉的案件,决定追捕 1 901 人,追诉 1 230 人。

但是我们在依法履行纠错的职责时,也不能忘了宽严相济的刑事政策。宽严相济的刑事政策是一项基本政策,贯穿在法律诉讼活动的整个过程中,也贯穿于立案、侦查、起诉的各个环节,公、检、法、司各个机关在整治预防犯罪中都要重视这一问题。检察机关在纠正公安机关漏逮、漏诉、漏立案问题时,不能忘记贯彻宽严相济的刑事政策。具体而言,对有些案件从形式上看属于漏捕、漏诉,但实际上公安机关处置合理的案件就不应视为漏捕、漏诉。例如,某些案件从形式上看,完全符合刑法现有的构成要件,甚至达到数额巨大或特别巨大的程度,但属于偶犯、初犯,又是熟人之间的诈骗或偷盗,且赃款全部退赔,被害人一再要求宽恕被告人,且具备自首情节。被告人经过公安机关的教育和一定的强制措施(如取保候审)后,已深深悔悟,并以实际行动重新做人,走上正道了,对这样的犯罪嫌疑人,还有必要作为漏捕、漏诉对象纠错吗? 为此,笔者建议,检察机关在依法纠正漏捕、漏诉时,应建立"公安机关说明不捕不诉理由"的机制(类似于说明不立案理由那样)。这样可以充分听取一线办案干警的意见,也可以比较具体深入地了解对象的情况,有利于挽救人、改造人,挽救一个家庭,甚至几代人。

"宽严相济",有必要突出其"宽"的一面。刑事法律制度历来以"严"著称,这在打击犯罪、维护社会稳定方面确实起到了重要作用。但随着社会的发展,在加强法律监督方面,也应当更重视"宽"的一面,尽量做到惩罚犯罪与保障人权并重。早在 2006年 12 月,最高人民检察院就审议通过了《关于在检察工作中贯彻宽严相济刑事司法政策的若干意见》,要求检察机关在批捕、起诉等查办案件过程中,做到该严则严、当宽则宽、宽严适度,使执法办案活动既有利于震慑罪犯、维护社会稳定,又有利于化解矛盾、促进社会和谐。随着当前社会刑事案件数量的增多,司法资源相对有限,正确

---

* 原载于《检察风云》2010 年第 1 期。

理解和运用"宽严相济",会有助于化解矛盾,提高效率。

　　对轻微刑事犯罪的宽大处理,并不是对"严"的否认,更不是对犯罪的纵容。在对实践操作做大量调研的基础上,制定出一套规范,确立严格的条件和程序,并使之在法律监督过程中得以遵循,这也是保障宽严相济刑事政策得以实现的根本。

惩治证券犯罪效果的反思与优化*

2012 年 5 月 1 日前后,政府和管理层虽推出了多项有利于股市发展的措施,但至今股市仍不改多年来的颓势。股市长期不振与多种国内外因素相关,但笔者认为,其中有一项重要因素被忽略或少有人提及,那就是打击证券犯罪的舆论往往是只凭良好愿望和领导决心,而没有严格按客观实际情况,缺乏科学分析,从而对证券市场造成了一定的负面影响。具体表现为:一是一段时间以来,证券监管部门的领导多次强调对证券犯罪要"零容忍",要"零容忍式"地严厉打击。许多媒体对此集中进行报道,给市场造成某种恐慌。二是对我国打击力度在世界各国的排位不甚了了,一再说我国对证券犯罪打击不力。三是对我国现有打击证券犯罪的法律体系的优缺点缺乏全面理解,因此在某些关系的处理上有所欠缺。其实,我们只要对上述问题的认识有所提高并采取有力措施去补救,相信不用花多少经济成本和人力成本就会对股市信心有一个大的提振,从而使整个局面有所改观。

一、惩治证券犯罪思路的反思

(一) 打击证券犯罪难以做到"零容忍"

在打击犯罪上,"零容忍"往往指对故意杀人、抢劫、强奸、绑架等严重刑事犯罪要求基本达到"有案必破"的程度;经过艰苦努力,一时仍破不了案的,仍要采取"网上追逃""串并线索"等手段继续追查。该用语并非仅指主观上不能容忍,而且包含着客观上打击效率和成果显著,打击对象是严重刑事犯罪的含义。"零容忍"犯罪的破案率往往比较高,例如,故意杀人等命案的破案率,我国许多省市已达到 85% 以上。证券犯罪不属于此类严重刑事犯罪,再加上追诉标准较低(交易额 50 万元就构成内幕交易和操纵证券市场罪),面广量大,实际上很难做到"零容忍"。

2008 年以来,即便证监会重点开展了针对内幕交易证券犯罪的专项打击活动,但被查处的案件与实际发生的违法犯罪案件数量仍有很大的差距。据证监会统计,2008 年年初至 2011 年年底,证监会共获取内幕交易线索的案件有 426 件,立案调查的只有 153 件,移送司法机关的内幕交易案件则为 39 件,而实际定罪入刑的案件就更少。截至 2011 年年底,全国法院审结内幕交易、泄露内幕信息犯罪案件共 22 件,其中

* 第二作者陈玲,原载于《法学》2012 年第 10 期。

2007年1件、2008年1件、2009年4件、2010年5件,2011年11件。[1]

对实际上做不到"零容忍"的案件提出"零容忍式"的打击,其取得的负面效果可能远远大于正面效果。一方面,它削弱了刑法和司法机关的威严,让老百姓对法律和司法机关失去信心;另一方面,监管机关和司法部门不能合理有效配置资源,实现惩治金融证券犯罪的最优选择。

（二）我国打击证券犯罪的力度在世界各主要国家的排位

近年来,证券犯罪(以内幕交易罪为例)无论从每年实际定罪的绝对数,还是从刑事起诉率和刑事定罪率的相对数看,我国在世界上的排位都是很靠前的。根据证监会公开发布的数据显示,2011年证监会移送公安机关涉嫌犯罪的案件16起,其中,内幕交易案件12起、"老鼠仓"案件1起。上述16起案件均在公安机关刑事侦查或司法程序中。[2] 相较之下,国外对证券犯罪的刑事打击就显得宽松多了。在欧盟成员国,因任何类型的内幕交易而被定罪的人数非常少,在某些国家甚至一个都没有。在英国将内幕交易认定为刑事犯罪的25年中,只有不到50起被起诉和不到30起被定罪判决。而伦敦证券交易所自1980年以来,共报告了每年平均25万起交易被认为涉嫌内幕交易。25年以来,总数达到了625万起。[3] 在这种情况下,不到50起的刑事起诉和不到30起的定罪判决就显得有些微不足道了,其刑事起诉比例只有0.0008%,定罪比例只有0.00048%。[4]

在法律规定的定罪标准和实际定罪的案例中,我国打击证券犯罪的力度也名列前茅。根据2012年3月29日出台的《关于办理内幕交易、泄露内幕信息刑事案件具体应用法律若干问题的解释》,我国内幕交易立案追诉标准为证券交易成交额累计在50万元以上的;期货交易占用保证金数额累计在30万元以上的;获利或者避免损失数额累计在15万元以上的;内幕交易、泄露内幕信息3次以上的;具有其他严重情节的;等等。而国外规定的内幕交易犯罪标准则严格得多。《西班牙刑法典》规定,只有直接内幕人才构成内幕交易犯罪的主体,而且交易的盈利不低于450 759.08欧元。虽然除此之外的欧盟其他成员国、美国和日本等都没有规定只有在获利达到一定的数额时才能够追究刑事责任,但实际上这些国家进行刑事定罪的门槛非常高。珍妮特·迪恩博士曾计算过,英国1993年《刑事审判法》第五部分要求54项内容都得到证实无误方能确保得到有罪判决。下列只是内幕交易行为被判决有罪的一部分要求:①被告购入(售出)有价证券;②被告获得相关信息;③信息与被告购入/售出的有价证券有关;④信息能够影响该有价证券的价格;

---

[1] 参见《内幕交易司法释疑 建和解制度遭遇巨大阻力》,载 http://finance.sine.com.cn/stock/stocktalk/20120604/092612215309.shtml,访问时间:2012年6月4日。

[2] 参见《2011年前11个月证券期货稽查执法情况》,载 http://www.cart.gov.cn/pub/newsite/jcj/gzdt/201111/t20111130_202439.htm,访问时间:2012年5月16日。

[3] 参见 Richard Alexander:《内幕交易与洗钱——欧盟的法律与实践》,范明志等译,法律出版社2011年版,第214页。

[4] 刑事起诉比例是指被刑事起诉的内幕交易案占整个被查处的内幕交易案件总数之比,定罪比例是指被刑事定罪的内幕交易案占整个被查处的内幕交易案件总数之比。

⑤信息尚未公开。在每一个案件中还要进一步证明被告知悉上述第③、④、⑤项内容，如他知道该信息和该证券相关等。如果在合理怀疑之外不能证明其中任何一项就意味着起诉失败。所以，为什么在这种情况下检察官不愿冒着浪费公共资源的风险来起诉这类刑事案件也就不足为怪了。①

不仅如此，在对证券犯罪的刑事打击上，国外还逐渐出现了这样一种思潮，尤其是欧盟各成员国越来越认识到，刑事处罚机制不适宜用于处理各种内幕交易的违法行为。如有成员国认为，内幕交易行为根本不属于刑事犯罪，即使是要全面予以应对，也应该属于对市场的规范范畴，而不是给予刑事犯罪这样严厉的惩处。其他成员国虽然认为应该严厉对待内幕交易行为，甚至予以刑事起诉和相应的刑事处罚，但认为仅进行刑事处罚机制不足以达到目的，所以不必要太过倚重刑事打击这一途径。②

美英等发达国家主流观点认为，打击金融犯罪的关键不在于刑罚有多严厉，而在于刑事惩治是否存在多元的法律救济机制，既可保持刑罚的威慑力，又能提升市场参与者的自我约束。具体来讲，即使对构成犯罪的案件，长期以来也多以辩诉交易结案。辩诉交易是指在司法审查的前提下，刑事案件的检察官和被告双方达成满意的倾向性意见的程序。它通常包括被告人为得到比可能受到的指控相对较轻的量刑，而作出的承认一个较轻的犯罪或数个指控中的一个或几个的有罪答辩。③ 这对节约司法资源，快速审结案件具有重要的作用。在辩诉交易之外，近年来暂缓起诉协议（DPAs）和不起诉协议（NPAs）在证券犯罪中的适用也越来越多。自 2003 年以来，美国几十家顶尖的公司（例如 AIG、美国在线、波音、毕马威等）都与联邦检察官达成了此类协议，目的在于让检察机关充分考量定罪量刑的连带影响，并使用刑事追诉之外的其他手段来为受害者和公众实现正义的目标。④ 与之相较，我国目前仍将刑事打击作为最重要、最严厉、最方便的手段加以利用，这也是导致我国证券犯罪刑事打击力度在全球范围内排名居前的原因之一。

二、惩治证券犯罪的正确思路：按我国法律体系，打击证券犯罪需处理好的四对关系

（一） "零容忍"和"选择性打击"的关系

与"零容忍"相对应的，就是"选择性打击"这一用语。近年来，"选择性打击"似乎成了一个贬义词，即意味着不讲法治，随心所欲，出入人罪。其实不然，"选择性打

① 参见 Richard Alexander：《内幕交易与洗钱——欧盟的法律与实践》，范明志等译，法律出版社 2011 年版，第 214 页。

② 同上书，第 213—214 页。

③ 参见孙守旺：《美国司法实践中的辩诉交易制度》，载 http://old. chinacourt. orb/html/articlel200704110Y241799, shtml，访问时间：2012 年 5 月 29 日。

④ 参见萧凯：《美国金融检察的监管功能：以暂缓起诉协议为例》，载《法学》2012 年第 5 期。

击"并不是一个法律概念,而是对打击经济犯罪的一种现状描述。所谓"选择性打击",是指在打击犯罪(特别是经济犯罪或金融犯罪)时,并非对所有符合刑法构成要件的行为都进行打击,而只是选择其中的一部分进行打击。此举事出无奈,按照最高人民法院和最高人民检察院的司法解释,内幕交易等证券犯罪的交易额达到50万元就构成犯罪,就要追究刑事责任,而实际上,根本不可能做到"无差别"的全面追究,因为中国股市俗称"政策市""消息市",每天达此标准的炒股人士何止千万。因此,我们只能选择类似黄光裕之类交易额达到数亿、数千万的"大鱼"进行打击。对数十万、数百万交易额的内幕交易案基本不追究刑事责任。"选择性打击"的观点是由上海一位长期从事经济犯罪侦查工作的老同志提出的。笔者认为,该观点不仅是对我国打击经济犯罪实际工作的客观概括,而且具有普遍意义,因为世界各国,包括美国、日本等发达国家,也都存在这个问题。以内幕交易的法律为例,到2003年,全球大多数国家都制定了禁止内幕交易的法律,但实际执法情况却很差,发生内幕交易诉讼案件的国家或地区直至2002年才只有30多个,占总数(87个)的34.5%。从已经发生的诉讼案件看,既有刑事诉讼,也有民事诉讼,真正给内幕交易定罪的,仍然非常少。例如,从1988年至1998年的10年间,日本只有11起内幕交易刑事诉讼案件,平均每年1起;从1994年至1997年的4年间,美国有77起;从1980年至1994年的15年间,英国有23起,平均每年不到2起,且处罚力度也很小,大多判处罚金或缓刑,几乎没有处以实刑的。这实际上也是"选择性打击"的结果。

在长期的司法实践中,我们对很多犯罪实行"零容忍",进行"无差别打击"。例如,对故意杀人案实行"命案必破",对抢劫、强奸、绑架等严重危害公民生命财产权的严重刑事犯罪,实行"无差别打击",即使对盗窃、诈骗、抢夺等财产型犯罪,各级政法机关也是只要接到报案就积极破案,绝不手软,主观上不会有"选择性打击"的念头。

但对经济犯罪和金融犯罪情况就有些不同了。遇到内幕交易、虚假陈述等证券犯罪案件,我们就会综合各方面的情况,在慎重考虑、反复掂量后,才决定是否立案,是否查处,一般不会"接一起,查一起","选择性打击"的观点在这时就起作用了。"选择性打击"通常有两种情况:一是在同一罪名之内选择。如对于内幕交易,并非对所有成交额累计在50万元以上的行为都追究刑事责任,而是根据当时当地的实际情况,选择那些符合构成要件并造成严重后果或产生其他严重恶劣影响的行为才追究刑事责任。二是在不同罪名之间进行选择。例如,1997年《中华人民共和国刑法》新增了许多经济犯罪罪名,但司法机关并非对所有新罪名都抱积极态度,实际上他们只选择那些比较熟悉,有过近似经验的罪名出手;对不熟悉的,则抱等待、观望态度,期待兄弟省市、县区取得经验后再出手。

(二) 目标和任务的关系

打击证券犯罪的基本任务有两个:一是惩治违法犯罪者;二是为防治系统性的金融风险提供刑法保障。打击证券犯罪的目标是维护公开、公平、公正原则,维护正常的金融秩序和保护投资者及金融消费者的合法权益,实现一般预防和特殊预防的目的。目标和任务是有区别的。比如,在社会治安综合治理工作中,维护社会稳定和社会秩序,保障人民群众生命财产安全是我们的目标。而基本任务是集中力量解决那些对社会治安和人民群众生命财产安全有严重影响的杀人、抢劫、强奸、入室盗窃等严重刑事犯罪,遏制毒品犯罪、经济犯罪的上升势头。由于我们的警力和资源有限,而犯罪的种类很多、范围很广,不可能面面俱到,只能集中力量解决那些对群众安全具有重大影响的问题。打击证券犯罪也一样,即使现在加强了力量,稽查和执法队伍也只有几百人,面对全国市场仍显资源和人力有限。所以,只有集中力量针对那些挑战法律、胆大妄为之徒;针对群众深恶痛绝的从事非法证券活动,骗取群众血汗钱者;针对那些滥用职权从事"老鼠仓",谋取私利者;等等。因为这些行为动摇了广大股民对证券市场的信心,损害了广大群众的合法权益。因此,弄清基本任务和目标的关系,有利于提高我们执法队伍的士气,也可减少群众的过高期望,使打击证券犯罪的工作在一种相互谅解的氛围中运作。

(三) 基础性制度安排和集中整治专项活动的关系

所谓基础性制度安排,包括法律法规等正式制度安排,也包括商业文化传统、股权文化传统等非正式制度安排。比较而言,后者更不易获得,但在很多情况下它对维持金融市场有序运行更为重要。由于我国证券市场和金融市场20多年来的发展过于迅速,法律法规等正式制度性安排总算是勉强跟上了,但非正式的制度性安排却跟不上,特别是契约精神、诚信原则和股权至上等核心制度因素没有被企业家和投资者普遍接受,也没有被社会广泛认同。因此,出现了许多不规范的行为和违法行为,例如,在一段时间里,大股东把上市公司当成"提款机"的现象很普遍,证监会虽然三令五申要求归还,也采取了很多措施,但这一问题的解决仍花了好几年时间,这种情况在发达国家是很难想象的。

打击证券犯罪的基础性制度安排体现在依法惩治证券犯罪按程序走,违法必究,执法必严,不搞时紧时松,也不搞运动式执法。同时,还要营造良好的法律环境和氛围:一方面,要保持对证券犯罪的高压态势,形成对各类犯罪的威慑力;另一方面,要公开各种游戏规则(各种制度),提倡诚信文化,鼓励"优胜劣汰",各类市场主体都能充分发挥自己的优势。

集中整治专项活动是我国政法工作行之有效的传统做法,也是基础性制度安排的有效补充,在打击证券犯罪中发挥了积极作用。比如,近年来开展的打击非法证券活动就是很好的例子。2005年前后,未上市公司股权转让是证券监管中的一个"灰色地带",有些人利用此,使得许多退休人员和老年人上当受骗,导致涉众事件频发。2006年12月,国务院办公厅下发文件,对打击非法证券活动的组织体系、政策界限、执法标准、善后处理等各方面作出了进一步明确。同时成立了由证监会牵头,公安部、国家工商总局、人民银行、银监会以及最高人民法院、最高人民检察院等有关部门参加的整治非法证券活动协调小组。2008年1月,最高人民检察院、最高人民法院、公安部、中国证券监督管理委员会四部门联合下发《关于整治非法证券活动有关问题的通知》，对公司或公司股东向社会公众擅自转让股权的行为作出界定，并规定擅自发行股票的，可以依照不同的犯罪事实，按照刑法分则的规定，分别追究擅自发行股票罪、非法吸收公众存款罪或集资诈骗罪，等等，有效地遏制了非法证券活动。

在专项整治活动期间，证监会相关业务部门根据公安机关和司法机关的要求，对非法证券活动作出认定的案件近120起。整治非法证券活动的协作机制和长效机制也在这期间建立起来，证券监管系统、各有关部门和地方政府的职责也渐渐明确了。

所以，就打击非法证券专项整治行动实施3年的情况看，不但"有始有终"，而且"治标又注重治本"。这是符合中国国情的一种制度创新，也符合金融犯罪类型更新快的特点。与金融犯罪领域涉案人员的高智商和犯罪形式隐性化相比，现有的法律法规、政策等则显得相对滞后。近年来，在中央有关部门的安排下，我们还相继开展了打击信用卡犯罪、非法传销、网上诈骗等集中整治专项活动，皆取得了良好成效。

（四）行政监管和刑事司法介入的关系

我国证券法制体系以行政监管为主，司法介入，包括民事、刑事和行政诉讼一般起辅助作用。有人呼吁刑事司法应提前介入，且应实行举证责任倒置。笔者认为，应明确刑事司法介入的标准和程序，首先，以行政监管为主的体制是符合我国国情的。行政监管具有主动性强、反应迅速、查处力度恰当的特点，适应金融证券犯罪发案隐蔽、手段更新快的特点。其次，刑事司法介入的标准是现行刑法的规定。司法解释只是提供了对构成要件和数额标准的具体解释。至于50万元入罪门槛太低，无法做到执法必严、违法必究的问题，笔者认为，应作具体情况具体分析。美国、日本等发达国家的法律对证券犯罪均无具体的数额标准，但从具体定罪的案例来看，有的达到数亿美元，有的只有区区几百美元。这些国家证券市场每年的成交额和查处的违规案件都远远高于我国，但定罪数却少于我国，可见发达国家的执法力度和节奏是很有讲究的，也就是说，"逢案必定罪"在打击证券犯罪中很难行得通。最后，刑事司法介入的程序应严格按照刑事诉讼法。举证责任倒置是一项重要的法律制度，与被害人权益和公共利益关系极大，必须由法律明确规定。我国《刑事诉讼法》刚刚经过修改，并没有对打击证券犯罪规定举证责任倒置，因此，有媒体认为此次司法解释将内幕交易的举证责任倒置了，这种提法是很不严肃的。

此外，刑事司法介入是否能提前也与我国法律制度的特点有关。我国刑事法律制度有两个特点：一是某种行为"情节严重"就是犯罪，情节不严重就是违法。我国《刑法》有400多个条文，其中有100多个条文涉及违法和犯罪的界限，但仅仅是以"情节严重""数额较大"或"后果严重"为界限，而它们的行为样态是完全相同或基本相同的。证券犯罪，特别是内幕交易、操纵证券市场等犯罪大多如此。也就是说，内幕交易行为达到50万元交易额或符合某种情节严重标准的就构成内幕交易罪，达不到此等程度的，就是一般的违法行为。我国法律的这些规定与许多西方国家的法律规定不同。二是我国刑法规定的许多犯罪，特别是经济犯罪和破坏社会主义市场经济秩序的犯罪，一开始查处大多从违法入手，由行政监管机关开始。例如，生产、销售假冒伪劣商品由质监部门查处,伪劣食品、药品由食品药品监督机关查处,证券内幕交易和虚假报表等由证监会查处等。由从违法入手最终查出犯罪,在此过程中要明确划分出哪些机关在哪些阶段的介入算"提前"是比较困难的。上述各类案件往往由行政执法机关查清基本事实后,发现具有"情节严重""后果严重"或"情节恶劣"的情况,已经符合刑事追究标准了,再移送到公安机关。在证券监管机关,还实行了证券稽查机关和证券犯罪侦查机关合署办公的形式,以便于联络和沟通,达到了很好的效果。这些做法都是行之有效的,因此,在这个问题上再讲"提前介入"似乎并没有太大的意义。

三、惩治证券犯罪的优化策略

惩治证券犯罪的优化必须强调科学发展观。科学发展观要求以人为本、统筹兼顾,对打击证券犯罪实行科学分析。在当前的形势下,以科学发展观为指导开展打击非法证券活动工作更具有紧迫性和重要性。

(一) 切实贯彻以人为本、服务大局的理念

打击证券犯罪当然要严格依法,但刑事政策对刑法的执行有重要指导作用,世界各国概莫能外。当前,股市的低迷不振已经对投资者和金融消费者的财产造成严重损失;一些上市国有控股大银行的市值已经跌破净资产,更多的骨干企业陷入亏损。如何尽快改变这种局面,如何使广大金融消费者和投资者的金融资产保值增值直接关系到保障和改善民生。打击证券犯罪也必须服从和服务于这个大局。

因此,金融刑法在"保障和改善民生,转变经济发展方式"这一大背景下就不应该过度扩张,不能将刑法作为规制金融行为的主要手段或首要手段。如果将刑法作为一个主要手段来规制金融行为则有违刑罚的初衷和本意。而且,金融等领域由于监管标准本身的不确定性和模糊性,若一概诉诸刑罚,将在事实上转变了刑罚的基本功能,即从保护功能走向管制功能。诉诸刑法的管制功能,按照一些学者的看法,会抑制金融创新以及企业家的风险意识,反而不利于经济的增长。[1]

(二) 内幕交易犯罪能否作为打击重点值得商榷

从近来媒体报道、领导讲话和案例公布看,内幕交易似乎已成了打击的重点。对此,笔者提出两点商榷意见:其一,在发达国家,内幕交易通常被称为"没有受害者"的犯罪,有专家列举了股票涨、股票跌、股票平三种情况,内幕交易与作为相对人的普通投资者的损失并没有法律上的因果关系。[2] 对这种"没有受害者"的犯罪,美国、欧洲等国家和地区都采取了较为宽松的刑事政策,甚至将其除罪化。当然,从目前我国金

---

① 参见萧凯:《美国金融检察的监管功能:以暂缓起诉协议为例》,载《法学》2012 年第 5 期。
② 参见顾肖荣等:《证券期货犯罪比较研究》,法律出版社 2005 年版,第 349—350 页。

融市场的现实看,内幕交易侵害了金融市场的管理秩序,仍应受到惩治,但作为打击重点似乎有些矫枉过正。其二,近年来,国内外许多刑法学者在法益论上都主张结果无价值论,也就是说,行为只有造成损害结果的才构成犯罪。即使对侵害经济秩序和社会秩序的行为,也应注重考察其行为是否造成了具体的损害结果,而不能仅仅以抽象的秩序受到损害就直接给被告人定罪。[①]

综上可知,一般的内幕交易罪(不包括"老鼠仓")是否应当作为打击重点是值得商榷的。因此,尽管美国、日本每年的证券交易量雄踞世界第一位和第二位,但日本近20年来,平均每年只定罪1—2起内幕交易案;美国虽然案件数较多,但大多以辩诉交易刑事和解结案。

(三) 构建证券犯罪刑事和解制度,将暂缓起诉、不起诉也适用于证券犯罪

从诉讼证据角度而言,证券犯罪的定罪是非常困难的。国外的辩诉交易制度在很大程度上解决了这个问题。有关统计表明,在前述英国将内幕交易认定为刑事犯罪的不到30例判决中,绝大多数都是认罪服判的。因此,我们应该充分借鉴这一制度的合理性,并结合我国的具体情况,建立证券犯罪中的刑事和解制度。

我国2012年修订的《刑事诉讼法》已正式确立了刑事和解制度,证券犯罪的刑事和解似乎有了法律依据。但由于《刑法》和《刑事诉讼法》不配套,因此,内幕交易、操纵股市这两个重要罪种并不在此列。因为它们的最低法定刑是"5年以下",而《刑事诉讼法》规定的刑事和解的前提是法定刑在"3年以下"的犯罪。因此,建议修改其中的一个,以便证券犯罪也可实行和解。这样做不仅可以减少很多戾气,而且也有利于提振股票市场。

此外,关于暂缓起诉制度,我国刑法实践中现在就有,笔者建议加强这一制度在打击金融证券犯罪中的应用。暂缓起诉制度是近年来检察机关公诉改革所推行的一项举措,指的是检察机关综合案件情况,尤其是犯罪人的情况、犯罪人犯罪后的表现,认为以暂不提起公诉为宜的,可以暂缓提起公诉,并为被暂缓起诉人设定相应的义务。如果被暂缓起诉人在法定的考验期内,没有违背法定义务,那么当考验期限届满时,检察机关就可以作出不起诉决定;如果违背了法定义务,检察机关则可以立即提起公诉。[②] 尽管当犯罪分子涉及犯罪行为时,科以刑事追诉符合刑法的基本价值,是检察机关的基本职责所在,但是基于刑事追诉的社会效果的全面考量,适用刑事追诉之外的其他手段来实现公平正义的目标也是可以的。[③] 暂缓起诉制度不仅可以充分体现刑事政策,更好地达到刑罚与教育相结合的目的,促使犯罪分子真正改过自新,回归社会,而且也在一定程度上节约了司法资源,从而达到了经济地实现遏制和惩罚的目的。在美国,暂缓起诉协议被司法部较为广泛地适用于惩治金融犯罪领域,并取

---

① 参见〔日〕井田良:《变革时代的理论刑法学》,庆应义塾大学出版社2007年版,第32—33页。
② 参见全莉:《构建我国暂缓起诉制度之初探》,载《中国检察官》2006年第4期。
③ 参见萧凯:《美国金融检察的监管功能:以暂缓起诉协议为例》,载《法学》2012年第5期。

得了良好的效果。①

　　我国《刑事诉讼法》未对暂缓起诉制度作出具体规定,对其适用主要依靠检察机关的实践摸索,目前主要在未成年人、老年人、怀孕的妇女等特殊主体实施的较轻犯罪领域进行尝试。基于此,笔者建议,在证券犯罪领域加强暂缓起诉制度的适用,鉴于证券犯罪专业性较强,证据难以取得,通过暂缓起诉,可以诱使被告人转为污点证人,揭发同类犯罪事实,掌握其他相关犯罪证据,从而取得打击金融证券犯罪的最大效果。

---

　　① 　美国的暂缓起诉制度是针对公司犯罪而言,当然,将这一制度适用于自然人犯罪也是可行的。

刑法修订与打击证券犯罪[*]

一、证券犯罪及其特点

修订后的《刑法》所规定的证券犯罪大致有以下七种情况：一是违反情报公开义务的犯罪，即《刑法》第160条规定的以虚假方法发行股票或者公司、企业债券罪和《刑法》第161条规定的提供虚假财会报告罪；二是伪造、变造有价证券罪，即《刑法》第178条第1款规定的伪造、变造国家有价证券罪及第2款规定的伪造、变造股票、公司、企业债券罪；三是擅自发行股票、公司、企业债券罪（第179条）；四是证券内幕交易罪（第180条）；五是操纵证券交易价格罪（第182条）；六是编造并传播证券交易虚假信息罪（第181条第1款）和诈骗投资者买卖证券罪（第181条第2款）；七是非法批准、强令批准股票、债券发行、上市申请罪（第403条）。

这些犯罪大致有以下一些特点：

（1）刑法对以上每一种犯罪的构成要件都有较具体的规定，具有一定的可操作性。

（2）上述各罪都以"情节严重"或"造成严重后果"或"数额较大"或"致使公共财产、国家和人民利益遭受重大损失"为构成犯罪的前提。

（3）以上有8个罪名规定有单位犯罪，其中7个实行两罚制：即对单位判处罚金，并对其直接负责的主管人员和其他直接责任人员判处刑罚（自由刑或罚金）；但对其中的第161条之罪实行单罚制，即对单位不判处罚金，只对单位犯罪直接负责的主管人员和其他直接责任人员判处刑罚（自由刑或罚金），这是需要注意的。

（4）上述罪名的法定刑都比较轻，起刑点通常是3年以下或5年以下有期徒刑或拘役，且大多适用罚金。

内幕交易和操纵行情（操纵证券交易价格）是两种比较突出的证券犯罪。

二、证券内幕交易罪

根据修订后的《刑法》第180条的规定，证券内幕交易罪，是指证券交易内幕信息的知情人员或者非法获取证券交易内幕信息的人员，在涉及证券的发行、交易或者其他对证券的价格有重大影响的信息尚未公开前，买入或者卖出该证券，或者泄露该信

---

　　* 第二作者顾华，原载于《检察风云》1997年第7期。

息,情节严重的行为。

本罪的特征为:

1. 主体

本罪的主体是证券交易内幕信息的知情人员或者非法获取证券交易内幕信息的人员。自然人和单位都可以成为本罪的主体。

本处所称"知情人员"的范围,依照法律、行政法规的规定,通常包括:

(1)发行股票或者公司债券的公司董事、监事、经理、副经理。

(2)持有该公司股份超过10%的股东或者其控股公司的负责人,这里包括自己持有和以他人名义的持有,或利用他人购买的股票都应该统计在内。

(3)由于所任公司职务可以获取有关证券交易信息的人员,例如秘书、打字员、业务员等。

(4)由于法定的职责对证券交易进行管理的人员,例如,对证券公司或上市公司履行监管职务的证券管理机构、交易所或税务局的人员等。

(5)由于法定职务而参与证券交易的社会中介机构或者证券交易服务机构的有关人员,例如为股票发行出具审计报告、资产评估报告、法律意见书等文件的会计师、律师等。

这里的"非法获取证券交易内幕交易信息"的人员,是指上述"知情人员"以外的知悉内幕信息的人员,他们可以是通过非法渠道从"知情人员"处获取信息的人员,如用私下交易、套取手法获取信息;也可以是以偷听、监听、盗窃、诈骗等手段获取内幕交易信息的人员,具体情况比较复杂。

2. 主观方面

本罪只能由故意构成。如果行为人在无意中泄露证券交易内幕信息的,不构成本罪。

3. 客观方面

本罪的客观方面表现为,行为人在涉及证券的发行、交易或者其他对证券的价格有重大影响的信息尚未公开前,买入或者卖出该证券,或者泄露该信息的行为。

这里的"涉及证券的发行、交易或者其他对证券的价格有重大影响的信息",即"内幕信息",其范围依照法律、行政法规的规定确定。通常包括:①可能对上市公司股票交易价格产生较大影响,而投资人尚未得知的重大事件;②公司分配股利或者增资的计划;③公司股权结构的重大变化;④公司债务担保的重大变更;⑤公司营业用主要资产的抵押、出售或者报废一次超过资产的30%;⑥公司股东会、董事会或者监事会的决定被依法撤销;⑦公司的董事、监事或者高级管理人员的行为可能依法负有重大损害赔偿责任;⑧涉及发行人的重大诉讼事项;⑨上市公司收购的有关方案;⑩国务院证券管理部门认定的对证券价格有显著影响的其他重要信息。这里的"重大事件""重大变更""重大损害赔偿责任""重大诉讼事项"等的"重大",究竟应如何认定?应待有权机关作出具体解释。国务院证券管理委员会发布的《禁止证券欺诈行为暂行办法》第5条第3款规定:"内幕信息不包括运用公开的信息和资料,对证券市场作出的预测和分析。"

这里的"信息尚未公开前",其认定大致有以下四种标准:①以新闻发布会的形式公布;②通过全国性的新闻媒介;③市场消化消息;④只要有相当数量的股票分析师知道就行了,即使大部分投资者不知道,也算公开。从我国目前情况看,国务院《股票发行与交易管理暂行条例》明确规定,公布和公开应以有关消息和文件刊登在中国证监会指定的报刊上为准。

这里的"买入或者卖出该证券",包括有偿转让。

这里的"泄露该信息",是指故意向他人透露内幕信息,明示或暗示都行。

本罪将"情节严重"作为构成犯罪的条件。

4.客体

本罪侵犯的是证券交易市场的正常秩序,保护的对象是"证券",但"证券"的具体范围究竟有多大? 有待于有权机关作出解释。

本罪对自然人和单位分别规定了法定刑。值得注意的是:对自然人犯内幕交易罪,情节特别严重的,处5年以上10年以下有期徒刑,并处违法所得1倍以上5倍以下罚金;但对单位犯内幕交易罪,不论情节是否特别严重,除了对单位判处罚金外,对其直接负责的主管人员和其他直接负责人员,都是处5年以下有期徒刑或者拘役。这里的"情节严重",一般包括"内幕交易"的数额较大的、或给有关人员造成的损失较大、或引起了其他严重后果、或给社会秩序造成一定程度的混乱,等等。

三、操纵证券交易罪

根据修改后《刑法》第182条的规定,所谓操纵证券交易罪,是指人为地变动或固定证券交易行情,获取不正当利益或者转嫁风险,情节严重的行为。本罪的特征为:

1.主体

本罪是一般主体,任何自然人和单位都可能成为本罪的主体。

2.主观方面

本罪主观上只能由故意构成。

3.客观方面

本罪在客观上表现为具有下列行为之一,获取不正当利益或者转嫁风险,情节严重的行为:

(1)单独或者合谋,集中资金优势、持股优势或者利用信息优势,联合或者连续买卖,操纵证券交易价格或者证券交易量。这里的"联合买卖",是指两个或两个以上的利益主体,通过合谋或集中资金优势,按各自的分工联手操纵市场价格的行为;这里的"连续买卖",是指为了引诱他人参加交易,通过合谋或集中资金优势,连续以高价买进或低价卖出的行为。所谓"连续",是指基于概括的犯意,实施两次以上的行为。

(2)与他人串通,以事先约定时间、价格和方式相互进行证券交易,或者相互买卖并不持有的证券,影响证券交易价格或者证券交易量的。例如,行为人与他人串通,以约定的价格于自己出售或购入某种证券时，使约定人同时实施购买或出售之相对应的行为。

（3）以自己为交易对象进行不转移证券所有权的自买自卖，影响证券交易价格或者证券交易的。这实际上也是一种虚买虚卖，但它由同一利益主体进行。例如，由一人分别在两家经纪商处开户，同时并分别委托该两家经纪商以一定的价格作相反方向的买卖，撮合交易，造成某种证券交易热络的表象，而实际上买卖双方的委托人是同一人，以自己为交易对象，因此，证券的所有权并没有转移。

（4）以其他方法操纵证券交易价格的。例如，躲在幕后提供资金供人炒作股票操纵市场的，再如以上述方法以外的欺骗、暴力或胁迫手段来影响证券价格的行为，等等。

具备上述四种行为之一，尚需具备获取不正当利益或者转嫁风险的结果，且达到"情节严重"程度的，才构成犯罪。这里的"转嫁风险"，可以包括避免损失。

4. 客体

本罪侵犯的是证券市场的管理秩序。本条保护的对象是"证券"。本条对自然人和单位分别规定了法定刑。对单位犯罪实行两罚制。

我国刑法修改与期货犯罪立法*

近年来,在世界许多国家,期货交易中的犯罪活动猖獗,期货交易既有商品期货交易,也有证券期货交易。在 1994 年至 1995 年 5 月期间,我国国债期货交易(证券期货交易的一种)的交易额大大超过商品期货交易额,也超过证券现货交易额。因此,必须重视研究商品期货和证券期货交易中的犯罪活动,并给以刑事规范。

一、我国引入期货犯罪立法的必要性

修改刑法应引入期货犯罪,其理由为:

(1)期货违法犯罪危害严重。如 1995 年 3 月,前英国巴林银行新加坡分行交易员里森从事日经股份指数期货交易,损失 14 亿美元,结果巴林银行只能宣布倒闭,并被荷兰国际集团买下。1995 年 8 月,日本大和银行纽约分行行员井口俊英进行美国公债市场交易,损失 11 亿美元,大和银行虽未因此垮掉,但其信誉遭到重创,债信评等降级,并遭美国联邦当局扫地出门。1996 年 6 月,日本住友商事的有色金属部部长滨中泰男从事铜期货交易,累计亏损达 18 亿美元,甚至可能扩大为 25 亿美元。国内则发生过 327 国债期货违规炒作事件,数分钟内损失 10 多亿元人民币,因目前我国没有制裁操纵行情的刑法规范,只能视作违规行为。

(2)我国期货市场目前已经发展到了非以刑事规范作为最后法律保障手段不可的阶段。我国自 1991 年郑州粮食批发市场建立以来,期货交易市场发展很快,期货市场在风险转移、价格发现、促进经济走向国际化方面有一定的积极作用。但期货市场的特点是风险大、投机性强、操作技术复杂,这些特点要求期货交易活动必须受到严格的规章制度、行政法规和法律的约束和严格监管,不能放任自流,否则,便会出现许多严重的问题,甚至走向反面。近年来,期货市场已经出现了一些危害性很大的行为,有的实际上已经达到应受刑罚处罚的程度,但由于我国目前缺乏相应的刑法规范,不少严重的问题得不到有力制止,有的甚至屡禁不止,严重扰乱了期货市场的正常秩序,择其要者列举如下:

①非法从事期货交易活动。主要表现是未经批准设立经营机构、无证经营和越权经营。前段时间,一些未经有权机关批准取得期货经营资格的机构和个人打着期

---

* 1996 年 11 月 22 日全国人民代表大会常务委员会法制工作委员会"刑法修改"座谈会(论文)。

货信息或期货咨询公司的名义,到处拉客,不少企业或个人信以为真,盲目投资,致使客户投入的大量保证金血本无归。由于我国目前尚无这方面的立法,对上述无权经营和越权经营的行为只能做一般的行政处理。

②经纪人挪用客户的保证金自己做期货。通常有两种情况:一是经纪人挪用客户的保证金到自己的户头上买卖期货;二是在客户户头上翻炒期货,买进卖出,赢利归经纪人占有,亏损由客户承抵。这种现象不仅出现在无权和越权经营的公司,也出现在正式注册的经纪公司和交易所会员单位。经纪人如果赚了钱,通常会把相同数额的保证金归还客户;但一旦亏了,此时客户又要动用资金,问题就暴露出来。

③虚设户名,转移并侵吞盈利款。例如,某五矿公司(会员单位)的客户武进物资公司在买卖期货中多次盈利,该公司业务员邵某和五矿公司代表张某相勾结,在电脑中为邵某虚设了"常州金材公司"账户。自1993年6月至1994年1月,邵某先后8次将武进物资公司的期货交易盈利转入"常州金材"账户,其侵吞本单位盈利款32万元。上述行为实际上均为动用客户资金炒期货,如果行为人的目的是为个人牟利,则根据现行法律,可以构成挪用公款罪或挪用公司资金罪,乃至贪污罪。但如果经纪人是为本经纪公司牟利的,目前则难以按犯罪惩处。而在国外,经纪公司只要动用客户保证金,不管是为个人还是为公司牟利,均构成犯罪,当然,后者是法人犯罪。

④越权代理,给客户造成重大损失。一些经纪公司没有得到客户的授权或指令,就擅自替客户做主进行期货交易,造成巨大损失;也有些经纪人擅自修改客户指令内容或违背客户的指令为其买卖期货;还有些经纪公司违反规定,在客户户头上保证金尚充裕时,就擅自砍仓(即将客户在账上的期货抛售掉),造成客户数十万美元的损失。按照惯例和有关规定,当客户保证金不足规定的数额时经纪人就应及时通知客户补足保证金(补仓),只有在通知客户而客户不及时补足的情况下,保证金亏了才能砍仓。目前对这些问题往往只做民事纠纷处理,实际上,这些行为大多属经纪人擅自动用客户保证金的性质,可以做刑事犯罪处理。

⑤交易所如果有不法行为,其后果更严重。目前大致发现以下一些情况:一是对不同的客户(会员或经纪公司)规定不同的保证金比例,或对做"空"或做"多"规定不同的保证金比例,例如对胶合板买"跌"的,规定保证金比例为5%;买"涨"的则为55%。二是将不符合标准或不合格的商品交割给客户。三是某些商品的标准应由国家、国际或专门性权威机构来制定,不能由交易所根据对自己是否有利随意定。有些交易所不顾国际标准,自己擅自制定商品标准,并作为定案处罚客户的依据。四是参与或偏向市场炒作的一方,压制另一方。五是无法律根据随意处罚客户。交易所在开办之初,自己制定了许多规则,当时政府主管部门不明确或缺乏经验,对这些规则未作严格审核,因此,这些规则中有很多内容是对交易所有利而对客户不利的,交易所依此处罚客户,显失公平。

⑥交易所工作人员泄露内部机密,从中渔利。期货交易必须在场内以公开程序完成,以确保期货价格由市场供需决定,防止人为操纵。在期货交易中,买卖双方都不知道对方是谁,但交易所知道谁卖和谁买、卖价和买价,当交易所知道谁在低价抛,

谁要高价吃进时,就可以通过出卖这种机密信息从中渔利,交易所如果偏向某方,也可以通过这种办法给予支持。可见,交易所的工作人员个人和交易所都可以通过这种泄密方法来达到自己的目的。

⑦会员私下结盟、控制操纵行情。与证券市场和现货市场不同,期货交易所具有会员资格的单位或个人非常有限,如伦敦交易所只有十几个会员,上海金属交易所也只有几十个会员,会员数量少,会员结盟就很容易。一些会员往往一起组成"船队",相互默契推举"船老大",然后一起做"多"或一起做"空",交易量达数亿、十数亿或数十亿,使行情骤然间狂升狂跌,自己从中获取暴利,吃亏和被愚弄的总是广大中小客户。这种扰乱期货市场秩序的行为比一般投机倒把罪危害要大得多,但目前无法做刑事处理。

⑧制造虚假信息,使期货市场价格暴涨暴跌。例如,在1992年,国家某部的一客户想控制有色金属市场而发大财,一路做多买涨,购买35万吨铜,使国际铜价最高涨达每吨2 400美元,而当时西方经济不景气,随后铜价狂跌,该客户亏惨了。于是,他来到某金属交易所制造舆论,说铜会大涨,该交易所信以为真大量买进,这时,他便大量抛出,一个星期后交易所才发现这是个大骗局,使部分客户遭受巨大经济损失,但目前也难以进行刑事处罚。

⑨私下对冲对赌。所谓私下对冲,是指经纪公司没有将客户的指令带入交易所,而是将收到的两个客户买卖方向相反的指令直接私下成交;所谓私下对赌,是指经纪公司自己作为客户的交易相对方,不将客户指令下到交易所,自己私下与客户直接成交。目前这类现象较普遍,某些经纪公司私下对冲对赌竟占总成交量的80%,很多国家将这类行为做犯罪处理,我们目前最多做违规处理,实际上大多不了了之。

⑩其他期货欺诈行为。下列行为往往由经纪人实施,如:一是伪造、涂改、买卖各种交易凭证和文件。二是不在规定时间内向客户提供期货买卖确认文件。三是在劝诱阶段,不向客户揭示期货交易风险,不择手段拉客户。鼓吹"投资期货使你一夜成为百万富翁"。四是雇佣无经纪人资格的人员与客户洽谈、商议委托进行期货买卖事宜或代理进行期货买卖。五是私下约定与客户分享利益或承担风险。六是采用篡改交易所价格行情与虚报客户订单中成交价位的方法,赚取真实与虚假价格之间的价差。

(3)证券期货犯罪宜同时引入新刑法。证券和期货有密切关系。例如,国债期货交易既是证券交易又是期货交易,两者有部分重叠,但又不相互完全包容,即各有独立性。证券犯罪和期货犯罪从犯及其构成要件看,大部分是相同或相似的,只不过标的物一为证券一为期货而已,如内幕交易、操纵行情、违反情报公开的义务、欺诈行为,等等。但也有部分不同,如期货交易往往涉及商品交割、仓库保管、商品质量标准等。目前的刑法修改稿已将证券犯罪列入,且条文较多、内容翔实。在"证券交易法"没有出台的情况下,刑法先期规定证券犯罪是很有必要的。同样,"期货交易法"也没有出台,先期规定期货犯罪既必要,也可行。因为,部分只需在规定证券犯罪的条文中加几个字就行,此外只需增加少量的条文。

(4)期货市场相对证券市场而言虽然客户不多,但成交量巨大,涉及国家重要的物资市场,关系到国计民生,且受国际市场影响更大,更需要以刑法为后盾来加以规范。

二、对我国刑法引入期货犯罪的若干建议

(1)对期货经纪商(包括公司负责人、业务员及其他从业人员)基于职务的以下行为,处3年以下有期徒刑或10万元以下罚金:①泄露客户委托事项及职务上所获的秘密;②对客户做获利保证;③与客户约定分享利益或共同承担损失;④利用客户的账户或名义为自己从事交易;⑤利用他人的或自己的名义供客户从事交易;⑥散布不实资讯或作夸大宣传;⑦为未经办妥开户手续的人从事交易;⑧未按照客户委托的事项或条件从事交易。

上述各种行为明显违反期货从业人员应遵守的最低行为准则,同时又可能给客户造成严重损害,因此,应给以刑事处罚。当然,这些行为在证券交易中也是不允许的,但新刑法却对它们大多没有作为证券犯罪处理。因为证券交易面对数百万上千万客户,大多数金额不大,上述行为带来的损害相对轻一些;而期货交易以小博大,用6%的保证金可以做100%的生意,上述行为的危害性就大得多。所以,尽管行为相同,但后果不同,因此,在期货交易中应构成犯罪,在证券犯罪中则不一定构成犯罪。

(2)未经政府主管机关批准,擅自设立期货交易所或期货经营机构的,处3年以下有期徒刑或拘役,并处或单处2万元以上20万元以下罚金。

(3)不具备期货经纪资格的个人和单位,不得接受委托从事期货交易,违者处1年以下有期徒刑或者拘役,并处或单处1万元以上10万元以下罚金。

(4)禁止操纵市场。有两种写法:一种是"期货交易法(草案)"(第三稿)第57条的内容;另一种是中国证监会(1995)65号文件内容。因后者的内容更具操作性,建议立法者结合考虑,现将其分列如下:①"期货交易法(草案)"(第三稿)第57条规定:禁止任何单位和个人从事下列行为:一是为制造虚假的市场行情而进行连续买卖或自我买卖;二是与他人串通,进行事先已安排的交易;三是利用职务便利,抬高或压低期货交易的价格;四是为影响市场行情而散布虚假信息;五是利用内幕信息进行期货交易或泄露内幕信息影响期货交易;六是以垄断囤积标的物和不当集中持仓量的方式,影响期货市场行情或交割。前款第(五)项所称的内幕信息,是指未经公开的、对市场行情有重大影响的信息和与期货交易有关的商业秘密。这一条文过于笼统,而且其中有不少不够妥当,作较大改动后可用。但其优点是包括了内幕交易。②中国证监会核准的条文如下:会员单位及其客户,以获取不正当利益为目的,违反交易所规定和公平竞争的原则,合谋串通,有意操纵市场,蓄意哄抬或压低价格,扰乱市场秩序,具备下列行为之一的属联手和操纵市场:一是开展代理业务时,用不同客户的资金为同一客户或自己进行交易的;二是某一会员单位及其代表利用自己的资金,或通过自己的融资渠道,为客户提供资金,并按照该会员单位或其代表的意志与要求进行交易的;三是某一会员单位或客户利用多个会员或客户的账户与注册编码,规避交

易所限仓规定,为自己或某一特定的客户进行交易的;四是会员之间、会员与客户之间相互交换或有意泄露交易信息,共同协商下单措施和下单方向的;五是代理业务中有意接受多个客户的全权委托,并实际操纵客户交易的;六是假借他人名字或用虚假名字,多方下单交易的;七是会员单位单独或与客户和其他会员串通,按照协商或约定的价格进行交易的;八是会员单位单独或伙同其他会员与客户进行一系列会使市场行情和持仓发生超常变化的交易的;九是会员单位故意阻止、延误或改变客户某一方向的下单指令的。

操纵期货市场行为的处刑,宜与证券市场相同。即操纵期货市场,情节严重的,处5年以下有期徒刑或者拘役,并处或者单处违法所得1倍以上5倍以下罚金。法人处罚条款宜相同。此外,还应加上一主观要件,即"意图影响期货市场行情"。

(5)除有下列情况之一的以外,期货经营机构及其从业人员不得从客户保证金账户提取和动用任何款项:①为客户向其他期货经纪机构交存保证金,或者向期货交易所支付该客户的交易亏损;②按照客户的指示向其退回结余保证金;③客户应当支付给期货经纪机构的手续费及其他合法费用。违者处6个月以上5年以下有期徒刑,可以单处或并处20万元以下的罚金。对法人犯上述罪行的,亦应处相同之刑。

(6)期货经纪机构受委托所进行期货交易的种类和品种,应以政府主管机关公布的为准,违者处3年以下有期徒刑或拘役,单处或并处10万元以下罚金。

(7)对期货交易所的规范。期货交易所与证券交易所相比较,数量较多,问题也较严重,因此应成为规范的重点。期货交易所或其从业人员有下列行为之一的,处3年以下有期徒刑或拘役,单处或并处10万元以下罚金:①除了政府法令和交易所规则规定的用途外,交易所不得动用自己保管的会员保证金、风险基金等费用;②交易所不得进行或参与操纵市场、内幕交易等活动,不得泄露基于职务关系而获得的内幕信息;③交易所制定或变更章程、交易规则和纠纷处理规程必须取得政府主管机关批准;主管机关有权命令交易所变更章程、交易规则和纠纷处理规程违者即构成犯罪。

(8)在刑法"侵犯财产权"一章中,增加违背任务罪,该罪在德国、日本现行刑法中都有,对处罚期货犯罪行为有积极意义。

(9)关于在有关期货文件中作虚假陈述,隐瞒、遗漏重要事项的,因刑法草案已有规定,可不必再增加新条文。

惩治证券犯罪将现五大变化*

——《刑法修正案(六)》解读

《中华人民共和国刑法修正案(六)》(以下简称法案)是继 2005 年 10 月 27 日修订通过、2006 年 1 月 1 日起施行的《中华人民共和国公司法》和《中华人民共和国证券法》(以下简称新《公司法》和新《证券法》)之后,又一部规范证券市场的重要法律(法案)。该法案的一大特点是与新《公司法》和新《证券法》相呼应,为规范证券市场、惩治证券犯罪进一步提供法律保障。具体表现为以下五个方面:

一、新增信息披露犯罪的行为样态[《刑法修正案(六)》第 5 条]

[解读]

法案第 5 条的规定与原《刑法》第 161 条相比,有以下三点新变化:

一是对主体添加了限制词。即"依法负有信息披露义务的公司、企业",而不是原来的"公司、企业",实际上缩小了主体范围。这里主要是指上市公司和发行人,也包括依法应向股东和社会公众披露信息的其他人,例如基金管理人、基金托管人等;这里的"依法",是指依照《中华人民共和国证券投资基金法》(以下简称《证券投资基金法》第 60、61 条的规定。

二是增加了行为样态。即增加了"或者对依法应当披露的其他重要信息不按照规定披露"。新《证券法》第 54、64、65、66、67 条和《证券投资基金法》第 62 条对应当公开披露的信息内容进行了具体列举性规定,原《刑法》第 161 条规定的"财务会计报告"仅是其中的一项。违反上述规定,对应披露的信息不披露的,即构成本罪客观行为的一种样态,这实际上扩大了行为的范围。

三是增加了"其他严重情节犯"。即增加了"或者有其他严重情节的"规定。"其他严重情节"可以是行为后果,也可以是行为的其他严重情况,例如"致使股票被取消上市资格或者交易被迫停牌的"。这些都超出了原《刑法》第 161 条规定的"严重损害股东或者其他人利益"的范围。

---

　　* 原载于《中国证券报》2006 年 6 月 30 日。

二、增加操纵市场的行为样态[《刑法修正案(六)》第 11 条]

[解读]

法案第 11 条对《刑法》第 182 条进行了修改,主要是在第 1 款第(三)项中增加了"在自己实际控制的账户之间进行证券交易"这一规定。鉴于有些证券公司或投资人到贫困山区或农村,收买数百张甚至上千张身份证,开立证券账户、资金账户,然后在这些账户之间进行证券交易,实际上都为这些券商或投资人所控制,这是一种操纵市场的典型手法。其本质还是自买自卖,现将其单列出来,是为了更有效地规范市场行为。

三、对公司背信行为规定了刑事责任[《刑法修正案(六)》第 9 条、第 12 条]

[解读]

背信,即违背信任,又称为违背任务,在日本刑法中有违背任务罪(或称为违背信任罪),主要是针对证券、期货犯罪的。法案第 9 条提到了"上市公司的董事、监事、高级管理人员违背对公司的忠实义务";法案第 12 条提到了"违背受托义务",这些都有违背信任、违背任务的含义,但它们的构成要件不完全等同于国外的违背任务罪(有部分相同)。为了叙述方便,我们把这两条称为广义的"背信行为"。

它们具有自己的特点:

1. 法案第 9 条(即《刑法》第 169 条之一)是对《刑法》第 169 条的补充

《刑法》第 169 条规定:"国有公司、企业或者其上级主管部门直接负责的主管人员,徇私舞弊,将国有资产低价折股或者低价出售,致使国家利益遭受重大损失的……"其实这也是一种背信行为,只不过其主体和行为都有局限性。

而第 169 条之一(即法案第 9 条)就不同了:

(1)其行为主体是上市公司的董事、监事、高级管理人员。这就突破了《刑法》第 169 条"国有公司、企业"的限制。

(2)其行为的对象是资金、商品、服务或者其他资产,还包括债权、债务、担保等,这就突破了《刑法》第 169 条的"国有资产"这一种形式。

(3)其行为的样态也有法案第 9 条列举的六种之多,突破了《刑法》第 169 条的"低价折股、低价出售"的限制。

2. 法案第 12 条(即《刑法》第 185 条之一)是对《刑法》第 185 条规定的挪用资金罪和挪用公款罪的重要补充

法案第 12 条是针对证券行业常见多发现象而设立的,其特征为:

(1)这是单位犯罪,不是个人犯罪。其主体是商业银行、证券交易所、期货交易所、证券公司、期货经纪公司、保险公司或其他金融机构;个人本身不能成为本罪主体。

（2）其行为样态是"违背受托义务,擅自运用客户资金或者其他委托、信托的财产"。这里必须注意以下四点：

①关于"擅自",这里的"擅自",是指没有经过客户或委托人的同意,不是指没有经过上级同意或批准。由于本罪的主体是单位而不是个人,所以,即使经过上级同意但没有经过客户或委托人的同意,仍属于"擅自"。

②关于"运用",这里的"运用"应包括"动用""提取""动支"。从字面上看,似乎也应包括"挪用",但由于《刑法》第185条已对"挪用资金和挪用公款"作了专门规定,因此,本条的"运用"似应包含除《刑法》第185条之外的"挪用"情况。此外,这里的"运用"还应包括财产处分行为。

③关于"违背受托义务"。"受托义务"一般来源于委托合同和信托合同,而不问其采用口头形式还是书面形式(除法律有规定必须采用书面合同的以外)。所以,一般而言"违背受托义务"就是违反合同义务,应负违约责任。但由于行为人实施了擅自运用客户资金等行为并达到情节严重程度,所以,行为人要负刑事责任。

④"违背受托义务"和"利用职务之便"是不同的。《刑法》第185条规定的是"利用职务上的便利";本条规定的是"违背受托义务",也就是说,没有任何职务便利的人员也可能"违背受托义务",只要有委托合同或信托合同存在即可。而"利用职务之便"却不以"委托合同"的存在为前提,只要该职务存在,就可利用该职务上的便利。

四、新增虚假破产罪[《刑法修正案(六)》第6条]

［解读］

法案第6条(《刑法》第162条之二)在《刑法》第162条的妨害清算罪和《刑法》第162条之一的隐匿、故意销毁会计凭证、会计账簿、财务会计报告罪的基础上,规定了虚假破产罪,这三种行为都妨害了国家对公司、企业管理秩序,应当构成犯罪。它们是逃废债务,损害债权人和广大投资者利益的典型手法,对证券市场也有严重影响,必须严加惩治。

五、对公司、企业人员贿赂罪增加了新内容[《刑法修正案(六)》第7条、第8条]

［解读］

1. 扩大了公司、企业人员受贿罪的主体范围

原《刑法》第163条的公司、企业人员受贿罪的主体只限于"公司、企业的工作人员",法案第7条增加了"或者其他单位的工作人员",例如事业单位(医院、学校)的工作人员,扩大了主体范围。这一扩大还相应延伸至本条第2款;"其他国有单位"则引入第3款。

2. 扩大了行贿对象的范围

原《刑法》第 164 条第 1 款的"对公司、企业人员行贿罪"的对象仅限于"公司、企业的工作人员",法案第 8 条增加了"或者其他单位的工作人员",相应也扩大了行贿对象的范围。

此外,法案第 10 条、第 13 条、第 14 条、第 15 条、第 16 条等条文规定的银行犯罪、洗钱犯罪与证券市场的各种犯罪行为关系也很密切,本文限于篇幅,不再阐述。

为解决证券市场"老鼠仓"问题的若干立法建议[*]

为了解决证券市场中令人头痛的"老鼠仓"问题,特提出对刑法的以下修订建议:对《中华人民共和国刑法》(以下简称《刑法》)第185条之一第2款[即《中华人民共和国刑法修正案(六)》第12条]增加个人犯罪,并将证券公司增列为犯罪主体。为使相关条文配套,还建议增加一份最高人民法院、最高人民检察院的司法解释。

《刑法》第185条之一第2款,即违法运用资金罪现在是单位犯罪,也就是说,其犯罪主体只能是单位,不能是个人。这样,就难以打击证券市场中的"老鼠仓"行为。所谓"老鼠仓"有多种含义,在基金业,通常是指基金经理或实际控制人在运用公有资金(基金资金)拉升某只股票之前,先用个人资金(包括亲朋好友和本人)低价位买进股票建仓,等到用公有资金将股价拉升到高位后,个人的仓位会事先卖出获利,而机构和散户的资金可能会因此被套牢。比较典型的例子是,某著名基金经理唐某的情人以1元多的价格买入五粮液认沽权证,不久后在11元以上全部抛出。^① 另一例就是广发证券在借壳S延边路(000776. SZ)的过程中,总裁董某之弟通过其控制的一系列账户买卖S延边路股票获利总额达1亿元。广发证券借壳上市之初,传言作为借壳对象的公司很多,但是最终选择借壳S延边路,只有广发证券极少数高层知情。S延边路公告承认借壳事宜是2006年6月,但2006年4月27日就开始异动,经过22个交易日后,其股价从4月27日的3.15元涨至8.06元,股价已是启动当初的2.6倍,成交量也急剧放大。董某之弟通过二级市场获利主要在这一时间段。^②

这种行为的危害性不仅在于损人利己,即为自己或小圈子谋取利益,使机构和散户资金被套牢,而且会引起股市不正常地暴跌暴涨。^③

对"老鼠仓"的问题,媒体大多报道应按内幕交易处理。当然从广发证券案来看,似乎符合我国《刑法》第180条内幕交易罪的要件,但广发证券总裁董某虽然承认自己弟弟持有延边公路股票(即S延边路),却拒绝承认自己透露消息,参与内幕交易。董某在接受《经济观察报》采访时表示:"对于广发借壳延边公路一事,我从来没向家人、亲属透露,至于他们是否买,为什么要买,我当时确实一点也不知道。"^④

这又怎么办呢? 其实还有一个办法,就是按《刑法》第185条之一第2款的"违法

---

* 原载于《政治与法律》2008年第5期。

① 参见徐建华等:《"老鼠仓"坏了牛市汤》,载《扬子晚报》2007年4月19日。

② 参见东霖:《传广发证券总裁之弟获利上亿》,载《21世纪经济报道》2007年6月1日。

③ 参见徐建华等:《股市一天蒸发七千亿,疑是"老鼠仓"引发"血案"》,载《扬子晚报》2007年4月20日。

④ 苏丹丹等:《广发证券内幕交易案升级》,载《财经》2007年第12期。

运用资金罪"处理。

一、关于增加个人犯罪

在前例唐某情人案中,唐某的行为符合"违法运用资金罪"的特征,其基于以下几个原因:

第一,唐某符合该款主体特征。《刑法》第185条之一第2款规定:"社会保障基金管理机构、住房公积金管理机构等公众资金管理机构,以及保险公司、保险资产管理公司、证券投资基金管理公司,违反国家规定运用资金的,对其直接负责的主管人员和其他直接责任人员,依照前款的规定处罚。"①该罪的主体包括证券投资基金管理公司,基金经理是基金管理公司下属基金的负责人,属于直接负责的主管人员,符合该罪主体的要求。

第二,唐某的行为违反国家规定。这里的违反国家规定,是指违反法律和行政法规的规定。我国法律明确禁止类似"老鼠仓"的行为。《中华人民共和国证券投资基金法》(以下简称《证券投资基金法》)第20条规定:"基金管理人不得有下列行为:……(三)利用基金财产为基金份额持有人以外的第三人牟取利益……"上述例子中,基金经理唐某的情人就属于"基金份额持有人之外的第三人",因为她是五粮液认沽权证的持有人。基金经理除了为本基金公司管理的基金的基金份额持有人谋取利益外,不得为第三人牟利,否则就属于"违反国家规定"。

第三,唐某的行为属"违反国家规定运用资金"。唐某利用本基金财产大肆炒作拉升五粮液认沽权证的价格,证明他"违反国家规定运用资金"。这里的"运用",应包括"使用""动用""提取""动支"等含义。从字面上看,"运用"似乎也应包括"挪用",但由于《刑法》第185条已对"挪用资金和挪用公款"作了专门规定,因此,本条款的"运用",似应包含除《刑法》第185条之外的"挪用"情况,如某基金的主管经理将本基金的资金30万元借给自己的朋友,应急办理出国留学手续,两个月后归还了。这种"挪用"行为不构成《刑法》第185条或《刑法》第272条的挪用公款罪或挪用资金罪,但仍应构成《刑法》第185条之一第2款的"违法运用资金罪"。此外,这里的"运用",似应包括各种违反国家规定的财产处分行为、占有行为和打理行为。

关于"资金",笔者认为,因为刑法条文在这里明确将资金分成两部分:前半部分是"公众资金",即社会保障基金管理机构、住房公积金管理机构等公众资金管理机构管理的资金,由于有财政资金加入到社会保障基金和住房公积金当中,所以它们被称为公众资金;而后半部分刑法条文只称之为资金,即保险公司、保险资产管理公司、证券投资基金管理公司管理的资金,这些资金属于投保人和投资人(基金份额持有人),虽然为社会上不特定多数人所持有,有的也通过公募渠道筹集,但由于没有财政资金

---

① 按《刑法》第185条之一第1款的规定,情节严重的,对单位判处罚金,并对其直接负责的主管人员和其他直接责任人员,处3年以上10年以下有期徒刑,并处5万元以上50万元以下罚金。

加入,所以它们不同于公众资金。综上,将本条款概括为"违法运用资金罪"的罪名是科学的、合理的。

从《刑法》第185条之一第2款的现行规定看,本罪仅仅是单位犯罪,因为从法条看,本罪的主体是"机构"和"公司",因此,本罪只能是单位犯罪,不是个人犯罪。这里就产生了以下问题:

第一,犯罪主体也可以是"其他直接责任人员",也就是说,被追究刑事责任的不一定仅限于基金公司的负责人、基金经理或公司的实际控制人,也可以是一般工作人员,只要他符合"其他直接责任人员"的要求,比如相关的财会人员、策划人员,等等。

第二,单位犯罪通常是指以单位的名义实施犯罪,为单位牟取利益的行为。建"老鼠仓"是为情人(第三人)或自己牟利,从表象看,似乎与单位犯罪无关。笔者认为,建"老鼠仓"情况比较复杂,市场运作结果可能也有所不同。有时是"公私兼顾",基金和"第三人"都赚了钱;有时是"损公肥私",基金经理投入大笔资金拉升股价,结果自己也被套牢,"老鼠仓"却"船小好掉头",赚钱先跑了;有时是"公私皆损",基金和个人都没跑掉,都亏了,当然这种情况比较少。不管是哪种情况,行为人都是利用自己的特别优势,运用大量的客户资金或公众资金,在为个人或小团体牟利,具有严重的社会危害性,应当追究刑事责任。设想一下,如果行为人为了本单位小团体利益而违反国家规定运用资金要构成犯罪,但其中只夹杂了自己情人或其他第三人利益反而不构成犯罪了,这岂不荒唐! 所以,笔者建议本罪应增加个人犯罪。

二、关于将证券公司增列为犯罪主体

对于后一例董某案,如果要适用"违法运用资金罪"的话,就需修订刑法并增加司法解释,这是完全必要的,可堵塞刑法的一个立法漏洞。证券公司的自营业务往往也运用巨额资金,其规模有时与基金不相上下,是主力机构之一;从实际案例看,操纵证券市场、内幕交易都少不了证券公司。以德隆系案件为例,就涉及德恒证券、恒信证券、中富证券等多家证券公司。[①] 实践中证券公司的高管人员实施类似董某行为的情况也不少,因此,将证券公司增列为"违法运用资金罪"的主体是有理论和实践依据的。

我们可将有关内容加入到《刑法》第185条之一第2款的构成要件中去。

第一,关于"违反国家规定"。笔者遍查了有关法律和行政法规,没有发现对证券公司及其从业人员(特别是高管人员)规定有类似于《证券投资基金》第20条第(三)项那样的内容,即"证券公司从业人员不得有利用证券公司财产为自己或他人谋取利益的行为"(笔者自拟内容)。《中华人民共和国公司法》(以下简称《公司法》)第148条和第149条对公司董事、监事和高级管理人员规定了忠实义务和勤勉义务。《公司法》第149条对忠实义务列举了8项,其中第8项为"违反对公司忠实义务的其他行为"。笔者认为,"高管人员利用证券公司财产为自己或他人谋取利益"应当属于违反

---

① 参见武汉市中级人民法院(2006)武刑初字第37号刑事判决书。

对公司的忠实义务。建议最高人民法院和最高人民检察院联合出台司法解释,对《公司法》第149条"违反对公司忠实义务的其他行为"进行具体解释。如果有了相应内容的司法解释,《公司法》第149条就可作为"违反国家规定"的依据。

第二,将证券公司增列为《刑法》第185条之一第2款的主体。《刑法》第185条之一第1款已将证券公司列为犯罪主体,但第1款的犯罪构成要件与第2款完全不同:第1款以"违背受托义务,擅自运用客户资金或者其他委托、信托的财产"为要件;而第2款"以违反国家规定运用资金"为要件,实际上是"违反忠实义务"。"受托义务"和"忠实义务"实际上有不同含义:"受托义务"来源于委托合同或信托合同,不受这些合同约束也就不可能"违背受托义务";而《刑法》第185条之一第2款的主体可以既不受职务之便限制(《刑法》第185条要求"利用职务上便利"),也不受委托合同或信托合同的约束,只要"违反国家规定"即为足够。也就是说,"忠实义务"在这里是以"违反国家规定"为前提的,并不是抽象和任意的。

实际上,在我国刑法中涉及"违反对公司忠实义务"的犯罪还有两条:一是明示的,即《刑法》第169条之一的"背信损害上市公司利益罪";另一条是默示的,即《刑法》第169条的"徇私舞弊低价折股、出售国有资产罪",虽然该条没有在构成要件中明确写上"违反对公司的忠实义务",但从其内容看却仍属此列。这两个罪都以"国家利益"或"上市公司利益遭受重大损失"为构成犯罪的前提;而《刑法》第185条之一(包括第1款和第2款)都没有这项要求。笔者认为,这并非偶然,也不是立法者的疏忽大意。有人用结果犯和行为犯来解释:即《刑法》第169条和第169条之一的两个罪都是结果犯(要求造成实际损失),而《刑法》第185条之一是行为犯(不问是否有实际结果,只问是否实施了行为,一旦实施即为足够)。笔者认为,从这一角度考虑自然没错,但尚嫌不够深刻。其实,第185条之一第2款的一个重要方面是着眼于行为人利用基金或公司财产为自己或他人谋利的角度(不问结果是否取得这些利益),"违反国家规定"与"违反忠实义务"之间有必然联系。当然,"违反国家规定"的内容比"违反忠实义务"更丰富更广泛,比如,从字面上看,行为主体违反国家宏观调控的相关规定运用资金的,如果这些规定已经转化为国家法律或行政法规了,那么,也可按第185条之一第2款追究其刑事责任。但笔者认为,从刑法相关条文的上下连接的内容来看,主要部分应该是利用基金或公司财产为自己或第三人谋利的情况,似乎不宜包括过于广泛的内容。建议有一些限制性的解释。

《刑法》第169条和第169条之一似乎与《日本刑法》第247条[①]、《德国刑法》第266条和台湾地区"刑法"第342条的背任罪或背信罪有某些相同之处:①从行为后果上,都要求以致使委托人本人(或公司或国家)的财产造成损失或严重损失为前提;②行为人都违背了委托人的信赖或对公司的忠实义务,违背对公司的忠实义务实际上就是违背了公司对自己的信赖,两者的性质差不多;③从委托人、公司与行为人的

---

① 《日本刑法》第247条(背任)规定:为他人处理事务的人,以谋求自己或者第三者的利益或者损害委托人的利益为目的,实施违背其任务的行为,给委托人造成财产上的损害的,处5年以下惩役或者50万元以下罚金。

关系来源看,可以是根据委托、雇佣等法律行为,也可以根据法令和习惯。

当然,两者之间的区别也很明显:①在主体上,我国刑法中的两个罪是受到严格限制的。第169条的主体只限于"国有公司、企业或者其上级主管部门直接负责的主管人员",第169条之一只限于"上市公司的董事、监事、高级管理人员"。而日本、德国刑法中背任罪的主体是一般主体。②在行为上,日本和德国刑法的违任罪是"违背其任务",即实施了违反作为诚实的事务处理人所应实施的事项或者法律所期待的事项的行为。有没有违背任务,一般而言,应根据各个事务的内容、事务处理人的地位与权限、行为当时的状况等来判断。具体而言,如果是违反法令、预算、章程、内部规定、合同等的行为,只要具有能造成财产上的损失,即构成背任行为。① 而我国《刑法》第169条的行为仅限于"徇私舞弊,将国有资产低价折股或者低价出售";第169条之一的行为是"利用职务便利,操纵上市公司从事下列行为之一"(条文列举了6项情况)。实际上,我国《刑法》第169条和第169条之一虽然列举了不少事项,但仍比不上日本、德国刑法的背任罪,因为背任行为种类很多,再加上日本《公司法》等特别法中的特别背任罪,其适用范围是十分广泛的,几乎涵盖了许多期货犯罪、证券犯罪和公司犯罪等。③在主观要件上,日本和德国刑法都要求行为人主观上具备"谋利或加害目的",也就是说,行为人除了对"违背任务以及财产性加害有认识"这一故意外,"还必须是出于为自己或者第三者谋取利益的目的(谋利目的)或者出于给委托人本人造成损害的目的(加害目的)。第三者,是指行为人自己与委托人本人之外的其他人,共犯也包括其中"②。

我国《刑法》第169条和第169条之一只要求行为人主观上有故意即为足够,不要求有"谋利或加害目的"。

综上,对广发证券的董某目前尚不能适用我国《刑法》第169条和第169条之一,其行为特征也不符合日本和德国刑法中的背任罪。因为董某的行为并不必然给本公司造成财产上的损失[当然,在某种条件下,也有可能会给公司造成损失,比如目标公司(S延边路)的股价被拉升至高位后,突然大盘掉头向下,证券公司自营账户来不及出仓,高位被套牢]。

总之,我国《刑法》第169条和第169条之一及日本、德国刑法中的背任罪都是针对委托人或公司已经遭受财产损失的情况;而基金经理唐某和证券公司总裁董某却是利用本基金和公司的财产,为自己或第三者谋利,并不必然给本基金和本公司造成财产上的损失。鉴于这种情况也有相当的社会危险性,所以我国刑法设立《刑法》第185条之一第2款,可以对基金经理唐某加以处罚(增加个人犯罪之后);但根据现行《刑法》条款的规定,却难以对差不多情况的证券公司总裁董某按第185条之一第2款加以处理。因此,笔者建议修订相关条文并给以司法解释。

顺便提及,不少媒体文章喜欢把"老鼠仓"问题朝"内幕交易"方向靠。笔者认

---

① 参见〔日〕西田典之:《日本刑法各论》(第3版),刘明祥、王昭武译,中国人民大学出版社2007年版,第195页。
② 〔日〕大判治明45.6.17刑录18辑856页。转引自〔日〕西田典之:《日本刑法各论》(第3版),刘明祥、王昭武译,中国人民大学出版社2007年版,第196页。

为，"老鼠仓"问题有时确与内幕交易或泄露内幕信息有关，但两者之间并无必然联系。因为内幕信息基本上都是与上市公司相关的，而"老鼠仓"问题却不一定。比如，基金或券商经理获知的信息是关于某机构(非上市公司)或个人大户下单方向或下单量的，根据这一信息建"老鼠仓"，并利用本单位财产拉升股价，这时就很难认定其行为属于内幕交易性质。因此，我们必须对《刑法》第185条之一第2款加以补充，否则难以适应现实的需要。

对《刑法修正案（七）（草案）》
三个条文的修改建议*

《中华人民共和国刑法修正案（七）（草案）》（以下简称《草案》）已经全文公布，向社会广泛征求修改意见和建议。就刑法修改或修订而言，这还是第一次，引起广泛而积极的影响。笔者特对《草案》第2条、第4条和第6条提出以下修改建议，以求教于读者和专家。

一、对《草案》第2条第2款的修改建议（针对"老鼠仓"）

《草案》第2条第2款规定："在该条中，增加一款作为第四款：基金管理公司、证券公司、商业银行或者其他金融机构的工作人员，利用职务便利获取的内幕信息以外的其他未公开的经营信息，违反规定，从事与该信息相关的交易活动，或者建议他人从事相关交易活动，情节严重的，依照第一款的规定处罚。"

建议对《草案》第2条第2款上述内容作如下修改。

（一）取消该第4款

（1）有两个"相关交易活动"的刑法的先例，使人质疑罪刑法定原则。

（2）列在第180条中不恰当，因第180条是"内幕交易"，而第4款是利用"内幕信息"以外的信息，既然是"内幕信息"以外，又列在"内幕信息"条款中，名实不符。

（3）条文中有"利用"二字，实践中很难举证。我国《刑法》第180条已经避免了这个问题，美国证券法也取消了这个"利用"，直接用"买入或卖出"字样，第2款却又用上了"利用"，原来没缺点现在变成有缺点了。20世纪70年代末，美国曾发生过这样一起案例，一内部人员利用内幕信息抛售了相关股票而获利甚丰，当证监会指控他时，他为自己辩解：自己确实知道内幕信息，也抛售股票获利。但抛售股票的原因，并非出于自己获知内幕信息，而是父亲恰巧生病住院，需要花钱。证监当局很难证明他是如何"利用"内幕信息的。1988年美国国会修改了法律，通过《内部人交易与证券诈欺执行法》。该法所增补的条款明确规定，任何人在获悉"内幕信息"之后在该信息

---

* 原载于《政治与法律》2009年第1期。

尚未公开之前,在市场上买进或卖出股票,就构成内幕交易。①

（二） 出路的选择

取消该第 4 款后有三个替代方案：
第一方案:增设普通背信罪。
第二方案:增设金融机构工作人员背信罪。
第三方案:修改《刑法》第 185 条之一第 2 款"违法运用资金罪"的构成要件。

采取第一、第二方案,其好处是:①明确背信行为入罪,有利于惩治证券、期货、公司犯罪,也有利于增强社会上一般的诚信度。投资公司经常为了管理人或关联公司的利益,而不是投资者(本公司)的利益进行操作。内部人和关联公司利用投资公司(基金)大量购买他们在其中具有利益的滞销证券,或其他权益。一些投资公司通过购买其关联银行的股票,以在市场下跌中支持该关联银行(股票)价格,结果使投资公司遭受巨大亏损。②如按第二方案办,打击面不会太宽。

其缺点为:①背信罪以给本人(委托人)造成财产损害为前提,而"老鼠仓"行为并非必然给本人造成财产损害。比如,在股市普涨的情况下,可能产生谁都没有受到损失的结果。因此,即使增设了背信罪也解决不了"老鼠仓"问题。②背信罪的主体仅限于实施背信行为的本人,类似"上投摩根"总经理唐某"老鼠仓"案的情况(买卖证券并非由唐某本人直接实施),仍难以认定为背信。

总之,从行为和结果两个角度看,背信和"老鼠仓"行为不能直接画等号。

笔者选择第三个方案,即修订《刑法》第 185 条之一第 2 款。该条款从大的方面可以列入背信类犯罪,但与日本、德国刑法典型的背信罪有所区别。

（三） 建议

对现有的条文进行三处修改:①增加个人犯罪,使犯罪主体从现有的只能是单位变成个人和单位均可,并增列证券公司等犯罪主体。②将"违反国家规定"修改为"违反国家规定或部门规章"。③增加"情节严重"为构成犯罪的前提。

也就是说,应取消现在的《草案》第 2 条第 2 款的内容,将第 2 条第 2 款在《刑法》第 185 条之一第 2 款的基础上进行修改。

笔者建议,将《刑法》第 185 条之一第 2 款修改为如下表述：

> 社会保障基金管理机构、住房公积金管理机构等公众资金管理机构,以及保险公司、保险资产管理公司、证券投资基金管理公司、证券公司、商业银行或者其他金融机构的工作人员,违反国家规定或者部门规章运用资金,情节严重的,依照前款规定处罚。
>
> 单位犯前款罪的,对单位判处罚金,并对其直接负责的主管人员和其他

① 参见顾肖荣主编:《证券违法犯罪》,上海人民出版社 1994 年版,第 49—50 页。

直接责任人员,依照前款规定处罚。

对于上述修改意见,主要出于以下考虑:

第一,《刑法》第185条之一第2款规定的罪名,现行犯罪主体是单位,应增加自然人个人。因为,如按现行规定,就会出现以下荒唐现象:如能代表单位作出决定的行为人为本单位小团体利益而违反国家规定运用资金要构成本罪;但其只要夹杂了如唐某等为第三人利益违规运用资金,则反而不构成本罪。

第二,应将证券公司增列为犯罪主体。证券公司掌握大量资金,实力非常强大,可从事自营和经纪业务。证券公司的自营业务往往运用巨额资金,其规模有时与基金不相上下,也是主力机构之一。实践中证券公司的高管人员实施类似唐某行为的情况也不少,因此,将证券公司增列为"违法运用资金罪"的主体是有理论和实践依据的。

第三,除证券公司之外,还应将商业银行等金融机构增列为主体。这是因为商业银行现在往往与证券公司、基金管理公司合作开展"代客理财"业务,你中有我,我中有你。如果证券公司、基金管理公司的从业人员构成犯罪,而商业银行的相关人员却不构成犯罪,这也不太妥当。这不是简单用共犯理论可以解决的。我国共犯以共同故意共同行为为要件,缺一不可,其证明难度相当高。

第四,修改建议中运用了"等金融机构"字样,是为了适应金融衍生产品大量产生、相应机构不断出现的情况。

第五,增加"违反部门规章",可增加本条的应对能力,同时也不会过分扩大刑事责任的范围。这些部门规章,主要是指中国证监会和财政部的正式的规范性文件,必须经过正式程序产生。更何况,刑法已有这方面的先例。比如,《刑法》第188条的违规出具金融票证罪就以"违反规定"为前提,这里的"规定"的内涵外延似乎比"部门规章"更为广泛。如果该条罪名以"违反部门规章"为要件,就可将美国1940年《投资公司法》第17条的有关内容和证监会《监管规则》17-1(c)的内容都纳入中国证监会的规范性文件,就可有针对性地解决"老鼠仓"问题。同时,为了解决类似"老鼠仓"的各种复杂问题也不必经常修改刑法了。

第六,已经发生的"老鼠仓"行为不同于普通背信罪。因为普通背信罪以给本人(委托人等)造成损害为前提,而"老鼠仓"行为则并非必然给委托人带来损害。比如在股市普涨的情况下,谁都没有遭受损失。因此,不能适用普通背信罪的罪名。

第七,该条款用"违法违规运用资金罪"为罪名比较妥当,这样对刑法的改动较小,也可以保留原来刑法的体例。

第八,以"情节严重"为要件,可缩小打击面,同时也可与《刑法》第185条之一第1款保持一致。现《刑法》第185条之一第1款以"情节严重"为要件,而同条第2款无此要件。建议修改第2款,对其加上"情节严重"的要件,因为经修改后,第2款之罪从单位犯罪改为单位和自然人犯罪并列,所以加上"情节严重"是有必要的,可以缩小打击面。

二、对《草案》第 4 条的修改建议（针对"老鼠讲"）

《草案》第 4 条规定:"在刑法第二百二十五条后增加一条,作为第二百二十五条之一:'组织、领导实施传销行为的组织,情节严重的,处三年以下有期徒刑或者拘役,并处罚金;情节特别严重的,处三年以上七年以下有期徒刑,并处罚金。犯前款罪又有其他犯罪行为的,依照数罪并罚的规定处罚。' '传销行为依照法律、行政法规的规定确定'。"

（一）《草案》第 4 条的问题

"传销行为依照法律、行政法规的规定确定",现阶段传销定义的根据是国务院 2005 年 44 号令,这意味着所有的传销行为都是坏的。该条不同于内幕交易,我国《刑法》第 180 条规定了内幕交易罪,内幕交易的规定和国际上一致,而"传销"定义不一致。我们的定义接近于日本"老鼠讲传销"定义。国际惯例不禁止一般的传销行为,而是只禁止其中最恶劣的部分,在日本就是禁止"老鼠讲专销"。所谓"老鼠讲"（即无限连锁组织）,是一种支付一定金钱,然后从后顺位的加入者支付的财物中领取超过自身支付金额的财物为内容的"财物分配组织"。日本在 1988 年修改的法律中,已将"金钱分配组织"扩大为"金品分配组织"。

（二） 日本的参考例

日本刑事法只对这类活动中的若干特定行为进行刑事规制:
(1)重要事项的不告知,虚假告知罪（日本《有关特定商品销售等的法律》第 12 条第 1 款）;
(2)胁迫罪（第 12 条第 2 款,第 22 条第 1 项）;
(3)文件不交付罪,没有记载应记载事项的文件交付罪、虚假记载文件交付罪（第 14 条、第 23 条第 1 项）;
(4)必要事项的不表示广告罪（第 13 条、第 23 条第 5 项）;
(5)违反指示罪（第 15 条、第 23 条第 2 项）。
在日本不是全面禁止传销,而是禁止"老鼠讲",禁止"老鼠讲"也不是全面作为犯罪打击,而主要是行政禁止,对其中的某些行为作为犯罪惩治。
我们现在所要打击的,实际上是"老鼠讲"式的传销行为。《草案》第 4 条对为首分子、组织者进行打击没有错,关键是传销有其国际含义。

（三） 建议:两种选择

方案一:继续沿用现在的方式以非法经营罪论处,用最高人民法院、最高人民检察院的解释帮助。我国对许多后果严重的传销组织都是以非法经营罪论处的,可继续沿用。同时用最高人民法院、最高人民检察院的司法解释对相关问题进一步明确。

方案二：对在特定商品销售中采用上述五种方式的，以犯罪论处，并以此为基础归纳成《草案》第 4 条的表述。

（四）背景材料：日本有关连锁销售交易（传销）[①]的犯罪

1. 概述

传销，是美国所开发的，1969—1970 年间登陆日本。起初，为外资企业用作销售化妆品、汽车零部件等的手段。但后来，模仿这种形式，经营传销的国内业者如同雨后春笋般出现，并于 1973—1974 年间达到最鼎盛期。这种交易方式，通过募集会员扩大商品等的再销售组织是一般惯用的手段，因此通过宣传、劝诱入会就能获得一般交易无法获得的高收益，以谋求扩大会员。因为会员除了通过吸收会员以外无法获得利益，所以首先通常是号召身边的亲戚、朋友等入会。不过，即使可以劝诱这些有限范围的人入会，但无经验者很难顺利劝诱陌生人入会，最终，会员扩展到一定范围的人群后，其组织扩大的趋势早晚会碰壁，遭遇破产的命运。到《有关访问销售等的法律》制定为止，有关此类销售方式产生的纠纷不断，但因为很难将其以诈骗罪等论处，所以无法针对传销进行法律处理。另外，在当时，以金钱分配为目的的"天下一家"老鼠讲等众多的老鼠讲也在蔓延，发展成社会问题，因此，需要针对包括老鼠讲在内的行为，采取立法上的对策的呼声四起。

在这种背景下，1976 年制定《有关访问销售等的法律》，1988 年改名为《有关特定商品销售等的法律》，开始规制直销、通信销售以及连锁销售，该法自 1976 年 12 月 3 日起施行。立法后，传销组织的数量有所减少，但该法很快就暴露出漏洞，即该法的规制对象并非是对商品的再销售者进行劝诱行为本身，而是其所伴随的不正当行为，所以除再销售以外，对委托销售与销售的介绍等人进行劝诱的，即被称为"疑似传销"的连锁销售交易出现，而这类不正当行为不受规制，再次成为社会问题。因此，1988 年，为规制这类行为所伴随的不正当劝诱行为等，对该法的一部分进行修改。因此，在此先概述规制的结构和连锁销售所伴随的违反案件的发生状况，然后进一步探讨传销中存在的问题等。

2. 传销的规制结构

（1）有关连锁销售交易的术语的定义

与老鼠讲的情况不同，《有关访问销售等的法律》没有全面禁止有关连锁销售业的连锁销售交易本身，而是禁止相关的不正当行为，即采用行为规制主义。因此，必须说，只要不存在使用不正当方法进行劝诱的情况，有关连锁销售业的连锁销售交易本身是被允许的。在分析规制结构前，先介绍一下连锁销售交易的概念及其构成要素的若干术语。

①连锁销售交易。对相当于销售的目的物的物品（以下称商品）进行再销售、委

---

① 传销（multilevel marketing plan）是指多层次推销（一种销售技巧，通过多层次的经销商直接与客户取得联系）。参见〔日〕神山敏雄：《日本的经济犯罪》，日本评论社 2001 年版，第 212 页。

托销售或者介绍销售的人,或者对提供同样业务或者介绍提供同样业务的人,以获得特定利益为诱饵进行引诱,与他人以及特定负担为条件进行商品的销售或者介绍,或者提供同样业务或者介绍提供同样业务有关的交易,就是连锁销售交易。上述的物品,包含利用设施的权利、接受提供业务的权利(第11条第1款)。

②特定利益。a.从进行商品再销售的他人提供的交易费中产生的;b.通过向进行商品再销售的人销售商品而获得的;c.从进行商品再销售的人提供交易费或者进行商品购入时该当事人提供的金钱中产生的,满足上述任何一个要件的,就是特定利益(施行规则第12条)。

③特定负担。该商品的购入或者其工作报酬的支付或者交易费的提供等符合由政令所定标准的,就是特定负担(第11条第1款、施行令第7条)。

④连锁销售业。进行物品的销售(包含介绍)或者有偿进行业务的提供(含其介绍)的事业,进行前述连锁销售交易的(第11条第1款)。

⑤统括者。在连锁销售业的商品上标注自己的商标,或者在提供连锁销售业相关的业务方面允许使用自己的商号及其他特定标志,以自己的名义进行有关连锁销售的广告,决定有关连锁销售交易的规则,或者对进行连锁销售业者的经营进行连续指导等,实质性地统括一系列连锁销售业的人(第11条第2款)。

(2)刑事规制

①重要事项的不告知、虚假告知罪(第12条第1款、第22条第1项,处1年以下拘役或者100万日元以下罚金)。

该罪的行为主体是:统括者与劝诱人(统括人对自身统括的一系列有关连锁销售业的连锁销售交易,致使他人向第三者进行劝诱的人)。

该罪的行为是:在对有关连锁销售业的连锁销售交易合同(不通过店铺等与个人签署的合同)的缔结进行劝诱之际,或者为防止解除上述合同,对于有关连锁销售业的事项,也是影响连锁销售交易的另一方判断的重要事项,故意不告知事实,或者告知虚假的事实的行为。

②胁迫罪(第12条第2款、第22条第(一)项,处1年以下拘役或者100万日元以下罚金)。

该罪的行为主体:上述的统括者与劝诱人。

该罪的行为是:为缔结有关连锁销售业的连锁销售交易合同,或者为妨碍解除上述连锁销售交易合同,威胁他人使其产生困惑的行为。

③文件不交付罪、没有记载应记载事项的文件交付罪、虚假记载文件交付罪(第14条、第23条第1项,处50万日元以下罚金)。

该罪的行为主体是:经营连锁销售业者(经营连锁销售业者以外的,如果属于缔结在有关连锁销售业的连锁销售交易中被视为条件的特定负担的合同的人,那么此人也是行为主体)。

该罪的行为是:下列a与b所揭示的不交付文件的不作为、对没有记载这些规定所规定事项的文件进行交付的行为、交付记载虚假内容的文件的行为。

a. 在与准备承担连锁销售交易中被视为条件的特定负担的人(不通过店铺等进行再销售等的个人),缔结有关特定负担的合同时,到缔结合同为止,根据通商产业省令所定之处,必须向缔结人交付记载有关连锁销售业概要的文件。

b. 在缔结有关连锁销售业的连锁销售交易合同的情况下,进行连锁销售业有关商品的销售或者销售的介绍,或者业务的提供或者业务提供的介绍等,合同的另一方属于不通过店铺等而进行的个人时,根据通商产业省令所定之处,必须及时将明确下列有关事项合同内容的文件向缔结人进行交付。这些事项包括:商品的种类及其性能或者品质,或者利用设施的权利,或者接受业务提供的权利或者业务的种类以及与此相关的事项;有关商品的再销售、委托销售或者销售的介绍,或者同种业务的提供或者业务提供介绍的条件的事项;有关该连锁销售交易中被视为条件的特定负担的事项;有关该合同解除的事项;上述事项以外,由通商产业省令所规定的事项。

④必要事项的不表示广告罪(第13条、第23条第5项,处50万日元以下罚金)

该罪的行为主体是:统括者。

该罪的行为是:在对所统括的一系列连锁销售业相关的连锁销售交易进行广告宣传时,根据通商产业省令所定之处,在该广告中,没有对其连锁销售业有关的事项(a.商品或者业务的种类;b.有关在该连锁销售交易中被视为条件的特定负担的项;c.除此以外由通商产业省令所规定的事项)进行表示,就进行宣传的行为。

⑤违反指示罪(第15条、第23条第2项,处50万日元以下罚金)

该罪的行为主体是:统括者。

该罪的行为是:违反下列主管大臣的指示的行为。如果统括者违反第12条或者第13条的规定,或者实施下列a与b所揭示的行为时,或者劝诱者违反第12条,实行下列b所揭示的行为时,主管大臣认为有可能损害连锁销售交易的公正以及连锁销售交易另一方的利益时,可以向统括者下达应采取必要措施的指示。

a. 拒绝履行或者不正当延迟履行,基于连锁销售业相关的连锁销售交易合同的债务,或者因解除合同而产生的全部债务,或者其中一部分债务。

b. 前述a所揭示以外的,属于连锁销售业相关的连锁销售交易合同的行为,有可能损害连锁销售交易的公正以及连锁销售交易另一方的利益的,由通商产业省令规定的行为。

(3)行政规制

行政规制措施主要是由主管大臣发出的连锁销售交易的停止命令与公布(第16条)。统括者违反第12条或者第13条,或者实施第15条成为主管大臣指示的对象即①与②所揭示的行为时,劝诱者违反第12条,或者实施第15条成为主管大臣指示的对象即①与②所揭示的行为时,主管大臣认为有可能损害连锁销售交易的公正以及连锁销售交易另一方的利益时,或者统括者没有服从由第15条规定的指示时,可以1年为限,命令该统括者,停止对有关该连锁销售业的连锁销售交易进行劝诱或者劝诱者的活动,或者应停止其所进行的连锁销售交易的全部业务或者一部分业务。主管大臣下达该命令时必须公布。

（4）民事规制

a. 承诺反悔制度（a cooling off program，深思熟虑期制度）（第 17 条）。连锁销售业者在缔结连锁销售业相关的连锁销售交易合同时，合同的另一方自收到第 14 条第 2 款的合同文件之日起，在 10 日以内可以通过书面解除合同。这种情况下，连锁销售业者不能要求因解除合同所带来的损害赔偿或者支付违约金。合同的解除在该书面文件发行之时起产生效力。在合同解除的情况下，如果已经送递商品，其返还所需费用由连锁销售业者负担。因违反以上要求特约，对合同的另一方不利的，视为无效。

b. 民事判例。关于传销或者疑似传销的做法，有判例承认其违反公序良俗，因不法行为造成损害赔偿，民事规制也具有重要的意义。例如，对于因销售店的新规加盟、升级的有限性，必定会破产，加盟者将蒙受损害之事实，传销故意不进行说明、告知，而实施推进该推销方式的，违反公序良俗，是违法的（大阪地方法院 1980 年 2 月 28 日判决）。另外，比利时钻石公司的疑似传销的宝石销售，具有类似于 1988 年修改前的连锁销售（传销）的内容，很明显属于传销的不健全交易，违反公序良俗，是违法的（大阪地方法院 1992 年 3 月 27 日判决）。

三、对《草案》第 6 条的修改建议

《草案》第 6 条规定：“在刑法第二百五十三条后增加一条，作为第二百五十三条之一：‘国家机关或者金融、电信、交通、教育、医疗等单位的工作人员，违反国家规定，将本单位在履行职责或者提供服务过程中获得的公民个人信息，出售或者非法提供给他人，情节严重的，处三年以下有期徒刑或者拘役，并处或者单处罚金。窃取、收买或者以其他方法非法获取上述信息，情节严重的，依照前款的规定处罚’。”

建议对第 6 条条文内容进行以下修改：

第一，将该条条文从《刑法》第 253 条之一变为第 280 条之一，将它从侵犯财产罪变为妨害社会管理秩序罪。其理由为，身份信息犯罪不仅侵犯了公私财产权和个人隐私权，更重要的是妨害了国家对信息的管理秩序。

第二，应列举式增加主体。除现在的“国家机关或者金融、电信、交通、教育、医疗等单位”外，再增加列举保险、旅游、法律服务和印刷行业单位的工作人员。因为这些行为也很容易掌握公民的个人信息。

第三，增加单位犯罪。将第 6 条增加一款，即第 6 条第 2 款：“单位犯前款罪的，对单位判处罚金，并对其直接负责的主管人员和其他直接责任人员，处三年以下有期徒刑或者拘役。”原第 2 款改为第 3 款。

第四，增加行为样态。从现在的 4 种增加至 9 种。即将“出售或者非法提供”修改为：“出售、非法提供、收集、使用、披露、伪造、购买”等 7 种。原第 3 款保留，即“窃取、收买或者以其他方法非法获取”进行保留。这样，总共列举了 9 种。“购买”和“收买”可以分立：“购买”主要是指用金钱作为对价买入；而“收买”的范围更广，金钱、金钱之外的财物或者其他非法利益或手法都可作为收买的手段，而且不一定讲究对价。

规定 9 种行为,不留空白,不留死角。要保留"情节严重",可以防止打击面过宽。

第五,进一步明确保护对象。现保护对象只指"公民个人信息",拟修改为"公民个人信息和证明文件",并进行列举:"个人姓名、职业、年龄、婚姻状况、种族、学历、学位、专业资格、工作经历、住址、电话号码、网上登录密码等身份信息"。这样,在一般情况下,就不必再等司法解释了。

第六,明确本罪可以由过失构成。即增加规定"非法泄露或者遗失上述信息,情节严重的",也构成犯罪。在国际上,已有英国内政部官员因过失而遗失大量公民个人信息的事件,后果严重,近乎引发社会恐慌。

对《刑法修正案(八)(草案)》
和《刑法》的几点意见和建议*

《中华人民共和国刑法修正案(八)(草案)》(以下简称《草案》)已经全文公布,并正式在全国广泛征求修改意见和建议。此次修改是刑法自 1997 年通过以来规模最大的一次,共有 40 多个条文,其内容体现了宽严相济的基本原则和刑法发展的国际趋势。但其中的一些条款也有值得商榷之处,笔者特对下列条文提出如下修改意见和建议,以求教于读者和专家。

一、对《草案》第 20 条的修改建议

《草案》第 20 条规定:"将刑法第一百零七条修改为:资助实施本章第一百零二条、第一百零三条、第一百零四条、第一百零五条规定之罪的,对直接责任人员,处五年以下有期徒刑、拘役、管制或者剥夺政治权利;情节严重的,处五年以上有期徒刑。"

建议将本条修改为"资助实施本章第一百零二条、第一百零三条、第一百零四条、第一百零五条规定之罪的,处五年以下有期徒刑、拘役、管制或者剥夺政治权利;情节严重的,处五年以上有期徒刑。单位犯前款罪的,对单位判处罚金,并对其直接负责的主管人员和其他直接责任人员,处五年以下有期徒刑、拘役、管制或者剥夺政治权利;情节严重的,处五年以上有期徒刑。"

理由:①这容易使人将第 107 条之罪误解为只能是单位犯罪。本条将"资助危害国家安全犯罪活动罪"的处罚对象概括为"直接责任人员",而"直接责任人员"在我国《刑法》第 31 条中有明确规定,是针对单位犯罪的。对于自然人个人犯罪,很难说存在所谓的"直接责任人员"。而实际上,本条所规定的资助危害国家安全犯罪活动罪的主体应当既有单位又有自然人个人。②尽管原第 107 条的处罚对象也只提"直接责任人员",但原条文有一前提,已经对犯罪的施行主体和对象作了明确规定:"境内外机构、组织或者个人资助境内组织或者个人。"这里很清楚,行为主体既包括单位也包括个人,资助对象也同样既包括单位也包括个人,就不会产生本罪只能是单位犯罪的误解了。③现实生活中,单位实施资助危害国家安全犯罪的行为有许多。对于这些犯罪行为,不但要对单位直接负责的主管人员和其他直接责任人员进行刑事处

---

* 第二作者陈玲,原载于《政治与法律》2010 年第 8 期。

罚,对单位本身也要进行刑事处罚,才能更好地达到预防和打击犯罪的目的。

因此,为了减少误解,加强刑法规定的明确性,体现罪刑相适应原则,应当对本条所规定的处罚对象进行适当的调整,将"直接责任人员"删去,并单独增加单位犯罪的有关规定。这样本罪的主体就很清楚了,既可以是单位,也可以是自然人个人。

二、对《草案》第 22 条的修改建议

《草案》第 22 条规定:"在刑法第一百三十三条后增加一条,作为第一百三十三条之一:在道路上醉酒驾驶机动车的,或者在道路上驾驶机动车追逐竞驶,情节恶劣的,处拘役,并处罚金。"

建议将本条删去。

理由:虽然国外也有关于醉酒驾驶机动车入罪的规定,但它们的违法犯罪体系与我国不同。以日本为例:①日本刑法中规定的妨害交通罪仅包括损坏或堵塞交通道路、损坏铁道和其他交通指示标志、颠覆交通工具的行为,而没有规定交通肇事罪。驾驶人不安全驾驶的行为以及相关处罚被列举式地规定在《道路交通法》中,所以,日本单独规定了醉酒驾车罪。而我国则是在刑法中统一规定了交通肇事罪,醉酒驾车以及其他违反交通运输管理法规而发生重大事故的行为统一以交通肇事罪论处,而没有分别规定"醉酒驾车罪""闯红灯罪"或"飙车罪"等。②由于社会习惯、历史传统和立法模式的不同,日本规定的很多犯罪实际上在我国只能算违法。日本刑法中的犯罪只是一个质的概念,没有量的评价,盗窃 1 分钱也是犯罪。① 对于某些行为而言,违法就等于犯罪,违法和犯罪之间没有区别。东京曾经颁布一个地方法规规定,女性在电车上抹口红给别人以不愉快的感觉也构成犯罪;见了老人和小孩不让座位也是犯罪;拿着手机大声打电话都可以当做犯罪来处罚。② 因此,不能因为日本将醉酒驾车规定为犯罪,我国就可以照葫芦画瓢地规定为犯罪。因为日本法律上的犯罪与我国刑法上的犯罪并非完全相同的概念,其行为本身的社会危害性程度要求不同,对被告人产生的后果也不同。在日本,行为人因交通事违法入罪,对被告人影响并不重大。而在我国,情况就不同了。一旦构成犯罪,对被告人一生的影响极大。③在日本,交通事犯有一个单独的体系,有专门的法院、法庭和关押场所,能够快速审结交通犯罪案件,并对其单独实施处罚,进行改造和教育。但在我国并没有将其规定为特别的犯罪,犯罪分子也要经过与其他犯罪相同的侦查、起诉和审判程序,可能这些时间就已经超过了对其判处拘役的刑罚期限了。犯罪分子被判处拘役这一短期自由刑后,与其他犯人关押在一起,并没有得到针对交通犯罪的教育和改造,反而有可能受

---

① 日本大阪地方法院 2010 年 7 月 13 日以盗窃罪判处 46 岁的无业人员平井泰正有期徒刑 1 年、缓刑 3 年,因为平井通过公寓的公用电源偷了相当于 2.5 日元(约合人民币 0.183 元)的电,载 http://www. 47news. jp/CN/201004/CN2010041301000690. html,访问时间:2010 年 9 月 13 日。

② 参见王云海:《日本刑罚是重还是轻》,载中国人民大学刑事法律科学研究中心编:《明德刑法学名家讲演录》(第 1 卷),北京大学出版社 2009 年版,第 461 页。

到其他犯罪分子的感染而堕落,正是"因为偷了一根针进去,出来时却杀人、放火、抢劫什么都学会了"。

出路的选择。反对将醉酒驾车和飙车等危险驾驶行为单独入罪,并不意味着反对严厉惩处醉酒驾车和飙车等危险驾驶行为。其途径有:①对造成了重大事故的醉酒驾车行为,应该严格依法按照交通肇事罪处理,杜绝以民事赔偿代替刑事处罚的现象。②将"在道路上驾驶机动车追逐竞驶"的行为列入 2000 年 11 月 10 日最高人民法院《关于审理交通肇事刑事案件具体应用法律问题若干问题的解释》第 2 条第 2 款中,规定因在道路上驾驶机动车追逐竞驶而交通肇事致 1 人以上重伤,负事故全部或主要责任的,以交通肇事罪定罪处罚,加大对飙车的刑事处罚力度。③修改《中华人民共和国道路交通安全法》第 91 条对于醉酒驾车的处罚规定,加大处罚力度,建议对于醉酒后驾驶机动车的,由公安机关交通管理部门约束至酒醒,处 15 日拘留和吊销机动车驾驶证,并处 2 000 元以上 5 000 元以下罚款;醉酒后驾驶营运机动车的,由公安机关交通管理部门约束至酒醒,处 15 日拘留和吊销机动车驾驶证,并处 5 000 元罚款,5 年内不得驾驶营运机动车。

三、对《草案》第 31 条和第 33 条的修改建议

《草案》第 31 条规定:"在刑法第二百零五条后增加一条,作为第二百零五条之一:虚开本法第二百零五条规定以外的其他发票,情节严重的,处二年以下有期徒刑、拘役或者管制,并处罚金;情节特别严重的,处二年以上七年以下有期徒刑,并处罚金。"

建议将本条删去。

理由:①第 205 条规定的是虚开增值税专用发票、用于骗取出口退税、抵扣税款发票罪。必须注意的是,增值税专用发票、用于骗取出口退税、抵扣税款发票与它们以外的其他发票(以下简称"一般发票")有本质的不同。它们具有抵扣税和退税的利益功能和利益空间,能盗窃国库的巨大财富。正是因为它们能带来的高额利润,虚开增值税专用发票、用于骗取出口退税、抵扣税款发票的现象屡禁不止,并且一旦发案都是金额巨大的"大案"和"要案",不但危害了税收征管秩序,也侵犯了国家财产,具有严重的社会危害性和必要的刑事处罚性。而一般发票不同于增值税专用发票,它没有用于骗取出口退税、抵扣税款发票的特性。正因为如此,刑法规定的发票犯罪中有 6 个罪名涉及增值税专用发票或用于骗取出口退税、抵扣税款发票(如果加上第 210 条的盗窃罪和诈骗罪,则为 8 个),而涉及一般发票的犯罪只有两个:非法制造、出售非法制造的发票罪和非法出售发票罪。购买发票、购买非法制造的发票、盗窃发票和诈骗发票都因为社会危害性没有达到必须借助刑罚处罚的程度,而不构成独立犯罪。虚开一般发票也是如此,它有多种情况,不能一概入罪。有的社会危害性不大,没有必要动用刑法规制。例如,到年底为做高业绩,虚增交易量,到新年年度又做回来,等等。②从实际情况看,目前机关企事业单位用发票充账的情况很普遍,而且不

乏虚假的发票。2010年审计署抽查56个中央部门已报销的29 363张可疑发票中,有5 170张为虚假发票,列支金额为1.42亿元。[1] 这种情况都还没有入罪,虚开一般发票尚未充账怎能入罪呢?

出路的选择。目前,将虚开一般发票单独入罪的社会条件尚不成熟,但也要尽量在现有刑法框架内积极应对这一行为。如果开票人明知其虚开的发票被用于偷税、骗税、非法经营、贪污、侵占等犯罪活动,则可能构成上述犯罪的帮助犯,可以上述犯罪定罪处罚。如果开票人虚开一般发票收取了额外的手续费,则行为的本质符合"非法出售发票"。按照现代汉语词典的解释,"出售"的含义为"卖","卖"的含义为"拿东西换钱"。虚开发票并收取手续费,就是"拿"票面填写内容虚假的普通发票换取对方以"手续费"出售"的字面含义,并不违反罪刑法定原则。[2] 这样就可以"非法出售发票罪"来处罚此种行为。

如果开票人虚开一般发票没有收取手续费或收取的手续费仅够应上缴税务局的税费,则开票人没有从该虚开行为本身获取任何额外的利益,一般这种行为不会大量存在,也不会侵蚀国家的税收财政收入,没有严重的社会危害性,不需要刑法规制,而只需要改革现有税收制度和财务核算制度,提高税收征管和治理能力,尊重劳动力消费和服务价值,充分借助行政手段解决这一问题。

《草案》第33条规定:"在刑法第二百一十条后增加一条,作为第二百一十条之一:持有伪造的发票,数量较大的,处二年以下有期徒刑、拘役或者管制,并处罚金;数量巨大的,处二年以上七年以下有期徒刑,并处罚金。"

建议将本条删去。

理由同前。虚开尚不构成犯罪,更何况持有呢?

四、对《草案》第39条的修改建议

《草案》第39条规定:"在刑法第二百七十六条后增加一条,作为第二百七十六条之一:有能力支付而不支付或者以转移财产、逃匿等方法逃避支付劳动者的劳动报酬,情节恶劣的,处三年以下有期徒刑或者拘役,并处或者单处罚金;造成严重后果的,处三年以上七年以下有期徒刑,并处罚金。单位犯前款罪的,对单位判处罚金,并对其直接负责的主管人员和其他直接责任人员,依照前款的规定处罚。有前两款行为,尚未造成严重后果,在提起公诉前支付劳动者的劳动报酬,并依法承担相应赔偿责任的,可以不追究刑事责任。"

建议将本条删去。

理由:①本条所规定的情况明显属于劳资纠纷(欠薪不还)。民事法和行政法上

---

[1]　参见2010年第19号(下):"56个部门单位2009年度预算执行情况和其他财政收支情况审计结果",载中国审计署官方网站(http://www.audit.gov.cn/n1992130/n1992150/n1992500/2523844.html),访问时间:2010年9月9日。

[2]　参见《虚开用于结算货款的普通发票并收取手续费的行为如何处理》,载最高人民法院刑事审判庭编:《刑事审判参考》(总第55辑),法律出版社2007年版,第92页。

已有一套完整的理论和制度来解决这些问题,无须刑法的规制。这是刑法谦抑性的内在要求,解决社会问题或矛盾不能动辄适用刑法,而要看这些社会问题或矛盾的性质是否具有刑法介入的理由,行为人的行为是否存在严重的社会危害性,具有刑事可罚性。即使刑法的介入可以解决这一问题,也要优先考虑其他解决问题的方式或补救路径。欠薪不还的社会危害性还达不到动用刑法处罚的程度,并且我国现行的劳动合同法、劳动仲裁法、民事诉讼法等对劳资纠纷问题规定得相当明确,只要能切实地予以执行,就能很好地解决这一问题。②《草案》规定本罪是有能力支付而不支付或者以转移财产、逃匿等方法逃避支付劳动者的劳动报酬,情节恶劣的行为。但问题是,什么是有能力支付而不支付? 如果公司账户明明有钱而不发,是不是就是有能力支付而不支付? 即使这笔钱是即将用来支付其他合同的款项,甚至这个合同的履行能影响公司的存亡。此外,由谁来证明老板是有能力发工资而故意不发? 这种举证责任显然不是劳动者所能承担的。而公检法机关则没有精力或力量来收集证据并举证"有能力支付而不支付"这个要件。如果只要劳动者举报,公检法就需要去举证的话,估计公检法的大门都要被踩烂了,也没有精力去办其他的案子了。③我国尚处于社会主义初级阶段,目前仍以发展为第一要务。"欠薪"情况比较复杂,将它们作为犯罪处理,会打击创业者和工厂的生产积极性,束缚他们的手和脚,不利于整个经济的发展。对于劳动者而言,一旦将欠薪者刑事处罚了,工厂或公司有可能就倒闭了,工资就更拿不到了,也不利于对劳动者利益的真正保护。因此,对"欠薪不还"的行为不宜入罪。

五、对《刑法》第 175 条之一的修改建议

《刑法》第 175 条之一是根据 2006 年全国人大常委会《中华人民共和国刑法修正案(六)》所增设:"以欺骗手段取得银行或者其他金融机构贷款、票据承兑、信用证、保函等,给银行或者其他金融机构造成重大损失或者有其他严重情节的,处三年以下有期徒刑或者拘役,并处或者单处罚金;给银行或者其他金融机构造成特别重大损失或者有其他特别严重情节的,处三年以上七年以下有期徒刑,并处罚金。单位犯前款罪的,对单位判处罚金,并对其直接负责的主管人员和其他直接责任人员,依照前款的规定处罚。"

建议删去《刑法》第 175 条之一的"骗取贷款罪"。

理由:①容易混淆罪与非罪的界限。骗取贷款罪的要件实际上有两个:一是采用欺骗手段获得银行或者其他金融机构的贷款;二是到期未能偿还银行或者其他金融机构贷款,给银行或者其他金融机构造成重大损失或者有其他严重情节。实际生活中,银行贷款的民事欺诈纠纷也具备这两个特征。借款人有为欺诈行为的故意与诱使对方为错误表示并与其订立合同的故意,往往编造一些理由向银行借款,例如开发新项目,等等。一旦筹钱到手却用来发员工工资,用买酱油的钱买醋等。另外,经银行多次催讨,借款人还是还不上借款,于是被银行告上民事法庭。有了这个罪后,刑

事、民事的界线就模糊了。在没有规定骗取贷款罪之前,贷款诈骗罪与一般的民事贷款纠纷案件的区分就是一个比较困难的问题,但至少还可以从主观故意的内容不同等方面来区分(贷款诈骗罪的主观故意包含非法占有他人财物的目的,而一般的民事贷款欺诈行为则不具有非法占有他人财物的目的)。骗取贷款罪与贷款诈骗罪的显著区别就是骗取贷款罪不具有非法占有银行贷款的主观故意,这样,如何将骗取贷款罪与一般的民事贷款欺诈行为区分开来呢? 此外,骗取贷款罪要求借款人在向银行或金融机构申请贷款时,具有骗取贷款的故意。倘若借款人在申请时确无骗贷的故意,但在贷款发放以后又将贷款挪作他用,这时又如何与一开始就有骗贷故意的贷款挪用行为进行区分呢? 从理论上,似乎很好区分,就是看申请时有无骗贷的故意,但在实践中,这是行为人的主观想法,只能依靠客观事实予以推断和证明,而这两者所表现的客观事实几乎没有差别。②正因为骗取贷款罪罪与非罪的界限非常模糊,很难区分,所以导致该罪的外延可以极度放大。一般银行贷款纠纷案件中的借款人几乎都可以入罪。但实际上,真正入罪的又不会很多,这就会造成司法上的不公平现象,也给某些机关某些人出入人罪留下了很大余地,容易滋生腐败和贪污,降低司法的可信度和公正性。③从已经发生的实际案例看,银行已经后悔当年提出要设这个罪名了。银行当年提出要增设骗取贷款罪,一方面是为了加强金融管理秩序,但更主要的是为了防止银行贷款收不回来,以刑事处罚来威慑借款人及时将贷款归还,而减少银行的经济损失。但实践中,这样的预期并没有奏效。许多银行贷款纠纷案件中,本来余下的欠款是可以还上的,但把对方经理一抓,刑事一处罚,公司很可能就倒闭了。倒闭了,剩下的欠款就没指望了。银行一再声明,我们没有举报,不要求抓人,但也没有用了。④我国目前尚处于社会主义初级阶段,以发展经济为第一要务。在借款人不是以非法占有贷款为目的的情况下,即使使用了一些欺骗的手段申请银行贷款,也还是为了发展公司的业务和经营。这一方面是因为银行发放贷款的标准有些过于严苛,不利于中小企业和暂时处于困难中的企业的贷款申请,另一方面也有整个经济环境和市场规范不完善的因素。因此,将骗取贷款普遍入罪实在不妥,建议将其删去。只要加强银行及其他金融机构对贷款的事前审查和事后监督,加大对中小企业和暂时处于困难中的企业的融资力度,规范整个市场的运作,提高民事纠纷解决的能力和处罚力度,再加上刑法原有的其他条文,骗取贷款的问题就能得到很好的解决,并且不会阻碍公司企业的经济发展。

第三章　重点经济犯罪

伪造有价证券罪新探[*]

随着商品经济的发展,有价证券的使用将日益频繁。

本文对伪造有价证券、信用卡、私人借据,使用拾得空白支票等行为的性质进行了讨论。

有价证券是证明持券人有权取得一定收入的证券。我国在过去集中统一的计划管理体制下,除了公债券、邮政汇款单、银行存折、存单等以外,其他有价证券(如股票、债券等)一般群众不熟悉。改革开放后,各种形式的有价证券,如股票、债券、支票、有奖储蓄的对兑券等日益普遍。目前,还出现了证券交易市场,有价证券在经济生活中发挥出越来越大的作用。而一些犯罪分子为了牟取非法利益,也把越来越多的注意力转移到伪造仿冒支票、信用卡、股票等有价证券领域,《中华人民共和国刑法》(以下简称《刑法》)第123条"伪造支票、股票或者其他有价证券的,处七年以下有期徒刑,可以并处罚金"是对这种犯罪行为作斗争的武器。

一

伪造有价证券罪侵犯的客体是有价证券的公共信用和国家的财政金融管理制度。我国刑法将本罪列入破坏社会主义经济秩序罪中。

首先,本罪不同于一般的侵犯财产罪。任何伪造有价证券的行为,都会破坏真的有价证券的信用,破坏或影响证券交易的安全,甚至还会给发行、经营证券的经济、金融、贸易等机构带来威胁,危害社会经济秩序和国家的财政金融管理制度。因此,其危害的性质显然不同于给私人财物造成损失的一般的侵犯财产罪。

其次,本罪也不同于一般的妨害社会管理秩序的犯罪。过去,由于把有价证券单纯看做一种关于权利义务的证书,所以,有的国家的刑法把伪造有价证券的行为当做伪造文书罪来处理(如《法国刑法》第144条、旧《日本刑法》第204条、第209条),把它作为妨害社会管理秩序的犯罪。随着有价证券日益成为经济交流的积极手段,许多国家在修订刑法时,都将其独立出来,作为单独的一章或一条专列罪名。有价证券都有一定的价格,持有证券者才能行使券载权利,权利和证书密不可分。有价证券具

---

* 原载于《法学》1987年第2期。

有认券不认人的特点,证券在则权利在,证券失则权利失(支票、银行存折的挂失需经一定的手续和程序)。而且在法律许可的范围内,某些有价证券还可以买卖和转让,具有一定的流通范围。与此相反,普通的权利证书,例如私人出具的借条等,并无流通的性质,权利和证书也并非不可分离。有时债权证书虽然遗失,但债权并不随之消失,只要能提出确实的证据,权利人仍可行使自己的权利。

由此可见,有价证券的性质不同于单纯证明权利义务关系或表示意思的文书,因此,有必要将其独立出来,作为破坏经济秩序的犯罪。目前,许多国家的刑法都将伪造有价证券罪排列在伪造国家货币罪之后(如日本、德国、西班牙、意大利等),少数国家的刑法将伪造货币和伪造有价证券同列在一个条文中(如《苏俄刑法典》第87条)。我国刑法则将伪造有价证券罪排列在伪造国家货币和贩运伪造的国家货币罪之后。

本罪所伪造的对象只能是支票、股票或其他有价证券。其他有价证券是指债券、汇票、国库券、银行存单存折、信用卡,等等。它们都是经过一定的手续和程序而发行的证明一定权利,有一定价格的证券。

根据世界各国的通行观念,邮票、税票(包括印花税票)、提货单等实质上也是有价证券。在我国刑法中,对伪造车票、船票、邮票、税票、货票罪由《刑法》第124条作专门规定,不属本条范围。

由于有价证券种类繁多,实践中问题也较复杂,目前在侵犯对象方面大致有以下一些理论和实践上的问题值得探讨。

(1)面向社会流通不是有价证券的本质特征。不以财产权利为内容的证券,或者行使权利不必以占有证书为前提的证券都不是本罪所称的有价证券。例如戏票、电影票、舞票、体育馆入场券、单位食堂的饭菜票等虽然有一定的货币价值,但不经国家金融管理机关批准,不具备票据的特征,所以,不是有价证券。伪造饭菜票等而骗钱骗财的,如果数额较大或巨大,可以构成诈骗罪。有人认为,食堂饭菜票等之所以是有价证券,是因为它并非面向社会发行,在社会上不能广泛流通。其实,有价证券可以分成两种:一种是可流通的,如股票、债券等;另一种是不流通的,如邮政汇款单、银行存折等。可见,有价证券不同于货币,不以具有流通效力为构成要件。更何况,我国目前对股票、债券等还要限制其流通范围,转让股票、债券只能委托银行信托部,到证券交易市场上去进行,个人之间不得私自交易。所以,笔者认为,有价证券必须是经国家金融机关批准的,只要符合这个特征,不管发行人是国家、集体企业,还是国有企业,甚至个人(我国目前已有个体户签发支票的情况),也不管其流通范围的大小,都是有价证券。

(2)伪造外国的有价证券或者伪造新中国成立前的有价证券来骗取钱财的,应如何处理?有些国家的刑法设专条规定伪造外国有价证券与伪造本国的有价证券作同样的处罚(如罗马尼亚、西班牙等国),也有些国家的刑法对此未设专门规定,故在这些国家构成本罪侵犯对象的只限于本国政府和企业所发行的有价证券。

我国《刑法》规定,本罪的侵犯对象只限于支票、股票或其他有价证券,未明确提示外国有价证券。且本条又列在第三章"破坏社会主义经济秩序罪"之中,所以,一般来讲,本条所称的有价证券,是指我国发行的,不包括外国政府或企业发行的,也不包括新中国成立前政府和企业发行业已失效的有价证券。伪造外国或旧中国的有价证券,骗取他人钱财数额较大或巨大的,可按诈骗罪论处。

（3）伪造信用卡应如何处理？近年来,信用卡作为一种新的支付手段进入了我国的商品流通领域。信用卡是卡公司或大银行向信誉较好有绝对偿付能力的公民提供信贷的一种凭据。持卡人可在国内外任何一个与卡公司建立有信用卡关系的国家或地区的代办处,如饭店、百货商场、旅游服务点等,用该卡支付一切费用或预支一定数额的现金,此项支付均由卡公司代偿,事后持卡人再向卡公司偿还。信用卡具有携带方便、没有面额限制、可以跨国使用的特点。我国自1981年开始,先后在全国一些大中城市设立了某些外国卡公司的代办机构,办理以信用卡提取现金和购物的业务。此外,我国广东南粤银行和中国银行北京分行也先后发行了供我国港澳地区公民及外国人在内地或北京使用的万事信用卡和长城信用卡。目前,伪造信用卡犯罪已有出现。伪造信用卡是否构成伪造有价证券罪,这是有争论的。

一种意见认为,有价证券,是有价格的,即有票面价值的限制;而信用卡是没有限制的,它可以随意支取现金和购买实物,它靠的是"信用"。因此,伪造信用卡和伪造有价证券是两回事。同时,因为"信用卡"是卡公司或银行发给"特定个人"使用的支付凭证,所以,它具有人身专属性,在使用"信用卡"时,按规定应出示护照并填写取现单(要签字)。从这一点看,它同随时流通、没有人身专属性的货币不同,伪造信用卡不能构成伪造货币罪。总之,他们认为,伪造我国有关银行发行的信用卡而未使用的,构成一般的伪造证件罪;伪造外国的信用卡而未使用的,一般不构成犯罪。因为我国《刑法》第167条的伪造公文证件印章罪的侵犯对象只限于我国国家机关、企业事业单位、人民团体的公文、证件、印章,包括我国银行和公司发行的信用卡。

另一种意见认为,信用卡是一种财产权利的凭证,它可以在特定的范围和条件下流通,而且可以起到货币的作用,所以,它是一种类似于我国银行发行的留有印鉴的活期存折的有价证券。更何况,有些公司和银行的"信用卡条例"还规定,持卡人凭卡支取的现金和购物的价值和他存入银行的款项必须保持一定的比例。可见,信用卡并不可以任意无限透支,对"持卡人"是有一定限额的。即信用卡实际上是"有价"的。此外,外国银行和卡公司发行的信用卡本来不是我国刑法中所称的有价证券,但只要这些卡公司或银行与我国有关金融贸易机构签有代办协议,那么,它们就已经处于我国有关部门或单位的管理之下,理应受到我国法律的保护(即使根据双方协议,我方对冒用未上失效名单信用卡的案件可不负任何经济责任),故伪造这类信用卡的行为危害了我国的经济秩序和金融管理制度,不管行为人是否实际使用了"假卡"或得到了非法利益,均应按伪造有价证券罪处理。笔者认为,后一种意见是正确的。

（4）伪造他人出具的借条的行为应如何处理？这类行为在日常生活中屡有发生,甚至有人拿这种假借条去打官司。如前所述,他人出具的借条是一种债权证书,不是有价证券,故这类行为不能构成伪造有价证券罪。我国《刑法》第167条将伪造公文书的行为规定为犯罪,而未将伪造私文书的行为规定为犯罪,伪造私人借条的行为在日本等国的刑法中构成伪造私文书罪,而我国则无此规定。故以这种伪造的借条去诈骗他人财物,如果已经骗得数额较大或巨大财物的,那就和诈骗罪的特征相符,应以诈骗罪论处。如果欺骗未能得逞,自应以诈骗未遂论处(可按借条上的数额计算)。有人认为,对这种作虚假证明,陷害他人的伪造行为可足为伪证罪。笔者认为,这种观点并不妥当。因为伪证罪必须发生在刑事案件的侦查、审判过程中,其主体有特殊规定,其主观上还须有陷害他人或包庇犯罪分子的目的。伪证罪是侵犯他人人身权利的犯罪,而伪造借条向法院提供假证的目的在于骗取财物,并非侵犯他人人身权。而且从形式上看,这种案件也只是发生在民事案件的审理过程中,故与伪证罪特征不符。

二

伪造支票、股票或其他有价证券罪,在客观表现上是由无权制作有价证券的人,假冒他人名义,仿照支票、股票或其他有价证券的样式,以印制、手描等方法制作假证券而冒充真证券的行为。

(1)本罪的行为必须是无权制作者实施的。即本罪的行为必须是"有形伪造"。例如,甲拾得银行空白现金转账支票(已盖好印鉴图章)1张后,伪填项目、金额,冒充持票人到商店骗购彩电、收录机。因甲系无权制作有价证券之人(即甲无权签发支票),故其伪填支票内容的行为显然属于伪造。至于有权者制作虚假内容的"无形伪造",一般不是本罪所称的伪造行为。例如,乙系在银行开有支票账户的个体户,他明知自己在银行的存款快要用完,仍开出3张票面价格总值为5万元的支票。因乙系有权开出支票之人,所以这种行为非本罪的伪造。类似于乙的这种行为,在日本刑法中被规定为犯罪。《日本刑法》第162条第(二)项规定:"以行使为目的,在有价证专上写上虚伪的记载的,亦同。"也就是说,在日本,有权之人明知故犯,在自己的支票上填入虚假的内容,如开出空头的不能兑现的支票,也构成伪造有价证券罪。因我国刑法中无此规定,故在我国,上述乙的行为不构成伪造有价证券罪,如构成其他犯罪的,按其他犯罪处理。

没有代理权的人假冒他人名义制作虚假有价证券的,也构成本罪。有代理权的人滥用代理权,以他人名义签发自己本来无权签发的有价证券的,非本罪之伪造。如丙受丁委托,代理丁以丁的名义购进上海某实业公司的股票100股,后见该公司股票信誉欠佳,未经丁同意,丙擅自决定转让股票,并以丁的名义签字。因丙曾受过丁的概括授权,故尽管他滥用权利,擅自决定转让股票,未经同意即以其名义签字,也不能论以伪造有价证券罪。

(2)必须假冒他人名义制作有价证券。他人包括法人和自然人,至于是否真有其人或实际存在,并不影响本罪的成立。有的犯罪分子印制假支票后,胡乱编造一个单位或发票人的名义填上,尽管这个单位或发票人不存在,仍属伪造有价证券。

(3)必须仿冒有价证券的样式。

①所谓仿冒有价证券的样式,一般有两种含义:一是指假证券与真证券在图案、

花纹、颜色等方面相近似;二是指假证券与任何真的有价证券都不雷同,这种假证券系伪造者"独创",但它们在外观上具有有价证券的样式,足以使一般群众信以为真。例如张某伪造上海某大工厂的公司债券,其实,该大工厂从未发行过债券,这种假债券的样式是张某自己设计的,与任何真债券都不一样,但这种行为仍属伪造有价证券的性质。

在这一点上,伪造有价证券与伪造国家货币的要求不一样。伪造国家货币罪要求所伪造的假币至少与真币在图案、花纹、颜色等方面相近似,足以使一般群众发觉不了其为伪币。而伪造有价证券就不同,由于一般群众对股票、债券、支票的样式不甚清楚,故犯罪分子更容易伪造,即使是杜撰,也可蒙混过关。

②本罪既遂未遂的标准是假造的证券基本具备有价证券的样式,足以使一般群众信以为真。所谓"基本具备",是指具有证券名称、票面金额、基本图样,等等。至于是否打上号码、盖上图章、印鉴,是否使他人蒙受经济损失,等等,均不影响本罪既遂的成立。例如,行为人以自己伪造的假支票,冒充持票人去骗购物品,即使当场被发觉抓获,行为人一无所得的,虽然其诈骗是未遂,但其伪造有价证券的行为仍属既遂。

(4)行为人具体使用什么方法(涂改、伪填、印制等)、利用什么材料都不影响本罪的成立。例如,行为人可以利用白纸手描,也可以利用过期的、作废的或印坏的有价证券进行翻制,可以涂改过期的或未中奖的有奖储蓄券为有效的或中奖的;也可以在空白的不可以使用的有价证券上伪填内容,使其成为可以使用的假证券。伪填空白支票是否属于伪造有价证券?我国审判实践中经常遇到这个问题。许多地方都发生过行为人拾得或窃得空白支票(真票)后,伪造项目、金额并冒充持票人去商店骗购物品的案件,对这些案件,各地一般都认定为诈骗罪。其实,还有一个伪造有价证券罪漏定了。有人认为,该拾得或窃得的空白支票既然是真的,就谈不上是伪造。其实,这种观点并不妥当。因为空白支票本无内容存在,也就不发生效力,不可以使用。经行为人窃得或拾得后,伪填内容,才使该票发生有价证券的效力,这当然是伪造。

(5)要把伪造行为同变造行为区别开来。所谓变造,是指无权更改有价证券所记载内容的人,对有效的真正的有价证券加以涂改,虽然没有改变这种有价证券的本质,但改变了其原来所记载的内容,以致将这种真证券变成假证券的行为。例如,把5元面值的国库券改为10元面值,虽然使国库券的票面价格增加,但并未改变其为国库券的性质,故是变造而非伪造。如果将过期的无效的公司债券涂改为未过期的有效的债券,因这种行为完全改变了这种废券的性质,故是伪造而不是变造。

我国刑法对变造有价证券的行为未明文规定为犯罪,故对其一般不能以伪造有价证券罪论处。如属情节严重,可类推比照伪造有价证券罪定罪。如又构成其他犯罪的,则可按其他犯罪处理。

(6)伪造有价证券行骗,往往会涉及其他犯罪行为。例如,王某窃得空白支票后,盖上自己伪造的假公章和假的财会印鉴,到商店里去骗购高档消费品的,这里就涉及几个罪名:《刑法》第167条的伪造公文证件印章罪、第123条的伪造有价证券罪、第151条或第152条的盗窃罪或诈骗罪。究竟应如何定罪判刑?这在司法实践中有争论。笔者认为,这里的伪造印章应包括吸收在伪造有价证券之中,不必另外定罪。至于定盗窃还是定诈骗,抑或两罪都定实行并罚? 这更是个复杂的问题。王某窃得的空白支票上没有数额,也未盖印鉴图章,没有价值,不是可以使用的有价证券。只有当行为人将其伪造后,才可使用。而当行为人进而用这种假支票去骗购商品时,则明显构成了诈骗罪。所以,对上述王某的行为宜定为伪造有价证券罪和诈骗罪两罪,不必另定盗窃罪。当然,该两罪间具有手段行为与目的行为之牵连关系,可从一重处断:即若王某骗得财物数额较大的,按伪造有价证券罪处断(因第 123 条之罪是处 7 年以下有期徒刑,重于处 5 年以下有期徒刑的一般诈骗罪);若骗得财物数额巨大或诈骗犯罪情节特别严重的,按诈骗罪处断(因第 152 条的诈骗罪的两个法定刑均重于第 123 条之罪)。由于我国刑法没有明文规定牵连犯须从一重处断,故对王某所犯的两罪也可以并罚。

类似的问题也发生在盗窃信用卡进而诈骗的案件中。信用卡是没有票面价格的有价证券,难以认定盗窃信用卡的数额,当行为人假冒持卡人去骗购物品时,才可认定其犯有诈骗罪。因行为人只是伪填了取现单,伪造了签名,而未对信用卡本身进行伪造,所以,不必另定伪造有价证券罪。

三

本罪在主观方面须出自故意。我国某些著作认为,本罪在主观方面除了须出自故意以外,还须具有营利目的,否则,"虽是出于故意,亦不能构成本罪"。笔者认为,这种观点不尽正确。说须"以营利为目的",容易使人误解为伪造有价证券须具有出售牟利目的为构成要件;如果伪造有价证券仅供自己使用的,就不构成。因为"以营利为目的"就意味着通过一番经营、倒卖活动而获取非法利润。这显然与立法精神不符。本罪条文中并未冠以"以营利为目的"字样,足见本条之伪造,不论是供自己使用,还是供他人使用,也不论是有偿出售,还是无偿提供,均构成本罪,不受"营利目的"的限制。

如果行为人误收伪造的有价证券后,明知其为假证券,因怕自己遭受损失而仍加以使用的,应如何处理? 有不少国家对这种行为明文规定为犯罪(例如《西班牙刑法》第 292 条)。我国没有这类规定,故一般可不以犯罪论处。如情节严重或骗得他人公私财物数额较大的,亦可论以诈骗罪。

收购公司中的违法犯罪[*]

证券交易中的收购公司,是指一个公司为了扩大本公司的规模,增强实力或垄断某种市场等因素,会采取收购行动,取得对另一个公司的控制权。这种收购行动通常有两种方式:一是对目标公司的股份全部收购;二是通过收购目标公司一定比例的股份而取得公司大多数表决权,从而控制该公司。被收购的公司可以是股票上市的公开公司,也可以是一般的非上市公司。

对非上市公司的收购程序和手续,一些国家的公司法都有规定,收购方往往只需与目标公司的股东进行私下协商,如果被收购方的大多数股东同意出售自己的股份,则收购方即可取得目标公司的控制权,达到收购目的。但如果被收购的公司是已上市的公开公司的话,则收购程序相对复杂,往往需按证券法规定的有关程序进行(也有规定在公司法等其他法规中的)。

为了使收购公司的行为公平、公正,维护证券市场经济的正常秩序,各国法律通常都规定了有关惩治收购公司中的违法犯罪行为的条款。随着我国证券交易市场的发展,收购公司的行为必将逐渐增多,并会出现违法犯罪的活动。现结合国外的有关情况,将收购公司中的几种主要的违法犯罪行为作一简要介绍。

(1)欺诈。凡用明知是错误的、虚假的、欺诈的,或是粗心大意制作的,或不诚实地隐瞒了重大事实的各种陈述、许诺或预测,引诱他人同意收购或处置其证券的一种犯罪行为。各国都规定有轻重程度不等的追究刑事责任的条款。

(2)违反法律规定的收购程序和办法。例如,对于收购上市公司的报告和公告、公开收购要约书的发出、收购价格、接受收购或接受后又撤回的期限、收购是否违反公共利益等问题,许多国家的法律都有明确规定,违反这些规定的,即为违法犯罪。

(3)恐吓罪。所谓恐吓,是指恐吓他人,足以使他人产生畏惧的危害,迫使其交付财物的行为。与收购行为相关的恐吓,是指囤积股票,以要挟手段强制过户。在日本有一个有名的判例:S是某旅行社的总经理,他选择一些业绩尚好、股价又相对便宜的中小公司为对象,投入大量资金购买并囤积股票。因此,该公司的股价迅速上涨。这时,成为大股东的S利用其地位进行要挟,要求该公司以高于市价的价格汇总买下自己手上的股票。所谓要挟的方法,包括要求以超过公司办事能力的速度更换记名股票的股东名册;没有什么特别理由而要求分割股权;异常地要求以众多股东的名义办理更换股东名册的手续(例如,把数万股股票以每100股为单位要求更换股东名册);

---

* 原载于《政治与法律》1994 年第 1 期。

还将 S 控制下的人员以进行调查的名义派入这些公司等。其结果,使得该公司不得不以高于市价的价格买回股票,这就是所谓的强制过户。在市场经济体制下,通过大量购买股票而取得对公司控制权的行为只要按规定的程序和方法进行就是合法的;买回股票过户行为本身也不违法,对于公司经营者来讲,为了避免被自己不喜欢的人所左右支配,或者防止因少数股东行使股东权利(如提议解散公司)而使自己陷入困境,公司主动以高于市价的价格从这些股东手上买回股票的事是可以的,作为证券交易法上的特例,这不是违法犯罪。但 S 利用经营者的困惑实施要挟,强制过户(即买回股票),这就有可能构成恐吓。需注意的是,如果"要挟"仅仅使人产生"困惑",就不能说是"畏惧"。因为在日常交易中,施加压力、带点威胁口吻也是一种讨价还价的方式,是允许的。所以,要把"畏惧"和"困惑"具体加以区分。S 在强制对方买回所囤积股份的意图下,着手大量买进股票,这远远超出了公司通常应当忍受的程度和范围,并以要挟手段,强迫对方以高于市价的价格买回股票。这种情况,可以称之为"畏惧"。

刑法对国有资产的保护[*]

　　什么叫"国有资产流失"？究竟如何来认定国有资产流失的具体行为？对这些行为应如何处罚？这些都应该有一个明确的说法。虽然我国"国有资产保护管理法"至今尚未出台，但现有的许多法律、行政法规和规章中还是有很多相关的内容。1997年10月1日起施行的《中华人民共和国刑法》（以下简称《刑法》）中就从以下五个方面规定了对国有资产的刑法保护。

一、对经营活动的保护

　　(1)《刑法》第165条非法经营同类营业罪。这是指国有公司、企业的董事、经理利用职务便利，自己经营或为他人经营与其所任职公司、企业同类的营业，获取非法利益，数额巨大的行为。例如，某国有低压电器公司的销售部经理吴某让自己下属的职工王某辞职，到浦东开一家经营相同产品的公司（吴某实际参股其中），然后吴某利用职务之便，不断把原属国有公司的客户介绍到王某的小公司去购买产品，这样，王某、吴某两人每年可获取非法利益30万元左右。至2000年3月案发，已经经营了5年。吴某的行为应构成非法经营同类营业罪。王某是本案的共犯，虽无身份，同样构成犯罪。

　　(2)《刑法》第166条为亲友非法牟利罪。这是指国有公司、企业、事业单位的工作人员，利用职务便利，将本单位的盈利业务交由自己的亲友经营，或以明显高于市场的价格向自己亲友经营管理的单位采购商品，或以明显低于市场的价格向自己亲友经营管理的单位销售商品，或向自己亲友经营管理的单位采购不合格商品，致使国家利益遭受重大损失的行为。

　　(3)《刑法》第167条签订、履行合同失职被骗罪。这是指国有公司、企业、事业单位直接负责的主管人员在签订、履行合同的过程中，因严重不负责任被诈骗，致使国家利益遭受重大损失的行为。

　　全国人民代表大会常务委员会1998年12月29日通过的《关于惩治骗购外汇、逃汇和非法买卖外汇犯罪的决定》第7条规定，金融机构、从事对外贸易经营活动的公司、企业的工作人员严重不负责任，造成大量外汇被骗购或者逃汇，致使国家利益遭受重大损失的，以签订、履行合同失职被骗罪定罪处罚。

---

　　* 原载于《上海国资》2000年第11期。

（4）《刑法》第 168 条徇私舞弊造成破产、亏损罪。是指国有公司、企业直接负责的主管人员，徇私舞弊，造成国有公司、企业破产或严重亏损，致使国家利益遭受重大损失的行为。

（5）《刑法》第 169 条徇私舞弊低价折股、出售国有资产罪。这是指国有公司、企业或者其上级主管部门直接负责的主管人员，徇私舞弊，将国有资产低价折股或者低价出售，致使国家利益遭受重大损失的行为。

以上 5 个罪的犯罪主体都是国有公司、企业的有关负责人或工作人员，有的是上级主管部门的主管人员；犯罪对象，即侵害的对象均为国家资产（使国家利益遭受重大损失的重要内容就是使国有资产遭受重大损失）。

二、对资产评估和清算活动的保护

（1）《刑法》第 229 条有两个罪名：①中介组织人员提供虚假证明文件罪。这是指承担资产评估、验资、会计、审计、法律服务等职责的中介组织的人员，弄虚作假，隐瞒事实真相，故意提供虚假的资产评估报告、验资证明、会计报告、审计报告、法律意见等证明文件，情节严重的行为。本罪是故意犯罪。对于上述中介组织人员，索取他人财物或非法收受他人财物，犯本罪的，处 5 年以上 10 年以下有期徒刑，并处罚金。②中介组织人员出具证明文件重大失实罪。是指承担资产评估、验资、验证、会计、审计、法律服务等职责的中介组织的人员严重不负责任，出具的证明文件有重大失实，造成严重后果的行为。本罪系过失犯罪。

（2）《刑法》第 162 条妨害清算罪。这是指国有公司、企业进行清算时，隐匿财产，对资产负债表或财产清单作虚假记载，严重损害债权人或其他人利益的行为。对其直接负责的主管人员和其他直接责任人员，处 5 年以下有期徒刑或者拘役，并处或者单处 2 万元以上 20 万元以下罚金。

以上 3 个条文，不仅对国有资产进行保护，对其他公私财产也进行保护。

三、对税收征管方面的保护

修订《刑法》分则第三章第六节专门规定了"危害税收征管罪"，该节从第 201 条至第 212 条，包含有 12 个罪名。其中包括：第 201 条偷税罪；第 202 条抗税罪；第 203 条逃避追缴欠税罪；第 204 条骗取出口退税罪；第 205 条虚开增值税专用发票、用于骗取出口退税、抵扣税款发票罪；第 206 条伪造、出售伪造的增值税专用发票罪；第 207 条非法出售增值税专用发票罪；第 208 条非法购买增值税专用发票、购买伪造的增值税专用发票罪；第 209 条非法制造、出售非法制造的用于骗取出口退税、抵扣税款发票罪；非法制造、出售非法制造的发票罪；非法出售用于骗取出口退税、抵扣税款发票罪；非法出售发票罪。

危害税收征管的行为是严重侵害国有资产的一种重要形式,修订《刑法》用 12 个条文加以制裁。

四、滥用职权、玩忽职守造成国有资产的重大损失

干部和国家机关工作人员滥用职权、玩忽职守是造成国有资产损失的重要原因之一,因此,对这类行为也必须给予刑法惩治。

1979 年《刑法》第 187 条规定有玩忽职守罪。当时,国有企业的领导因担保、借款收不回而给国有资产造成重大损失的,往往按原刑法这一条以玩忽职守罪论处。

1997 年修订的《刑法》将玩忽职守、滥用职权和徇私舞弊分成四类:

(1)修订后的《刑法》第 397 条规定了两个罪名:①滥用职权罪,这是指国家机关工作人员故意逾越职权或不正确履行职责,致使公共财产、国家和人民利益遭受重大损失的行为。②玩忽职守罪,这是指国家机关工作人员严重不负责任,不履行或不正确履行自己的工作职责,致使公共财产、国家和人民利益遭受重大损失的行为。

(2)分则第三章"破坏社会主义市场经济秩序罪"中的第 167 条的签订、履行合同失职被骗罪,第 168 条徇私舞弊造成破产、亏损罪,第 169 条徇私舞弊低价折股、出售国有资产罪。

(3)《刑法》第 406 条国家机关工作人员签订、履行合同失职罪,还有《刑法》第 404 条的徇私舞弊不征、少征税款罪和第 403 条、第 405 条、第 407 条、第 410 条、第 411 条之罪等。

(4)分则第二章"危害公共安全罪"。例如,第 134 条重大责任事故罪、第 135 条重大劳动安全事故罪、第 137 条工程重大安全事故罪、第 138 条教育设施重大安全事故罪,等等,这些行为也会给人民的生命财产、社会安全、秩序和国家利益造成重大损失,所以,对其加以刑事惩治也是必要的。

五、挪用公款罪等其他犯罪

《刑法》第 384 条规定的挪用公款罪是指国家工作人员利用职务上的便利,挪用公款归个人使用,进行非法活动,或挪用公款数额较大、进行营利活动,或者挪用公款数额较大、超过 3 个月未还的行为。挪用公款归个人使用包括挪用者本人使用或给他人使用以及给私有公司、私有企业使用等。

如何有效防治大公司做假账？*

2002 年前后出现的安然、世界通讯等大公司做假账的丑闻震惊了世界。美国模式的有效性引起了普遍的疑虑。2002 年年初，美国证交会（SEC）主席皮特在年初演讲称："安然事件使我们的披露和财务报告系统的不完善之处更加明显地暴露出来，需要我们对系统立即进行改进，不能有任何拖延，这个问题不是一夜之间才发生的，有许多方面的原因。"①美国著名经济学家保罗·克鲁格曼说："安然公司的崩溃不只是一个公司垮台的问题，它是一个制度的瓦解。而这个制度的失败不是因为疏忽或机能不健全，而是因为腐朽。"②

由于世界上很多国家，包括我国在内的证券监管的制度设计都模仿美国，因此，从制度和系统失灵方面来探讨经验教训，是很有意义的。

一、从公司治理方面看

1. 大公司做假账的原因

从已经发生的大公司做假账案的原因分析，大致有以下三种：一是原来经营良好的公司面临严重亏损甚至破产，公司管理层以做假账来加以掩饰，一些日本、中国的公司往往出此下策；二是公司采取期权激励机制，管理层的报酬和公司在某一时间段的业绩挂钩，当实际业绩达不到时，管理层不惜以做假账来谋取个人的高报酬，据报道，安然等美国大公司多出于此；三是公司为谋取公开发行股票筹集资金，从开始就将亏损企业包装为赢利企业做假账，中国的红光实业等公司则是这方面的典型。以上三种原因在实际生活中会有交叉，但总有一种为主，针对每一种原因，治理的措施和机制也会相应地有所不同。

2. 公司治理结构总体上的治假作用

公司治理结构，通常是指股东会、监事会、董事会和经理层这些机构及其相互关系。公司治理的基本任务是，如何确保投资者（即公司资本的供给者）的投资可以得到回报。公司治理对不同原因的造假有不同的作用：

（1）在第一种情况下，即公司面临严重亏损甚至破产时，当做假账可以减少股东

---

* 原载于《社会科学》2003 年第 8 期。

① 王清丽：《华尔街系统失灵》，载《中国证券报》2002 年 7 月 30 日。

② 同上注。

的损失,甚至有可能产生利润的情况下,就很难指望公司治理结构自动发挥作用来纠正做假。这时,董事会决策做假,经理执行,监事会眼开眼闭,股东会无人提议召开或即使召开了也没人提到做假这件事。因为这时公司做假从眼前的经济利益上看,对原来的股东、经营管理层、债权人等都是利大于弊。因此,这时主要靠外部力量,即法律的力量来治假。但对后两种情况,公司治理就可以积极发挥治假的作用。

(2)公司治理结构必须建立对公司期权激励的约束机制。期权激励制度始于20世纪中叶,其目的在于激励公司的经营者为公司股东创造更多的收益和回报。其基本做法可分为三期:在第一期,公司董事会按照公司股票当时的市场价格或更低的价格,与公司的经营者签订一个期权合约,规定经营者在一定期限内如果能实现一定的目标,就可按此价格购入一定数量的本公司的股票。行权期限根据双方协议可以是3年,也可以是4年或2年;到了第二期,也就是期权合约到期时,公司董事会与经营者根据合约规定的目标是否实现,来决定是否行权,即双方是否同意买卖本公司的股票;到了第三期,就是公司经营者可以合法地按即时的市场价出售自己按约购入的本公司股票的时候。期权激励的关键,在于经营者能否通过自己购入的股票获利。如果经营者购入的股票的市场价格在第三期时高于第二期的行权价,那么该经营者就能通过期权激励获得增量的财富。而要使第三期的市场价高于第三期的行权价,公司的经营者必须努力工作,提高公司的业绩。因为只有这样,公司的第三期股票价格才会高于第二期的行权价,可为公司经营者带来更多的期权收益。从期权激励的全过程看,公司经营者承担的风险不大,成本是锁定的,而他们的期权收益则会很高。这种风险和收益的不对称性,很可能引诱经营者的做假行为,具体地讲,就是经营者可能把公司的远期收益记入第二期至第三期的公司会计报表,虚假提高公司的价值,从而间接达到使自己获取或增加期权收益的目的。有的经营者不将自己的股票变现,而是通过期权的行权使自己成为公司的大股东,这同样可以使自己成为亿万富翁。

可见,对期权激励约束不力是公司经营者财务做假的重要原因,此外,以知识经济为特征的新经济也为公司财务做假提供了客观上的便利。因为新经济企业大都拥有较高比重的无形资产,而无形资产的价值稳定性要比有形资产的价值稳定性差很多,无形资产的投入与收益之间的关系也不容易被投资者看到。因此,经营者就可以利用自己的信息优势和职务便利,放宽夸大无形资产的收益,虚报公司在第二期和第三期的利润,以利于自己获得期权激励的超额收益。

在期权激励机制的第一期、第二期,公司治理结构可以发挥积极作用。因为在这种情况下,董事会、监事会、股东会和经营者的利益往往不一致,有一种制衡的机制存在。三会可以发挥自己的主动性。例如,董事会、监事会可以随时查账,或提出专项审计来发现假账。股东也可以行使自己的股东权,在股东会上提出动议,阻挠经营者的期权行权。但在第三期,情况就可能有些不妙。因为这时经营者或者已将股票变现提走,或者因期权行权而使自己成为公司大股东,从而改组董事会、监事会,并使小股东的投票无足轻重。因此,对期权激励机制,公司治理结构必须在第二期末设置防火墙,防止经营者做假,并且要使这种治假机制制度化、规范化。

(3)对那些从一开始就做假包装上市的公司,公司治理结构从理论上讲,也是可以发挥作用的。但实际上却是治假不力,有些甚至与地方政府和证券商的纵容有关。但在中国,这些大都发生在证券法实施以前。现在证监会加强了审核,券商、律师事务所、会计师事务所也加强了把关力度。公司治理结构这时可以从以下三方面发挥作用:一是改变"一股独大"的股权结构,股权结构要合理,最大的股权也不要超过50%,第二、第三大股东的股权加起来要超过第一大股东,以形成制衡机制。二是要发挥独立董事的作用,根据中国证监会的规定,上市公司董事会的独立董事不得少于总人数的1/3。独立董事不仅在人数上要有保证,而且对公司的经营和财务必须知情,这样才能发挥作用。三是发挥监事会的作用,有些监事是专职的,这样就能深入了解公司的经营和财务情况以及基层职工的反映,把各种意见及时带到董事会上来,有利于形成有力的监督。以上三条措施结合起来,就能较好地发挥公司治理结构在治假账方面的作用。

为了完成公司治理的基本任务(确保投资者的投资可以得到回报),公司治理的核心就是要对公司业绩进行有效的监督,以及当公司经营和业绩出现问题时,监督者和投资者能及时作出反应,因此,公司治理必须依赖于公司的透明度。为了保证公司及时、真实和完整地向投资者披露(公开)公司的经营情况和财务情况,各国法律都对上市公司信息披露的真实性提出了强制性的要求。因此,做假账披露假的财务信息,实际上是一种违法行为,制止这种违法行为,应当是公司治理的重要任务。

3. 关于股东的作用

上市公司股权高度分散,股东主要靠公司公布的财务报表来了解公司情况的做法本身就有问题。股权高度分散后,股东无法参与日常管理,只能通过年度股东大会或临时股东大会来批准一些公司管理层早已准备好的议案来行使权力。这种公司所有权和经营权的分离为内部人(包括管理层)滥用职权创造了条件。期权制度使经理人有强大的动力来操纵公司的利润数字。经理人员用广大投资者的钱去冒太大的风险欲使公司获得高额利润,这样他们能拿到数以亿万计的期权。当他们的冒险失败时,他们就去篡改账目。因为业绩下滑、利润下降时,如果如实向公众披露,势必引起股价下跌,从而使自己手中的股权缩水。为了防止这种局面的出现,高层管理者们会竭尽全力维护公司的股价,而其最有效的方法就是在账面上制造"利润"。

4. 关于董事会的作用

上市公司董事会在很多情况下难以真正独立,往往受公司管理层的支配。美国制度中有独立董事,而且在董事会中占了很大的比例。但独立董事也难以真正独立。因为独立董事或者由大股东提名,或者由管理层提名(在股东权非常分散的情况下),否则他们根本进不了董事会。例如安然公司最后在任的15名独立董事中,有10人与安然公司有着直接的利益关系,使安然公司董事会像是一个"有浓厚人际关系的俱乐部"。当CEO(首席执行官或总裁)控制了局面,其他董事,包括独立董事往往不敢对管理层的权威进行质疑,董事会也只好按管理层的意志行事,独立董事对公司的监管作用也微乎其微。

5. 关于监事会的作用

英美法系国家着重于设立独立董事,大陆法系国家着重于设立监事会。而在我国,公司治理结构中既在董事会设独立董事,又设独立监事会,有双重监督机制(当然独立董事的职责并不限于监督)。监事会成员中,有的是公司雇员,如公司职工代表等;有的则是公司外部监事,这些监事往往是专职的,由国资委派出,一个人担任了3—4 个公司的监事,有专业知识,又熟悉情况,能够发挥有效作用。

二、从为市场提供服务的中介机构方面看

为市场提供服务的中介机构应当发挥独立的监督作用。这些机构包括会计师审计机构、律师事务所、股票和金融分析师、投资银行(证券承销商)、咨询公司、信誉评估公司,等等。在华尔街丑闻中,围绕上市公司周围的中介机构的监督作用一个接一个地失灵了。安达信、毕马威、安永及其他"两大"会计师事务所都有违规现象。安达信已经被判有罪。这些机构实际上不仅帮助上市公司做假,而且因为有了"五大"曾经审计过的金字招牌,更容易使广大投资者误假为真。

中介机构的角色冲突也是一个严重问题。如前所述,安达信会计师事务所不仅为安然公司做外部审计,而且为安然公司提供咨询服务,这两种角色是有冲突的。此外,一家投资银行既为公司服务,也为投资者服务;为公司销售股票、发行债券、实施合并,为投资者则提供投资服务,包括投资咨询服务。这极有可能使自己的利益和所服务的客户利益之间发生冲突。投资银行家和证券分析师勾结,不仅使投资者利益受损,而且使公众对金融体制产生信心危机。2001 年华尔街假账丑闻的序幕是由一位投资网络股遭受巨大损失的投资者将为他提供投资咨询服务的美林证券公司告上法庭开始的。司法部门随后对各大投资银行展开全面调查,结果发现越来越多的证券分析师介入了股票的推销,并根据推销的业绩得到丰厚的收入。这就是证券分析师总是要抬高企业评级的原因。他们总是鼓励投资者买进自己推销的股票,甚至在美国股市大跌以后,证券分析师做出的"卖出"建议只占 5%。[①] 诚实的证券分析师反而在行业内难以生存。因为如果他们公布对公司不利的结论,以后他们就难以得到企业经营情况的详细资料。

三、从政府监管和司法制度来看

随着证券市场的发展,交易量越来越大,交易品种越来越复杂,监管机构人力、物力有限,监管力度力不从心。就拿美国的 SEC 来讲,每年要审阅 1.7 万家上市公司的

---

① 参见何帆:《重筑信心》,载《中国证券报》2002 年 8 月 7 日。

文档和信息;要掌握和监督在过去10年中以4倍速度增长的投资基金的情况;发现和揭发无数潜在的内幕交易和操纵市场的事件;还要对市场上的任何差错和举报负责进行调查,针对这些,SEC 没有充足的人力去进行处理。一位在 SEC 工作的首席会计师承认,在 2000 年时每 15 份年报中只有一份可能被 SEC 审阅。何况能够破译安然公司资产负债表的高级财务专家更是稀缺。SEC 付给员工的工资要比上市公司少得多。由于薪水低、经费不足、人员流动性大,给监管工作带来了很多不利因素,使其行使职能大受影响。[①] 类似的情况也发生在中国,中国证监会不但要监管证券市场,做以上那么多工作,而且还要监管期货市场。虽说现在的证券发行由审批制改为审核制,但仍有大量工作要做。关于核准和监管都由证监会一个单位来做是否合适? 这本身也有争议(中国人民银行的监管职能已经分给银监会了)。应当说,在美国和中国这种对证券市场实行集中管理型的国家,防治证券虚假陈述主要指望政府监管。因此,中央历次金融工作会议都强调加强监管是重中之重,这是很正确的。

从司法制度讲,美国有代表诉讼、集体诉讼等有利于广大投资者(股东)直接起诉公司及高管人员、维护自身权益的制度,并有不少索赔成功的案例,这在一定程度上阻止了证券虚假陈述行为。但从接二连三的假账丑闻看,并不能从根本上阻止公司高管人员滥用职权做假账。以中国来讲,尽管最高人民法院于 2003 年 2 月 1 日起生效的司法解释开启了投资者证券民事损害赔偿之门,但真正要解决问题仍有漫长的路要走。在大陆法系国家,如德国、日本,证券民事索赔成功的实际案例几乎没有。这些都说明,证券民事损害赔偿制度对防治做假账来讲并不是万能的灵药。相反,对证券虚假陈述行为的刑事处罚比起民事赔偿来讲各国使用更为普遍(美国、中国、日本、德国都有不少案例),可能其吓阻效果会更大一些。

四、从治假法律责任的轻重来看

自安然等一系列大公司做假事件后,美国国会于 2002 年 7 月修改了相关法律,加重了公司董事、高级管理人员和会计师事务所及相关人员的法律责任。而在 2001 年年底,日本也修改了相关法律,内容却是减轻公司董事、监事和经理的法律责任。例如,原来应负连带赔偿责任的,修改后的法律却只要求负一般赔偿责任;处罚的力度也有所减轻。这两种不同的动向,在中国引起了关注。"乱世用重典"是中国传统的理念,在计划经济向市场经济转型的过程中,对做假账公司及其责任人员加重其法律责任自然成为主流呼声。但日本法律的修改也不能不引起人们的重视。中国的治假法律不可谓不全不重,但多年来以身试法者仍在少数,这是什么原因呢? 有人认为主要是有法不依,执法不严。

有人认为,中国面临的主要问题是通过产权制度改革创造出建立现代企业制度的前提条件,从而防治企业的普遍性的财务造假问题。而欧美等西方发达国家所面

---

① 参见王清丽:《华尔街系统失灵》,载《中国证券报》2002 年 8 月 2 日。

临的才是完善公司治理结构和改革会计制度来解决公司假账问题。实际上,这两者并不矛盾,不能对立起来。在我国建立现代企业制度必须依据公司法(包括证券法),我们一方面必须大力推进产权制度改革,建立现代企业制度;一方面也要不失时机地完善公司治理结构和改革会计制度,标本兼治,解决大公司做假账的问题。此外,对经济违法犯罪行为的处罚,特别是对公司做假账行为的处罚,主要不在于有多重,而在于及时发现、及时纠正、及时处理,有法必依,执法必严。总之,在产权边界明晰的基础上建立现代企业制度,给公司创造一个良好的外部法制环境,使公司在一个有序的竞争环境中发展。公司董事会、监事会、股东会和经理层实行良性互动,从体制、机制上保障公司行为的健康。

五、从目前可操作的措施看

在中国,不少人主张建立像美国那样的代表诉讼、集团诉讼和判例法制度。但目前看来,似乎不可能马上实现。在这种情况下,似乎有以下几条措施可供参考:一是像目前已经做的那样:由律师代理中小股民的个别诉讼或共同诉讼,按民事诉讼法和最高人民法院的两个司法解释办,持之以恒,必能有助于收到治假效果。二是像某位财务专家仔细分析上市公司的财务报表,发现兰田股份做假那样,创造一种机制,让更多的财务专家来从事这项工作,使其能达到经济收益和治假效果的统一。三是发动证券分析师和律师全面审阅检查财务报表和相关信息,从中发现问题。发现问题后,不能像西方发达国家的某些律师那样,去和上市公司做肮脏交易,帮其弥补漏洞,从而取得回报;而应把线索及时转交给证监会或相关机构,由政府给以奖励;或者通过自己的打假行为提高在投资者中的知名度,通过正常的手段或途径,获取相应的经济收入。四是加强行政处罚的力度。据统计,从 1993 年至 2001 年 10 月,中国证监会和深圳、上海证券交易所共对 117 家上市公司进行了 218 次上市公司信息披露方面的处罚,其中证监会处罚只有 29 次,占总数的 13.3% ,形式为罚款和警告;两个证券交易所的处罚形式以内部批评为主,占总处罚数的 61.9% ;公开谴责占 22.9% ,两项相加达84.9% 。[1] 由于处罚力度不够,重犯者,即因同类问题被处罚两次以上的达 21% 。可见今后加强行政处罚力度还是大有文章可做的。[2] 五是发挥司法机关的作用,加强对证券虚假陈述犯罪的刑事处罚力度。将以上各项措施结合起来使用,必能提高治假的有效性。

---

① 参见毛志荣等:《信息披露违规处罚实际效果研究》,载《上海证券报》2002 年 5 月 20 日。
② 但据《深圳商报》2003 年 3 月 15 日的报道,中国证监会在 1994 年至 2002 年 4 月期间,查处涉及虚假陈述类案件有 52 起,作出 93 件处罚决定。可能两者统计口径不同。

危害公司财产犯罪的比较研究[*]

——以中国和日本危害公司资本制度的犯罪为核心

一、比较的核心

2006 年 6 月 29 日通过并实施的《中华人民共和国刑法修正案(六)》第 9 条(即《刑法》第 169 条之一)增加规定了一个新罪名,有人将其称为"背信损害上市公司财产罪"。^① 此外,《刑法》第 169 条的罪名为"徇私舞弊低价折股、出售国有资产罪"。

笔者认为,我国刑法中的这两个罪名是以保障公司资本制度为核心的,和《日本公司法》第 963 条的危及公司财产罪有相似之处。但也有不少不同之处,本文试作一些探讨。

所谓"危及公司财产的犯罪",并不是指某种个罪的罪名,也不是以诈骗、侵占、挪用等传统手法危害公司财产的犯罪;而是指公司的管理人员,违背对公司的忠实义务,实施了某种法定行为,致使公司利益遭受损失的犯罪。《日本商法》第 489 条规定有"危及公司财产罪"。经 2005 年修订,《日本公司法》第 963 条也规定了"危及公司财产罪",其具体内容与《日本商法》第 489 条的基本相同,但略有改动。

根据《日本公司法》第 963 条的规定,"危及公司财产罪"是指股份有限公司的董事、监事、发起人、经理等人或者检查人员实施了危及公司的以下四类行为的,处 5 年以下有期徒刑或者 500 万日元以下罚金。这四类行为具体指:①向法院或股东大会作虚假陈述、隐瞒事实;②获取本公司股份;③违法分红;④营业外投机交易。

之所以在特别背任罪之外,又设立危及公司财产罪,日本刑法界大致出于以下考虑:

第一,"危及公司财产罪"是对"特别背任罪"的补充。《日本公司法》第 963 条的"危及公司财产罪"是对同法第 960 条的董事等特别背任罪(也有称为特别背信罪)的补充规定。当某行为同时符合特别背任罪和危及公司财产罪时,只适用更重的特别背任罪(《日本公司法》第 960 条规定,对董事等特别背任罪,处 10 年以下有期徒刑或者 1 000 万日元以下罚金,或者二者并处)。

---

　* 原载于《政治与法律》2007 年第 5 期。
　① 因为最高人民法院和最高人民检察院均未对《刑法》第 169 条之一之罪正式命名,所以,有关人士称其为"背信损害上市公司财产罪"。

第二,危及公司财产罪不同于违背任务罪,不以实际发生财产损害为犯罪成立要件。[1]

第三,危及公司财产罪以保证公司资本制度为出发点。

日本的所谓"保证公司资本制度"和我国公司法中的"公司资本制度"相类似,通常指"资本三原则",即公司资本确定、资本维持和资本不变三原则。

资本确定原则是指公司在设立时,必须在章程中对资本总额作出明确规定,并由股东全额认缴,否则公司不能成立。该原则保证公司设立时资本真实可靠,防止欺诈,维护经济秩序的稳定和交易的安全,加强对债权人的保护。我国公司法和日本公司法都实行严格的资本确定原则。

资本维持原则,又称资本充实原则,是指在公司存续的过程中,应当经常保持与其资本额相当的财产。这里包括以下各项具体制度:①股东不得退股。公司成立后,股东不得以任何理由抽回出资。"不得抽回出资"对有限责任公司和股份有限公司有不同的要求。②禁止回购本公司的股份。公司收购自己的股份就等于股东退股,从而导致资本减少和资本虚假。因此,除某些法定情形之外,原则上不允许公司回购自己的股份。中国和日本公司法均有这方面的规定。③公司股份不得折价发行,即公司股票的发行价格可以按票面金额(平价发行),也可以超过票面金额(溢价发行),但不得低于票面金额(折价发行)。因为如果允许折价发行将会破坏资本充实原则。《中华人民共和国公司法》(以下简称《公司法》)第128条有此规定,《日本商法》第202条第2项也有此规定。但日本新公司法已取消了《日本商法》第202条的规定。④没有盈利,不得分配。这是公司分配股利的基本原则。公司如果有盈利首先应用于弥补亏损。只有在弥补亏损、提取法定公积金和公益金后仍有税后盈利的前提下,才能向股东分配利润。反之,如果公司没有盈利而进行分红,等于用公司的资本金给股东分红。这仿佛章鱼在无食物时吃自己的脚一样,在日本被称为"章鱼分红"。[2] 资本维持制度在大陆法国家和英美法国家都受到严格执行,并规定了民事和刑事责任予以有力保障。

资本不变原则。该原则的立法宗旨和资本维持原则相同,即防止因资本总额的减少而导致公司财产能力的降低,以保护债权人的利益。所谓资本不变原则是指公司的资本一旦确定,就不得随意改变。如果需要增加或减少,必须严格按照法定程序进行。各国公司法对资本的增加或减少都规定有非常明确和具体的程序。

公司资本三原则是公司独立的财产责任和股东有限责任的必然要求,对保证公司健康发展和保护债权人利益有重要意义。当然,随着科学技术的发展,信息化、经济全球化的进程,"资本三原则"在形式上会有一些细微的变化,这已体现在我国2005年《公司法》的修订中,也体现在2005年《日本公司法》的修订中。例如我国的出资形式的变化(可以用非现金或非实物财产形式出资),注册资本门槛的降低以及日本公

---

① 参见〔日〕佐伯仁智:《公司财产的法律保护》,载高铭暄、赵秉志主编:《中日经济犯罪比较研究》,法律出版社2005年版,第166页。

② 〔日〕芝原邦尔:《经济刑法》,金光旭译,法律出版社2002年版,第7页。

司法取消了不准折价发行股票的规定,等等。但其实质并没有改变,而且影响越来越深刻广泛,乃至成为世界各国公司法的基本原则。

综上,从危害公司资本制度犯罪比较的范围看,在日本主要包括:①《日本刑法》第247条的背任罪;②《日本公司法》第960条的特别背任罪;③《日本公司法》第963条的危害公司财产罪。在中国主要包括:①《刑法》第169条的"徇私舞弊低价折股、出售国有资产罪";②《刑法》第169条之一的"背信损害上市公司财产罪"。

这样规定的好处是比较的范围相对集中,重点突出在保证公司资本三原则的制度上。

二、具体内容的比较

(一) 日本的三个刑事犯罪

1.《日本刑法》第247条的背任罪

背任罪是指为他人处理事务的人,以谋求自己或者第三者的利益或者损害委托人的利益为目的,实施违背其任务的行为,给委托人造成财产上损害的行为。典型的案例有:当铺的雇员付出了高于一般典价的不正当的金钱数额(比如,对仅值500元的手表付出1 000元的金钱数额),财务管理人员不行使债权而让诉讼时效白白的过去等。违背任务的行为是指违反了按照事务性质上的诚实信用原则所要求的信任关系的行为。这里的所谓"任务",是指作为处理事务的人,在该具体情况之下,当然应当实施的,为法律上所期待的行为;所谓"违背",就是指违背信任关系。比如,当铺的雇员不能支付高于一般典价的金钱数额(即案例中的500元以下),财务管理人员应在两年的诉讼时效内及时行使债权,等等。所谓"违背",就是指违背信任关系。背任罪的本质,就是违反诚实信用义务,对委托人造成财产上的损失。

2.《日本公司法》第960条的特别背任罪

特别背任罪是指公司董事等人员,以谋求自己或者第三者的利益或者损害股份有限公司利益为目的,实施违背其任务的行为,给该股份有限公司造成财产上损害的行为。与日本刑法中的背任罪相比,特别背任罪主要"特别"在主体上。也就是说,该罪的主体并不是一般接受委托的人,而是由《日本公司法》第960条第2款第(十四)项特别指明的公司内外部的人员。其违背任务的行为实际上与普通背任罪并没有什么不同。《日本公司法》第960条对《日本刑法》第247条的行为样态并没有增加任何内容。

3.《日本公司法》第963条的危害公司财产罪

《日本公司法》第963条规定,《日本公司法》第960条第1款中列举的人员(发起人、董事、监事等)或者检查人员等实施危害公司财产的四类行为的,处5年以下有期徒刑或者500万日元以下罚金(可以根据情节实行并科)。这四类行为是:①对法院或股东会的不实报告罪(第963条第1款);②自己取得股份罪(同条第2款);③违法分红罪(同条第3款);④营业外投机交易罪(同条第4款)。其中,前三项犯罪,都是保证公司资本制度的规定。危害公司财产罪与背任罪不同,不以实际发生财产损害为犯罪成立要件。此外,由于危害公司财产罪是特别背任罪的补充规定,所以,当某行为既符合特别背任罪的要件,又符合上述四种犯罪的要件时,只成立更重的特别背任罪,而不成立上述四种犯罪(特别背任罪的法定刑为处10年以下有期徒刑或者100万日元以下罚金,可以并科)。

对法院或股东会作虚假陈述、隐瞒事实的犯罪,具体是指设立公司或发行新股之际,就公司资本出资的有关事项,以及新股发行的实际出资的事项等,对法院或股东会作不实报告,或者隐瞒事实真相。

违法分红罪,具体是指股份有限公司的董事等人,在公司没有可供分配的利润时仍进行分红的犯罪。也就是违反法令或章程的规定,分配剩余金。这里的剩余金,是指可供分配的利润。所谓"可供分配的利润",是指从公司的净资产(资产总额减去负债总额后的余额)中扣除资本额、资本公积金与盈余公积金等内容后,在其剩余额的范围内进行分红。违法分红往往与虚假决算结合在一起。所谓虚假决算,是指通过不正当的会计处理,篡改资产负债表或损益表等财务会计报表中的数据,编造出虚假的销售额,或降低费用等成本开支数额来进行作假。公司的分红必须经过股东会同意。所以,在违法分红时往往采取虚列上年度转入的利润和本期利润、制作虚假的损益决算书和借贷对照表,以此为据制订利润分配方案,并将其提交给股东会通过,进行违法分红。

获取本公司股票罪,是指股份有限公司的董事、监事等人,不问以何人的名义,出于对股份有限公司的考虑(也有译作"在公司的考虑上"),不正当获取其股票的行为。在2001年6月商法修订前,公司获取本公司所发行的股票的行为,即"获取本公司股票的行为"原则上是被禁止的。《日本商法》第210条(自己股份的取得)规定了各种可以取得本公司股份的情况。除此之外,取得本公司股票的各种行为都属被禁止之列。近年来,随着公司法的修改,这方面的限制又进一步被放宽,但"获取本公司股票罪"仍然存在。这主要是出于两方面的考虑:一是如果用本公司的财产来购买获取本公司的股票,实质上就等于在抽回出资,违反了资本充实原则,也减少了公司的资本额;二是使用本公司的资产不正当(不法)购买本公司的股票,实际上可达到操纵股价炒高本公司的股票价格的目的。这些行为必须加以禁止。

营业外投机交易罪,是指在公司的营业范围之外,为了投机交易而处分本公司财产的行为。如作为业务目的,且公司资金仅200万日元的某公司董事长,为了弥补营业亏损,以谋求公司利益为目的从事粮食交易,为此从公司财产中支付2 000万日元作为委托保证金。[①] 此外,最近养乐多母公司的副总经理也以本罪被起诉。案情是该副总在公司业务并不需要的情况下,以该公司所持有的股票和208亿日元的存款作为担保,进行了投机性很高的股票指数交易,该行为也构成了以投机交易为目的的处分公司财产的行为。[②]

---

① 参见日本最判1971年12月10日《判例时报》第650号第99页。
② 参见〔日〕芝原邦尔:《经济刑法》,金光旭译,法律出版社2002年版,第9页。

这里的"投机交易",通常从广义理解,是指意图将根据价格变动产生的差额作为利益而进行的交易。"营业范围之外",通常是指公司章程所规定的营业范围之外,如第一例中,在化妆品和杂货之外,从事粮食投机交易。

设立本罪的目的,似乎在于禁止公司用本公司的财产在股市上从事风险极高的投机交易(包括股指期货等衍生产品交易)。

（二） 中国的两个刑事犯罪

1.《刑法》第 169 条的"徇私舞弊低价折股、出售国有资产罪"

徇私舞弊低价折股、出售国有资产罪是指,国有公司、企业或者其上级主管部门直接负责的主管人员,徇私舞弊,将国有资产低价折股或者低价出售,致使国家利益遭受重大损失的行为。

2.《刑法》第 169 条之一的"背信损害上市公司利益罪"[①]

背信损害上市公司利益罪是指,上市公司的董事、监事、高级管理人员违背对公司的忠实义务,利用职务便利,操纵上市公司从事下列行为之一,致使上市公司利益遭受重大损失的行为:①无偿向其他单位或者个人提供资金、商品、服务或者其他资产的;②以明显不公平的条件提供或者接受资金、商品、服务或者其他资产的;③向明显不具有清偿能力的单位或者个人提供资金、商品、服务或者其他资产的;④向明显不具有清偿能力的单位或者个人提供担保,或者无正当理由为其他单位或者个人提供担保的;⑤无正当理由放弃债权、承担债务的;⑥采用其他方式损害上市公司利益的。上市公司的控股股东或者实际控制人,指使上市公司董事、监事、高级管理人员实施前项行为的,依照前项的规定处罚。

这里的"违背对公司的忠实义务",我国《公司法》第 148 条有概括性规定;《公司法》第 149 条有列举性规定(共 8 项)。[②] 总的来讲,是指董事、监事、高级管理人员执行公司职务时违反法律、行政法规和公司章程的规定。

（三） 中日的比较

将日本公司法的特别背信罪和危害公司财产罪与中国《刑法》第 169 条和第 169 条之一的犯罪进行比较,可以看出以下异同点。

1. 主体方面

《日本公司法》第 960 条和第 963 条之罪的主体为股份有限公司的董事、监事等人加上与股份有限公司有关的检查人员或外聘会计等人。其范围比中国《刑法》第

---

① 该罪名非最高人民法院和最高人民检察院司法解释确定,而是由作者自拟。
② 《公司法》第 149 条第 1 款规定:"董事、高级管理人员不得有下列行为:(一)挪用公司资金;(二)将公司资金以其个人名义或者以其他个人名义开立账户存储;(三)违反公司章程的规定,未经股东会、股东大会或者董事会同意,将公司资金借贷给他人或者以公司财产为他人提供担保;(四)违反公司章程的规定或者未经股东会、股东大会同意,与本公司订立合同或者进行交易;(五)未经股东会或者股东大会同意,利用职务便利为自己或者他人谋取属于公司的商业机会,自营或者为他人经营与所任职公司同类的业务;(六)接受他人与公司交易的佣金归为己有;(七)擅自披露公司秘密;(八)违反对公司忠实义务的其他行为。"

169 条和第 169 条之一之罪的主体要广泛：中国《刑法》第 169 条之罪的主体仅限于国有公司、企业或者上级主管部门直接负责的主管人员；第 169 条之一之罪仅限于上市公司的董事、监事、高级管理人员。上市公司仅仅是股份有限公司当中的一部分，甚至是一小部分。国有公司、企业也不同于上市公司。经过近 30 年的改革，我国最高人民法院和最高人民检察院对国有公司、企业有严格的司法解释：其股份必须是 100% 国有。总之，从中日法律关于主体的规定看，虽然都是特殊主体，但细究内容，还是有一些不同。

2. 行为方面

首先，中国《刑法》第 169 条之罪的"将国有资产低价折股或者低价出售"行为实际上只是违背任务行为的一种样态，涵盖面比较窄。其次，中国《刑法》第 169 条之一所列举的五种行为也不过是违背任务行为的五种样态而已。最后，中国《刑法》第 169 条和第 169 条之一这两个罪只相当于《日本公司法》第 960 条的特别背任罪，且涵盖面还及不上它。

3. 其他方面

《日本公司法》第 963 条危害公司财产罪的四种行为，与中国刑法中的相应规定可作以下比较：①《日本公司法》第 963 条的对法院、股东会作虚假报告罪相当于我国《刑法》第 160 条的欺诈发行股票、债券罪，第 161 条的提供虚假财会报告罪和第 158 条的虚报注册资本罪。②《日本公司法》第 963 条的营业外投机交易罪（第 963 条第 4 款）相当于我国《刑法》第 225 条的非法经营罪。我国刑法的非法经营罪以"违反国家规定"为前提；而日本的营业外投机交易罪无上述前提，比我国的限制少，从而涵盖面更广。③《日本公司法》第 963 条第 3 款的违法分红罪，在我国刑法中目前还找不到相对应的适例。中国《公司法》第 167 条有相应内容，将违法分红列为轻微违法行为：只需将"违反规定分配的利润退还公司"就行了，不必再负其他法律责任。④《日本公司法》第 963 条第 2 款的获取本公司股票罪在中国刑法中目前也找不到相对应的适例。但中国《公司法》第 143 条规定"公司不得收购本公司股份"。不过，该条款也规定了四种例外情况。

综上，中国刑法目前没有将"违法分红"和"获取本公司股票"这两种行为列为犯罪，这与日本有较大区别。

三、有关建议

基于以上分析，笔者认为：

（1）鉴于各国公司法和相关法律目前多有将"获取本公司股票"行为规制放宽的趋势，包括日本本身也有这种动向。因此，我国刑法目前不宜将此种犯罪列入。但公司法、证券法对"获取本公司股票"的违法行为不规定任何法律责任，似乎也过分宽了一些。

至于"违法分红"，笔者认为，这种行为往往与"虚假决算"行为结合在一起，对上市公司的财产和正常运营有相当大的危害,应当列入刑事犯罪。笔者建议,在修订刑法时将其列入,或由司法解释将其列为《刑法》第 169 条之一第 1 款之(六)项:"采用其他方式损害上市公司利益的"内容。

（2）应在中国刑法中增设背任罪或特别背任罪。1996 年修订刑法时,笔者和有关学者已经书面提请增设违背任务罪。当时增设了《刑法》第 169 条,算是部分采纳。后又增设第 196 条之一,增加了一些违背任务的具体内容,但这远远不够,对现代期货、证券犯罪来讲,增设背任罪是十分必要的。与其零打碎敲不断增设具体内容,不如增加一个概括性的规定。如果立法者怕打击面拉得太宽,可先设特别背任罪(即特别违背任务罪)只对银行、期货、证券、保险等行业和上市公司主管适用,即犯罪主体宜扩大到股份有限公司的董事、监事、高级管理人员和相关的检查人员、外聘会计、审计人员等。像现行《刑法》第 169 条之一那样,仅限于上市公司的主管,范围太窄,不利于打击相关犯罪。如果有了特别背任罪,那么,令人头痛、困扰我们多年的"老鼠仓"问题,以及控股大股东将上市公司当做"取款机"问题,都将迎刃而解。

论我国刑法中的背信类犯罪及其立法完善*

在我国刑法学界,增设背信罪的呼声一直很高。2006 年 6 月 29 日通过的《中华人民共和国刑法修正案(六)》增设了三个背信犯罪(其中两个在罪名中有"背信"二字);1997 年修订《刑法》中实际上也有一个(《刑法》第 169 条)。这样,在我国刑法中现有背信类犯罪四个。尽管这样,它们与国外的违背信任罪仍然存在较大差异。从实践看,还需要从立法上加以完善。

一、我国刑法中的背信类犯罪

这里之所以称背信类犯罪,而不称背信犯罪,是因为我国刑法中的相应罪名和相应规定与国外违背信任罪的构成要件并不完全相符。从主体、客观方面、侵害客体等方面都表现出自己的特征。现分别加以具体说明:

(一) 背信损害上市公司利益罪(《刑法》第 169 条之一)

所谓背信损害上市公司利益罪,是指上市公司的董事、监事、高级管理人员违背对公司的忠实义务,利用职务便利,操纵上市公司从事法定的相应行为,致使上市公司利益遭受重大损失的行为。本罪的要件为:

1. 主体

本罪是特殊主体。即本罪的主体只能是上市公司的董事、监事和高级管理人员,上市公司的控股股东或者实际控制人。《中华人民共和国公司法》(以下简称《公司法》)对董事会、监事会的职权和责任有明确规定。董事会的成员被称为董事,监事会成员被称为监事。高级管理人员,是指公司的经理、副经理、财务负责人、上市公司董事会秘书和公司章程规定的其他人员。①

控股股东,是指其出资额占有限责任公司资本总额 50% 以上或者其持有的股份占股份有限公司股本总额 50% 以上的股东;出资额或者持有股份的比例虽然不足50%,但依其出资额或者持有的股份所享有的表决权已足以对股东会、股东大会的决议产生重大影响的股东。②

---

* 原载于《社会科学》2008 年第 10 期。
① 参见《公司法》第 217 条。
② 同上注。

实际控制人，是指虽不是公司的股东，但通过投资关系、协议或者其他安排，能够实际支配公司行为的人。①

自然人和单位都可以是本罪的主体。除董事、监事、高级管理人员为自然人外，上市公司的控股股东或实际控制人可能是单位。

2. 主观方面

本罪在主观上必须出自故意。

3. 客观方面

本罪在客观上表现为行为主体违背对公司的忠实义务，利用职务便利，操纵上市公司从事下列行为之一，致使上市公司利益遭受重大损失的行为。这些行为是：①无偿向其他单位或者个人提供资金、商品、服务或者其他资产的；②以明显不公平的条件，提供或者接受资金、商品、服务或者其他资产的；③向明显不具有清偿能力的单位或者个人提供资金、商品、服务或者其他资产的；④为明显不具有清偿能力的单位或者个人提供担保，或者无正当理由为其他单位或者个人提供担保的；⑤无正当理由放弃债权、承担债务的；⑥采用其他方式损害上市公司利益的。

从客观上看，必须同时具备以下三个要件：

一是违背对公司的忠实义务。所谓"背信损害上市公司利益"中的"背信"二字，在刑法上即"违背信任"之义，又称为"违背任务"。

我国刑法中的"背信"二字，并不完全等同于国外的违背信任罪（但有部分相同点），因为它以"违背对公司的忠实义务"为内容，而"对公司的忠实义务"，在我国《公司法》中有明确规定。我国《公司法》第149条第1款规定："董事、高级管理人员不得有下列行为：（一）挪用公司资金；（二）将公司资金以其个人名义或者以其他个人名义开立账户存储；（三）违反公司章程的规定，未经股东会、股东大会或者董事会同意，将公司资金借贷给他人或者以公司财产为他人提供担保；（四）违反公司章程的规定或者未经股东会、股东大会同意，与本公司订立合同或者进行交易；（五）未经股东会或者股东大会同意，利用职务便利为自己或者他人谋取属于公司的商业机会，自营或者为他人经营与所任职公司同类的业务；（六）接受他人与公司交易的佣金归为己有；（七）擅自披露公司秘密；（八）违反对公司忠实义务的其他行为。"可见，我国《公司法》第149条列举性规定了公司董事、高级管理人员对公司的忠实义务。这些都是客观行为，不是主观目的（日本刑法规定的是"主观加害目的"或"为自己或者第三人谋取利益的目的"）。也就是说，从法律列举的八方面的行为就可以认定（或推断）行为人"违背对公司的忠实义务"。应当注意的是，《公司法》第149条第1款规定的八种情况与《刑法》第169条之一规定的六种情况，只有1—2种是相同或相似的，其余的都不同。

二是"利用职务便利，操纵上市公司从事下列行为之一"。这里的"利用职务便利"，是指行为主体利用自己经营、管理公司业务或者财产的职权、便利条件，比如签

---

① 参见《公司法》第217条。

订、履行合同,采购、销售商品的职权和便利条件,等等。这里的"操纵",本义指收与放,引申为控制支配。①

控制支配上市公司从事了《刑法》第 169 条之一所列举的六种行为之一。这些行为并非必然给行为人带来利益,但必然会给上市公司带来损失或损失的风险。因此,某些著作将本罪的实质归结为以公谋私、化公为私,是不准确的。实际上,本罪的实质在于损害上市公司的利益,即使个人未谋利也构成本罪。

三是"致使上市公司利益遭受重大损失",即本罪是结果犯,不是行为犯。行为人仅实施了行为还不够,还必须有"重大损失"的结果,具体指涉嫌下列情形之一:①无偿向其他单位或者个人提供资金、商品、服务或者其他资产,致使上市公司直接经济损失数额在 150 万元以上的;②以明显不公平的条件,提供或者接受资金、商品、服务或者其他资产,致使上市公司直接经济损失数额在 150 万元以上的;③向明显不具有清偿能力的单位或者个人提供资金、商品、服务或者其他资产,致使上市公司直接经济损失数额在 150 万元以上;④为明显不具有清偿能力的单位或者个人提供担保,或者无正当理由为其他单位或者个人提供担保,致使上市公司直接经济损失数额在 150 万元以上的;⑤无正当理由放弃债权、承担债务,致使上市公司直接经济损失数额在 150 万元以上的;⑥致使公司发行的股票、公司债券或者国务院依法认定的其他证券被终止上市交易或者多次被暂停上市交易的;⑦其他致使上市公司利益遭受重大损失的。②

4. 客体

本罪妨害了对公司、企业的管理秩序和上市公司的财产权。本罪列在《刑法》分则第三章第三节"妨害对公司、企业的管理秩序罪"中,可见其必然侵犯了国家对公司、企业的管理秩序;同时本罪又是结果犯,即其必然"损害上市公司利益",可见其必然侵犯了上市公司的财产权。本罪是双重客体的犯罪。

(二) 背信运用受托财产罪(《刑法》第 185 条之一第 1 款)

所谓背信运用受托财产罪,是指商业银行、证券交易所、期货交易所、证券公司、期货经纪公司、保险公司或者其他金融机构,违背受托义务,擅自运用客户资金或者其他委托、信托的财产,情节严重的行为。本罪的要件为:

1. 主体

本罪是特殊主体。即本罪的主体只能是商业银行、证券交易所、期货交易所、证券公司、期货经纪公司、保险公司(这些都是金融机构)或者其他金融机构。这里的"其他金融机构",包括投资信托公司、金融租赁公司、政策性银行、信用合作社、邮政储汇机构、财务公司等。③ 此外,本罪只能是单位犯罪,不可能是单纯的自然人个人犯罪。

---

① 参见《辞海》,上海辞书出版社 2000 年版,第 859 页。
② 参见最高人民检察院、公安部《关于经济犯罪案件追诉标准的补充规定》第 2 条(2008 年 3 月 5 日发布)。
③ 参见《金融机构反洗钱规定》第 2 条(2003 年 1 月 3 日发布,中国人民银行令〔2003〕第 1 号)。

2. 主观方面

本罪在主观上只能由故意构成。是单位犯罪的故意,不是个人犯罪的故意。

3. 客观方面

本罪在客观上表现为上述特殊主体违背受托义务,擅自运用客户资金或者其他委托、信托的财产,情节严重的行为。从客观行为上,必须注意以下五点:

(1)关于"违背受托义务"。"受托义务"一般来源于委托合同和信托合同,而不问其采用口头形式还是书面形式(法律有规定必须采用书面合同的除外)。所以,一般而言,"违背受托义务"就是违反合同义务,应负合同违约责任。但本罪的行为主体是金融机构,负有重大责任,却擅自运用客户资金并达到情节严重程度,所以,要追究其刑事责任。

(2)关于"擅自"。这里的"擅自",是指没有经过客户或者委托人的同意,不是指没有经过本单位的上级同意或批准。由于本罪的主体是单位而不是个人,所以,即使经过上级同意而没有经过客户或委托人同意的,仍属于"擅自"。

(3)关于"运用"。这里的"运用",应包括"动用""提取""动支"。首先,从字面看,似乎也应包括"挪用",但由于《刑法》第185条已对自然人"挪用资金和挪用公款"作了专门规定,所以,本条的"运用"只能是对"挪用"的补充,即除《刑法》第185条"挪用"以外的情况。也就是说,可以把单位"挪用"客户资产包括在内。本条的"运用"还应包括财产处分行为。

(4)"违背受托义务"不同于"利用职务之便"。《刑法》第185条的用词是"利用职务上的便利";本条用词是"违背受托义务"。前者是个人"利用职务之便",后者是单位"违背受托义务",这是区别之一。其次,从道理上讲,没有任何职务便利可资利用的人员也可能"违背受托义务",只要有委托合同或信托合同存在即可。但由于本条是单位犯罪,而单位犯罪必须出自单位的意思决定并且为了单位的利益,所以,其归责主体除单位外,只能是直接负责的主管人员和其他直接责任人员。实际上,这些人也以有一定职务或职权者居多。

(5)"违背受托义务"也不同于"违背对公司的忠实义务"。如前文所述,《刑法》第169条之一罪中"违背对公司的忠实义务"的含义,在《公司法》上找得到明确规定。也就是说,其范围是确定的;而本条的"违背受托义务",找不到现成法律上的明确规定。且本条条文中,只出现"受托义务""委托、信托的财产""客户"这些字样,并没有出现"委托人"字样。可见,其含义相对比较广泛。因此,有些著作将"违背受托义务"仅仅局限在"委托理财业务"范围内,并不妥当。

本行为的"情节严重",是指涉嫌下列情形之一:①擅自运用客户资金或者其他委托、信托的财产数额累计在30万元以上的;②虽未达到上述数额标准,但多次擅自运用客户资金或者其他委托、信托的财产,或者擅自运用多个客户资金或者其他委托、信托的财产的;③有其他严重情节的。①

---

① 参见最高人民检察院、公安部《关于经济犯罪案件追诉标准的补充规定》第5条(2008年3月5日发布)。

4. 客体

本罪破坏了金融管理秩序。本罪被规定在《刑法》分则第三章第四节"破坏金融管理秩序罪"中。由于本罪的主体是金融机构,背信运用受托财产时,就破坏了金融管理秩序。本罪是情节犯,不是结果犯,因此,本罪不是具有双重客体的犯罪。

(三) 违法运用资金罪(《刑法》第 185 条之一第 2 款)

所谓违法运用资金罪,是指社会保障基金管理机构、住房公积金管理机构等公众资金管理机构,以及保险公司、保险资产管理公司、证券投资基金管理公司,违反国家规定运用资金的行为。其特征为:

1. 主体

本罪属特殊主体。本罪的主体是社会保障基金管理机构、住房公积金管理机构等公众资金管理机构,以及保险公司、保险资产管理公司、证券投资基金管理公司。这里实际上可分成两类:一类是公众资金管理机构;另一类是金融类公司。前一类可能是事业法人或国家机关,后一类则是经营性的公司法人。前一类机构是管理公众资金的,例如,住房公积金、社会保障基金等。这里的"公众资金",具体指社会保障基金和住房公积金。依照法律法规的强制性规定,它们由三个部分组成:①个人缴付,即个人在工作期间按月从工资中提取一定比例存入该两个基金;②用人单位缴付,用人单位按照法规规定或约定,从自己的收益或资金中提取一定的比例为职工存入该两个基金;③国家拨付,由国家财政直接拨款支付一定比例的资金为职工或公民存入该两个基金。可见,"公众资金"必须有国家财政拨款的成分。这与本条后半段保险公司、证券投资基金管理公司等机构管理运作的资金在性质上是有所不同的:后者管理运作的资金中不一定有财政资金的成分,而前者是必定含有的。因此,把本罪称作"违法运用公众资金罪"是不妥的。本罪是单位犯罪。从法条看,本罪的主体是"管理机构"(前半段)和"公司"(后半段),因此,本罪只能是单位犯罪,不是个人犯罪。

2. 主观方面

本罪在主观上只能由故意构成,即违法运用资金必须出自故意。

3. 客观方面

本罪在客观上表现为犯罪主体实施了违反国家规定运用资金的行为。这里要注意以下问题:

(1)关于违反国家规定。根据《刑法》第 96 条的规定,是指违反全国人民代表大会及其常务委员会制定的法律和决定,国家制定的行政法规、规定的行政措施、发布的决定和命令。可见,"国家规定"不包括部门规章和地方性法规。

(2)关于"运用"。其含义已在本条第 1 款之罪部分阐明,不再赘述。但本罪的"运用",似应包含除《刑法》第 185 条规定情形之外的"挪用",例如,某基金主管经理甲为谋取本单位办事方便,便将本单位资金 50 万元借给自己的朋友乙(某相关国家机关公务员),应急其儿子的出国留学手续,乙 2 个月后归还了。这种"挪用"行为不构成《刑法》第 185 条或第 272 条的挪用公款罪或挪用资金罪,但仍应构成《刑法》第

185 条之一第 2 款的"违法运用资金罪"。这里的"运用",还应包括各种财产处分行为。

（3）关于"资金"。本罪刑法条文明确将资金分成两部分：前半部分是"公众资金"，即公众资金管理机构管理的资金，由于有财政资金加入到社会保障基金和住房公积金中，所以它们被称为"公众资金"；而后半部分只称之为资金，即保险公司等公司管理的资金。这些资金由投保人或投资人（基金份额持有人）投入，虽然由社会上不特定多数人投入，有的甚至通过公募渠道筹集，但由于没有财政资金加入，所以它们不同于"公众资金"。

（4）本条款没有"违背受托义务"和"利用职务便利"的要件。

《刑法》第 185 条之罪有"利用职务便利"之要件，《刑法》第 185 条之一第 1 款之罪有"违背受托义务"之要件。这些对同处《刑法》第 185 条之一的本罪有何影响呢？以"利用职务之便"为要件，便说明没有职务之人或无职务之便可资利用之人不可能成为该罪主体。以"违背受托义务"为要件，而这种义务来源于委托合同或信托合同，不受这些合同约束也就不可能"违背受托义务"。本罪，即《刑法》第 185 条之一第 2 款之罪的主体既不受"利用职务之便"的限制，也不受委托合同或信托合同的约束，只要"违反国家规定"运用资金即为足够。

本罪不以"情节严重"或"后果严重"为成立要件。也就是说，本罪是行为犯，只要行为一实施就构成犯罪。这在我国刑法中是极为少见的。

4. 客体

本罪破坏了金融管理秩序。本罪的主体是"公众资金"管理机构和保险公司等金融类公司企业，属于特殊主体，因此，当它们违法运用资金时，必然会破坏金融管理秩序，构成犯罪。

（四）徇私舞弊低价折股、出售国有资产罪（《刑法》第 169 条）

所谓徇私舞弊低价折股、出售国有资产罪，是指国有公司、企业或者其上级主管部门直接负责的主管人员，徇私舞弊，将国有资产低价折股或者低价出售，致使国家利益遭受重大损失的行为。本罪的特征为：

1. 主体

本罪是特殊主体。即本罪的主体只能是国有公司、企业或者其上级主管部门直接负责的主管人员。本罪是自然人犯罪，不是单位犯罪。本罪的主体只能是"直接负责的主管人员"，并不包括"其他直接责任人员"。

2. 客观方面

本罪在客观上表现为行为主体实施了徇私舞弊，将国有资产低价折股或者低价出售，致使国家利益遭受重大损失的行为。这里的"徇私"是指"屈从私情、私利"，即不正当地服从、照顾私情、私利；"舞弊"是指故意玩弄花招，进行欺骗、作弊。这里的"低价"，当然是指低于市场价格。至于低的程度，低于市场价多少才算《刑法》第 169条之罪的"低价"，有权机关目前并无明确而具体的解释。由于市场价格是波动的，有涨有跌,并非一成不变,因此,选择市场价格的时点也很重要。通常应以行为主体实施行为时的时点为确定市场价的基准点。

本罪以"致使国家利益遭受重大损失"为要件,可见本罪是结果犯,不是行为犯。具体是指涉嫌下列情形之一:①造成国家直接经济损失数额在 30 万元以上的;②致使国有公司、企业、停产或者破产的;③造成恶劣影响的。①

3. 客体

本罪妨害了国家对公司、企业的管理秩序。本罪虽然是结果犯,必须使"国家利益遭受重大损失"。但这里的"国家利益"并非仅仅指经济性或财产性利益,而且还包括政治、社会方面的利益。因此,那种把本罪认定为具备双重客体,即既侵害了财产权,又妨害了对公司、企业管理秩序的观点是不妥的。

二、与典型背信罪的比较

典型的背信犯罪以《日本刑法》第 247 条的背任罪和《德国刑法》第 266 条的背信罪为代表。②

将我国《刑法》中的四个犯罪与典型的背信罪相比,可以看出以下特征:

(一) 从主体看

典型背信犯罪的主体是特殊主体,即"为他人处理事务的人",因此,本罪是身份犯。

首先,这里的"他人",是指行为人以外的人,具体指事务处理的委托人等本人,也就是《日本刑法》第 247 条中的"本人"。③ 除自然人之外,"本人"还包括法人、不具有法人资格的社团和单位。法人包括企业法人和事业法人等。值得指出的是,我国一些著作(包括笔者的)多将《日本刑法》第 247 条译成"……以谋求自己或者第三者的利益或者损害委托人的利益为目的……"④其实查对《日本刑法》第 247 条原文,条文中不存在"委托人"字样,只有"本人"字样。因此,笔者在本文中将其译成"本人"。本人可以包括委托人,但并非仅限于委托人。国家机关和人民团体也是"他人"。

其次,对"处理事务"的原因没有限制。根据法令、根据委托、根据雇佣等法律行为都行,根据单纯的习惯也行⑤;既可以是公事,也可以是私事;既可以是长期雇佣关

---

① 参见最高人民检察院、公安部《关于经济犯罪案件追诉标准的规定》第 15 条(2001 年 4 月 18 日发布)。
② 《日本刑法》第 247 条(背任)规定:"为他人处理事务的人,以谋求自己或第三人的利益或者损害本人(例如委托人——笔者注)的利益为目的,实施违背其任务的行为,给本人造成财产上的损害的,处 5 年以下的惩役或者 50 万元以下的罚金。"(笔者自译)《德国刑法》第 266 条(背信)规定:"一、根据法律、官方委托或法律行为,有权处分他人财产或对他人负有义务而滥用其权利;或基于法律、官方委托、法律行为及信托关系有义务管理他人财产利益,破坏其义务,致他人的财产利益遭受损害的,处 5 年以下自由刑或罚金。二、情节特别严重的,处 1 年以上 10 年以下自由刑。"
③ 参见《日本刑法典》,张明楷译,法律出版社 2006 年版,第 91 页。
④ 同上注。
⑤ 参见日本大判大正 3、4、10《刑录》第 20 辑,第 498 页。

系,也可以是临时性工作关系。例如,日本最高法院有一个判例认为,运输业中的雇员身份只要在违背任务时存在就行了,损害发生时即使没有这种身份也构成犯罪。①

有观点认为,就本罪"事务"的性质而言,应只限于财产方面。但也有人主张设置这一限制是不必要的,只要其结果是最终对其造成了财产上的损害就可以了。因为法律条文上对此没有特别规定。持这种观点的人认为,医生为了对患者造成财产上的损害,故意不进行妥当的治疗,使其病情恶化,由此而使病人产生商务上的麻烦,造成其财产损失的情况,也构成背信罪。② 但多数说认为,这种情况并不构成背信罪,因为《日本刑法》将背信犯罪列为财产犯罪,因此,本罪"事务"的性质应限定为财产方面较为妥当。

本罪必须是"为他人处理事务",也就是说,这里的事务必须是他人的事务,不是自己的事务。所谓处理他人事务是指代替他人即委托人等本人而处理事务。即使是为了他人的利益,但在处理自己事务的场合,也不能构成"他人事务"。例如,卖主根据买卖合同,将标的物转移给买主的事务,即便是为了买主的利益而实施的,但仍是自己的事务,因此,疏忽该事务的行为只是单纯不履行债务而已,而不是背信罪。③ 关于究竟是他人的事务还是自己的事务,日本最高法院的判例有一些认定:返还自己所借的债务,建筑承包商建筑房屋等都是自己的事务。相反,搬运业从业人员对搬运物的保管义务,是为了持有提单人的利益的他人事务④;另外,设定抵押权的人所具有的帮助设定抵押登记的义务,是为了抵押权人的他人的事务。⑤ 股票质权的设定人将股票交给质权人之后,欺骗法院而使其进行除权判决,并使股票失效,对此类案件,日本最高法院指出,质权设定人负有保证担保价值的义务,进而判定质权设定人的上述行为构成背信罪。⑥

我国背信类犯罪的主体也是特殊主体。比如,《刑法》第 169 条之一的背信损害上市公司利益罪的主体就是上市公司的董事、监事和高级管理人员,上市公司的控股股东或实际控制人;《刑法》第 185 条之一第 1 款的背信运用受托财产罪的主体是商业银行等金融机构;《刑法》第 185 条之一第 2 款的违法运用资金罪的主体是公众资金管理机构及保险等金融类公司;《刑法》第 169 条的徇私舞弊低价折股、出售国有资产罪的主体是国有公司、企业或者其上级主管部门直接负责的主管人员。将这些主体与典型背信犯罪(以日本为代表)的主体相比较,有以下异同点:

不同点有:①我国的四个罪名中,有两个是单位犯罪,两个是自然人犯罪,而日本的犯罪主体只能是自然人犯罪,不能是单位或法人犯罪。《日本刑法》条文中的"本

---

① 参见大判昭和 8、12、18《刑集》第 12 卷,第 2360 页,转引自〔日〕木村龟二主编:《刑法学词典》,顾肖荣等译,上海翻译出版公司 1991 年版,第 730 页。

② 参见〔日〕大谷实:《刑法各论》,黎宏译,法律出版社 2003 年版,第 233 页。

③ 同上注。

④ 参见大判 1911 年 4 月 21 日《刑录》第 17 辑第 622 页,转引自上书。

⑤ 参见最判 1956 年 12 月 7 日《刑集》第 10 卷第 12 号第 1592 页,转引自上书。

⑥ 参见最决 2003 年 3 月 18 日《刑集》第 57 卷 3 号第 356 页。转引自〔日〕西田典之:《日本刑法各论》,刘明祥、王昭武译,中国人民大学出版社 2007 年版,第 195 页。

人"（即委托人等）可以是法人或单位；但第 247 条之罪的犯罪主体本身不可能是法人或单位。②从身份取得的范围看。我国四个犯罪的主体加起来还不如日本背信罪主体的范围大。日本的犯罪主体虽然也是身份犯，但这种身份取得的途径比较宽泛，只要是"为他人处理事务的人"就行；而且对"处理事务"的原因和根据没有限制，根据法令、合同、法律行为、事实行为、习惯都行，一般老百姓都有可能涉及。而我国，要么是上市公司或国有公司、企业的高级管理人员，要么是公共资金管理机构或保险、证券等金融公司或商业银行等金融机构，一般老百姓难以涉及。③从身份的稳固性来看。在日本，这种身份可以是暂时性的、临时性的，也不需要有正式的任命和独立的授权，一个普通的搬运工也可以成为背信罪的主体。而在我国的四个犯罪中，主体都有职务和职权方面的正式要求，身份的稳固性相对强一些，金融机构和公众资金管理机构的要求就更高了。

从相同点看：①都是身份犯，是特殊主体。②都是财产犯。日本的背信犯罪和中国的四个犯罪都是财产方面的犯罪。虽然中国有两个犯罪规定在《刑法》分则第三章第三节"妨害对公司、企业的管理秩序罪"中，但该两罪（第 169 条和第 169 条之一）都是结果犯，都以"致使国家利益或上市公司利益遭受重大损失"为要件。此外，中国《刑法》第 185 条之一的两个罪虽然不是以造成财产损失为前提的结果犯，但它们的罪名就表明了财产犯罪的性质；第 185 条之一第 1 款之罪叫"背信运用受托财产罪"；第 185 条之一第 2 款之罪叫"违法运用资金罪"。

综上所述，从犯罪主体看，虽然都是身份犯，但中国的范围比较小，且法律规定比较明确、具体；而日本的主体范围较大，且不确定的因素相对比较大，比如"为他人处理事务的人"中，对"处理"和"事务"这两个词就可有多种理解、解释和认定，这就增加了不确定的因素。

（二） 从行为和客观方面看

典型背信犯罪的行为是"违背其任务的行为"，并因违反任务的行为而给本人造成财产上的损害为必要。本罪是结果犯。

首先，行为人必须违背诚实信用义务。本罪的"违背"，是指违背信任关系。处理事务的人（即行为人）与委托人等本人之间必须具有法律上的信任关系，即行为人具有为委托人等本人诚实信用地处理事务的义务。这种义务产生的根据可以是多方面的。如前所述，法律法令（亲权人、监护人、公司的高级管理人员等）、授权代理等各种法律行为（委任、雇佣、承包、寄托、信托等，还包括买卖、消费信贷、债务负担等）、习惯，还包括事实行为，比如毁损所保管之物、泄露秘密等都可以。[1]

其次，应如何判断是否违背任务呢？一般来讲，是按照事务的内容、处理事务人的权限和职务、行为当时的具体情况等进行判断。[2] 具体来讲，行为人只要实施了违

---

[1] 参见〔日〕大谷实：《刑法各论》，黎宏译，法律出版社 2003 年版，第 234 页。

[2] 参见〔日〕西田典之：《日本刑法各论》，刘明祥、王昭武译，中国人民大学出版社 2007 年版，第 195 页。

反法令、预算、章程、内部规定、合同等的行为，又给本人造成了财产上的损失，便可原则上认定其是违背任务行为。当然，是否构成犯罪，还要考察行为人是否具有图利或加害目的。对证券交易、商品期货交易等具有一定风险的交易而言，如果是由金融机构中负责资金运作的专职人员进行操作，只要是在其授权的裁量权范围内，即使造成损失，也不算是违背任务。但如果是由专职人员以外的其他人员（包括董事会的高层人员）挪用其他用途的资金进行操作，则有可能构成背信罪。经日本最高法院判例认定的违背任务行为大致有以下一些：①当铺的雇员付出了高于一般典价的不正当的金钱数额给借款人；②银行工作人员没有估算回收就放出了贷款；③仓库从业人员不收回当票（典当券）就交还了受寄托的物品；④运输业者不收回货物提单就提供了货物；⑤公司发生了亏损但假装没那回事仍进行分红，即所谓"公司动用资本分红"的情况；⑥公司的董事没有得到董事会的同意就与本公司进行交易。以不作为的形式也能实施违背任务行为，比如，被委托管理财物的人员，疏忽大意不行使债权而让诉讼时效白白地过去，等等。①

有学者将典型的背信行为归结为以下四类：①不良贷款，是指银行等金融机构的工作人员在缺乏回收希望的条件下，却在未让客户提供充足担保或保证的情况下放出贷款；②粉饰决算，也称为假决算，是指违反法令、章程进行的虚假决算，本来没有盈利却伪装成有盈利而向股东分红或向董事会成员发放奖金；③债务担保，是指公司董事会或高级管理人员滥用职权对他人（包括其他公司）的债务进行担保，从而让自己的公司承担债务；④自己与公司进行交易，这是指违反《日本公司法》第 265 条，董事会成员未经董事会认可而向公司出让自己的财产，或从公司取得贷款等。②

最后，本罪是结果犯。以造成"财产上的损害"为要件。所谓"财产上的损害"，是指"从经济性角度评价本人的财产状况，由于被告人的行为而使得本人的财产价值减少或本应增加而没有增加"。例如，信用保证协会案件③说明，只要在行为时，回收贷款的希望渺茫，就可以说造成了损失。即使其后债务人用彩票能归还，那也只是犯罪之后的情节而已。

从我国背信类犯罪的行为看，样态非常具体：有《刑法》第 169 条的"徇私舞弊"，"将国有资产低价折股或者低价出售"；也有第 169 条之一的"违背对公司的忠实义务，利用职务便利，操纵上市公司从事下列行为之一"，条文又列举了六种具体行为；有《刑法》第 185 条之一第 1 款的"违背受托义务，擅自运用客户资金或者其他委托、信托的财产"；也有第 185 条之一第 2 款的"违反国家规定运用资金"。

将我国背信类犯罪的行为与日本的背信罪相比，大致有以下异同点。

从不同点看：①日本的背信罪行为描述概括性比较强，刑法条文只有一句话，"实

---

① 参见〔日〕木村龟二主编：《刑法学词典》，顾肖荣等译，上海翻译出版公司 1991 年版，第 731 页。
② 参见〔日〕西田典之：《日本刑法各论》，刘明祥、王昭武译，中国人民大学出版社 2007 年版，第 196 页。
③ 信用保证协会案件：信用保证协会的某支店长明知某小企业正处于倒闭边缘，却超出职权限额，独自决定为该小企业承担债务担保责任，协助该小企业从银行取得贷款（参见〔日〕西田典之：《日本刑法各论》，刘明祥、王昭武译，中国人民大学出版社 2007 年版，第 197 页）。

施违背其任务的行为",其具体内容实际上由法院判例认定。其犯罪构成要件的认定,学理解释的空间比较大。而中国的背信类犯罪行为刑法规定得非常具体,刑法条文进行一一列举,而且加上了诸如"违背对公司忠实义务""违背受托义务"的限制性条件。学理解释的余地相对较小。从实际效果看,尽管我国的罪名有四个,各自的条文都比较具体,但实践中仍然不够用。日本背信罪包括的某些典型行为无法包括进来,例如违法分红行为和自己与公司进行交易行为,等等。②我国的背信犯罪除《刑法》第185条之一第2款违法运用资金罪之外,均以"情节严重"或"致使国家利益或上市公司利益遭受重大损失"为要件,而日本的违背任务罪却无此要件,只要实施了行为,给本人造成了财产上的损失,不管情节和后果是否严重,都构成违背信任罪。

从相同点看,二者都以违背诚实信用义务为前提。

（三） 从主观方面看

日本的违背信任罪,在主观上除了必须具有故意外,还必须有谋利或加害目的,即必须是出于为自己或第三者谋取利益的目的(谋利目的),或者出于给本人造成损害的目的(加害目的),实际上是动机犯。这里的"第三者",是指自己与委托人等本人以外的其他人,共犯也包括在内。"谋利目的",可以是财物性利益,如收受回扣、多获取红利和资金等;也可以是为了保全自己的地位、信用和面子等身份性利益。"加害目的"的内容也不仅限于财产性利益,还包括有失本人面子、信用的情况。①

在谋利、加害目的与本人谋利目的并存的场合,则应按这两个目的主从关系来决定是否构成背信罪。例如,在违法分红的场合,出于从银行继续获得融资的目的,同时为保全股东利益和自己地位,而伪造公司业绩良好。这时如果是以后一个目的为主,就可认定构成背信罪。

中国的背信类犯罪主观上都出自故意,但都没有"目的"要求,即都没有以营利或牟利为目的的要求,即不是动机犯。因此,与日本相比,主观方面的要求相对简单一些。只要证明行为人的行为是出自故意就行了。至于行为出自一个目的,两个目的,还是无法证明其目的,都不妨害我国背信类犯罪的成立。

（四） 从客体看

日本将背信罪列为财产犯罪,且为结果犯;我国背信类犯罪则都列在《刑法》分则第三章第四节、第五节中,属于破坏公司管理、金融管理秩序罪。但实际上除一个罪之外,仍以造成财产上的损害为要件。两者之间还是有一些差别的。当然,日本刑法理论并未将客体作为必备要件之一,这也是我们在比较时应当注意的。

综上,笔者从主体、客观方面、主观方面、客体等四个角度,对中日两国的背信类犯罪进行了比较,简要地归纳了各自不同的特征。可以看出日本背信罪"以给本人造成财产上的损害"为前提,对主体、主观目的、行为作出比较适当的规定。《日本刑法》

①　参见〔日〕木村龟二三编:《刑法学词典》,顾肖荣等译,上海翻译出版公司1991年版,第731页。

第247条的内容涵盖面广,适用性强;日本运用背信罪也已经有100多年的判例积累,有很多地方值得我们学习借鉴。

三、我国背信类犯罪的立法完善

在现代经济活动中,特别在金融、证券、期货发行和交易市场上,委托、信托等为他人处理事务的活动特别多。由此而引发的纠纷和违法犯罪,数量不断增加,形式日趋复杂,危害越来越大。从日本的实际判例看,针对证券、期货、公司犯罪,大多适用背信罪或特别背信罪来解决。日本的背信罪"以给本人造成财产上的损失"为前提,这既是优点(可以严格限制刑事责任的范围,缩小打击面)又是缺点,即对那些具有严重危害性的谋利行为无法处置,例如对类似我国前不久发生的"老鼠仓"①行为就无能为力。而我国的背信类犯罪只要稍加完善就可发挥作用。

为了准确而有力地惩治金融、证券、期货发行交易市场上的犯罪,我们必须借鉴他人之长,完善现行的有关规定,为此,特提出以下建议:

(一) 对《刑法》第185条之一第2款的"违法运用资金罪"增加个人犯罪;并列举性增加证券公司、商业银行等金融机构为主体,并对构成要件进行相应修改

笔者建议,将《刑法》第185条之一第2款修改为:"社会保障基金管理机构、住房公积金管理机构等公众资金管理机构,以及保险公司、保险资产管理公司、证券投资基金管理公司、证券公司、商业银行或者其他金融机构的工作人员,违反国家规定或者部门规章运用资金,情节严重的,依照前款规定处罚。单位犯前款罪的,对单位判处罚金,并对其直接负责的主管人员和其他直接责任人员,依照前款规定处罚。"

对于上述修改意见,主要出于以下考虑:

第一,《刑法》第185条之一第2款规定的罪名,现行犯罪主体是单位,应增加自然人个人。因为,如按现行规定,就会出现以下荒唐现象:如果能代表单位作出决定的某个行为人为本单位小团体利益而违反国家规定运用资金要构成本罪;但其中只要夹杂了为第三人利益违规运用资金的情形,则反而不构成本罪。

第二,应将证券公司增列为犯罪主体。证券公司掌握大量资金,实力非常强大,可从事自营和经纪业务。实践中证券公司的高管人员实施唐某行为的情况也不少,因此,将证券公司增列为"违法运用资金罪"的主体是有理论和实践依据的。

第三,除证券公司之外,还应将商业银行等金融机构增列为主体。这是因为商业

---

① 某著名基金经理唐某的情人以1元多价格买入五粮液认沽权证,不久后在11元以上全部抛出,获利巨大(参见徐建华等:《"老鼠仓"坏了牛市汤》,载《扬子晚报》2007年4月19日)。所谓"老鼠仓"有多种含义,在基金业通常指基金经理或实际控制人在运用公有资金(基金资金等)拉升某只股票之前,先用个人资金(包括亲朋好友和本人)在低价位买进建仓,等到用公有资金将股价拉升至高位后,个人的仓位会事先卖出获利,而机构和散户的资金可能会因此而套牢。唐某管理的基金就曾操作五粮液认沽权证,唐某之情人就是在操纵启动之初买进的,然后在高位卖出而获利。

银行现在往往与证券公司、基金管理公司合作开展"代客理财"业务,你中有我,我中有你。如果证券公司、基金管理公司的从业人员构成犯罪,而商业银行的相关人员却不构成犯罪,这也不太妥当。这不是简单用共犯理论可以解决的。

第四,修改建议中运用了"等金融机构"字样,是为了适应金融衍生产品大量产生、相应机构不断出现的情况。

第五,增加"违反部门规章",可增加本条的应对能力,同时也不会过分扩大刑事责任的范围。这些部门规章,主要是指中国证监会和财政部的正式的规范性文件。如果该罪名以"违反部门规章"为要件,就可将美国1940年《投资公司法》第17条的有关内容和证监会《监管规则》17 – 1(c)的内容都纳入中国证监会的规范性文件,就可有针对性地解决"老鼠仓"问题。同时,为了解决类似"老鼠仓"的各种复杂问题也不必经常修改刑法了。

第六,已经发生的"老鼠仓"行为不同于普通背信罪。因为普通背信罪以给本人(委托人等)造成损害为前提,而"老鼠仓"行为则并非必然给委托人带来损害。比如在股市普涨的情况下,谁都没有遭受损失。因此,不能用普通背信罪的罪名。

第七,该条款用"违法违规运用资金罪"为罪名比较妥当。这样对刑法的改动较小,也可以保留原来刑法的体例。

第八,以"情节严重"为要件,可缩小打击面,同时也可与《刑法》第185条之一第1款保持一致。经修改后,第2款之罪从单位犯罪改为单位和自然人犯罪并列,所以加上"情节严重"是有必要的,可以缩小打击面。

(二) 对《刑法》第169条之一的"背信损害上市公司利益罪"增加一种行为样态,即"违法分红"

其具体内容建议如下:"(六)违反公司法规定分配利润或股本金的",将原来第(六)项的内容改为第(七)项。之所以作如此修改,是因为:①违法分红(特别是对上市公司"违法分红")是一种社会危害性严重的行为,各国刑法大多将其列为犯罪,而我国刑法至今未设相应条款。因此笔者建议列入。②由于我国《公司法》对此已有具体规定,所以,将其作为空白罪状列入,操作起来比较方便。③本条修改仅涉及上市公司,不涉及有限责任公司和不上市的股份有限公司,涉及面较小。因此,不会不适当地扩大刑事责任范围。

(三) 对《刑法》第185条之一第1款的"背信运用受托财产罪"增加自然人个人犯罪

该罪的现行主体只能是单位犯罪。也就是说,建议将现条文修改为:"商业银行、证券交易所、期货交易所、证券公司、期货经纪公司、保险公司或者其他金融机构的工作人员,违背受托义务,擅自运用客户资金或者其他委托、信托的财产的,处三年以下有期徒刑或者拘役,并处三万元以上三十万元以下罚金;情节特别严重的,处三年以上十年以下有期徒刑,并处五万元以上五十万元以下罚金。""单位犯前款罪的,对单位判处罚金,并对其直接负责的主管人员和其他直接负责人员,依照前款的规定处罚。"其理由为:①单位犯罪不能代替自然人犯罪。背信运用受托财产的行为危害比较大,国外立法例有将其作为犯罪的[①],但其犯罪主体为自然人;②取消第185条之一第1款的"情节严重",可跟同条第2款本来就没有"情节严重"相匹配。两者都成为行为犯后,有利于惩治这些特殊主体的背信行为;③《刑法》第185条的"挪用"已有其特定含义,而且仅指自然人"挪用"犯罪,而《刑法》第185条之一的"运用",其含义更广一些。因此,即使对第185条之一第1款之罪增加自然人主体,两者之间也不会发生冲突。

---

① 参见《德国刑法》第290条(非法使用典当物)规定:"当铺老板非法使用典当物的,处一年以下自由刑或罚金。"

经济
刑法
论衡

第二编

刑法基本理论问题

第四章 基本理论

关于《决定》的溯及力问题[*]

刑法的溯及力，是指一个新的刑事法律制定后，对以前发生的未经审判或者判决未确定的行为是否适用。如果适用，新的刑事法律就具有溯及力，否则就没有溯及力。因此，在制定一项新的刑事法律时，必须同时规定它的溯及力。各国的刑事立法对溯及力的规定，都是根据本国的实际情形，以维护统治阶级的根本利益为目的的。在刑法理论上将各种不同的溯及力，概括为以下四种原则：从旧原则、从新原则、从新兼从轻原则、从旧兼从轻原则。

我国刑法的溯及力采取从旧兼从轻原则，即原则上适用行为时的法律，但新法律（即刑法）不认为犯罪的或处罚较轻的适用新法律（即刑法）。而这次颁布的《关于严惩严重危害社会治安的犯罪分子的决定》（以下简称《决定》）采取的是从新原则，即"本决定公布后审判上述犯罪案件，适用本决定"，它具有溯及既往的效力。对过去未经审判或判决未确定的行为，凡是符合《决定》规定范围的，一概按《决定》处理。

《决定》对溯及力的规定采取从新原则的意义就在于，更有利于严惩严重刑事犯罪，纠正对某些严重刑事案件刑罚过轻和打击不力的偏向。由于《决定》对几种严重刑事犯罪所规定的处罚都比刑法原条文为重，因此，"从新"实际上就是"从重"。这是针对严重刑事犯罪分子活动猖獗的情况，为了维护社会治安，保护人民生命财产的安全，保障社会主义建设的顺利进行而采取的有力措施。自实行以来，对社会治安好转已起了显著作用，充分显示了刑法武器的巨大威力。

《决定》对从新原则的适用范围有严格的限制。它只对《决定》中规定的七种严重危害社会治安的犯罪分子有效，即只适用六种犯罪（涉及《刑法》分则七个条文）中的情节严重的、情节恶劣的（对检举、揭发、拘捕犯罪分子和制止犯罪行为的人行凶伤害的）、情节特别严重的、造成严重后果的、严重危害社会治安的，以及这次新补充的传授犯罪方法的。笔者认为，非《决定》列举的犯罪情况不能适用，仍然适用有关《刑法》分则条文的规定。

有人提出，刑法采用的是从旧兼从轻的原则，而《决定》采取的是从新原则，与《刑法》总则有无矛盾？笔者认为是不矛盾的。这是因为《刑法》总则虽然规定了从旧兼从轻的原则，但是并未规定"从旧兼从轻"是我国所有刑事法律都必须遵循的唯一原

---

[*] 第一作者柯葛壮，原载于《法学》1983 年第 12 期。

则。恰恰相反,《刑法》总则第89条清楚地规定:"本法总则适用于其他有刑罚规定的法律、法令,但是其他法律有特别规定的除外。"国家立法机关为了维护国家和人民的利益,在制定新的刑事法律时,完全有权根据现实斗争的需要,在规定溯及力的问题上选择某一最适宜的原则。因此,《决定》采取从新原则,不存在与《刑法》总则相矛盾的问题,而正是正确执行了用刑罚同一切反革命和其他刑事犯罪行为作斗争的刑法任务。

《决定》对它公布施行以前的行为有溯及力,是指未经审判或者判决未确定的行为。对于判决已确定的,则无溯及力。有人提出,《决定》公布以前处理的一些刑事案件,有的量刑太轻,现在能否通过审判监督程序,按照《决定》重新加重处罚呢? 例如某甲携带凶器进行流氓活动,情节严重,在1983年2月已经判决,按照《刑法》第160条第1款规定的最高刑,判处有期徒刑7年。现在与《决定》的处刑标准相比较,对某甲的处罚显然是轻的。但是,这超出了《决定》的溯及力范围,因而不能通过审判监督程序适用《决定》重新审判。根据《刑事诉讼法》第149条的规定,适用审判监督程序予以重新审判的案件,必须是"在认定事实上或者适用法律上确有错误的",这里所指的"适用法律上确有错误",是指判决时的法律,而不是指判决后新制定的或修改的法律。像上述某甲一案,按照当时《刑法》有关条款处理,定性量刑都准确无误。因此,重新审判是没有法律根据的。如果上述某甲流氓罪案,当时该从重处罚的而没有从重处罚,该判7年的只判了2年,存在量刑不当的错误时,才可以依法通过审判监督程序重新审判,以纠正原来适用法律上的错误。但也不能适用《决定》,而应按照《刑法》原有关条文的量刑幅度处罚,不能扩大《决定》的溯及力范围。当然,如果发现某甲另有未经审判的漏罪,而漏罪又属于《决定》范围的,对漏罪可依《决定》处理。

以上是笔者学习《决定》关于溯及力问题的一些体会,希望得到批评指正。

对刑法根本问题的思考*

——西原刑法思想之一

一

西原春夫教授,是著名的刑法学家,曾任日本早稻田大学校长。他 1928 年出生于日本东京,1951 年毕业于早稻田大学第一法学部,又在该大学研究生院修完硕士和博士课程,此后留校任教。1962 年获得早稻田大学法学博士学位,1967 年起担任该校教授。现任日本刑法学会常务理事、日本交通法学会理事、日德法学会理事、日中人文社会科学交流协会理事和评议员、日本私立大学联盟会长。

西原先生著述甚丰,主要著作有:《刑法的基本要素》《间接正犯的理论》《刑事法研究》(第 1 卷、第 2 卷)、《刑法总论》《交通事故与信赖原则》《犯罪各论》《交通事故与过失的认定》《大法庭判决巡礼》《犯罪实行行为论》《21 世纪的亚洲和日本》等。

二

西原先生对日本现代刑法学的发展作出了巨大的贡献,其观点不仅在理论界备受重视,而且也被司法界广泛采用。

首先,在犯罪论领域,西原先生的博士论文《间接正犯的理论》对间接正犯实行的着手时期进行了研究,他驳斥了当时占统治地位的观点——应将利用者(即背后者)的行为时点作为标准。西原先生则明确提出应以被利用者(直接实行者)的行为时点为标准。当时,西原先生的这一观点只为少数人理解,而今已为多数人接受,并被司法界广泛采用。他对"作为原因的自由行为"的着手时期也发表了同样的见解,使当时的少数人的观点变成了今天的多数人的观点。西原先生还对许多判例进行了学术上的评论,明确支持"共谋共同正犯"这一概念,并在新的理论基础上予以展开。目前,这种概念也在理论上为人们所普遍接受。

在交通事故案件中明确认定过失的标准,是西原先生的学术活动中另一值得重视的方面。20 世纪 60 年代前后,随着日本经济的高速增长,交通事故大量增加,如何认定这类案件便成了令人关心的问题。西原先生对当时汽车普及国之一的西德的判

---

* 原载于《刑法与道德的视界交融》(论文集),中国人民公安大学出版社 2009 年版。

例理论中的"信赖原则"作了详细研究,并将其介绍到日本,还将它改造成易于为日本司法部门采纳的形式,在详尽的判例分析的基础上,明确了适用"信赖原则"的条件。正是西原先生的研究成果,使当时的司法部门之间(法官之间、检察官与法官之间)在过失犯认定上的严重不统一现象在短时间内得以消除,从而使交通事故案的处理可以在公平合理的基础上进行。显然,西原先生的理论对司法界的贡献,是其他一些"钻象牙塔"式的理论所无法比拟的。

西原先生还革新了"犯罪各论"体系。过去论述犯罪的著作大都以逐条解说刑法典上的犯罪为内容,却没有一本将刑法上的各种犯罪与特别刑法上各种犯罪联系在一起进行有机阐述的专著。为了突破这一点,西原先生打破了按侵害法益来对犯罪进行分类的传统做法,而是按照犯罪学的、社会学的类型来进行分类,例如分成"政治犯罪""公务员犯罪""交通犯罪""医事犯罪""公害犯罪""暴力团犯罪""公司犯罪""证券交易上的犯罪"等类型。他以这种新的研究方法为契机,在刑法学者的视野中开辟出了一片新的天地。

三

笔者曾有幸作为《刑法的基本要素》一书的主要译者,为西原先生的这部著作两次在中国的出版奔走。先生著作的中译本名为《刑法的根基与哲学》,在中国刑法界(学界与实务界)广受欢迎,历经十多年而不衰,堪为盛事。

《刑法的根基与哲学》一书探索的主题是:为什么人类社会要有刑罚或刑法?国家凭什么持有刑罚权?国家行使这一权力又得到了谁的允许?这些都是刑法学的最基本的问题。本书把处于刑法背后的、促使制定刑法的原动力称为"刑法的基本要素",并把探索和分析这种要素作为主要目标。

多少年来,人们一直在思考着这些问题,并形成了许多想法和观点,但它们往往散见于各种论文、著作中,尚未形成一部专门著作。要系统回答上述问题,完成一部专著,不仅要对刑法学、犯罪学的专业领域有深刻研究,而且必须具有其他学术领域的广博学问,如政治学、社会学、心理学等。该书作者厚积而薄发,积二十多年研究之心得而写就此书,实属难得。

该书由贯穿全书分析体系的纬线和经线编制而成。该书的纬线主要有两根:一是以基本方向为出发点来考查刑法制定的原动力;二是考查偏离原来方向的刑法制定的原动力。作者把前者称为实施国家刑罚权的生理现象的考查,把后者称为其病理现象的考查。

该书的经线是指分析的顺序。由于刑法背后潜伏着促使制定刑法的众多要素,而这些要素又埋藏于不同的层次之中,有的处于深层次,有的处于浅层次。这些要素自成体系地密集在一起,作者采用由浅及深与由深及浅相结合并以由浅及深为主的考查方法。

要判断在刑法制定的原动力中,哪些是符合本来方向的,哪些是偏离本来方向的,这取决于考查者的立场。作者是一位资本主义国家的学者,判断问题当然离不开西方的价值观念。然而,作者也以大量的篇幅引用了马克思的原话,作为对上述问题进行分析的依据。

我国《刑法》自1980年开始实施,至今已二十多年。与此相应,对有关刑法的各种问题的研究和思考也逐渐由表及里、由浅入深地展开。目前,人们已经不满足于对《刑法》条文的解释,而需要进一步探索深层次的刑法学的基本问题。因此,本书的主题不仅为广大法律理论工作者和实际工作者所重视,而且也为许多群众所关注。

四

西原先生为《刑法的根基与哲学》一书写了三篇序言性的文章,表明了他对刑法根本问题的重视和深层次的思考。笔者认为,这是了解西原先生刑法思想的第一手资料。现原文照录如下:

1. 西原先生2003年8月亲自撰写的中文增订本序言

本书是我在日本出版的《刑法的基本要素》(增订本2003年,东京成文堂出版)一书的中文版。

本书的旧版于1979年由日本一家名为"一粒社"的出版社以该书名出版。1991年,上海社会科学院法学研究所顾肖荣研究员等人士将此书译成中文并在中国出版,中文版的书名为《刑法的根基与哲学》。能够在中国拥有众多读者,本人深感荣幸。

后来,原"一粒社"解散,本书的版权移交给了成文堂。作为作者,我考虑到本书的旧版已发行24年,且这些年间政治形势和学术研究状况都发生了很大变化,本书需要作相应的修订。但由于自己多年来担负着学校的管理重任及多种社会工作,终日繁忙,难以将精力和时间集中到本书的修订上来。而正在此时,得到顾肖荣先生告知,原书的中文版已售罄。顾先生希望我能出个修订本让他们再次翻译后在中国出版。这真是令人高兴的事,我很想做成此事,无奈由于前面所述的原因,目前要我执笔搞一个真正意义上的修订本有很大困难。

考虑再三,最后拿定主意。决定先在必须作改动的地方加上新的注释,以便各位中国读者了解这方面的现状。然后在书的最后附上了我的一篇题为"学习法律学的意义"的演讲稿。因此,此次的版本只是增订本。我想,如果可能的话,在最近几年完成真正意义上的修订本。

本书探索的是国家刑罚权的根据,至少在日本,当时和现在都还没有这一内容的书。我想,本书之所以在中国受到读者朋友的喜爱,可能是因为中国同日本一样,还没有这一内容的书的缘故吧!

为什么国家可以对国民科以刑罚？不用说，关于这一点存在着各种各样的见解。其中最为有力的见解，恐怕是"为了保护国家和国民的利益"。但是，从另一个角度来说，"国家为什么必须保护国家和国民的利益？"这个问题也是能够成立的。这一问题之所以成立，是因为它意味着这种回答并不是国家刑罚权最深层次的根据。我们的探索必须进入更深的层次。如果本书对各位读者在这方面的探索能有所帮助，我将引以为自豪。

自1988年以来，本人一直作为"日中刑事法学术研讨会"的日方代表，努力地推进着研讨会的召开和持续。该研讨会平均两年一次，在日本和中国轮流举办，至今已办过8次，2004年将在日本京都举办第9次，2005年将在中国长春举办第10次。如果仅仅局限于刑事法的范围，可以说，日中关系已经不可动摇了。

最近，我关心的范围有所扩大。就像欧洲已出现的先例那样，人类目前虽然还保留着国境，但人类必然会朝着放低国境的"围墙"这一方向不断迈进。假如国境"围墙"放低了，在每一个具有一定共性的地区，都需要有一种超国家的行政组织。在这样的地区中，需要形成超国家的法律秩序。本人预测，21世纪中，人类将进入分成几个由地区和国家组成的联盟以谋求竞争和共存的时代。我希望各位读者务必以这样的新时代为前提，来考虑如何构筑日中关系。

在此，向承担本书增订本翻译任务的上海社会科学院法学研究所所长顾肖荣及陆一心、谈春兰、陆庆胜等人士表示诚挚的谢意，同时祈望本书能对中国刑事法学的发展有所贡献。

西原春夫
2003 年 8 月 1 日

2. 西原先生于2003年6月撰写的中文增订本前言

本书的旧版是由一粒社作为"现代法律学的课题"中的一个部分，于1979年出版。后来，该出版社解散，版权移交给了成文堂。我本想根据那以后形势的变化，结合学术的发展状况，进行大幅度修订的，无奈由于精力和时间无法集中，至今未能达到这一目的。

令我没有预料到的是，本书在中国比在日本还要受读者欢迎。这首先要归功于曾两次来日本留学的上海社会科学院法学研究所所长顾肖荣先生，他很早就将此书译成中文在中国出版了。除此之外，我想或许是由于中国正处于一个在坚持走社会主义道路的同时，开始引入市场经济原理，探索如何构筑新的思想体系的时期，而本书的论述并不是从根本上否定马克思主义的学术意义，只是指出了它的某些需要完善之处，因而才吸引了中国年青一代研究人员的目光。

总之,由于本书的中文版已售罄,中国方面多次催促我,希望我能再出个修订本。从内心讲,我的确很想将此书全面修订后用中文出版的。无奈由于我这边的原因,实在难以抽出时间和精力来完成此事。因此,只能再请各位读者再耐心等待。现在我先将原来的论述中需要订正的地方加上注释,让大家了解这方面的现状。并在书的最后附上了我的一篇演讲稿——"学习法律学的意义"。

重读自己以前的论述,最放心不下的是与本书的书名有关的部分,即从正面论马克思主义思想的部分。如果是在东西冷战结束 15 年后的今天写此书的话,对这一问题的论述就不会这么简单。但当时自己疏忽了这一点,没有坚持论述的系统性,这是一个大问题。这个部分的论述,对于今天的日本读者来说,免不了会产生一种"怎么现在又重新谈起已经解决了的问题?"的印象,但为了能让大家理解这是由于当时的正面论述所形成的主张,所以在增订本中原封不动地保留了这部分内容。这是让人切实感受到仅仅 25 年时间,时代发生很大变化的部分。

重新阅读本书,自己感到不足的是:那以后,以欲望为中心的人类行为科学有了很大的发展,而本书未能反映这一点。因此,我想我一定要在近阶段从根本上修订本书,其中应包括这一点以及论述最后紧缩的部分。因为我觉得进行此类性质的研究,是像我这样年长的研究人员的责任和义务。

西原春夫

2003 年 6 月 1 日

3. 西原先生于 1979 年 6 月撰写的旧版前言

我以《刑法的根基与哲学》这一非常奇特的题目撰写本书,是有一个很明显的动机的。我在大学讲坛上讲授刑法迄今恰好 20 个春秋,而作为刑法研究者的我一直在思索刑法学中最基本的问题,诸如为什么人类要有刑罚或刑法? 国家凭什么持有刑罚权? 国家行使这一权力又得到谁的允许? 这些问题非但没有一本书提到过,事实上我自己在讲授刑法过程中,也从未就这些问题归纳统一过自己的观点。学生们提出这些问题,我也在想这到底是为什么呢? 并因此而感到坐立不安。然而,撰写此类书,不仅要对自己所从事的专业领域有深刻的研究,而且必须具有其他学术领域的广博学问,而这又谈何容易。于是,我就想避难就易,认为既然自己没有这方面的能力,最好请哪位合适的先生来写,并认为即使不得已由自己来写,那也是艰苦之作,不到花甲之年是根本写不出来的。这种逃避,犹如洗温水澡,安闲舒适。

反过来一想,只要是到了相应的年龄,一个面对社会讲授刑法学的人,就不允许作这种逃避。把刑法学正确地置于自己的人生观之上,并向人们讲明白,希望人们理解这种针对立足于其他人生观的刑法学所作的发言,至少也是一种理论,应当说这是不可缺少的前提条件。我认为,对于这一问题至少要向人们表明自己的思路,这是我们这些研究者对于那些对刑法及刑法学感兴趣的人们应尽的义务。

正当心中针对这个严肃问题左思右想、踌躇不决之际,我想了几年前的一个折中方案,那就是把现阶段未成熟的想法直率地记录下来,客观地使之成书,以此作为我自己进一步深入思考的起点,同时向读者们提供线索,与我一起来思考。正当我默然考虑这些问题时,一粒社出版社提出了出版计划。于是,我便不顾羞愧地决定把这个方案付诸实施。

在本书写作的最后阶段,我违背自己意愿赴西德进行海外研究,因而书中引用的有关文献和所提及的人物生平的考证,以及校对等工作,都是拜托早稻田大学副教授野村稔以及属于本研究室的早稻田大学研究生院法学研究科的学生们做的。在此,一并表示感谢。

西原春夫

于西德·弗莱堡

一个美丽的初夏之夜

1979 年 6 月 22 日

五

1989 年 4 月至 7 月,笔者有幸在早稻田大学法学部担任客座研究员,指导老师就是西原春夫教授。从那时起,受教于西原先生已经 18 年了。这些年来,西原先生从学业和为人处世两个方面都给我以深刻影响。以下一些往事深深地留在我的记忆中。

记得在 1989 年的 5 月间,有一天,西原先生把我请到他的总长办公室(其时西原先生正担任早稻田大学总长),对我说他刚从中国回来,在中国期间他怀着沉重的心情参观了南京大屠杀纪念馆,还拍了许多照片。接着,他让我翻看了四本厚厚的相册,里面全是他神情沉重地参观大屠杀纪念馆的照片。西原先生对中国人民的友好情义由此可见。

从 20 世纪 80 年代末到 21 世纪初,中日刑事法研讨会共举行了十多次,每隔一年在日本或中国各举行一次。西原先生每次都是亲力亲为。不管是否在总长的位置上,他都全力以赴。从会议主题、代表团正式成员、发言者的选择,到会议的经费、日程、场所和会议成果的出版的安排等具体事务,他都亲赴中国与有关领导和单位磋商。特别是中方代表团到日本开会,每一次他都不顾七十多岁的高龄,不但认真出席每一次大会和小组会,还亲自全程陪同中方人员游览参观每一个景点。西原先生考虑问题之细密,为他人服务之周到,身居高位而从不摆架子的风格,实在令人感佩。笔者作为中方代表团的正式成员,出席了其中的 6 次会议,亲眼目睹上述种种情状,为这位古稀老人的举动而感叹不已。

还是在1989年6月底,西原先生在东京希尔顿酒店的日式料理店里,为我回国举行了欢送会。席间,西原先生的老朋友、日本成文堂出版社阿部耕一社长的开场白令人难忘。阿部社长说:"我们日本有很多人认为,自古以来,日本就受到中国文化的深刻影响,从文字、器物到风俗习惯都是如此。虽然在近代,中日两国发生了不愉快的事。但今后,随着中国的改革开放和进步,两国人民的友好会有很大发展。我和西原先生都持这一观点。"笔者认为,这就是西原先生实践中日友好的深厚基础。

在西原先生等老一辈刑法学者的倡导下,在相对保守的刑法界(包括大学教授、检察官、法官、狱政官、警视厅官员等),中日出现了积极交流的局面。

2003年,在日本名古屋举办的第8次中日刑事法研讨会上,日本著名刑法学者、东京大学前总长平野龙一教授在大会发言中对中日刑事法研讨会这种交流机制进行了高度的评价,希望在21世纪要继续下去,要永远继续下去。平野教授还鼓励日本的中青年学者要向中国学者学习,不要局限于刑法的解释论,视野要更开阔一些。这种局面,即使在两国政治交往出现低潮时也没有受到影响。笔者认为,这与西原先生在日本刑法界的巨大影响和长期努力是分不开的。

我国刑法中业务上过失犯罪的特征*

　　随着新技术的广泛推广使用,交通运输之繁忙,由于业务上的过失造成的犯罪日益增加,其社会危害性也日益严重。据统计,苏联在 1946 年过失犯罪只占犯罪总数的 6% ,到了 20 世纪 70 年代,过失犯罪即增长到 12% ,二三十年中翻了一番。在过失犯罪中,交通肇事达 75% ,占绝大多数;玩忽职守占 15%—20% ;违反劳动保护法规的占 3%—5% ;过失杀人的只占 3% 左右。刑法理论按不同标准将过失犯罪分为有认识过失与无认识过失,一般过失(即普通过失)与业务过失,重过失与轻过失,等等。交通肇事、重大责任事故、玩忽职守一般均属于业务上的过失犯罪。从上述统计数字中可见,业务上的过失犯罪在整个过失犯罪中占了绝大部分。在我国,随着科学技术和社会生活的现代化,交通肇事、重大责任事故(包括重大医疗责任事故)、玩忽职守等业务上的过失犯罪也有了明显的增长。因此,对这类犯罪加以认真研究具有重要意义。

　　关于业务上过失犯罪的概念,在理解上是有分歧的。有人认为,所谓"业务"就是指行为人所从事的职业。因此,裁缝的"业务"就是将布料做成衣服,护士的"业务"就是给病人打针、服药等,除此以外,他们所干的一切就不能算从事"业务"活动。笔者认为,这种观点是欠妥的。实际上,所谓"业务",就是指一个人基于社会生活的地位,须经常、反复不断地执行的事务,也就是有关职业、营业以及其社会生活地位上的一定的行为,经过反复执行而形成的一种活动。不论是为公还是为私,主要的还是次要的,也不问有无报酬或利益。例如,养鸡专业户王某以养良种鸡为主要"业务",但为了工作上的方便,还买了一辆自备汽车运货,驾驶汽车自然也是其"业务"。总之,业务的概念是由职业、营业以及社会生活地位三方面的因素构成的。因此,一个人每日操练太极拳,父母反复、经常管教子女的行为,都不能看做是业务。

　　所谓业务上的过失犯罪,是指从事某项业务的人因疏于业务上必要的注意,而导致发生了自己不希望的危害社会的结果。日本、意大利刑法对业务上的过失犯罪有明文规定。我国《刑法》虽未明文标有"业务上过失"等字,但也有四个条文与业务上过失犯罪直接有关:《刑法》第 113 条的交通肇事罪、第 114 条的重大责任事故罪、第 115 条的违反危险物品管理规定肇事罪、第 187 条的玩忽职守罪。从上述四条文来看,我国《刑法》中业务上的过失犯罪,大致有以下四个特征:

　　1. 业务上的过失是同违反规章制度或自己的职责紧密联系在一起的

　　所谓规章制度是指交通规则、操作规程、劳动纪律、岗位责任制、安全生产制度、

---

　　* 原载于《法学》1986 年第 4 期。

劳动保护法规、危险物品管理规则等。我国《刑法》第113、114、115条明确规定以"违反规章制度"为前提,第187条玩忽职守罪的"职守"二字即"职责"之义,玩忽职守的前提就是违反职责。行为人有意或无意违反规章制度和自己的职责是构成业务过失的前提。不违反规章制度或自己的职责,就说明业务上没有过失。在从事业务活动中,不是因违反规章制度或自己的职责而发生的事故,都是行为人所不能预见或不能抗拒、控制的,应属于意外事件,因此,就不能让行为人负刑事责任。这里属意外事件的事故大致有两类:一类是自然事故,如风暴、地震所造成的事故;另一类是技术事故,即由于不能预见的技术能力、设备条件等技术原因而造成的事故。这些事故都不是责任事故,因而不能构成业务上的过失犯罪。

在认定行为人是否违反规章制度时,必须注意正确处理规章制度与惯例的关系。当惯例和规章制度发生矛盾时,应严格按规章制度办,不能以惯例来否认行为人违章之实。如果由于规章制度确实没有建立起来或者由于规章制度不健全、职责不明等原因,而使行为人无章可循而造成事故的,那么,一般也不能认定行为人犯有业务上的过失罪。这时,可以视具体情况,有的可以认定为普通过失罪(如过失杀人、过失爆炸等),有的可认为不构成犯罪。

2. 在主观上,这类犯罪的行为人对违反规章制度或自己的职责,可以出自故意也可以出自过失,但对所引起的损害后果,一般都持过失态度

所谓"故意违反"就是对规章制度或自己的职责明知而故意违犯,即行为人明知按规章制度或自己的职责应该(或不应该)这样做,而他却故意地不这样(或故意这样)做;所谓"过失违反",就是对规章制度或自己的职责不认真执行,即行为人知道规章制度或自己的职责,也能够执行,但他却马虎草率,不负责任,不以认真、严肃的态度去执行。而对所发生的严重后果行为人都是持过失的心理态度。也就是说,对严重结果的发生,行为人应当预见,但因疏忽大意而没有预见,或者已经预见而轻信能够避免,以致发生了这种结果。

以上观点,在我国目前的刑法教材中已成定论。但随着我国对内搞活、对外开放经济政策的实施,出现了一些新情况、新特点,以致人们对上述定论产生了一定的疑问。有这样两个案例:例一,某自行车厂厂长某甲(工程师,长期从事本行专业),到某国出差购买设备,外国人请他吃了几顿饭,玩儿了几个地方后,向他推销一套陈旧的制造自行车的专用设备,他明知这套设备的规格、标准我国不能用,但碍于情面,还是花十多万美元买了下来。设备运回国后,果然毫无用处,露天放置风吹雨淋,几乎全部报废。例二,某建工局采购员某乙在采购水泥车的橡皮垫圈时,发现某社办厂生产的垫圈质量不好,于是,就退了回去。后该厂托熟人向张某求情,请他吃了两顿饭,张某明知垫圈质量不好仍收了下来,还收了好几批。从数量上讲,可供该局系统使用102年。但由于质量不好,都不能用,使国家损失6万元。以上两例中的行为人厂长某甲和采购员某乙不仅故意违反自己的职责和有关规章制度,而且对国家财产会因自己的行为而遭受严重损失的后果,也持故意(放任)态度。那么,这类情况是否构成犯罪,能否构成业务上的过失犯罪(例如玩忽职守罪)呢?有人认为,这种情况应当构成犯罪。因为行为人对严重后

果的发生持过失态度的尚且构成玩忽职守罪,更何况对严重后果的发生持故意态度的。对此应构成什么罪名?首先,行为人只吃了他人两顿饭,没有收受其他利益,当然不能构成受贿罪;其次,行为人并没有将财物占为己有的目的,故也不能构成贪污罪。于是,在定罪名时产生了分歧意见,第一种意见认为,这两个案件的行为人故意滥用职权,致使国家和人民的财物遭受重大损失,具有很大的社会危害性,理应受刑罚的处罚。然因《刑法》分则对这类行为没有明文规定为犯罪,所以可类推《刑法》第 187 条的玩忽职守罪定罪判刑。第二种意见认为,这类行为可直接定为玩忽职守罪,不必类推。因为玩忽职守中的"忽"字固然是指"疏忽大意""马虎草率"之义;但"玩"字就有"玩弄""胡来"之义,即含有故意之义,故玩忽职守本身就应包括故意玩弄、滥用职权之义。因此,某甲和某乙就可直接定为玩忽职守罪。笔者认为,前一种意见比较正确。因为立法者已将本罪解释为一种业务上的过失犯罪,即这种犯罪在客观上表现为不执行或不正确执行规章制度或自己的职责,致使公共财产、国家和人民的利益遭受了重大损失,在主观上出于过失,即上述重大损失是由于行为人的严重官僚主义或对工作极端不负责而造成的。如果有意造成重大损失,那就不是玩忽职守的问题,而是构成其他犯罪了。因此,对上述两例不宜直接定为玩忽职守罪,而只能类推定罪。但同时,笔者提出建议:提请立法机关在修改《刑法》时考虑将故意滥用职权致使国家和人民遭受重大损失的行为独立规定罪名,或者由有权机关作出解释,规定玩忽职守罪可以包括上述情况。以便更有力地同这类犯罪行为作斗争。

3. 必须造成严重后果

这是划分罪与非罪的客观标准,也是区别业务上过失犯罪与业务上失误的分水岭。《刑法》第 113 条、第 114 条、第 115 条及第 187 条之罪都把"致人重伤、死亡或者使公私财产遭受重大损失""发生重大伤亡事故、造成严重后果"等作为构成本罪的客观要件。因此,如果行为人虽有违反规章制度的行为,但并未造成上述种种严重后果的,就不能构成业务上的过失犯罪,而只能视为一般的违章问题,属于业务上失误的性质。必须注意的是,条文明确指出,严重后果不仅指人身伤亡,而且包括国家和人民的财产损失。这种损失显然应包括巨大投资上的失败,大量产品的非正常报废,因设计、施工中的责任事故而造成的建筑物的严重倒塌等。然而,我们有些同志对列举的种种物质损失,往往以"付学费""没经验"等为由,姑息迁就,不追究行为人的刑事责任。这种做法是错误的。国家工作人员因玩忽职守而造成的重复、盲目引进,使国家和人民的财产确实蒙受了重大损失的,或因疏于职守、违反职责而上当受骗、使国家和人民的财产大量流入不法外商和国内投机诈骗分子的腰包,而使国家和人民遭受重大损失的,从原则上讲,都可构成业务上的过失犯罪,可以追究直接责任人员的刑事责任。当然,由于这类案件性质比较复杂,涉及的责任人员相对比较多,层次往往也较高,所以在具体认定时有一定困难和阻力,但我们仍应克服它们,严格依法办案,做到不枉不纵,准确打击犯罪分子。

4. 业务上过失犯罪的处刑较普通过失犯罪为轻

从刑法有关条文的规定看,我国对业务上过失犯罪的处刑较普通过失犯罪为轻。

现立表比较如下：

条款	罪名	类型	基本量刑幅度	加重法定刑幅度
第106条	危险方法过失破坏公共安全罪	普通	7年以下有期徒刑或者拘役	
第110条	过失破坏交通工具等设备罪	普通	7年以下有期徒刑或者拘役	
第111条	过失破坏通讯设备罪	普通	7年以下有期徒刑或者拘役	
第113条	交通肇事罪	业务	8年以下有期徒刑或者拘役	8年以上7年以下有期徒刑
第114条	重大责任事故罪	业务	8年以下有期徒刑或者拘役	8年以上7年以下有期徒刑
第115条	违反危险物品管理规定肇事罪	主要为业务	8年以下有期徒刑或者拘役	8年以上7年以下有期徒刑
第133条	过失杀人罪	普通	5年以下有期徒刑	5年以上有期徒刑
第135条	过失重伤罪	普通	2年以下有期徒刑或拘役	2年以上7年以下有期徒刑
第187条	玩忽职守罪	业务	5年以下有期徒刑或拘役	

这里的某些条文所规定的犯罪构成要件的内容十分相像，甚至有的是相互重叠的，仅仅因为犯罪主体所从事的是否为业务活动，而在量刑时就有很大的差别。例如，《刑法》第113条的交通肇事罪和第133条的过失杀人罪就是如此。汽车驾驶员驾驶汽车交通肇事致人死亡的，应定为《刑法》第113条的交通肇事罪，一般交通肇事罪处3年以下有期徒刑。汽车驾驶员骑自行车下班不慎撞死了人，因其从事的不是业务活动，故只能定为过失杀人罪，一般过失杀人罪处5年以下有期徒刑。两相比较，显然不同，可见，尽管犯罪的后果（致人死亡）和犯罪的行为（行车不慎）基本相同，但因是否在从事业务活动而在量刑上就有一定的差别。类似的情况还有。

我国刑法对业务上过失罪处刑较轻的规定与日本、意大利等国的刑法不同。日本等国的刑法规定，对业务上过失犯罪所处的刑罚较普通过失犯罪的更重。例如，《日本刑法》第211条规定，业务上过失致人死亡的，处5年以下拘役或监禁，或1 000元以下罚金。而第210条规定，过失致人死亡的，处1 000元以下罚金。其理由在于：①由于从事业务的人所处的地位、业务经验、专业智能和熟练技术，决定了他们在执行业务中，对某种情况包含着什么危险及其发生的可能性，会有超过一般人的预见能力和避免危害发生的预防能力。这些人应当有较高的注意力、经常保持慎重的态度，才能避免各种危害后果的实际发生。例如司炉工对锅炉在什么情况下会发生爆炸，应比一般人具有更高的预见能力和预防能力，因此，对他们履行业务上的责任应有更严的要求。②加重处罚可以对业务人员起到警戒作用。③业务过失往往发生在生产、操作等过程中，常常涉及许多人和公共的利益，其影响面往往较普通过失为大，危害也较严重。

为什么我国刑法与日本等国刑法的规定不同，对业务上过失犯罪处刑较轻呢？大致有以下四条理由：①业务上过失犯罪尽管造成的后果严重，但毕竟属于工作上的失误，是过失犯罪，不是故意破坏，因此处罚不宜太重。②业务上过失犯罪的发生，与多方面的客观因素有关，例如，我国国民经济不够发达，生产设备条件差，工作、交通等条件也较落后，规章制度不够健全等，有时还与领导的指挥、安排、计划不当有关。因此，从客观上讲也存在着一些从轻处罚的理由。③为了减少和预防业务上的过失犯罪，对行为人用刑罚加以处罚是完全必要的，能起到一定的警戒作用。但我们主要还是应当靠加强对职工进行遵纪守法教育，提高企业的管理水平，不能扩大打击面。所处罚的，只能是那些情节恶劣、后果严重的重大事故的肇事者。④现代技术革命虽然减轻了人们体力劳动的强度，但却使工作更加紧张，节奏加快，大大加重了人们的心理负荷程度；要求个人作出准确而又敏捷反应和判断的场合越来越多，从而使产生差错的机会也大大增加，甚至导致重大事故，造成重大损失。因行为人主观上存在过失，客观上也造成了严重后果，不以犯罪论处显然是不行的。但如不顾主客观情况，一味地强调"严惩""重判"，显然也是不对的。这不利于生产的发展和稳定业务人员的情绪。

综上所述，笔者认为，我国刑法业务上过失犯罪处刑较普通过失罪为轻的规定符合我国国情和审判实际。但我们绝无轻视业务上过失犯罪的社会危害性之意。在现代技术条件下，业务上过失犯罪有时造成的损失是非常惊人的，例如，1977 年 12 月 10日，我国现代化大型企业——金山石油化工总厂水厂海水车间的一名操作工违反规章制度，按错了一个按钮，结果使一期工程的"龙头"——乙烯装置断水，造成总厂全线停产，经济损失达 1 500 万元。后来，这名操作工以重大责任事故罪被判刑 3 年。有人认为，造成那么大的损失，才判 3 年，未免太轻了。其实判 3 年是罪刑相适应的，因为我们不能搞客观归罪，如果不考虑主观因素，单凭 1 500 万元的损失，判死刑也不算重。但从主客观特征统一考虑，判 3 年是适当的，是依法办事。事实也证明了这一点，该厂领导为了从中吸取教训，将发生事故的这一天，定为石化总厂的"厂耻日"，采取了多种有效措施。8 年来，这个拥有 47 000 名职工、厂区面积达 12 平方公里的大型现代化企业不但没有发生过类似事故，而且还成为全国的先进模范单位。

总之，对业务上的过失犯罪不定罪不判刑不行，判得过重也不行；我国现行刑法对这类犯罪刑度的规定基本上是适当的。至于随着我国国民经济的发展，技术条件的进步，工作、交通条件的改善，今后是否有必要提高这类犯罪的刑度，值得在今后研究解决。

过失犯罪理论的比较研究[*]

近年来,随着经济、社会现代化进程中交通肇事、重大责任事故等案件的急剧上升,对过失犯罪进行深入研究的需要日益迫切。但我国目前在这方面的研究还跟不上形势。为了进一步引起重视,本文拟将国内外某成果作简略的、不成熟的比较分析。

一、过失犯罪负刑事责任的根据

我国有个别刑法学者对此发表了专题论文。他们认为,过失犯罪负刑事责任的根据有二:一是主观根据,二是客观根据。研究主观根据,必须从人的意志入手。人的意志具有相对的自由,这就标志着人可以凭借自己的认识,在客观条件许可的范围内自由地选择自己的行为。意志自由同时还标志着人在自己意志支配下行动时,不仅能够明了自己行为的实际内容,而且能够了解行为的结果及其社会意义。因此,就产生了具有意志自由的人对自己行为的责任。在过失犯罪的情况下,行为人的意志似乎是不自由的,但这种不自由是以能够自由为前提的,即行为人本来能够获得意志自由,从而选择自己的行为,避免危害结果的发生,但他却在自己意志的支配下,对社会利益、人民安危疏忽大意或严重不负责任,从而导致了行为的盲目性,造成严重的危害后果。在这种不自由的现象后面包含着行为人的自由选择,对此,社会必须加以责难。此外,过失犯罪的行为人违反规章制度和社会共同的生活准则并因此而造成重大损失,这是让其承担刑事责任的客观基础(以下把这种学说称为"相对意志自由论")。

在日本刑法理论中,过失责任论经历了旧过失论、新过失论以及最新过失论三个发展阶段。目前,这三种学说仍在不断地进行论战。

旧过失论以行为人主观上违反预见(注意)义务为核心,将过失与故意共同作为责任要素或责任形式理解,而责任纯属主观范畴,它与行为的构成要件该当性以及违法性都无关。当然,这里的违反预见义务是以预见可能性为前提的。总之,旧过失论从主观的意志自由论出发,认定过失纯属有责性的范围。

新过失论认为,不是所有的违反注意义务都能成为过失责任的原因,只有违法的即为社会所不容许的违反注意义务才成为过失罪的原因。这种性质的违反注意义务,其本身就包含着具有构成要件该当性的违法性。于是,新过失论就将过失从有责

---

[*] 原载于《法学研究》1988 年第 5 期。

性的范围转移到构成要件该当性和违法性上来。新过失论应第二次世界大战后现代社会新变化的需要而产生。现代物质文明的急剧发展本身就孕育着侵害社会法益和公民个人法益的危险行为的增加。例如高速交通运输、大规模的土木建筑、科学试验，等等，对这类行为不仅不能以有危险为理由而加以直接禁止，反而应积极鼓励。然而，对这种危险发生的程度却应当限制在能够为社会所容忍的范围内。而这一范围通常是由法律、法令或规章制度来限定的，因此，只对违法(广义)的违反注意义务加以责难就是顺理成章的了。

　　将过失作为违法要素的新过失论是以回避结果义务为轴心而展开的，因此，过失责任的根据就在违反回避结果义务和回避的可能性方面。就理论前提而言，旧过失论的违反注意(预见)义务也好，新过失论的违反回避结果义务也好，都离不开"预见可能性"这一概念。而且新旧过失论都要求有具体的预见可能性，即对结果的发生和自己行为之间的基本因果过程要有预见可能性。但也有人对此表示异议，认为预见可能不一定要那么具体，只需有笼统的"不安感""危惧感"就足够了。这就叫做"危惧感说"，也称为"最新过失论"(新·新过失论)。这种最新过失论具有扩大过失责任范围的倾向。它是适应日本20世纪六七十年代经济高速发展、公害现象成为日益严重的社会问题而提出的。

　　以上各种过失犯罪理论，都是为了适应日本经济社会发展不同阶段的需要而产生的，它们的内容既有合理性，也有欠缺性。近来，旧过失论又有所抬头，多种过失论之间展开了激烈争论。

　　实际上，我国的"相对意志自由论"在主观上强调行为人对待自己行为后果的心理态度，强调行为人要对自己的自由选择负责；在客观上强调行为人违反规章制度和人类共同生活的准则，这种将规范评价和道义评价相结合的观点，基本反映了对过失犯罪进行非难的实质。但责任和义务是紧密联系在一起的，过失责任的核心是注意义务和预见可能性问题。而"相对意志自由论"没有明确提到"违反义务"，甚至在论证中也未提到，这不能不说是个缺点。

　　由于日本刑法总则没有给"犯罪过失"下一个法律上的定义，所以，日本刑法学界对犯罪过失的定义、归责根据等问题发生种种学说上的争论也就不奇怪了，但他们的刑法理论能够顺应现代化经济、社会建设的需要，适时地提出一些新观点，这对我们颇有启迪。

二、犯罪过失的意识因素和意志因素

　　犯罪过失中是否具有意识因素和意志因素，这是个与责难根据有关的问题。我国刑法学界的通说认为，如同犯罪故意那样，犯罪意识和犯罪意志也是过失这一罪过形式不可缺少的两个要素。在疏忽大意过失的情况下，犯罪意识表现为应预见、能预见而没有预见危害结果发生的可能性，犯罪的意志在于疏忽大意。在过于自信的过失的情况下，犯罪意识表现为已经预见行为危害结果发生的可能性，犯罪意志在于轻信能够避免这一危害结果的发生,即行为人未按社会的要求,重视自己行为的危害性,而且对行为及其后果持轻视态度,这种应重视能重视而予以轻视的心理态度,正是行为人的意志错误所在。可见,过于自信的过失同样也具备犯罪意识与犯罪意志。总之,当主观上同时具备犯罪意识和犯罪意志时,就说明行为人对待自己行为的后果具有受到刑法责难的心理态度,即具有罪过,而罪过就是构成犯罪、承担刑事责任的主观根据。

然而,在疏忽大意的罪过形式中,是否存在行为人对待其行为后果的心理态度这一问题上,英美刑法理论多持否定态度,且东欧国家的个别学者亦持异议。他们认为,在疏忽大意的情况下,不存在实在的心理态度,也就是说不存在行为人对待其行为的危害社会后果的心理态度。这些观点排除了疏忽大意过失的心理内容,难以符合罪过的基本理论。只要结合心理学研究的成果对其进行分析,就可以得出比较正确的结论。

三、与过失犯罪有联系的三种情况

某些情况,形式上与过失犯罪相似,却不能当做过失犯罪论处;某些情况,行为人主观上虽无过失,却要当做过失犯罪论处。

1. "无知犯罪"和"意志疏忽"

苏联刑法界有人提出了"无知犯罪""意志疏忽"的概念。所谓"无知犯罪",是指一个人过于自信地进行某种需要专门知识、素养或个人品质的活动,但由于自己的无知,不能预见和防止而造成了危害社会后果的情况。"无知犯罪"没有预见危害社会的结果,故不同于过于自信的过失,也不同于疏忽大意的过失,因为它处于无知状态而不可能预见结果的发生;更不同于意外事件,因为它的不能预见是由于不可宽恕的原因造成的。"无知犯罪"在医疗事故、企业安全等责任事故案中比较容易发生。

所谓"意志疏忽",是指行为人处于危险条件下,已经预见危害结果的发生,需要采取正确的决策防止危害社会的结果发生,而行为人虽然有义务并且有找到正确决策以制止这种结果发生的主观可能性,但他却没有找到这种决策或者没能实施。这种情况既不同于过于自信(行为人不抱有任何希望),也不同于疏忽大意(行为人已经预见结果发生)。"意志疏忽"的心理原因是慌张,行为人因慌张而手足无措,破坏了自己的行为。慌张一般是出于意志力不强,没有集中精力进行工作。这类案件多发生于交通肇事案中。

苏联刑法学者认为,"无知犯罪"和"意志疏忽"都是特殊形式的过失,仍应按过失犯罪处理。笔者认为,这种观点是妥当的。在科学技术迅速发展的条件下,一个缺乏职业训练和素养的人是难以胜任充满危险性的工作的,否则,他就应当对自己的轻率所造成的危害性后果负责。

2. "无过失责任"

它一般发生于英美刑法中,即在某种情况下,行为人对既没有过失又没有犯意的违法行为,也要负刑事责任。无过失责任有严格责任(又称绝对责任)和代替责任两种。它们往往是一些违反工商业或交通管理规定的罪行。在现代社会中,违反工商业或交通管理规定的罪行日益增多,而其中确有一些既无"犯意"又难以证实"过失"的罪行,如果一定要证明有"犯意"或"过失",就势必使有关规定无法执行。这样,刑法上规定"无过失责任"的迫切性就越来越大。美国的《模范刑法典》中就有绝对责任的规定。但其适用只限于判处罚金的较轻的罪行。

3. 期待可能性与过失犯罪

期待可能性概念是德、日等国刑法学者作为阻却或减轻过失责任的理由而提出来的,最初出现于 1897 年德国著名的"马车绕缰案"①。实际上它亦适用于某些故意案件。对于这种超法规的阻却或减轻责任的理由,许多学者都持疑虑态度,主张对其适用范围严加限制。我国刑法界一直未用此概念。然而,我国《刑法》第 13 条明文规定:"行为在客观上虽然造成了损害结果,但是不是出于故意或者过失,而是由于不能抗拒或者不能预见的原因而引起的,不认为是犯罪。"有人认为,这里的"不能抗拒或者不能预见的原因"与"欠缺期待可能性"很接近。因为它们都是阻却责任的理由。过失犯罪以行为具有期待可能性为前提,即本来可以期待行为合法,但因行为人的疏忽大意或过于自信而造成了违法结果,故这种行为理应受到刑事责难。这同过失行为必须在排除不可抗拒或不能预见的原因的情况下才能构成犯罪是一个道理。笔者认为,这种观点不能说没有一点道理,但另一方面,又须明确,日、德刑法中的期待可能性是一个较"不可抗拒或不能预见的原因"更为复杂的概念,它不仅是阻却责任的理由,还是减轻责任的理由。此外,它还与刑法中的"随附情状"等有关,因此,我们不能在二者之间简单地划等号。

四、预见可能性与"信赖原则"

"信赖原则"是日本等国刑法中的一个概念。为了认定刑法上的预见可能性,在交通事故等领域提出了一种具体标准,这就是"信赖原则"。它是指与交通有关的人员(如司机)相信其他与交通有关的人员(如行人)会遵守交通规则和其他交通秩序,也以这种判断指导自己的行为(如绿灯时穿过十字路口),在这种情况下,如果由于其他与交通有关的人员(如行人)的不适当行为(如人行信号为红灯时迎着汽车乱穿马

---

① 该案事实为:被告系驭者,自 1865 年以来,受雇以马车为营业之某甲,被告所驭为双舍马车,而双马之中的一匹即是所谓的"绕缰之马"。即该马时常有以马尾绕缰,业用力以尾压低缰绳的习惯。被告和某甲都深知该马有以上缺点。1887 年 7 月 19 日,当被告驾车由子街至丑街街头之际,该马癖性发作。将尾绕缰用力下压,被告虽极力拉缰制御,但均无效,而马亦遂惊驰。被告当时已失掉控制力,该惊马因继续奔驰,致将路人某乙撞倒,使其骨折断。检察官对上述事实,以过失伤害罪提起公诉,但原审法院却予以宣告无罪。检察官又以原判不当为理由,提起抗诉,案遂送至德意志帝国法院审理。但帝国法院审理后,认定控诉无理,予以驳回。其驳回的理由是:"肯定基于违反义务之过失责任(即不注意之责任),如仅凭被告曾认识驾驭有恶癖之马或将伤及行人一点者,则不能谓为得当,更应以被告当时是否得以基于认识而向雇主提出拒绝驭此有恶癖之马一点为必要条件。然而,吾人果能期待被告不顾自己职位之得失,而违反雇主之命令拒绝驾驭该有恶癖之劣马乎? 此种期待,恐事实上不可能也。因此本案被告不应负失之责任。"

路)而导致发生了危害后果时,则与交通有关的人员(司机)对这种后果就可以不负刑事责任。应当注意,这里是"可以"而不是"应当",即司机的不负责任是有条件的:如果当时司机有可能采取急刹车等回避措施,即存在期待可能性,则司机也有违反信赖原则的一面,就要负违反义务的责任,要负一定的、次要的过失的责任;如果当时司机不可能采取急刹车等措施,即在缺乏期待可能性的情况下,司机就无可非难,不发生违反信赖原则的问题,无须分担过失责任。信赖原则是基于人的相互责任心以及"社会的连带感"而产生的。它可以把预见可能性乃至"容许的危险性"等抽象的标准具体化。它既是一种阻却责任的原则,又是一种分担责任的原则。

依赖原则对交通肇事以外的其他过失也能适用。在企业活动、医疗小组等多种集体行为的过失中,其作用更明显。我国刑法在认定过失责任时,目前尚未使用信赖原则概念,但预见可能性、违反注意义务、违反回避结果义务等概念的使用还是比较广泛的。信赖原则有助于把抽象的标准具体化,这种思考方法对我们有启迪。

五、监督过失

当企业或单位作为一个组织体而导致危害结果发生时,应当如何看待过失,应由该组织体当中的哪一个或几个具体人负责?这种情况往往发生在污染或毒化环境、重大责任事故案中。企业的整体行为是由许多个人行为构成的,它们之间具备有机联系,要从中找出某个人的责任的确不容易。

传统的做法就是从现场直接作业的人员中找出实施了违反规章制度或不适当行为从而直接导致危害后果的人,这种直接作业人员就要负直接的过失责任,并由此往上逆推,上层人员负间接责任。在中国叫做负领导责任,在国外叫做负管理或监督不力的责任,在通常情况下,上层人员是不会被追究刑事过失责任的。

然而,从实际情况看,因上层领导人、管理人和组织经营人员(以下将这些人统称为监督者)的行为而造成危害结果发生的情况也不少。这样,以"地位越高,离现场越远,就越没有责任"为由而免除监督者的责任就是不公正的。为了防止这种情况发生,日本等国的刑法学界有人提出了"监督过失"的理论。这种理论是令人注目的,但有一些界限需要划清。

1. 监督过失和一般过失的关系

对此,有两种不同的意见。一种意见认为,监督过失和一般过失(如司机交通肇事的过失)基本上没有什么不同,它们都违反了具体的防止危害结果发生的义务。但它们也有某种程度的不同:监督过失必须与被监督者的不适当的行为联系在一起,在监督过失的行为人与被害人(或结果)之间还存在着一个被监督者的不当行为;一般过失中不存在特定的被监督对象,也无须有中介者。另一种意见认为,监督过失与一般过失不一样,履行监督、管理义务只是为了防止被监督者实施违反规章制度或其他不适当的行为,它完全不同于直接违反具体的注意义务,从而导致危害后果发生的那种过失。监督过失只是一种象征意义上的,抽象的"过错"或"错误"。

2. 新旧过失论、信赖原则和监督过失

预见结果的义务对监督过失来讲,同样是重要的。根据日本等国刑法中的旧过失论,对危害结果就应当有具体的预见可能性,也就是说,监督者必须对自己懈怠了监督义务,通过被监督者的不适当行为而发生危害结果的具体过程有预见可能性,这样,认定监督过失就比较困难。此外,根据信赖原则,基本上就可以否定对危害结果有预见可能性,否定监督者的过失责任。因为危害后果是由于被监督者违反了信赖原则,实施不适当行为而引起的。

但如果采取最新过失论("危惧感说"),监督过失的理论即可起作用。这时,对危害结果的预见可能性只需以"危惧感"为前提。这样,在组织含有危险因素的业务活动时,如果监督者疏于注意义务,预先没有讲清防止危害结果发生的安全对策,那么,即使因被监督者(直接作业人员)的不适当行为或失误而发生了危害结果,监督者仍要负监督过失的责任。总之,无论是对监督过失,还是对一般过失,新旧过失论都尖锐地对立着。当然,在具体认定过失责任时,仍应具体问题具体分析,要着眼于整体活动来分析个人责任,从一开始就要分析整体活动中每个人的行为,从最基层的作业人员开始一直到高层的管理组织人员,实际上他们都在不同程度上负有防止危险发生的义务。根据最新过失论以及个人在整体活动中的地位、作用,就可以确定监督过失的责任。

笔者认为,对监督过失有两个问题要明确:一是它在法律上的位置;二是如何认定其内容的特殊性。首先,就其法律位置而言,实际上,监督过失和一般过失是一样的。因为不论是日本刑法,还是中国刑法,在分则中都没有列出单独的条文来规定监督过失犯罪,所以,只要行为人被认定为犯有监督过失,目前就只能按各该本条论罪处刑。但不分具体情况一律这样做,不免失之过苛。故笔者建议,能否在刑法总则中既规定监督过失的法律概念又规定将其作为从轻、减轻或免除刑事责任的理由。其次,就监督过失的内容看,它的确有着不同于一般过失的特殊性。因为这里还掺杂着被监督者的不适当的行为。因此,那种将监督过失和一般过失完全等同而来的观点是不妥当的。

总之,监督过失论有助于克服承担刑事责任上的不公正,这是它积极的一面;但如果对其概念不加明确规定,则这种理论就会扩大刑事责任的范围,这一点须引起我们的警惕。

六、过失犯罪的发展趋势及其刑法上的对策

在科学技术日益进步、社会经济迅速现代化的条件下,过失犯罪的发展呈现出以下特点:

(1)发生率迅速增长。据统计,日本自 1965 年至 1970 年间业务过失和重过失致伤罪的发生率竟高达总犯罪率的 27.7% ;苏联 20 世纪 60 年代过失犯罪占总犯罪率的 5% ,70 年代已上升为 12% 。

（2）内容和形式更趋复杂化，多样化。结果犯作为过失主要形式的特征亦愈不显明。

（3）对社会的威胁日益严重。过失犯罪的危害程度因现代技术、设备的影响而明显加重。按错一个电钮，有时会造成上千万元财产损失、几十人死亡的后果。

（4）过失犯的轮廓愈益不明确，具体表现在行为主体的不明确和被害范围的不特定性。在工厂、矿山、百货大楼和宾馆的大规模火灾以及煤气爆炸、飞机失事等灾害性事故中，由于它们都以尖端技术和大规模或一定的组织为前提，所以，难以认定过失是由什么人、哪个具体行为引起的。同时，在这种大规模的灾害中，受害的范围和程度往往也难以确定。

针对过失犯罪的上述特点，不少国家的刑法采取了一定措施：

（1）取消了对过失犯只能作为结果犯追究刑事责任的限制。如英、美、苏联、意大利等国的刑法都采取了这方面的措施。苏联刑法还规定过失犯罪有三种类型的构成要件：一是抽象危险的犯罪构成要件；二是有实际危险的犯罪构成要件；三是有实际危害结果的犯罪构成要件。

（2）增加对过失犯罪进行处罚的规定，如《苏联刑法》中关于过失犯罪的条文原来只有 13 条，但从 1962 年以来陆续增加了 11 条，占现有过失犯罪总比例的 45%，其中新增危险状态构成的过失犯罪就有 7 条，占新增条文总数的 63.6%。

（3）对一部分过失犯罪加重了刑罚；对另一部分过失行为则实行非刑事化的处理方法。加重刑罚的，如从 20 世纪 60 年代末期起，《日本刑法》将业务上过失致死伤罪的法定刑从原来的"处 3 年以下监禁"提高为"处 5 年以下惩役或监禁"，进行非刑事化处罚的则有美国的《模范刑法典》和《匈牙利刑法》。

（4）刑法理论界提出了"监督过失""代替责任""无过失责任"等种种观点，以便在纷繁复杂的现代现象中确定过失犯罪的责任人，加强同这类犯罪的斗争。

今后的总趋势应当是更加有区别地对待过失犯罪行为。一方面，面临着种类不断增加的过失犯罪，应当扩大过失行为刑事责任的范围，在刑事法律中补充过失犯罪的新的犯罪构成方面的规定。另一方面，必须努力做到罪刑相适应，体现惩罚的"最佳尺度"。过失犯罪的行为人主观上没有故意和恶意，只有过失，故对他们往往判处轻刑而不判重刑；对后果特别严重者，也只能适当加重而不能盲目加重处罚。否则，只能使刑法成为科技进步的障碍，并失去社会同情。同时，过失犯罪的非刑事化处罚问题也值得重视，某些国家已经出现了这一势头。

也谈刑法中的因果关系[*]

刑法中的因果关系究竟有几种形式,历来有不同意见,不同的观点往往对同一个案件作出不同的解释。有同志举了这样一个案例:某甲是某乙的继母,某甲经常打某乙,某乙对其产生畏惧心理,一次又见某甲拿着棍子追来,便顺胡同向大街跑去,到了胡同口,一边回头看,一边向前跑,被飞驰而过的汽车轧死。^① 对此案件有三种观点,三种解释:

第一种观点认为甲的虐待(追打)行为显然与乙的死亡是偶然因果关系,属于《中华人民共和国刑法》(以下简称《刑法》)第182条第2款"引起被害人重伤、死亡"的范围,应负刑事责任。这些同志认为,刑法中的因果关系分为必然因果和偶然因果两种形式,即认为在一定条件下,某人所实施的危害行为对所发生的危害结果起着引起或决定作用的就是原因,与危害结果之间都有因果关系,其中起决定作用的是内在的必然因果关系,起引起作用的是外在的偶然因果关系。他们还认为,偶然因果关系又有两种情况:一种是两个必然因果关系交叉和巧遇产生了一个结果;第二种是两个必然因果关系先后衔接,前者为后者的导因,在前行为与后结果间被后行为切断并介入。他们主张,不仅必然因果关系可以作为负担刑事责任的客观基础,而且偶然因果关系在一定条件下也可以作为担负刑事责任的客观基础(以下把这种观点称为"二分法")。当然,关于偶然因果关系到底有几种情况,对这些情况又如何具体分析,同样也存在着不同的见解。

第二种观点认为,继母的追打行为和小孩的死亡之间没有因果关系,小孩之死的原因是车祸,继母的追打行为只是条件,对小孩之死可不负刑事责任,其行为应按一般的虐待罪,即按《刑法》第182条第1款治罪。这些同志认为,刑法中的因果关系只有必然因果这一种形式,根本不存在偶然因果关系。如果行为人所实施的危害行为对所发生的结果起着引起和决定作用的,就是原因,它和所发生的结果之间的联系是一种内在的、必然的联系。如果所实施的危害行为对所发生的危害结果虽起一定作用,但并不能引起和决定这一结果的发生,就是条件,它和所发生的结果之间的联系是一种外在的偶然联系。^② 我国目前一般的刑法教科书都采这种观点。

第三种观点认为,继母的行为构成了结果加重犯。他们认为,可以不考虑犯罪人

---

* 原载于《法学研究》1983年第4期。

① 参见龚明礼:《论犯罪因果关系》,载《法学研究》1981年第5期。

② 参见周柏森:《研究刑法中的因果关系要以马克思主义哲学作指导》,载《法学研究》1982年第2期。

的行为与加重结果的发生之间是否有因果关系,只要继母能预见加重结果的发生,就可以按《刑法》第182条第2款处理。持这种观点的同志认为,对于一般的结果犯,要讲因果关系;但对于结果加重犯,则不必考虑因果关系问题。由于所谓偶然因果关系大多数是发生在结果加重的场合,所以,这些同志往往认为刑法中的因果关系只有必然因果这一种形式。

刑法中的因果关系是一个复杂问题,对此发生长期争论、产生多种见解并不奇怪。每一种见解都有一套理论及其实用价值,很难讲哪一种观点绝对正确,哪一种观点绝对错误,笔者只能对它们的优缺点进行分析比较,从中评出相对而言理论根据充足、实践运用较方便者。

第一种意见("二分法"),乍一看,比较合理:它既坚持了因果关系是刑事责任客观基础的原则,同时又较灵活,它可以联结两个必然因果环节,即把第一个因果环节的因与第二个因果环节果联结起来(继母的虐待行为与小孩的死亡结果)。即使中间介入了另一个行为(车祸),对偶然因果关系的成立也不发生影响。这样,对那些强奸后被害人羞愤自杀,以及不堪忍受非法拘禁、虐待和伤害罪所造成的痛苦而自杀的案件,都可以适用偶然因果关系,使犯罪人对被害人的死亡后果负责。此外,对于某些介入了第二个行为的案件,也可以适用偶然因果,让犯罪人对第二个行为所造成的加重后果负责。当然,根据具体情况,有的偶然因果关系也可以不作为刑事责任的客观基础。于是,有些同志就称赞说:"二分法"既不会缩小,也不会扩大刑事责任的范围。

但笔者认为,"二分法"的缺点较多,主要有以下五点:

第一,"二分法"错误地混淆了"因果关系""偶然性""必然性"等概念。我们知道,"原因"和"结果"这对范畴考察的是两组现象之间引起和被引起的关系,这种关系本身是内部关系、必然关系。"因果关系"说明的是两种现象(或事物)的某种本质联系。"偶然性""必然性"则是说明事物发展过程中的两种不同的趋势(或因素),必然性是指客观事物发展中合乎规律的确定不移的因素,是在一定条件下的不可避免性。因果关系只是必然联系中的一种,例如白天过去,黑夜来临,就是一种必然联系,但不是因果关系。必然联系比因果关系的范围更大。偶然性是事物发展过程中的某种不确定因素,它可能出现,也可能不出现,可能这样出现,也可能那样出现。偶然联系是一种非本质的联系。每种必然现象或偶然现象都有自己产生的原因,都有其因果制约性,例如白天过去、黑夜到来这种必然现象是由于地球自转而引起的;张三穿马路突然被车轧死这种偶然现象是由于驾驶员的过失而引起的,但不能因此就把因果关系也分成偶然和必然两种形式。偶然性、必然性与因果关系的结合有其特定含义:即原因产生结果的过程是必然的,但这种必然性不是直接表现出来的,而是必须表现为偶然性(换句话讲,本质的、内部的东西必须通过非本质的、外部的东西才能表现出来)。例如甲故意开枪射中乙,引起乙死亡。乙的死亡是甲的行为引出的结果,这是必然性。至于射中乙的头部,还是心脏,这就是偶然性。这也就是我们常说的"必然性寓于偶然性之中"的含义。

第二,"二分法"违背刑法中因果关系的"简化"和"孤立"原则。原因和结果这两个概念说明：作为原因的现象必然会引出作为结果的现象。所以，它们只是在应用于个别场合时才有意义，否则，同一个事实（现象）在 A 关系中可以作为结果，在 B 关系中又可以成为原因。脱离了一定的因果环节，某现象到底是原因还是结果就讲不清楚，例如雨是湿的原因，又是乌云的结果，脱离了一定的因果环节就讲不清雨到底是因还是果。所以，我们应当把个别的现象从普遍的相互关系中抽出来孤立地进行考察，这就是所谓"简化""孤立"原则。而"二分法"把两个必然因果环节的"巧遇"或"衔接"说成是偶然因果关系，这就使原因和结果都失去了其本意。例如雨是因，湿是果，雨必然引起湿，这是一个因果环节；云（在一定条件下）是因，雨是果，这又是一个因果环节。但按"二分法"的逻辑，则云是因，湿是偶然结果，因为云可能下雨，会引起湿；可能不下雨，就不会湿了。这种讲法看上去似乎有理，但它使因和果都失去了其原来的意义。因为云不可能直接、必然、内在地引出湿；云如果下雨引起湿，其湿的直接原因还是雨，而不是云。如果不下雨，那就谈不到湿，也就无所谓因果关系。

因果关系说明前现象决定后现象，后现象由于前现象的作用而产生。其实，每一现象的具体出现都有其偶然性。这里又有两种情况：在一部分偶然现象后面隐藏着本过程的必然性，这就是刑法上要查明的因果关系。例如通过甲头部中弹身死这一现象，查明是由乙开枪引起的。另一部分偶然现象的出现和本过程的必然性无关，而是由另一过程引起的。例如乙殴伤甲，甲马上又被丙突然开枪打死，这样，乙的行为就与甲的死亡没有因果关系；而丙的行为却与甲的死亡有因果关系。以上说明必须透过偶然性查明必然性才能确定犯罪因果关系，同时也说明了因果关系的相对性和"孤立"原则的重要性。否则，以下问题就得不到回答：既然我们可以把两个必然因果环节的"巧遇"或"衔接"称为偶然因果关系，为什么就不能把三个、四个，甚至更多的必然因果环节的"巧遇"或"衔接"称为偶然因果关系呢？总之，脱离"简化""孤立"原则来谈因果关系，实际上就潜伏着扩大犯罪因果关系的危险。

第三，"二分法"认为，当两对必然因果关系发生"巧遇""交叉"或"前后衔接"时，前一对必然因果关系的原因，与后一对必然因果关系的结果就是偶然因果关系。把它作为一种公式看待。其实这也是值得商榷的。首先，这种"巧遇""交叉"或"前后衔接"本身，从犯罪因果环节看，也是一连串因果关系中的环节，不能把它排斥在因果环节之外，成为一种独立的成分。因为这种"巧遇"与"交叉"也有主动与被动、前因与后果的区别。例如甲追殴乙，乙冲向马路，恰巧撞上汽车被轧死。这种"巧遇"的主动方面也就是前因，是冲向马路的乙（甲的追殴行为又是乙冲向马路的主动方面，即前因），而被动方面即后果，是司机刹不住车。因为司机是按正常路线行驶，某乙冲向马路是一种反常状态，非司机始料所及，因而司机刹不住车是处在被动状态，是乙冲向马路造成的后果，所以这种"巧遇"和"交叉"也是因果关系的一个环节。其次，两对（或数对）必然因果关系前后相衔接的并不都构成"偶然因果关系"。例如甲教唆乙转教唆丙去杀丁，因而丙将丁杀死。甲的教唆行为与乙的接受教唆而决意再去教唆丙，是一对必然因果关系；乙教唆丙的行为与丙接受教唆而决意去杀丁，也是一对必然因果关系；丙实行杀丁的行为，造成了丁的死亡，又是一对必然因果关系。我们不能认为甲的教唆行为、乙的教唆行为与丁的死亡结果是偶然因果关系。因为这是一连串的必然因果关系，所以甲、乙的教唆行为与丁的死亡结果也是必然因果关系。有人认为，这是一种互为条件而形成的一个总的原因，目的只有一个，就是杀丁，所以是一个总的原因与结果。但这不过是一种主观的认定而已，而客观上明明白白地有一连串前后衔接的因果关系，这与甲、乙、丙三人共同杀丁，甲抓住丁的手，乙抱住丁的腰，丙用刀将丁杀死，甲、乙、丙的行为之间相互为用，构成一个总的原因与结果的情况是有区别的。

第四，我们可以说某些因果关系体现了必然性，另一些因果关系体现了偶然性，但不等于可以把因果关系分成偶然因果和必然因果这两种形式。持"二分法"的同志把日常生活用语中的"偶然现象""必然现象"同哲学中的"偶然性""必然性"搞混淆了，把不同的概念与"因果关系"相联，问题就复杂化了。日常用语中的"偶然现象"，一般是指比较少见、出乎意料之意。而哲学中的"偶然性"是指事物发展过程中的不确定因素，当然，单独看，二者似乎差不多，但一旦把它们与因果关系相联时，问题就出来了。当我们使用哲学含义的"偶然因果关系"时，就是指偶然因果是因果关系本身的形式之一，这就意味着因果关系本身有偶然因果和必然因果这两种形式。即因果关系既是一种本质的、内部的联系；同时又是一种非本质的、外部的联系。这样一来，因果关系就包罗万象了，因为本质的加上非本质的联系，外部的加上内部的联系就等于世界上的一切联系。可见，"二分法"很值得商榷。然而，当我们把"偶然现象"这一日常生活用语与因果关系相联系时，理解就不同了，实际上，它们只不过是人们对已经发生的结果所进行的事后评价。其含义为：在事物发展的必然过程中可能会介入某些偶然因素，并因此而产生了偶然结果（即出人意料的结果），这跟偶然因果关系是两回事。实际上，这只是一种作为偶然现象的必然因果关系（也有人称其为体现了偶然性的必然因果关系）。李光灿同志把这种情况称为必然因果关系中的特殊形式，他举例说，在北京市，某甲欠某乙的钱，久欠未还，某乙登门讨债时顺便骂了几句，而某甲有轻微的精神病，且气量狭小，于是自杀身死。此案虽出人意料，但对具有特殊条件的某甲来讲，被骂自杀乃是一种必然的、内在的合乎规律的结果。笔者认为，李的分析是对的。本案也可以说是作为偶然现象的必然因果关系。这里的所谓"偶然"是相对于人们的日常生活经验而言的。也有一些持"二分法"的同志把此例称为"偶然因果关系"，其理由是骂人对自杀只有引起作用，没有决定作用，是导因，不是原因。他们还认为，本案是不作为刑事责任客观基础的偶然因果关系，如果把这类案件视为有必然因果关系，就会扩大刑事责任的范围。其实，这种担心是不必要的，因为本案中乙的骂人虽然与甲的自杀身死有必然因果关系，但如果乙对甲的自杀没有预见或不可能预见，乙就可不负刑事责任。从主观要件上考虑这类案件，可以兼顾几种可能性，反而更为科学、准确。至于持"二分法"的同志所说的那些不作为刑事责任客观基础的偶然因果关系，在我们看来，其中绝大部分都是条件，而不是原因。

第五，"二分法"会给审判实践增加不少麻烦。"二分法"把因果关系分成偶然、必然两种形式，把偶然因果关系又分成两种情况（参见本文第一段），认为偶然因果关系有一部分可作为形式责任的客观基础，另一部分则不行。我们知道，就一般刑法理论讲，划分原因和条件有重要意义：是原因，负担刑事责任就有了客观基础；是条件，就谈不上行为人负刑事责任。条件和原因分清了，刑事责任的客观基础也就确定了。当然，究竟何为原因何为条件，理论上有多种学说，具体掌握也颇为困难。但按"二分法"，困难可能会更大，因为现在要划分三种因素：必然因果、偶然因果、条件。更何况，即使我们下工夫划清了这三者，刑事责任客观基础的有无仍旧定不下来。这样，就会给审判工作带来一定的困难。

总之，"二分法"具有较大的主观随意性，审判人员很难切实掌握，实际上潜伏着扩大刑事责任范围的危险。

第三种意见只讲主观预见，不讲因果关系，其缺点甚明。因为首先，它可能把一些根本不是由犯罪人的行为所引起的加重结果，统统以"能预见"为借口，让行为人负责，从而扩大刑事责任的范围。例如，人们常举的例子，甲殴伤乙，乙住院数天后，适逢火灾，乙被烧死，如果以甲能预见火灾为理由，硬要他对乙的死亡负责，这显然太严。刑法某些条文中有"因而致"或"引起"被害人重伤、死亡等加重结果的字样，但对这些字样的理解，如果不以因果关系的存在为前提，就可以作出多种解释，如在本例中，甲殴伤乙的行为也可以讲是"因而致"或"引起"了乙的死亡，因为如果甲不伤乙，乙就不会住院，进而也就不会被烧死，这就扩大了刑事责任的范围。其次，"能预见"到底是以行为人的主观认识为准，还是以社会上一般人的认识为准，这也很难确定。

然而，第三种意见也并非毫无道理。由于它是以因果关系只有必然因果这一种形式为前提的，所以，如果以"能预见"为准，就可减少许多麻烦，特别是对那些因强奸、伤害而直接引起被害人自杀的案件以及某些因偶然因素介入犯罪过程而发生加重结果的案件来讲，更是如此。行为人或社会上的一般人对这类加重结果的发生，通常是能预见的，这样，不必再为因果关系之有无伤脑筋，就可让行为人对加重结果负责。这里，我们看到，对前一类自杀案件的处理是符合立法精神的，目前的审判实践也正是这样做的。但对后一类案件的处理就不一定正确了，例如前述继母追打孩子，孩子被车轧死一案，以能预见为由让继母对孩子之死负责，似乎就太严。所以第三种意见尽管也含有正确的成分，但总的讲问题仍然较多。

笔者基本上赞成第二种意见，即因果关系只有必然因果这一形式，没有什么偶然因果关系。这样既能严格限制刑事责任的范围，又不致放纵罪犯。只要仔细分析"二分法"中的"偶然因果关系"，就能发现其中不少案件都可以用必然因果关系和通行的刑法理论来解决。例如：

（1）某些所谓"偶然因果关系"中的原因是条件而不是原因。有人举某甲殴伤某乙，某乙在医院治疗时大夫丙使用未消毒的器械为其缝合伤口，某乙伤口感染患败血症而亡为例，说明此案是偶然因果，其实甲的行为不是乙死亡的原因，而是条件。

（2）某些所谓"偶然因果关系"实际上是必然因果关系。例如某甲殴打某乙，致使某乙受重伤，奄奄一息，送到附近卫生所后，因医生误诊，伤势更重，两日后乙死亡。

从医学上讲,如果及时抢救,乙可以不死。据此有人认为甲的行为与乙的死亡有偶然因果关系,因为当中介入了一个偶然因素——误诊。其实,这是错误的,误诊不可能成为乙死亡的独立原因,它仅仅是挽回损失的一个条件,乙死亡的决定性因素乃是由于甲的致命伤害。故甲的行为与乙的死亡应是必然因果关系。甲应负伤害致死的刑事责任。

（3）某些所谓"偶然因果关系",可以在确定有必然因果关系的前提下,通过是否有主观预见或能否预见来解决。例如铁某和邻居王某因院墙问题争吵并撕打起来,王某骂几句后便倒在地上,经抢救无效当天死亡。经检验,死者原患有严重冠状动脉粥状硬化症,由于与铁某吵架引起冠状动脉痉挛性收缩,导致心肌梗塞而亡。有人说这是偶然因果关系。笔者认为,王某之死与铁某的吵架撕打行为有必然因果关系,但还要视铁某对王某的心肌梗塞是否有预见或能否预见才可定罪。如果铁某对王某之死不能预见,此案可定为意外事件,铁某可不负刑事责任。

（4）某些所谓"偶然因果关系"可以通过非社会危害性行为引起的后果不为罪来解决。例如矿长命令工人到曾经发生过事故但现在并未划为禁区的作业区采煤,适逢塌方,一个工人被砸成重伤。此案虽引起严重后果,但因矿长没有违反规章制度,其行为没有社会危害性,所以矿长无罪。

（5）某些所谓"偶然因果关系"可以通过多因一果来解决。即由于多个原因的作用而产生了一个结果,但若只有单独一个原因,则结果不会发生。例如北京市有一大轿车司机高某因驾车时思想麻痹,未及早采取预防措施,致使汽车左前方将横过马路的行人何某撞倒。这时,正有司机刘某驾小轿车跟着同方向驶来,车速和路线正常,正欲超车,突然发现何某向马路中央倒下来,因车已行至跟前,来不及刹车,遂又将何某撞了一下,何受重伤,经医院抢救无效而亡。持"二分法"的同志认为大轿车司机高某与何某之死有偶然因果关系。笔者认为,此案不能作为偶然因果,而是大车、小车都撞了何某,以致何某受重伤抢救无效而亡,所以,二者与何某之死都有必然因果关系。是两个因产生了一个果。当然,如果小车司机跟在大车后面,对何某倒向路中央不能预见时,则刘某撞何某就纯属意外事件,刘某可不负刑事责任。大车司机有过失,负刑事责任。

以上五种情况用必然因果关系解决可能争论不大,但下面三种情况如果也用必然因果解决可能争论就大了:

（1）某些因故意或过失而引起的自杀案件。例如甲某是惯偷（系农场职工）,一贯自暴自弃消极厌世。某乙是该农场连队的支部书记。有一次甲偷了他人的半导体,查出后又发现他有偷过其他贵重财物的嫌疑,为了查清问题,乙未经有关部门批准,便拘禁了甲好几天,要他交代问题,并点了他几处要害,甲自感混不下去,就自杀了。如果我们确认乙的行为与甲的自杀身亡有必然因果关系,将乙按《刑法》第143条第2款治罪,似乎失之过严。

（2）某些犯罪人故意利用偶然因素与自己所实施的较轻行为发生巧合或衔接,以实现加重结果的犯罪,这种情况也较复杂。例如,婆婆某甲一贯虐待儿媳妇某乙,附近山上有老虎伤人,同村已有数人因此而丧生。婆婆明知此情,想借虎杀媳,于是经常赶乙上山砍柴。终于乙被老虎咬死。由于科学技术日益发达,利用偶然因素,巧设机关达到加重犯罪结果的案件正在增多,因此,须慎重分析这类案件。持"二分法"者把这类案件作为偶然因果的典型。他们断言,乙之死对于甲的行为来讲是偶然结果,再根据甲的犯罪故意,或定为故意杀人或定为虐待致死。笔者认为,此案应定为有必然因果关系,因为甲利用老虎作为杀人工具其实就像用枪杀人一样。当然,用枪杀人的成功率比借虎杀人的要大得多。但二者本质并无不同。而把此案定为偶然因果关系就有可能轻纵罪犯,因为偶然因果关系不是全部都要负刑事责任的。

(3)关于新行为介入原来的因果关系发展过程的问题。例如吴某是山货店店员,某日他在店门前,手持胶水管向人行道上喷洒清水。这时,某朋友向他打招呼。他回过头去,一面和朋友说话,一面继续洒水。正在这时高某驾驶一辆拖拉机急驶而来,由于吴某只顾说话,无意中抬高水管将水喷射到了高某的脸部。高某突然受惊,舵轮掌握不稳,使拖拉机撞倒了正在车右前方行走的吕某,因伤势过重,经抢救无效死亡。本案中,第一个必然因果环节是吴某洒水引出了高某受惊撞人的后果;第二个必然因果是高某撞人引出了吕某重伤而死的后果。对本案基本上有三种分析意见:①持"二分法"的部分同志认为,此案属于复杂形式的必然因果关系。即第一个因果环节之因对第二个因果环节之因起支配作用,故第二个因果环节是第一个因果环节的延续和发展,这样吴某的洒水行为和吕某之死就有必然因果关系,吴某要负刑事责任。而司机高某如无过失则可不负刑事责任。②持"二分法"的另一部分同志认为,此案属偶然因果,是两个必然因果环节的先后衔接,前者为后者的导因,吴某的洒水行为,由于拖拉机的介入,偶然地引出了吕某重伤而死的后果,视具体情况,司机高某和店员吴某都可以负刑事责任。③持因果关系只有必然因果这一形式的同志认为,本案中司机高某和吕某之死有必然因果。另外,从主观要件看,吴某将水突然喷至高某的脸上固然事出意外,但事情发生在拖拉机前方,行人吕某也在拖拉机的右前方,对这一切,司机是应注意、能注意的,所以,司机高某还是有过失的,应负刑事责任。而吴某的洒水行为与吕某之死无必然因果关系,故不能追究吴的刑事责任。

把以上三种分析比较一下,就可看出"二分法"对分析复杂案件还是有用的。持只有必然因果一种形式的观点,在这里就有些缺点。

综上所述,笔者认为,"二分法"比较灵活,但缺乏理论根据。持"二分法"的同志也意识到了这一点,故他们总是强调哲学上的因果关系是一回事,刑法上的因果关系又是一回事。"能预见"学说也同样如此。笔者认为,理论根据不充分的东西,实践上不宜广泛采用,否则就容易出问题。相对而言,第二种观点(因果关系只有必然因果这一种形式)理论根据较充分,虽然在使用上难免有些缺点,但总的讲却可以严格限制刑事责任的范围。所以目前通行的观点是正确的,但在理论上还应对因果关系问题作进一步的研究和探讨,应当在不断总结实践经验的基础上,加以丰富和完善。

危险性的判断与不能犯未遂犯[*]

不能犯又称做"犯罪不能",是一种与犯罪未遂密切相关的情况。未遂是"着手实行犯罪"又"未得逞"的情况。根据是否着手实行可以与预备相区别;根据结果是否发生可以与既遂相区别。

但是在没有发生结果时未遂是否都是可罚的呢？一方面,人们主张当"自己的意思"是不发生结果的原因时就应构成"中止犯",应按特别减轻的规则处理;另一方面,人们还主张应当把本来不具有结果发生的现实可能性,即没有实现构成要件内容的"危险性"的行为,从可罚未遂的范围中除去,这种情况被称为不能犯。在中国和日本的现行刑法中,对不能犯均未作明文规定,但在刑法论著、教科书中均有论述,司法实务也多有承认。现就不能犯的概念、归类和名称,不能犯的学说,实务中的见解等问题作些比较研究,在此基础上提出本文的观点,以求教各位同行及读者。

一、不能犯的概念、归类、名称

中国的某些刑法著作称,不能未遂,"是指行为人已经着手实行刑法分则规定的具体犯罪构成要件的行为,致使其行为不可能完成犯罪,因而难以达到犯罪的既遂状态"。它必须具备以下三个特征:①行为人已经开始实行某一具体犯罪的实行行为;②犯罪行为的性质在客观上无法达到既遂状态;③不能完成犯罪的原因,是由于行为人主观上的认识错误。^① 也有论著称,不能犯未遂是未遂犯的一种,对不能犯须追究刑事责任,因此,需要研究的问题是"不能犯负刑事责任的根据"^②。

反观近年来的日本论著,大多把未遂犯和不能犯分别以观,有的还明确认定,"对不能犯,不可作为未遂犯进行处罚"。"所谓不能犯,是指行为者自以为已经着手犯罪的实行,但因不可能发生结果,而使犯罪没有得逞的情况。"^③与此相关,这些论著追求的是"不处罚不能犯的根据及不能犯的范围"^④。从上述比较可以看出,在不能犯的概念、性质等问题上,学说有着明显的差别。

笔者认为,西原先生不能犯概念中的"自以为"三字十分重要,它突出了不能犯是

---

* 原载于《法学研究》1994 年第 2 期。

① 参见马克昌主编:《犯罪通论》,武汉大学出版社 1991 年版,第 431 页。

② 赵秉志:《犯罪未遂的理论与实践》,中国人民大学出版社 1987 年版,第 173 页。

③ 〔日〕西原春夫:《刑法总论》,成文堂 1987 年版,第 295 页。

④ 〔日〕木村龟二主编:《刑法学词典》,顾肖荣、郑树周等译校,上海翻译出版公司 1991 年版,第 311 页。

由于行为人主观上的认识错误而使犯罪不可能得逞的特征。西原先生所下的定义是比较妥当的。其特征有三：①行为人自以为已经着手实行某一具体的犯罪行为；②犯罪没有得逞，无法达到既遂状态；③不能完成犯罪的原因，是行为不能发生犯罪结果，无危险性。

就广义而言，从犯罪结果没有发生来看，将不能犯归入未遂并无不可。如同中止犯也称为中止未遂一样，不能犯亦可称为不能未遂。但从严格的狭义而言，普通未遂以可罚为原则；不能未遂以不可罚为原则，二者还是有严格区别的。笔者认为，不能犯应与中止犯、普通未遂犯并列，成为犯罪"未得逞"的种类之一。从原则上来讲，不能犯是不可罚的，那些可罚的"不能犯"应归入未遂犯的范畴。当然，从性质上讲，一些立法例还是认为，除迷信犯等情况外，不能犯原则上构成犯罪，但不可罚。例如，1935年《中华民国刑法》第26条规定："未遂犯之处罚，得按既遂犯之刑减轻之。但其行为不能发生犯罪之结果又无危险者，减轻或免除其刑。"《美国模范刑法典》认为，犯罪不能原则上不能作为免罪辩护的理由，但在特殊情况下可以免罪、不罚或减轻。这里的特殊情况是指，如果一个未遂行为是如此地根本不可能导致完成犯罪以致该行为和行为人都没有呈现意图实施的罪的社会危险程度，法院有权减轻刑罚等级，或者在非常情况下也可以驳回控告。这里的非常情况是指用念咒语的方法来打开保险箱等。《美国模范刑法典》的观念从20世纪60年代以来已被美国大约半数的州所接受。

在讨论未遂犯不能犯问题时，中日刑法论著中有一些用语含义是有所不同的。这里，主要有两个词的含义需要分清。

一是"客体不能犯"。在中国刑法论著中，客体是指受刑法保护的社会关系，相近于日本刑法著作中的法益。在中国刑法论著中，相近于日本"客体不能犯"的，是"对象不能犯"。例如，误认尸体为活人而开枪射击；误认被害人在房间内而投掷炸弹，但实际上被害人已外出；实施盗窃时被窃的裤袋或手提包内根本没有钱，等等。由于在中国刑法论著中，犯罪客体是一种被保护的社会关系，所以，尽管它看不见摸不着，却仍然是任何犯罪所必备的要件，在不能犯的情况下也不能例外；不能犯只是不能给对象造成损害，但对客体仍有威胁性的侵害，否则便无理由构成犯罪。因而将上述各种情况称为"对象不能犯"似乎更妥当。

二是"手段不能犯""方法不能犯"。在中国一些刑法论著中，往往将"手段不能犯""方法不能犯"称做"工具不能犯"，大体是指以下一些情况：误将砂糖等无毒物当做氢化钾等剧毒药去毒杀人；误用不足量的毒药去毒杀人；误用空枪、臭弹去杀人等。这些情况并非行为人所选择的手段、方法不能完成犯罪（枪杀、毒杀这些方法和手段在通常情况下是足以致命的），而是在实施这些方法、手段时所选择的工具（毒药、枪支、弹药）的性质，使犯罪不能完成。因此，似乎将这类情况称做"工具不能犯"较为妥当。

二、不能犯的学说（1）——追究不能犯刑事责任的根据

中国一些学者把犯罪未遂分为能犯未遂和不能犯未遂这两种类型。他们认为，

不能犯是未遂犯的一种,应当研究追究不能犯刑事责任的根据。[①]

中国学者赵秉志对不能犯可罚的理由作了如下概括:

(1)在对象不能犯的场合,因行为人同样侵犯了犯罪客体,所以应追究刑事责任。例如,误以为被害人在床上而开枪射击,但实际上被害人却在屋外,这是对象不能犯的杀人未遂;如果被害人就在屋内,因被害人躲闪而未能击中,这是对象能犯的杀人未遂。在这两种场合,行为人在主观上和客观行为上都是指向犯罪对象的,都是要通过对犯罪对象的损害来给客体造成实际损害,却都由于意志以外的原因而未得逞,因而犯罪对象和犯罪客体都没有遭到实际结果性损害,而是受到危险性的侵害。这两种情况相比没有什么质的不同,不能仅仅因为犯罪对象在空间位置上的略微不同,就否认了前种情况下犯罪对象和犯罪直接客体的存在。[②] 赵又举例,在误以牲畜为人而实施枪杀的场合,牲畜当然不是杀人罪的犯罪对象而是行为人所误认的目标,这种场合犯罪对象(即某个有生命的自然人)和犯罪客体(即该人的生命权)都是客观存在的,而且对象和客体都因犯罪行为遭到了危险性、威胁性的侵害。

(2)在工具不能犯(即日本的方法、手段不能犯)的场合,对象和客体仍然是存在的,例如,行为人误用射程500米的猎枪向1 000米以外的某人射击,应承认射程以外的该人即是犯罪对象,其生命权即为犯罪客体。将这种情况与对象不能犯未遂的情况相比,应当说二者都是因为犯罪对象处于犯罪行为作用力范围之外而导致未遂的。

(3)罪过和犯罪行为的统一构成行为人负刑事责任的根据,不能犯未遂也具备刑事责任这种完整的主客观根据。在工具不能犯的场合,行为人主观上具备明显的犯罪故意并外化为行动,只是由于所选用的犯罪工具性质不当,使犯罪不能完成。在对象不能犯的场合,行为人的主观犯罪故意和客观犯罪行动更是明显地结合在一起。所以,对不能犯追究刑事责任是有充分根据的。

(4)误将自己的财物当做他人之物而盗窃之,误将自己的妻子当做过路妇女而强奸之,这类行为因构成要件欠缺,通常不认为是犯罪。但赵认为,由于在此场合下,行为人主观上有犯罪故意,客观上也实施了犯罪行为,因此,应构成犯罪,应负不能犯未遂的刑事责任。[③]

上述见解实际上与日本刑法论著不能犯学说中的主观说相近,主观说认为,只要行为人有犯罪决意并表现于行动,就是可罚的。因此过于严厉,现在实际上已经很少采用了。

三、不能犯的学说(2)——不能犯不可罚的根据

中国刑法学者甘雨沛等明确主张,不能犯不同于未遂犯,不能犯是不可罚的。他

---

① 参见赵秉志:《犯罪未遂的理论与实践》,中国人民大学出版社1987年版,第172页。
② 参见赵秉志:《犯罪未遂的理论与实践》,中国人民大学出版社1987年版,第172页。
③ 参见赵秉志:《犯罪未遂的理论与实践》,中国人民大学出版社1987年版,第172页。

指出,"不能犯不是未遂犯的一种,而是实施行为的一种未遂的特殊形态,是从未遂分离出来的一种不罚形态"[①]。未遂犯之所以可罚,其根据在于具有发生危害结果的现实可能性。如果行为不具备发生危害结果的现实可能性时,则缺乏可罚的根据。不能犯之所以能从未遂犯中分离出来,成为不可罚的一种特殊形态,其原因也在于此。

（一） 危险性的概念

未遂犯与不能犯的区别要点在于对危险性概念如何理解以及如何判断危险性。如果行为人的实施行为具有发生危害结果的现实可能性时,为未遂;反之为不能犯。然而,如何判断危险性,却存在一些争议:从判断的时间看,是应当根据行为人的事前判断呢,还是应根据事后发生的事实进行判断? 是从自然科学的、物理的属性出发呢,还是从社会上一般人的立场出发来判断危险性? 是将行为一般化、类型化、抽象化来判断呢,还是应针对具体情况进行具体判断? 如果根据后者,是否应当考虑行为人的特殊判断能力和认识能力?

危险性在刑法上大致有以下几种含义:一是指行为人本身的危险性,即人身危险性。二是指行为人所实施的行为在客观上发生某种危害结果的可能性。如果有这种可能性,即构成未遂犯,反之为不能犯。三是指所发生的危害结果的危险性。即行为人的行为已实施完毕,其行为结果本身危险性的大小,它往往与该行为所造成损失的大小成正比,所以又称为实害性。上述第一种情况称为人身危险性;第二种情况又可表述为侵害性;第三种情况可表述为实害性。

（二） 区分未遂犯与不能犯的标准

关于这一点,各种学说的争论是很激烈的。首先有主观说和客观说之分。在主观说中又有纯主观说和抽象危险说之分;而在客观说中,又有绝对不能说、相对不能说和具体危险说的区别。也有人认为,抽象危险说和具体危险说可归入折中说,不过,前者接近于主观说,后者接近于客观说。

1. 纯主观说

该说从行为人性格的危险性即人身危险性来寻求处罚未遂的根据。既然行为人的犯罪意思已经明确表现在外部了,由于这种意图对法律秩序有危险,所以可不问这些外部行为是否真有危险,都要作为未遂处罚。该说原则上否定了不能犯,但认为迷信犯由于性格上的怯懦而使用了超自然的方法,对其没有处罚之必要,应作为不能犯。

2. 抽象危险说

该说又称为主观的客观说,该观点认为,应结合客观分析来判断行为人的主观危险性。也就是说,该说把行为人对法律秩序的危险作为中心,其基本思想与纯主观说相同,但它又主张要从一般的见解出发进行客观判断,这是从一般推论个别的方法。

---

① 甘雨沛:《外国刑法学》,北京大学出版社 1984 年版,第 249 页。

例如,行为人认为用硫磺能实施毒杀,而未达成杀人罪,按纯主观说,行为人的主观认识是有发生危害结果可能的,行为人主观上有杀人故意,客观上也实施了以硫磺毒人的行为,应认定构成杀人未遂。但按客观说,就应以一般人的认识水平来判断这一可能性。缺乏科学知识的个别人和具备科学知识的一般人,其认识标准是不同的,前者认为有发生危害结果的可能性;后者则认为无此种可能性。实际上,客观分析应以具有科学知识的一般人的认识水平为标准,因此,行为人自认为硫磺能毒死人而以硫磺毒杀人的行为就应构成不能犯,不构成未遂犯。该说把行为人的犯罪意思作为出发点,在这种犯罪意思的指导下,行为人实施了一定的行为,它以行为人事先认识的情况为基础,对这种行为,要从一般人的见解出发来判断有无发生结果的危险性。如有危险性,为未遂犯;反之为不能犯。

该说认为,迷信犯尽管是行为人的主观意图和计划,但在客观上一般人的见解中没有危险性,所以是不能犯。但在行为人的意思和计划被认为对法律秩序有抽象危险时,就不是不能犯,而是可罚的未遂,例如,误以为已经装弹而打了空枪,误以为是毒药而投入了砂糖等。

此外,如何理解判断上述危险性的主体———一般人呢?对此,学说上也有不同的见解。是将此解释为社会上普通的一般人,还是解释为科学上的一般人,也有争议。通常认为,应将科学见解和社会常识结合起来考察。比如,用硫磺是不能杀人的,是不能犯,在科学上和社会常识上是一致的。当科学判断和常识判断不一致时,就会产生不同的结论。

3. 定型说(形式的客观说)

该说认为,对"危险性"的判断要考虑"定型"问题,即考虑行为符合构成要件问题。构成要件上的行为,至少可解释为具有发生构成要件结果的一般危险。在实质犯的场合,一般没有发生结果危险的行为,即不能完成犯罪的行为,就不具有实行行为的意义,就不能构成未遂犯而只是不能犯。例如,将自己之物误认为他人之物而盗窃之,这种行为在构成要件的符合上就有欠缺,因为刑法规定盗窃的对象必须是"他人的财物"(日本、旧中国刑法均有此规定)。

4. 绝对不能说和相对不能说

它是从行为侵害法益的危险性来寻求处罚未遂犯的根据。该说属客观说。它以发生结果的抽象性的客观危险为基础。该说认为,当对象和工具(即日本的客体和手段)绝对没有抽象的客观危险时,为"绝对不能"的不能犯;相对没有危险是"相对不能",是可罚的未遂。例如,在对象不能犯的场合,以杀人为目的的行为人,把尸体当做活人开枪射杀,这一具体行为绝对不会达到杀人目的,为对象的绝对不能,是可罚的不能犯;但如果行为人向活人开枪,因被害人身穿防弹衣而未被射杀,就是对象的相对不能,是可罚的未遂犯。在工具不能犯的场合,行为人误将砂糖作为毒药而实施毒杀,是绝对不能,为不能犯;但如果行为人以不足量的毒药实施毒杀而未达杀人目的的,就是手段的相对不能,应以未遂论处。但相对还是绝对,其区别标准往往也很不确定,用不同的标准,就会有不同的结果:比如,以投毒行为人为标准,投下不足量的毒药不能达到毒杀人的目的,这是偶然的意外,应视做相对不能,构成未遂犯;但如果将"投下不足量的毒药"这件事本身作为标准,从科学的角度出发,那么,在此情况下无论如何不会发生杀人结果,因而也可视做绝对不能。可见,根据事物抽象化程度的不同,绝对、相对的标准也不一致。所以,往往只能将社会常识和科学知识结合起来作标准,并把行为当时或事前情况一并考虑,从而确定绝对不能和相对不能。

5. 具体危险说

该说着眼于具体行为的客观危险性,以"具体危险"的有无来划定未遂犯和不能犯的界限。所谓具体危险,在这里是指行为当时的情况应是判断的基础,它排除事后所判明的情况。依据具体危险说,即使是对象绝对不能的案件,也有可能会被判定为未遂。比如,行为人将尸体误认为是活人而射杀之,当一般人根据行为当时的情况也会判断该尸体为活人时,就应以未遂犯论;但当一般人可判断为死亡者时,则应以不能犯论。该说以行为人在行为当时对具体事实的认识为基础,但从一般人认识的立场出发来进行有无危险性的判断。再如,在手段绝对不能的场合,比如在以空枪杀人时,如果该枪是从正在执行勤务的警察手中夺取的,在通常认为(一般人认为)是装填着子弹的情况下,同样应认定为未遂;反之,如果该枪是从备用仓库中盗出,在一般人认为是不会装填着子弹的情况下,应认定为不能犯。

四、实务中的见解

日本大审院和最高裁判所的判例,有采绝对不能、相对不能说来区分不能犯和未遂犯的,也有采具体危险说的。从肯定不能犯的案例看,有胎儿已经死亡时,就不能作为堕胎罪的对象,这是对象不能犯的适例;就方法不能而言(工具不能),用硫磺杀人是绝对不能的适例。再如用长久埋在地下的失效雷管和导火线制成的劣质炸弹,由于制造麻醉剂的主要原料是伪劣品,因而就不能制造出真正的麻醉剂等。

旧中国的判例有采具体危险说的,也有采抽象危险说和折中说的。采认具体危险说的判例认为,"不能犯系指该项行为有发生实害之危险者而言,如果实际上本不能发生损害,即无任何危险之可言,自不成立犯罪。本案上诉人侵入某甲家,虽意在将其杀害,但某甲既早已外出,绝无被害之危险,按以上说明,究难令负杀人未遂罪责"[1]。该例就行为时存在的客观情况为依据而作出判断,客观上某甲并无被杀害的危险,即在行为当时,行为人闯入某甲家后所产生的认识与一般人在这种情况下产生的认识是一致的:无发生危险的可能,故认定其为不能犯。

采抽象危险说和主观说的判例认为:"犯罪之故意,只须对于犯罪事实有所认识,而仍实施为已足,不以犯人主观之认识与客观事实不生矛盾为必要,上诉人率人向被害人屋内开枪射击,虽因被害人事先走避,未遭杀害,然上诉人既认其尚在屋内而开枪,不能谓无杀人事实之认识,及发生死亡结果之希望,而其犯罪结果之不能发生,是

---

① 韩忠谟:《刑法原理》,台湾大学法学院 1981 年版,第 249 页。

由于被害人事先走避之意外障碍，上诉人对此应负故意杀人未遂之责，自属毫无疑义。"①这些理由大多是从主观说的角度出发的。

新中国成立后，特别是自 1979 年《刑法》颁行以后，中国的审判实务也是承认不能犯的，但迄今为止最高人民法院尚未颁布这方面的判例，只是在下级审的案例中有所见。由于缺乏统一标准，实际上也采用各种不同的学说，宽严不一。由于对某一情况究竟是认定为不能犯还是未遂犯，关系到对被告人是否适用刑罚的利益关系，故应特别慎重，应参考借鉴各国的理论和实务，总结出符合中国实际情况的理论和办法来。

五、本文的见解

根据中国的情况，不能犯的学说大致可确认为以下几条：

（一） 对不能犯主要应探讨其不可罚的根据

这种根据也可从中国目前有关犯罪概念的学说中求得。日本刑法理论一般从违法性、有责性、构成要件该当性这三方面来探求犯罪行为可罚的根据。而中国传统的刑法理论大多从社会危害性、违法性、应受刑罚处罚性这三方面来探求犯罪行为可罚的根据。两者有着许多不同。

中国刑法理论强调："行为具有一定的社会危害性，是犯罪最基本的、最具有决定意义的特征。"不处罚不能犯的根据也应从这方面来考虑。中国刑法中的社会危害性，是指"对国家和人民造成或可能造成一定的危害"②。由于不能犯的行为不可能对国家和人民造成危害，带来实际损害，所以不可罚，这从不能犯的名称中就可得到体现。所谓"不能"，即不可能造成危害之谓也。可见，从中国刑法理论中也可找到不能犯不可罚的根据。

（二） 应以折中说，即主客观相结合的学说为标准来区分不能犯和未遂犯

纯主观说着眼于行为人行为当时的主观认识，着重于事先判断；纯客观说着眼于行为结果，着重于事后判断，两者均有偏颇之处。故折中说比较妥当，但折中说中又有具体危险说和抽象危险说的区别，前者偏向于客观说，后者偏向于主观说，两者的区别和联系究竟是什么呢？

1. 两者的着眼点不同

抽象危险说接近于主观说，它着眼于行为人行为当时所认识到的主观情况，因此，当一般人按照行为人在行为当时认识的"主观状况"，感到有发生结果的抽象危险时，为未遂犯；否则为不能犯。比如，以误将砂糖当做毒药而毒杀他人为例，行为人的

---

① 陈朴生：《刑法总论》，正中书局 1979 年版，第 141 页。
② 高铭暄等：《中国刑法学》，中国人民大学出版社 1989 年版，第 67 页。

"主观情况"是意图"投下毒药",并将砂糖误作毒药,从这一角度出发,不得不说有抽象危险,一般人着眼于行为人的这种主观认识,从同一角度出发观察问题,也会感到有抽象危险。因此,该案自应认定为未遂犯,不是不能犯。

反之,具体危险说着眼于行为本身的危险性,把规范化的客观危害作为是否违法的界限。如果一般人按照行为当时的客观情况,没有感到发生结果的具体危险时,为不能犯,否则为未遂犯。这里的客观情况,以行为当时一般人可能认识的情况以及一般人虽然不能认识但行为人能特别认识的情况来决定。同样以误将砂糖当做毒药而毒杀他人一案为例,由于是将砂糖投入他人食物中,从行为当时的客观情况判断,无论如何不会发生致死人命的结果,不会使一般人感到有具体危险,因而是不能犯。可见,从不同的着眼点出发,二者的结论完全不同。

2. 对行为人认识的要求有所不同

根据抽象危险说,在构成未遂犯的场合,一般人的认识与行为人的认识在方向上一致;但在构成不能犯的场合,两者的方向就不一致了。这时,行为人的主观认识本身并无任何抽象危险,以行为人误认为只要投入大量砂糖就可致死人命而投入大量砂糖为例,行为人的这种主观意图和行为不仅违反科学,也违反一般人的常识,它本身就没有任何危险,一般人也不会感到任何危险,应构成不能犯。可见,这种行为人本身的危险性和主观恶性都很小,换句话说,依该说构成不能犯的余地很小,对行为人要求很严。

但根据具体危险说,在构成不能犯的场合,行为人的认识与一般人的认识在方向上往往不一致。此时,行为人的认识本身可能具有一定的危险性,但只要一般人根据行为当时的情况判断,不存在具体危险时,就仍可作为不能犯处理。前面所举的误以砂糖为毒药而毒杀他人一案就是适例(此案根据抽象危险说通常应构成未遂犯)。可见,根据具体危险说,对行为人主观认识的要求相对较宽,即使行为人主观认识有一定的危险性,也可构成不能犯。依据具体危险说,行为人构成不能犯的余地较大,对行为人的主观认识的要求相对较宽一些。

3. 对一般人认识的要求也有所不同

在抽象危险说的场合,一般人的认识往往服从于行为人的认识,例如,一般人的判断往往是根据行为人的主观意图和计划来作出的;但在具体危险说的场合,一般人的认识并不服从于行为人的认识,即一般人的判断只是根据行为当时的客观情况,如果行为人的计划内容不具备现实性时,就不会成为一般人作出判断的根据。

4. 两种学说的共同点

两说都要从一般人的认识(客观)来判断、考虑行为人的认识(主观),即都要从一般人的立场出发进行有无危险性的判断,这是它们的共同点。

本文采以具体危险说为基础的折中说,即以一般人按照行为当时的客观情况没有感到有发生结果的具体危险时,为不能犯,否则为未遂犯。这里的所谓客观情况,应根据行为当时一般人可能认识的情况以及一般人虽然不能认识但行为人能特别认识的情况来决定。具体地说:①如果行为人和社会上的一般人对行为当时的情况均判定有具体危险,二者认识方向一致时,即应构成未遂犯;②如果行为人和社会上的一般人对行为当时的情况均判断为无具体危险,二者在相反方向上认识一致时,即应构成不能犯;③当行为人的认识和社会上的一般人的认识在方向上不一致,即行为人认为有危险而一般人认为无危险时,就应分成两种情况:一是在对象不能犯的场合,究竟应定为不能犯还是未遂犯要作具体分析;二是在工具不能犯的场合,原则上可作为不能犯。

具体分析如下:

1. 在对象不能犯的场合

(1)误认尸体或牲畜为活人而开枪射杀之。根据当时的情况,如果一般人也认为此尸体或牲畜形同活人,对其射击有具体危险时,行为人即应构成杀人未遂犯;但如果一般人根据当时的情况,明显知晓或可以辨认出对象物为尸体或牲畜,并无具体危险时,即可认定为不能犯。

(2)扒窃犯罪中被扒窃的衣袋、提包内无钱物。通常认为,一般穿着正常的成年人的衣袋、提包内会有钱物,因而,这种扒窃行为应有具体危险,应构成盗窃未遂。

(3)误认为被害人在床上而开枪射击,因被害人走避而未得逞。一般人通常认为这种情况有具体危险,应构成未遂犯。

2. 在工具不能犯的场合

(1)误把砂糖等无毒物当做砒霜等毒药去毒杀人。这种情况通常对侵害对象不会产生任何具体危险,应构成不能犯;但当行为人所用的糖瓶是从毒品柜中取出,而这瓶子又极偶然地混在毒品中,一般人认为有具体危险时,才构成未遂犯。

(2)误用空枪、坏枪或臭弹去射杀人。如果这种空枪是从正在值勤的民警手中夺取的,一般人认为有具体危险时,应构成未遂犯;但如果是从纪念馆的陈列柜中盗出,一般人认为不可能装有子弹时为不能犯。

(3)误用不足量的毒药去毒杀人。例如用不足量的老鼠药去毒杀人,由于这种药的性质有可能毒死人,一般人会认为有具体危险,应当构成未遂犯。

(4)误认硫磺为致死毒药而去毒杀人。由于一般人通常认为硫磺不是致死毒物,不可能毒死人,没有具体危险,因而是不能犯。

3. 构成要件欠缺(事实欠缺)

所谓构成要件欠缺(事实欠缺),是指构成条件的要素中,虽然欠缺犯罪的主体、客体、手段、行为状况等要素,可行为人却误信这些仍存在而实施了行为。例如,非公务员误信自己是公务员而收受了贿赂,这是主体事实欠缺的适例;误认自己之物为他人之物而盗窃之,误认男子为妇女而强暴之等,是客体(对象)事实欠缺的适例。

对事实欠缺,究应如何认定,学说及实务上也是有争议的。旧中国刑法界认为:"事实之欠缺及迷信犯,不包括在本条(刑法第26条)未遂犯之内。"①

日本刑法学界对此则有不同主张,有人认为,主体事实欠缺是不可罚的,"其不可

---

① 陈朴生、洪福增:《刑法总则》,五南图书出版公司1982年版,第159页。

罚的理由,不仅在于不能认定有发生结果的危险性,而且对非身份犯也存在违反规范的问题,由于在这种规范上有错误,当然就不值得处罚了。因此,欠缺事实在这一限度内有点类似于幻觉犯"①。但对客体(对象)事实欠缺,就不能一概解释成是不可罚的了。有些是不可罚的,如误将自己之物当做他人之物而窃;另一些则是可罚的,应当做未遂犯,"如扒窃过路人口袋中的钱包,只因被害人偶尔没带钱包而未得逞,此时,因行为人意志以外的障碍而使已经着手实行的行为没有产生预想的结果,对此,应以未遂犯处断"②。

笔者认为,对这类情况的认定,涉及"事实欠缺"的范围大小问题。所谓事实欠缺,必须是该构成要件部分之事实绝对不存在,如有存在之可能性,就不是事实欠缺。例如被害人临时外出不在屋内,行为人误信其在屋内而对之开枪射击,这种情况因被害人有可能在屋内就不是事实欠缺。再如前述因过路人没带钱包而扒窃未能得逞的,也不是事实欠缺。笔者认为,对事实欠缺应严格限制在行为对象、主体等不符合构成要件所规定的内容这一点上,例如误将自己之物当做他人之物而窃之,由于刑法明文规定盗窃罪必须以盗窃"他人的财物"为要件,所以不可罚。本文对事实欠缺采狭义立场,这样就可避免与对象不能犯的情况相混淆。

4. 迷信犯和幻觉犯

如以念咒语为方法企图打开保险箱,窃取钱物等,它们在各国刑法理论和实务中,都是不可罚的。这一点与不能犯相同,但迷信犯和不能犯有以下区别:①迷信犯主观上的犯意无危险性,不能犯则大多有之;②对迷信犯不能认定其着手实行了犯罪构成要件的行为,而对不能犯则可以这样认定;③迷信犯不构成犯罪,而不能犯原则上构成犯罪,只是不加以处罚而已。

---

① 〔日〕木村龟二主编:《刑法学词典》,顾肖荣、郑树周等译校,上海翻译出版公司1991年版,第320页。

② 〔日〕八木国之:《判例刑法》,法学书院1975年版,第74页。

中日第四届刑事法学术讨论会情况综述*

开始于 1988 年 5 月在上海召开的中日刑事法学术讨论会,经过 1990 年 3 月在日本东京召开的第二届会议及 1992 年 12 月在上海召开的第三届会议,于 1995 年 4 月 2 日至 8 日在日本东京召开了第四届学术讨论会。日方的西原春夫教授为团长,由早稻田大学野村稔教授、东京大学西田典之教授、立教大学田宫裕教授、早稻田大学田口守一教授、法务省保护局观察课长岩渊道夫为团员组成代表团参加了本届讨论会。中国方面由上海市人民对外友好协会负责组团,市对外友好协会副会长陈一心同志任团长,团员是上海社会科学院法学研究所副所长顾肖荣研究员、华东政法学院苏惠渔教授、上海市人民检察院刑检处副处长黄一超同志、上海市高级人民法院刑庭庭长郑永鹤同志、华东政法学院副院长张国全教授、上海市劳改学会会长王飞同志以及市对外友好协会蒋惟坚同志和陈忠同志。

本届讨论会的内容依然分三个方面:刑法、刑事诉讼法及刑事政策。讨论的方式也依然是双方报告者两人一组提出题目相对应的报告,各自阐述本国法律对该议题中有关问题的立法规定、司法实践、理论研究以及发展完善的总趋势,在相互了解的基础上对中日法律中的有关问题进行比较研究,恳谈见解。本届讨论会有六个题目:①刑法中的因果关系问题;②法人犯罪及其处罚问题;③刑事诉讼中的免诉和刑事手续简化问题;④刑事辩护制度及其完善问题;⑤有组织犯罪及其法律对策问题;⑥对再犯罪的预防和控制问题。

1. 关于因果关系

中方着重介绍了因果关系属于中国刑法犯罪构成中不可缺少的客观要件之一,在中国刑法理论中认定因果关系有两种学说:一种学说认为,因果关系只有必然因果这一种形式,另一种学说则认为,因果关系有必然因果和偶然因果这两种形式,两说各有其理论根据和实用价值。日方主要介绍了日本刑法理论中,认定因果关系分为条件说、原因说、相当因果关系说等三种。现在比较通行的是相当因果关系说,该说中又分为主观说、客观说和折中说这三种。由于因果关系的理论比较抽象,因此,双方学者就针对实际案例提出按各自学说所作出的不同解释和认定,对此,与会者都兴趣盎然、踊跃发言。

2. 关于法人犯罪

双方都强调处罚法人犯罪的必要性和重要性。但在认定和处理上,双方却有所

---

* 第二作者苏惠渔,原载于《政治与法律》1995 年第 3 期。

不同。按日本的现行法律,法人的从业人员为了企业的利益实施了犯罪,即使法定代表人(即法人负责人)事先不知道,没有任何授意,对该负责人仍应推定有过失,也应负刑事责任。日本刑法典中虽然至今尚没有关于处罚法人犯罪的明确规定,但在单行法,如消防法、卖淫防止法、著作权法、食品卫生法、有关废弃物处理及清扫的法律、药事法、法人税法、海关法、贷款业规范法、不正当竞争防止法、商标法等法律中都有处罚法人犯罪的规定。仅 1991 年,在刑事第一审案件中,就有 174 个法人被起诉,172 个法人被判处罚金刑。在中国,只有按法人的意志,以法人的名义为法人的利益而实施的犯罪才构成法人犯罪。因此,像日本那样的推定过失论,目前在中国是行不通的。目前法人犯罪虽然在中国刑法典中没有现定,但也规定在海关法等许多单行法律中。

3. 关于刑诉制度中的免诉和简易化问题

中方着重介绍了免诉制度。日方介绍了刑事手续的简易化,大致有以下几种形式:

(1)略式手续。即根据检察官的请求,简易法院对其管辖的轻微刑案(处罚金刑以下的犯罪,特别是一般财产罪),实行不公开的书面审理,据检方提出的资料判处较小数额的财产刑(一般在 50 万日元以下)。目前,采用这种方式的案件在整个刑案中占了绝大部分,如 1992 年被起诉人员的总数为 1 266 640 人,其中检察官提出公判请求数为 89 058 人,占总数的 7%;而检察官提出略式命令请求的,达 1 177 582 人,占总数的 93%。略式请求案件绝大部分为违反道路交通法案件,1992 年占总数的 87.8%(以下均指 1992 年数字);业务上过失致死伤(占 8.7%);伤害(占 0.7%);其他占 2.8%。

(2)交通案件即时审判该程序与略式命令程序十分接近,但以公开、口头形式进行审理。即日组织公开法庭,被告人可以到庭,辩护人可以参加。文书送达、罚款手续等都在一日内处理完结。程序并不是独立于略式程序之外,而是略式程序中专门处理交通案件的程序。

(3)简易公审程序。这种程序适用于坦白自己罪行的被告人。可以简化认定事实和证据的手续和方法。

(4)交通违章罚款制度。是指令轻微违反道路交通法行为者交付罚款代替刑罚的制度。对拒不交付者,则按通常程序给于刑事追诉或受少年法院审判。该制度的执行方法是:发给违章通行证(通称红证)和违章证(通称蓝证),红证代替以前的驾驶证使用,蓝证则包括交通违章通告书、驾驶执照保管证、交通案件原始记录、报告书、违反交通法令记录册等。

4. 关于刑事辩护

主要在中国律师能否提前加入诉讼、刑事案件的被告能否获得充分的辩护以及审判制度的改革改进等问题上进行了讨论。

5. 关于有组织犯罪

日方主要介绍了山口组、稻川会等暴力团组织的活动情况。暴力团成员如果进行贩毒、走私等活动在日本是作为犯罪处理的,但暴力团组织却仍然存在,在阪神大地震中还进行了一些救灾活动。中方主要介绍了集团犯罪是中国刑法中共同犯罪的一种形式,其认定标准是从严掌握的。

6. 关于对再犯罪的预防和控制问题

日方重点介绍了释放(含假释)后的再犯预防,为此他们在法务省(司法部)下专设保护观察局,还在全国各地设立了多个保护观察所,负责对假释者进行保护观察。日本的假释率比较高,1993 年的假释率达 56.8%,至于对满期释放者,则采取更生保护措施,对出狱人员的衣食住医疗旅费等给以帮助。日本的再犯率很高,平均达 20% 至 30%。中方对再犯罪的预防和控制积累了较好的经验,上海的再犯率只有 7%—8%。

本届研讨会是成功的,其特点可以概括有三:

第一,研讨的内容和问题已由一般的介绍走向对专题的深入探究。

第二,既有对学术理论观点的研究,又有司法实践的探索,与会人员中既有教学及理论研究专业人员,又有司法实务工作者,既有年长资深的老专家,又有年轻有为的中青年学者,体现了理论与实际的结合及老中青队伍的结合。

第三,中日两国的法律制度毕竟不同,但双方均能坦诚相见,既阐明观点又不强求一致,求同存异,取长补短,对不同的观点表示充分理解,对问题的探索一丝不苟。

如此研讨会,今后如何发展,双方都表达了良好的愿望,一致期望要把经过多年耕耘建立起来的行之有效的讨论会继续坚持下去,本着中日两国人民要求世世代代友好下去的精神,我们要把这个研讨会开到 21 世纪。1997 年将在上海召开第五届研讨会,根据中国当前的政治经济情况,将对经济犯罪的法律对策研究作为重点列入讨论的内容。具体题目待进一步研究确定。

刑事法律制度的重大发展*

——我国新刑法评述

在我国刑事法制建设过程中,1997 年 3 月 14 日无疑是一个重要的日子,第八届全国人民代表大会第五次会议修订并通过了《中华人民共和国刑法》(以下简称《刑法》)。从 1979 年《刑法》的问世,到 1997 年《刑法》的修订,其间经历 17 个春秋。如果说,1979 年《刑法》的颁布,标志着我国社会主义刑法创建的话,那么,1997 年《刑法》的修订,则表明了我国社会主义刑事法制的重大发展。正值世纪之交,新《刑法》的颁布,为我国的社会主义市场经济体制和社会主义现代化建设提供了强有力的法律保障,具有极为重要的意义。

一、科学谨慎的立法思想

刑法是国家保护各种重要社会关系的基本法律,修订刑法关系到整个社会生活的各个方面,科学、谨慎地修改刑法是适应我国社会生活发展的必然要求。王汉斌副委员长指出:"注意保持法律的连续性和稳定性。刑法是定罪量刑的依据,不能轻易改变,对刑法的原有规定,包括文字表述和量刑规定,原则上没有什么问题的,尽量不作修改。"可见,保持刑法的稳定性与连续性,是我国修改刑法的指导思想之一。这反映了我国对修改刑法所持的科学的谨慎的态度。

新《刑法》在以下两方面体现了这一立法思想:首先,在体例上,新《刑法》沿用了1979 年《刑法》的章制编排框架,即分为总则、分则两编,仍采用大章制,分则原有八章,现为十章,虽然内容大量增加,但是体例没有变化。笔者认为,从法律连续性的角度看,法律结构与形式的连续是必要的,1979 年的《刑法》体例已为人们熟悉,仍有沿用意义,目前尚无必要进行结构性的修改。其次,在内容上,新《刑法》基本保留了1979 年《刑法》和 1982 年以来的刑法决定或补充规定中有价值的内容。例如,总则部分中的犯罪概念、故意犯罪和过失犯罪概念、刑事责任年龄的规定、故意犯罪阶段的规定、共同犯罪的规定、刑罚种类的规定、数罪并罚的规定和犯罪追诉时效的规定等。又如,分则部分中的生产、销售伪劣商品罪吸收了《关于惩治生产、销售伪劣商品犯罪

---

　* 第二作者刘华,原载于《政治与法律》1997 年第 3 期。

的决定》的基本内容；破坏金融管理秩序罪和金融诈骗罪吸纳了《关于惩治破坏金融秩序犯罪的决定》的主要内容，等等。

笔者认为：新《刑法》对旧《刑法》体系结构的沿用和有价值内容的保留，表明了新旧《刑法》的一贯性和继承性，可使新法和旧法之间不至于突然出现"断裂"现象，从而保证新旧法律之间的合理衔接，这对于新《刑法》的顺利贯彻执行无疑具有积极意义。

二、立法确定刑法原则

新《刑法》明文规定了三大刑法原则，即罪刑法定原则、罪刑相适应原则和法律面前人人平等原则，取消了类推的规定。刑法原则的立法确定，是我国《刑法》修改所取得的一项重大成果。

罪刑法定原则其要义是：法无明文规定不为罪，法无明文规定不处罚。认定犯罪和适用刑罚必须以行为当时有效的法律为依据。罪刑相适应原则其要义是：重罪重判，轻罪轻判，罪刑相称，罚当其罪；反对畸重畸轻，重罪轻罚，轻罪重罚，罚不当罪。罪刑相适应原则是通过刑事立法的"罪刑相当"和刑事司法上的"罚当其罪"来实现的。法律面前人人平等原则其要义是：对任何人犯罪，在适用法律上一律平等，不允许任何人有超越法律的特权。在这三项刑法原则中，罪刑法定原则无疑是根本的刑法原则。

自从贝卡里亚首先明确提出罪刑法定原则以来，数百年间，世界各国刑法一直将其奉为最基本的法治原则。罪刑法定原则，一方面，昭示了统治阶级依法治国、依法惩处犯罪的决心和意志；另一方面，表现了保障人权、限制滥用司法权的精神和要求。所以，罪刑法定原则是国家维护社会秩序和保障公民合法权利的结晶，是刑事领域中国家权力和公民权利的高度统一。我国 1979 年《刑法》虽然也基本遵循了罪刑法定原则精神，但是合法化的类推制度无疑使罪刑法定原则的贯彻受到一定限制，定罪量刑的随意性难以避免，法外治罪现象不能杜绝，所以，只能说是不完全地实行罪刑法定原则。新《刑法》取消了刑事类推制度，明文规定罪刑法定原则。这表明：在中国存在了数千年的刑事类推制度从此不再适用了，我国刑法开始完全实行罪刑法定原则。

我国刑法明确规定罪刑法定原则具有重大意义：第一，它表明了我国在刑法领域依法治国、建设社会主义法制国家的战略方针；第二，它反映了我国刑法在坚决与犯罪作斗争的同时，更全面地保护公民的合法权利不受侵犯；第三，它顺应了国际上的进步潮流，更好地体现了我国刑法的进步性和民主性。可以说，我国新《刑法》对罪刑法定原则的确定，是我国刑事法制走向民主化和现代化的重要标志之一。

三、趋于完备的刑法体系

新《刑法》以严密法网、完备刑法为要义。新《刑法》进行了广泛的修订和补充，不仅将 22 个刑法决定和补充规定的基本内容纳入《刑法》,而且将一些民事、经济、行政法律中规定有"依照""比照"刑法追究刑事责任的 130 条规定中的有关内容直接引入《刑法》。《刑法》条文从原来的 192 条扩充到 452 条,共增加 260 个条文。其中《刑法》总则从原来的 89 条扩充到 101 条,增加了 12 个条文;《刑法》分则由原来的 8 章 103 个条文增加到现在的 10 章 351 个条文。可以说,修订后的《刑法》统括了我国刑事法律制度中的基本内容,是我国建国以来具有统一性和完备性的刑法。如果说,1979 年的《刑法》以不足 200 条的条文数量称为法典有些勉强的话,那么,1997 年的《刑法》以 452 条的条文规模称为刑法典,乃是名副其实。

从《刑法》总则规定看,总则共有五章,规定了犯罪与刑罚的概念、原则、具体应用以及有关问题。其中,第一次正式规定了单位犯罪的刑法概念和处罚原则。单位犯罪规定是新《刑法》总则所增加的重要内容之一。此外,新《刑法》还着重对正当防卫、累犯、自首、立功、减刑、假释等规定作了修改或者补充。例如,关于正当防卫,新《刑法》扩大了正当防卫所保护的利益,国家利益、公共利益和个人人身、财产以及其他权利都是正当防卫所保护的利益。正当防卫不再限于对人身侵害的防卫,确定了对某些暴力犯罪的无限防卫权。新《刑法》规定,对杀人、抢劫、强奸、绑架等暴力犯罪实行防卫,造成不法侵害人死亡的,不负刑事责任。又如,关于自首立功,为了鼓励犯罪分子自首立功,有利于犯罪的查处,新《刑法》对自首立功作了较宽大的处刑规定,使其可以获得从轻或减轻处罚,甚至免除处罚;还规定了具体立功事项,即揭发他人犯罪或提供重要线索。这些修改和补充使《刑法》总则内容趋于完善。

从《刑法》分则规定看,新《刑法》的分则分为十章:第一章危害国家安全罪;第二章危害公共安全罪;第三章破坏社会主义市场经济秩序罪;第四章侵犯公民人身权利、民主权利罪;第五章侵犯财产罪;第六章妨害社会管理秩序罪;第七章危害国防利益罪;第八章贪污贿赂罪;第九章渎职罪;第十章军人违反职责罪。新《刑法》的分则内容修改补充主要源于三个方面:首先,源于对原《刑法》分则内容的修改。例如,新《刑法》将反革命罪改称为危害国家安全罪;又如,新《刑法》分解了流氓罪、玩忽职守罪和投机倒把罪等三个罪,分别规定具体罪名;再如,刑法对伤害罪、强奸罪、非法拘禁他人罪、破坏军婚罪等罪作了重要补充,进一步完善了有关罪刑规定。其次,吸纳了原独立于刑法之外的《中华人民共和国惩治军人违反职责罪暂行条例》和 22 个有关刑法的决定和补充规定的绝大部分内容,这是新《刑法》分则内容的重要组成部分。譬如,第三章破坏社会主义市场经济秩序罪,就涉及 8 个刑法决定或者补充规定。第六章妨害社会管理秩序罪,也涉及 6 个刑法决定或者补充决定。第三,新《刑法》直接规定了若干新的犯罪。例如,黑社会性质的犯罪;实施恐怖活动罪;洗钱罪;证券犯罪,等等。以上内容构成一个较完善的刑法分则体系。

四、适时规范的新型犯罪

改革开放以来,随着我国社会政治和经济的发展,价值观念和生活方式的转变,犯罪形式也发生了重大变化,出现了大量新型犯罪,如证券犯罪、金融犯罪、计算机犯罪、侵犯知识产权犯罪等。我国新《刑法》的规定及时地反映了当前犯罪在内容和形式上的演变,已将当前所出现的各种有严重社会危害性的新的行为规定为犯罪。新《刑法》规定的新型犯罪分布在分则各章中。以下犯罪均是司法实际部门经过调查,刑法理论部门经过研究认为在实际上有必要,在刑法上有把握追究刑事责任的行为。

第一章危害国家安全罪中,主要增加了2个新罪名,即第107条资助危害国家安全罪和第109条国家机关工作人员叛逃罪。

第二章危害公共安全罪中,最主要的新罪名是第120条,组织、领导、参加恐怖组织罪;第125条,非法买卖运输核材料罪。此外,由于分解了交通责任事故罪和重大责任事故罪,又衍生出较多新的罪名。例如,在交通运输事故罪之外,又增加了重大飞行事故罪和铁路运营安全事故罪;在企业事业单位重大责任事故罪之外,又增加了劳动安全事故罪、建设工程质量罪等。

第三章破坏社会主义市场经济秩序罪,新增加的罪名很多,值得关注的是以下罪名:第一类是国有企业公司工作人员或者主管人员因为徇私造成国有资产流失的犯罪,如第165条,经营任职公司、企业同类营业获取非法利益罪;第167条,签定履行合同失职被骗罪;第168条,徇私造成国有企业、公司破产罪;第169条,徇私低价折股、出售国有资产罪。这是新《刑法》补充的重要内容。第二类是证券犯罪,新《刑法》规定了四种证券犯罪罪名:第179条,内幕交易罪;第181条,编造并传播虚假证券信息罪;第181条,诱骗投资者买卖证券罪;第182条,操纵证券交易价格罪。这是我国刑法第一次明确地规定证券犯罪。此外,还有第191条洗钱罪值得重视。洗钱犯罪是指贩毒、走私及其他犯罪分子通过银行或者其他金融机构将非法获得的钱财加以转移、兑换、购买金融票据或者直接投资,从而企图掩盖其非法来源和性质,使其非法资产合法化的一种行为。对洗钱犯罪的规定,表明我国刑法对当前新型犯罪行为特征和危害趋势的准确把握,具有一定的前瞻性。

第四章侵犯公民人身权利罪、民主权利罪,新增加的罪名共有6个,主要包括:第237条,强制猥亵、侮辱妇女罪;第239条,绑架罪;第244条,限制人身自由、强迫职工劳动罪;第249条,煽动民族仇恨、民族歧视罪;第250条,出版轻视、侮辱少数民族书刊罪;第255条,打击报复会计统计人员罪。第五章侵犯财产罪,新增加的罪名主要是第270、271条侵占罪。

第六章妨碍社会管理秩序罪,增加了大量的罪名。第一,妨碍公务罪根据执行公务主体身份分为多种阻碍执行职务职责罪名,增加了煽动群众暴力抗拒法律实施罪。第二,规定了4项计算机犯罪,如侵入计算机信息系统罪、破坏计算机信息系统功能罪等。第三,规定了四种黑社会性质的犯罪。第四,在妨害司法犯罪中,规定了辩护人、诉讼代理人伪证罪;第五,增设了危害公共卫生罪一节,所规定的罪名均为新的罪名。第六,在破坏环境资源保护罪中,除了非法狩猎罪、非法捕猎罪、盗伐、滥伐林木罪等4个原有罪名以外,其余10项罪名都是新的罪名。

第八章贪污贿赂罪,主要增加了私分国有资产罪和私分罚没财物罪。

第九章渎职罪,主要将玩忽职守罪按照主体身份分为各种渎职犯罪。新《刑法》规定的渎职犯罪主体,是指一般国家机关工作人员,司法工作人员,特定部门工作人员(行政执法人员,税务工作人员,环境保护监管人员,海关人员,商检人员,检疫人员,边境管理人员,等等)。

第七章危害国防利益罪和第十章军人违反职责罪都是与国家军事利益、国防利益有关的犯罪。其中,危害国防利益罪的大部分内容是新增加的罪名。

犯罪既遂理论研究的新进展[*]

——评金泽刚《犯罪既遂的理论与实践》

金泽刚同志以其博士学位论文为基础而撰写的《犯罪既遂的理论与实践》一书，由人民法院出版社于 2001 年 4 月出版。该书针对我国犯罪既遂形态研究尚十分匮乏的状况，立足于理论与实践相结合的总体视角，对犯罪既遂形态问题作了非常全面、细致、深入的研究，将我国犯罪既遂形态的理论研究推向了一个新的高度。通读此书，笔者认为其特点可以概括如下：

一、勇于开拓创新，观点新颖独特

在传统的刑法理论中，对于犯罪既遂的研究内容，一般限于犯罪既遂的概念和类型。该书将犯罪既遂视为一个与其他刑法基本理论相互依存和相互制约的范畴，对其理论空间进行了空前的拓展，给了我们一个更为广阔的理论视野。在该书的上篇，作者探讨了犯罪既遂形态的基本理论，分别对犯罪既遂的存在范围、犯罪既遂的概念、基本罪的既遂形态、派生罪的既遂形态，以及犯罪既遂与法定刑的配置进行了研究。关于犯罪既遂的存在范围，作者首先就犯罪的过程、阶段和形态的关系进行了论述，然后对故意犯罪的既遂形态以及过失犯罪和复合罪过犯罪的犯罪形态问题进行了深入探讨；关于犯罪既遂的概念，作者详细、客观地叙述了犯罪结果发生说、犯罪目的达到说和犯罪构成要件齐备说等各种学说的观点，并将我国刑法学界对犯罪构成要件齐备说的观点进一步归纳为七种，对有关犯罪既遂形态的各种观点作了深入评析，论证了犯罪构成要件齐备说的正确性；关于基本罪的既遂形态，作者将基本罪分为结果犯、行为犯、危险犯和情节犯四种，就各种基本犯罪既遂形态的认定问题进行了有力的剖析；关于派生罪的既遂形态，作者首先对派生罪的定义与构成、派生罪在法律条文中的表述特征、派生罪的立法模式以及派生罪的基本类别进行了铺垫性论述，然后对结果加重犯等派生罪的既遂形态问题进行了开拓性研究；关于犯罪既遂与法定刑的配置，作者首先指出，刑法规定的法定刑是以既遂犯为模式的法定刑，立足于不同既遂犯的角度，法定刑配置存在不同的定位。作者还对我国刑法中法定刑配

---

* 第二作者肖中华，原载于《政治与法律》2001 年第 5 期。

置所存在的问题进行了探讨。以上这些内容,都是在以往犯罪既遂形态理论研究中没有被发掘或没有被重视的领域。这些内容的提出和研究,在一定程度上填补了我国犯罪既遂形态研究的空白,具有重要的理论价值。

在上篇关于犯罪既遂的基本理论研究中,作者提出了诸多独到见解,对于今后我国刑法理论研究的发展不无启迪意义。例如,我国传统刑法理论认为,情节犯有犯罪既遂形态,也可能有犯罪预备形态,但无未遂形态可言。该书则认为,情节犯之情节要件是犯罪构成的一个条件,情节要件作为确定构成要件以外的一项综合性指标,是对整个犯罪行为过程的一个或数个事实因素评价;由于犯罪构成是四个方面诸要件的有机结合,具备了情节这一要件,显然不等于犯罪的全部要件齐备了。虽然多数情节犯只要符合情节要件,行为人着手犯罪的实行行为就成立犯罪既遂,但是,少数情节犯成立犯罪既遂形态,还需要危害行为经过一定的过程,当行为人只实施部分危害行为还不能认定为犯罪既遂。又如,关于派生罪,我国刑法理论上只有结果加重犯、情节加重犯等概念,本书作者则认为,除此之外,还有其他类别的加重犯和派生的减轻犯。前者包括地点加重犯、时间加重犯、对象加重犯、手段或方法加重犯、行为加重犯、数额或数量加重犯和选择加重犯;后者主要包括主体减轻犯和情节减轻犯。这些范畴的提出,极大地丰富了我国刑法理论,颇具新意。上述观点的提出,表明作者不仅具有坚实的学术功底,而且具有很强的科学探索精神,敢于开拓,敢于创新。

二、论证逻辑严密,论据翔实充分

该书大量运用逻辑思辨的方法,对有关理论问题展开论述,使论证力度增强。比如,关于既遂与未遂等停止形态的存在范围问题,我国刑法理论中通行的观点均认为,只有部分直接故意犯罪中才存在犯罪停止形态,而间接故意犯罪和过失犯罪均无所谓既遂和未遂的问题。但是,该书作者却给同行学者们展现了这样一条思路:既遂通常认为《刑法》分则是以犯罪既遂为标本来规定具体犯罪的,那么齐备《刑法》分则规定的过失犯罪、间接故意犯罪,以及直接故意犯罪中的即成犯等具体犯罪的全部构成要件的行为,就不能称为犯罪既遂吗?如果它们不是犯罪既遂形态,那么又称之为什么形态呢?尽管作者的结论有些突兀,且不易为人们所接受,但这的确是值得学者深思和探索的问题。又如,在我国传统的刑法理论中,没有对同一罪名的犯罪既遂问题进行多层次、多方位的研究,甚至否定同一罪名有不同的犯罪既遂模式或标准。该著则以充满思辨的笔墨,较大篇幅地论述了犯罪既遂形态的这种层次性、多样性和复杂性。上述学术见解的理论意义和实践价值是不可低估的。

学术著作力求论点有理有据,除了研究方法得当外,还须论据翔实充分。《犯罪既遂的理论与实践》一书,在这一点上是比较出色的。以上篇对犯罪既遂基本理论的研究为例,无论是研究基本概念还是探讨有关原理原则,作者都博览中外刑法著述论文,旁征博引,在占有大量资料、评析各种有关争议疑难问题的基础上,广泛借鉴和吸收以往我国刑法学界的研究成果,最终得出自己新的结论或提出自己的意见。这充分体现了作者严谨朴实的治学作风。

三、理论联系实际，贴近法律实务

理论著作的生命力离不开实践，刑法理论著作也不例外，脱离实践需要的刑法著作也没有生命力。《犯罪既遂的理论与实践》一书，理论紧密联系实际，一切论述从实际出发，使得该书不仅具有重要的理论意义，而且具有很强的实践价值。在该书上篇，作者对犯罪既遂存在范围、犯罪既遂的概念、基本罪和派生罪的既遂形态，以及犯罪既遂与法定刑的配置问题之探讨，无一不以实践需要为出发点和归宿。上篇的第六章以"犯罪未遂与既遂的比较及立法构想"为题，对外国刑法、我国台湾地区"刑法"和澳门特区刑法中的犯罪未遂与既遂之立法得失进行了比较研究，在此基础上提出了关于我国刑法中犯罪未遂与犯罪既遂的立法完善构想，具有重要的立法参考价值。

最为值得一提的是，作为刑事法官，该书作者在司法实践中深切地体会到案例研究的重要价值。因此，在该书的下篇，作者以222个有关犯罪既遂形态认定的案例为内容，对犯罪既遂形态的各种理论与实践问题展开了纯粹实务针对性的探究，罪名涉及120余个。这对于司法实践工作者办理刑事案件来说，是非常有参考意义的。这种突出刑法应用性的写作风格，值得在学界提倡。

加入 WTO 对我国司法和公安工作的影响[*]

WTO 为世界经济贸易确立了多边规则的法律框架或法律基础。中国加入世界贸易组织是中国改革开放的重要标志,是中国走上世界经济舞台,参与经济全球化,参与国际经济合作与竞争的重要举措之一,体现了中国走向世界的面貌。加入 WTO 不但对我国经贸工作和经济发展会发生巨大影响,而且对我国政治、社会、文化以及法制建设等多方面工作都会产生巨大影响。

一、司法部门探讨入世相关内容

为迎接入世,从司法部门来说主要有这样一些探讨内容:

1. WTO 规则在法院审判中的适用

一般认为,中国加入 WTO,就决定了在政府经济行政方面、在司法审判方面都要按照 WTO 规则办事,确保 WTO 规则在中国得以实施。而问题的关键是 WTO 规则如何在法院适用,体现了中国如何正确处理国内法与国际条约、国际惯例的关系问题,以及要研究哪些具体的法律关系涉及 WTO 规则与现行法律法规相冲突或相影响,如何根据 WTO 规则抓紧完善我国经济贸易方面的法律、法规,同时需要研究的是各国法院在这方面的经验。

WTO 规则能否在一国法院审判中直接适用?加拿大的做法是当一部法律与 GATT 有冲突时,国内法优先,国际条约不能自动生效,必须转化为国内法才能适用。德国的主流观点是,国内法与国际法是相对独立的,国际法准则要融入国内法才能在国内发生效力,融入的方法一是将国际法准则融入国内法体系,二是国际惯例的直接适用。我国有专家、学者指出,执行国际条约应遵守两条原则:一是条约必须遵守,二是不干涉内政。WTO 规则的适用有其复杂性,对法律适用问题应该作出专门规定或立法解释以指导实践。有学者就中国法院不能直接适用 WTO 规则提出理由:①国家主权问题;②国内法院直接适用 WTO 规则的困难;③GATT/WTO 是各方利益妥协的产物;④WTO 有争端解决机制,国内法院管辖属程序不当。

2. WTO 与司法审查

WTO 规则的绝大部分内容是针对政府行为的,是以政府的管理活动为对象的,要

---

* 原载于《犯罪研究》2002 年第 1 期。

求政府保证对外贸易的自由化,消除贸易的壁垒。WTO 争端解决机制(DSB)是成员之间的权利义务保障,司法审查是成员国内部的保障机制。WTO 要求各成员建立司法的、仲裁的、行政的裁判程序,以便保证对行政行为迅速进行核查和纠正。所以,我国加入 WTO,必须建立和完善司法审查的法律制度,这包括要建立一个独立于行政机关的审查机制,要建立一个公正的司法审查程序。

3. WTO 的争端解决机制与司法审判

有学者专门就 WTO 争端解决机制从程序、法理、操作、性质、效力、特点、运行状况、案例等方面进行研究介绍,并将关税与贸易总协定争端解决机制与世界贸易组织争端解决机制进行比较,探讨从"权力型外交手段"向"规则型法律手段"转变的过程,剖析 WTO 争端解决机制的实质,结合我国国情提出利用世界贸易组织争端解决机制的应对策略。

有观点认为,WTO 争端解决机制只相当于一种国际贸易法院或法庭的性质,专家组成上诉机关只能依 WTO 所含各协议的规定裁决,而不像联合国国际法院那样,可以适用的法律非常广泛,甚至可以是国际法学家的学说,因此,WTO 争端解决机制不是可以适用国际法或国内法的司法机构。

有观点就争端解决机制和司法审判的分工强调提出,WTO 是政府的机制,个人并不能参与其中,两个私人的争议是到不了 WTO 的争端解决机构的(DSB)。加拿大的一个美国制药公司向法院起诉加拿大某药品公司,原告引用 WTO 有关规定,加拿大法院认为不能适用 WTO 规则,因为加拿大法律完备,应当适用加拿大法,因此,原告败诉。该美国公司提请美国政府干预,使该争议成为政府间的争议,到 DSB 才适用WTO 规则。

4. WTO 与司法改革

中国加入 WTO 后,涉外案件必然增多,新类型经济案件必然增长,法律适用呈多元化,国际惯例适用也会增长,等等,这些都对中国的司法改革提出更高、更快的要求,在经济全球化的背景下,国际世界要求各国的司法是独立的、公正的、有效率的。中国的司法改革立足于解决司法独立、司法公正、公平、司法效率等问题。

有观点提出,司法改革首先是司法独立,司法独立是正常司法程序的体现。在司法与人大关系上,司法对人大负责,是对法律、对人民负责。司法独立不仅是法院的独立,还包括法官的独立,审委会的职能值得推敲,它使公开制度、回避制度无法真正实现。

学者提出,中国伴随加入 WTO 也进入了一个"司法的时代",在这个时代,必须解决司法独立问题,意味着从观念到制度、从司法外部到司法内部都要进行全面的改革。"司法的时代"意味着这是一个确立司法自身的运作逻辑的时代。

5. WTO 新一轮谈判涉及的法律问题

在 WTO 新一轮谈判中将涉及的问题或有待探讨的问题有贸易与环境、贸易与竞争、贸易与电子商务、贸易与劳工、贸易与社会保险等。例如,WTO 的国民待遇原则要求国际劳动者享受所在国平等的社会资源和社会保障,解决劳动力跨国流动的保险服务已经成为许多国家双边贸易的重要内容。所以,加快社会保险制度的立法和改革是中国入世亟待解决的问题。环境法、反不正当竞争法、反垄断法、电子商务法、国际劳工法、社会保险法等的建立与完善都是需要法律界加快研究的内容。

6. WTO 与法律适用的统一性问题

入世后,中国需要建立公平统一的市场体系,而法律适用的统一性问题,即执法环境问题,是非常重要的。特别要解决的是地方保护主义,这不仅表现在司法审判方面、行政裁决方面、司法执行方面、行政执法方面,还可能表现在地方立法方面。行政或司法的地方保护,会破坏国民待遇原则,会引发国家之间的贸易争端。

有观点认为,司法系统实行双重领导为司法地方化提供了依据,司法在人事、财政、后勤服务等方面的地方化奠定了司法地方保护主义的基础,司法机关的生存依赖于地方提供,怎能要求司法审判不去考虑地方的龙头企业、纳税大户的利益。所以,司法独立是解决司法地方保护主义的根本出路。司法地方保护主义破坏了法制的统一,破坏了司法的权威性,破坏了投资环境。

7. WTO 与法律人才的培训问题

WTO 需要大量的法律人才,他们懂国际经济法,熟悉国际贸易规则,熟悉 WTO 规则。作为司法系统也要拥有具备这些知识的法官、检察官和公安干警。入世后法律人才的培训要注重在国际经济法、国际贸易法、知识产权法、电子商务法、竞争法、服务贸易法、涉外司法程序、涉外仲裁等专业方面的培训,同时重要的是,根据司法改革的要求,要在观念上、运作上培训司法人员,使他们树立司法独立、司法公正、司法效率的意识,并将这种意识真正落实在具体的司法行为中,要按照司法本身的运作逻辑办案,使司法过程成为一个说理、论辩、协商、裁判的过程,是理性思考的过程,是知识化、专业化的过程,而非依赖外界的支配,法官在工作中的价值贡献体现在正确运用法律、充分体现法律精神、积累和创造法律智慧。

8. WTO 与刑事对策

人们分析中国入世后,对外交往增多,人员流动、资金流动频繁,诱发犯罪的因素增多,刑事犯罪会呈上升趋势,经济犯罪也会有较大幅度的上升,跨国犯罪会严重等。所以,探讨入世后的刑事对策的建议就比较多。

有观点认为,在刑法上要确立有利于被告人原则,注意对犯罪公民的人权保护,将刑法不仅规定为是关于犯罪和刑罚的法律,还要规定为是维护犯罪人合法权益的法律。要研究涉外犯罪问题和涉外刑事诉讼程序问题以及涉外案件的刑罚执行问题。要注意刑法上对国内公民、国内单位和外国公民、外国单位的平等保护,对社会主义制度下的合法财产合法利益和资本主义制度下的合法财产合法利益的平等保护。

在刑事司法方面,由于犯罪国际化会进一步扩展,各国之间加强合作与协调对犯罪预防和犯罪控制都会是有效和必要的。所以,需要通过适当的程序,加强国际司法协助,并进一步扩展司法协助的内容。

有观点提出,为适应入世的需要,应在刑法中及时调整犯罪化和非犯罪化关系。

要特别重视研究对严重破坏对外贸易秩序犯罪的打击,加强对知识产权领域、服务贸易领域、环境资源保护领域犯罪行为的打击,注意网络犯罪等高科技智能型犯罪的出现。

在刑罚政策上要研究国际刑罚趋势,减少死刑;要反思重刑政策,对经济犯罪的刑罚要适当,加强资格刑、罚金刑的运用;要研究保安处分制度;要研究刑罚的执行制度;等等。

二、入世与公安侦查工作

公安的侦查工作是刑事司法程序的第一关,直接承担着运用刑事司法手段保障国家政治稳定、维护社会治安秩序、保护国家经济安全、保护公民、法人合法利益的重任,直接反映着中国司法制度在司法独立、司法公正、司法效率以及人权保障方面、司法队伍素质方面的状况,直接体现出中国的法制环境状况,入世对中国公安的侦查工作提出了更加严格的要求。

1. 对公安侦查工作带来的影响

中国加入 WTO 以后,涉外侦查工作增多,要求侦查干警熟悉涉外法律、涉外程序、涉外语言。从经济活动的手段来说,无论是货物贸易还是服务贸易,都带来世界先进的贸易技术手段,交易的方式、交易的过程、交易的载体、交易的程序都会有新的发展,给经济案件的侦查工作带来取证难度。从经济活动的内容来说,金融业、网络业、信息业、通讯业、中介业、高新技术业会兴旺,而这些产业运作的专业化、科技化,给该领域的经济犯罪侦查工作带来隔行如隔山的困惑。从经济活动的主体来说,国内外、境内外人员的流动性极大,给侦查工作带来对侦查对象的监控困难。从经济活动的资金流通性来说,各国货币、各国金融支付手段的交互性、复杂性,给经济犯罪案件的侦查工作带来赃款赃物的追缴和经济损失挽回的麻烦。从经济活动的竞争性来说,不正当竞争行为所主要表现出来的市场争夺、价格大战、商标侵权、专利侵权、版权侵权、倾销、垄断等行为,给涉外知识产权领域的经济犯罪侦查工作带来新的工作内容。从经济活动的规则来说,要遵守国际条约和国际惯例,侦查工作必须严格把握司法干预经济活动的尺度,这对侦查工作提出更高的执法理论要求和更准确的执法要求。从经济活动的政治意义来说,经济安全直接与国家安全联系,运用经济的手段实施政治目的的案件会出现,这给公安侦查工作提出更高的政治敏感性要求。从经济活动所要求的法制环境来说,国外公平、公正、效率、人权、程序等法制理念会进一步影响国内,侦查工作必须融入司法改革的大目标下,司法独立、司法公正、司法公开、司法效率、特别是侦查工作中如何切实保障犯罪嫌疑人的合法权利、诉讼权利给公安部门带来严峻的考验,必须从观念上、制度上、行动上与国际上先进的、文明的司法制度接轨。从经济活动的开放度扩大来说,伴随涉外经济的活跃,国外社会肮脏的、犯罪的、丑恶的东西也会随之而来,诈骗手段会有新的花样,集团犯罪、黑社会犯罪、恐怖组织犯罪、毒品犯罪、网络犯罪、金融犯罪、邪教犯罪等会有所增长,给侦查工作带来新的挑战。

2. 公安侦查工作与入世要求存在的距离

我国公安的侦查工作与我国的刑事司法工作成绩是紧紧联系在一起的,在打击各类犯罪、维护国家社会安全、保护公民法人合法权益方面作出了巨大贡献。但是,中国入世后,经济全球化对法制环境的要求更高了,集中体现在对司法独立、司法公正、司法效率和人权的保护上,就此而言,中国公安侦查工作在独立性、公正性、效率性和人权保障方面与入世要求还存在差距。虽然,不少问题是体制问题,如司法经费靠地方财政拨款的问题必然带来司法难以独立,但我们仅从公安侦查内部的工作考查,仍有一些问题是可以先行思考的。

侦查工作独立性要求刑事立案的标准仅依据报案、控告、举报和自首的材料,按照管辖范围,经审查认为"有犯罪事实需要追究刑事责任",应当立案,而实践中仍存在地方保护主义的现象,行政干预司法,违反管辖权限等现象。

侦查工作的公正性直接体现为是否依刑事程序办理案件。只有依程序办案,才能在合法运用司法权力保护被害人、被害单位的合法权益的同时保障犯罪嫌疑人的合法权益。刑诉法规定,公安机关对已经立案的刑事案件,应当进行侦查,收集、调取犯罪嫌疑人有罪或者无罪、罪轻或者罪重的证据材料。在实践中要注意防止和减少侦查干警办案时多注意犯罪嫌疑人的有罪情节和罪重情节,而忽视无罪情节和罪轻情节的现象。法律规定,犯罪嫌疑人在被侦查机关第一次讯问后或采取强制措施之日起,可以聘请律师提供法律帮助。这些规定都要得到切实执行。侦查工作的公正性问题,还体现在司法的透明度上,透明度本身是 WTO 的基本原则,它要求司法裁决的透明度。虽然侦查工作有秘密性,但秘密是有内容范围的,例如,下列尚未引起重视的内容应该透明公开:拘留理由(拘留依据法律只有七种情形);报批逮捕时间(关系到公安检察办案期限的分别计算);批捕时间;发现犯罪嫌疑人另有重要罪行的时间(关系到延长侦查期限起始时间计算);移送管辖时间(关系到何时发现不属管辖范围);批准延长侦查期限的时间和理由;侦查终结的时间;等等。侦查阶段的透明度问题,还涉及起诉意见书的改革问题。起诉意见书作为公安侦查工作的结论和观点,代表公安干警的侦查水平,反映侦查干警的法理素质,而实践中起诉意见书事实与证据部分的粗疏、笼统、欠对应,意见书用语的不准确和随意性等问题是比较严重的。法院系统随着判决书改革的推进,形成了一批专家型法官,形成了庭审的规范化。公安部门也可以通过起诉意见书的改革促进依法办案的水平,反映侦查过程的合法性、程序性以及起诉意见事实基础、证据基础和法理推理过程,促成一批专家型侦查干警的涌现。

在侦查工作的效率性方面,要在制度上纠正公安检察机关互借时间的做法,纠正利用法定延长的弹性时间规避办案期限的做法。例如,实践中对经济犯罪案件往往都"用足"时间,其中有些确属需要,有些并不必要,其问题在于将经济案件等同于"案情复杂"案件,将外地人犯罪案件等同于"流窜作案"案件,将外地案件等同于"交通十分不便的边远地区的"案件,还有利用移送管辖拖延时间,等等。

在侦查阶段,侦查对象是犯罪嫌疑人,如何保障犯罪嫌疑人的人权,特别是人身权、健康权以及诉讼权利是非常突出的问题。看守所的监管干部必须要有依法监管、文明监管的认识和措施,不能仅满足于自己不刑讯逼供,自己不体罚监管对象,而要对监管对象之间的残酷的非人道欺压现象必须严厉制止,监管干警负有责任禁止这类现象的存在。

3. 公安侦查工作要主动迎接入世的挑战

入世对侦查工作的影响以及侦查工作与入世要求的差距均表明,公安部门必须主动积极地迎接入世的挑战。为此建议:①对公安干警进行入世前的培训,充分认识世界对中国司法独立、司法公正、司法效率、司法人权的要求,充分认识侦查工作关系着中国参与经济全球化的法制环境,关系着国家经济的安全、关联着国家的政治安全;②进行侦查程序执法检查,找问题,学法律,促进侦查干警自觉遵守侦查程序,依法行使侦查权力,包括侦查独立、侦查公正、侦查效率和对犯罪嫌疑人的人权保护等方面;③加强入世后易发经济犯罪的理论学习,包括生产销售伪劣商品犯罪、妨害对公司企业的管理秩序犯罪、破坏金融管理秩序犯罪、金融诈骗犯罪、侵害知识产权犯罪、扰乱市场秩序犯罪、破坏环境资源犯罪等,还有加强高新技术领域的犯罪侦查研究,如网络犯罪研究;④加强涉外刑事诉讼程序的研究,研究跨国跨境犯罪的侦查工作,加紧研究国际黑社会组织、恐怖组织的犯罪形式和特点。

20 年来中国刑事政策的回顾与研究[*]

刑事政策问题是一个意义深远重大、内容广博庞杂的理论和实践问题。从 1983 年以来,我国社会发展处于转型期,与刑事政策发展相同步,我国刑事政策研究也有了长足进步,研究的过程中亦探讨了现行刑事政策存在的一些不容忽视的问题。本文希冀通过对 20 年来我国刑事政策及其研究的梳理、整合,以供刑法学界研究刑事政策时参考。

一、刑事政策概念的引出

在西方国家,刑事政策首先是从犯罪学领域提出的。"刑事政策"一词,起源于德国,最早由被誉为"刑事政策之父"的德国学者费尔巴哈于 1800 年在其所著的《刑法教科书》中使用。[①] 由于在打击犯罪和预防犯罪之间,现代刑事政策更加侧重于预防犯罪,预防是刑事政策的核心和基本价值取向。立足于我国刑事政策实践,并为较为全面、科学、直观地反映刑事政策的特征,学术界普遍认为刑事政策是指国家或执政党依据本国犯罪态势制定的,依靠其权威推行的,通过指导刑事立法和刑事司法,对犯罪人和有犯罪危险者运用刑法和有关措施,以期有效实现预防犯罪目的的方针、策略和行动准则。[②]

二、现有的刑事政策及主要研究成果

在新中国成立以后的长期建设时期,刑事政策在惩治犯罪、预防犯罪方面发挥了重要的作用,指导着国家刑事立法、刑事司法和刑事执法的工作。现有的刑事政策既有在民主革命时期,我们党根据阶级斗争的实际需要而提出的对敌对阶级实行的惩办与宽大相结合的政策(新中国成立后仍然在镇压反革命中沿用革命战争时期的提法"镇压与宽大相结合"的政策,1956 年才改为"惩办与宽大相结合"的政策,但其基本精神并没有改变);又有在改革开放以后,针对青少年犯罪突出、严重刑事犯罪突出、诱发犯罪因素增多的情况,提出来的社会治安综合治理的方针;还有针对严重危

---

[*]　第二作者游海东,原载于《2003 年中国刑法学年会文集》。

①　参见张甘妹:《刑事政策》,台湾三民书局股份有限公司 1979 年版,第 3 页。

②　参见赵秉志主编:《当代刑法理论探索(第一卷):刑罚总论问题探索》,法律出版社 2003 年版,第 333 页。

害社会治安的犯罪和严重经济犯罪提出的具体政策。所有这些现行的刑事政策都在不同层次、不同方面发挥着作用。

20 年来,随着我国刑法学发展步入崭新的阶段,刑事政策研究也从取得初步进展扩展到逐步引向深入,先后出版了马克昌主编的《中国刑事政策》(武汉大学出版社 1992 版)、杨春洗主编的《刑事政策学》(北京大学出版社 1994 版)、肖扬主编的《中国刑事政策和策略问题》(法律出版社 1996 版)、何秉松主编的《刑事政策学》(群众出版社 2002 版)等数本有关刑事政策的专著。20 世纪 90 年代以前的一些论文主要论述了刑事政策对于刑事立法、刑事司法以及刑罚执行活动的重要指导意义,主张我国应创建以刑事政策为研究对象的刑事政策学;20 世纪 90 年代以后的论文先后着重讨论了刑事政策与刑法的关系,唯刑主义观念与我国刑事政策的关系,刑事政策与犯罪预防,刑事政策与刑事司法,刑事政策学体系,加入 WTO 后我国刑事政策的调整,中国共产党与中国刑事政策的关系,关于"严打"与我国基本刑事政策、刑事政策的评估等问题,这极大地丰富了刑事政策的研究范围。

三、刑事政策发展和运用的概括

(一) 刑事政策的立法形式

在刑事立法上,1979 年《中华人民共和国刑法》(以下简称《刑法》)第 1 条规定,中华人民共和国刑法,依照惩办与宽大相结合的政策制定,以基本法律的形式明确了这一刑事政策,整部刑法典的主要内容也都贯彻了惩办与宽大相结合的政策思想。我国修订后的 1997 年《刑法》虽然没有再明确规定惩办与宽大相结合的政策。但是,这并不意味着该项刑事政策在我国整个刑事政策中的地位已经发生动摇,更不能因此否认该项政策对我国刑事立法和刑事司法的指导作用。作为我国数十年来行之有效的刑事政策,"惩办与宽大相结合"精神在 1997 年《刑法》的具体条文中,已经得到了充分的体现、具体的贯彻。在一定程度上,1997 年《刑法》吸收了 1979 年《刑法》生效实施后的各种刑事政策与法律思想的反思内容,总体上而言,较为符合我国现阶段的社会文化状况与经济状况。

(二) 刑事政策的司法指导

我国在 20 世纪 80 年代初针对改革开放社会流动性增强、犯罪率特别是暴力犯罪发案率大幅度上升、社会治安严重恶化的现实,全国人大常委会于 1982 年 3 月 8 日通过了《关于严惩严重破坏经济的罪犯的决定》,从而使当时的社会矛盾得到有效控制。但是,未能从根本上保障社会治安形势的好转,于是,又出台了严厉打击刑事犯罪活动的政策。为了贯彻这一刑事政策,全国人大常委会于 1983 年 9 月 2 日颁布了《关于严惩严重危害社会治安的犯罪分子的决定》,从此,"严打"的内容就以立法的方式被确定下来,成为刑事司法过程中的当然依据。继 1983 年"严打"之后,1996 年、2001

年又先后两次开展了"严打"斗争。

1991 年,"严打"方针又被融入社会治安综合治理的总体思路之中。中共中央、国务院和全国人大常委会分别作出的关于加强社会治安综合治理的决定和决议,提出综合治理的方针为"打防并举,标本兼治,重在治本",将社会治安综合治理确定为打击和预防犯罪、维护社会稳定、实现国家长治久安的治本之策。同时明确了"严打"方针为社会治安综合治理的首要环节,强调以"严打"整治斗争为先导和龙头,坚持"打防结合,以防为主"的斗争策略,以推动社会治安综合治理各项措施的贯彻落实。

在开展专项刑事犯罪斗争的过程中,也不断产生新的刑事政策,它们被迅速付诸司法实践,成为一定时期内的刑事司法思想与指导方针。经过一定时间的司法实践,有的刑事政策又被吸纳在单行刑事法规中确定下来,例如,《关于禁毒的决定》《关于严惩拐卖、绑架妇女、儿童的犯罪分子的决定》《关于严禁卖淫嫖娼的决定》都是在与之相应的刑事司法政策适用的基础上产生的。1997 年修订后的《刑法》在实施一段时间后,针对我国现阶段的经济状况与社会变革、社会治安情况,又发布了严厉打击以带有黑社会性质组织的刑事犯罪为主的刑事政策。

(三) 刑事政策的执法运用

在"严打"和"综合治理"工作中,党和国家还针对特定的问题提出了一些具体的刑事政策和策略,如对少数民族犯罪分子实行"少捕、少杀、处理一般从宽"的政策,"教育、感化、挽救"的方针,"打击和预防相结合"的方针,"狠抓大要案的查处""一要坚决,二要慎重,务必搞准"的方针,等等。

惩办与宽大相结合的政策也改变了以往的做法,将重点建立在"准确"的基础上。"罪该处死,民愤极大,应该判处死刑。罪不该杀,即使民愤极大,也不能判处死刑。"各级司法机关十分注意政策和策略,认真执行惩办与宽大相结合的基本刑事政策,在坚持以事实为根据、以法律为准绳的基础上,根据不同情况,实行区别对待;全面权衡,宽严相济,利用矛盾,分化瓦解;争取、改造多数,孤立、打击少数的刑事政策。刑事政策贯穿于刑法之中,适用刑法应当结合犯罪的不同情况,较为典型的实例是 1989年 8 月 15 日最高人民法院、最高人民检察院联合发布《关于贪污、受贿、投机倒把等犯罪分子必须在限期内自首坦白的通告》之后,共计有 36 000 多人自首。该通告贯彻了惩办与宽大相结合的刑事政策,以明确的刑事政策取向引导了实践。

(四) 经济犯罪刑事政策走向成熟

尽管法律的稳定性是法律基本的要求,但是初级阶段的阶段性特征决定了在社会解体时期,犯罪化行为与非犯罪化行为处于调整状态,经济犯罪的规制呈现出动态的平衡。20 世纪 80 年代末 90 年代初期,刑事政策的变化加大了对制售伪劣商品、偷税抗税、贩毒、假冒商标等行为的打击力度。1992 年以后,法定意义上的经济犯罪日益成为经济犯罪的主要内容。重点惩处破坏金融管理秩序、财税征管秩序的犯罪,包括伪造货币和利用非法集资、贷款、票据、信用证、信用卡等进行的金融诈骗方面的犯罪,虚开、伪造和非法出售增值税专用发票骗取国家出口退税方面的犯罪,制售伪劣商品犯罪和走私贩私犯罪。而一般诈骗被从经济犯罪中加以排除。1997年《刑法》生效之后,经济犯罪更多地被限定在破坏社会主义市场经济秩序罪的范围之内。与此同时,严厉打击不再一味地表现为讲求重刑,而是加强了最高人民法院的指导性,通过向社会公布一些典型案例,威慑犯罪。注重利用刑法手段,挽回因犯罪行为对国家造成的损失。法律规定不明确的,慎重处理。对于大胆改革工作失误的,一般不以犯罪论处。需要判刑但生产经营和科研工作有特殊需要的,依法判处缓刑。①

（五）　对刑事政策的新理解

首先是"惩办少数,改造多数"的原则被赋予了新的意义。在刑事立法和刑事司法过程中,在严格区分罪与非罪、重罪与轻罪的界限的同时,根据刑法是轻是重的要求,将一些行为非犯罪化、非刑罚化,通过相关的行政处罚或其他制裁手段进行处理。对于一些介于刑事责任或其他责任之间的边缘行为,尽量本着改造和教育的原则,更好地达到刑法的效果。其次,"区别对待"与刑罚的个别化相一致。区别对待既是根据犯罪人客观行为轻重差异的必然结果,更是犯罪人主观恶性大小不一的要求。区别对待的实质就是刑罚的个别化。其三,宽严相济概念得到新的定位。较长一段时期,"坦白从宽,抗拒从严"成为惩办与宽大相结合政策的核心内容。但是在法律健全有法可依之后,法律的标准成为定罪量刑的唯一标准,程序的正当成为刑法公正追求的目标。惩办和宽大的适用必须实现刑法的构造和价值。惩办、宽大与罪刑法定相统一。在对任何犯罪行为进行实体惩罚时必须以刑法为准绳,不能超越刑法的规定任意定罪处刑。

四、对现行刑事政策存在问题的认识

近20多年来,我国刑事犯罪率居高不下、社会治安形势始终处于紧张态势,虽然经过多次"严打"以及各种专项斗争,但犯罪数量增长的势头并未得到控制,至多只是在短期内有一定的成效,接着便就是犯罪数量的迅速回升并迅速增长。这一方面当然和我国社会发展处于新旧体制交替有关,但在另一方面,从刑事立法和刑事司法的实践来看,也与我国刑事政策存在的问题不无关系。这主要表现在以下六个方面:

（一）　缺乏坚实的理论体系

犯罪学是刑事政策学的基础,我国刑事政策学由于犯罪学基础较弱,难以构建理论的平台。不仅如此,我国法学界在20世纪80年代才开始对刑事政策作初步的研究,直到目前为止,我国在刑事政策这一领域的学术研究进展却相对较为缓慢,学术成果也相对较少,除了少量的论文,学术研究专著也仅有几部。而且,在研究方法上,

---

① 　参见苏惠渔、孙万怀:《我国若干刑事责任的回顾与展望》,载《中国刑事法杂志》1999年第6期。

我国学者对刑事政策的研究,还简单地停留在对现行有关刑事政策作注释性的说明上,探索性、开拓性和建设性的学术研究尚显不足。此外,目前我国理论界和实践部门对基本刑事政策认识不一,有一元论者①、二元论者②、多元论者③。基本刑事政策不明确,导致刑事政策的整体构建缺乏基础,方向不明,目标不清。④

(二) 缺乏稳定性与连续性

我国经历了多次政治运动,刑事政策也相应地受到政治运动的影响,不同时期的政治运动形成了不同的刑事政策,刑事政策的政治性色彩浓于犯罪与刑罚的自身规律。在没有刑法典时期,刑事政策替代了刑法典。颁布和实施了《刑法》后,这种情况依然存在,使得我国的刑事立法一直处于动态之中。长此以往,一些主观恶性较大的犯罪人可能会利用这种刑事司法规律,摸索出与此相对的抵抗对策,从而使犯罪率随着刑事政策的改变而出现较大的波动。⑤

(三) 缺乏科学性与法制性

刑事政策是极其严肃的社会政策,它的制定必须经过认真的研究和学术界的科学论证。然而,我国某些刑事政策的制定和实行在认真研究与科学论证方面尚显不足,其结果是收不到所期望的效果。回顾过去 20 多年来的司法实践,"严打"刑事政策始终占主流地位,而"严打"的实际表现却是"头痛医头,脚痛医脚",由于对改革开放后刑事犯罪的复杂性和长期性缺乏科学的认识,在具体方式上采取"运动战、歼灭战",在政策目标的制定上过于理想化,导致刑事政策注定不可能着眼于预防和长期斗争,治安目标多次发生变动。

(四) 过多地使用刑罚手段

20 世纪 80 年代以后,我国立法机关为了有效遏制犯罪,不断地对 1979 年《刑法》进行修改、补充,罪名越来越多,刑罚越改越重。特别是死刑适用的范围不断扩大,更引起人们的关注。1997 年《刑法》修订之后,死刑适用的范围虽然有所缩减,但仍有不少条文涉及的犯罪可以适用死刑。这种过分倚重刑罚方法(特别是严厉的刑罚方法)遏制犯罪的策略所收到的效果并不理想。1997 年《刑法》施行以来,各类犯罪数依然呈上升趋势。这种刑事政策指导下的刑事立法和刑事司法模式与当今世界上刑法轻刑化、开放化、个别化以及废除死刑的潮流是相违背的。

---

① 马克昌教授认为"惩办与宽大相结合"的政策就是基本刑事政策。惩办与宽大相结合是基本刑事政策已成为目前刑事政策研究的通说。有众多学者承认此说法。

② 杨春洗教授认为"我国基本刑事政策的内容,学界有不同的观点,但基本上都承认惩办与宽大相结合及社会治安综合治理是我国的两项基本刑事政策"。参见杨春洗、余诤:《论刑事政策视野中的"严打"》,载《人民检察》2001 年第 12 期。

③ 参见杨春洗主编:《刑事政策论》,北京大学出版社 1994 年版,第 22 页;储槐植教授亦认为"一个国家可以有三项基本刑事政策,即定罪方面的、刑罚方面的和处遇方面的基本刑事政策"。参见储槐植:《刑事政策:犯罪学的重点研究对象和司法实践的基本指导思想》,载《福建公安专科学校学报》1999 年第 5 期。

④ 参见严励:《刑事政策的批判理性——刑事政策的理性思维之一》,载《政治与法律》2003 年第 4 期。

⑤ 参见谢望原、白岫云:《加入 WTO 后刑事政策的调整》,载《中国法学》2000 年第 6 期。

（五）刑事政策关系没有理顺

现有的刑事政策比较复杂，类型较多，而且有的又是针对不同时期、不同类型的犯罪态势提出来的。如"社会治安综合治理方针""惩办与宽大相结合"的政策，"依法从重从快打击严重危害社会治安的犯罪分子"的方针、"依法从重从严惩处严重的破坏经济的罪犯"的方针、"打防并举，标本兼治，重在治本"的方针、"打防结合，预防为主"的方针，等等。这些方针政策之间是什么关系，提出的是否都要实施，实施这些方针政策有没有主次之分等问题，都没有明确的说明，这对同犯罪作斗争极为不利。[①]

（六）"严打"出现诸多弊端

当前刑法学和犯罪学理论界认为，我国刑事司法实践中重刑主义倾向，一味实施"严打"重用刑罚，具有以下弊端：其一，不符合经济原则。"严打"不惜一切人力、物力的投入，频繁的"严打"使司法干警长期疲于奔命，精神和身体疲惫不堪。长此以往，必然影响刑事司法工作的正常进行。其二，不利于人权保障。2001年4月的"全国社会治安工作会议"确立的"严打"基本办案原则是"基本事实清楚，基本证据充分"。将平时的"事实清楚，证据充分"，降格为"基本事实清楚，基本证据充分"。这必然不利于对犯罪嫌疑人应有权利的保障。其三，有失司法公正。"严打"的从重从快，导致同罪不同罚，量刑前后不一致，既忽视了办案质量，又偏离了严格执法，有悖罪刑相适应原则，有失司法公正。"严打"的阶段性也增长了犯罪人不认罪服刑的心理，认为其只是"严打"的牺牲品，对法律公正产生怀疑，甚至伤害了公众的公正理念和法治情感。其四，不利于犯罪的预防。"严打"追求的是一时的效应，而忽视了长期的犯罪预防，"一阵风"的严打，仍会变成有规律的行动，反而给犯罪分子提供了躲避的机会与经验。犯罪人在"严打"到来时躲避"风头"，"严打"过后必然会卷土重来，必然会导致犯罪率反得以上升。[②]

四、刑事政策调整方向的提出

（一）刑事政策的合理化

现代犯罪学的研究表明，犯罪作为一种社会现象，是社会、心理和生理诸种因素互相作用的产物，其存在具有某种社会必然性。刑事政策不应是对犯罪这种客观的反社会现象的被动反应，而应采取一种主动的、积极的对策去惩治以及预防犯罪。这就要求我们对传统的犯罪抗制机制进行反思，确立一种更加科学的与犯罪作斗争的政策思想，在这一点上我们可以借鉴"新社会防卫论"的理论，即"合理地组织对犯罪

---

① 参见严励：《刑事政策的批判理性——刑事政策的理性思维之一》，载《政治与法律》2003年第4期。
② 参见董金勇：《论"严打"与今后我国刑事政策的选择》，载 http://www.ptfz.gov.cn/shownews.asp，访问时间：2003年8月29日。

的反应"。有学者提出应当重点构建以下五个刑事政策思想,对我们今后制定刑事政策有一定的借鉴意义:其一,必须科学认识刑罚的威慑和遏制犯罪的机制;其二,必须认识到刑罚作为一种心理威慑力量作用的局限性,确立刑罚的相对性概念;其三,必须改变对犯罪的绝对化的认识,树立现实主义的刑事政策;其四,必须确立讲究刑罚效益的刑事政策,不使刑罚的运用成为不经济;其五,对现行的与犯罪作斗争的制度进行批判性的研究。在联合其他人文科学展开对犯罪现象的多学科的一体化研究的基础上,根据理性、科学和现代法治精神构筑符合 21 世纪时代要求的刑事政策体系和刑罚制度。①

(二) 刑事政策模式的建构

面对社会转型时期犯罪持续上升,刑罚投入加大,而"严打"斗争又难以奏效的情况,我国刑法学界的一些学者开始关注刑事政策的研究,并提出犯罪控制模式转换的思路和有新意、有创见、有启发的由国家本位的犯罪控制模式向"国家·社会"双本位的犯罪控制模式转换的观点。从世界刑法史和欧、美、日本等发达国家和地区的刑事政策发展看,不可能用转变刑罚目的而达到控制犯罪的目的。控制犯罪的正确办法就是要扭转犯罪控制不理想的局面,转变控制模式。随着市场经济的发展,必然转向国家和社会联手控制犯罪,这就需要以国家为本位控制犯罪的模式转向"国家·社会"双本位的控制犯罪的模式。刑罚权和刑事司法权从国家手中分出一部分还给社会,使刑法运行模式由国家本位向"国家·社会"双本位过渡。②

(三) 刑事政策内容的科学化

新中国成立以来的实践证明了我国刑事政策的发展经历了逐步完备的过程。刑事政策内容本身的科学化也是十分必要的。刑事政策实践过程中的协调与冲突为刑事政策的科学化提供了以下对未来具有借鉴意义的思路:其一,刑事政策的实现必须以刑事法律的适用作为途径。刑事法律既是手段,同时对于刑事政策的扩张具有一定的制约作用。缺失了法律标准必将导致刑事政策被滥用。其二,刑事政策是宏观标准指南,带有全局性、根本性特征,是法律实践活动最深层次的理论渊源,更多地表现为对实质性的确定,而不能过多地成为具体适用的依据。其形式必须是通过法律的途径达到最终目的。其三,在社会发展阶段性的成熟时期,刑事政策的稳定性与刑事法律的稳定性具有较为统一的基础,因而二者之间的关系相对较为协调。刑事政策的推行使得刑事法律较多地带有应世性色彩。而刑事法律的适用既为设定刑事政策提供了依据,又为刑事政策的贯彻奠定了法律前提。其四,在社会体制、规范乃至社会伦理体系处于快速变革的时期,这种均衡被打破。二者的关系问题成为容易引发争议和不容回避的问题。但是必须坚持法律标准的统一性和刑事立法的应世性的

---

① 参见李希慧、杜国强:《我国现行刑事政策反思及完善——以维护社会稳定为切入点》,载《法学论坛》2003 年第 4 期。
② 参见严励:《刑事政策模式建构的理论基础——刑事政策模式研究之一》,载《山西大学学报(哲学社会科学版)》2003 年第 3 期。

协调,不应扩张刑事政策的职能。[①]

(四) 实行两极化刑事政策

刑事政策这一概念是西方学者首先提出来的,经过 100 多年的探索与研究,他们已经总结出了较为成熟的刑事政策理论。当今流行于大陆法系或英美法系各国和地区的预防论或威慑论以及旧社会防卫论与新社会防卫论,就是西方学者总结出来的极具代表性的刑事政策理论。近 20 年来,在西方,由于犯罪大幅度增加,严重的犯罪日益突出,造成的危害也更加严重,严重影响到社会的安定。在没有其他有效措施的情况下,西方国家对原有刑事政策作出调整,即将轻缓型的刑事政策调整为"轻轻重重"的复合型的刑事政策。"轻轻"就是对轻微犯罪,包括偶犯、初犯、过失犯等主观恶性不大的犯罪,处罚更轻,包括非犯罪化、非刑罚化和非司法化;"重重"就是对严重的犯罪处罚较以往更重,其基本的做法是更多地、更长期地适用监禁刑。当前我国犯罪和犯罪增长的原因是多方面的,是社会政治、经济、思想、文化等各方面消极因素的综合反映,具有综合性、复杂性、多变性的特征。刑罚在预防和减少犯罪中的作用是很有限的,预防和减少犯罪的根本出路不在于一次次的"严打"。根据犯罪的实际情况对刑事政策所作的带有明显两极发展倾向的调整方式,对于我们有一定的借鉴意义。[②]

---

① 参见苏惠渔、孙万怀:《我国若干刑事责任的回顾与展望》,载《中国刑事法杂志》1999 年第 6 期。
② 参见刘东根:《两极化——我国刑事政策的选择》,载《中国刑事法杂志》2002 年第 6 期。

国内法与国际法下的未成年人刑事责任[*]

一、原则的合理性

（一）国际法原则

国际法原则主要来源于以前一些主要的国际法规范：

（1）1976 年 3 月 23 日生效的《公民权利和政治权利国际公约》；

（2）1985 年《联合国少年司法最低限度标准规则》（以下简称《北京规则》），该规则经联合国第 7 届预防犯罪和罪犯待遇大会正式通过并经全国大会第 40/33 号决议通过；

（3）1990 年《联合国预防少年犯罪准则（利雅得准则）》；

（4）1989 年联合国大会通过的联合国《儿童权利公约》等。

国际法中涉及未成年人刑事责任的原则主要有：

1. 最低年龄法定化。对刑事责任"规定最低年龄，在此年龄以下的儿童应视为无触犯刑法之行为能力"。"年龄限度将取决于各国本身的法律制度。"（《儿童权利公约》第 40 条）。"在承认少年负刑事责任的年龄这一法律制度中，该年龄的起点不应规定得太低，应考察到情绪和心智成熟的实际情况。"（《北京规则》之 4）

2. 对未成年人刑事责任范围必须严格加以限制。具体有：

（1）"任何儿童不得以行为或不行为时本国法律或国际法不禁止的行为或不行为之理由被指称、指控或认为触犯刑法。"（《儿童公约》第 40 条）。

（2）取消以未成年人为特定犯罪主体的身份犯。

（3）对一定年龄以下的未成年人所犯的过失罪不予处罚。

（4）仅处罚给别的儿童的成长造成严重损害或危害他人的暴力犯罪以及其他重大故意犯罪。（《利雅得准则》第 5 条）。

3. 未成年人刑事责任谦抑原则和相称原则。谦抑原则是指在处理未成年人犯罪时，首先，应当尽量避免追究其刑事责任，尽可能采用其他非刑事化的方法对其进行处理；其次，在确有必要追究其刑事责任时，应尽最大可能采用非监禁的方式使其承担刑事责任；再如，迫不得已采用监禁方式时，监禁时间应当限制为最短的必要时间。《北京规则》第 11、17、18、19 条和《儿童权利公约》对此有具体规定。

---

[*] 第二执笔人郭翔，原载于 2004 年《第十七届国际刑法学大会专题决议报告》。

相称原则是指对未成年犯做出的反应,不仅应根据其违法行为的严重程度,而且应根据其个人情况和具体需要。应当综合起来进行考虑。(《北京规则》第5、19条)。

4. 对未成年人禁止死刑和无期徒刑。(《公民权利和政治权利公约》第6条;《儿童权利公约》第37条)。

(二) 中国国内法

以上国际法的原则在中国国内法中得到了很好的体现。中国的《刑法》《刑事诉讼法》《预防未成年人犯罪法》《未成年人保护法》对上述各种问题都有明确规定。

(1)规定了未成年人刑事责任的最低年龄。我国《刑法》第17条第1款规定:"已满十六周岁的人犯罪,应当负刑事责任。"我国《刑法》第17条第2款规定:"已满十四周岁不满十六周岁的人,犯故意杀人、故意伤害致人重伤或者死亡、强奸、抢劫、贩卖毒品、放火、爆炸、投毒罪的,应当负刑事责任。"相比于墨西哥的9岁,印度、加拿大、希腊、荷兰、丹麦、德国、匈牙利刑法规定的12岁,法国的13岁,美国纽约州的7岁,我国的规定是比较高的。

(2)对已满14周岁不满18周岁的强奸犯等几种特殊的严重刑事犯罪的追究,中国仍实行对未成年犯的特殊保护。例如,即使追究他们的刑事责任也应当从轻或减轻处罚(《刑法》第17条第3款)。再如,服刑时将他们关押在少年犯管教所,而不是普通的监狱,实施特殊的待遇。在管教所内可接受正规的中等学历教育等。

(3)中国不存在独立于刑事责任之外的特殊的"青少年犯罪"。未成年人犯罪都是由刑法明确规定的,刑法无明文规定的不是犯罪。

(4)对未成年人明确排除死刑的适用。我国《刑法》第49条规定,犯罪的时候不满18周岁的人,不适用死刑。

对未成年人犯罪能否适用无期徒刑,在学说上和司法实务界存在两种不同意见:一种意见认为,我国刑法已规定对未成年人犯罪不适用死刑,包括对犯罪情节特别严重的也不能适用死刑。这在立法上体现了对未成年人的从轻处罚。因此,对于论罪应当判处死刑的未成年人,不判处死刑而判处无期徒刑,已经体现了从宽处罚。如果再依照《刑法》第17条第3款规定,从轻或者减轻处罚,在无期徒刑以下判处刑罚,就是对未成年人这一法定从宽情节的两次使用,会轻纵严重犯罪分子。故主张,对未成年人可以适用无期徒刑。

另一种意见认为,我国刑法明确规定对未成年人不适用死刑,因而其最高法定刑为无期徒刑,而《刑法》第17条第3款又明确规定,对未成年人犯罪,"应当从轻或者减轻处罚"。因此在量刑幅度范围内选择适用最重的无期徒刑,就违背从轻或减轻处罚的原则。故主张,对未成年人不可适用无期徒刑。

笔者认为,从立法条文上看,刑法仅明确禁止适用死刑,而未明确禁止适用无期徒刑,从《刑法》第17条第3款的规定看,也不能直接得出能不能适用无期徒刑的结论。这是一个完全依赖于司法实务解决的问题。对此,笔者倾向于在一般情况下,应尽量避免适用无期徒刑,以体现对未成年人的教育、感化、挽救的方针。但绝对排除适用无期徒刑,恐怕也非立法本意,同未成年人犯罪的实际情况也有不合之处。在司法实践中,确实存在一些成年人化的未成年人犯罪,其犯罪手段特别残忍,危害后果特别严重。此时,对这些特别严重的未成年人犯罪,保留适用无期徒刑,以兼顾保护社会利益和被害人一方的利益,发挥刑罚的威慑作用,是完全必要的和合理的。

（5）中国不存在父母为低龄子女承担刑事责任的情况和倾向。父母作为监护人为低龄子女承担民事赔偿责任的情况是有的。

（三） 未成年人承担相对刑事责任的理由

第一种观点认为,"只有达到一定年龄,能够辨认和控制自己的行为,并能够适应刑罚和教育的人,才能够要求他们对自己的危害行为依法负刑事责任。刑事立法根据人的年龄因素与责任能力的这种关系,确立了刑事责任年龄制度。可以说,达到刑事责任年龄是自然人具有责任能力而可以作为犯罪主体的前提条件"[1]。

第二种观点认为,法定年龄与辨认控制能力不是犯罪构成要件,而是承担刑事责任的条件。[2] 这一问题直接涉及犯罪主体是否符合犯罪构成要件,涉及没有达到法定年龄、不具有辨认或控制能力的人的有害行为是否构成犯罪的问题。

第三种观点认为,"在我国刑法理论中,将法定年龄与辨认控制能力概括为刑事责任年龄与刑事责任并不合适,将其直接称为刑事法定年龄与辨认控制能力则是正确的"[3]。

以上各种见解,以第一种观点为通说。

二、应负刑事责任年龄的界定问题

1. 犯罪低龄化和刑事责任年龄的确定。

刑事责任年龄的确定,是划分未成年人是否应负刑事责任的关键点。

虽然面临犯罪低龄化的趋势,中国仍将未成年人负刑事责任的年龄起点规定为14周岁。且缩小了已满14周岁不满16周岁的人所负刑事责任的范围。

1979年中国正式颁布《刑法》,将未成年人负刑事责任的年龄起点规定为14周岁,但仅限于一些严重犯罪。1979年《刑法》第14条第2款规定:"已满十四周岁不满十六周岁的人,犯杀人、重伤、抢劫、放火、惯窃罪或者其他严重破坏社会秩序罪,应当负刑事责任。"而已满16周岁的人,无论犯什么罪,都应当负刑事责任。因不满16周岁不处罚的,责令他的家长或者监护人加以管教,在必要时也可由政府收管教养。对于未成年人犯罪,即已满14周岁不满18周岁的人犯罪,中国刑法明确规定予以从轻或减轻处罚。

---

[1]　高铭暄主编:《刑法学》,北京大学出版社1989年版,第128页。
[2]　参见傅家绪:《犯罪主体不应是犯罪构成的一个要件》,载《法学评论》1984年第4期。
[3]　张明楷:《刑法学》(上),法律出版社1997年版,第166页。

中国 1979 年《刑法》确定的未成年人负刑事责任的最低年龄为 14 周岁。是否适当、合理呢？对此问题学说上有不同看法。有一种意见认为，少年犯罪低龄化是一个世界性的严重社会问题，中国也存在犯罪低龄化的趋势。根据调查材料，我国 20 世纪 80 年代少年犯罪中实施严重犯罪的始发年龄最小的从 10 周岁开始，较为普遍的是 12、13 周岁。因为 12、13 周岁是一个儿童向少年的转折过渡时期，生理、心理发生明显变化，易于接受外界影响。一些人认为，根据青少年犯罪低龄化的趋势和现实，很有必要修改刑法的有关规定，将刑事责任年龄的最低起点由 14 周岁改为 12 周岁或 13 周岁。并认为，从世界范围看，也有不少国家的刑事责任年龄的起点较低，如墨西哥为 9 岁，印度、加拿大、希腊、荷兰、丹麦、德国、匈牙利为 12 岁，法国为 13 岁，美国纽约州为 7 岁。因此，降低我国刑法刑事责任年龄的起点，并非"标新立异"，而是符合犯罪低龄化趋势和司法实际需要的。

我国 1997 年修订《刑法》，坚持了 1979 年《刑法》对未成年人刑事责任年龄的标准，其最低年龄仍为 14 周岁，而未降低到 12 周岁或 13 周岁。并且与 1979 年《刑法》相比，已满 14 周岁不满 16 周岁的人所负刑事责任的犯罪范围更为严格，也就是说缩小了刑事责任的范围。这样，相应的，对不在这个范围内的未成年人犯罪来说，其应负刑事责任年龄的起点反而从 14 周岁上升为 16 周岁。例如，犯惯窃罪，1979 年《刑法》规定的起点为 14 周岁，而 1997 年《刑法》规定的起点为 16 周岁。

我国 1997 年《刑法》对刑事责任年龄的规定，保持了立法的稳定性和连续性，比较注重对少年犯实行"教育、感化、挽救"的方针，坚持贯彻"教育为主、惩罚为辅"的原则，尽量避免和减少动用刑罚手段惩罚未成年犯。而对犯罪低龄化的趋势，不应寄希望于降低刑事责任年龄的标准，而应在社会综合治理方面多加强措施。立法所规定的不到刑事责任年龄不处罚，并不意味着对实施刑法所禁止的危害社会行为放任不管。在这方面，应加强非刑罚化措施，如管教措施、收容教养措施，等等，建立完备的机构、人员和健全的制度、程序，使刑罚和非刑罚化手段相互配合、补充，更有效地发挥教育、感化、挽救少年犯的作用。

2. 免于刑事处罚。

我国《刑法》第 37 条规定，"对于犯罪情节轻微不需要判处刑罚的，可以免于刑事处罚"。这里有两个条件：一是犯罪情节轻微，通常认为这是法律标准；二是不需要判处刑罚，通常认为这是主体标准。主体标准可能会因主体的变化而变化。具体来讲，既可能有法律因素，例如该主体是有犯罪前科或其他不良记录；也可能有心理因素，例如说主体心智是否成熟健全等。年龄可能也是一个因素：年龄低，可塑性强。尽可能对其免予刑事处罚。

3. 中国具有保护未成年人犯罪的特定制度。

该特定制度受到《预防未成年人犯罪法》《未成年人保护法》和其他法律法规的保障。这种制度体现在少年犯审判制度、刑罚执行制度、社会教育挽救制度等各个方面。

三、未成年人刑事责任的司法认定

1. 我国有适合于审判未成年人的司法体系,从程序和实体两个方面对未成年人实施特殊保护。例如,在基层法院设立了专业化的未成年人审判庭,在检察院设置了未成年人检察科,专门办理未成年人犯罪案件。再如,法律明确规定对未成年人犯罪案件实行不公开审理。在审理过程中,充分保障辩护权,注重发挥法定代理人的作用。

2. 我国司法机关按照刑法的规定,决定未成年人是否应当负刑事责任。我国《刑法》第 17 条对已满 14 周岁不满 16 周岁的人应负刑事责任的范围予以明确化,具体规定为"故意杀人、故意伤害致人重伤或者死亡、强奸、抢劫、贩卖毒品、放火、爆炸、投毒罪"等 8 种犯罪。不在此 8 种范围内,就不再负刑事责任。最高人民法院的司法解释①认为,具体确定已满 14 周岁不满 16 周岁被告人的刑事责任,应根据案件情况慎重考虑:

(1)已满 14 周岁不满 16 周岁的人被胁迫、诱骗参与犯罪,被教唆犯罪,或者属于犯罪预备、中止、未遂,情节一般的,可以免除处罚或者不认为是犯罪。

(2)以下情形,可以不认为是犯罪:

①已满 14 周岁不满 16 周岁的人出于以大欺小,倚强凌弱,使用语言威胁或者使用轻微暴力强行索要其他未成年人的生活、学习用品或者钱财的;

②已满 14 周岁不满 16 周岁的人盗窃财物,数额刚达到或者略过"数额巨大"标准,而其他情节轻微,又系初犯或者偶犯的;盗窃近亲属的财物,其亲属不要求对被告人定罪处罚的;

有下列情形之一的,一般不宜适用缓刑:惯犯、有前科或者被劳动教养 2 次以上的;共同犯罪中情节严重的主犯;犯罪后拒不认罪的。

③已满 14 周岁不满 16 周岁的人偶尔与幼女发生性行为,情节轻微、尚未造成严重后果的。

(3)未成年人在年满 14 周岁以前和已满 14 周岁不满 16 周岁期间都实施了《刑法》第 14 条第 2 款的犯罪行为,应当对其已满 14 周岁不满 16 周岁期间实施的行为追究刑事责任,而不应将年满 14 岁以前实施的行为作为犯罪一并追究。

未成年人在年满 16 周岁前后都实施了《刑法》第 14 条第 2 款规定以外的其他犯罪行为,应当对其年满 16 周岁以后的行为追究刑事责任,而不应把年满 16 周岁以前实施的行为作为犯罪一并追究。

法院在审理未成年人犯罪案件时,由审判员或者由审判员和人民陪审员参加,人民陪审员一般由熟悉少年特点,热心于教育、挽救失足未成年人工作的人士担任,例如,教师、社会团体人员、离退休人员等担任。有可能是非法律专业人士。

3. 法院在判决未成年人是否承担刑事责任之前,即"开庭审判前,法院审判人员应

---

① 指最高人民法院《关于办理未成年人刑事案件适用法律的若干问题的解释》(1995 年 5 月 2 日),下同。

当认真阅卷,进行必要的调查和家访,了解少年被告人的出生日期、生活环境、成长过程、社会交往以及被指控犯罪前后的表现等情况,审查被指控的犯罪事实和动机"。

这在司法解释中明文规定,是必经程序(最高人民法院《关于办理少年刑事案件的若干规定(试行)》第12条)。如果被告人涉及精神病等智障,还会征求医生的意见。

4. 从目前通行的做法看,定罪阶段和量刑阶段是不分开的。但作为试验,上海市长宁区人民法院的暂缓判决的做法就是将定罪和量刑分开的尝试,已经收到良好效果。

关于暂缓判决的情况介绍:

对于未成年人犯罪中情节轻微、危害不大的,除可以大量适用缓刑,放到社会上接受考察教育外,是否还可进一步适用暂缓判决呢?

暂缓判决,在国外可能为一种制度,在我国立法上则尚无明文规定,而是司法实践的产物。例如:在上海市长宁区人民法院(全国首先成立少年法庭的法院),暂缓判决已试行8年多。所谓暂缓判决,是指少年法庭在刑事审判活动中,对已构成犯罪并符合一定条件的未成年被告人,先暂不判处刑罚,而是由法院设置一定的考察期,让被告人回到社会上继续就业或就学,对其进行考察帮教。待考察期满后,再根据原犯罪事实和情节,结合被告人在考察期的表现作出量刑判决的一种方法。

暂缓判决在解决未成年人的刑事责任中具有特殊的意义和价值。

第一,暂缓判决是贯彻"教育、感化、挽救"方针的有力措施,有利于法官作出更适当的量刑判决。少年法庭除了要追求立法者关于保卫社会的总目的外,还要追求少年法庭刑事审判的特定目的,即矫治未成年人的犯罪行为,帮助他们健康地成长。而恰如其分的量刑,必将有助于这一目的的实现。对于一时难以决断的案件,很需要有个"定罪"和"量刑"暂时分离的时间和空间,通过观察被告人在考察期的表现,最后作出一个最适宜于该未成年人成长的量刑判决。

第二,暂缓判决是预防未成年人重新犯罪的重要一环。预防未成年人重新犯罪是预防未成年人犯罪的重要组成部分,也是少年法庭参与预防犯罪工作的重点。少年法庭采用暂缓判决,使预防重新犯罪工作做在判刑之前,而不是判刑之后,促使未成年人在考察期变压力为动力,树立改邪归正、弃恶从善的决心和信心。长宁区人民法院的实践也证明,适用暂缓判决的29人中,没有人重新犯罪。

第三,暂缓判决是少年法庭参与综合治理的有效途径。暂缓判决的考察由少年法庭负责进行,但在考察方法上,并非法官单兵作战,而是充分发挥社会各方面的力量,建立考察网络。这种考察,把少年法庭的审判工作与对失足少年的帮教考察合二为一,把追究刑事责任与教育、挽救相结合,更好地发挥了少年法庭的审判职能和参与综合治理的作用。

笔者认为,司法实践中试行的暂缓判决,作为对未成年人刑事审判的一种特殊方法,是可取的。笔者还认为,对未成年人犯罪案件不仅可以暂缓判决,还可以进一步实行暂缓定罪判决。在经过相当时期(如一两年)的考察后,对确有悔改表现、无须再追究刑事责任的,也可以作出不定罪的判决,使未成年人保持无罪记录,促使其在社会上更健康地成长。

5. 根据我国《刑法》《刑事诉讼法》的规定,被害人实际上也是诉讼活动的当事人之一。被害人对有证据证明的轻微刑事案件等刑事自诉案件可以提起刑事诉讼(《刑事诉讼法》第 170 条)。被害人在公诉刑事案件和自诉刑事案件中均可提出民事赔偿。

法院即使判决未成年人不负刑事责任,被害人仍有权获得赔偿(《刑法》第 37 条)。

应当由审理刑事案件的同一审判庭来审理民事赔偿。《刑事诉讼法》第 78 条规定:"附带民事诉讼应同刑事案件一并审判,只有为了防止刑事案件审判的过分迟延,才可以在刑事案件审判后,由同一审判组织继续审理附带民事诉讼。"附带民事诉讼适用调解程序。

四、可以适用的惩罚和处理

在中国,对未成年犯有区别于成年罪犯的特殊的惩罚和处理措施。

1.《预防未成年人犯罪法》(以下简称《预防法》)第 44 条规定:"对犯罪的未成年人追究刑事责任,实行教育、感化、挽救方针,坚持教育为主、惩罚为辅的原则"。

审判前,应当保障未成年人得到法律帮助,并根据未成年人的心理、生理特点和犯罪情况,有针对性地进行法律教育。

对没有采取强制措施的在学未成年人让其继续学习:"对被采取强制措施的未成年学生,在人民法院判决生效前,不得取消其学籍。"(《预防法》第 44 条第 3 款)

2. 如果未成年人被法院判决有罪并应负刑事责任,法院在进行量刑时,可以判决缓刑或非监禁刑罚。对判处缓刑的罪犯,不必关押,放在社会上由公安机关考察。法院在量刑时可以根据法定条件选择是否对未成年人判处缓刑或非监禁刑罚。如果把缓刑和非监禁刑罚也作为一种强制管教措施的话,那么,法院是可以作此选择的。

3. 适用未成年人的特殊处理措施的一般原则是"坚持教育为主,惩罚为辅"。根据《预防法》第 45、46、47、48 条的规定,有以下一些具体做法:

(1)对未成年人犯罪案件实行不公开审理。

(2)"对未成年人犯罪案件,新闻报道、影视节目、公开出版物不得披露未成年人的姓名、住所、照片及可能推断出该未成年人的资料。"

(3)"对被拘留、逮捕和执行刑罚的未成年人与成年人应当分别关押、分别管理、分别教育。"

(4)"未成年犯在被执行刑罚期间,执行机关应当加强对未成年犯进行职业技术教育,对没有完成义务教育的未成年犯,执行机关应当保证其继续接受义务教育。"

(5)"依法免予刑事处罚、判处非监禁刑罚、判处刑罚宣告缓刑、假释或者刑罚执行完毕的未成年人,在复学、升学、就业等方面与其他未成年人享有同等权利,任何单位和个人不得歧视。"

4. 中国刑法设有量刑一节,专门规定了决定刑罚的法律标准。最高人民法院的司法解释对未成年犯如何适用从轻、减轻也作出具体规定。

对未成年罪犯依法从轻处罚,应当在法定刑范围内判处相对较轻的刑种或者相对较短的刑期,依法减轻处罚,应当在法定最低刑以下判处刑罚。

在具体量刑时,不但要根据犯罪事实、犯罪性质和危害社会的程度,还要充分考虑未成年人犯罪的动机、犯罪时的年龄,是否初犯、偶犯或者惯犯,在共同犯罪中的地位和作用等情况,决定对其适用从轻还是减轻处罚的幅度,使判处的刑罚有利于未成年罪犯的改过自新和健康成长。

5. 法院根据中国刑法可采用减刑、假释、宣告缓刑等减缓刑罪的方法。中国最高人民法院的司法解释对未成年人适用缓刑、免于刑事处分、减刑、假释作出了特殊的从宽规定。

(1)缓刑的适用。对于被判处拘役、3 年以下有期徒刑的未成年罪犯,犯罪后有悔罪表现,家庭有监护条件或者社会帮教措施能够落实,认为适用缓刑措施不致再危害社会的,应当适用缓刑。

(2)免予刑事处分的适用。未成年罪犯中的初犯、偶犯,如果罪行较轻,悔罪表现好,并具有下列情形之一的,一般应适用《刑法》第 32 条的规定免予刑事处分:预备犯、中止犯、防卫过当、避险过当、共同犯罪中的从犯、胁从犯,以及犯罪后自首或者有立功表现的。对免予刑事处分的,可予以训诫或者责令具结悔过、赔礼道歉、赔偿损失,或者建议有关主管部门给予行政处分。

(3)对未成年人罪犯的减刑、假释。

①未成年罪犯认罪服刑判,遵守教育改造规范,积极学习文化和生产技能,可以视为"确有悔改表现"。未成年罪犯确有悔改或者立功表现的,人民法院应当及时予以减刑;被判处拘役、有期徒刑宣告缓刑的未成年罪犯,认罪悔罪,并有真诚悔罪的实际行动,也可予以减刑,同时相应地缩减缓刑考验期。

②被判处有期徒刑的未成年罪犯,在服刑期间确有悔改或者立功表现,一般 1 次可以减 6 个月以下有期徒刑;如果确有悔改并有立功表现,一般 1 次可以减 2 年 6 个月以下有期徒刑。对确有悔改并有重大立功表现的,可以不受上述减刑期限的限制。

③对被判处有期徒刑的未成年罪犯,一般执行 1 年以上方可减刑;两次减刑之间一般以间隔 6 个月以上为宜。对有重大立功表现的,可以不受上述规定时间的限制。对未成年罪犯减刑后,符合假释条件的,可予以假释。

④未成年罪犯在服刑期间确有悔改表现,不致再危害社会,接受教育改造表现突出的,可以适用《刑法》第 73 条关于"特殊情节"的规定予以假释。但对犯罪集团的首要分子、主犯、惯犯、累犯和罪行特别严重的未成年罪犯的假释,应当从严把握。

⑤被判处有期徒刑以上刑罚的未成年罪犯,在服刑期间已成年,但依照《监狱法》第 76 条的规定,因余刑不超过 2 年继续留在未成年犯管教所执行刑罚的,对其减刑、假释,仍然可以适用对未成年罪犯的从宽标准。

6. 刑罚的执行有特殊的监督。在少年犯管教所、看押场所由检察机关实行监督。

7. 我国《刑法》明确规定,对 18 周岁以下的未成年犯不适用死刑。虽然对未成年犯不适用无期徒刑,法律没有明确规定,但学术界和实务界有不少人认为,依照刑法对未成年犯应当从轻、减轻处罚的规定,实际上可以对未成年人不适用无期徒刑。

五、国际方面

1. 国际法下关于未成年人刑事责任的原则,绝大部分在国内法都得到了体现并很好地得到执行。

2. 在我国刑法中,对外国未成年人犯罪的刑事责任没有特殊规定,即外国未成年人犯罪的刑事责任应当适用我国刑法中关于外国人犯罪和未成年人犯罪的有关规定。

3. 在未成年人处于刑事诉讼的过程中,法院、检察院、公安部和教养所之间的合作机制有特殊规定。具体见最高人民法院、最高人民检察院、公安部、司法部联合发出的《关于办理少年刑事案件建立互相配套工作体系的通知》(1991 年)。

刑事违法观与犯罪构成关系论[*]

犯罪构成理论是按照一定的逻辑所建构的理论体系。"刑法理论的知识构成,绝不是对事实现象的简单描述,也不是对法律规范的机械诠释,而是从概念出发对经验知识进行体系化的思维过程。这一思维的起点是概念,概念是知识的原点,是认识之网络上的网结。"[①]无论在何种体系中,概念是最基本的单位和要素,即使两种体系的功能基本同一,但基于不同的认识论所产生相异的概念,必然导致体系的结构有所不同。苏联和我国的犯罪构成理论虽可追缘于大陆法系的犯罪论体系,但基于历史因素,苏联刑法学者在批判资产阶级犯罪论体系的"形式与实质、主观与客观"相分离的同时,按照主客观相统一原则和行为的刑事违法性与社会危害性相统一的原则创建了自己的理论体系。正如我国学者指出:"前苏联犯罪构成理论是从存在的犯罪行为(在结构上分为四个方面)出发把握法定的全部构成要件,可以说,是一种以犯罪行为结构为基础的包含主客观实质评价的犯罪构成论。"[②]两大法系(社会主义法系和大陆法系)基于对法的认识不同,导致在犯罪成立的研究范式上存在较大的差异。"存在的犯罪行为"实质为主观违法论认识的结果,我国传统的犯罪构成理论是基于"主观违法论"这一核心概念而加以建构的,并形成了一个较为完整的理论体系。

一、主观违法论与客观违法论

违法是指行为与法规范或法秩序相悖的情形,关于违法有主观违法论和客观违法论之争。客观违法论认为,凡与法规范相抵触之行为,无论其为自然现象、动物所致,还是人为因素造成皆属违法。客观违法论认为法的目的是国家为了维护客观的社会秩序或利益,肯定"无责任之不法"的概念。[③] 主观违法论认为惟有受法规范要求之义务人实施违反命令性(或禁止性)规范的行为时,才具有违法性。主观违法论认为,法的目的是国家通过法规范向行为人传达特定之命令或禁止意思,通过具有能正确理解法规范且有履行能力之人的行为,来保全特定之利益或社会伦理秩序,从而否定"无责任之不法"。

---

[*] 第二作者肖吕宝,原载于《南都学坛(人文社会科学学报)》2007 年第 3 期。

① 陈兴良:《犯罪论体系:比较、阐述与讨论》,载《刑事法评论》(第 14 卷),中国政法大学出版社 2001 年版,第 61 页。
② 阮齐林:《评特拉伊宁的犯罪构成论》,载《刑事法评论》(第 13 卷),中国政法大学出版社 2001 年版,第 16 页。
③ 参见〔日〕川端博:《刑法总论二十五讲》, 余振华译,中国政法大学出版社 2003 年版,第 149 页。

客观违法论与主观违法论是基于对法规范的理解和认识不同而产生的不同违法观。主观违法论把法律规范理解为命令规范,法律规范的受命者必须是能够理解法律规范的内容和意义,并且能够根据这种理解来选择、控制自己行为的人,也就是说,行为人必须具有刑事责任能力。客观违法论认为法规范从认识上可分为评价规范和决定规范[①],而法规范的根本任务在于保障人们外部的共同生活秩序或利益。为此,法规范首先为评价规范,凡与法秩序相悖的情形皆属违法。其次,法规范为决定规范,决定规范以评价规范作为前提,只有在对某种行为(客观的外部形态)作出是否具有价值的评价之后,才能对行为人的主观心态进行非难。

"法律规范的本质是在接受命令的人类意思上起到作用,使其决定不致违背共同生活秩序的意思,谋求共同生活秩序有所规律的一点上,正是向人类的意思予以命令,才形成了法律规范的本质。在这一点上,主观的违法论与违法性的本质性格是相一致的"[②]。传统的客观违法论将动物的行为以及自然现象纳入违法的评价对象,确实已经超出了法律的调控能力范围。刑法的评价对象应当设定在人的行为之上,非人的行为或无意识的行为应当排除在刑法的评价对象之外。随着规范的要素与主观要素的发现,特别是目的行为论的提出,有些持客观违法论的学者改变了原有的观点,将评价规范和决定规范实行有机的分离。客观违法论立场的变化,使得其关于违法性的认识与主观违法论相比更为科学、合理,实现了将"思想世界与效果世界"很好地结合在一起。纵观大陆法系的犯罪论体系基本上是在客观违法论的基础上加以建构,主观违法论被大陆法系刑法学者认为是一种落后的、过时的违法认识论。

在客观违法论的内部,虽然学者们对违法的构成要素有分歧,但坚守违法性与有责性在判断上的分离这一底线,有别于将评价规范与决定规范作一体化理解的主观违法论。客观违法论可分为以下三类:

(1)绝对的客观违法论(物的违法观)。该种观点认为刑法的评价对象虽为人的行为,但仍坚持将评价规范与决定规范相分离,违法是对刑法所保护的法益(具体的利益)的侵犯和威胁,决定规范不影响评价规范,也就是说行为人的主观心态如何不影响行为的违法性。

(2)相对的客观违法论(柔软的客观违法论)。此种学说将评价规范与决定规范实行有机的分离,认为评价规范和决定规范同时在违法阶段和责任阶段发挥双重作用。只不过,在违法阶段所要考虑的评价规范与决定规范,不是以特定的行为人为对象,而是针对抽象的、一般的人;而在责任阶段考虑的评价规范与决定规范,则是以具体的行为人为对象。"刑法规范即使在责任方面也不只是决定规范就够了,也需要把评价规范作为判断有无责任的标准。而且,在违法性方面,除了评价规范之外,也必须承认一般的决定规范乃至命令禁止的规范。对于违反该决定规范的,可以评价为

---

① 评价规范是从客观上评价某行为或结果是否与法规范保护的利益和秩序相矛盾;决定规范是从主观上评价行为人的意思决定是否有违法律的期待。

② 〔日〕木村龟二:《刑法学辞典》,顾肖荣等译,上海翻译出版公司1991年版,第168页。

违法。在把法规范作为法规范而确立的阶段,的确应该是评价先行于决定。"①

（3）主观的客观违法论（人的违法观）。法规范具有评价规范和决定规范的双重特征,但"法的任务在于,在一个被评价为违法的行为被实施前,'引导人们从内容上形成正确的意欲'"②。为此,法作为命令规范的功能具有首要的意义,其次才是对行为人的行为进行事后评价的评价规范。

我国很多刑法学者认为西方刑法理论对违法的认识有客观违法论和主观违法论之分,按照这种理论在认定犯罪时,偏重或抛弃其中一个方面,容易导致罪刑擅断。所以,主观违法和客观违法不符合我国刑法之规定。我国刑法在定罪时坚持主客观相统一原则,更为科学。对此,笔者需要在观念上予以澄清。首先,主观违法论和客观违法论并不等于主观归罪和客观归罪,主观违法论和客观违法论是对法的本质认识不同而产生的不同违法观,进而导致对违法的构成要素产生不同的理解。绝对的客观违法论将评价规范与决定规范分阶段加以考察,评价规范（违法评价）的对象为客观的外部行为或结果。决定规范（责任评价）的对象为行为人的主观心态。主观违法论由于强调"有责的违法",将评价规范和决定规范作一体化理解,都是违法的组成要素。因此主观违法论在违法的认定上强调"主客观相统一"。其次,主观违法论与客观违法论之争不同于主观主义与客观主义之争,客观主义认为刑罚处罚的根源是危害行为;主观主义认为刑罚处罚的根源是行为人的人身危险性,行为只不过是人身危险性的征表。主观主义与客观主义之争是客观违法论内部之争。

我国传统犯罪构成理论是以主观违法论为基础而加以建构的,这一结论是基于对我国传统犯罪构成理论的体系性分析而得出的。

（1）在大陆法系犯罪论体系中（相对的客观违法论和主观的客观违法论）,违法性判断虽含有决定规范的判断,但这种决定规范的判断是针对一般人的判断,而非具体的人,行为具有实质违法性,但不代表已成立犯罪。违法行为要构成犯罪,还必须经过有责性的判断。在我国由于强调"有责之违法",故某行为具有刑事违法性,也就构成犯罪。刑事违法和犯罪具有相同的内涵。

（2）在大陆法系的犯罪论体系中,有责性是对行为人意志形成的非难可能性,一般来说,责任、罪责、非难可能性在语意上具有同一性。"根据使用中的联系不同,责任概念可分为责任原则、构成刑罚基础的责任以及量刑责任。"③罪责一般包括责任能力、免责事由（不具有违法性意识）、阻却责任事由（不具有期待可能性）,刑事责任能力是责任的要素,而非犯罪故意与过失的前提。主观违法论认为,法规范作为命令规范,强调行为人具有理解和履行法规范的能力,故而刑事责任能力为犯罪故意与过失的前提;刑事责任为道义责任论,即是对刑事违法（犯罪）的否定性评价,罪过则属于犯罪的构成要件,与责任不具有同一含义。主观违法论与我国刑法理论对刑事责任能力与犯罪故意、过失之间关系的理解是一致的。正如有些学者指出:"刑事责任能

---

① 〔日〕大塚仁:《刑法概说（总论）》,冯军译,中国政法大学出版社1993年版,第305页。
② 〔德〕耶赛克、魏根特:《德国刑法教科书（总论）》,徐久生译,中国法制出版社2001年版,第292页。
③ 〔德〕耶赛克、魏根特:《德国刑法教科书（总论）》,徐久生译,中国法制出版社2001年版,第490页。

力是罪过的前提而不是其内容。"①

（3）我国关于共同犯罪的刑法理论强调共同犯罪人均具有刑事责任能力,否定"无责任之不法"的观念。在大陆法系犯罪论中,关于共犯的从属形式,M·E.迈耶提出"限制从属形式"处于通说地位,即只要正犯的行为符合构成要件该当性且具有违法性,就可以成立共犯,并不要求所有的正犯都具有刑事责任能力。

我国与大陆法系国家对刑事违法的认识不同,必然导致在认定犯罪的构成体系、甚至整个刑法理论上存在差异,这是我们在反思我国犯罪构成理论时所必须正视的问题。

二、违法论对犯罪构成体系的影响

古典犯罪论体系经李斯特等人的发展,到贝林格大致完成,学者大都坚持绝对的客观违法论立场。构成要件是对具体的社会现象进行抽象和概括而成,为一观念形象——犯罪类型的轮廓。判断日常生活中发生的事实是否符合构成要件的事实,就是符合构成要件该当性的判断,因此,充分满足构成要件的事实也就具备了犯罪的类型性。在大陆法系犯罪论体系中,一般是以构成要件该当性—违法性—有责性为主线加以建构。构成要件该当性是指与法律规范中的对某个犯罪所描述的全部特征相吻合的应受处罚的行为整体要素,即评价的对象;违法性则为对象的评价,即抽象地判定某行为在法律规范中没有价值;有责性则是具体地判定行为人实施违法行为时的意思形成值得非难。

绝对的客观违法论虽强调违法的评价对象为人的行为,但仍坚持评价规范与决定规范相分离,也就是说"违法是客观的,责任是主观的",故而在违法性评价阶段强调行为是对刑法所保护的具体利益的侵犯或威胁。即使认为在构成要件该当性中包含故意、过失以及规范性要素,也要进行客观化解释,尽量不涉及主观的价值判断。故意与过失不仅是为构成要件该当性的要素,同时也是责任的要素,但在两个阶段,它们分别具有不同的内涵。"该事实属于符合构成要件的事实的场合,该认识就是'构成要件的故意'……责任故意,对构成要件事实以外的违法事实的认识,形成责任故意(当然责任故意也包含构成要件故意在内)。"②构成要件该当性中的过失是指行为人违反客观的注意义务;有责性中的过失则是行为人违反主观的注意义务。由于构成要件该当性的内容为描述的、客观的、价值中立的事实,因此,构成要件该当性为违法性的征表,而非根据。构成要件该当性与违法性是"形式—实质"的关系。绝对的客观违法论认为刑事违法的本质是对法益的侵犯或威胁,坚持结果无价值论。

随着目的行为论的提出,在客观违法论内部又相继产生了相对的客观违法论和主观的客观违法论。这两种违法观强调将评价规范和决定规范实行有机的分离,且

---

① 曲新久:《犯罪概念之解析》,《刑事法评论》(第5卷),中国政法大学出版社2001年版,第250页。
② 〔日〕曾根威彦:《刑法学基础》,黎宏译,法律出版社2005年版,第195页。

在违法性评价阶段和责任评价阶段发挥双重作用但又有所差别。故意与过失不再是责任的要素,而是构成要件该当性和违法的要素,是否符合构成要件该当性就不再是纯粹的事实判断,构成要件该当性成为违法的根据。责任的要素包括刑事责任能力、免责事由、阻却责任事由。由于构成要件该当性为违法的类型,故违法性评价在实质上成为一消极的判断(只要判断违法阻却事由是否存在),构成要件该当性与违法性是"原则—例外"的关系。由于构成要件该当性与违法性形成原则与例外的关系,"不法的构成要件的合致性(将阻却违法事由理解为消极的构成要件)——罪责"的体系逐渐成为有力的学说,不法的构成要件的合致性(违法性判断)成为一具体的、实质的判断。

相对的客观违法论由于将违法理解为评价规范与决定规范,但主要为评价规范,因而认为刑事违法的本质是对法益(作精神的理解,而非具体利益)的侵犯或威胁,坚持二元的无价值论。主观的客观违法论认为违法首先为命令规范,强调人的违法观,认为刑事违法的本质是对社会伦理的侵犯——规范违反说,坚持行为无价值论。

我国刑法学者大都从新康德哲学的事实与价值分离的方法(价值)二元论出发对传统犯罪构成理论进行批驳,认为我国的犯罪构成理论是建立在事实与价值不可分离的一元论的方法论上,有违人们认识事物价值的思维过程。"我国的犯罪成立体系自形成之初便排斥了西方哲学认识观上事实、价值的二元论,代之以事实、价值一体论。"①笔者认为这种批驳有失偏颇。事实与价值之间关系的一元论和二元论并不必然导致犯罪论建构体系的不同,而在于对法的认识不同所产生的违法观。违法观念的不同会导致犯罪构成体系、违法的本质、违法的判断方式以及责任的内容上的差异。

我国的犯罪构成理论建构在主观违法论基础之上,强调有刑事责任能力之人的对命令性(或禁止性)规范的违反,对评价规范与决定规范不加分离,使得犯罪主体、犯罪客观方面、犯罪的主观方面、犯罪客体在同一层面上进行违法性判断成为可能。违法观念的不同导致我国犯罪构成理论与大陆法系的犯罪论具有不同的结构和研究进路。

(1)大陆法系犯罪论由于将评价规范与决定规范实现有机的分离,构成要件该当性、违法性、有责性都把行为作为一整体,从不同角度来论证行为是否构成犯罪。"以构成要件该当性、违法性、有责性行为为内容的犯罪概念定义,不是意味着将通常作为一个整体来理解的犯罪分解成具体的部分,而是从不同角度来研究之。"②客观违法论由于对违法的认识上将违法和责任实现有机的分离,在认识论上相比更具有科学性,在理论诠释上有着更大的回旋余地,从而导致该理论体系更为复杂。我国的主观的违法论强调有责之违法,将评价规范与决定规范作一体化理解,从而使得犯罪成立在同一层面上进行一次性判断成为可能,因而犯罪构成理论相对较为简单,便于司法操作。

---

① 向朝阳、莫晓宇:《犯罪成立比较体系研究》,载《犯罪构成与犯罪成立基本理论研究》,中国政法大学出版社2003年版,第114页。
② 〔德〕耶赛克、魏根特:《德国刑法教科书(总论)》,徐久生译,中国法制出版社2001年版,第246页。

（2）各种客观违法论基于对违法要素的认识不同,对于违法的本质有结果无价值、行为无价值、二元的无价值论之分。行为人的人身危险性不影响违法性程度,仅仅影响责任的大小,违法的判断标准相对来说更为客观。由于我国犯罪构成理论强调有责之违法,故而与大陆法系违法相比,刑事违法的内涵更广,用社会危害性来阐述刑事违法的本质也未尝不可。

（3）在大陆法系的犯罪论中,责任是对犯罪者意思形成的非难可能性。责任、罪责、非难可能性是在同一语义上加以使用。责任不仅承担着一般预防、特殊预防的功能,并且还要贯彻刑事政策的指导思想。我国的犯罪构成的功能主要解决行为是否构成犯罪,刑事责任作为国家对实施犯罪行为的行为人否定的道德政治评价,分工相对更为明确。为此,责任在两大法系中的内涵、承担的功能有所不同。

犯罪构成理论（或犯罪论体系）作为一体系,由概念、范畴等一些基本要素组成,由于认识论的不同而导致概念的差异,因此体系结构之间的差异是必然存在的。即使法国、德国、意大利的法律共同渊源于罗马法,它们的犯罪构成体系之间依然存在着差异。所以犯罪构成理论并不在于同一性,而在于是否合理地解决现实问题,以达到保障社会秩序和人权保障二者的和谐。

三、刑事违法的判断

大陆法系犯罪论体系一般按照构成要件的该当性—违法性—有责性而加以建构。构成要件的该当性、违法性、有责性是从不同角度对行为整体所进行的评价。"然而不管怎么说,以客观的、记叙性的构成要件概念为基本,首先把握住构成要件的行为,进而再考虑它的违法性和责任,这种思考过程与现代刑事审判中的审理过程是一致的,是反映了构成要件理论的实践品格的。"[①]为此,大陆法系的犯罪论体系通过层层递进、层层过滤的价值判断方式更加符合人类认识事物的过程,出罪与入罪机制安排较为合理。

绝对的客观违法论认为违法的本质是对法益（具体的利益）的侵犯,违法性的判断基础是行为后所发现的客观事实,对违法性应进行事后判断,坚持结果无价值论。主观的客观违法论认为违法的本质是对法规范的否定,违法性的判断基础是行为时行为人认识到的和一般人能够认识到的客观事实,对违法性应该进行事前判断,坚持行为无价值论。相对的客观违法论认为违法的本质是对法益（作精神性的理解）的侵犯,违法性的判断以结果无价值论为基础,同时考虑行为人的行为方式和主观心态,法益仅发挥刑法解释的辅助性功能,坚持二元的无价值论。例如对偶然防卫中的杀人,行为无价值论认为行为人构成故意杀人罪的既遂;二元无价值论认为构成故意杀人罪的未遂;结果无价值论认为无罪。

我国的犯罪构成是将一完整的犯罪模型按不同的组成部分划分为犯罪客体、犯

---

① 〔日〕小野清一郎:《犯罪构成要件理论》,王泰译,中国人民公安大学出版社2004年版,第24页。

罪客观方面、犯罪主体和犯罪主观方面四大构成要件。这样便将一复杂的整体模型分解成相对简单且容易掌握的部分，以便同具体的行为加以对照，便于司法操作。在主客观相统一原则、行为的刑事违法性与社会危害性相统一原则的指导思想下，我国的犯罪构成理论将社会危害性视为犯罪构成诸要素所共同揭示的一种本质，即犯罪构成要件必须是能够反映行为社会危害性的事实特征，犯罪构成要件融事实判断和价值判断于一体，各要件之间是"一存俱存、一无俱无"的关系。

我国的犯罪构成理论将一完整的犯罪模型解析为四大要件，彼此独立。犯罪构成要件不是从不同角度来论证犯罪是否成立，有别于大陆法系犯罪论体系认定犯罪成立的方式。从主观违法论的立场上来看，行为人的主观罪过、客观的危害行为、刑事责任能力都是决定违法的重要因素，从构成要件任何一个方面都不能判断违法性是否存在。

犯罪构成是论证某行为是否构成犯罪以及是否具有社会危害性，但犯罪构成要件本身又需要通过社会危害性加以阐明，不免使人产生疑惑。单纯从"主观正当"或"结果正当"不能论证正当防卫和紧急避险是否构成阻却违法，在违法性判断过程中，正当防卫和紧急避险可能符合一些要件，而不具备另外一些要件。① 传统的犯罪构成理论将各要件之间定位于"一存俱存、一无俱无"的关系不符合人们关于违法性判断的过程。如果原有理论定罪的进路是通过排除正当化事由来获得某种行为具有社会危害性的结论，那么行为人是否构成犯罪是通过排除正当化事由来确定的，而非犯罪构成，这种结论与犯罪构成功能的定位则相互矛盾。为此，我国有些学者指出我国的犯罪构成只反映定罪结论，不反映定罪过程。这种批评应该说是中肯的。

我国有些学者指出刑事违法的本质是对法益（具体利益）的侵犯。若将刑事违法作为一单纯的利益判断，在我国传统的犯罪构成体系内，一次性发挥具体的价值判断则成为可能。刑事违法的本质是对法益的侵犯，是绝对客观违法论的必然结论。绝对客观违法论认为违法是对评价规范的违反，决定规范（行为人的主观心态是否违反规范）对行为的违法性不产生影响。由于主观违法论强调有责之违法，如在犯罪构成理论上坚持四要件，同时认为违法的本质是对法益的侵犯，这种观点在逻辑上存在矛盾。正如冯军教授指出，"如果认为刑法的任务只是保护现实的法益，就会使刑法过于功利化，从而使刑法丧失其社会规范意识的基础"，忽视了刑法规范作为行为规范的功能。结果无价值论从法规范为裁判规范的角度出发，强调自由主义、鼓励价值观念多元化，更多地是从个人主义方法论角度对实证法进行批判而产生的一种违法观。

---

① 《刑法》第 14 条第 1 款规定："明知自己的行为会发生危害社会的结果，并且希望或者放任这种结果的发生，因而构成犯罪的，是故意犯罪。"《刑法》第 332 条规定了故意杀人罪。我们把这两个法律条文结合起来，可以得出这样的解释：这是一条禁止性（或命令性）规范，任何人都无权且不得剥夺他人的生命，如行为人认识到该禁止性规范的存在和自己行为所产生的后果，并执意实施或放任自己的行为，我们就可以认定行为人具有违法性认识，主观上具有犯罪故意。也许有人要问，正当防卫行为导致不法侵害人的死亡不属于危害后果，所以行为人主观上没有犯罪故意。那么笔者要进一步追问：不法侵害人的死亡不具有危害后果的性质，没有社会危害性，该结论是如何得出的？请予以说明。因为犯罪构成是衡量一行为是否构成犯罪以及是否具有社会危害性，在没有得出行为构成犯罪之前，我们不可能得出行为的后果具有社会危害性、行为人主观上没有犯罪故意的结论。

主观违法论把法律作为人的意识中的观念①,从具体人的行为角度来判断违法,个人的认知能力决定着行为是否构成违法,为此,主观违法论用一种反规范的方法来进行违法性的判断。由于主观违法论从具体的人出发进行违法性判断,故而"主观主义"色彩较浓。"一个在理论基础上偏离规范学原理的刑法学研究,不论它在数量上是多么地浩瀚,也不论它涵盖的范围多么广泛,它都不可能是成熟的,更不能有效地服务于深刻变迁中的中国社会的时代与实践要求。"②纵观各国建立在客观违法论基础上的犯罪论体系和我国建立在主观违法论基础上的传统犯罪构成要件理论在思维逻辑上的差异,李海东博士的话不无一定的道理。

虽然在主观违法论基础上建构的传统犯罪构成理论在犯罪成立的判断上具有简洁性,但由于其在认识论上所具有的局限性,不能很好地为司法实践提供理论性依据,同时传统的犯罪构成理论只反映定罪结论,不反映定罪过程。如何结合我国现阶段的法学教育现状和国情,重新建构我国的犯罪论体系,是摆在我国刑法学者面前的一个艰巨的任务。为此,以"二元的无价值论"(刑事违法的本质)为基础,重塑我国的犯罪构成理论,对培养国民的规范意识有着现实的意义。

---

① 只有行为人能够认识到自己行为在法规范上的意义,才可能成立违法;反之,没有该种能力,则不成立违法。行为人的认识能力决定着法是否存在,从而否定了法的客观实在性。

② 李海东:《刑法原理入门(犯罪论基础)》,法律出版社1998年版,第9页。

日本刑法学会第 67 次年会简况^①

　　日本刑法学会第 67 次年会于 1989 年 6 月 10 日至 11 日在北海道大学举行。这次年会的学术报告和议题有："规范的构成要件要素的错误——以特别刑法为中心""海上交通事故和过失犯论""滥用职权罪""收贿罪——以职务权限论为中心""从诉讼法的观点看公务员的职务犯罪""个人秘密的刑法保护""法国刑法改正事业的基本构思""因果关系""责任能力""晚期医疗与刑法""保护消费者与刑事法的作用——以经济交易为中心""在押被告人与外来人员会面的问题研究""刑事手续与被害人""自由刑的课题""国际犯罪""免除刑事责任的本质"。

　　这个年会以大会报告、分组报告、台上台下自由提问解答等形式进行。报告者多为中青年学者。日本著名的刑法学者西原春夫教授和平野龙一教授等自始至终参加了年会，从不迟到早退，从未坐过一次主席台，但有时在台下操起话筒和台上中青年学者展开争论。日本刑法学会的 400 多名会员中有 344 人出席，另有 16 名非会员也参加了大会。年会活动全部自费。

---

　　① 原载于《政治与法律》1989 年第 6 期。

第五章 法人犯罪

关于企业法人犯罪问题的调查报告[*]

随着社会主义商品经济的发展,我国企业法人数量日益增加,到 1986 年年底,工商企业法人就已达 442 万多个。企业法人的形式愈益复杂,在社会活动中的地位不断提高,作用日益扩大。企业法人大量的有益社会的行为与危害社会的行为同步进入社会领域。企业法人犯罪(又称单位犯罪),特别是全民、集体所有制单位犯罪,在我国已成为一个新的社会问题,公众对企业法人犯罪的现象如何认识,这对在社会主义初级阶段制定正确的防治措施至关重要。为此,笔者在 1988 年上半年作了一次问卷调查,共收回问卷 358 份。从调查对象的职业看,干部 258 人;教师 82 人;律师 2 人;在校生 1 人。从政治面貌看,中共党员 252 人;民主党派人士 19 人;共青团员 5 人;非党团人员 51 人。从文化程度看,大学本科 302 人;大专 37 人;高中、中专 7 人;初中 2 人。其中大部分是历年来政法院校的毕业生。从地区看,被调查者分布在除台湾地区以外的 20 多个省、市、自治区,远至新疆、甘肃、青海、黑龙江、云南、贵州和四川等省、区。调查围绕着三大问题进行:一是企业法人犯罪的一般问题;二是企业法人的哪些具体行为应作为犯罪来惩处;三是对企业法人犯罪的防治对策。现分述如下:

一、企业法人犯罪的一般问题

就企业法人犯罪的社会危害性而言,由于企业法人组织人力、财力、物力雄厚,经济活动量多面广,因此,其犯罪的规模、非法获利、对社会造成的危害等都是普通自然人犯罪所望尘莫及的。在调查中,有 56.7% 的被调查者认为,企业法人犯罪比抢劫、盗窃等自然人犯罪在性质上更为严重;38% 的人认为二者一样严重。二者相加,共计为 94.7%。这说明对于企业法人犯罪的严重社会危害性,目前人们已有充分的认识。在这次调查中,有 27.6% 的人认为,自己所在的地区或部门存在企业违法犯罪的现象。由于笔者的调查对象绝大多数受过法律专业知识培训,又有一二十年的工作经验,具有较高的认识能力,加之他们分布在全国 20 多个省、市、自治区,因此,说明当前企业法人违法犯罪确已成为一个不容忽视的社会问题。

---

[*] 第二作者林建华,原载于《中国法学》1989 年第 1 期。

就企业法人犯罪的概念而言,我国刑法学界有各种不同的提法,如有"集体犯罪""以法人名义进行犯罪活动""法人卷入经济犯罪""领导批准的经济犯罪""单位犯罪",等等。上述种种不同提法反映了对法人犯罪的内涵和外延在理解上的差异。但在这次调查中,有85%的人完全或基本同意对企业法人犯罪作以下定义:"企业法人犯罪是指企业内部成员在执行职务活动中,根据企业组织的意志,以企业名义为企业利益而故意或过失地实施的严重危害社会、依照法律应当受到刑罚处罚的行为。"这说明经过一段时间的的理论探讨和实践总结,目前对于企业法人犯罪的概念的认识已趋向一致。从而在犯罪形态、构成特征上把法人犯罪与个人犯罪、共同犯罪区别开来。此外,我们还可以看到传统的刑法观念受到巨大的冲击:有66.5%的人不同意"犯罪主体只能是自然人,企业组织不能构成犯罪"的观点;97%的人坚决不同意下述提法:"大公小公都是公家,只要没有中饱私囊,为企业做出一些违法犯罪行为也情有可原。"这说明对于企业法人犯罪这类在社会主义商品经济发展过程中必然出现的社会问题,如持传统的刑法解释论的立场,已不能正确理解其本质,只有树立社会主义商品经济的刑法观,采取发展的立法论立场,才能对企业法人犯罪的本质予以正确的认识。

就法人犯罪的原因而言:

(1)有94.4%的人认为,不择手段追求利润与企业违法犯罪之间有直接关系或有一定关系,其中有55.9%的人认为二者有直接关系。这说明尽管目前企业法人的犯罪手段日趋多样且愈加复杂,但动机和目的却都是唯利是图。只要对本单位有利,什么事都敢干。职业道德、政策法律、国家利益、社会公共利益,都可置之度外。

(2)有90.4%的人认为商业道德的堕落与企业违法犯罪之间有直接关系或一定关系。实施犯罪行为的企业法人在经济活动中,当面临道德和利润二者进行抉择时,总是将商业道德置于次要地位,而将利润放在首位。因此,大量的法人犯罪行为从实质上看,大都是违反了商业道德和经济伦理的行为,而且,这类商业道德堕落的行为,在企业之间竞争时,具有特别强的传染力,造成了一种恶性循环,即企业犯罪使商业道德水平下降,商业道德的堕落又促使企业犯罪案件数量不断上升。

(3)有96.7%的人完全同意或基本同意企业违法犯罪与企业法人代表的素质有重要关系。企业法人犯罪归根结底还得由企业法人中的主管人员、直接责任人员决定并付诸实施。因此,企业法人内部成员的素质,对于企业本身的行为的性质显然具有重要关系。

(4)还有94.2%的人认为,企业违法犯罪日趋严重与法律对这种行为制裁不力有直接关系或有一定关系。这主要表现在企业犯罪发案多但立案少,如工商行政管理机关和税务机关发现的企业违法案件,有的数额巨大或特别巨大,已达犯罪标准应移送检察机关处理的,往往"以罚代刑",予以行政罚款了事。又由于罚款罚的是企业单位的钱,单位的主管人员和直接责任人员根本不负任何经济责任,所以,一些企业单位对罚款根本不当一回事,甚至屡罚屡犯,禁而不止。

就企业犯罪的处罚原则和方式而言,有80.7%的人认为,对企业犯罪最有效的惩治方法是对企业本身与企业的主管人员、直接责任人员同时进行处罚,即贯彻"两罚原则"是惩治企业犯罪的最有效的方法。有 88.8% 的人认为,对进行走私犯罪活动的企业本身判处罚金,没收走私物品、工具和非法所得是合理的。有 76.8% 的人认为,对企业实行刑事处罚并不违反罪责自负和不株连无辜的原则。值得注意的是,有 48.3% 的人认为,对企业犯罪可以适用自由刑,但却有 46% 的人基本或完全反对这种观点。两种意见针锋相对。对企业犯罪的罚没收入,有 74.9% 的人认为应全部上交国库,有 13.4% 的人认为应归地方财政,只有 8.9% 的人认为应由处理单位提成。

从以上调查材料中,大致可以得出以下结论:①在我国刑事立法中确立处罚法人制度的时机已经成熟;②企业法人犯罪的原因是多方面的,其增长与我们前一阶段对企业违法犯罪处罚不力有关;③对企业法人犯罪宜采取"两罚原则"。

二、法人的哪些具体行为应作为犯罪来惩处

笔者列举 48 种具体情况,请被调查者作出是否构成犯罪的肯定或否定的回答,其间没有中性的答案,只有个别人在个别问题上弃权,现分述如下:

1. 某运输公司以租赁形式倒卖汽车,从中牟利 63 万元。90.8% 的人认为,该公司的行为已构成犯罪。

2. 某集体企业以 1 万元代价,要某化工厂的技术员将该厂的技术资料盗窃出来。89% 的被调查人认为该集体企业已构成犯罪。

3. 某企业使工人在没有设置安全防护装置的设备条件下工作,发生多起重大事故,死亡多人。88% 的被调查者认为,该企业已构成犯罪。

4. 某纺织品工业物资公司就地转手倒卖价值近 1 亿元的进口化纤原料,非法获利达 110 多万元。94.6% 的被调查者认为,该公司构成犯罪。

5. 某企业对法庭要求其法定代表人出庭参加诉讼的传票拒不执行。50.8% 的人认为构成犯罪;49.2% 的人认为不构成犯罪。

6. 某企业雇佣 15 名童工。69.7% 的人认为不构成犯罪。

7. 一酒厂以工业酒精兑水成酒,共销出 15 万瓶毒酒,已造成 33 人中毒,其中 9 人失明,11 人死亡。98.7% 的人认为构成犯罪。

8. 某公司拒绝向工商、税务机关提供有关该公司经营盈亏情况的报告。78.9% 的人认为不构成犯罪。

9. 某银行采用在社会上贬值收购国库券抵还自办企业的贷款,或提供现款给贷款人到社会上低价收购国库券交银行充抵贷款等手段,在 5 个月内,非法低价收购国库券 1 500 余万元。83.2% 的人认为应构成犯罪。

10. 几家大公司非法确定其产品的零售价,哄抬价格,造成市场混乱。81.1% 的人认为应构成犯罪。

11. 某烟草公司先后两次以批发价售给本地两个农民香烟 15 000 条,这两人将香烟倒卖后,非法获利 12 万余元。57.8% 的人认为烟草公司不构成犯罪。

12. 某企业擅自采伐国家和其他单位管理或所有的林木 25 立方米。62.2% 的人认为应构成犯罪。

13. 企业搞性别歧视,拒绝聘用 10 名具有聘用资格的女青年。94.1% 的人认为不构成犯罪。

14. 某公司以进口"教育用品"为名骗得进口许可证,化整为零,分批进口双卡立体声收录机、散件 9 000 余套,逃税 140 万余元。90.8% 的认为构成犯罪。

15. 某工厂忽视产品质量,将质量有明显缺陷的锅炉销往油田,后锅炉爆炸造成油田火灾。78.4% 的人认为构成犯罪。

16. 某俱乐部故意放映黄色淫秽录像带牟取暴利。92.4% 的人认为构成犯罪。

17. 某企业违背采伐证有关限地点、限数量、限树种的规定而任意采伐树木 100 立方米。76.2% 的人认为应构成犯罪。

18. 某商店将三级茶叶冒充一级茶叶出售。83.2% 的人认为不构成犯罪。

19. 某企业没有不可克服的外部原因,连续 5 年完不成国家的指令性计划。86.5% 的人认为不构成犯罪。

20. 某集体企业偷工减料,大量生产和销售劣质的水泥预制品,造成使用单位发生多起房屋倒塌、人员伤亡重大建筑事故。94.1% 的人认为构成犯罪。

21. 一家工厂在厂领导指挥下,多次召集本厂职工截获、打捞某国营林场在河中放排运输的木材,共计 50 立方米,并用其盖厂房和家属宿舍。58.8% 的人认为构成犯罪,38.7% 的人持相反态度。

22. 某企业对职工动辄进行经济制裁,各种罚款有 50 种之多,最高款额达 1 000 元。72.4% 的人认为应构成犯罪。

23. 一酒厂假冒"洋河大曲"商标,销售劣质白酒、牟取暴利,严重侵犯了商标专用权。47% 的人认为构成犯罪。

24. 某企业高息转让贷款 30 万元。45.2% 的人认为不构成犯罪。

25. 商店根据不同地方的顾客来决定出售商品的不同价格。79.8% 的人认为不构成犯罪。

26. 某县所属工商企业生产掺假的奶粉共 4 409 吨,经营额达 2 239 万元,销往全国大部分个省、市、自治区。67.5% 的人认为构成犯罪。

27. 某知青综合商店去广州非法收购走私进口的杂牌彩电 200 台,转手倒卖给武汉的一家贸易公司,从中牟取暴利。55.8% 的人认为构成犯罪。

28. 同行业中,几个相互竞争的大企业,为避免两败俱伤,相互签订了瓜分市场、劳务、销售、利润的协议。71.8% 的人认为不构成犯罪。

29. 某服装公司进了一批涤棉防雨麻绸面料,来料加工完毕,尚余 11 万码面料布,该厂在退运时只申请 10 万码,实际退出 8 万码,截留面料 3 万余码,价值 10 万余元。54.6% 的人认为不构成犯罪。

30. 某厂为推销产品,对凡与该厂签订购买合同的他厂采购员,根据合同标的金额大小,分别给予 1 000 至 500 元不等数额的回扣。46.6% 人认为不构成犯罪。

31．某肉类加工厂廉价收购有病毒猪肉 119 万斤，加工成灌制食品出售，该厂从中非法获利 14 万余元。73％的人认为构成犯罪。

32．厂长命令其工厂的一名职工，在提供给法院的一份证据材料上弄虚作假，而这份证据材料又是法院审理一起刑事案件所必需的。65％的人认为构成犯罪。

33．某企业为本单位谋取不正当利益，无证擅自采伐本单位管理的林木 30 立方米，52.8％的人认为构成犯罪，42.3％的人则持相反意见。

34．一商店明知是赃物，仍放在店中出售。68.7％的人认为构成犯罪。

35．某公司在根本无货源的情况下，和外单位广为签订经济合同，骗取 11 个单位的预付款 5 000 多万元。70.6％的人认为构成犯罪。

36．某银行给几个单位贷款倒卖汽车，除收月息八厘四外，还要分享售车利润的35％。66.9％的人认为构成犯罪。

37．某地区一些企业，用废品零件拼装成假"北京"吉普、"解放"卡车、"130"汽车，共 560 辆，出售牟取暴利。68％的人认为构成犯罪。

38．某公司打着"联营"招牌倒卖 4 000 万美元给特区某公司，非法获利 5 450 万元以及 18 寸日立牌彩电 5 000 台。68.7％人认为构成犯罪。

39．某冶炼厂长期大量非法收购各种盗窃来的金属，成为犯罪分子的销赃场所。68.7％的人认为构成犯罪。

40．某印刷厂大量印刷并销售违禁出版刊物，获得非法利润 10 万元。68.7％的人认为构成犯罪。

41．一家工厂故意排污，污染了城市供水，造成了人身伤亡的严重后果。70.6％的人认为构成犯罪。

42．某厂厂长主持股、室、车间主任、主管会计会议，讨论决定，将销售收入资金转入应付款项目，共计偷税 50 万元。71.5％的人认为构成犯罪。

43．有一家公司以 1 万元贿赂某政府官员，要他支持某项有利于该公司的市政计划。69.3％的人认为构成犯罪。

44．某糕点厂故意出售一批霉变面包给小学作学生课间餐，致使数百名学生食后中毒。71.2％的人认为构成犯罪。

45．某公司将国家调拨给该单位的 20 吨钢材，转手以低价倒卖给另一单位，牟取暴利。54％的人认为构成犯罪。

46．某企业以比例极高的"回扣"打通负责审核贷款的银行工作人员，而获得依通常程序申请无法得到批准的巨额贷款，62.3％的人认为构成犯罪。

47．某企业资不抵债，濒临破产，便将大量机器、设备和财产转移并隐藏起来，给债权人造成巨大经济损失。48％的人认为构成犯罪，52％的人则持相反意见。

48．某企业在公司招标时，为了中标而以非法约定、交付不正当利益甚至以暴力胁迫等手段，致使他人放弃了竞争。54.6％的人认为不构成犯罪，41.7％的人持相反意见。

从上述调查材料可以看出：

1. 48 种行为中有 25 种(占 52%)在现行刑事法律中被明文规定为犯罪。因被调查者绝大多数都经过专门的法律培训,故他们的回答与现行法律的规定相一致。即对这 25 种行为(1,3,4,7,12,15,16,17,20,21,22,27,31,32,33,34,35,36,38,39,42,43,44,45,46)的每一种都有 50% 以上的人认为应构成犯罪。当然,肯定比例有高低之分。

2. 对其余 23 种行为中的 13 种(6,8,11,13,18,19,22,24,25,28,29,47,48)每一种都有 50% 以上的人认为不构成犯罪。其中引人注目的是,有两种行为引起尖锐对立的意见,否定犯罪者只占微弱多数,一是企业资不抵债,濒临破产,便将大量机器、设备和财产转移并隐藏起来,给债权人造成巨大损失。对此有 52% 的人认为不构成犯罪;48% 的人持肯定说。二是某企业在公开招标时,为中标而以非法约定、交付不正当利益甚至以暴力胁迫等手段,致使他人放弃了竞争。对此,有 54.6% 的人认为不构成犯罪;持肯定说的占 41.7%,其余为弃权。以上两种行为在典型的现代商品经济国家中都作为犯罪处理。可见,目前在我国,商品经济的刑法观已经在公众、特别是受过法律专业培训的人员中逐步树立起来。

3. 对其余 9 种(2,5,9,10,15,26,37,40,41)现行刑法中没有明文规定为犯罪的行为,每一种都有 50% 以上的人认为构成犯罪。其内容涉及环境污染、制造伪劣产品、印刷销售违禁出版物、哄抬物价、扰乱市场、产品责任等许多方面。可见,在上述领域内的某些行为已经达到了需要以刑罚加以惩处的程度,刑事法律有必要补充立法。

4. 对第 30 种行为,即工厂推销产品的"回扣"问题,肯定犯罪说和否定犯罪说都没有超过半数,赞成票和反对票刚好相等,均占总数的 46.6%。作为对比的是第 46 种行为,同样是"回扣",但当某企业用"回扣"打通负责审核贷款的银行工作人员时,对该企业就有 62.3% 的人认为应构成犯罪。可见,对"回扣"是否构成犯罪,还要作具体分析。

三、对企业犯罪的防治对策

笔者对这一问题采用了非限制性提问的方式,即"您对企业犯罪的防治对策有何看法的建议",除个别没有回答这一问题外,绝大多数人从正面提出了自己的看法和建议,有少数人还对此作了详细的阐述。现将各种看法和建议归纳如下:

1. 坚决禁止党政机关经商。因为党政机关经商,不仅乱商,而且当政不唯政,势必削弱和损害党政机关的行政管理机制。针对目前有些党政机关明脱暗挂或利用行政权力在流通领域进行垄断的情况,必须坚决贯彻中央关于禁止党政机关经商的决定。

2. 发挥经济行政部门的监督作用。具体地讲就是发挥工商、税收、银行、审计等部门的监督作用。例如,银行不仅是信贷结算和现金出纳中心,而且也是重要的经济监督部门。针对银行存在的盲目贷款和对企业的资金使用缺乏有效监督等情况,必须完善预收预付贷款制度,严格开户审查,加强账户管理,对托收承付结算内容进行认真核查,对企业经营范围的贷款来源进行经常性的分析、监督,从而及时发现企业在经济活动中出现的问题.充分发挥银行的财政监督职能作用。

3. 继续认真整顿、清理"公司"和"中心"。从1988年下半年开始,各地根据中央部署,整顿了一批四无"公司"和"中心"。但从目前情况看,各种公司、中心仍然存在许多问题,有的公司徒有虚名,不务正业,有的公司,除了飞机、大炮以外,什么都经营。如果对这些公司不继续加以整顿,不明确规定各公司的经营范围,工商、银行等部门就无法对其进行监督。

4. 落实社会征信制度。征信调查制度是现代商品经济社会不可缺少的。目前,我国虽然已有一些资信调查,但往往只是在银行贷款时进行,社会上一般投资及经济交易还没有可能广泛采用。因此,建立确实可靠的社会征信调查机构,对于预防一些公司和企业利用经济合同和投资等进行诈骗,保障交易安全是极为必要的。

5. 健全企业内部自身的管理机制,随着企业法的实施,党政分开,在单轨制操作运行过程中,企业行政权力进一步扩大,因此,必须加强企业的民主管理,特别要发挥党组织、职代会、工会、青年团、妇联等组织的监督作用,从而把企业的重要经济活动置于全体企业内部成员的监督管理之下,预防企业违法犯罪活动的发生。

6. 增强社会消费者的力量。企业犯罪是一种有组织的行为,但作为企业犯罪的主要被害者之一的社会消费者却处于一种无组织的状况,二者力量相差悬殊,地位也不平等。因此,为遏制企业犯罪,需进一步发挥消费者协会的作用,同时在法律上应建立代表诉讼制度。当某一消费者因受企业违法犯罪行为侵害而起诉时,即应视为其具有代表全体受害者参加诉讼的地位。

7. 建立企业犯罪的举报制度。鼓励公民检举已经发生或可能发生的企业法人犯罪,以便司法机关能及时发现、及时处理。避免给国家、社会和人民利益造成更大的损失。对检举人要加以保护,对检举有功者要予以奖励。

8. 通过新闻媒介,发挥舆论监督作用。对于企业犯罪的案件可通过新闻媒介加以揭露,发挥舆论的监督作用。法院对于这类案件的判决,有的应在报纸或商情、社情通告上公布。这样,一方面可使实施犯罪行为的企业在名誉上受到损失,另一方面可防止广大消费者及其他企业再受其害。

9. 对地方和部门的经济政策和措施进行清理。各地及有关部门,根据其地方和部门的具体情况所制定的经济政策和措施,要符合宪法和法律的精神,即使是中央允许变通的某些做法,也不能超越宪法和法律许可的范围。因此,必须对其进行清理,凡同宪法、国家法律相抵触的地方和部门的法规,应加以废除。

10. 扩大和增加有效的执法人员。自1979年以来,我国已颁布各种经济法规300多部,但现在的问题是有法不依、执法不严。产生这种状况的重要原因之一是执法人员不足。执法人员的数量不能适应实际需要,出现了顾此失彼、疏而有漏的情况,使一些不知法、不守法的法人代表有机可乘。因此,迅速健全有关管理机构,扩大和增加有效的执法人员,才能真正做到有法可依、执法必严、违法必究。

经济刑法论衡

11. 严格依法惩办。目前,企业法人犯罪相当严重,但对其处理却很少且较轻。以罚代刑的现象仍普遍存在,追究直接责任人员和法定代表人的刑事责任的案件极少。某些案件好不容易被检察机关立案,但因种种原因又被撤销;对极少数已追究刑事责任的法人犯罪案件,往往也仅以追究法人代表的责任了事,并不实行"两罚原则"。因此,工商、税务、海关、公安、检察、法院等机关,在处理企业法人犯罪案件时,必须互相协调,排除干扰,以"两罚原则"严厉惩罚企业犯罪。

12. 建立法人违法犯罪的统计资料。目前我国这方面工作基本上属于空白。因此,工商、税务、海关、检察、法院等机关,对法人违法犯罪都应设立专项统计。尤其应在工商部门建立诈骗性的及违反商业交易诚信原则的前科记录。只要经过一定手续,任何从事工商业活动的人都可查阅。这样既可以防止犯罪者再犯,又可防止他人受骗上当。

13. 修改补充刑事立法,建立完善的处罚法人犯罪的制度。刑法总则应明确规定刑法所称"人"者包括自然人和法人。对法人犯罪应实行两罚原则。对法人本身适用的刑罚种类,主要是:罚金、没收财产和剥夺权利。在《刑法》分则中还应适当增加一些新罪名。在刑事诉讼法中也应补充法人可以作为刑事被告人的规定。

14. 廉洁政风,端正党风,改善社会风气。企业法人犯罪往往是有权者所为。因此,对党员和干部加强教育管理极为重要。一旦发现领导干部中有实施法人犯罪者,决不能以经济、行政责任代替刑事责任,不能以任何借口开脱罪责。如果政风、党风问题不解决,社会风气的根本好转将是一句空话。

从上述对于企业法人犯罪防治对策中,可以得出以下结论:

1. 充分认识企业犯罪的严重危害,把制定企业犯罪防治对策作为建立社会主义商品经济新秩序的一个重要内容。我国新的经济运行机制,即"国家调节市场、市场引导企业"。企业行为在社会经济活动中将占据越来越重要的地位。不能否认的是,企业违法犯罪行为对于我国社会主义商品经济新秩序的建立和发展具有巨大的破坏力。因此,必须把制定企业犯罪的防治对策同建立社会主义商品经济新秩序联系起来加以考虑。

2. 对于企业犯罪的防治对策也应坚持"综合治理"的方针。企业犯罪作为一个在社会主义商品经济发展过程中出现的社会问题,其形成和发展的原因涉及政治、经济、法律和社会的各个方面。因此,对于企业犯罪的防治,非综合治理,而不收其功。

3. 企业犯罪防治对策的制定,应分阶段进行。过去几年的实践证明,企业犯罪在经济改革的不同阶段表现出了不同的特点,目前的状况表明,企业犯罪的主体、手段和涉及的领域,随着经济体制改革的发展又呈变化的趋势,根据企业犯罪发展的规律,我们理应随着改革的深化,在不同阶段上采取相应的、不同的、有重点的防治对策,且制定对策要有超前意识,以避免过去各种措施总是慢一拍的状况。

社会主义初级阶段的法人犯罪及其防治对策[*]

在我国传统的中央高度集权的体制下,政企不分,企业吃国家的大锅饭,因此,无须追求自身独立的经济效益。这样,就企业的整体而言,既谈不上犯罪能力,也缺乏犯罪动机,所以,过去几乎没有法人犯罪,与此相应,在我国的刑事立法中,也没有法人犯罪的规定。随着我国经济体制的全面改革,企业有了相对独立的经营自主权,法人犯罪已经出现,而且情况相当严重。法人犯罪是对社会主义经济秩序,特别是市场秩序的严重破坏。它不仅危害消费者和国家的利益,而且严重败坏社会风气,加剧社会的不稳定,已经成为深化改革的严重障碍。

一、法人犯罪的现状

近年来,法人犯罪在以下一些领域造成了严重危害:

1. 违反工商行政管理法规

国家工商行政管理总局 1987 年年底排出全国第一批违法大案要案 85 件,其中国营、集体企业和垄断性行业的违法案件达 77 件,占 91% 。1984 年至 1986 年各级检察机关共受理投机倒把、诈骗案件 1 万多件,挽回经济损失近 4 亿元。这些案件的违法作案者大多是党政机关、企事业单位、法人团体等法人组织。

2. 违反财政金融管理法规

近年来法人走私、偷税现象十分严重。据报道,各地海关 1986 年查获单位走私案 2 493 起,私货价值 6.3 亿多元,虽然案件数只占海关查获案件总数的 10% ,但案值(案件中赃款、赃物的价值)却占总案值的 90% 。1986 年偷税逃税的国营企业占全国国营企业总数的 2/3 。1985 年全国倒买倒卖外汇的总金额达 10 亿美元以上,其中机关单位作案占了很大比例。

3. 违反产品责任法规

一些地方连续发生法人用工业酒精或甲醇掺水兑成白酒出售的恶性案件,造成数千人中毒、百多人死亡、几十人双目失明。制造、销售伪劣商品的案件范围极广:有假自行车、假铝锭、假牛黄、假酒、伪劣家用电器和服装、假化肥、假烟、假药。近来,伪劣产品已从消费领域进入生产资料领域。1987 年,上海市机电局下属的电器(集团)

* 第二作者林建华,原载于《社会科学》1988 年第 8 期。

公司,有90%的企业和产品被假冒。上海市黄浦区有37家商店销售伪劣机电产品,金额达60多万元。

4. 违反环境保护法规

据1985年至1987年期间国家环保局调查,当前工业污染状况已经相当于发达国家20世纪五六十年代的污染严重时期。被调查有污染的16.8万家企业,年排放工业废水291.8亿吨,约占全国废水总排放量的80%;年排废气7.16亿万立方米,约占全国废气总排放量的81%;年工业固体废弃物达3.02亿吨,约占全国总固体废弃物的88%;据初步统计,全国共有工业噪声源53万多个,超过标准和严重扰民的有28万多个。被调查的污染源废水中化学耗氧量为892万吨,重金属中的汞、镉、六价铬、铅3 794吨,其中90%进入我国七大水系和四大海域,4.7万多公里的河段受污染,城市河流局部受污染更严重。如某市的某化工区集中了30多家污染严重的企业,排放有毒的废水、废气、废渣达28年之久,当地居民的癌症发病率高出对照区45.5%;平均寿命缩短11.9%。

5. 违反劳动保护法规

1986年6月,我国企业一次死亡10人以上的特大事故,比1985同期增长了3倍。企业的职业病亦有上升。仅以某市1985年第二季度为例,职业病的发病数就上升了近1/3,其中尘肺和职业中毒的人数分别为1984年同期的6倍和2.3倍。

6. 违反其他法规

法人以"回扣""手续费""推销费""奖金"等名义行贿受贿以及收赃销赃的情况相当严重。某省12 300多个旧货收购站(点),有违法犯罪行为的占25%,在2 570多个冶炼厂(点)中,从事非法收赃的约占60%。

近年来,人们已深切感受到法人犯罪的严重危害,但对法人犯罪的处罚却很少。具体表现为:

1. 很少追究直接责任人员和法定代表人的刑事责任

1987年,某市在年度税收、财务大检查中,从35 289个单位和个体户中发现偷漏税的企事业单位18 567个,占被检查单位总数的68%。其中有些单位的偷税数额已达到构成犯罪的标准,但直接责任人员均未被追究刑事责任。

2. "以罚代刑"成为处理法人犯罪的主要手段

所罚之款是单位的钱,个人实际上未受任何经济损失。有些单位还将损失千方百计摊入成本,转嫁到消费者头上。

3. 某些案件被检察机关立案后又因种种原因被撤销

近年来某市属于这类情况的案件有几十起。即使对极少数已追究刑事责任的法人犯罪案件,往往也仅追究法人代表的责任,对单位本身没有判处罚金或没收财产刑。

对法人犯罪打击不力,除法制不健全外,还有以下六方面的原因:

(1)法人犯罪的违法性较难判断。一方面,其犯罪构成要件在刑法中往往以"空白条文"的形式规定得比较笼统,有时要由其他行政法规加以规范。而且在不同时期,其内容也有所不同,难以为公众或司法人员切实掌握。另一方面,我国的经济法规还不健全,而有待调整的社会经济关系有很多,使法人犯罪有空可钻。

(2)法人犯罪的损害性和危险性容易被人们忽视。首先,法人犯罪缺乏特定性,在大多数案件中,犯罪者和受害者之间并不发生直接纠葛和矛盾,而且受害者(如伪劣产品的购买者)分担的受损份额并不太大,即使发现受害,一般也不报案。其次,法人犯罪的实施者往往知书识礼,以"改革者经营失败""好心办坏事"的形象出现,容易博得社会的同情和谅解。再次,法人犯罪通常是抽象性的智力犯罪,没有暴力犯罪所具有的血淋淋的现场,容易被人们忽视。

(3)法人犯罪的实施者对其行为缺乏犯罪感和戒惧感。他们认为自己没有中饱私囊,违法犯罪是为了本企业利益,情有可原。即使被罚款,所用是企业资金,于己无损。

(4)追究法人犯罪困难较多。一是法人犯罪的实施者通常社会地位较高,容易受到"关系网"的保护,较难发现和掌握他们作案的证据。二是司法机关和主管部门对打击没有中饱私囊行为的法人犯罪往往顾虑较多,怕影响改革开放的大局。三是政法工作人员缺少追究法人犯罪所必须具备的金融、财税方面的知识和经验。

(5)法人犯罪受到不良社会风气的掩护。在"风"(不正之风)罪不分、视罪为"风"的条件下,很难追究法人的刑事责任。

(6)打击机制合力不足。如一些工商行政管理或税务部门发现企业违法案件,已达到犯罪标准,本应移送检察机关处理,但因行政罚款收入归地方,而移送检察机关后,赃款要上缴中央财政,因此往往"以罚代刑"了事。

二、法人犯罪的趋势

1. 违法犯罪的领域将有所变化

近年来,法人犯罪主要集中在走私、投机诈骗、假冒商标、制造假货、偷税抗税、贿赂等领域。现在对上述犯罪行为进行刑事处罚已有法可依,因此今后这几类犯罪会减少。但随着商品经济的发展,企业在不正当竞争(如虚报、非法垄断市场、哄抬物价、强制买卖,违法信贷等)、违反环境保护、产品责任、食品卫生、劳动保护法规方面的违法犯罪行为将会有所增加。

2. 犯罪主体和对象将有所变化

犯罪主体有从"皮包公司"、乡镇企业、小企业向大中型企业发展的趋势。如某省农机进出口公司将国家限制出口的精锡伪装成渔网坠、机床轴瓦等走私出口,金额近100万元。中国工艺进出口公司某省分公司5年私运玉器、瓷器、铜器出口,共89批,5.2万种,成交额达103.7万元。犯罪的对象也从假冒名牌啤酒、香烟、自行车等消费品发展到制造伪劣机电产品、粗制滥造建筑工程等领域。

3. 犯罪手段日趋多样化、现代化

有的出租出借银行账户,坐收"手续费"渔利;有的签发空头支票或故意发出有缺陷的支票进行买空卖空,非法占用销货单位资金;有的利用股票债券套购商品;有的高价买卖外汇、套汇、逃汇等;有的利用经济合同进行诈骗活动;有的通过海、陆、空、邮等渠道走私贩私;有的已形成地下网络,购、运、销联成一片,设立地下中转站,分散收购,集中销运;有的伪造批文,假冒许可证。

三、对法人犯罪的防治措施

（一） 近期对策

(1)依照现行刑事法律用刑罚手段打击法人犯罪:①明确可以用"两罚制"处罚法人的,有走私罪、贿赂罪。②明确可以追究单位主管人员或直接责任人员刑事责任的,有投机倒把罪、诈骗罪、偷税罪、抗税罪、挪用国家特定款物罪、假冒商标专利罪等。③由于我国《刑法》总则并未明示刑法中的人只指自然人,故可将刑法中的人理解为包括自然人和法人两种。法人犯有《刑法》分则的某一罪行,即可追究其法定代表人及有关直接责任人员的刑事责任,如盗窃罪、制造贩卖假药罪等。在以刑罚惩戒法人犯罪时,还可将法院判决在商情、社情通告上公布,防止消费者及其他企业再受其危害。

(2)提高各级领导、司法人员和公众防范、制裁法人犯罪的意识。据1988年的问卷调查,有94.7%被调查者认为法人犯罪比抢劫等自然人犯罪更为严重或一样严重,有97%的人认为对法人犯罪的行为人不能因为没有中饱私囊就加以原谅。当前的主要问题是有法不依、执法不严;领导层、决策层举棋不定,左右摇摆。防止法人犯罪的关键在于,领导层对防止法人犯罪须有一个正确的认识,不能把防治法人犯罪同改革开放发展商品经济对立起来,这样才能做到有法必依、执法必严。

(3)依据现有经济法规和政策,对企业和市场加强管理和监督。从严审核公司(厂家)的设立登记;随时抽查公司的资金流向,建立完整的工商企业基本资料;健全会计师制度,加强账簿查核;建立审计与监督制度,强化防危机制。对有资金、商品、物资进出权的企业的会计、出纳、保管、采购、推销人员要加强教育、挑选、考核和监督。

(4)鼓励检举可能发生或已经发生的法人犯罪。要保护检举人,奖励检举有功者。

(5)从速建立法人犯罪的统计资料。工商、检察、法院、海关对法人犯罪都要立专项加以统计。要有一个部门(如工商局)将法人犯罪的资料系统记录。尤其要建立诈骗性及违反商业交易诚信原则的前科记录。只要经一定手续,任何从事工商活动的人都可查阅该记录。这样,既可防止犯罪者再犯,又可防止他人上当受骗。

（二） 中长期对策

(1)修改、补充刑事立法。①在《刑法》总则中明确刑法中所指之人应包括自然人和法人两种。明确对法人犯罪实行"两罚原则"。②对法人判处的刑罚种类可有:

罚金;没收财产,对法人犯罪的犯罪工具、犯罪物品和犯罪所得,一律予以没收,并上缴国库;剥夺权利,包括撤销法人资格、禁止在一定期限和范围内从事某项经济活动,公告周知判决等。③刑事诉讼法应有法人可作为刑事被告人的规定。④在《刑法》分则中增加故意制造、销售伪劣产品罪;不实广告罪;非法垄断市场罪;非法协议罪;等等。⑤对刑事立法的修改、补充,先可通过颁布全国人大常委会决定、单行法规等形式,待条件成熟、全面修改刑法典时,再增设"法人犯罪"专章。

（2）落实社会征信制度。建立确实可靠的征信调查机构。

（3）加强法院、检察、工商行政管理、海关、税务、审计、食品卫生检查、环境污染监测的力量,提高工作人员的素质。目前,银行、工商管理部门人手紧张,疲于应付日常工作,食品卫生监督、环境污染监测方面设备差、人员少,如某大城市食品卫生监督人员数量只达到规定标准的28%。这种局面必须尽快改变。

四、借鉴外国的立法经验

20 世纪以后,法人犯罪成为世界各国刑法共同关切的问题。美国 1962 年的《刑法典范本》第二章专门规定了"法人、非法人团体及其代表人的责任"的条款,对法人犯罪采用"两罚原则"。1980 年美国最高法院认定海湾石油公司及其税务科长利用公司的钱,为一名政府税务官提供过五次度假费用,触犯《联邦刑法》第 201(6)节,构成贿赂罪,公司被判处罚金,科长被判处监禁。这是对法人犯罪采用两罚制的典型判例。

1976 年《南斯拉夫联合劳动法》明确规定法人可以成为犯罪主体,对法人犯罪实行两罚原则。1977 年《南斯拉夫经济犯罪法》对法人犯罪的认定和处罚作了更详细的规定。

外国刑法对法人犯罪的规定,对我国所面临的情况和问题,是有借鉴意义的。

新《公司法》的人格否认制度与单位犯罪[*]

2005 年 10 月 27 日,全国人大常委会通过了修订后的《中华人民共和国公司法》
(以下简称新《公司法》)。不少有关公司法的著作认为,新《公司法》明确规定了公司
法人人格否认制度(以下简称"公司人格否认制度"),其依据在于新《公司法》的第 20
条和第 64 条。^① 由于公司人格否认制度关系到公司和企业的主体资格是否存在的问
题,从而该制度与我国刑法规定的单位犯罪制度存在一定的关联性。本文试就新《公
司法》确立的公司人格否认制度对我国刑事法律规定的单位犯罪制度的影响作初步
的探讨。

一、我国现行刑事法律制度对单位犯罪主体资格的否定

(一) 可以被否定的情况类型

目前,只有在以下两种情况下,才有可能否定单位犯罪的主体资格:一是个人为
进行违法犯罪活动而设立的公司、企业、事业单位实施犯罪的;二是公司、企业、事业
单位设立后,以实施犯罪为主要活动的。这两种情况只要具备其中之一,就不以单位
犯罪论处,而以个人犯罪论处。^② 具体而言,在新《公司法》施行之前,还派生出下面一
些情况:

(1)对于虽经工商行政管理部门审批登记注册的公司,如果确有证据证明实际为
一人出资、一人从事经营管理活动,主要利益归属该特定个人的,以刑法上的个人论。

(2)"名为集体、实为个人"的单位,应认定为个人犯罪。"名为集体、实为个人"
的单位一般包括两种情形:一种是本应注册登记为个人独资企业或者个体工商户,却
挂靠国有、集体企业或其他单位从事生产、经营活动的单位;另一种是原为国家或集
体所有的企业或其他单位,经改制后,已被个人实际买断经营,但仍然沿用原国有、集

---

* 原载于《法学》2006 年第 10 期。

① 新《公司法》第 20 条规定:"公司股东应当遵守法律、行政法规和公司章程,依法行使股东权利,不得滥用股东权
利损害公司或者其他股东的利益,不得滥用公司法人独立地位和股东有限责任损害公司债权人的利益。公司股东滥用股
东权利给公司或者其他股东造成损失的,应当依法承担赔偿责任。公司股东滥用公司法人独立地位和股东有限责任,逃
避债务,严重损害债权人利益的,应当对公司债务承担连带责任。"此外,由于我国公司法还规定了一人有限责任公司,一
人公司容易产生股东财产与公司财产混同的情况,有鉴于此,新《公司法》第 64 条规定:"一人有限责任公司的股东不能证
明公司财产独立于股东自己的财产的,应当对公司债务承担连带责任。"

② 参见最高人民法院法释〔1999〕14 号《关于审理单位犯罪案件具体应用法律有关问题的解释》。

体单位的名称,并向其上级主管单位缴纳固定的管理费用的单位。因以上两种单位均实际由个人投资、利益也主要归属于个人,对其实施的犯罪行为,应以个人犯罪论处。①

（3）个人承包企业的单位犯罪主体资格问题。"个人承包企业能否成为刑法上的单位,应以发包单位（必须符合刑法上单位的特征）在被承包企业中有无资产的投入为标准,分两种情况分别加以认定:一是发包单位有资产投入的,因被承包企业是发包单位自主选择经营方式的结果,是发包单位所有权与经营权相分离的表现,并不因为采用发包经营方式而改变其资产属性和单位的性质,对于该种个人承包企业所实施的犯罪行为,应以单位犯罪论处;二是发包单位没有资产投入的,其实际表现是发包单位仅仅提供营业执照,届时按约收取固定的承包费。在该种情况下,因被承包企业的经营资本实际由承包者个人投入,且独立自主经营,主要收益属于承包者个人所有。对于该种个人承包企业所实施的犯罪,可以个人犯罪论处。"②

（二）否定单位犯罪主体资格的法律后果

由于我国现行刑事法律制度对个人犯罪的惩治力度通常比单位犯罪要强一些。因此,站在国家的立场上,"撕开蒙在个人脸上的单位面纱",还他一个自然人犯罪的本来面目,有利于惩治犯罪,维护正常的社会秩序和经济秩序。但从被告人的角度讲,他要千方百计地抓住"公司"或"单位"这一层面纱,为自己减轻罪责。因为有无这一层"面纱"是大不相同的,有时甚至关系到是否"掉脑袋"的问题,如前不久由最高人民法院经死刑复核程序发回云南省高级人民法院和红河州中级人民法院重审的"朱金陵虚开增值税发票罪"一案就是一个例证。在短短的3年时间内,朱金陵等4人,在基本没有发生实际业务的前提下,竟开出高达3亿多元人民币的增值税发票,受害单位达162家,遍布全国10多个省市。经法院两审程序,朱被判处死刑,其余三名同伙分别被判处死缓、无期和15年有期徒刑。最高人民法院以"事实不清"为由撤销了一审和二审判决,发回红河州中级人民法院重新审理。2006年6月6日,红河州中级人民法院公开重审了这一案件。重审的焦点就在于朱某是个人犯罪还是单位犯罪。公诉机关认为,该案中的两名主要被告即朱金陵和王敏飞的犯罪属于个人犯罪。因为他们都是在借金陵和世纪两家公司的名义虚开增值税发票,非法收取手续费,并归个人保管和支配使用。而且在开出那些金额巨大的发票以前,公司不曾开过股东会,没有作过任何这方面的会议记录,也就是说,这些都是二人的个人行为。而两名被告的辩护人则持相反观点,他们认为,全部增值税发票都是以公司名义而不是以个人名义开的,所收取的手续费也都进了公司账户,没有被某个人直接占有。实际上,这是一种体现公司意志的职务行为,直接获利的也是公司,而非个人。因此,本案

---

① 参见龚培华主编:《法律适用手册刑法分册》,上海社会科学院出版社2006年版,第26页;林荫茂:《单位犯罪理念和实践的冲突》,载《政治与法律》2006年第2期;2004年4月上海市高级人民法院刑庭和上海市人民检察院公诉处共同制定的《刑事法律适用问题解答》。

② 龚培华主编:《法律适用手册刑法分册》,上海社会科学院出版社2006年版,第26页。

应定为单位犯罪。在这种情况下,被告人就应该承担主管人员应负的责任,而不是个人被直接以虚开增值税发票罪论处。①

在我国刑事实体法中,单位犯罪与个人犯罪的刑事责任即使是同一罪名也有以下一些区别:第一,单位犯罪定罪数额起点高,一般为自然人犯罪数额的 2 至 5 倍,即单位犯罪构成犯罪的门槛较高,即入罪起点高于自然人犯罪;第二,在个人和单位都可独立成为犯罪主体的罪名中,单位犯罪的直接责任人员的法定刑通常轻于自然人犯罪的法定刑,例如《刑法》第 153 条的走私普通货物、物品罪,自然人犯罪的法定最高刑为死刑,而单位犯罪的法定最高刑为 15 年有期徒刑;第三,单位犯罪必须以《刑法》分则有具体规定为前提,即"法律规定为单位犯罪的",才应当负刑事责任,而个人犯罪无须《刑法》分则作出特别具体规定;第四,被告人对自己承担个人犯罪还是单位犯罪责任的心态不一样,特别是为单位贷款而构成合同诈骗罪,一些被告人对自己戴上一个诈骗犯的帽子是无法接受的,但对自己作为单位犯罪中的直接责任人员承担刑事责任尚能理解。②

(三) 程序法上适用强制措施的特点不一样

现行刑事诉讼法中的强制措施主要是针对自然人"人身自由"的,因而难以适用于单位。为了适应审理单位犯罪案件的需要,1998 年 6 月最高人民法院作出了司法解释,即《关于执行〈中华人民共和国刑事诉讼法〉若干问题的解释》第十一章。据此,对犯罪单位的强制措施有以下特点:

(1)适用对象的特定性。强制措施只能适用于犯罪嫌疑单位或被告单位,对其他任何单位,包括与案件有关联的单位,即使其有帮助犯罪单位违反诉讼程序的行为或者有妨害诉讼的行为,只要没有构成犯罪,就不能对其采取强制措施,而只能根据相关的法律、法规作出适当的处理、处罚。

(2)措施的普适性。也就是说,所有的措施对任何犯罪单位都可适用。而针对自然人的各种强制措施则是有不同的适用条件的,例如,监视居住或取保候审的适用条件就不同于拘留或逮捕的适用条件。但对单位犯罪的处罚,只有罚金而没有自由刑,因此,不管单位犯何种罪,罪重还是罪轻,只要办案需要,所有的强制措施都可以适用于该犯罪单位。

(3)方法的多样性。对犯罪单位采取的强制措施具有多样性,既可以是限制该单位的"自由",例如,限制其营业场所搬迁、禁止登记增设分支机构、对经营活动进行监管;也可以对其财产采取强制措施,包括财产的查封、扣押和冻结等。然而,对自然人的强制措施,目前只有限制人身自由。

(4)措施的兼容性。对犯罪单位的强制措施,可以两项或多项措施同时使用,例如,某单位涉嫌犯罪,执法机关可以对其同时采取多项强制措施,既可查封其财产、冻

---

① 参见温星:《死刑复核,最高法院枪下留人》,载《上海法制报》2006 年 6 月 9 日。
② 参见林荫茂:《单位犯罪理论与实践的冲突》,载《政治与法律》2006 年第 2 期。

结其账户,又可限制其搬迁,同时对其经营主要环节进行监督等。但对自然人犯罪就不同了,由于自然人的特性,对其采取的强制措施实际上是相互排斥的,例如逮捕了某犯罪嫌疑人,在同一时间段就不能取保候审,反之也一样。①

综上可见,否定单位犯罪的主体资格,将单位犯罪作为个人犯罪处理,所采取的强制措施也会呈现出不同的特点,对犯罪嫌疑人或被告人的利害关系极大。其最大区别在于,单位犯罪的直接责任人员的人身自由可以不受限制;而自然人犯罪则大不相同,其人身自由会受到限制。

(四) 否定的标准和程序

我国刑法虽然没有给单位犯罪下定义,但对其主体却作出了明确的规定:即公司、企业、事业单位、机关、团体。但司法解释对其下了定义:"以单位名义实施犯罪,违法所得归单位所有的,是单位犯罪。"②这是从正面,即构成单位犯罪方面制定的标准。同时,又从否定单位犯罪方面制定了标准,即"个人为进行违法犯罪活动而设立的公司、企业、事业单位实施犯罪的",或者"公司、企业、事业单位设立后,以实施犯罪为主要活动的,不以单位犯罪论处"。应当注意的是,否定单位犯罪的标准并不是出罪的标准,而是将被告人引入了可能被处以更重刑罚的境地。上述规定虽然比较严密,但标准还不够清楚。何谓"主要活动",是否必须超过 50%,或者达到 80% 的水准? 何谓"为进行违法犯罪活动而设立的公司"? 在前述云南红河州朱金陵案件中,金陵公司和世纪公司在基本没有实际业务发生的前提下,虚开多达 3 亿多元人民币增值税发票额,这种公司难道不是"为进行违法犯罪活动而设立的公司"吗? 这时,是否可以不管其收入的手续费进不进公司账户了呢? 这里就产生了两种标准发生冲突时以谁为先的问题。笔者认为,应以否定标准为先。因为否定标准是一种特别规定,它是对那些形式上虽然符合单位犯罪要件,但实质上却是对个人犯罪行为的揭露和否定。有人认为,这时应按有利于被告人的原则进行解释,应认定构成标准优于否定标准。笔者认为这种观点不妥:首先,从实际情况看,虚开增值税发票都是以公司名义开的,个人无法虚开增值税发票,如果以构成标准为优先,那么,在任何时候,都不能对朱金陵那样的犯罪分子判处死刑,这显然是违反立法本意的。其次,对被告人有利的解释原则,是针对同一条法律有不同理解和解释时才适用的。现在,司法解释对构成标准和否定标准都作出了规定,这时就不应再适用对被告人有利的原则。

至于否定程序,我国刑诉法和司法解释尚未作出明确规定。这一问题是在公司人格否认制度中提出来的。有人认为,公司法人人格的否定权必须由人民法院依一定程序行使;行政机关和其他司法机关不得行使。从现有情况看,刑事诉讼活动中,单位犯罪主体资格的否定权最后也是由人民法院行使的,只不过具体落实在法院刑庭。当然,公安、检察机关在侦查、起诉阶段也会提出他们的认定意见,对法院最后的

---

① 参见孟宪利:《单位犯罪适用强制措施若干问题的探讨》,载《上海审判实践》2005 年第 12 期。
② 参见最高人民法院法释〔1999〕14 号《关于审理单位犯罪案件具体应用法律有关问题的解释》。

判决产生一定影响,有时甚至是很大的影响。由于否定单位犯罪的主体资格对被告人的实体利益影响极大,因此,也有人提出,如果检察机关以单位犯罪起诉,而法院欲加以否定,并认定其为自然人犯罪时,能否再设立一个特别程序加以限制。只有通过该程序的认定,才能最后加以否定。

二、新《公司法》的人格否认制度

根据我国新《公司法》的规定,所谓公司人格否认,是指公司股东滥用公司法人独立地位和股东有限责任来逃避债务,严重损害债权人利益时,债权人可以越过公司的法人资格,直接请求滥用公司人格的股东对公司债务承担连带责任的法律制度。

(一) 对新《公司法》第 20 条的评析

新《公司法》第 20 条第 3 款规定:“公司股东滥用公司法人独立地位和股东有限责任,逃避债务,严重损害公司债权人利益的,应当对公司债务承担连带责任。”从这一条文,可以看到以下五点:①行为的主体是公司股东,如果公司的经理不是股东,即使他滥用了公司人格,他仍不会成为本行为主体。②行为的内容是滥用公司法人独立地位和股东有限责任,逃避债务。“滥用”二字表明行为人必须出自故意(恶意)。此外,还必须注意以下两点:一是行为人必须有逃避债务的行为;二是该逃避债务行为是通过滥用公司法人独立地位和股东有限责任来实现的。实践中逃债有多种多样的方式方法,如果行为人采用了滥用公司独立人格以外的方式,那就不适用新《公司法》第 20 条,而应适用《合同法》或其他相关法律来处理。③行为必须有结果,即逃避债务的行为必须造成严重损害债权人的利益,两者之间具有因果关系。只有行为没有结果,不适用本条文。④行为的受害人只限于债权人,不包括其他股东或社会上的一般人。⑤行为的法律后果是股东对公司的债务承担连带责任。也就是说,公司仍然存在,只不过是实施了上述行为的股东和公司这两个义务主体对共同所负的债务不分份额地负责清偿。债权人可以向债务人中的任何一人要求清偿全部债务,该债务人不得拒绝。当债务人清偿债务后,即在该债务人和其他债务人之间产生新的债权债务关系,该债务人成为债权人,有权向其他债务人要求偿还。由此,清偿了债务的股东就成为债权人,有权向公司要求偿还债务。可见,根据新《公司法》第 20 条的规定,公司还存在,其法人人格并没有完全被否定。据此,有学者认为,这仅是“无视”公司人格,但因“约定俗成”关系,称之谓“公司人格否定”。①

(二) 对新《公司法》第 64 条的评析

新《公司法》第 64 条规定:“一人有限责任公司的股东不能证明公司财产独立于股东自己财产的,应当对公司债务承担连带责任。”该条应注意两点:

---

① 参见周友苏:《新公司法论》,法律出版社 2006 年版,第 95 页。

（1）举证责任倒置的特定性。由于一人有限责任公司只有一个股东,所以就更容易发生股东个人财产和公司财产相混同的情况。新《公司法》第64条专门对此作出了举证责任倒置的规定,但其范围仅限于公司财产和股东个人财产相混同的情况。也就是说,在一人有限责任公司中,如果发生了上述财产混同之外的股东滥用公司人格的情况,债权人不得以第64条为依据主张举证责任倒置。

（2）新《公司法》第20条对一人有限责任公司仍然适用。一人有限责任公司的股东只要实施了任何滥用公司人格的行为,债权人都有权以第20条为理由向该股东提起清偿债务的请求。只不过,这时的举证责任在债权人。

（三）滥用公司人格的表现

滥用公司人格是"滥用公司法人独立地位和股东有限责任,逃避债务"的简称,其表现大致如下:

（1）虚假出资、不实出资、公司资本显著不足。公司财产是公司承担责任的基础,也是公司取得独立人格的前提之一。而前述三种行为使公司先天不足,通常可以构成公司人格否认的理由。但对此也有不同见解,有人认为,新《公司法》大大降低了公司的设立门槛,只要3万元就可设立公司;更何况没有资本赚钱的公司也有的是,因此,这三种行为不得成为公司人格否认的理由。笔者认为,我国公司法、刑法对虚假出资的行为都规定了法律责任,甚至有刑事责任。实践中也经常处理这方面的案件。因此,可以将此类行为列入。

（2）抽逃出资。即在公司成立后,抽逃公司注册资本,使公司成为"空壳",以逃避债务。

（3）利用公司重组、改制和分割的机会,转移财产,逃避债务。

（4）大股东欠款、公司怠于催讨致使超过了诉讼时效,实际上起到了转移财产的作用。

（5）通过关联交易,转移公司利润和财产,等等。

（四）应当慎用公司人格否认制度

在新《公司法》制定过程中,对于是否设立这项制度,本身就存在不同意见:一种意见是不赞成现在就设立这项制度,其理由为:

（1）国外并没有将公司人格否认制度写入公司法,而是由判例解决,并无成熟立法例可资借鉴。

（2）目前中国执法环境、配套法律、社会意识均不成熟,一旦设立,极易否定公司只负有限责任的基本原则,而扩大至让股东动不动就负无限责任,甚至会波及无辜的股东。在目前的条件下,解决了债权人的债权这一问题,但会引起许多更大、更根本的问题。

（3）股东相对于公司来讲是第三人。公司和股东之间有着错综复杂的法律关系,有的国家公司法设有专章对其加以规范。我国公司法对此并没有设专章或专条的规定,在此前提下,突出公司人格否认制度这一点,似乎会造成许多不协调的后果。另一种意见,即现在已被采纳的意见是,认为应当设立这项制度,其主要理由是现在有不少滥用公司人格来逃避债务,设立这项制度有利于保护债权人的利益。

目前,虽然新《公司法》已作了规定,但对此如何实施,各实践部门和大多数学者仍持慎重态度,不少学者提出以下见解:

(1)该项制度只能适用于法院审判,不能由多渠道进行否认公司人格。也就是说,只能由法院通过审判程序才能否认公司人格,其他任何司法机关和行政执法机关都无权否认。

(2)法院在执行程序中也不得适用这项制度。也就是说,即使在法院也不能普遍适用这项制度。

(3)鉴于司法队伍的现状,建议提高级别管辖,即由地级以上或中心城市的中级人民法院进行一审(类似于审理由证券虚假陈述引起的损害赔偿案件)。受理这类案件后应向高级人民法院或最高人民法院备案。

三、新《公司法》人格否认制度对单位犯罪的影响

(一) "民事否认"和"刑事否定"的比较

综上所述,我们可以看到,新《公司法》的人格否认和单位犯罪主体资格的否定有以下一些不同:

(1)否定的程度不同。新《公司法》的人格否认制度并不排斥公司的存在,公司本身仍然存在,只是债权人可以越过公司的法人资格,直接请求股东对公司债务承担连带责任。也就是说,并不对该公司的存在予以全面的否定,而是在承认该法人存在的同时,只就特定事由否定其法人人格的机能,将公司与其股东在法律上视为同一体。[①] 而单位犯罪主体资格的否定则是一种彻底的否定,在特定犯罪的刑事责任上,已经不可能由单位承担了,只能由个人(自然人)来承担所有刑事责任。更进一步考虑,由同一主体来承担刑事责任和民事责任(比如刑事附带民事赔偿),因此,当刑事责任由自然人承担时,该附带民事赔偿责任也由该自然人承担,而不可能由相关单位承担(即使该单位仍然存在)。

(2)选择性上的不同。单位犯罪主体资格的否定是一种非此即彼的选择,即要么是单位犯罪,可以实行单罚制或双罚制;要么是自然人犯罪。不可能既是自然人犯罪,同时又是单位犯罪。而公司人格否认则不同,既然是股东对公司承担连带责任,即公司和该股东都是债务主体,只不过选择权掌握在债权人手中而已。债权人也可以选择先向公司请求偿债。

(3)否认的发起者不同。公司人格否认的发起者是债权人;而单位犯罪主体资格

---

① 参见朱慈蕴:《公司人格否认法理研究》,法律出版社1998年版,第94页。

否定的发起者实际上是检察机关,它们在起诉时不按单位犯罪而只按个人犯罪起诉,而被告人及其辩护人以单位犯罪为理由为自己进行辩护,这样才能使问题明朗化。

(4)否认的依据和理由不同。单位犯罪主体资格的否定只能出于两种情况:一是"个人为进行违法犯罪活动而设立的公司、企业、事业单位实施犯罪的";二是"公司、企业、事业单位设立后,以实施犯罪为主要活动的,不以单位犯罪论处"。而公司人格否认是因为滥用公司人格,逃避债务,严重损害债权人利益

(二) 新《公司法》人格否认制度对单位犯罪的影响

(1)实体方面:①有些解释性规范需要修改。例如,上海市高级人民法院刑事审判庭和上海市人民检察院公诉处共同制定《刑事法律适用问题解答》(2004年4月)中有关单位犯罪主体问题的规定:"对于虽然经工商行政管理部门审批登记注册的公司,如果确有证据证实实际为一人出资、一人从事经营管理活动,主要利益归属特定个人的,以刑法上的个人论。"这一规定需要修改或删除,因为新《公司法》规定的一人有限责任公司就符合上述特征。但只要一人有限责任公司的股东能证明公司财产独立于股东个人财产的。其公司实施的犯罪符合《刑法》第30条规定条件的,就仍然是单位犯罪而不是个人犯罪。②除此之外,其他单位犯罪的实体否定要件没有改变。

(2)程序方面:①在单位犯罪案件的刑事诉讼过程中,如果涉案公司人格被否认,但由于公司仍然存在,这时就可能发生两种情况:一是该公司的单位犯罪主体资格也被否定(个人为犯罪而设立的公司或者公司以实施犯罪为主要活动)。这时该案就只能以个人犯罪论处,不能再以单位犯罪论处了。刑事附带民事赔偿诉讼的对象也从公司改变为个人。二是该公司的单位犯罪主体资格无法否定,这时,就仍按照单位犯罪论处。②如果债权人已向法院提起公司人格否认之诉讼,直接以股东为被告索还欠款,法院立案后,该公司因涉嫌单位犯罪而案发的,又该如何处理呢? 按照"先刑后民"的原则,该案可以按单位犯罪论处,这样,岂不便宜被告人了? 笔者认为,这时应先审查该按单位犯罪主体资格是否会被否定的问题,然后再根据审理结果再分别进行处理。③对可能涉及的其他犯罪的影响。新《公司法》第20条和第64条都没有彻底否认公司人格,也就是说,即使按第20条和第64条处理了,公司也还存在,因此公司财产的归属、公司以往运作中所签订的一系列合同的处理,还是有法可依、有章可循的,不会发生混乱。进一步说,涉及公司财产和经营的各种犯罪,例如诈骗、挪用、侵占等犯罪以及妨害对公司、企业的管理秩序罪等都不会发生什么大的变化。现在的做法是正确的,也吸取了以往的教训。最高人民法院《关于企业开办的其他企业被撤销或者歇业后民事责任承担问题的批复》(1994年第4号文)第1条第3项规定:"企业开办的其他企业虽然领取了企业法人营业执照,但实际没有投入自有资金,或投入的自由资金达不到《中华人民共和国企业法人登记管理条例实施细则》第十五条第(七)项或其他有关法规规定的数额,或者不具备企业法人其他条件的,应当认定其不具备法人资格,其民事责任由开办该企业的企业法人承担。"这种彻底否定法人资格的做法,在认定民事违法和刑事犯罪上都曾引起过不少混乱。新《公司法》的规定不同于该批复,笔者认为很妥当。

第六章　罪数理论

试论结果加重犯[*]

（一）结果加重犯的概念

结果加重犯又叫加重结果犯,是指法律上规定的一个犯罪行为,由于发生了严重结果而加重其法定刑的情况。例如,我国《刑法》第134条第1款的故意伤害罪,一般是处3年以下有期徒刑或拘役,但若伤害致他人死亡的,就要处7年以上有期徒刑或无期徒刑,根据全国人大常委会1983年9月2日通过的《关于严惩严重危害社会治安的犯罪分子的决定》(以下简称《决定》),对伤害致人重伤、死亡,情节恶劣的,最高还可判处死刑。它虽然由于危害结果发生变化而加重了法定刑,但犯罪的行为并没有增加,因此结果加重犯是一罪而不是数罪。

关于结果加重犯的概念,国内外刑法学者争论颇烈,有广义狭义两说。狭义说认为,所谓结果加重犯,就是指因基本的故意行为而发生了超过其故意的加重结果时,刑法规定了加重其法定刑的情况。广义说认为有多种类型的结果加重犯,还提出了"故意的结果加重犯"的概念,他们认为,因一个基本的犯罪行为,故意或过失地造成了加重结果时,只要刑法有加重其法定刑的特别规定,就都可以视做结果加重犯。按照广义说的理解,则非法拘禁致人死亡,就既可以出自故意,又可以出自过失。这样,在非法拘禁过程中又故意杀害被害人的,就可作为非法拘禁致人死亡判处。这种把两个独立的故意犯罪(非法拘禁罪和故意杀人罪)当做某一罪的结果加重犯(非法拘禁致人死亡)来处理的做法容易使犯罪构成发生混淆,故遭到大多数学者的反对。

在我国刑法中,结果加重犯的基本行为都是故意犯罪,但在外国刑法中,基本行为为过失犯罪的结果加重犯也是存在的。如《联邦德国刑法》中的失火致死罪(第399条)、过失决水致死罪(第314条)等均是。

笔者赞成狭义说,根据该说,结果加重犯的要件如下:

(1)行为人对基本犯罪有故意,但对加重结果无故意。如果行为人对加重结果也有故意,就应成立加重结果的故意犯罪,这时,不再成立结果加重犯。例如甲以伤害的故意,加害于乙,乙因伤而死,则甲应负伤害致人死亡的加重结果责任,应按我国《刑法》第134条第2款或《决定》的有关规定处理;但若甲从一开始即有杀乙的故意而击伤了乙,终致乙因伤而亡,那么,甲就应负故意杀人的罪责,应按《刑法》第132条

---

* 原载于《法学研究》1984年第4期。

的规定论处,不能再处以伤害致死罪。

（2）基本犯罪行为与加重结果之间有因果关系。行为人之所以要对超出基本犯罪故意的加重结果负刑事责任,是因其基本行为与加重结果之间存在因果关系。刑事责任不能脱离因果关系,否则就有走向主观归罪的危险。例如甲伤害乙,乙赴医院治疗途中,恰被车压死,乙的死亡与甲的伤害间就无因果关系,甲不负伤害致死的罪责,只负伤害的罪责。再如甲殴打乙致重伤,奄奄一息,又得不到及时有效的治疗,因而数日后死亡,此时甲的伤害行为和乙的死亡之间,就有了因果关系,甲就要负伤害致死罪责。

（3）行为人对加重结果的发生,可能预见。我国《刑法》第 16 条规定:"行为在客观上虽然造成了损害结果,但是不是出于故意或者过失,而是由于不能抗拒或者不能预见的原因所引起的,不是犯罪。"这一不能客观归罪的原则对结果加重犯当然适用。该原则在其他各国刑法中也有所体现,例如《挪威刑法》第 43 条规定:"可罚行为,非因故意而惹起的结果,法律规定加重其刑者,以行为人对结果可能预见,或者对结果能防止而不为防止者,始得适用加重其刑的规定。"此外,波兰、意大利、奥地利、日本等国的刑法或刑法草案,对结果加重犯,也都规定了以能预见或有过失为条件。总之,《刑法》分则条文所规定的结果加重犯,自应解释以能预见为限。至于能否预见,应根据当时的客观情况以及行为人的注意能力而断。例如菜场营业员某甲与中年顾客某乙素不相识,买菜时,因甲服务态度不好引起争吵,乙骂了几句,甲拔拳打伤乙,乙突然倒地昏迷,经抢救无效而亡。经检验,死者原患严重冠心病,由于与营业员争吵挨打引起冠状动脉痉挛性收缩,导致心肌梗塞而亡。本例中,乙之死与甲之伤害间有因果关系,但若根据当时的情况甲对乙之死不能预见时,那么,甲便只负伤害罪责,不负伤害致死罪责。

所谓能预见,就是根据犯罪时主客观的具体情况,行为人能够预见的结果,也就是刑法要求行为人应当预见的。我国《刑法》第 12 条规定:"应当预见自己的行为可能发生危害社会的结果,因为疏忽大意而没有预见,或者已经预见而轻信能够避免,以致发生这种结果的,是过失犯罪。"这里,前段是疏忽大意的过失,又称为无预见过失;后段是过于自信的过失,又称为有预见过失,但条文明确规定,两者都以"应当预见"（能预见）为前提。如果行为在客观上虽然造成了损害结果,但是由于不能预见的原因所引起的,那么就纯属意外事件,行为人就可不负刑事责任。总之,能预见和过失是既有联系又有区别的两个概念:过失罪须以能预见为前提,但能预见本身并不等于过失,在能预见的前提下,还须具备其他主观因素（如疏忽大意等）才能构成过失。为了反对客观归罪,防止将不能预见的意外事件也让行为人负责的偏向,我国和其他一些国家的刑法对一般的结果犯和结果加重犯都间接或直接规定了以能预见为限的原则。

就结果加重犯而言,在实际案件中,多是因故意犯某罪而过失地造成加重结果。但必须看到,这种过失与一般独立的过失罪是有区别的。独立的过失罪就是不依附于其他任何犯罪的过失罪,例如我国《刑法》第 135 条的过失重伤罪和第 133 条的过失杀人罪。凡是依附于其他犯罪的过失罪就不是独立的过失罪,如《刑法》134 条第 2 款的致人死亡,就以犯前款故意伤害罪为前提。也就是说在犯故意伤害罪的过程中过失致人死亡,它的成立必须依附于前款之罪,不能独立。正因为有独立与不独立的区别,故处刑大不相同:如过失杀人罪一般只处 5 年以下有期徒刑;而伤害致死的却要处 7 年以上有期徒刑或无期徒刑,《决定》颁布后,对伤害致人重伤、死亡,情节恶劣的,还可处死刑。尽管从死亡结果来讲,二者完全一样,但由于行为人的主观恶性、行为的性质、社会危害性大不相同,故二者的处罚就截然不同。刑法考虑到故意犯某种基本罪而过失地造成了某种加重后果具有较大的社会危害性,所以,特别规定了加重的刑罚,以达到特别预防和一般预防之效。因此,我们不能把结果加重犯的因过失而造成的加重结果与某个独立的过失罪等量齐观。

（二） 解析我国刑法中的结果加重犯

我国刑法中结果加重犯的情况比较复杂,从有关分则条文中可能构成结果加重犯的情况分析,大致有以下三类:

（1）条文中有"致人重伤、死亡"或"致人重伤""致人死亡"规定的,计有 7 个条款,但它们是否构成结果加重犯却要作具体分析,不能一概而论:

《刑法》第 113 条的交通肇事罪是一种过失犯罪,它以造成重大事故,致人重伤、死亡等结果为构成要件,所以它是结果犯而不是结果加重犯。

《刑法》第 106 条规定:"放火、决水、爆炸、投毒或者以其他危险方法致人重伤、死亡……"这一条也不是结果加重犯,因为这里的"致人重伤、死亡",既包括故意也包括过失,如行为人明知屋里有人睡觉,仍纵火,结果既危害了公共安全又致人死亡,这种情况,在我国审判实践中一般只作一个放火罪处理。显然,在这类案件中,行为人对"致人重伤、死亡"也持故意态度。

《刑法》第 134 条的故意伤害罪,伤害"致人死亡"的,明显不包括故意,是结果加重犯。但伤害"致人重伤"的,就是既包括故意,也包括过失,故不是结果加重犯。在审判实践中,故意重伤罪较多,而我国刑法未设故意重伤罪的专条,所以,对故意重伤而又造成重伤结果的案件,司法机关只能以"故意伤害致人重伤"的条款予以处罚。

《刑法》第 143 条的非法拘禁罪,其第 2 款中的"致人死亡",明显不包括故意杀人,是结果加重犯。但"致人重伤"的情况就较复杂,有人认为,这里的"致人重伤",既包括故意,也包括过失。拙见不敢苟同。这里的"致人重伤",不能包括故意重伤,否则就会轻纵罪犯。如王某非法拘禁李某多日,企图强逼成婚,李某宁死不从,王盛怒之下,挖去李的一只眼睛,本案若以非法拘禁致人重伤判处,最高只能处 10 年有期徒刑,但若以情节恶劣的故意伤害致人重伤和非法拘禁二罪并罚,最高就可处以死刑,两相比较显然以后者较为合理。所以,《刑法》第 143 条第 2 款的致人重伤只能由过失引起,不能包括故意,它也是结果加重犯。《刑法》第 137 条的聚众打砸抢罪,条文已明文规定"致人伤残、死亡"的,以"伤害罪、杀人罪论处",这里的"致人伤残、死亡"若只作过失说显然不当。故该条款不是结果加重犯。

《刑法》第 139 条的强奸罪,"强奸致人重伤、死亡",探求立法原意是指因强奸导致被害妇女或幼女性器官严重损伤、精神失常或其他重大伤害;造成严重伤害后经治疗无效死亡以及使被害妇女或幼女自杀等。如果强奸又杀人的,应按强奸罪和故意杀人罪合并处罚。[1] 这里是把致人重伤和致人死亡并提的,可见,强奸"致人死亡",显然不包括故意杀人;"致人重伤",也是指因强奸而过失地使被害人受重伤的情况,也是单纯一罪。总之,强奸致人重伤、死亡的,都是结果加重犯。

《刑法》第 150 条第 2 款的抢劫罪"致人重伤、死亡"又如何理解呢?这是争论最多的。探求立法原意,"犯抢劫罪'致人死亡'包括不包括为了抢劫财物当场使用暴力把人杀死或者用毒药把人毒死的情况?笔者认为应当包括这种情况。这是因为实践中杀人常常被用来作为抢劫财物的手段,为了抢劫财物而杀人……只需按照第 150 条第 2 款[2]的法定刑处理即可"。所以,犯抢劫罪"致人重伤、死亡"既包括故意又包括过失,它们不是典型的结果加重犯。

可见,我国刑法中的"致人重伤、死亡"的含义比较广泛,要因条款的不同而作出不同的理解,有的仅指过失;有的不仅指过失,也包括故意;有的"致人死亡"不包括故意,但"致人重伤"可包括故意。可见,我国刑法中的"致人重伤、死亡"不仅指结果加重犯,还包括结果犯、部分故意犯等。

在有"致人重伤(伤残)、死亡"字样的 7 个条款中,典型的结果加重犯(完全符合上述三个要件的)是:①伤害致人死亡的;②非法拘禁致人重伤、死亡的;③强奸致人重伤、死亡的。

有人反对说,对同一个法律条文用语"致人重伤、死亡"作如此分歧的多种涵义的解释是不妥的。笔者认为,这并不奇怪,我们不能死抠条文的体例,而应根据法律对某个具体犯罪构成要件的规定以及刑法理论的正确解释,才能决定某一个犯罪是否构成了结果加重犯。对同一法律用语作出不同解释的现象在外国刑事立法中也不乏先例。如日本现行刑法中的结果加重犯,一般都用"因而"这个关连词把基本犯罪和加重结果联接起来,但也有例外,如《日本刑法》第 110 条第 1 项规定,对建筑物以外之物放火"因而发生公共危险的,处一年以上十年以下惩役"。尽管这里也用了"因而",但本项之罪却不是结果加重犯。

(2)条文中有"造成严重后果"规定的,我国《刑法》中计有第 110 条、第 111 条、第 164 条、第 114 条和第 115 条。第 110 条以造成严重后果为构成要件,所以是结果犯不是结果加重犯。第 111 条和第 164 条后段"造成严重后果"的,都是同条前段的严重情节,它们既可由故意也可由过失引起,且实际案件中以故意居多,因此也不是结果加重犯。第 114 条和第 115 条都是结果犯不是结果加重犯。总之,这 5 个条文均不含典型的结果加重犯。

(3)条文中有"引起被害人死亡"或"引起被害人重伤、死亡"规定的,只有《刑法》

---

[1] 参见高铭暄:《中华人民共和国刑法的孕育和诞生》,法律出版社 1981 年版,第 187—188 页。
[2] 同上书,第 206 页。

第 179 条的暴力干涉婚姻自由罪和第 182 条的虐待罪。很明显,该两个条文的第 2 款都是结果加重犯,不包括故意重伤和故意杀人。

综上所述,我国刑法中的结果加重犯计有:暴力干涉婚姻自由引起被害人死亡罪;虐待引起被害人重伤、死亡罪;伤害致人死亡罪;非法拘禁致人重伤、死亡罪;强奸致人重伤、死亡罪。

(三) 结果加重犯和结合犯

有同志认为,有些结果加重犯就是结合犯。其实,这二者有本质的不同,不能混为一谈。所谓结合犯是指数个在法律上各自独立而罪名不同的故意犯罪行为,由另一个法律条款把它们结合起来成为一个单独的新罪,或称第三罪的情况。如我国《刑法》第 191 条第 2 款之罪就是同条第 1 款邮电工作人员私拆、隐匿、毁弃邮件、电报罪和贪污罪的结合。结果加重犯与结合犯有以下区别:①结合犯是数个独立犯罪行为的结合;结果加重犯只是一个独立罪行,基于一个基本犯罪行为而发生了加重结果,并不是数罪的结合。②结合犯是数个故意罪的结合;结果加重犯的基本罪是故意罪,而因该罪所致的加重结果,却超出了行为人的故意,即不是行为人明知并希望或放任的结果,而只是行为人可能预见的、具有过失的结果。③结合犯可以有预备、未遂、中止等犯罪阶段;结果加重犯以发生加重结果为构成要件,故没有这些阶段,都是既遂犯。即使基本的故意罪处在未遂阶段,但只要发生了加重结果.就仍按结果加重犯处理,否则就会轻纵罪犯。④结合犯的数罪之间没有因果关系,结果加重犯的基本犯罪行为与所致的加重结果之间有因果关系。

试论牵连犯*

关于牵连犯的概念和处断,刑法理论和实践历来有不同见解。少数国家的刑法典对它有明文规定。例如《日本刑法》第54条规定:"同一行为而触犯数个罪名,或作为犯罪手段或结果的行为,触犯其他罪名的,按照其最重刑判处。"这条所规定的前一种情况为想像竞合犯;后一种情况即为牵连犯。但大多数国家的刑法典对此都未作明文规定。我国刑法对牵连犯虽未作明文规定,但还是受到我国刑法理论和实践的承认。由于牵连犯的概念本身并不十分明确,所以在认识上容易与吸收犯、想象竞合犯及某些须并罚的数罪相混淆。因此,很有必要对牵连犯的概念及处断等问题进行探讨。

一、牵连犯的概念

什么是牵连犯?这是指犯一罪而其手段或结果的行为又触犯了其他罪名的情况。例如伪造公文证件后又进行诈骗的即是。牵连犯为理论上的数罪(实质上的数罪),处断上的一罪。

牵连犯的要件主要是:所犯之罪须与其手段(方法)或结果行为有牵连关系存在。如何理解"手段或结果"的关系呢?有人理解成是牵连犯的两个行为本身之间的关系(其中一个为手段行为,另一个为结果行为,例如在伪造公文证件而诈取财物中,伪造公文证件是手段行为,而诈欺取财是结果行为)。其实,这种理解是错误的,因为"手段"是相对于"目的"而言;"结果"是相对于"原因"而言的。所以牵连犯的两个行为本身之间没有"手段和结果"的关系,而只有牵连关系。

什么是牵连关系呢?主要有三种学说:

1. 主观说

牵连关系是用一个犯罪意思统一起来。例如为达杀人目的而盗窃枪支,为达盗窃目的而侵入住宅,为达诬告目的而伪造罪证等。此说又叫"犯意继续说"。有人批评道,主观犯意说范围太宽,且与连续犯、继续犯有混淆之嫌。所以,多数刑法学者不主张此说。

2. 客观说

该说又分成:

---

* 原载于《社会科学》1985年第8期。

（1）相互形成一部说，即方法行为和目的行为、原因行为和结果行为必须在法律上包含于一个犯罪行为的概念之中，才能构成牵连犯。此说为日本的大场茂马博士所极力主张。他举例说，就行使伪造文书欺骗他人以取得财物而言，其中行使伪造文书和骗取财物的行为都可包含在诈欺取财罪的观念之中而形成一个犯罪行为的事实，故为牵连犯。① 据此，如果盗窃刀剑后又去杀人的就不能是牵连犯，因为盗窃武器和杀人为两个独立的犯罪，且这两个行为又不能包含在刑法所规定的一个犯罪观念之中（日本刑法无单独的盗窃武器杀人罪）。因此，此说也遭到许多批评，认为它不仅把牵连犯的范围限制得太窄而且容易跟吸收犯相混淆。

（2）直接关系说，即认为犯罪的目的行为和方法行为、原因行为与结果行为之间具有直接密切关系的为牵连犯。这一说为我国目前许多刑法理论书刊所主张，也为旧中国许多刑法学者所赞成。但何谓"直接而密不可分"的关系呢？也众说纷纭，争论不休。

3. 折中说

即认为所谓"手段或结果"的关系，在客观上就是成为通常的手段或成为通常的结果的行为，同时在行为人主观上要有犯意的继续。不少学者认为折中说是妥当的。

笔者认为，牵连犯的目的行为，与成为其方法或结果的犯罪行为间在客观上必须有内在的、必然的联系（当然，主观上犯意的继续也是必不可少的）。对于那些形似具有手段和目的关系，但两个行为间实际上并无内在、必然、直接联系的，就不能构成牵连犯。例如，为受贿而作枉法裁判的、为灭口而强奸后又杀死被害人的这类案件的前行为和后行为从表面上看都是围绕一个目的而进行的；但实际上它们之间并无内在的、必然的联系。也就是说，受贿后也并非一定要作枉法裁判，杀人更不是强奸后所产生的必然结果；在实际生活中，相反的情况反而较多。所以，不能构成牵连犯。而伪造文件后又进行诈骗的，两罪之间就有内在、必然的联系。伪造文件后去行使的，行为人必然是去诈骗，两罪总是一起构成的。这里的前行为和后行为间具有内在的、必然的联系，且主观上又有犯意的继续，这就构成了牵连犯。并且，只有犯罪的手段或结果行为触犯其他不同罪名的，才能构成牵连犯；同样的罪名不能够成牵连犯。如伪造文书诈骗钱财的，其方法行为是伪造文书，其目的行为是诈骗财物，均可构成独立罪，为牵连犯。而先后两次起意侵入住宅的，虽然犯了两个侵入住宅罪，但因罪名相同，且两罪间并无方法或结果的牵连关系，故不可能构成牵连犯。此外，如果犯罪方法本身不构成独立的犯罪，譬如以谎言骗取财物的，那就不是牵连犯，而是单一罪——诈骗罪。这里，说谎实际上是使人陷于错误的诈骗内容。

二、牵连犯与吸收犯、想象竞合犯的区别

（一）牵连犯与想象竞合犯的区别

想象竞合犯与牵连犯泾渭分明，似乎不易混淆。其实不然，我国刑法理论书刊中

---

① 参见〔日〕大场茂马：《刑法总论》（下卷），第964—969页。

有将此两者相混淆的。现举两例:其一,被告人金某等跟随运输汽车往城里送菜;途中,多次从车上用黄芽菜扔过路妇女取乐。某日傍晚,车过小桥缓行时,他对站在桥头的两名女青年扔了一棵4斤多重的黄芽菜,正好打在其中的一名心脏病患者的左胸部。该女当即倒地,不省人事,抢救无效身亡。经医生鉴定,该女因受冲击引起心肌梗塞而死亡。某法律顾问分析说:"金某用黄芽菜扔妇女,是流氓行为。本案因流氓行为引起伤害致死后果,是属于牵连犯,应就其中一个重罪从重处罚。"其二,为偷越边境而盗窃捕鱼用的机帆船,刚偷到船就被人告发而被捕。有人认为这也是牵连犯——是盗窃既遂和偷越国境未遂二罪的牵连犯。

其实,上述两例均为想象竞合犯。因为犯人均只有一个行为——前例是扔菜取乐,后例是盗窃渔船;均为以一个行为触犯了两个罪名——前例触犯了流氓罪和伤害致人死亡罪,后例触犯了盗窃罪和偷越国境未遂(或预备)罪。

想象竞合犯和牵连犯有如下几点区别:①牵连犯是数行为触犯数罪名,想象竞合犯是一行为触犯数罪名,这是两者最主要的区别。②牵连犯所触的数罪名必不相同;想象竞合犯触犯的数罪名,既可相同又可相异。③牵连犯的数行为间具有方法与目的或原因与结果的牵连关系;而想象竞合犯为一行为,一般不可能存在数行为的牵连关系。

（二） 牵连犯与吸收犯的区别

吸收犯是数个独立的犯罪行为,根据一般观念和法条内容,此一罪行当然被吸收(包含)在彼一罪行之中而成为实质上的一罪。例如《刑法》第161条规定的脱逃罪,如果逃犯毁损戴在其手脚上的械具,破坏监狱的门窗而逃离监所。这种毁坏公物的行为看来似属方法行为,实际上应当然包含于脱逃罪中,既不能依《刑法》第156条的故意毁坏公私财物罪并罚,也不能作牵连犯处理。吸收犯有以下三个特征:①应有独立的数行为。也就是说各行为都符合刑法条文中某个犯罪的构成要件,否则便不能构成吸收犯。②数行为必须符合刑法中的不同罪名,这里包括了既遂和未遂、预备的区别。③数行为之间有特殊关系,即此一罪行当然包含在彼一罪行之中而成为其一部分。这样,就使得这些独立的数行为在任何时候都不可能独自成罪,从而使吸收犯成为实质上的一罪,成为单纯一罪。

吸收犯的吸收关系,不外乎两种情况:①就一般观念讲,认为此一行为可以为彼一行为所吸收。②某种犯罪行为之性质或结果当然含有其他犯罪成分的。从法理上讲,又有高度行为吸收低度行为的、重行为吸收轻行为的、实行行为吸收预备行为的、后行为吸收先行为的、先行为吸收后行为的、主行为吸收从行为的,更有共同实施行为吸收帮助、教唆行为的。

笔者认为应抓住高度行为吸收低度行为这个核心,再掌握:①重行为吸收轻行为。②主行为吸收从行为。③实行行为吸收预备行为等吸收方式就够了,不必把问题搞得过分复杂。

在对吸收犯的性质有了一个大致的了解后,我们就可明确它跟牵连犯的区别:

①吸收犯有数个独立犯罪行为,但根据一般观念和法条内容,此一犯罪行为当然吸收在彼一犯罪行为之中而成为实质上的一罪;牵连犯以数行为触犯了数罪名,为实质上的数罪。②吸收犯的数个独立的犯罪行为必然是不同的,其中也包括了故意犯罪阶段的不同。例如杀人预备和杀人既遂就是不同的犯罪行为,这两个行为可以构成吸收犯;牵连犯的数个独立的犯罪行为也必不相同,但同一犯罪的不同阶段不可能构成牵连犯。例如杀人预备和杀人既遂在任何时候都不可能构成牵连犯。两个以上的行为是否构成吸收犯,应就其行为实施的程度是否相关联,或一个犯罪行为的性质、结果是否当然包含其他犯罪行为而决定。牵连犯的两个罪名之间既无一方包含他方的关系,也无同一犯罪的高低程度的关系。③牵连犯为实质上的数罪,因从一重处断,又称为处断上的一罪;吸收犯为实质上的一罪,又称为单纯一罪、理论上的一罪等。

三、牵连犯的处断

(1)因牵连犯的数罪之间具有互相关联的牵连关系,所以按照传统的刑法理论,对牵连犯不实行数罪并罚,而是从一重处断。具体做法是:先比较各罪法定刑的轻重,找出一个最重的法定刑来,然后在这个幅度内选择决定刑罚,而不必先对各罪分别判刑。法定刑依下列标准定轻重:在主刑刑种中,依《刑法》第 28 条的次序,即管制、拘役、有期徒刑、无期徒刑和死刑,依次递重。同种之刑以最高之刑期较长者为重;最高度相同者,以最低度刑期较长者为重。我国《刑法》分则中有很多法定刑只有上限或只有下限的,但依《刑法》第 33、37、40 条的规定,可以定出其上下限。如分则法定刑为 7 年以上有期徒刑,即为 7 年以上、15 年以下之有期徒刑,自不包括无期徒刑、死刑在内。而 5 年以下有期徒刑,即为 6 个月以上、5 年以下有期徒刑,自不包括拘役、管制在内(按我国《刑法》第 88 条的规定,以上、以下都应包括本数)。比较轻重的标准只能是法定刑。至于各该罪名是否另有总则上减轻刑罚的原因,这属于刑的酌科问题,不能因此而使刑之比较轻重受到影响。

(2)比较牵连犯数罪轻重的标准固然是法定刑,但因为我国刑法往往对同一个犯罪依情节的轻重,设有数个法定刑,故在比较轻重时,就应特别注意。如为拐卖人口而伪造公文,证件,两罪情节都属一般的。《刑法》第 167 条伪造公文、证件罪情节一般的,处 3 年以下有期徒刑,第 141 条拐卖人口罪一般情节的,处 5 年以下有期徒刑,自以后者为重,应以拐卖人口罪处断。但如果拐卖人口而实施了更严重的伪造公文、证件的行为时,后者的法定刑是处 3 年以上 10 年以下有期徒刑,此时就应以手段行为、情节严重的伪造公文、证件罪处断,不能再处以拐卖人口罪。因此,在比较数行为的轻重时,应根据行为具体情况选择一个相应的法定刑,不能以几个法定刑中最重的作标准来比较。

(3)有人认为,牵连犯从一重处断,但轻罪也可作为一个从重情节考虑,因为牵连犯是实质上的数罪,轻罪也不能置之不论。因此,他们认为,牵连犯应从一重罪再从重处罚。笔者不赞同这种观点。因为这样做违背了从一重处断的原则。还有,牵连犯从一重处断,系裁判上的一罪。如其裁判确定后,未经执行或执行尚未完毕,处刑之重罪受到赦免,或因法律变更而不再处罚时,应免其刑之执行,用不着再就牵连犯中的轻罪重新处刑。

(4)牵连犯中各罪依《刑法》第 60 条或其他特别规定所应没收之物(违法所得、违禁品和供犯罪所用的本人财物)仍应分别予以没收,不因从一重处断而受影响。

(5)牵连犯的追诉时效,应依从一重处断之罪的法定刑计算,不能依构成牵连犯中各个犯罪之法定刑计算。例如,伪造文书而又诈骗取财,二者都属一般情节的。根据我国刑法的规定,伪造文书为轻罪,其追诉时效为 5 年;诈骗为重罪,其追诉时效为10 年。

法规竞合在我国刑事法律中的适用*

法规竞合,是指一个犯罪行为因法律的错杂规定以致同时违犯数个法律条文(或规定),但仅应适用其中一条而排斥其他条文的适用。也就是说,一个犯罪行为虽然从外观上看,好像与数条刑法法规相符合,但实际上,由于这些刑法法规构成要件的内容是相互重复的,所以只能从这些法规中适用一条而排除其他条文的适用。法规竞合又称为外形上的法条竞合,其罪本身是单纯一罪。例如《中华人民共和国惩治军人违反职责罪暂行条例》(以下简称《条例》)第4条第1款规定的军人泄露军事机密罪是《刑法》第186条规定的泄露国家机密罪内容的一部分。因为从内容看,军事机密是国家机密的一部分;从主体看,军人是公民的一部分。所以,当军人以一个行为触犯了两个法律条文时,就是法规竞合,依特别法优于普通法的原则,应适用特别法军人泄露军事机密罪,而排斥普通法泄露国家机密罪的适用。可见,法规竞合有以下三个特征:①是一个犯罪行为,而不是数行为;②这一个行为只具备一个犯罪构成要件,但这一个犯罪构成要件却被规定在数个法律条文中;③只能适用其中的一个条文,而排斥其他条文的适用。

法规竞合一般有两种:一种是发生在同一法律的内部的数个不同的条款之间;另一种是发生在异种刑事法律(或法令、规定)的数个不同的条款之间。我国自1980年1月《中华人民共和国刑法》(以下简称《刑法》)施行以来,全国人大常委会已经先后三次对刑法作了补充和修改。随着社会主义法制的不断巩固和完善,我国还会不断颁布其他有刑罚规定的法律、法令,对现有的有刑罚规定的法律、法令也会不断进行修改、补充。因此,研究法规竞合问题具有重要的现实意义。

关于法规竞合的适用原则,大致有以下四种情况:第一,特别关系。当两个以上的刑法法规互相之间具有特别法与普通法的关系时,特别法排斥普通法。因为特别法是针对特殊的或局部的人、地、事、期限等规定的。普通法只对上述问题作一般性的规定,自应依前者优于后者适用。第二,吸收关系。当一个刑法法规构成要件的内容超过其他刑法法规构成要件的内容时,前者就排斥了后者。即当全部法与部分法相竞合时,全部法排斥部分法。第三,补充关系。一个刑法法规只具有补充其他刑法法规的内容时,适用后者而排斥前者,即个别法与补充法相竞合时,适用个别法而排斥补充法。第四,择一关系。这不是指特别法与普通法相竞合时的择一关系,而另有其特定的含义:一个刑法法规的构成要件与其他刑法法规的构成要件从立法意义讲

---

* 原载于《上海司法》1984年第9期。

不应同时适用,只能适用其中的一个。即关于同一事实,同时触犯了几个法条时,只选择使用其中一个适当的法条。

按照我国刑事法律的规定,法规竞合似应适用两条原则:特别关系和吸收关系。补充关系和择一关系在我国刑事法律中目前似还很难找到实例。

(一) 特别关系

即特别法优于普通法。所谓普通法,是指一般场合下普遍适用的法规。所谓特别法,是指以普通法的规定为基础,附加特别规定,以适用特别场合的法规。当一行为既与普通法又与特别法规定的犯罪构成要件相符时,根据特别法优于普通法的原则,适用特别法。特别法与普通法在处刑上是不同的,大致有以下三种:

(1)考虑到某些犯罪特殊的性质和社会危害程度,特别法较普通法处刑为重。例如军人战时违反国家军事机密法规,泄露重要国家军事机密,情节严重的,既符合普通《刑法》第186条的泄露国家重要机密罪,又符合特别法《条例》第4条第2款之罪的构成要件,应适用特别法,而排斥普通法。这里,特别法的最高法定刑是10年有期徒刑,普通法的最高法定刑是7年有期徒刑。显然特别法的处刑较普通法为重。因为前者具有更大的社会危害性,性质更为严重。

(2)特别法处刑较普通法为轻。例如汽车驾驶员交通肇事致人死亡的,既符合普通法《刑法》第133条的过失杀人罪,又符合特别法《刑法》第113条交通肇事罪的构成要件,应适用后者而排斥前者。这里,过失杀人罪的最高法定刑是5年有期徒刑;一般交通肇事罪的最高法定刑是3年有期徒刑。显然,特别法的处刑较轻,这是考虑到汽车驾驶员工作的特殊性质的缘故。

(3)特别法与普通法处刑相同。例如军人平时泄露国家重要军事机密,情节严重的,既符合普通法《刑法》第186条之罪,又符合特别法《条例》第4条第1款之罪,应适用后者而排斥前者。但这里普通法和特别法都是处7年以下有期徒刑、拘役,二者最高法定刑相同。

认定此种关系,应特别注意犯罪构成要件。例如,有人认为,《刑法》第191条第1款规定的邮电工作人员私拆、隐匿、毁弃邮件、电报罪和《刑法》第149条规定的侵犯公民通信自由罪之间具有特别法与普通法的关系。笔者认为,这种观点值得商榷:犯罪人的一个行为不可能同时既符合第149条之罪,又符合第191条第1款之罪的构成要件。因为前者以"情节严重"为构成要件,而后者却无此规定。所以,后者不可能成为前者的特别法。

在相异法律与同一法律的不同条款之间都存在特别法与普通法的关系:

(1)相异法律之间普通法与特别法的关系。目前这种情况发生在《刑法》与《条例》之间的较多。例如《条例》第4条泄露或遗失重要军事机密罪与《刑法》第186条泄露重要国家机密罪之间;《条例》第5条擅离职守或玩忽职守罪与《刑法》第187条的玩忽职守罪之间;《条例》第7条偷越国(边)境外逃罪与《刑法》第176条偷越国(边)境罪之间;《条例》第10条阻碍执行职务罪与《刑法》第157条妨害公务罪之间都具有特别法与普通法的竞合关系。此外,有一条特别法与数条普通法相竞合的情况。例如《条例》第 8 条的武器装备肇事罪与《刑法》第 133 条的过失杀人罪、第 135 条的过失重伤罪,违反危险物品管理罪等三个罪之间具有特别法与普通法的竞合关系。这类条文还有《条例》第 11 条的盗窃武器装备或军用物资罪、《条例》第 12 条的破坏武器装备或军事设施罪,它们都分别与数个刑法条款发生特别法与普通法的竞合关系。

《条例》规定之罪所以称为特别法,这是因为:①其犯罪主体是特定的军职人员;②犯罪侵害的客体是国家的军事利益。二者缺一不可。如果犯罪主体是军职人员,但行为侵害的客体却不是国家的军事利益,那就不能适用《条例》,不发生特别法与普通法的竞合问题。例如军人到驻地附近盗窃老乡数额较大财物的,就只能适用《刑法》第 151 条,不发生法条竞合问题;同理,如果犯罪分子不是军职人员,但其行为侵害了国家的军事利益,也不能按《条例》处理,不发生法条竞合问题。例如军人在地方上工作的儿子,潜入营房盗窃枪支弹药的,就只能构成《刑法》第 112 条的盗窃枪支弹药罪。只有当军职人员的行为侵害了国家军事利益,既符合《条例》中的某罪,又符合刑法中某罪的构成要件时,才发生特别法与普通法的竞合关系。

(2)同一法律内部不同条文之间普通法与特别法的关系。如前述汽车驾驶员交通肇事致人死亡,就是同一法律内部特别法交通肇事与普通法过失杀人罪相竞合的实例。

(二) 吸收关系

(1)法规竞合中的吸收关系一般可分成以下两种情况:①全部法吸收部分法。当一个犯罪行为既与甲罪又与乙罪的构成要件相符,而乙罪已成为甲罪构成要件的一部分或其当然的结果时,乙罪之法条即为甲罪之法条所吸收,不再成立其他罪。例如放火烧毁工厂机器设备以泄私愤而妨碍生产的,只适用我国《刑法》第 106 条的放火罪,不再适用第 125 条的破坏集体生产罪。②实害法吸收危险法。所谓实害法是指规定发生法定的实际危害结果为构成某种犯罪必备要件的法条;所谓危险法指不要求某种实际危害结果发生,而规定只要有发生某种实际危害结果的危险即构成犯罪的法条。例如某甲拔去铁轨上的道钉若干枚,造成铁轨松动,起先数列火车从上面驶过时,并未造成严重后果,后来终于有一列火车因此而翻车,造成严重后果。某甲的一个行为先触犯危险法《刑法》第 108 条的破坏交通设备罪,后又触犯实害法《刑法》第 110 条之罪。自应适用实害法《刑法》第 110 条,而排斥危险法《刑法》第 108 条的适用。这里,实际上,危险法是被实害法吸收了。

(2)应将法规竞合中的吸收关系与吸收犯区别开来。所谓吸收犯是数个独立的犯罪行为,根据一般观念和法条内容,此一罪行当然吸收(包含)在彼一罪中而成为实质上的一罪。它与法规竞合中的吸收关系的区别是:①吸收犯以数个独立行为与数个法律条文相符;法规竞合中的吸收关系实质一个行为与数个法律条文相符。②吸收犯之所以成为一罪,是因此行为吸收彼行为的关系;法规竞合中的吸收关系之所以构成一罪,是因一个行为本来只具备一个犯罪构成要件而同时与几个法条相符,并以此法条排斥彼法条适用的关系。在审判实践中,二者也还是可以区分的。例如某甲将某乙捆入麻袋,运至河边,扔入河中淹死。这里就有两个独立的行为:非法拘禁行为和杀人行为,所以是吸收犯。而放火烧毁机器设备以泄私愤的,从行为讲,只有一个,只具备一个犯罪构成,但这一个行为却与两个法条相符:《刑法》第106条的放火罪,第125条的破坏集体生产罪。因放火烧机器只是各种放火行为中的一种,有部分和整体的关系,故前罪法条的适用就排斥了后罪法条的适用。只应适用全部法放火罪。这就是法规竞合中的吸收关系。

但有时两者很难区分:例如先购买斧头后杀人既遂的究竟是吸收犯还是法规竞合中的吸收关系?对此,国内外许多著名刑法学者的见解不一。这里,关键问题在于,如何认识一个行为。有人认为,预备(购斧)和既遂(把人杀死)是一个行为的两个不同阶段,故只能构成一个行为,应为法规竞合中的吸收关系;也有人认为,预备(购斧)应作为一个独立的行为,既遂(把人杀死)也是一个独立的行为,因有两个独立行为,故应为吸收犯。实际上这种争论并无多大意义,因二者都是单纯一罪,且在处罚上都是以重吸轻,故对定罪量刑不发生影响。但在理论上加以区分还是有必要的,许多刑法论著都以此举例,或者作为吸收犯,或者作为法规竞合中的吸收关系的例证,使读者大感不解。笔者在行为问题上持主客观统一说,认为应具体情况具体分析:如果行为人的预备行为和既遂行为在犯意、时间、地点、动作、行为的发展阶段等因素上确能明确划分的,那么,就构成了数个行为,应为吸收犯。如某甲恨其妻与某丙通奸,遂起杀意,买了一把斧头磨快后藏在家中。但甲还想进一步看看,如果某乙能悔悟改过,便不再杀人。还劝告了乙。可是乙非但不听劝告,过了些日子,反将丙公然带入家中行奸。甲气愤至极,遂当场用斧杀死乙、丙。本案中预备和既遂这两个阶段就可构成独立的行为,应视为吸收犯。但若上例中甲买斧磨快后,立即杀死乙、丙。这里预备和既遂就无所谓是独立的行为,可视为一个行为,是法规竞合中的吸收关系。

总之,吸收犯系解决行为的个数问题,是数个独立行为之间的吸收;法规竞合系解决法律条文的适用问题,从数个相竞合的法条中择一适用。这是二者在性质上的区别。但它们也有共同点,二者都无须法律明白规定,只要根据一般观念和法条内容便可知道应当适用哪一个法条的罪名,不应当适用哪一个法条的罪名,最终只能定一个罪名,例如构成杀人既遂,就不再构成杀人预备。从这一点观察,二者还是一致的。

第七章 职务犯罪

赵某没有共同故意,不能构成贪污罪[*]

原审法院认定赵伟通参与朱鹤云利用职务之便,共同侵吞集体财产的犯罪,是贪污罪的共犯。其具体理由是,赵伟通明知朱鹤云想捞取多余的河蚌,仍为其帮忙出力,二人串通私自修改合同,增加赵方的分配数额,共同侵吞集体财产。其实,这个结论和理由都不能成立。因为赵主观上不存在贪污的故意,更不具备与朱一起实施贪污罪的共同故意。

我国《刑法》第 22 条第 1 款规定:"共同犯罪是指二人以上共同故意犯罪。"这里强调了二人以上,既要在主观上有共同犯罪的故意,又要在客观上有共同犯罪的行为。首先,所谓共同的犯罪故意,是指各犯罪人之间的犯意互相沟通、交流,即每个人都知道,自己不是孤立地实施某种犯罪而是同别人一起相互配合,共同实施犯罪;同时,他们对这种犯罪结果的发生都抱有希望或放任态度(对贪污等财产犯罪来讲,因以非法占有为目的,故只能抱希望态度)。这种共同故意,把每个共同犯罪人的个人意志联结成他们共同的犯罪意志,从而使他们的行为互相配合,成为目标一致的共同犯罪活动。其次,共犯的共同故意应从共犯者主观上具备各自的犯罪故意为前提,即行为人明知自己的行为会发生危害社会的结果,仍然希望或者放任这种结果的发生。这里,明知自己的行为会发生社会危害的结果是成立犯罪故意的前提。

结合本案的实际情况来看,第一,赵伟通主观上不具备犯罪的故意,他并不明知自己的行为会产生危害社会的结果,也不希望这种结果发生。赵认为多得的 1 400 多只蚌,是自己应得的奖金,是合理的收入。1982 年 12 月,赵在与草庵村二分队签订《河蚌育珠承包合同》时,规定三七分成。这样,赵分得的报酬比例就较低,因此,该队队长、法定代表人朱某当即表示在河蚌育珠成功后,可给予一定的奖励。经过赵等人的两年多的辛勤劳动,丰收在望,这时,队长朱向赵提出给予奖励,在赵看来,这当然是受之无愧的。即使朱在提出这一建议时怀有个人不良动机,也无损于上述基本事实,为了确保取得奖金的合法性,赵还询问朱有否通过生产队群众同意。朱表示此事由自己处理,赵还提出将修改的合同公证,朱也同意了并正式到县公证处办理了公证。1985 年 8 月,蚌珠分配时,嘉定县公证处派员参加,大队干部、生产队全体社员均在场,按照修改的合同分蚌,给予赵奖励,无一人提出异议。足见该合同属于双方当

---

* 原载于《法学》1986 年第 10 期。

事人没有争议的,已经履行完毕的合同。赵多得 1 400 只鲜蚌完全合情合理合法,得到生产队全体社员认可,它们是合法的个人收入,不是集体财产。上述事实表明,赵的这些行为根本不存在社会危害性,更谈不上他对自己行为社会危害性的明知,因此,对赵个人而言,主观上不存在具备犯罪故意的前提。

第二,共同故意的存在必须以共犯者犯意之间的沟通为条件,本案也不具备这一条件。在公证归来途中,朱向赵索要 1 000 只蚌,赵同意了,但这同帮助朱贪污集体财产根本是两回事。赵认为生产队依据修改过的合同多给自己 1 400 只蚌是自己应得的奖金,从中分出 1 000 只给朱,是考虑到朱也出过较大的力,这种行为根本不是出自贪污的故意,而朱某向赵索要 1 000 只蚌,明显具有利用职权索取贿赂的性质(赵迫于形势,在朱索要下,不得不给,这不能算行贿)。可见,朱主观上具有贿索故意,赵主观上不具备犯罪故意,二人之间根本谈不上什么犯意的沟通,更不具备共同侵占集体财产的贪污故意。因为贪污罪以侵吞、窃取、诈骗公共财产为前提。赵某处分自己劳动所得的奖金,怎能算是贪污?总之,赵某虽然从自己应得的奖金中抽出了一部分给了朱,满足了朱的非分要求,但由于他主观上不具备贪污故意和其他犯罪故意,故不能构成贪污罪或其他犯罪。

刘亨年不构成贪污罪[*]

刘亨年案件是经济承包以后出现的新问题。该案从 1984 年 5 月 7 日滦县人民法院作出一审判决至 1986 年 4 月 25 日河北省高级人民法院作出终审判决,其间历时两年。一波三折,令人深思。由于终审判决并未认定刘犯有偷税罪,而只认定刘犯贪污罪,所以,本文只就刘是否犯有贪污罪发表一些见解。

要从分析财产的所有权性质入手,判断承包人刘亨年所占有的财物是否属于公共财物。

刘亨年所组建的建筑队申请领取的营业执照是集体性质的,因此,该建筑队自然是集体所有制性质,其财产自然也是公共财产。这样,刘亨年等人私分、侵吞公共财物,当然应构成贪污罪。一些同志就是按照这样的思路来考虑问题,得出刘犯有贪污罪的结论。

实际上,在搞活经济以后,出现了大量形似集体企业、实为个体经营和私营的企业。也就是说以集体名义申领执照,而筹集资金、设备、原材料、组织生产等均由个人承担。这种企业实质上是个体企业或合伙企业。行为人即使以典型的贪污手段分掉资金财产,因不属于侵吞公共财产,也就不构成贪污罪。刘亨年案件与上述情况极为相似,但也有不同的一面:相似的一面是以集体的名义申请执照,实质上却是个人承包经营;不同的一面是刘搞的这个建筑队用不着集资购买生产工具和设备,只要招募一些管理人员(如会计)、技术人员和工人就能外出揽活、提供劳务了,因此,从性质上讲,刘所组建的建筑队不是个体企业,也不是私营企业,而是带有个人承包性质的集体经济组织。这从以下事实就可以看出:经村党支部扩大会议讨论商定,由刘组建一个建筑队去天津承揽工程,并一致决定将建筑队承包给刘个人,并以工程总收入的 5% 向大队提交管理费,出工社员每人每天向生产队交 2 元钱,全月按 25 天计算。大队不过问建筑队的具体工作,也不参加管理。建筑队开办时,一无资金、二无设备,没有占用生产队和大队的任何财产。业务的联系、工人的招募、技术员的聘请、会计的任命、财务的动用、开支的审批、施工队给甲方造成的经济损失和法律责任,均由队长刘亨年自行决定和处理。也就是说,收益、亏损、法律责任全由承包者个人承担,而大队和生产队只是按照契约不担任何风险地收取"管理费"(实为"挂名费")。这实际上是一种"实行完全独立核算"的大承包,承包者有完全自主的经营权,同时也独立地承担风险和责任。

---

* 原载于《法学》1987 年第 7 期。

根据最高人民法院、最高人民检察院《关于当前办理经济犯罪案件中具体应用法律的若干问题的解答(试行)》第一部分第(五)项规定,"当前,凡生产资料、资金全部或者基本上为集体经济组织所有,交由个人或若干人负责经营的,应视为集体经济组织的经营层次,其主管人员或者管理财物的人员,利用经营之便以侵吞、盗窃或骗取等手段,将属于集体经济组织的生产资料、资金或应上交集体经济组织的利润非法占为私有的,以贪污罪论处",刘亨年等人从主体和侵犯对象这两方面,都不符合上述观定的要求。

　　(1)从主体上看。这种由个人承包的集体经济组织的生产资料或资金必须全部或基本上为集体所有。而刘承包的建筑队一无集体所有的生产资料,二无集体所有的资金,从未占有任何集体财物。因此,刘就不是这种承包型贪污的主体。

　　(2)从侵犯对象看。承包型贪污的对象必须是"属于集体经济组织的生产资料、资金或应上交集体经济组织的利润"。而刘等人根据工程收入,按时向县、公社、大队、生产队提交不同的管理费和各种税金。以纯收入的75%作为工人工资进行分配,分配的方法是:群众评议,按级提取,并公布于众,差额部分不平衡,不吃大祸饭,实行一年结算一次,没有结余,按劳分配,工人平均年收入在千元以上。其余的25%的纯收入作为队领导和管理人员的工资、补助和管理费。由于刘亨年承包的建筑队靠的是劳务输出,没有生产设备和公共积累,更不存在扩大再生产的问题,每年分光用光,所以,不存在侵吞集体所有的生产资料和资金的问题。总之,刘等人没有截留各种应上交的税利,也没有侵吞集体所有的生产资料和资金,更谈不上侵吞工人所有的劳务收入,因此,就谈不上侵犯公共财产,也就不构成贪污罪。

　　即使刘等7人的工资、补助和管理费占25%,工人工资收入占75%的比例不合理,那也只是民事问题,可以通过协商和诉请法院解决,不应将其作为刑事犯罪处理。

　　实际上,刘等人所谓"私分、作假、涂改账目、巧立名目"侵吞的款项都是属于25%当中的。而这25%大部分是属于他们几个人的私有财产,这怎能构成贪污罪的侵犯对象呢?刘等人采用"贪污"手段"侵吞"属于自己所有的财产,是对自己的权益不明,从而理不直气不壮的结果,这不能成为构成贪污罪的理由。

　　应当看到,刘实行的是"完全独立核算"的大承包,其前提是没有占用集体的任何资金和财产,只是支付了"挂名费",领取了一张集体性质的营业执照。作为承包人的刘某与作为发包人的大队,由原来的行政隶属关系,变成各自独立的民事主体以承包协议为内容的民事法律关系。它的权利、义务由双方具体商定,平常的行政权力和垂直调整失去了作用。承包人对资金、实物的支配使用及处置权限,已非通常状态下的财经管理制度所能约束。我们应该看到新形势下经济现象的复杂性,严格区分罪与非罪的界限,保护改革开放、搞活的积极势头。

职务侵占罪若干问题研究[*]

我国修订《中华人民共和国刑法》（以下简称《刑法》）第 271 条规定有职务侵占罪。该罪对惩治财产犯罪和职务犯罪有重要意义，但修订《刑法》实施以来，该罪应用并不多，除了客观上的原因以外，还有一些主观认识上的原因。现对该罪构成要件方面择其要者分述如下：

一、关于职务侵占罪的行为

有人认为，《刑法》第 271 条应称做"公司、企业或者其他单位人员贪污罪"，而不是职务侵占罪。"刑法第 271 条第 1 款规定的非法占为己有的行为，也应是利用职务上的便利，侵吞、窃取、骗取或者用其他方法非法占有单位财物的行为。刑法第 271 条的行为，实际上就是公司、企业或者其他单位人员的贪污行为，而不只是侵占行为。"①

另一些人则认为，《刑法》第 271 条的"利用职务上的便利，将本单位财物非法占为己有"，是本罪的客观行为，它包括侵吞、窃取、骗取或其他方法等多种形式。其中侵吞就是侵占之义。因此，本罪被称作"职务侵占罪"，它包含了"公司、企业或者其他单位人员贪污行为"，也包含了其他职务侵占行为。这里的"其他职务侵占行为"，含有业务上侵占行为之义。

二、关于业务上侵占行为

所谓"业务"，是指人们按照自己社会生活上的地位而持续从事的工作。是否根据法令、契约、习惯，是否出于公务，是否自己经营，是否把保管物品本身作为工作的目的，这些都不是重要的。并且，这种行为的本身，只要本来不是违法的，即使在应当具备法定条件的场合而未具备该条件，仍然可称为业务。例如，公司营业执照还没有正式颁发就进行经营活动，这仍可算业务活动；即使失去了职务，在没有解除保管责任期间，就仍称为业务上的占有者。例如，仓库保管员即使已经被解除职务，但在新的保管员没有上任以前，他仍负有保管责任。日本最高法院判例认为，所谓业务是指

  ＊ 原载于《政治与法律》2001 年第 3 期。
  ① 张明楷：《刑法学（下）》，法律出版社 1997 年版，第 787 页。

"不论是精神方面还是经济方面的,凡是职业或继续从事的事务及事业的总称"。

三、本罪的侵犯对象

根据《刑法》第 271 条的规定,本罪的侵犯对象是"本单位的财物"。本单位的财物应当包括两部分:一部分是指已在本单位支配控制范围内的财物,例如本单位的资金、动产和不动产等属于本单位可以现实支配的财物;而应收款等虽然没有进入本单位账户,本单位一时不能支配,但尚属可以控制的范围。侵占应收款也可构成职务侵占罪。另一部分是指目前虽然不在本单位现实支配控制范围内,但从法律和道义上讲仍应是本单位的财物。这也属于本单位财物。请看以下案例。

李甲系某中外合作企业总经理,李乙是李甲之弟,任该中外合作企业采购部经理兼采购员。王某、乐某、孙某均为该中外合作企业销售员。1997 年 1 月,李甲经与李乙商议在上海松江登记设立了由孙某和乐某(系李甲李乙近亲)为投资人的 W 公司(私营企业),乐某任法定代表人。W 公司成立后,李乙在中外合作企业担任采购员的同时,又出任 W 公司的采购员,并以 W 公司的身份将合作企业所需的钢材购至 W 公司加价后再卖给中外合作企业。根据审计报告,从 1997 年 2 月至 1997 年 8 月,W 公司共卖给中外合作企业钢材 565.5 吨,价值 256 万元,获得进销差价利润 37.1 万元。1997 年 1 月,李甲在松江又登记设立了王某(系李甲近亲)和孙某为投资人的 S 公司(私营企业),王某为公司法定代表人。S 公司成立后,王某、乐某、孙某利用其担任销售人员直接代表中外合作企业与客户联系的便利,要求客户把向合作企业购买产品的货款付至 S 公司,由于客户响应寥寥,1997 年 5 月,李甲以中外合作企业的名义发出一通知告知客户,声称 S 公司是中外合作企业的销售公司,要求将货款付至 S 公司,S 公司收款后,再以 6.25 折与中外合作企业结算。根据审计报告,1997 年 2 月至9 月,S 公司收取中外合作企业销售产品的货款共计 1 668 473 元,而 S 公司以1 319 313元的价格与中外合作企业结算,总共获得差额利润 349 160 元。以上李甲、李乙等人的行为均是背着中外合作企业的董事长和法定代表人进行的。以上两笔差额利润共计 72 万元,本应归中外合作企业所有,但现在却没有了,连应收款也算不上。实际上这 72 万元被李甲等人利用职务之便侵吞了,虽然中外合作公司从未支配和控制过这 72 万元,但仍应算作"本单位的财物"。

四、"非法占为己有"

"非法占为己有",即意味着对财物事实上的支配,这与盗窃、诈骗是相似的。但职务侵占罪的占有比盗窃罪中的内容更广泛,因为它不仅有事实上的支配还包括法律上的支配。盗窃罪的占有,是作为侵害对象来考虑的成分比较多。而职务侵占罪的占有,在同被害人的关系方面,当然是以信赖关系为基础的;在同行为人自身的关系方面,具有领得的诱惑、滥用机会的意义。也就是说,职务侵占罪的占有不仅是指事实上的排他力而以有滥用可能性的某种支配力为重点。因此,上述案例中,以该72万元是W公司和S公司的,李甲、李乙等人还没有进一步私分把钱放进自己口袋为理由而否认"非法占为己有"的观点是不妥当的。因为李甲、李乙利用职务之便,将本应属于中外合作企业的72万元截取,进入自己私立的S公司和W公司(私营企业),虽然还来不及细分,但中外合作企业对该72万元完全失去了支配和控制,而李甲、李乙等人可以随意支配。这完全符合"非法占为己有"的要件。某些著作将"职务侵占罪"的"非法占为己有"解释得比诈骗罪、盗窃罪更严的观点是不妥的。

第八章　其他重点犯罪

试论伪造、变造公文、证件、印章罪的侵犯客体*

在当前出现的诈骗、贩卖运输毒品、走私、投机倒把、偷越国境、重婚等违法犯罪活动中,行为人往往采用伪造、变造文书、证件、印章的手段。同时,近来在经济交往活动和民事法律关系中,伪造、变造公文、证件、印章的行为也时有出现,这不能不引起我们的重视。

我国《刑法》第 167 条将伪造、变造或者盗窃、抢夺、毁灭国家机关、企业、事业单位、人民团体的公文、证件、印章的行为规定为犯罪。与许多国家的刑法规定不同,我国刑法未将伪造、变造私人文书、印章、证件的行为规定为犯罪。随着我国"对外开放、对内搞经济"政策的施行,在伪造、变造公文、证件、印章罪的侵犯客体方面产生了一些值得研究的问题。

我国刑法规定,伪造、变造公文、证件、印章行为所侵犯的客体是国家机关、企业、事业单位、人民团体公文、证件、印章的信用和上述单位对公文、证件、印章的管理权。伪造、变造公文、证件、印章的行为,不仅直接妨害国家机关、企事业单位、人民团体的正常管理活动,影响他们行使职权,而且会损害各种法律关系的真实性和稳定性,使各种已经确定的权利和义务关系重新发生变更和纠葛,妨害和扰乱社会管理秩序。因此,它是妨害社会管理秩序罪的一种。

1. 刑法设立伪造公文、证件、印章罪所保护的究竟是公文、证件、印章形式上的真实(形式主义),还是内容上的真实(实质主义)呢?

这在我国刑法教材和论著中似乎还未提及,但司法实践中已经较多地遇到这类问题。例如某海洋石油公司人事科长张某,在 1980 年到 1982 年期间,利用上级批准该公司可以招本公司水上作业人员子女之机,为了讨好上级、拉好关系网,便违反劳动局的有关规定,自己带头并授意他人在填呈报表时弄虚作假:或将本公司陆地职工改为水上作业人员身份;或编造虚假姓名;或变造招进人员简历;或编造种种困难的假情况,口头向主管经理汇报后,便盖章向劳动局报批,致使几十名不符合规定条件的青年进了公司,有的从农村户口转为城市户口,有的从城镇进了大城市,对张某应否定为伪造公文、证件罪呢? 有两种意见:一种意见认为,张某有权制造公文,他所制造的公文手续完备,是真的,只是内容虚假,是一种弄虚作假的违法乱纪行为,还不能

---

* 原载于《法学研究》1985 年第 5 期。

构成伪造公文、证件罪。另一种意见则认为,这些公文形式上是真的,但内容却是虚假的,其行为妨害了社会管理秩序,侵犯了国家机关、企事业单位公文、证件的信用,应构成伪造公文、证件罪。两种意见针锋相对。其实,这在刑法界早有争论,各国立法例也不尽相同。日本刑法、旧中国1935年刑法均仿效德国刑法,以采用形式主义的立场为基础来认定伪造文书、证件、印章罪。也就是说,只要文书、证件、印章形式上是真实的就不构成本罪,至于内容是真是假可以不问。例如,某分公司财务科科长经分公司负责人同意,制作谎报经费的报告,盖上分公司印章,向总公司虚报冒领经费,给分公司职工滥发奖金。因这份报告由有权制作者制成,经过合法手续,形式上是真实的,所以,即使内容纯属弄虚作假,也不构成伪造文书、证件、印章罪。同时,上述刑法又以实质主义的立场作为补充,规定了公务员制作虚假文书罪(《日本刑法》第156条),或公务员载登不实罪(旧中国1935年《刑法》第213条),即公务员在职权范围内,利用合法手续制作虚假公文等,也应构成犯罪,但所构成的是公务员制作虚假文书罪而不是伪造公文、证书罪。

但法国刑法与上述规定不同,其所谓伪造,是指变更了文书的真实性。它包括了两种含义:一是指"有形伪造",即没有制作某种文书职权的人,冒用他人(或者单位)名义,不法制作该种文书,或对于他人(或单位)的真正文书作不法的变更增减。这种伪造行为,或改变了文书的本质,或改动了真实文书的字句意义,因此称为"有形伪造"。二是"无形伪造",是指有权制作文书者,以自己的名义(或本单位或委托人的名义)所制作的文书,但其所载内容的全部或部分却不真实的。因这种文书形式上是真实的、合法的,只在事实内容上是虚伪的,所以叫"无形伪造"。

我国《刑法》第167条明文规定,伪造所侵犯的对象是国家机关、企事业单位、人民团体的公文、证件、印章,因此,有权制作者经过合法手续制作的公文、证件,即使内容是虚伪的,仍不失为该国家机关、企事业单位、人民团体的公文证件,这是一般的常识。在这种情况下,上述单位对公文、证件、印章的管理权没有受到侵犯。当然,内容虚假的公文、证件会败坏发文发证单位的信誉和信用,但这和作为本罪侵犯客体的信用和信誉的性质有所不同。这正如生产某种品牌商标产品的厂家,以次充好,降低了产品质量,使名牌产品的信誉和信用受到损失,但这毕竟与冒用名牌商标,破坏该产品信誉,构成假冒商标罪是两回事一样。因此,在我国,构成伪造公文、证件、印章罪的,只能是"有形变造"的情况。

从上述前提出发,在我国,构成伪造文书、证件、印章罪的行为大致有以下四种情况:①无权制作者(包括非国家工作人员和国家工作人员)冒用国家机关、企事业单位、人民团体的名义,制作公文、证件、印章的;②没有代理权、代表权的人,冒充国家机关、企事业单位、人民团体的代理人、代表人,以自己的名义制作公文、证件、印章的;③具有代理权、代表权的人,超越自己权限范围而冒用代理、代表资格制作公文、证件、印章的;④无权制作者,冒用国家机关、企事业单位、人民团体的名义制作公文、证件,即使其内容符合事实,也是伪造公文、证件行为。例如,债权单位的代表人冒用债务单位的名义,伪刻债务单位的印章,制作虚伪的借款文件,即使两单位间确有借款之事,数额也相符,债权单位代表人的所作所为仍属伪造公文、证件、印章行为。

以下情况,不属于伪造公文证件的行为:(1)有权制作者,在其权限范围内以国家机关、企事业单位、人民团体的名义制作内容虚假的公文、证件的;(2)代理人、代表人在其授权范围内,滥用权力,制作内容虚伪的公文、证件的,这种行为没有冒用名义,也没有损害公文、证件、印章的管理权,所以不构成伪造公文证件印章罪。但这种行为损害了授权单位的利益,可视情节和后果,考虑构成渎职罪或者其他犯罪。

所谓变造公文、证件、印章,是指无权改动公文、证件、印章内容者利用涂改、拼接等方法,对真实的公文、证件、印章进行改制,变更其内容,使之适合自己需要的行为。例如擅自涂改姓名,改换照片,把他人的证件改变为自己的证件,或者在真实的公文、证件中减削、涂改对自己不利的字句,增补对自己有利的字句,等等。

对构成伪造、变造公文、证件、印章罪来讲,并不要求所伪造的与真实的公文、证件、印章完全一致,只要求在一般人看来,相信这些公文、证件、印章是有制作权者在自己权限范围内所制成的就够了。只要具有一定式样和外观,使他人信以为真即可。因为形式繁多的公文、证件、印章不可能为每个普通公民所了解,我国刑法设立本罪的目的,在于保护国家机关、企事业单位、人民团体所制作的公文、证件、印章的信用及上述单位对公文、证件、印章的管理权。因此,只要所伪造的公文、证件、印章足以使人信以为真,就能起到妨害、破坏真正的公文、证件、印章的信用和管理权的作用,即可以伪造、变造公文、印章罪论处。当然,实践中并不是所有伪造、变造公文、证件、印章的行为都能构成犯罪。我国《治安管理处罚条例》第14条第(二)项就规定,"涂改、转让、出借、出卖户口证件"是一种违反户口管理的行为,处5日以下拘留,10元以下罚款或者警告。这里的涂改户口证件就是一种变造公文、证件的行为。可见,情节显著轻微的伪造、变造行为不构成犯罪。同时,我们还应当明确,本罪并不以"情节严重"为成立要件,情节一般的伪造、变造等妨害公文、证件、印章的行为即应构成犯罪。情节严重的伪造、变造等行为按刑法第167条后段加重的法定刑处罚。

2. 虚构机关、企事业单位、人民团体名称而伪造公文、证件、印章的,能否构成本罪呢?

这是个有争议的问题,解决该问题也与如何认识本罪的侵犯客体有关。有人持否定态度,认为这种情况不构成犯罪,例如伪造某研究所的公章,而实际该研究机构并不存在,就不应以伪造公章罪论处。其理由是,既然某个单位不存在,就谈不上侵犯了该单位公文、证件、印章的公共信用和管理权,也就谈不上是犯罪。笔者认为,这种观点值得商榷,不能一概而论。实际生活中,有些犯罪分子并不知道某些国家机关、企事业单位、人民团体的确切名称,伪造的印章、公文、证件上的署名与这些机构真正的名称并不完全一样,有的只有"一字之差",从严格意义上讲,这个单位是虚构的,似乎并不存在,但实际上相似的单位却是存在的。例如,张某在伪刻公章时,把"北京某某研究所"刻为"首都某某研究院",虽然"首都某某研究院"似乎是个虚构单位,但只要伪造了其印章的,仍构成本罪。因为相似的单位是实际存在的,一般群众对这枚公章仍会信以为真,就仍然妨害、破坏了国家机关、企事业单位、人民团体印章的公共信用和管理权。

当然，如果有些虚构单位，一般群众一看就知道是假的，就可以认为不构成本罪。例如，被告人陈某，系手工业联社人力车运输工人，私刻"人力车管理站现金收讫"章一枚，加盖在从文具店买来的空白发票上，伪造假发票，企图以此向客户多收运输费不交公占为己有，同时，多开运输费价额，客户回去可以报假账，多得利，在付运输费时，也乐得大方一些。但陈某刚一作案，便使客户生疑：在我国岂有不属于任何一级行政区划管辖的"人力车管理站"？具有一般文化知识的出差人员一看便知道是假的，于是将陈某扭送治安管理联防队。笔者认为，我国《刑法》第167条规定，伪造、变造的须属于国家机关、企事业单位和人民团体的公文、证件、印章。陈某伪章上所刻的"人力车管理站"，不属于任何市、区、县、乡，和任何现有单位的名称并不相同或相似，实际上不可能存在这么一个单位，一般群众不会信以为真，不可能破坏上述单位印章的公共信用和管理权，因此也就不构成伪造公文、证件、印章罪。当然，陈某的行为是错误的和违法的，应给予教育或处分。

3.伪造、变造外国人的护照，能否构成本罪呢？

例如被告人丁某，于1982年某日晚，打扮成华侨模样，混入上海市某高级宾馆，潜至14楼某室，用前一天窃得的钥匙打开房门，将外国某访华团团长留在室内的一只公文提箱窃走。箱内有该代表团成员的护照10类，以及价值200多元人民币的衣料。丁某回家后撬开提箱发现内有日本人护照，又起意假冒日本人，撕去两本护照上的照片，再贴上自己的西服照。过了几天，丁某企图混入其他宾馆行窃，在出示假护照时被当场抓获。丁某构成盗窃罪无疑，但能否构成独立的变造证件罪呢？有人认为，根据我国刑法规定，本罪的侵犯对象，必须是国家机关、企事业单位、人民团体的证件；其侵犯的客体必须是我国上述单位证件的信用和管理权。外国人的护照是外国有关机关颁发的一种身份证件，与我国刑法的规定不相符合。因此，不能作为本罪的犯罪对象。笔者认为，外国人的护照业经我国使领馆签证后，即属于我国国家机关所认可的一种有效证件，变造外国人护照，同样给我国社会管理秩序带来危害，侵犯了我国政府机关对外国人护照的管理权，因此丁某变造外国人护照，同样构成变造证件罪，应与盗窃罪实行并罚。

也谈赃物和窝赃、销赃罪[*]

赃款、赃物既是盗窃、诈骗、走私、贪污、受贿等犯罪所追求的目标,也是证实这些犯罪的主要证据之一。有效、及时地查获赃款、赃物是证实犯罪,揭露、打击犯罪分子的重要手段,也是使国家、集体和公民个人减少或避免财产损失的有力措施。而窝赃、销赃罪旨在帮助犯罪分子处理赃款、赃物,为犯罪分子逃避法律制裁创造了条件,严重妨害公安、司法机关追查、审判犯罪分子的正常活动,因此,在打击严重经济犯罪的同时,我们必须重视对窝赃、销赃罪进行斗争。

对于窝赃、销赃等赃物罪,世界各国刑法多有规定,在中外刑法史上也早有所见。例如我国《唐律》规定:"知盗赃而故买者,坐赃论,减一等。知而为藏者,又减一等。"在外国刑法史中,赃物罪发展较迟,它往往依附于盗窃、强盗等财产方面的犯罪,例如后期罗马法把窝藏、收受他人犯盗窃罪所得的物品,同藏匿犯人的行为包含在一个概念中。中世纪德意志法对窝赃犯和盗窃犯作同样的处理。在普通法时代,赃物罪往往与包庇犯人罪一起,作为共犯的一种,解释为事后从犯。直到现在,联邦德国刑法还把赃物罪和包庇犯人罪规定在同一章中(《联邦德国刑法》分则第 21 章)。在日本古代法律中,赃物罪也是作为事后从犯处理的。直到明治 15 年(公元 1883 年)实施旧刑法开始,才将赃物罪作为一种独立的犯罪。可见在国外,一些国家把赃物罪视为一种独立犯罪是较晚的事。现在,有些国家把赃物罪作为财产犯罪中的一种独立罪行,例如巴西刑法,加拿大刑法,日本刑法等。我国刑法则将窝赃罪和销赃罪规定在妨害社会管理秩序罪章中,其着眼点首先在于维护司法机关的正常活动。为了更好地认识窝赃、销赃罪的概念和本质,本文试就以下一些问题作些探讨,以求教于刑法理论和实际部门的同志。

1. 什么是赃物

我国刑法中的窝赃、销赃罪指明知是犯罪所得的赃物而予以窝藏或代为销售的行为。因此,什么是赃物,就成为必须首先弄清的问题。其实,这个问题同赃物罪的本质,即其立法的指导思想有关。例如日本刑法界的通说认为赃物罪的本质在于"妨害返还请求权",即窝赃、销赃的主要危害在于使被害人难以或无法行使请求返还赃物的权利,从这一说出发,他们认为赃物首先必须限于是他人犯侵犯财产罪所得之物,即他人犯盗窃、诈骗、抢夺、强盗等罪而取得的财物。这样,由于侵犯财产罪以外的罪行而得到的物,例如贿赂罪中的贿款、走私罪中的走私物品、赌博罪中的赌资、违

  ＊ 原载于《法学研究》1987 年第 1 期。

反狩猎法、渔业法而得到的捕获物等,尽管都具有财产上的价值,但都不是赃物。因为这些物要被国家没收,不能再返还原主了。其次,根据这一说,赃物还必须是被害人可以请求返还之物。这样,当善意第三人已经取得所有权的物,也就不再是赃物了。例如不知情的第三人有偿取得的盗窃物即如此。当然,对那些被恶意占有的赃物,即知情而加以无偿或有偿占有的赃物,因占有人没有取得所有权,因此,它们仍然是赃物;此外,由第三者蓄意取得,但尚无所有权的赃物(例如不知情而拾到的盗窃物)也没有失去其赃物性。根据民法的规定,对这些物,被害人在一定期限内可以请求占有人返还。

日本刑法界从"妨害返还请求权说"出发,得出了上述结论。但我国刑法的出发点与其大不相同。我国刑法着眼于维护司法机关的正常工作秩序和活动而设立了窝赃、销赃罪。我国刑法中的赃物大致有以下 7 个特征:

第一,不论是因侵犯财产罪而得到的财物(如抢劫、盗窃、诈骗、抢夺、敲诈勒索、贪污等),还是其他犯罪而取得的财物(如走私、投机倒把罪中的犯罪所得,赌博罪中的赌资,贿赂罪中的贿款,违反狩猎法和渔业法而得到的捕获物等)都是赃物。甚至连伪造、变造的公文、证件、印章,伪造的国家货币等,虽然其本身的经济价值极小,但一般也可将其视为赃物,成为本罪的对象,因为窝藏、代销上述物品都会妨害国家司法机关的正常工作,给犯罪人逃避法律制裁创造有利条件。

第二,犯罪分子自用的犯罪物品,如杀人,伤人所用的凶器,撬门扭锁的钳子、棍子或其他各种用品都不是赃物。窝藏、代销这类物品的,不能构成窝赃、销赃罪。因这类行为实际上起了湮灭罪证、包庇罪犯的作用,所以,可以视情况的不同,或者定为包庇罪,或者定为伪证罪。

第三,违禁品是否可以成为本罪的对象,这是个有争议的问题。一种意见认为,我国《刑法》第 60 条规定:"犯罪分子违法所得的一切财物,应当予以追缴或者责令退赔;违禁品和供犯罪所用的本人财物,应当予以没收。"这里,违禁品同供犯罪用的本人财物列在一起,既然后者不是赃物,不能成为本罪的对象,违禁品也不能成为本罪的对象。另一种意见认为,违禁品也可以成为本罪的对象。所谓违禁品,是指国家规定不准私自制造、销售、购买、使用、持有、储存、运输的物品。我国规定为违禁品的有武器、弹药、爆炸品(如炸药、雷管、导火线等),剧毒物品(如氰化纳、氰化钾等),麻醉品(鸦片、海洛因、吗啡等),放射物品等。对于窝藏、代销违禁品的行为,我国刑法有的设有特别规定,将其列为独立的罪名,如私藏枪支弹药罪,贩卖、运输鸦片等毒品罪,买卖、运输枪支弹药爆炸物罪;有的则没有特别规定,如私藏鸦片、海洛因、吗啡等毒品的行为,私藏爆炸物,剧毒物品等行为。因此,对于窝藏、代销他人违法犯罪所得的违禁品的行为,应当分别以观:有特别规定的,按特别规定办,例如,对窝藏他人盗窃所得枪支弹药的行为,就应定为私藏枪支弹药罪;没有特别规定的,就应定为窝赃、销赃罪,例如,对窝藏他人盗窃得来的氰化钾的行为,就应定为窝赃罪。笔者认为,后一种意见是正确的。因为违禁品也是财物,它们之间具有种概念和属概念的关系。既然他人违法犯罪所得的财物是赃物,那么,他人违法犯罪所得的违禁品也仍是赃物的一种,完全可以成为窝赃、销赃罪的对象。

第四,窝赃、销赃的对象必须是他人违法犯罪所取得的物品。首先,必须是由他人取得的物,自己犯罪取得的财物,不能成为本罪的对象。因为藏匿或出售自己盗窃得来的物品,这只是一种不可罚的事后行为,它已被自己所犯的盗窃罪吸收,不必再另外定一个独立的窝赃或销赃罪了。其次,这种物品只要是由他人违法犯罪行为得来的就足够了,不一定非要符合犯罪构成的全部要件,或非要受到刑事处罚不可。例如,未满14周岁的少年或精神病人盗窃得来的物品仍然是赃物,尽管这些行为人因未达刑事责任年龄或欠缺刑事责任能力而不构成犯罪。此外,中国人在本国因犯罪而免于刑事处分的或外国人在外国对我国公民犯罪而没有适用刑罚的,由于这些犯罪而得到的物品仍旧是赃物。犯罪因过了追诉期限而不再追究刑事责任,但由这种犯罪所得的物品仍然是赃物。

第五,善意第三人有偿取得的赃物(如盗窃得来的物品)是否仍然具有赃物性是有争议的。为了确保交易的安全,大多数国家的民法典和日本的一样,认为善意第三人对自己善意并有偿取得的盗窃物具有所有权,原所有人不得请求返还。英国、美国、民主德国、匈牙利等国都有类似的规定。但也有例外,如《法国民法典》规定,占有的如系盗窃物、遗失物,可由原所有人在三年内请求返还,偿还原价取回原物。我国新颁布的《民法通则》对善意并有偿取得的盗窃物等应如何处理的问题未作规定。司法实践中,对有偿取得的赃物,一般按以下原则处理:对不知情而有偿取得的盗窃物等,原物存在的,应由犯罪分子按价赔偿原所有人损失;如果根据犯罪分子的客观实际情况判断,他确实无力赎回原物或者不可能赔偿损失时,可以根据买主和原所有人(即被害人)双方的具体情况进行调解,妥善处理。如果买主明知是赃物而故意购买的,应将赃物无偿追回予以没收或退还原所有人。

第六,对赃物不管如何加工,花出多少劳动,经过加工后的物品仍然是赃物。例如将窃得的黄金块经过加工变成金手饰;将窃得的自行车零件经过装配变成整车;将窃得的皮革制成皮鞋、皮包等等,这些金手饰、自行车、皮鞋皮包等仍属赃物。以物易物、以钱换钱、以钱购物、以物卖钱后所得到的钱、物,仍然是赃物。例如,以盗窃得来的两辆自行车与他人换成一台电视机,这台电视机就成了赃物。把窃得的10张一元的小票换成1张10元的大票,用窃得的银行支票购买得来的收录机,用窃得的邮局汇款单提取的现金等,这些10元的大票、收录机、现金仍是赃物。

第七,赃物包括动产与不动产,并以现实的财物为限,财产上的利益虽然可以成为侵犯财产罪的客体,但不能成为窝赃、销赃罪的侵犯客体。但记载或证明权利或利益的证件或文书,如银行存折、邮局汇款单、支票、股票、汇单、借据等则都可以成为本罪的行为客体。

2. 窝赃就是为本犯提供隐藏赃物的场所,其形式是多种多样的,主要有收受、搬运、隐藏和寄藏等

(1)所谓收受是指无偿地取得赃物,通常是指犯罪分子(本犯)将赃物赠与窝赃人。至于是从本犯(盗窃犯等)手中直接收取,还是通过第三者转交,在所不问。如果

本犯在犯罪取得赃物以后,只在口头上表示要将赃物赠与第三人,第三人也答应收下,但事实上并未实际交付的情况就不能构成窝赃罪。因为这时第三人的行为还谈不上现实地妨害司法机关的追查活动。

(2)搬运,也包括运输,是指转移赃物的所在场所,而且不一定要求亲自参加手提肩扛。例如让不知情的他人将电冰箱(赃物)扛上运货汽车,自己则驾驶摩托车或乘出租汽车随后赶到,这也是搬运。

(3)隐藏是指为犯罪分子(本犯)提供藏匿赃物的场所。

(4)寄藏是指接受委托而保管赃物,不问是有偿还是无偿。此外,还包括收取抵押品等担保物。收受、搬运、隐藏或寄藏,只要具备其中之一即构成窝赃罪,但即使同时兼有以上数种形式的,也只是一罪而不是数罪。

销赃是指代为销售赃物的行为。实际上这是一种居间介绍的行为。因此:①销赃不一定需要有实物过手。实践中,有些犯罪分子(本犯)为了减少赃物的移动,避免暴露目标,往往不先交出赃物,而是让销赃人帮助代找销路;对销赃人来讲,为了减少麻烦,也不希望直接接触赃物,在找到收赃人,约定接头方法、地点,帮助本犯联系上以后,自己就不再露面。这种没有实物过手的方法更隐蔽,但其危害性是一样的。②居间介绍行为不一定是有偿的。即使是出于江湖义气、亲属关系而无偿为本犯代销赃物的,仍属销赃。当然,在很多情况下,销赃是为了获取某种非法的经济利益。③层层转手变卖赃物,只要某一环节上的行为人主观上明知自己买卖的是赃物,客观上也实施了转手倒卖的行为,就应视为销赃。

本罪是故意犯罪,即行为人明知是违法犯罪所得的赃物而仍加以窝藏或代为销售。关于本犯究竟通过何种具体违法犯罪手段取得的,就没有必要非知道不可。对本犯是谁,被害人是谁,犯罪的地点、时间,被盗物品的总数、种类等详细情况都没有必要非知道不可。此外,如何确定具备故意的时间也是个问题。其实,这是因本罪的不同具体形态而有所不同的。对窝藏、寄藏、搬运等形态来讲,对物的赃物性的认识不一定从行为一开始就具备,即使在行为的发展过程中,在中途才发觉这是赃物,其以后的行为仍然构成窝赃罪。因为窝赃行为具有继续犯的性质,其犯罪行为和不法状态同时在继续之中。但销赃罪的情况就有所不同,行为时不知情销出后才知道是赃物的,就不构成销赃罪,因为销赃罪不具有继续犯的性质。

如何认定本罪的故意,如何认定"明知",也是个困难问题。其实,这种认识可以是不确定的,即认识到也许是赃物就够了。也就是说,本罪在主观上不一定出自确定故意,出自未必故意(间接故意的一种)也行。这种"明知"也不一定要由本犯明白说出,有时可以由具体情况来推定。例如,以大大低于财物实际价值的价格出卖的物,一般就可以推定其赃物。对此,某些国家的刑法还作了明文规定,如《巴西刑法》第180条规定:"购买或接受按其性质或价值不相当,或者按提供人的条件应该知道是以犯罪手段得到的物品的,是窝赃罪。"《德国刑法》中也有类似规定(第234条)。英美刑法中也允许采用上述推定原则。在我国的司法实践中,往往可以从赃物价格和市场正常价格之间的差距;本犯平时的生活条件、一贯表现;行为人与本犯之间的关系;

提供物品的时间、地点等具体情况出发,来分析认定行为人是否"明知"。当然,行为人也可以从本犯的动作、暗示中取得"明知"。

本罪是一般主体,但本罪的主体只能是财产犯罪、经济犯罪或其他犯罪本犯以外的其他人,本犯自己不能成为窝赃、销赃罪的主体。当然,作为本犯实行犯的共同犯罪人事后相互窝赃、销赃的,也按同一原则处理。例如,某甲与某乙共同从某机关窃得一台电视机和两台收录机。甲分得一台电视机,乙分得两台收录机,但乙帮助甲窝藏和销售电视机,那么,对乙是否要在盗窃罪以外,再另定一个窝赃或销赃罪呢?笔者认为无此必要。因为从整体上看,这仍然是共同盗窃行为以后的处理行为,是共同盗窃行为的延续,故不必另外定罪。作为本犯的实行犯虽然不能成为本罪的主体,但相对于实行犯的其他共犯者,例如教唆犯就有可能成为本罪的主体。如抱有销赃图利意图的某丙教唆某丁去盗窃,又将这种盗窃得来的赃物转手出卖的,就应成立盗窃教唆罪和销赃罪二罪。学说上有把这种情况看成为牵连犯而从一重处断的,但实践中以实行数罪并罚的居多。

当前,除了个人窝赃、销赃以外,单位收买赃物的现象也很突出。某些废品回收站明知许多"废品"来路不正,有些工业用原材料、器材一看就知是非法所得,仍照收不误。为了多发奖金、多得利润,他们违反国家有关部门的规定,采用不记名、不登记、不要介绍信工作证明的办法收购工业用有色金属、金属器材或其他物品。甚至当公安部门破案后前去起赃时,他们还公开拒绝。某些乡镇企业和旧货市场也成了犯罪分子销赃的理想场所。这些都为犯罪分子大开方便之门,促使他们更加肆无忌惮地去犯罪,特别是盗窃、诈骗工业原材料和器材。这种情况必须引起我们的警惕。目前,在我国司法实践中,知情而购买少量赃物自用的,不认为是犯罪,但赃物要如数无偿追回,对那些经常、大量故意收买赃物的,即以销赃罪论处。因此,对大量、一贯故意收买赃物的单位的直接责任人员也应以窝赃或销赃罪论处。赃物应无偿追回,否则就无法刹住上述那股歪风。

3. 对于事先答应盗窃犯

作案后帮助他人窝赃、销赃,但并没有参与盗窃活动或预谋策划盗窃的行为人应如何定罪,在审判实践中经常遇到这类问题。

一种意见认为,对这种人只能定为窝赃、销赃罪,不能定为盗窃罪的共犯。其理由为:①我国《刑法》第162条第3款规定,犯窝藏、包庇罪,"事先通谋的,以共同犯罪论处"。但《刑法》第172条对窝赃、销赃罪却没有作类似的规定。可见,如果窝赃、销赃人事先没有挑唆他人去盗窃,也未与盗窃犯一起策划如何盗窃,仅仅答应为其窝赃、销赃的,就不能以共同犯罪论处。②我国刑法中的共同犯罪以具有共同的故意为前提(刑法分则有特别规定的除外),也就是说,共同犯罪人的故意内容必须相同,例如,某甲以杀丙的故意棒打丙;某乙以伤丙的故意同时殴打丙。甲乙二人事先曾商议过要教训一下丙,但乙不知甲要杀丙。这样,对二人应分别论以故意杀人罪(未遂)和故意伤害罪,对他们不能以共同犯罪论处,同样,窝赃、销赃的行为人主观上只有窝赃、销赃的故意,并无盗窃的故意;而盗窃犯主观上只有盗窃的故意,二者故意的内容截然不同,所以,这不能算是共同的故意,也就不能成立共犯。

另一种意见则相反,认为应当构成盗窃罪的共犯,不必再另定窝赃、销赃罪了。由于在我国刑法中,窝赃、销赃罪最高只能判处3年有期徒刑,而盗窃罪最高则可以判处死刑,所以,搞清这个问题至关重要。

笔者认为后一种意见比较正确,这是因为:①事先答应为盗窃犯窝赃、销赃,可以视作事先通谋。如何处理赃物是盗窃计划中一个不可缺少的有机部分。事先答应为盗窃犯窝赃、销赃,等于为处理赃物提供了担保,对盗窃犯下决心或坚定犯罪的决心具有举足轻重的作用,可视作他在共同犯罪中承诺了一定的分工;②窝赃、销赃罪中的"明知",是指行为人在盗窃犯作案获得赃物之后对该赃物所产生的"明知",而不是指事先同盗窃犯有约定。这从条文"明知是犯罪所得的赃物而予以窝藏或者代为销售的"字样中就可以看出。即盗窃犯等犯罪分子犯罪得到赃物在先,窝赃、销赃行为在后的,才能构成窝赃、销赃罪。因此,作案前答应为盗窃犯等犯罪分子窝赃、销赃的,不可能构成独立的窝赃、销赃罪,而应构成盗窃等罪的共犯。

4. "黑吃黑"案件应如何处理?

某些窝赃、销赃的行为人为了将赃物占为己有,便向提供赃物的本犯伪称赃物已被国家有关机关没收或遭抢或遭窃而不复存在了。这种情况的特征是,赃物已在窝赃人、销赃人的实际控制支配之下(刑法界有人将这种状态称为持有、占有的),行为人利用这一方便条件而将其吞没。对此,国外许多国家的刑法规定有侵占罪。我国刑法未设侵占罪,因此,如何定罪就发生很大分歧。有人认为,对这类既窝赃又侵吞的案件,应在窝赃罪之外再另定一个诈骗罪。其理由在于,行为人采用了制造假相的手段,使相对人陷入错误,从而达到了侵吞财物的目的。笔者认为,这种看法不妥,因为诈骗罪的特征是:相对人在行为人的欺骗之下,陷入错误,从而似乎是"自愿"地交付财物。这里,交付行为是不可缺少的。也就是说,在诈骗罪中,欺骗行为在先,交付行为在后,交付财物的结果必须由欺骗行为引起,二者之间具有因果关系。而在"黑吃黑"案件中,本犯已先将赃物提供给窝赃、销赃人了,即行为人在自己的欺骗行为之前已经占有了赃物,其特征是交付行为在先,欺骗行为在后,其欺骗行为和交付财物之间没有因果关系。因此,这就不符合诈骗罪的特征,也就不再另外构成诈骗罪,这种情况只能构成一个窝赃罪。

抢劫罪和强奸罪犯罪手段的比较*

我国《刑法》第 139 条规定强奸罪是"以暴力、胁迫或者其他手段强奸妇女的"行为。《刑法》第 150 条则规定抢劫罪是"以暴力、胁迫或者其他方法抢劫公私财物的"行为。两个条文都提到了"暴力、胁迫";而强奸罪中的"其他手段"和抢劫罪中的"其他方法",从字面上看,似乎也无多大区别。因此,实践中,人们往往就用抢劫罪中的"暴力、胁迫或者其他方法"的理解来套强奸罪,这样,往往会缩小强奸罪的适用范围。

其实,"暴力、胁迫或者其他方法(手段)"在两罪中的含义不尽相同,我们必须把它们与该两罪的犯罪构成联系起来理解,才能得出正确的结论。

(一) 从"胁迫"的含义看

抢劫罪中的胁迫,是指对被害人用暴力相威胁、恫吓,迫使其不得不立即交出财物或者不敢阻止抢劫者把财物抢走。从胁迫的内容讲,各国刑法的规定不尽相同,有的仅规定"以暴力相威胁";有的则规定"以立即实施对被威胁的人或其他在场的人的生命、健康、名誉或者财产有极大的危害的行为来恫吓"。我国刑法对胁迫的内容未作规定,但是,从《刑法》第 153 条"当场使用暴力或者以暴力相威胁"的规定来看,抢劫罪中的胁迫自应理解为"以暴力相威胁",且应当场实施。如果犯罪人以将来实施的暴力(针对被害人或其亲属的)威胁被害人,迫使其交出财物的,那就不构成抢劫罪,而应构成我国《刑法》第 154 条的敲诈勒索罪。例如某甲写信或面告某乙,叫乙于第三天上午交 100 元钱到某处,否则就要伤害乙的儿子,甲构成敲诈勒索罪,不构成抢劫罪。

而强奸罪中的"胁迫"就有所不同,它往往泛指犯罪分子对被害人所实施的精神强制,从内容上讲,"以暴力相威胁"只不过是其中的一项,其他的例如以揭发妇女隐私相要挟,利用从属关系相威胁等都可列入。

另外,从时间上讲,如果犯罪人以将来实施的暴力相威胁;将来要揭发妇女的隐私相要挟等,使妇女处于不能抵抗的情况下而奸淫的,也可构成强奸罪。

可见,强奸罪中的"胁迫",其内容的范围和时间的限制都比抢劫罪来得宽。两者具有明显的区别。

(二) 从"其他方法(手段)"来看

在这一点上,两罪的区别也很大:

---

* 原载于《法学》1983 年第 3 期。

（1）强奸罪中的"其他手段"，包括用欺骗方法奸污妇女。例如，冒充妇女的丈夫进行奸污；利用封建迷信奸污妇女；甚至还有假冒招工体检等方法奸污妇女的。在上述情况下，性交行为似乎是出自妇女"自愿"，但实际上是违背妇女意志的，这就符合了强奸罪的根本特征。被害妇女之所以与其性交，是由于犯罪人的欺骗，因而产生错觉的结果。

抢劫罪中的"其他方法"则不包括用欺骗手段取得财物。因为我国《刑法》第151条已经把用欺骗手段取得较大数额公私财物的行为，规定为诈骗罪了。

（2）强奸罪的所谓"其他手段"还包括犯罪人用药物麻醉、用酒灌醉等手段，使妇女处于不能抗拒的状态而奸污的情况。除此之外，犯罪人利用妇女处于不能抗拒的状态，进行奸污的也构成强奸，例如趁妇女熟睡、酒醉、患精神病等进行奸淫。在后一种情况下，不能抗拒的状态是妇女原先存在的，不是犯罪人故意用自己的行为造成的，犯罪人只不过是利用了这种状态。

而抢劫罪的"其他方法"，也是指犯罪人对被害人施加某种力量，使其处于不能抗拒的状态，从而掠走其财物的行为，例如，用酒灌醉、用药物麻醉等。但是应当指出，在类似上述强奸罪的后一种情况下，即被害人不能抗拒的状态不是由犯罪人的行为所造成，而是原先就存在的时候，例如，犯罪人利用被害人熟睡、酒醉或不备之际，掠走其财物的，则只能构成《刑法》第151条的盗窃罪，不能以抢劫罪论处。可见，强奸罪的"其他手段"所包含的内容也比抢劫罪的"其他方法"要广。

综上所述，我们不能把强奸罪的"暴力、胁迫或者其他手段"与抢劫罪的"暴力、胁迫或者其他方法"等同起来，当成是一回事，否则就会出现定罪量刑的错误。如果以抢劫罪的"暴力、胁迫或者其他方法"来套强奸罪，就会缩小强奸罪的适用范围，轻纵罪犯；相反，如果以强奸罪的"暴力、胁迫或者其他手段"来套抢劫罪，又会扩大刑事责任的范围，这两种倾向都是应当避免的。

在被害人同意被出卖的情况下，
"人贩子"是否仍然构成拐卖人口罪？*

  某市曾发生过这样一起拐卖人口案,被告刘某、陈某等数人结成拐卖人口团伙。自 1981 年开始,从上海、湖南衡阳、江苏无锡等地共拐卖妇女 12 人、儿童 1 人到福建某地出卖给当地农民,得身价款数千元分用。刘某等"人贩子"对多数受害人采取了欺骗、引诱等拐骗手段,这种情况构成拐卖人口罪无疑。问题在于,其中有的被害人是明知自己被卖而自愿跟随"人贩子"到福建去的。到福建后,被害人也知道"人贩子"拿走了自己的身价款而无异议,遂留在当地与买主(当地农民)同居,后来也无反悔。这样,便产生了一个问题:在被害人同意自己被出卖的情况下,犯罪人是否仍构成拐卖人口罪?

  六届人大二次会议通过的《关于严惩严重危害社会治安的犯罪分子的决定》中将拐卖人口罪规定为从重从快打击的犯罪之一。近年来,某些犯罪分子利用种种手段,将妇女和儿童当做一种特殊商品大肆贩卖,这种犯罪活动严重侵犯了妇女和儿童的人身权利,污染了社会风气,危害着社会治安,有的还严重摧残了妇女和儿童的身心健康,搞得一些地方人心惶惶,很不安定,特别是给受害者的家庭造成很大痛苦,对城乡计划生育工作也带来了很大的冲击。因此,运用刑罚武器从严惩处拐卖人口罪是完全必要的。然而,实践中有些"人贩子"往往以被害人同意为借口,为自己开脱罪责。有些刑法书籍也有:"拐卖人口是以违背被害人意志为前提"的说法。这种认识显然是不利于从重从快打击拐卖人口这种严重危害社会治安的犯罪活动的。

  所谓"被害人同意自己被出卖"大致有以下两种情况:

  (1)被害人起先因急于摆脱某种困境,同意"人贩子"将自己当做商品出卖。但被卖后,自己的境遇未见好转,甚至更为恶化,但迫于现实,身不由己,转而后悔莫及。这种情况,实际上仍是"违背妇女意志",无疑应将"人贩子"定为拐卖人口罪。

  (2)被害人起先因种种原因同意"人贩子"将自己出卖,卖出后,情况尚好,并不反悔,甚至原籍来人做工作后,也不愿回去,心甘情愿地随买主共同生活。也就是说,被害人自始至终同意自己被出卖。此种情况是否"违背妇女意志"? 笔者认为,这并不影响将"人贩子"定为拐卖人口罪,只要行为人主观上有营利的目的,客观上故意实施了拐骗或贩卖的行为,仍构成本罪。因为首先,拐卖人口罪所侵犯的客体是公民的

---

  * 原载于《上海司法》1984 年第 1 期。

人身权利,因此那种把本罪的侵害客体限定为人身自由权利的提法是欠妥的。实践中也有妇女或儿童被拐卖后,仍能自由支配自己的活动,并没有处于任人奴役、任人处置的地位,甚至还有人因此而使生活有所改善。但对"人贩子"来讲,这一切并不影响其构成拐卖人口罪。

其次,在我国,自杀一般不是犯罪行为,然而,对帮助自杀的行为,法律却认为是犯罪,一般按故意杀人罪处理(有些国家刑法明文规定了帮助自杀罪)。既然如此,把那些帮助他人出卖自己人身的行为当做犯罪处理,也是有充分理由的。只要符合我国刑法规定的拐卖人口罪的犯罪特征和主客观要件,帮助了自愿出卖人身罪,使其出卖自身的意图付诸实施,就可以定为拐卖人口罪。当然,在被害人同意自己被出卖的情况下,出卖人身意图并非被害人原先具有,而是由"人贩子"挑起的,这种情况显然比上述帮助犯的情况要严重得多。在现实生活中,亲友把妇女带到外地,为其介绍婚姻,男女双方自愿结了婚,介绍人得到较多报酬的情况时有发生,这很容易被认定为拐卖人口罪,特别是介绍人说了假话或报酬用大量现金支付时更是如此。笔者认为,这种情况不构成犯罪,因为行为人主观上不具有"营利目的",客观上也没有把妇女当做商品贩卖。这里,必须注意把"营利"与"贪利""获利"区分开来。有些文章称:"拐卖妇女罪最本质的特征是以获利为目的,把妇女当做特殊商品贩卖。"这样,就可能把借婚索取财物的行为当成拐卖人口罪而混淆了罪与非罪的界限。

在认定拐卖人口罪时,还须注意以下问题:

(1)不能把那些与"人贩子"勾结,共谋策划图财骗婚的共犯当做拐卖人口罪中的被害人,这种情况一般应定为诈骗罪。但是,如果该共犯后来也因受骗真的被卖了,那么就可将"人贩子"定为拐卖人口罪。例如女骗子徐某和"人贩子"刘某事先策划后图财骗婚,约定刘某将徐某卖给福建山区农民后,再于某日接应徐逃脱,身价款二人对分。然刘某将徐某卖出得款后,扔下徐某不管。这里,"人贩子"刘某显然使用了欺骗手段,仍应构成拐卖人口罪,不构成诈骗罪;徐某则成了拐卖人口罪的受害人,不再另构成诈骗罪的共犯。

(2)还有一种类似情况也值得我们重视。例如妇女杨某和"人贩子"文某、吴某勾结,图财骗婚。1982年4月,文某和吴某将杨某卖给山东省茌平县农民张某,得身价款1 550元。同年5月4日,杨某逃出张家,与事先约好前来接应的"人贩子"文某会合逃走,后因张某发觉,动员多人四处寻找,才找回了杨某。这种情况,就不能再定为拐卖人口罪,而应定为诈骗罪。因为这里"人贩子"文某主观上的确是把杨某作为一名诈骗犯的共犯,客观上也没有扔下不管,而且按原定计划前来接应的,只因出现意外阻碍,杨某才逃跑未遂。本案中,出卖杨某实际上是一种诈骗的手段。当然,这种活动本身也侵害了妇女的人身权利和社会秩序,但该罪的主要特征是诈骗却是很明显的,杨某在刑法中不是被害人,而是诈骗罪的共犯,不能另定拐卖人口罪。

(3)由此可见,被害人的同意,不影响拐卖人口罪的成立,但它与"人贩子采用胁迫、欺骗、引诱等手段相比,被害人同意被卖,可以作为一个从轻的量刑情节考虑"。

什么样的行为才能构成交通肇事罪中的自首[*]

驾驶员在发生重大交通事故后即迅速向公安机关报告肇事经过,并设法抢救被害人,保护现场,听候处理,这种行为能否定为自首? 一种意见认为不能定为自首,理由是《城市交通规则》和《公安交通规则》明确规定,驾驶员在发生交通事故后必须"报告附近民警或公安机构听候处理"。因此上述做法只能认为是执行了交通规则的规定,而不能作为刑法上的自首对待。另一种意见则认为,可以定为自首,理由详见《上海司法》1983 年第 11 期段永建、王珉同志的文章。

笔者认为,笼统地把上述驾驶员的行为定为自首或不定为自首都是片面的,我们只有牢牢掌握马克思主义的具体问题具体分析这一最基本的原则,才能对所讨论的问题作出正确的回答。

首先,关键问题在于弄清楚驾驶员的上述行为与自首的要件是否相符。所谓自首必须是行为人在作案以后,在犯罪事实未被发觉或犯罪事实已被发觉而犯罪人未被发觉之前,主动向公、检、法机关交代自己的罪行,愿意接受国家审判的行为。如果驾驶员在白天城市道路上或人来车往的公路上肇事,那么,当其停车时,往往该重大事故早已被他人(行人和其他车辆的司机)或交通民警发现,其肇事车辆的车号也被记下,故此时即使驾驶员努力抢救被害人并向公安机关报告,听候处理,但这些活动却不能定为刑法上的自首。当然,这些活动应作为该驾驶员认罪态度好、受到宽大处理的参考。相反,如果驾驶员是在黑夜或荒僻无人的公路上肇事,根据当时的具体情况,驾驶员完全可以逃走而不被发现,但他却能停车抢救被伤害人,主动向公安机关报告自己的罪行并听候处理,那么,该驾驶员的行为就应视为自首。

其次,以驾驶员的行为只是执行了交通法规的规定为理由而否认其构成刑法上自首的观点,或者是以刑法高于行政法规为理由而认为驾驶员的行为可以构成自首的观点都是值得商榷的。理由在于,二者都忽视了具体问题具体分析的原则,都只抓住了问题的一个侧面,把刑法和行政法规决然对立起来。事实上,在交通肇事罪中,刑法和行政法规恰恰是有机地结合起来了。我国《刑法》第 113 条第 1 款中规定:"从事交通运输的人员违反规章制度,因而发生重大事故,致人重伤、死亡或者使公司财产遭受重大损失的,处三年以下有期徒刑或者拘役⋯⋯"条文中的"规章制度",自然主要是指交通规则。可见,《刑法》第 113 条运用了参见罪状,已经明文把行政法规作为有机的组成部分。同样,《城市交通规则》也没有把自己和刑法对立起来。该《规

---

* 原载于《上海司法》1984 年第 2 期。

则》第 58 条规定:"驾驶人员驾驶车辆发生事故时,须立即停车设法抢救被伤害的人,并报告附近的交通民警或公安机关听候处理。"条文只提发生事故,未提违章,这就是说,交通肇事的主要责任也可能在对方,驾驶员可不负任何责任,例如有人撞上汽车后轮自杀。但即使遇到这种情况,驾驶员也有义务进行抢救、报告。可见,这是行政法规运用刑法理论对负有特定职务的人(发生事故的驾驶员)所规定的特定法律义务;有些事故则按刑法意外事故处理。该《规则》第 55 条又规定:"……(三)因违反本规则发生严重事故,需受刑事处罚时,移送人民法院或人民检察院处理。"这里,行政法规对构成犯罪的案件作出了必须按刑法处理的规定。由此可见,驾驶员的行为只要符合法律所规定的自首要件,那么,他依照交通法规履行了抢救被伤害人和主动向公安机关报告的义务并不排斥他可以依照刑法享有按自首处理的权利。交通规则和刑法二者绝不是对立的。

如果我们讨论的题目是"自首对交通肇事罪是否适用?"那么,这个问题就是不言而喻的。因为我国的自首制度规定在刑法总则部分,交通肇事罪规定在刑法分则部分。总则的规定适用于分则的一切犯罪(有特别规定者除外),所以,自首对交通肇事罪当然也适用,这是毫无疑问的。但从讨论的内容看,并不完全如此,大致可分成两个问题:①对驾驶员的上述行为的评价;②如果按照不同的法规对同一行为作出了不同的评价,这些评价的相互关系如何? 究竟应依何种评价对行为人适用法律? 这些问题就值得我们进行研究和探讨,对司法实践也有实际意义。

以上不成熟的意见,仅供参考。

自诉刑事案件二审法院能够调解？*

我国《刑事诉讼法》第二编"审判"第二章"第一审程序"第 127 条规定："人民法院对自诉案件,可以进行调解;自诉人在宣告判决前,可以同被告人自行和解或者撤回自诉。"可见,一审法院对自诉案件进行调解是完全合法的。

但二审法院对自诉刑事案件能否调解呢? 实践中有不同的认识和做法。有些法院持肯定态度。例如:被告人漆某与原告人刘某系叔岳父、侄女婿关系,原来关系较好。某日下午,双方为了一些家庭琐事发生口角、引起斗殴,经医院检查诊断:原告人刘某左第九肋骨不全骨折,右肩胛下软组织损伤。住院治疗74 天,用去医药费315.84元,误工工资损失 134.38 元。被告人漆某经医院诊断:有左眼周青紫淤血,左耳后皮肤破损等轻伤,治疗用于医药费 9.48 元。

一审某县法院以伤害罪判处被告人漆某拘役 3 个月,赔偿原告人医药费 350 元。被告人漆某以事实情节有出入,要求从宽处理为由,向该区中级人民法院提出上诉。二审法院认为,此案属于人民内部矛盾引起的互殴,且双方系亲戚关系,在斗殴中原告人受伤较重,上诉人的行为已构成伤害罪。但在二审中上诉人愿意赔偿全部医药费等损失,原告人亦表示愿意和解。因此,经二审法院审判委员会讨论,依照我国《刑事诉讼法》第 136 条第(二)项的规定,作出了撤销一审原判,由中级人民法院另作调解处理的判决。而后,在中级法院的调解下,双方当事人达成如下协议:

(1)刘某与漆某双方同意调解;

(2)漆某自愿负担刘某治伤医药费和误工损失计人民币 450.22 元;

(3)双方表示要以此为戒,今后应搞好团结亲友关系。

据此,中级法院另行制作了刑事调解书。

此案处理后,各方面反映都比较好。

这样做是否合法呢? 在一部分同志中引起了争论。

笔者认为,二审法院的做法是完全合法的。

(1)关于本案,二审法院认为一审原判认定事实没有错误,但量刑不当,所以依照《刑事诉讼法》第 136 条第 2 项规定,予以改判。

(2)我国《刑事诉讼法》第 141 条规定:"第二审人民法院审判上诉或者抗诉案件的程序,除本章已有规定的以外,参照第一审程序的规定进行。"我国《刑事诉讼法》第三编第三章"第二审程序"对自诉刑事案件上诉后的处理未作特别规定,所以,根据

---

* 原载于《上海司法》1987 年第 7 期。

《刑事诉讼法》第 141 条的规定精神，应参照第三编第二章"第一审程序"中第二节"自诉案件"的规定办理。由于该节第 127 条对自诉案件的调解作了明文规定，因此，二审法院对自诉案件进行调解也是合法的。

在具体做法上，该地区中级人民法院先制定判决书，撤销原审判决，后制定刑事调解书的做法也是比较恰当的。当然，这里也有值得商榷之处，例如，既然二审法院认为漆某犯有伤害罪，那么，在改判时，宜先作出免于刑事处分的决定再进行调解。

在处理这类案件时，我们还须注意，自诉案件和刑法规定告诉才处理的案件是两个既有联系又有区别的不同概念，不能混为一谈。

刑法规定告诉才处理的案件，法院应采取"不告不理"的原则，告诉后或调解，或撤回，听任告诉人的意愿。在我国《刑法》中这类犯罪只有公然侮辱、诽谤罪（第 145 条中告诉才处理的）、暴力干涉婚姻自由罪（第 179 条第 1 款）、虐待罪（第 182 条第 1 款）等三种。自诉案件除了包括告诉才处理的案件外，还包括其他不需要进行侦查的轻微的刑事案件，如《刑法》第 134 条的伤害罪等。对后一类自诉案，人民法院不应采取"不告不理"的原则，而应按照我国《刑事诉讼法》第 126 条的规定分别情况作出不同的处理。

当然，人民法院对后一类自诉案件可以进行调解，自诉人在宣告判决前，可以同被告人自行和解或撤回自诉，但这里的法律用语是"可以"而不是"应当"，也就是说，是否进行调解其主动权在人民法院。其一，人民法院对自诉案件可以不进行调解而进行判决；其二，即使自诉人和被告人愿意和解，人民法院也有权干涉。

以上精神似对一审、二审法院都能适用。

对引起被害人自杀案件的处罚[*]

在司法实践中,因行为人的犯罪行为而引起被害人自杀的案件时有发生。由于这类案件的前因后果比较复杂,认识不一,因此,应根据我国刑法的有关规定,区分情况,作出不同的处理,不能"一刀切"。本文拟就这类案件的处罚问题作些探讨,以供参考。

(1)《刑法》第 179 条第 2 款暴力干涉婚姻自由引起被害人死亡的。这里的"引起被害人死亡"主要是指被害人自杀身死。因此,只要行为人实施了暴力干涉婚姻自由和虐待行为,又引起了被害人自杀身亡后果的,就应按刑法上述条款治罪。例如被告人管某与王某(女)非法姘居。管某因怀疑王某与前夫胡某有复婚意图,于 1983 年 7 月 5 日下午,手持水果刀一把,去王某工作单位门口等候,见王某从银行解款回来,就冲进店里,骂下流话,并扬言要杀死王某,企图行凶,当场被群众阻止。1983 年 7 月 7 日,经有关单位领导出面调解,认为管某和王某应立即停止姘居。但管某拒不执行。事隔数日,7 月 16 日晚,管某携带利刃和敌敌畏闯入胡某家中,持刀威胁胡,扬言胡某若与王某复婚,便用刀把他戳死后,自己服敌敌畏自杀。次日深夜 11 时许,管某又深藏利刃,并叫了另一人,再次到胡某家中寻找王某,无理取闹、威胁,致使胡某 7 月 18 日向公安机关报案后于 7 月 19 日自缢身死。被告人管某以暴力手段干涉王某与胡某的复婚自由,引起了胡某自杀身死的严重后果,应按《刑法》第 179 条第 2 款治罪。

(2)行为人故意实施了强奸、报复陷害、拐卖人口、非法拘禁、流氓、侮辱诽谤、遗弃等犯罪行为,因而引起被害人自杀死亡的。这里又有两种情况:第一种是把被害人的自杀身死作为加重处罚的情节来追究刑事责任的。例如被害人林某在上夜班途中,被罪犯高某以暴力强奸,林某痛不欲生,于次日留下遗书后投江自杀。罪犯高某就应以《刑法》第 139 条第 3 款"情节特别严重"的法定刑从严惩处。类似的条文还有《刑法》第 141 条后段情节严重的拐卖人口罪,第 143 条第 2 款的非法拘禁致人死亡罪,第 146 条后段情节严重的报复陷害罪等。

第二种是可以将自杀后果当做构成犯罪的要件来看待的。例如公然侮辱诽谤罪、流氓罪、遗弃罪都以"情节严重"或"情节恶劣"作为犯罪构成的要件。当行为人实施了公然侮辱诽谤、流氓、遗弃行为,而引起了被害人自杀后果时,应构成犯罪,以公然侮辱诽谤、流氓或遗弃罪论处。例如路某某晚上见方某(女)与他人通奸,当场捉住后,将方某带至方家,叫来了生产队正副队长、民兵排长、方的父母、叔父母等人。

---

* 第二作者施滨海,原载于《上海司法》1984 年第 8 期。

路某当着众人面,详述了方某与他人通奸的经过,还逼着方某的父母签字画押。在场众人认为不宜宣扬,因方某已经领了结婚证,再过一个月就要结婚了。被告人非但不听,还硬逼着方某及其父母写证明,方某还盖了指印,被告人从晚上12点一直闹到第二天凌晨5点,方某父母非常生气,骂了女儿,方某遂于早上7点投河自杀。此案有两种不同的定案意见:一种认为,路某捉奸并要求女方写证明的行为是正当的,方某自杀是咎由自取。路某不构成犯罪,对对方的自杀身亡不负刑事责任。另一种认为,路某捉奸后当中羞辱方某,且不听劝阻,一意孤行,引起严重后果,应构成公然侮辱罪。笔者认为,后一种意见比较妥当。

(3)行为人实施了刑讯逼供、诬告陷害、强迫妇女卖淫等行为而引起被害人自杀的,这类条文既没有把"情节严重"或"情节特别严重"作为加重处罚的情节,也没有以"情节严重"或"情节恶劣"作为犯罪构成的要件。这样,当发生了自杀后果时,便应在本罪的法定刑幅度内从重处罚。例如民警柴某为了逼取口供而对人犯王某实施了刑讯逼供,虽未造成伤残后果,但王某却自缢身死。这样,就应把自杀后果作为一个量刑的从重情节,在第138条刑讯逼供罪的法定刑幅度内从重处罚。

谈猥亵行为与"侮辱妇女"*

流氓犯罪严重危害社会秩序,是我们从重从快打击的对象之一。据统计,在流氓犯罪活动中,约有 50% 的案件具有猥亵情节。因此,正确认识和掌握猥亵行为的概念和特征,对于准确打击流氓犯罪活动是十分重要的。

目前,几乎所有的刑法教科书和著作都认为,猥亵行为是流氓犯罪活动中"侮辱妇女"的一种行为。例如,统编教材《刑法学》称:"侮辱妇女,是指采用下流无耻的语言和动作调戏、猥亵妇女,它大都发生在公共场所。例如,在马路上,街巷里追逐妇女,强行搂抱、接吻、抠、摸,等等。"(《刑法学》第 522—523 页)。再如,中国人民大学1983 年出版的《刑法各论》称:"侮辱妇女,他们采用极端下流无耻的语言、动作或威逼利诱的方法,调戏、侮辱和猥亵妇女。甚至在光天化日之下,大庭广众之中,强行扒光、撕烂年轻妇女的衣服进行侮辱、猥亵和摧残,借以寻欢作乐、发泄兽欲。"(《刑法学》第 195 页)

实际上,"侮辱"与"猥亵"是两个不同的概念,"侮辱妇女"和"猥亵妇女"也是不同的两回事。

所谓"侮辱",是指以使他人难堪为目的(或以损害他人人格、名誉为目的),采取暴力或粗鄙的语言、举动、文字进行嘲弄、侮谩和辱骂,或者进行其他轻蔑他人人格的行为。在我国司法实践中,常见的侮辱行为有:一是用暴力或暴力胁迫手段进行侮辱,损害被害人的人格和名誉。如在大庭广众面前强行扒下被害人的衣裤,故意用粪便泼在被害人身上,或强迫被害人在众人面前学乌龟爬或钻裤裆等;二是以言语侮辱,这是最常见的,例如用秽言污语辱骂、嘲弄他人,使他人当众出丑;三是以文字或其他手段进行侮辱,常见的有用大字报、小字报、漫画等形式对被害人进行羞辱。

所谓猥亵,是指奸淫行为以外的一切刺激、兴奋、满足自己的性欲,或者能刺激、兴奋、满足他人性欲的伤风败俗行为。按世界各国通说,鸡奸、兽奸及男女(包括夫妻)在大众处性交都应视做猥亵行为。例如对妇女进行抠、摸、搂、抱等无耻下流的行为以及逗引不满 14 周岁的未成年男女对性欲方面不良的好奇心等。猥亵行为,只须其行为系起源于主观心理上的色欲意念就够了,至于行为人本身究竟是否具有性行为能力,与构成本行为无关。所以,无性行为能力的男子强行摸弄女性上下身的,也是强制猥亵行为。猥亵行为既可以发生在同性之间,也可以发生在异性之间。猥亵行为较常见的有以下几种:一是男性摸弄、吮吸女性的上下身;二是女性摸弄男性的

---

* 原载于《上海司法》1984 年第 10 期。

下身;三是同性之间的鸡奸;四是露淫;五是用工具触摸同性或异性的性敏感部位;六是无营利目的散布淫书淫画,腐蚀青少年的行为;七是兽奸等。总之,猥亵的具体形式五花八门,这里就不再列举了。

侮辱和猥亵有着明显的区别:

(1)从侵犯客体讲,构成犯罪的侮辱行为和猥亵行为都破坏了社会秩序和社会的道德风尚,但前者侵犯的是公民的名誉、人格,而后者侵犯的是公民人身权利中的身心健康及性的道德感情。

(2)从行为的目的讲,猥亵与满足或引起性欲直接有关;侮辱则不一定,在大多数场合,实施侮辱行为的目的在于使受害人当场出丑或使他人感到难堪,损害他人的名誉和人格。

(3)从行为上讲,侮辱既可以用动作也可以用言语、文字,而且以后者居多;而猥亵必须有行动(作为),光有语言不能构成猥亵行为。

(4)判断是否构成侮辱行为,往往应考虑到行为人的年龄、受教育程度、职业、与被害人的关系、方言及用词习惯等因素,不能一概而论。例如指责一般普通公民缺乏法律常识或医药卫生常识,当然谈不上侮辱;但如果当众指责、辱骂律师毫无法律常识,指责医生没有起码的医药常识,便可构成侮辱行为;猥亵就不受上述限制,被害人不管是男是女,是老是少,也不受身份、职业、受教育程度的限制,只要无端遭受抠、摸等淫秽行为的损害,行为人都可以构成猥亵行为。

(5)实施侮辱行为时,被害人是否在场或者公然侮辱后,被害人的名誉是否实际受到影响,均不影响公然侮辱罪的成立。例如,当被害人不在场时,行为人当着众人之面,言语侮辱被害人,损害其名誉、人格的,仍应构成公然侮辱罪;而猥亵行为则不然,猥亵是对他人人身权利和身心健康的损害,往往直接施加于被害人的人身,被害人不在场时难以构成猥亵行为。即使当众露淫,从广义上讲,也有不特定的被害人。因为它会使一部分在场妇女感到羞耻、惊恐,产生一定的危害后果。

有些行为究竟属于侮辱还是猥亵,有时很难分清,这时,就要看行为人的主观目的。例如当众强拉他人的裤子或裙子,使其脱落,或当众拥抱、接吻,如果行为的主观目的在于羞辱被害人则为侮辱;但如果拉裙、拥抱、接吻的目的是为满足自己的性欲,则为猥亵。

实际上,《刑法》第160条流氓罪"侮辱妇女"中的"侮辱"二字,与《刑法》第145条"公然侮辱"中的"侮辱"的含义应该是相一致的,即都是采用暴力或粗鄙的言语、举动、文字进行嘲弄、侮谩或者轻蔑他人人格的行为。但流氓罪的"侮辱妇女"与公然侮辱罪的区别在于,前者是出于下流、无耻、低级趣味的或者其他方面的流氓动机;而实施公然侮辱罪则往往出于报复或个人恩怨的动机。

在《日本刑法》和1935年《中华民国刑法》中,公然猥亵和公然侮辱是两个不同的罪名,规定在不同的条文中,具有完全不同的内容。在苏联现行刑法典中,侮辱和猥亵也是两个完全不同的概念和罪名。《苏俄刑法典》第120条、第121条、第131条分别将猥亵、鸡奸、侮辱规定为独立的罪名。但是,由于《苏俄刑法典》第206条也规定有流氓罪,因此,在苏俄的审判实践中经常遇到将伤害、侮辱以及其他侵犯人身权利的犯罪以流氓罪定罪的情况。苏联最高法院在有关决议中,将《苏俄刑法典》其他条文规定的犯罪毫无根据地判为流氓行为是不允许的,殴打、中伤身体或轻微的肉体伤害、侮辱、猥亵等行为,均应依刑法规定的杀人、伤害以及侮辱、猥亵等有关条文定罪。有关决议还指出,仅仅就客观方面来划分流氓行为与其他侵犯人身权利的犯罪之间的界限是不够的,这样会得出错误的结论,还必须顾及犯罪的主观方面,即犯罪者犯罪的动机和目的。只有当查明殴打、肉体伤害、侮辱、猥亵等行为确系胡行妄为,用以表明直接蔑视社会为目的而且其行为并非基于被告人与被害人私人间的相互关系的动机时,才将上述各行为判为流氓行为。(参见苏联最高法院1939年4月29日的决议)。

我国《刑法》第145条规定有公然侮辱罪,但猥亵行为在我国《刑法》中没有规定为独立的罪名,但其社会危害性极大,对其情节严重者必须视为犯罪。因此,将其作为《刑法》第160条的"其他流氓活动"的形式看待,是比较妥当的,不能将其作为"侮辱妇女"的形式之一,因为把"侮辱"和"猥亵"混为一谈有以下缺点:

第一,它使同一部《刑法》中的同一个词"侮辱"具有不同的含义。众所周知,我国《刑法》第145条公然侮辱诽谤中的"侮辱"二字,是有其特定含义的。它仅仅指对被害人名誉、人格的损害,不包括猥亵行为;但如果按当今教科书的提法,则《刑法》第160条的"侮辱妇女"就可以包括猥亵行为,这样同一个词"侮辱",在不同的条文中就出现了不同的含义,这对我国刑法的严密性、完整性、系统性显然是不利的。

第二,有人认为,可以用侵犯的对象是否特定来区分公然侮辱罪和流氓罪中的"侮辱妇女":前者的侵犯对象是特定的;后者的侵犯对象是不特定的。(参见《刑法学》第523页)。这种说法有一定道理。然而,如果"侮辱妇女"包括了"猥亵行为",则使这一区分标准变得更加模糊不清了,因为"猥亵"的对象往往是特定的,特别在鸡奸、猥亵幼女、幼童时更是如此。

第三,把猥亵行为包含于"侮辱妇女"之中,无形中提高了对"侮辱妇女"的要求,也就是说抬高了流氓罪的规格,这样就容易轻纵罪犯。例如,某市发生了下列案件:流氓分子路遇女青年,多次用语言对她进行侮辱、调戏,遭拒绝后,即用淫秽下流话大骂女青年,行为人显然已构成"侮辱妇女"的流氓行为。但审理时有人却认为,"侮辱妇女的行为必须具有侵犯人身的猥亵情节,被告人并没有实施猥亵行为,因此,谈不上侮辱妇女,不构成流氓罪"。其实,"侮辱妇女"并不要求同时具有侵犯人身的猥亵行为,把二者混淆在一起,很容易提高流氓罪的规格,这对打击犯罪分子是不利的。

第四,将猥亵作为"侮辱妇女"的一种表现形式,逻辑上也讲不通。因为有许多猥亵行为如鸡奸、兽奸、传播淫书淫画(无营利目的)等无法归入"侮辱妇女"中,它们只能算做"其他流氓活动"。这样,就使猥亵行为在同一个流氓罪中又分属两类:一部分属于侮辱妇女;另一部分属于"其他流氓活动",这从逻辑上讲也是不妥的。

总之,猥亵行为不属于"侮辱妇女"中的一种形式,应属于流氓罪中"其他流氓活动"的形式之一。

出售被疯狗咬伤的猪能否定罪？[*]

一、案情简介

1984 年 2 月 5 日，社员李某的肥猪被狂犬咬伤，乡兽医员先后两次去李某家，通知他"不得私宰出卖，听候统一处理"。李怕受损失，向其兄借得生猪预防注射证一张，用偷梁换柱、冒充好猪的方法，于 2 月 9 日将伤猪售给区食品站，得款 150 元。10日，兽医员等 3 人前来李某家复查狂犬病疫时，李借口锁匙被其妻带走，叫他们先查别人家的猪，把检查人员哄走，并回家挖一墙洞，把其父亲家的好猪赶进自己的猪栏里顶替，欺骗检查人员。13 日上午，兽医员又到李某家询问，李再次进行欺骗，经兽医员当场揭露后，才被迫讲出伤猪已经出售，但仍不讲卖给何处，致无法及时查清。直至 24 日才将伤猪出卖经过作了交待。经查：区食品站 2 月 9 日共收进生猪 228 头，已混入 13 000 多头猪中。这批猪已分别于 9 至 11 日宰杀完，内脏少数入库，大部分已销售，猪肉入库的有 919 箱，计重 30 多吨，已全部送入冷库。区食品站得知这一情况后，为确保人民健康，乃作出"封存待处"的决定，需要对冻猪进行检验后才能出售，以致浪费了大量人力物力，积压了大量资金，造成国家财产重大损失。

二、对本案的分析

本案是李某豢养的猪被狂犬咬伤，李为怕受损失，不顾兽医员一再告诫须经检查，冒充好猪出售，以致屠宰入库后造成伤猪好猪混杂，冷库不得不封存待处理，造成国家财产重大损失，且猪内脏大部分已销售，有无危害和危害程度无法估计。从李某的主观方面来说，是为了避免个人损失，不顾国家利益和人民健康，但他对可能造成何种程度的后果是预计不到的。在客观方面李某的猪被狂犬咬伤后，究竟是否染上疾病，疾病的程度如何，人们食用后是否会得病，以及疾病的严重程度都无定论。

根据《中华人民共和国食品卫生法（试行）》第八章法律责任中有关刑事责任的第 41 条规定："违反本法，造成严重食物中毒事故或者其他严重食源性疾患，致人死亡或者致人残疾因而丧失劳动能力的，根据不同情节，对直接责任人员分别依照中华

---

* 第一作者夏吉先，第三作者甘生，《法学》1984 年第 12 期。

人民共和国刑法第一百八十七条、第一百一十四条或者第一百六十四条的规定,追究刑事责任。情节轻微、依照中华人民共和国刑法规定可以免予刑事处分的,由主管部门酌情给予行政处分。"

这就是说,由于违反食品卫生法而造成的事故,要达到致人死亡、重伤的后果才追究刑事责任。上引《刑法》第187条是国家工作人员玩忽职守罪,第114条是企事业单位职工重大责任事故罪,第164条是制造、贩卖假药罪,显然,上述各法条无论在主体上、客观方面都与本案不符。

有人认为可按《刑法》第106条第2款过失投毒罪处理,然而本案连伤猪究竟有没有毒以及毒性严重程度都未能确定,显然不能引用。又有人认为可用《刑法》第115条违反毒害性物品管理规定发生重大事故罪处理,或者以第171条制造、贩卖、运输毒品罪报批类推。然而伤猪不是毒害性物品。综观《刑法》分则,找不出明文规定的犯罪,也找不出可资比照的最相类似的条文。

但是,李某的行为已造成了严重的后果,具有较大的社会危害性,显然已超出了我国《刑法》第10条"但书"的规定,理应以犯罪论处。鉴于这类案件并非个别现象,尤其在对外开放,对内搞活经济的今天,不惩戒这类罪犯更是弊多利少。因此建议立法机关对这类犯罪行为,作补充规定。

强制猥亵应如何定罪[*]

所谓强制猥亵，是指以暴力、胁迫等手段，违背他人意志，故意实施猥亵行为。例如以强暴手段扭住妇女，使其不能抗拒，进而实施凌辱猥亵的。这里的所谓"不能抗拒"，是指行为人所采用的手段足以使被害人产生恐惧而不敢反抗，并不是指被害人完全丧失了抵抗能力；也有以殴打、杀害、揭发隐私等相威胁，迫使妇女不敢抗拒而加以猥亵的。还有利用醉酒、药物麻醉、迷信恐吓等方法猥亵妇女，趁被害人不备而猥亵的，也是强制猥亵。如果仅以言语调戏妇女，虽有恶言恶语，或者大讲淫言秽语，便不能视作猥亵行为，只能认为是侮辱妇女。

强制猥亵行为，究竟应定何罪？在司法实践中常常发生分歧。有人认为，凡是侮辱猥亵妇女的犯罪分子，往往都具有奸淫目的。因此，应以行为作标准，定强奸未遂罪。有人认为，行为人以暴力扒掉被害妇女的裤子，上下摸弄，这种行为既可看成是强奸的着手实施，也可以看做是流氓活动中的"其他流氓活动"，所以，以行为作标准难以断案。

笔者认为，要解决这个问题，首先要正确理解"猥亵"和"奸淫"的区别：（1）奸淫所侵犯的对象一定是妇女，而猥亵的对象则男女均可。（2）奸淫是男子对妇女的性交行为，猥亵则是同性间或异性间的淫亵行为。（3）强奸罪侵犯的客体主要是妇女的人身权利，猥亵行为侵犯得逞的是犯罪未遂。即使是在犯罪行为实施完了，作为构成要件的危害结果没有发生，同样是犯罪未遂。例如甲欲盗窃供销社的现金，夜间翻墙入室，用特制的钥匙打开保险柜，将平时装现款的纸袋子全都窃走，回去一看，里面没有现金。甲虽然实施了盗窃行为，但仍是未遂。

犯罪人不论是在犯罪刚一着手，还是正在实行犯罪，只要是由于主观意志而自动中止，即为犯罪中止。即便是犯罪行为实施完了，犯罪结果还未发生之前，只要自动有效地防止犯罪结果的发生，也同样是犯罪中止。例如甲欲杀妻子，偷偷在妻子吃的饭里投了毒药，妻子吃饭后直喊肚子疼，甲念及旧情，急送医院抢救，妻子免于一死。甲的行为就是犯罪中止。

犯罪既遂也并不仅仅是犯罪行为实施完了才出现的犯罪形态。当然，许多犯罪的构成要件要求有犯罪结果，这些犯罪一般是在犯罪实施完了，产生了危害结果，才构成犯罪既遂。但是有些犯罪，只要实行了某种行为，不论是否实行终了，即为犯罪既遂。犯罪实施完了，达到了犯罪人预期的目的是犯罪既遂。犯罪未实施完了，没有

<hr>

※　原载于《政治与法律》1985 年第 2 期。

达到犯罪人预期的目的,同样是犯罪既遂。如诬告陷害罪,只要行为人实施了意图在于陷害他人的虚假告发,即构成犯罪既遂,而不论行为人预期的一系列诬陷行为是否实施完了,也不论被诬陷者是否因诬告而被判刑。

总之,犯罪的未遂、中止、既遂不具有犯罪的阶段性,犯罪阶段不是它们的属性,也不反映它们的特征,所以说犯罪的未遂、中止和既遂不是犯罪的阶段,而是犯罪的形态。刑法教科书一直沿用犯罪的阶段这种名不副实的概念,与照抄照搬外国的经验不无关系。我们要建立自己的刑法学理论体系,就应该有勇气抛弃那些不能准确反映内容的概念。

客体主要是社会管理秩序、社会的道德风尚,也侵犯了他人的性的道德感。因此,猥亵和奸淫不是程度上的差别,而是性质上的不同。不少强奸犯罪往往是先行猥亵,继而强行奸淫的,应定为强奸罪。但这并不说明奸淫和猥亵是一回事,而是说明后行为强奸吸收了前行为猥亵。

其次要考察流氓罪犯的犯罪动机和目的。流氓罪的犯罪目的是公然蔑视社会秩序,这只是从刑法学的意义上说的,实际上,实施流氓犯罪活动的罪犯,从心理学、生理学意义上讲,可能具有不止一个犯罪目的。例如在紧接发生的聚众斗殴、侮辱妇女和其他流氓活动中,犯罪分子可能先后或同时具有殴打他人,侮辱、猥亵妇女等多个目的,但这些目的均从属于公然蔑视和破坏公共秩序这一总目的,因此,这些犯罪行为往往失去了它们独立的刑法学意义,我们不能据此认定行为人还具有伤害、侮辱故意,进而认定它为伤害、侮辱罪,而只能将上述一连串行为定为流氓罪。当然,如果在流氓犯罪活动中,行为人总的犯罪目的起了变化,他主观上另外起意故意重伤、杀死他人,或强奸妇女的,客观上也实施了数个相应行为,侵害了数个相应的直接客体,除符合流氓罪的构成要件以外,还符合上述各罪构成要件的,就不能再定为流氓罪一罪,而应定为数罪,作并罚处理。

在认定流氓罪的此罪与彼罪问题上,应将动机和目的结合起来考虑。如果只考虑犯罪目的,就难以将流氓罪与《中华人民共和国刑法》(以下简称《刑法》)第158条的扰乱社会秩序罪、第159条的聚众破坏公共场所和交通秩序罪区分开来。因为它们都以破坏公共秩序为直接目的,只有把动机结合起来考虑,流氓罪与其他罪的界限才会清楚。流氓往往是出于穷极无聊,寻找刺激的动机。流氓犯罪的动机虽然不是流氓罪的犯罪构成要件,但在认定是否构成流氓罪、分清此罪与彼罪时却有重要作用。例如强制猥亵行为究竟应定为强奸未遂还是流氓罪,主要应看行为人的犯罪目的。因为两者都出于低级下流,满足自己性欲的动机,但目的不同:强奸以达到奸淫为目的;流氓罪以公然蔑视社会秩序为目的。

再从被告人所实施的行为来进行分析。如果被告人主观上具有奸淫目的,客观上也实施了猥亵行为,但未对被害人施加暴力、胁迫或其他手段的,也不能定为强奸未遂罪。例如,被告人曹某,1983年6月以来,与本村女社员陈某经常往来,曾一同外出游玩。同年7月的一天下午,曹某与陈某在本大队树林边相遇时,曹某将陈某搂在怀中,先是与陈某亲嘴、又摸弄陈某的乳房,进而欲摸其下身,因遭拒绝,便停止了抠摸行为。原审人民法院以强奸未遂罪判处曹某有期徒刑 7 年。二审法院认为,被告人虽有奸淫意图,并对妇女进行了猥亵,但没有实施奸淫行为,也没有对被害人施加暴力、胁迫等行为,这属于一般的猥亵行为,并不构成强奸未遂罪。

同时,还要从犯罪人实施犯罪行为时的客观条件来进行分析:

客观环境和条件允许犯罪人完成强奸行为,但因犯罪人主观上没有奸淫目的,只实施了强制猥亵行为的,应定为流氓罪。

犯罪人已着手实行猥亵、强奸行为,但因被告人意志以外的原因强奸未成的,应定为强奸未遂罪,不能定为流氓罪。这种情况较多,例如被告人拦路劫住妇女,肆意猥亵,欲行强奸,但因妇女反抗或本身过于紧张的生理原因,而强奸未成的,都应定为强奸未遂罪。

客观环境允许犯罪人完成强奸行为,但被告人在实行过程中自动中止了,虽然犯罪人已实施过强制猥亵,仍应定为强奸中止,不能再另定一个流氓罪。例如被告人卢某,得知邻居章某的丈夫夜间不在家,便起歹念。于次日凌晨一时许潜入章某的室内,抱住被害人强行猥亵,并要对其强奸,但因被害人说明自己有心脏病,被告人便中止了强奸。此案则可定为强奸中止,不宜定为流氓罪。

加强防范措施，保护公民的人身权利*

出于预防犯罪的需要，公安部门和有关组织对有关人员采取必要的防范措施，这同保护公民的人身权利的关系如何？这两者是否有矛盾？从理论上说，预防犯罪以及为此目的而采取的必要防范措施同保护公民的人身权利是一致的。因为采取一定的防范措施，不仅是为了保护广大人民群众的利益，同时也是为了挽救可能的犯罪者，使他们不致跌入犯罪的泥坑和受到刑罚的处罚。这后者可以说是对可能犯罪者人身权利的一种特殊"保护"方法。但为了预防犯罪而采取必要的防范措施，同保护公民人身权利有时也会产生一定的矛盾。比如有的公安机关和有关组织发现有人企图作案，但没有及时采取防范措施，该做的工作没有做，以致贻误了时机，没有保护好被害者的人身权利；也有的公安机关和有关组织在预防犯罪时所采取的措施不当，以致侵害了某些公民的合法权利。怎样恰当处理预防犯罪工作中的这类问题，笔者认为要抓住三个环节：

第一，对于具有明显作案迹象和恶性案件的人犯，必须及时采取防范措施，才能及时保护公民的人身权利。

某人有较明显的行凶作案迹象，公安、保卫部门掌握后，虽然采取了一些措施（如谈话、劝告、警告等），但措施不够有力，不够及时，以致后来果然发生了凶杀、重伤案件，在家庭、邻里纠纷或者失恋等原因而引起的恶性案件中，往往出现这种情况。怎样预防这类恶性案件的发生，许多同志觉得不大好办。《中华人民共和国刑事诉讼法》第41条规定："公安机关对于罪该逮捕的现行犯或者重大嫌疑分子，如果有下列情形之一的，可以先行拘留：（一）正在预备犯罪、实行犯罪或者在犯罪后即时被发觉的；……（三）在身边或者住处发现有犯罪证据的；……（七）正在进行'打砸抢'和严重破坏工作、生产、社会秩序的。"第42条又规定，任何公民对于正在实行犯罪或者在犯罪后即时被发觉的人犯，都可以立即扭送公安机关、人民检察院或者人民法院处理。

根据这些规定，从预防和制止犯罪来讲，对上述一类恶性案件大致可以采取这样一些防范措施：

（1）对于有明显迹象进行犯罪预备活动的，公安机关可以依法先行拘留，人民群众（包括被害人）可以尽快报告公安机关，公安机关接到报告后应尽快采取有效的防范措施。所谓犯罪预备，是指为了犯罪而准备工具、制造条件的行为。例如为了杀人而准备利斧等。对此，该不该及时采取必要的防范措施呢？有人认为，人家还没有动

---

* 原载于《政治与法律》1986年第2期。

手犯罪,不能采取措施,结果导致了不少恶性案件的发生。其实,预备犯罪也是犯罪,这在刑法上作了明文规定。根据《中华人民共和国刑法》(以下简称《刑法》)的规定,不论是为了犯重罪还是轻罪,只要有"准备工具、制造条件的行为",均属犯罪预备,对其可以先行拘留,这是有法可依的。我们应当理直气壮地把工作做在前头,这样就可以使一批恶性刑事案件消弥于预备状态,及时得到制止。

(2)对于事先有犯罪迹象,但还不足以认定为进行犯罪预备的对象,公安机关、工厂企业保卫部门、农村及里弄治保会等组织,以及可能会受到非法侵害的公民,都应提高警惕,严密注意其动向,并采取一定的预防措施。如让可能遭受侵害者转移住所;对犯罪目标加强保护;让有关人员掌握一定的防身知识和技术等。同时,各级组织和有关单位必须针对行为人的特点,努力做好疏导工作,晓以利害,稳定其情绪,并动员其家属、亲友一起来做工作,以防患于未然。

(3)突发性的恶性案件。这类案件比较难防,但也并不是完全无规律可寻的。这类案件往往发生于失恋对象或者临时起意谋财害命的对象之中。为此,我们必须大力加强基础工作,加强法制宣传,有关部门和组织则应经常深入群众,把工作做深做细,注意和掌握各种可能突发恶性案件的"苗子"。

(4)当不法侵害已经发生时,被侵害者就应勇敢地进行正当防卫,以维护自己的合法权益;不得已时,也可实行紧急避险,以减少损失。对于那些见义勇为,奋力相助,同行凶抢劫犯搏斗的英雄人物,有关部门应给予表彰、奖励,扶正祛邪。

第二,"帮教"工作要注意期限与方法,以尊重公民的人身权利。

"帮教"工作是社会治安综合治理中的一项重要工作,也是预防犯罪、减少犯罪的一项有效措施。但是,在帮教工作中也出现了一些值得注意的问题。一是帮教期限的长短不明确。例如,上海某街道有个帮教对象,已经三年多未发现违法犯罪迹象,目前的表现也不错,但每逢打击刑事犯罪的公判大会,总是通知他必须到场。当然,让他们参加公判大会,接受法制教育,是必要的。可是要他们逢会必到,这样,久而久之,就会对他们造成一种精神上的压力,以致个别有过污点的青少年担心自己将终身受"帮教"。二是帮教的内容和方式、方法也需要进一步完善和改进。为了有利于工作,派出所对帮教对象的名单一般是不公开宣布的,由派出所和居委会干部掌握,也不告诉被帮教的对象。民警和居委会干部常常上门做工作,或者对他们进行思想教育,或者关心他们的生活、就业等问题;对其中的某些人还要求他们写保证书、定期汇报情况等。这些都是出自保护"帮教"对象的名誉和人格,关心他们进步和成长的好意。但是,即使在群众中不公开宣布哪些人是帮教对象,周围群众也心中有数,因为民警和居委会干部常到他们家去,何况他们过去又犯过错误,受过处分,以为他们又有了新的违法犯罪活动,不敢同他们接近,甚至对他们另眼相看。这样,在一定程度上就会增加帮教对象的自卑感,还会使他们产生对立情绪,不利于对他们的帮助和教育。如果我们采用适当的方式,向周围群众明确讲清楚哪些人是帮教对象,说明对他们进行的帮教仅仅是鼓励、帮助失足青少年进一步洗刷污点、积极上进的措施,而不是一种处分。这样做,有利于依靠群众共同做好帮教对象的工作,避免帮教工作神秘化,从而促进帮教对象自觉地接受帮教,加快自我改造的步伐。在这种情况下,规定一个适当的帮教期限,作为他们改造自己的目标,是可行的。当然,这要视帮教对象的具体情况而灵活掌握。

第三,调解工作既要注意防止干涉公民行使诉讼权利,又要防止将已构成犯罪的案件作为民间纠纷调解了事。

人民调解组织站在预防犯罪的第一线,做了大量的工作,息讼解纷,为社会安定做出了贡献。但是,调解工作要防止两种倾向:一是调解工作必须按调解原则进行,即调解必须符合宪法、法律和政策;必须取得双方当事人的同意;必须了解调解不是起诉的必经程序,不得因未经调解或调解不成而阻止当事人向人民法院起诉。也就是说,调解工作要注意防止干涉公民行使诉讼权利。例如某市某街道有一个调解员热心调解一对青年夫妻的离婚纠纷,做了许多工作,但未获成功。当事人便准备诉请法院解决,该调解员却几次三番阻止当事人起诉,这实际上已经干涉了当事人的诉讼权利。二是搞好调解工作,还必须克服"怕得罪人""怕犯错误""怕打击报复"等思想顾虑,注意发现犯罪线索,要防止将已经构成犯罪的案件仍作为一般的民事案件处理。

窃取技术秘密与盗窃犯罪*

所谓技术秘密,是指在工业生产或其他产业生产中能够直接使用的某种技术,或者是为实施这些技术而必需的某种技术知识、资料或经验,并且必须是发明和利用这些技术的人在当时仍保持着这种秘密。实际上,就是一种没有公开的技术知识。技术秘密是否属于"财物",能否成为盗窃罪的侵犯对象,这在国内外刑法学界中是有争议的。

就技术秘密本身的性质而言,各国法学界也众说纷纭,莫衷一是。有人认为,专利是一种财产权,即对物权;技术秘密则不是财产权,而是"对人权"。所以,技术秘密不是财产。但也有人认为,技术秘密是一种无形财产,具有所有权的属性。例如美国的一些法院判例认为,所有人对其掌握的工商秘密(包括技术秘密)享有所有权,他有权使用这项秘密,并可排除任何人使用此项秘密。西方各国的公司法大都允许技术秘密的所有人可以将其技术秘密作为出资、换取一定的股票,这一事实足以证明技术秘密具有财产所有权的属性。

在我们这样一个社会主义国家里,技术秘密也应当作为财产受到法律的保护。国务院《关于技术转让的暂行规定》(1985年1月10日)明确规定:"在社会主义商品经济条件下,技术也是商品,单位、个人都可以不受地区、部门、经济形式的限制转让技术。"我们理解,文件中所指的"技术",一般就是指技术秘密。因为如果技术已经公开,那就谈不上有偿转让。因此,技术秘密同有形的物质财产一样,是具有使用价值、交换价值的商品。全民和集体所有制单位所有的技术秘密是公有财产的一部分,虽然本单位对它拥有法人所有权,但归根到底归国家所有。国家根据通盘考虑,让某个单位拥有某项技术秘密,往往是为了有利于保优势、保优质、创名牌,上级有关管理部门在必要时有权调阅这项技术秘密。但单位之间在横向联系中实行有偿转让。这样,就有利于调动科技人员的积极性、创造性,有利于科研成果、专门技术知识迅速应用于物质生产,有利于发挥各具体单位的优势。总之,有利于科技进步、生产发展。因此,在社会主义条件下,全民、集体所有制单位所有的技术秘密应受法律保护。

有人认为,技术秘密是无形物,不能成为盗窃罪的侵犯对象,从而不能成为刑法保护的对象。笔者认为,此观点欠妥。例如,电力也是无形物,但在我国,窃用电力构成盗窃罪却是无疑的。技术秘密本身固然是无形的,但既然国家有关规定已明确认为它是一种商品,那么,它就完全有理由作为一种财产受到刑法的保护。实际上,它

---

* 原载于《政治与法律》1987年第1期。

具有一切财产的最本质的特征:它是脑力劳动的产品,同体力劳动的产品一样,是具有价值的。当然,技术秘密有独特的自然属性:首先,它没有形体,不占空间,难于实际控制,很容易逸出所有人的占有而为许多人拥有。其次,它属于非物质性质,使用不会使它归于消灭或带来自然损耗。最后,它是一种精神产品、智力成果,处分它无须像处分物质财产那样需要交付实物。但这些特性并不妨碍它作为一种财产而受到刑法的保护。

当然,并非所有窃取技术秘密的行为都构成盗窃罪。根据我国刑法的规定,构成盗窃罪还有一个数额较大的问题。其价值数额应如何认定呢?国务院《关于技术转让的暂行规定》(1985 年 1 月 10 日)中规定技术转让费即技术商品的价格,实行市场调节,由双方协商确定。

上海地区有组织犯罪调查报告[*]

一、导言

（一）本调查的性质和背景

随着我国进入经济转轨、社会转型的"两转"时期，加之法律不健全、执行不得力，各种社会丑恶现象沉渣泛起，有组织犯罪死灰复燃。国内的"涉黑"犯罪组织，以暴力、威胁等手段，称霸一方，为非作恶，欺压、残害百姓，欺行霸市，严重破坏市场经济秩序和社会管理秩序，危害广大人民群众生命财产安全。在此背景下，如何准确调查得知我国当前有组织犯罪的状况和特征，分析有组织犯罪的趋势，提出预防和打击有组织犯罪的对策，以有效遏制有组织犯罪，成为一个重要的课题。

（二）本调查的研究框架

1. 关于"有组织犯罪的定义"

"迄今为止，有组织犯罪这一概念在世界范围内仍没有一个精确的、统一的、得到普遍接受与公认的定义。"①在我国学界，"有组织犯罪"的定义及其分类，一直是学界在该领域研究的热点。有学者统计，学界对"有组织犯罪"的定义，达9种之多。②

在本调查中，"有组织犯罪"，指《中华人民共和国刑法》（以下简称《刑法》）第294条规定的3种犯罪行为以及在成立上述3种犯罪前提下实施的其他犯罪，在这一定义下进行相关调查。

2. 时间和空间

本次调查的时间和空间划定于从2003年至2007年，5年间被上海地区法院判决生效的有组织犯罪。

二、调查方法

（一）调查的方式与设计

本调查一共分为五个步骤：①通过特定的渠道，从法院、监狱等相关机构获取公

---

* 本文为"中日有组织犯罪共同研究"课题第一阶段成果，第二作者涂龙科，原载于《中国刑事法杂志》2009年第10期。

① 康树华主编：《当代有组织犯罪与防治对策》，中国方正出版社1998年版，第1页。

② 参见卢建平主编：《有组织犯罪比较研究》，法律出版社2004年版，第11—14页。

开的判决书。②根据调查需要获取的数据,制定《调查表》。在调查表中列出调查的项目。③认真分析判决书,对照《调查表》,从判决书中提取本次调查研究所需要的数据,并对数据进行统计。④将数据录入 spss 数据处理系统,对数据进行分析。⑤根据处理、分析的数据撰写调查报告。

(二) 调查的对象与资料

通过收集,获取了 2003 年至 2007 年 5 年间上海地区有组织犯罪的所有判决书。从 2003 年至 2007 年,上海地区共作出涉及有组织犯罪判决 13 个。经过统计,确定 13 个判决涉及犯罪组织 7 个,被告人 103 人。课题组以上述 7 个犯罪组织、103 名犯罪行为人作为本次调查的研究对象进行了数据采集。

(三) 数据采集方法

由于本课题通过判决书采集相关数据,在方法上具有一定的特殊性。因此,对课题组在从判决书中采集数据的方法、采集数据的标准需要进一步明确。为此,课题组经过多次讨论,制定出统一的数据采集标准,以保证获取数据的科学性。

(四) 本次调查研究的局限性

本调查通过判决书的方式采集数据进行分析,其优点是数据的来源比较权威,可信度高。但是,作为试验性研究,本次调查研究工作也存在一定的局限性,主要表现在:

(1)通过判决书的方式采集数据,数据的种类直接受制于判决书记载的内容,如果判决书没有记载的数据,完全无法采集。例如,对于犯罪行为人的婚姻状况、家庭结构、家庭经济状况等,判决书基本上都不予记载,因此,对于该项数据,就无法采集。

(2)由于研究对象的特殊性,数据收集的方式不是按严格的问卷调查方式调查的,而是由数据录入员根据案件情况自己填写的,因此就可能出现审核的标准不统一,对案件的某一性质的判断不一致,从而导致录入数据的误差。此外,问卷设计有些地方不合理更增加了这一缺陷。

(3)对于缺失的数据,spss 软件本来是有自己的处理方式,但是由于分析对象的特殊性,以及数据收集的特殊性,所以无法使用,因此只能把缺失的数据放弃。

(4)犯罪记录的数据分析总共包括 7 个犯罪组织,被告人 103 人,对于统计数据分析来说,样本量太少,再加上有一些缺失值,所以可能造成数据的偏差。

三、调查结果分析

(一) 有组织犯罪行为人的特征

通过调查发现,有组织犯罪行为人具有如下特征:

1. 有组织犯罪行为人的性别

在性别上,以男性居绝大多数。在被调查的103名被告人中,男性有100人,占被告人总数的97.1%。女性只有3人,占总数的2.9%(见表1)。

表1　被告人性别

性　别	人　数	所占比例
男	100	97.1
女	3	2.9
总计	103	100.0

2. 有组织犯罪行为人的年龄分布

从调查中发现,有组织犯罪的行为人在年龄上有以下特征:其一,未成年人在有黑社会性质组织犯罪中所占的比例并不高。在全部103名被告人中,参加犯罪组织时年龄在18岁以下的只有3人,只占总数的2.9%。考虑到在司法实务中,对于未成年行为人可能会不予犯罪处理或者不予追究刑事责任,实际上未成年人在有组织犯罪中的比例可能会比调查显示的比例高一些。但即使比例更高一些,也不支持"青少年是目前黑道各堂口的主力军"①的观点。以25岁为标准,调查显示,有组织犯罪行为人,25岁以下的青少年仅为34%。相比之下,25岁至35岁的成年人所占比例达到44.7%,大大超出了25岁以下行为人的比例。学界以及实务界一直有声音强调,近年来,青少年拉帮结伙,进行团伙犯罪的情况明显加剧。②应当说,这一观点是正确的,也具有确切的数据支持和事实依据,但仍然需要慎重对待。出现本次调查的统计结果,可能的原因有:①实践中的许多青少年犯罪组织、犯罪团伙、少年帮会还没有发展到黑社会性质组织的阶段。②在司法实务中,把青少年犯罪团伙作为黑社会性质组织处理的比例很低。总之,对该问题值得进一步研究。其二,25岁至40岁的成年男性是黑社会犯罪组织的主要组成成员。调查显示,在黑社会性质组织中,25岁至40岁的成员的比例高达55.3%,为其主要组成部分。其中,30岁和35岁两个年龄点同时形成峰值点,达到最高的8人,分别占到总人数的4.5%。其三,超过40岁之后,参与黑社会性质犯罪组织的比例急剧递减。在50岁以后,基本上没有人再参与该类犯罪。

3. 有组织犯罪行为人的户籍和国籍

有组织犯罪行为人的户籍和国籍是有组织犯罪研究中的两个问题,前者涉及的是外来人口犯罪问题,后者主要涉及的是有组织犯罪的国际化以及中日之间打击有组织犯罪的司法合作问题。笔者在报告中分开论述。其一是行为人的户籍。调查结果见表2:

---

① 许皆清:《台湾地区有组织犯罪与对策研究》,中国检察出版社2006年版,第181页。
② 参见何秉松:《有组织犯罪研究——中国大陆黑社会(性质)犯罪研究》,中国法制出版社2002年版,第105页。

表2 行为人的户籍和国籍

行为人的户籍和国籍	人 数	所占比例
当地人(我国大陆)	16	15.5
外来人员(我国大陆)	87	84.5
总计	103	100.0

从表2很容易看出,在所有的被告人中,来自我国大陆的外来人员有87人,占总数的84.5%。来自我国大陆的本地人只有16人,占总数的15.5%。外来人员是有组织犯罪的主要组成人员。比较发现,外来人员在有组织犯罪中的比例,和外来人员在所有犯罪中所占的比例基本持平。[①] 外来人员在有组织犯罪所占的比例,并没有表现出特殊性。但是,调查显示外来人员所占的高比例,完全印证了学界的主流观点:农民和下岗失业人员将日益成为有组织犯罪强有力的后备军。[②]

4. 有组织犯罪行为人的经济状况

行为人的经济状况的考察包括多个角度。首先是行为人的居住情况(见图1):

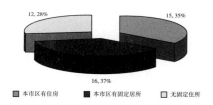

12, 28%　　　　　　　15, 35%

16, 37%

■ 本市区有住房　■ 本市区有固定居所　□ 无固定住所

图1 居住情况(人数,占比)

调查显示,103名被告人中,有60人的信息缺失,15人在本市区有住房,16人在本市区有固定居所,12人在本市区无固定居所(见图1)。剔除信息缺失的因素,在本市区有住房的占总数的35%,在本市区有固定居所的占总数的37%,在本市区无固定居所的占总数的28%。

其次是被告人的职业,见图2:

---

① 参见涂龙科:《来沪人员过渡期现象研究》,载《犯罪与改造研究》2007年第9期。

② 参见谢勇、王燕飞主编:《有组织犯罪研究》,中国检察出版社2004年版,第341页。

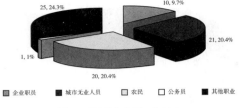

图2　职业(人数,占比)

调查显示,在所有的 103 名被告人中,缺失信息的有 26 人,占 25.2% ;企业人员共 10 人,占 9.7% ;城市无业人员共 21 人,占 20.4% ;农民共 20 人,占 19.4% ;公务员共 1 人,占 1% ;其他职业的共 25 人,占 24.3% 。

最后,关于被告人的教育状况。如图 3:

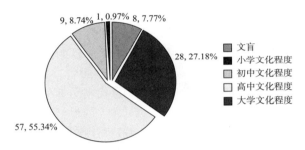

图3　受教育情况(人数,占比)

从图 3 可以看出,黑社会性质犯罪的行为人的教育状况有以下特点:首先,行为人的文化程度偏低。数据显示,在有组织犯罪行为人中,初中及初中以下文化程度的,占总数的 90.29% 。高中及高中以上文化程度的,只占总数的 9.71% 。尤其是具有大学文化程度,只占总数的 0.97% 。从对社会教育资源的占有上看,有组织犯罪行为人都是社会的"弱势群体"。其次,初中文化程度的行为人比例最高。本次调查显示,具有初中文化程度的为 55.34% ,远远超出其他类型。有组织犯罪的行为人中,具有初中文化程度的比例最高,这一现象也可以在其他类似的研究中得到印证。[①] 这一现象的出现,可能和我国实行到初中为止的九年制义务教育有密切关系。

5. 有组织犯罪行为人的品行

在关于行为人的"前科劣迹"的调查中,其结果如图 4 所示:

---

①　这一现象可以从以下文献中析出:如兰州大学 2007 届刘学锋的硕士学位论文:《对三十个黑社会性质组织案例的分析研究》;山东大学 2006 届张笋的硕士学位论文:《山东省 2006 年黑社会性质组织犯罪调查分析》。

第二编·第八章·上海地区有组织犯罪调查报告　　　　　　　　　　　　　　　　　　　　　475

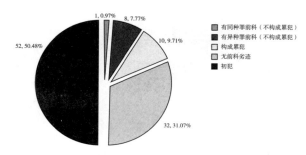

图 4　行为人"前科劣迹"情况（人数，占比）

图 4 中，最突出的特征是，在"涉黑"犯罪的行为人中，"初犯"以及"无前科劣迹"的比例出人意料的高，达到了 81.55%。这一数据和人们通常认为的黑社会性质犯罪行为人都是品行顽劣、罪恶累累的观念相左。只有 18.45% 的人有犯罪前科。但是，如果对调查数据作进一步的分析处理，将犯罪行为人分为主犯和从犯（也即一般成员）两类，在主犯的群体中，具有犯罪前科的高达 32%。在犯罪组织的首要分子的群体中，有犯罪前科的比例更是高达 50%。犯罪前科涉及的罪名主要是故意伤害、抢劫、抢夺、敲诈勒索等侵害人身权利犯罪以及侵犯他人财产权利等犯罪类型。

可以看出，在黑社会性质的犯罪组织中，一般都存在一个"邪恶核心"。正是这些具有前科劣迹的首要分子和主犯，控制、推动着整个犯罪组织的行为。

综上，调查发现，本地区黑社会性质组织成员多具有类似的人身特征和社会背景。年龄主要集中于 20 岁到 35 岁之间；性别以男性为绝大多数；文化程度大都较低，学历大多为初中以下；从外地来到上海；经济状况一般，大多数在本地没有自己的房子。

（二）　有组织犯罪行为人对犯罪的认识

1. 参加犯罪组织的原因

行为人为何选择参加犯罪组织，对于研究有组织犯罪的规律，有效预防和打击有组织犯罪，具有重要的意义。但是，通过分析判决书的方式，无法准确得知行为人参加犯罪的原因。

2. 认罪态度

在该项调查中，缺失信息的共 24 人，占 23.3%。有悔罪表现的共 22 人，占 21.4%。无悔罪表现的共 57 人，占 55.3%。剔除缺失信息部分的因素，有悔罪表现的占 27.85%，而没有悔罪表现的占到 72.15%。有近 3/4 的行为人并不悔罪。

3. 立功表现

经调查统计，在所有的 103 人中，有一般立功表现的共 7 人，占 6.8%；有重大立功表现的共 3 人，占 2.9%；没有立功表现的共 93 人，占 90.3%。

（三）司法处理情况

1. 案件来源

调查说明，有组织犯罪中，能够主动向司法机关自首的行为人，少之又少，只占总数的 1.94%。并且，这些都是在案发之后，走投无路，才向司法机关自首，案发之前，主动自首的数据为零。

2. 判决情况

调查结果如图 5 所示：

在 103 人中，被判处 3 年以下有期徒刑的共 32 人，占 31.1%；被判处 3 年以上 10 年以下有期徒刑的共 49 人，占 47.6%；被判处 10 年及 10 年以上有期徒刑的共 18 人，占 17.5%；被判处无期徒刑的共 3 人，占 2.9%；被判处极刑死刑的共 1 人，约占总数的 0.97%。

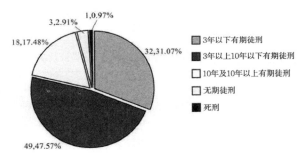

图 5　判决情况（人数，占比）

按照《刑法》第 294 条的规定，组织、领导、参加黑社会性质组织以及入境发展黑社会组织两罪的基本刑为"三年以上十年以下有期徒刑"。包庇、纵容黑社会性质组织罪的基本刑为"三年以下有期徒刑"，"情节严重的，处三年以上十年以下有期徒刑"。因此，在本项调查中，"三年以下有期徒刑"以及"三年以上十年以下有期徒刑"两个备选项的选中率较高，也是情有可原。

3. 剥夺政治权利情况

剥夺政治权利的共 26 人，占总数的 25.2%；没有剥夺政治权利的共 77 人，占总数的 74.8%。

（四）犯罪组织的状况

1. 犯罪组织的概况

通过归纳整理，上海地区在 2003 年至 2007 年 5 年间判决的黑社会性质组织概况如表 3 所示：

表 3　上海地区 2003—2007 年判决的黑社会性质组织概况

	首要分子	参加犯罪组织人数	成立时间	被抓获时间	首要分子是否累犯
1	王某刚	5	2003.9	2004.7	非累犯
2	王某中	7	2003.9	2004.7	非累犯
3	石某某	13	2003.11	2005.1	累犯
4	李　某	20	2002.1	2005.5	累犯
5	林某某	19	2002.3	2004.7	累犯
6	徐某某	16	1997.8	2002.7	非累犯
7	过某某	12	2002.2	2006.6	非累犯
8	还有 1 人，为澳门黑社会组织成员在上海实施犯罪被判决				

从判决书上分析,上海地区黑社会性质组织大致可以分为三种类型:

(1)金字塔型。这种类型的黑社会性质组织是最为常见的一种,大多数黑社会性质组织都呈现金字塔结构。其由一般组织、领导者,犯罪组织骨干以及参加者三部分组成。组织、领导者是整个组织的核心,组织、策划整个组织的犯罪活动。犯罪组织的骨干成员是犯罪组织的犯罪活动的主要参加者,直接指挥具体的违法犯罪活动。参加者是犯罪组织的比较外围的成员,直接实施违法犯罪活动。一般来说,参加者的流动性比较大。

(2)结合型。此种黑社会性质组织数量较少,其结构形式实质上是多个黑社会性质组织之间的联合体。各组织头目之间主要以朋友关系为基础。例如,王某刚和王某中两个黑社会性质组织就存在结合关系。两人为同乡,先后来到上海,并各自成立了一个黑社会性质组织。两个组织各自有相对固定的骨干成员,也有一部分成员相互“客串”。两个组织之间也经常协同一起为非作恶。

(3)松散型。此种黑社会性质组织为数不多。从犯罪组织的发育程度来考察,松散型的黑社会性质组织处于刚由普通的犯罪团伙组织发展为黑社会性质组织,还带有明显的普通犯罪团伙的特征。这一类组织的特点是除了固定的首领和少数骨干成员之外,其他成员多数不固定,只是在实施违法犯罪活动时才纠集在一起,成员之间的等级并不严格,同时尚没有形成明确的分工。

2. 行为人参与犯罪组织的时间

见图 6:

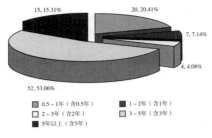

15, 15.31%　　　20, 20.41%

7, 7.14%

4, 4.08%

52, 53.06%

- ■ 0.5～1年（含0.5年）　■ 1～2年（含1年）
- □ 2～3年（含2年）　■ 3～5年（含3年）
- ■ 5年以上（含5年）

图6　参加犯罪组织时间（人数,占比）

在剔除信息缺失的 5 人之后,从图 6 可以看出,参加犯罪组织 3 年以上(包括 3 年)不到 5 年的共 52 人,占总数的 53.06%；5 年及 5 年以上的共 15 人,占总数的 15.31%。也就是说参加犯罪组织 3 年以上的,占到总数的 68.37%,超过 2/3。这一数据充分说明了犯罪组织结构的稳定性,以及其成员的固定性。

3. 组织成员之间的关系结构

见图 7:

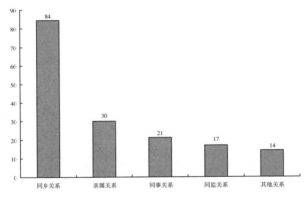

图7　共犯人关系

调查显示,犯罪行为人之间属于同乡关系的 84 个,占 47.7%；属于亲属关系的 30 个,占 17.7%；属于同事关系的 21 个,占 11.9%；属于同监关系的 17 个,占 9.7%；属于其他关系的 14 个,占 8%。从诱发犯罪的原因考察,呈现"犯罪场"的特征。"犯罪场"是指在犯罪主体之间,以一定的因素相关联,相互影响、诱发犯罪的区域。"犯罪场"一方面指在已经犯罪的主体之间,在很大程度上存在某种关联,这种关联有规律可循;另一方面也指"犯罪场"有强烈的诱发犯罪的辐射作用。

考察有组织犯罪的"犯罪场",其内部的关联方式可分为以下几种:

(1)地域犯罪场,即由来自于同一地区(即老乡)的来沪人员相互影响而加入犯罪组织。这是有组织犯罪行为人之间关系结构的最主要形式。上述调查说明,有占 47.7% 的犯罪组织的行为人之间,存在"同乡"关系。

(2)聚居犯罪场,即成员相互之间不是老乡关系,但是来沪以后由于集中居住在某一地区而相识,通过彼此影响而导致参与有组织犯罪。这种通过聚居形成的犯罪组织一般容易出现在城乡结合部,管理相对薄弱的地区。

（3）血缘犯罪场,即具有血缘关系的同一宗族的人员相互影响而犯罪。在以血缘关系为纽带的群体中,当个别犯罪行为人因犯罪而致富后,就会产生一种负面示范效应,其他人争相效仿,逐渐形成以血缘关系维系的犯罪组织。另一方面,犯罪组织在发展、扩大其成员时,血缘关系也是一种天然、可靠的路径。血缘犯罪场的形成,具有天然性。

（4）监狱犯罪场。监狱在此处指的是任何关押违法犯罪行为人的场所。监狱犯罪场鲜明地说明了拘禁刑会导致行为人之间的交叉感染的负面效果。这一点已经为学界所充分注意。监狱犯罪场对有组织犯罪的孕育作用,再一次证明了这一规律。

4. 犯罪组织的形式

对于犯罪组织的形式,调查结果显示:在总共 7 个犯罪组织中,有合法营业机构的犯罪组织数量有 5 个。这些犯罪组织依托货运公司、娱乐公司等合法注册的营业机构从事黑社会性质犯罪活动。在 7 个犯罪组织中,没有合法营业机构的犯罪组织数量有 2 个。这两个犯罪组织都是从事为地下赌场发放高利贷等违法犯罪活动。犯罪组织内部都以"公司"成员相互称呼,但是并没有注册设立合法的营业机构。在 7 个犯罪组织的 7 名首要分子中,有两个人具有公司或者企业的董事长、总经理身份。

可以看出,当前,黑社会性质组织采取方式最多的就是以成立"公司"或其他经营形式为掩护,掩盖组织形式,用表面经营活动掩盖非法手段,用公司利润掩盖非法获利。

（五）犯罪行为的特征

调查显示,当前,上海地区有组织犯罪的行为特征如下:

1. 行为类型

从判决书上分析,有组织犯罪的行为人中,构成故意伤害罪的有 18 人次,占10.2%;构成抢劫罪的有 16 人次,占9.1%;构成非法拘禁罪的有 5 人次,占2.8%;构成敲诈勒索罪的有 5 人次,占2.8%;构成贩毒罪的有 5 人次,占2.8%;构成赌博罪的有 11 人次,占 11%;其他罪名的有 123 人次,占 69.9%(包括黑社会犯罪的 3 个罪名)。

2. 犯罪对象

见图 8:

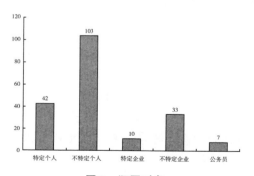

图 8　犯罪对象

在有关有组织犯罪的犯罪对象的调查中,结果显示,以特定的个人为犯罪对象的有 42 个,占 23.9%;以不特定的个人为犯罪对象的有 103 个,占 58.5%;以特定企业为犯罪对象的有 10 个,占 5.7%;以不特定企业为犯罪对象的有 33 个,占 18.8%;以公务员为犯罪对象的有 7 个,占 4%;信息缺失的有 1 个,占 0.6%。

3. 犯罪手段

在有关犯罪手段的调查中,结果显示用枪支弹药的有 4 个,占 2.3%;使用管制刀具的有 98 个,占 55.7%;使用其他手段的有 87 个,占 49.4%;信息缺失的 22 个,占 12.5%。

(六) 有组织犯罪的经济性特征

经济性特征是有组织犯罪的重要考察维度,在有组织犯罪调查中具有特殊的重要意义。在有关有组织犯罪的原因的研究中,立足于经济因素进行分析考察的"经济论",在理论界具有较大的说服力。经济论的学者以社会人是经济人,有组织犯罪集团是追求经济利益的组织为理论预设,认为追求经济利益是犯罪组织形成的共同目标,从事经济活动是犯罪组织生存发展的重要途径,拥财膨胀得势是犯罪组织蔓延的必然结果。[1] 在有关上海地区有组织犯罪的实证研究中,也有学者分析指出,犯罪目的趋于单一化,经过近十年的发展,上海地区有组织犯罪活动有一个明显的趋向,就是集中于谋取非法的经济利益。[2] 本调查报告再一次印证了上述论断。

在针对犯罪行为人进行的获利情况调查中,所有的 103 个调查对象,都获得了经济利益,没有获得经济利益的为零。所以,犯罪行为人普遍表现出逐利性。在针对犯罪组织进行的调查中,在 7 个犯罪组织中,有 5 个通过表面合法的经营机构,从事经营活动,获取经济利益;有 2 个通过发放高利贷方式,获取经济利益。所以,犯罪组织也普遍表现出逐利性。

犯罪组织获取经济利益的主要途径有:

(1)欺行霸市,进行非法垄断,强买强卖。调查发现,这也是犯罪组织最通常的获取利益的途径。这种获取经济利益的形式,犯罪组织经营的内容一般都是合法的,比如从事货运业、娱乐业,其违法性在于通过犯罪组织,以非法的暴力、胁迫等手段排除他人的竞争,垄断市场,独吞利益。这种途径也是当前上海地区犯罪组织最主要的获取利益的形式,约占总数的 70%。

(2)经营非法行业,提供非法商品和服务。黑社会性质组织为了追求最大化的经济利益,往往直接向非法经济领域渗透,经营非法行业,大量攫取不义钱财。这种获取利益的途径,犯罪组织本身经营的内容也是违法的,具有内容和手段的双重违法性。主要包括制造、贩卖、运输毒品,组织赌博,控制色情场所,代为索讨高利贷,收取保护费等非法活动。

(3)犯罪组织中的侵犯财产犯罪。黑社会性质组织在发展初期,多以暴力为手段

---

[1]　参见许新源:《有组织犯罪成长经济论》,连载《公安大学学报》1997 年第 3、4、5 期。
[2]　参见夏健祥:《上海地区有组织犯罪问题研究》,载《政法学刊》2001 年第 1 期。

进行抢劫、绑架、敲诈勒索、强迫交易、盗窃、诈骗等涉及财产的违法犯罪活动。在黑社会性质犯罪中，直接侵犯财产的犯罪在数量上并不少，但是，并不是犯罪组织获取利益的主流途径。

综合分析，当前上海地区的有组织犯罪的经济性特征表现在以下几个方面：①犯罪组织普遍具有逐利性。②犯罪组织成为追逐经济利益的手段。行为人成立、参加犯罪组织的目的并不在于犯罪组织本身，目的在于通过犯罪组织获取经济利益。③在犯罪组织合法成立的营业机构中，一般来说，营业的内容是合法的，其违法性表现在营业手段的违法。

（七）有组织犯罪的"保护伞"

在理论上，学界一个比较有代表性的观点认为：目前我国有组织犯罪大多具有"保护伞"的特点。[1] 有学者还认为我国有组织犯罪的"保护伞"会向更高一级发展。[2]

但是，实际调查显示的结果与此恰恰相反。本次调查中，没有发现存在包庇、纵容黑社会性质罪的案例。也就是说，没有发现所谓的"保护伞"的存在。可以作为佐证的另一个调查也证明：根据调查，山东省的黑社会性质组织，大部分不具有"保护伞"或者"保护伞"不明显，只有个别组织表现出利用国家工作人员的包庇或者纵容。[3]

理论上的分析和调查得出的结论为什么截然相反，值得进一步研究。

（八）有组织犯罪的发展趋势

关于有组织犯罪的发展趋势的探讨，是一个比较宏大的问题，涉及许多方面，需要大量的数据支持。由于本阶段还仅仅是实验性调查，受客观原因所限，本调查报告仅仅讨论其中的有组织犯罪的国际化问题。

学界的通说认为，有组织犯罪在我国的发展趋势是，与境内外的犯罪组织联系日益紧密，有组织犯罪的国际化趋势日渐加剧。但是，本次调查无法得出该结论。

通过本次调查显示，103 个被告人都是中国人，没有外国籍人。103 名被告人全部为汉族。该结果不能完全否定有组织犯罪的国际化趋势，但至少从调查结果的范畴来看，可以说明一点，没有外国籍人在上海地区从事《刑法》第 294 条规定的黑社会犯罪活动。

考察入境发展黑社会组织罪的犯罪情况。从已有的 13 份判决书中，判处入境发展黑社会组织的有 1 份，涉及犯罪嫌疑人 1 人。该结果说明，我国的有组织犯罪确实有国际化的因素，但无法印证国际化趋势日益加剧。

但是，有文献资料显示，据统计，自改革开放以来，已先后有 50 余个分别来自美国、日本等国和我国港、澳、台地区的黑社会组织成员共 500 余人潜入上海，如日本的"山口组"，香港特别行政区的"十四 K""新义安"，台湾地区的"竹联帮""四

---

① 参见康树华主编：《当代有组织犯罪与防治对策》，中国方正出版社 1998 年版，第 94—114 页。
② 参见靳高风：《全球化趋势与中国有组织犯罪的发展》，载王牧主编：《犯罪学论丛》（第 2 卷），中国检察出版社 2004 年版，第 365—368 页。
③ 参见张笋：《山东省 2006 年黑社会性质组织犯罪调查分析》，山东大学 2006 届硕士论文。

海帮""天道盟"等,他们策划组织了各种犯罪活动,如逼债勒索、绑架人质、招娼卖淫、聚赌抽头、伪造护照、组织偷渡等。以制贩假币为例,上海每年都要破获几十起境外黑社会组织的制贩假币案,涉及的币种有人民币、港币、美元、日元等,严重扰乱了我国的金融市场。① 可以看出,本次调查的结果与有关文献提供的数据之间的差距非常大,值得进一步分析。这其中有几种可能性,第一种是上述文献本身不可靠。但问题并不止一份文献主张有组织犯罪的存在国际化日益加剧的趋势,而是几乎成为理论界的通说。另一种可能是境内外的黑社会组织成员在我国境内实施《刑法》第 294 条之外的具体的犯罪行为,并没有被判处《刑法》第 294 条规定的罪名。例如,境外黑社会组织成员在我国境内实施绑架、贩毒等犯罪行为,法院依其具体行为判处绑架罪、贩卖毒品罪等相应的罪名。

(九) 被害人情况

1. 犯罪被害人情况

关于被害人的类型,属于自然人被害的有 123 个,占总数的 87.2%;属于法人的有 4 个,占 2.8%;两者皆有的有 14 个,占 8%。

被害人的职业调查中,信息缺失的有 43 人,占 29.3%;属于企业人员的有 19 人,占 12.9%;属于城市无业人员的有 2 人,占 1.4%;属于其他的有 83 人,占 56.5%。

2. 侵害发生的时间和地点

调查发现,侵害发生的时间和地点为工作或者上学途中的有 37 人,占 21%;下班或者放学途中的有 2 人,占 1.1%;在家期间的有 5 人,占 2.8%;其他选项的有 83 人,占 47.2%;信息缺失的有 35 人,占 19.9%。

3. 侵害发生的原因

因为偶然被害的有 41 人,占 23.3%;因生活纠纷被害的有 12 人,占 6.8%;因经营纠纷被害的有 24 人,占 13.6%;因争斗被害的有 1 人,占 0.6%;因其他原因被害的有 74 人,占 42%;信息缺失的有 1 人,占 0.6%。

4. 侵害造成的后果

关于侵害造成的后果,调查结果如图 9:

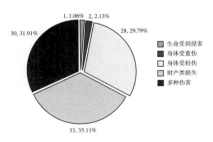

图9 被害种类(人数,占比)

---

① 参见夏健祥:《上海地区有组织犯罪问题研究》,载《政法学刊》2001 年第 1 期。

可以看出,生命受到侵害,也即是被害人死亡的有1人,占1.06%;身体受重伤的有2人,占2.13%;身体受轻伤的有28人,占29.79%;财产类损失的有33人,占35.11%;多种伤害的有30人,占31.91%。

5. 被害法人(单位)从事行业

调查结果如图10所示:

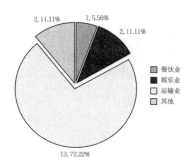

图10　被害法人从事的行业(数量,占比)

调查结果显示,在被害的18个法人单位中,从事餐饮业的有1个,占5.6%;从事娱乐业的有2个,占11.1%;从事运输业的有13个,占72.2%;从事其他行业的有2个,占11.1%。可以明显看出,受黑社会犯罪祸害最大的为运输行业,其次为娱乐业、餐饮业等。

在上海地区,绝大多数有组织犯罪行为人被判处10年以下有期徒刑,其中,判处3至10年的最多。参加犯罪的行为人有近3/4的行为人并不悔罪,绝大多数人没有立功表现。

从犯罪的组织结构来看,上海地区黑社会性质组织大致可以分为三种类型,其中以金字塔型最为常见。超过2/3的成员加入同一犯罪组织超过3年,犯罪组织结构的稳定性,其成员的固定性。组织成员之间的关系"犯罪场"特征,诱发犯罪的辐射作用明显。黑社会性质组织采取方式最多的就是以成立"公司"或其他经营形式为掩护,掩盖组织形式,用表面经营活动掩盖非法手段,用公司利润掩盖非法获利。其犯罪行为类型以故意伤害罪、抢劫罪、非法拘禁罪、敲诈勒索罪、贩毒罪、赌博罪、寻衅滋事罪等居多。犯罪手段以暴力型居多。

就犯罪组织的经济性特征而言,表现在以下几个方面:①犯罪组织普遍具有逐利性;②犯罪组织成为追逐经济利益的手段。行为人成立、参加犯罪组织的目的并不在于犯罪组织本身,目的在于通过犯罪组织获取经济利益。③在犯罪组织合法成立的营业机构中,一般来说,营业的内容是合法的,其违法性表现在营业手段的违法。

调查中没有发现存在包庇、纵容黑社会性质罪的案例,有组织犯罪向政治领域渗透的趋势不明显。当前,有组织犯罪确实有国际化的因素,但不能得出国际化趋势日益加剧的结论。

关于有组织犯罪的被害人,以自然人居多,同时存在不少的被害法人单位。受黑社会犯罪祸害最大的为运输业,其次为娱乐业、餐饮业等。

打击涉枪犯罪宜宽严相济[*]

2014 年 4 月,贵阳警方破获的涉枪特大案件震惊了全国,近日披露的沪警方捣毁网络销售仿真枪平台事件也引起人们的广泛关注。人们在思考,在我们这样一个历来对枪支进行严管严控的国家,为什么会出现这样严重的问题?是否在应对新形势方面出现了一些偏差?

一、涉枪犯罪的立法缺失

《中华人民共和国刑法》(以下简称《刑法》)对涉枪犯罪(包括管制刀具等杀伤性武器,下同)作出了详细而严格的规定:第 125 条至第 130 条,用 6 个条文、9 个罪名规定了涉枪犯罪的各种样态、构成要件和轻重不同的刑罚(重的直至判处死刑,轻的可以判处拘役、管制),打击范围之广、处罚力度之大在世界范围内的刑法中都是罕见的,为执法机关从重从快打击涉枪犯罪提供了法律依据,但仍有一定的欠缺和不足之处,尤其是刑事政策的把握不够到位,这或许是近期出现覆盖面如此之广,制枪贩枪情节如此严重的犯罪的一个重要原因。

笔者认为,现有立法欠缺大致有以下两个方面:

一是某些罪名之间,罪刑轻重不均衡。比如《刑法》第 130 条的非法携带枪支、弹药、管制刀具、危险物品危及公共安全罪和第 128 条的非法持有、私藏枪支、弹药罪之间:前者规定非法携带枪支、弹药、管制刀具或危险品,进入公共场所或者公共交通工具,危及公共安全,情节严重的,处 3 年以下有期徒刑、拘役或者管制;而后者规定对非法持有、私藏枪支弹药的,处 3 年以下有期徒刑、拘役或者管制,情节严重的,处 3 年以上 7 年以下有期徒刑。实际上,前者是现实危险犯,行为人携带枪支等已经进入了公共场所,危及了公共安全,却要情节严重才构成犯罪,处 3 年以下有期徒刑、拘役或管制。而后者是抽象危险犯,行为人持有或私藏枪支等,并没有进入公共场所,不过是在自己家里,并没有现实的危险,却无须情节严重就构成了犯罪,处 3 年以下有期徒刑;情节严重的,要处 3 年以上 7 年以下有期徒刑。两者在刑罚的轻重上显然失衡,对非法携带枪支、弹药、管制刀具、危险物品危及公共安全的行为处罚力度不足,不利于对此类行为的预防和打击。

---

[*] 第二作者陈玲,原载于《法制日报》2014 年 5 月 21 日。

二是某些罪名的法律用语不准确，可能导致打击面过宽。比如《刑法》第125条的非法制造、买卖、运输、邮寄、储存枪支、弹药、爆炸物罪，该条文中的"买卖"往往被理解成只要有买或卖的行为之一，就足以构成买卖枪支罪，即使情节不严重也要适用3年以上10年以下有期徒刑。实际上，这种机械的理解并不妥当：《现代汉语词典》将"买卖"解释为"生意"，其本质是一种买进再卖出的商业经营活动，仅仅是为自己使用而买进的行为不能叫"买卖"。正因为对"买卖"两字不正确的理解，再加上没有明确的司法解释，导致法院在判决中将大量的只购入不卖出的爱枪者作为买卖枪支者处理，无须情节严重就判处3年以上10年以下有期徒刑，扩大了打击面。

二、打击涉枪犯罪应注意的问题

此外，从司法实践层面上看，也有以下四个值得注意的问题：

一是随着信息化全球化的发展，网络游戏涉枪涉暴的内容越来越多，青少年爱好者、模仿者层出不穷，人数庞大，形成了大批的爱枪的后备军。此外，随着网络购物的普及化和便利化，以及互联网金融的发达，网上购枪变得更加容易和隐蔽，也就是说爱枪购枪的后备军人数众多，一味从重打击不是好办法，要寻找既治标又能治本的好办法，其中最重要的就是增强民众的安全意识和法律意识。司法实践中，许多人却对这些法律规定没有足够的认知，认为单纯持有枪支、弹药和买卖仿真枪不会触犯法律，从而一不小心就走入了违法犯罪的深渊。因此，我们应当进一步普及枪支弹药的危险性以及国家相关枪支管理法律规定，从而让枪支爱好者在法律允许的范围内发展自己的兴趣爱好，让群众参与到涉枪犯罪的防控中来，充分发挥警民合作的优势，共同构筑社会安全的防线。

二是我国现行《刑法》涉枪的6个条文、9个罪名，罪名和刑罚排列从重到轻，比较完备，各种规定也留有一定余地。因此，在目前紧急情况下，即使不修订现行法律，不出台新的司法解释，只要司法机关切实把握好"宽严相济"的刑事政策，注意在司法实践中保护青少年，对初犯、偶犯、仅仅制枪、购枪（尤其是仿真枪和3D打印枪等）自用欣赏等社会危害性较小的行为给予从宽处理，从轻、减轻判处，就能最大限度地缩小打击面和社会对立面，取得良好的社会效果和法律效果，同时集中力量打击对极少数涉枪的暴力恐怖犯罪活动和其他恶性犯罪，维护社会稳定和安全。

三是从世界潮流看，管控枪支主要不靠刑法，而是靠加强管理。且不说美国社会枪支泛滥无法严控，即使像大陆法系严控枪支的国家，如日本、德国和法国等，也没有将非法持有枪支等犯罪列入刑法典的正式条文。从我国国情看，将持有私藏枪支等犯罪列入刑法是有必要的，但同时不能疏忽其他管控手段，尤其在网络发达的今天，更是要注重预防与疏导，加强网络监督和布防，密切关注相应论坛的动向，恰当地参与论坛交流和讨论，适时进行枪支安全和法律知识普及，引导网络思想发展，并及时发现网络不法交易苗头或涉枪犯罪线索，将相关违法犯罪行为扼杀在萌芽阶段，阻止违法犯罪活动的进一步发展。

四是司法实践中对涉枪犯罪行为的认定存在某些不合理的做法。比如,实践中对某些找不到"卖枪者"的持有枪支者,就以持有枪支罪认处,判处 3 年以下有期徒刑;而对交代"卖枪者"或找到"卖枪者"的持有枪支者,就按买卖枪支罪论处,处 3 年以上 10 年以下有期徒刑,这种做法显然不妥。因此,司法实践中,我们应该对枪支"买卖"作严格解释,为自己使用而"买"的行为不构成"买卖"。从而将大量的只购入不卖出的爱枪者排除在枪支买卖者的范围之外,不管其是否供述"卖枪人",其行为性质都不会是"买卖"枪支,从而打消"买枪人"交代上家"卖枪者"的后顾之忧,提高"买枪人"交代上家"卖枪者"的积极性,因为在罪名不变的情况下,积极供述上家"卖枪者",为公安机关打击涉枪犯罪提供线索的,能酌定从轻处罚,处 3 年以下有期徒刑的,可以争取缓刑。

　　综而论之,我国应该加强对枪支的控制和管理,但同时也要注意,在刑法层面不能打击面太广、处罚过重,以符合世界潮流,并且挽救和教育大多数,缩小社会对立面。

日本怎样判决出版《查泰莱夫人的情人》有罪*

前几年,我国曾对《查泰莱夫人的情人》一书发生争议。这个争议,涉及如何认定淫秽作品的标准问题。去年,笔者访问日本,了解到早在二十余年前日本法院曾判处翻译以及出版这部小说的人员犯了贩卖猥亵文书罪。

根据公诉事实,被告人小山久二郎作为某出版社的社长,安排出版 D. H. 劳伦斯的著作《查泰莱夫人的情人》一书,并委托被告人伊藤将该书译成日文。他们在明知该书有露骨的性描绘内容的情况下,将该书分成上下两卷出版,在 1958 年 4 月至 6 月期间,将该书的上卷约 8 万册、下卷约 7 万册卖给了日本图书出版销售公司,实施了贩卖猥亵文书的行为。

《查泰莱夫人的情人》一书无疑是本畅销书,但它却违反了《日本刑法》第 175 条,属于被禁止发行之列。《日本刑法》第 175 条"对猥亵文书的散布等"规定:"散布或贩卖或公然陈列猥亵的文书、图画或其他猥亵物的,处二年以下惩役或五千元以下罚金或罚款。以贩卖为目的而持有的,亦同。"然而,这本书在英国文学界是获得好评的,从艺术的观点来看,有相当高的评价,劳伦斯的这部长篇小说被认为是一部思想深刻的作品。因此,该判决作为日本国最初的文艺裁判,就关系到与宪法上的创作自由的关系,涉及性与科学、艺术的关系,正因为这一判决关系到这一系列的重大问题,所以受到法学界、文艺界以及各界人士和广大国民的普遍关心。

1962 年 1 月,日本法院作出一审判决。判决认为,虽然该书中的性描写与所谓"春宫书"中的性描写有区别,但由于该书不仅仅以研究劳伦斯思想的专家作为对象,而且辅以刺激性的广告方法,所以,广大一般读者是当做通俗性的爱情小说来接受的。正因为如此,该书就相当于《日本刑法》第 175 条的猥亵文书,被告人小山有罪,被告人伊藤仅仅是个翻译,在贩卖方面不起作用,所以应无罪。

对于这个判决,检察官和被告辩护律师都提出抗诉和上诉。1962 年 12 月,法院作出二审判决。判决认为,首先,就"猥亵"的定义而言,应维持日本最高法院历来判例所持的立场,虽然关于性道德观念的社会一般观点随着时代的变迁而逐渐变得缓和了,但无论如何不能超越"性行为的非公开性"这一原则,这一界限是不允许突破的。如果客观上的判断超出了这一界限,那就是滥用宪法上的创作自由,就符合猥亵文书的要件。因此,把猥亵文书仅仅限定为"春宫书",那就不免失之狭隘。而且,就艺术性和猥亵性的关系而言,由于艺术性不在于是减少还是增强了性刺激,所以,艺术作品也有可能是具有猥亵性的,从而构成《日本刑法》第 175 条的针对性秩序的抽

---

* 原载于《新闻记者》1992 年第 6 期。

象危险犯,它并不要求具体危险的发生。从这一点出发,可以看到第一审判决有疑问,因为它是根据作品的表现手法如何来判断是不是猥亵书刊的。本罪故意的认定,只要是认识到有性描写的记载就足够了;不要求对猥亵性进行价值判断。根据上述理由,第二审撤销了第一审判决,认定两被告人有共犯关系,判决伊藤也有罪。

与此相反,辩护人认为,这一判决错误地解释了宪法上有关创作自由的各条款,对创作自由进行了不适当的限制,因而是违法的。辩护人以此为理由向最高法院进行上诉。他们认为,因言论、出版方面的问题而受刑事处罚的事应尽量减少。从价值的立场看,只有在无价值或有害无益的情况下才能考虑。这时,应从文书(包括书刊)的整体进行判断,必须考虑作者的创作意图和目的,而不是根据给某一部分人所留下的感性印象。应当对文书(书刊)作出客观的性质上的价值判断,因此,本罪的故意必须包含对书刊的无价值和有害有认识。

日本最高法院最后驳回了上诉。驳回的理由是:"《日本刑法》第 175 条中的所谓'猥亵文书',是指其内容无益地兴奋或刺激性欲,损害普通人对性的正常的羞耻心,违反良好的性道德观念的行为。""即使是艺术作品也会有猥亵性","认定《日本刑法》第 175 条规定的贩卖猥亵文书罪的犯意,只要对这种猥亵内容的存在有认识以及对散布、贩卖这些文书有认识就行了"。"《日本宪法》第 21 条所保障的创作自由不是没有绝对限制的,不允许违反公共利益。……而且,保护性秩序,维持最低限度的性道德本身就是公共利益的内容,这一点也是没有疑义的。""旧《出版法》第 27 条和《日本刑法》第 175 条有特别法与普通法的关系……(因此)虽然作为特别法的出版法被废除了,但在目前的情况下仍然应当认定可以适用《日本刑法》第 175 条。"

关于查泰莱案件的最高法院的判决,在日本是首次正式表明了对文艺裁判的最高法院的态度,它在日本猥亵法的判例史上有极其重要的意义,带来极大反响。而且,该判例所表明的立场,数十年来指导着判例理论,可以说基本上是妥当的。

本案的判决理由,涉及猥亵的概念定义、判断标准、艺术性和猥亵性的关系、《日本刑法》第 175 条的故意等,关系到《日本刑法》第 175 条解释的许多问题。特别还涉及了《日本刑法》第 175 条和《日本宪法》第 21 条的创作自由的关系。

首先,就《日本刑法》第 175 条与《日本宪法》第 21 条的关系而言,辩护人的上诉理由主张,"由于《日本宪法》第 21 条所保障的创作自由像其他关系到基本人权的条款,如《日本宪法》第 22 条(居住、迁移自由等)、第 29 条(财产权)那样,并没有明示可受限制,所以,即使出于公共利益,也不能对其加以限制。"与此相反,本判决的理由认为:"不能拘泥于对宪法上保障基本人权的各条款的限制是否有明示。《日本宪法》第 12 条、第 13 条已经规定不得滥用以上各种权利,必须以保障公共利益为前提。绝对不受限制的东西是没有的。"

日本学者认为,《日本刑法》第 175 条并没有违反《日本宪法》第 21 条,它是符合宪法精神的,可以说,本案判决理由的逻辑是三段论法,其结构如下:"①保护性秩序,维护最低限度的性道德的刑法构成了公共利益的内容;②为了维护公共利益而限制创作自由是合乎宪法的;③因此,《日本刑法》第 175 条是合乎宪法的。"

确实,认为《日本刑法》第 175 条本身是违法无效的观点在学说上并不多见。但也有一些日本学者认为,创作自由当然不能毫无限制,不过,对其也不能简单地加以限制,这在宪法上也有明确规定。在日本,居住、职业的自由可以说是个人的事情。但创作的自由却关系到科学、文化、政治的整体,它们构成其发展的基础。而判决理由在阐述限制创作自由必要性的同时却很少提及保障创作自由,这也有缺陷。

日本学者还认为,所谓猥亵书刊,是指能刺激兴奋人的性欲,或能满足性欲的书刊。不过,科学性的著作,论文或文艺作品,也有可能公开刺激、兴奋性欲,这就提出了一个课题,即如何确定猥亵文书与学术著作乃至文艺作品的界限。假借科学、艺术之名的猥亵书刊,当然不允许出版发行。但宪法至少是保障创作自由乃至学术自由的,所以,必须划清这一界限。

即使是描写同一件事情,作者如何把它表现出来,也有可能根据行为者主观上的意图如何而进行描写,如果是为了迎合某些读者的庸俗趣味去描写作品,那就是猥亵书刊。因此,围绕着是否猥亵文书来判断,不可否认,行为者的主观意图如何将起很大作用。学术著作、文艺作品对文化的贡献,就在于用净化的表现形式,抛弃猥亵性来正确地表达行为。在这个意义上,就有充分理由来说明学术著作和文艺作品不会成为猥亵文书。但仅凭作者的主观意图,以简单的基准未必能划清艺术与猥亵的界限。

正如判例理由所表明的那样,不能仅仅以行为者的表现手法如何来加以区分,也不能仅仅以作者的主观意图如何来区划。而应以是否侵犯社会一般的性的观念这一点来加以客观的把握,并以此为基准才较妥当。然而,什么是社会一般的性的观念呢?应当坦率地承认,社会对一般的性的观念的认识是动荡不定的,常常对同一件事物有着不同的评价。

有些学者对猥亵文书采用了相对性这一概念。其含义是:即使是科学性的或者是艺术性的作品,也可能由于对作品的表现手法不同,而认为整部作品具有猥亵性。可是,有关猥亵性(即中国法律文件中所提的"淫秽性")的客观标准的设定,应以本质上是学术著作或艺术作品,还是其本身是否同时也可以成为猥亵文书这一点作为评价标准;而不能以作品的表现手法如何来改变对猥亵的评价。所以,一些学者认为,虽然可以承认相对性淫秽书刊这一概念,及这一概念所具有的机能和效果,但必须注意到,仅仅使用这一概念,是不能解决问题的。

客观基准的设定,归根到底,要求对作品作出全面评价。因而,就作品的整体而言,即使作品的某一章节有淫秽性的内容,只要其猥亵部分并不影响其整部作品精华的价值,就不能称其为淫秽书刊,这就带有全面评价的意义。应该用这样的观点来评价《查泰莱夫人的情人》一书。从这一立场出发,必须先对全书作出无价值或有害的判断,才能判定其属于淫秽书刊。

反之,也有一些人认为,认定某本书刊是否属于淫秽书刊,无须对全书作出整体性的价值判断,即不管这本书从整体上看是否有害;只要书中某一淫秽情节的描写违反了"性行为的非公开性"这一原则就足够了。因而,本罪故意的认定,只要是认识到有违反上述原则的性描写的记载就足够了;不要求对淫秽性情节进行价值判断,更不要求对全书作出价值性判断。

经济刑法论衡

第三编

法哲学、法理学、法文化

全人类的道德和阶级道德的相互关系（译）[*]

  道德的阶级性并不排除在每个阶级的道德体系中都包含全人类性的因素。只有形而上学的偏见才把每一个阶级的道德看做某种闭塞的范围，绝对不同于其他道德体系，与它们毫无共同之处。如果真的如此，人们就不能使道德经验成熟起来并传给下一代。马克思列宁主义伦理学承认道德的全人类因素的存在，这种道德的内容与阶级的内容相互之间是一种复杂的辩证关系。阶级的道德与全人类道德的矛盾和对抗不是绝对的，而是相对的。恩格斯认为，在考察现存道德时，三种道德体系同时存在，即封建基督教的、资产阶级的和无产阶级的道德，在它们当中不能不存在许多共同点。因为它们全都表现为这种或那种各不相同的历史发展阶段。各种道德体系都包含有这样的共同点，即它们不是建立在不分历史、阶级和民族条件的永恒不变的道德规律的基础之上，而是有机地具有自己特殊的阶级内容：全人类性表现为阶级性。三种道德体系中的任何一种都不是终极的绝对的道德真理。但是，无产阶级的道德包含着更为显著的全社会意义的因素，因为它代表着未来的利益。

  总之，全人类的和阶级的道德不是并列的、相互脱离而孤立存在着的道德层次。全人类性通过阶级因素表现为阶级性，也通过某种单独的，并非和阶级性相对抗的、不依赖于阶级性而存在。所以，各个阶级的道德都具有把全人类性和阶级性统一起来以及使它们互相分开的特点，都具有共同性和特殊性。一切较进步的阶级，都较深刻、较广泛地代表了整个社会发展的利益。所以，它们的道德就表现出更为充分的全人类因素；相反，越是局限于阶级利益的利己主义，同整个社会发展需要的分歧就越大，而在其道德中所包含的全人类的价值就越少。这就是为什么不能把道德的阶级性作为历史上集团利己主义的胜利来描绘的原因。这是一种简单的、宗派主义的态度。但马克思主义伦理学的反对者们正是试图用这种所谓的阶级观点来对待道德的。他们认为，道德就是从理论上为集团利己主义辩护，这就导致了破坏人们行为的道德基础。实际上，只有当阶级利益反对社会进步发展时，只有当道德表现出反动、腐朽的内容时，阶级的道德才成为集团的利己主义。无产阶级的道德最充分地代表了全人类发展的利益，从而意味着它包含着最广泛的全人类因素。剩下的问题是，全人类的道德不能单独地、孤立地脱离阶级的道德体系而存在，马克思主义伦理学不否认全人类道德的存在；而仅仅是摒弃那种对道德的抽象描绘，并断定全人类的道德只有通过革命道德才能体现先进阶级利益。在马克思主义伦理学看来，社会进步的任

---

 * 原作者〔苏〕A. 季塔连科，摘译自苏联《马克思主义伦理学》1980 年版，张绍媛校，原载于《文摘》1981 年第 10 期。

务高于这种或那种无产阶级的局部利益,对这一马克思主义的原理,列宁曾给予专门的注意并指出:"从马克思主义的基本观点来看,社会发展的利益高于无产阶级的利益。"①

那么,道德的全人类性的含义究竟是什么呢?

第一,这是简单的道德规范,是所有人类公共生活的基本规则,它为各个阶级所固有,是千百年来道德的社会发展所产生的结果。是在各个阶级并存的环境中,为了调整人们的行为,而必不可少的规范。其中,它们的一部分表现为无产阶级的家长和子女的关系,年长和年幼、健康和多病,母性价值的确立等。例如,可以这样讲,不论哪一个阶级的利益都会指引人把孩子从着火的房子里救出来,都会指引人冒个人生命危险去预防火车颠覆和飞机失事等。同情心,恻隐之心,援助弱小,宽宏大量、关怀、真诚、友爱、礼貌、谦虚等美德,自古以来就受到各个不同阶级人们的称赞。而虚伪、背信弃义、背叛、冷酷和残暴则总是受到指责。简单的、初步的道德规则构成了一个共同的道德环境。这是为人们所共同需要的,这是道德文化的结晶,没有它,社会的存在就是不可思议的。所有这一切都直接纳入共产主义道德的范围。

第二,道德的全人类因素与某些道德感受的共同心理形式有关,也和某些感情和热情的表达有关。遭到羞辱后,人脸上会产生羞愧之色,这毕竟是各个阶级的代表人物都共有的心理反映。但是,个别人脸上为什么会出现这种羞愧之色,那就是另一回事了,因为不同阶级的人往往对不同的过失感到羞愧。可见,首先是道德规范(禁止、要求、评价、感受和需要)的内容和社会意义是有阶级性的。不同阶级的感觉体会、好感和反感的变化都可能是不一样的。但这些内心变化的心理形式(良心的内疚、羞愧的感觉、后悔等)却是相同的,否则人们便不能够想象别人的道德经验,不能够理解和分享这种经验了。

第三,道德的全人类性应当理解为:历史上的这个或那个阶级通过自己的特殊道德对人类的道德经验所作的积极贡献。关于人的优点不依赖于社会出身和财产状况的观点,关于所有人类一律平等的观点,关于在社会中建立人道主义关系必要性的观点,集体和同志的价值,不能容忍压迫和奴役,等等所有这一切观念的确立都是先进阶级最伟大的历史成果,先进阶级在自己的斗争中确立了这些观念并宣布它们为道德。正如小溪汇成大河一样,先进阶级的个别道德成就,形成了历史发展过程中的全人类道德,这种全人类的道德随着无产阶级社会的建成,它将成为统一的全人类的道德——共产主义道德。关于这个过程,恩格斯写道:"只有在不仅消灭了阶级对立,而且在实际生活中也忘却了这种对立的社会发展阶段上,超越阶级对立和超越对这种对立的回忆的、真正人的道德才成为可能。"②

---

① 《列宁全集》,人民出版社 1961 年版,第 207 页。
② 恩格斯:《反杜林论》,人民出版社 1970 年版,第 92 页。

也谈道德继承问题*

在我们的社会主义社会中,同时存在着各种不同类型的道德:有封建的、资产阶级的道德,也有小资产阶级和其他中间阶级的道德,而占统治地位的是社会主义、共产主义道德,它是为社会主义的经济基础服务的。封建、资产阶级的道德代表着过去;小资产阶级和其他中间阶级的道德也正在改造中;唯有共产主义道德才代表着现在和未来,具有光明而远大的前途。

共产主义道德和其他类型的道德,特别是历史上统治阶级(封建的、资产阶级的)道德究竟有没有批判地继承关系呢? 这是一个争论了将近二十年的老问题。在 1962 年至 1964 年的争论中,占压倒优势的观点认为,无产阶级不能继承历史上统治阶级的道德,因为任何一个阶级的道德都是一个有机的整体,不能从敌对阶级的道德中吸取什么来丰富自己;对于历史上统治阶级的某些伦理学的思想资料可以进行批判继承,而他们的道德规范和准则则无法批判继承。① 当时只有吴晗、王煦华等少数同志坚持"无产阶级可以批判继承历史上统治阶级道德"的观点。

近两年来,报刊上又陆续发表了一些文章,重新讨论了道德的阶级性和继承性问题。近来发表的文章,基本上都倾向于无产阶级可以批判地继承历史上剥削阶级的道德。但也有文章说,道德的非阶级性(人民性、民族性、全社会公德等)则表现出道德的历史联系性②,而"道德的阶级性使不同类型的道德互相区别开来,道德的非阶级性使不同类型的道德之间有了继承性"。

我们不能同意无产阶级不能继承历史上统治阶级的道德规范和原则但可以继承他们的伦理学资料的观点。我们也不能同意道德的非阶级性道德有了继承性,而阶级性只是用来划分不同类型道德的。笔者认为,所谓道德继承性的含义,是指新事物在否定旧事物的过程中,弃其糟粕,取其精华,无产阶级可以也应该吸取一切类型的道德中进步合理的因素,从而创造出更高类型的道德。道德的非阶级性乃是道德继承的一般因素,它不能脱离具体的、阶级的道德准则而存在,并与阶级性是具体地、历史地结合在一起的,这是一般与特殊的关系。道德继承应当从这种普遍与特殊相结合的角度出发去进行考察。

为了弄清道德继承的途径和方法就有必要首先研究道德的形式及其表现。道德

---

* 原载于《社会科学》1982 年第 7 期。

① 参见 1964 年 5 月 27、28 日《光明日报》李之眭文章。

② 参见《学术月刊》1980 年第 5 期,第 29 页。

形式是一个完整的总体。但总其观,社会道德有三个主要方面:一是作为社会关系形式的道德;二是作为思想形式,作为阶级的思想体系一部分的道德;三是作为个人社会行为的道德。在现实生活中,这三个方面是统一的不可分割的整体,而其中每一个方面又都有其自身的独立性。下面,我们就从这三个方面来叙述道德的继承性问题。

作为社会关系形式的道德,可使我们找到一定道德关系产生的物质原因是社会原因,也可以找到不同类型道德之间继承的最深刻的物质社会原因。

我们往往把这种稳定的东西称作道德中全人类的因素,例如:在公共生活基础上的关系使相应的道德关系也得以保存下来(遵守公共秩序等)。列宁把这种关系称作数百年来人们就知道的、数千年来在一切处世格言上反复谈到的、起码的公共生活原则。

物质经济条件虽然在变化,但是某些物质关系、经济交往关系却具有相对的稳定性,被长久地保存下来。例如,劳动中的团结协作是原始社会自发形成的道德,虽经千百年的变迁,但由于它有助于解决个人和社会利益的矛盾,有助于促进社会经济和其他事业的发展,是为现实社会经济关系所必需的,因而被保存了下来,并得到发展。

当然,道德关系和物质关系有重大区别:人们所遇到的物质关系是既成的、不以个人的意志为转移,但人们的道德关系却是在一定界限内有意识选择的结果,这种选择的考虑往往由于当时的社会道德舆论的影响或其他因素。

总之,作为社会关系的形式,道德是行为的一定界限,某种道德观念对于不同的阶级具有不同的含义,而这种观念(或规范)又往往是不同阶级所共同具有的。例如"孝",它是中国历史上代表不同阶级利益的不同学派所共同肯定的,并为劳动人民所认可。儒家以"孝悌"为仁义;老子虽菲薄仁义,却要求"民复孝慈";墨家则主张"为人父必慈,为人子必孝"。可见,同一"孝",各家的理解和解释是有极大区别的。此外,由于社会关系是发展变化的,所以,同一道德现象、道德观念,就具有不同的意义,它也有一个演变的过程。例如上面说的"孝"的观念,它原来是和氏族制度末期的家庭关系有关的概念,本来是没有阶级性的道德范畴,但以后儒家却用来巩固封建等级制度而赋予它以阶级的意义,孔子说"孝慈则忠",统治阶级提倡孝慈,人民就会有忠君之德了。但是孔孟还没有把"孝"看做是最高道德,当时(封建上升时期)所谓"孝"也不是把父权绝对化,绝对父权的"孝"乃是明代以后的事。

弄清了作为社会关系形式的道德,我们就不会把道德关系简单化,不会笼统地把某种道德观念归入"非阶级性"的范畴而统统继承下来,同时把另一些道德观念归入"剥削阶级性"的范畴而一概抛弃。

研究作为思想形式,作为各个阶级思想体系一部分的道德,也是十分重要的。

反映人的道德品质和人的行为准则的概念、关于人们相互关系的准则和规范的判断,以及已形成的道德的评价,所有这一切,构成社会的道德意识。

当道德思想逐渐成为成文和不成文的准则体系时,就会具有影响社会的力量,并成为认识和研究的对象。此外,道德观点和思想,同社会意识的其他形式有着密切关系,它们都是社会精神文化的一部分,所以,如果不考虑到这种联系和影响,道德中的许多问题,包括继承问题就是不可理解的。

统治阶级的官方道德,对社会中所有人的道德意识都起到很大影响。由统治阶级所组织和控制的道德教育工作,往往具有极大的效力,它通过宗教、学校、刊物、文艺作品、电影、电视等,把有利于自己统治的道德意识灌输到人民的思想中去,这种灌输给人民的道德不是任意选择的,而是从阶级利益出发,经过深思熟虑的。这个任务是由统治阶级的思想家们来完成的。

但是,统治阶级在社会上所提倡的道德,虽然是自己所需要的,对自己有利的,但他们本身却往往不去认真实践。统治阶级把这些道德作为所有人都必须遵守的规范和准则加诸社会。所以,统治阶级的道德往往以全社会的面貌出现。

我们还要考察作为个人行为的道德,因为道德继承决不只是一个抽象的过程,而是一个通过具体的人的行为来实现的。而各个不同的时代,各种不同类型的道德又有共同的个人行为道德特征。这些共同特征概括地说有以下四个方面:①道德行为集中表现在每个人对别人利益和命运的态度上;②道德行为都有其自觉性的一面;③道德行为都经历过一个主观的、内心选择的过程;④道德行为是通过内在动机越出意识范围,进入现实生活而实现的。这四个方面的结合,为我们考察道德行为的继承性提供了一条清晰的渠道。我们看到,这四个方面都离不开个体的心理意愿和行为情感。而这种意愿、情感、道德意识就是现实的道德行为的原发性动机或目的。无论在逻辑上还是在时间上,它都居于行为之先。

因此,如果将道德准则作为可施诸社会教育领域的内容,那么个体的道德行为教育在这里就具有首要地位。应该对个体的道德实践提出树立主体性的要求,要求个体道德行为具有担负整体的社会存在和发展的义务和责任感。中国古代哲人的著作中,存有大量"内圣外王"之道的议论;屈原的《离骚》则表达了那种为担任全民族命运的责任感。这种责任感和道德义务表面上似乎是超时代超阶级的。但是,正是在这种义务和责任中,个人与整体、个人与社会才真正、历史地统一起来。同时,历史告诉我们,个人对社会、全民族、全人类的这种义务、责任、情感只有通过个体人的自觉的有意识的理性才能实现。而这又是道德的世代积累("社会心理结构")和今世的道德教育的结果。因此,道德继承性不可能是特定时代的具体内容的继承,其内容随时代、社会、阶级具有极大差异,甚至对抗;但也不是语言外形式的继承,不是借用或沿袭道德的名词和概念。实际上继承下来的应是人类"心理结构的内形式"①,即社会关系形式的道德、思想形式的道德以及个体形式的道德三者的有机结合体。

总之,社会关系、思想形式的道德规范和标准都要通过个人的道德行为来实现,而个人的道德行为又是社会关系、思想意识形态的反映。所以,历史上统治阶级的道德规范、原则与作为个别伦理学家提供于世的记录当时道德行为的思想资料是一致的。我们对于历史上道德的继承,既不能仅从"阶级性"或"非阶级性"出发,也不能从对道德规范与思想资料的绝对划分出发,而只能从具体的、历史的批判分析开始,

---

① 李泽厚:《康德哲学与建立主体性论纲》。

取其精华,去其糟粕地来进行。

我们都承认共产主义道德是人类道德的最高、最完美的典范,但是以往似乎流行着这样一种看法:共产主义道德只能继承历史上劳动人民的道德。大家知道,由于劳动人民长期为生计所困,除了一部分寓言、民间传说、谚语等外,不可能直接产生自己完备的伦理道德学说,劳动人民的不少道德思想还是在统治阶级思想家的著作中零零碎碎反映出来的。如果共产主义道德只有这一支源头的话,那么就很难想象它会具有强大的生命力。

我们必须打破这些"左"的框架,理直气壮地说:共产主义道德不仅建立于强大的社会主义经济基础之上,而且还吸收了人类道德的一切精华,包括历史上统治阶级道德中的精华。

共产主义道德,从其基本内容看由三个部分组成:一是历史上一切道德的进步合理因素;二是从社会主义经济基础上产生又反过来保护这一经济基础的社会主义道德;三是代表着未来的共产主义道德。共产主义道德不仅是奋斗的目标,也是建设社会主义的有力武器,它是在不断战胜旧制度、旧道德的斗争中创造性地吸收全人类的一切物质和精神财富中前进的。

例如劳动的道德评价问题。在阶级对抗的社会里,人们对劳动的态度有着深刻的矛盾。劳动人民把劳动作为自己的美德,他们指责游手好闲和寄生虫。然而,被剥削阶级又把劳动当做沉重的负担,视其为可诅咒的那类东西。"在劳动的历史形式中——即奴隶制、封建制和雇佣劳动制中,劳动永远是某种讨厌的东西,永远是被迫的,相反,不劳动才是自由与幸福。"①

统治阶级对待劳动的态度也是矛盾的?统治阶级也把节俭、热爱劳动、认真办事作为自己的道德规范,在圣经的道德戒条中,在中国封建思想家的著作中,都不乏"爱劳动,尚节俭"的说教。但在实践中,体力劳动的义务全由劳动人民负担,而劳动的成果则由另一部分人享受。封建社会以世袭出身的等级取人,资本主义社会以"金钱多寡"取人,只有社会主义才真正把劳动作为一种道德价值,宣布"不劳动者不得食"为社会主义的原则。这一原则产生于劳动人民思想意识的深处:在几千年的私有制的统治下劳动人民对"不劳而获"的剥削阶级意识就表示出无比的愤恨。同时,这一社会主义的原则也不是与剥削阶级的道德学说没有一点继承关系。例如:在资产阶级上升时期,许多资产阶级思想家都认为,一个人的社会地位应当取决于他的工作能力和积极性,取决于他对社会的贡献,而不能靠门第和金钱,他们中的某些人还提出过劳动对创造人类和改造社会具有重要意义的观点。

社会主义不仅吸取了历史上道德的进步因素,而且在公有制的基础上,创造性地产生了新的劳动价值观点:①社会主义肯定了个人、社会有益劳动的必要性。这样,不仅排除了寄生虫和剥削者,而且因为劳动使人团结,使人平等,所以劳动就包含着最大的道德意义。②劳动的一切形式,都具有同样的道德价值。社会主义消除了体

---

① 《马克思恩格斯全集》(第46卷),第110页。

力劳动和脑力劳动的对抗,并使它们的差别缩小。从道德价值观点看,体力劳动和脑力劳动的意义是相同的。③社会主义把劳动当做个人评价的最重要的标准。

社会主义实行"按劳分配"的原则,这就从根本上改造了人民中某些人厌恶劳动的现象。但是,由于种种条件的限制,在社会主义条件下,劳动仍旧是谋生的手段,还不是人生的第一需要,再加上某些工作条件较艰苦,长期从事同一简单工作,使人感到单调乏味,所以,劳动人民中间仍有人厌恶劳动,社会上轻视体力劳动和服务性劳动的旧习惯势力也还存在,这就从反面说明了道德教育的必要性。

爱国主义也是共产主义道德的一个重要范畴。列宁说过:爱国主义就是千百年来固定下来的对自己祖国的一种最深的感情。爱国主义表现为对祖国命运的关怀,对故乡土地、语言和民族传统的热爱,但它同时也包含着阶级的内容,因它也是一种政治态度。在外敌入侵、民族矛盾上升之际,统治阶级中的一部分人也会站在广大人民一边,参加反抗外敌的斗争。同样,劳动人民对祖国的爱,也表现在他们对剥削阶级的恨。在历史发展的某个时期,劳动人民只有打碎剥削者的统治,才能真正挽救祖国的命运,才能推进社会的发展。

真正的爱国主义和狭隘的民族主义是两回事。一个民族的利益和其他民族是不可分割的,自古以来就有不少思想家和哲学家宣传世界各国之间、各民族之间增强往来。古希腊的德谟克利特就提出过"世界主义"的想法;近代在某些资产阶级思想家中甚至还产生了"世界大同"的想法。然而,这些思想只有在无产阶级登上政治舞台以后,才有可能使其转化,发展成为国际主义。所以无产阶级社会主义的爱国主义和国际主义是统一的。正是这种统一才将无产阶级的爱国主义与封建的、资本主义的爱国主义作出了区别:第一,它和国际主义有机地联系在一起;第二,在社会主义的爱国主义中,阶级性与人民性的矛盾下降了;第三,社会主义的爱国主义同民族自卑心理和妄自尊大、闭关锁国的思想都是不相容的。为祖国! 为民族! 这就是道德继承的"历史具体性"的内在含义。

资本主义监督制和社会主义监督制[*]

马克思说:"凡是直接生产过程具有社会结合过程的形态,而不是表现为独立生产者的孤立劳动的地方,都必然会产生监督劳动和指挥劳动。"^①以"协调个人的活动,完成各种由生产总体运动——和其中各个独立器官的运动有别——生出的一般性功能。提琴独奏演员可以独展所长,一个乐队却需要有乐队指挥"。^② 社会主义社会和资本主义社会都通行大机器生产,都有实行和加强监督制的客观需要,所用的某些监督手段如质询、弹劾等也有些相似。但正如社会主义民主比资本主义民主要高出千百倍一样,社会主义监督制也远比资本主义监督制优越。

资本主义监督制从资本主义生产方式兴起的那一天就产生了,它不仅促进了生产发展,而且在跟封建主义的斗争中,发挥了限制王权和封建领主擅权专断的作用,确曾起过历史的进步作用。但是,当资产阶级取得了政治上和经济上的统治地位后,其反动作用就日益明显起来。

马克思指出,资本主义的指挥和监督在内容上是有二重性的:一方面它是压迫工人的手段;另一方面它又是进行社会化大生产所必不可少的机能。因为它所指挥和监督的生产过程既是形成产品使用价值的社会过程,又是资本的价值增值过程。^③ 马克思还把这种观点从生产领域扩大到国家社会领域,他说:"政府的监督劳动和全面干涉包括两方面:既包括执行由一切社会的性质所产生的各种公共事务,又包括由政府和人民大众相对立而产生的各种特殊职能。"^④

监督这种社会机能,为生产资料所有制的性质所制约。列宁指出:"关于监督的全部问题就在于:谁监督谁,即哪一个阶级是监督阶级,哪一个阶级是被监督阶级。"^⑤在资本主义条件下,任何形式的监督,都是为统治阶级的利益服务的。美国经济学家克拉克指出,监督的目的在于预防垄断集团之间的相互碰撞,减少经济危机。资本主义的辩护士们所标榜的监督的客观性和独立性,在任何资本主义国家中都不可能真正实现。

最近,在资本主义世界里出现了一种新的监督理论:"一般的""总体的"监督。

---

* 原载于《社会科学》1983 年第 4 期。

① 《马克思恩格斯全集》(第 25 卷),人民出版社 1972 年版,第 431 页。

② 《资本论》(第 1 卷),人民出版社 1978 年版,第 350 页。

③ 同上书,第 351 页。

④ 《马克思恩格斯全集》(第 25 卷),人民出版社 1972 年版,第 431—432 页。

⑤ 《列宁全集》(俄文版,第 34 卷),人民出版社 1963 年版,第 175 页。

这种理论从 20 世纪 70 年代初所召开的国家监督学者第七次国际代表大会以后,开始影响大多数资本主义国家,于是,国家监督机关在国家政权体制中变成新型性质的机构,研究者常常称之谓"第四政权"(资本主义国家标榜实行"三权分立",现在又加上了一个监督权)。这种理论以在所有的领域实行国家监督为目的,即实现国家垄断资本主义的全面干涉,以加强金融寡头的统治地位。资本家是决不允许劳动人民破坏他们统治制度的根基的。尽管帝国主义的思想家们力图证明,在现代资本主义社会里,仿佛所有阶级和阶层的利益本质上都调和了,劳动人民和大老板都有权监督国家和垄断集团,然而,由于资本主义的生产国家垄断社会化并没有减少资本家和工人之间的阶级对抗,所以垄断资产阶级不仅公开反对工人所提出的监督要求,而且还总是力图掩盖资本主义国家监督的阶级内容。

在社会主义社会里,监督为广大人民服务,既是镇压敌人的强大武器,也是保卫经济、文化建设的重要工具。它与资本主义监督制有以下基本区别:

第一,资本主义监督制是少数人监督多数人,其内容:一是统治阶级监督、压迫广大劳动人民以保持自己政治上、经济上的统治地位,具有强烈的阶级对立性;二是统治阶级内部的监督,这也是维系资本主义生存所必需的。在社会主义国家里,广大劳动人民是国家的主人,也是监督活动的主要力量,除了极少数敌对分子以外,被监督的对象和监督人员之间,不具有阶级对立的关系。

第二,传统的资本主义监督是通过议会制来实现的,然而,随着议会制危机的出现,在现代西方各国,议会制的监督方法,如质询、调查等就日益缩小意义,解决行政机关和公民权益冲突的公共法庭(英国)的作用也降低了,其受理对国家机关负责人和行政机关控诉的能力也有所减弱。在资本主义垄断的条件下,加紧压迫广大劳动人民、调整统治阶级内部关系的需要和管理任务的复杂化带来了中央各部和主管部门监督机能的加强,并出现了许多新的国家监督机关,在不少国家里都扩大了议会外的,但又用议会名义出面的监督委员会(例如瑞典的议会督察员制度),此外,行政司法机关的监督作用也加强了。总之,资本主义国家是用大力强化国家机器来加强监督的,他们决不会直接依靠广大劳动人民。社会主义监督制采用民主集中制的基本形式,这是民主和集中相结合,自由和纪律相结合的一种制度,它便于广大劳动人民当家作主。还采用了专门机关和广大群众相结合的做法,取得了巨大的成效。例如,在我国解放初期,国家监督机关依靠遍布城乡基层的人民监督通讯员开展工作。同时与工会、农民协会、青年团、妇联及各民主党派保持较为密切的联系,对群众的控告和申诉进行了认真处理。据 1954—1955 年的不完全统计,共帮助 4 个单位节约开支约 1 098 万元,帮助粮食部门挽救有可能霉变损失的粮食 36.9 亿多斤,帮助铁路系统各单位防止和挽回损失 250 多万元。此外,自行查处和交有关部门查处结案的各种案件计有 31.6 万余件。苏联十月革命胜利后的工人监督,工农检察院及其后的人民监委以及南斯拉夫现行的议会代表制度也都起到了反对官僚主义、帮助国家机关改进工作、促进经济建设、防止和严惩浪费与违法乱纪等现象的作用。

第三,从西方国家监督机关的组成及人员看,人数都不太多,机构也不是很大,从影响较大的瑞典的监督制看,其作用最大的议会司法监察专员只有4人,全署工作人员才60人。此外,还有政府任命的监督专员、社会团体、大公司大企业聘请的监察专员。社会主义监督具有广泛的群众性,我国解放初期,从中央到地方,直至每个基层单位的车间和科室一般均设有人民监督通讯小组和通讯员,其成员多数为一般的工人、农民、职员,均由党团社会团体或群众推荐,再经民主投票选举产生。除专职人员外,还有大量的兼职人员。

第四,从思想意识方面讲,在社会主义国家里,被监督的对象和监督人员是一种相互监督、互相促进的新型关系,都应努力学习马克思主义,培养共产主义精神,双方有统一的思想基础,即使对那些违法乱纪分子,只要还可以挽救,仍然在给以各种处分的同时,伴以思想教育。但在资本主义国家里,被监督阶级(劳动人民)和监督阶级(资产阶级)从思想、感情、文化传统、理论素养、道德观念等诸方面均格格不入,双方毫无共同的思想基础可言。

第五,在资本主义国家里,生产资料归资本家私有,物质手段和法律手段都操控在统治阶级手里,因此,所谓劳动人民的监督权毫无法律和物质保障。资本主义国家的宪法虽然宣布人民有许多权利和自由,但唯有两条不在其内:摆脱剥削的自由和获得工作的权利。一个人不能摆脱贫困和剥削,其他一切权利包括行使监督权都成为空话。例如,前两年,美国的卡特和里根竞选总统,单竞选费用就用去近10亿美元,卡特的一次电视演说一分钟就花了10多万美元,劳动人民谁也花不起这笔钱。美国总统当选后,选民根本管不了他,没有一条法律规定选民可以监督和罢免总统。失业的阴影时刻威胁着劳动人民,因此要让工人职员去监督,罢免自己的老板和顶头上司,真比登天还难。社会主义实行生产资料的公有制,消灭了剥削,在我国剥削阶级作为完整阶级也不存在了。个人劳动成为生活资料的唯一来源,公职人员和普通公民都必须劳动并按劳取酬,二者在经济、政治地位上是平等的,所以劳动人民的监督具有物质保障。我国历次普选,选举经费全部由国库开支,对不称职代表、选民或选举单位可以依法罢免。对劳动人民参加各种监督活动,国家不仅提供各种方便,而且还照发工资。在我们的社会里,在民主和法制健全的环境中,工人普通职员跟自己顶头上司之间不是雇佣关系,尽管因揭发顶头上司干坏事而遭打击之事也时有所闻,但从本质上讲,大胆揭发顶头上司违法乱纪,总是得到党、政府和社会舆论的支持,最后总会取得胜利。

第六,资本主义监督制对广大劳动人民来讲,是雇佣劳动制的一部分,因此它也同样具有形式上平等、实际上不平等的特点。美国报刊骂总统、英国海德公园自由发表演说,并不能使总统、首相下台,使资本主义制度崩溃,它并不触及资本主义的根本利益,反倒造成一种假象:似乎人民也有权监督政府和达官显贵,这就掩盖了资产阶级专政的实质。其实,劳动人民的权利和自由,须以不触犯资产阶级的根本利益为限,否则就要受到限制和镇压。例如罢工自由,在美国发生劳资纠纷,要由国家劳资调整局解决(这是个专司监督职能的机关)。如认为纠纷"影响国家安全",法院可以发布80天内不许罢工的命令,同时总统进行调查,如仍没有调整好,工人不同意,总统可以向国会建议,由政府接管工厂。20 世纪 60 年代美国黑人运动,要求民权、反战、反征兵、反传统文化,就曾遭到国民警卫队的镇压。马克思早就说过:"现代国家承认人权,和古代国家承认奴隶制是一个意思。"

　　资本主义监督也有真实性一面,它存在于资产阶级内部,尼克松因水门事件下台就是一例。这种真实性和虚伪性的统一正是资本主义监督制的又一特点。而社会主义就没有这种两面性,无论对谁来讲,它都是真实的,实际的。但是由于经济条件和文化水平等的限制,社会主义监督制还需要有一个完善过程。此外,工作中的失误和无产阶级政党所犯的错误,也会使社会主义的人民监督工作受到损失,我国和苏联都曾有过这方面的沉痛教训。我国新宪法十分强调加强来自人民群众的监督,并从组织上规定了具体措施,自实施以来短短数月,确有成效。这说明,我们一定能创造比资本主义更高明的监督制。

　　第七,西方各国实现监督的方法往往比较复杂,大多数国家的司法审判和行政诉讼,均采用"不告不理"的原则,这固然有不过多干预行政机关正常工作的好处,但它使监督完全处于消极被动状态,也有一些国家,如瑞典的监察专员有权进行主动调查,他们对任何重大问题,无论这些问题是从视察中发现的,还是从报刊、电台、电视台报道中透露的,或是匿名控诉中揭发的,只要认为有必要都可以主动调查,即使如此,其最主要的监督手段也还是受理控诉。

　　社会主义监督的主要活动方法是进行调查、抽查和检查,同时也受理控诉和申诉,这样就使工作具有主动性、计划性,对所发现的问题,视轻重缓急,作出处理。近来,我国各级人大常委会和人民代表,通过各种渠道和形式,加强了监督工作,其方式有视察检查、听取汇报、调查研究、审议提案、定期或不定期地会见群众听取反映等,监督的内容也是多方面的:例如工厂企业在贯彻调整方针中的问题,社会治安工作和青少年犯罪的预防,财政纪律的执行情况,刑法、诉讼法的执行情况,受理群众对国家行政机关和工作人员的意见,环境污染、卫生工作,市场物价,市政建设等,使下情上达,及时解决问题,获得了群众的好评。当然,我们也要防止抽查、检查过多,干扰行政机关工作的现象。社会主义监督把受理人民来信来访作为重要内容,但一般不常采用司法审判,只对其中少数真正触犯刑律之案方移送司法机关,其余的均交各级主管部门处理或由监督机关自行处理。社会主义监督把社会手段(批评、教育、发动群众、讨论评议)和行政手段(罚款、撤职、记过、警告等)结合起来了,这显然比西方各国的监督制高明。

社会主义监督的本质及其实现条件[*]

监督是一种手段,它是为某些社会集团调整社会关系服务的。任何社会都需要有一定的监督,否则整个社会机器就不能正常运转。社会主义监督理应比资本主义监督更完备、更广泛和更有效。但在过去一段较长的时间里,由于多方面的原因,社会主义监督未能充分地发挥作用。本文通过对社会主义监督历史的反思,对社会主义监督的本质及其实现的条件、方法和途径作了理论上的探讨。

由公民或专职机关对国家机关及公职人员进行监督,是一项古老的政治制度。古希腊雅典共和民主制奴隶主国家,就有以"贝壳放逐法"来监督有危险的政治家的做法。我国封建社会的汉、唐、宋、元、明、清等朝代,都设有类似御史台的专门监察机关以监督皇帝以下的文武官吏。到了资本主义社会,监督制更趋完备,仅议会监督就有质询、弹劾、调查等多种内容。社会主义监督即人民监督,就其表现形式而言,包括自上而下和自下而上两种:自上而下,包括人民权力机关对行政、司法机关的监督,党内纪律检查部门对党员干部的监督以及专职机关的监督;自下而上,指公民和社会团体对党和国家机关及其工作人员的监督。

社会主义监督制最完备、最广泛,理应最有效,但事实并非完全如此。在我国,尽管宪法规定人民代表和政府机关的行政领导人由选举产生,受人民监督,但实际上选民们还未真正做到充分表达自己的意愿,人民对自己的代表和领导人,也往往难以监督,更无法行使罢免权。社会主义国家为什么会出现这种现象?其性质如何?怎样才能克服?本文试图以马克思主义关于监督问题的理论为指导,通过对社会主义监督的历史的反思,对社会主义监督的本质、内容及其实现的条件、方法和途径作一些阐述和探讨。

一

马克思在《法兰西内战》一书中认为,巴黎公社是无产阶级和劳动人民"终于发现的、可以使劳动在经济上获得解放的政治形式"。恩格斯在该书的序言中,曾把这种从国家制度上保证无产阶级专政的国家机关和公职人员不致由"社会的公仆"变成"社会的主人"的经验,简要地归纳为两条:"第一,它把行政、司法和国民教育方面的

＊ 原载于《上海社会科学院学术季刊》1987 年第 4 期。

一切职位交给由普选选出的人担任,而且规定选举者可以随时撤换被选举者。第二,它对所有的公职人员不论职位高低都只付给跟其他工人同样的工资。"列宁认为,这两条措施的精神实质,就是要使国家权力与人民群众相结合,使国家权力与个人私利和特权相分离,这是无产阶级民主制的主要特征,也是坚持社会主义方向的根本保证。但是,在社会主义的初级阶段,还不可能完全实现恩格斯所提出的上述两条措施,所以列宁特别强调要吸收人民群众实际参与国家管理,参与对国家机关和公职人员的监督,并提出了关于社会主义监督问题的完整学说。列宁认为,社会主义监督问题是马克思主义国家学说中的一个重要组成部分,是马克思主义关于人民群众在历史上的作用学说的一个重要组成部分,也是科学社会主义理论中关于坚持社会主义道路问题的重要内容,此外,它还与党的建设理论密切相关。列宁关于监督问题的著作计有一百多篇,大体上可以分成三类:第一类是公开的发言,其中有公开出版的小册子、专著,在代表大会、群众大会和其他会议上的发言、报告及其准备材料,主要有《苏维埃政权的当前任务》《怎样改组工农调查院》《宁肯少些,但要好些》《在莫斯科河南岸区共产党员全体大会上的报告》;第二类是列宁在人民监督机关报告上的批语,给联共(布)中央政治局成员、国家监察部代表、工农监察委员会成员的信,例如《致斯大林》《1922 年 8 月 21 日给工农检查院人民委员部成员的信》《关于副主席工作给斯大林的信》等;第三类是列宁亲自起草或参与制定的法令、决议及其草案,如《工人监督条例草案》《关于执行国家监督的决议草案》《关于工人监督的训令》《关于工农检查院条例》等,反映了社会主义监督形成的一定历史过程。

列宁不仅是社会主义监督理论的奠基人之一,而且是监督工作的实际组织者,为在世界上第一个社会主义国家建立起真正的人民监督付出了巨大的心血。他对社会主义监督的本质、目的、意义、方针、工作方法、组织机构等都有明确的论述。在列宁的亲自领导下,监督工作在巩固新生的苏维埃政权、反对官僚主义、恢复国民经济的斗争中发挥了积极作用。

按照马克思主义原理,社会主义监督制的本质内容包括以下三个方面:第一,在社会主义国家里,监督权属于国家和社会唯一的主人——广大劳动人民;第二,吸引广大劳动人民参加社会主义监督,是指引他们参加国家管理的主要形式之一,也是发展社会主义生产以及分配物质财富的主要形式之一;第三,社会主义监督有利于促进社会主义事业的发展,加速社会主义民主和法制建设,有利于整顿和改进国家机关的工作,提高工作效率,克服官僚主义和形形色色的不正之风。

二

马克思指出:"权利永远不能超出社会的经济结构以及由经济结构所制约的社会的文化发展。"①只有具备行使某种权利的充分条件时,权利的相应扩大才是有意义

---

① 《马克思恩格斯选集》(第 3 卷),第 12 页。

的。人民行使监督权也同样如此。所以,我们只能按照一定的历史时期所提供的客观可能性去创造这种条件,使社会主义民主制监督制不断完善、不断发展,发挥有效的作用。

为了使监督制有效,首先要弄清监督的一般概念和基本属性。马克思主义认为,监督乃是一种手段,这种手段是为某些社会集团调整社会关系服务的。任何社会都需要一定的监督,如果没有一定的组织来监督物质资料的生产和分配,监督社会生活的其他方面,那么整个社会机器就不能正常运转。所以,"凡是直接生产过程具有社会结合过程的形态,而不是表现为独立生产者的孤立劳动的地方,都必然会产生监督劳动和指挥劳动"。①

当劳动过程纯粹是个人过程时,单个的劳动者把劳动的指挥机能和操作机能都集中在自己身上,在那种条件下,相对于自己的生活目的来讲,工人自己监督自己,因为即使个别的人,四肢也只有在头脑的指挥和监督下,才能改造自然。以后,当产品从个别生产者的直接产品转化为社会的产品时,劳动者就变成被监督者了。这时,一部分人只履行头脑的职能(管理、监督),而另一部分人则只履行四肢的职能(体力劳动)。

马克思认为,在一切社会的共同的规模较大的劳动中,指挥、监督和调节功能之所以是必要的,就是因为它们能"协调个人的活动,完成由各种生产总体运动——和其中各个独立器官的运动有别——生出的一般性的功能。提琴独奏演员可以独展其长,一个乐队却需要有乐队指挥"。② 所以,社会化生产的存在,就是监督制存在的最起码条件。马克思还把监督从生产过程扩大到国家和社会生活领域,指出了监督职能的两重性:阶级性和社会性。他说:剥削阶级"政府的监督劳动和全面干涉包括两方面:既包括执行由一切社会的性质所产生的各种公共事务,又包括由政府同人民大众相对立而产生的各种特殊职能"。③

总之,监督是一种社会功能,它为劳动产品的生产和分配的性质(即生产资料所有制)所制约。列宁说:"关于监督的全部问题就在于:谁监督谁,即哪一个阶级是监督阶级,哪一个阶级是被监督阶级。"④

要发挥社会主义监督的有效性,必需具备以下几个条件:

第一,从经济方面讲,最根本的是生产资料公有制。只有消灭了剥削,才能为社会平等和个人自由创造基本前提,使人民的监督权能从物质关系上得到保证。资本主义国家的宪法虽然规定了许多权利和自由,但有两条却不在其内:摆脱剥削的自由和获得工作的权利。而一个人不能摆脱剥削和贫困,其他一切权利例如行使监督权等无疑都将成为空话而失去意义。

监督要有对象。由于人民成了生产资料和国家的主人,所以,国家和社会事务、公有制企事业的活动和个体经济的活动等都成为社会主义监督的对象。这正如在资

---

① 《马克思恩格斯全集》(第 25 卷),第 350—351、431 页。
② 《资本论》(第 1 卷),第 350—351 页。
③ 《马克思恩格斯全集》(第 25 卷),第 350—351、431 页。
④ 《列宁全集》(俄文版,第 34 卷),第 175 页。

本主义条件下,资本家有权监督自己所有企业的一切活动一样。

实行监督需要一些最起码的物质条件。只有社会产品比较丰富,才能抽出比较多的普通工人、农民去参加专职和兼职的管理和监督活动,给一定的监督主体确定一个大小适当、力所能及的监督范围。公共交通和邮电通讯的发达,也是使监督能够有效的十分必要的物质条件。对现代化经济进行监督,还必须运用科学管理知识组织劳动,运用先进技术组织生产,当然更需要具备必要的物质条件。

第二,政治方面,最主要的是工人阶级必须掌握政权,并联合其他进步阶级实行人民民主专政。同时,监督主体在国家政治体制中的地位也很重要。我国宪法授予公民监督一切国家机关的权利,其中包括人民代表机构。人民代表机构有权监督国家行政、审判、检察机关。

监督的有效性还取决于社会主义民主的成熟程度,党的领导制度的完善,党和国家机关工作人员(包括领导人)的政治思想水平和业务组织能力,参加监督活动的公民本身对党的方针、政策、决议和国家法律、法令的理解、掌握和运用的熟练程度。所谓监督,往往是指检查、监督党的决议、任务和国家的法令、法律、决议、任务的执行情况。于是,这些决议、任务、法令、法律本身的正确性也就成为监督有效性的条件。

第三,法律方面,要不断地完善法律,维护法律的权威。监督活动应有一个统一的标准,避免自立"标准",歪曲和滥用监督,把监督变成束缚国家公务人员手脚的绳索,使人民与自己的代表对立起来。要明确国家机关之间的分工和职责范围,明确各种不同人员(普通公民、专职监察人员、人民代表)从事监督活动的不同法律地位和职责范围,使群众能有效地监督国家行政机关和公务人员。为此,目前急需制定"行政法规"。

第四,社会阶级方面,要正确处理各阶级、各阶层以及社会集团之间的相互关系。首先要明确,资本主义监督制和社会主义监督制有根本区别。在资本主义国家,是少数人监督多数人,少数人对多数人实行专政,所以他们不得不大力加强国家机器,把监督职能大量集中在政治方面;社会主义国家实行人民民主专政,是多数人对少数人的专政,社会主义监督职能大量集中在经济建设方面,为加强劳动纪律,提高经济效益服务。

第五,思想意识方面,要有统一的思想基础。在社会主义国家,被监督的对象(公职人员和国家机关的活动)和监督人员(广大劳动人民)之间的根本利益是一致的,所以从总体上来说,是有统一的思想基础的。当然,也存在这样那样的矛盾,这就要通过加强马克思主义的教育以提高认识。在资本主义国家,由于被监督阶级(劳动人民)和监督阶级(资本家)从理论、思想、感情、文化传统、道德观念等诸方面都是格格不入的(特别在工人阶级逐步成熟以后),所以,双方没有统一的思想基础。

社会主义监督有以下几条途径:①党的监督;②国家行政机关的内部监督;③人民代表机关的监督;④社会团体和劳动人民集体进行的监督;⑤公民的直接监督;⑥专职监督机关的监督(如目前苏联的人民监察委员会和我国的国家监察部)。以上各种监督按其活动的范围和方法来说是有区别的,但从根本上来说,它们之间是有机统一、相辅相成的。为了使社会主义监督发挥有效的作用,必须做到:第一,监督要有权威。必须依照不同的监督主体制定监督法和程序法,按照这些法律,专司监督职务的工作人员有权对各种国家机关及其公职人员(包括领导人)行使监察权,有权查阅有关档案材料(关系到国家安全的可除外),询问有关人员,进入有关单位进行调查,有权审查其他国家机关的命令、决议等。应能独立行使职权,除了接受主管上级的领导外,不受其他国家机关、团体和个人的干涉。同时,它还必须具备制裁手段,可以运用经济、组织、政治上的制裁权,其中包括罢免权。第二,监督必须是普遍的、直接的、群众性的,要做到上下结合。由于目前各种条件的限制,全体公民虽还不能都直接参加监督工作,但应该建立各种制度,创造条件加强同群众的联系,接受来自群众的监督,例如建立群众对干部的定期评议鉴定制度、群众的来信来访制度,利用新闻传播媒介和监督电话,也是一种行之有效的方法。

三

苏联是世界上第一个社会主义国家。在列宁的领导下,苏联党和政府曾努力寻找一种能够吸引广大工农劳动群众参与国家管理和监督国家机关及其公职人员的形式。早在1917年二月革命后至十月革命前,在彼得格勒、莫斯科、乌拉尔、顿巴斯等大工业中心和喀山铁路员工中就首创了工人监督,其执行机构是工人选举产生的工人委员会、组长会议等,它们对企业的生产技术、经营财务进行监督,并参与企业主对工人职员的雇佣和辞退、订货合同的签订和执行等活动。尽管这跟企业主的利益有矛盾,但工人监督还是控制了主要的工业中心和大企业。这是一种工人对资本主义经济干预的基本形式。列宁考察了这一活动,认为工人监督是改造资本主义经济、向社会主义过渡的基本方法之一,于是在1917年4月俄国社会民主工党(布)代表大会上,提出了"为工人监督而斗争"的任务。当时该口号和"无产阶级专政"是并列的。

十月革命后,工人监督的内容和意义发生了根本变化,成为苏维埃国家对工商业、运输业进行社会主义改造,对社会生产进行有计划安排的必要条件。列宁规定,这时工人监督的任务必须服从无产阶级专政的任务,并规定一切工业、商业、银行业、农业、运输业等,凡采用雇佣工人或家庭计件制的企业,都要实行工人监督制,由工人及其选出的组织——工人委员会,在职员和技术人员的参加下,对企业活动实行监督,工人监督机构作出的决议,企业主必须执行。到1918年中期,专业的工人监督机构已达登记企业总数的70.5%,参加的工人数超过200万人。列宁指出:"工人监督应当成为决定性的第一步,这一步对所有的社会主义工人政府都是必然的。"①

当时与工人监督并存的还有国家监察委员会。1918年春天,当解决组织问题成为党的基本任务时,列宁提出了计算和监督的作用问题,他认为监督反映了社会主义的本质,可以成为制止小资产阶级自发势力的工具,成为培养群众参加管理的学校。1918年成立了国家监察机关。但当时的国内战争和帝国主义的武装干涉迫使监督职能都集中

---

① 《列宁全集》(俄文版,第37卷),第13页。

在巩固国防和取得战争的胜利方面。后来由于前线的胜利,到1919年年底,年轻的苏维埃共和国就有可能集中力量,"改善经济组织,改进管理组织,改革国家机关"了。这时,加强计算和监督更显迫切。为了适应新形势,列宁把工人监督和国家监督机关结合起来。1920年,组建了工农检查院,其主要任务是检查和监督国家机关,使之改进工作,同一切不良倾向作斗争。1923年,列宁又向中央建议,把党中央监委和工农检查院合并,使这个联合机关拥有广泛的权力。与此同时,他还强调党和国家的领导干部要亲自对国家机关进行检查和监督。他在关于副主席工作的决定中指出:"由副主席专门负责的主要工作是检查法令、法律和决定的实际执行情况,紧缩苏维埃机关的编制……反对官僚主义和拖拉作风,其余的一切工作都应服从这一主要工作。"①改组后的监督机关,工作有起色,结果使几十个中央机关的机构减少了20%~40%,同时减少了50%~70%的多余报表,一个计划年度就节省开支3~4亿卢布。1934年党的十七大取消了中央监委——工农检查院联合行使监督的体制,建立了两个彼此独立的机关。工农检查院被撤销,其职能转交给苏维埃监察委员会。

由上可见,在巩固新生的苏维埃政权和恢复国民经济的困难岁月里,布尔什维克党对社会主义人民监督显然是重视的。除列宁本人做了大量工作外,党的最高权力机关对监督问题也很重视:从1918年俄共(布)第八次党代会到1934年第十七次党代会期间,几乎每次党代会和全国代表大会都有关于监督问题和工农检查院工作的专门报告和相应决议。党还委派老布尔什维克和得力干部担任人民监察委员,斯大林在1919年曾任此职,当时监督工作中的许多问题都能得到及时妥善的解决。

我国人民监督也有很长的历史。早在第二次国内革命战争时期,中华苏维埃临时中央政府成立后,从中央到省、市、区、县普遍设置了工农检查委员会(初期叫工农检查部),其主要任务是监督行政机关、国有企业以及它们的工作人员,解决保护工农利益,正确执行苏维埃政纲和各项法律法令,受理工农群众对机关、企业和工作人员的控告,领导人民同官僚主义作斗争。1948年,华北人民政府总结边区政府监察工作的经验,进一步把监察工作的机构健全起来,设置了专门的人民监察院(下设人民监察委员会),并把监察工作限制在对政府机关及其公务人员的监督、检查方面。

全国解放后,1949年11月建立了政务院人民监察委员会,主任谭平山,副主任刘景范、潘震亚,委员由中共民主党派、工会、妇联、青年团等各方面人士数十人组成。1950年,全国各大行政区和省市都建立了人民监委。当时起临时宪法作用的《中国人民政治协商会议共同纲领》第19条对人民监察机关及其任务作了具体规定。《中华人民共和国中央人民政府组织法》规定:"人民监察委员会负责监督政府机关和公务人员是否履行其职责。"此外,还专门制定了《政务院人民监察委员会试行组织条例》具体规定了人民监委的三大任务、组织机构和工作方法。从1951年9月开始,在全国城乡的政府机关、企事业单位、人民团体、街道和农村中设置人民监察通讯员,使人民监督的专职机关得以密切联系群众。1954年人民监察委员会改组为国家监察部。从

---

① 《列宁全集》(第33卷),第298页。

1949 年 11 月建立人民监察委员会到 1959 年 4 月撤销国家监察部，在这期间，共召开了七次全国监察工作会议，朱德、李先念、彭真等中央领导同志先后到会讲话。此外，我国也曾有过工人监督制度，直到 1956 年全行业公私合营实现，工人监督才被由国家委派的公方代表领导、依靠工人管理生产的制度所代替。人民监察工作取得了很大成绩。据 1954 年到 1955 年全国各级监察机关的统计，它们帮助 44 个单位节约开支约 1 098 万元，帮助粮食部门抢救了有可能遭受霉烂变质损失的粮食 36.9 亿多斤，帮助铁路系统各单位防止和挽回损失 250 多万元。此外，各单位自行查处和交有关部门处理结案的案件达 31.6 万余件。我国人民监察机关在其近十年的工作中，在党和政府的领导下，围绕各个时期的中心任务，密切协同有关部门依靠人民群众，着重检查处理了一些国家行政机关、企事业单位工作人员违法乱纪、严重官僚主义、强迫命令案件和一些使国家资财严重损失浪费的现象以及重大的质量事故和工伤事故，并向贪污盗窃行为作了坚决斗争。同时，还建议各领导机关对许多有功人员和优秀工作者给予奖励。通过对上述各类案件的处理检查，监督机关对维护国家纪律、贯彻政策法令、保护国家财产、教育干部、纯洁国家工作人员队伍、改进工作、提高效率、促进工农业生产，均起了很大作用。可是到了 1959 年，在"左"倾思潮和法律虚无主义的影响下，国家监督机关和司法部同时被撤销，使我国从此没有专职机关来行使人民对国家机关的监督权，以致后来出现了许多问题。

苏联和我国建国初期成功的经验和后来遭受挫折的教训说明：广大劳动人民在革命成功建立了公有制为主的经济基础后，就基本上具备了社会主义民主制、监督制的客观条件，但是这种客观条件只有与无产阶级及其政党的主观条件很好结合，才能使社会主义的民主制和监督制成为制度化和法律化，真正发挥实效。否则，即使把民主制、监督制写进了宪法，制定了专门法律，它们还会因遭到破坏而成为一纸空文。

这种主观条件是什么呢？概括地讲，就是无产阶级在政治、组织和思想理论方面都已经成熟和强大到足以按社会主义民主原则来改造国家和社会的程度。这里，最要紧的是无产阶级能巩固地掌握政权。列宁说过："如果没有政权，无论什么法律，无论什么选出的机关都等于零。"[1]当然，仅有这一点还不够。如果统治阶级对于法制的本质和作用缺乏清醒、正确的认识，因而缺乏实行民主和法制的积极性、主动性，那么民主和监督的制度化、法律化也还是不能实现的。苏联和中国在建国初期，无产阶级政党都比较重视监督，这就造成了当时阶级方面主观条件的具备，使监督制搞得比较好，所以那时国家机关和公职人员脱离群众的现象都不甚严重，尤其在我国，解放初的 8 年，成为人人怀念的"黄金时代"。后来由于在巨大的胜利面前，苏联和中国党的领导人都产生了忽视民主、脱离人民群众监督的倾向，所以就造成了上述主观条件的欠缺，使国家机器脱离群众的倾向明显增长，从而使党和国家以及社会主义事业都受到了严重损失。

根据上述正反两个方面的经验，无产阶级及其政党应该做到不被自己领导人所

----

① 《列宁全集》(第 11 卷)，第 98 页。

作出的有违本阶级根本利益的、表面上正确而实际上却是错误的决定所左右。这也是判断一个党是否成熟的重要标志。经过"文化大革命"十年浩劫的中国共产党人痛定思痛,吸取血的教训,在自己的党章中明确规定:"党必须在宪法和法律的范围内活动。"1982年的《中华人民共和国宪法》庄严宣布:"任何组织或者个人都不得有超越宪法和法律的特权。"这说明我们党经过半个多世纪的反复磨炼和考验,确实比过去更加成熟了,因而从主观上来说,更具备了搞好社会主义监督制的条件。当然,除了主观条件外,还应该积极地创造客观条件。尽管我们已经建立了以公有制为主的经济制度,但这只为搞好人民监督提供了一个基本条件,随着社会主义有计划的商品经济的发展,监督的范围将越来越广,监督的要求也将越来越高,因此我们应该作出更大的努力,使工人阶级的队伍更强大,思想觉悟和文化水平更高,从而使人民监督能发挥更大的作用。

除了上述实现社会主义监督制的一般条件外,还有国情、民族、传统文化方面的条件,即监督制所采取的具体形式必须与一国的国情相适应,不应该有一种固定的模式。

当前,我国的政治体制改革已经提上议事日程。邓小平同志曾多次讲过,政治体制改革要本着三个目标进行:第一,要始终保持党和国家的活力;第二,要克服官僚主义,提高工作效率;第三,要调动基层和人民的积极性。这三个目标的实现,与发展社会主义民主、健全社会主义法制有密切关系。从我国的基本国情出发,邓小平同志十分重视基层的民主问题,重视来自基层的群众监督,他明确指出:"要有群众监督制度,让群众和党员监督干部,特别是领导干部。凡是搞特权、特殊化,通过批评教育而又不改的,人民就有权依法进行检举、控告、弹劾、撤换、罢免,要求他们在经济上退赔,并使他们受到法律、纪律处分。对各级干部的职权范围和政治、生活待遇,要制定各种条例,最重要的是要有专门的机构进行铁面无私的监督检查。"①我们欣喜地看到,自党的十一届三中全会以来,特别是1982年《宪法》实施以来,在我国社会主义监督较之过去已经是大大地进步了。首先是国家权力机关(各级人民代表大会及其常务委员会)采取各种措施加强了法律监督(对宪法、法律实施的监督)和工作监督(对国家行政机关和政法机关的监督),对官僚主义、不正之风、违法乱纪等现象的党内监督也有所加强;1986年全国人大常委会通过决议,恢复成立专司监督职能的行政机关——国家监察部,1987年1月最高人民法院发出通知,要求在全国试行建立行政审判庭。它们都是监督职能的重要执法机关,对于完善我国监督机制和加强民主与法制建设具有重要的意义。其次,公民和人民团体对国家机关及其工作人员的监督也得到进一步加强,具体表现在民主选举权、民主管理权以及民主监督权在最近几年有了进一步的扩大和保障,因而有力地调动了广大工人、农民、知识分子的参政、议政的积极性。可以期望,在党的有计划、有步骤的领导下,在改革、开放、搞活的环境中,我国的社会主义的监督制必将发挥更大的威力。

---

① 《邓小平文选》,第292页。

论现代化进程中共产党的领导地位[*]

　　在复杂的现代社会中,共同体由政治活动促成,只有依靠政治制度才能得以维持。政治制度包括各种政治组织和政治活动的程序,政党实为发展至今的社会组织的最高级形态。社会主义国家处领导地位的是共产党或其他名称的马克思主义的政党。因此,研究社会主义,必先理解共产党的政治作用。为什么社会主义具有这样的特点,如何看待和评价共产党领导的作用,这些都是必须从理论上加以回答的问题。

　　在共产党的领导下,社会主义国家从相对落后的起点上,在较短时期内迅速发展了经济,保持长期政治稳定,人民生活日益提高,对国际事务的影响增强,成绩卓著,为世所公认。国内有些人说共产党一党领导必然导致专制统治,多党制必然导致民主,这种说法至少属于无知。实际上,民主与否并非由一党制还是多党制决定,西方国家也并非都实行多党制,英国和美国基本实行两党制。日本虽然有多个政党存在,但战后近50年来一直由自民党掌权,任何其他政党都无法与其逐鹿权力。瑞典自1932年以来,除了两次短暂的中断外,社会民主党稳操胜券。在发展中国家,印度的国大党也在长时期内占据绝对优势。可见,民主的关键在于能否在一党制或两党制或多党制的框架内,建立起反映和协调各阶级、阶层和利益集团的良好机制,至于究竟采取何种党派制度,则要因时而宜,因国而宜,不应也不能照搬照套。何况,社会主义国家也并非全都实行绝对的一党制,中国实行的是共产党领导的多党合作制,只要积极地进行民主建设,这一制度必然会在社会主义发展史上占有一席之地。

　　当然,共产党领导下的社会主义国家像世界其他国家一样,都有镇压敌对势力和分子的职能。如果说这是专制,那么在国家消亡之前,它是不会消失的。但如果把社会主义国家仅以"专制"一言以蔽之,如非心存偏见,至少并不确切。共产党领导的国家除了专政职能外,还履行管理社会的职能。随着共产党完成夺取和巩固政权的任务,进而领导人民实现工业化、现代化,它越来越自觉地将工作重心转移到经济建设和社会管理方面。这一点甚至国外某些真正的学者都早有认识。

　　在20世纪60年代,美国著名社会学家阿历克斯·英克尔斯曾撰文写到,以"专制主义"概括社会主义模式具有两大弱点:其一,它严重忽略了社会主义的建设性,即社会主义国家的人民积极地投入到建设洪流中,在发展经济的同时创造了新的社会

---

　　* 第一作者俞新天,原载于《南京社会科学》1990年第3期。

形式和制度,他们进行了并还在进行着非凡的试验,有计划地变革社会。其二,它忽略了"专制"在时间上的有限性。斯大林逝世之后,社会主义各国的社会结构都有重大变化,相继进入发展的新阶段。它们的"发展模式"也部分适用于一切发展中国家。甚至对有些社会主义国家已进入发达国家行列,也可以"工业社会模式"来分析,这对于未来更有用,因为社会主义社会仍在成熟之中。

那么,为什么会形成社会主义国家独特的一党制?大致有三个原因。首先,在赢得政权的过程中,共产党在无数次失败的熔炉里千锤百炼,成为诸政治组织中最严密、最有纪律和最有战斗性的力量,没有它的领导就不可能推翻武装到牙齿的富有统治经验的旧阶级。其次,大多数社会主义国家诞生于相对落后的农业社会,它必须实行快速赶超,完成历史遗留的现代化任务。共产党所遵奉的马克思主义,指明了社会发展的一般规律,描绘了人类社会的光明前景。在马克思主义科学理论的指导下,社会主义国家比别的发展中国家更自觉地追求工业化。在这一事业中,能够担负起动员和组织全社会力量的重任。最后,社会主义作为资本主义的对立物出现,它试图克服资本主义的弊病,创立更为平等的制度。这就必须自觉地坚持社会主义方向。如果崇拜自发性,听任社会自然发展,则两极分化、贫富悬殊不可避免。只有实行党的领导,采取正确的政策,才能防止分化,更合理地分配社会收入。由此可见,共产党对社会的领导职能的形成,具有深刻的历史的和社会的根源。

在社会主义国家基本完成工业化之后,共产党的领导职能的重心已逐步转换,但共产党在社会中的领导地位在长时期内仍不可替代。众所周知,政治参与和政治制度是两个相反的方向,政治发展取决于两者之间的斗争和平衡。一个社会的政治制度化程度很高,而政治参与程度很低,社会也许稳定,但缺乏活力,僵化保守。反之,则会产生动荡不安。美国著名政治学家塞缪尔·亨廷顿分析了20世纪50—60年代发展中国家动乱的大量事实,得出了令人信服的结论。完全传统的和高度现代化的社会都是稳定的,而现代化过程则是动乱的高发期。为此,必须在扩大政治参与的同时加强政治制度化。在现代社会中,无政党国家比较脆弱,强大的政党则吸引群众通过政治参与支持制度化。社会主义在保持政治发展上是一种成功的模式。布热津斯基与亨廷顿合著的《政治权力:美国与苏联》一书中指出,在第一次世界大战后的50年内,只有美、英、苏三国的政体未变,在此期间,法国有四种政体,德国、意大利和中国各三种,日本和印度各两种。社会主义国家之所以能在急速现代化时保持政局稳定,主要在于它有强大的共产党。

人们往往认为,政府制度具有代表的功能,他们容易忽略制度也有自身的利益。这种利益不仅存在,而且十分具体,如西方国家中总统的利益、议院的利益、法院的利益,这些利益看起来互相矛盾,综合起来则是代表了资产阶级的整体利益。制度的利益不等于个人利益,个人利益微小短暂,制度利益则经久不衰。当制度的支持者考虑制度的利益时,必然顾及长远的未来。社会主义国家的公共利益与共产党的制度利益很接近,因此强大的共产党有助于国家的政治发展。如果说高度的经济发展破坏了人们传统结合方式的基础,那么高度的政治发展必须依赖于人们发现新的结合方式的能力。共产党把农业社会一盘散沙的人民动员起来,为实现现代化的目标而奋斗,组织了崭新的生活形式,它确实在制度中起着决定性的作用。

在实现社会主义现代化的进程中,社会上必然出现各种不同的利益集团的矛盾,利益多元化是毋庸讳言的事实。但这并不等于必然要实行多党制。多元利益的表达方式和协调方式是多种多样的。西方社会经过几百年的发展,已具有高度的社会分化,无论是其一党制还是多党制,都是适应高度分化的社会状况的。但是在许多社会主义国家,尤其像中国这样的发展中国家,人民的根本利益是一致的,根本不存在实行多党制的前提条件。民主建设的进展与整个社会经济、政治、文化的进展紧密相连,没有后者作基础,即使像某些人希望的那样实现了多党制,也一定徒具形式,而无民主实质。空中楼阁只能是存在于幻想之中。中国具有 11 亿人口,经济文化落后,现在必须有一个强有力的中心动员现代化,合理配置资源,尽速提高社会现代化程度,这个中心非共产党莫属。在这个阶段中不是说就要停止民主建设,而是要实行适应这一阶段水平的政治改革,逐渐稳步地走向高级的社会主义民主。

发展中社会主义国家存在着各社会集团的利益协调问题。由于社会仍未达到极大富裕,目前尤其激烈的问题是,让谁先富起来?用何种方法使其先富?各利益集团自己无法解决它,必须要由共产党来领导、调节。共产党根据国家发展的长期战略目标,制定短期政策,以合理的方法在一段时期内重点扶助某个或某些集团,随着形势变化再加以调整。同时,一个国家跻身于世界民族之林,总会有本国的共同利益,要求每一个集团都能掌握全局,考虑社会共同利益是不现实的,必须有一个超然于社会各利益集团之上的代表者。在社会主义国家中,没有任何其他组织或党派能担此重任,共产党承担它是理所当然的。当然,社会主义社会的共同利益,只有在各种局部利益的冲突和调解中才能把握,因此,共产党要善于发扬民主,集中正确意见,作出明智决策。党必须随时分析社会利益集团的变化,掌握力量平衡,保持政局稳定,引导全社会前进。还要随着经济和社会的发展,不断进行完善社会主义民主的改革。

在政治改革运动中,资本主义民主制度成为社会主义政治的一个参照系。资本主义民主制是在历史上发生和发展的,有批判、有分析地加以借鉴是必要的。但是,如果以为照搬西方民主制,中国就会成为民主国家,很可能造成南橘北枳的结果。今天,人们普遍承认,历史发展具有多元性,决策实际是开放的选择过程。然而,选择不是绝对自由的,从根本上说,人们的选择受到历史、文化和传统的制约。同为西方国家,却开出如此不同的政党制度花朵,盖因各国历史文化水土之异也。文化背景和历史传统迥异于西方国家的中国,其经济增长和民主成长的道路不但必定与西方国家截然不同,而且也会与苏联东欧社会主义国家大不一样。中国走上社会主义道路,决不是毫无根由的偶然巧合,或者某个伟人的心血来潮,其根源可能深藏于几百年甚至几千年的蓄积之中。所以,我们应当既考虑历史选择的可能性,又顾及历史选择的限制性,认识和掌握历史、文化和传统中有助于改革的因素,遏制和克服其不利于改革的因素,使政治改革收事半功倍之效。否则,事与愿违,南辕北辙,这样的例子并不少见。

共产党的领导既是中国历史选择的结果,也在几十年过程中变成了新历史传统的因素。它提供的政治稳定是现代化的必要前提。十年来,中国共产党领导的改革就是把中国推上现代化新阶段的最好尝试,其成绩有目共睹。由于这是前所未有的伟大尝试,必然也有大量的经验教训可总结。但是如果因而根本怀疑共产党的领导,就会破坏社会稳定,断送改革,那也无所谓现代化的发展了。

中国新刑诉法对诉讼当事人基本权利的保障[*]

1996 年 3 月 17 日,第八届全国人民代表大会第四次会议通过的《关于修改〈中华人民共和国刑事诉讼法〉的决定》(以下简称《修改决定》),对 1979 年颁布的《中华人民共和国刑事诉讼法》(以下简称"原刑诉法")作了较大的修改。刑诉法从原来的 164 条增至 225 条,改动 110 处。这是刑诉法实施 16 年来进行的重大修改,也是进一步完善刑事诉讼制度的重大举措,成为我国法制建设发展、进步与完善的重要标志。修改后的刑诉法(以下简称"新刑诉法")所增加的内容是多方面的,其中重要的一个方面就是在保障诉讼当事人的基本权利方面。这些内容大致有以下几个方面:

一、加强了对犯罪嫌疑人、被告人诉讼权利的保护

为了充分贯彻我国宪法规定的被告人有权获得辩护的原则,履行我国所参加的有关国际条约的义务,新刑诉法借鉴许多外国的立法例,综合我国的实际情况,明确规定:

(一) 未经法院判决,不得确定任何人有罪

新刑诉法规定:"未经人民法院依法判决,对任何人都不得确定有罪。"(第 12 条)这是第一次从法律上明确在法院判决之前,犯罪嫌疑人和被告人均处于无罪状态。

(二) 疑罪从无

新刑诉法规定"证据不足,不能认定被告人有罪的",人民法院"应当作出证据不足,指控的犯罪不能成立的无罪判决"。(第 162 条)

(三) 律师和辩护人作用增加

新刑诉法关于这方面有多处修改:一是扩大了法律救助权的范围,提早了律师介入的时间,规定:"犯罪嫌疑人在被侦查机关第一次讯问后或者采取强制措施之日起,可以聘请律师为其提供法律咨询、代理申诉、控告。犯罪嫌疑人被逮捕的,聘请的律师可以为其申请取保候审。"公诉案件移送审查起诉之日起,犯罪嫌疑人有权委托辩

---

* 原载于《政治与法律》1996 年第 5 期。

护人,自诉案件的被告人有权随时委托辩护人。二是将这里的"被告人"改为"犯罪嫌疑人",使称谓更确切,更符合法制原则。三是犯罪嫌疑人聘请律师,除涉及国家机密的案件外,不需经侦查机关批准,律师会见在押的犯罪嫌疑人,侦查机关根据案件情况和需要可以派员在场。这里的用词是"可以",而不是"应当",这样有利于嫌疑人消除疑虑,及时准确获得法律帮助,也有利于侦查机关的工作。当然,涉及国家秘密的案件,律师会见在押犯罪嫌疑人时,应当经侦查机关批准。四是对可能被判处死刑的被告人的辩护权给予特殊保护,规定:"被告人可能被判处死刑而没有委托辩护人的,人民法院应当指定承担法律援助义务的律师为其提供辩护。"(第34条)这不仅有利于保证办案质量,也是对被告人权利的重要保护。五是赋予律师一定的调查取证权和调取证据的申请权,规定"辩护律师经证人或者其他有关单位和个人同意,可以向他们收集与本案有关的材料,也可以申请人民检察院、人民法院收集、调取证据,或者申请人民法院通知证人出庭作证"。六是规定辩护律师自人民检察院对案件审查起诉之日起,或自人民法院受理案件之日起,可以查阅、摘抄、复制本案的诉讼文书、技术性鉴定材料等,可以同在押的犯罪嫌疑人或被告人会见和通信。其他辩护人经人民法院许可,也可以查阅、摘抄、复制上述材料,同在押被告人会见和通信。

(四) 使强制措施的具体内容更为科学、合理、完善

一是取消了收容审查。收容审查作为一种行政强制措施具有使用面太宽、羁押期限较长,又不经其他司法机关审查和监督的缺点,现予以纠正;二是明确了监视居住的地点为犯罪嫌疑人或被告人的住所,纠正了过去实践中存在的在监视居住中搞变相羁押的做法;三是规定了一次传唤、拘传不超过12小时,并明确禁止以连续传唤、拘传的方法搞变相拘禁;四是规定了取保候审和监视居住的最长期限;五是限制了退回补充侦查的次数,防止出现变相延长羁押期限和互相推诿、扯皮和久拖不决的现象。

二、加强了对被害人诉讼权利的保护

这次刑诉法修改把充分保障被害人的权利也作为重点之一,提高了被害人的诉讼地位,规定被害人是诉讼当事人之一,赋予被害人申请回避权和委托诉讼代理人的权利(第82条),对被害人在诉讼全过程中的诉讼权利都作了系统而具体的规定,同时也规定了被害人应当履行哪些义务。具体如下:

(1)报案和控告权

新刑诉法对被害人的报案或者控告列出专款加以规定(第84条);报案、控告之后有请求司法机关保护其安全的权利(第85条)。

(2)对立案机关不立案的决定有权向人民检察院申请复议(第86条)。

(3)对检察机关不起诉的决定有权向上一级人民检察院申诉,请求提起公诉;也有权直接向人民法院起诉(第145条)。

（4）直接起诉权。被害人对有证据证明公安机关、人民检察院对被告人侵犯自己人身、财产的行为，应当追究刑事责任而不予追究的，有权直接向人民法院起诉（第170条）。

（5）侦查起诉过程中被害人对证据或者案件处理有发表意见权。侦查过程中用作证据的鉴定结论应当告知被害人，人民检察院审查案件应当听取被害人的意见。

（6）参加法庭审理权。在法庭调查中被害人有权对起诉书指控的犯罪进行陈述，可以向被告人、证人、鉴定人发问，可以对法庭上出示的物证、未到庭的证人证言笔录、鉴定人的鉴定结论、勘验笔录和其他作为证据的文书发表意见，可以申请通知新的证人到庭、调取新的物证、申请重新鉴定勘验，可以对证据和案件情况发表意见，并有权参加法庭辩论，有权阅读、补充、修正法庭笔录并收受判决书（第151条、第155条、第156条、第157条、第159条、第160条、第167条）。

（7）拒绝权。被害人有拒绝犯罪嫌疑人、被告人的辩护律师调查取证的权利（第37条），除有必要，有拒绝侦查机关对其人身进行检查的权利（第105条）。

（8）请求抗诉权。被害人不服地方各级人民法院第一审判决的，自收到判决书后5日以内，有权请求人民检察院提出抗诉。人民检察院自收到被害人的请求后5日以内，应当作出是否抗诉的决定并且答复请求人（第182条）。

（9）被害人及其法定代理人、近亲属，对已经发生法律效力的判决、裁定，有提出申诉的权利（第203条）。

（10）被害人有权取得由司法机关返还的属于自己的合法财产。新刑诉法规定，公安机关、人民检察院、人民法院"对被害人的合法财产，应当及时返还"。"人民法院作出的判决生效以后，对被扣押、冻结的赃款赃物及其孳息，除依法返还被害人的以外，一律没收，上缴国库"（第198条）。

（11）被害人有申请回避的权利（第28条）。被害人有权要求侦查人员、检察人员和审判人员回避。这是被害人成为刑事诉讼当事人的一个重要表现。

（12）被害人有委托诉讼代理人的权利（第40条）。《中华人民共和国律师法》虽然已经有律师可以担任刑事被害人的诉讼代理人的规定，但由于刑诉法对此没有加以规定，因此，这一规定在实践中难以操作。新刑诉法明确规定，公诉案件的被害人、自诉案件的自诉人、附带民事诉讼的被害人都有权委托诉讼代理人。检察机关和人民法院应当告知被害人有该项权利。受被害人委托参加刑事诉讼的代理人是诉讼参与人之一，其职责是根据事实和法律，维护被害人的实体权利和诉讼权利，因他们一般较熟悉法律并有较丰富的实践经验，可以更好地维护被害人的合法权益。

被害人应当履行的义务有：

（1）不得威胁、侮辱、殴打、打击报复证人及其亲属（第49条）；

（2）保护犯罪现场（第102条）；

（3）不得捏造事实、伪造证据，对他人进行诬告陷害（第85条）；

（4）遵守法庭纪律和法庭秩序（161条）。

三、进一步明确了职权分工,强化了监督力度

（一） 新刑诉法注意区分不同诉讼主体所担负的职能,并充分发挥他们各自的作用

首先,在公安机关和检察机关立案范围的分工上,适当缩小了检察机关直接受理的自侦案件的范围,将其限制为主体是国家工作人员,客观行为为利用职权,罪名是贪污贿赂犯罪以及非法拘禁、刑讯逼供、报复陷害、非法搜查等犯罪以及侵犯公民民主权利的犯罪(第18条)。其次,取消了上级法院将自己管辖的案件交由下级人民法院审判的规定。在法院合议庭与审判委员会的关系上,明确了合议庭的职责、权限,规定合议庭开庭审理并且评议后,应当作出判决,只是疑难、复杂、重大的案件且合议庭认为难以作出决定的,才提请院长决定,提交审判委员会讨论决定。在法庭审判中,区分审判职能和公诉职能的内涵,强调充分发挥公诉人和辩护人双方的积极性,公诉人应当充分履行指控犯罪、证实犯罪、支持公诉的职能。

（二） 强化了检察机关的监督职能

首先,新刑诉法将"人民检察院依法对刑事诉讼实行法律监督"确立为基本原则,突出了检察机关的监督地位,这种监督活动贯穿于刑事活动的始终。

其次,新刑诉法不仅增加规定了检察机关对立案、再审、暂予监外执行等诉讼环节或者活动的监督,而且还对这种监督的效力作出了明确的规定,使监督作用能落到实处。例如,人民检察院认为公安机关不立案理由不能成立的,应当通知公安机关立案,公安机关接到通知后应当立案(第87条)。人民检察院依照审判监督程序提出抗诉的案件,接受抗诉的人民法院应当组成合议庭重新审理,对于原判事实不清或者证据不足的,可以指令下级法院再审(第205条),并且在3个月至迟不得超过6个月审判(第207条);检察机关认为暂予监外执行不当,并提出书面意见的,批准暂予监外执行的机关应当立即对该决定进行重新核查(第215条),人民检察院认为减刑假释不当提出书面纠正意见的,人民法院应当在1个月内重新组成合议庭进行审理,作出最终裁定(第222条)。

最后,新刑诉法加强了检察机关对法院审判工作的监督力度,规定"人民检察院发现人民法院审理案件违反法律规定的诉讼程序,有权向人民法院提出纠正意见"(第169条)。

（三） 加强了外部监督和相互之间的制约

例如新刑诉法规定,人民检察院不批准逮捕的,应当向公安机关说明理由,对于被不起诉人需要给予行政处罚、行政处分或者需要没收其违法所得的,人民检察院应当提出意见,移送有关主管机关处理,有关主管机关应当将处理结果及时通知人民检

察院；侦查、检察、审判人员私自会见当事人或者接受当事人请客送礼的，当事人有权要求他们回避（第29条）；犯罪嫌疑人、被告人及其法定代理人、近亲属或者犯罪嫌疑人、被告人委托的律师及其他辩护人对人民法院、人民检察院或者公安机关采取强制措施超过法定期限的，有权要求解除强制措施。人民法院、人民检察院或者公安机关对于被采取强制措施超过法定期限的犯罪嫌疑人、被告人应当予以释放，解除取保候审、监视居住或依法变更强制措施（第75条）。

新刑诉法的上述规定，无疑强化了对诉讼当事人基本权利的保护。

四、对刑事审判作出了重要改革

一是更加突出控诉方的举证责任。原刑诉法规定，法官应当向被告人出示物证，让被告人辨认；新刑诉法规定，公诉人应当向法庭出示物证，让当事人辨认。这就明确了公诉案件中检察机关的举证责任。对于证据不足的指控，法官有权作出指控犯罪不能成立的无罪判决。

二是原刑诉法规定，开庭审理之前，法官必须对案件进行审查，只有对犯罪事实清楚、证据充分的，才能开庭审判。这就容易造成法官先入为主，庭审走过场的现象。新刑诉法删除了这一条文，新刑诉法规定"人民法院对提起公诉的案件进行审查后，对于起诉书中有明确的指控犯罪的事实并且附有证据目录、证人名单和主要证据复印件或者照片的，应当决定开庭审判"（第150条）。也就是说，庭前审查的任务不是预先解决被告人是否有罪的问题，而是审查对被告人的刑事指控是否存在。这样，可以防止法官先入为主致使开庭流于形式的现象。

三是明确控辩双方在庭审中的权利义务，充分调动他们的积极性。在法庭上举证、质证的责任在公诉人和辩护人，而法官的主要任务是听证和认证，切实改变了过去审判职能不明，法官包揽过多的现象。同时也加强了辩护人在庭审中的作用。新刑诉法规定，庭审中，辩护人有权通知辩方证人出庭作证，可就控方的指控进行质证，并与控方辩论。这些规定，有利于澄清犯罪事实，充分保障辩护律师行使职权，发挥作用，从而切实保障被告人的合法权益，保障无罪的人不受法律追究，真正做到不枉不纵，把惩罚犯罪与保障人权有机地结合起来。

四是规定二审应当开庭审理的原则。原刑诉法对二审上诉案件的审理是否必须开庭未作规定，只是对抗诉案件有原则要求。新刑诉法明确规定，二审上诉案件开庭审理是原则，不开庭是例外。但凡是二审要作改判的案件应当开庭、检察院抗诉的案件必须开庭（第187条）。

法哲学的创新之作*

——评《法哲学经纬》

法哲学研究在国外早已是硕果累累,长文短论、鸿篇巨制可谓汗牛充栋。而在我国却长期被冷落,以至于迄今尚无较系统的法哲学专著问世。倪正茂研究员以近百万字的《法哲学经纬》奉献在世人面前,值得祝贺。该书已由上海社会科学院出版社出版,全书分"经""纬"两篇。

《法哲学经纬》以如此宏大的篇幅出现,是否经得起万千读者的"质检"呢?"试玉要烧三日满,辨材须待七年期。"①一部著作的成败,应由一定的时间去考验。这里,我们仅仅想以第一读者的资格,谈谈对此书及有关问题的一些看法。

学术研究,贵在创新。多年来,正茂君是常常以此自勉的。本书篇末,他回顾1986年5月在一次全国性法学学术会议上的发言时写道,他当时劈头第一句话就是:"如果说幻想是自然科学家的翅膀的话,那么,标新立异就是社会科学家的生命。如果法学家只会重复前人说过的话而不考虑提出自己的新鲜思想与新鲜见解,那就无异于吃别人嚼过的馍,无异于坐堂叫卖的店小二。"他认为标科学之新、立异于老调之真理,是法学家的责任。他这样想,这样说,也努力这样做。在《法哲学经纬》一书中,几乎每一篇都能看到他所做的提出自己独特见解的切实努力,这些独特见解大致可以分为以下两类:

第一类是首次提出中外前人未作或鲜加论列的法哲学家与法哲学问题。法哲学著作不曾涉笔的斯多葛派、奥里根、德尔图良、伏尔泰、中国的阴阳五行家、文中子王通……法哲学著作鲜有着墨的动态法哲学观、法律过程论、立法司法守法的一体化、法律解释的哲理问题、统计方法与定量分析、逻辑推理与法的定性分析、法律概念、法律价值、法律意识、法律文化的哲理探讨……在《法哲学经纬》一书中,前前后后不绝如缕,新思异见迭出不穷,给人以新知,给人以启迪,也给人以一点小小的遗憾,作者囿于篇幅,似还未能尽情抒写对所有这些新鲜问题的全部见解。据作者说,许多地方仅仅是提出了问题,提出了思路,提出了主要观点。也许,珍视这些问题进行进一步深入的研究,中国的法哲学之花更会万紫千红、百花怒放。

第二类是对前人已加论列的人物或观点提出不同的见解。几乎所有的法学著作

---

* 原载于《政治与法律》1996年第6期。

① 白居易:《放言五首》。

都认为亚里士多德是法治论者,霍布斯是古典自然法学家,黑格尔的《法哲学原理》是"法哲学"专著,弗兰克是实在主义或现实主义法哲学家,老庄持"自然法"观点,杨度主张个人本位……但《法哲学经纬》以丰富、翔实的论据与鞭辟入里的论证指出,亚里士多德常对人治垂青不已,霍布斯其实是个功利主义法学家,《法哲学原理》仅仅是以法、伦理、政治为论述素材的哲学著作,弗兰克、老庄是虚无主义法哲学家,杨度主张的是国家本位……流行的法学著述或认为法的本质是它的阶级性,或认为是它的社会性,"法律面前人人平等"是铁定的规则,或作有罪推定或作无罪推定二者必居其一,法律价值与法律意识以主观性为本质,司法过程即运用法律的过程……但《法哲学经纬》却别具匠心地另辟蹊径,提出了颇有新意的观点:法是阶级性与社会性的对立统一体并处在动态的发展过程中,"法律面前人人平等"并非铁定的规则而应持平等与不平等的辩证司法执法观,有罪推定与无罪推定皆失偏颇,法律价值与法律意识是主观性与客观性的统一体,司法过程既是实体法司法又是程序法守法的过程……上述观点是否正确,我们还来不及分析,因而也不予置评。值得高兴的是,作者不囿成见,不畏权威、开拓创新地立言建说,有长篇累牍的倡言,有比比皆是的独白,这无疑是对法哲学研究的一种推动。

如果把上述星罗棋布般散见于《法哲学经纬》中的在学术上的创新当做"点"或局部来看待的话,那么综观全书,他的创新就在于"经篇"写出了人类法哲学思想的动态发展,以"纬篇"构建了法哲学体系的框架。

正茂君在《法学在探索中创新》一文[①]中曾指出,法律思想史教材或专著,一律是"人头罗列"式地分时期、分阶段介绍思想家们的法律思想,既无有机的内在联系,也看不出人类法律思想发展的逻辑规律,很难以"史"标榜,不过是"人物论"的堆砌。他曾一度致力于"法律思潮史"的研究,惜于法律史、科技法学研究任务及大量社会工作十分繁重而未果,但在《法哲学经纬》的"经篇"中,却可看出他在这方面所作的努力。开篇述评柏拉图,作者注意到了柏拉图在早期、中期几近纯然的人治主义法制观而到晚期则比较重视法治的转变,并对这种转变过程中他的理念论的指导、催化、黏合作用作了动态的阐述。紧接着是对亚里士多德的述评,指出了他与柏拉图法哲学思想的关系以及自身法哲学观的摇摆、自相矛盾。此后对古罗马法哲学家、基督教法哲学家、自然法哲学家、空想社会主义法哲学家等的述评,既注意到了各派内部法哲学观的渊源流变,又注意到了整个西方法哲学思潮发展的来龙去脉。在对西方及中国法哲学家的述评中,作者还抓住了"神权法哲学—皇权法哲学—民权法哲学"这条线索,以此为主干,旁及与之相关的虚无主义、功利主义、儒家、法家、墨家、道统、理学、心学、国家本位、无政府主义……林林总总、琳琅满目而又"茫茫九派"、百川归海,给人以人类法哲学思想有机发展的整体观感。

"纬篇"是在"经篇"的基础上撰写成的,据作者称,他并无意构建法哲学体系,"因为这是一项庞大的系统工程"。然而,他在无意中却贡献出了一部法哲学的框架。

---

① 参见《政治与法律》1988 年第 4 期。

从法哲学的对象与范围、定义与特点、地位和作用,法的概念、法的法理规定性与哲理规定性、法的起源、法的发展规律等的哲理探讨,到辩证立法、司法、守法及法律意识、法律价值、法文化的哲理探讨;从法与经济、政治、道德、宗教关系的哲理探讨,到法学研究的比较方法、定量分析、定性分析及法律解释的哲理探讨,法哲学的重大问题、主要方面,都已纬而成编,体系初具,框架井然了。如果再加上"纬篇"篇首关于法哲学与法理学的合流与分流的论述,及篇末关于法哲学批判、吸收与创新的论述,就成有首有尾、首尾呼应的比较全面阐明法哲学问题的宏文了。从这些方面看,它是一本比较全面探讨法哲学理论的专著,这当然也是一番辛勤的创新性耕耘,具有填补空白意义的劳作。

百尺楼台起于垒土,千里之行始于足下。理论创新固然需要绞尽脑汁地艰苦思索,但其基础却在于通观博览中外古今千百个法律思想家的著作、理论、观点,并进行分析、综合、比较,然后从比较中得出自己的独到见解来。《法哲学经纬》正是这样做了。没有必要赘述该书如何古往今来、东西中外地旁征博引、百家比较、纵横论证,因为读者自可从这近百万字的正文及其大量注解中得到清晰的印象。笔者仅想指出:该书不仅在法学研究方法史上首次考察归纳了作为法学研究比较方法第一层次的"纵向比较"与"横向比较""宏观比较"与"微观比较""双边比较"与"多边比较",作为法学研究比较方法第二层次的"形式比较""内容比较""实质比较",作为法学研究比较方法第三层次的"叙事比较""理论比较""结构比较""反衬比较""国际比较""国内比较""国际与国内比较"(以上均为"形式比较"),"法律背景比较""法律制度比较""立法比较""司法比较""守法比较""法律意识比较""法律价值比较""法律方法比较"(以上均为"内容比较"),"同质比较""异质比较""职能比较""目的比较"(以上均为"实质比较"),而且,在全书的各个部分,作者实际上已经努力运用了这些比较方法。因此,笔者认为,该书在法哲学理论上的创新性研究及其成果,是比较扎实的。通观全书,对正茂君所作的洛克与霍布斯的比较,伏尔泰与洛克及霍布斯的比较,卢梭与霍布斯、洛克、伏尔泰的比较,奥斯丁与边沁的比较,新旧自然法哲学派的比较,孟子与孔子的比较,荀子与孔子的比较,谶纬与反谶纬法哲学的比较,玄学与反玄学法哲学的比较,语言学法哲学、心理学法哲学、斯堪的纳维亚派法哲学的比较,神权、皇权、民权法哲学的比较,动态分析与静态分析的比较,等等,大家一定会有所得益作者运用马克思主义基本原理,把马克思主义的活的灵魂当做指导,并尽量用自己的语言加以阐述,笔者认为,这是运用马克思主义于法哲学研究的一种可贵态度与好方法。

要在一篇短短的文章中对《法哲学经纬》这样一部巨著作出全面的评价,实际上是不可能的。因此,我们仅仅提纲挈领地从该书的创新性这一点略事陈说,是否有当,敬祈教正。

律师应全面了解被害人的权利义务[*]

修改的《中华人民共和国刑事诉讼法》(以下简称"新刑诉法")一个重要方面就是提高了被害人在诉讼中的地位,全面、系统而具体地规定了被害人在诉讼中的权利义务。因此,为了开展好律师业务之一,即接受被害人委托担任其诉讼代理人,律师应全面了解被害人的权利义务。

被害人在刑事诉讼中的权利有:

(1)报案和控告权。新刑诉法对被害人的报案或者控告列出专款加以规定(第84条);报案、控告之后有请求司法机关保护其安全的权利(第85条)。

(2)对立案机关不立案的决定有权向人民检察院申请复议(第86条)。

(3)对检察机关不起诉的决定有权向上一级人民检察院申诉,请求提起公诉;也有权直接向人民法院起诉(第145条)。

(4)直接起诉权。被害人对有证据证明公安机关、人民检察院对被告人侵犯自己人身、财产的行为,应当追究刑事责任而不予以追究的,有权直接向人民法院起诉(第170条)。

(5)侦查起诉过程中被害人对证据或者案件处理有发表意见权。侦查过程中用作证据的鉴定结论应当告知被害人,人民检察院审查案件应当听取被害人的意见。

(6)参加法庭审理权。在法庭调查中被害人有权对起诉书指控的犯罪进行陈述,可以向被告人、证人、鉴定人发问,可以对法庭上出示的物证、未到庭的证人证言笔录、鉴定人的鉴定结论、勘验笔录和其他作为证据的文书发表意见,可以申请通知新的证人到庭、调取新的物证、申请重新鉴定勘验,可以对证据和案件情况发表意见。并有权参加法庭辩论,有权阅读、补充、修正法庭笔录并收受判决书(见第151条、第155条、第156条、第157条、第159条、第160条、第167条)。

(7)拒绝权。被害人有拒绝犯罪嫌疑人、被告人的辩护律师调查取证的权利(第37条);有拒绝侦查机关对其人身进行检查的权利(第105条)。

(8)请求抗诉权。被害人不服地方各级人民法院第一审判决的,自收到判决书后5日以内,有权请求人民检察院提出抗诉。人民检察院自收到被害人的请求后5日以内,应当作出是否抗诉的决定并且答复请求人(第152条)。

(9)被害人及其法定代理人、近亲属,对已经发生法律效力的判决、裁定,有提出申诉的权利(第203条)。

---

* 原载于《检察风云》1996年第8期。

（10）被害人有权取得由司法机关返还的属于自己的合法财产。新刑诉法规定：“公安机关、人民检察院、人民法院对被害人的合法财产应当及时返还。”“人民法院作出的判决生效以后，对被扣押、冻结的赃款赃物及其孳息，除依法返还被害人以外，一律没收，上缴国库。”（第 198 条）

（11）被害人的申请回避的权利（第 28 条）。被害人有权要求侦查人员、检察人员和审判人员回避。这是被害人成为刑事诉讼当事人的一个重要表现。

（12）被害人有委托诉讼代理人的权利（第 40 条）。新刑诉法明确规定，公诉案件的被害人、自诉案件的自诉人、附带民事诉讼的被害人都有权委托诉讼代理人。检察机关和人民法院应当告知被害人有该项权利。受被害人委托参加刑事诉讼的代理人是诉讼参与人之一。

被害人应当履行的义务有：

（1）不得威胁、侮辱、殴打、打击报复证人及其亲属（第 49 条）。

（2）保护犯罪现场（第 102 条）。

（3）不得捏造事实、伪造证据对他人进行诬告陷害（第 85 条）。

（4）遵守法庭纪律和法庭秩序（第 161 条）。

上海文化立法规划和文化法律思想研究[*]

一、上海市文化立法的进程及其原因

1. 上海市文化立法与国家文化立法的同步性、特殊性

回顾新中国成立以来我国的文化法制建设,总体而言发展迅速,成就不小,对于文化事业的各个领域都已经制定了相关的法律法规进行调整。上海市的文化立法工作与国家文化立法工作紧密联系,息息相关,其演进过程具有同步性。综观我国文化立法和上海市文化立法的演进过程,大体上可以分为三个阶段:

第一个阶段是新中国成立后至1978年十一届三中全会。这30年间,虽然有过文艺界的繁荣时期,但是由于所处的历史阶段的原因,我国的文化立法工作发展缓慢,一共只有30余个文化法律法规和规范性文件,并且集中于文物保护方面,其他文化领域的法律法规很少。与这种大环境相对应的是,上海市在这个阶段的文化立法作为很少。

第二个阶段是1979年至1996年前后。在这近20年里,人民的文化生活极大丰富,文艺作品层出不穷,文化活动日见昌盛,相应的文化立法工作也迅猛发展,取得了令人瞩目的成就。从中央到地方,大量的文化法律法规和政府规章在这一阶段出现并不断修改完善,内容涉及文物管理、新闻出版、音像制品、广播电视、电影放映、演出市场、文化娱乐、工艺美术品、涉外交流活动等各个方面。可以说,一个初步的、尚不完善的文化法律体系在这段时间内建立起来了。

与国家文化立法进程相适应,上海市在这个阶段的文化立法工作开始起步并得到迅速发展,制定了《上海市图书报刊市场管理条例》《上海市演出市场管理条例》《上海市文化娱乐市场管理条例》等地方性法规3件,还有一系列相配套的地方政府规章20余件,内容涉及广泛,对文化领域的一些重要方面做到了有效的管理和规制。除了结合上海的特色制定地方性法规和地方政府规章外,这个时期也是上海市将国家文化法律法规具体细化为地方性法规和地方政府规章的重要阶段。

第三个阶段是1996年前后至今。这个时期的国家文化立法工作有以下几个特点:①由初步建立文化法律体系转为进一步整理完善文化法律法规体系。主要体现在大量旧法规的废止或者修订,大量实施细则的出台等方面。②在"入世"和对外文

---

[*] 第二作者徐澜波,第三作者张明冲,原载于《政治与法律》2003年第1期。

化交流发展迅速的大背景下,制定了多项涉外文化地方性法规和地方政府规章及规范性文件,并加强打击盗版和保护知识产权。③针对新兴文化活动的管理进行立法,比如对网吧、电子出版物、城市艺术的管理等。

上海市在这个时期的立法工作也体现了上述几个特点。例如,用1997年新的《上海市电影发行放映管理办法》取代1992年的旧办法,用2001年新的《上海市文物经营管理办法》取代了1996年的旧办法;以及《上海市城市雕塑建设管理办法》《上海市传统工艺美术保护规定》《上海市历史文化风貌区和优秀历史建筑保护条例》等地方性法规和地方政府规章的制定出台。这个阶段颁布地方性法规2件,修改2件,颁布地方政府规章9件。

上海市的文化立法在与中央的文化立法保持同步性的同时,也体现了自己的鲜明特点,主要表现在:①有关文物立法不是很多,且法规出台比较晚。这是因为上海是一个近代发展起来的大都市,文物资源相对于西安等大城市不是非常丰富。②与国际大都市的地位相符合,有关公益性文化较为发达,颁布了《上海市城市雕塑建设管理办法》《上海市公共文化馆管理办法》等。③注重对本地特有文化遗产的保护。上海市具有历史意义的欧洲风格的建筑很多,如著名的外滩老建筑,还有很多名人故居、纪念场馆,这是其他城市少有的,为了保护这些历史文化瑰宝,制定了《上海市优秀近现代建筑保护管理办法》《上海市历史文化风貌区和优秀历史建筑保护条例》等。④自从上海市在1996年精心制定了"九五文化立法规划"之后,文化立法工作强调细化,文化立法从单纯的行政管理开始强调保护公民文化权利。⑤在立法工作细化的同时,注重对文化市场的综合执法,制定了《上海市文化领域行政执法权综合行使暂行规定》。

2. 全国人大和中央政府文化立法的现状

据不完全统计,中华人民共和国成立至今,国家已经制定了有关文化的法律、行政法规、文化部门规章和规范性文件900余件。① 到目前为止,已经出台的有关文化建设的法律有《中华人民共和国文物保护法》《中华人民共和国著作权法》;国务院行政法规有《中华人民共和国文物保护法实施细则》《中华人民共和国考古涉外工作管理办法》《中华人民共和国水下文物保护管理条例》《音像制品管理条例》《出版管理条例》《电影管理条例》《进口影片管理办法》《营业性演出管理条例》《娱乐场所管理条例》《广播电视管理条例》《印刷业管理条例》《传统工艺美术保护条例》等60个;在国务院部门规章及规范性文件中,有文物管理、文化娱乐类法规228个,新闻出版类法规449个,影视类法规181个。此外,各地方的权力机关和政府根据各自地方的实际情况,制定了大量的执行国家法律、行政法规的地方性法规和地方政府规章。可以说,在调整人们的社会文化关系和文化事业管理的一些重要方面,初步做到了"有法可依""有章可循"。②

---

① 参见国信中国法律网(www.eeilaw.com.cn)。

② 参见《文化立法》,载中国文化网(www.chinaculture.net.cn),访问时间:2002年8月18日。

3. 上海市地方文化立法的现状

上海市自改革开放以来,加强了对文化立法的研究,文化立法工作开始走上了制度化、规范化的轨道。经过多年的努力,到目前为止共制定了5件地方性法规、30余件地方政府规章和规范性文件,取得了显著的成就。其中,上海市人大制定了《上海市图书报刊市场管理条例》《上海市演出市场管理条例》《上海市文化娱乐市场管理条例》《上海市音像制品管理条例》《上海市历史文化风貌区和优秀历史建筑保护条例》等地方性法规;上海市政府制定了包括《上海市文物市场管理办法》《上海市图书报刊市场管理规定》《上海市查禁有害出版物暂行规定》《上海市地图编制出版管理若干规定》《上海市文艺演出管理办法》《上海市电影发行放映管理办法》《上海市文化娱乐市场管理条例实施细则》《上海市城市雕塑建设管理办法》《上海市公共文化馆管理办法》《上海市传统工艺美术保护规定》等30个地方政府规章,内容涉及文物、出版、演出、电影、娱乐、新闻广播、音像制品、城市艺术、文化市场管理、互联网等10个领域,基本做到了与国家文化立法相配套和同步,为上海市的文化事业发展提供了强有力的法制保障。①

4. 国家及上海市现有文化立法中存在的问题

应该看到,我国文化法治建设虽然取得了显著成绩,但仍然滞后于迅速发展的文化事业;文化活动和交流的促进,作家、艺术家权益保障,文化设施建设、繁荣文艺创作等一些重要领域仍缺少相应的法律调整。其主要表现在:①文化法制理论(包括文化立法理论)研究薄弱,缺乏相应的文化法制研究机构和队伍(如上海的经济法制建设队伍和机构有"上海市经济法研究会""上海市法学会民法、经济法研究会"等),对于文化领域哪些需要依靠法律管理、哪些不宜依靠法律管理的范围界定不清,造成在一些领域法律法规迟迟不能出台。②在已出台的文化法律、法规中也存在着层次低,内容陈旧,计划色彩浓厚的问题。③立法时偏重于管理、规范、义务和处罚等内容的设定,忽视对相关权利的保障。④文化立法缺乏预测和群众参与,没有充分对法规所要调整的社会关系和后果进行周密的研究、分析和预测,没有充分听取相关有利害关系的行业代表、人民群众的意见和建议;条款规定得过于原则和笼统,可操作性较差。⑤立法权限不明,有关部门偏重于通过立法为本部门设定各种审批权、管理权、处罚权。⑥文化法制机构不健全,部分行政部门领导依法行政的观念比较淡薄等。

这样的问题同样存在于上海市的文化立法工作中,除此以外,上海市的文化立法工作还存在以下几点不足:

第一,涉外立法不足,调整范围有限。作为一个世界性的大都市,上海有着其他城市无可比拟的优势,涉外文化交流活动频繁,并且具有组织大型一流演出活动的能力和经验,除了经常有国外交响乐团和歌手来华演出外,还多次举办了像"阿依达""大卫·科波菲尔魔术表演"这样大制作的演出活动。然而与此不相称的是,针对涉外文化交流,上海市的立法几乎是空白,这已经在一定程度上造成了管理上的不便,

---

① 参见上海市政府网站(www.shanghai.gov.cn),访问时间:2002年8月18日。

阻碍了上海对外文化交流活动的进一步发展。

第二，文化产业发达，法律保障不够。文化消费作为满足人民群众精神发展需求的消费，有着巨大的市场潜力，蕴藏着丰富的商机。在上海，文化越来越成为一个利润丰厚的新兴产业，这一点已经成为人们的共识。因此，用法律规范和保障文化产业的健康、有序发展，是客观的必然要求。上海在这方面立法还是较欠缺的。

第三，立法侧重管理，促进发展不足。随着人们生活水平的提高以及老龄化社会的到来，社区文化活动正开展得如火如荼；同时，上海作为一个人口上千万的特大城市，市民的公益性文化事业发展迅速，急需加以引导，促进其步入良性发展轨道。由于立法思路惯性的原因，现有的文化立法大多以管理为主，相对而言缺乏以促进为主的文化立法。

第四，立法思想单一，权利意识较弱。综观上海市制定的文化法规和规章，基本上是以加强管理为指导思想，但是对于文化活动参加者权利的规定和保护是不足的。文化立法在初始阶段急需对各个领域进行规制，注重管理无疑是其应有之义；但是在强化管理的同时，也应当注重对权利的保障，何况在大量的文化法律关系已经得到相关法律调整之后，立法指导思想应当逐渐转移到权利保护上来。

二、制定上海今后 5 年文化立法规划的必要性

客观地说，在调整上海的文化活动和文化社会关系的一些重要领域，的确可以说初步做到了"有法可依""有章可循"；但同时，也必须看到，这种"有法可依""有章可循"只是初步的；长期以来，上海乃至国家的"文化法制建设明显滞后，立法数量偏少，立法层次偏低，是个突出的问题"。[①] 这离党中央提出的"依法治国""实现社会主义法治国家"的基本方略和要求还有一定的距离，离依法有效地、公平地、稳定地促进和调控文化事业和一切文化活动的改革开放要求还是有相当差距的。可以说，就上海乃至全国而言，文化法律规范，特别是真正有效的文化法律规范体系还是不完备的。加快文化立法进程，逐步形成较为完备的文化法规体系，为依法管理提供法律依据，这是加强管理的基础性工作。所以，制定上海今后 5 年的文化立法规划是十分必要的，能将科学合理、有现实针对性的规划的积极作用和功能，充分引领到我们的文化立法以及党和政府的文化管理实际工作之中。

在新的历史时期，要坚持中国共产党始终是中国先进文化的前进方向的忠实代表，就不能因领导人的变动和时间的推移而发生变动，就要最大限度地满足人民日益增长的精神文化需求，保障人民群众的文化权利，这一切都要有先进的文化立法作保障。

具体而言，制定上海今后 5 年的文化立法规划的特殊的必要性主要体现在以下

---

① 王黎：《遵循中国先进文化的前进方向——访文化部部长孙家正》，载人民网（www. people. com. cn），访问时间：2002 年 8 月 18 日。

几个方面：

1. 引导和调整上海新一轮文化发展的需要

在未来 5 年内，上海的文化发展重点将在已初具规模和现代化的文化设施建设，以及对现有国有文化资源重组和整合的基础上，进一步对国有文化资源动态配置和组合、实施能吸纳多种经济形式参与的文化资源配置机制；同时，还要大力发展文化运行内涵，将产业型、准产业型、公益型、准公益型的文化服务活动发展为上海服务业的支柱之一。为了迅速、有效地实现这一目标，不仅要大胆改革、创新，勇于实践，而且还要根据文化发展的规律和有关的经验，科学地制定相应的法规、规章充分发挥法律的引导、调节、调整社会活动和社会关系的功能。当然，在这一过程中，要特别注意所制定的法规、规章对其引导、调节、调整社会活动和社会关系发展方向和要求的内在把握，如果把握不当，这些法规、规章非但起不到相应的引导、调节、调整作用，还可能阻碍社会活动和社会关系的发展。此类例子在中外都发生过。

2. 适应我国加入 WTO 的需要

WTO 是一个以市场化和贸易自由化为宗旨的国际组织，通过对关税和非关税壁垒的禁止以及对政府管制贸易权力的限制来鼓励和实现国际贸易的自由化。虽然目前我国的文化方面涉及的国际贸易还不是很多，但是我国加入 WTO，已承诺遵守和履行 WTO 的法律规范，所以，我国文化领域的商品国际贸易、服务国际贸易、与投资有关的贸易，将会随着 WTO 法律规范中一系列的原则，如非歧视贸易原则、自由贸易原则、透明和可预见原则、公平竞争原则等在我国的实施和遵守而日益发展。WTO 法律规范中一系列的原则在我国的实施和遵守，又要求我国政府将对与商品国际贸易、服务国际贸易、与投资有关的文化活动管理，纳入公开透明的、与 WTO 规则不违背的法律、法规之中，以法律手段而不是行政手段来实施。由此，决定了有必要：①对我国现有的文化法律和法规中与 WTO 有关法律规则不一致的内容加以修正；②将政府对文化活动的必要管理内容，以权利与义务相对应为基本特征的法律、法规的形式加以稳定化、规范化、公开透明化；③对有关文化产品和活动中必须管理和把握的价值取向、舆论导向等方面，不能采用意识形态和政治手段，应当以法律、法规的形式，将其判断和衡量的标准、界限、范围等具体化、固定化、规范化、公开透明化。

3. 在地方立法权限内调节中央立法之不平衡性的需要

《中华人民共和国立法法》（以下简称《立法法》）第 63 条第 1 款规定："省、自治区、直辖市的人民代表大会及其常务委员会根据本行政区域的具体情况和实际需要，在不同宪法、法律、行政法规相抵触的前提下，可以制定地方性法规。"该法第 64 条规定："地方性法规可以就下列事项作出规定：（一）为执行法律、行政法规的规定，需要根据本行政区域的实际情况作具体规定的事项；（二）属于地方性事务需要制定地方性法规的事项。除本法第八条规定的事项外，其他事项国家尚未制定法律或者行政法规的，省、自治区、直辖市和较大的市根据本地方的具体情况和实际需要，可以先制定地方性法规。在国家制定的法律或者行政法规生效后，地方性法规同法律或者行政法规相抵触的规定无效，制定机关应当及时予以修改或者废止。"

《立法法》第 73 条规定："省、自治区、直辖市和较大的市的人民政府，可以根据法律、行政法规和本省、自治区、直辖市的地方性法规，制定规章。地方政府规章可以就下列事项作出规定：(一)为执行法律、行政法规、地方性法规的规定需要制定规章的事项；(二)属于本行政区域的具体行政管理事项。"

我国地大物博，各省市、各地区之间的经济和文化发展水平还有较大的差异，区域文化、民族文化也各有特色；加之长期以来，国家在文化立法的数量、层次上不适应客观现实的需要。文化立法数量少、层次低，在不少方面还没有改变无法可依的局面；不少方面缺乏法律、法规规范，同时也缺少高层次立法。如新闻法、出版法、电影法、广播电视法、有线电视法等这些在国外必不可少的文化立法，在我国都还是行政法规或者是部门规章。有些领域至今还主要依靠内部文件和个案批复进行管理。

上海作为中国的经济、金融、文化、科技中心之一，不仅文化产业兴起和发展迅速，传统文化和中华民族经典文化的保留也比较齐全，而且国际文化交流的规模和数量在国内也占领先地位，上海地方文化立法能更好地发挥补充国家文化立法存在的不足与空白，以及对国家已有立法的细化和具体操作化的功能与作用。

三、上海文化法治建设中应当特别注意的若干文化法律思想

在确定上海文化立法 5 年规划中，明确有关的文化法律思想，厘清有关文化发展与文化法治建设中的若干基本关系，无论对今后制定上海的文化地方性法规和地方政府规章的立法及其实施工作者，还是对党和政府的文化管理工作者以及有关的文化活动参与者建立文化法治观念，具有十分积极的意义。

1. 上海文化立法与上海综合发展战略的关系

根据上海"国民经济和社会发展十五规划"，进入 21 世纪的上海，不仅要努力建成现代化国际经济、金融、贸易、航运中心之一，而且要积极构建文化艺术高地，把上海建设成为国际性文化交流中心，不断提高城市的品位和综合竞争力。所以，文化艺术不仅是一个意识形态和精神活动的范畴，同时还是一个产业部门和国家或地区综合实力的范畴。国家计委第三产业司的负责人在提及中国在 21 世纪最有发展前途的十大热点时，文化产业列在第七位(这十大热点包括了科技服务业、信息业、旅游业等)。在上海推动和发展文化产业、提升文化品位与文化竞争力，乃属于一项较新的任务和工作，如果要在较短的时期内或超常速度地实现上述目标，则不能按照市场规律自发地调节和引导资源配置与生存、发展秩序，而有必要在比较准确地认识现有的环境和条件的基础上，利用法律、法规的引导、激励、调控、规范、制裁等功能，有目的地调节和引导文化资源配置，稳定规范文化艺术、文化产业的生存和发展秩序与环境。在我国的文化立法，特别是有关促进文化产业的发展和国际文化交流的法律法规尚不完备的现状下，明确上海文化地方立法方向和具体目标，加快上海文化地方立法工作，无疑已成为实现上海"十五"乃至更长时期国民经济和社会发展目标的一个关键环节之一。

2. 上海文化立法与上海文化发展目标定位之间的关系

在新世纪,上海的文化发展目标定位于"构建文化艺术高地,把上海建设成为国际性文化交流中心,作为提高城市的品位和综合竞争力的关键因素之一"。① 上海的"海派文化"历来是以"开风气之先"和"海纳百川"为特征的,虽然近几年来上海已成功地举行了数次规模较大的国际文化交流活动,也形成了一些国际文化交流的节假日,但是,要把上海建设成为我国的国际性文化交流中心,对上海来说,仍然是一项全新的任务。国际交流是双向的,文化的国际交流更是如此,在上海建立国际性文化交流中心的基础必须是本地文化艺术的繁荣和发展。为此,上海的文化面临着空前的发展要求。这一切,不仅要靠上海全体公民和各种各样的文化产业和事业主体的参与,明确他们在各种文化活动和文化社会关系中的地位和权利义务;还必须对文化活动的意识形态导向内容、社会主义精神文明和为人民服务的方向予以牢牢把握;更有必要对外来的反映和表现资本主义、封建主义的文化侵蚀予以坚决的抵御,并在容纳外来文化的同时,保护我国的本土文化与民族文化。法律、法规能够以较高的效率、公平的手段、具体的标准、明确的界限来实现这些要求,达到上述目的。可以说,进一步完善和加快上海的地方文化立法,是实现上海文化发展战略的保障和必不可少的手段。

3. 上海地方文化立法与国家文化立法之间的关系

上海要积极构建文化艺术高地,建设成为国际性文化交流中心,不断提高城市的品位和综合竞争力,在涉及上海地方文化特色的事务方面,不能等待国家级的法律或法规出台与实施;上海在文化国际交流方面居国内领先地位,除了有关的少数民族和边远地区文化与艺术之外,各种文化艺术门类齐全,有关的文化改革创新实践也在不断探索。

相对我国的经济立法、民事立法、科技立法而言,我国的文化立法还是比较薄弱和不完善的。在上海的各项文化艺术活动和文化社会关系中,如果国家级的文化立法对此尚未作出规定进行调整的,只要对这些文化活动和文化社会关系进行调整的内容不属于《立法法》所规定的"国家主权的事项","各级人民代表大会、人民政府、人民法院和人民检察院的产生、组织和职权""民族区域自治制度、特别行政区制度、基层群众自治制度""犯罪和刑罚""对公民政治权利的剥夺、限制人身自由的强制措施和处罚""对非国有财产的征收""民事基本制度","基本经济制度以及财政、税收、海关、金融和外贸的基本制度""诉讼和仲裁制度"等必须由国家立法的事项的,上海市不仅完全有必要,也完全可以在《立法法》第 63 条、第 64 条和第 73 条规定的省、自治区、直辖市的人民代表大会及其常务委员会以及省、自治区、直辖市和较大的市的人民政府制定地方性法规和政府行政规章的权限范围内,制定上海市文化地方性法规和地方政府规章,与国家级的法律、法规一起,构成完善的上海地方文化法律规范体系。

4. 文化立法的基本功能问题

长期以来,我国的文化立法受制于计划经济模式,文化立法的基本功能是立足于文化领域封闭式的、单一的活动和参与主体,文化立法服务于国家和政府对文化活动

---

① 《俞振飞百年诞辰》,载《解放日报》2002 年 8 月 16 日,第 1 版。

与文化社会关系的行政命令式的管理和控制,文化立法较多地与防止、制止、处理文化活动中出现的问题联系在一起,文化立法往往自觉或不自觉地被有关的管理者利用来实现或强化本部门的权力与利益;国家和政府的各文化管理职能部门既是文化法律、法规的执行者、文化事业与文化产业的管理者,同时又是文化事业和产业的创办者,其结果,因为缺乏改革和市场竞争活力,既未能较好地发展由其自己创办的文化事业和文化产业,也没有管理出一个能促进文化事业和文化产业发展的公平的、有序的、健康的文化市场和文化环境。

在大力发展和建设我国社会主义市场经济体系,以及在我国已经加入 WTO 以后的现实条件下,特别是已经明确在上海的文化发展目标定位于"构建文化艺术高地,把上海建设成为国际性文化交流中心,作为提高城市的品位和综合竞争力的关键因素之一"以后,上海的文化立法的基本功能不能再局限于约束性控制式管理、以所有制或其他非能力性要素来区别对待各种民事主体进入文化市场,以及为了部门权力和利益而立法等方面,在文化立法中应当以科学的、适应现实的思维明确并保障以下基本功能:

(1)体现中国先进文化的前进方向和中国先进文化的发展趋势与要求,符合马克思列宁主义、毛泽东思想、邓小平理论,立足于建设有中国特色社会主义的实践,着眼于世界科学文化发展的前沿。

(2)促进和引导文化事业和文化产业的健康发展与有序繁荣。

(3)保障公民的文化权利,满足人民群众日益增长的精神文化需求。

(4)建设和保持公平的、公开透明的、有竞争的、健康向上、有秩序的文化市场。

(5)在坚持对必要的政治方向和意识形态方向的把握方面的文化活动和文化社会关系依法进行管理,管理要为文化的繁荣和发展服务,管理的最终目的是建设、维护健康、有序的文化市场。

(6)实现"政企分开""管办分离",对文化活动主体和参与者的管理必须依法进行,管理的法律依据必须公开、有具体标准、一视同仁,切实保护文化活动主体和参与者在被管理中的实体权利和程序权利。

(7)在实现"政企分开""管办分离"的基础上,国有资本在文化领域占据的位置要"有进有退",放出一块空间给其他资本进入和参与,充分形成文化市场的竞争活力,有利于国有资本在未退出的文化领域中集中精力做好、做大,也有利于为发展文化形成合力。

(8)充分保护民族文化、高雅文化、公益文化,保护文化的多样性、丰富性,防止外来不良文化的渗透和影响。

5. 把握舆论导向和依法管理文化事业和文化产业的问题

对各种文化产品和文化活动的形式与内容的基本政治方向和是否有不良精神危害等进行审查、鉴定等管理,始终是文化立法和文化执法的一个重要部分。这是由文化活动和文化产品的特殊作用所决定的,即使在资本主义国家也是如此。

必须注意的是,这种审查和管理必须严格按照法律的规定进行,文化法律、法规是文化管理的基础和依据。在依法管理的范畴里,要坚持以下几个原则:其一,依法管理的"法"应按照《立法法》的规定,界定在法律、行政法规、部门规章范围内;其二,在"法"的范围内,部门规章的效力低于行政法规,行政法规的效力低于法律,其他法律的效力低于宪法;其三,以"通知""文件"等形式出现的行政管理规范和措施,不得违反法律、行政法规、部门规章,否则,就是违法的行政管理规范和措施;其四,涉及对文化活动和文化产品的内容等进行审查、鉴定等管理的法律依据必须具体化,有明确的标准和界限。只有这样,才能保证文化事业和文化产业发展的稳定性和对文化管理的公平性、科学性、有效性。比如,《香港淫亵及不雅物品管制条例》第 I 部导言 2 "释义"对"色情""不雅"就作了具体的规定,即:(a)一件物件如因其属于色情而不宜向任何人发行者,是谓之色情;(b)一件物件如因其属于不雅而不宜向青少年发行者,是谓之不雅。就(a)、(b)款而言,"色情"及"不雅"包括有暴力、腐化及令人厌恶之含义。① 像这样对文化活动的管理规定,具体而明确,既有利于依法管理,也有利于保护相对人的合法利益,保障文化市场的健康秩序。

6. 公益性文化与经营性文化的关系

文化活动和文化产品的精神化、思想化、意识形态化等特性,决定了文化活动和文化产品在需要走向市场、形成产业的同时,还要服务于满足人民群众日益增长的精神文化需要、保障公民的基本文化权利和利益,服务于保护民族文化和代表性文化的需要,而实现这种文化需求应当通过由国家和政府将取之于民的公共财政予以支持和保障的公益文化事业来实现。针对目前公益性文化与经营性文化法律地位不明确,有关的投资、运行、管理等机制混淆,既没能很好地、全面地保护和发展有关公益性文化事业,满足公益性文化需求,也没有给可以由市场来推动和运行的产业型、营利性文化创造很好的生存和发展空间等现状,有必要通过立法,明确公益性文化与经营性文化的法律地位,设定与公益性文化及经营性文化自身特性相适应的投资、运行、管理机制。

7. 超前立法和滞后立法的关系

法律是调整社会活动和社会关系的工具和手段,最初的法律往往来源于对社会活动和社会关系另一种调整工具和手段的社会习惯、社会道德规范的选择,这种法律规范只能或较多地依赖社会活动和社会关系的丰富与发展,较多地依赖于社会习惯和道德规范的成熟。随着社会生活和生产等活动的发展,立法活动的丰富与立法科学和技术的不断提高,人们要求在公平、安定、有规则的环境里从事生活、工作、生产等各项活动,加大了对各种社会活动和社会关系新兴之时或在兴起之可能的时候就制定法律对其加以调整的要求。这就是"超前立法"要求。通过各国的实践证明,"超前立法"既有其合理性,也有其可实现性。

在超前立法的进程中,要特别注意:①把握超越社会活动和社会关系之前的"度",以及对当前和未来社会活动和社会关系的客观发展趋势的认识。②超越社会

---

① 参见《香港淫亵及不雅物品管制条例》(香港法例第 390 章),载杨柱才、李光文主编:《香港法律通编》,广西民族出版社 1995 年版,第 351 页。

活动和社会关系之前的有关立法内容如果阻碍了社会活动和社会关系的发展趋势，或者与广大公民的根本利益不相适应时，就应当及时对其进行修改或废除，否则，超前立法的正面效应将转化为负面效应。③在对某些社会活动和社会关系的发展趋势认识和定性难以把握时，不必急于出台法律、法规，而应当加强立法研究，随时掌握动向，为能及时制定和出台法律、法规做好充分的准备。

在文化立法方面，我国的现状是立法大大落后于文化社会活动和文化社会关系的实际，以及文化走向市场化、产业化的发展要求；正如文化部部长孙家正所指出的那样，长期以来，文化法制建设明显滞后。① 所以，就目前而言，不仅要改变文化立法滞后现状，还面临超前、及时引导和规范文化产业超常速健康发展的"超前立法"的当务之急。

8. 创制新的文化立法与整合现有文化法律、法规的关系

法律是对客观社会活动和社会关系的调整和规范，客观立法活动既包括创制新的法律、法规，还包括对已经颁布实施的现有法律、法规的修改、合并等整合。目前，不仅对文化活动和文化社会关系的调整大量地以行政命令代替法律、法规，而且在现有的文化立法中立法层次低，大量地以比较分散的调整狭窄的、单一的文化活动和文化社会关系的行政法规、部门规章形式出现，这些法规和规章在整体上不能适应文化活动的市场化、产业化需要，滞后于文化现实的发展要求，所以，目前我国的文化立法不仅面临加快创制新的法律和法规的任务，还面临着急需修改、合并整合现有文化行政法规、部门规章的任务。对上海的文化地方立法而言，同样面临这一任务。

9. 文化立法与实施的关系

通过立法只能制定或修改法律和法规，再好、再高明的法律、法规如果得不到很好的实施，那也只能是停留在纸面上的文字，文化立法的一切良好的功能是根本无法实现的。这样，依法管理和调控文化活动与文化社会关系，以及实现文化法治将无从谈起。为此，必须在上海营造一个良好的文化法律、法规实施环境，基本内涵是：第一，要提高文化立法和文化法律、法规的宣传力度，全方位、多层次、多渠道地开展文化法律、法规的教育和培训，提高全社会知法、守法、执法、用法的文化法律意识；第二，加强文化立法和文化法律理论的研究，建立上海文化法律研究基地，培育一批掌握较高文化法律科学理论的人才；第三，除了现有文化行政执法统一机构外，还要建立党和政府之间，以及政府各职能部门之间实施文化法律、法规的协调机制，营造对各种文化活动的依法管理的环境，保障文化运行市场的健康、宽松、有序。

四、今后 5 年上海文化立法规划框架

1. 今后 5 年上海文化立法具体项目名称

根据《上海市国民经济和社会发展第十个五年计划的建议》和 2001—2015 年文

---

① 参见王黎：《遵循中国先进文化的前进方向——访文化部部长孙家正》，载人民网（www.people.com.cn），访问时间：2002 年 8 月 18 日。

化发展要求,上海文化立法应着重考虑文化管理与服务、文化投资、文化产业调整、文化生产、文化产品流通、文化中介组织、文化市场管理、公益文化发展等方面。拟制定的具体地方性法规和地方政府规章的名称如下:"上海市文化促进条例""上海市文物保护条例""上海市民族文化保护条例""上海市文化对外交流管理办法""上海市文化发展基金筹集和使用管理办法""上海市公益文化管理办法""上海市文化产品和文化活动行政鉴定暂行办法""上海市优秀文化艺术创作奖励办法""上海市印刷管理办法""上海市演出市场管理办法"。修订以下地方性法规和地方政府规章:《上海市著作权管理若干规定》《上海市文化领域执法权综合行使的暂行规定》《上海市电影放映管理办法》《上海市演出市场管理办法》。废除《上海市公共文化馆管理办法》《上海市公共图书馆管理办法》,以新制定的《上海市公益文化管理办法》代替;废除《上海市查禁有害出版物暂行规定》,以《上海市文化产品和文化活动行政鉴定暂行办法》代替。

2. 今后3年内急需的上海文化立法具体项目名称

今后3年是上海市"十五规划"完成之年,为顺利完成"上海市国民经济和社会发展十五规划"确定的"按照建设有中国特色社会主义文化的要求,大力发展面向新世纪的文化事业,提高全社会的文化生活质量,努力把上海建成国际性文化交流中心之一"的上海文化发展的总目标,以及在"继续实施优秀文艺作品精品战略;发展重点图书、电子和音像出版物战略;发展和规范文化市场,努力建成各类常设的、规模较大的、有国内外影响的文化商品交易市场;加强和完善文化市场综合执法;继续办好重大文化活动;推进群众文化建设、加强和促进对外文化交流,推动上海的文化艺术多渠道、多方式走向全国、走向世界;进一步增加政府对文化事业的投入,继续执行并完善文化经济政策;加快文化体制改革,做到政企、政事分开和管办分离,形成符合精神文明建设要求、遵循文化发展规律、发挥市场机制积极作用的文化体制;继续加快现代化多功能文化设施的建设,重视社区和农村基层文化设施建设;积极扶持文博、图书、档案事业和文物保护工作"等目标下,结合国家和上海现有的文化法律资源,在今后3年中,上海应当在文化立法5年规划中率先完成以下文化立法项目,即:《上海市文化促进条例》《上海市文化发展基金筹集和使用条例》《上海市文化对外交流管理办法》《上海市公益文化管理办法》《上海市文化产品和文化活动行政鉴定暂行办法》《上海市印刷管理办法》;修订以下地方性法规和地方政府规章:《上海市文化领域行政执法权综合行使暂行规定》《上海市演出市场管理条例》。

五、今后3年上海各文化立法项目的必要性、主要内容和立法形式

1. 关于《上海市文化促进条例》

该条例是规范本市文化活动和文化社会关系的基本法规,文化是社会活动的基本领域之一,不仅是意识形态的重要组成部分,是精神产品的发源地,而且随着文化不断走向市场,其对国民经济的发展也有重要意义。针对本市长期以来文化事业和

各类文化活动在社会和国民经济中的地位不明确,对文化发展缺乏稳定的、有效的规范机制和保障机制,不能实现文化事业和文化活动持续发展的现状,有必要制定这样一部保障和促进本市文化事业和文化活动的地方性法规。

《上海市文化促进条例》的主要内容如下:文化事业和文化活动在社会和国民经济中的基本地位;发展文化事业和文化活动的基本策略;公益文化和市场化文化的基本定位与范围;保障和发展公益文化的基本措施、发展市场化文化的基本措施;确立政企、政事分开和管办分离;两级政府在发展文化事业和文化活动方面的职责;各政府职能部门管理文化事业和文化活动的基本原则;促进上海文化发展的社会责任;各种类型的文化组织和主体的法律地位、对社会的基本权利和义务;支持文化发展的经济手段、组织手段、技术手段;对上海文化发展作出成绩的单位和个人以及优秀文化作品的奖励制度;有关违反文化活动社会秩序、借发展文化实施违法犯罪活动、违反国家文化财政经费使用规则等行为的法律责任。

鉴于《上海市文化促进条例》所规定的内容带有综合性,涉及的机构和单位超出了行政部门的范围,所规定的支持手段也超出了行政职能范围,所以,这一项目的立法应制定地方性法规才能保证其应有的效力。

2. 关于《上海市文化发展基金筹集和使用条例》

发展文化既是国家和政府的职责,同时也是社会职责;文化接受者的普遍性决定了文化的参与、实施和发展的公众性。所以,为了在新世纪加快发展上海的文化事业,积极构建文化艺术高地,把上海建设成为国际性文化交流中心,不断提高上海城市的品位和综合竞争力,在国家财政经费有限的条件下,十分有必要依法设定多种渠道吸纳社会各方资金投入上海文化事业的发展,融合各种社会文化投资类型;依法规范各种社会文化投资的征集、使用、管理、监督,以及投资者和使用者的相应的权利与义务。

《上海市文化发展基金筹集和使用条例》的主要内容如下:上海文化发展基金的基本筹集方法和种类(如发行文化发展彩票、社会各界的捐助、设立文化发展投资公司、设立文化投资基金等);各种文化发展基金的管理和使用原则;利用文化发展基金的权利和义务;国家对各种文化发展基金的各种支持和优惠政策,以及实施和落实这些支持和优惠政策机关或部门的职责;相关的法律责任。

由于文化基金的设立涉及国家的有关财税、金融政策,由于我国的有关财税和金融政策在地方政府层面是很难协调的,因此,上海制定这一地方法律规范不但需要取得国家有关部门的同意,而且在立法形式上也以制定地方性法规为宜。

3. 关于《上海市文化对外交流管理办法》

围绕加快实现把上海建成国际性文化交流中心的文化发展战略目标,针对现行上海有关对外文化交流管理法律规定的缺乏,以及传统的有关审批制度与法治化、市场化要求不相适应的现状,急需制定这一管理办法。该办法主要规定:对外文化交流的项目审批范围和程序、对外文化交流的项目许可审批的条件或标准;对外文化交流项目的创作人员、演职人员、主要工作人员的入境签证和出境审批的特殊处理支持手段;对外文化交流的项目审批中报送者与审批者的权利与义务、主办者和中介者的资质条件;文化交流项目展示的场所要求和有关收费限制;有关法律责任等内容。

该立法项目主要涉及文化行政管理事务,因此,其形式可以采用市政府制定的地方政府规章。

4. 关于《上海市公益文化管理办法》

公益文化是一个国家和民族文化事业的重要组成部分,它对满足人民群众日益增长的文化精神需求具有十分重要的作用。针对长期以来本市公益文化事业和公益活动场所或单位在整个文化事业和文化活动中的地位不明确,国家财政对各公益文化事业和公益活动场所或单位的资金支出和支持缺乏相应的规范性保障等现实问题,为保证本市的公益文化投入随着国民经济的增长而相应增加,制定该法律规范十分重要而迫切。

该管理办法的主要内容包括:公益文化定义及范围;国家和政府对公益文化的支持义务及具体落实手段;各类公益文化的自身功能及法律地位;国家和政府保障对公益文化投入随着国民经济的增长而相应增加的最低比例;社会各界对公益文化的支持责任,各类公益文化主体的活动和运行基本规则;各类公益文化主体对社会所负的义务等。

由于制定《上海市公益文化管理办法》能综合涵盖包括公共图书馆和公共文化馆在内的各类公益文化事业和公益活动场所或单位,因此在《上海市公益文化管理办法》出台实施后,《上海市公共图书馆管理办法》和《上海市公共文化馆管理办法》就应当废止。这一立法内容主要涉及对本市公益文化的政府支持和对各类公益文化运行活动的规范,在立法形式上,可以采用地方政府规章的形式。考虑到该立法内容中还涉及有关将保证公益文化发展的支持手段列入国民经济和社会发展计划、政府财政预算等需要"人大"审议的事项,以及明确社会各界对公益文化的支持责任等问题,如果条件成熟的话,也可以采取制定地方性法规的形式。

5. 关于《上海市文化产品和文化活动行政鉴定暂行办法》

鉴于本市对文化产品和文化活动的行政鉴定法律规范只有《上海市查禁有害出版物暂行规定》,对其他领域的鉴定随意性较大,缺乏对当事人的保障机制的现状,各方制定这一法律规范的呼声较大。

该办法的主要内容包括:文化产品和文化活动行政鉴定的对象和范围;鉴定者的管辖原则;鉴定者的性质和构成规则;鉴定程序、鉴定标准;鉴定者的权利和义务;当事人的权利和义务;相关的法律责任等。

因为对此类活动和社会关系的规范经验尚不丰富,所以建议在立法形式上采取地方政府规章,而且在名称中列"暂行"为好,以便出台后的修订。

6. 关于《上海市印刷管理办法》

印刷业是比较典型的都市型产业。近几年来,上海的印刷业发展较快,印务需求量节节上升。长期以来,对印刷业的管理和控制比较严,不但对印刷业的准入实行行政审批制,而且对具体的印刷业务也实行行政审批制。由于现行的国家行政法规《印刷管理条例》对此类审批的对象和范围,以及审批的标准和程序等规定得不明确,使得上海的相关管理活动不够规范,相当部分印刷业务无法在上海完成。为了抓住这一文化产业在上海的发展机遇,十分有必要制定相应的上海地方性法律规范。

该办法的主要内容为:政府对印刷业的产业调控原则和具体调控手段;印刷业准入行政审批的条件、程序;印刷业准入行政审批机关的职责、对当事人的义务;印刷业务行政审批的对象、范围、条件、程序;印刷业务行政审批机关的职责和义务;当事人在印刷业准入行政审批和印刷业务行政审批中的权利与义务;相关的法律责任等。

本市对此立法会有一些创新的内容,但现有经验不足,建议该立法采取地方政府规章的形式。

7. 关于《上海市文化领域行政执法权综合行使暂行规定》《上海市演出市场管理条例》的修订

《上海市文化领域行政执法权综合行使暂行规定》的修订主要解决的是本市文化领域综合执法的授权问题。在修改中应充分肯定这一执法模式的正面效应和积极意义,必须认真厘定必要的文化行政专业管理权与非专业执法管理权的关系;不要把必要的文化行政专业管理权也当做非专业执法管理权授给文化综合执法组织。

《上海市演出市场管理条例》的修订主要解决与国家文化部今年制定公布的《营业性演出管理条例实施细则》相协调的问题。

关于修宪的两点建议[*]

（一）关于在公民权利方面增加规定

1. 未经人民法院依法判决，对任何人都不得确定有罪。

2. 任何人不得因同一犯罪行为而两次遭受生命或身体的危险；不得在任何刑事案件中被迫自证其罪；不经正当法律程序，不得被剥夺生命、自由或财产。

3. 不给予公平赔偿，私有财产不得充作公用。

4. 本宪法对某些权利的列举，不得被解释为否定或轻视由人民保留的其他权利。

（二）关于增设、保护经营权的规定

1. 一切征收国税的议案应由全国人民代表大会或其常务委员会通过；征收地方税议案应由省、直辖市、自治区人民代表大会或其常务委员会通过。

2. 国家保护国有经济、集体经济、私有经济等各种所有制经济形式的发展和合法经营，维护社会主义市场经济秩序，以法律、行政、经济手段制止侵犯和妨碍各类经济主体合法经营和合法权益的行为。

＊ 原载于《政治与法律》2003 年第 3 期。

法律监督与司法权威*

    法院是最终的司法裁判者,具有司法至上性。法院的判决具有法律效力和法律权威。司法权威的落脚点恐怕也就在判决的权威性上。当我们在关注司法权威的时候,不得不强调维护判决的权威性。但维护判决权威与加强法律监督并不是相对立的。有种观点从维护判决的权威性、稳定性出发,主张法院的判决生效后就不应再予更改、变动,并由此对审判监督程序及有错必纠原则提出质疑,甚至排斥检察机关的法律监督。这样做的结果恰恰不是维护司法权威,而是损害了司法权威。审判独立是司法公正最基本的要素。审判独立在理论上要求排除外来的任何干预。那么,审判独立是不是说法院可以不受任何制约地自由裁判?当然不是,权力不受制约必然导致滥用和专断,审判权也概莫能外,法院的审判也应当受监督。检察机关作为国家专门的法律监督机关,负有保障法律统一实施,维护法律权威的职责,其对法院的审判进行监督是必要的。正如恩格斯所指出的:"随着法律的产生,就必然产生出以维护法律为职责的机关。"列宁进一步指出:"这样的机关只能是独立于地方政权并以苏维埃国家名义行使国家监督权的检察机关。"马列主义关于法律监督的理论在我国并没有过时,在强调维护司法权威的今天,更应该强化和完善检察机关的法律监督。

    我国设置审判监督程序的目的,就在于纠正法院已经生效的错误判决,实现有错必纠原则,而检察机关通过审判监督程序,依法对法院的审判活动包括法院判决进行法律监督,是依法独立行使检察权的表现。当然检察机关的法律监督不是无原则的、随意的,也必须依照法律规定有序进行,更何况检察机关的法律监督是针对确有错误的判决、违法的判决,纠正错误的判决、违法的判决,其出发点同样是为了维护司法权威。有错必纠,是我国司法工作惯用的、传统的原则,是党的实事求是思想在司法工作中的体现。笔者认为,对有错必纠原则不能轻易否定,有错必纠原则在司法领域的贯彻有其特殊性,要遵循司法规律,有一个合理的限度,但总体而言,该原则所蕴含的有错必纠的思想还是正确的。即使在强调维护司法权威的今天,有错必纠原则仍应予以坚持。要保持判决的稳定性,不能靠不准改判、不准再审来解决,关键是要做到判决公正、合法,要经得起时间和历史的考验。判决本身不过硬,存在这样或那样的瑕疵和毛病,甚至同法律相抵触,又怎能要求它稳定呢?

    司法权威不是哪一家法院的面子问题,实质上是个法律权威的问题。维护司法权威,讲到底,还是维护法律权威的问题。为了维护法律权威,对错误的裁判就应不

---

* 原载于《政治与法律》2004 年第 5 期。

顾面子地坚决改正。错误判决,包括适用法律错误和认定事实错误。适用法律错误的判决固然要纠正,认定事实错误的判决也要纠正。这里需要划清一个界限,改判不都等于原判是错案的,更不等于一律要追究原判法官的责任。两者必须区分清楚,才有利于法官消除改判的后顾之忧,推动有错必纠原则的实行,真正维护司法权威。

检察机关对法院审判活动的监督,除了对判决的实体内容进行监督外,对司法程序也要加强监督。程序的合法性也是司法权威的保障条件,司法机关自身不依照法律程序办事,甚至有意规避法律,玩弄法律,钻法律空子,又怎么能体现司法权威呢?又怎么叫老百姓来尊重你的权威呢?即使判决的实体内容符合实际情况,但通过不正常的途径作出的判决,人们仍有理由怀疑它的公正性、权威性。司法机关执法违法,程序上做手脚、玩花样,对司法权威的杀伤力决不可低估。普通百姓对于司法机关的程序违法,除了抱怨之外,几乎无能为力,唯一的途径就是依靠检察机关来加强监督。检察机关作为国家的法律监督机关,在维护司法权威方面,对程序违法现象,也决不能熟视无睹,而应严格监督、严肃纠正。

努力克服"不适应""不符合"的问题
推进党的执政能力建设[*]

　　我们党执政 55 年来特别是改革开放 20 多年来,领导全国各族人民战胜各种风险和挑战,取得了举世瞩目的成就。党在改革开放和社会主义现代化建设的实践中锻炼得更加成熟、更加坚强,应当说,党的执政能力同党肩负的任务和历史使命总体上是适应的。但是进入新世纪、新阶段,面对新形势和新任务,新情况、新问题层出不穷,党的领导和执政方式等方面还存在着"不适应"和"不符合"的问题。所谓"不适应新形势、新任务的要求",既有党的领导方式和执政方式、领导体制和工作机制的不适应,也有党员干部队伍素质和能力水平的不适应。主要表现为一些领导干部和领导班子思想理论水平不高;依法执政、科学执政、民主执政能力不强,解决复杂矛盾本领不大。所谓"不符合'三个代表'重要思想和全面建设小康社会的要求",主要表现为某些党员干部事业心和责任感不强,思想作风不端正、工作作风不扎实,脱离群众等问题比较严重;某些地方党的基层组织软弱涣散,一些党员不能发挥先锋模范作用;腐败现象在一些地方、部门和单位还比较严重;等等。这些问题能否切实有效地加以解决,都直接影响着党的执政成效。可以说,种种"不适应"的问题,是从"本领恐慌"方面影响党的执政成效,种种"不符合"的问题,则是从思想行为不端正方面损害党和群众的关系、干部和群众的关系,影响党的执政成效。党的十六届四中全会通过的《关于加强党的执政能力建设的决定》尖锐地提出,"不适应"的问题,就是要求全党同志增强对新形势、新任务的"适应力",必须居安思危,增强忧患意识,提高对新的历史方位和执政使命的认识,增强对各种消极腐败现象的免疫力,同时引导全党同志特别是党的领导干部从关系到社会主义的兴衰成败,关系到中华民族前途命运、关系到党的生死存亡和国家长治久安的高度,增强搞好党的执政能力建设的坚定性和自觉性。

---

　　* 原载于《政治与法律》2004 年第 6 期。

省级地方党委如何加强对地方立法工作的领导[*]

　　十六大报告指出："党的领导主要是政治、思想和组织领导，通过制定大政方针，提出立法建议，推荐重要干部，进行思想宣传，发挥党组织和党员的作用，坚持依法执政，实施党对国家和社会的领导。""党领导立法工作，把党的主张通过法律程序变成国家意志。"执政党不仅要依据宪法的规定遵守法律，在法律规定的范围内活动；而且要根据宪法的规定，正确引领立法，对立法工作要有自己的价值判断和追求，表达自己的意志，把党的主张通过法律程序变成国家意志。这是党对国家和社会进行领导的重要内容。

　　历史经验告诉我们，在加强党对立法工作领导这个问题上，必须坚持两点论：一是它并不意味着党组织可以代替国家政权机关行使权力，可以直接对国家的重大事项作出决定。党领导国家政权与党代替国家机关行使权力这两者是根本不同的。二是必须采取切实措施，加强党对立法工作的领导，不能让党的领导成为一句空话。那么，如何加强地方党委对立法工作的领导呢？总的精神是地方党委通过国家政权机关党组对立法事务进行领导。地方国家政权机关应建立依靠党的领导方面的制度和机制，比如地方国家政权机关党组应向地方党委报送立法规划；一旦涉及有关地方经济、文化、社会治安等方面重要法规的重要问题，政权机关党组应主动向地方党委报告，在报告中应将群众和专家对某一重要问题的不同意见和理由列明，并说明自己的初步意见。此外，关于地方党委提出的立法建议，也可根据轻重缓急程度的不同而分别作出处理：对那些重要急迫而又把握比较大的问题，可由党委直接向政权机关党组提出；而对那些相对不那么急迫的，则可依法由同级人代会代表中的党员领衔提出后走法定程序形成议案。这样做的好处是可以减少党的主张的差错失误率。至于地方党委没有提出建议，而国家政权机关认为需要作出决定的事项，在地方政权机关作出决定前，应由相关党组将准备作出的决定报经同级党委原则同意。

　　总之，加强党的领导的关键在于：党的主张是正确的。为了做到这一点，党委领导除了提高自身能力外，还要注意以下几点：一是善于使用好专家和智囊团，对各种复杂的社会、经济、治安管理问题有一个基本正确的判断。二是密切联系群众，掌握群众的迫切需求。在我国，由于重要和基本的法律都是中央立法，地方立法主要涉及环境保护、交通管制、物业管理等与人民群众的生活和社会管理方面密切相关的地方性法规，所以工作应更加深入细致。立法调研仍应由人大、政府或相关组织承担，但

---

　　* 原载于《毛泽东邓小平理论研究》2004 年第 12 期。

有关信息应通过人大、政府或相关组织的党组告知或报告地方党委或相关部门。三是拟建立相关的职能部门，以便对地方立法开展评估工作。为此，必须有一个专门的职能部门常年考虑立法问题。其职责：一是及时从全国各公开报刊和内部报告中收集、梳理各种涉及立法的建议和意见并加以归纳，对重点进行研究（这项工作可以委托科研院所或高校的有关机构完成，但自己也要有专门人才）。二是与人大、政府法制办等相关机构联络、沟通。三是与政法及民政、信访等部门联络、沟通，了解立法需求。四是提出某一项具体的立法评估建议或立法规划评估建议。五是向政府各委办局收集相关的立法基础资料。

总之，实践是检验立法工作和依法治国工作成效的唯一标准。建国以来，党对立法工作领导的实践已经积累了丰富的经验和教训，只要我们珍视这笔财富，在实践中将其不断完善，我们的工作就会出现一个新局面。

整合社会资源 加强社会管理*

——谈政府社会管理职能转变

党的十六届六中全会通过的中共中央《关于构建社会主义和谐社会若干重大问题的决定》(以下简称《决定》)明确提出了"社会体制改革和创新"的任务,这里必然包括创新社会管理体制、整合社会管理资源、提高社会管理水平等内容,但其前提是实现政府社会管理职能的转变,适应社会结构和利益格局的新变化,从而形成党委领导、政府负责、社会协调、公众参与的社会管理模式。

一、政府社会管理职能转变的必要性和紧迫性

随着改革开放的不断深入和社会主义市场经济体制的建立和逐步完善,社会经济成分、组织形式、就业方式、利益关系和分配方式等日益多样化,出现了大量新的经济组织(如私营企业、外资企业等)、社会组织(如慈善基金会等非政府组织)、民办非企业单位[①]和社会活动领域(如民主选举产生物业管理委员会等)。这就要求在继续转变政府经济管理职能的同时,要加快推进政府社会管理职能的转变。也有人认为,在这种前提下,由于大量的单位人变成社会人,市场经济本身不能消除贫富两极分化以及社会不平等等原因,政府在社会管理方面的作用必须加强。要加强政府在社会管理方面的作用,必须推进政府社会管理职能的转变,否则就不能适应新形势的需要。

全面贯彻落实科学发展观,实现经济社会的全面、协调、可持续发展,必然要求政府转变职能(包括在社会管理方面的职能),更加注重社会管理和公共服务职能的履行。创新政府与社会的关系,建立起政府与社会之间制度化的沟通和互动机制,形成与社会主义市场经济体制相适应的社会管理体制。同时,要善于整合社会资源,加强管理社会,即加强对社会人、社会组织和虚拟社会(网络)的管理。

二、政府社会管理职能转变的主要内容

政府社会管理职能转变的主要内容是从"一元化领导"向"社会治理"转变。在

---

* 原载于《毛泽东邓小平理论研究》2007 年第 2 期。

① 民办非企业单位是指企业事业单位、社会团体和其他社会力量以及公民个人利用非国有资产举办的,从事非营利性活动的社会组织(国务院 1998 年《民办非企业单位登记管理暂行条例》第 2 条)。

计划经济时代,管理社会主要依靠行政手段,习惯于自上而下的垂直管理和社会动员,由于当时绝大多数资源被政府垄断,农村居民被编制在生产队、大队和公社中,城市居民则被编制在单位、街道和居委会中,住房、工作、工资都由国家统一分配,党政、政社、政企高度合一,因此,行政手段行之有效。但到了市场经济时代,经济成分(所有制)的多样化带来了资源的分散性、社会组织的多样化、就业方式的多样化、分配方式的多样化、利益关系的多样化,那种自上而下的行政管理手段不再那么有效了。

社会治理理论认为:①社会管理的行为主体(也可称作权力中心)可以是多元的,既可以是政府(公共机构),也可以是私人机构(如物业管理机构),还可以是公共机构与私人机构的合作。这与过去的"一元化领导"有所不同。②强调社会管理是一种上下互动的过程,而不是单一的从上而下的垂直式的管理。主张多元化的管理体制(政府、民间社会组织、居民等)通过合作协商确立共同的目标,实施对公共事务的管理。治理的实质是合作,是建立在市场原则、公共利益和共同认识基础上的合作,是把各种管理主体之间的关系变成合作伙伴关系的合作。各种主体既要维护自己的合法权益,又要学会妥协和让步。③凡是公民和非政府能够解决的事情,政府就不要插手;凡是市场可以解决的问题,政府就不要介入。有人喜欢用政府"只当裁判员,不当运动员"的比喻,这种提法虽然形象生动,但不确切。因为裁判员不制定规则,只是按规则吹哨,而政府却有权制定规则。更何况,政府不是法院,不可能只当"裁判员",很多情况下会成为"当事人",特别是在行政行为中。④凡是政府必须要管的公共事务,除了依法行政以外,尽可能采取公开透明的手段,或市场化的方式。如建学校、办养老院、办福利院等事项,尽可能采取招标、委托等方式,交给社会组织、民办非企业单位、居民自治组织或企业去办理。⑤准确地界定政府的社会管理职能,精简政府的社会事务管理机构,提高政府的社会管理能力。要对试点单位和相关社区的经验进行总结、提炼,在此基础上形成一些规范性的做法,将政府应该管、必须管的事项范围搞清楚,其余的则视不同情况,让社会组织、企业、民办非企业单位、居民自治组织去做。通过深化体制改革,理顺政府与社会的关系,将本应由社会管理、社会也能管理或通过政策扶持能够管理的社会事务,交由社会自行管理,并在这个过程中不断增强社会组织的自治能力。

今后,政府要把精力主要集中到规划社会发展、完善社会保障体系、提供公共服务等方面,主要承担协调、监管和促进社会公平等方面的职责,实现向公共服务型政府的转变。

三、促进政府社会管理职能转变的途径和主要方法

科学发展观不仅为我们指明了政府社会管理职能转变的目标,同时也指导我们积极探索转变的途径和方法。要解决好"船"和"桥"的问题,需要有积极慎重的探索精神。政府社会管理职能的转变,涉及很多方面,关系到社会的稳定,因此,既要慎重又要积极,要将培育民间组织和社会自治组织、实现社会公共管理的社会化作为重要

的一步来考虑。

民间组织和社区自治组织是承担政府和企业转移出来的社会公共事务的组织载体。没有这些社会组织的发展壮大,社会就无法承担繁杂琐细的公共事务管理职能,也就无法形成市场机制、政府机制和社会机制的互动。改革开放以来,我国城乡社会自治组织广泛建立,民间组织迅速发展。以上海为例,截至 2003 年第三季度,上海共有民间组织 6 178 家,其中社会团体 2 741 家,占总数的 44.4%;民办非企业单位 3 437 家,占总数的 55.6%。这些民间组织几乎涵盖了全市所有的领域和行业,发挥了以下重要作用:①承担政府转移的部分职能,促进政府社会管理职能的转变;②立足满足居民多元化需求,推动各项社会事业进步;③创造、挖掘工作岗位,实现民间组织与就业工作的良性互动;④强化基层社会管理,逐步成为维护社会稳定的重要力量;⑤围绕产业结构调整,促进经济全面协调发展;⑥发挥自身优势,成为促进国际经济文化交往的重要渠道。再以上海民办非企业单位为例,截至 2005 年年底,共有民办非企业单位 4 537 家,其中 96.3% 是法人型,主要活跃在教育、劳动和民政领域(三项合计占总数的 84%)。它们在职业培训、文化交流、青少年事务、残疾人技能培训、促进民营经济发展等社会事务方面发挥着不可忽视的作用。据上海市民政局的调查,截至 2004 年年底,全市民办非企业单位的资产达到 247.43 亿元,平均每户为 641.85 万元,实际创造税收 5 290 万元。

四、加强监管调控,协调各种社会资源

转变政府社会管理职能的目的,是加强而不是削弱社会管理,是提高而不是降低公共服务的水平。社会组织和基层自治组织既是政府社会管理的对象,又是政府社会管理职能的补充,也是社会管理资源的重要组成部分。按照十六届六中全会决定的要求,要充分调动城乡基层自治组织和社会组织的积极性,形成政府调控机制与社会协调机制互联、政府行动功能与社会自治组织功能互补、政府管理力量与社会调解互动的社会管理网络。

(一) 构建和完善社会管理法律制度

改革开放二十多年来,虽然我国社会主义法律体系的建设取得了巨大成绩,但社会管理方面的法制建设还不完备。例如,对社会团体和民办非企业单位的登记管理,至今只有行政法规或部门规章,尚无一部正式法律。再如,很多国家都有的私立学校法、老人福祉和保健法、教育最低标准法等,我国至今还没有。因此,我们的当务之急是把可以在全国适用又有比较成熟的经验可资参考的一些法律先建立起来,例如,社团登记法、民办非企业单位管理法等。对于那些尚不具备在全国城乡统一适用条件的事项,如医疗保障、社会保障等,可以用政策或地方性法规予以保障,日后具备了条件再建立全国统一性的法律。在建立法律制度时,不要忘了民间组织的退出机制,对那些名不副实、从事营利投资回报的机构,或处于停顿状态的机构,或从事违反我国

法律法规政策的机构应允许或强制其退出。

此外,从监管体制看,目前主要由社团管理局和民政局来实施监督管理,这里也有一个管办分开的问题。监管主体和具体经办民政事业、救济事业的主体应当分开,否则难以履行其监管职责。

（二） 根据不同情况实施分类指导

民间组织的具体情况相当复杂,它可以分成社会团体和民办非企业单位两大类。社会团体又可分为学会、研究会、行业协会、慈善团体等;民办非企业单位又可分为医疗、学校、民办非企业咨询服务机构、民间研究机构等。如果再加上基层群众自治组织的话,种类就更多。按照十六届六中全会提出的"党委领导、政府负责、社会协调、公民参与"的原则,我们在上述大多数社会组织、自治组织中都可以建立党组织,对其实施政治思想上的领导和保障。而对它们日常行为的规范,应主要依据法律、法规、规章和相关政策。对那些境外组织设立在我国国内的非政府组织或团体,可以用事先制定的登记管理办法来加以规范,实行比较严格的年检制度和日常管理制度。

（三） 改善政府与民间组织的关系

在加强监管的同时,也要减少对民间组织日常事务的直接干预。加强政府对民办非企业单位运营过程的控管,可以采取建立信用评估标准和评估体系的办法。政府对质量的控制可以从以下几方面实施:

（1）资格认证。即对民办非企业单位进行 ISO9000 和 ISO14000 标准认证服务机构资格。

（2）制定行业标准。例如,政府可直接对养老院及残疾人服务制定行业标准,对相关单位起到硬约束作用。在不宜制定硬约束标准的某些领域,则由政府进行指导,由行业自行制定标准。

（3）对机构实行评级。由政府或政府委托的独立机构对民办非企业单位或其他社会组织进行等级评定。例如,目前许多省市每年举行的评选优秀学会活动就是其中的一种。也可以先设立一个基准性的标准,然后按此标准对纳入范围的所有机构进行达标、优秀、不达标的等级评价。用这种办法可以鼓励民间组织的规范运作,加强诚信建设。

（4）进行不定期的检查和评估。政府可以编制一套具有可操作性的指标体系,对民间组织的内部治理结构和工作绩效进行评估。

（5）制定信息披露规则。由于社会组织和自治组织都是公益性而非营利性组织,其活动动用的又是社会资源,所以,应将民办非企业单位或其他社会组织的从业人员或强化这些组织的信息披露。例如,其财务制度,专职工作人员应建立资格认证制度,如对民办章程,治理结构,重大活动的情况,财务收支比例,理事、监事及管理委员的兼职收入,高层管理人员的薪酬标准,资金的使用和运作,接受资助或捐款的账目,审计事务所的审计报告,实现单位宗旨的组织保证等事项都应公开披露。

这些规则应由法律规定,在立法实施之前,可用法规或规章的形式由有权机关制定并负责实施。在建立以上各项规则和制度之后,政府就可以适当放宽民间组织的活动领域和活动范围,让这些组织发挥各自的积极性。当政府可以用有效的评估标准和体系规范民间组织的行为时,民众才能比较方便地识别民间组织的公信度,从而实现公众参与的目标。当政府可以用明确的规则来规范民间组织的行为时,也就可以减少对民间组织日常活动的直接干预,让民间组织在各自的领域内发挥更积极的作用。在这里要注意的是,遵守法律并用法律来规范自己的行为是要有一个过程的,且是不容易的。

（四） 建立人员准入的资格认证制度

对民办非企业单位或其他社会组织的从业人员或专职工作人员应建立资格认证制度,如对民办教师、民办医生的标准不能降低;残疾人、老年人的服务人员也应有一定的准入标准。同时,政府应建立诚信度调查制度。民办非企业单位或其他社会组织的负责人、法定代表人、管理委员、驻会理事及高管人员必须接受诚信度调查,因为一个缺乏基本诚信度的人是难以全心全意从事社会公益性活动的。

（五） 健全社会监督体制

以行业自律、新闻监督、群众参与、社会协调为主的社会监督体系也很重要。还要主动接受广播、电视、报刊等大众传媒的监督。创造条件,让各种不法和谋私利的行为随时曝光,以提高自己的诚信度。

（六） 对民间组织的扶持政策应适时出台

对民间组织特别是慈善组织的税收优惠和社会保障政策应适时出台。在这方面,各界的呼吁已经比较多,希望政府适时调整税收政策,鼓励各类人员将资金投向社会公益事业;同时,对从事社会公益事业的各种组织实施更加优惠的税收政策。

论社会主义法治理念的普遍意义[*]

社会主义法治理念具有普遍意义,首先,这种普遍意义表现在它的普适性上,即它不仅适用于政法机关,也适用于法学教育、科研、文化、宣传部门和政府机关;不仅适用于司法执法机关,也适用于立法机关,对广大群众和学法用法者有着普遍的指导意义。其次,这种普遍意义还表现在时间上的生命力,它不仅适用于社会主义初级阶段,也适用于社会主义高级阶段,在整个过渡时期,它都会发挥重要的指导作用。

社会主义法治理念的提出,是以胡锦涛同志为总书记的党中央,从社会主义现代化建设事业全局出发,坚持以马克思主义法学理念为指导,在认真总结我国法治建设实践经验,借鉴世界法治文明成果的基础上,作出的一项重大决策,标志着我们党对建设中国特色社会主义法治国家的规律、中国共产党执政规律有了更加深刻的认识和把握。[①]

社会主义法治理念是先进的法治理念,是真正符合广大人民群众利益和需要的法治理念,其基本内涵可以概括为依法治国、执法为民、公平正义、服务大局、党的领导五个方面。依法治国是社会主义法治的核心内容,执法为民是社会主义法治的本质要求,公平正义是社会主义法治的价值追求,服务大局是社会主义法治的重要使命,党的领导是社会主义法治的根本保证。这五个方面相辅相成,体现了党的领导、人民当家作主和依法治国的有机统一。[②]

社会主义法治理念之所以具有普遍意义,首先在于其真理性。所谓理念,通常与观念同义,引申一下,包含着基本观念、基本原则和基本指导思想等含义。[③] 有学者称:"法律之理念,为指导法律的意欲,是制定理想法律及圆满运用法律之原因。"[④]社会主义法治理念是从观念和精神的角度对社会主义法律制度本质所作的高度概括和抽象。

社会主义法治理念的真理性,体现在它以马克思主义法学理论为指导,遵循建设中国特色社会主义法治国家的客观规律,并真正符合广大人民群众的根本利益和需要。真理性总是和科学性分不开的,立法、司法、执法、守法都应当讲科学,应当实事求是,从国情和实际出发。同时科学借鉴外国的成功经验,开阔自己的视野和胸怀,

---

[*] 原载于《社会科学》2007 年第 2 期。

① 参见罗干:《在社会主义法治理念研讨班上的讲话》,载《人民日报》2006 年 4 月 14 日。

② 同上注。

③ 参见《辞海》(缩印本),上海辞书出版社 2000 年版,第 1468、606 页。

④ 史尚宽:《法律之理念与经验主义法学之综合》,载刁荣华主编:《中西法律思想论集》,汉林出版社 1984 年版。

具体来讲要遵循以下原则：①实事求是，一切从实际出发的原则；②在保持法律稳定性的同时，及时进行立、改、废的原则；③原则性和灵活性相结合的原则；④总结实践经验和科学预见相结合的原则。

社会主义法治理念之所以具有普遍意义还在于其普适性，依法治国和公平正义是当今世界大多数国家遵循的基本原则，也是我们党总结执政的历史经验教训作出的必然选择和治国理政方式的重大转变。坚持和实行依法治国、公平正义，是发展社会主义市场经济和适应经济全球化的需要，也是国家长治久安的重要保障。具体来讲，又体现为以下几条原则：

1. 法治原则

其核心就是要确立和实现以宪法和法律为治理国家的最具有权威的价值取向；其基本内涵是法律面前人人平等，树立和维护法律权威，严格依法办事。具体而言，又可细分为：①合宪性原则；②合法性原则；③合乎程序性原则。

2. 民主原则

要把社会主义民主与社会主义法制紧密结合起来，实现民主的制度化、法律化。民主具有选举民主、协商民主等多种形式。

3."公平正义"

公平正义是社会和谐的基本条件，法律制度必须有利于实现和保障社会公平正义。公平意味着所有社会成员在法律上的地位是平等的，每个社会成员都享有同等的竞争权和机会。国家的法律对每一个社会成员都有同样的约束力。公正要求法官和执法者平等地对待双方当事人或各方当事人，对所有人平等和公正地适用法律。

4."以人为本"，"尊重和保障人权"

即将保障公民的基本权利，惩治犯罪、保护人民群众生命财产安全和维护被告人的合法权益，协调平衡考虑。当前我国正处在一个转型时期，处在一个难得的战略机遇期，同时又处在各种严重刑事犯罪的高发期和社会矛盾凸显期。人民群众最关心、最迫切、最直接的要求是有效惩治犯罪（包括腐败犯罪），创造一个良好的社会治安环境、经济发展环境和安居乐业的和谐社会环境。法律制度应当对"以人为本"有一个更全面、更平衡的考虑和安排。"以人为本"的"人"，不仅是指自然人，也应包括"法人"。企业是市场经济的独立主体，因此，"以企业为市场经济之本"，也是"以人为本"的题中之意。

社会主义法治理念之所以具有普遍意义，更在于其中国特色社会主义的性质。社会主义法治理念公开表明自己是社会主义性质的。社会主义主张平等、共同富裕、人民当家作主，是数百年来无数志士仁人孜孜追求的崇高目标，具体体现为以下一些观念：

1. 人民当家作主的观念

在我国，立法权、司法权、执法权从根本上讲都属于人民，人民有当家作主之权。立法的内容应当体现人民的意志和要求，确认和保障人民的利益；立法的过程应当具有开放性和透明度，保障人民群众通过各种渠道参与立法；立法、司法、执法活动都应当受到人民群众的监督等。

2. 执法为民的观念

执法为民，就是按照"三个代表"重要思想的本质要求，把实现好、维护好、发展好最广大人民的根本利益，作为全部政法工作的根本出发点和归宿。我国是人民当家作主的社会主义国家，人民是国家的真正主人。各级政法机关把保障人民群众根本利益作为核心价值和基本要求，注重把人民群众的根本利益放在首位，从制度设置和作风建设上，努力践行执法为民、执法便民、执法护民的宗旨和要求。

3. 服务大局

服务大局，就是要求各级政法部门和广大干警，必须为党和国家的大局服务，围绕大局开展工作，立足本职，全面正确履行职责，致力于全面推进小康社会建设，确保国家长治久安。从根本上讲，就是维护社会稳定，促进改革开放，推动经济社会发展，坚持法律效果和社会效果的统一。

4. 实践标准

改革开放以来，我国法治建设取得了长足的进步。这些年来，我国又参加了一些涉及人权保障的国际公约。这些公约也提出了一些标准，成为我们在立法司法时应当考虑的因素。但最重要的是我们这些年来执法和司法实践经验的总结坚持什么？改正什么？修订什么？删除什么？废止什么？必须认真听取基层干部群众和第一线干警的意见。不能只凭个别人的呼吁，就立即废除一部重要的经常用的法规。

5. 初级阶段的观念，即国情观念

我国仍是一个发展中国家，国外有些制度虽好，但能不能照搬到我国需要慎重考虑，比如，讯问犯罪嫌疑人时，律师要在场。但在我国广大农村，特别在基层，能不能做到让律师随时到场，这都是问题。一旦把这些写进法律，就有严肃性，写上了又做不到，可能损失会更大。当然，目前在很多大中城市已经有条件做到，就可以用政策或地方性法规来解决，不必急于写进法律，因为法律是全国统一的。

6. 法律是最后保障的手段

佘祥林案的发生使人震惊。但究竟是因为办案人的素质问题？政策问题？制度机制问题？还是法律规定有漏洞的问题？这些都要分析清楚。有些可以用政策、机制、规章制度解决的问题就不一定都要上升到法律。不能由于实践中出一些问题就都直接归结到法律不健全，要求制定或修改法律。

7. 党的领导

中国共产党是中国特色社会主义事业的领导核心。党的这种领导地位是在建设和改革的长期实践中形成的，是历史的必然和人民的选择。其法理基础由宪法奠定。党领导人民立法，也领导人民遵守和执行法律。党在宪法和法律的范围内活动，任何党员和领导干部都不享有任何超越法律的权利。在今后的法治建设中，只有继续坚持党的领导，才能保证宪法和法律的统一实施，也才能将法律所确定的人民群众的权利落到实处。党的领导是实现社会主义法治理念的根本保证。

中央领导把社会主义法治理念概括为 5 项基本内涵：即依法治国、执法为民、公平正义、服务大局、党的领导。在我国,这些理念的实现程度和形式是有所不同的:例如,依法治国已经成为我国的治国方略,即全党全国都要贯彻的大政方针;党的领导是我国宪法规定的根本制度;执法为民和服务大局则是全体政法干警的行动指南;而公平正义既体现在我国各项法律制度中,也是司法和执法人员追求的价值目标。这些情况和事实说明,社会主义法治理念在我国政治生活和社会生活中广泛存在并发挥着积极影响。2006年年初,中央作出在全国政法系统深入开展社会主义法治理念教育的重大决策,是为了适应我国经济社会正经历着的深刻变革;为了使政法队伍和政法工作适应现阶段形势要求,进一步明确执法指导思想,从而确保政法工作的社会主义方向,切实提高政法干警维护社会主义法治的能力。①

法治理念直接决定了一个国家法律的立法宗旨和司法实践的走向,并会弥补在缺少相应具体规则的情况下无法律可适用的缺陷,发挥弥补法律漏洞的作用。

作为上层建筑的法律,其产生与发展一方面要受到经济基础的制约和影响,同时又反作用于经济基础,保障其顺利发展。有学者提出:"法律体系是现代市场经济运行的制度保障,法制越健全,法治程度越高,人们相互间交易越安全,市场经济便越发达。市场发达了,商品劳务贸易量增加,一个国家的 GDP 总量就会越大。法制建设会间接促进一个国家的经济发展。"随着市场经济的发达,物质产品占 GDP 的份额会越来越小,非物质产品的份额会越来越大。在现代经济中,一国国内生产总值的大小,很大程度上已不完全取决于这个国家生产了多少万吨煤、钢等物质产品总量,而是取决于包括金融产品在内的服务行业(包括生产业服务)的价值总量的大小。复旦大学经济学院李维森教授指出:"法治创造 GDP 的命题,在很大程度上是从这个意义上说的。"②

法治理念作为一种指导立法、司法、执法、守法实践的思想观念,既受制于当时的社会经济条件,又独立于物质基础,发挥着相对独特的作用。改革开放 20 多年来,我国经济快速增长,人民生活水平显著提高,国力大大加强,这离不开法治建设的保障和推动作用。正如胡锦涛总书记 2006 年 4 月 21 日在耶鲁大学演讲时指出的那样:"如果把 28 年来中国经济社会发展所取得的成就,仅仅归因于中国进行了经济体制改革,这显然是不全面的,也是完全不符合实际的。事实是,从 1978 年以来,中国进行了包括经济体制改革、政治体制改革、文化体制改革在内的全面改革。凡是对中国有比较深入了解的人就会得出这样的结论。无论是在经济体制改革方面,还是在政治体制改革方面,中国都取得了重要成果。20 多年来中国经济持续快速发展的事实也表明,中国的政治体制是基本适应中国经济发展的要求的。"③这里的政治体制当然包括法律制度。社会主义法治理念的形成,是和我国社会主义市场经济体制和中国特色社会主义法律体系的建设相适应的。作为一种相对独立的意识形态,它对这两项制度的建设产生巨大的推动作用。随着经济发展、科技化信息化水平的提高,法治

---

① 参见罗干:《在社会主义法治理念研讨班上的讲话》,载《人民日报》2006 年 4 月 14 日。
② 郑红等:《复旦教授提出新观点——法治创造 GDP》,载《解放日报》2006 年 12 月 27 日。
③ 《胡锦涛主席在耶鲁大学演讲答问记》,载《人民日报》2006 年 4 月 24 日。

对经济发展的推进和保障作用越来越明显,据世界银行出版的《国家财富到底在哪里》的专题研讨报告指出,在决定一国无形资本份额大小的因素中,法治是最重要的因素之一,可以决定一国57%的无形资本价值。世界银行还特别设计出一套法治程度指数,用以评断一国人民的守法意愿以及对该国法律制度的信任程度,该指数每上升一级,低收入国家人均财富总值就可以增加100美元以上;中等收入国家人均增400美元;高收入国家人均增近3 000美元。[①] 由此可见,法治理念的推广及深入人心,具有何等重要的意义。

---

① 参见郑红等:《复旦教授提出新观点——法治创造GDP》,载《解放日报》2006年12月27日。

和谐社会背景下检察权的配置与行使*

构建和谐社会是对中国社会转型和现代化进程的目标定位,依法治国是实现这一目标的基本方略,而深化司法改革、加强检察制度建设、积极发挥检察功能,是全面落实依法治国方略不可缺少的重要环节。对这一点可以从以下三个方面来理解:

第一,我国检察机关的宪法地位决定了它在建设和谐社会中必须发挥基础性的保障作用。《中华人民共和国宪法》第 129 条规定:"中华人民共和国人民检察院是国家的法律监督机关。"因此,人民检察院在国家机构的架构中占有重要的地位,是人民代表大会这一根本制度的重要组成部分。实践中,人民检察院在打击犯罪、保护人民、维护国家安全和社会稳定、建设社会主义和谐社会方面都发挥着重要的、不可替代的作用。我国现在所要建设的和谐社会,是社会主义性质的和谐社会,我国实行的人民代表大会制度根本区别于西方的三权分立制度,人民检察院的宪法地位就是这一制度的显著标志之一。我们有一些同志对此理解不深,对国家机构当中这根"主梁"所起的作用有意无意地有所忽视。这根"主梁"平时默默地支撑着整个房屋的架构,房屋不倒,似乎很难体会到它的重要作用,但是它一旦被抽掉或者损坏,整个大厦就可能陷入一个危险的境地。因此,对检察机关在构建社会主义和谐社会中的基础性作用,我们应当有清醒的认识。

第二,贯彻落实科学的发展观,正确确定检察机关在建设和谐社会中追求的目标。科学发展观要求,建设和谐社会必须适应经济和社会发展的要求,符合经济和社会发展的实际。我们是在社会主义初级阶段建设和谐社会,又面临着社会、经济的转型,这些就是我国的基本国情。初级阶段一个重要的特点就是生产力不发达,各种资源,包括物质资源、制度资源、观念资源都非常稀缺;而社会转型期的一个重要特征就是各种社会矛盾汇聚、交织,呈现出多样化、复杂化、连锁化、激烈化的特点。当前正是各种各样矛盾汇聚和凸现的一个时期。人民检察机关履行法律监督职能,必须立足于中国国情,不能照搬西方发达国家的标准和经验,提出不切实际、过高过激的要求,盲目地抬高群众的期望值与增加基层和一线工作同志的工作压力,而应当给自己确定一个适当的目标,即掌握好法律监督工作的度,这个度必须是恰当的、适当的。既要考虑到权力的行使,又要考虑到权利的保护。法律的产生就是对一定事实或现状的价值确认,也是矛盾和纠纷获得一定的协调、平衡的结果,法律监督就是要以国家的强制力来促进这种和谐状态的实现,并保证其能够顺利地延续下去。

---

* 原载于《国家检察官学院学报》2008 年第 1 期。

第三,以十七大精神为指引和指导,树立社会主义法制理念,增强社会对法律的信任度,为建设和谐社会做出新贡献。有位专家说法律效果的评价不应该强调社会知法、懂法,而应该强调社会信法,也就是说整个社会信任法律,信任司法机关。党的十七大报告有很多内容都关系到我们的法制建设和检察工作,例如坚持依法治国的基本方略,树立社会主义法制理念,实现国家各项工作的法制化,保障公民的合法权益,加强宪法和法律实施,维护社会公平正义,维护社会主义法制的统一、尊严、权威,维护社会和谐稳定,加强反腐倡廉的建设,深化司法改革,审判机关、检察机关依法独立公正行使审判权、检察权,加强政法队伍的建设等,这些实际上都关系到建设和谐社会。这些工作做好了,可以增强社会对法律的信任度。法制的公信力是建设和谐社会的关键,这就要求我们立法民主科学,司法公平正义,不断地提高自己法律监督的能力和文明执法的水准,强化检察工作的权威性,使得法律制度,包括我们的检察制度自身进入一个良性运转的轨道,赢得广大社会和人民的信任和尊重。

代表"挑刺"公诉案件有感[*]

2008 年 6 月以来,上海市人民检察院开展了大规模的"集中听庭评议"活动,以此进一步提高检察官的执法能力。全市已有 800 多人次的社会各界评委对 220 余件案件的检察官出庭公诉进行评议。场场都有人大代表等社会各方人士来"挑刺"。

笔者作为一名市人大代表,已参加过两次听庭和评议活动。每次都花半天时间听庭(即一件刑案的开庭全过程),然后当场对出庭支持公诉的检察官的综合表现进行评议打分。

"外行看热闹,内行看门道",一些非法律专业出身的代表认为自己从法律上"挑刺"有点难,只能从检察官的出庭形象、语言表达、应对能力上评价一番。但实际上这些所谓"外行"的代表最后总要对案件的实质问题,即定性问题发表意见,对检察官和律师到底谁讲得更有理进行评价。

作为一名专业人员,笔者认为他们的判断大多基本在理,只不过是用朴实的语言在表达。有些案件乍一看很简单,事实清楚,被告人态度也好,没啥好审的,但细细一听一看,问题还挺复杂,准确定性不那么容易。有些案件控辩双方力量失衡,一方太强,一方太弱,有理说不清,代表在下面干着急;如果是双方力量旗鼓相当,你来我去,妙语连珠,形势跌宕起伏,我们在下面则大呼"过瘾"。评议时更是热闹非凡,特别对那些庭审时意见分歧大,控辩双方对抗激烈的案件,更是各抒己见,毫不客气。有些代表有请必来,已听过三四次,还说下次如请还要来。可见,这种评议活动不仅使代表具体参与了对"两院"的监督工作,而且实实在在地提高了代表本身的法律素质,是一项双赢的活动。

笔者建议,除当场评议外,还应召开专业人士座谈会,请他们谈谈"门道"。因为这项活动公开性比较强,有媒体和各界人士参加,且案件又在审理之中,专业性的"门道"不宜太公开。

---

* 原载于《上海人大》2008 年第 10 期。

为创新、转型营造良好的法治环境[*]

"创新驱动、转型发展"是上海"十二五"时期的发展主线,更是上海在新起点上推动科学发展的必由之路,必须将其贯穿落实到经济社会发展的各方面、各环节,力争取得新突破和实质性进展。但它的实现也需要一系列要素的支撑,尤其离不开营造一个与现阶段经济社会发展条件相适应、宽严相济的良好法治环境。这是因为:

第一,"创新驱动"仍然应按"引进消化""仿制"和"自主创新"三种方式同时进行。上海的人才、资金和技术条件相对好一些,"自主创新"能力强一些,但在现阶段其经济发展仍不能放弃"引进消化"和"仿制"。因此,中小企业、毕业大学生创办的企业等机制灵活、善于创新的活跃群体应受到足够重视和法制保护,尽管在创新中会因为"借鉴""模仿"和"再创新"而产生这样那样的问题,甚至有打"擦边球"的现象,有关机关和部门也不宜动辄上纲上线地以"保护知识产权"为名进行严厉打击,在这个问题上,有关方面应取得共识,明确"侵犯知识产权"与"引进消化"或"仿制"的界限,制定一些切实有效的措施,达到既保护上海中小型创新企业和群体学习、借鉴的权利,又保护知识产权的目的。

第二,"转型发展"是指经济发展方式必须转型,包括资源开发方式的转变和产业结构的升级。在这一过程中必然会涉及企业和经济组织的兼并、重组和结构调整,这方面国家已制定许多法律法规,其中有涉及主体的,有涉及对象的,也有涉及行为的,还有涉及编余人员安排的等。在企业兼并重组的过程中,这些法律法规必须得到充分实施,否则就容易引起不必要的麻烦和后遗症。但同时我们也必须注意到,改革开放以来,企业的成立、发展和壮大经历了不同的阶段,有的情况比较复杂。我们必须尊重历史、尊重实际情况,实事求是地解决历史遗留问题,既按照《中华人民共和国企业国有资产法》保护国有资产,又不能随便给有关人员扣上"国有资产流失"的帽子。当然,现有的这些法律法规和实施细则可能还不足以完全应对社会转型发展过程中遇到的问题,因此也必须注意对其加以不断完善。

第三,强调"转型发展",就是强调经济社会协调发展、加强环境保护和社会保障、节约资源、缩小贫富差距、化解社会矛盾等方面的工作,即在重视资源开发方式的转变、产业结构的升级、城乡空间布局优化的基础上,重视国民收入初次分配和再分配的调整,使普通城乡居民得到越来越多的实惠。这些都与加强社会立法和执法有密切联系。一方面我们必须从实际出发,从社会主义初级阶段的国情出发,不能不顾客

---

* 原载于《上海人大》2011 年第 3 期。

观实力,盲目做那些超越实力、超越阶段的事情;另一方面,我们也要有紧迫感,集中财力、物力和人力去解决那些群众迫切需要解决的急、难、险的民生问题。在实际经验累积到一定程度或者在比较有把握的情况下适时进行社会立法。每一项立法都要采取积极慎重的态度。一旦立了法,就要切实执行;有些一下子做不到的事,就不要写上去。这里还有一个中央立法和地方立法的关系问题,例如医疗制度改革、社会保障保险制度改革、税收制度改革等涉及全国全局性的问题都应等中央立法后,地方才能有所动作。在这之前,地方可以依照中央的安排进行试点。

第四,继续营造良好的投资环境,其中最重要的是法治环境。上海建设金融、航运、贸易、经济中心的关键就是要营造一个好的投资环境,其中最主要的就是法治环境。为此,不仅公、检、法、司等执法机关应当营造一个宽松而有效率的法治环境,而且全市的其他党政机关和市民也都有不同程度的责任。就像世博会期间,每个上海市民都是世博会形象大使一样,每个市民也是上海法治环境的形象大使,要让这一点深入人心。良好的法治环境应达到下述标准:让遵纪守法的企业和投资者感到方便、自由、宽松;让违法犯罪者不敢以身试法,一旦有人以身试法,就将及时受到适当的惩处,同时也给他改正的机会。如此,一个宽严适度、宽严相长的良好法治环境必将使上海的"创新驱动、转型发展"产生持续不断的推动和保障作用。

"钓鱼执法"法律内涵初探[*]

上海的"钓鱼执法"事件[①]虽然已经过去了近三年,但人们对"钓鱼执法"的讨论和研究却没有停止,它对政府行政执法及其他领域产生的影响仍在逐步显现并加深。部分学者对"钓鱼执法"的性质和内容作出不正确的解释和误导,致使媒体和群众一面倒,人人喊打"钓鱼执法",迫使有关部门在强大舆论压力下叫停"钓鱼执法",从而陷入更为严峻的"执法困境",在执法过程中进退两难,无所适从,不能有效打击类似"黑车"等违法活动以及解决"取证难"引起的执法问题。因此,对"钓鱼执法"的法律内涵作出正确的解读不仅涉及这一问题的理论研究方向和深度,更为重要的是能为实践决策提供参考,破解执法困境。

一、对"钓鱼执法"法律性质的误读

在上海"钓鱼执法"事件发生之前,几乎没有教材、专著或论文对它下过明确的定义,对其法律性质进行解读。事件发生后,许多专家学者及媒体大众对"钓鱼执法"的概念进行界定,并对其加以分类。例如,有学者认为,所谓"钓鱼执法"是执法机关故意向当事人提供违法活动实施条件或创造特定环境,以引诱当事人实施违法行为的一种自身违法的行为。从具体表现形式上来看,"钓鱼执法"可分为以下三种:第一种是当事人本身有违法的意图,只是没有显露出来,执法人员诱使其转化为具体行为,可称为"显露式钓鱼执法";第二种是当事人本来没有违法、犯罪意图,而执法人员故意引起当事人的违法、犯罪意图,使其转化为具体行为,可称为"勾引式钓鱼执法";第三种是当事人没有任何的违法、犯罪意图,而执法人员故意采取计划陷害当事人,使其形成违法、犯罪事实,可称为"陷害式钓鱼执法"。[②]

持该观点的学者们认为,"钓鱼执法"是行政机关在"行政便利"和"经济利益"的双重促使下滥用职权的典型表现,是执法人员素质不高而推动形成的。它违反了合法行政和正当行政的原则,侵犯了公民的人身权利和财产权利,侵害了社会的公平正义与诚实信用原则,破坏了社会和谐,引发了公民的巨大不安和强烈不满。无论何种

---

  * 第二作者陈玲,原载于《犯罪研究》2013年第1期。
  ① 2009年9月6日以及10月14日,上海闵行区和浦东新区先后发生两起打击黑车的"钓鱼执法"事件,经网络和媒体的大肆宣传,迅速引起专家和群众的广泛关注,成为一起标志性法治事件。
  ② 参见姚大宇、王勇:《"钓鱼执法"的行政违法性及其规制》,载《政治与法律》2012年第6期。

"钓鱼执法"都是违法的,必须全部严厉加以制止。

该观点激进地将"钓鱼执法"定义为一种自身违法的行为,将"钓鱼执法"一棒子打死,主张禁止使用"钓鱼"这一执法手段。其定义本身与"钓鱼执法"的本质相去甚远,脱离"钓鱼执法"的实践背景,其分类也是错误地将"钓鱼执法"中可能会出现的违法乱纪现象归结为"钓鱼执法",而将合法的"钓鱼执法"排除在外。实际上,"钓鱼执法"并不是一种违法行为。当事人本身具有违法的意图,从事了违法行为,行为人(包括执法机关工作人员和普通百姓)通过"钓鱼",收集其违法证据,从而对其追究违法责任,本身不具有任何违法之处。当然,"勾引式钓鱼执法"和"陷害式钓鱼执法"违法无疑,但它的违法性不在"钓鱼执法"上,而在"钓鱼执法"操作过程出现的违法"错钓"行为。这实际上是假借"钓鱼执法"之名,行违法乱纪之实,与正常合法的"钓鱼执法"已无实质性联系。

还有学者提出,严格来说,"钓鱼执法"并不是纯正的法学术语,一般认为它源于刑事侦查中的"诱惑侦查""诱惑取证"或"警察圈套"。这一概念发源于英美法,和正当防卫、紧急避险一同构成违法阻却事由,指的是侦查人员进行一段时间的调查后,已经掌握了一定的犯罪线索,为了掌握犯罪嫌疑人的直接罪证,由警察、其他司法人员或他们的线人精心设计圈套,以实施某种行为有利可图为诱饵,暗示或诱使被侦查对象实施犯罪行为,待犯罪行为实施或犯罪结果发生后拘捕被诱惑者的一种特殊的侦查手段或方法。① 它可以进一步区分为"犯意诱发型"和"机会提供型"两种。前者的基本特征是被诱惑者虽然被侦查机关认为是犯罪嫌疑人,但实际上他并没有犯罪意图,而正是诱惑者采取了主动、积极的刺激行为使他在强烈的诱惑下产生犯意,进而实施了犯罪行为。后者的基本特征为,被诱惑者本来就已经产生犯罪倾向或者已有先前犯罪行为,而诱惑者仅仅是提供了一种有利于其实施犯罪的客观条件和机会,旨在诱使潜在的违法犯罪分子现身或犯罪行为的暴露。②

这些学者则认为,钓鱼执法的合法与合理性并不能一概而论。"机会提供型"或者说"显露式钓鱼执法"具有合法性与正当性,其获得的证据应当采纳,而"犯意诱惑型"或者说"勾引式钓鱼执法"不具有合法性与正当性,通过其所获得的证据不能采纳,更不用说"陷害式钓鱼执法"了。③ 换而言之,实践中的钓鱼执法,有必要从适用范围、适用对象、行为方式和程序控制上进行规范和控制,将钓鱼执法纳入法律的运行轨道。

这种观点和看法实际上犯了与第一种观点类似的错误。当然,这种观点承认了合法的"钓鱼执法"行为,但也错误地把"错钓"当成了"钓鱼执法"的一种。在此,笔者重申,"错钓"不是"钓鱼执法"的其中一种分类,它只是"钓鱼执法"过程中不应该出现的违法乱纪现象,应该得到及时整治和处理。

---

① 参见王学珍:《警察圈套与程序正义》,载《江苏警官学院学报》2005 年第 1 期。
② 参见吴月红:《论诱惑侦查》,载《法商研究》2001 年第 4 期。
③ 参见孙本鹏、王超:《试论诱惑侦查合法性之证明兼论诱惑侦查人员出庭作证》,载《法律适用》2004 年第 7 期。

二、为"钓鱼执法"正本清源

实际上,"钓鱼执法"是根源于复杂社会因素而发展起来的一种执法方式,有其严峻的社会现实为背景,也取得过良好的执法效果和认可。只是在发生了"9·6事件"和"10·14"事件后,一些不应该出现但实践中在所难免的错钓案吸引了大家的广泛关注。情绪化的媒体舆论、草率的专家意见以及政府有关方面的应对失误等多方面因素错综交织,形成了类似"蝴蝶效应"的连锁反应,在很短的时间内,就将两起普通的"错钓"案件放大到轰动性的网络群体事件。

在这些所谓专家的"误导"下,"钓鱼"执法和"诱惑侦查""警察圈套"等正当行为画上了等号,被要求有范围、有限制且有授权才能执行,否则就被扣上"违法取证""过度执法"等大帽了。这里的误导主要有以下四个方面:

(一)混淆了不同性质的两件事

本文所称的"钓鱼"包括行人主动或被动乘上"黑车",乘坐一段路后付钱给司机,取得黑车司机违法营运的证据,并交给执法机关的行为。① 行人之所以这样做,可能是受到交通管理部门举报"黑车"有奖的驱动;也可能出自自觉正义的动机等。这种行为本身不具有任何违法性,与很多媒体和学者将"钓鱼执法"被定性为"倒钩"或"诱惑侦查"完全是两回事。

首先,这些专家和学者将"钓鱼执法"的主体限定在行政执法机关上。但实际上,其他非行政机关工作人员的普通百姓往往是"钓鱼执法"的主力。将"钓鱼执法"仅仅定义为行政执法机关的行为不具有普遍意义,涵盖不准确,不全面。普通百姓从事的"钓鱼"行为万万不能评价为"与合法行政原则、合理行政原则、诚实信用原则、尊重和保障人权原则、非法证据排除原则等相冲突"。尽管"钓鱼者"包括行政机关聘用的协查员和明知是职业钓钩的以获取奖金为目的职业举报人员,但只要这些协查员和"职业举报人"在钓鱼过程中没有陷害等违法行为,其钓鱼行为就不存在质疑,至于其动机和目的,也不应该影响其行为的性质。如果协查员和"职业举报人"在钓鱼过程中存在违法行为,构成"错钓",则行政机关不应采纳其取得的证据。只要不采纳这些"错钓"所获取的证据,不据此对行政相对人采取行政措施,并对协查员和"职业举报人"追究相应的责任,对行政相对人造成损失,责成责任人予以赔偿,则行政机关的行为也万万称不上"非法行政"。

其次,所谓"诱惑侦查"等正当行为,在刑法理论上是指除正当防卫和紧急避险之外的所有形式上符合刑法的构成要件,而实质上并不具有违法性的情况。② 它也被称

---

① 本文论述和解读"钓鱼执法"都是建立在查处"黑车"案件基础上的。
② 诱惑侦查是刑事诉讼中一种特殊的侦查手段。犯意诱发型诱惑侦查几乎在任何国家都是非法的,其实已经超越了作为侦查手段的"诱惑侦查"的范围了。作为侦查手段的"诱惑侦查"是一种正当行为,当然要满足一定的条件,就如同要构成"紧急避险"和"正当防卫"也必须要满足一定的条件一样。

为排除违法性的事由。例如,便衣警察或警察的"线人"装扮成毒品贩与真正的毒品罪犯进行毒品交易(买或卖),这时,便衣警察或"线人"的行为从形式上看是完全符合刑法所规定的毒品犯罪构成要件的,但由于便衣警察或"线人"的行为是基于上级的命令或打击犯罪的需要,因此,他们的行为阻却违法,即他们的行为属于正当行为,排除违法性。也就是说,在通常情况下,"诱惑侦查"的这些行为看上去都符合刑法上的构成要件,只不过由于法定或超法规①的正当化理由,这些行为的违法性被阻却了。回过头来,让我们看看打击"黑车"中的"钓鱼"行动,它本身不具有违法性,这些所谓的"钩子"主动或被动上"黑车",乘坐一段后付钱,这种行为本身并不违法,从形式上不符合刑法的构成要件,没有任何违法性(这和毒品交易或走私交易完全不同)。因此,这些行动不能被视为"诱惑侦查",针对"诱惑侦查"的一些限制性规定对此行动是不适用的。

（二） 把没有争议的问题说成在学界有争议

行政执法中使用类似本文所称"钓鱼",这种无任何违法性的手段从未有过争议,许多行政执法机关都在使用,习以为常。行政执法中有争议的手段是什么呢? 有争议的是"诱惑侦查"行为,而不是本文所称的"钓鱼"行为。因为前者在形式上符合刑法的构成要件,而后者本身不符合任何刑法构成要件,本身不违法,因此,也不可能存在任何争议。例如,工商局执法人员在检查假冒商标 LV 时装包案件时,会自己装扮或请相关群众装扮成顾客,从而找到藏包的地点,经挑选后买下几个包,甚至让卖主出具收据,从而取得证据。这种行为本身并不违法,在性质的认定中不会引起任何争议。在学界有争议的是在行政执法中能否采用"倒钩"或"诱惑"侦查等手段,这些手段形式上符合刑法构成要件或行政违法的构成要件,例如,税务执法部门在查处偷税案件时能否采用与他人合谋如何偷税,引诱他人上钩的办法呢? 学界对这类行为有争议,因为这些行为从形式上看符合刑法的构成要件。在这类争议中,主流观点认为不可取。某些学者将争议问题搞混淆了,把本无争议的"钓鱼"当做"倒钩"或"诱惑侦查",说成是有争议的问题,从而混淆了视听。

（三） 无视中国法律的特点,盲目套用西方学说

某些学者武断地认为,针对犯罪可以使用"钓鱼"手段;针对行政违法禁止使用"钓鱼"手法,笔者暂且不论本文所称的"钓鱼"与他们所说的性质不同。先说说中国法律的两个特点:

(1)某种行为"情节严重"就是犯罪,"情节不严重"就是违法。我国刑法有 400多个条文,其中有 100 多个条文涉及违法和犯罪的界限时,仅仅是以"情节严重""数额较大"或"后果严重"为界限。在这类犯罪中,符合"情节严重"等条件的,就构成犯

---

① 有些国家将正当行为明确规定在刑法中,例如,《日本刑法》第 35 条规定:"基于法令或者正当业务而实施的行为,不处罚。"这就成了法律明文规定的正当化理由。而有些国家在刑法中却不作规定,但在司法实践中仍予以承认,例如我国,这就成了超法规的正当化理由。

罪;否则,就是一般违法,不构成犯罪。也就是说,它们的行为样态是完全相同或基本相同的,例如偷税行为达到一定数额和情节就构成偷税罪;达不到此等程度的,就是一般偷税行为。我国法律的这种规定与许多西方国家的规定不一样。

(2)我国刑法规定的许多犯罪,特别是经济犯罪和破坏社会主义市场秩序的犯罪,一开始查处大多是从违法入手的,由行政执法机关开头。例如假冒商标犯罪,一开始往往是由工商行政管理局查处;生产、销售假冒伪劣商品由质检部门查处;偷税由税务机关查处;伪劣食品药品则由药品食品监督机关查处;等等。这些往往都是从违法入手查出犯罪。因此,要明确划分由哪些机关在哪个阶段可以用"倒钩",哪些又不能用,是比较难的。上述各种类型案件往往在基本事实查清后,发现具有"情节严重""后果严重"或"情节恶劣"等情况,已不是一般违法了,再移交公安机关,在这种情况下,行政执法机关对查出犯罪有很大功劳。它们实际上已经发挥了侦查作用。因此,绝对禁止在"行政执法"活动中使用"倒钩"和"诱惑侦查"也是没有道理的。

(四) 坚称"倒钩""诱惑侦查"等行为只能用于执法活动中

"诱惑侦查"等正当行为并非只发生在执法领域。正当行为有多种类型,"诱惑侦查"只是其中的一种,还有医生的医疗行为等多种形式:医生给人开刀截肢,从形式上看,也符合伤害罪的构成要件,但因为是正当的业务行为,所以也阻却违法;再如,小偷盗窃他人财物,如经被害人同意,也阻却违法性。可见,正当行为发生在执法领域,同样也发生在正当业务领域和日常生活领域,并没有太多太严格的限制。从大陆法系国家的刑法讲义看,往往有近十种之多,这里不再一一列举。总之,违法调查和刑事侦查在性质上是不同的,在是否采用强制措施、使用手段和方法等方面确实有很大的区别。但两者都需要依靠群众的力量来查明事情的真相,在这一点上,又有相同之处。实际上,乘"黑车"付钱从而取得证据是一种依靠群众取证的方法,这种方法本身既不违法也没有什么错误,更不是"违法取证"。就像我们在许多电影或电视剧中常常看到的场面一样正常,比如,在过去电话稀缺的年代,执法人员让传呼电话间的大嫂去喊某违法嫌疑人听电话,从而验证其是否在家或是否与某人相识,取得证据;或让居委会干部装扮成查户口的,进入违法分子住所进行现场观察等。这些行为本身都不违法,也不属于"违法取证",尽管让他们都装扮成某种"角色"。当然,如果"钓鱼者"在"钓鱼"过程中有任何违法不当行为,其获取的相应证据是否应当被采纳,则需进一步斟酌。行政机关在获取相关证据后,应该对证据的取得加以审查,确保程序正义。

综上,笔者认为,为了打击"黑车",执法部门让群众"装扮"成乘客乘车付钱,从而取得证据的行为本身并不违法,也不是"违法取证",应当为之正名。

当然,打击"黑车"行动中也会发生"打错""打歪"的现象。至于有人借"钓鱼"为名,行栽赃陷害、敲诈勒索之实,这是另外一种性质的问题,不能以此为理由否定"钓鱼"行为的正当性。如果在交通打"黑车"行政执法中发生了上述错误,就应按"有错必纠""有反必肃"的政策处理。"错误"和"偏差"不能成为妨碍贯彻"专群结合""群防群治"方针的理由。总之,正常的"钓鱼"既不同于"警察陷阱"等正当行为,也不能因"钓鱼"中少数人采取了栽赃陷害、敲诈勒索等手段就否定"钓鱼"行为整体的合法性。

为"钓鱼"正名,肯定正常"钓鱼"行动是"专群结合""群防群治"的一种手段,有利于从根本上扭转有关政府部门目前所处的被动局面,也有利于做好有关人员的工作(这些人曾因"黑车"行为被处理过,现看到"钓鱼"行为是"不正当取证"的报道后,纷纷提出翻案要求)。

三、"后钓鱼执法"时代执法困境的破除

行政机关盲目取缔"钓鱼执法"的后果是十分严重的。以上海为例,"钓鱼执法"遭禁之后,上海查处的黑车屈指可数。上海市人民政府《关于加强查处机动车非法客运的规定》的公布几近于让行政机关自废武功,但对于黑车车主却无疑是个天大的喜讯,行政处罚至少在"世博"期间已经名存实亡。一位黑车司机说,他的几位已经不开黑车的朋友又准备重操旧业了。没有人知道黑车数量究竟增长了多少,但看得见的现象是其活动范围正由城郊向市区渗透。眼下的上海已成为黑车的天堂。① 所以说,取缔"钓鱼执法"是十分容易的,行政机关抛弃这一执法手段很容易,但要同时达到整治和打击许多取证难、证明标准高而又十分猖獗的非法行为就不尽如人意了。而如果非法行为不及时加以制止,就会加剧社会不同主体间(例如出租车公司、管理部门和出租车司机三者之间)的固有矛盾,严重影响社会治安,破坏社会稳定,引发更为严重的违法犯罪活动,更使行政机关陷入了进退维谷、无所适从的两难境地。着眼于此,本文将为"后钓鱼时代"行政机关执法困境的破除探索一条可行的道路,提出若干建议和意见。

（一） 正确使用宣传策略,引导舆论力量,出台新的司法解释,为"钓鱼"正名

上海"钓鱼执法"事件的升温和最终"钓鱼执法"的被禁与媒体和网络舆论的力量有直接的关系。政府方面之所以一直处于被动局面,与其话语权的旁落,未能正确采取应对和宣传策略,引导舆论力量有关。有关部门负责人在媒体见面会上轻率地放弃了争夺法律依据和法理制高点这两块重要阵地,结果不仅没有筑起"钓鱼执法"的防御工事,反而扩大了媒体舆论的打击范围,致使"钓鱼执法"连同政府规章一并暴露在媒体火力之下。② 如果在"钓鱼执法"事件发生之初,上海有关方面就组织专家对"钓鱼执法"进行理性分析和正确解读,引导舆论把"钓鱼执法"与"错钓"和"倒钩"等

---

① 参见桑本谦:《"钓鱼执法"与"后钓鱼时代"的执法困境 网络群体性事件的个案研究》,载《中外法学》2011 年第 1 期。

② 同上注。

行为划清界限,疏导公众和媒体将所有怨恨和不满向"错钓"和"倒钩"发泄,也许"钓鱼执法"人人喊打的结局就会全面改观。

事已至此,再回头"想当初应该怎么样"也无太大意义,但在接下来的工作中,有关部门应该充分吸取当时事件发展中的经验教训。"亡羊补牢,未为迟也"。当务之急是为"钓鱼执法"正名,重新对"钓鱼执法"进行解读,纠正对"钓鱼执法"的误解:"钓鱼执法"不是对行政权力的滥用,不是对合法行政原则、合理行政原则和诚实守信原则等基本行政法原则的违反,不是在利益诱惑驱动下才采取的执法手段,"钓鱼执法"过程中出现的违法乱纪活动也会受到严厉追究,承担相应的法律责任。相反,"钓鱼执法"对打击一些取证难、证明标准高的违法行为具有不可替代的作用[①],是行政机关防范和打击违法行为的有力执法手段,也是"专群结合""群防群治"的一种方式。

目前,我国没有任何法律对"钓鱼执法"作出规定,这是舆论媒体和部分学者能误导民众的原因之一,也是"钓鱼执法"过程中可能出现违法行为的原因之一。但是,近阶段在立法上对"钓鱼执法"作出规定尚不现实,借助于司法解释的颁布倒不失为一个可行的办法。首先,法律上对"钓鱼执法"持否定态度的文件就是最高人民法院的司法解释。"解铃还须系铃人",由最高人民法院发布新的司法解释予以澄清自然是最恰当、最合适的做法。如前所述,刑事诉讼中的"诱惑侦查"已经得到司法机关和人民群众的认可,也已经有了大量的司法实践。民事诉讼中的"钓鱼执法"也已经得到了法院的认可。[②] 行政诉讼中的"钓鱼执法"也已经有了大量的实践,在上海"钓鱼执法"事件之前,一直是一种得到群众普遍认可的执法手段。实际上,除了打击黑车等交通执法领域,"钓鱼执法"也被广泛运用在其他领域,例如卫生监督、食品安全、税务稽查、质检等。换而言之,最高人民法院出台相应的司法解释,为行政领域的"钓鱼执法"正名,是关系到方方面面的重要问题,绝不仅仅局限在"打击黑车"这一问题上。因此,建议最高人民法院尽快出台相应的司法解释,为"钓鱼执法"正名,正确对待群众"钓鱼"所获取的证据,坚决制止"钓鱼执法"过程中可能会出现的违法不当行为,指引行政机关正确使用"钓鱼执法"这一执法手段。

（二） 防范和打击"错钓"等行为,对责任人追究到底

媒体和群众对"钓鱼执法"的怒气起源于"错钓"。2006 年之后,上海市交通行政执法机关借助《上海市查处车辆非法营运规定》和"有奖举报"而大大提高了执法力度,但在规范执法行为方面却显然着力不多,对一些"错钓"行为不仅未加以防范,反而袒护和纵容。[③] 其结果就是,查处黑车的数量显著增长,"错钓"事件时有发生,"错钓案"受害人投诉无门,执法公信力却日渐减弱,人民群众怒气和怨言逐渐加深。这

---

① 有学者就认为,倘若没有"钓鱼执法",打击黑车就基本流于形式。

② 北京市高级人民法院在其审理的北大方正案中认可了通过"钓鱼执法"所获取的证据。参见北京市高级人民法院(2002)高民终字第 194 号民事判决书。

③ 参见桑本谦:《"钓鱼执法"与"后钓鱼时代"的执法困境 网络群体性事件的个案研究》,载《中外法学》2011 年第 1 期。

些不满在媒体和网络的渲染下,失去理智地对所有的"钓鱼执法"发泄,连累了真正意义上的作为执法有力手段的"钓鱼执法"。

因此,有关部门应当采取有力措施,规范执法行为,防范"错钓"行为的发生。一旦发生"错钓"行为,及时纠正,还受害人清白,并赔偿其损失,同时对"错钓"行为的责任人追求相应的法律责任,以儆效尤。此外,有关部门也要警惕和坚决制止行政机关或其工作人员借"钓鱼执法"之名,行违法行政之实,追求"执法经济",形成不当的"罚款经济链"。

实际上,上海市于2011年1月1日正式施行的《上海市查处车辆非法客运规定》就已经规定,非营业性客运机动车驾驶员有收费搭载乘客行为,第一次被发现的,予以记录,不予处罚;第二次被发现的,予以教育并记录,不予处罚;第三次被发现的,可以认定为以营利为目的从事非法客运活动,应按规定予以处理。这一规定对预防"错钓"有着十分重要的作用,相当于有了三次纠正"错钓"的机会。而且,从概率上说,能被"错钓"三次实在是少之又少的事。特别是在第一次受害者声称"错钓"时,执法机关就会对此加以警惕,第二次对其执法时,自会加强审查,避免出现执法不当,以减少"错钓"的发生。

(三)规范"有奖举报"制度的使用

"有奖举报"是指行政机关为了达到某一目的而向不特定的人发出要约,对于接受和履行要约的人给予事先承诺物质利益的行为。① 有奖举报这一制度自古以来就有,世界范围内也广泛存在,正所谓"重赏之下必有勇夫"。工商、物价、财税等政府部门以及公安、检察院、法院等司法部门如今都十分重视来自市民的声音,通过举报而查处的违法违规案也在逐年增长。② 设计"有奖举报"制度的初衷是鼓励人民群众积极举报违法犯罪线索,与违法行为作斗争,虽然意外地催生了一个由"钩子"和"钩头"组成的职业举报群体,导致一些违法违纪现象的出现。例如,在黑车查处中,为追求执法机关承诺的"物质利益","乘客"不仅举报真实的违法信息,而且故意引诱受害人"上钩",将私家车当黑车查获,"错钓率"也因此攀升。有学者提出,当一般社会公众被行政执法机关组织起来,主动去寻找某一类违法行为的线索和证据,其地位就类似"执法辅助人员",与行政执法部门的关系就不再是举报人与举报受理机关之间的关系,而带有契约关系的特征,异化是必然的结果。③ 诚然,"有奖举报"制度在执行过程中可能会出现一些不好的现象,但我们也必须认识到,"有奖举报"并不是洪水猛兽,在过去的司法实践中,为打击违法犯罪活动起到了重要的作用。只要对其加以严格规范,它完全可以成为一种合理的执法方式和辅助手段,特别是在交通行政执法中,其作用更是不可替代。

面对一个制度的弊端,我们正确的做法应该是寻求去弊的方法,而不是断然抛弃

---

① 参见姬亚平:《行政奖励法制化研究》,法律出版社2009年版,第10页。

② 参见《有奖举报——另类生财之道》,载 http://www.ewen.cc/licai/bkview.asp? bkid = 83383&cid = 207630,访问时间:2012年8月24日。

③ 参见桂林:《行政违法行为举报奖励机制研究》,上海市行政法制研究所2010年课题报告。

这个制度,特别是在还未找到更好的替代制度之前,我们只有通过合理规范,才能尽可能地减低其副作用的发生,而发挥其有利的一面。"有奖举报"会被滥用的根本在于执法机关没有对举报信息和证据严格加以排查。只要执法机关明确禁止"倒钩"等行为,仔细审查证据,如果发现有"倒钩"行为的,将拒绝支付报酬,情况严重、屡教不改的,对其采取罚款等处罚措施。同时,加强对举报行为的监督和再举报,再次借助群众力量,防止举报人的"错钓",预防"钩子"和"黑车车主"之间的秘密交易,切断"罚款经济链"。

四、结语

"钓鱼执法"的产生来源于严峻的社会现实根源和背景,有其合理之处,也曾取得高效的执法效果。部分学者和舆论媒体的误读导致对"钓鱼执法"的人人喊打,其引发的执法困境和连锁反应绝不限于打击黑车,有可能会危及整个行政执法领域。因此,必须澄清对"钓鱼执法"的误读,为钓鱼执法正名:"钓鱼执法"是一种合法、合情、合理的高效执法手段。在"钓鱼执法"过程中,的确有可能会出现一些违法行为。但是,我们要反对的是这些不应当出现的违法行为,而不是"钓鱼执法"。

修订刑诉法须坚持四个理念[*]

理念主要泛指观念、原则等。以社会主义法治理念修订《中华人民共和国刑事诉讼法》(以下简称《刑事诉讼法》),笔者认为,主要应考虑以下一些观念和原则。

一是"以人为本"的观念。即将惩治犯罪,保护人民群众和维护被告人的合法权益统一平衡考虑。当前我们正处在一个转型时期,处在一个十分难得的战略机遇期,同时又处在各种严重刑事犯罪的高发期。人民群众最关心、最迫切、最直接的要求是有效惩治犯罪,创造一个良好的社会治安环境和经济发展的环境。有效抵御犯罪分子和国内外敌对势力的侵扰,不能把维护被告人的权益放在一个不恰当的位置。

二是实践的观念。1996 年《刑事诉讼法》实施以来,在保护基本人权、维护被告人合法权益等方面取得了很大进展。这些年来,我国又参加了一些涉及刑事诉讼制度的国际公约,这些公约也提出了一些我们必须遵守的标准,这些都是我们在刑诉法修订时应当考虑的因素。但最重要的是我们自己这些年来执法和司法实践经验的总结,应当认真听取第一线干警的意见。

三是初级阶段的观念,即国情的观念。我国仍是一个发展中国家,有些制度是好的,在西方发达国家也很普遍,比如,讯问犯罪嫌疑人时,律师要在场。但在我国广大农村,特别在基层,能不能做到律师随时到场,这些都是要考虑的。一旦写进法律,就有严肃性,写上了又做不到,可能损失更大。

四是法律是最后保障手段的观念。佘祥林案的发生使人震惊。但究竟是因为办案人的素质问题、政策问题、制度机制问题还是法律上没有规定"沉默权"和"无罪推定"的问题? 这些都要分析清楚。有些可以用政策、制度解决的问题就不一定都要上升到法律。反过来,也不能司法实践工作中出了一些问题就都直接归结到法律不健全,要修订法律。

---

　* 原载于《检察日报》2005 年 12 月 23 日。

经济
刑法
论衡

第四编

民商事法律

正确辨析代理人和工程分包商的民事责任*

在实际生活中,经济活动中的代理行为与工程分包行为表面上有不少相似之处,易于为当事人所混淆,导致代理人和分包商的民事责任不明确,承担具体责任形式不当。所以,根据我国法律的规定,正确认识和辨清代理人和工程分包商的民事责任,在实践中具有重要意义。

一、代理人和分包商的不同

根据我国法律规定,代理人和分包商有以下一些不同点:

（一） 意义不同

代理人,是指以被代理人名义与第三人进行某种法律行为的人。"代理人在代理权限内,以被代理人的名义实施民事法律行为。被代理人对代理人的行为,承担民事责任。"[《中华人民共和国民法通则》(以下简称《民法通则》)第 63 条第 2 款]

所谓分包商,是指从事分包业务的分包单位。"建筑工程总承包单位可以将承包工程中的部分工程发包给具有相应资质条件的分包单位;但是,除总承包合同中约定的分包外,必须经建设单位认可。"[《中华人民共和国建筑法》(以下简称《建筑法》)第 29 条]分包商是承包商的合作者。承包商承包了工程项目,而由于考虑到资金不足,或工程过于复杂,或为减少业务上的风险,往往将一个工程项目分解成若干单项工程,选择技术上具有专长的第三者分别承包,该第三者称为分包商(Subcontractor)。可见,分包商,是指承包商(尤其是总承包商)将承包的一个合同项目中的一个部分所给予的人。例如,一个造房子的承包商通常会雇用分包商来做一些特殊的部分项目,如安装管道、铺设地板、做木工以及设计图纸等。每个分包商收取的费用比总承包商收取的费用金额要低。

代理行为和分包行为是意义不同的两种行为。第一,代理权的成立来自于代理授权。这种授权行为是被代理人的单方行为,代理人即使不作出承诺表示,代理关系一样成立。而分包行为来源于总承包商与分包商的分包合同,双方既有要约又有承诺,是一种双方行为。第二,代理属于处理被代理人与第三人的关系,不对外就无所

---

* 第二作者杨鹏飞,原载于《政治与法律》2000 年第 4 期。

谓代理,离开第三人也难以研究代理人与被代理人的关系;分包则是分包人与总承包人之间的关系。第三,从我国民法上讲,代理人只能以被代理人的名义活动;分包人则以自己的名义活动,除非得到授权。第四,代理人的行为一般不包括事实行为,而分包行为既可包括法律行为,也可包括事实行为。

(二) 性质不同

代理人有法定代理人、指定代理人和委托代理人的区分。代理人的法律基础,通常来源于委托代理。委托代理之性质,学说上通常认为是受委任。委托代理又以委托合同作为其代权的基础。"委托合同是委托人和受托人约定,由受托人处理委托人事务的合同。"〔《中华人民共和国合同法》(以下简称《合同法》)第396条〕代理人(受托人)按照委托合同的约定,根据委托事务的性质、特点处理事务,至于事务处理的结果是否成功,例如律师办案是否胜诉,则在所不论。只要委托代理成立,律师办案即使败诉,也算完成委托事务,委托人也要依约支付报酬给律师。"受托人完成委托事务的,委托人应当向其支付报酬。"(《合同法》第405条)此外,委托人还应向代理人(受托人)预付处理委托事务的费用,如车马费、食宿费等。"委托人应当预付处理委托事务的费用。受托人为处理委托事务垫付的必要费用,委托人应当偿还该费用及其利息。"(《合同法》第398条)

工程分包商的行为,从性质上讲属于建筑工程承揽合同行为。分包商与总承包商之间存在分包合同关系。分包商按照总承包商的要求完成工作,交付工作成果,总承包商向分包商支付报酬。如果分包商没有按照合同完成工作,不能交付工作成果,总承包商就不会按约支付报酬。分包合同的内容通常包括分包工程的范围、建设工期、中间交工工程的开工和竣工时间、工程质量、工程造价、技术资料交付时间、材料和设备供应责任、拨款和结算、竣工验收、质量保修范围和质量保证期、双方相互协作等条款。(参见《合同法》第275条)分包商只能依照合同取得拨款和报酬。法律没有给分包商设立取得预付费用的规定。

(三) 地位不同

代理人,既然以被代理人的名义与第三人实施某种民事法律行为,那么,在这种法律行为中,代理人不是当事人,不负履行之义务,不直接承担合同的民事责任。但代理人有代理资格,可以为当事人给付或受领给付。"受托人处理委托事务取得的财产,应当转交给委托人。"(《合同法》第404条)

如果采广义代理说,即代理人不是以被代理人的名义而是以自己的名义与第三人订立合同时,代理人在以下情况下就取得当事人的地位,应承担该合同的民事责任:①代理人在订立合同时完全没有披露代理关系的存在,第三人不知道代理人与被代理人之间的代理关系,从而实际上把自己置身于当事人的地位;②代理人在订立合同时虽然披露了代理关系的存在,但有确切证据证明该合同只约束代理人和第三人的,例如,如果合同写明了只能由第三人向代理人履行时,代理人也成了当事人。(参

见《合同法》第 402 条)

分包商在与承包商订立的分包合同中,当然处于当事人的地位,应承担合同当事人应承担的所有民事责任。

(四) 行为本身特征不同

代理行为和分包行为的区别主要表现在:

(1)从行为目的看,代理以代理人为委托人处理委托事务为目的,不以代理事务的完成为要件,例如委托人指示代理人与他人订立合同,并不以一定订立成功为要件;而分包行为以分包人为承包人完成一定工作为目的,分包人应当按时按质完成工作,向承包人交付工作成果。

(2)从行为对象看,代理行为的对象较为宽泛,没有特别限制;而分包行为的对象是建设工程的一部分,具有对象上的特定性。

(3)从行为后果看,代理人是以委托人的名义、费用处理委托事务,不承担代理行为的任何风险;而分包人是以自己的名义、费用完成工作,在工作成果交付之前,独立承担分包工作的风险。

(4)从行为主体看,法律对代理人资格不作严格限制;而根据建筑法等法律法规,分包人必须具有一定的资质等级,与所分包的工作任务相适应。

(5)从合同行为是否可以转委托看,在代理行为中,代理人可以转委托,但应是为被代理人的利益,并应事先取得被代理人的同意;在分包行为中,合同法明文禁止分包单位将其承包的工程再行分包,以保证工程质量,防止层层"扒皮"现象。

(6)从行为的履行要求看,代理行为基于当事人之间的特别信任而订立,当事人可以随时解除代理合同,并且不存在强制代理人必须依合同处理事务的问题(参见《合同法》第 410 条);但建筑工程分包人则不能随时解除合同,必须符合法定的合同解除条件,不得违反法律和社会公共利益,否则不能发生合同解除的效力。

(7)从行为是否有偿看,代理行为可以是有偿的,也可以是无偿的;而建筑工程分包行为则必然是有偿的。

(五) 民事责任的归责原则和机制不同

代理和建筑工程分包是两种不同性质的民事法律行为,由此决定代理人和分包人的民事责任机制的主要区别有:

(1)民事责任的(法律)依据不同。代理行为在我国纯属私法行为,主要受《合同法》《民法通则》等法律的规范和保护。分包等建筑工程承包行为在我国具有严格的计划性,合同的订立、履行都应受到国家有关部门的监督和管理;其法律依据,除《合同法》《民法通则》外,同时必须遵守《建筑法》等法律法规的规定。

(2)民事责任构成的客观表现不同。代理人承担违反代理义务的民事责任,不仅在于是否对委托人造成损失,更在于代理人在处理委托事务中的过错,如违反忠实义务、注意义务等;而分包人承担违反分包合同的民事责任,关键在于分包人没有及时提供符合约定质量的工作成果即工程。

（3）承担民事责任的方式不同。依《合同法》的规定，代理人不履行委托合同义务或者履行委托合同义务不符合约定的，应当承担继续履行、采取补救措施或者赔偿损失等违约责任；而分包人承担违约责任的方式包括无偿修理、返工改建、减少报酬、支付违约金、赔偿损失等。（参见《合同法》第406条、第407条）

（4）归责原则不同。代理人的代理行为所产生的法律后果和责任由被代理人承担（《民法通则》第63条第2款）；而分包行为所产生的法律后果和责任在一般情况下由分包人自行承担。但对建筑单位而言，由总承包单位和分包单位就分包工程对建设单位承担连带责任。（《建筑法》第29条第2款）

二、代理人的民事责任

《民法通则》和《合同法》对代理人、委托代理人规定了许多义务，代理人违反了这些义务，就要承担法律责任，其中包括民事责任。委托代理人的主要义务是：

（1）办理委托事务的义务。这是代理人的首要义务，即代理人应按照合同约定，根据委托事务的性质、特点处理事务，将受托事务完成。至于事务处理的结果是否成功，如律师办案是否胜诉，则在所不论。（参见《合同法》第399条）

（2）忠实义务。委托合同以双方当事人的相互信任为基础，代理人应忠实遵守委托人的意愿，也即遵照委托人的指示，处理委托事务。代理人不得利用对委托事务的处理，为自己谋取委托合同约定以外的利益，更不得侵害委托人的利益。（参见《合同法》第399条）

（3）亲自处理委托事务的义务。原则上受托人应亲自处理委托事务。但如果经委托人同意，可将委托人事务部分或全部地交由第三人（次受托人）处理，次受托人就转托事务的处理，处于与受托人同样的地位；委托人可以就委托事务直接指示转委托的第三人，受托人仅就第三人的选任及其对第三人的指示承担责任。如果转委托未经同意的，受托人就应对转委托的第三人的行为承担责任，但在紧急情况下受托人为维护委托人的利益需要转委托的除外。（参见《合同法》第400条）

（4）注意义务。代理人在处理受托事务过程中，应对处理事务给予相当的注意，以免产生不利于委托人的后果。作为以代理活动获利的代理商，更应尽善良管理人的注意义务，也即，代理商也应像对委托事务有专门知识的专业人员一样，审慎地处理委托业务。（参见《合同法》第399条）

（5）报告的义务。受托人应当按照委托人的要求，报告委托事务的处理情况。如果在处理事务过程中遇到紧急情况，应向委托人报告以请求指示。如果难以和委托人取得联系，受托人应当妥善处理委托事务，事后应将情况及时报告委托人。委托合同终止时，受托代理人应当报告受托事务的结果。（参见《合同法》第401条）

（6）财产转交义务。代理人处理委托事务的财产，应当转交给委托人。这些财产包括代理人为处理受托事务从委托人处取得的、在事务处理终了之后未被消耗或转

移的财产,以及处理受托事务过程中从第三人处得到的财产(如受托出卖货物所得的价款)。(参见《合同法》第401条)

上述义务是《合同法》规定的委托合同中的代理人义务。受托代理人不履行这些合同义务,或者履行合同义务不符合条款约定的,应当承担继续履行、采取补救措施或者赔偿损失等违约责任。应当注意,受托事务的处理结果是否对委托人造成损失,不能作为受托代理人履行合同不符合约定的唯一依据。因为委托人的损失可能是多种原因造成的,如委托人自己指示不当、不可抗力等。对于有偿的委托合同,只有因为受托代理人的过错(含故意和过失),给委托人造成损失的,委托人可以要求赔偿损失。对于无偿的委托合同,因受托代理人的故意或重大过失给委托人造成损失的,委托人可以要求赔偿损失。受托代理人超越权限给委托人造成损失的,不管是有偿还是无偿合同,都应当赔偿损失。

此外,《民法通则》第66条对代理人的民事责任也有明确规定:

(1)"没有代理权、超越代理权或者代理权终止后的行为,只有经过被代理人的追认,被代理人才承担民事责任。未经追认的行为,由行为人承担民事责任。本人知道他人以本人名义实施民事行为而不作否认表示的,视为同意。"(《民法通则》第66条第1款)

(2)"代理人不履行职责而给被代理人造成损害的,应当承担民事责任。"(《民法通则》第66条第2款)

(3)"代理人和第三人串通,损害被代理人的利益的,由代理人和第三人负连带责任"。(《民法通则》第66条第3款)

(4)"第三人知道行为人没有代理权、超越代理权或者代理权已终止还与行为人实施民事行为给他人造成损害的,由第三人和行为人负连带责任。"(《民法通则》第66条第4款)

(5)"代理人知道被委托代理的事项违法仍然进行代理活动的,或者被代理人知道代理人的代理行为违法不表示反对的,由被代理人和代理人负连带责任。"(《民法通则》第67条)

三、分包商的民事责任

总包商与建设单位(发包人)之间存在承包合同关系。分包商与总包商之间存在分包合同关系。两个承包合同法律关系是相互独立的。但总承包单位和分包单位就分包工程对建设单位承担连带责任。(参见《建筑法》第29条第2款)

《建筑法》第29条原则上允许分包,但作了以下限制性的规定:

(1)分包工程必须是总承包合同中约定的,如果合同中没有约定,分包必须经建设单位认可;

(2)实行施工总承包的,主体工程必须自行完成,不得分包给其他单位;

(3)分包单位不得将其分包的工程再分包出去,即只能一次性分包,不得层层分包；

（4）总承包单位不得将工程分包给不具备相应资质条件的单位。

分包商与承包人（总包商或者勘察人、设计人、施工人）之间是一个独立的承包合同关系。分包合同依法成立后，承包商按照总包合同的约定对建设单位（发包人）负责，分包商按照分包合同的约定对总包商负责。分包合同订立时，总分包双方就各自的责任义务作出具体、明确的规定。分包商的义务主要有：

（1）保证分包工程质量；

（2）确保分包工程按合同规定的工期完成，并及时通知总包商对工程进行竣工验收；

（3）依合同规定编制分包工程的预算、施工方案、施工进度计划，参加总包商的综合平衡；

（4）在保修期内，对由于施工不当造成的所有质量问题，负有无偿及时修缮的义务。

分包商违反上述《建筑法》的规定或分包合同的义务，应承担相应的法律责任，包括民事责任和行政责任。

（1）分包商将承包的工程转包的，或者违反建筑法的规定进行再次分包的，责令改正，没收违法所得，并处罚款，可以责令停业整顿，降低资质等级；情节严重的，吊销资质证书。（参见《建筑法》第67条第1款）分包商"有前款规定的违法行为的，对因转包工程或者违法分包的工程不符合规定的质量标准造成的损失，与接受转包或者分包的单位承担连带赔偿责任。"（《建筑法》第67条第2款）

（2）分包商因施工原因致使工程质量不符合约定的，应当在合理期限内无偿修理或者返工、改建。经过修理或者返工、改建后，造成逾期交付的，分包人应当承担违约责任。可以是约定的逾期违约金，也可以是约定的赔偿金。

（3）因分包人的原因致使建设工程在合理使用期限内造成人身和财产损害的，分包人应当承担损害赔偿责任。这是一种侵权责任。依《民法通则》的规定，对侵害财产所造成的损害，应根据具体情况采用修复、经济补偿、实物赔偿和折价赔偿等责任方式；对侵害人身所造成的损害，应赔偿相应损失，包括精神损失。

（4）分包商就自己完成的工作成果与承包商（总承包人或者勘察、设计、施工承包人）向发包人承担连带责任。

证券民事赔偿:让人欢喜让人忧[*]

——证券市场第一个索赔案引出的话题

2002 年 1 月 15 日,最高人民法院发布《关于受理证券市场因虚假陈述引发的民事侵权纠纷案件有关问题的通知》(以下简称为《通知》)后,一石激起千层浪。许多受害股民再也坐不住了,纷纷委托律师进行索赔。据有关报刊报道,近日中伦金通上海和北京两地律师事务所每天股民打来的咨询电话应接不暇,几十位股民还与该所签订了诉讼委托协议。在众多的来电咨询中,涉及最多的仍是亿安科技和银广夏的造假事件。除此之外,被状告的对象还涉及大庆联谊、圣方科技、嘉宝实业、PT 郑百文、金路集团等 16 家上市公司。一时间,证券民事赔偿案似有火山爆发之势,广大股民对《通知》引起的强烈反映,从另一面说明了我国证券市场的民事赔偿制度的缺失。

一、沉重的话题:中国证券市场的第一个索赔案

1998 年 10 月 26 日,中国证监会对成都红光实业股份有限公司(以下简称成都红光公司)虚构产品库存和违规账务处理一案进行了严厉制裁:该罚款的罚款,该警告的警告,该市场禁入的市场禁入。可就在事件了结还不到两个月,一个名叫姜某某的股东将国泰证券有限公司(上市推荐人)、何某某(红光公司董事长)、焉某某(红光公司总经理)、中兴信托投资有限责任公司(发行主承销商)、成都资产评估事务所等 24 名被告告上了法庭。姜某某认为,由于听信了上述被告的虚假陈述,作出了对成都红光公司进行投资的错误决定,买进红光公司股票,但红光公司的违规行为被发现并受到查处,致使股价下跌,从而造成其损失 3 136.5 元。据此,他要求上述被告给予赔偿。

法院受理后,以简易程序审理此案。法院认为,姜某某的损失与被告的违规行为之间没有必然的因果关系,而且姜某某所称的股票纠纷案件不属于法院受案范围。因此,裁定驳回了原告的起诉。

尽管在证券市场上第一例索赔案以驳回原告的起诉为终结,但广大股民并没有停止在维权路上的步伐,在随后的大庆联谊、亿安科技、银广夏等造假案中,广大股民依然状告造假者。最高人民法院针对证券民事赔偿于 2001 年 9 月 21 日又发出了《关

---

[*] 第二作者杜文俊,原载于《检察风云》2002 年第 10 期。

于涉证券民事赔偿案件暂不受理的通知》，它正视了我国资本市场发展中的问题，指出了内幕交易、欺诈、操纵市场等一些不良行为，正是这些不良行为严重损害了市场的公正，侵害了投资者的合法权益，也影响了资本市场的安全和健康发展，但是，受目前立法及司法条件的局限，尚不具备受理及审理这类案件的条件。因此决定，对上述行为引起的民事赔偿案件，暂不受理。许多理智的投资者清醒地认识到：所有这些证券索赔案件，只是"暂不受理"！他们相信：证券市场上的索赔之路尽管曲折，但前途依然光明。

二、忧虑的现实：证券索赔的有条件受理

《通知》的出台，无疑为广大股民注入了一针"强心剂"，受到广泛称赞，他们对此反映强烈，纷纷求助法律为自己讨个公道、要个说法。毫不夸张，《通知》在证券民事赔偿机制的完善历程中虽然具有里程碑式的意义，但客观地说，它并不完善。最高人民法院副院长李国光就下发该《通知》的目的作了解释。他说，《通知》对证券民事赔偿案件的有条件受理是考虑到为人民法院受理此类案件的准备工作赢得时间，因为不成熟的证券市场中，侵权行为存在于股票发行和交易各阶段，不仅参与侵权的机构和自然人有一定的数量，而且被侵权对象和诉讼参与人数、案件数量亦不在少数。在目前可具体操作的法律、法规尚不健全的情况下，人民法院应当有一段准备时间，进行必要的调查研究和诉讼准备。否则，可能给审判工作带来被动。所以，从某种意义上说，《通知》只是权宜之计，最终要为全面规范证券市场的民事赔偿做好过渡。

针对《通知》的程序要件，李国光副院长说，关于设立行政决定前置程序问题，考虑到现阶段中国证券市场虚假陈述等侵权行为时有发生，目前如果没有民事诉讼前置程序屏障，案件数量可能很大，设置该程序，在目前法律框架下是非常必要的。更主要的是《中华人民共和国民事诉讼法》（以下简称《民事诉讼法》）规定，原告人提起诉讼的条件之一就是必须有具体的诉讼请求和事实理由。以证券监管机构作出生效处罚决定为受理虚假陈述民事赔偿案件的前提，可以解决原告在起诉阶段难以取得相应证据的困难。

关于诉讼形式，李国光副院长说，尽管采取单独诉讼和共同诉讼这两种诉讼方式，很可能使受诉人民法院审判任务相应增加，但因单独诉讼（包括共同诉讼）参与人相对固定，案情相对简单，赔偿责任和赔偿数额较易确定，故而是可行的。至于集团诉讼，由于诉讼参与人数可能众多，情况会很复杂。特别是各个当事人买入、卖出股票的时间、数量、价位均会有所不同，目前难以通过集团诉讼的方式来解决。同时，以集团诉讼的方式处理也容易影响审判工作顺利进行，对证券市场秩序和社会的稳定易产生较大影响。

关于管辖法院问题，李国光副院长说，由于证券市场侵权民事纠纷案件在事实认定和法律适用方面存在相当的难度，故目前在对此类案件的级别管辖上规定为由直辖市、省会市、计划单列市或经济特区中级人民法院作为一审管辖法院。同时考虑到

证券市场民事侵权行为地不具有唯一性且存在认定难度,故规定该类案件地域管辖以《民事诉讼法》确立的原告就被告原则确定。同时,李国光副院长郑重表示,待市场条件和法律条件成熟后,人民法院必将无保留地依法受理和审理各类证券市场民事侵权纠纷案件。

尽管《通知》给证券民事赔偿带来了新的契机,对规范证券市场起到不可低估的作用,但它本身又是不完善的,因而引发专家学者的各种探讨和忧虑也就不可避免,同时,由于没有与之相配套的法律制度或措施,所以,在司法实践中受损害的投资者要真正获得损害赔偿也绝非易事。

三、希望的明天:建立和完善我国证券民事赔偿机制

当前,我国在证券民事赔偿机制的道路上尚属起步阶段,针对这一发展现状,借鉴和吸收国外有益经验逐步完善证券民事赔偿机制就显得尤为必要,然而,要完善这一机制就必须全方位、多角度予以制度改革和创设。

四、完善代表人诉讼和确立集体诉讼

在证券集中交易市场,受害人数从几人到几百人甚至成千上万人不等,由于受害人数的不确定,请求权人又要向法院提起诉讼,这无论是对法院还是对诉讼当事人均是沉重的负担,都可能产生其他问题(如被告财产分配以及原告能否实际受偿),在诉讼上非常不经济。从某种意义上讲,我国的代表人诉讼在一定程度上改变了法律在该问题上的无能状态,能够较为有效地保护当事人的权益,保证市场机制的正常运行。虽然《民事诉讼法》第55条和最高人民法院《关于适用〈中华人民共和国民事诉讼法〉若干问题的意见》第61条、第63条、第64条确立了我国的代表人诉讼制度,为证券民事赔偿提供了法律依据,但是,代表人诉讼制度在司法程序操作中也存在着一些制度性缺陷,如代表人的选任、诉讼事项的通知、上诉等,这些程序的障碍使得代表人诉讼程序非常复杂,难以操作。这就使得代表人诉讼制度不能完全适应证券民事赔偿案件的需要,由此可见,完善代表人诉讼制度对于规范证券市场就成为一种迫切的现实需要。

证券犯罪中民事救济途径单一一直是我国证券市场发展的"瓶颈",这种现状的延续必将成为保护投资者合法权益的严重制约。因而可考虑借鉴英美国家的做法,增设集体诉讼制度。所谓集体诉讼是指一位或两位原告(也称"牵头原告"或"首席原告")代表众多受害者提起诉讼,首席原告和被代表的众多的原告在诉由上必须相同、在利益上必须一致。诉讼过程中,只有首席原告代表所有其他(匿名的)原告参加,包括与律师交涉、进行和解谈判、收取证据、为开庭做准备等。一旦达成和解或得到法院的判决,所有的参诉成员(甚至包括未参诉的受害者)都不可再以同样的事由

对被告方提出起诉。以首席原告为当事人,诉讼实质上仍然是"一对一"结构的诉讼,集体与成员的关系也比较简单,不像代表人诉讼内部关系那样复杂。证券集体诉讼在美国过去的 20 年中运用的非常普遍,一组数据表明:1999 年美国证券集体诉讼案数为 209 件,2000 年为 216 件,2001 年高达 487 件,明显呈上升趋势。① 美国耶鲁大学陈志武教授撰文指出,从举证责任难度来说,集体诉讼有利于股东;就证券诉讼的成本与激励机制而言,集体诉讼优于共同诉讼;以同样实行判例法的国家来看,集体诉讼也是保护股民权益最有效的司法程序,也最有利于社会安定、有利于司法公正。美国的司法实践也证明,它对于保护投资者的利益往往有效,所以集体诉讼与其他解决多人争议的诉讼制度相比有其独特优势:使多人诉讼更加经济。集体诉讼将多数人分别提起的多个诉讼变为由首席原告统一提起的单一诉讼,能简化诉讼程序,节省人民法院的人力、物力和时间,克服多人分别诉讼的弊端。尤其值得一提的是,胜诉才收费是集体诉讼得以应用的重要因素,正是这种风险费一般都很高,使原告律师即使先不收费,但照样有充分的激励机制为原告利益效劳。也正是这种风险费让众多受害的小股东在无法支付律师费的情况下,能够通过司法得到部分补救。近年来,随着群体诉讼的增多及其大型化,集体诉讼受到很多国家的关注,尤其在解决证券市场上的民事赔偿纠纷方面备受重视。我国应在条件成熟时适时地设立集体诉讼制度,这样,我国的民事救济途径将会不断增加,救济能力也将大大增强。

五、正确处理行政处罚和民事赔偿的关系

我国证券法律中有关民事赔偿责任的规定比较少。例如,我国法律在《中华人民共和国公司法》(以下简称《公司法》)第 111 条和《中华人民共和国证券法》(以下简称《证券法》)第 63 条等极为有限的几个条文中赋予股东起诉权。法律条文对起诉的对象和要求有明确规定,在《公司法》第 111 条中作了这样规定:被告是公司,而不是公司的另外一些股东,也不是董事、经理等个人;起诉只能要求"停止该违法行为和侵害行为",法律没有提出可以请求损害赔偿。在《证券法》第 63 条中也作了这样规定:被告可以是上市公司、证券公司;被告承担赔偿责任;上市公司、证券公司有责任的董事、监事和经理承担连带赔偿责任。当然依照《民法通则》第 106 条的规定和有关条文,当事人也可以提起侵权损害赔偿之诉。

然而,我国证券法律有关行政处罚的规定很多。我国《公司法》《证券法》的法律责任章节中均以绝大部分条文规定了对违法行为的行政责任。

《通知》规定,这类案件必须经中国证监会及其派出机构调查并作出生效处罚决定。当事人依据查处结果作为提起民事诉讼事实依据的,人民法院才依法受理。

---

① 参见朱从玖主编:《投资者保护》,复旦大学出版社 2002 年版,第 229 页。

六、完善《公司法》《证券法》和有关的诉讼法

以上立法都说明了在我国证券法制体系中,以行政监管为主要特征。实际上,各国证券立法对证券民事诉讼也有不少限制,这样才能保证其有序运行。例如,原告起诉公司必须提供担保;对原告持股的数量和期限有一定的要求;起诉前的救济(即公司内部救济手段的用尽)等。总之,既要保护中小股东的利益,也要防止滥诉、妨碍公司正常运营,在这两者之间寻找一个平衡点。与英美国家相比,我们还有相当长的差距,要想缩小这种差距,就是要跨过目前司法解释的较低层面,尽快对《公司法》《证券法》和有关诉讼法作适当修改,只有这样,才能有序开展证券民事诉讼,才能维护股民的合法权益。

背景资料:

2002 年 1 月 15 日,最高人民法院发布的《关于受理证券市场因虚假陈述引发的民事侵权纠纷案件有关问题的通知》终于打破了证券民事索赔案"暂不受理"的局面。《通知》明确规定了法院受理证券虚假陈述的侵权案件的类型、程序、时效和形式。从类型来看,法院目前只受理因虚假陈述引发的证券市场上的侵权赔偿案件。必要的前置程序,这类案件必须经中国证监会及其派出机构调查并作出生效处罚决定。当事人依据查处结果作为提起民事诉讼事实依据的,人民法院才依法受理。诉讼形式,法院采取单独或共同诉讼形式受理和审理这类案件。诉讼时效,根据《通知》的规定,这类案件的诉讼时效为两年,从中国证监会及其派出机构对虚假陈述行为作出处罚决定之日起计算。《通知》还规定,级别、地域管辖,由直辖市、省会城市、自治区首府、计划单列市或经济特区中级人民法院作为一审法院,此举意味着此后弄虚作假的上市公司必须为自己不负责任的造假行为"买单"。

要案点击(1)
赔偿 30 亿美元的证券集体诉讼案

2001 年 12 月《新财富》刊登了美国一起证券欺诈集体诉讼案,或许给中国投资者一些有益的借鉴。

1998 年 8 月 4 日,法庭批准由美国加州退休基金、纽约共同退休基金和纽约城市退休基金为首席原告,代表所有参诉的股东集体,控告美国纽约证交所上市公司山登公司(Cendant Corp.)的 28 位董事和高级经理(包括董事长和总经理)以及安永会计审计公司。

股东集体向法院控诉:山登公司 1995—1997 的年报中虚报收入、诈骗股东。在 1998 年 4 月与 8 月两次公布假账消息后,其股票市值由之前的 300 多亿美元跌至 100 亿美元左右,而且,每次消息公布前,都有内部人抛售股票。

1999 年 1 月 27 日法庭正式批准此案为集体诉讼案。正式批准为集体诉讼案这一点很重要,因为任何受害的股东如果不正式提出参加该集体诉讼,那么他以后不可

再以同样理由对诉讼案中的被告提出起诉,这也是集体诉讼案与简单的"几方联合一起诉讼"之关键差别。也正因为这一点,任何诉讼只有得到法庭批准才可立为"集体诉讼案"。

原告对山登公司的指控与举证:

1. 28 位被告的董事中有一半是前 CUC 公司的董事和要员,他们在 HFS 与 CUC 公司兼并之前审理检查过 CUC 公司每年的细账,知道 CUC 公司财务虚假这一事实。他们有权也有责任要求更正并制止这种作假行为,修正相应的数据。他们不仅没有这样去修正或制止,反而在历年的年报和 HFS 与 CUC 合并的协议上签名。

2. 所有被告在集体诉讼期内曾发表过误导性、实质错误性言论。在 1995 年 6 月至 1998 年 4 月期间,CUC 公司和山登公司多次上交给证监会的年报、季报均严重有误和人为作假,这些年报和季报声称其使用的财会方法是《全美通用会计方法》,但实际远非如此。这种陈述是撒谎,尤其是,他们采用不正当的会计手段将 1995 年、1996 年与 1997 年年度的业务收入、营运利润和净利润人为抬高,加入假的收入项目,对已停止的服务项目还继续入账,对公司未来兼并有关的费用项目做手脚。

3. 1997 年 8 月 28 日的 HFS 与 CUC 兼并协议书与注册书中包含许多与事实不符、误导性陈述,因为这些文件中引用的财务数据均严重有误,也因为这些文件声称所有的数据与资料都经过专业调查。

4. 1995 年、1996 年和 1997 年间安永审计公司在负责对 CUC 公司财务审计过程中违背《全美通用会计方法》,也违背会计行业的审计标准。尽管如此,安永审计公司还是在 CUC 公司数年的年报中声称:①他们已按照上述标准方法审计了所有财务,并证明无误;②已检查并验证各项陈述与事实相符。

5. 在知道山登公司假账内幕的情况下,被告中的这些董事和要员于 1998 年 1 月至 4 月间共抛出了价值为 1.8 亿美元左右的山登股份。

2001 年 8 月 28 日,法院对历时长达 3 年的诉讼作出判决:山登公司向股东集体支付 28.5 亿美元的赔偿金,安永审计公司向股东集体支付 3.35 亿美元赔偿金,共赔偿 31.85 亿美元。其中,控方律师共获得 2.63 亿美元的胜诉奖励费(占总赔偿金的 8.275%),另补加 1 462 万美元的律师费用。此证券欺诈集体诉讼案宣告结束。

因为有集体诉讼和山登公司的不实信息、虚假陈述,使股民获得高达 31.85 亿美元的巨额赔偿。胜诉才收费并收取高额费用,促使律师想尽办法为股民挽回损失。只有这样才能给那些欺诈者、作假者一点真正有意义的威慑。否则,股市很难在证券发行公司和投资者之间建立一种互信。

要案点击(2)

银广夏欺诈案

2001 年 8 月《财经》杂志刊登了银广夏案件的详细过程,在此摘其一二:

1999 年和 2000 年,广夏(银川)实业股份有限公司(以下简称"银广夏")创造了令人瞠目的业绩和股价神话。

根据银广夏 1999 年年报,银广夏的每股盈利当年达到前所未有的 0.51 元,其股价则先知先觉，从 1999 年 12 月 30 日的 13.97 元启动，一路狂升，至 2000 年 4 月 19 日涨至 35.83 元。此日实施了优厚的分红方案 10 转赠 110 后，即进入填权行情，于 2000 年 12 月 29 日完全填权并创下 37.99 元新高，折合为除权前的价格 75.98 元，较一年前的启动价位上涨 440%，较之于 1999 年"5·19 行情"发动前则上涨了 8 倍多；2000 年全年涨幅高居深沪两市第二；2000 年年报披露的业绩再创"奇迹"，在股本扩大 1 倍基础上，每股收益攀升至 0.827 元。

"奇迹"并未到此为止。2001 年 3 月 1 日，银广夏发布公告，称与德国诚信公司签订连续 3 年总金额为 60 亿元的萃取产品订货总协议，仅仅依此合同推算，2001 年银广夏每股收益就将达到 2 至 3 元！

银广夏创造了"三个不可能"：不可能的产量、不可能的价格、不可能的产品。第一，以银广夏萃取设备的产能，即使通宵达旦运作，也生产不出其所称的数量；第二，天津广夏萃取产品出口价格高到近乎荒谬；第三，银广夏对德出口合同中的某些产品，根本不能用二氧化碳超临界萃取设备提取。

为银广夏贡献了 1999 年和 2000 年主要利润的德国公司，既非如银广夏所说为西伊利斯公司的子公司，更非成立已有 160 年历史的老牌公司。事实上，它成立于 1990 年，注册资本仅为 10 万马克。

经过反复调查后，天津海关向《财经》杂志社出具了一份书面证明："天津广夏集团有限公司 1999 年出口额 480 万美元、2000 年出口额 3 万美元。"天津海关还查得，天津广夏从 2001 年 1 月至 6 月，没有 1 分钱的出口额。

修改《证券法》应关注的四个方面[*]

《中华人民共和国证券法》（以下简称《证券法》）是加强监管、规范证券发行和证券交易、切实保护投资者合法权益的基本法律。《证券法》实施 4 年来，在深化金融改革，整顿金融秩序，防范和化解金融风险，保证证券市场安全、高效、健康运行，确保国家的经济安全等方面发挥了重大作用。当然，它在实施过程中也确实存在一些问题，这主要是由市场本身的迅速发展所导致的法律规范滞后造成的。因此，对现行《证券法》的修改也应当着眼于使法律与证券市场的现状和发展趋势相协调。笔者建议，这次对《证券法》所作的修改，应当主要围绕以下四个基本考虑展开。

一、强化证券监督管理机构的监管权力

笔者认为，现行《证券法》所体现的以行政管理为主导的证券监管机制是正确的，符合我国国情，应当在新修订的《证券法》中继续坚持。只有在确立这一基本判断的前提下，才能准确把握《证券法》修改的立足点和主要方向。当前的国务院证券监督管理机构（"证监会"）已经较之 5 年前的相应机构（"证券委"）具有了更为稳定和完备的组织机构，《证券法》的修改稿中应进一步强化国务院证券监督管理机构的监管权力，将它塑造成为具有行政、准立法和准司法权力的专门性机构。所谓准立法权力是指证监会应当拥有制定与法律和行政法规不相违背的强制性行为规范的权力；所谓准司法权力是指证监会有权裁断证券领域内发生的各种纠纷，其裁决具有仅次于法院判决的法律效力。建议在《证券法》中采用适当的表述，赋予证券监督管理机构批准、决定各类证券业务创新合法性的权力。另外，证券监督管理机构还应当具有组织对于证券纠纷进行仲裁的职能，以期这些专业性很强的纠纷能够在进入诉讼阶段以前即有相当大的部分能够获得圆满解决，从而减轻法院在这方面的负担。同样基于这种考虑，现行《证券法》的"法律责任"一章中以行政责任与刑事责任为主、民事责任为辅的格局也应当基本维持，只需要对部分条文做一些技术上的处理以加强其可操作性即可。

二、准确把握保护投资者与保护券商之间的辩证关系

很长时间以来，我们在证券立法和执法的过程中一直强调保护投资者的原则，这

---

　　* 第二作者陈历幸，原载于《中国金融》2003 年第 23 期。

当然是正确的,但要注意的是不能把这一点推向极端。我们要看到,在证券市场上,投资者的利益不是孤立的,而是与其他市场主体的利益——尤其是券商的利益紧密联系的。证券市场的健康发展是所有投资者共同的根本利益所在。证券立法如果不能推动证券市场的健康发展,保护投资者利益也只能是一句空话。从这个角度看,券商业务范围的拓展及其经济实力的增强对整个证券市场走向繁荣,从而使广大投资者获得更为长远的利益起着十分关键的作用。我们以前往往有一种习惯性思维,即人为地把中小投资者的利益与券商的利益对立起来,认为证券法主要应当保护作为证券市场弱势群体的中小投资者的利益,因此就要在立法和执法中对处于相对强势地位的券商予以严格约束。但是,从根本上讲,保护投资者的利益与维持券商的健康发展是一致的。只有券商的健康良性发展,才能更好地保护投资者的合法权益。证券立法的根本目的应当是为证券市场的健康发展提供适当的规则环境、制度框架和合法性依据,使得市场各类主体在法律法规的框架内可以正常地开展业务、正常地生存和发展,而不是机械地在具体法律条文中写上保护或者限制某一类市场主体。对于这一点,《证券法》第19条规定得很清楚:"股票依法发行后,发行人经营与收益的变化,由发行人自行负责;由此变化引致的投资风险,由投资者自行负责。"立法者不能够保证每一个具体的参与者都能够生存和发展,只有具有竞争力的参与者才能发展壮大,不适应的将被淘汰,新的进入者可以加入竞争。基于这种考虑,修改后的《证券法》应当在证券公司的业务创新方面预先留下一定的立法空间,以备宏观决策层在适当的时间相机抉择,使券商获得进一步的发展机会。

三、确认和加强证券业协会、证券交易所的自律管理机制

根据发达市场经济国家的立法通例,证券业协会、证券交易所都是由证券从业机构自愿组织成立的自律性团体。尽管各国的法律实践中证券业协会、证券交易所有着不尽相同的组织形式,但其自律组织的基本性质都是一致的。现行《证券法》对于证券从业机构的自律性监管强调得不多,使证券业协会、证券交易所具有一定程度上的半官方色彩,这是与该法制定时我国各个证券从业机构建立时间不长、不规范运作行为比较普遍的背景分不开的。从长远来看,我国证券市场乃至整个社会主义市场经济体系的发展趋势仍然是强调市场主体的自治和自律,政府干预的仅仅是靠市场本身无法解决的问题。在这一前提下,证券业协会、证券交易所的自律管理机制应当在立法上得到充分的确认和加强。修改后的《证券法》应当参照发达市场经济国家证券立法中对于证券业协会、证券交易所的规定,对证券业协会、证券交易所相关的章节进行修改,以期明确和强化证券业协会、证券交易所的自律管理机制。

四、建立证券市场纠纷的多层次解决机制

证券市场纠纷的解决机制应体现层次性,即当事人和解、自律监管机构调解、仲

裁机构仲裁及最后的法律诉讼。目前,诉讼途径解决证券民事纠纷已显示出诸多不足,如受案范围有限制、精通证券专业知识的法官匮乏、诉讼过程冗长、诉讼成本较高等。尽管最高人民法院已出台了一些有关的司法解释,但证券民事诉讼仍存在诸多困难(例如如何确定当事人、如何认定因果关系、如何计算损失等)。为及时化解矛盾,提高纠纷解决的效率,可以考虑增设强制性的仲裁程序,即规定证券购买者与证券发行者、证券公司、证券交易所、证券交易服务机构、证券登记结算机构发生证券纠纷,由国务院证券监督管理机构组织的仲裁机构予以仲裁。这是因为证券纠纷具有专业性、复杂性、一定程度的私密性和较强的时效性等特点,比较适合用仲裁的方式加以解决。仲裁的专业性、非公开性和灵活性等,正是解决证券纠纷所需要的。仲裁解决证券纠纷,符合证券市场效率、公平和稳定的价值目标。除仲裁外,还要倡导采用当事人协商、第三人调解等方式解决证券纠纷。笔者建议,在现行《证券法》中加入"证券纠纷"一章。该章的主要内容应当规定:证券纠纷发生后,当事人可以向证券交易所或证券业协会申请调解;调解不成,当事人一方要求仲裁的,可以向证券纠纷仲裁委员会申请仲裁。当事人一方也可不经调解程序直接向证券纠纷仲裁委员会申请仲裁;对仲裁裁决不服的,可以向人民法院提起诉讼。证券纠纷仲裁委员会由证券监督管理机构代表、证券业协会代表、投资者代表、上市公司代表、证券交易服务机构方面的代表组成。证券纠纷仲裁委员会主任由证券监督管理机构代表担任。证券纠纷当事人对仲裁裁决不服的,可以自收到仲裁裁决书之日起15日内向人民法院提起诉讼。一方当事人在法定期限内不起诉又不履行仲裁裁决的,另一方当事人可以申请人民法院强制执行。关于证券仲裁机构在各地设立的派出机构,可不在《证券法》中规定,但在实际操作中可采取如下方式:①在各地方已设立的仲裁机构中,由证监会与该地协商成立专设的证券仲裁庭;②单独在某地设立证券仲裁机构。

当然,以上四个方面的划分不是绝对的,彼此之间也存在着相互交叉,某些条文的修改实际上同时涉及了以上的两个或三个方面。除了集中针对这几个方面作出修改之外,《证券法》的修改也会涉及其他方面的内容,但总体上看,笔者建议以上四个方面应在这次《证券法》修改中予以重点考虑。

行政机关和人民法院处理
商号权与商标权冲突的界限[*]

　　尽管商标是商品和服务的标记,而商号是企业特定化的标志,但由于目前我国法律制度对两者的保护是相互分离的,在商标领域对商号不予保护,在商号领域则只对驰名商标予以保护,这使得商标权和商号权的冲突成为必然。冲突主要表现为两种形式:一是在先使用的商标,而且往往是有一定知名度的商标被他人作为商号使用,这涉及商号权侵犯商标权的问题;二是将他人的企业名称中的商号部分或简称等显著部分作为商标使用,例如上市公司的商号,这涉及商标权侵犯商号权的问题。对于商标侵权案和商号侵权案,权利人都可以向人民法院提起诉讼。笔者认为,法院处理商标权与商号权的冲突,要注意掌握四个方面的问题。

　　首先,应当适用保护在先合法权利人利益的原则。实践中,法院要审查哪种权利在先产生,在审查时要注意商号权的产生不是从企业名称进行登记时开始的,而是从商号权的形成开始,商号权的产生不以登记为必要条件,对于一些老字号,其权利形成的时间应该从该字号产生时起,对于没有经过登记的商号,只要实际上已经使用并产生了商号权,就应认定为权利已经形成。

　　其次,以商标与商号存在混淆或者混淆的可能作为认定侵权的前提;只有构成了不正当竞争的,才应当依法予以制止,这是案件定性及案件处理的关键。也就是说,即使在诉讼中满足了其他条件,但不具备混淆误认或可能混淆误认这一要件时,也不能判定构成侵权。值得注意的是,尽管世界知识产权组织《反不正当竞争保护示范法》从制止不正当竞争的角度进一步阐明,商号保护的意义是使商号及其他商业标志不受混淆行为、损害商誉行为的侵害,甚至受到"淡化"。但这仅仅是通说理论,直到目前,我国司法实践对此并未援用。

　　再次,对于商号权与商标权的保护要坚持地域覆盖原则。我国地域广大,难以建立在全国范围内保护所有商号权的制度,对商号权的保护只能限定在商号权产生的地域范围,但商标权的范围是全国性的,这就产生了商号权与商标权的地域保护冲突。当商号在一定的范围内享有商号权时,则商标的侵权认定应当只限于该地区。同样,当商号侵害商标权时,侵权的范围也只限定于商号权存在的区域。

　　最后,应严格掌握法律、法规关于诉讼和请求时效的规定。《中华人民共和国商

---

　　* 第二作者游海东,原载于《政治与法律》2004 年第 1 期。

标法》《中华人民共和国反不正当竞争法》对基于商标与商号相互冲突而主张权利的没有时间的规定，只能依据《中华人民共和国民法通则》适用两年普通诉讼时效的规定。另外，国家工商局《关于解决商标与企业名称中若干问题的意见》第7条规定的处理商标与企业名称混淆应当符合"自商标注册之日或者企业名称登记之日起五年内提出请求（含已提出请求但尚未处理的）"。这里所指称的"五年"并不是诉讼或请求行政处理的时效，而是指权利人行使该项权利的最长期限。

由于我国在商标权的取得方式上一直奉行注册取得制度，对未注册驰名商标的特殊保护采取了谨慎的态度，注册是取得商标权的根据，未注册商标一般得不到法律保护，而对商号采取不登记主义，以实际使用形成商号权为准。因此，在处理好以上四个方面关系的基础上，法院一般不能对商标权或商号权的效力直接作出判定，否则就有可能越权。换句话说，法院只能对于未注册驰名商标的商标权或未核准登记商号的商号权的效力直接作出判定。但是，人民法院无权对注册商标的效力或核准登记商号的效力作出判定并不是说不能判令当事人停止使用商标或商号。当然，人民法院在判令当事人停止使用商标或商号时必须十分慎重。必须明确的是，即使判令停止使用商标或商号，也不意味着被停止使用商标或商号的当事人构成侵权，因为，在注册商标或核准登记商号未被撤销前，作为注册商标权人和核准登记商号权人是可以行使其权利的，人民法院判令其停止使用，仅是根据权利冲突规则做出的处理，而不是认定其侵权，因而在判令当事人停止使用注册商标或核准登记商号的同时不能同时判令其赔偿损失。

论对公司中小股东保护的救济措施的强化[*]

一、建立股东代表诉讼制度

股东代表诉讼(也可称为派生诉讼、衍生诉讼和代位诉讼),指当公司(或享有诉权的公司机关)拒绝或者怠于通过诉讼追究公司治理机构成员或者公司外第三人对公司所负的义务或者责任时,具备法定资格的股东为了公司的利益,以自己的名义依法定程序代公司提起诉讼。

英美法系国家率先在衡平法上创设了股东代表诉讼制度。之后,部分大陆法系国家和地区,包括德国、法国、日本等,也就股东代表诉讼制度予以相关规定。实践证明,股东代表诉讼制度已成为现代公司治理中广大股东(尤其是中小股东)监督公司经营及预防经营权滥用的重要的救济和预防手段之一。

目前,《中华人民共和国公司法》(以下简称《公司法》)尚未对股东代表诉讼制度作出相关规定。同时,《中华人民共和国民事诉讼法》(以下简称《民事诉讼法》)第108 条第 1 款"原告是与本案有直接利害关系的公民、法人和其他组织"的规定,也限制了股东代表诉讼制度在我国公司实践中的建立与发展。

关于此次《公司法》修改中,是否应引入股东代表诉讼制度,我国各界的意见较为统一,普遍认为:为确保公司利益免受公司董事、监事、经理等公司高管人员、公司控制股东以及其他第三人的侵害,我国应借鉴境外先进立法经验,在此次《公司法》修改中建立股东代表诉讼制度并作出相应规定。至于该项制度在实践中各具体环节、要素的设计与规定,则存在一定的争议,尚未形成统一的看法。

为此,笔者在归纳、总结现有研究成果的基础上,结合境外相关立法,就此次《公司法》修改中股东代表诉讼制度各要素、环节的具体设计,提出如下建议:

1. 提起代表诉讼股东(原告)的资格

从法理上而言,股东代表诉讼提起权是公司每一股东均享有的一项权利,换言之,公司的所有股东都有权作为原告提起股东代表诉讼。然而,为防止股东滥用代表诉权,各国和地区立法均对股东代表诉讼的原告资格作出了一些限制性规定。主要体现在以下两方面:

(1)股东持股期间的要求

---

* 第二作者胡钧,原载于《政治与法律》2004 年第 4 期。

《美国模范商事公司法》对提起代表诉讼的原告持股期间采用"当时股份拥有原则"，其第7.41条第1项规定"提起和维持代表诉讼的原告股东，必须在起诉的作为或者不作为发生时具有股东资格，或者由于法律的作用从此时的股东手中取得股东资格"。与美国不同，《英国公司法》允许在不正当行为发生时并不拥有股份的股东提起代表诉讼，但必须是公司股东名册上有记载的股东。《日本商法典》第267条第1款则规定"提起代表诉讼的股东必须是自6个月前持续拥有股份的股东"。我国台湾地区"公司法"第214条规定"提起代表诉讼的原告必须为继续一年以上持有已发行股份总数5%（新近修改为3%）以上之股东"。

综观上述规定，各国和地区对于提起代表诉讼原告的持股期间的规定，在限制方式和程度上差别较大。那么，我国立法应采哪一种立法例呢？

对此，目前我国各界尚存在较大的争议。有学者认为，从所属法系及立法体例的近似性而言，我国应借鉴日本的立法，从股东提起代表诉讼之前持续拥有股份的最低期限的角度限定原告的股东资格；也有学者认为，为防止股东滥诉和"投机诉讼"，宜采用美国的"当时股份拥有原则"及其相应规定。

笔者认为，上述各国和地区的立法，皆有其产生的历史背景和价值判断标准，很难简单评判孰优孰劣，也很难轻易认定哪项立法例更适宜我国。鉴于我国此次《公司法》修改"强化股东权利保护"的立法理念，遵循兼顾鼓励正当诉讼与制约不正当诉讼的原则，结合各国和地区股东代表诉讼立法施行的实际效果，笔者建议：借鉴美国公司立法，对于我国提起代表诉讼的股东持股期间的规定，原则上采"当时股份拥有原则"，将提起代表诉讼的原告限定为在所诉不正当行为发生时持有股份的股东。同时，为保护善意受让股东得以提起代表诉讼，我国立法还应当赋予以下在不正当行为发生时并不持有股份的主体以代表诉讼提起权：①在侵害公司利益的行为发生之后、被公开披露或被告知之前，不以提起投机诉讼为目的而购买股份、受让股份的股东；②具备代表诉讼原告资格的自然人股东死亡后的合法继承人；③在具备代表诉讼原告资格的法人股东终止后其权利承受人；④由于他人的恶意而促使其丧失提起代表诉讼资格的股东。

（2）股东持股比例的要求

英美法系国家对于提起代表诉讼的股东的持股比例未作任何限制性规定，即凡是符合持股期间规定的任一股东，均可提起代表诉讼。而大陆法系国家和地区除了日本外，大都对于提起代表诉讼的股东有持股比例的要求。例如，《德国股份法》第147条第2款规定，原告股东持有公司股份1/10以上方可提起股东代表诉讼；《法国商事公司法》第172条第1项规定，累加总额超过公司具有表决权股份5%的股东可提起代表诉讼；我国台湾地区"公司法"第214条则规定该比例为3%等。

笔者认为，股东代表诉讼是股东维护自身权益的有效方式，然而，由于股东意见分歧或股东局部利益与公司整体利益存有矛盾等因素，也可能造成实践中无谓的诉累。因此，为了维护公司的正常运行，防止诉权的滥用，在我国立法中对提起代表诉讼的原告的持股比例作出限制性规定，是必要而科学的。在具体立法中，鉴于不同类型公司特点的不同,笔者建议对于有限责任公司和股份有限公司提起代表诉讼的股东规定不同的持股比例。其中,对于有限责任公司,可以规定提起代表诉讼的股东所持公司股份累计不得少于10%;而对于股份有限公司,可以规定提起代表诉讼的股东所持公司股份累计不得少于1%。

2. 股东代表诉讼的被告

对于股东代表诉讼的被告范围,各国和地区公司立法主要有两种不同的规定:一种是以美国为代表,股东代表诉讼的被告被界定为侵害公司利益的所有主体,既包括公司的控股股东、董事、监事、经理等高级管理人员,也包括公司外的第三人;另一种是以日本为代表,股东代表诉讼的被告主要为公司的董事、监事、发起人和清算人等。

笔者以为,对于我国而言,为有效维护公司及其股东的合法权益,最大限度地惩治各类侵害公司利益的行为,在立法中对于股东代表诉讼被告的范围规定,应积极借鉴美国的立法例,以宽为宜。在具体立法中,可规定:凡是损害公司利益的主体,包括董事、监事、经理等公司高级管理人员、公司的控制股东以及公司之外的第三人,均可作为股东代表诉讼的被告。

3. 股东起诉的前置程序

股东提起代表诉讼,其前提条件即是公司(或享有诉讼的公司机关)拒绝或怠于由自己直接向实施不正当行为的当事人提起诉讼,股东如未征求公司是否就该不正当行为提起诉讼,则无权提起代表诉讼。为此,各国和地区公司立法一般都规定股东提起代表诉讼的前置程序。例如,《美国模范商事公司法》确立了"竭尽公司内部救济原则",规定原告股东在提起代表诉讼前,必须首先请求董事会采取必要措施行使公司的诉讼请求,只有当公司明确拒绝股东请求或者对股东请求置之不理时,股东才能向法院提起代表诉讼;《英国公司法》规定,原告股东若提起代表诉讼,必须证明董事会和股东大会均被请求以公司名义提起诉讼,但均拒绝为之;《日本商法典》第267条第1、3款规定,自6个月前起连续持有股份的股东,可以书面请求公司提起追究董事责任的诉讼;自有第1款请求之日起6天内,公司不提起诉讼时,提出同款请求的股东可为公司提起诉讼;我国台湾地区"公司法"第214条则规定,股东代表诉讼得以书面请求监察人为公司对董事提起诉讼,监察人自有前项请求日起,30日内不提起诉讼时,前项之股东,得为公司提起诉讼等。此外,上述各国和地区公司立法同时规定,在某些例外情况下,原告股东可以不必经过前置程序而直接提起代表诉讼。例如,《日本商法典》第267条第4款规定,在因前款所规定期间的经过,有无法挽回对公司产生的损失之虞的情况下,第1款股东可不拘前3款的规定,立即提起代表诉讼。

综观上述各国和地区立法,可以发现,其均规定了股东提起代表诉讼的前置程序,然而,在具体规定中,则又略有不同。例如对于股东请求提起诉讼的机关,有的规定为董事会,有的规定为监事会,还有的以公司涵盖之;再如对于前置程序的必经期间(救济失败的认定),英美两国未规定具体时间,而日本及我国台湾地区分别规定为60日和30日等。

目前,我国学者普遍认为,为防止股东滥用诉权,应对股东代表诉讼制度设置前置程序,然而,对于前置程序的具体设置,包括提起诉讼的机关、救济失败的认定等,则存在着不同的看法、观点。

笔者认为,在借鉴境外先进立法例的基础上,结合我国公司立法现状,此次《公司法》修改在设置股东代表诉讼的前置程序方面,应注意以下几点:①股东提起前置程序的受理机关,以监事会为宜,即股东在提起代表诉讼之前,必须以书面形式请求公司的监事会对其欲起诉之被告提起诉讼或采取其他救济措施。②在救济失败的认定上,为更方便地界定救济失败,宜参照日本和我国台湾地区的做法,规定一个固定等待期限。至于该期限的具体范围,笔者认为以 60 日为宜,此举既给予了监事会充足的时间考虑是否提起相关诉讼,又避免了影响股东及时提起代表诉讼。③在规定固定期限的同时,应规定免除原告股东必须向监事会提出请求的例外情形,包括:在股东自其向监事会提出请求之日起的法定等待期限内,有给公司造成不可恢复损失之虞时;监事会丧失其应有的独立性而导致原告股东的请求显属不必要时等。

4. 诉讼费用担保制度

所谓诉讼费用担保制度,指原告股东提起代表诉讼时,法院有权根据被告的申请而责令具备一定条件的原告向被告提供一定金额的担保,以便在原告股东败诉时,被告能从原告所提供担保的金额中获得诉讼费用补偿的制度。诉讼费用担保制度的目的在于,运用利益杠杆遏制某些别有用心的股东滥用代表诉讼提起权,维护公司的正当权益和正常运行。

各国和地区对于代表诉讼的费用担保制度的具体设计,一直以来都存在较大的争议,相关规定也大相径庭。例如,20 世纪 80 年代前,美国各州的公司法普遍规定了诉讼费用担保制度,并将原告股东的持股比例和持股价值作为判断其是否应提供费用担保的标准;而 1982 年以来的《美国模范商事公司法》则又删除了关于诉讼费用担保的条款。又如,《日本商法典》第 267 条第 6、7 款规定,股东提起代表诉讼时,法院可依被告的请求,命令应当提供相应的担保,被告提出此种请求时,应当阐明原告提起该项诉讼系出于恶意。而我国台湾地区"公司法"第 214 条第 2 款则规定,法院因被告之申请,得命起诉之股东,提供相当担保。显然,与日本公司立法不同,我国台湾地区的诉讼费用担保制度中,被告无须证明原告股东存有恶意,即可要求法院责令原告股东提供担保。

目前,关于我国股东代表诉讼制度中,是否需要建立诉讼费用担保制度,学界存有一定的争议。有学者认为,为防止股东滥用诉权及部分股东与公司董事等勾结侵害公司其余股东权益,我国应建立股东代表诉讼的费用担保制度;也有学者认为,诉讼费用担保制度的引入有可能加重提起代表诉讼股东的负担,影响股东代表诉讼制度在我国的建立和正常发展,同时,美国现代立法潮流也是取消股东代表诉讼费用担保制度,因此,建议我国暂不实行诉讼费用担保制度。

笔者认为,就目前而言,我国确实需要建立、激活股东代表诉讼制度,通过股东尤其是中小股东提起代表诉讼来实现对于公司治理的有效改善,然而,如果仅仅为了激发广大股东提起代表诉讼的积极性,而对于代表诉讼的约束机制不加任何规定,则又易引起该项制度负面效应的产生,其结果往往适得其反。基于此,笔者建议,我国此次《公司法》修改中,对于股东代表诉讼的费用担保机制还是需加以原则规定的。具体可参考日本的相关立法,规定:原告是否需要提供担保,应由法院来判断,判断的标准是原告股东对股东代表诉讼之提起是否有恶意;同时,被告在申请法院责令原告提供费用担保时负举证责任;担保数额原则上应当相当于被告参加诉讼可能发生的合理费用。

5. 诉讼赔偿

关于代表诉讼的赔偿问题,主要包括以下两种情况:

(1)原告股东胜诉时的诉讼赔偿和诉讼费用补偿问题

在股东代表诉讼实践中,当原告股东胜诉时,有两点需要特别注意:①在股东代表诉讼过程中,股东作为公司的代表提起相关诉讼,因此,相应的在原告股东胜诉时,通过诉讼取得的利益也应归公司而非原告股东所有。②在代表诉讼过程中,原告股东为提起诉讼所支出的律师聘请费用及其他不由败诉被告承担的费用支出,依据《民事诉讼法》的有关规定,将无法获得补偿,这势必将严重影响股东提起代表诉讼的积极性。为解决胜诉股东的合理费用补偿问题,各国和地区公司法均予以相应规定。例如,《美国模范商事公司法》规定,当代表诉讼原告股东获胜、为公司带来利益时,原告股东有权从公司获得一笔合理费用的补偿;《日本商法典》第268条之2第1款规定,提起代表诉讼的股东,在胜诉的情形下支付进行该诉讼所必要的但非诉讼费用的费用时,或者应当支付的律师或者律师事务所的报酬时,股东可请求公司支付在该费用范围内或者该报酬范围内的相应金额。为充分调动广大股东提起代表诉讼、更好地监督公司经营的积极性,笔者认为应在我国公司立法中借鉴日本公司法的相关规定,赋予原告股东在胜诉时获取合理性费用补偿的权利。在具体立法中,可规定:在提起代表诉讼的股东胜诉的情形下,通过诉讼取得的利益归公司所有;胜诉股东在支付进行该诉讼所必要的、但非法定诉讼费用的费用时,或者应当支付的律师或者律师事务所的报酬时,可请求公司支付在该费用额范围内或者该报酬额范围内的相应金额。

(2)原告股东败诉时的诉讼赔偿问题

股东代表诉讼中,原告股东败诉时的诉讼赔偿责任,可以分为两种:一种是对被告的赔偿责任;另一种是对公司的赔偿责任。

对于前者,各国和地区公司法大都未作具体规定,一般的理解是:对于被告因诉讼所支出的法定诉讼费用,可根据法院判决由败诉原告股东承担,其余费用则可通过公司或败诉原告予以补偿,故无必要在立法中特别设定败诉股东对于被告的责任。

对于后者,各国和地区的立法有所不同。例如,《日本商法典》第268条之2第2款规定,股东在败诉的情形下,如果没有恶意,对公司不负损害赔偿的责任,反言之,如败诉股东存有恶意,则应对公司承担损害赔偿责任;我国台湾地区"公司法"第214条第2款则规定,如因败诉,致公司受有损害时,起诉之股东,对于公司负赔偿之责,显然,我国台湾地区立法不以"恶意"作为败诉股东向公司承担责任的构成要件。

笔者认为,为充分发挥股东代表诉讼制度的正面效应,促进其有效推行,同时为建立起股东代表诉讼的有效制约机制,在我国具体立法中,可借鉴日本的立法,以"恶意"作为败诉股东向公司承担责任的构成要件。具体可规定:股东在败诉的情形下,除存有恶意外,对公司不负损害赔偿责任。

二、是否需要在此次《公司法》修改中就集团诉讼制度作出专门规定?

所谓集团诉讼(又称为集体诉讼或团体诉讼),指诉讼一方当事人人数众多、不可能同时参加诉讼,他们之间有着共同的法律或事实问题,将他们视为一个集团更有利于实现法律的目的,因此,以一个或若干个集团成员作为集团代表人,代表整个集团成员提起并进行的诉讼。集团诉讼被广泛运用于证券欺诈、产品责任、大范围的公民权侵犯、医药或健康纠纷、保险纠纷以及其他多种民事侵权纠纷。集团诉讼制度设置的目的在于以最经济和最有效的方式为众多的具有共同利益当事人提供最有效的诉讼保护。

目前,《民事诉讼法》明确规定的群体诉讼形式仅有共同诉讼,并没有规定集团诉讼形式。在实践中,共同诉讼制度已经暴露出在处理涉及人数众多的诉讼纠纷时的局限性:其一,共同诉讼采取的"选择加入"规则,规定只有经过明确登记的主体才能成为共同的诉讼当事人,显然,在处理诉讼人数众多(甚至超过百万人)的侵权纠纷中,共同诉讼制度将无法真正包容所有欲诉人员;其二,若采取变通方法,将人数众多的诉讼分割为若干个规模较小的共同诉讼来处理,则容易造成法院裁判的不公正性。

为此,目前我国有部分学者认为,我国应尽快建立起集团诉讼机制,可以考虑在此次《公司法》修改中就集团诉讼制度作出专门规定,以切实保护广大股东尤其是中小股东的权益。在参考各国和地区关于集团诉讼的立法及对于集团诉讼制度本身进行深入研究的基础上,笔者认为,我国此次《公司法》修改暂不宜引入集团诉讼机制。理由如下:

(1)集团诉讼制度发源于英美法系国家,在美国,无论是联邦民事诉讼还是大多数州的民事诉讼中,都设置了集团诉讼制度。而大部分大陆法系国家和地区至今尚未建立集团诉讼制度,如德国的"团体诉讼制度"、日本的"选定当事人诉讼制度"等虽均为群体诉讼制度,但与集团诉讼制度依然有着本质区别。

(2)各国和地区大都未在公司立法中就集团诉讼予以专门规定。例如,大陆法系国家和地区由于大都尚未建立起集团诉讼制度,在公司立法中自然尚无关于集团诉讼的规定;而普遍设置了集团诉讼制度的英美法系国家,其关于集团诉讼的规定也主要体现在各自的民事诉讼立法中,如美国1938年的《联邦民事诉讼规则》等,而在各自的公司立法中也并未就集团诉讼予以特别规定。

(3)西方国家集团诉讼制度的实践表明,集团诉讼制度的建立和有效运行,需要高素质的法官、律师等配套环境;反之,集团诉讼可能带来巨大的负面效应。而我国目前即便引入了集团诉讼制度,由于相关配套环境的不足,也很难真正发挥集团诉讼的正面作用,有关立法初衷是否可以有效实现也存有疑问。

鉴于此,笔者认为,基于我国目前的立法环境和公司运行实践,暂不宜在此次《公司法》修改中就集团诉讼制度予以专门规定。但作为对于一项先进制度的研究、考察,可考虑先由最高人民法院选定数个有条件的法院开展受理集团诉讼工作的试点,并在试点的基础上,制定集团诉讼程序的相应规则。待条件成熟时,再将集团诉讼制度纳入《民事诉讼法》体系中。

三、股东是否有权申请撤销之诉(比如撤销董事会决议、股东会决议等)、确认无效之诉(比如确认董事会决议、股东会决议无效或不存在等)?怎么诉?诉什么?

公司股东大会或董事会决议一旦有效作出,即被拟制为公司的意思,对公司的全体股东、经营者乃至未来加入公司的股东具有拘束力。然而,在公司实践中,股东大会或董事会决议出现瑕疵并非罕见。为有效保护公司股东尤其是中小股东在公司股东大会或董事会决议出现瑕疵时享有救济权,各国和地区公司立法普遍允许股东就有瑕疵的股东会议决议或董事会决议分别提起决议撤销之诉、决议无效确认之诉以及决议不存在的确认之诉。

《公司法》第111条规定:股东大会、董事会的决议违反法律、行政法规,侵犯股东合法权益的,股东有权向人民法院提起要求停止该违法行为和侵害行为的诉讼。然而,对于股东是否有权申请撤销之诉、确认决议无效或不存在之诉,《公司法》没有作出具体规定,导致在公司诉讼实践中出现不少困难,如股东应在公司决议作出之后多少日内才可以提起撤销之诉?或者是并无时间限制?到底应将公司作为被告?还是将控股股东或董事长(或董事、经理等)作为被告?这些问题都需要在此次《公司法》修改中一一予以明确规定。

1. 股东大会决议或董事会决议撤销之诉

此次《公司法》修改在确立股东大会决议或董事会决议撤销之诉的制度中,应就以下事项作出具体规定:

(1)提起决议撤销之诉的原因(法定依据)

关于决议撤销之诉的法定依据,各国和地区的立法例颇不一致。一种立法例认为,召集程序或决议方法违反法律或章程的决议为可撤销,内容违反法律或章程的决议为无效,如我国台湾地区"公司法"第189条和第191条的规定。另一种立法例则认为,召集程序或决议方法以及决议内容违反法律或章程的均为可撤销,如《日本商法典》第247条第1款、《德国股份有限公司法》第243条等。

由于决议撤销之诉的法律内涵为"只有当法院撤销某项决议的判决确定时,该决议才开始丧失法律效力;否则,该决议在法律上依然有效",为维护公司运行的稳定,笔者建议,《公司法》在关于决议撤销之诉的法定依据的规定中,应借鉴日本的立法例,将决议程序、方法及决议内容违反法律或公司章程统一纳入股东提起决议撤销之诉的原因。具体可规定:"在下列情况下,股东有权请求人民法院撤销股东会议、董事会决议:(一)股东会议、董事会的召集程序或表决方式违反法律、行政法规或公司章程规定的;(二)股东会议、董事会决议内容违反公司章程规定的。"

(2)诉讼提起的期间(出诉期间)

鉴于决议撤销原因的瑕疵程度较轻,因此对于决议撤销之诉规定出诉期间,有利于维护决议所涉及法律关系的稳定性。至于该出诉期间的具体长短,《日本商法典》第248条规定为3个月,《瑞士债务法典》第706条规定为2个月,《德国股份有限公司法》第246条和我国台湾地区"公司法"第189条则规定为1个月。

考虑到既要保护股东提起决议撤销之诉的积极性,又要力图确保决议所涉法律关系的稳定,笔者建议《公司法》可将这一出诉期间规定为2个月,从决议作出之日起计算。

(3)股东提供担保的义务

为防止股东利用决议撤销诉权进行滥诉,部分国家和地区公司立法还就提起决议撤销之诉的股东可以提供担保的义务进行了规定,如《日本商法典》第249条规定,股东提起撤销决议之诉时,法院应公司请求,可以命该股东提供相当担保;但当该股东为董事或监事时,不在此限;公司提起前款请求时,需证明原告存在恶意诉讼情形。而其他国家和地区的公司立法,如我国台湾地区"公司法",并未赋予公司要求提起决议撤销之诉的股东提供担保的权利。换言之,起诉股东无须就诉讼行为提供担保。

笔者认为,在赋予股东提起决议撤销之诉权利的同时,应设置相应的担保制度。这对于防止部分股东的滥诉行为,发挥诉讼行为本身应具有的正面效应是有积极作用的。在具体立法中,可参考股东代表诉讼制度中有关担保制度的条款,规定:股东提起决议撤销之诉的,公司在人民法院作出最后判决之前,有证据证明原告存在恶意诉讼情形的,有权申请人民法院责令原告提供诉讼费用担保,人民法院应予准许,担保数额应当相当于公司参加诉讼可能发生的合理费用。

(4)被撤销决议如已登记的救济方法

如在公司实践中出现被撤销决议已登记情形的,日本、我国台湾地区等公司立法均规定应撤销已登记的该项决议。如《日本商法典》第250条规定,在决议的事项已有登记的情形下,在决议撤销的判决生效后,须在总公司及股份公司所在地进行撤销登记;我国台湾地区"公司法"第190条规定,决议事项已为登记者,经法院为撤销决议之判决确定后,主管机关经法院之通知或利害关系人之申请时,应撤销其登记。

对于被撤销决议已登记时的救济方法,笔者认为,《公司法》宜借鉴日本、我国台湾地区立法例。具体可规定:在决议的事项已有登记的情形下,在决议撤销的判决生效后,主管机关经法院之通知或利害关系人之申请时,应撤销其登记。

2. 股东会议决议或董事会议无效确认之诉

股东会议决议或董事会决议撤销之诉与无效确认之诉的主要区别在于:前者所涉及的决议瑕疵比后者所涉及的决议瑕疵要轻微一些。换言之,如果决议瑕疵过重,即决议内容违反了法律,则该决议应归于无效。

此次我国《公司法》修改在确立股东会议决议或董事会决议无效之诉的制度中,其与决议撤销之诉有关规定的主要区别在于:

(1)决议无效原因。决议无效确认之诉的原因在于决议内容违反了法律或行政法规的规定,而与召集程序或决议程序违法无关。

(2)确认决议无效之诉无除斥期间的规定。由于决议无效确认之诉的原因在于决议内容违反了法律或行政法规的规定,其决议瑕疵较重,为充分、有效保障广大股东尤其是中小股东行使提起诉讼救济的权利,不应对于确认决议无效之诉规定除斥期间,即决议撤销之诉所规定的 2 个月的除斥期间。

至于原告的股东资格、被告之确定以及股东担保之提供和登记事项之撤销等,确认决议无效之诉与决议撤销之诉的规定应作同一解释。

3. 股东大会决议或董事会决议不存在的确认之诉

《日本商法典》除了规定决议撤销之诉和无效确认之诉外,第 252 条还规定了决议不存在的确认之诉。

在公司实践中,决议不存在的情形是多种多样的。例如,在股东或董事参加人数不足法定最低出席人数时即作出了决议;或在没有召集权人(董事长、具有召集权的监事或者股东)召集的情况下,一部分股东集合在一起议事;或在股东大会或董事会未能作出决议的情况下,有人擅自炮制大会决议并将其载入会议记录或登记簿等。

笔者认为,此次《公司法》修改中应就股东会议决议或董事会决议不存在确认之诉作出相应规制。具体可规定:股东会议、董事会的召集程序、表决方式或决议内容违反法律、行政法规或公司章程规定的,股东有权请求人民法院确认股东会议、董事会决议不存在。

决议不存在确认之诉与决议无效确认之诉一样,均为确认之诉。因此,对于相应的诉讼程序和判决效力,决议不存在确认之诉应与决议无效确认之诉作同一解释。

四、股东是否享有股东会议召集请求权和自行召集权? 股东是否有权提起召开股东会议的诉讼?

股东的会议召集权,指股东认为有召开股东会的必要时,按照法律规定提请董事会召集会议;在董事会不同意该提议时,股东依法召集股东会的权利。因此,股东的会议召集权,包括召集会议请求权和自行召集权。

依照《公司法》的规定,股东会议分为定期召开的会议和临时会议两类。其中对于定期会议,《公司法》第 43、105 条规定,由董事会负责召集,换言之,对于定期会议,董事会具有排他性的会议召集权。对于临时会议,《公司法》第 43 条规定,代表 1/4 以上表决权的股东,1/3 以上董事,或者监事,可以提议有限责任公司召开临时会议;《公司法》第 104 条又规定了股份有限公司应当召开临时股东会议的 5 种法定情形(其中包括持有公司股份 10% 以上的股东请求时)。综上可见,在《公司法》现有规定下,股东仅享有召集临时股东会议的请求权。至于股东是否有权自行召集股东会议,以及股东是否有权提起召开股东会议的诉讼等,《公司法》均没有具体规定。在目前我国公司实践中,有部分股东故意利用上述《公司法》规定的缺漏,使得股东会议无法得以正常、有效召开,继而引发了司法实践中股东会议召开障碍排除之诉的不断增加。

股东会议既是股东行使权利的主要场所,也是股东维护自身合法权益、监督公司高管及控股股东行为的主要途径。为此,笔者认为,在此次《公司法》修改中,应对于股东是否享有股东会议召集请求权和自行召集权以及股东是否有权提起召开股东会议的诉讼及其诉讼权利行使要件、程序等作出明确规定。具体包括以下两方面内容:

1. 股东行使临时股东会议召集请求权和召集权的具体制度设计

(1)股东行使股东会议召集请求权和召集权的持股比例

《公司法》第43、104条规定了股东行使临时股东会议召集请求权和召集权的持股比例要求。其中,有限责任公司为代表1/4以上表决权的股东,股份有限公司为持有公司股份10%以上的股东。为避免股东滥用股东会议召集请求权和召集权,各国和地区大都规定了享有此项权利的股东的持股比例限制,其中,意大利和比利时规定为20%,英国、美国为10%,德国和奥地利为5%,日本和我国台湾地区为3%。因此,就全球范围来看,我国此项比例规定算不得过高。然而,从我国公司实践发展来看,股份公司尤其是上市公司,广大中小股东很难达到持有10%股份的要求,相应的,行使股东会议召集请求权和召集权也由于该比例所限而无法真正享有。为充分维护广大中小股东的利益,切实赋予其股东会议召集请求权和召集权,笔者建议此次《公司法》修改中,将股份有限公司股东行使临时股东会议召集请求权和召集权的持股比例要求由10%降低至5%。

(2)股东行使股东会议召集请求权和召集权的持股期限

目前,《公司法》仅规定了股东行使股东会议召集请求权和召集权的持股比例,并未就持股期间予以限定。为防止股东滥诉,避免股东在满足持股比例要求后即刻自行召集股东会议,笔者建议,此次《公司法》修改可以借鉴《日本商法典》第237条的规定,将股东行使股东会议召集请求权和召集权的持股期限限定为至请求召开临时股东会之日持续持有规定比例的公司股份6个月以上。

(3)股东行使股东会议召集请求权的法定程序

现行《公司法》仅规定了股东有权请求召开临时股东会议,至于具体请求的程序及相应要求,则没有加以规定。在此次《公司法》修改中,应补充规定股东行使股东会议召集请求权的法定程序。具体可规定:有权行使股东会议召集请求权的股东,应当以书面载明临时股东会议的决议事项和召集理由,并提交董事会,请求董事会召集临时股东会议。

(4)股东行使股东会议自行召集权的法定要件

对于股东行使股东会议自行召集权的法定要件的规定,目前各国和地区主要有两种不同的立法例。一种是以英国为代表,其1985年《公司法》第683条第4项规定,如果董事会自股东提交请求书之日起 21 日内未召集股东会,请求人或拥有其表决总数一半的请求人,得自行召集股东会,而无须经法院之许可。一种是以日本为代表,《日本商法典》第 237 条第 3 款规定,在股东提出请求后,董事会未及时办理股东大会召集程序,或在提出请求后 8 周内未定开会日期,未发召集通知或公告时,请求的股东经法院许可后方可自行召集。显然,是否以法院的许可作为股东行使股东会议自行召集权的法定前置程序,是两者最主要的区别所在。

对于我国而言,笔者认为,为强化股东会议的权威性,避免实践中股东与公司就股东会议召集的纠纷进一步扩散,可考虑借鉴日本的立法例,将法院的许可作为股东行使临时股东会议自行召集权的法定前置程序(要件)。具体可规定:股东提出召集临时股东会议的请求后,有限责任公司在 1 个月内不予或怠于召集的,或股份有限公司在 2 个月内未予召集的,在报请人民法院并经许可后,提议股东可自行召集临时股东会议。

2. 股东所享有的提起召开定期股东会议诉讼的机制设计

(1)法院召集股东会议制度

《公司法》第 43、105 条规定,公司定期会议由董事会负责召集,换言之,对于定期会议,董事会具有排他性的会议召集权。那么,当董事会怠于履行定期股东会议召集义务时其所出现的矛盾如何解决?对此,各国和地区公司立法大都通过在法律上赋予法院以公司股东会议召集权来加以解决。例如《美国标准公司法》规定:股东的年度会议连续 13 个月没有举行,法院可根据任何股东的请求,迅即责令举行会议。建立法院召集股东会议制度,通过法院的外部召集,能有效弥补现行《公司法》中股东会议召集制度的某些缺陷,规范公司股东会议的进行,是此次《公司法》修改应予建立的重要制度之一。

(2)法院召集股东会议制度的具体设计

第一,原告。与股东行使股东会议召集请求权和召集权必须满足法定持股比例、持股期限的规定不同,法院召集股东会议制度中原告股东的身份没有任何限制,任何公司股东均可在公司未依据公司法或者公司章程的规定召开定期股东会议时,提起要求召开定期股东会议的诉讼。

第二,诉因。由于《公司法》规定董事会具有排他性的公司定期会议召集权,因此法院召集股东会议制度中的诉因即是有限责任公司或股份有限公司未依据公司法或者公司章程的规定召开定期股东会议。

第三,被告。无论是股东提起召开临时股东会议的诉讼,还是提起召开定期股东会议的诉讼,被告都为公司本身。

第四,诉讼费用的分担。无论是股东提起召开临时股东会议的诉讼,还是提起召开定期股东会议的诉讼,只要人民法院裁定公司应予以召开股东会议的,即原告股东胜诉的,则诉讼费用及各项合理支出均应由公司承担;反之,原告股东败诉的,则由其自行承担相关费用。

五、因股东行使利润分配请求权遇到障碍的，是否能提起诉讼？

公司利润分配机制是公司制度中重要的组成部分，关系到公司、股东、债权人等各方利益的平衡。

《公司法》第177条第4款规定，公司弥补亏损和提取公积金、法定公益金后所余利润，有限责任公司按照股东的出资比例分配，股份有限公司按照股东持有的股份比例分配。然而，该条款并未规定完成利润分配的时限、可予以不分配的条件以及对有利润不分者如何制约等，造成了我国公司实践中利润分配存在一定程度的随意性和混乱性，继而引发了一系列的相关纠纷。

关于利润分配请求权纠纷，目前在公司实践中大致可分成两种情况：一种是公司股东会议作出了分配利润的决议，而公司却以种种理由拖延而不履行决议；另一种是控股股东掌握了股东会，在公司有丰厚利润的情况下，就是决议不分。

对股东因行使利润分配请求权受到阻碍时（如上述两种情形），股东是否有权提起诉讼，《公司法》没有作出明确规定。有人认为，《公司法》不应规定利润分配请求权，其理由为：利润分配属于公司内部事务，司法不宜干预。

笔者认为，上述观点有其合理性的一面。从总体而言，公司利润分配的确属于公司内部事宜，司法不宜过度介入。然而，在某些特定情形下，为了保护广大股东尤其是中小股东的合法、正当的利润分配权，法律可予以特别规制以加强保护。因此，笔者建议，在此次《公司法》修改中，股东利润分配请求权原则上不宜纳入诉讼渠道，但下列特殊情况除外：

1. 公司未按股东会议决议向股东支付股息、红利及其他财产权益的

公司未按股东会议决议向股东支付股息、红利及其他财产权益的，股东有权向人民法院提起诉讼，要求公司按照股东会议决议向股东支付股息、红利及其他财产权益，并承担相应的损害赔偿责任。

2. 公司以过分提取任意公积金或以其他形式，拒绝对股东分配利润或只分配很少利润的

当公司以过分提取任意公积金或以其他形式，拒绝对股东分配利润或只分配很少利润时，股东有权向人民法院提起诉讼，要求法院强制公司向其分配一定数额利润，此即股东提起强制分配利润的诉讼机制。

《公司法》在建立此种机制的过程中，还应就下述问题加以规定：

（1）诉讼原告、被告。此种诉讼的原告为公司股东，被告为公司。

（2）举证责任。此种诉讼的举证责任归原告，即提起此种诉讼的原告股东，需承担证明公司提取任意公积金或其他行为为"过分"的举证责任。境外在司法实践中，往往采以下四项原则作为评判公司提取任意公积金或其他行为是否为"过分"的标准：其一，公司提取一定数额的任意公积金必须对公司的存在与发展具有绝对的必要性；其二，公司提取一定数额的任意公积金对于股东利益之实现具有一定的合理性；

其三,公司提取一定数额的任意公积金时,须符合股东平等原则;其四,董事会在制订提取任意公积金的方案时须以公司利益之维护与促进作为最高指导原则,不得诈害部分股东、图谋私利。凡不符合上述四项原则之一的提取任意公积金或其他行为即为"过分"行为。

(3)诉讼结果。若原告股东在强制公司分配利润之诉中胜诉,则法院应作出强制公司分配一定数额利润的判决。

六、因股东行使知情权、建议权以及质询权遇到障碍的,是否能提起诉讼?

《公司法》第32条规定,股东有权查阅股东会会议记录和公司财务会计报告;第110条规定,股东有权查阅公司章程、股东大会会议记录和财务会计报告,对公司的经营提出建议或者质询。对于股东的知情权、建议权及质询权作出了原则规定。

然而,现行《公司法》对于股东行使知情权、建议权、质询权受到阻碍时,股东是否有权提起诉讼、排除阻碍,却无相应规定。

目前,有学者认为,公司的经营情况,除法律规定必须公开的以外,不宜全部向股东公开;至于建议和质询,本来就是股东有权提出,但是否采纳,公司经营者可以有自己的判断,其本身也是公司的内部事务,法院不宜介入,而且也无法介入。

笔者认为,以上理由基本成立。因此,为有效保护股东所享有的知情权、建议权和质询权,笔者建议,在此次《公司法》修改中,应就以下相关问题予以规定:

1. 扩大股东知情权范围

一般认为,股东知情权包括财务会计报告查阅权和账簿查阅权。

建议在现行《公司法》第32、110条规定的基础上,进一步扩大股东知情权范围。具体可规定:股东有权阅览、复制公司章程股东名册、管理人员名册、股东会议记录、财务会计报告、审计报告;有限责任公司股东或持有股份有限公司1%以上股份的股东有权查阅董事会会议记录;股东有权查阅、复制公司会计账簿,但应当说明正当目的。

2. 完善股东质询权规定

现行《公司法》第110条关于股东质询权的规定过于简单、原则。所谓股东质询权,指出席股东会议的股东为行使其股东权,而请求董事会或监事会就会议议题和议案中的有关问题进行说明的权利。建议在此次《公司法》修改中,完善关于股东质询权的有关规定。具体可作出如下规定:

(1)董事、监事的说明义务。可规定:董事及监事须在股东会议上就股东请求的事项作出说明。

(2)董事、监事有权拒绝说明之场合。可规定:股东质询事项与会议目的事项无关、因说明而显著损害股东的共同利益、说明须进行调查时,以及有其他正当事由时,董事、监事可拒绝说明。

（3）股东的书面质询制度。可规定：股东有权对公司的经营提出书面质疑，对质疑的问题，公司应在 30 天内予以书面答复。

3. 建立股东行使知情权、建议权和质询权受到阻碍时的诉讼机制

在建立股东行使知情权、建议权和质询权受到阻碍时的诉讼机制的过程中，应注意两点：

（1）对于股东因行使知情权遇到阻碍的，可赋予股东提起查阅请求之诉的权利；对于股东因行使建议权和质询权遇到障碍的，一般不纳入诉讼渠道。具体可规定：股东因行使知情权受到阻碍的，有权向人民法院提起诉讼。

（2）公司无正当理由拒绝股东行使知情权的，股东的救济途径一般有：第一，向法院提起查阅请求之诉。由法院责令公司为股东提供特定的公司账簿；第二，在遇有重大、紧急事由时，股东可申请法院对公司的账簿等文件采取诉讼保全措施。

七、建立公司僵局的股东退出机制（异议股东的股份回购请求权）及其相关诉讼制度

异议股东的股份回购请求权，指在股东会议决议对股东的利害关系产生重大影响时，反对决议的股东享有要求公司收回自己所持有的公司股份的权利。

笔者认为，在一般情况下，应维护公司资本三原则，股东是不能退股的。但在公司陷入僵局时，特别是在控股大股东的行为损害小股东利益时，应考虑允许小股东退出公司。在我国目前公司实践中，这类纠纷也比较多。

为此，笔者建议，建立对公司股东会议决议提出异议的股东股份强制收购机制，在法定条件下，实现对异议股东所持股份的收购，切实保障在公司僵局时股东（尤其是中小股东）享有的退出权利。在异议股东的股份回购请求权制度的具体设计过程中，应注意以下主要环节的立法：

1. 异议股东行使股份回购请求权的法定情形

目前，各国和地区公司立法中，对于异议股东行使股份回购请求权的法定情形的规定，一般采用列举式。例如，《日本商法典》第 245 条之一规定，股东出现如下情形的，反对营业的全部或者重要部分的转让，反对订立、变更或者解除租赁全部营业、委任他人经营其全部营业、和他人共同承担营业上的全部盈亏的合同及其他类似合同，反对受让其他公司的全部营业的，可行使股份回购请求权。但在前述作出营业的全部或者重要部分的转让决议的同时作出解散决议的，不在此限。

我国在此次《公司法》修改过程中，对于异议股东行使股份回购请求权的法定情形原则上也宜采用列举式。与日本等国家和地区立法略有不同的是，笔者认为，除一般的反对情形外，结合我国公司实践中所产生的问题，在我国公司法中，应将反对公司（上市公司除外）在一定年限内连续盈利且符合法律或公司章程规定的利润分配条件但拒不分配利润的情形，也列为异议股东行使股份回购请求权的法定情形之一。此外，对于股东会议在作出满足股份回购请求权的法定情形决议的同时作出解散决

议的,应作为法定例外情形,不在此限。

2. 异议股东行使股份回购请求权的法定程序

就各国和地区相关立法来看,异议股东行使股份回购请求权时,其一般须遵循如下法定程序:①在作出其反对的决议的股东会议之前,以书面形式通知公司其反对同款所列行为的意思,并在股东会议上提出反对意见;②回购股份的请求,须自决议作出之日起一定期限内(如日本、我国台湾地区均规定为 20 日),以记载了股份种类及数量的书面形式提出。就我国而言,在设定异议股东行使股份回购请求权的法定程序时,也应注意借鉴、参考其他国家和地区的相关立法。至于回购股份请求权的除斥期间,笔者建议以 30 日为宜。

3. 股份回购价格的确定

关于股份回购价格的确定,各国和地区的公司立法例一般规定如下原则:①就总体而言,回购价格应当为无该决议时股份应有的公正价格;②在具体确定过程中,应由公司与股东就股份回购的价格达成一致协议;③若协议不成,则由股东于法定期限后(如日本、我国台湾地区均规定为 60 日),请求法院予以决定,公司必须接受法院裁定的收购价格。上述各项规定,在公司实践中已被证明为行之有效的,故笔者建议我国在相关立法中予以采纳。至于公司与股东就股份回购的价格达成一致协议的期限,笔者认为日本和我国台湾地区规定的 60 日,既利于股东与公司就回购价格予以充分的商量,又不至于延误股东在与公司协议不成的情况下及时请求法院裁定价格以维护自身权益,因此较为科学,我国公司立法可予借鉴。

4. 股份回购具体价金的支付

一般而言,各国和地区立法例通常规定:①在公司与股东就收购价格达成一致的前提下,公司须自决议之日起的某一个期间内(如日本、我国台湾地区均规定为 90天)予以支付;②若自决议之日起的某一个期间内(如日本和我国台湾地区规定均为60 日),公司与股东无法就收购价格达成一致,则股东可在该期间后的一定时期内(如日本和我国台湾地区规定为 30 日),请求法院决定价格,公司必须接受并还须支付超过期限的价金的法定利息。上述立法例(包括具体期限的设定)可以为《公司法》修改时予以借鉴、参考。

此外,各国和地区公司立法通常还规定:公司回购股份价款的支付应与股东支付股份的行为同时发生,股份所有权的转移与购买价款的支付同时生效(如《日本商法典》第 245 条之 3 第 6 款、我国台湾地区"公司法"第 187 条第 3 款)。为规范相关股份回购行为,明确其法律效力,避免实践中产生不必要的纠纷,大陆公司立法中对此也应借鉴日本、我国台湾地区的做法予以明确规定。

5. 股份回购请求权的失效

由于异议股东股份回购请求权是基于法定原因而产生的,因此,对于当法定原因消灭后股东是否依然享有股份回购请求权,学界目前存在不同的看法。有学者认为,既然股东已于法定原因发生后提出了股份回购请求,为了维护法律关系的稳定,保护广大中小股东的权益,应认为只要股东依法提出了股份回购请求,即使法定原因消灭了,股东依然享有股份回购请求权。也有学者认为,对于此问题应区分两种情况予以分别对待。一种情况是,在股东向公司已提起股份回购的请求后,在相关股份转移及价款支付之前异议股东股份回购请求权所基于的法定原因消灭的。在这种情况下,鉴于股东股份回购请求权所基于的法定原因已消灭而相关股份、价款转移尚未发生法律效力,因此,为维护公司法律关系的稳定,避免公司股东变动过于频繁,应规定在这种情况下异议股东所享有的股份回购请求权自动丧失。另一种情况是,股份回购请求权发生的法定原因在相关股份已转移及价款已支付的情况下消灭的。对于此,由于异议股东已退出公司,相关股份、价款的转移也已产生法律效力,因此,应维持现存法律关系,规定该股份回购行为有效。

6. 我国异议股东行使股份回购请求权的法律障碍

《公司法》第 149 条第 1 款规定,公司不得收购本公司的股票,但为减少公司资本而注销股份或者与持有本公司股票的其他公司合并时除外。上述规定限制了我国异议股东股份回购请求权制度的建立,须予以配套修改。在具体立法中,有两种方式可予采纳:其一,将公司因异议股东之请求而取得自己股份纳入《公司法》第 149 条第 1 款的除外情形;其二,将我国的严格法定资本制改为折中资本制,在此前提下引入异议股东股份回购请求权制度。

八、建立有效制约公司控制股东行为,维护广大中小股东权益的法律机制

目前,在《公司法》《证券法》等基本法律文件中,对于控制股东的义务、承担的民事责任等的规定极为缺乏。如《公司法》第 111 条规定了股东有权要求法院"停止"侵害股东权益的行为,然而对于控制股东或公司就该行为给股东造成损害的赔偿责任,却未予以规定;第 214—217 条规定了董事、监事、经理违反法律义务时应承担的法律责任,却未就控制股东的法律责任予以规定。凡此种种,对于约束我国众多股份公司,特别是上市公司的控制股东,保护广大中小股东、债权人的利益,是非常不利的。

为此,笔者建议,尽快建立起我国有效制约公司控制股东行为,维护广大中小股东权益的法律机制,加强司法力量对于大股东滥用控制权行为的制止和对中小股东利益受到损害时的救济。在具体立法过程中,笔者建议设立以下法律机制:

1. 确认控制股东的诚信义务

控制股东既对公司负有诚信义务,也对中小股东负有诚信义务。随着公司实践的发展,大陆法系国家和地区及英美法系国家普遍在公司立法中确立了控制股东所负有的诚信义务。例如,英国在 1985 年《公司法》修改中规定,如果某小股东认为公司正在采取或已经采取的行为(包括不作为)将导致对他的不公正待遇,他可以向法院提起申请要求禁止这种行为。法院可以进一步授权申请人提起民事诉讼,要求赔偿损失。如果公司行为系由控制股东所决策,控制股东又确有违反注意义务之实,则应承担连带责任。

因此,笔者建议,在此次《公司法》修改中明确规定控制股东的诚信义务。在具体立法上,可考虑原则规定:其一,控制股东对公司及其他股东负有诚信义务。控制股东不得利用其控制地位损害公司及其他股东的合法权益或利用其控制地位谋取额外的利益。其二,董事、监事、经理或控制股东执行公司职务时违反法律、行政法规或者公司章程的规定,给公司或股东造成损害的,应当承担赔偿责任。

2. 强化股东诉讼制度

具体包括两方面机制的建立:①在《公司法》立法中,广泛地赋予股东诉权。要扩大股东直接诉权,凡《公司法》中已有或应有的民事责任的规定,只要行为结果与股东利益有关,就应允许股东提起诉讼,可以是确认之诉、侵权之诉或赔偿之诉(该方面的立法贯穿整部《公司法》修改,笔者已于前文就部分具体诉权的立法加以论述)。②建立股东代表诉讼及其保障机制(该方面的立法建议,笔者已于本文第一部分加以探讨,在此不再赘述)。

3. 建立检查人选任请求权制度

所谓检查人选任请求权制度,指当股东有正当理由怀疑公司经营管理过程中存在违反法律、行政法规或公司章程的重大事实,或者公司经营者(或控制股东)严重违反忠实义务与善管义务,损害公司和股东利益时,有权申请法院选任检查人以调查公司的业务和财产状况的制度。

《日本商法典》第 294、453 条规定了检查人选任请求权制度,我国台湾地区"公司法"第 245、285、352—354 条也规定了该项制度。而《公司法》至今尚未确立检查人选任请求权制度,形成立法空白。

笔者建议,在此次《公司法》修改中,应予以建立起检查人选任请求权制度。在具体立法过程中,应注意以下环节的具体设计:

(1)检查人选任请求权的行使要件

各国和地区公司立法中关于检查人选任请求权的行使要件一般包括:第一,提出申请的股东持股比例不低于法定的持股比例(如日本、我国台湾地区均规定为3%);第二,股东须在行使此项权利之前持续拥有该公司的股份达到一定期限(如我国台湾地区规定为连续 1 年以上);第三,股东须有正当理由怀疑公司的经营管理存在违反法律或公司章程的重大事实,或公司经营者(或控制股东)严重违反忠实义务与善管义务、损害公司和股东利益的重大事实(如《日本商法典》第 294 条第 1 款的相关规定)。

就我国公司实践现状而言,结合本文关于《公司法》修改各制度的具体建议,笔者认为,我国检查人选任请求权的行使要件规定中,股东持股比例应按公司类型予以分别规定,其中,有限责任公司拟规定为10%,股份有限公司则以5%为宜。至于持有股份的法定期间,则以 6 个月为宜。

(2)检查人选任请求权的行使程序

各国和地区公司立法一般规定,股东行使检查人选任请求权,应向法院予以申请。如《日本商法典》第 294 条第 1 款和我国台湾地区"公司法"第 245 条第 1 项的规定。

（3）检查人的报告义务

日本及我国台湾地区的立法均规定了检查人对法院报告其调查结果的义务（《日本商法典》第237条之2第2款）。此外，依据检查人的调查报告，法院在认为必要时，可命令公司相关机构召集股东会议（如《日本商法典》第237条之2第3款规定为董事、我国台湾地区"公司法"第245条第2款规定为监察人）。就大陆而言，笔者认为相关召集机关以监事会为宜。

4. 建立股东公司解散请求权制度（公司的司法解散制度）

所谓公司司法解散制度，指因公司的存在处于违法状态或公司侵权，由利害关系人申请解散的制度。公司的司法解散，是公司非正常解散（如破产、撤销）情形的一种。在其他国家和地区，"异议股东的股份回购请求权制度"和"公司的司法解散制度"都是中小股东用于对抗控制股东侵害的有力保障。

现行《公司法》第190、192条规定了我国可以解散公司的4类法定情形，包括营业期限届满或公司章程规定的其他解散事由出现，股东会决议解散，因公司合并或者分立需要解散，以及公司违反法律、行政法规被依法责令关闭，应予解散。显然，《公司法》并未规定公司的司法解散制度。公司司法解散制度的缺失，导致实践中广大中小股东在权益受到控制股东侵害时处于无法有效予以退出的被动境地。

为此，笔者建议，在此次《公司法》修改中，建立起公司的司法解散制度，但为维护公司的正常运作，对该制度的运用应加以严格限定。在制度的具体设计中，应注意以下环节的立法：

（1）股东请求解散公司之诉的原告

一般而言，请求判决公司解散案件的原告应为公司的股东。为防止股东滥用该项诉权，各国和地区一般都规定了提起股东请求解散公司之诉的原告的最低持股比例（如《德国有限责任公司法》第61条第2款规定为10%）。

至于我国关于请求解散公司之诉原告应持股份的最低比例的具体数额，笔者认为既不宜过低，以免股东滥用此项诉权，也不宜过高，以过于加大中小股东提起该项诉讼的难度。实践中，有限责任公司以1/4、股份有限公司以10%为宜。

（2）股东请求解散公司之诉的被告

各国和地区公司立法，尤其是大陆法系国家和地区立法普遍规定，解散之诉的被告应为公司。

（3）股东请求解散公司的法定事由

目前，各国和地区公司立法关于股东解散请求权的法定事由的规定，主要包括两种立法例：其一是以美国和日本为代表的概括式；其二是以英国和德国为代表的列举式。就我国而言，笔者认为在建立该项制度之初的背景下，同时为防止股东滥诉行为的发生，宜采德国的立法例，以列举方式就股东请求解散公司的法定事由加以规定。这些法定事由主要包括：第一，公司事务陷入僵局；第二，股东会或董事会长期无法召开或虽召开但无法形成决议；第三，股东或董事滥用权利，严重剥夺公司其他股东的合法利益；第四，股东合作基础丧失。

（4）股东请求解散公司的担保

为防止股东滥诉，严格规范股东行使请求解散公司的行为，我国在相关立法中应建立诉讼担保制度。具体可规定：股东提起请求解散公司之诉后，被告在人民法院作出最后判决之前，有证据证明原告存在恶意诉讼情形的，有权申请人民法院责令原告提供诉讼费用担保，人民法院应予准许，担保数额应当相当于被告参加诉讼可能发生的合理费用。

以法院依法介入的方式强制性地调整公司
自身、债权人、股东和其他利益关系人
之间的利益关系格局[*]

——公司重整:ST 族破产边缘的救命稻草

曾经引发社会舆论强烈关注的"郑百文"事件的解决方式(强制公司股东减让部分股权)便是公司重整制度本身就具有的。"郑百文"事件结束后,另两家上市公司"深中浩"和"银山化工"的重组又不约而同地模仿了"郑百文"方式,更可以说明公司重整制度确为当前中国的上市公司所必需。

"公司重整"又称公司更生、破产保护、司法康复,是依照法定程序对濒临破产边缘的公司的事务进行调整、安排,使其摆脱困境、重获经营能力的一种破产预防法律制度,也是"支付不能"法律制度的重要组成部分。所谓"支付不能"(Insolvency),是指债务人对于已届清偿期的债务一般地(也就是并非仅针对某一笔或者几笔债务)无法清偿的状态,即债务人陷于决定性的经济困境的状态。在国外立法中用以解决"支付不能"的法律制度大体上有五种:破产、破产和解、公司整理、特别清算和公司重整。其中,破产和特别清算属于"清算型"制度,也就是债权人公平分配债务人财产并彻底终结其经营业务的法律制度;破产和解、公司整理和公司重整属于"再建型"制度,也就是债权人帮助债务人重振其经营业务,以使原先不能清偿的债务最终得以清偿的法律制度。

一、修订《公司法》设立"公司重整"章的必要

在现代社会中,大规模的公司对一个国家的国计民生起着极为重要的作用,一家大公司陷入困境乃至倒闭往往会引起产业链条上其他公司的连锁反应,对于证券市场的上市公司,由于牵涉众多公众投资者的利益,其公司重整和破产问题更是影响重大。

但不容回避的是,近年来由于种种原因,一部分公司的财务和经营正处于非常不理想的状态之中。这种情况集中体现于我国证券市场上的若干家 PT、ST 上市公司和一些经营状况严重恶化的虽进行过股份制改造但已经不具备上市资格的股份公司:

---

[*] 第二作者陈历幸,原载于《21 世纪经济报道》2004 年 5 月 13 日。

由于债权人、股东和公司自身对公司前景的预期往往存在分歧,彼此之间都不愿做适当的妥协来使公司摆脱困境,又没有一种合适的法律制度强制他们互相让步,这些公司不得不在"退市"和破产的边缘上徘徊,欲"生"不能,欲"死"不忍(唯恐引起种种社会问题)。而公司重整制度正是一种以法院依法介入的方式强制性地调整公司自身、债权人、股东和其他利益关系人之间的利益关系格局,从而综合社会各方面力量来挽救濒危的公司,实现社会总体和长远利益最大化的法律制度。

在国外,英、美、法、德、日诸国的立法中都已经建立了较为完备的公司重整制度,或将有关内容规定于公司法和破产法之内,或制定关于公司重整的单行立法。在我国现行法律中,《中华人民共和国企业破产法(试行)》(以下简称《破产法》)和与之相配套的若干司法解释所规定的"和解—整顿"制度(以企业与债权人会议达成和解协议为前提而开始的企业整顿)是一种与公司重整较为接近的法律制度。但这种制度是仿照苏联和东欧国家的有关立法而设置的,企业主管部门主导的色彩十分浓厚,带有明显的计划经济特征,而且仅适用于受《中华人民共和国全民所有制工业企业法》调整的国有企业,已经不能够适应股份制改革后我国公司的现实需要。

在法律形式上,笔者认为比较合适的做法应当是在《破产法》以外单独制定一部《公司重整法》,或者在公司法中单列"公司重整"章来规定公司重整制度。笔者曾经与国务院证券监督管理部门的领导交换过这方面的看法,他们也比较赞同上述观点。适逢修订《中华人民共和国公司法》(以下简称《公司法》)列入今年全国人大的立法议程,因此笔者建议在修订《公司法》时在其中增加一章"公司重整",以达到上述目标。

二、"公司重整"章的主要内容设想

公司重整法律制度是一项商事法律制度,其性质为民商法(私法)而非行政法(公法)。从这一角度看,公司重整是对行政权力任意干预民事主体在私法领域内事务的一种拒绝和排斥。但另一方面,由于公司重整制度需要赋予法院较大的权力对不同方面当事人的利益进行平衡和调整,当事人意思自治的空间必然要较民商法上的其他制度为小。因此,在整个制度设计中,应当着重把握当事人"意思自治"和法院"积极干预"之间的平衡度。考虑到当今世界各国新制定的商事法律有不断向英美法国家靠拢的倾向,我国民商法理论和现有大部分民商事法律又具有大陆法传统,公司重整法律制度的研究和立法应当以大陆法的形式表述英美法的内容。所以,我国大陆未来的《公司法》"公司重整章"主要应当借鉴日本和我国台湾地区的有关立法(它们都是模仿美国《破产法典》第十一章中对于重整的法律规定而制定的),其具体规定上则须符合我国大陆的现实需要。详言之,"公司重整章"主要应当涉及以下一些内容:

1. 适用范围

现代社会中的大规模公司主要采用股份有限公司的组成形式,而且股份有限公司由于其股票和公司债券的大量发行,牵涉的利益群体也较为广泛。建议规定公司重整制度仅适用于股份有限公司和有资格发行公司债券的有限责任公司,也可以进一步限制于"上市公司"或"对国计民生有重大影响的股份有限公司"。

2. 重整原因

重整原因即据以发动公司重整程序的法定理由。公司重整程序应以公司濒临破产边缘为发动条件,因此重整原因的范围应较破产原因为广。建议规定以下两项重整原因:①公司已经失去偿付债务的能力;②公司有失去偿付债务能力的危险。

3. 重整申请人

为使重整制度更广泛地保护利益相关人,重整申请人的范围也应较破产申请人的范围为广。建议规定以下主体均有权向公司注册地的人民法院申请公司重整:①公司董事会;②拥有债权额占公司资本额 1/10 以上的债权人;③拥有股份占公司已发行股份总数 1/10 以上且持股时间达到 3 个月以上的股东。

4. 重整程序的开始与否

重整程序的开始与否,应由法院以裁定的形式作出判断。建议规定以下内容:重整申请提出后,法院应任命若干名具有专业资质且与公司及其关系人无利害关系的人士担任重整检查人,着手进行调查,并征询有关行政主管机关。在听取重整检查人的汇报并综合研究有关行政部门的意见后,如法院认为公司确有摆脱困境的希望,即裁定重整程序开始,同时指定重整管理人暂时负责公司的经营管理活动,并确定一个固定的重整期间(一般为两年)。重整关系人会议的同意不是重整程序开始的必要条件。法院认为公司恢复无望或公司重整不符合关系人整体利益的,裁定重整程序不开始,直接进入破产程序;债务人愿意接受破产和解的,则法院裁定进入破产和解程序。

5. 法院依职权进行的通知和保全措施

建议规定以下内容:重整程序开始后,法院应在重要媒体上发布公司重整的消息,要求关系人至法院进行权利的申报登记,同时通知有关行政主管机关和商事登记机关。为防止公司财产进一步减少,法院还应当对公司的业务和财产进行必要的保全处分,如设定担保的禁止、股份让与的限制等。

6. 其他民事程序的中止和时效的中断

考虑到公司重整制度实现社会总体和长远利益最大化的立法目的,重整程序应当对其他民事程序具有优先性。建议规定重整程序开始后,其他与重整程序相抵触的民事程序,如民事执行、民事保全、清算、破产等程序一律中止,民法上的各种时效则发生中断。

7. 公司债务的停止清偿

为体现综合社会各方面力量挽救公司的立法宗旨,普遍保护各方公司关系人的利益,重整程序开始后对个别债权的偿付均应禁止,有关债权("重整债权")的范围也应较破产法所规定者为广。建议规定重整程序开始后不仅无担保债权人不能请求受偿,有担保债权人也不再能够通过行使担保权而获得债务的优先受偿;国家的税收债权(即公司欠缴的国家税金)和公司员工(劳动者)的工资债权(包括对社会保障费用的债权)也不得强制执行。重整公司还可以申请国家税务机关缓征、减征、免征若干税款。

8. 重整计划

重整计划是公司全部的重整活动的法定依据,一般由重整管理人制订,但也可以由公司自身或关系人会议制订。建议规定以下内容:重整计划至少应包含以下两部分内容:①公司外部事务的重整。这主要是指重整关系人的权利变动,即要求其放弃部分权利,如债务免除、股份缩减、有担保债权转变为无担保债权或降低有关担保权利的顺位等。②公司内部事务的重整。这可以包括公司机关的改组、经营范围的变更、资金筹措和使用途径的调整、债转股、扩股或者缩股乃至公司部分业务的整体转让、公司分立、与其他公司合并等。重整计划应由重整关系人会议表决通过并经法院认可,即成为具有法律效力的重整计划。重整关系人会议虽未通过重整计划,但法院认为该计划已经给予关系人公平合理的对待的,法院有权强制认可该重整计划,使之具有法律效力。

9. 重整关系人会议

重整关系人会议与清算制度和破产制度中的债权人会议具有大致相当的功能,但其组成人员不限于无担保债权人,有担保债权人和公司股东也包括在内。为了充分体现各方关系人的利益,建议规定重整关系人会议采用分组表决方式:无担保债权人为一组、有担保债权人为一组、有法定优先权的债权人为一组、股东为一组。各组均以简单多数通过(通过重整计划时,因事关重大,应当有绝对多数即2/3以上的同意)有关议案时,该决议方能生效(法院强制认可的除外)。

10. 重整管理人的选任

建议规定以下内容:重整管理人负责重整计划的执行以及公司在重整期间的一切经营事项,公司的经营管理权由原董事会转移至重整管理人。重整管理人由重整关系人和有关行政主管机关提名,法院任命,其任职资格与重整检查人和公司董事大致相同,只是不要求与公司及其关系人无利害关系。重整执行人原则上应当从原公司董事以外的自然人或法人中选任。重整执行人自重整计划发生法律效力之日起执行职务,同时重整管理人终止执行职务。法院也可以任命重整管理人担任重整执行人。

11. 重整监督人的选任

建议规定以下内容:重整监督人负责对重整管理人的工作进行监督,其自身又受法院的监督。重整监督人也是由重整关系人和有关行政主管机关提名,法院任命,其任职资格与重整检查人和公司董事大致相同。除了对重整管理人进行监督之外,重整监督人的职务主要还有主持公司债权和无记名股份的申报以及担任重整关系人会议的召集人和主席。

12. 重整程序的终结

建议规定以下内容:重整关系人会议虽通过重整计划但法院未认可该重整计划的,或者重整关系人会议未通过重整计划且法院未强制认可该重整计划的,重整程序终结,破产程序随即开始。重整计划发生法律效力的,在重整期间内,如公司状况恢复正常,经关系人会议决议认可重整成功,重整程序即告终结;重整期间结束后,如公司仍未摆脱困境,经关系人会议决议认定重整失败并经法院同意,重整程序也告终结,破产程序随即开始。重整期间内公司有以下情形的,视为重整失败:①公司财务状况继续恶化;②公司行为严重违反重整计划;③公司有其他严重损害债权人利益的行为,如隐匿、私分、无偿或低价转让财产、为无担保债权人提供担保、对个别债权进行清偿等。

公司少数派股东的权益保护问题[*]

一、资本多数决定原则及其滥用问题

公司少数派股东的权益保护与公司少数股东(或称中小股东)的权益保护是两个不同的概念。公司少数派股东的保护,只是强调在股东会(含股东大会,下同)运作的过程中对于因"资本多数决定原则"而败北的那部分股东的权益的保护;而公司少数股东的保护则是泛指对于在公司中拥有的股份相对较少的股东的各项自益权和共益权的保护。公司少数派股东的保护实际上是如何对待"资本多数决定原则"的滥用的问题,而对于滥用"资本多数决定原则"的预防和纠正显然不能够包括一切对公司少数股东权益的保护。

资本多数决定原则,又称股份多数决定原则或简称为多数决定原则,是指股东会作为公司的最高意思决定机关,依照持有多数股份的股东的意志作出决议。至于"多数股份"的构成,则无关紧要,它可以由一个股东持有,也可以由多个股东持有。《中华人民共和国公司法》(以下简称《公司法》)有关股份有限公司和有限责任公司的内容中均明确规定了资本多数决定原则。《公司法》第106条规定:"(股份有限公司)股东出席股东大会,所持每一股份有一表决权。股东大会作出决议,必须经出席会议的股东所持表决权的半数以上通过。股东大会对公司合并、分立或者解散公司作出决议,必须经出席会议的股东所持表决权的三分之二以上通过。"《公司法》第41条规定:"(有限责任公司)股东会会议由股东按照出资比例行使表决权。"这都是资本多数决定原则在我国公司立法上的表现。

资本多数决定原则是资合公司区别于人合公司的重要特征之一,也是公司股份利润证券和控制证券双重性质的体现。资合公司以其资本的多寡作为信用的基础,与人合公司截然不同,它强调的是资本的地位和作用,股东持有的股份在公司资本总额中所占的比例高,就意味着他投入的资金多、承担的风险大,他在公司的最高意思决定机关即股东会中所具有的表决权也应当比较大。另一方面,股份的利润证券功能刺激了股东的利益需求,促使股东参加公司重大问题的决定,而股份的控制证券的实质则使持有多数股份的股东能够控制股东会,将自己的意志转变为公司的意志而加以贯彻。所谓"控制"应作广义上的理解,它"并不意味着只是某一个人为大股东,

　　* 第二作者陈历幸,原载于《社会科学》2005年第4期。

在股东大会上要通过对自己有利的决议案。控制这一概念本来是指让对方顺从自己的意志，但若从广义上去解释它，就是向对方施加影响力。因而作为控制证券的股份占有，在持股不足半数的情况下，也常有几个股东同时占有证券，共同进行控制"。[1]关于资本多数决定原则的本质，日本和韩国的公司法学者都有很明确的揭示："多数决定的原则实际上就是保护多数决定的意见，由此尽管无视了少数派的意见，也视为正当。"[2]"从多数决定的本质上看，每个股东的持份只能在总体意思的吸收过程中被反映出，总意本身只能根据多数者的意思来形成。因此在实际的意思决定中，多数派股东的有效持份(effective interest)为100%，而少数派股东的有效持份等于零。"[3]这样，投资者可以用相对较少的资金(比如公司资本总额的51%甚至更少)控制比较大的资本，母公司也可以用这种方式控制子公司，进而形成金字塔式的公司集团，将现代公司制度所蕴涵的能量充分发挥出来。

资本多数决定原则的滥用，是指多数派股东为实现自己或第三人所追求的某种利益，通过行使其表决权或运用其基于多数派股东资格所具有的影响力，形成客观上严重不公正的决议，从而使公司或者少数派股东的利益受到损害或限制的情形。至于如何具体认定资本多数决定原则的滥用，亦即如何界定多数派股东决议侵害了公司或者少数派股东的利益，从原告来说，这很简单：他起诉了，理由是决议侵害了自己的合法权益，并且列举出若干事实，这时就可以初步认定有侵害事实存在。例如，某股东认为公司某董事产生的程序不合法(应由股东会选举，但实际上是由董事会产生的)，在执行董事业务时会对自己的权益造成损害，因而对董事会聘任该人担任董事的决议提起诉讼，法院就不得不受理。此时该股东基于其股东权有起诉的权利，成为原告，公司是被告。然而，对于法院来说，法院应当依据特定的构成要件来判断资本多数决定原则的滥用是否成立。

一般地说，资本多数决定原则的滥用有四个构成要件：①从主体看，只能是多数派股东，但不局限于单个人，若干个小股东联手成为多数派股东也可以；②从主观上看，必须是故意，过失不能构成，并且是为了追求多数派股东自己或者第三者的某种利益；③从手段看，可以通过行使表决权，也可以不行使表决权，而利用自己处于有利地位的影响力，向董事会、经理等施加压力；④从后果看，损害或者限制了其他股东的利益或公司利益。此种利益可以是有形的，也可以是无形的；可以是财产性的，也可以是非财产性的；可以是近期的，也可以是远期的。

以上四个构成要件中，前三个要件都比较容易作出判断，但对第四个要件的判断即如何界定决议侵犯股东合法权益或公司利益，侵害的实体标准是什么，换言之，怎样判断公司或者少数派股东的利益是否受到损害或限制，国外有各种不同的学说：

(1)专以损害他人为目的，即损人不利己。《德国民法典》第226条规定："权利之行使，不得专以损害他人为目的。"但在多数情况下，资本多数决定原则的滥用所追

---

① 〔日〕奥村宏：《日本的股份公司》，中国展望出版社1988年版，第10页。
② 〔日〕末永敏和：《现代日本公司法》，金洪玉译，人民法院出版社2000年版，第126页。
③ 〔韩〕李哲松：《韩国公司法》，吴日焕译，中国政法大学出版社2000年版，第391页。

求的目的是既损人又利己的。所以,要证明是专门损害他人、仅仅以损害他人为目的,举证困难,标准太严。

(2)以不公正的歧视方法对少数派股东行使表决权,即不是为了公司整体利益而善意行使表决权。这是英国判例法上的态度。然而,如前所述,英美法同时又认为表决权可以自由行使,此时股东对公司或者其他股东并不负有任何义务。两者在相当程度上存在矛盾。

(3)在损害他人的同时自己也获益,即既损人又利己。在法国,1976年"朗洛诉彼特案"中,被告S公司在20年中拒绝分派股利,提取的公司公积金数量是公司资本的161倍,多数派股东通过提高其作为公司职员的报酬而获益。法国最高法院认为:"公积金经营理由之缺乏构成了权力滥用的第一要素;多数股东通过实质上的报酬而继续获利,少数派股东受到侵害的事实则又构成了权力滥用的第二要素","第二要素为主"。

(4)既未增加公司的利益,又牺牲了少数派股东的利益。德国莱比锡法院在1926年的一个判例中指出,作为违反善良风俗而被非难的股东大会决议,"并非由于多数派股东在采取某种措施的场合,一般地出于利己的动机(利益),而是由于其在专门追求自己利益的同时,既未增进公司的利益,又牺牲了少数派股东的利益"。因此实质性的界限是:"不得侵害公司利益和其他股东的利益。"

以上四种标准中,前两种有比较明显的缺陷,已如前述。第三种标准认为多数派股东在损害他人的同时还应当有所获益,要求过高,不利于充分保护少数派股东,而且,事实上它也是以"第二要素"(即少数派股东受到侵害的事实)为主来判断是否构成滥用的。因此,比较妥当的做法是采用第四种标准。我国《公司法》第1条"……保护公司、股东和债权人的合法权益,维护社会经济秩序……"的条文,拟可以援引作为这种判断标准在法律上的依据。这里的"股东"既包括多数,也包括少数。

二、针对滥用资本多数决定原则的诉讼:《公司法》第111条

如前所述,资本多数决定原则不应被用于形成客观上严重不公正的决议,而使公司或者少数派股东的利益受到损害或限制,否则即属于资本多数决定原则的滥用,由此形成的团体意思也就不能被认为是正当的,而应否认其法律效力。但从民法理论上看,股东会决议的性质是共同法律行为,其形成过程中介入了多方当事人的意思表示与利害关系,并且决议一旦形成,就会随之产生一系列以决议有效为前提的其他法律关系,如果完全按照适用于双方法律行为和单方法律行为的意思表示瑕疵导致有关行为无效或可撤销的做法予以解决,会造成众多法律关系的不稳定,有损交易相对人的利益。因此,各国法律一般都要求对股东会决议效力的争议原则上只能以诉的形式提出,并遵循若干特殊的限制性规定。

我国《公司法》第111条虽然规定股份有限公司股东大会、董事会的决议违反法律、行政法规,侵犯股东合法权益时,股东有权向人民法院提起要求停止该违法行为

和侵害行为的诉讼,但对于这一诉权的具体内容未作明确规定。如果仅从《公司法》第111条的条文字面本身来看,它规定的只是"停止侵害之诉"。但由于《公司法》第111条的内容比较虚涵,它实际上还间接地规定了"损害赔偿之诉""撤销之诉"和"无效之诉"。① 其中,"损害赔偿之诉"涉及公司董事和大股东的民事法律责任问题,已经越出了"表决权行使的内在限制"的范围,这里暂且置而不论(依据我国现行法律,"损害赔偿之诉"似乎只能针对董事会决议提起而不能针对股东会决议提起,因为《公司法》第63条和第118条对董事的赔偿责任有明确,但对于股东会的类似情况未作规定,这样,被告只能是董事、经理等,不是公司,故现行法在此问题上也存在缺陷)。"停止侵害之诉"是指股东诉请法院裁定停止或者部分停止实施股东会决议,将有争议的法律关系暂置于"冻结"状态的诉讼。由于它的诉讼标的是公司机关的消极不作为,属于"假处分"的一种情形,因而在大陆法系国家,对于"停止侵害之诉"通常直接适用民事诉讼法中有关"假处分"的规定,而不再在公司立法上作出单独的规定。而且,"停止侵害之诉"只能够暂时停止实施有争议的股东会决议,该决议是否有效不属于其诉讼标的的范围之内,如果当事人要使有关股东会决议被确定无疑地判断为无效,仍然需要再提起"撤销之诉"或者"无效之诉"。从《公司法》第111条中"停止侵害"的表述来看,有关决议被撤销或者被确认无效之后,侵害自然也就停止了,故以下主要以"撤销之诉"和"无效之诉"作为研究对象。

接着需要解决的问题是:《公司法》第111条的调整对象是实体上的还是程序上的?笔者认为既是实体上的,又是程序上的。换言之,滥用资本多数决定原则所形成的决议是有瑕疵的决议,而这里所谓"瑕疵"是广义的瑕疵,包括决议内容(实体)存在瑕疵和形成决议的程序存在瑕疵。这两种情况在我国的实践中都有:实体上瑕疵的例子,如公司以提取任意公积金为名不分配股利。在这种情况下,如果仅仅是一年两年不分股利,还很难看出决议内容存在瑕疵,也就难以认定滥用资本多数决定原则,因为多数派股东可以声称不分股利是为了公司利益、长远利益,小股东的权益还在,依然包含在任意公积金之中而没有受到损害。只有再加上其他因素,如像前引的法国案例那样"多年"(20年)不分股利,又为自己开高报酬等,结合在一起才能够认定。判断标准应当是既损害或者未增进公司的利益,又损害股东的利益,这时才可援引《公司法》第111条和《公司法》第1条认定滥用资本多数决定原则。又如,股东对任命董事的决议有异议而向法院起诉,如果该董事确有法定的不能担任董事的情形(有《公司法》第57条第一款列举的五项内容中的一种或数种情形),任命董事的决议就是实体存在瑕疵的决议;反之,如果该董事没有法定的不能担任董事的情形,即使该人担任董事可能会对股东的权益造成侵害或者有可能造成侵害的,法院也不能认定该决议内容存在瑕疵。程序上瑕疵的例子,如《公司法》第44条第1款规定"召开股东会会议,应当于会议召开前十五日以前通知全体股东",而召集人通知时间距会

---

① 参见梅慎实:《现代公司权力机关构造论:公司治理结构的法律学分析》,中国政法大学出版社1996年版,第138—140页;石少侠主编:《公司法教程》,中国政法大学出版社1997年版,第194页。

议召开时间实际上未满 15 日,或者在会议召开前根本就没有通知全体股东,对于此种股东会会议所形成的决议,股东即可以程序违法(程序上存在瑕疵)为由向法院起诉。又如,根据《公司法》第 103 条第 2 项,股份公司的董事应当由股东会选举产生,但某人未经股东会选举即成为董事,这也属于程序上存在瑕疵的情况。

在传统大陆法系国家和地区的公司法中,对于实体上有瑕疵的决议和程序上有瑕疵的决议是依据不同性质的法律条文予以调整的。一般而言,股东因实体上有瑕疵的决议提起的诉讼被列为"决议无效之诉",股东因程序上有瑕疵的决议提起的诉讼则被列为"决议撤销之诉",另外,有的国家和地区还设有所谓"决议不存在之诉"。以下分别论述。

(一) 股东会决议撤销之诉

股东会的召集程序或者决议方法违反法律和公司章程时,股东在一定期限内,可以请求法院作出撤销其决议的判决,从而使有关决议丧失其法律效力的诉讼称为决议撤销之诉。由于决议在程序上的瑕疵一般比较轻微,随着时间的推移,判断其是否存在的难度日益增加,因此,法律规定决议撤销之诉必须由特定的人在特定的期间内提出,而且有关决议仅仅被认为是相对无效或称"宣告无效"(未经法院确定判决即为有效)。

1. 诉的性质

通说认为,决议撤销之诉是形成之诉,即原告主张法律上的一定事由(形成原因)的存在,当这种事由的存在为法院所认可时,根据法院的判决形成新的法律关系的诉讼。因此,股东提起决议撤销之诉时,只有在法院作出撤销其决议的判决确定(生效)后,该决议才丧失法律效力,而在此之前,股东会的决议在法律上仍然有效。法院必须作出判决而不是裁定。

2. 提起决议撤销之诉的原因(撤销原因)

关于决议撤销之诉的法定依据,各国和地区的立法例并不一致。一种立法例认为,召集程序或者决议方法违反法律或者公司章程的股东会决议为可撤销决议。如我国台湾地区"公司法"第 189 条规定:"股东会之召集程序或其决议方法,违反法令或章程时,股东得自决议之日起三十日内,诉请法院撤销其决议。"另一种立法例则认为,不但召集程序和决议方法违反法律或章程的股东会决议是可撤销决议,而且决议内容违反章程的也属于可撤销决议。如《日本商法典》第 247 条第 1 款规定:"在下列情况下,股东、董事或监事可以提起请求取消股东会决议之诉:(一)召集程序或者决议方法违反法令或'定款'(按指公司章程)或者构成显著不公正时;(二)决议的内容违反'定款'时;(三)对决议有特别利害关系者行使表决权,致决议显著失当时。"《德国股份有限公司法》第 243 条也有类似规定。当然,股东的起诉具备了撤销原因,并不意味着法官就必须判决撤销有关决议。《日本商法典》第 251 条和我国台湾地区"公司法"第 189 - 1 条都规定,决议违反法律或章程的情节比较轻微且对于决议没有影响的,法官可以行使自由裁量权而判令不撤销有关决议。

3. 诉讼当事人

决议撤销之诉的原告(提诉权人)一般是股东,但也可以是公司的董事或监事(包括被有关决议解任的董事或监事);决议撤销之诉的被告是公司。作为原告的股东并不一定是参加形成有关决议的股东会的股东,也不一定是有表决权的股东,但从起诉之日起至判决生效之日止应当连续持有至少一股(有学者甚至认为,即使原告在诉讼过程中丧失了股东资格,也应当允许其他股东将该诉讼继续进行下去①);他也不一定是利益受有关决议影响的股东,对于影响其他股东利益的决议也可以起诉。

4. 诉讼提起的期间(提诉期间)

鉴于决议撤销原因的瑕疵程度较轻,因此对于决议撤销之诉规定一个诉讼提起的期间,超过此期间后不得再对有关决议的效力提出争议,有利于维护决议所涉及法律关系的稳定性。至于该期间的具体长度,《日本商法典》第248条规定为自决议之日起3个月,《瑞士债法典》第706条规定为2个月,《德国股份有限公司法》第246条和我国台湾地区"公司法"第189条均规定为1个月。

5. 股东提供诉讼担保的义务

为防止股东利用决议撤销诉权进行滥诉,部分国家、地区公司立法还就提起决议撤销之诉的股东科以提供诉讼担保的义务。如《日本商法典》第249条规定,股东提起撤销决议之诉时,法院应公司请求,可以命该股东提供相当担保;但当该股东为董事或监事时,不在此限;公司提起前款请求时,需证明原告存在恶意。这里所谓"恶意",是指明知没有撤销事由而提起诉讼。而其他国家和地区的公司立法,如我国台湾地区"公司法",并未赋予公司请求提起决议撤销之诉的股东提供担保的权利。

6. 被撤销决议如已登记,其救济方法

如在公司实践中出现被撤销决议已登记情形的,日本、我国台湾等国家和地区的公司立法均规定应撤销有关登记。如《日本商法典》第250条规定,在决议的事项已有登记的情形下,在决议撤销的判决生效后,须在总公司及股份公司所在地进行撤销登记;我国台湾地区"公司法"第190条规定,决议事项已为登记者,经法院为撤销决议之判决确定后,主管机关经法院之通知或利害关系人之申请时,应撤销其登记。

(二) 股东会决议无效之诉

股东会议决议内容违反法律,该决议自始无效,原本无须任何人主张,但当对于股东会议决议内容是否违反法律或者章程存在争议时,为确认该事实而由股东请求法院作出该决议无效的裁定的诉讼称为决议无效之诉或确认决议无效之诉。这里所谓违反法律,特指违反强行性法律规范中的效力性规范。根据民法原理,私法上的法律规范有强行性规范和任意性规范两类,强行性规范又可以分为命令性规范和效力性规范;任意性规范可以由当事人的意思排除其适用,违反命令性规范虽然也要承担一定的法律责任(公法上的法律责任),但行为本身在私法上仍然有效,只有违反效力

---

① 参见〔韩〕李哲松:《韩国公司法》,中国政法大学出版社2000年版,第418页。

性规范才导致行为本身在私法上无效。例如,选举董事原本是股东会的权限,股东会却作出将该权限委托给董事会行使的决议;又如,召集股东会应当是董事长或(某些特殊情况下)是其他董事与监事的权限,股东会却作出召集下届股东会的决议等;此外,民商法上的若干基本原则如股东平等原则、股东有限责任原则、诚实信用原则、公序良俗原则等均属于强行性法律规范中的效力性规范。如股东会议决议内容与之相抵触,这些决议都是无效的。此外,还有的国家规定股东会议决议内容违反公司章程也属于无效原因(多数国家将此种情况列为撤销原因,见前)。

关于股东会决议无效之诉的性质,有三种学说:确认之诉说、形成之诉说、特殊的形成之诉说(折中说),不过三者都有在理论上难以自洽的地方:确认之诉说的问题在于,难以解释自始无效的决议为什么必须以诉的形式而不能以其他形式来主张其无效;形成之诉说的问题在于,如果决议无效之诉属于形成之诉,有关决议就不应该是自始无效而应该是在法院作出确定判决之前有效;折中说的问题在于,认为决议无效之诉被提起时就属于形成之诉,不被提起时则属于确认之诉,同一种诉讼仅因为提起与否就具有两种不同的性质,有自相矛盾之嫌。目前确认之诉说是通说。法院须通过判决宣布有关决议无效。

决议无效之诉与决议撤销之诉的主要区别,除了无效原因与撤销原因完全不同外,主要在于:(1)决议无效之诉的提诉权人范围较宽,只要具有诉讼利益者均可以提起决议无效之诉。在实务中,除了股东和董事、监事之外,公司债权人也是常见的具有诉讼利益者;(2)决议无效之诉没有提诉期间(性质为除斥期间)的限制,而应当适用一般诉讼时效的规定。至于被告的确定、股东担保的提供和登记事项的撤销等程序性问题,决议无效之诉应与决议撤销之诉的规定作同一解释。

(三) 股东会决议不存在之诉

股东会决议的瑕疵,须以股东会及其决议确实存在为前提条件,如果根本没有股东会及其决议的存在,也就没有争论股东会决议是否有瑕疵的必要。所谓股东会决议不存在,是指从"决议"的形成过程来看,显然在法律上不能认为有股东会及其决议存在的情形。当原告以股东会决议不存在为理由,请求法院确认由该决议所产生的法律关系不存在的诉讼称为决议不存在之诉或确认决议不存在之诉。从诉因的类别上看,决议不存在之诉的诉因与决议撤销之诉的诉因均属于决议程序上的瑕疵,但由于前者的瑕疵过于严重,一些国家的法律特别将此种情况单列出来,另外规定了股东会决议不存在之诉加以解决。例如,《日本商法典》第252条除规定了确认决议无效之诉外,还规定了决议不存在之诉。

在公司实务中,决议不存在的情形是多种多样的。例如,在股东或董事参加人数不足法定最低出席人数时作出了决议;没有召集权的人召集一部分股东集合在一起作出决议;未向大部分股东发出召集通知而召开股东会并作出决议;参加决议者大部分为非股东;股东会已经有效结束后一部分股东继续集会并作出决议;在股东会未能作出决议的情况下,有人擅自炮制大会决议,并将其载入会议记录或登记簿;根本没有召开股东会而制作虚伪的会议记录等。

关于决议不存在之诉的性质,也存在如同决议无效之诉的三种学说之间的争论,而且也是以确认之诉为通说。在提诉权人、被告的确定、提诉期间、股东担保的提供和登记事项的撤销等问题上,决议不存在之诉应与决议无效之诉的规定作同一解释。

三、有关立法建议

上面,笔者分析了在现行立法背景下如何通过适用《公司法》第111条来防止资本多数决定原则的滥用,保护公司少数派股东的权益,当然,这也是由于《公司法》第111条的内容比较虚涵,有比较大的解释空间,可以通过比较法的方法在理论上加以完善。不过,在我国的司法实务中,考虑到法官并不习惯独立地对现行法的法条作如此宽泛的解释,司法体制上又没有判例与解释例的制度以补充制定法的不足,对立法本身作一定的修改与细化还是有必要的。这里,我们拟定了对有关条文的立法建议,供我国《公司法》修订时参考。

第111-1条　股东大会的召集程序或表决方式违反法律、行政法规或者公司章程规定的,股东有权请求人民法院撤销决议或者确认决议不存在。但法院认为其违反法律、行政法规或公司章程的事实比较轻微且对于决议没有影响的,可以驳回该请求。

股东主张撤销股东大会决议的,应当自决议作出之日起两个月内对公司提起诉讼;逾期提起诉讼的,人民法院不予受理。

第111-2条　股东大会决议的内容违反法律、行政法规或者公司章程规定的,股东有权请求人民法院确认决议无效。

第111-3条　股东提起决议撤销之诉、确认决议无效之诉或者确认决议不存在之诉,公司有证据证明股东存在恶意且不是公司的董事或者监事的,人民法院可以根据公司的请求责令股东提供相当的诉讼担保。

第111-4条　决议的事项已经登记的,在撤销决议、确认决议无效或者确认决议不存在的判决生效后,登记机关应当根据法院的通知或者利害关系人的申请撤销其登记。

第111-5条　以上四条规定,适用于有限责任公司。

股东直接诉讼制度:内容剖析与修改建议[*]

股东直接诉讼是股东提起的要求实现其作为股份所有者而拥有的某项权利的诉讼。所谓"直接",指的是股东提起有关诉讼时以自己的名义、主张的是自己的权利、诉讼的结果也是使股东受侵害的权益得到责任人的直接弥补。与股东直接诉讼相对立的概念是股东衍生诉讼(又译作股东派生诉讼、股东代表诉讼),在股东衍生诉讼中,原告依据公司方面的诉因以公司的名义进行诉讼,诉讼中所得的利益也归于公司而非股东。

国外公司立法上的股东直接诉讼的种类,主要有股东会决议无效之诉、股东会决议撤销之诉、股东会决议不存在之诉、公司合并无效之诉、公司分立无效之诉、新股发行无效之诉、减资无效之诉、违法派息返还请求之诉、董事解任之诉等。这些诉讼实际上都是针对股东会决议或者董事会决议的效力提出的争议,追求的结果是否定有关决议的效力,从而维护股东自身的利益,《中华人民共和国公司法》(以下简称《公司法》)修订草案第 129 条基本上涵盖了这些诉讼。

《公司法》修订草案第 129 条第 1 款规定:股东大会、董事会的会议召集程序、表决方式违反法律、行政法规或者公司章程规定的,股东可以自决议作出之日起 3 个月内,请求人民法院撤销。股东大会、董事会的决议内容违反法律、行政法规或者公司章程规定的,股东可以自决议作出之日起 1 年内,请求人民法院确认该决议无效。该条第 2 款和第 3 款则分别规定了诉讼担保和有关决议被撤销或确认无效后变更登记的问题。这些规定是在现行《公司法》第 111 条基础上修改而成的。《公司法》第 111 条仅规定,股东大会、董事会的决议违反法律、行政法规,侵犯股东合法权益的,股东有权提起停止该违法行为和侵害行为的诉讼。《公司法》修订草案将违反公司章程的决议也列入了可诉范围,并且区分程序上违法和实体上违法,分别规定了决议撤销之诉和决议无效之诉,诉讼事由(诉因)趋于明确,诉讼程序上的规定也比现行法条要详备,有利于股东更加方便地行使其诉权。

股东大会决议、董事会决议无效之诉和撤销之诉的被告都是公司,而不是作出有关决议的全体股东或董事。这是因为股东大会和董事会作出的决议即被认为是公司的意思。公司虽然在形式上是被告,但通过诉讼制止有关违法或违反章程的行为后,公司的利益将得到保障而非受到损害。

《公司法》修订草案第 129 条也有以下几方面值得改进:

---

[*] 第二作者陈历幸,原载于《上海证券报》2005 年 3 月 15 日。

1. 草案将各种针对股东会、董事会决议的诉讼合并在一起同样对待，不尽妥当

股东会决议基于股东多数决原则，代表的是全体股东的集体意志，应当得到较高程度的尊重，针对股东会决议的诉讼也应有较多的限制；相比之下，董事会决议受挑战的可能性就应该更加大一些，因而在有关诉讼上的限制条件也有必要相应放宽；况且，内容不同的董事会决议对公司利益的影响程度也不尽相同（例如关于新股发行的决议就比派息的决议重要），法律对有关诉讼的规定也应当体现出这种差异，针对内容不同的股东会和董事会的决议设置不同的诉权。

2. 该条仅适用于股份公司，在修订草案关于有限公司的规定中没有类似条文

然而，在涉及公司重大决策的问题上，有限公司的股东会、董事会与股份公司的股东大会、董事会在功能上是相同的，何以股东有权对股份公司的股东大会、董事会决议提起诉讼，却不能够对有限公司的股东会、董事会决议提起诉讼（国外有关立法规定有限公司也可以适用股东会决议无效、撤销、不存在之诉）。

3. 在补充了《公司法》修订草案第129条的内容之后，现行《公司法》第111条的条文仍有保留价值

因为其中关于"停止该违法行为和侵害行为"的表述可以被解释为另一个具有独立内容的诉权，即诉请法院作出公司停止作为的裁定……类似于英美法上的"禁令"（Injunction）和大陆法上的"停止请求权"，以避免有关决议的执行造成不可挽回的后果。

此外，以"董事对第三人的责任"为依据提起的对董事的损害赔偿之诉，如果是由股东提起的，这种诉讼就其性质而言也属于股东直接诉讼。所谓"第三人"是相对于与董事间存在契约关系的公司而言的，包括股东和公司债权人（董事对公司的责任现行《公司法》第63条已规定，草案中也保留了）。《公司法》修订草案第71条规定：董事、高级管理人员违反法律、行政法规或者公司章程规定，损害股东利益的，股东可以向人民法院提起诉讼。这一规定是现行《公司法》没有的。与国外有关立法的区别，一是债权人未列为提诉权人；二是责任主体增加了"高级管理人员"。由于经理等高管的职权在国外一般是由公司章程确定的，法律不作硬性规定，而我国《公司法》却规定了经理的法定职权范围，故有必要同时规定高管对第三人的责任。

《公司法》修订草案第71条规定的责任的性质为特别的法定责任，当发生本条述及的事实时，不应当再适用民法上关于一般侵权责任的规定；如果法律上还有关于董事或高管责任的更为特殊的规定，例如我国《证券法》第63条关于董事因虚假陈述而承担赔偿责任，则应当适用此种更为特殊的规定而不是《公司法》修订草案第71条。由于我国司法实践中原本就不适用一般侵权责任的规定来审理公司法纠纷（其实从法理上看是可以适用的），《公司法》修订草案第71条无疑为股东追究董事和高管损害股东利益的行为提供了明确的法律依据，扩大了股东在实务中的可诉范围，这对强化股东利益的保护具有很强的现实意义。

在适用《公司法》修订草案第71条时需要注意以下几点：

（1）董事和高管的责任属于客观责任，只要发生了董事和高管违法或违反章程的

行为,即应认定存在损害赔偿责任,董事和高管在行为时的主观状态(是否有故意或者过失)不在考虑之列。

(2)董事和高管的责任成立与否的证明责任,应由董事、高管而非股东承担(所谓的"举证责任倒置"),只要董事、高管不能够证明其没有违法或违反章程行为的,就应承担损害赔偿责任。

(3)董事和高管的损害赔偿责任的范围以直接损失为限,有间接损失时,应由提诉权人行使代位权,而不是向董事、高管直接求偿。

以下几点可供《公司法》修订草案第71条进一步修改时参考:

(1)参照国外立法关于"董事对第三人的责任"的通常做法,在股东之外增加公司债权人为提诉权人,这将在更大范围内保护公司利害关系人的合法权益。

(2)国外有的立法规定,董事对第三人的损害赔偿责任,须由公司与董事承担连带责任,也有规定由监事与董事承担连带责任的。这样,第三人的损害赔偿请求权就不会因董事个人缺乏资历而落空。这种立法体例值得借鉴。

(3)为体现董事的权利和义务的对应性,还有必要对董事的损害赔偿额作一定限制,从而使董事和高管不至于因为有承担赔偿责任的风险,而在作出有关决策时有过多顾虑。例如,《日本商法》在最近修订时,就增加规定:董事的损害赔偿额不得超过其在公司所获年薪酬的5倍。这种做法的精神也值得我们参考。

异议股东如何行使股份收购请求权[*]

异议股东的股份收购请求权是指当股东会决议对股东的利害关系产生重大影响时,对有关决议持异议的股东所享有的要求公司以公平合理的价格购买自己所持有的公司股份的权利。股东会决议的作出原本应当受资本多数决定原则的支配,股东加入公司实际上也就意味着接受这一点,因而即使有少数反对决议的股东,也不应有权退出公司而使公司的成员结构发生变化;况且要求公司购入本公司的股份,违反了公司不得持有自己股份的原理,无形中会引起公司注册资本的减少,从而破坏了资本充实原则的适用。由此可见,异议股东的股份收购请求权在公司法上的确立是保护中小股东权益的立法精神的鲜明体现,也是对资本多数决定原则在一定程度上的限制。

《中华人民共和国公司法》(以下简称《公司法》)修订草案第 211 条规定:"股东对于股东会或者股东大会作出的公司合并、分立决议持异议的,可以要求以公平合理的价格收购其持有的公司股份。"这是此次修订草案新增加的关于异议股东的股份收购请求权的规定,现行《公司法》中是没有的。由于上述规定的文字十分简略,现参考国外的相关立法和实践作一些详细的阐述,以便利广大投资者了解和行使这项权利。

一、异议股东在何种情况下可以行使股份收购请求权

对于异议股东在何种情况下可以行使股份收购请求权,目前国外公司立法一般规定的情形有:反对营业的全部或者重要部分的转让(同时解散公司的除外),反对订立、变更或者解除租赁全部营业、委任他人经营其全部营业、和他人共同承担营业上的全部盈亏的合同及其他类似合同,反对受让其他公司的全部营业、反对公司合并或者分立等。总体上看,股份收购请求权的发生原因必须是给公司造成重大结构性变化的股东大会决议事项。

此次《公司法》(修订草案)对于异议股东行使股份收购请求权的法定情形只规定了"公司合并、分立"一种,应当说是比较狭窄的。笔者认为,除了应当将上述国外立法规定的反对情形列入异议股东股份收购请求权的发生原因外,结合我国公司运行实务中所产生的问题,还应将反对公司在一定年限内连续盈利且符合法律或公司章程规定的利润分配条件但拒不分配利润的情形,也列为异议股东行使股份收购请

---

* 第二作者陈历幸,原载于《上海证券报》2005 年 4 月 19 日。

求权的法定情形之一。此外,对于股东会议在作出满足股份收购请求权的法定情形决议的同时作出解散决议的,应作为法定情形的例外。

二、行使异议股东股份收购请求权的资格

异议股东股份收购请求权的成立与否与股份数量的多少、持股时间的长短和有关股份是否具备表决权均无关。并且,异议股东仅以自己持有的有关公司的一部分股份来行使股份收购请求权也应当是可以的,因为权利的行使与否是权利人的自由,股东可以通过行使部分股份的收购请求权来达到分散投资的效果。同理,股东在行使股份收购请求权的过程中临时决定撤回请求也应当是允许的。

需要注意的是,在有关决议公布后才取得公司股份的人不应具有行使异议股东股份收购请求权的资格。这是因为,此时有关决议已经公开,之后再取得公司股份者应当被认为是明知有关决议内容却仍然愿意取得股份的人,没有必要再给予保护。

三、行使异议股东股份收购请求权的程序

异议股东股份收购请求权行使时,应根据如下程序进行:①有关股东在收到含有股东会表决内容的通知之后、股东会作出其反对的决议之前,即以书面形式通知公司其反对有关决议,以便公司了解有可能行使异议股东股份收购请求权的股东状况,做好购买有关股份的准备;②如果有关股东持有的是无记名股份,则在提出书面通知的同时应当将股份提存;③有关股东在股东会上公开提出反对意见;④收购股份的请求,应自决议作出之日起一定期限内,以书面形式向公司提出,并附上其所持股份种类及数量的证明,这一期限以 30 日为宜。

四、股份收购的价格应如何确定

关于收购股份的"公平合理价格"应如何具体确定,我们认为大致应遵循如下方法:①一般而言,收购价格应当为没有该决议时股份原本应有的价格;②在具体确定过程中,首先应由公司与股东就股份收购的价格进行协商并达成协议;③公司与股东就股份收购的价格进行协商的期间长短,应当既有利于股东与公司就回购价格予以充分的商量,又不至于延误股东在与公司协议不成时请求法院裁定价格以维护自身权益,笔者认为,通常情况下定为 60 日比较适当;④若协议不成,则由股东于一定期限后请求法院裁定,公司必须接受法院所确定的收购价格,这个期间同样以 60 日为宜。

五、股份收购价款的支付

股份收购价款的支付,主要会涉及支付时间、支付方式以及如何计算利息等问

题。笔者认为:①在公司与股东就收购价格达成一致的前提下,公司应自决议之日起的某一个期间内予以支付,这个期间以 90 日为宜;②若公司与股东经协商后无法就收购价格达成一致,则股东可在协商期间后的一定时期内,请求法院决定价格,公司必须接受并且还要支付超过期限的价金的法定利息,这个期间定为 30 日比较合适;③公司收购股份价款的支付应与股东支付股份的行为同时发生,股份所有权的转移与购买价款的交付同时发生效力。

六、股份收购请求权的失效

异议股东股份收购请求权是基于特定原因而产生的,当这些原因消灭后,股东是否依然享有股份收购请求权,学界目前存在不同的看法。笔者认为:对于此问题应区分两种情况分别对待。一种情况是:在股东向公司已提起股份收购的请求后,在相关股份转移及价款支付之前,异议股东股份收购请求权所基于的法定原因消灭的。在这种情况下,鉴于股东股份收购请求权所基于的法定原因已消灭而相关股份、价款转移尚未发生法律效力,因此,为维护公司法律关系的稳定,避免公司成员变动过于频繁,应认为此时异议股东所享有的股份收购请求权已自动丧失。另一种情况是:股份收购请求权发生的法定原因是在相关股份已转移及价款已支付的情况下消灭的。对此,由于异议股东已退出公司,相关股份、价款的转移也已产生法律效力,因此,应维持现存法律关系,认为该股份收购行为有效。

七、我国异议股东行使股份收购请求权的法律障碍及其消除

异议股东的股份收购请求权实际上是要求公司购买本公司的股份,然而这在通常情况下是法律所禁止的。我国现行《公司法》第 149 条第 1 款规定,公司不得收购本公司的股票,但为减少公司资本而注销股份或者与持有本公司股票的其他公司合并时除外。上述规定限制了我国异议股东股份收购请求权制度的建立,需要进行配套修改。《公司法》(修订草案)第 179 条已经对现行《公司法》上述规定中的例外情形做了增补,即增加规定"股东对于股东会或者股东大会作出的公司合并、分立决议持异议的","经股东大会决议,公司可以收购"。不过,修订草案并没有相应的规定公司应当如何处分这些购入的本公司股份。笔者认为,一个优先的选择是要求公司在一定期间内以适当的价格售出这些股份,只有在无法售出时才可以考虑允许公司注销这些股份并同时减少其注册资本。只有这样,才能够使异议股东股份收购请求权的行使对资本充实原则的不利影响尽可能地减小。

股东如何维护新股优先认购权不受侵害[*]

股东的新股优先认购权,是指公司发行新股时股东可以按各自持有的股份数的比例优先于他人进行认购的权利。公司给予股东新股优先认购权的通常做法是,给每个股东一份权利证书,注明其有权购买新股票的数量,该数量系根据股东现有股数乘以特定比例求得。股东购买新股票的定价往往低于股份的市价,因而优先认股权以及作为其表征的权利证书本身亦具有市场价值。股东可以自己行使该权利,也可以通过转让权利证书而将新股优先认购权转让给他人行使。

法律之所以规定公司的原股东对公司新发行的股份享有优先认购权,是为了通过新股的认购防止公司股东对公司享有的利益被稀释,并防止公司内部既有的支配格局发生重大变化。当然,原股东的新股优先认购权并不是绝对的,法律确立新股优先认购权是在比较公司内部组织结构平衡和公司资本顺利扩张两种价值之后作出的判断,也就是说,在某些特定情况下,原有股东新股优先认购权是可以被合理排除的。国外公司法一般规定新股优先认购权可以被公司章程排除,另外在股份"市价发行"时也不适用有关新股优先认购权的规定,就是这个道理。由此可见,承认新股优先认购权应当成为公司立法的一项基本原则,因公司利益而排除股东新股优先认购权则是一种例外。

《中华人民共和国公司法》(以下简称《公司法》)第33条规定,"公司新增资本时,股东可以优先认缴出资",《公司法》(修订草案)第34条第2款将这一规定修改为:"公司新增资本时,股东有权按照出资比例优先认缴出资,但是,公司章程另有规定的除外。"不过,上述条文出现在"有限责任公司的设立和组织机构"一章中,对于股份有限公司并不适用。在关于股份公司的条文中仅有如下规定可以被认为是与股东的新股优先认购权有关的,即《公司法》第138条:"公司发行新股,股东大会应当对下列事项作出决议:(一)新股种类及数额;(二)新股发行价格;(三)新股发行的起止日期;(四)向原有股东发行新股的种类及数额。"(修订草案未作改动)有学者从该条文的最后一项推断出《公司法》明确肯定了股份公司股东具有新股优先认购权,但实际上,它只是要求股东大会在公司发行新股时考虑到该问题,并未强制规定股东大会必须向原有股东发行新股,如果股东大会在决议中明确决定不向原有股东发行新股或者只向原有股东发行部分新股,也不能说就是违反了《公司法》第138条。因而,股份公司股东的新股优先认购权应当说仅仅是被现行法律所间接承认的权利。

---

* 第二作者陈历幸,原载于《上海证券报》2005年4月26日。

《公司法》有关规定的缺陷,在一定程度上造成了我国股份公司运作的实务中,股东的新股优先认购权并没有受到应有的重视。不仅广大中小股东的新股优先认购权的保护普遍处于无序状态,而且广大股东的有关权利也被漠视,以至于公司每发行一次新股(无论是"增发"还是"配股"),原有股东的持股比例就被人为地稀释一次,原有股东的合法权益也就不断地受到侵蚀。对原股东新股优先认购权的侵害一般表现为,公司发行新股时作出的股东大会决议损害了原股东依法或按照公司章程所应当享有的优先认购新发行股份的权利。这其实是公司的一部分股东出于各种目的,利用资本多数决定原则,通过股东大会损害了其他股东的权益。因此,法律形式上的公司与股东之间的侵害与被侵害的关系,往往在实质上体现为大股东和小股东之间的侵害与被侵害关系。就目前而言,股份公司股东维护新股优先认购权不受侵害的方式主要有以下三种:

一、请求公司股东大会重新作出关于公司发行新股的决议,确认原股东的新股优先认购权

如果公司章程已经规定了股东新股优先认购权,受侵害股东的请求权基础首先是公司章程的规定,股东可以直接援引公司章程的规定对抗公司股东大会决议,请求保障其新股优先认购权;如果公司章程对此未作具体规定,受侵害股东的该项请求权的法律基础就是《公司法》第138条第(四)项的规定。

当然,这种做法只有在股东大会关于公司发行新股的决议中未明确涉及"向原有股东发行新股的种类及数额"时才能够采用,前面已经分析过,如果股东大会在决议中明确决定不向原有股东发行新股或者只向原有股东发行部分新股,并不能认为是违反《公司法》,此时股东就应当采取下面两种方式。

二、以诉讼方式请求法院宣告股东大会决议无效或予以撤销

股东大会的决议有约束公司及其股东的效力,是以其本身的合法性为前提的。如果决议本身不合法,就不应具备上述效力,此时有关决议就是所谓"有瑕疵"的决议。

股东大会决议不合法有两种情况,一是内容的违法,即其所决议的事项违反法律或章程的规定,这种决议一般被视为当然无效,任何股东均有权主张其无效;二是形式的违法,即股东大会的召集程序或决议方式违反法律或章程的规定,此种决议一般被认为是可撤销的决议,股东可在一定期间内诉诸法院要求予以撤销。如果公司股东大会在作出的侵害原股东的新股优先认购权的新股发行决议在内容或形式上违法,受侵害股东就可以以诉讼方式向法院主张宣告股东大会决议无效或予以撤销。受侵害股东该项请求权的法律基础是《公司法》第111条,"股东大会、董事会的决议

违反法律、行政法规,侵犯股东合法权益的,股东有权向人民法院提起要求停止该违法行为和侵害行为的诉讼"(修订草案中有修改)。我们在有关股东直接诉讼的文章中已经具体分析过股东大会决议无效之诉和可撤销之诉的内容,这里不再重复。

三、以诉讼方式请求侵害人承担损害赔偿责任

最高人民法院《民事案件案由规定(试行)》中规定的第 170 个"案由"是"股权转让侵权纠纷",该案由下设的第 1 小项即为"优先认购权纠纷"。如果受害人的新股优先认购权很明显是被某个或某几个股东的行为所侵害,并且受害人可以证实因果关系的存在,从理论上讲,受害人应当可以直接请求侵害人承担侵权损害赔偿责任。

例如,某股份公司成立于 1994 年,其第一大股东 A 公司持有公司 20% 的股份,B、C 公司分别为第二、三大股东,持股比例分别为 15% 和 10%。该公司于 1998 年在上海交易所上市,并于 1999 年决定增发新股,对股东大会就新股种类及数额、新股发行价格、新股发行的起止日期、向原有股东发行新股的种类及数额等事项都作出了决议。在增发新股决议作出前,B 公司与 C 公司即已合谋计划夺取 A 对该上市公司的控制权。在他们的联合操纵下,股东大会决议决定,公司增发新股 100 万股,其中 A 按其持股比例的 1% 享有新股优先认购权,B 和 C 按其持股比例的 2% 享有新股优先认购权,优先认购股票的价格为市价的 80%。通过此次新股发行,B 公司顺利地取得了第一大股东的地位,并改组公司董事会,实际控制了该上市公司,使 A 丧失了对公司的控制权。A 公司以自己的名义向法院提起诉讼,以其优先认购权受到侵犯为由,请求法院判决股东大会决议无效,并请求 B 公司和 C 公司承担侵权责任。从该诉讼请求来看,A 公司实际上同时采用了上述二、三种维护自己新股优先认购权的方式。不过,对于公司股东能否以股东权受侵害为由起诉其他股东的问题立法上没有规定,是否能够以"优先认购权纠纷"为案由对作为侵害人的其他股东提起诉讼,司法实践中还没有统一的做法。

投资者怎样证明内幕交易民事责任的成立[*]

　　内幕交易,又称知情交易、内部人交易,是指证券市场上的有关人员以其特殊的地位、身份,以及基于合同、职业关系或通过不正当途径,获悉尚未公开并足以对证券市场行情产生重大影响的有关信息,进而直接或间接利用该信息进行证券交易活动,以期获利免损的证券欺诈行为。

　　此次《中华人民共和国证券法》(以下简称《证券法》)修订草案第 70 条规定:"内幕交易给投资者造成损失的,行为人应当依法承担赔偿责任。"然而,立法上确立了内幕交易的民事责任,并非就意味着受到损失的投资者当然地可以依据该项规定得到赔偿。一般认为,内幕交易民事责任主要是由内幕交易者、内幕信息、内幕交易行为、损害事实、内幕交易行为与损害事实之间的因果关系等"要件"构成的,也就是说,投资者必须证明这些事项全部存在,才能够得到法律的支持而获得赔偿。

　　下面我们具体谈谈这些民事责任构成要件的内容,并分析一下投资者应当如何证明其成立。

一、内幕交易者的认定

　　《证券法》第 68 条规定的七类"知情人员"即为法定内幕人员;对其他内幕人员的规定则出现在《证券法》第 70 条,即所称的"非法获取内幕信息的其他人员"。此次修订草案将法定内幕人员中的第二类"持有公司百分之五以上股份的股东"修改为"持有、控制公司百分之五以上股份的自然人、法人、其他组织以及该法人、其他组织的董事、监事、经理及其他负责人",将第七类"国务院证券监督管理机构规定的其他人员"中的"规定"一词修改为"认定",并将"发行人控股的公司、该公司董事、监事及其他负责人"也纳入"知情人员"。

　　一般来说,证明某人为法定内幕人员比较容易;证明某人为其他内幕人员则要困难一些,依现行法必须证明其有"非法获取内幕信息"的行为。另外,法定内幕人员和其他内幕人员的区别与证明责任的分担也有很大的关系。对法定内幕人员,投资者主张其"明知"(故意)时不需要举证,反过来应由法定内幕人员证明自己从事证券交易时并不知道信息的具体内容、或者不知道信息还未公开、或者不知道该信息的重要

---

　　* 第二作者陈历幸,原载于《上海证券报》2005 年 5 月 10 日。

性(没有故意);对其他内幕人员而言,原告要提供证据来证明其存有故意。

二、内幕信息的认定:哪些消息是未公开的重要消息

一般认为,内幕信息必须具备四个基本条件:①关联性。该信息必须与某一证券或证券发行人,或者特定种类的证券或证券发行人相关。②确定性。如果信息是笼统或含糊的,就不能为行为人带来稳定的盈利预期,也不成为内幕信息。③未公开性。④重要性。《证券法》第 69 条将内幕信息定义为"涉及公司经营、财务或者对公司证券市场价格有重大影响的尚未公开的信息",与上述观点基本吻合。因而实践中投资者仍需要根据上述四个条件,特别是后两项来证明有关信息属内幕信息。

对于判断信息"未公开性"的标准,在我国,学界一般以《股票发行与交易管理暂行条例》的规定为根据,认为有关信息"刊登在中国证监会指定的报刊上"即不再具备未公开性。

对于如何判断信息的"重要性",首先,可以从证券市场的反应来判断。根据"有效市场理论",如果信息一经公布就会对证券市场的股价波动造成实质性影响,则可以推断该信息存在重要性;其次,可以从信息对投资者的影响来判断。如果理性投资者认为该信息存在重大参考价值,足以使其对既有的投资决策做出重新评估,即可认为信息存在重要性;再次,从信息的来源也可以判断。来源于上市公司的高级管理人员、控股股东、密切接触内幕信息的监管官员和中介机构等方面的信息,其重要性一般要强一些;最后,从信息持有人采取的保密措施也可以做出判断。一般而言,对于重要信息,信息持有人均会采取一定的保密措施,保密措施的宽严也可以帮助投资者判断有关信息是否具备重要性。

三、内幕交易行为的认定:是否要以利用内幕信息为前提

对于何种行为应当被认定为内幕交易行为,在内幕交易人和内幕信息都已经能够肯定的情况下,争论主要集中在有关行为是否要以利用内幕信息为前提之上。有观点认为,只有行为人利用了其所掌握的内幕信息,才能认为是采用了不公平的手段,才能受法律的规制;相对立的观点则认为,内幕交易不一定要以利用内幕信息为前提,只要当事人知道内幕信息并且在交易过程中未向对方披露此信息,就已经违反了证券法的有关规定。

美国的有关立法采用后一观点,从而确立了所谓"戒绝交易或公布消息理论"。不过从公平对待原、被告的角度看,我国今后的司法实践中可能会采取另一些国家和地区的将两种观点予以折中的立法例:只要原告能够证明被告在进行证券交易时知道内幕信息,就可以推定其利用了内幕信息,被告要推翻此种推定必须再提出有关证据,证明有关交易是事先确定的或是为了偿还债务等交易与内幕信息无关的情形。

四、损害事实的认定：损害赔偿额的计算方法问题

损害事实在诉讼中往往体现为损害赔偿额的确定问题。一般认为，内幕交易受害人有相反交易的受害方和相同交易的受害方之分，有权请求赔偿的只有前者。对此，美国的 Elkind v. Liggett & Meyers, Inc. 案确立了三种计算方法：①实际价值法，以受害者进行证券交易时的价格与当时证券实际价值之差作为赔偿数额；②实际诱因计算法，即内幕交易者只对因其行为造成的证券价格波动承担赔偿责任，对其他原因（如系统性风险等）造成的价格波动不承担责任；③差价计算法，即以投资者进行证券交易时的价格与内幕交易行为暴露后一段合理时间内的证券平均价格之差作为赔偿额。后来又发展出一种非法所得计算法，即以内幕交易者的全部非法所得，包括获得的利益或减少的损失作为赔偿额。

我们认为，从有利于原告举证的角度看，原告应当在诉讼中主张采取差价计算法，理由是前两种方法中"实际价值"和"诱因"的确定都面临着难以解决的技术问题，"非法所得计算法"则对被告起不到惩罚作用，而差价计算法所需的数据在证券交易所电脑撮合记录中均有记载并保留一定的时间，在取证上难度不大，是现有技术条件下较为可行的方法。

五、内幕交易行为与损害事实之间因果关系的认定

内幕交易行为与损害事实之间有无关联性（因果关系），是确定内幕交易民事责任成立的关键。为了适当地减轻在信息和技术上处于弱势的投资者证明此种因果关系的难度，美国逐渐发展出"对市场欺诈理论"，认为在证券市场中，如果投资者是因为对上市公司、证券公司等形成的合理信赖做出了投资而遭受损害，应当认定交易行为与损失之间具有因果关系。据此，只要行为人隐瞒内幕信息与原告交易，则原告无须证明内幕交易行为与其损失的因果关系，只要能够证明自己在内幕交易的"同一时间"里进行了相同证券的交易即可，一旦被告无法证明投资者的损失系由其他原因造成，因果关系即告成立。

我们认为，在内幕交易因果关系的问题上，我国很可能也会采取与美国同样的做法。这是因为最高人民法院《关于审理证券市场因虚假陈述引发的民事赔偿案件的若干规定》中对虚假陈述因果关系的认定就是这样做的：原告只需证明他在虚假陈述期间购买了与虚假陈述相关联的证券并因此造成损失，就此可以推定虚假陈述与损害结果间存在着因果关系，被告则必须举出一定的反证来推翻因果关系的存在。上述规定对我国投资者证明内幕交易因果关系的成立有相当的参考价值。

投资者如何证明操纵市场民事责任的成立*

操纵证券交易价格,又称操纵证券行情、操纵证券市场,是指行为人采取不正当的方法和手段支配、控制证券交易,故意抬高、打压、稳定证券的交易价格,并使之处于交易活跃状态,以诱使他人购买或出售该证券,从而获取不正当利益或转嫁风险的行为。现行《中华人民共和国证券法》(以下简称《证券法》)没有关于操纵证券交易价格民事责任的规定。此次《证券法》修订特别强调了这方面的规定,如"操纵证券交易价格给投资者造成损失的,行为人应当依法承担赔偿责任"。在实务中,投资者要让操纵证券交易价格者承担民事赔偿责任,同样存在着如何证明若干事项的问题。为了说明方便起见,下面先探讨各种操纵证券交易价格行为的构成要件中相同的几项应当如何证明,再分析几种常见行为样态的特殊构成要件。

一、操纵证券交易价格行为人及其主观目的

从前引法条看,操纵证券交易价格的行为人可以是"任何人"(也包括法人),因而投资者无须证明其身份。不过,法律又要求行为人须以"获取不正当利益或者转嫁风险"为其主观目的,这就牵涉到证明行为人获取了"不正当利益"或者转嫁了"风险"。对于前者,我们认为,操纵市场的行为本身就是违法的,因而只要证明操纵行为存在,其获得的利益自然是不正当的,无须另行证明;对于后者,我们认为,证券市场上的风险多种多样,市场操纵行为人所承担的风险也是多元的,要证明市场操纵行为人将所承担的风险转嫁他方,需要做到以下几点:①证明市场操纵行为人原本承担着风险;②证明市场操纵行为人有转嫁风险的行为,即风险由市场操纵行为人向其他市场主体的转移;③证明市场操纵行为人少承担或不承担风险,而本应由其承担的风险由特定的市场主体承担了;④所转嫁的风险可以量化。

二、损害事实的存在,以及操纵证券交易价格行为与损害事实之间的因果关系

对于这两个要件的证明方法,类似于对内幕交易相应要件的证明,即证明存在损

---

* 第二作者陈历幸,原载于《上海证券报》2005 年 5 月 17 日。

害事实时选用"差价计算法",证明因果关系时运用"同时原则"(证明自己在操纵行为的"同一时间"里进行了相同证券的交易)。

《证券法》第71条列举的四种行为样态是:①通过单独或者合谋,集中资金优势、持股优势或者利用信息优势联合或者连续买卖,操纵证券交易价格(联合买卖或连续买卖);②与他人串通,以事先约定的时间、价格和方式相互进行证券交易或者相互买卖并不持有的证券,影响证券交易价格或者证券交易量(相互委托);③以自己为交易对象,进行不转移所有权的自买自卖,影响证券交易价格或者证券交易量(对倒);④以其他方法操纵证券交易价格。以下分别论述:

(一) 联合买卖或连续买卖

1. 如何证明存在"资金优势""持股优势"或者"信息优势"

资金优势不是绝对的优势,是相对于市场上理性投资者所能集中资金量而言的一种相对不正常的优势。只要能证明操纵者以一个相对优势的资金量进行交易,比如在交易不活跃时动用了较其他市场主体所能投入的更多的资金即可。持股优势是指行为人利用其名下或实际控制的账户持有相对超出市场正常水平的股票份额,这可以通过证明行为人持股数量和股票价格之间存在的非正常强关联度(超过了股票价格和基本面、持股优势和基本面之间的相关度)来进行。对信息优势,则需要证明行为人掌握着市场上其他主体所不掌握的信息,包括真实信息以及对虚假信息的真实性的了解等。

2. 如何证明存在"联合或连续买卖行为"

联合买卖,是指两个以上的主体,在某一时段内,约定一起大量买入或卖出某种证券。要投资者证明行为人之间存在有关约定,可以从双方的开户协议、交易协议入手,同时比较双方的委托在时间和价格上是否具有相似性来进行。

连续买卖是指在一定时间内连续高价买入或者卖出某种证券,以抬高或者压低其价格。投资者要证明存在为了一个目的而持续进行的两次以上的交易,每次交易之间的时间间隔长短没有必要做过多考虑,因为连续交易往往持续相当长的时间后才能够被发现。例如,"操纵陆家嘴股价案"即存在时间跨度达50天的多次买卖行为。

(二) 相互委托(对敲)

1. 如何证明"事先约定的时间、价格和方式相互进行证券交易"

"约定的时间",并不一定是要证明双方同时为相反买卖,只要双方的申报在证券市场上存在成交的可能性。"约定的价格",也不要求双方价格必须严格一致,只要证明对敲双方的委托价有成交的可能性。"约定的数量"也不要求完全一致,因证券交易遵循价格优先和时间优先的原则,同谋者很可能无法就其申报买进或卖出的全部数额恰好完全成交,在此种情况下,证明买进额和卖出额间有相当部分的重叠即可。在这方面,"中科创业(康达尔)股票操纵案"比较典型。

需要注意的是，"大宗交易"（买卖双方就单笔交易规模远大于市场平均单笔交易规模的交易行为的交易价格和数量达成一致后，通过同一证券交易席位，以特定的规则申报，经确认后成交）是合法行为，不属于对敲。

2. 如何证明"相互买卖并不持有的证券"

相互买卖并不持有的证券，指行为人在不持有证券的情形下实施所谓出售或者要约出售证券。而在现行《证券法》确立的交易体制下，"相互买卖并不持有的证券"似乎在交易和交割环节都不可能实现。在交易环节，目前证券交易以现货进行，投资者向交易系统发出卖出其并不持有的证券交易指令时，该指令为无效指令；在交割环节，由于流通股的过户是在交易完成之后由登记结算公司根据交易结果直接进行账户划拨，不履行交割的情况也不太可能发生。《证券法》施行之前，上海万国证券公司"3·27"空抛案是这方面典型的案件。

（三）对倒（自买自卖、洗售、虚抛）

认定自买自卖，关键在于必须证明买卖账户处于同一人的控制下。实践中，这种证明主要是通过开户资料、交易记录、资金流水等资料的分析查证来实现的。由于账户实名制的实行，以一个主体名义注册两个以上账户的做法已不可能，自买自卖所用的账户多为"麻袋账户"或"代理账户"。如"郑百文股价操纵案"和"亿安科技股价操纵案"都是如此。

证明账户是否处于同一人控制下，可以从三个方面着手：一是委托代理主体，如果涉嫌账户的委托代理人是同一人，且被代理人也为同一人，则可能处于同一控制下；二是资金来源，如果交易账户的资金来源相同，可以初步认定账户之间存在着共同的资金链；三是交易利润归属，如果从事对手交易的账户利润都归集到同一主体身上，则可能账户处于同一人控制下。至于判断"自买自卖"的另一举证步骤，即证明账户之间的交易是否互为对手，可以参考上面有关"约定的时间、价格和方式"的论述。

（四）其他操纵证券交易价格的行为

从国内外的实践来看，其他操纵证券交易价格的行为主要还有"散布流言或不实资料"（北海投资公司"收购"苏三山案就是典型的例子），"囤积居奇"（轧空）；"违反规则的安定交易"等。以上几种只是操纵行情的典型行为，在实际中行为人往往综合运用几种手段。例如，在"华天酒店股价操纵案"中，其母公司同时使用了连续买卖、对敲等手段。随着科技手段日新月异，操纵市场行为的类型将越来越复杂，相应的证明方法也会不断更新。

投资者怎样证明证券欺诈民事责任的成立[*]

证券欺诈有广义和狭义之分。广义的证券欺诈是指用明知是错误、虚假、欺诈的或者粗心大意制作的,或者不诚实地隐瞒了重大事项的各种陈述、许诺或预测,引诱他人同意买卖证券的行为,其内容包括操纵行情、虚假陈述等情形。狭义的证券欺诈仅指利用与证券投资者进行交易的机会或利用其受托人、管理人或代理人的地位,通过损害投资者的利益而进行证券交易,不包括操纵行情和虚假陈述。

我国立法上的证券欺诈概念有一个演变的过程。在《中华人民共和国证券法》(以下简称《证券法》)颁行前,1993年的《禁止证券欺诈行为暂行办法》第10条对证券欺诈的行为类型规定得比较宽(包括十种行为),行为主体除证券经营机关外还包括证券登记清算机构和发行人及发行人的代理人等。《证券法》第73条将证券欺诈的行为主体限定为"证券公司及其从业人员",行为类型也缩减为六种(详后)。可见,现行法上的证券欺诈就是指欺诈客户,属狭义的证券欺诈。此次修订草案对这六种行为类型未作任何修改,仅增加了"欺诈客户行为给客户造成损失的,行为人应当依法承担赔偿责任"的规定。证券欺诈民事责任的成立,同样要以投资者能够证明若干事实的存在作为前提。根据民事证明责任的理论,受害人对于违约责任所承担的证明责任要轻于对侵权所承担的证明责任(后者需要证明同时存在损害事实、损害行为、两者间因果关系、行为人有过错;前者只要证明有损害事实和损害行为就可以了)。就证券欺诈而言,损害事实包括投资者的资金亏损、多支出的交易手续费用、丧失的盈利机会等,是比较容易证明的。下面主要谈谈如何分别证明《证券法》规定的六种行为类型中的各个损害行为。

一、违背客户的委托为其买卖证券

作为受托人,证券公司理应忠实履行受托义务,按委托人的要求买卖证券,不得改变客户指令中提出的证券名称、交易种类、买卖数量、价格幅度、有效期限等委托事项。《证券法》第139条规定:"证券公司办理经纪业务,应当置备统一制定的证券买卖委托书,供委托人使用。采取其他委托方式的,必须作出委托记录。客户的证券买卖委托,不论是否成交,其委托记录应当按规定的期限,保存于证券公司。"根据这一

---

*　第二作者陈历幸,原载于《上海证券报》2005年5月24日。

规定,投资者如主张证券公司有违背其委托为其买卖证券的行为,可以要求券商出示有关的委托记录和交易记录(如果投资者能提出留存于本人处的委托书副本以及买卖成交报告单则更好),通过两相对照来证明证券公司有违背客户委托的行为。

二、不在规定时间内向客户提供交易的书面确认文件

《证券法》第140条规定:"证券公司接受证券买卖的委托,应当根据委托书载明的证券名称、买卖数量、出价方式、价格幅度等,按照交易规则代理买卖证券;买卖成交后,应当按规定制作买卖成交报告单交付客户。"可见,证券买卖成交后,券商应在规定的时间内向委托人提供证券买卖书面确认文件。这是为了保障客户在行情瞬息万变的状况下能及时掌握自己的交易情况,及时行使自己的权利,维护自身合法权益。至于何为"规定时间",我国证券交易所的交易规则规定为:券商受委托买卖成交,并在清算机构清算后,就应及时将"证券买卖清算交割单"交付委托人。根据民事证明责任理论中"主张消极事实者无须举证"的原则,投资者未在规定时间内得到交易确认文件,可以要求券商证明其已经按时提供了确认文件,券商无法证明的,即可认定券商有不按时提供确认文件的行为。

三、挪用客户所委托买卖的证券或者客户账户上的资金

券商办理经纪业务,必须为客户分别开立证券和资金账户,并对客户交付的证券和资金按户分账管理,券商对此负有保管责任,不得利用保管的便利随意使用。要证明券商私自使用、出借客户证券、资金的行为有一定的难度。不过,根据《证券法》第132条"客户的交易结算资金必须全额存入指定的商业银行,单独立户管理"以及第150条"证券持有人所持有的证券上市交易前,应当全部托管在证券登记结算机构"的规定,券商要挪用客户资金,一般需要通过与银行之间的账款往来进行,这种业务往来的凭证可以作为存在挪用行为的证据;券商要挪用客户的证券,则必须通过证券登记结算机构进行,为了欺骗后者,券商需要制造虚假的交易记录,投资者可以向证券登记结算机构申请调阅这种虚假记录。

四、私自买卖客户账户上的证券,或者假借客户的名义买卖证券

这两种情况都是券商在客户的账户上"翻炒"证券的行为。券商私自买卖客户账户上的证券,虽然有关买卖的收益归客户所有,而一旦买卖亏损就会直接造成投资者的损失,这实际上是券商为了多收佣金而不惜牺牲投资者的利益。券商假借客户的名义买卖证券,就是盗用他人账户为自己炒卖股票,违反了《证券法》第134条"证券公司自营业务必须以自己的名义进行,不得假借他人名义或者以个人名义进行"的规

定。所谓"私自买卖"或者"假借客户的名义买卖",可以理解为是券商没有客户委托而买卖证券,同样属于"消极事实"之列。因而投资者在要求券商提供有关交易记录的同时,还可要求其提供存在委托的凭据,券商无法证明的,即可认定券商有挪用行为。当然,券商所提供的交易记录上可能并没有显示出有关的交易行为,此时投资者还需要申请调阅证券登记结算机构的记录。

五、为牟取佣金收入,诱使客户进行不必要的证券买卖

佣金是证券经纪商的主要收入来源,客户委托量大并且成交量大,佣金就多;反之,佣金就少。为了多获取佣金,券商强拉硬劝,诱导顾客进行其本不愿意做、后又产生损失的证券买卖。要正确认定这种行为,首先必须准确理解这里的"为牟取佣金收入"和"不必要"的含义。我们认为,"为牟取佣金收入"虽然是这种行为的主观目的条件,然而,由于交易量与佣金之间所必然存在的正相关关系,只要客户进行了"不必要"的证券买卖,就可以认为"为牟取佣金收入"这一条件已经满足。至于所谓"不必要"的买卖,一般应理解为数量较大、造成的损失也较大的证券买卖。据此,投资者主张券商有该行为的,除证明自己进行过有关交易外,再能够证明券商有过相关的劝诱行为就可以了,这可以通过出示券商提供的虚假资料或者通过证人证明其有过这方面的口头宣传和鼓动行为来做到。

六、其他违背客户真实意思表示,损害客户利益的行为

这主要包括《证券法》第 132 条以及第 142 条至第 144 条所明确禁止的几种行为,如经纪业务和自营业务混合操作、接受客户全权委托、保证证券买卖收益或者承诺弥补损失、场外接受客户委托等行为。另外,在实践中还出现过券商在发行承销中不按发行公告或不按规定发放认购申请表,当日接受客户委托或者自营买入证券又于当日将该证券再行卖出(T+0),在接到客户大额交易指令时抢先为自己或与自己有利害关系的其他客户买卖同一证券,向客户推荐自己所持有的证券以图减持,不按规定办理清算或交割手续。对于这些行为的相应证明方法也各有其特点,这里限于篇幅就不再展开了。注意,由于《证券法》第 73 条规定的都是"证券公司及其从业人员"从事的"损害客户利益的欺诈行为",这里的"其他行为"不能够理解为是类似于国外某些立法中出现的将其他所有广义的证券欺诈行为均包括在内的"兜底条款"即所谓"一般欺诈条款"。

投资者怎样证明虚假陈述民事责任的成立[*]

证券市场虚假陈述,又称不实陈述,是指证券发行交易过程中不正确或不正当披露信息和陈述事实的行为。从行为方式上看,虚假陈述既包括行为人的作为,即作出背离事实真相的陈述和记载;也包括不作为,即对依法应作陈述和记载的事项未作记载和陈述;还包括不适时地披露信息。现行《中华人民共和国证券法》(以下简称《证券法》)第 63 条规定:"发行人、承销的证券公司公告招股说明书、公司债券募集办法、财务会计报告、上市报告文件、年度报告、中期报告、临时报告,存在虚假记载、误导性陈述或者有重大遗漏,致使投资者在证券交易中遭受损失的,发行人、承销的证券公司应当承担赔偿责任,发行人、承销的证券公司的负有责任的董事、监事、经理应当承担连带赔偿责任。"第 161 条规定:"为证券的发行、上市或者证券交易活动出具审计报告、资产评估报告或者法律意见书等文件的专业机构和人员,必须按照执业规则规定的工作程序出具报告,对其所出具报告内容的真实性、准确性和完整性进行核查和验证,并就其负有责任的部分承担连带责任。"第 202 条关于民事责任的规定与第 161 条相似。这就是虚假陈述的民事责任在现行法上的依据。

《证券法》修改草案中对《证券法》第 63 条有两处主要修改:一是将原文中的"承销的证券公司"改为"履行保荐职责的证券公司";二是在条文末尾增加了"但是能够证明自己没有过错的除外;发行人的发起人、股东或者实际控制人有过错的,应当承担连带赔偿责任"的规定。草案中对《证券法》第 161 条也有修改:一是要求"为证券的发行、上市、交易等证券业务活动"出具有关文件的专业机构和人员"应当勤勉尽责",并将有关文件的范围扩大至"财务顾问报告、资信评级报告";二是在条文末尾增加了"但能够证明自己没有过错的除外"。我们认为,此次修订草案关于虚假陈述民事责任的内容,实际上是意图将司法实践中形成的经验上升为立法,因而可以预见,如草案得到通过,最高人民法院颁发的《关于受理证券市场因虚假陈述引发的民事侵权纠纷案件有关问题的通知》(以下简称《通知》)以及最高人民法院《关于审理证券市场因虚假陈述引发的民事赔偿案件的若干规定》(以下简称《规定》)等现行的关于虚假陈述的司法解释将继续起着与当前类似的作用,目前尚未审结的虚假陈述赔偿案件如嘉宝集团、ST 同达、[*]ST 联谊、ST 圣方、东方电子、[*]ST 广夏等案也仍然需要以它们为依据来审理。下面我们就根据修订草案和以上两个司法解释,具体分析投资者应当怎样证明有关的若干法定事实的存在,从而主张虚假陈述民事责任的成立。

---

* 第二作者陈历幸,原载于《上海证券报》2005 年 5 月 31 日。

一、虚假陈述行为人的认定

虚假陈述的责任主体有三类:一是发行人(即发行有关证券的公司)、保荐人;二是发行人和保荐人的董事、监事、经理、"其他直接责任人员"以及为证券的发行、上市、交易等证券业务活动出具审计报告、资产评估报告、财务顾问报告、资信评级报告或者法律意见书等文件的专业机构和人员;三是发行人的发起人、股东、实际控制人。要证明这些主体的身份通常都比较方便,依据公众媒体登载的信息就足够了,只是证明发行人的"实际控制人"存在一定难度。实际控制人是指"股份未登记在其名下,但通过股权控制关系、协议或者通过其他安排,能够决定发行人的人事、财务和经营管理政策的自然人、法人或者其他组织",因而投资者要证明其与发行人存在股权控制关系、协议或者相当程度的人事连锁(同一人在控制方与被控制方同时担任要职)等情形,才能要求其承担虚假陈述的民事责任。

至于这三类责任主体的主观状态是否需要有故意和过失(统称"过错")的问题,虚假陈述不像内幕交易和操纵市场那样必须有故意才能成立,有过失也可以。实践中,投资者提出可以通过证明发行人的发起人、股东、实际控制人事先已经知道或者应当知道存在虚假陈述而未明确表示反对,或者发起人对发行人的信息披露提供了担保,来证明其有过错。

另外,《证券法》第 72 条还禁止"国家工作人员、新闻传播媒介从业人员"和"证券交易所、证券公司、证券登记结算机构、证券交易服务机构、社会中介机构及其从业人员,证券业协会、证券监督管理机构及其工作人员"作出虚假陈述。尽管该条文没有规定相应的民事责任(草案中的相应条文亦然),实务中也没有追究其民事责任的案例,但考虑到"规定"将"其他作出虚假陈述的机构或者自然人"也列为虚假陈述案件的被告,对于这些主体是否能够主张民事责任还有待实践的进一步检验。

二、虚假陈述行为的认定:有关处罚决定和刑事判决

《规定》要求,对虚假陈述行为人提起民事赔偿诉讼的投资人,除满足《中华人民共和国民事诉讼法》第 108 条规定的起诉条件外,还必须持有"有关机关的行政处罚决定或者人民法院的刑事裁判文书"。这实际上是在中国证监会处罚决定外增加了"其他行政机关以及有权作出行政处罚的机构的处罚决定"以及"人民法院已经生效的刑事裁判文书"。

需要注意的是,有关司法解释并没有要求有关责任主体都受到行政或者刑事处罚后才可以将其列为被告,只要有关行政机关或法院对某一虚假陈述行为进行了处罚,投资者即可起诉与之相关的任何责任主体,这是因为行政或者刑事处罚只是法院受理案件的依据,不是确定诉讼被告的依据。至于相关被告之间是否存在连带责任

关系,应由法院根据被告之间的约定或者有关司法解释的规定来判定,无须投资者证明被告之间有无"意思联络"等关系。

三、损害事实的认定:损害赔偿额的计算方法问题

虚假陈述损害赔偿额的计算方法与内幕交易相似,即证明存在损害事实时选用"差价计算法"。《规定》对此有比较详细的说明:民事赔偿责任的范围以投资人因虚假陈述而实际发生的损失为限,包括投资差额损失和投资差额损失部分的佣金与印花税。投资人在基准日及以前卖出证券的,其投资差额损失以买入证券平均价格与实际卖出证券平均价格之差乘以投资人所持证券数量计算;投资人在基准日之后卖出或者仍持有证券的,其投资差额损失以买入证券平均价格与虚假陈述揭露日或者更正日起至基准日期间每个交易日收盘价的平均价格之差乘以投资人所持证券数量计算。基准日分别按下列情况确定:①揭露日或者更正日起,至被虚假陈述影响的证券累计成交量达到其可流通部分100%之日,但通过大宗交易协议转让的证券成交量不予计算;②按前项规定在开庭审理前尚不能确定的,以揭露日或者更正日后第30个交易日为基准日;③已经退出证券交易市场的,以摘牌日前一交易日为基准日;④已经停止证券交易的,以停牌日前一交易日为基准日。虚假陈述导致证券被停止发行的,投资人有权要求返还和赔偿所缴股款及银行同期活期存款利率的利息。

四、虚假陈述行为与损害事实之间因果关系的认定

与对内幕交易相应要件的证明相似,因果关系的认定是通过"欺诈市场理论"加以推定的("推定"意味着可以由被告举证推翻)。投资者要证明因果关系存在,只要运用"同时原则"(即证明自己在操纵行为的"同一时间"里进行了相同证券的交易)即可。依《规定》,投资者如果能够证明以下三者:①所投资的是与虚假陈述直接关联的证券;②在虚假陈述实施日及以后至揭露日或者更正日之前买入该证券;③在虚假陈述揭露日或者更正日及以后因卖出该证券发生亏损,或者因持续持有该证券而产生亏损,虚假陈述与损害结果之间即存在因果关系。被告如果能够证明投资者有以下情形之一:①在虚假陈述揭露日或者更正日之前已经卖出证券;②在虚假陈述揭露日或者更正日及以后进行的投资;③明知虚假陈述存在而进行的投资;④损失或者部分损失是由证券市场系统风险等其他因素所导致;⑤属于恶意投资,操纵证券价格的,虚假陈述与损害结果之间则不存在因果关系。

完善上市公司监管制度的五项举措*

一、增加上市公司董事、监事、高级管理人员以及上市公司控股股东或实际控制人的诚信义务的规定和相应的法律责任

近年来,某些上市公司控股股东或者实际控制人通过各种手段掏空上市公司,上市公司董事、监事、高级管理人员不勤勉尽责甚至弄虚作假,损害上市公司和中小投资者合法权益的事件时有发生,影响了一部分投资者对证券市场的信心。为此,《中华人民共和国证券法》(以下简称《证券法》)修改草案中分别规定:"上市公司董事、监事、高级管理人员负有诚信义务,应当忠实、勤勉履行职责,对上市公司披露信息的真实、准确、完整承担法律责任。""上市公司控股股东或者实际控制人负有诚信义务,应当确保其提供的文件真实、准确、完整,不得有虚假记载、误导性陈述或者重大遗漏,不得以任何方式损害上市公司和其他股东的合法权益。"草案中还对后者规定了相应的法律责任:"证券发行申请人的股东或者实际控制人弄虚作假,致使证券发行申请人提交的证券发行申请文件存在虚假记载、误导性陈述或者重大遗漏的,对该股东或者实际控制人给予警告,并处以三万元以上二十万元以下的罚款。对直接负责的主管人员和其他直接责任人员处以一万元以上十万元以下的罚款。构成犯罪的,依法追究刑事责任。"另外,草案还规定,国务院证券监督管理机构可以对违法违规行为的直接责任人员采取暂停其履行职务、要求有关机构限期解除其职务及"证券市场禁入"的措施。

另外,针对上市公司及其董事、监事、高级管理人员违反法律规定直接买卖、假借他人名义买卖或者通过其实际控制的公司买卖本公司股票的现象,草案中增设了如下法律责任,即:"责令改正,没收违法所得,并处以违法所得一倍以上五倍以下的罚款;没有违法所得的,处以三十万元以上六十万元以下的罚款。对直接负责的主管人员和其他直接责任人员给予警告,并处以三万元以上十万元以下的罚款。"

需要指出,尽管《证券法》修订草案的上述规定主要是针对相关主体在上市公司信息披露中的义务和责任作出的,在其他情形下,他们所负有的诚信义务与相应的责任也同样存在。这是因为《公司法》修订草案中分别规定:"公司董事、监事、高级管理人员应当遵守法律、行政法规和公司章程,对公司负有忠实和勤勉义务。""公司控股

---

* 第二作者陈历幸,原载于《上海证券报》2005 年 6 月 7 日。

股东、实际控制人、董事、监事、高级管理人员及其他人不得利用关联关系侵占公司利益。公司控股股东、实际控制人不得利用其控制地位损害其他股东利益。违反前两款规定,致使公司或者其他股东利益遭受损害的,应当承担赔偿责任。""董事、监事、高级管理人员违反忠实和勤勉义务,不在职权范围内履行职责,致使公司利益受到重大损失的,承担赔偿责任。构成犯罪的,依法追究刑事责任。"由此可见,除了对各种证券欺诈行为的特别规定之外,《证券法》修订草案中对相关主体只规定了行政责任和刑事责任,相关民事责任的法律依据则出现在《公司法》修订草案之中。

二、建立证券发行上市保荐制度

为了进一步完善股票发行管理体制,确保上市公司规范运作,草案参考了国务院《关于推进资本市场改革开放和稳定发展的若干意见》中关于"进一步完善股票发行管理体制,推行证券发行上市保荐制度"的要求,并规定:"发行人申请公开发行证券的,应当按照规定聘请证券公司担任保荐机构。""保荐机构应当遵守业务规则和行业规范,诚实守信,勤勉尽责,履行推荐发行人证券发行、上市和督导发行人规范运作等相关职责。"草案还规定了保荐机构的相应法律责任,即"履行保荐职责的证券公司未履行法定职责,致使发行人的公开发行募集文件存在虚假记载、误导性陈述或者重大遗漏的,没收其相关业务收入,并处以三十万元以上六十万元以下的罚款。对直接负责的主管人员和其他直接责任人员给予警告,并处以三万元以上三十万元以下的罚款。情节严重的,暂停或者吊销证券公司相关业务资格及直接责任人员的任职资格、证券从业资格。履行保荐职责的证券公司在股票公开发行后,未依法履行保荐义务的,责令改正,给予警告,没收其相关业务收入,并处以三十万元以上六十万元以下的罚款。对直接负责的主管人员和其他直接责任人员给予警告,并处以三万元以上三十万元以下的罚款。情节严重的,暂停或者吊销证券公司相关业务资格及直接责任人员的任职资格、证券从业资格。"

三、强化证券监督管理机构在证券发行中的监管职能,增设有关不符合条件发行、欺诈发行的法律责任

现行《证券法》第11条规定:"公开发行股票,必须依照公司法规定的条件,报经国务院证券监督管理机构核准。"草案中将其中的"公司法规定的条件"改为"公司法规定的条件以及国务院证券监督管理机构规定的其他条件",从而赋予国务院证券监督管理机构设定公司上市条件的权力。另外,现行《证券法》第14条第3款规定,"发行审核委员会的具体组成办法、组成人员任期、工作程序由国务院证券监督管理机构制定,报国务院批准"。草案中删除了报国务院批准的要求。这些变动都体现了证券监督管理机构在证券发行中监管职能的加强。

草案还对不符合条件发行、欺诈发行等行为增设了有关的法律责任。其中规定："发行人不符合发行条件、欺诈发行，已经核准尚未发行的，处以三十万元以上六十万元以下的罚款；已经发行尚未上市的，处以非法所募资金金额百分之一以上百分之五以下的罚款；已经发行并上市的，对负有责任的股东和实际控制人处以非法所募资金金额百分之一以上百分之五以下的罚款。对发行人的董事、监事、经理和其他直接责任人员处以三万元以上三十万元以下的罚款。构成犯罪的，依法追究刑事责任。""证券发行申请人提交的证券发行申请文件存在虚假记载、误导性陈述或者重大遗漏的，给予警告；情节严重的，并处以三万元以上二十万元以下的罚款。对直接负责的主管人员和其他直接责任人员处以一万元以上十万元以下的罚款。构成犯罪的，依法追究刑事责任。"

四、提高发行审核透明度，拓宽社会监督的渠道

为了加强社会公众监督，防范证券发行人采取虚假手段骗取发行上市资格，草案确立了发行申请文件的预披露制度，要求首次公开发行的申请人预先披露申请发行上市的有关信息。草案中在现行《证券法》第 17 条第 1 款的基础上增加了如下规定："发行人申请首次公开发行的，还应当预先披露有关申请文件。"至于所谓的"预先披露"究竟是指预先多少时间披露，草案并未明确，我们的理解是，发行人在向国务院证券监督管理机构或者国务院授权的部门提出申请的同时，就应当披露有关的申请文件。这样可以拓宽社会监督的渠道，有利于提高上市公司的质量。

五、增设对上市公司擅自改变募集资金用途的处罚

草案中规定："上市公司擅自改变募集资金用途的，给予警告，并处以三十万元以上六十万元以下的罚款。对直接负责的主管人员和其他直接责任人员给予警告，并处以三万元以上十万元以下的罚款。构成犯罪的，依法追究刑事责任。"

五项制度强化证券公司监管[*]

一、推行证券业务许可制度，取代现行的分类管理制度

《中华人民共和国证券法》（以下简称《证券法》）修订草案放弃了现行《证券法》所规定的综合类与经纪类券商分类管理的制度，取而代之的是重新设计的证券业务许可制度，从而扩大了证券业务的范围，以适应证券公司业务创新的要求。草案规定，券商经国务院证券监督管理机构批准，可以经营下列部分或者全部业务：①证券经纪；②证券投资咨询；③财务顾问；④证券承销与保荐；⑤证券自营；⑥资产管理；⑦其他证券业务。券商经营上述第①—③项业务的，注册资本最低限额为 5 000 万元人民币；经营第④—⑦项业务之一的，注册资本最低限额为 1 亿元人民币；经营第④—⑦项业务中两项以上的，注册资本最低限额为 5 亿元人民币。注册资本应当是实缴资本。国务院证券监督管理机构根据审慎监管的要求和各项业务的风险程度，可以调高以上注册资本的最低限额，但不得调低限额。证券公司应当自领取营业执照之日起 15 日内，向国务院证券监督管理机构申请经营相应证券业务的许可证。未取得许可证的证券公司不得开业，不得经营相应的证券业务。券商超出业务许可范围经营证券业务的，责令改正，没收违法所得，并处以违法所得一倍以上五倍以下的罚款；没有违法所得的，处以 30 万元以上 60 万元以下罚款。情节严重的，责令关闭，对直接负责的主管人员和其他直接责任人员给予警告，并处以 3 万元以上 10 万元以下的罚款。证券公司在境外设立、收购、参股证券类机构或者设立、收购分支机构的，应当经国务院证券监督管理机构的批准。

相应的，草案对于证券公司的设立条件也不再区别综合类与经纪类券商，而是作出如下统一规定：①主要股东及其实际控制人具有持续经营盈利能力，信誉良好，最近 3 年内无重大违法违规记录，净资产不低于人民币 2 亿元；②有符合本法规定的注册资本；③高级管理人员具备任职资格，执业人员具有证券从业资格；④有符合本法和公司法规定的公司章程；⑤有健全的风险管理与内部控制制度；⑥有合格的经营场所和业务设施。对于证券公司的设立程序，草案增加规定："国务院证券监督管理机构应当自受理证券公司设立申请之日起六个月内，依照法定的条件和程序进行审查，作出批准或者不予批准的决定，并通知申请人；不予批准的，应当说明理由。证券公

＊ 第二作者陈历幸，原载于《上海证券报》2005 年 6 月 14 日。

司设立申请获得批准的,申请人应当按照法律、行政法规的规定在限期内完成公司设立手续,凭国务院证券监督管理机构的批准文件向公司登记机关办理登记,领取营业执照。"

二、健全证券公司内部控制制度,保证客户资产安全,严格防范风险

近年来,证券公司风险不断暴露,主要是内控制度不严,大量挪用客户交易结算资金,严重损害投资者利益,影响了证券市场的稳定。草案要求证券公司应当建立健全内部控制制度,保证客户资产的安全;证券公司应当采取有效的隔离措施,防范公司与客户、不同客户之间的利益冲突;严禁任何机构或者个人以任何形式挪用客户交易结算资金、客户证券账户名下的债券、基金、股票等证券资产;证券公司必须将客户的交易结算资金存放在商业银行,以每个客户的名义单独立户管理;券商清算时应当优先偿付挪用的客户资产。

草案还参照《中华人民共和国银行业监督管理法》的相关规定,要求证券公司"妥善保存客户开户资料、委托记录、交易记录和与内部管理、业务经营有关的各项资料,任何人不得隐匿、篡改、伪造或者毁损。上述资料保存期限不得少于二十年"。证券公司应当定期向国务院证券监督管理机构报送业务、财务等经营管理信息和资料。后者认为有必要时,可以委托会计师事务所、资产评估机构对证券公司的财务状况、内部控制状况、资产价值进行审计或者评估。"证券公司的净资本及其他风险控制指标不符合规定的,国务院证券监督管理机构应当责令其限期改正;逾期未改正,或者其行为严重危及该证券公司的稳健运行、损害客户合法权益的,国务院证券监督管理机构可以区别情形,对其采取下列措施:(一)限制业务活动、责令暂停部分业务、停止批准新业务;(二)停止批准增设、收购营业性分支机构;(三)限制分配红利,限制向董事、监事、高级管理人员支付报酬、提供福利;(四)限制转让财产和在财产上设定其他权利;(五)责令调整董事、监事、高级管理人员或者限制其权利;(六)责令控股股东转让股权或者限制有关股东行使股东权利;(七)撤销对其有关业务范围的核定。"

三、明确了证券公司高级管理人员任职资格管理制度

为了加强对证券公司高级管理人员的管理,草案在保留现行《证券法》对券商高管消极资格规定的基础上增加了其积极资格的规定:"证券公司的高级管理人员,应当正直诚实,品行良好,熟悉证券法律、行政法规,具有履行职责所需的经营管理能力,并在任职前取得国务院证券监督管理机构核准的任职资格。"草案又增加规定了证券监督管理机构的相应处罚权限:"证券公司的董事、监事、高级管理人员未能勤勉尽责,致使证券公司存在重大违法违规行为或者重大风险的,国务院证券监督管理机

构可以取消其任职资格,并责令公司予以更换。"

四、增加对证券公司主要股东的资格与义务的规定,禁止证券公司向其股东或者股东的关联人提供融资或者担保

为了有利于证券公司更好地防范风险,草案对股东资格特别是主要股东及其实际控制人资格有了明确限制,并规定:"证券公司的股东有虚假出资、抽逃出资行为的,国务院证券监督管理机构应当责令其限期改正,并可责令其转让所持证券公司的股权。在前款规定的股东按照要求改正违法违规行为、转让所持证券公司的股权前,国务院证券监督管理机构可以限制其股东权利。""证券公司及其股东、实际控制人违反规定,拒不向证券监督管理机构报送或者提供经营管理信息和资料,或者报送、提供的经营管理信息和资料有虚假记载、误导性陈述或者重大遗漏的,给予警告,并处以三万元以上三十万元以下的罚款。对直接负责的主管人员和其他直接责任人员,给予警告,并处以三万元以下罚款。情节严重的,暂停或者吊销证券公司相关业务资格及直接责任人员的任职资格、证券从业资格。证券公司为其股东或者股东的关联人提供融资或者担保的,责令改正,给予警告,并处以十万元以上三十万元以下的罚款。对直接负责的主管人员和其他直接责任人员,处以三万元以上十万元以下的罚款。股东有过错的,在按照要求改正前,国务院证券监督管理机构可以限制其股东权利;拒不改正的,可以责令其转让所持证券公司股权。"

五、补充证券公司停业整顿、托管、接管或者撤销等监管措施,防范和化解证券市场风险

草案规定:"证券公司违法经营或者出现重大风险,严重危害证券市场秩序、损害投资者利益的,国务院证券监督管理机构可以对该证券公司采取责令停业整顿、指定其他机构托管、接管或者撤销等监管措施。"在证券公司被依法接管、指定托管、停业整顿或清算期间或者出现重大风险时,经国务院证券监督管理机构批准,可以对该证券公司直接负责的董事、高级管理人员和其他直接责任人员采取如下措施:"(一)通知出境管理机关依法阻止其出境;(二)申请司法机关禁止其转移、转让财产或者在财产上设定其他权利。"

证券交易所的监管职能得到加强[*]

现行《中华人民共和国证券法》(以下简称《证券法》)对证券交易所的定位是"提供证券集中竞价交易场所的不以营利为目的的法人"(第 95 条)。《证券法》修订草案将该条文修改为:"证券交易所是为证券集中交易提供场所和设施,组织和监督证券交易,实行自律管理的法人";并且,草案将现行《证券法》第 113 条第 1 款修改为:"证券交易所依照证券法律、行政法规制定上市规则、交易规则、会员管理规则,并报国务院证券监督管理机构批准。"这样修改,一方面明确了证券交易所的自律性质;另一方面又加强了其证券监管的职能。

关于证券交易所(以下简称"证交所")的自律性,草案新增加的内容不多,仅将《证券法》第 98 条第 2 款的规定修改为:"实行会员制的证券交易所的积累归会员所有,其权益由会员共同享有,在其存续期间,不得将其积累分配给会员。"原文中没有"实行会员制的"几个字,增加后可能意味着,法律将认可我国目前尚未出现以公司制作为组织形式的证券交易所。

草案对证券交易所证券监管职能的加强则具体体现在下面几个方面:

一、将股份公司股票的上市核准权由证监会移归证交所

《证券法》第 43 条规定,股份有限公司申请其股票上市交易,必须报经证监会核准;证监会可以授权证交所核准上市申请。草案将上述内容修改为:"股份有限公司申请其股票上市交易,应当向证券交易所提出申请,由证券交易所依照法定条件和法定程序核准。"这样,股份公司的上市核准权就由证监会正式移归证交所,证交所核准股票上市也就不再需要证监会的有关授权了。当然,由于我国股份公司股票的上市条件是《公司法》规定的,上市程序是《证券法》第 45 条规定的(草案未对其作任何修改),所以证交所并不能像国外的证券交易所那样自行设定上市条件,而只能够以法定的上市条件为依据,依照法定程序行使上市核准权。

二、明确证交所拥有股份公司股票暂停上市、终止上市的决定权

《证券法》第 49 条规定,上市公司丧失公司法规定的上市条件的,其股票依法暂

---

[*] 第二作者陈历幸,原载于《上海证券报》2005 年 6 月 21 日。

停上市或者终止上市。然而,该规定并未明确应由哪个主体作出有关决定(实践中是由证监会作出)。草案将其修改为"上市公司丧失上市条件的,由证券交易所依法决定其股票暂停上市或者终止上市",从而明确规定了证交所有权决定股份公司股票的暂停上市、终止上市。

三、将公司债券的上市核准权和暂停上市、终止上市的决定权也由证监会移归证交所

《证券法》第50条规定,公司申请其发行的公司债券上市交易,必须报经证监会核准;证监会可以授权证交所核准公司债券上市申请。草案将上述内容修改为:"公司申请其发行的公司债券上市交易,由证券交易所依照法定条件和法定程序核准。"这样,公司债券的上市核准权也就由证监会正式移归证交所。关于公司债券暂停上市、终止上市的决定权,根据《证券法》第55、56条的规定系由证监会行使(第57条又规定可由证监会授权证交所行使),而草案也都修改为由证交所行使。与股票上市类似的是,我国的公司债券的上市条件和上市程序也是法定的,证交所只能以此为依据行使公司债券的上市核准权和暂停上市、终止上市的决定权。

四、将"证券集中竞价交易"修改为"证券集中交易",从而拓展了证交所的业务空间与监管范围

现行《证券法》将证交所定义为"提供证券集中竞价交易场所的不以营利为目的的法人",但实践中,证交所从事的业务已经不止是证券的集中竞价交易,例如,"证券大宗交易"就是不采用集中竞价方式进行的交易证券。草案对有关的表述均修改为"证券集中交易",从而为证交所从事不采用竞价交易的特殊交易方式预留了立法空间,也为满足不同方面的资金需求而建立多层次资本市场铺平了道路。关于多层次资本市场,草案规定:"依法公开发行的股票、公司债券及其他证券、证券衍生品种,发行人申请上市交易的,应当在依法设立的证券交易所上市交易;不申请上市交易的,可以在证券交易所或者经国务院批准的其他证券交易场所转让。"

五、赋予证交所对证券交易即时行情的发布许可权和对出现重大异常交易账户的限制交易权

草案在《证券法》第107条关于证交所应即时公布证券交易行情的基础上增加规定:"未经证券交易所许可,任何单位和个人不得发布证券交易即时行情。"

草案新增如下规定:"证券交易所根据需要,可以对出现重大异常交易情况的证券账户限制交易,并报国务院证券监督管理机构备案。"

证券交易中介机构规范的新变化[*]

　　"证券交易中介机构"的提法,尽管在证券市场各方参与者中间经常使用,但并不是《中华人民共和国证券法》(以下简称《证券法》)上的概念。现行《证券法》中只出现过"社会中介机构",虽然没有明确解释,但通常理解为,它主要是指根据证券法律的规定有可能承担相关法律责任的两类市场主体,即会计师事务所和律师事务所。《证券法》修订草案把从事证券业务的会计师事务所纳入了"证券交易中介机构"之中,这就造成了这两个概念的外延出现了部分重叠的情况。我们认为,无论是从有关主体的性质,还是就其权利义务的配置来看,《证券法》对"社会中介机构"和"证券交易中介机构"的区别没有太大的价值,与其勉强作划分,还不如在统一的"证券交易中介机构"概念下对它们适用同样的法律规则。事实上,通常人们所说的"证券交易中介机构",其范围就包括了各种"证券交易中介机构"和"社会中介机构"。而且,如果单从这一概念自身的内涵看,证券交易所和证券登记结算机构也可以被认为是证券交易中介机构的一种。只不过当前我国的证券交易所地位比较特殊,更多的是以监管主体而非市场主体的身份出现,因而把它单列出来更加合适一些。

　　关于"证券交易服务机构",现行《证券法》第八章仅规定为"专业的证券投资咨询机构、资信评估机构",草案改成了"投资咨询机构、财务顾问机构、资信评级机构、资产评估机构、会计师事务所"。现行《证券法》第 157 条第 1 款规定,"根据证券投资和证券交易业务的需要,可以设立专业的证券投资咨询机构、资信评估机构";草案则要求"从事证券业务,必须经国务院证券监督管理机构和相关主管部门批准"。《证券法》第 157 条第 2 款规定,"证券投资咨询机构、资信评估机构的设立条件、审批程序和业务规则,由国务院证券监督管理机构规定",草案修改为:"投资咨询机构、财务顾问机构、资信评级机构、资产评估机构、会计师事务所从事证券业务的审批程序和业务规则,由国务院证券监督管理机构会同相关主管部门制定。"草案还对证券交易服务机构未能勤勉尽责造成的损害规定了相应的法律责任,即"为证券的发行、上市或者证券交易活动出具审计报告、资产评估报告、财务顾问报告、资信评级报告、法律意见书等文件的专业机构和人员,未能勤勉尽责,对所出具、制作的文件涉及内容的真实性、准确性、完整性进行核查和验证,或者所出具、制作的文件含有虚假记载、误导性陈述或者重大遗漏的,没收其业务收入,并处以业务收入一倍以上五倍以下的罚款、暂停业务资格;对直接负责的主管人员和其他直接责任人员给予警告,并处以三

　　*　第二作者陈历幸,原载于《上海证券报》2005 年 6 月 28 日。

万元以上十万元以下的罚款。情节严重的,由有关主管部门责令该机构停业,吊销直接责任人员的资格证书。构成犯罪的,依法追究刑事责任。"

可以看出,草案的规定有三个新的特点:

(1)证券交易服务机构的种类有所增加,从两类增加到五类,新增的是财务顾问机构、资产评估机构、会计师事务所,原来的"资信评估机构"则改成了"资信评级机构"。事实上,如果不是目前律师从事证券业务已经不再有特别的资格要求,草案很可能也会把从事证券业务的律师事务所也列为证券交易服务机构。当然,这种情况并没有发生。这样,草案的规定有可能造成律师事务所与会计师事务所从事证券业务时各自的权利义务存在不必要的差异。

(2)对证券交易服务机构的界定由主体标准转向了行为标准,不再要求其是"专业的"机构(专门从事证券业务的机构),而是强调只要上述五类机构中存在"从事证券业务"的情况,它们就属证券交易服务机构之列,其证券业务活动需要受到法律有关规定的调整,而证券业务之外的其他活动则不属于证券法律的调整范围。

(3)对有权作出有关行政许可的行政机关也作了相应的修改,由证监会一部门即可自行作出,改为需要由其与"相关主管部门"共同批准;有关审批程序和业务规则,也从授权证监会一部门制定,改为需要由其会同相关主管部门制定。这是因为这五类证券交易服务机构也都有各自的主管部门,当证券交易服务机构不再被要求专门从事证券业务之后,其业务范围可能远远超出证券类别,不能只由证监会一家负责监管。草案将现行《证券法》第167条关于证监会监管职责的规定中的第三项修改为"依法对证券发行人、上市公司、证券交易所、证券公司、证券登记结算机构、证券投资基金管理公司以及从事证券业务的投资咨询机构、财务顾问机构、资信评级机构、资产评估机构、律师事务所、会计师事务所的证券业务活动,进行监督管理",就是将证监会对有关证券交易服务机构的监管,限制在证券业务活动中。

证券登记结算机构规范的新变化*

　　证券登记结算机构是专门从事为证券交易提供集中的登记、托管与结算服务的不以营利为目的的法人。证券登记结算机构在证券交易中处于重要地位，其系统运转质量的好坏和效率的高低，对证券市场安全、高效、有序运行有着极其重要的影响，是证券市场不可缺少的中介机构。目前，由原上海证券中央登记结算公司和原深圳证券登记结算公司合并组建的"中国证券登记结算公司"是在国家工商行政管理局注册登记的内地唯一一家证券登记结算机构。

　　根据《中华人民共和国证券法》（以下简称《证券法》）第146条的规定，证券登记结算机构所具有的职能有登记、托管和结算三项。

　　所谓登记职能，是指证券登记结算机构对所有进行交易的证券进行集中的登记并记录确定当事人证券账户、证券持有情况及相关权益的职责与功能，证券的发行登记和股东名册管理也附属于托管职能；所谓托管职能，是指证券登记结算机构接受券商或投资者委托，代为保管证券并提供相应服务的职责与功能，除上市公司的股份管理和证券托管、转托管之外，证券权益的派发和配股股权的认购也附属于托管职能；所谓结算职能，是指证券登记结算机构通过与交易所、清算银行和结算会员的联网，对达成交易的证券以净额结算方式协助证券交易的双方相互交付证券与价款，从而完成证券和资金收付的职责与功能，新股网上发行的资金清算、配股的资金交收也附属于结算职能。另外，在实务中，上市证券非流通股份的管理，包括股份的抵押、冻结以及法人股、国家股权的协议转让过户也是由证券登记结算机构承担的。

　　此次《证券法》草案对于证券登记结算机构的登记职能和结算职能的具体内容作了部分修改。对于前者，草案要求投资者"应当以本人的名义在证券登记结算机构开立证券账户"，投资者开立账户必须持有证明具有中国公民身份或者中国法人资格的合法证件，"国家另有规定的除外"。最后的"除外"规定有两方面意义：一是为了适应草案中新增的证券公司可以成为证券"名义持有人"的内容（草案增加规定，经国务院证券监督管理机构批准，证券公司可以受托持有法律、行政法规规定的证券，成为证券的名义持有人……这可以说是证券账户实名制的一种例外情况）；二是为了改革证券账户开立制度，适应资本市场对外开放的需要。目前，根据《证券法》第138条第2款的规定，客户开立账户，必须持有证明中国公民身份或者中国法人资格的合法证件，这样，境外公民和法人就不能够在境内开立证券账户。为扩大对外开放，我国已

---

　　* 第二作者陈历幸，原载于《上海证券报》2005年7月12日。

经引入了合格境外机构投资者（QFII）投资境内证券市场,并允许境外投资者受让境内上市公司股份。因而,需要草案对现行证券开户制度进行相应的调整。对于后者,草案本着增加证券登记结算业务中的规范性要求、防范结算风险的精神,明确了结算业务的基本要求和保证交收的基本原则、措施和手段:"证券登记结算机构为证券交易提供净额结算服务时,应当要求结算参与人按照货银对付的原则,足额交付证券和资金,并提供交收担保。""在交收完成之前,任何人不得动用用于交收的证券、资金和担保物。""结算参与人未按时履行交收义务的,证券登记结算机构有权按照业务规则处理前款所述财产。""登记结算机构按照业务规则收取的各类结算资金,必须存放于专用银行账户,只能按业务规则用于已成交交易的清算交收,不得被强制执行。"证券登记结算机构及其从业人员,未经客户的委托,买卖、挪用、出借客户资产或者将客户的证券用于质押的,或者挪用客户账户上的资金的,"责令改正,没收违法所得,处以违法所得一倍以上五倍以下的罚款;没有违法所得的,处以十万元以上六十万元以下的罚款;情节严重的,责令关闭或者吊销责任人员的从业资格证书。对直接负责的主管人员和其他直接责任人员给予警告、处以三万元以上十万元以下的罚款。构成犯罪的,依法追究刑事责任"。证券登记结算机构未按有关规定保存有关文件和资料的,"给予警告,并处以三万元以上三十万元以下的罚款。上述机构和人员,隐匿、篡改、伪造或者毁损有关文件和资料的,给予警告,并处以三十万元以上六十万元以下的罚款。构成犯罪的,依法追究刑事责任"。

证券投资者保护基金法律地位的确立[*]

《中华人民共和国证券法》(以下简称《证券法》)修订草案新增加规定,"国家设立证券投资者保护基金。证券投资者保护基金由证券公司缴纳的资金及其他依法筹集的资金组成"。证券投资者保护基金法律地位的确立,将有利于证券公司风险防范和处置长效机制的建立,化解金融风险,保持金融稳定,维护投资者信心,同时也为建立完善的券商市场化退出机制打下基础。尽管草案尚未经立法机关表决通过,但当前我国的证券投资者保护基金的筹建已经紧锣密鼓地展开。设立证券投资者保护基金也是国际上的通行做法,下面结合证券投资者保护基金在国内外的实践,谈谈构建一个较为完整的证券投资者保护基金制度所需要考虑的几个方面。

一、运作模式

投资者保护基金的运作模式通常有两种:一种是独立模式,即成立独立的投资者赔偿(或保护)公司,由其负责投资者赔偿基金的日常运作。例如,美国的投资者保护公司 SIPC,是一个非盈利的会员制公司,负责投资者补偿基金的日常运作,其董事来自证券业、政府和社会公众,由总统和财政当局分别指定。另一种是附属模式,即由证券交易所或证券业协会等自律性组织来发起成立基金,并由他们负责运作。通过比较分析可以看出,存在多个证券交易所的国家(地区),一般都采取独立模式,以便能够更好地覆盖全国(地区)的投资者;地域较小、证券交易集中在一个交易所的国家(地区),则倾向于采用附属模式,以简化操作并降低成本。由此可见,我国的投资者保护基金的运作模式以采用独立模式为宜。从草案条文的措辞看也应当是这样。

二、监管模式

投资者保护基金的监管模式有四种:①由证券监管当局认可并监管。如美国的 SIPC 受证券交易委员会(SECT)监管。②由行业协会监管。如日本的证券投资者保护基金由日本证券经纪商协会监管。③由交易所运作并监管。④由行业协会和交易所共同监管。事实上,独立模式的投资者保护基金往往由证券监管当局直接实施监

---

* 第二作者陈历幸,原载于《上海证券报》2005 年 7 月 26 日。

管,而附属模式的投资者保护基金往往把日常运作和行政监管都归并于交易所或行业协会,证券监管当局只起间接作用。考虑到投资者保护基金的运作模式与监管模式所具有的这种对应关系,我国的投资者保护基金也应采用由证券监管当局认可并监管的监管模式。

三、资金来源

从海外市场的经验来看,证券投资者保护基金的资金来源不外乎以下几种:①会员缴纳的会费。绝大多数投资者保护基金都向会员收取费用,这是投资者保护基金最主要的一种资金筹集方式,如美国 SIPC 的资金基本来源之一就是基金会员缴纳的其经营毛利的5‰。②投资收益。③借款。有的国家规定投资者保护基金有权向政府、银行或者其他金融机构借款,并用将来会员缴纳的会费担保偿还。如 SIPC 可以在紧急情况下,向美国联邦储备系统和财政部各借入 10 亿美元。④罚金。有些投资者保护基金有权对违规会员处以罚金,罚金所得归入投资者保护基金。⑤官方拨款。有些投资者保护基金还从政府的财政部门或者中央银行取得资金支持。例如,美国的证券投资者保护公司成立时就由美联储提供了初期资金。⑥其他方式。

就我国而言,《证券法》修订草案已经明确"由证券公司缴纳的资金"是基金的组成部分,而根据 2005 年 2 月 21 日中国证监会、财政部联合发布的《关于在股票、可转债等证券发行中申购冻结资金利息处理问题的通知》,公开发行股票、可转债等证券时,所有申购冻结资金的利息须全部缴存到上海、深圳证券交易所开立的存储专户,作为证券投资者保护基金的来源之一。另据悉,在该基金设立初期,央行再贷款与财政拨款可能将构成其主要的资金来源。这样,我国投资者保护基金资金的来源方式与国外类似,只是将申购冻结资金利息划归基金的做法具有中国特色(在美国,申购证券采用承诺式认购,即在获得股票之后交钱,所以不存在这笔利息收入)。需要补充的是,基金的投资收益途径,如购买国债、购买基金等,应当有所限制。

四、赔偿机制

有些国家的投资者保护基金的赔偿范围比较狭窄,只包括金融中介机构破产等退出时所导致的中小投资者损失,如美国;还有的国家不仅包括以上的情况,还赔偿一定比例的由于金融中介机构的过失而导致的投资者损失,例如在英国,赔偿范围就包括对错误的投资建议或低劣的投资管理而使客户蒙受损失的赔偿。就我国的目前情况来说,投资者保护基金成立之初,赔偿范围不宜过于宽泛,因而采用前一种方式比较合适,待逐步积累运作经验后再视情况逐步扩大赔偿范围。另外,许多国家的赔偿机制都把一些不属于赔偿范围的损失明确排除在外。例如,由于市场价格变动而造成的损失,由于通货膨胀的影响而招致的损失,由于其他不可抗力因素而导致的损失等;SIPC 则将和券商倒闭密切相关的股东、董事、经理等过失方排除在受偿对象之外。这些除外性规定也值得我们参考。

至于证券投资者保护基金将按何种原则对投资者进行赔偿,比较有关做法可以看到,国外的投资者保护基金一般都设有赔偿限额(最高赔偿金额),赔偿限额根据各国(地区)情况而定。不少国家(地区)对赔偿限额还区分了对每个投资者的赔偿限额和对单个会员机构所有客户赔偿的总限额。除此之外,有的国家(地区)还有赔偿比例的限制。影响赔偿限额水平和赔偿比例的因素包括:本国(地区)经济与金融市场发展水平;合理保护与减少"道德风险";个人投资者平均投资金额;不影响金融市场的效率和维持一个成本尽可能低的赔偿计划;赔偿基金的负担能力;历史上的赔偿记录;等等。目前,我国的保险保障基金制度采取了比例救济限额与绝对救济限额相结合的赔偿方式,这种赔偿机制也可以供证券投资者保护基金借鉴。

证券信用交易法律制度的构建[*]

此次《中华人民共和国证券法》（以下简称《证券法》）修订草案将现行《证券法》第 36 条"证券公司不得从事向客户融资或者融券的证券交易活动"修改为"证券公司从事向客户融资或者融券的证券交易活动，必须遵守国家有关规定"；同时，删除了现行《证券法》第 141 条。这就为我国内地证券市场证券信用交易制度的确立提供了空间。笔者认为，构建我国的证券信用交易法律制度，需要具体涉及以下几个方面。

一、选择集中授信模式为好

证券信用交易制度在法律上得到确立已有近百年的历史，许多国家和地区结合自身市场特点形成了各具特色的信用交易模式。一国或一地区证券公司融资融券制度的选择，从根本上说，是由该国或该地区的证券市场发展水平和经济制度的结构特征决定的。我国大陆证券市场的发展还处于初级阶段，市场运行机制尚不健全，市场参与者的自律意识和自律能力也相对较低，难以直接采用市场化的分散授信模式，而应同时借鉴日本和我国台湾地区的做法，采用集中授信模式。

在集中授信模式下，各银行将资金或证券贷给证券金融公司，再由后者转融给各证券公司，这使融资融券活动的传递链单一化，在机制上比较容易理顺。相反，如果采用分散授信模式，银行将资金或证券直接贷给各个证券公司，由于参与主体繁多，可能导致融资融券市场的无序化，不利于市场监管，并且对银行现有的管理水平及其人员的技能素质提出了很高的要求。银行与证券的存管、清算、登记等业务机构分属不同的管理系统，在协调上存在难度和障碍，也限制了银行和券商之间的直接融资融券。而且，当前我国银行出于对贷款安全性的考虑，对券商的融资融券需求可能不够热心。通过建立专业化的证券金融公司，凭借其高于券商的信用水平以保证贷款和利息收入的安全性，可以增强银行乃至全社会对证券公司融资融券业务安全性的信心，从而扩大融资融券渠道。

二、分阶段实施融资融券

从股东结构上看，日本和我国台湾地区的证券金融公司的最大股东都是各类金

---

* 第二作者陈历幸，原载于《上海证券报》2005 年 8 月 2 日。

融机构,包括商业银行和交易所,这使证券金融公司具备了较高的信用水平和中立性,值得我国内地借鉴。我国大陆的证券金融公司,也应由商业银行、证券交易所以及其他有相关经验和实力的投资公司、信托公司、证券公司共同投资建立。

日本的证券金融公司只能向证券公司进行融资融券,而与投资者的融资融券必须通过证券公司转融通;我国台湾地区实行的是"双轨制",只有约 1/3 的证券公司有办理融资融券业务的许可,其他的证券公司只能为客户办理资券转融通。我国大陆在确定证券金融公司的职能时,可同时借鉴日本和我国台湾地区的经验,并根据我国大陆实际情况,确定以下分阶段实施的步骤:①对券商的融资融券资格设限,只有那些具备一定规模、资产质量良好、守法经营的券商,才有资格申请融资融券业务。这与《证券公司管理办法》中对各种证券业务分类管理的原则是一致的。②在证券金融公司建立之初,规定其只能向证券公司进行融资,而不得向后者进行融券,也不得直接向投资者进行融资融券。证券公司可以向投资者融资,但不得融券。③在运行一段时间后,放开证券金融公司直接向投资者进行融资,但仍不得向券商或投资者从事融券业务。④在我国大陆的做空机制建立起来后,放开证券金融公司向券商和投资者从事融券业务,同时券商也可以向投资者融券。

三、证券信用管理机制

融资融券交易能在短时间内大规模增加交易额度。为防止交易信用的过度膨胀,应设立一套有效机制对其进行管制。

1. 可用作融资融券交易的证券的资格认定

不同证券的质量和价格波动性差异很大,将直接影响到信用交易的风险水平,因此应对其进行资格认定。这是防止恶性炒作、形成良性投资理念的必要手段。认定的主要标准是:股价波动幅度不能太大、主营业务稳定、流通股本较大,并考虑法人治理结构的完善程度、大股东和管理层的诚信度等因素的影响。目前,可考虑规定流通股本在 5 000 万股以上,股东人数在 2 000 人以上,具有一定交易规模的公司股票才可以用来作融资交易或抵押。融券用的证券资格应比融资用的更高,可规定流通股本在 8 000 万股以上,股东人数在 3 000 人以上。在运行过程中,应根据股票的市场表现和公司的情况随时修订具有融资融券资格的股票名单。

2. 对市场整体信用额度的管理

对市场整体信用额度的管理包括对融资保证金比率和融券保证金比率的动态管理。融资保证金比率包括最低初始保证金比率和维持保证金比率,借鉴我国台湾地区的经验,现阶段我国大陆这两个比率可考虑设定在 60% 和 30%。也就是说,券商在融入资金购买证券时,必须交纳 60% 的保证金,并把购得证券交给证券金融公司作抵押;当证券价格下跌导致保证金比率低于 60% 时,证券金融公司停止向该券商继续融资,当保证金比率低于 30% 时,证券金融公司通知券商补交保证金,否则即强行卖出抵押证券。券商的保证金可以是现金,也可以是符合条件的证券。在用证券作保证金时,还应设定另外两个指标:一是现金比率,即券商的保证金不能全部是证券,而必须包含一定比例以上的现金,现金比率可设定为 20%;二是担保证券的折扣率,即用作保证金的证券不能按其市值来计算,而应扣除一定的折扣率,以降低证券价格波动带来的信用风险。担保证券的折扣率与证券的类型有关,政府债券可按 10% 计,上市公司股票可按 30% 计。融券保证金比率也包括最低初始保证金比率和维持保证金比率,可分别定在 70% 和 30%。

3. 对证券机构信用额度的管理

对证券机构信用额度的管理包括对证券金融公司的管理和对证券公司的管理。借鉴我国台湾地区的经验,我国大陆对证券金融公司的信用额度管理可通过资本净值的比例管理来实现:一是规定证券金融公司的最低资本充足率为 8%;二是规定证券金融公司从银行的融资不得超过其资本净值的 6 倍;三是证券金融公司对任何一家证券公司的融资额度不能超过其净值的 15%。对证券公司的管理同样可通过资本净值的比例管理实施:一是规定证券公司对投资者融资融券的总额与其资本净值的最高倍率,如参考我国台湾地区的规定定为 250%;二是每家证券公司在单个证券上的融资和融券额分别不得超过其资本净值的 10% 和 5%。

4. 对个别股票的信用额度管理

对个股的信用额度管理是为了防止股票过度融资融券导致风险增加。对此可规定:当一只股票的融资融券额达到上市公司流通股本的 25% 时,交易所将停止融资买进或融券卖出,当比率下降到 18% 以下时再恢复交易;当融券额已超过融资额时,也应停止融券交易,直到恢复平衡后再重新开始交易。

四、抵押证券存管制度和登记结算制度

证券存管是融资融券的一个关键环节,直接关系到资金和证券借出方的资产安全。在设计我国大陆证券市场的融资融券制度中有关抵押品存管的机制时,具体内容应包括:①将用于融资融券抵押的证券与自营账户中的其他证券分开管理。为此,证券公司应另外建立融资交易账户,将所有抵押证券置于该账户中,并规定证券公司在偿还债务之前不得挪用。②设计规范的融资融券合同。使合同双方在签署融资融券合约时,就能确认证券的所有权和抵押品的管理权,然后由证券公司和交易所根据合同执行冻结、解冻和变现清偿的职能,防止出现目前市场中证券公司违规向客户融资所带来的"强制平仓"等法律纠纷。

同时,还可以改进现行的证券登记结算制度。建立完全净额结算模式,即结算公司与证券公司进行股份与资金的净额清算交收,证券公司与投资人完成股份与资金的最终结算。

五、监管体系

目前,我国证券市场已经形成了包括证监会集中监管、交易所一线监管、证券业协会及券商自律管理的较为完善的"四级"监管体系,并不断提高监管的协调性和整体效率。监管者通过查处证券交易中的"透支"行为、"三方贷款协议"等,积累了较为丰富的经验。但另一方面,证券融资融券交易涉及证券业、银行业与保险业,包括证券市场、货币市场与保险市场三个市场的互动,对监管提出了更高的要求。现有的监管方式、监管技术手段尚需配套,监管水平有待进一步提高;在分业经营、分业监管模式下,银行、证券与保险的监管协调机制还有待建立和完善。

为了与我国目前的证券监管体系保持一致,我们认为,证券信用交易监管体系的设计可以从两方面着手:中国人民银行作为商业银行的主管机构,制定有关银行向证券金融公司提供资金的渠道、方式和管理办法;中国证监会作为证券监管机构,制定证券金融公司向证券公司或投资者提供资金、证券转融通的管理办法,并由证券交易所对有关交易、存管、结算等方面制定出细则作为补充。证监会应在证券信用交易监管体系中发挥主导作用。央行、银监会、证券交易所、证券登记结算公司是证券信用交易的重要监管主体,证券业协会、证券金融公司以及有许可证的券商也是证券信用交易监管体系中的重要环节。尤其是专业性的证券金融公司,作为融资融券市场的唯一窗口,它可以随时掌握整个市场的融资融券情况,并在监管部门的指导下完成对证券公司的融资融券服务。证券金融公司的性质、地位及其与监管部门的关系决定了它在提供服务时必须履行严格的自律准则,降低风险和防范不规范行为的发生。

新证券法中的三种法律责任[*]

原《中华人民共和国证券法》(以下简称《证券法》)之法律责任章中,在18个地方有"构成犯罪的,依法追究刑事责任"的字样,新《证券法》中没有了。据此,有人认为,新《证券法》不再提刑事责任了。其实不然,新《证券法》第231条明确规定:"违反本法规定,构成犯罪的,依法追究刑事责任。"可见,现在只是把18句话归并成一句而已。

《证券法》规定,对违反证券法的行为,要追究法律责任。证券法虽然也规定了平等主体之间的发行和交易准则,但管理性是它最明显的特征。因此,《证券法》的全部法律规定都属于强制性规范,用一系列的禁止性、限制性条款,行政措施和大量的行政处罚规定来保证这些规范的落实。

根据《证券法》的规定,追究法律责任有行政、民事、刑事三种形式。

刑事责任的追究可以剥夺他人的财产、人身自由,乃至生命,应当讲是最严厉的。原《证券法》中有18个地方有"构成犯罪的,依法追究刑事责任"的规定,例如对证券内幕交易、操纵证券交易价格、证券欺诈行为,构成犯罪的,都可依法追究刑事责任。这里的"依法",是指依照刑法。按照我国的法律体系,追究刑事责任,只能依据刑法(刑法典)。其他任何法律中,都没有直接出现追究刑事责任的犯罪和刑罚的规定。这是我国法制的特点,也是目前条件下的优点。我国《证券法》虽然不能直接规定刑事责任条款,但从1997年10月1日起施行的修订后的《中华人民共和国刑法》(以下简称《刑法》)中有10多个具体条款和《证券法》中的有关规定相呼应。例如,证券内幕交易行为和操纵证券交易价格行为等,它们在《证券法》和《刑法》中都有规定,行为样态几乎是一样的。所不同的是,它们在证券法中属于违法行为;但在刑法中,这些行为由于情节严重或者造成严重后果,变成犯罪行为了。

新《证券法》中,实际上仍然延续了这一格局。可以追究刑事责任的情况丝毫没有减少。只不过,"构成犯罪的,依法追究刑事责任"这一句话,从分散规定变成了集中规定而已。新《证券法》在法律责任章中以40多个条文大量、具体规定了对违法行为的行政处罚和行政措施。其具体形式有:责令停止发行、退还所募资金和加算银行同期存款利息;警告;取消从业资格;取缔违法公开发行证券的合同;吊销营业执照;责令关闭;责令改正;没收违法所得;罚款;不得行使表决权;撤销任职资格;暂停或者撤销业务许可;责令依法处理非法持有的股票;限制股东权利;通知出境管理机关依

---

* 原载于《上海证券报》2005年12月29日。

法阻止违法人员出境;等等。

《证券法》还有依法承担民事责任的规定,主要是赔偿责任,也包括连带的赔偿责任。在法律责任章中原《证券法》只有3个条文,现增加到4个条文(即新《证券法》第190条、第191条、第210条、第214条等),加上第2章中的第26条;第3章中的第47条、第69条、第76条、第77条、第79条;第5章中的120条;第8章中的第171条、第173条,两者相加,共计13条。比原来增加了5条。立法者之所以这么做,是强调了这些行为的民事责任。《中华人民共和国民法通则》中有关民事责任的一般规定及违反合同、侵权的民事责任的规定应适用于各种证券违法违规行为和证券犯罪行为。

新《证券法》和原《证券法》一样,明确规定了民事责任优先原则。新《证券法》第232条规定:"违反本法规定,应当承担民事赔偿责任和缴纳罚款、罚金,其财产不足以同时支付时,先承担民事赔偿责任。"这里的罚款是行政责任承担方式之一;罚金是刑事责任承担方式之一。当民事、行政、刑事三种财产责任同时并存,而责任人又不能完全支付时,如果先缴纳罚款、罚金,就等于让民事责任的受偿人(往往是被害人)客观上成了承担罚款、罚金的主体。这样做的结果,虽然违法者得到了经济上的制裁,但被害人却没有得到相应的赔偿,其合法权益没有得到保障。因此,我国证券法和公司法都明确了民事赔偿优先的原则。

新法加大直接责任人处罚[*]

修订后的《中华人民共和国证券法》(以下简称《证券法》)强化了对证券违法行为的法律责任,与原《证券法》的法律责任章相比,篇幅多出了三分之一,条文从原来的 35 条增加到现在的 47 条。新《证券法》这一特征,具体来说可从以下六个方面体现出来。

一、明确加强了证券发行与交易中的赔偿责任

例如,新《证券法》第 76 条第 3 款规定:"内幕交易行为给投资者造成损失的,行为人应当依法承担赔偿责任。"第 77 条第 2 款规定:"操纵证券市场行为给投资者造成损失的,行为人应当依法承担赔偿责任。"第 79 条第 2 款规定:"欺诈客户行为给客户造成损失的,行为人应当依法承担赔偿责任。"这三条都是新增加的。原《证券法》在第三章禁止的交易行为和第十一章的法律责任中均无类似明确规定。

二、可以追究控股股东或实际控制人的民事责任和行政责任

比如证券发行申请经核准后,发现不符合法律、行政法规规定条件的,发行人的发起人、股东、实际控制人有过错的,应当承担连带责任,并可处罚款(新《证券法》第26 条、第 190 条等)。这里的控股股东和实际控制人的概念,规定在《中华人民共和国公司法》(2005 年修订案)第 217 条中。该条规定,"控股股东,是指其出资额占有限责任公司资本总额 50% 以上或者其持有的股份占股份有限公司股本总额 50% 以上的股东;出资额或者持有股份的比例虽然不足 50% ,但依其出资额或者持有的股份所享有的表决权已足以对股东会、股东大会的决议产生重大影响的股东;实际控制人,是指虽不是公司的股东,但通过投资关系、协议或者其他安排,能够实际支配公司行为的人"。因此,引入实际控制人的概念,在证券法中是全新的。

三、增加了对证券公司法律责任的规定

在法律责任一章中,新《证券法》增加了 6 个条文。其内容涉及违法承销、代理买

---

[*] 原载于《上海证券报》2005 年 12 月 15 日。

卖、未依法履行保荐职责、未按规定报送文件或保存资料等情形下的法律责任。例如,新《证券法》第190条、第191条、第192条、第208条第2款、第213条、第218条、第222条等。这里既有角色的增加,也有行为态样的增加,比如保荐人就是角色的增加;这一角色实际上也是由证券公司担任的,但在原证券法中却并没有出现过这一概念,新《证券法》对此加以明确,并对其规定了许多法律责任;行为态样的增加就更多了,比如,未依法履行保荐职责,未按规定报送或保存资料等,这些在原证券法中都是没有的。

四、增加了对上市公司、证券公司有关高级管理人员和直接责任人员的法律责任

原《证券法》法律责任中的许多条文只处罚公司,不处罚相关的直接责任人员,例如原《证券法》第194条,新《证券法》第212条的行为样态是一样的(即都是在经纪业务中接受客户的全权委托或作出"包赚""包赔"承诺),但前者只处罚证券公司;后者既处罚公司又处罚直接责任人员。新《证券法》中类似增加处罚自然人的条文约有20条。

五、明确规定了证券市场禁入制度

新《证券法》第233条规定,国务院证券监督管理机构可以对严重违法违规人员,采取证券市场禁入的措施。所谓证券市场禁入,是指在一定期限内直至终身不得从事证券业务或者不得担任上市公司董事、监事、高级管理人员的制度。

六、行政责任的承担形式有所增加

除了原有的责令改正、没收违法所得、罚款,责令关闭、吊销责任人员的从业资格证书、警告等之外,新证券法又增加了"不得行使表决权""撤销任职资格""责令依法处理非法持有的股票""通知出境管理机关依法阻止违法人员出境"等形式。

加强预算外公共资金管理的法律思考[*]

社会保险制度的健康运行,有赖于社会保险基金的支持。加强社会保险基金的监管,是社会保险体系建设的一项重要内容,是保障社会保险制度稳定运行、促进社会保险事业可持续发展的首要前提,是维护广大职工群众合法权益、促进社会稳定的迫切要求。

一、社会保险基金是社会保险制度的核心内容

预算外公共资金,是指在财政预算管理之外的来源于公众的各种资金,例如,私车额度拍卖所得的款项、社会保险基金、医疗保险基金,等等。目前,在每年的各级人民代表大会上,纳入预算的财政资金的使用计划,都要经过人民代表的审议表决,方可实施。但对预算外公共资金的收缴、使用和运行的管理却没有统一的法律和机制。由于预算外公共资金的种类比较多,来源不尽一致,用途也不同,因此,就建立一部全国统一的《预算外公共资金管理法》而言,目前还有些困难。我们考虑,是否可就社会保险基金的管理监督制定一部地方性法规,以解决当前的急需。

随着我国经济体制改革的深入进行,社会保险制度改革也不断深化,社会保险基金规模逐步扩大,基金来源更加多元化,而社会保险基金是社会保险制度实施的核心内容,对社会保险基金实行有效的管理,不仅关系到广大劳动者的切身利益,也关系到社会保险制度能否正常、有序的运行。因此,社会保险基金被老百姓形象地称作"养命钱"。这笔基金主要来自企业和个人的缴费,以应对职工生、老、病、残、失业之急需。

社会保险基金是指为实施各项社会保险制度,通过法定的程序,以各种方式建立起来的用于特定目的的货币资金。目前为止,我国的社会保险基金主要包括三个部分:社会保险基金、全国社会保险基金、补充保障基金。由企业和个人缴费形成的社会保险基金是社保基金中最重要的一部分,主要包括基本养老保险基金、失业保险基金、医疗保险基金、工伤保险基金和生育保险基金等。近几年,我国调整社会保险的制度结构,推动制度由单一体系向多支柱体系、由现收现付向部分积累转变,社会保险基金开始有了节余。2006年全国社会保险基金实现投资收益619亿元,历年累计结余3 000多亿元,老百姓平时领到的养老金、失业保险金,都是从这部分基金中支付

---

[*] 第二作者陈历幸,原载于《文汇报》2007年2月26日。

的。全国社会保险基金也是社会保险基金的重要组成部分,指由中央财政拨入资金、国有股减持和股权划拨资产、经国务院批准以其他方式筹集的资金及投资收益所形成的基金。该基金由中央政府集中管理,统一使用。到2006年年底,基金规模为1 200多亿元。补充保障基金是由企业和个人缴费形成的企业补充养老保险金(企业年金)、企业补充医疗保险金等。从20世纪80年代后期开始,我国部分省市和行业统筹部门开始建立企业补充养老保险制度。2000年的国务院《关于完善城镇社会保障体系试点方案》将企业补充养老保险规范为企业年金。到2005年,全国建立起企业年金的企业已有近两万家,参加职工655万多人,积累基金260多亿元。企业补充医疗保险也已起步,在部分有条件的企业展开。

二、当前社会保险监管存在的主要问题

社会保险制度的健康运行,有赖于社会保险基金支持。加强社会保险基金监管,是社会保险体系建设的一项重要内容,是保障社会保险制度稳定运行、促进社会保险事业可持续发展的首要前提,是维护广大职工群众合法权益、促进社会稳定的迫切要求。近年来,随着中国社会保险制度改革的不断深化,社会保险基金的规模逐步扩大,社会保险基金监管力度也明显加大,各项管理逐步规范。但由于各地社会保险制度改革进展情况不同,有关法规政策不够完善,社会保险基金监督管理制度还不健全,在基金的收、支、管等具体环节上仍存在许多隐患和漏洞,存在着违纪违规等问题,有的问题还相当严重。加强社会保险基金的监管,确保基金安全完整,确实是一项现实而紧迫的任务。当前社会保险监管存在的主要问题包括:

1. 社会保险基金缴、支、管等环节的弄虚作假和欺诈行为较为严重,瞒报社会保险缴费基数、少缴社会保险费、骗取或违规支付社会保险金等问题时有发生

近年来,一些用人单位不按规定登记、申报缴费,甚至伪造、变造、故意毁坏有关账册,隐瞒事实真相,谎报、瞒报、出具伪证,拒绝提供与缴纳社会保险费有关的用人情况、工资表、财务报表,少缴、漏缴、欠缴社会保险基金现象时有发生,严重影响了社会保险基金的支撑能力;有的单位或个人冒领养老保险金、失业保险基金,如死亡不报、继续领取养老金、再就业后继续领取失业保险金及失业保险审批手续不全、把关不严等,造成失业保险基金的流失;实行优惠政策一次性缴纳养老保险金、弄虚作假办理提前退休和提高工残级别,骗取养老和工伤保险基金。

2. 个别经办机构会计基础工作薄弱,管理不规范

表现在会计科目使用混乱,财政专户对账不及时、不规范;有的基金支付手续不健全,存在较大的随意性;从基金中提取管理费、列支慰问金;有的擅自挪用或拆借基金。

3. 社会保险基金监管机制不健全,执法监管乏力

目前,各级劳动保障部门虽然成立基金监督机构,但监督人员和经办人员同属一个系统,没有形成有效的监督制约机制,加上国家尚未正式出台"社会保险法",现有

的法律法规及政策性亏损不完全配套,处罚依据不足,对检查出来的问题难以督促到位。社会保险基金反欺诈奖励机制尚未真正建立,不能有效地调动举报人员和监督人员的工作积极性,导致很多违法案件无从查处。

4. 社会保险基金管理信息不共享,协调难度大

目前社保基金管理运行单位由原来社保经办机构一家承办,逐步演变为财政、银行、税务等多家参与,由于各部门大多实行封闭监管模式,彼此之间管理信息不能有效共享,数据、凭证传递不及时,各方账目、数据常有出入,管理协调难度加大。

依照社会保险制度的内在构成机制,社会保险基金的运行方式与全国社会保险基金有较大的不同。社会保险基金的结余基金只能用于存银行及购买国债,这是因为这部分基金更重于保证安全,以便及时发放各类社会保险待遇,这不但符合我国的国情,也是对老百姓负责的举措。全国社会保险基金则可以进入资本市场,这部分基金除了存银行、买国债外,还可以用于债券、基金、股票等投资。目前,对于由财政拨款、国有股减持等形成的全国社会保险基金,由全国社会保险基金理事会负责基金的管理运营。劳动和社会保障部与财政部作为监管部门,于2001年年底共同颁布了《全国社会保险基金投资管理的暂行办法》,后又于2006年年初制定了《全国社会保险基金境外投资管理暂行规定》,已经有了比较完善的管理规则。但对于社会保险基金而言,有关管理规则的制定时间大多较早,如1999年7月1日财政部、劳动保障部联合制定的《社会保险基金财务制度》和《社会保险基金会计制度》,以及2001年5月18日劳动保障部发布的《社会保险基金行政监督办法》等,对近年来新出现的问题缺乏相应的对策。

三、加强社会保险基金的监管

"上海社保基金案"发生后,劳动和社会保障部办公厅于2006年9月30日发布了《关于转发驻部纪检组监察局〈关于进一步加强社会保险基金监管严肃基金纪律的意见〉的通知》(劳社厅发〔2006〕25号),而上海市人民政府办公厅也于2006年10月31日转发了市财政局、市劳动保障局、市医保局制定的《上海市社会保险基金财务管理办法》,该办法已于2007年1月1日起施行。另外,差不多在同一个时间段,其他一些城市也开始颁布了关于社会保险基金监管的规范性文件,如聊城市人民政府于2006年9月26日发布的《关于进一步加强社会保险基金监督管理等问题的通知》以及从2007年1月1日起开始实施的《淄博市社会保险基金监督管理暂行办法》等。从上述文件的内容看,对于社会保险基金的监督管理基本上集中于行政监管(特别是劳动保障部门的行政监管)和财务会计监管两方面。但是,鉴于社会保险基金的重要性,有关监督管理需要有更加全面细致的规定。笔者认为,对于社会保险基金的监督管理至少还可以包括以下几个方面:

1. 权力机关的监管和人民群众的监管

可以通过反映民意的人民代表大会对社会保险预算编制、执行、决算进行全面的监管,同时也可以通过建立信访制度、举报制度、民意调查制度等途径,将人民群众对

社会保险基金的监管意见和建议反映到有关决策管理部门,不断完善社会保险基金的管理制度。

2. 社会组织的监管

既可以借助社会中介机构,如会计师事务所对企业和职工缴纳和支付社会保险基金的情况进行监管,也可以通过工会等社会团体对社会保险基金进行监管。

3. 专门监督机构的监管

有必要建立专门的社会保险基金社会监督委员会,吸收各方面的利益代表参加,定期对社会保险基金管理机构的财务情况、社会保险基金运营情况进行审核、检查,提出整改建议,不断完善社会保险基金管理制度。

这些都是在制定相关法律文件时有必要考虑的。

国外限制过度包装的法律措施[*]

我国当前商品过度包装泛滥现象十分严重,其危害表现在浪费资源、污染环境、损害消费者利益、助长奢侈浪费之风等多个方面,如何加强规制是当前亟待解决的问题,应当引起高度的重视。

一、国外控制过度包装的法律措施

他山之石,可以攻玉。对于限制商品的过度包装问题,世界各发达国家已有成熟完善的法律规范与运行机制。20 世纪 80 年代,由于环境资源恶化,全球掀起"绿色包装"浪潮,美国、日本、加拿大以及欧洲各国政府纷纷制定包装法,以遏制过度包装所造成的资源浪费与环境污染问题。如 1989 年美国出台的"资源回收利用制度""包装废弃物处理方案""饮料容器赎金制";1990 年加拿大的"国家包装议定书""加拿大优选包装法规";1991 年日本的"再生资源利用促进法""废弃物处理及某些副产品的避免与回收""包装新指引",以及最早推崇包装材料回收的德国制定的"循环经济法""包装条例"等;丹麦率先实行的"绿色税"制度;荷兰的"包装盟约";法国的"包装条例";比利时的"国家生态法"等,有效控制了商品包装的过度化问题。

具体来说,国外控制过度包装的法律措施主要有三种。

1. 标准控制

标准控制,即对包装物的容积、包装物与商品之间的间隙、包装层数、包装成本与商品价值的比例等设定限值标准,如韩国、日本、德国等国家的法规都有具体的规定。韩国在《关于产品各种类包装方法的标准》中,对包装空间和包装层次进行了明确规定;各种加工食品、酒类、营养保健品、化妆品、洗涤剂日用杂品、药品等的包装不能超过两层;筒装和瓶装饮料、衬衫和内衣只能有一层包装;饮料、酒类、化妆品(包括芳香剂但不包括香水)、洗涤剂、衬衫和内衣等的包装空间不得超过 10%;加工食品和保健营养品的包装空间在 15% 以内;糖果点心和药品的包装空间不超过 20%;文具类和钱包、皮带的包装空间为 30% 以下;花式蛋糕、玩具和面具等的包装空间不超过 35%。为了落实物品包装比率和层数的限制,韩国政府通过检查包装、奖励标示、违规罚款三大措施来规范厂商,厂商如果不依照规定减少产品的包装比率和层数,则最高会被

---

* 原载于《上海人大》2012 年第 9 辑。

处以 300 万韩元的罚款。

日本对包装空位也有详细的规定。为防止欺骗性包装，日本制定了《包装新指引》，其规定包括：尽量缩小包装容器的体积，容器内的空位不应超过容器体积的 20%；包装成本不应超过产品出售价格的 15%；包装应正确显示产品的价值，以免对消费者产生误导。为配合该"指引"的实施，日本百货业协会还成立了专责委员会。另外，日本东京都规定的《商品礼盒包装适当化细要》中也规定：包装容器中的间隙，原则上不可超过整个容器的 20%；商品与商品之间的间隙必须在 1 厘米以下；商品与包装箱内壁之间的间隙必须保持在 5 毫米以下；包装费用必须在整个产品价格的 15% 以下。

德国的《包装条例》中明确规定：包装容器内空位不得超过容器体积的 20%；包装容器内商品与商品的间隙应在 1 厘米以下；商品包装容器内壁的间隙应保持在 5 毫米以下；包装成本一般应在产品总成本的 15% 以下；等等。

2. 加大生产者责任

加大生产者责任，是指商品生产者、进口商与零售商必须承担起包装回收再利用与再处置的责任，这也是从源头上避免过度包装的一种方式。为便于回收，生产者会主动选择使用材料少、容易回收的包装设计。

1991 年德国出台的《包装条例》，是世界上第一个规定由生产厂家和分销商承担包装废弃物的收集分选和处理费用的法规。为此，德国 95 家包装公司和工业企业以及零售贸易商建立了著名的德国双元回收利用系统(DSD)，DSD 接受企业委托，组织收运者对废弃包装物进行回收、分类和再循环利用的处理。DSD 还对委托企业发放"绿点"标志，这是世界上第一个绿色包装标识。目前在德国、法国乃至欧盟许多国家，大部分商品包装上都印制了绿色圆点标志，意为循环利用。由于使用费与包装材料的用量挂钩，而产品价格又直接关系到企业的市场竞争力，生产企业均想方设法简化包装和方便回收，从而降低成本，使产品更有竞争力。"绿点"回收标志只用在一次性销售的包装上，对于可以多次使用的包装物则不使用"绿点"标志，而主要采取押金制的方法委托有关商业机构进行回收再用。德国目前已强制实行了押金制度，顾客在购买所有用塑料瓶、玻璃瓶和易拉罐包装的矿泉水、啤酒、可乐和汽水等饮料时，均要支付相应的押金。

美国密歇根等 9 个州推行包装"强制押金回收制"，加利福尼亚州则专门制定了"饮料容器赎金制"；瑞典 1994 年 10 月实施"包装法"，强制实行包装再使用或再处置；丹麦早在 1981 年就用法律的形式加以规定，不能重复使用的包装不得上市；瑞士政府规定，买罐头和饮料都要按每个容器 0.5 法郎的标准收取押金。

日本尤其重视包装物的回收和循环使用，努力节约资源，减轻环境污染。日本的《容器包装回收法》规定，生产厂家和消费者有义务将各种包装垃圾回收，并进行循环利用。该法规定必须将容器包装垃圾严格分为金属类、玻璃类、纸类、塑料类等，充分进行回收以循环使用。

3. 经济手段控制

经济手段控制，是指对居民征收垃圾清理费或包装税等，引导消费者选择简单包装。例如在荷兰,是通过垃圾计量收费的方式,按照不同量、不同废物收取不同的垃圾费用;德国部分城市也改变以往按户征收垃圾处理费的方式,改用垃圾计量收费。另外,比利时采取通过对非纸质包装和不能满足回收要求的包装进行征收包装税的方式,来控制商品的过度包装。

此外,对于欺骗性包装,许多国家的法律都明确予以禁止并予以处罚。如美国的联邦法律规定,凡包装体积明显超过商品本身的10%以及包装费用明显超出商品的30%,就应判定为侵害消费者权益的商业欺诈。美国各个州制定的包装方面的法律中也有这方面的规定,例如,加利福尼亚州严禁在包装箱中使用不必要的填充物,填充物不能导致包装体积的增加;康涅狄格州规定,商品的包装不能误导消费者对其质量和数量的认识,包装内的商品质量不能低于政府有关部门对该类产品的标准;新泽西州规定,商品的净重、体积和食品数量等包装内容有变更时,厂家必须在包装显著位置向消费者作出说明,时间至少6个月。加拿大规定包装内有过多空位,包装与内容物的高度、体积差异太大,无故夸大包装,非技术上所需要者,均属欺骗性包装。

二、借鉴经验不等于照搬照抄

限制过度包装,通过立法出台专门的包装管理法规是当务之急。上海作为拥有2 300万人的国际性商业大都市,从做好城市管理、发展循环经济、建设低碳绿色、节约型城市的要求出发,率先通过地方性立法来限制商品过度包装泛滥问题,刻不容缓且具有非常重要的意义。

通过地方性立法来限制当前过度包装泛滥,无疑会面临诸多方面的难题,同时也面临地方立法的权限问题。例如,如何合理界定商品包装的标准?如何界定过度包装中的欺诈行为?由谁作为过度包装的责任承担者,是商品生产商、销售商,还是政府、消费者?监管过度包装的职责由哪个行政主管部门承担?应借鉴国外哪种模式与经验作为有效限制过度包装的控制手段?等等。

笔者认为,地方在限制过度包装的立法过程中,无疑要借鉴参考世界各国的具体规定与有益经验,但绝不能照搬照抄。对于过度包装标准的界定,宜细不宜粗,决不能实行"一刀切"的标准,而是要考虑商品的特征、属性,区别对待。应当本着合理规范、循序渐进、全面监管、逐步规范的原则,在兼顾消费者需求、保障商品包装功能需要的前提下,有效规范过度包装。

试论金融消费者保护标准和
程序的基本法律问题[*]

2012 年,上海市人大和全国人大均将建议制定专门的金融消费者保护法律法规的议案列入了当年的正式议案。全国人大常委会又将此议题列入 2012 年的十二项重点工作之一。可见,这项工作已经引起了立法机关的高度重视。关于金融消费者保护标准和程序的主题,不仅与立法有关,而且与司法、行政执法等都有关,大致有以下一些基本问题值得探讨。

一、金融消费者概念的法律界定

金融消费者是一个外来词,首次出现在英国 2000 年出台的《金融服务与市场法》中。我国此前并没有在金融领域使用"消费者"一词。"金融消费者"一词的广泛使用,是在美国次贷危机后。[①] 但在不同场合下,它仅仅是作为一种统称或泛指,还不构成一个法律概念。我国现行金融法律法规中并未出现"金融消费者"一词[②],而是使用"存款人、客户""投资者""被保险人、受益人、投保人"等概念。

学界对"金融消费者"这一提法存在争议,一种观点认为,不存在"金融消费者"概念,理由是金融产品绝大部分不存在消费的内涵,其他存在消费内涵的产品或部分,《中华人民共和国消费者权益保护法》也能覆盖。[③] 另一种观点认为,金融消费者的提法具有十分重要的意义,对保护金融相对方的权利、维护金融市场的健康有序发展都有着不可替代的作用。此外,随着现代金融的发展,金融消费与金融投资变得并非截然对立,难以进行简单的区分,有时两者甚至处于一种重叠状态,"个人为生活的需要购买产品或者接受服务"这一传统的对消费的界定,已经不能满足时代的需要。[④] 实际上,金融消费者保护已是世界发展潮流,问题的关键在于,如何对金融消费

---

[*] 本文受国家社科基金重大项目"深化金融体制改革研究"(项目编号:09&ZD030)的资助;项目首席专家顾肖荣,第二作者陈玲,原载于《政治与法律》2012 年第 6 期。

① 参见熊欣:《"一行三会"撑起金融消费者"保护伞"》,载《证券日报》2011 年 12 月 19 日,第 A03 版。
② 有一些组织机构制定了有关金融消费者保护的规章制度,明确使用了金融消费者一词。例如,中国人民银行武汉分行制定了《金融消费者权益保护办法(试行)》。
③ 参见《对是否应该建立〈金融消费者权益保护法〉问题的思考》,载《上海金融法制研究会学术委员会 2010 年报告》。
④ 参见丁克基:《应立法保护金融消费者权益》,载《上海金融报》2009 年 8 月 11 日。

者进行界定。考察金融消费者保护的域外立法可以发现,各国和地区对金融消费者的内涵和范围也是规定不一的。日本 2001 年 4 月颁布的《金融商品销售法》中,将金融消费者规定为资讯弱势之一方当事人,即在金融商品交易之际,相对于金融机构的专业知识,一般无论是自然人或法人,基本上属于资讯弱势一方当事人。^① 我国台湾地区"金融消费者保护法"第 4 条对金融消费者下了明确定义:"本法所称金融消费者,指接受金融服务业提供金融商品或服务者。但不包括下列对象:一、专业机构投资者。二、符合一定财力或专业能力之自然人或法人。"美国 1999 年《金融服务现代化法》及《金融监管改革方案》将其中的消费者定义为"为个人、家庭成员或家务目的而从金融机构得到金融产品或服务的个人"。英国 2000 年《金融服务与市场法》将存款人、保险合同相对人、投资人等纳入了金融消费者的范围中。

学界对金融消费者的界定也是各有千秋,对金融消费者的范围,特别是对金融消费者与金融投资者两者的界限存在不同的观点。有学者认为,"所谓金融消费者,实际上是指为生活需要购买、使用金融产品或者接受金融服务的个体社会成员",所以非基于基本金融需要而为金融活动的投资者,应界定为金融投资者。^② 也有学者从个人的金融需求角度对金融消费者进行界定:"个人的金融需求可以分为支付结算需求、信用需求和金融资产运用需求等三个方面,前两者可以明确纳入金融消费者范畴,对于第三者中的一般投资性产品,仍然可以纳入金融消费者范畴,而对于那些需要市场准入门槛(专业投资人)的产品等,则不应将其纳入金融消费者的范畴。"^③还有学者以消费过程中是否处于弱势地位导致易受损害为判断标准,将个人投资者纳入消费者权益保护机制之中,而非机械地将投资类消费者排除在保护机制之外。^④

笔者认为,在金融市场上,投资者与消费者的角色尽管有所重合,但却有着清晰区分的必要。即使美国等世界上最早提出消费者权益保护的国家,在此次金融监管改革中也仍然将金融消费者与投资者保护进行了区分,并没有将投资者完全包括在金融消费者中,用金融消费者的概念取代投资者的概念。实际上,对于那些高风险的投资商品,特别是那些需要设置市场准入门槛、需要由专业投资人进行投资的商品,一般不将其购买者纳入金融消费者的范畴,而仍视之为普通的投资者,作为投资者进行法律保护。与此同时,坚持投资者保护,并在投资者保护的基础上将部分较为弱势的投资者纳入消费者保护的理念和监管的做法,把部分投资者保护提升为金融消费者保护也是必要的。^⑤ 因此,笔者建议对金融消费者作出如下界定:金融消费者是接受金融服务业提供的金融商品或服务的人,但不包括专业投资机构和具备一定财力或专业能力从事需要市场准入门槛的金融商品交易的自然人或法人。

---

① 参见于春敏:《金融消费者的法律界定》,载《上海财经大学学报(哲学社会科学版)》2010 年第 4 期。
② 参见周浩吴:《"金融消费者"概念辨析》,载《东方企业文化》2010 年第 4 期。
③ 丁克基:《应立法保护金融消费者权益》,载《上海金融报》2009 年 8 月 11 日。
④ 参见李明奎:《制度变迁视角下金融消费者保护机制刍议》,载《法律适用》2011 年第 1 期。
⑤ 参见罗传钰:《金融危机后我国金融消费者保护体系的构建——兼议金融消费者与金融投资者的关系》,载《学术论坛》2011 年第 2 期。

二、应受法律保护的金融消费者权益的范围

金融消费者在享受金融服务和购买金融产品时,除享有消费者和投资者的一般权利外,还应当享有与金融市场特点相呼应的权利,其中最核心的就是金融消费者的知情权、隐私权、受教育权、求偿权等四项权利。实际上,这四项权利在金融消费者保护理念尚未提出时,就已经或多或少地存在于普通消费者和金融投资者保护法律中,但是,金融消费者的知情权、隐私权、受教育权和求偿权在范围和程度上更加全面深入,更加强调政府和金融机构的主动性。

首先,在知情权上,普通消费者的知情权,是指消费者享有知悉其购买、使用的商品或者接受的服务的真实情况的权利,其指向的客体范围包括商品的价格、产地、生产者、用途、性能、规格、等级、主要成分、生产日期、有效期限、检验合格证明、使用方法说明书、售后服务,或者服务的内容、规格、费用等有关情况。投资者的知情权在于重点防范和禁止虚假陈述。而金融消费者的知情权则进一步强调禁止不良劝诱、明确风险提示,对消费者作进一步的保护。在方式上,普通消费者和投资者的知情权在于保障他们主动获取有权知悉的信息,交易相对方不得隐瞒和提供错误信息;而金融消费者的知情权则要求金融机构主动向金融消费者进行全面(全程披露和全方位披露)、准确(禁止欺诈、诱骗和误导)、及时和透明(能够使金融消费者理解的方式)的信息披露,并在金融产品有可能造成金融消费者本金亏损时向金融消费者作出风险揭示,说明亏损原因。[①]

其次,金融消费者的隐私权和公民一般隐私权一直是我国法律保护的弱项。我国宪法和民法没有把隐私权当做一项独立的人格权来保护,《中华人民共和国消费者权益保护法》(以下简称《消费者权益保护法》)规定的 9 项消费者权益中,也并没有关于消费者隐私权的相关规定,但在一些地方性法规中提到了对消费者隐私权的保护,例如《上海市消费者权益保护条例》。正因为缺乏对消费者隐私权的保护,侵犯金融消费者隐私权的现象大量存在。金融消费者隐私权是指信息持有者对其与信用或交易相关的信息所享有的控制支配权,具体而言,包括以下两个方面的内容。其一,个人信息,这是指金融消费者的个人信息和数据,诸如姓名、性别、婚姻状况、家庭住址、电话号码、工作单位、财产状况、密码、信用状况等。其二,个人关系,这是指金融消费者接受金融服务或者购买金融产品时的信件、电报、电话、传真及谈话的内容。这些隐私与金融消费者的人身以及财产安全密切相关,应当予以关注并加强保护。金融消费者隐私权最核心的内容是金融信息的保密权。未经本人同意,金融机构及其工作人员不得泄露、出卖、非法使用、变更金融消费者的个人信息;同时,金融机构应当采取积极措施,防止其代理、中介或合作单位泄露、出卖、非法使用和变更这些个人信息。

---

① 参见彭真明、殷鑫:《论金融消费者知情权的法律保护》,载《法商研究》2011 年第 5 期。

再次,《消费者权益保护法》明确规定消费者享有受教育权,即消费者享有获得有关消费和消费者权益保护方面的知识和权利。投资者的受教育权也一直受到中国证监会的高度重视。中国证监会投资者保护局的八项主要职责中有两项与保障投资者的受教育权有关。[①] 金融消费者的受教育权比投资者的受教育权的要求更高,其目的在于提高金融消费者自主判断和选择金融产品及防范风险的能力。金融教育不是专门针对金融专业学生的学历教育和金融机构从业人员的职业教育,而是旨在普及全民金融知识、金融操作技能以及相关权益保护方面的国民教育。世界主要的国际金融强国均已建立比较完备的金融教育体系,美国甚至将其提升到了国家战略的重中之重的高度。金融素质已经成为国民综合素质的重要组成部分。[②] 因此,为保障金融消费者的受教育权,政府应当明确其教育职责,指派或设立相应的负责部门,提供充分的财政资金支持,将金融教育融于学校教育之中,并以社会再教育为辅,充分保障金融消费者的受教育权,帮助金融消费者提高金融素质。

最后,《消费者权益保护法》和《中华人民共和国证券法》等对求偿权规定得很明确,普通消费者和投资者因消费或投资而受到人身、财产损害的,享有依法获得赔偿的权利。并且我国也已经有工商行政管理局、消费者保护协会、中国证监会投资者保护局等组织协助和保障消费者和投资者实现其求偿权。进一步强调金融消费者的求偿权,是因为大部门金融消费者往往金融知识有限、掌握的信息也不对称,对一些金融产品的构成、风险、收益以及相关的服务信息缺乏足够的了解和认知,对自己享有的权利也不十分明确。在合法权益受到侵害时,许多金融消费者缺乏维权意识,也不知如何快速有效地维护其正当利益。此外,我国目前的许多金融法规对金融机构违反相应义务的规制多为行政处罚,民事损害赔偿的规定十分少见,这也给金融消费者实现求偿权带来了一定的障碍。在求偿权中,尤其要重视其所包含的投诉权。立法机关和相应的行政管理部门应当制定相应的法律法规或部门规章,建立便捷的机制措施,确保金融消费者知晓在何种情况下,可以通过何种渠道向哪个部门进行投诉;以及投诉的处理流程、何时可以得到处理结果;等等。此外,金融消费者也应当对投诉受理机构处理投诉的过程和结果享有监督权和投诉权,包括投诉处理是否及时有效、是否公正合理等。

当然金融消费者享有的权利不是一个一成不变的范畴。随着金融业务发展水平的提高,金融产品和服务品种的不断增加,其范围也应当不断调整,有些权利可能弱化,有些权利可能增加。

三、民商事法律保护介入的标准和程序

我国现行金融立法对金融消费者进行民商事法律保护的标准与程序方面都存在

---

① 中国证监会投资者保护局的这两项主要职责是:对证券期货市场投资者教育与服务工作进行统筹规划、组织协调和检查评估;协调推动建立完善投资者服务、教育和保护机制。

② 参见刘玫:《推广普及金融教育提高公众金融素质》,载《金融经济(理论版)》2010年第6期。

一定的不足,有待进一步的完善。

第一,我国现行有关金融消费者保护的法律法规数量少且规定较为原则,缺乏可操作性。我国现行金融法律如《中国人民银行法》《中华人民共和国商业银行法》(以下简称《商业银行法》)、《证券法》《中华人民共和国保险法》《中华人民共和国银行业监督管理法》等立法时间都较早,彼时尚无金融消费者保护的理念。因此,相关法律、法规多从维护金融市场秩序、保护金融机构利益的角度出发,尽管对金融消费者权益保护也有所提及,但大多在顺序上排在市场秩序与金融机构之后。例如,《商业银行法》第 1 条规定:"为了保护商业银行、存款人和其他客户的合法权益⋯⋯"法律具体条文对金融消费者所享有的隐私权、知情权、公平交易权等内容也有所提及,但绝大部分还是仅作了原则性规定,真正规定消费者权利、具有可诉性和可操作性的民商事规则十分少见,这使得保护金融消费者权益往往成为被架空了的口号。[①] 例如,《商业银行法》第 29 条规定:"商业银行办理个人储蓄存款业务,应当遵循存款自愿、取款自由、存款有息、为存款人保密的原则。对个人储蓄存款,商业银行有权拒绝任何单位或者个人查询、冻结、扣划,但法律另有规定的除外。"因此,我国应尽快制定和颁布有关专门的法律法规,例如,应加快制定"个人信息保护法",明确个人信息的收集和使用范围,禁止个人信息被用于法律规定以外的其他目的;颁布"金融机构破产条例"或"金融机构市场退出条例","存款保险法"或"存款保险条例",明确对金融消费者财产权的保护和限制范围,防范金融机构的道德风险。[②]

第二,我国维护金融消费者利益的部门规章虽然内容相对具体,但存在与上位法冲突以及不同部门规章之间相互重叠交叉的问题,特别是后一方面的问题尤其严重。我国金融监管机构如中国人民银行、保监会、银监会和证监会等制定的诸多规章制度是对前述金融法律法规的细化与具体化,加上制定的时间相对较晚,金融消费者保护理念被有关规章制度的制定机关所接受和吸纳,因此,这些部门规章对金融消费者的保护作出了进一步的规定。但这些规章制度由不同金融监管部门制定,它们对金融消费者权利的规制原则及具体内容不尽相同,并且目前我国的许多金融服务和金融产品往往涉及两个或两个以上的金融领域,这在很大程度上造成金融消费者民商事保护的标准不统一,使金融消费者和金融机构无所适从。例如,券商集合理财和信托公司的集合理财是十分相似的两类业务,却要分别适用《证券公司客户资产管理业务试行办法》和《信托投资公司资金信托管理暂行办法》的规定,形成代理关系和信托关系两个不同的法律关系,接受证监会与银监会两个不同监管部门规章的调整。[③]

第三,我国现行金融立法往往缺少金融机构对消费者的民事损害赔偿责任的内容。以金融消费者知情权保护为例,现有的法律法规和规章制度仅对金融机构的信息披露和风险提示施加了一定的义务,但对其违反相关义务产生的民事责任

---

① 参见何颖:《论金融消费者保护的立法原则》,载《法学》2010 年第 2 期。
② 参见马洪雨、康耀坤:《危机背景下金融消费者保护法律制度研究》,载《证券市场导报》2010 年第 2 期。
③ 参见刘迎霜:《我国金融消费者权益保护路径探析——兼论对美国金融监管改革中金融消费者保护的借鉴》,载《现代法学》2011 年第 3 期。

却少有提及。这也在一定程度上放纵了金融机构的不法行为,对金融消费者的财产保护和侵权救济十分不利。因此,应当加强我国金融立法中金融机构对消费者的民事损害赔偿责任的内容,从而实现对金融消费者的有效救济,威慑金融机构的不法行为。

第四,我国民事诉讼法规定的"谁主张,谁举证"的一般举证责任原则,仅有部分案件实行举证责任倒置。金融消费者与金融机构在信息上的严重不对称,使得前者在主张金融机构的民事责任时往往面临举证困难和败诉风险。目前我国最高人民法院发布的《关于审理证券市场因虚假陈述引发的民事赔偿案件的若干规定》第18条将"过错推定"引入虚假陈述案件中,将部分举证责任转移到侵权行为人一方。按照该规定,侵权行为人是否存在过错,及虚假陈述行为与损害后果之间是否存在因果关系不是原告的举证义务。只要被告没有举出反证,就推定其存在过错,且推定侵权行为与损害后果之间存在因果关系。中国证监会发布的《信息披露违法行为行政责任认定规则》也将"过错推定"引入信息披露违法行为行政责任认定之中。但是其他诸如内幕交易、操纵市场、理财产品纠纷等案件仍须实行"谁主张,谁举证"的规定。金融消费者保护实际上是对金融消费者的倾斜性保护,要求金融机构承担更多的程序性义务。因此,简化金融机构民事责任的构成要件,减轻消费者举证责任,将举证责任倒置和过错推定原则引进金融消费者与金融机构的交易纠纷案件中,应当是金融消费者民商事保护制度的特别要求。那样有利于最大限度保护金融市场中处于弱势地位的金融消费者的合法权益,促进金融市场的良性发展。

第五,目前我国金融消费者诉讼制度尚存在一定的缺陷。我国目前没有建立金融消费者公益诉讼制度,在金融民事纠纷案件中,单个金融消费者往往处于比较弱势的地位,为了维权需要耗费大量的精力和财力,成本非常高,而成功率不高,所以大部分金融消费者只能无奈放弃。因此,应着眼于金融消费者的弱势诉讼地位,建立区别于一般民事诉讼程序的金融消费者诉讼制度,包括赋予金融消费者组织起诉资格、赋予金融消费者公益诉讼主体资格、确立金融消费者诉讼对同类产品的普遍约束力,为金融消费者诉讼设计特殊的程序与证据规则等,以真正落实"方便金融消费者诉讼"的基本精神。此外,在仲裁方式上,可以在现有仲裁制度基础上,创立小额金融消费者仲裁机制,选配具有丰富金融消费者纠纷裁决经验的法官、律师或者监管机构工作人员等经验丰富的专业人士,担任小额金融消费纠纷仲裁员,适用简单程序,以达到纠纷解决灵活、快速、低成本的效果。[①]

四、行政保护介入的标准和程序

目前,我国对金融消费者的行政保护在机构设置、制度安排以及程序设计等方面都稍显不足,有待进一步加强和提高。

---

① 参见上海市立法研究所:《金融消费者权益保护立法研究课题总报告及附件》2011年第1期。

1. 金融消费者权益保护的专门机构

在机构设置上，我国在很长一段时间内没有设立专门的金融消费者保护机构来承担金融消费者保护职责。虽然消费者协会和工商行政管理局在消费者权益保护方面有一定的职责，但鉴于金融产品和服务的专业性和特殊性，消费者协会和工商局也很难有效开展金融消费者权益保护工作。金融监管部门（"一行三会"）内设的消费者保护部门，在分业监管格局下却只能困于各自领域，各自为政，缺乏协调和统一，金融业综合经营过程中金融消费者的权益保护受到一定的制约。①

基于金融消费市场的专业性和风险性，法律规定的有限性与社会现实的无限性，设立专门的金融消费者权益保护机构十分有必要。金融危机之后，美国金融改革的一个重要举措就是设立专门的金融消费者保护机构"金融消费者保护署"。因此，建议在中国人民银行下设"全国金融消费者保护办公室"，专司金融消费者权益保护之责，其具体职责包括：

（1）设立投诉、举报电话，接受金融消费者的投诉、举报，并转交至相关行政管理部门和金融监管机构处理。

（2）建立金融消费者权益保护的协调机制，负责就金融消费者保护事宜与"一行三会"的沟通协调。

（3）组织开展金融消费者有关知识的教育与培训。

（4）调解金融机构与金融消费者的金融消费争议，对于无法调解的争议，指导并协助金融消费者寻求相关处理和救济方式。

（5）开展督导工作。

（6）其他该办公室应当履行的保护金融消费者的职责。

2. 对金融消费者权益保护的制度上的建议

鉴于在制度安排上，我国行政管理部门目前未能有效地建立相关制度以防范诸如金融机构乱收费、泄露客户个人信息、交易欺诈等侵犯金融消费者现象的发生，特提出以下建议。

（1）建立金融机构收费公开听证制度。近期，随着 ATM 跨行收费、小额贷款管理费、打印账单等银行收费项目频频受到质疑，争议不断，纠纷四起。尽管金融机构提供的很多服务具有商业性质，但本质上还有其公共服务功能，因此，不能完全任由金融机构增加收费项目，提高收费标准。政府、行业协会和监管部门有必要共同制定与我国金融发展水平相适应的金融机构收费听证制度，有效规范金融机构制定服务价格的行为，更好地体现公平，减少纠纷的发生。②

（2）统一金融产品销售制度。随着金融市场的发展，金融产品不断创新，金融机构提供了品种繁多、结构复杂的产品，令金融消费者眼花缭乱。虽然我国目前实行分业监管，银行、证券、保险等行业的产品受各自行业法规的规制，但在实践中，金融产

---

① 参见殷兴山：《建立金融消费者权益保护制度体系》，载《中国金融》2011 年第 11 期。
② 参见上海市立法研究所：《金融消费者权益保护立法研究课题总报告及附件》2011 年第 1 期。

品的销售已经超出了各自行业的限制,例如银行也代为销售保险产品、基金产品等。因此,建议在构建金融产品销售法律制度时,打破传统金融行业的区分,将规制对象统一为"金融产品",将传统的分类金融行业的名称统一为"金融产品提供者"。

(3)建立金融产品信息披露制度。当前的金融产品,特别是其中的金融衍生产品设计十分繁杂,链接冗长,甚至跨越国界,有些连金融机构的从业人员都不能理解其模型。金融消费者作为产品的购买者,面对着说明书上一大堆专业性强、晦涩难懂的金融术语,对产品的基础资产、担保方式、投资方向、风险提示、收益浮动等关键条款往往不能很好地把握和理解,自然就谈不上充分行使对金融产品的知情权。实际上,金融产品提供者对于金融商品的信息披露是金融消费者行使知情权的基础,是金融消费者保护的重要内容之一。信息披露得越全面,产品的构成和收益可能性越一目了然,其风险和价格也就越透明。但是基于自身利益的追逐,金融产品提供者往往不会充分地披露产品的全部信息,而是有选择、有技巧地加以披露。① 因此,法律法规应强化金融机构信息披露的义务,规定金融机构发售金融产品必须向公众充分披露产品信息,并将其备案至专门的政府信息平台。该平台对备案信息进行分析和认可,接受公众咨询并定期向公众作出产品信息解读和提示。金融机构未充分披露信息或未备案或备案信息与披露信息不一致的,有关金融产品将不得对外发售或停止对外发售。

(4)构建金融消费者风险承受能力评估体系。风险价值是构成金融产品价值的要素之一,风险越高,金融产品的收益越高。然而,并不是所有的金融消费者都具有相同的风险承受能力,风险承受能力不同的金融消费者购买不同风险程度的金融产品才是产品与客户之间的理想状态。但由于资本的天然本性是追逐利益,金融消费者在支配其资金时,往往会选择收益较高的金融产品,如果在这个环节没有理性的干预,金融消费者将可能承受无法承受的风险状况。而实践中金融机构往往向金融消费者出售与其风险承受能力不相匹配的产品,这是导致金融消费者利益受损的重要原因之一。金融消费者的风险承受能力是决定金融消费是否理性、金融市场是否稳健的重要因素。② 因此,应当构建金融消费者风险承受能力评估体系,培育中立的风险测评机构,要求金融机构在销售金融产品时,必须对金融消费者进行风险承受能力的测评,并根据测评结论,将合适的金融产品推荐给合适的金融消费者,引导金融消费者购买与其风险承受能力相适应的金融产品。

3. 对金融消费者权益保护的程序上的建议

在程序设计上,我国行政管理部门在金融消费者保护上尚处于起步阶段,对金融消费者的保护主动性不够。以格式条款为例,目前,金融市场上侵害金融消费者权益的典型方式之一就是金融机构利用格式条款,剥夺消费者的合法权益,免除自己应当履行的法律义务,因此,行政管理部门应主动强化对格式条款的规制,制定与推广各

---

① 参见姜瑜:《加快构建上海市金融消费者保护机制》,载《上海金融报》2012年1月20日。
② 参见上海市立法研究所:《上海市金融消费者保护条例(草案建议稿)研究课题报告及附件》2012年第1期。

行业适用的格式条款范本,避免金融机构各自制定格式条款,不合理地剥夺消费者的权利。同时加强对格式条款适用的调查,对使用格式条款的不当行为予以纠正,而不是等到因格式条款产生纠纷后才来解决问题。

此外,我国金融消费纠纷行政处理程序不完善,尚未建立有效的金融消费者权益纠纷行政处理解决机制。我国没有专门负责金融消费者投诉的行政主管机构。"一行三会"分别承担各自领域内的金融纠纷投诉,对于涉及多部门的金融纠纷处理存在部门协调性较差的问题。此外,从本质上说,我国金融监管机构对金融消费纠纷的处理属于"信访"性质,严谨性和机制性不够。因此,设立前述全国金融消费者保护办公室接受金融消费者投诉、协助解决纠纷,以保证金融消费者权益保护在救济途径上的各项保护措施得到有力实施,是十分必要的。全国金融消费者保护办公室可以在各省市设立分支机构,就金融消费争议开展调解,对于在法定期限内(建议定为 60 日)无法调解的,告知金融消费争议双方通过其他途径解决,同时指导和协助金融消费者寻求相关处理和救济方式,其中包括将投诉和举报转交至相关行政管理部门和金融监管机构处理。全国金融消费者保护办公室转交或金融消费者自行向有关行政管理部门和金融监管机构投诉的,后者应当及时受理,并对金融机构的行为进行审查,作出相应处理。金融机构造成金融消费者损失的,行政管理部门和金融监管机构有义务督促其对金融消费者作出赔偿或者承担其他民事责任。

五、刑事法律保护介入的标准和程序

刑事法律保护是金融消费者保护的最后一道防线,是金融法律法规有效实施的重要保障,其依据是《中华人民共和国刑法》(以下简称《刑法》)及其相关司法解释。目前《刑法》及其司法解释针对侵犯金融消费者知情权的行为,规定了诱骗投资者买卖证券、期货合约罪等;针对侵犯金融消费者隐私权的行为,规定了妨害信用卡管理罪,窃取、收买、非法提供信用卡信息罪等;针对侵犯金融消费者公平交易权的行为,规定了擅自发行股票、公司、企业债券罪,操纵证券、期货市场罪等;针对侵犯金融消费者财产权的行为,规定了背信运用受托财产罪、违法运用资金罪、信用卡诈骗罪等犯罪。这对保护金融消费者的合法权益起着十分重要的作用,但也存在一些不足,既有刑法保护的不够,也有金融刑事立法的过度扩张。

以金融消费者隐私权的刑事法律保护为例,《中华人民共和国刑法修正案(七)》所规定的"出售、非法提供公民个人信息罪"的行为方式有疏漏,不足以防范和惩罚某些侵犯金融消费者个人信息的不法行为。该罪仅规定了"出售或者非法提供给他人"以及"窃取或者以其他方法非法获取"的行为方式,而实践中还存在其他侵犯公民个人信息安全的行为。首先,缺乏对"非法使用"他人个人信息的禁止。在现实生活中,使用他人的个人信息是十分常见的,尤其在洗钱、走私和反司法侦查过程中,非法使用他人的个人信息的情况大量存在,给个人信息真正持有人的名誉、信用带来严重的损害,极大地便利了后续犯罪行为的发生,同时也给案件的侦破、取证和司法定罪带来严重的阻碍。其次,缺乏对"非法披露"信息的规定。尽管"非法披露",和"非法提供"都在某种程度上表明行为人向他人传播了自己掌握的身份信息,但两者仍有不同。"非法提供"一般是针对行为人向特定对象提供身份信息而言,而"非法披露"一般被理解为针对非特定对象而言。司法实践中可能出现行为人由于厌世、恶作剧、报复等动机故意将他人身份信息公之于众,如果情节严重构成犯罪的,其行为性质就应当属于"非法披露",而非"非法提供"。

而 2009 年《关于妨害信用卡管理刑事案件具体应用法律若干问题的解释》又扩大了刑法的打击范围。该解释规定窃取、收买、非法提供他人信用卡信息资料,涉及 1 张以上信用卡的,即以窃取、收买、非法提供信用卡信息罪定罪处罚。这显然大大扩张了窃取、收买、非法提供信用卡信息罪的定罪范围,超越了《刑法》第 13 条对犯罪行为本质的规定(《刑法》第 13 条规定,情节显著轻微危害不大的,不认为是犯罪)。刑事立法的过度扩张,模糊了民事、行政和刑事案件之间的界限,导致了对金融市场的过分干预,不利于保障市场主体的经营自主权和公民的人权,在一定程度上阻碍了我国金融市场的发展。此外,金融刑法立法的过度规制,使得民事和行政法律制度的前置性屏障作用难以发挥,不利于民事和行政法律制度本身的完善,也不利于金融民事和行政法规与刑法的衔接,必须加以警惕。①

从司法实践上看,金融消费者刑事法律保护能充分发挥作用的一大基础,在于金融行政监管部门能及时有效地将有关案件移送至司法机关。目前已有《行政执法机关移送涉嫌犯罪案件的规定》《中国证券监督管理委员会、公安部关于在打击证券期货违法犯罪中加强执法协作的通知》《中国保监会关于在行政执法中及时移送涉嫌犯罪案件的规定》《中国银监会移送涉嫌犯罪案件工作规定》等规章制度,规定了行政执法与刑事司法之间的有关衔接问题。但这些规范大多立法位阶低,原则性规定多,具体性规定少,实践中还存在行政层面配合的局限以及行政执法部门之间相互沟通渠道不畅等问题。在现行分业监管的行政执法体制下,"一行三会"也通常是各司其职,部门协调性较差。此外,我国刑法中大量犯罪构成的量化标准不明确、不合理,造成执法中罪与非罪的认定困难,使得执法者在实际办案中难以掌握,也就谈不上行政执法与刑事执法的合理衔接了。特别是最高人民检察院与公安部对某些金融犯罪的追究数额标准规定较低,实际上难以全面执行,造成了很多案件处理的结果不一致,在很大程度上降低了司法权威性和法律的严肃性。在这一点上证券期货犯罪的"水龙头机制"起到了很好的作用。"水龙头机制"要求公安机关在侦查工作中发现的证券违法违规线索和案件,应当及时向证券监管机关移送。证券监管机关对公安机关移送的案件应当受理并及时进行审查。同时,对中国证监会移送的案件,公安部应当依照有关移送规定受理并及时进行审查。这样,证监会就对相关证券期货案件起到了一个筛选和把关的作用,对案件的统一处理有着十分重要的促进作用。

---

① 参见顾肖荣、陈玲:《必须防范金融刑事立法的过度扩张》,载《法学》2011 年第 6 期。

六、行业保护和自我保护的若干法律问题

由于历史传统、制度机制和监管实际等方面的原因,我国银行业协会、证券业协会、保险业协会等自律机构在金融消费者保护问题上的作用较为有限。[①] 行业协会对金融机构的协调以及行业准则的制定方面较为重视,对金融消费者保护的关注则稍显不足,相关问题缺乏来自行业协会的有效监督和奖惩措施。因此,有必要采取以下对策。

1. 要进一步明确金融行业协会在金融消费者保护方面的职能

金融行业协会应当从全行业长远利益出发,在银行业协会、证券业协会和保险业协会等行业协会的章程中明确维护金融消费者合法权益方面的基本职能,积极开展行业自律,督促金融机构依法经营,维护健康有序的市场环境,在其行业准则中实现金融消费者合法权益的保护,对金融机构违反有关规范设置一定的处罚措施,等等。

2. 要加强金融行业协会的合作与协调

从目前各金融行业协会的章程来看,其职能基本上仅限于本行业内部。但随着金融产品和服务的创新,传统的金融业分工和金融业界限日益模糊,跨银行、证券、保险和信托领域的金融产品和服务日渐增多,各金融业之间的合作已是大势所趋。2006 年我国七大全国性金融行业协会共同签署合作备忘录,建立了全国金融行业协会联席会议制度,已经取得了初步成绩。未来我国更要进一步加强行业协会间的合作与协调的平台,对涉及多个行业的金融消费者权益保护问题进行行业自律,并在金融消费者教育、消费风险提示、反映金融消费者合法权益问题、处理金融消费者投诉、支持指导消费者诉讼等方面发挥积极作用。[②]

在金融消费者自我保护中,要充分发挥各级消费者保护委员会的作用,可以根据需要在各地设立相应的金融消费者专业委员会,履行以下职责:

(1)建议职责。向各级人民政府及其工作部门和金融监管机构提出保护金融消费者合法权益的建议。

(2)监督职责。监督金融机构的规章制度和经营行为是否侵犯金融消费者合法权益,并对其提出意见和建议。

(3)宣传职责。宣传金融产品、服务知识和操作技能,宣传保护金融消费者保护的法律、法规,开展金融消费者自我保护教育和金融知识普及与教育,等等。

---

① 参见李铭、朱欣建:《金融消费者权益保护立法的效果评估研究》,载《海南金融》2012 年第 1 期。
② 参见梅明华、周德洋:《美国金融消费者保护改革的最新动向及启示》,载《银行家》2011 年第 1 期。

以居民金融资产的保值增值为重要目标[*]

——深化金融体制改革的顶层设计思考

金融体制改革下一步到底改什么？答案当然是服务于我国改革开放的大局。金融是现代经济的核心，随着经济全球化深入发展，随着我国经济持续快速发展和工业化、城镇化、市场化、国际化进程加快，金融日益广泛地影响着我国经济社会生活的各个方面，我们要充分认识做好金融工作的重要性和紧迫性，深入研究金融领域的新情况、新问题，稳步深化金融体制改革。针对金融体制改革的目标和方向问题，李克强副总理指出，下一步"我们要坚持以科学发展为主题，以加快转变经济发展方式为主线，把各方面发展的积极性引导到保障和改善民生上来……"李副总理还指出："保障和改善民生，是中国加快转变经济发展方式的根本出发点和落脚点。"[①]而使普通居民的金融资产保值增值是改善和保障民生的一项重要内容，因此，将其列为下一步金融体制改革的重要目标很有必要。

深化金融体制改革的体制性问题有哪些？下一步改革的顶层设计的关键内容是什么？这方面已经有不少讨论和议论。[②]这些见解有其合理性，但笔者所提出的思路与他们的有所不同，看上去难度比较大。但笔者认为，笔者的思路具有以下特点：一是符合老百姓的需要，如果朝这个方向努力了，老百姓就会高兴，就会切实感受到权利的保护和利益的可得，这是我们进行各项工作的基本出发点和最高目标；二是可以进一步提高党和政府的威信。这件事看得见、摸得着，与老百姓的切身利益密切相关，能使老百姓更实际、更生动、更直接地感受到、体会到党和政府的宗旨意识。老百姓的利益得到了保障，自然会对党和政府更加信服；三是这件事只要做好做实了，对实体经济发展、社会稳定都会产生积极的影响。普通居民的金融资产实现了保值增

---

[*] 本文研究受国家社科基金重大项目"深化金融体制改革"（项目编号：09&ZD030）资助；首席专家顾肖荣，第二作者陈玲，原载于《上海经济研究》2012年第6期。

[①] 李克强：《推动经济转型，创新发展模式，着力调整结构，努力改善民生》，载《人民日报》2011年3月22日。

[②] 吴晓灵同志认为，中国未来几年作顶层设计时，最需要解决以下六个方面的问题：一是中央银行与金融监管的关系。这要求我们解决好央行独立性问题、宏观审慎管理和微观审慎监管的关系以及消费者保护问题。二是行为立法与机构立法的关系。立法应该针对市场行为立法，不应该针对某一个机构立法。三是功能监管和机构监管的关系。我国虽然目前仍然要以机构监管为主，但是应该逐步实行功能监管。四是综合经营路径选择。五是人民币国际化的顺序。我们应该加大汇率形成机制改革力度，推进资本项下可兑换，使得人民币成为结算货币，广泛使用后，变成国际投资货币，最后再变成储备货币。六是国际货币体系改革的方向（吴晓灵：《顶层设计和金融体制改革》，载《21世纪经济报道》2011年8月27日）。

刘明康同志提出加强金融业顶层设计，从战略高度推动银行业转变发展方式，持续推进概念业务分散化经营，加强尽职调查能力，推进提升有理有据、公平合理的产品定价能力，营造金融支持经济发展良好的监管环境。

值,老百姓手里有了钱,自然能扩大消费、拉动内需,促进实体经济健康和持续发展,减少社会矛盾和冲突,维护社会稳定。

一、居民金融资产的现状

居民金融资产是居民财产的一部分,这里提到的居民金融资产包括现金、银行存款、股票证券、保险在内的主要资产,房地产和收藏类的非金融资产没有计入。目前,我国居民金融资产有如下表现:

（一） 改革开放 30 年来,我国居民金融资产总量迅速增加

根据央行的统计,截至 2009 年第三季度,我国居民金融资产为 41 万亿元,负债为 7.5 万亿元,两项相减,居民净金融资产为 33.5 万亿元。[1] 而改革开放之初的 1978 年,城乡居民金融资产仅 376 亿元,数额增加了 889 倍。值得注意的是,我国居民金融资产增长的速度远远高于同期的经济增长速度和居民收入增长水平。从 1978 年至 2006 年,居民金融资产在扣除物价因素的情况下年均实际增长率为 19.7%,同一时间段我国 GDP 年均增长为 9.7%,两者差距正好为十个百分点;同时期内,我国城镇居民收入年均增长 7.2%,农村人口收入年均增长 7.6%,金融资产增长率也分别比它们高出十多个百分点。[2]

出现这样的情况有多方面原因:一是,随着经济发展和可支配收入的增加,居民边际消费倾向递减,其将消费后剩余的可支配收入以金融资产的形式储存起来以备后用;二是我国经济体制转轨以后,社会保障制度发生了变革,居民面临的生活不确定因素加大,出于预防性考虑,居民的金融资产存量增大;三是受证券市场和保险市场发展的影响,居民的投资热情高涨且资本市场持续活跃,这就拓宽了企业直接融资渠道,也为居民金融资产的增加提供了基础。

（二） 我国居民金融资产总体处于上升趋势,但目前增速趋缓,出现结构不合理现象

从改革初期到 20 世纪 90 年代中叶,居民金融资产增长速度基本上在 30%～40% 上下波动,1994 年以后金融资产增幅持续下降。有统计称,1978 年至 1996 年,居民金融资产年均增长 31.3%;而 1996 年至 2006 年,增幅仅为 15.7%,加速度明显降低。[3] 从金融资产构成上看,目前我国居民的资产结构中储蓄存款的比例高达 68%,比重明显较高,其他资产主要分布于股票、基金、债券和保险准备金等领域,其中股票和基金随着证券市场的表现波动性比较大,前几年牛市时这两项占居民金融资产的比重达

---

① 参见中国人民银行:《2010 年中国金融稳定报告》,载 http://www.pbc.gov.cn/publish/goutongjiaoliu/524/2010/20100917095724309542980/20100917095724309542980_.html,访问日期:2011 年 10 月 5 日。
② 参见赵春萍:《我国居民金融资产总量迅速增加》,载《中国信息报》2008 年 5 月 29 日。
③ 参见吴晓灵:《顶层设计和金融体制改革》,载《21 世纪经济报道》2011 年 8 月 27 日。

1/3，一旦受到资本市场和房地产行情的影响，资金就迅速回流到储蓄中去。有专家认为，我国居民的金融资产存在着较大问题。① 笔者对这些观点深以为然。

（三）居民金融资产保值增值的难度加大，群众普遍焦虑

央行日前发布数据显示，截至 2011 年 4 月末，当月人民币存款增加 3 377 亿元，同比少增 8 325 亿元，其中住户存款净减少 4 678 亿元。另据国家统计局数据，4 月份，CPI 同比上涨 5.3%，而一年期存款利率为 3.25%，三年期的为 4.75%，明显低于 CPI 增速。有人分析，这四千多亿"被搬家"的存款反映了在 CPI 高企、通货膨胀形势依旧严峻的情况下，存款实际负利率激发了民众对资产保值增值的强烈愿望，巨额存款主要流向了银行理财产品、民间借贷和楼市三个领域。笔者认为，在通胀压力加大和股市前景不明的情势下，选用以上三种保值增值方式也不是绝对有效的，这是因为银行理财产品具有政策性和流动性风险，民间借贷存在较大的法律风险，而楼市调控下的购房门槛又过高，非一般投资人能力所及。目前中国政府为此承担了巨大的政治压力。

二、主要的体制性问题

我国居民金融资产保值增值的难度加大，其原因是多方面的，但体制性的问题主要有以下几个方面：

（一）基金、证券公司的经营制度、分配制度不尽合理

居民金融资产中，证券和基金占据相当大的比例，这些金融资产的保值增值应当与基金和证券经理的业绩相关联。但近年来，一个比较突出的问题是，购买基金份额的消费者（简称"基民"）承受巨额亏损，据统计，大部分基民的亏损都在 10% 到 30% 之间，而基金和基金公司的高管们却拿着数十万甚至上百万、上千万的高薪。这种高管薪酬与"基民"收益不挂钩的制度显然是不合理的。有人说，这种制度是与国外接轨的。笔者认为，即使国外存在这种情况，也需要改。欧美发达国家屡屡爆发金融危机是否与这种薪酬制度、激励制度有关呢？

（二）金融经营机构销售金融商品时存在着让老百姓"看不懂""太复杂"并在近似于"霸王条款"的协议上签字等问题

这不是个别机构的个别问题，而是银行、证券、保险等机构普遍存在的问题，因此

---

① 全国政协委员谢卫认为，我国居民金融资产存在五个方面的问题：一是收入分配机制的不合理抑制了居民金融资产的增长，劳动者收入占 GDP 的比重不断下降，可购入金融资产的能力降低；二是居民金融资产的品种较为单一，投资渠道狭窄，可供居民选择的、合适的金融品种太少，居民不能多渠道地分享经济发展的成果；三是资产分布在人群中不均衡，"二八现象"明显，即城乡之间、东部沿海发达地区和内陆地区之间、富裕阶层和贫困阶层之间的资产数量差距很大；四是证券类资产波动幅度大，资本市场机制不够完善，市场运行效率不高，投资风险大且不确定性高；五是受通胀威胁大，直接造成巨额储蓄保值压力陡增。

应将其列为体制性问题。金融机构设计和销售的产品过于复杂和专业化,大量使用数学公式和模型,没有详细的解释和说明,导致金融经营机构和产品购买者之间信息不对称的问题较严重,普通投资者要理解设计复杂的理财产品较为困难。其解决办法,已经到了需要用立法强制性规范的程度。日本已在 2001 年出台了《金融商品销售法》,其重点就在于保护消费者的合法权益,规范金融机构销售金融商品的行为,对各种不如实说明情况、设置霸王条款并致消费者遭受财产损失的行为,都要追究法律责任。

（三） 资本市场和金融机构产品回报率过低

典型的例证为中国 2000 多家上市公司中,能连续现金分红的公司不到 10%,而整个 A 股公司的现金分红股息率仅有 0.55%,远低于欧美市场的 2.5% 左右的股息率。相应数据还表明,过去 20 年间 A 股市场融资总额达到 4.3 万亿元,但累积返还的现金分红仅有 1.8 万亿元。[①] 此外,银行存款是居民金融资产的大头,其保值增值的任务更为繁重。这其中有以下问题值得考虑。

(1)目前阶段,我国不可能实行浮动利率制度,即使有了浮动利率制,也不可能追上目前 CPI 每季度 5%~6% 的增幅。因此银行存款的利率通常总是追不上 CPI 的,老百姓存在银行的存款就变相贬值了。

(2)银行现在开发了不少短期的"理财产品",有些产品年收益率通常在 5% 左右,高的达 6% 左右,勉强可以追得上 CPI 的涨幅,但有些产品的收益率则不尽如人意,有的甚至出现亏损现象。

(3)银行也兴办或参股了一些基金公司,彼此都是独立法人。这些基金公司实际上也是亏多赢少,比一般基金公司也好不了多少。银行还要考虑怎样才能防范这些基金公司可能带给自己的风险,而银行从这些基金公司能得到的利益却十分有限。因此,银行"给力"居民金融资产保值增值应如何进行制度设计,是一个艰巨的任务。

（四） 金融机构在遭遇风险时,普通居民的金融资产保值增值不是其关注的重点

大部分金融机构都是股份制盈利性企业,其管理层需要对公司股东负责,其运营的主要目的在于获取尽可能多的利润。因此,金融机构在防范外部风险和内部风险的时候,总是把自己机构的利益放在前面,而把普通居民所购买的本机构产品的风险防范放在后面。只有先把自己机构的利益维持住了,才会腾出时间和精力来关注普通居民所购买的金融产品的风险,有时为了本机构的利益还会牺牲普通居民的金融资产利益,任其价格一路狂泻而不采取补救措施。

---

① 参见左林、莫莉、王晓璐:《备战养老金》,载《财经》2012 年第 1 期。

（五）　金融监管部门监管目标的内在冲突导致对居民金融资产利益保护的削弱

金融监管部门的监管目标在于维护金融机构的稳健经营和金融体系的稳定，以及通过对金融机构经营行为的监管，防止和减少金融交易相对方受到欺诈和其他不公平待遇。历史经验表明，当危机来临，监管部门有时会牺牲居民的金融利益来维持金融机构的生存和金融体系的稳定。

（六）　我国目前对金融投资者和消费者保护的法律制度不够健全

持有金融资产的居民根据其持有资产的不同，可以细分为金融投资者（持有权益类金融资产，一般指股票、债券、证券投资基金等）和金融消费者（持有非权益类金融资产，通常包括银行理财产品和传统银行产品，例如存款等；财产类、人寿类保险产品等）。我国目前对金融投资者和消费者保护的法律制度不够健全，尤其在对金融消费者的保护上。《中华人民共和国消费者权益保护法》的很多规范在金融消费领域都难以适用，金融消费领域的大量问题无法在该法上得到回应和解决。[①] 而其他金融类专门性法律在规范和制度设计上并未对消费者和经营者的权利义务及相应的法律责任作出明确的规定，同时有些文件的法律层级比较低，因此，也不能很好地为处于相对弱势地位的金融消费者提供足够的保护。

在市场低迷的情况下，以上种种问题都暴露了出来，使居民手中的金融资产更加不值钱。

三、深化改革的必要性和迫切性

普通居民金融资产在目前难以实现有效的保值增值，必须进一步深化改革以改变这种现状。

（一）　深化改革，有利于保障金融消费者的合法权益和适应进入"老龄化社会"的需求

在刚刚过去的国际金融危机的应对中，美英等发达资本市场国家总结出的一条经验教训就是，对金融消费者合法权益的保护不足是诱发危机的一个重要因素，因此必须深化改革，更好地维护金融消费者的合法权益，营造和谐的金融环境。此外，我国自1999 年开始，已经进入"老龄化社会"。根据有关数据，截至2010 年11 月1 日，中国60 岁以上的老年人达1.78 亿，占总人口的13.26%，其中65 岁以上老年人为1.19亿，占总人口的8.87%。中国成为世界上唯一老年人口超过1 亿的国家。[②] 中国

[①]　参见晓州：《金融消费者权益保护迈出重要步伐》，载《金融时报》2011 年8 月8 日。
[②]　参见全国人大常委会执法检查组：《关于检查〈中华人民共和国老年人权益保障法〉实施情况的报告》，载 http://www.caijing.com.cn/2011 - 08 - 25/110825313.html，访问日期：2011 年9 月20 日。

老龄化速度之快前所未有,其在政治、经济、文化和社会等诸多层面带来的冲击空前强烈。然而与此同时,我国在应对人口老龄化问题上还存在着养老保障、医疗保障、养老服务等方面出现的挑战。在社会保障制度还不够健全的情况下,普通百姓的金融资产保值增值显得尤为重要。老年人一般不会去冒很大的风险,只要这些财产不贬值或贬的幅度小一些,有一些稳定的收入,有可靠的机构管着,他们就放心了。笔者建议通过金融体制改革,制定《金融商品销售法》,这样可以更有力地保障消费者的合法权益,也可以使老年人在比较明白的状态下选择金融产品。

(二) 深化改革,关系到改善和保障民生,可以有效拉动内需

经过 30 年的改革开放,我国大部分居民(不论老中青)已经积累了不少财产,其中很大部分是金融资产。其实,生意人和实业家的资产大多数处于流动状态中,是用钱生钱,因此很大一部分金融资产还是在工薪阶层和普通百姓手中。所以,使普通居民金融资产保值增值,直接关系到保障和改善民生,提高老百姓的经济实力和物质基础。老百姓的民生得到了保障和改善,手里面有了多余的钱,对资产的未来价值有了合理预期和信心,自然会进行相应的改善生活品质的消费,这将大大有利于拉动内需。

(三) 深化改革,有利于加快经济发展方式转变

党的十七届五中全会强调,"以加快转变经济发展方式为主线,是推动科学发展的必由之路,符合我国基本国情和发展阶段性特征"。这是对现实的清醒判断,也是对未来的关键抉择。加快经济发展方式转变,一方面,是指加快经济发展方式和结构的升级和调整,促进经济增长由主要依靠投资、出口拉动,向依靠消费、投资、出口协调拉动转变;由主要依靠第二产业带动,向依靠第一、第二、第三产业协同带动转变;由主要依靠增加物质资源消耗,向主要依靠科技进步、劳动者素质提高、管理创新转变。另一方面,也是指经济社会协调发展,包括加强环境保护和社会保障,节约社会资源、缩小贫富差距,化解社会矛盾,等等。普通居民资产保值增值不但是社会保障的有益补充,也有利于促进社会和谐、心理健康、社会稳定,可以直接或间接地推动经济发展方式的转变。

(四) 深化改革,可以促进金融创新,使普通居民手中的金钱投向更趋理性和有效,以之促进实体经济的发展

通过改革金融体制机制,可以创建出符合我国国情,又面向国际的新产品。如果发行者可靠,金融产品能做到有效的保值增值,老百姓也乐意购买,这些资金的投入就可以更持续、更稳定地投入到急需资金的行业当中去支撑实体经济,有利于缓解实体经济"融资难、融资贵"的难题。而实体经济得到资金支持后,能更好地运作和经营,实现快速和稳定的发展,产生令人满意的利润回馈金融产品的持有者,从而吸引更多的老百姓购买这些金融产品和资产,由此进入良性循环。

四、深化金融体制改革顶层设计的若干建议

深化金融体制改革是一项长期而艰巨的任务,做好其顶层设计工作显得尤为重要。笔者就居民金融资产保值增值问题特提出如下建议:

(一) 转变理念,统一思想

将普通百姓金融资产保值增值列为下一步金融体制改革的重要目标。这是否过于理想化? 有无实际意义? 2011 年"两会"上,有代表委员已经提出关注居民金融资产的保值增值问题,认为该问题非常重要,关系到改革开放 30 年以来的成果能否保存、社会能否稳定的问题。① 我们则进一步将这一问题与金融体制改革联系在一起,其实际意义就在于扭转传统观念,将保护金融产品的购买者利益放到突出的位置,并以制度性的措施保障他们的利益。我们提到金融体制改革通常更多的是强调金融机构的改革,完善现代企业制度、内部制度和风险管理,促进商业化和市场化转型,以提高其国际竞争力;加快多层次金融市场体系建设,完善直接融资和间接融资比重,拓展金融市场深度和广度;完善金融调控机制和金融监管制度,加强金融监管协调等宏观方面的大问题,而对较为微观的、较为具体的居民金融资产保值增值问题缺乏必要的重视。只要我们把它作为改革的重要目标来对待,情况就会有很大改观,人民群众就会高兴。当然,实现这一目标还要看各种主客观条件,甚至可能成为经过长期努力才能实现的目标。但只要有这一追求就是好的,会对各类金融机构的追求目标和行为方式产生积极影响。

(二) 在方法论上应坚持"顶层设计"与"摸着石头过河"并行

顶层设计原是一个工程学术语,2011 年"两会"之后成为中国新的政治名词,指确定改革的基本制度框架和运行机制,并以此作为具体设计的原则。② "摸着石头过河"是邓小平同志在我国改革开放初期提出来的,基本内涵是指在实践中探索改革的路子,认识改革的规律,总结改革的经验教训,并用于指导新的改革实践。两者应当有机结合。比如,一年多前开始实施的人民币跨境结算这一举措,有较好的预先设计和通盘考虑,但经过一年多的实践还是出现了一些始料未及的情况,这就需要继续"摸着石头过河",根据实际情况不断修正我们预先的设计方案。

(三) 建议在中央财经领导小组办公室内专设金融体制改革领导小组,以协调金融监管、政府主管部门、立法、司法机关之间的关系

金融体制改革需要坚强有力的组织保障,否则金融体制改革工作就会事倍功半,

---

① 参见谢卫:《关注居民金融资产保值增值》,载《文汇报》2011 年 3 月 7 日。
② 参见吴晓灵:《深化金融体制改革需要解决六个问题》,载《21 世纪经济报道》2011 年 8 月 27 日。

成效要打很大的折扣。所谓组织保障主要包括两个方面：一是金融体制改革管理机构的保障；二是金融体制改革管理人员的保障。金融体制改革管理机构建议设在中央财经领导小组办公室内，名称为金融体制改革领导小组，由金融监管机构、立法和司法机关的有关人员中精通金融管理知识和业务的相应机构领导成员组成，中央金融工委也应参加。只要中央拨正航向，发出号令，相关金融各类各级机构都会积极行动并提出一些具体建议和措施来，经领导小组统筹兼顾和协调，可以允许一些地区、部门或基层单位先试先行。

（四）改革证券公司、基金公司等金融机构的经营制度、分配制度，使之与顾客的实际收益挂起钩来

要切实保护普通居民的金融利益，努力使金融资产保值增值，就必须对相关金融机构的经营制度和分配制度进行改革，尤其是证券经理和基金经理等高管的薪酬制度。衡量证券经理和基金经理薪酬是否合理的重要标准，就是将证券和基金经理的薪酬与其业绩挂钩，根据证券经理和基金经理所掌管的投资证券和基金盈利的多少来计提其收入。虽然现在也有基金公司将业绩纳入基金经理薪酬的考核范围，但这种考核更多的只是一种"是否为本机构赢利的考量"，而并未真正与顾客购买的金融产品的赢亏挂钩。若真正能将业绩与基金经理薪酬挂钩，即便基金经理的年薪超过千万也是合理的，否则，哪怕其年薪只有百万，也难有合理性可言。[①]

（五）完善金融投资者保护机制，切实保护中小投资者的利益

我国在投资者保护方面已经取得了良好的进展，特别是近期证监会将要求所有上市公司完善分红政策及其决策机制，加大了上市公司对股东的回报，但仍有许多不足，有待进一步完善。建议进一步加强上市公司信息披露，提高信息披露的质量；加强对控制性股东的监管；尽快完善证券民事赔偿机制和民事诉讼机制等，加大对中小投资者利益的保护。

（六）促进商业化运作的政策性银行（比如国家开发银行）加快产品制度创新

商业银行金融创新产品的不断推出能满足客户多样化的金融需求，提升效率。但目前我国金融产品创新层次较低，结构单一，创新目标模糊，创新信息沟通不畅，金融产品创新风险意识较弱。并且，产品创新和制度规范之间存在时间间隔较长、空间差异较大等问题。比如，在时间上，往往是产品创新在前，制度规范在后，且间隔时间较长。在空间上，各地区和各分行之间进度不一，方法各异，这使得产品创新之间存在较大的随意性，留下较大的风险隐患。[②] 因此，需要通过商业化运作的政策性银行

---

① 参见皮海洲：《基金经理薪酬当与业绩挂钩》，载《京华时报》2011年2月14日。
② 参见吴庆晓：《金融产品创新存在五大挑战》，载《上海证券报》2010年11月13日。

进行特定的产品制度创新,设计出一系列收益稳定的理财产品,通过商业银行分布在全国各地的网点,卖给每一个成年的中国公民,使他们每年都能得到稳定回报(比如,由国家开发银行或下属的基金公司购买效益良好的中央企业的一定股份为基础推出有较稳定收入的理财产品)。全国每个成年公民可按平均配额购买该类产品,且只能在配额限度内购买,当然居民也可以选择不购买,这是消费者的选择权利。而对老少边穷地区的贫困居民则可以减免他们的购买费用,提高其购买欲望,通过分享金融资产来分享经济增长的成果。

(七) 建立健全金融消费者权利保护机制

首先是加快立法,尽快制定一部"金融商品销售法"或"金融消费者保护法",明确金融消费者的法律内涵以及界定金融消费者所享有的权利。

1. 明确金融消费者的法律内涵

目前,我国广泛使用金融消费者这一名词,但在不同场合下,它仅仅是作为一种统称或泛指,还不构成一个法律概念。学界对"金融消费者"这一提法存在争议,对金融消费者的范围也有分歧,特别是对金融消费者与金融投资者两者的界限存在不同的观点。这些问题不容回避,因此我们应当首先明确金融消费者这一法律概念的内涵以确定其范围以及与金融投资者的界限,即金融消费者是接受金融服务业提供的金融商品或服务的人,但不包括专业投资机构和具备一定财力或专业能力从事需要市场准入门槛的金融商品的自然人或法人。

2. 界定金融消费者所享有的权利

把接受金融服务业提供的金融商品和服务的人等原金融投资者所涵盖的范围提升扩大为金融消费者加以保护,将不仅仅遵循投资者投资自我责任的理念和风险收益自负的原则,而是更多地体现为通过政府干预的原则对作为弱势地位的金融消费者的倾斜保护。因此,金融消费者在享有金融服务和购买金融产品时,除享有消费者的一般权利外,还应当享有与金融市场特点相呼应的权利,其中最核心的就是金融消费者的知情权、隐私权、受教育权、求偿权等。

3. 建立金融产品信息披露制度

金融产品提供者对于金融商品或服务的信息披露是金融消费者行使知情权的基础,是金融消费者保护的重要内容之一。信息披露得越全面,产品的风险程度越一目了然,产品价格就会越透明,因此,金融产品提供者往往不会充分地披露产品的全部信息,而是有选择地予以披露。因此,金融机构发售金融产品必须向公众充分披露产品信息,并将其备案至专门的政府信息平台。该平台对备案信息进行分析和认可,接受公众咨询并定期向公众作出产品信息解读和提示。金融机构未充分披露信息或未备案或备案信息与披露信息不一致的,将不得对外发售或停止对外发售。

4. 设立专门的金融消费者权益保护机构

我国目前没有专门的金融消费者保护机构承担金融消费者保护职责。基于金融消费市场的专业性和风险性、法律规定的有限性与社会现实的无限性,设立专门的金融消费者权益保护机构十分有必要。本次金融危机之后,美国金融改革的一个重要举措就是设立专门的金融消费者保护机构"金融消费者保护署"。因此,建议在中国人民银行下设"金融消费者保护办公室",专司金融消费者权益保护之责,具体负责就金融消费者保护事宜与"一行三会"的沟通协调,独立受理金融消费投诉,统筹规划金融消费者教育等事项。

5. 构建金融消费者风险承受能力评估体系

金融消费者的风险承受能力是决定金融消费是否理性、金融市场是否稳健的重要因素。风险承受能力不同的金融消费者购买不同风险程度的金融产品才是产品与客户之间的理想状态。而实践中往往出现金融机构向金融消费者出售与其风险承受能力不相匹配的产品,这是导致金融消费者利益受损的主要原因。因此,我国应构建金融消费者风险承受能力评估体系,由上海市金融消费者保护办公室建立上海市金融消费者风险承受能力评估体系,培育中立的风险测评机构,要求金融机构在销售金融产品时,必须对金融消费者进行风险承受能力的测评,并根据测评结论,将合适的金融产品推荐给合适的金融消费者。

(八) 进一步整顿和维护金融秩序

良好的金融秩序保证金融安全和金融效率,保证市场竞争的公平,市场主体的平等和合法利益的实现,引导市场资产的合理配置,降低交易成本。拥有了良好的金融秩序,金融市场才能繁荣稳定地发展,居民的金融资产才能实现保值增值。要维护和整顿金融秩序,要求各级金融监管机构在现阶段依法加强监管。在这方面我们虽然取得很大成绩,但还需要作出更大努力。

要整顿和维护金融秩序,还要求提高金融刑法制度能力,坚决打击金融犯罪。金融刑法制度在打击金融犯罪、整顿和维护金融秩序方面发挥了积极作用,保障我国安然度过了1997年的亚洲金融风暴并坦然应对本次国际金融风波的来临。未来,我们必须进一步细化和完善刑法以及刑诉法方面的相关规定,加强对金融犯罪的研究和调查,及时应对新情况和新趋势。

准确理解"保护投资者合法权益"的原则[*]

《中华人民共和国证券法》(以下简称《证券法》)第1条明确规定"保护投资者的合法权益"是制定本法的目的之一。投资者是证券市场的基础和支柱。没有投资者的参与,就没有证券的发售与交易,证券市场就无法实现其基本功能。

只有保护投资者的合法权益,才能使投资者有安全感和信心,证券市场才会人气兴旺、繁荣发展。在证券市场上"投资者"通常包括机构、大户投资者和中小普通投资者这两大类。境外投资者可以买卖B股股票。保护投资者的合法权益的原则,不仅适用于中小普通投资者,而且适用于机构、大户投资者和境外投资者。

证券立法应当保护投资者的哪些权益呢?

首先,投资者作为股份有限公司股票的购买者,应当享有股东权。这些股东权,公司法中已有明确规定,应当得到保护。由于证券立法包括公司法中的有关规定,因此,实际上这也是证券立法首先要对投资者加以保护的权益。概括地讲是《中华人民共和国公司法》(以下简称《公司法》)第4条第1款规定:"公司股东作为出资者按投入公司的资本额享有所有者的资产受益、重大决策和选择管理者等权利。"具体讲,有以下一些权益:股东大会出席权及表决权(第106条第1款);公司章程、股东大会会议记录和财务会计查阅权(第110条);建议权(第110条);质询权(第110条);股东大会召集请求权(第104条第3款);就违反法律、行政法规、侵犯股东合法权益的股东大会和董事会决议有向法院提起要求停止该违法行为和侵害行为的诉讼的权利(第111条);股票交付请求权(第136条);新股优先认购权(第138条第4项);股份转让权(第143条);股利分配请求权(第177条第4款);剩余财产分配请求权(第195条第3款);股东有限责任原则(第3条第3款);股东权利平等原则(第106条第1款)。此外,公司法所规定的股东大会、董事会、监事会的相互制衡机制以及董事、监事、经理对公司所负的义务等,实际上也都起着保护股东合法权益的作用。

其次,1998年12月通过的《证券法》在《公司法》的基础上对投资者的合法权益又加强了保护。从大的方面讲,《证券法》从证券发行、上市、交易等各个环节都加强了监管力度;明确了证券交易所、证券公司、证券交易服务机构、证券监督管理机构及其从业人员和工作人员的职责;对违法行为的构成要件和处罚也都有了具体规定。这样,就从整体上增加了证券市场的安全感和可靠性,保护了投资者平等参与竞争和获得利益的权益。《证券法》还明确规定了投资者有若干具体的请求赔偿权,如《证券

---

　　* 本文原载于《政治与法律》1999年第2期。

法》第192条、第202条、第63条规定,投资者在本条所规定的证券交易中遭受了损失,有请求损害赔偿的权利。

当然,在证券市场上,事实上的不平等总会存在:机构大户、证券商和发行人拥有强大的资金、信息和持股优势,组织严密、人才济济,在市场活动中总是具有明显的优势;而中小投资者则往往实力不强、经验不足、组织分散,处于被动的弱者地位,容易受到伤害而成为牺牲品。从市场经济应当保护竞争中的弱者这一立场出发,《证券法》也规定了一些措施,例如《证券法》第74条规定,"禁止法人以个人名义开立账户,买卖证券";《证券法》第79条规定,投资者持有某一个上市公司已发行的股份超过5%时,仍应公告和报告,在报告期限内和作出报告、公告后2日内,不得再行买卖该上市公司的股票。《证券法》第134条规定,"证券公司自营业务必须以自己的名义进行,不得假借他人名义或者以个人名义进行",等等。这些措施实际上起到了限制大户、保护中小投资者的作用。

《证券法》上的"保护投资者的合法权益",并非保障有价证券的价值,也并非以防止投资人因证券交易所受到的不利益,或确保能获得一定的利益为目的。因为证券投资本身就是一种风险投资。投资人必须以自己的判断及责任进行投资。《证券法》第19条明确规定:"股票依法发行后,发行人经营与收益的变化由发行人自行负责;由此变化引致的投资风险,由投资者自行负责。"证券法不是以保护其能获取一定的利益或填补其损失为目的的。《证券法》的目的在于:确保投资人有公平、公正地进行证券交易的机会,并排除那些妨碍投资人依自己的自由判断及责任而进行证券交易的不当行为。可见,《证券法》上所谓"保护投资者的合法权益"的意义,与银行法上保证还本付息的对存款的保护,在性质上有所不同。因此,《证券法》上的"保护投资者的合法权益"应从立法目的旨在尽量减少投资风险,维护证券市场发行与交易的正常秩序及安全,预防投资者上当受骗,在投资者权益遭受侵害时能提供适当救济的方面去理解。所以既要保护投资者合法权益,又要使投资者树立风险意识。

美国的金融管理监督[*]

美国金融是建立在高度发达的商品经济基础之上的,银行业务渗透于经济体系中的各个环节。为了防止一家银行危机之时产生多米诺骨牌效应,确保银行界得以健康地经营,近年来,美国联邦和州的监督机关强化了他们的规章制度和监督机制。

一、美国金融机关的监督机构

美国金融机关的监督机构,根据管辖权可以分为联邦级和州级监督机构。在此我们仅涉及联邦的监督机构。

1. 通货管理局

作为国民银行管理制度的第一道监督,其机构是通货管理局。其专管向国民银行发放营业执照,并管理、监督各银行的活动。

2. 联邦储备系统总裁

联邦储备系统总裁委员会掌管联邦的金融财政政策,对控股银行公司、联邦储备系统的会员银行(所有的国民银行,及任何参加进来的州立银行)都拥有监督权,对作为会员的州立银行,以第一级联邦的监督机构进行监督。

3. 联邦存款保险公司

它对于一般顾客要求的存款户头达到 10 万美元才予承保,但对于国民银行及作为联邦储备系统会员的州立银行则由其自动承保。在国民银行或州立银行倒闭时,受政府的请求,而成为这些破产银行的财产管理人。从这个立场出发,对那些不是联邦储备系统的会员银行但却加入了联邦存款保险公司的州立银行,联邦存款保险公司拥有第一道监督权;而对于那些加入了联邦储备系统的银行,它则拥有第二道监督权。

4. 其他监督机构

对于获得联邦或州执照的储蓄机构的监督,则由联邦或州的金融机构负责;而对于加入了联邦储蓄贷款保险公司的,则由该公司负责监督。联邦住房贷款银行委员会同样拥有对这些储蓄机构的监督权。

---

　* 第二作者鲍杰,第三作者金蓓,原载于《政治与法律》1991 年第 4 期。

二、监督机构对银行的检查

监督机构根据各种各样的法规进行监督活动。为了顺利履行监督之责就不能仅满足于一般指导,必须确认被监督的金融机构是否遵循指导的内容,是否进行健全的营运活动,是否合乎现行法规。为此监督机构划分了如下四个监督范围:

(1)检查银行营业活动的安全性、健全性;

(2)检查银行的营业活动是否遵循有关消费者和公民权的法令;

(3)检查银行的信托部门是否切实地对受托者负责;

(4)检查有关计算机数据处理中的内部调节是否正常运行。

同时,监督机构配备给地方事务所各种专门检查人才,根据监督范围对金融机构进行检查。例如,联邦存款保险公司在全国设有 105 个地方事务所,配备了 1 500 余人的银行检查官。

通过这些检查,监督机构可以评定各银行的经营状况,并向各金融机构预告将会发生的危险,对存有问题的金融机构提出改善经营方针与营业活动的必要建议。当发现难以容忍的营业活动与违法行为时,检查报告中要写下该问题的概要和更正的对策,以一定形式报告给搜查该行为情况的有关机关。此外,检查官在定期召开的金融机构董事会上要介绍检查的过程,努力让董事们了解潜在的问题。

三、监督机构拥有的行政权限和干涉手段

为使监督机构实现其监督职能,议会授予了种种法律权限和干涉手段,具体可划分为补救措施和惩罚措施。

(一) 补救措施

补救措施通常包括承诺书、备忘录、中止汇票令、关于资本问题的指示和解职等。补救措施所涉及的内容有:增加资本,纠正经营系统,制定后续备用计划,处理该银行违反法令所拥有的资产等。补救措施的实施须得到银行或个人的同意,若不同意则须经过一定的行政手续。只有在该银行的状况大有改善后,补救措施才被解除。

1. 承诺书

承诺书是所用手段中最轻的。它是在银行的董事会发现经营方针的缺陷要纠正时,或被检察官通知存有问题时,为了主动而采取的方法。承诺书由董事会签署,其中必须列举要采取补救的问题要点、解决问题的计划及进程表。

2. 备忘录

备忘录是通货管理局所采用的手段,它是通货管理局的正式文件,其中记录该银行某段时间内违法状况及为纠正其不健全状态而同意采取的行动。一般来说,在该

问题对银行不致构成严重威胁,或在通货管理局的资助下该银行努力纠正问题时,考虑到尚无必要采用法律上的强制手段,便使用备忘录。当该银行不服从备忘录时,就要采取更强硬的措施。

3. 中止汇票令

通货管理局有权使用中止汇票令,这是针对金融机构滥用权力而采取的最切实的补救措施。通货管理局作出该命令是针对以下问题:违反法令或备忘录、银行或个人不健全的业务等,如命令个人将领取过多的奖金归还银行。中止汇票令是属于防患于未然而下达的命令之类,因此,为了防止银行滥用权限,则禁止银行与其户头保持交易。通货管理局在使用中止汇票手段之前,要通知银行董事会与经营系统,向董事会说明纠正问题而采用的这种特定手段。但是,必须在董事会有过半的签名同意,通货管理局方可发出通报。通报中明确指出要采取措施的根据以及措施所针对的对象。当通报中的违法行为被证实时,通货管理局即可下达中止汇票令。对命令所针对的银行或个人,联邦诉讼法院可以对其起诉。银行或个人如不遵守中止汇票令,联邦地方法院可以强制执行,甚至罚其交纳民事制裁金。在这种场合通货管理局可以向联邦地方法院提出诉讼立案,请求发出法院强指令,强行其遵守。

4. 关于资本问题的指示

银行必须拥有一定规模的资本,以保证银行业务活动的安全性和健全性。因此,通货管理局规定各银行都须有一定数额的资本,银行对这一规定必须定出比其高的资本数额定数,这个限额能达到增加资本要求。若银行不能维持额定数水平以上时,或判定的合理计划不能达到该水平时,或某种情况不能服从该计划时,通货管理局以命令形式下达关于资本问题的指示。通货管理局向银行下达关于资本问题的指示时,银行同意或不同意该指示,可以用书面方式通知上级,在银行反对时,通货管理局对银行的回答作出研究后,再下达新的指示或者对该银行提出一个能解决问题又可以接受的意见书来。与中止汇票令一样的程序,通货管理局可以采用强制手段来执行关于资本的指示。

5. 解职

当国民银行的董事或职员有特别重大违法行为或有危险的不健全的行为时,或违反中止汇票令或不履行其他义务时,通货管理局有权对他们解职。如当事人不同意解职时,要进行听证手续,在听取记录与行政法官劝告的基础上,联邦储备制度理事会再作出解职的最后决定。如这些职员继续在该行服务而危害储户的利益,或损害了公众对该行的信赖时,通货管理局可以以违法和渎职等重罪罪名予以告发。

(二) 惩罚措施

通货管理局的惩罚措施如前述可进行民事制裁或罚款。通常通货管理局对当事人或银行以违法的时间长短来计。为此,通货管理局往往根据要案的特点来决定罚款额。银行违反了其变更经营所适用的法令,对当事人的罚金每日最高可达 1 万美元。大体的罚款额依据以下情况而定:

（1）违法行为的重大性；

（2）是否有前科，违法行为的场合、形态；

（3）是否诚实履行义务；

（4）当事人或银行的支付能力；

（5）其他为了维护正义而被视为必须采取的措施。

当有关个人或银行不协助通货管理局纠正违法行为、隐瞒违法事实，用各种方式进行不诚实活动时，将受到从严制裁。同样，当银行蒙受重大损失，而使内部的个人受利时，通常都课以较高的罚款。

美国最高法院证券欺诈判例三则[*]

今天,内幕交易等证券违规行为犯罪化的立法已经成为世界趋势,这是从美国开始的。美国的证券犯罪立法和实务上的刑事追究案件,通常对世界各国有重要影响。我们选取三则由美国最高法院作出裁判的案例[①],供读者参考,看看美国法院是如何具体认定证券犯罪的。

一、《华尔街日报》专栏案——私用内部消息欺诈财产

1987年,"私用内部消息"说面临着一场挑战。在这一年,美国联邦最高法院受理了一个案件。该案被告之一为《华尔街日报》的专栏作家,负责为该报撰写《街头传闻》版的报道。这个专栏每天出一次,专门讨论各种证券的表现,并给以正面或负面的报道及评价。为了使报道正确,作者及其他记者经常访问各上市公司的经理、董事及其他高级职员,但在访谈中所涉及的内容,从未涉及各受访公司的"内部消息"。由于该专栏的报道相当正确,所以对投资人有相当大的影响。甚至出现了以下现象:如果该专栏对某种证券给予正面的积极的报道,那么,这些证券的价格往往因此而上扬,而且以往发生的事实会证明这种股价上扬是合理的;如果该专栏对某种证券给以负面的报道,那么,这些证券的价格往往会因此而下跌,而且以往发生的事实证明这种下跌是合理的。根据《华尔街日报》的内部规则,在该专栏的消息和评论由报纸刊登、出售以前,报社的内部员工,包括专栏作家、记者等,都不可将专栏的内容向外泄露,或利用其内容图利。被告W知道报社的规定,但他从1983年10月起,伙同另一被告H,共谋将决定刊登而尚未刊出的专栏内容,透露给一家证券公司的经纪人G(本案的第三名被告),再由该经纪人根据所得到的消息在证券市场上买卖相关股票。这样,在前后4个月的时间内,被告W和H一共透露了27则尚未刊登的专栏消息,通过经纪人G,本案三被告一共获得了68万美金的利润。

在本案审理过程中,被告辩护道,他们的行为并非内部人交易,也没有违反证券法的有关规定。针对检方认为《华尔街日报》是本案被害人的观点,被告们抗辩认为,

---

* 合作者夏晓龙、顾华、曹逸尘、刘颀,原载于《政治与法律》1998年第4期。

① 本文介绍的三个案例,均编译自美国联邦最高法院判例报告(全印本),其出处如下:(1)《华尔街日报》专栏案:《美国判例汇编》第484卷第19页。(2)纳夫塔林"卖空"欺诈案:《美国判例汇编》第441卷768页。(3)艾尔·帕索公司股票收购案:《美国判例汇编》第472卷,第1页。

《华尔街日报》并非被告们买卖证券的相对人,被告们也没有购买任何《华尔街日报》的证券。但第一、第二审法院都不同意被告的主张,他们在判决中指出,被告 W 故意违反《华尔街日报》的内部规定,将尚未刊出的专栏消息泄露给其他被告,然后利用这些消息进行证券买卖,这是一种私用消息的行为,构成了对《华尔街日报》的欺诈。虽然报社本身没有买卖股票,被告们所购买的也不是《华尔街日报》的股票,但由于被告行使了交易行为,所以这种欺诈行为就与证券买卖有关,因此,被告的行为符合国家证券法规定的处罚要件。被告们整个计划的目的就是利用尚未刊出的专栏消息,作为买卖证券之依据,从中为个人谋利,这种行为正是证券法所要禁止的行为。

美国联邦最高法院审理本案时,由于当时只有 8 位大法官,而非通常的 9 位。这样,当这 8 位大法官听完了言词辩论及阅读了书面材料后,产生了一个有分歧的判决:其中 4 位大法官同意维持第一、第二审法院所作出的有关被告有罪之判决;另外 4 位大法官则反对。由于双方人数相等,第一、第二审法院关于被告有罪的判决仍然维持。

最高法院的判决认为,根据证券法足以维持对上诉人(W 等人)的定罪指控。同意和反对意见各半的最高法院维持了以下的判决:上诉人以《华尔街日报》的机密情报进行交易的共谋,适用邮电欺诈条例。① 因为:

(1)《华尔街日报》对《街头传闻》专栏的计划和内容享有"财产权,该项权利受法律保护,在未发表之前,该报独家占有保密权和专用权"。

(2)上诉人(W 等人)的行为根据该条例构成了欺骗《华尔街日报》的犯罪。上诉人或许未侵害该报使用机密,未公布消息,未剥夺该报首家使用该消息的权利,或没有造成该报经济损失,但与该条例的规定仍是不相符的,很显然该报被剥夺了在消息公布前独家使用该消息的重要权利。W 的行为仅仅违反工作纪律并未构成欺诈行为的辩解是站不住脚的。因为《联邦邮电欺诈条例》第 1341 节和第 1343 节规定,以欺骗手段剥夺别人财产的阴谋都构成犯罪,包括对自身财产中别人信托的那部分欺骗性占有或挪用。在本案中,W 违反了受托责任,未保护该雇主的机密消息,而是为自己获利传递该类消息,与此同时却假装行使保护职责。更重要的是证据充分显示每一位上诉人的行为皆符合欺骗这一结论。

最高法院的判决理由为:上诉人 W 和 H 被判定违反了《1934 年证券交易法》第 10(b)节(《法规大全》第 48 卷第 891 页)②和《美国证券交易委员会规则》第 10b‑5 条(《联邦法规汇典》标题 17 第 240,10b‑5)。③ 他们同时也被判定违反了《联邦邮电

① 参见《美国判例汇编》第 484 卷,第 24、25—28 页。
② 《1934 年美国证券交易法》第 10(b)节规定:"任何人直接或间接利用州际商业或邮政的方式或工具,或利用国家证券交易所进行下列行为,皆为非法:(a)……(b)违反了(证券交易)委员会制定的对公众利益或投资者保护为必要或适当的规则和条例,对在国家证券交易所注册的证券或非注册的任何证券,使用或采用操纵手段、欺诈手段或阴谋。"
③ 《美国证券交易委员会规则》10b‑5 规定:"任何人直接或间接利用州际商业方式或工具,或邮政或国家证券交易所进行下列行为,皆为非法:(a)使用任何设施、计划、技术进行欺骗;(b)对重大事实进行不真实的报告或漏报在制作报告时能使报告不致被误解所必要的重大事实;(c)在任何证券的买进或销售中,参与那些从事或将从事对任何人进行欺诈或欺骗的行为、活动或业务程序。"

欺诈条例》(《美国法典》标题 18 节第 1341 节①和第 1343 节②),并根据《美国法典》标题 18 节第 371 节③构成阴谋罪。

法院(包括下级法院)在审理过程中,主要对以下一些有争议的问题作出了明确的回答:

1.《华尔街日报》"街头传闻"专栏的内容能否被看做财产?

下级法院明确将该报内容的机密性和该专栏的时效性作为财产权方面的利益④,最高法院也同意这一结论。美国判例认为,机密的商业信息长期以来一直被看做财产。⑤《美国法典》标题 5 第 552(b)(4)节规定:"一家公司在从事其业务的过程中收集或编辑的机密情报是财产中的一项,该公司独自享有权利和利益,衡平法院将以指令性程序或其他适当的补救方法予以保护。"因此,该报对未发表的该专栏的内容、计划和机密享有财产权。最高法院在其他判例中还有下述见解:"新闻消息之类的事,无论同所有权之类的概念多么不相干,但仍是交易中的存货,和其他商品一样,企业组织出钱花人力、技术才得以收集,并加以分类卖给付钱购买的购买者。"⑥法院根据以上理由驳斥了 W 等上诉人提出的他们的行为并未从《华尔街日报》拿到任何"钱财"的辩护意见。

上诉人还争辩说他们的行为并没有影响该报对信息的使用,未将其发表,未剥夺该报的首发权。其实,这种观点也是站不住脚的。机密信息产生于报社的业务活动中,该报在公布前有权决定如何使用。W 等上诉人强调欺骗要有金钱损失,例如将情报给竞争对手的观点是欠妥的。事实足以说明该报被剥夺了独家使用消息的权利,因为独家使用是秘密商业情报的一个重要方面,大多数私人财产皆是如此。

2. W 等人的行为是否构成诈骗?

W 等上诉人进一步争辩说,他们的行为仅仅属于违反工作纪律,不构成法规所规定的欺骗活动。法院批驳了这种辩解,因为第 1341 节和第 1343 节对任何以虚假或欺诈的借口、说明、承诺的方法剥夺他人钱财的阴谋均作出了规定。邮电欺诈罪中"骗"这个字有"共通的理解",即"以不诚实手段或计谋侵犯他人财产权","往往以诡计、骗术、诈骗、哄骗的方法获取某物的价值"⑦,"欺骗"概念包括贪污,即"欺骗性盗用某

---

① 《联邦邮电欺诈条例》第 1341 条规定:"犯有下列行为者得处以 1 000 美元以下的罚金,或五年以下的监禁,或并处罚金和监禁:有预谋或企图预谋以阴谋或人为方法进行欺诈;或以虚假或欺诈的借口、说明、承诺的方法骗取钱财,去销售、处置、借贷、交换、改变、赠送、分发、提供或促成非法使用任何伪钞、假币、假合约、假证券,或其他伪造物件,或声称是、暗示、变造成这类伪造物件,为实行这类阴谋,将其置于任何邮局或官方保管人那儿作为邮件,其他物品或邮局发送的物品,或接收的物件,或明知邮局会根据物件上的指示、地址送达这类物件。"

② 《联邦邮电欺诈条例》第 1343 规定:"犯有下列行为者得处以 1 000 美元以下的罚金,或五年以下的监禁,或并处罚金和监禁:有预谋或企图预谋以阴谋或人为方法进行欺诈,或以虚假或欺诈的借口、说明、承诺的方法骗取钱财,在州际商业和对外商业中,以电报、无线电、电视通讯手段,传递或造成传递为实现此阴谋所作的任何书面材料、符号、信号、图画或声音。"

③ 《美国法典》标题 18 第 371 节规定:"如两人或两人以上共谋对美国实施犯罪,或以任何方式、为任何目的共谋对美国或美国的任何机构进行欺诈,且他们其中的一个或多人的行为有助于共谋,每人得各处以 10 000 美元以下的罚金或五年以下的监禁,或并处罚金和监禁。"

④ 参见《联邦判例汇编》(第 2 套丛书)第 791 卷,第 1034—1035 页;《联邦判例补编》第 612 卷,第 846 页。

⑤ 参见《美国判例汇编》第 467 卷,第 986、1001—1004 页,拉克尔肖斯诉蒙桑托公司案(1984 年)等。

⑥ 《美国判例汇编》第 248 卷,第 215、236 页,国际新闻服务中心诉美联社案(1918 年)。

⑦ 《美国判例汇编》第 483 卷,第 350 页。

人的钱或别人托其代管的物品"。① 地区法院认为,W 对该报的行为不是泄露该专栏未发表的消息,而是利用该专栏对股市的影响所作交易而分享利润的阴谋,当 W 违背职责向同谋传递本属该报的秘密情报的时候,其承诺就变成了欺诈。在美国法院过去的判例中,曾经有以下一些见解,"即使未签书面合同,受雇人也有受托义务保护工作过程中所收集的机密信息";"一般来说,由于同他人的秘密或信托关系而得到特殊知识或信息的人,不得利用该知识或信息为己谋利,且必须向其主管人汇报由此带来的任何利益"。②

我们不难看出,本案中利用该报内部消息进行交易的阴谋,并没有超出邮电欺诈条例的适用范围,只要其他犯罪要件也成立。该报想要予以保密的商业信息当然属其财产,员工手册中声明的效果不仅能消除人们对这一点的任何怀疑,并且使欺诈阴谋的意图显而易见。W 在该报工作期间,盗用内部信息为己服务,同时假装履行职责保护它们。事实上,W 两次向编辑提及泄露内部消息与股票交易无关③,显示出他知道该专栏的材料属该报内部消息,以及他作为一名忠实雇员所玩弄的欺骗手段。实际上,每一个上诉人的行为都构成阴谋欺诈,法院的判决证据确凿。④

二、纳夫塔林"卖空"欺诈案——禁止欺诈经纪人

被告人尼尔·纳夫塔林是一家证券经纪和自营公司的总裁,同时也是一个职业投资者。在 1969 年七八月间,他参与了一项"卖空"的阴谋。根据他的判断,他选择了一些已升至价格顶部而且开始在下跌的股票,然后,他下单指令 5 位经纪人售出这些股票,尽管他并不拥有这些他打算稍迟些抛出的股票。被告人孤注一掷地假定,在他被要求交割这些股票之前,这些股票的价格会充分下跌。于是,他计划通过其他的经纪人以较低的价格进行补偿性购买。他企图从抛出价和补进价的差价中谋利。然而,被告人意识到,如果执行其抛出指令的经纪人知道他并不拥有那些股票,经纪人要么会拒绝执行指令,要么会要求提供证券保证金存款,因此,被告人虚假地声称他拥有那些指令经纪人抛出的股票。

被告人的不幸是,在交割日期之前,他所"抛出"的股票的市场价格并没有下跌,反而是急剧飙升。于是他无法完成补偿性回购,而且从未交割过约定的股票。结果,5 位经纪人无法交割已经"出售"给投资者的股票,只能被迫借用其他证券用以完成交割的约定。然后,为了归还所借用的其他证券,经纪人们不得不在公开市场上购买现时价格较高的替代品证券,即通常所知的"买入"过程。在那些股票的投资者借此免遭直接损害的同时,5 位经纪人遭受了重大的经济损失。

① 《美国判例汇编》第 187 卷,第 181—189 页。
② 《纽约上诉法院判例汇编》(第二套丛书)第 24 卷,第 494、497 页,《东北区判例汇编》(第二套丛书)第 268 卷,第 910、912 页。
③ 参见《联邦判例汇编》第 612 卷,第 831 页。
④ 参见《联邦判例汇编》第 612 卷,第 847—850 页。

美国明尼苏达地区法院判定被告人违反《1933 年证券法》(以下简称《证券法》)第 17(a)(1)节的规定①,在证券售出中运用"阴谋与人为方法进行欺诈"的 8 项指控罪名成立。尽管美国上诉法院第八巡回审判庭认为,有足够的证据来认定被告人犯有欺诈,但是,该法庭却撤销了对他的指控。由于认定《证券法》的宗旨"是保护投资者免遭证券买卖中的欺诈性做法",该法庭认为,政府必须证明被告人的阴谋对投资者的某种影响。既然被告人的欺诈行为仅仅损害了经纪人,而不是投资者,那么,上诉法院的结论是纳夫塔林并没有违反《证券法》第 17(a)(1)的规定。②

美国联邦最高法院参与本案审理的 8 位法官一致认为:《证券法》第 17(a)(1)节的规定对于投资者和经纪人一视同仁,都禁止对其进行欺诈。③ 因为:

(1)《证券法》在字面上丝毫没有表明其仅仅适用于直接针对投资者的欺诈。诚然,在文字上,它仅仅要求欺诈发生在一项证券的"要约或交易中"。在本案中,确确实实发生了一项完全符合《证券法》第 2(3)节所定义的证券要约和交易。另外,欺诈确实发生在"要约"和"交易""之中",因为该法律并未规定欺诈要发生于整个出售交易过程的任何一个特定的阶段。

(2)《证券法》第 17(a)(1)节规定的任何人在证券的要约和出售中所从事的任何用以"针对购买者"的欺诈或骗局的交易、做法或商业过程均为非法的事实,并不意味着"针对购买者"这一词语应该被牵强附会地添加进第 17(a)(1)节,因为 17(a)(1)节的每一段都规定了予以禁止的不法行为的不同类型。

(3)无论是本院或者是国会都从未认为,保护投资者是《证券法》唯一的宗旨。在防范针对投资者的欺诈成为《证券法》宗旨的一个重要部分的同时,努力"在证券业的每一个细小方面达到商业道德的高标准"也同样是《证券法》宗旨的重要内容。

(4)此外,对经纪人的欺诈可能会进一步加重对投资者的损害。尽管在本案中投资者没有受到直接的经济损失,但是在这种情况下对投资者的间接的影响却可能会是实质性的,而且对于投资者的直接的损害也是有可能的。如果本案中的经纪人破产或者无法借用(证券以完成交割),那么投资者有可能无法得到他们应得的股票。将经纪人置于《证券法》第 17(a)(1)节的庇护之外将会造成一个国会所不愿看到的法律条文中的漏洞。

(5)尽管《证券法》的主要焦点是对于证券的最新上市的规范管理,但是《证券法》第 17(a)节的反欺诈禁令则意味着对这一局限的重大变更,而且反欺诈禁令意旨要涵盖证券要约和出售之中的任何欺诈性阴谋,无论是发生在最初的发行过程中,还是发生在二级市场的交易过程中。因此,被告人的欺诈不涉及一个新的要约的事实,并没有为第 17(a)(1)节不能适用于被告人的欺诈提供理由。

---

① 《1933 年证券法》第 17 条规定:"任何人在任何证券的要约或出售中,通过利用州际贸易中的传输手段或通讯手段和工具,或通过利用邮政手段,直接或间接从事下列活动都是违法的……(1)使用任何手段、阴谋或人为方法进行欺诈;(2)通过对重大事实的任何不真实陈述或为了使所作陈述,依陈述作出时的情形,不具误导性而必要陈述的重大事实的任何漏报,以获得金钱或财产;(3)参与从事或将会从事针对购买人的欺诈或欺骗的任何交易、活动或业务程序。"

② 参见《联邦判例汇编》(第二套丛书),第 444、447 页(1978 年)。

③ 参见《美国判例汇编》,第 771—779 页。

(6)既然按照第17(a)(1)小节的规定,本案被告应"明确地被加诸以"刑罚,那么,适用有关一项刑事法律的适用范围的多种解释应按照有利于宽大的办法解决的原则将是不适当的。

最高法院根据上述理由,撤销了上诉法院的判决,维持被告人犯有欺诈的定罪。

在本案审理过程中,联邦最高法院主要解决了以下几个问题:

1.《证券法》第17(a)(1)节的规定对于投资者和经纪人是否应一视同仁,都禁止对其进行欺诈?

在最高法院的审理中,虽然被告人对其通过虚假地宣称拥有其所抛售的股票而对执行其出售指令的经纪人进行欺诈这一行为和事实提出争辩,然而,他宣称,上诉法院正确地认为,第17(a)(1)小节仅仅适用于旨在针对投资者的欺诈,而不适用于针对经纪人的欺诈。但是,最高法院认为,证券法的字面意义<u>丝毫没有</u>支持对该项法律的这种阐释。第17(a)小节的第1段规定,"任何人,在任何证券的要约或出售中……直接或间接……使用任何手段、阴谋或人为方法进行欺诈……"均为非法。法律条款的语意没有要求欺诈的受害者必须是投资者,而只是要求欺诈必须发生"在"要约或出售"中"。

在本案中,一个要约和出售清楚地发生过。被告人向经纪人发出出售的指令;经纪人,作为代理人,执行了那些指令;其结果是成立了符合法定定义的销售合同。再者,欺诈发生"在""要约"和"销售""中"。国会明确想要广泛定义的法定用语,宽泛得足以涵盖整个销售过程,包括销售者和代理人之间的交易。《证券法》第2(3)节规定:"'出售'一词,……应包括对证券或证券利息销售或有偿处置的每一项契约。'要约'一词……应包括有偿出售证券或证券利息的每一项企图或要约。"这段文字没有要求欺诈发生在销售交易的任何特定的阶段。即便在最低程度上,给经纪人下达的出售证券的指令理所当然是"出售"那些证券的"企图"。

因此,第17(a)节的第1段并没有设定侵害必须针对购买人而发生的要求。尽管如此,被告人却竭力主张,仅仅在第17(a)节第3段出现的"针对购买人"这一短语,应该被推定适用于第17(a)节的所有三个小段。最简短的回答是国会并没有像被告人所主张的那样编撰法律。

在本案中,《证券法》第17节采用单独的数字来引导出每一段以及"针对购买人"这一短语作为第三段的组成部分单独列出的事实,肯定了最高法院的结论,即"法律条款从字面上丝毫没有表明国会有意图限制法律的适用范围"仅针对购买人的欺诈行为。《证券法》17条(a)(1)节对投资者和经纪人的保护是一致的,都禁止对他们进行欺诈。

2. 保护投资者是否是《证券法》的唯一宗旨?

美国联邦上诉法院将其对第17(a)(1)节的限制性解释的主要依据置于其所确信的国会通过《证券法》的宗旨,在于注意到最高法院和国会都强调了该项立法在保护投资者免遭证券出售中的欺诈性行为侵害的重要性,上诉法院总结说,"对于这一内幕交易……本院不得不认为政府必须证明这一阴谋对投资者的某些影响"。但是,无论是最高法院或者是国会都从未建议过保护投资者是《证券法》的唯一宗旨。诚如最高法院在这之前已经注意到的,《证券法》是"作为1929年市场大崩溃的一部分后果而应运而生的"。的确,国会的主要意图是,证券市场的规范将会有助于经济走上复苏之路。防范针对投资者的欺诈,理所当然是这一计划的核心部分,但"在证券业的每一个细小方面……铸造高标准的商业道德"的努力,同样是至关重要的。

这一结论得到立法机关的充分支持。国会立法宗旨的广泛性得到了参议院报告最清晰的证明:"这项法案的宗旨是要保护投资公众和诚实的商业行为……目的在于避免以告知不实的方式销售不可靠的、欺诈性的和无价值的证券来对公众的进一步的盘剥;给投资者提供充分和真实的信息;保护诚实的企业,在通过诚实的公布信息来寻求资本的时候,避免由于通过炒作向公众提供的不真实的证券所引发的竞争;恢复未来的投资者以其能力选择可靠的证券的信心;引进工业生产渠道并开发那些因胆怯而近乎成为贮藏品的资本;帮助提供就业机会和恢复购买能力、消费能力。"①

在投资者保护是立法者一成不变的焦点问题的同时,国会的记录也充斥着保护道德商人的愿望的参考文献。正如众议员查普曼所言:"这项立法旨在不仅保护投资公众,而且同时保护诚实的公司业务活动。"因而,被告人所谓的国会的关注局限于投资者的断言很显然与立法史不相吻合。

再者,投资者的福利和金融中介机构是密不可分地联系在一起……无论是针对商业活动还是针对投资者所犯的欺诈都能造成对他人和对作为整体的整个经济的损害。欺诈性的卖空也不例外,尽管在本案中,由于经纪人通过借用其他证券来履行交易并"买进",从而使投资者没有遭受到直接的经济损害,但是对于投资者的间接影响却可能是实质性的。"买进"对投资者来说,实际上仅仅是一种保险的形式,而且就像所有形式的保险一样,有其自身的成本和支出。同时,经纪人所承受的损失增加了他们从事业务的成本开支,投资者至少以较高的经纪人手续费的形式支付一部分这种开支。另外,经纪人的未加制止的卖空欺诈行为会导致一定程度的市场不稳定,这种市场不稳定会对无论是投资者还是整个市场带来损害,即便本案中的投资者免遭了直接的损害,但这种情况不会始终如此,如果经纪人无力偿还,或者无法借用其他证券,那么,投资者可能已经无法收到他们被允诺的股票,由于根据交易合同(投资者)有权在某一价格将收到股票,经纪人不得不在市场上以较高的价格去购买作为替代品的股票来履行交易,将经纪人置身于第17(a)小节的保护之外将会产生一个法律条款的漏洞,而国会的本意显然不想要产生这种情况。

三、艾尔·帕索公司股票收购案——操纵行为必须包含虚假陈述或隐瞒事实行为

1982年12月21日,伯林顿北方公司向艾尔·帕索煤气公司提出一项条件苛刻的股权收购要约。通过一个受其完全控制的子公司,伯林顿提议,以每股24美元的

---

① 《参议院报告》(第73届国会第1届会期)第47卷(1933年),第1页。

价格收购艾尔·帕索公司 2 510 万股的股份。伯林顿公司保留在某些特定情况下终止要约的权利。艾尔·帕索公司的管理层最初是反对该接收计划的,然而,公司的股东们却持欣然接受的态度,并于最后期限——1982 年 12 月 30 日以前,完全承诺了该要约。

伯林顿公司没有接受这些出让的股份,取而代之的是,在与艾尔·帕索公司管理层进行了一系列谈判协商之后,于 1983 年 1 月宣布了一项新的善意的接收协议。在达成该项协议之后,伯林顿公司试图重点完成下列事项:(1)撤销 12 月份作出的收购要约;(2)以每股 24 美元的价格从艾尔·帕索公司购买 41 666 667 股的股份;(3)代之以新的股权收购要约,即保持每股 24 美元的价格不变,但仅收购 2 100 万股;(4)向留在艾尔·帕索的股东们提供程序上的保护,以防"榨干"合并情况的发生;(5)承认艾尔·帕索与其四名高级职员间的"金色降落伞"协议。时至 1 月 8 日,逾 4 000 万股应 1 月份的要约完成交付,收购完成。

那些应第一次要约出让股权的股东,因第一次要约的撤销而蒙受损失。而 1 月份的收购要约却出现了大量的超额认购,其结果是,应此次要约出让股权的股东们收益甚大。原告(上诉人)芭芭拉·施赖伯为了其本身以及处境类似的股东们的利益,起诉控告伯林顿公司、艾尔·帕索公司和艾尔·帕索公司董事会成员违反了《1930 年证券交易法》(以下简称《证券交易法》)第 14(e)节关于禁止"对于任何股权收购要约,(进行)虚假、欺诈或操纵性行为或做法"的规定。她诉称伯林顿公司撤销 12 月份作出的股权认购要约,连同取而代之提出了 1 月份的要约,这些均属"操纵性"扰乱艾尔·帕索股票市场的行为。施赖伯同时指称,伯林顿未曾公开其与艾尔·帕索四名经理达成的"金色降落伞"协定。这种行为,同样构成对第 14(e)节的违反。她指控,发生在 1 月份的这种隐瞒,是为第 14(e)节所禁止的一种欺骗行为。

美国联邦地区法院因起诉理由不成立而驳回起诉,地区法院认为,起诉中所诉称的"操纵",因不涉及虚假陈述,故不构成违反第 14(e)节;根据《证券交易法》第 10(b)节中对于违法事实的规定,将"虚假陈述"作为"操纵行为"违反该条款的必要条件。

上诉法院第三巡回审判庭维持原判决。上诉法院认为,被诉行为不构成违反《威廉姆斯法案》。因为"第 14(e)节的目的不在于创立一种联邦范围的起诉原因,使所有因要约的提出或撤销而遭受侵害者都可提起诉讼"。上诉法院认为,第 14(e)节"主要是作为一条保障公开的法规而制定的,它决意保证投资者在得到充分信息的情况下,对收购要约作出明智的决定"。上诉法院得出结论为,"有争议的违约行为"不属于第 14(e)节中规定的"操纵"行为。① 联邦最高法院判决维持原判。该院认为:

(1)根据第 14(e)节,"操纵性"行为以虚假陈述或隐瞒事实为构成要件,上诉人将第 14(e)节中"操纵"一词解释为,虽然做到完全地公开,却"人为地"影响将要被接收的公司的股票价格的行为。而通常意义上"操纵"的含义是通过控制或人为影响证

---

① 参见《联邦判例汇编》(第二套丛书)第 731 卷,第 163 页。

券价格,意在欺诈投资者的行为。两者的涵义是不尽相同的。

(2)对于第14(e)节中所用的"操纵性"一词的这种(通常意义上的)解释,得到该法规的立法目的及立法史的支持。将第14(e)节加写到证券交易法中去的《威廉姆斯法案》的立法目的在于:确保那些收到股权收购要约的股东,在得不到充分信息的情况下,无需作出任何答复。立法历史也足以表明,第14(e)节的宗旨是为了保证做到完全的公开。同时,立法史上亦无一处表明,规定"操纵"一词可被理解为要求法院监督股权收购,以期做到真正意义上的公平。至于任何一个要约的性质,则是一个与交易市场相关的问题了。

(3)鉴于以上对"操纵"作出的解释,本案中被告的行为不属于"操纵"。①

在该案审理中,联邦最高法院被要求解释《证券交易法》第14(e)节②针对原告(上述人)提出的种种争辩理由,联邦最高法院从该法规的语言表达、该法规的立法目的和立法史等方面较为详尽地解释了第14(e)节,即什么是操纵。

原告(上诉人)着眼于对"虚假、欺诈或操纵性行为或做法"这些词语的意思解释,她将"虚假、欺诈或操纵性行为或做法"理解为包括即使做到了完全公开却"人为地"影响收购标的的股票价格的行为。

原告(上诉人)所作出的解释坚持认为第14(e)节监督指导的范围不囿于向投资者提供完整而真实的信息。

最高法院认为(上诉人)对"操纵"一词的解释与该词通常意义上的解释相抵触。该院曾审判一起被控违反《证券交易法》第10(b)节的案件,在该案中作出如下裁定:

"'操纵'一词的使用特别有意思,当它与证券市场相结合时,它实际上便成为一门艺术,现在如此,曾经也是如此。它意味着通过控制或人为影响证券价格,意在欺诈、欺骗投资者的故意或有意的行为。"③

然而原告(上诉人)争辩道,第14(e)节中所指的"操纵"不同于其在第10(b)节中的涵义。她声称,在第14(e)节使用的选择性连接词"或",暗含着"操纵"不一定需要存在欺诈或欺骗行为。可是,国会在第10(b)节中也用了"操纵或欺诈"这一提法,而且,最高法院在解释此中的"操纵"时,要求存在虚假陈述行为。另外,在"法律体系中有一条通晓的原则,那就是一组被列在一起的词应赋予相关的意义"。这三种不法行为,也就是"欺诈、欺骗、操纵",均被国会列入隐瞒事实的范围,对于那些必须认定该法规涉及哪些行为的人而言,"操纵"一词表现了一种强调并提供了一定的指导。在保证公开方面,它并不意味着与法规——无论是在字面上还是在本质上——或者国会的意图存在任何偏差。公开,是该法的核心。

---

① 参见《美国判例汇编》第472卷,第5—8页。
② 《证券交易法》第14(e)节[《美国法规大全》(修订版)第82卷,第457页,《美国法典》标题15第78n(e)节]规定:"任何人,如对于任何收购要约、收购请求或邀请,或者证券持有人反对或支持赞成该要约、请求或邀请的任何请求,进行关于重要事实的任何不真实陈述,或者遗漏陈述为使所作陈述依陈述时情形不具误导性而必须陈述的重要事实,或进行任何虚假、欺诈或操纵性行为或做法,皆为非法。(证券交易)委员会得为了本小节之目的以规则和条例来定义和规定合理用以防止此类虚假、欺诈或操纵性行为或做法。"
③ 厄恩斯特和厄恩斯特诉霍克费尔德案,《美国判例汇编》第425卷(1976年),第186、199页。

该院的结论是：根据第 14(e)节，"操纵性"行为必须包含有虚假陈述或隐瞒事实行为。这个观点可以从该节条文的立法目的和立法历史上获得论证。第 14(e)节最初是作为《威廉姆斯法案》的一部分加入到《证券交易法》中去的。"《威廉姆斯法案》的目的在于：保证那些受到以现金收购股权要约的公众股东们，在得不到充分信息的情况下，无需作出任何答复。"①显然，美国国会主要以公开来实现《威廉姆斯法案》做立法目的。

为完善这个目标，《威廉姆斯法案》在《证券交易法》中加入了第 13(d)、13(e)、14(d)、14(e)和 14(f)各节。有些是有关于公开的，如通过第 13(d)、14(d)和 14(f)各节加入了特别的注册登记条款和公开条款。其余的，也就是第 13(e)和 14(e)两节，则对一定行为作了规定或禁止。这样，投资者就能赢得额外的时间，充分利用所获得的公开信息。

在第 14(e)节增加一项"广泛的反欺诈的禁律"。它增补了从《威廉姆斯法案》中的其他各处找到的更为明确的关于公开的法规，从而在股权收购方面作了比第10(b)节更详尽的公开规定。②

美国国会在 1970 年对该法的修订中，向第 14(e)节加入了以下句子："委员会得为了本小节之目的以规则和条例作出定义和规定，合理地用以防止该虚假、欺诈或操纵性行为或做法的方式。"上诉人辩称，如果第 14(e)节仅仅与公开有关，那么这句话就变得毫无意义了。

最高法院不同意这种看法。国会在 1970 年修订中所作的补充，只是提供了一种机制来定义和防范那些涉及对重大事实的不真实报告和不公开披露的行为和做法。1970 年的修正案给证券交易委员会以自由规定非欺诈行为作为一种"合理用以"防止"操纵性"行为的方式，而没有建议对"操纵"一词本身的涵义作任何变动。

采纳上诉人所竭力主张的对"操纵"一词的解释，不仅从立法宗旨上得不到论证，而且将与之发生抵触。要求法官们根据自己对"不公平"或"人为"行为构成要素的理解来解释"操纵"一词，会在股权收购要约过程中，强行注入不确定因素。一条至关重要的信息在股权收购要约结束之前总会是得不到的，无论法庭是否将这种完全公开的行为视作一方或另一方的"操纵"。国会意欲保证投资者得到全部的信息，而这种不确定因素将直接与上述国会愿望发生矛盾。

国会坚持强调公开，这使我们相信，它认定有关接收的各种情况都应向股东们说明。为达到这个目的，国会创设了全面的公开规定和小范围的实质性保护，《证券交易法》的核心结构亦与之一致。同届国会如此强调股东的选择权，将不会同时要求法官去监督股权收购，以做到真正意义上的公正。国会更加不可能通过置于条款中的一个字，来贯彻那样的意图，而该条款中除此之外的其他用词都专用于保证公开。

---

① 朗多诉莫西尼纸业股份有限公司案，载《美国判例汇编》第 422 卷（1975 年），第 49、58 页。
② 《证券交易法》第 10(b)节规定："任何人，直接或间接地……(b)违反了（证券交易）委员会制定的公众利益或投资者保护为必要或适当的规则和条例，对在国家证券交易所已注册证券或未注册之任何证券，使用或采用任何操纵手段、诈骗手段或阴谋，均是违法的。"（《美国法典》标题 15 第 78j(b)节）

最高法院认为第14(e)节中所指的"操纵"一词以虚假陈述或隐瞒事实为构成要件。它意味着"通过控制或人为影响证券价格的行为,欺诈或欺骗投资者"没有虚假陈述或隐瞒事实的行为,便不构成违反第14(e)节。

　　将上述定义适用于本案,法院认为被告之行为不属于"操纵"。地区法院正确地指出:"被告所有可想到的、能影响艾尔·帕索股票价格的行为均是公开实施的。"①

---

① 《联邦判例补编》第568卷,第203页。

日本证券内幕交易的民事责任[*]

　　日本证券市场的规模在亚洲占第一位。日本对证券内幕交易的民事救济在实践和理论上有所探索，对我们有借鉴意义。

一、以日本现行法律为依据进行探讨

　　对于内幕交易，日本学界和法界都认为，在现行法的框架下追究其民事责任是很困难的。

　　《日本证券交易法》第 166 条和第 167 条是直接限制内幕交易的立法。相关的规定，还有第 164 条、第 163 条和第 165 条。第 164 条规定，公司高级职员或主要股东的短线交易盈利必须返还给公司；第 163 条规定，公司高级职员或主要股东负有提出买卖股票报告书的义务；第 165 条禁止公司高级职员或主要股东的卖出。

　　然而，这些规定对那些不知道消息而没有进行交易，或至少没有按那种价位（指内幕交易的价位）进行交易的投资者来讲，却不能给以救济。第 198 条之二规定，对违反第 166 条、第 167 条从事内幕交易而取得的财产予以没收、追缴，但这不能给因此交易而受到损失的投资者以任何补偿。此外，由于第 164 条规定把从交易中获得的利益返还给不一定受到损失的公司，当然，如果利益返还给了公司，那么，也许可以对买进股票的投资者的间接损失有所弥补，但对卖出股票的投资者的直接损失却没有任何补偿。因此，从对被害的投资者的损害赔偿的角度看，必须考虑民事救济的方法。

　　在内幕交易通过集中公开市场进行的场合，与内幕交易者同时进行相反方向交易的人士是众多的，所以，确定交易当事人相当困难。更何况，与面对面的交易不同，公开集中市场上的交易，从性质上讲，交易当事人之间无法确立直接的买卖关系。至于损害数额如何确定也是个困难问题。总之，对受损害的投资人进行救济不容易。

　　当然，一方面是因内幕交易而获取利益（或避免损失）；另一方面是那些不知道未公开的重要事实的投资者由于进行了交易而减少了利益或受到了损失，如果考虑到这些结果，那么，对那些实施了内幕交易行为的人员就不仅应处以刑罚，而且必须对受到损害的投资者给予损害赔偿。进一步讲，认定民事责任不仅可以产生调整私人

---

　　* 本文原载于《法学》2001 年第 1 期。

之间利益的效果,而且可以期待其发挥抑制内幕交易的作用。

尽管在日本现行法的框架下追究内幕交易的民事责任很困难,但在学界仍有两种态度:一种持消极否定态度,他们认为,必须先解决立法问题,才能解决民事赔偿;另一部分则比较积极,他们认为,可以根据现行法的解释来解决民事救济问题。持消极态度的人指出,在内幕交易通过公开集中市场实施的场合,根据现行法可以采取的措施受到很多限制,因此必须从立法上检讨民事救济问题。

而另一部分,认为可以根据现行法的解释解决民事救济问题的人士指出,有以下三种考虑方法:

(1)从内幕交易中的"交易"的角度考虑,站在这一立场上,将违反证券交易法的行为与《日本民法》第709条的不法行为联系在一起。① 采取这种观点的学说相当多。另一种观点认为,直接以违反《日本证券交易法》第157条为理由追究民事责任。但由于《日本证券交易法》第157条有刑罚规定,而没有追究民事责任的明示规定,因此,很多学者认为,依照第157条追究民事责任是很困难的。

(2)以"不披露"情报为由追究其民事责任。因内幕交易,被害人由于不知道情报而蒙受了损失。从这一点出发,将证券价值的不实表示作为问题,内部人员违反了公开情报的义务,是不履行或延迟履行适时公开的义务。

(3)在董事进行内幕交易的场合,就存在着商法上救济的可能性。这里又分为两种:即根据《日本商法》第266条第1项5号②的对公司的责任和根据《日本商法》第266条之三③的对第三者的责任。然而,前者的责任是针对公司的,即使承认这种责任,作为交易相对人的投资者也得不到赔偿。就后者而言,第三者是否包括股东,在商法上也是有争论的。作为内幕交易的相对人,是进行了交易的股东,这时,可否适用该条文就很成问题。更何况,在董事作为个人(即为了个人)进行内幕交易的场合(大多数是这样),就很难符合《日本商法》第266条之三第1项规定的"执行其职务"的要件,但在公开虚假情报、不公开应当公开的情报是因为懈怠自己任务时,就有可能适用该条文。当董事代表公司为了公司的利益进行内幕交易时,就可以对第三者负民事责任。但实践中,董事为了公司利益进行内幕交易的情况很少。

作为民事救济的方法还有其他一些,例如,可以认可由于错误(《日本民法》第95条)、诈欺(《日本民法》第96条)、瑕疵担保(《日本民法》第570条)、契约缔结过失引起的有关契约关系上的追究责任。在这些情况下,面对面的交易也许是有效的,但对于通过公开市场进行的内幕交易,能不能适用就很成问题,因为很难认定证券买卖的当事人之间存在着直接的契约关系。

日本学者上田真二教授原先认为可以美国法为模本,讨论内幕交易的民事责任问题。但后来发现,内幕交易的被害人不是因为内幕交易的"交易",而是因为情报

---

① 《日本民法》第709条(侵权行为的要件)规定:"因故意或过失侵害他人权利时,负因此而产生的赔偿责任。"

② 《日本商法》第266条第1项5号规定:"(一)于下列情形,……实行第4项及第5项行为的董事,对于公司受到的损害额,负连带清偿或赔偿责任:实施违反法令或章程的行为。"

③ 《日本商法》第266条之三规定:"(一)董事执行其职务有恶意或重大过失时,对第三人也负连带赔偿责任。"

(重要事实)没有公开,即"不公开"而受到损失。因此,在这里,从日本法的观点出发,对通过公开市场进行的内幕交易的民事救济(对被害人的救济),采取大多数学者承认的观点,即把证券交易法上的内幕交易规范与《日本民法》第 709 条的不法行为相结合,其构成是否妥当,而且,公开情报的问题,构成的可能性又如何,对这些问题进行研讨,即从现行法的角度探讨司法救济的可能性。从上述目的出发,我们不进行立法论的探讨。①

二、基于"交易"行为的救济

(一) 问题的焦点

尝试把违反内幕交易规范与《日本民法》第 709 条的不法行为相结合进行民事救济,就要例举《日本证券交易法》上的有关规定,且历来是以违反《日本证券交易法》第 58 条(现行第 157 条)为根据的。1988 年修订后,可以例举的有第 166 条、第 167 条和第 157 条。但是,为了成立《日本民法》第 709 条的不法行为,就必须具备:(被告的)故意、过失、权利侵害(或者违法性)、责任能力、损害的发生、因果关系等要件。从这一立场出发,违反第 166 条,第 167 条或者第 157 条是作为违反取缔性法规考虑的,可以解释为满足违法性要件。在内幕交易实行的场合,作为被害人的原告必须举证(被告的)故意、过失、损害额,以及损害与内幕交易行为的因果关系等。在这里,成问题的是,内幕交易的"交易"是否构成投资者受到损害的原因。也就是说,能否认定损害与内幕交易的因果关系是很成问题的。

(二) 因果关系的研讨

《日本民法》第 709 条规定,"侵害他人权利者"负"因此而产生损害"的赔偿责任。也就是说,为了成立不法行为,加害行为和损害的发生之间必须存在因果关系。当内幕交易在公开市场上进行时,举证因果关系(事实上因果关系)是非常困难的。由于与内幕交易同时进行交易者人数众多,因此,确定实施内幕交易者与实行相反方向交易者之间的对应关系很困难。在公开市场上进行的证券交易中,交易当事人之间难以成立直接的买方、卖方关系。交易当事人通常委托证券交易所会员,即证券公司,在交易所进行买卖(《日本商法》第 551 条)。在交易所市场上,买卖交易按照价格优先、时间优先的原则以集合竞价的方式进行(东京证券交易的业务规程第 10 条)。因此,在通过交易所市场进行的买卖交易中,由于同时进行交易者人数众多,所以,就难以确定买主和卖主的对应关系。即使在可以确定的条件下,如果实施内幕交易者没有买进(或卖出),那么,实行相反交易的人(原告)也不会发生损害或不一定发生损害。所以,对应于被告买进(或卖出)的,不是原告的卖出(或买进);因为即使没有

---

① 参见〔日〕上田真二:《通过公开市场的内幕交易的民事救济》,载《阪大法学》2001 年(第 51 卷)第 1 号,第 291 页。

被告的买进(或卖出),原告也是要卖出(或买进)的。也就是说,被告的内幕交易,不会引致原告的损害的发生。从这种观点出发,认定不法行为因果关系的"必然"公式,就不能得到满足。

(三) 判例的检讨

东京地方法院1992年10月29日的判决,成为第一个追究内幕交易民事责任的案例。在本案中,被告卖出的股票与原告的损害之间到底有没有因果关系成为争论的焦点。案件概况如下:

1988年12月19日,原告X在东京证券交易所,通过A证券公司以总价款3.0298亿日元购买了日本航线股份有限公司(以下简称"日本航线")的股票49.4万股。同月23日上午,日本航线和山下新日本汽船股份有限公司(以下简称"山下新日本汽船")合并以及两公司大幅减资的消息公开发表。其后日本航线的股价持续下跌,从每股580日元到623日元的价位,下跌至每股180日元。

原告X提出以下主张:对作为损害保险公司的被告Y(系新日本航线的第三大股东、山下新日本汽船的第二大股东)以不法行为为理由请求损害赔偿。原告X认为自己受领了Y通过交易所卖出的股票(作为原来的股东Y的名字有记载),Y知道二公司合并及减资的情报,为了避免自己持有的股票价格下跌而造成的损失,就卖出这些股票,这是一种故意的不法行为(即所谓"内幕交易")。如果Y不卖出,X也就不会受领本案这些股票,从这一点讲,具有自然的因果关系(条件关系)。从上述理由出发,原告X主张,被告Y应赔偿X的购入价格与以每股180日元计算的现在的价值之间的差额(共计2.1406亿日元)。与此相反,被告Y主张,在卖出日本航线股票时,自己根本不知道公司合并的消息,X所主张的因日本航线的股价暴跌而受到的损害与Y的卖出日本航线股票的行为之间,没有自然的因果关系(条件关系)。

基于以上事实,法院作出以下判决:

"为了认定不法行为的因果关系,首先必须认定被告的行为与原告的损害之间有条件关系,即所谓,'如果没有A就没有B'这种关系。……因此,问题在于,是否可以说,被告卖出的股票就是被原告取得的,即买进的呢?进而,在肯定这一点的场合,被告的卖出如果是违法的(内幕交易),那么,被告的卖出行为与原告的损害之间就可以说有因果关系。

但是,在证券交易所的股票交易中,个别顾客的委托单,都是通过证券公司在证券交易所集中进行的,以价格及时间为基准将委托的买单和卖单进行集合竞价成交(即买卖成交)。因此,在这种情况下,所谓被告卖出的股票与原告买进的股票之间要成立买卖关系(即买卖成交),首先,必须由原告举证,证明在集合竞价中,被告的卖出委托单和原告的买进委托单之间,现实地结合在一起(即证明被告卖出的股票恰好是原告买进的股票)。

在东京证券交易所上市的股票交易(包括日本航线股票),股票和价款的清算要按集中清算制度办理,股票的让渡也是按股票清算转账制度实施的。对于买进股票的顾客,通常会给予保护保管证,只有在顾客希望的情况下,才会给予股票;这种场合下:①该证券公司的保护保管证;②该证券公司当天交易相互冲抵剩下的股票;③从日本证券结算指定的别的证券公司接受的证券,这些证券有指定的品种和数量,是一种特定证券的组合。

因此,根据原告从 A 证券公司取得的本案的股票的事实,不能推定被告的卖出委托和原告的买进委托在证券交易所相结合而买卖成交。原告举证主张,以前面的事实推定被告的卖出委托和原告的买进委托有现实的结合关系,是缺乏事实根据的。

根据上述理由,原告关于因果关系的主张是欠妥的,其余的争论点也无法判断,因此,本案的请求是没有理由的。"[1]

本案的判决驳回了原告的请求,认为原告主张的因果关系不成立。也就是说,判决认为,如果能确认被告卖出的股票恰好由原告取得(买进),那么,被告的售出(内幕交易)与原告的损害之间就有因果关系,为此,原告必须举证证明被告的卖出委托和原告的买进委托是现实地结合在一起的。然而,正如前面所叙述的那样,在证券交易所的买卖制度,当事人之间不存在直接的买卖契约关系,在集合竞价的方式下,相互的委托是否能现实地结合起来,这本身也是个问题。换句话说,要求原告举证被告的卖出委托与原告的买进委托现实地结合在一起,是欠妥的。此外,原告取得了以被告 Y 名义记载的股票,因而主张由买卖得到承继取得。这一点,如判决所述那样,股票买卖交易的结算,除一部分品种外,大部分实行集中保管转账制度。在这种制度下,股票由保管转让机构进行集中性的混杂保管,股票的出让和受让,只是在账簿上的户头之间转账。也就是说,把内幕交易实施人的股票和股票的取得联系在一起是不妥当的。

尽管有学说认为,原告没有必要举证,在证券交易所,被告的卖出委托与原告的买进委托现实地相结合而买卖成交,但判例对这种学说持否定立场。关于因果关系的认定,也有各种各样的解释。下面就看一看,在学说上是如何认定因果关系的。

(四) 认定因果关系的各种学说探讨

在学说上,主要有三种见解:

1. 转换为重要性判断的见解

根据这种见解,对具体的事例,不是决定主观上的重要性,而是"设定"平均的、理性的投资者,某种事实对这些人的投资判断是否会产生重大的、决定性的影响,以此为标准进行判断,从而决定重要性,用它来代替对因果关系的举证。[2]

2. 利用对市场进行欺诈的理论,认定因果关系的见解

根据这种见解,原告信赖来自被告的虚伪表示或者不表示,而进行了证券交易。在这种情况下,原告的这种主张不需要举证;只要对信赖市场价格的主张进行举证就

---

[1] 东京地判 1992 年 10 月 29 日,载《金融法务事情》1321 号,第 23 页。
[2] 参见〔日〕益木和夫:《内部人交易的研究》,庆应义塾出版会 1996 年版,第 199 页。

行了。①

把重要性的判断转换成对因果关系的举证，在美国法上最初看到了这种方法。对市场欺诈的理论，确切地说，就是认定事实上因果关系的理论。在美国法上，对适用于内幕交易案件是给予肯定的。根据这一理论，原告被要求举证，日本的证券市场是不是一个有效率的市场？但这种举证要求，对原告而言，又是一项新的负担。更何况，作为该理论前提的有效率的资本市场的假设，对日本证券市场是否合适也不一定很明确。而且，根据上述两种见解，应当承担责任的主体，并不限于典型的公司内部人员，其范围还涉及《日本证券交易法》第166条及第167条的列举人员。在美国，根据《证券交易法》第10条b项及证交会规则10b-5，应当承担责任的主体，是以负有公开信息的义务为前提的。在这一前提下，才可采取转换成重要性判断的方法。此外，即使在学说上可以把对市场欺诈的理论用于内幕交易上，但应在具有公开信息义务的前提下才能够使用。关于这一点，即使在日本，也应作同样的考虑。而《日本证券交易法》第166条、第167条所列举的人员是否具有公开信息的义务呢？有关见解并不很明确。

3. 与前面两种相对应，第三种见解认为，由于第166条、第167条所列举的人员负有公开信息的义务，从而可以认定具有因果关系

根据这种见解，内幕交易属于基于不作为的不法行为的类型。② 对不作为的不法行为的因果关系，作如下考虑：如果实施"作为义务"内容的"作为"，就不会发生"侵害权利"的结果。而且，把内部人员的"作为义务"定义为在进行证券交易时，有公开信息的义务，这种公开信息的义务是根据《日本证券交易法》第166条、第157条1号以及证券市场的公序良俗来认定的。在通过证券市场进行交易时，根据证券交易法的规定，应促进公司公开内部情报；在现实地公开发表后，才进行证券交易。而且，当实行了内部人的作为义务（公开义务）的内容——作为（公开）的场合，由于没有发生侵害权利的结果，就可以认定因果关系的存在。

但是，从第166条的规定看，这种公开义务的推定是很困难的。第166条第4项对重要事实的"公开"（披露），规定了形式上的要求，因此，对其课以任何义务（促进公开的义务）都很困难。

（五）小结

从上述讨论可以看到，把违反内幕交易规范与《日本民法》第709条的不法行为相结合（相联系）尝试进行救济的方法，在因果关系的认定上有困难。因此，不能说它是一种妥当的方法。但这种方法，使追究由《日本证券交易法》第166条、第167条所规制的人员的责任有了可能，就这一点而言，还是有吸引力的，但这些范围内的人员都欠缺应当承担民事责任的根据。第166条、第167条为了明确"禁止行为"与"合法股票交易"

---

① 参见〔日〕牛丸与志夫：《私法判例观察1993（下）》，第99—102页。

② 在美国法上，《1934年证券交易法》第10节b项及规则10b-5的违反要点，并不在于交易，而在于与交易相关性的公开义务，是在这种情况下，懈怠了履行公开的义务。

之间的界限,规定了客观化、明确化的构成要件,并规定了形式上的适用要件。当可以满足这些形式性的要件时,才可能构成犯罪。实际上,由于制定了第 166 条、第 167 条,才揭发了数起内幕交易案。但从民事救济的观点出发,投资者所遭受的损害却不能说是由"内幕交易"而引起,因此,作为处罚"交易"行为的规定,《日本证券交易法》第 166 条和第 167 条也有不妥当之处。

三、"不披露"信息或"不公开情报"的法律后果

(一) 内幕交易与适时公开

对内幕交易的民事责任,也可以从"不公开"情报的角度进行考虑,内幕交易的被害者,因为相关情报的不公开而蒙受了损失,从这一角度考虑,必须把民事责任和情报公开的义务问题联系起来探讨。[①] 但关于具体的法律构成却不明确。因此,下面主要从与证券交易法上的公开规制相关的内容进行探讨。

情报适时公开后,内幕交易就不可能进行。内幕交易和适时公开是相互矛盾的。为了使投资者可以进行合理的投资判断,必须适时公开情报,这样,才能确保公司情报的最新性和平等利用性,也才能确保公正形成证券价格。这种适时公开,在证券交易法上临时报告书(《日本证券交易法》第 24 条之五第 2 项)和证券交易所的自主规制中都有。临时报告书是负有继续公开义务的发行人,在发生一定重要事项的时候,有义务提出的公开性的文件,必须及时向大藏大臣提出(《日本证券交易法》第 24 条之五第 4 项)。临时报告书必须在发行人的总公司及主要的分公司,进行为期一年的公开。如果是上市公司,必须在证券交易所:如果是柜台登记证券,必须在证券业协会,进行为期一年的公开(《日本证券交易法》第 25 条)。关于必须提出临时报告书的情报,在规范"公开企业内容"的政府命令(内阁府令)第 19 条第 2 项有具体规定。此外,关于证券交易所的自主规制,是根据证券交易所规则进行的。证券交易所要求上市公司适时公开对投资者的投资判断会产生影响的重要的企业信息。而且,从对内幕交易防患于未然的角度考虑,也应当充实适时公开制度。提出临时报告书,就相当于重要事实的"公开",这样,根据 166 条和第 167 条而进行的内幕交易的规制也就解除了。

(二) 由于不公开临时报告书而追究责任

临时报告书的公开是有实效性的。对临时报告书进行虚伪记载,不仅要追究刑事责任(参照《日本证券交易法》第 198 条 6 号、第 207 条 1 项 2 号),而且应追究民事责任。也就是说,针对临时报告书的虚伪记载,《日本证券交易法》第 24 条之五第 5

---

① 参见〔日〕上田真二:《美国内幕交易的民事救济——以因果关系为中心》,载《阪大法学》(2000 年)第 50 卷第 4 号,第 105 页。

项规定:"……第 22 条的规定在下述场合准用,即在半期报告书及临时报告书中对重要事项进行虚伪记载,或者对应当记载的重要事项,或者对为避免产生误解必须记载的重要事项欠缺记载的场合。"第 22 条第 6 项规定:"在有价证券的申报书中对重要事项进行虚假记载,或者对应当记载的重要事项,或者对为避免产生误解必须记载的重要事项欠缺记载时,前条第 1 项第 1 号及第 3 号所列者,对于不知晓该记载是虚假或欠缺而取得该有价证券呈报人所发行的有价证券的人士(因募集或推销而取得者除外)因记载虚假或欠缺而产生的损害负赔偿责任。"其中,"重要"事项、事实的内容,可以参考规范内幕交易的第 166 条第 2 项所具体列举的"有关业务的重要事实"的相关规定。

从上述规定出发,在临时报告书中有不实表示、不公开(不记载)的场合,发行股票公司的高级职员以及出具监察证明的注册会计师、监察法人等,对不知道不实表示而取得该公司有价证券的人士负赔偿责任。这一点,在不提出临时报告书的场合,也可作同样的考虑。关于本条的责任,可以作为不法行为的责任考虑。但过失的举证责任可以转换(参照《日本证券交易法》第 22 条,第 21 条 2 项 1 号)。

因此,内幕交易的被害者,不是由于内幕交易的"交易"而受害的,而是因为情报没有适时公开而受害的。这样,就可以追究不公开临时报告书(关系到适时公开)的责任(包括不提出报告书的情报)。在实行过内幕交易的人没有从事交易,而原告进行了交易的情况下,即使没有内幕交易,原告也有可能会受到损害。但是如果公开情报的话,原告就不会进行交易(或者不会在这个价位上进行交易),这样,原告就不会受到损害了。因此,如果有违反公开义务(不公开)的情况,那么,就应当认为负有公开情报义务的主体要承担责任。这一点,并不限于临时报告书,在证券市场上实行公开制度的有价证券报告书和中期报告书也可以作同样处理。当然,也有一些问题值得作进一步探讨,下面,对《日本证券交易法》第 24 条之五第 5 项的适用问题,作些探讨。

(三) 由于不公开临时报告书而追究责任的若干问题的探讨

1. 有权请求损害赔偿的人

根据《日本证券交易法》第 24 条之五第 5 项的规定,可以请求损害赔偿者,只限于因为不知道不实表示或不公开(以下统称为不实表示)而"取得"有价证券的人。这样,由于本条采用了准用第 22 条的立法形式,因此,那些不知道上市公司的"利好"消息而"售出"股票的人,就不受本条的保护了。

关于这个问题,从平等保护证券流通市场上投资者的角度来看,是受到批评的。对于这一点,即"售出"股票的人士可以依据民商法的规定(《日本民法》第 709 条,《日本商法》第 266 条之三)得到救济。从保护的必要性出发,"取得者"和"售出者"之间是平等的。在日本有学者认为,对"售出者",可以类推适用《日本证券交易法》第 24 条之五第 5 项,准用第 22 条的规定。

2. 因果关系

《日本证券交易法》第 24 条之五第 5 项准用的第 22 条第 1 项规定:"因记载虚假

或欠缺而产生的损害负赔偿责任"。而且,该条的责任应视为不法行为责任①,要求原告对因果关系举证。如果有不实表示的话,那么,在所谓对这种表示"依赖"的形式上进行因果关系的举证。然而,在不公开或不提出临时报告书的场合,由于不存在表示,所以,对表示的依赖也无从谈起。

关于这一点,在美国法上,有不公开的案例,在 Shapio 诉 Merril Lynch, Pierce, Ferner Smith Inc. 案的判决指出,如果被告不公开情报,原告也不会进行交易。要判断一下没有公开的事实的重要性,将此作为认定因果关系的方法。日本学者认为,日本也应参考这种方法。先判断一下没有公开或提出的事实的重要性,应当根据这一点来认定因果关系。关于"事实的重要性",《日本证券交易法》第 166 条 2 项 4 号规定为:"对投资者的投资判断会产生显著影响的事实",可从这一角度进行考虑。此外,关于因果关系的举证,可以利用对市场进行欺诈的理论。这一理论的前提是有效率的资本市场假设,对日本证券市场不一定很妥当。因此,用"重要性判断"来代替"因果关系的举证"是否妥当也很成问题。

3. 对不实表示是善意还是恶意的举证责任

有价证券的取得者(包括卖出者,以下同),在知道不实表示等情况时,不实表示与损害之间就没有因果关系,因此,也就不发生损害赔偿责任。在这种情况下,不实表示的举证责任有两种情况:一种情况是从取得证券者来讲,必须举证自己的交易是善意的;另一种情况是从上市公司的高级职员来讲,必须举证取得证券者是出于恶意。

在第 24 条之五第 5 项准用第 22 条第 1 项的场合,有价证券取得者的善意,从取得者方面讲,必须举证自己的善意;从上市公司的高级职员方面讲,必须举证取得者的恶意,这两种见解是对立的。前者认为,第 21 条第 1 项和第 22 条的规定方法有所不同。第 21 条第 1 项的但书规定,"……但该有价证券取得者在其申请取得之际,已经得知有虚假记载或记载欠缺时,不在此限",但在第 22 条中,却没有这样的文字。后者认为,这种区别不是合理的理由,应当以保护投资者为理由。在这一点上,可以参考美国法上"推定"的依赖,应当由被告进行反证。因此,某些日本学者认为,因果关系的举证如果要依据事实的重要性来进行判断的话,那么,由作为被告的公司的高级职员举证原告的恶意比较妥当。②

4. 损害赔偿请求权人的范围

当试图以不公开临时报告书为理由追究责任时,就应当考虑损害赔偿请求权人的范围到底有多大?从美国法上可以看到,损害赔偿请求权人限定在同时进行交易者这个范围内。

但根据第 24 条之五第 5 项的规定以临时报告书的虚假记载等为理由追究责任时,要作出限定范围却很困难。基于该条追究责任,至少应对违反公开义务追究责

---

① 相当于我国的侵权行为责任。
② 参见〔日〕上田真二:《美国内幕交易的民事救济——以因果关系为中心》,载《阪大法学》(2000 年)第 50 卷第 4 号,第 108 页。

任,因此,不仅是同时交易者,而且对在事实没有公开期间所有进行过交易的人,都应给予损害赔偿请求权。因此,有权请求损害赔偿者,应当是在以下期间进行交易的所有的人,即从上市公司的高级职员应当履行公开义务时开始,到市场充分吸收该信息时为止。所谓"市场充分吸收该信息时为止",可以参考《证券交易法施行令》第30条,"在报道机关公开以后经过12个小时"的规定。

5. 没有实施内幕交易的上市公司高级职员的责任

当试图以不公开临时报告书为理由追究责任时,对那些没有实施内幕交易的上市公司的高级职员,又应当如何考虑呢?此外,当内幕交易是由上市公司高级职员以外的人士(例如,普通职员或接受情报人员)实施的场合,上市公司高级职员应负什么责任呢?

关于这一点,按第24条之五第5项所准用的第22条第2项、第21条第2项第1号的规定,在能证明"不知晓或经过相当注意仍不能得知记载有虚假或欠缺时",上市公司的高级职员等可以免除责任。对该条以无过失为理由进行抗辩是不容易的。当然,根据上市公司高级职员的职务和地位的不同,应当注意的内容,即注意义务的程度也是不同的。因此,如果是很容易得到情报的高级职员,即使他本人没有进行内幕交易,他也很难免除责任。反之,上述人员以外的其他高级职员,只要能证明自己没有过失就可以免除责任。当然,如果从被害人的民事救济观点出发,考虑到损害的原因是由于不公开情报这一点,上市公司的高级职员即使没有实施内幕交易,但既然他们负有妥善管理情报、适时公开情报的义务,那么,也可以让他们负一定责任。

6. 与涉及企业秘密情报的关系

公司如果及时公开重要事实,内幕交易就没有实施的余地。但及时公开所有情报,例如涉及企业秘密的情报等,也会给企业的运营带来障碍。此外,公开不成熟的信息或未经确认的信息,也会给市场带来不稳定。当基于这种公开的不确切的情报而实施内幕交易的场合,上市公司高级职员的责任又应当如何判断呢?

首先,在基于不成熟或不确切的情报而实施交易时,是构成内幕交易,还是违反公开义务?这是有疑问的。其次,在涉及企业秘密的情报时,又怎么办?《日本证券交易法》第25条第4项、第5项规定,不必公开某些属于企业秘密的情报。什么才是企业秘密呢?其界限不容易认定。但作为被公开的情报必须满足的条件,有以下两点:一是该事实已经达到相当确定的程度;二是把该事实当做秘密没有经营上的理由,即使公开发表也不会阻止企业经济目标的达成。这种判断虽然非常困难,但如果考虑上市公司秘密所带来的利益,上市公司不会及时公开秘密情报,那么,对提出临时报告书的第24条之五第4项规定的"不得延迟"作何解释也值得考虑。当然,实际公开的时间如果延迟的话,情报泄露的可能性就会增大,因此,上市公司应尽快公开情报。

(四) 关于因不履行及时公开义务而追究责任

关于证券交易所要求的或者违反及时公开义务的任意的民事责任,是没有具体规定的。但是,证券交易所不履行及时公开情报的义务,就会以《日本民法》第709条的不法行为为根据,追究上市公司高级职员的责任,在日本有这种可能性。

临时报告书的适时公开,与在证券交易所的公开,有一个时间上的间隔,就不知晓提出报告书这件事本身而言,有不充分的一面。关于重要事实的范围,如果证券交易所要求更广一些(东京证券交易所上市公司情报适时公开规则第 2 条)的话,那么,承认这种方法的意义就比较大。但在证券交易所的适时公开,属于证券交易所的自律规制,据此而断言,上市公司负有何种法律义务就很难讲了。而且,法律上有明文规定,在故意、过失举证责任的转换这一点上,利用证券交易法规定的方法可以认为是有效的。

四、对我们的启示

综上所述,日本学界和法界人士在不改动现行法律的前提下,探索内幕交易的民事救济问题,特别是将该问题与违反情报公开义务的民事救济联系在一起考虑,这对我们是有启发和借鉴意义的。因为《中华人民共和国证券法》第 63 条对违反情报公开义务的上市公司、证券公司及相关的董事、监事、经理规定了对相关的投资者在证券交易中遭受的损失,承担赔偿责任或连带赔偿责任。如果能把这一条扩大到内幕交易上,也不失为一种弥补方法。

修改我国《公司法》的若干建议[*]

一、关于公司资本制度

现行公司法规定的实缴资本制、对出资方式和无形资产出资比例的限制性规定等制度,与经济生活的实际需要大体适应,可予以局部改进。

1. 关于实缴资本制的修改方案一

维持现行法定资本制,但对《中华人民共和国公司法》(以下简称《公司法》)有关公司最低注册资本的规定予以相应修改。

现行《公司法》第 23 条和第 78 条针对不同情况规定了公司最低注册资本原则,对于确保公司责任财产的充实性、保护债权人的利益起到了重要的作用。然而,随着经济的发展,该原则对于所有有限责任公司一律按经营主业确定最低注册资本以及所有股份公司一律适用同一最低注册资本的规定,有违我国经济现状及格局分布,在一定程度上影响了我国公司实践的发展,因此,建议在此次《公司法》修改中,维持该原则,但对公司法有关公司最低注册资本的规定予以相应修改。具体建议:

(1)降低有限责任公司及股份有限公司的最低注册资本规定,至于具体数额,应结合我国经济发展现状及公司设立实际情况加以合理确定。

(2)按地区、行业对于最低注册资本规定予以修改。鉴于我国不同地区如东西部地区、不同行业如金融、制造业、农林业等的现实发展状况较不均衡,因此,建议此次《公司法》修改中,对于最低注册资本规定按地区、行业予以相应修改。例如,可考虑规定:对于在中西部地区注册设立的公司,其最低注册资本可低于东部地区同类、同行业公司的相应要求;对于注册成立的属于农业、林业的公司,其最低注册资本可低于其他行业同性质、同规模公司的相应要求。

2. 关于公司资本制度的方案二:实行折中资本制

建议在此次《公司法》修改中,采用折中资本制,其应包含两层含义:一是股份总额可以分次发行,股东认缴的出资额可以分期缴足;二是对公司资本的授权发行额度及其发行期限应作严格限制。

3. 关于出资形式的建议

建议适度放宽对股东出资形式的限制,允许股东以债权、股东权等财产利益以及

---

　* 第二作者胡钧,原载于《政治与法律》2004 年第 3 期。

劳务等作为出资形式,但应严格规制。对于现行《公司法》就股东出资形式的规定,可以借鉴《美国模范商事公司法》第621条第2项的立法经验:其他能够作出价值评估的财产利益(如已提供之服务、服务提供合同、债务之减免),也可作股东出资形式。结合近年"债转股"实践,建议此次《公司法》修改中,允许股东以债权作为出资形式,但应严格规制。鉴于股东权具有财产价值,且能作出价值评估,股东权亦可作为出资形式;但鉴于股东权与公司所有权实际上均作用于同一笔公司财产,股东权价值具有变动性与高风险性,立法者应禁止股东以同一股东权重复对不同公司出资,并严格股东权价值评估制度。当然,非货币出资形式的多样性有可能导致出资价值不足,以及股东间在履行实质出资义务方面的不平等。为杜绝此弊端,立法者应保留现行《公司法》对非货币出资评估作价的立法态度。

二、关于公司设立、变更的登记、审批制度

现行《公司法》规定,股份公司设立、分立、合并一律采取审批制(第77、183条);对有限公司设立、合并、分立原则上采取登记制,例外采取审批制(第27、188条)。

结合我国公司发展现状以及行政许可、行政审批制度改革的发展趋势,建议:

(1)对各类公司(包括有限责任公司、股份有限公司乃至上市公司、外商投资公司)的设立以登记制为原则,以审批制为例外。

(2)进一步取消不合理的登记前置审批程序,扩大登记制适用范围。对公司上市申请也应从核准制过渡到登记制。

(3)建议进一步缩短公司登记期限。

(4)就例外保留的登记前置审批程序而言,应限定审批期限,明确审批机关拒绝审批的理由说明义务。为扭转低效行政现象,立法者应将逾期不作任何决定的情形,推定为公司设立申请已获默示批准。

三、关于公司转投资的规定

现行《公司法》对公司转投资比例的限制性规定过于严格。《公司法》第12条第2款规定,除国务院规定的投资公司和控股公司外,所累计投资额不得超过本公司净资产的50%。该条文的问题主要体现在:

(1)该条严重限制了资本市场中公司投资、并购、重组行为的有效开展。例如,在现实生活中,有许多公司意欲对外项目投资,然而受公司法该条规定所限,往往无法实现投资(尤其是大项目),阻碍了公司的进一步发展。又如,在我国公司管理层收购(MBO)实践中,受《公司法》该条规定所限,在已实施MBO的25家上市公司中,明确公告表示壳公司(为收购目标公司股份而专门成立的收购公司)收购目标公司股权所形成的对外投资额未超过其自身净资产50%的仅有2家,占8%,其余公司对该问题

大多避而不谈。

（2）该条文限制了投资公司、壳公司在我国的进一步发展，明显滞后于现实经济的发展。

（3）从财务角度分析，该条文规定缺乏足够的财务基础。

然而，如若对该条文予以废除，则又容易引起公司不顾自身规模与实力，盲目对外投资，或不顾及主营业务而盲目投机行为的频繁发生，不利于我国公司的健康发展，同时增大了侵害债权人及股东权益的风险。为此建议：

（1）进一步细化《公司法》第12条关于公司转投资比例的规定，除国务院规定的投资公司和控股公司外，适当放宽特定公司如投资公司、专为实施并购行为而成立的壳公司等的对外投资比例50%的限制。对于其他以经营实业为主的公司，应保留对外投资比例的限制，至于是否依然维持50%的规定，应结合我国公司发展现状予以科学、合理的确定。

（2）对于何为国务院规定的投资公司与控股公司，需要给予明确、细化。

（3）在实践中，可借鉴美国《投资公司法》的立法模式，对于那些以投资为主的特殊公司，出台专项规定，规范其成立、经营、投资等行为，其中可对其对外投资比例，作出不同于《公司法》的规定；而对于一般的公司，依然适用《公司法》的原则规定。

四、关于公司治理机构

现行《公司法》对于股东会、董事会、监事会和管理层职责权限的划分基本科学，与我国公司发展实际状况基本适应。为进一步发挥四者的监督制衡作用，建立有效的公司治理结构，建议在《公司法》修改中增加以下内容：

（1）公司股东会、董事会、监事会的权限由公司章程规定，公司章程没有规定的，适用《公司法》原则规定。

（2）进一步完善独立董事、外部监事、职工董事和职工监事制度，并将其推向达到特定资本与雇工规模的各类公司。

（3）公司经理的权限由董事会决定，董事会没有规定的，适用《公司法》原则规定。

（4）科学界定及完善我国董事、监事义务与责任体系。在完善我国董事、监事责任体系的过程中，加强对于董事、监事利益的法律保护，合理减轻董事、监事的法律责任。同时，在减轻董事、监事责任的过程中，坚持区别对待，按董事、监事职权、薪酬的不同给予其不同程度的责任减轻，特别是给予独立董事及监事较之内部董事更大程度的责任减轻，以期实现责、权、利的合理化。

五、关于公司的决策机制

我国目前董事、董事会及其决策机制方面主要存在以下问题：一是现行法律规则有关董事不履行义务的救济措施的规定过于原则、不够细化。二是缺乏董事行为的一般规则。

为确定科学的董事会决策机制、发挥董事会对管理层的监督作用,建议:

(1)确定董事行为的一般规则。美、日等国的公司法都确定了董事行为的一般规则,即董事在尽到一个善良注意人应尽的义务及遵守公司法相关规定后,即可免除其责任。该原则有利于董事在公司实践中有效尽责,同时可以避免董事因轻微过失而遭受重罚之从而降低工作热情及积极性的问题,很好地维护了董事的正当、合法权益。因此,各国公司法在发展中均引入了该原则,作为董事行为的一般规则。

(2)明确"累积投票制",使中小股东能有机会选出他们信任的董事。为建立此制度,公司法应规定书面请求累计投票的时间和因此而产生的股东大会特别程序及会议主席、董事长的责任。

(3)大中型公司应有一定比例的外部董事,即股东代表、职工代表以外的董事。这样,加之依法产生的职工代表的董事,就能实现董事会的多元结构,有利于发挥公司治理的机制。

(4)健全董事会的监督机制。在对董事长、经理进行监督的同时,应制定董事履行相互监督义务的规则,譬如非执行业务的董事可对执行业务的董事进行监督,执行业务的董事有定期向董事会报告工作的义务等。为了使董事会的监督更有效,应设置独立董事制度,即强调在非执行业务的董事中,独立董事应占主导地位。

(5)董事会决策遵循少数服从多数原则,每位董事都平等地行使一票表决权。但董事会表决出现僵局时,应允许董事长破例行使第二次表决权。

参照国外模式可以建立公司专门委员会。理由如下:

(1)无论是单层制还是双层制公司治理结构,都各有其优点和缺点,都是在公司治理实践中不断发展和完善起来的,并不存在绝对的孰优孰劣。因此,对于我国公司法修改而言,重要的是吸收、借鉴国外立法、公司治理实践活动中的有益经验,而不是一定要在立法中对于究竟采用单层制还是双层制作出抉择。

(2)实践证明,专门委员会在西方采用单层制治理结构的国家公司治理实践活动中取得了巨大成功,具有重要的制度价值与实践意义。

(3)尽管我国是采用双层制公司治理结构的国家,然而,我国已在上市公司的治理实践中引入了独立董事制度,并取得了一定的成效,充分说明只要是对公司治理实践有益的制度,不管其源自单层制抑或双层制,我国都可以加以吸收、借鉴。

(4)其他国家已有在双层制治理体制下引入独立董事、专门委员会等单层制治理结构的产物,进而有效改善公司治理状况的先例,如在立法体系上与我国极为相近的日本。

为有效追究董事损害公司利益行为的责任,建议:

(1)建立董事(特别是董事长,以下相同)对第三人承担责任的规则。在实践中,公司致他人损害,往往是由于董事在执行职务中有过错。或言之,公司和董事实质上是损害他人利益的共同侵权人。仅由公司承担损害赔偿责任,不仅不足以填补受害人的损害,而且有过度宽容有过错董事和使董事逃避责任的问题。为了保护受害人的利益,应制定董事因执行职务中的故意或重大过失致他人损害,对第三人承担连带赔偿责任的法律规则,以避免董事滥用职权,尤其是避免董事长滥用公司法定代表人的权利。

(2)在建立董事对第三人承担责任规则的前提下,合理减轻董事基于善意或无重大过失的责任,实现董事责、权、利的合理化。

我国公司法可以吸收日本公司法有关减轻董事、监事责任的立法,在建立董事对第三人承担责任规则的前提下,同样注重对于董事、监事利益的法律保护,增订保护董事、监事的法律规范,合理减轻董事、监事的法律责任。对于董事、监事基于善意和轻微过失的责任给予一定程度的减轻,以实现董事、监事责任与利益保护的相对平衡。同时,我国在减轻董事、监事基于善意或无重大过失而产生的责任时,应按董事、监事具体地位的不同给予不同程度的减轻,特别是给予独立董事及监事较之内部董事更大程度的责任减轻,以期实现责、权、利的合理化。

(3)在特定情形下终止董事职权。此次公司法修改应规定,如果董事严重违反法律、行政法规或者公司章程的规定,给公司造成损害的,经持有 10% 以上公司股份的股东或 1/2 以上董事会成员的提议,并经监事会同意,可以终止该董事的职权。

六、关于公司监督机制

依我国《公司法》第 3 章第 4 节之规定,监事会是对公司财务会计及业务执行进行监督的必要常设合议制机构。监事会对董事、经理的监督是公司法规定的法定监督方式,目前还没有被充分利用起来。其主要原因有二:一是制度尚不健全,导致监事会无能力监督;二是监事会缺乏监督手段。因此,公司法虽有监事会职权的规定,却未能有效地实行。

此次《公司法》修改应以现有监事会制度为基础,强化监事会监督手段,完善监事会职能。就监事会功能而言,监事会应享有董事报酬决定权、监督权与重大决策权。就其构成而言,除了股东监事,应鼓励职工监事和外部监事参加监督。应转变目前由公司章程确定职工监事比例的立法态度,由立法直接规定该比例。

1. 完善监事会制度具体建议

(1)应对监事任职的业务资格作出规定,强调其或懂经营,或懂财务会计,或懂法律。

(2)应强化监督手段,包括赋予监事会调查、聘用注册会计师事务所检查公司财务等职权,以使对董事、经理的财务监督成为可能。

(3)赋予监事会在特定情况下代表公司的职权。当董事特别是董事长的利益和公司发生冲突,并因此而酿成诉讼时,董事长无法代表公司,也不可能由董事长指定副董事长、其他董事代表公司,只宜由监事会代表公司,以保护公司利益。

(4)建立外部监事制度,即经过法定程序,由股东代表、公司职工代表以外的监事进入大中型公司监事会。由于他们具有独立性,因而较易实施监督职权。

(5)健全监事对公司承担责任的制度。根据现行《公司法》规定,监事和董事、经理一样,在执行职务中,违反法律、行政法规和公司章程,给公司造成损害的,应当承担赔偿责任。因此,监事因损害公司利益而承担赔偿责任,是有法律依据的。但是,为使监事忠于职守,应对监事不执行职务的法律后果作出规定,即监事应实施监督而未实施监督,当董事、经理对公司承担损害赔偿责任时,应承担连带损害赔偿责任。

(6)在健全监事对过失承担责任的制度的同时,科学界定监事的责、权、利,合理减轻监事的法律责任,对于监事基于善意和轻微过失的责任给予一定程度的减轻,以实现监事责任与利益保护的相对平衡。同时,在减轻监事基于善意或无重大过失而产生的责任时,应给予监事较之内部董事更大程度的责任减轻,以实现责、权、利的合理化。

2. 强化监事会监督手段具体建议

(1)监事会有权随时要求董事、经理和其他经营管理人员报告经营活动,有权直接调查公司业务和财产状况,有权就公司经营层提交股东大会的财务会计文件进行调查并将其认为违反法律、章程或显然不当的事项向股东大会报告。

(2)监事会有权列席董事会并陈述意见,有权在董事或经理实施或即将实施违法、违章行为或不当行为时,请求董事会予以制止。

(3)监事会有权代表公司向违反忠实与注意义务、侵害公司利益的董事和经理提起代表诉讼。

(4)因董事实施公司目的范围以外的行为或者其他违反法律、行政法规、公司章程的行为,有使公司产生重大损害之时,监事会有权请求董事停止其行为。

(5)监事会有权以公司费用聘请会计、审计人员和律师以提供专业协助。

(6)监事有权为履行职责从公司预支合理费用。

(7)监事有权在其被解任的股东大会上陈述意见。

3. 建立独董制度是对我国公司治理结构的一大制度创新

我国《公司法》未规定独董制度,2001年,中国证监会公布了《关于在上市公司建立独董制度的指导意见》,意在向上市公司全面推开独董制度,以解决上市公司普遍存在的"一股独大"和内部人控制导致的消极问题。

在完善我国公司独立董事制度的过程中,应注意一个问题,即独立董事就其本质而言,仍然是董事,因此,不应赋予其超过一般内部董事更多的法律责任,相反,鉴于独立董事处于公司"外部"的特殊地位,应确定其符合一定条件下的责任减免体系。具体立法建议如下:

(1)在此次《公司法》修改中引入独立董事制度。

(2)在《公司法》中建立独立董事资格保障机制,立法上采取枚举法与概括法相结合的原则,严格界定独立董事的消极资格,独立董事既应具备普通董事的任职资格,也应具备其他特殊资格。后者既包括利害关系上的独立性和超脱性,也包括过硬的业务能力。在一定年限内受雇于公司或其关联公司(包括母公司、子公司和姊妹公司）的人员，为公司或其关联公司提供财务、法律、咨询等服务的人员，公司大股东，以及上述人员的近亲属（不限于直系亲属）和其他利害关系人（如合伙人），均应被排斥于独立董事范围之外。

（3）为确保独立董事对全体股东利益负责，《公司法》应建立独立董事对广大股东和社会公众的报告义务，开辟独立董事与中小股东之间的信息沟通和互动渠道。

（4）建立独立董事利益激励机制。立法中可规定独立董事的报酬组成结构，也可授权公司自行斟酌。至于独立董事的具体报酬数额应由市场确定。

（5）完善我国独立董事责任立法体系。①对于独立董事基于善意或轻微过失的责任，应给予一定程度的减免。②区别对待，在减轻董事责任时，给予独立董事较之内部董事更大程度的减轻。由于独立董事是公司的"外部人"，在获取公司信息方面较之内部董事明显处于不利地位，因此其根据所获信息作出客观判断和决策的失误率明显高于内部董事。如果不加以区分，使独立董事承担与内部董事相同的高额赔偿责任，则显失公平，同时也不利于吸引更多优秀的人才加入到独立董事这一行业中来，这对我国独立董事制度的发展也是极为不利的。③实现独立董事责任与报酬的挂钩。按照证监会《关于上市公司建立独董制度指导意见》的规定，我国独立董事除可收取适当津贴外，不可从任职公司中获取任何额外收益。据万递咨询公司提供的数据，目前我国多数公司独立董事年津贴在1万元至3万元之间。然而，我国现行法律又规定，对董事的处罚并不以其是否获得相应报酬为标准，董事获得报酬的多与少，并不影响其责任的承担。因此，可能导致独立董事因偶尔的判断失误而负起无法承担的赔偿责任。当然，这样的规定在故意或重大过失的前提下是无可厚非的。但是，在基于善意或轻微过失时，显然对独立董事报酬不足的现状缺乏考虑。

引入独立董事制度后，应正确理顺、处理好独立董事与内部董事、监事会的关系。具体建议：

（1）规定独立董事的比例不得低于1/3。为确保独立董事不沦为"稻草人"，独立董事应拥有自己控制下的专业委员会，如审计委员会、提名委员会、报酬委员会、投资决策委员会、诉讼委员会等。委员会的多数委员应由独立董事担任，主席也应由独立董事担任。

（2）赋予独立董事足以与内部董事相匹配，甚至更强的业务能力。包括担任独立董事所必需的专业知识和工作经验，如企业管理、法律、财务、工程技术和其他专业技术。

（3）《公司法》应明确限定独立董事在董事会权限范围内运作，不得侵入监事会的权限范围。

七、关于公司股份回购

在国外，对待股份回购的立法态度不尽相同。但概括起来，大致可分为两种立法模式：一是德国模式，一是美国模式。德国模式，即在公司法规定股份有限公司原则上不得收购自己发行在外的股份，但同时又列举了允许股份回购的法定情形；美国模式,即公司法仅就不得进行股份回购的例外情形作出规定,除此以外对股份回购不加任何限制。

现行《公司法》第149条规定,公司只有在减资和合并时,才能回购部分本公司股份。可见我国采取的是德国模式,即原则禁止公司进行股份回购,但允许减资和合并两种例外。

目前在我国推行的股份回购制度,对于改善上市公司股本结构、建立职工持股与期权奖励制度、保护股东利益等都有其积极意义,因此建立股份回购制度已越来越受到人们的重视。制定"上市公司股份回购管理办法"已被列入证监会的议事日程,也在一定程度上反映了管理层对建立股份回购制度的态度。具体立法建议如下:

(1)从总体上而言,为了确立、维持《公司法》资本确定、资本不变、资本维持三原则,公司法应原则规定,禁止公司进行股份回购,但可同时列举允许公司股份回购的法定情形。

(2)就我国目前的公司、证券制度环境而言,应缓和对股份回购的禁止性规定,同时尽可能消除其对民商法秩序和经济法秩序冲击之弊害。

(3)除现有的减资与合并两种情形以外,可考虑增加以下几种允许股份回购的情形:①公司为实行员工持股或股票期权而回购;②应"反对股东的股份收买请求权"而进行股份回购;③为反收购而进行股份回购。

(4)在放宽股份回购适用范围时,我国大陆对此类情形应持谨慎态度,或者仍不允许,或者虽允许,但仿照我国台湾地区的要求购买后立即注销,或仿照德国对其加以董事的报告义务与财源限制,或仿照美国建立追究董事责任的规则体系方可。

八、公司财务会计制度

我国公司法规定的公司财务会计制度大体适应我国公司运作和市场监管的实际需要,然而,关于资本公益金的相关规定不符合我国公司运作的实际状况。

现行《公司法》第177条规定,公司分配当年税后利润时,应提取利润的5%~10%列入公司法定公益金;第180条规定,公司提取的法定公益金用于本公司职工的集体福利。

有关专家、学者指出,公司公益金作为职工集体福利而非股东权益的组成部分,不应列为公司上缴税收的税基,更不应参与公司税后利润的分配。因此,建议采用两种方式加以修改:

(1)取消现行公司法有关资本公益金的规定,由公司章程规定公司资本公益金的具体提取环节、提取比例等。

(2)在公司法中继续保留资本公益金的规定,但是其提取环节由税后改为税前,具体提取比例则应依据我国公司发展现状合理确定。

九、关于国有独资公司

在此次《公司法》修改过程中,应继续保留有关国有独资公司的体例安排,在具体内容上予以细化、完善。

国有独资公司职工的民主管理权利的确定,可在《中华人民共和国工会法》《全民所有制工业企业职工代表大会条例》等法律规范的基础上予以统一、概括,具体可包括:

（1）选举权与被选举权。如参与民主选举厂长以及当选公司监事等。

（2）参与权。如参与职工工会。

（3）建议权。如定期听取厂长的工作报告,审议企业的经营方针、长远和年度计划、重大技术改造和技术引进计划、职工培训计划、财务预决算、自有资金分配和使用方案,提出意见和建议。对工作卓有成绩的干部,可以建议给予奖励,包括晋级、提职;对不称职的干部,可以建议免职或降职。

（4）审议权。如审议厂长提出的企业的经济责任制方案、工资调整计划、奖金分配方案、劳动保护措施方案、奖惩办法及其他重要的规章制度;审议决定职工福利基金使用方案、职工住宅分配方案和其他有关职工生活福利的重大事项。

（5）监督权。如监督企业厂长、财务经理等主要领导的工作及经营状况。

就上述权利的具体保障而言,笔者认为可将主要权利列述在公司法有关国有独资公司的专门规定中,以法律的形式保障职工民主权利的权威性与稳定性。

修改《证券法》与保护券商合法权益[*]

  在《中华人民共和国证券》(以下简称《证券法》)的修改过程中,各方对于"如何进一步保护证券投资者的利益"较为关注,并就该方面提出了许多具有针对性的意见和建议。然而,对于券商利益的保护,则鲜有人提及。众所周知,一个证券市场的发展、成熟离不开证券投资者与券商的共同努力与推动,片面强调对于证券投资者权益的保护而忽视对于券商利益的保护,一则可能引起证券市场本身运行的失衡,二则也有违《证券法》作为法律应有的"公平、公正"之义。为此,笔者就修改《证券法》与保护券商利益提出如下四点建议,权作抛砖引玉。

一、对《证券法》条文所涉用语,如证券、发行、承销、融资、融券等的含义作出统一、具体的解释,并纳入该法第十二章"附则"中

  具体理由如下:

  (1)现行《证券法》并未就条文所涉及的用语的含义作出统一、具体的解释,这导致立法、司法使用上一定程度的混乱。现行《证券法》对于条文所涉用语含义的解释,在事实上形成了以下三种情况:一是对于用语含义作出具体解释的,如"证券"一词,《证券法》第2条即解释为"在中国境内发行的股票、公司债券和国务院依法认定的其他证券";二是对于用语含义未作出任何解释的,如"承销""融资""融券"等词;三是对于用语含义作了一定的解释,但尚未达到概括、统一的要求,如"内幕交易"一词,《证券法》第67—70条对于内幕交易的各组成部分如"内幕信息""内幕信息的知情人员"等进行了解释,对于"内幕交易"一词本身却没有一个明确、具体的解释。同样是《证券法》的条文用语,却作出了程度不同、标准不一的解释,反映了《证券法》在立法技术上的不成熟以及立法上一定程度的混乱。

  (2)现行《证券法》对于用语含义解释的不统一、不具体,导致各方对同一词义理解的不一致,司法实践中也难以依据《证券法》就某一行为作出准确评判,在一定程度上侵害了券商和证券投资者的利益。例如,在现实生活中,已出现了这样的案例,某券商在一个交易日的上午允许客户在即时资金不足的情况下购入 W 股若干,后在该交易日的下午又强行替该客户抛出 Z 股若干以在当日证券结算前维持客户账面的平

---

  * 第二作者胡钧,原载于《政治与法律》2004 年第 1 期。

衡。对于这一行为,由于现行《证券法》没有就何为"融资融券行为"作出具体解释,导致有的法院认定该行为"属于《证券法》禁止的融资行为",也有法院判定为"不属于《证券法》禁止的融资行为"。司法评判的不统一,其结果不是侵害了券商的利益,就是损害了证券投资者的权益,不利于证券市场法律秩序的稳定。

（3）参照其他国家和地区证券的立法体例以及我国其他法律的立法体例,对于《证券法》条文所涉及的用语含义的解释,以统一纳入《证券法》第十二章"附则"中为宜。其一,其他国家和地区的证券立法在体例上大都对于证券立法中出现的用语予以了统一解释。例如,美国《1933 年证券法》第二章"定义"、《1934 年证券法》第三章"本法定义及应用",德国《有价证券交易法》第一章"适用范围；定义",加拿大《安大略省证券法》第一章"解释",我国台湾地区"证券交易法"第一章"总则",我国香港《证券及期货条例》第 1 部分"释义"等,都对于法律中涉及的词义予以了统一、具体的解释。其二,我国已有部分法律采用了对于该法律中出现的用语予以统一解释的体例,例如,《中华人民共和国职业病防治法》第七章"附则"以及《中华人民共和国气象法》第八章"附则"等,都对法律中的用语含义作了专门、具体的解释。其三,通过对比上述其他国家和地区证券立法以及我国部分法律的立法体例,不难发现,其他国家和地区证券立法偏向于将词义解释放在法律的开启部分,而我国在立法上则习惯于将有关词义解释置于法律的尾部（附则）。据此,我国在此次《证券法》修改过程中,应就条文所涉及的有关用语含义作出统一、具体、标准的解释,在立法体例上则以纳入《证券法》第十二章"附则"中为宜。

二、在《证券法》第十章"证券监督管理机构"中增设联席会议条款

即在第十章加入一条"国务院证券监督管理机构应定期或不定期地举行由最高人民法院、最高人民检察院、证券业协会、证券投资者代表、证券交易所、证券交易服务机构、证券登记结算机构及其他国务院证券监督管理机构认为有必要参加的部门、机构共同参加的联席会议"。理由如下：

（1）现行《证券法》中并没有明确的关于证券监督管理机构与其他部门、机构间定期或不定期地进行交流、合作的制度规定,导致实践中与证券活动有关的各部门、机构间缺乏一个沟通平台,不利于券商利益的保护。目前在实践中,正是由于上述各个与证券活动有关的部门、机构间缺乏有效、稳定的交流、沟通机制,导致券商的意见、想法无法及时通过证券业协会向中国证监会、最高人民法院等部门予以反映,出于保护处于"弱势"地位的证券投资者的权益考虑,各方所作出的结果往往对券商不利。因此,通过在《证券法》中增设有关该方面的条款,有利于促进券商与其他各方的交流、合作与互相了解,从而便于综合、协调券商与其他各方的利益,形成多方"共赢"的局面。

（2）联席会议制度在我国实践中已取得一定成效,应以法律的形式予以固定化、制度化。例如,在我国的反洗钱活动中,实行了由公安部牵头,中国人民银行、国家外

汇管理局、海关、税务、工商等有关部门参加的部际联席会议制度,取得了良好的效果。证券活动与反洗钱活动有着类似的参与方众多、涉及面广、技术要求高等特点,因此,仿照反洗钱活动的做法,在《证券法》中明确由国务院证券监督管理机构牵头,各部门、机构、代表共同参与的联席会议制度,有利于实现我国证券市场的进一步发展以及对于券商、投资者等各方利益的更好保护。

（3）国外证券立法的启示。欧美等证券市场成熟、发达的国家,在各自的证券立法中也普遍重视建立证券活动各方的交流、合作机制,并在实践中取得了相当的成效。例如,美国《1933 年证券法》第十九章(c)条第 4 款规定,为了实施这些政策和目标,证券交易管理委员会应该每年召开一次年会和其他被认为是必要的会议,邀请各证券协会、证券自我管理组织、代理机构和与资本形成有关的私人组织的代表出席。加拿大《安大略省证券法》第 2 条第 5 款规定,证券委可在安省境内外与其他监管证券交易的法定机构举行联席听审会,并在听审过程中与该机构进行磋商。德国《有价证券交易法》第二章第 6 条第 1—5 款详细规定了德国联邦证券监督局与国内监督机关的合作制度,尤其是规定了联邦证券监督局与联邦信贷业监督局、联邦保险监督局、联邦银行、各交易所监督机关应当互相通报为完成各自任务所必需的监督核查情况。

三、在《证券法》第十章"证券监督管理机构"中增设证券监督管理机构部分职权的移交、授予与收回

"在一定条件下,国务院证券监督管理机构可将有关听证、命令、证明、汇报或者代办某项工作、业务或事件的职能授权给证券业协会;同时,国务院证券监督管理机构可以随时全部或部分收回依据本条移交给证券业协会的任何职能。"理由如下:

（1）现行《证券法》中有关证券监督管理机构职能移交、授权的规定过少、范围过窄,影响了证券监管效率的进一步提升和券商积极性的发挥。现行《证券法》仅在第 43、50、57 条中规定,证券监督管理机构可以授权证券交易所核准股票、公司债券的上市申请以及暂停或者终止股票、公司债券的上市,对于其他组织和机构,则未明确是否可以移交职能。这样的规定,限制了证券监督管理机构适当、合理的分权,既影响了证券监管效率的提升,也阻碍了券商、证券业协会及其他证券组织、机构的实质性发展。

（2）我国证券市场的进一步发展、券商的进一步壮大,必然要求在坚持"国务院证券监督管理机构依法对全国证券市场实行集中统一监管"的前提下,将其职能部分地授权、下放给证券业协会等组织与机构。随着我国证券市场的进一步发展,券商规模的进一步壮大,仅仅依靠国务院证券监督管理机构的监管是不够的,也是力所不能及的,必然要求将其职能部分、合理地授予证券业协会、证券交易所等,以发挥这些组织和机构的积极性,从而形成我国证券市场"国务院证券监督管理机构统一监管,证券交易所、证券业协会分级监管"的立体监管体系。

（3）在坚持证券监督管理机构适当、合理地将职能下放的同时,强调"证券监督管

理机构可以随时全部或部分收回移交给证券业协会的任何职能",有利于防止证券业协会对于所授权力的滥用,实现权力运行的有效监督。

(4)目前,国际上证券立法的发展趋势即是不断强化作为自律组织的证券业协会的功能,增设上述规定,也符合整个国际证券立法的潮流。例如,日本在 1992 年《证券交易法》的修改中,为强化证券业协会的功能,将过去民法上的社团法人的证券业协会规定为证券交易法上认可的法人并增加了证券业协会的部分职能;在 1998 年《证券交易法》的修改中,进一步促进了证券业协会作为自律组织进行的变革。美国早在《1933 年证券法》第四章第(a)条中就已规定,证券交易委员会有权通过公告和规则决定向委员会的某个小组、某委员个人、某行政法法官或者某雇员或雇员团体下放职能。加拿大《安大略省证券法》第 21 条第 5 款也规定,证券委可以向经认可的证交所、自律性组织或结算所移交本法第 11 章(注册)或与该章有关的规例、规定的任何权力和职责,并附加条件。

四、在《证券法》中增设"证券纠纷调解、仲裁制度以及证券纠纷仲裁委员会"

具体可规定:

第一,证券投资者与证券公司或证券公司之间发生证券纠纷后,当事人可向证券业协会申请调解,也可以直接向证券纠纷仲裁委员会申请仲裁;对仲裁裁决不服的,可以向人民法院提起诉讼。

第二,证券投资者与证券发行者、证券交易所、证券交易服务机构、证券登记结算机构发生证券纠纷后,当事人应当向证券纠纷仲裁委员会申请仲裁;对仲裁裁决不服的,可以向人民法院提起诉讼。

第三,证券纠纷仲裁委员会由国务院证券监督管理机构代表、证券业协会代表、证券投资者代表、证券发行者、证券交易服务机构以及证券登记结算机构代表组成。证券纠纷仲裁委员会主任由国务院证券监督管理机构代表担任。

理由如下:

(1)在《证券法》中增设证券纠纷调解、仲裁制度,有利于扩大证券纠纷当事人解决纠纷的途径,更好地保护券商及其他当事人的利益。目前,我国的证券纠纷,往往通过诉诸法院才最终得以解决。而由于证券制度的构造,涉及专门技术而造成困难,再加上证券的价格时时在变动,使得法院在受理、解决证券纠纷时常常感到无从下手。我国过去一段时间人民法院对于证券民事赔偿案件迟迟不予受理即是一个明证。通过在《证券法》中增设证券纠纷调解、仲裁制度,不仅扩大了证券纠纷当事人的救济途径,而且由于证券业协会以及证券纠纷仲裁委员会的专业性,使得证券纠纷最终得以公平、公正解决的概率也大为提高,最终有利于更好地保护券商及其他证券纠纷当事人的利益。

(2)通过调解、仲裁,而不是直接提起诉讼来解决证券纠纷,可以缩短解决纠纷的时间,减少费用,对证券纠纷当事人有很大的好处。各国司法实践都已经证明,证券纠纷中的调解、仲裁,对于降低一国证券诉讼的成本、提高司法审判效率都具有重要的意义。例如,美国在1990—2001年间,有81%的证券诉讼案件达成和解,仅1%的案件走完审判的全过程。对于我国而言,随着证券市场的发展,投资者队伍日益壮大,投资对象、投资方法更加多样化,出现各种证券纠纷的可能性也将增大,证券纠纷调解、仲裁制度的设立,必将有效缓解人民法院处理相关纠纷的压力,保障我国证券市场的稳步发展。

(3)其他国家和地区相关立法的启示。例如我国台湾地区"证券交易法"第六章"仲裁",就发生有价证券纠纷时的仲裁制度进行了详细、具体的规定,特别是其在第166条中明确规定,凡是证券商与证券交易所或证券商相互间,无论当事人间有无订立仲裁协议,均应进行仲裁。日本《证券交易法》则设置了证券业协会的斡旋制度,该法第79条第16款规定,投资者提出解决其与证券公司的业务相关的纠纷的申请时,证券业协会必须与其协商,提出建议,对事情进行调查,将顾客反映问题的内容通知协会会员,迅速进行处理;通过申诉处理不能解决时,当事人可向证券业协会提出通过斡旋解决;当然,当事人也可以直接申请斡旋。

经济法衡
刑法论

附 录

附录一　中国法学家访谈录^{*}

顾肖荣

1948 年 9 月生于上海,国务院政府特殊津贴获得者,上海社会科学院法学研究所所长、研究员、博士生导师。1983 年毕业于上海社会科学院研究生部。曾在日本早稻田大学等高校做访问学者 9 个月,并多次赴日、美、德、韩、意等国及我国港澳台地区参加学术研讨会。兼任上海市法学会副会长、上海市第十二届与十三届人大代表、中国法学会理事、国际刑法学协会中国分会常务理事等。

长期从事刑法学的研究和教学工作,主持国家和省部级科研课题多项,其中包括国家社科基金重大项目一项(2009 年《深化金融体制改革研究》)。主要研究专业为刑法学,兼及金融法、公司法、证券法。在报刊杂志发表论文 200 余篇,其中发表在国外期刊论文 8 篇。出版学术著作 50 余部,著作论文获省部级优秀成果奖多项。

主要著作:《刑法中的一罪与数罪问题》《证券期货犯罪比较研究》《经济刑法总论比较研究》《法人犯罪概论》等。翻译《刑法的根基与哲学》《刑法学词典》等。

我当年不但抢过大锤、扶过钢钎、点过炸药,还会耕地、耙地、平地,就是扶犁插秧、割稻都不在话下……我在那里 8 个年头,只有一次回家过春节,其他 7 个年头的春节都在连队里值班……那时真的比较艰苦,但同时自己的意志也得到了锻炼。

记者(以下简称"记"):您对我国改革开放之前的重大事件有什么印象呢,比如"四清""文化大革命"?

顾肖荣(以下简称"顾"):那时正值 20 世纪 60 年代,我在读中学,主要是学雷锋,对此有比较深的印象,而对"四清"印象不深。那时家里面可能有人参加"四清"工作队

---

*　原载于《中国法学家访谈录(第三卷)》,北京大学出版社 2013 年版,第 528 页。

什么的,但是他们没有跟我说,因此我仅仅知道有这么一回事。"文化大革命"开始以后,我正好上交大附中的预科班。关于"文革"印象很深,首先是取消高考。那时我们班是预科班,因为可以直升交大,所以大家对此没有特别的感觉。但听说其他班和社会上有的学生因为取消高考很伤心,都哭了。当时我们整个学校里面的声音和你们实际所想的有点不一样,不知道是其发自内心还是伪装,反正欢呼的人也有,还写"大字报"来拥护中央决定的。在我的学校里,我是第一批参加"大串联"的,当时毛主席在天安门接见红卫兵。我们在8月18日听到这个消息,接着第二天就急匆匆地赶火车去北京见毛主席,因此我在国庆节前夕才从北京回到上海。在北京的那段时间里,我们就想见毛主席,于是到国务院接待站,见不到毛主席晚上也不想走。那时接待站里面有个负责人,后来知道其姓张,叫张文彩,他说:"你们既然这样就留下来帮助我们维持秩序吧。"因为那个时候到国务院接待站的人很多,就像现在的上访。于是我们几个人就留下来帮他维持秩序,其中有我、一个姓李的同学和一个姓范的同学。我们在那儿的主要工作包括维持秩序和整理好各地寄给党中央毛主席的信并送到中南海去,这个工作也是挺重要的。我们大概这样工作了一个多月。在这期间,毛主席又在天安门广场接见红卫兵,由于我们是工作人员就被安排去了两次,终于见到了毛主席和周总理,大家也很开心,接着我们就回上海了。其实回上海也是学校的安排,因为当时实际上有一个比较紧急的事情。那就是市委领导陈丕显等要在人民广场见游行的群众,叫我们去担任保卫工作。我大概是9月底回来的,一直工作到国庆节之后。当时实际上是老领导最后一次见游行队伍了,但是在当时不知道那是最后一次。我们回来以后就连忙赶到人民广场,还有一些解放军战士和我们在一起,一直待到国庆节之后。所以那个时候一直是在校外。国庆节之后又到全国各地串联,到过东北大庆油田的32111钻井队,还到过四川成都、重庆等地,沿长江乘船回上海时已经是岁末年初了。我在学校里实际上是保皇派,就是保守派,保党组织、保市委,不是造反派。我在学生中间也不算个大头头,是个小头头。"文化大革命"中,我一共就写了一张"大字报",大字报的题目叫《坚决保卫党总支》。"文化大革命"结束后老干部重新恢复工作,石汉鼎老校长把我请到他家吃了三顿饭,他成了上海工大的组织部部长。所以我估计当时校长对我印象还是比较深的,直到现在还保持着联系。后来因为造反派披露了我们档案,才知道我们这个班级全部都是直升交大而且进的是最好的系,于是我们就被取消录取了,对此我也感到很遗憾。到了1968年我就去"上山下乡"了,到黄山茶林场。因为那时我父母都是老干部,受到比较大的冲击,家庭也遭遇不幸,当时我也是很无奈。非常清晰地记得我是1968年的8月19日到黄山。在黄山茶林场的九队担任了8年的副指导员。这两天我们到河南林县红旗渠参观,我也回忆了很多。我当年不但抢过大锤、扶过钢钎、点过炸药,还会耕地、耙地、平地,就是扶犁插秧、割稻都不在话下。我们连队大概有两三百亩的水稻田和七八百亩的茶叶,而其他连队要么是茶叶,要么就是水稻,我们两种都有,所以我们比较忙、比较苦。我虽然是副指导员,但因为很长一段时间没有指导员,实际上由我主持了很长一段时间的工作。整个连队最多的时候有四百多人,少的时候也有两三百个人,相当于大孩子管小孩子,我们年纪大点的高中生管初中生,客观说是比较艰苦。我在那里8个年头,只有一次回家过春节,其他7个年头的春节都在连队里值班。在黄山的8个"五一"劳动节我都在山上度过的,因为那个时候是采茶叶最紧张的季节,早上4点钟上山,晚上8点钟下山,风雨无阻。不是我一个人这样,大家都是这样的。所以那时真的比较艰苦,但同时自己的意志也得到了锻炼。整个"文化大革命"给我的印象大概就是这样。一直到1976年,因为我是连队指导员所以到农场局的党校学习,学完以后留下来当老师。那个时候正好"四人帮"快要被粉碎了,1975年邓小平上台,从1975年年底到1976年年初,大概一直到粉碎"四人帮",我一直在农场局的党校。后来1976年"四人帮"被粉碎的时候,大家都很高兴,我就正式调到局里工作,参加一段揭、批、查工作。在农场局党校之后我又被调到宣传处,到了1980年我考取社科院研究生,就走上了研究法学的道路。

> 我1980年考上研究生以后,就变成了恢复高考后全国刑法学的第一批研究生,共5人,其他4位由西北政法学院周柏森老师指导,其中有龚明礼、田文昌、陈忠槐、余向栋……当时的条件比较艰苦,我们就住在大楼的教室里……大家看书、学习也很认真。因为大家都是经过了"文化大革命"而且也在社会上待了比较长的时间,所以大家学习劲头比较足。

顾肖荣老师硕士毕业证书与学位证书

记:请问您何时就读于何所大学呢?

顾:我于1980年直接考取社科院的研究生,那时法律在上海是没有本科教育的。

记:为什么想进学校读研究生?

顾:因为1977年是恢复高考的一个浪潮,我是第一年去考的,只花了两个礼拜时间复习。由于我是交大附中毕业的,基础也比较好,我们那个考区是七宝考区,我是第一名——这也是后来我领导告诉我的,在当时七宝考区有很多很好的中学。但是我去检查身体的时候因紧张导致高血压,因此没有通过体检。教育系统的领导大概考虑到像我们这种情况太可惜,就将大约10个到20个考分高的人集中起来再体检一次。那个时候实际上只要吃点药就可以通过体检的，但是我不懂也太老实就没吃，结果第二次检查还是没通过。这真的很可惜，其实我高考的时候做题感觉很顺。后来我想既然本科考不上，那就直接考研究生吧，还可以节省一点时间。所以，我1980年考上研究生以后，就变成了恢复高考后全国刑法学的第一批研究生，共5人，其他4位由西北政法学院周柏森老师指导，其中有龚明礼、田文昌、陈忠槐、余向栋。我们5个人在1996年四川乐山的刑法学年会上相逢，并合影留念。我们是1983年毕业的刑法硕士研究生。我们学校的肖开权老师就是我的指导老师，还有我们学校的李培南也是我的指导老师。因为1980年考的时候是没有刑法学专业的，我考取的是科学社会主义，我的老师就叫李培南。他是社科院当时的党委书记，在1925年就是教授了，同时也是老红军，参加过两万五千里长征。当时参加长征具有教授职称的人很少，他是其中一位，同时也是老革命，他是抗大一分校的校长，那时的林彪是抗大的副校长。在我考取不久后，他就被调到市人大常委会当副主任，他就让我自己选个专业。刑法专业不是1981年就是1982年开始建立的，我们考的时候是没有刑法专业的，后来我就转到了刑法学专业。中国人民大学的高铭暄老师对我有很大影响。他主编的《刑法学教程》是我反复阅读的基本教材。后来，书背都用橡皮膏粘起来了。我的第一本专著，1986年出版的《刑法中的一罪与数罪问题》由高老师写序。那时，他正带着同学下乡实习，带着我厚厚的书稿，认真看完后再写序，真让人感动。我当时只是一个无名小辈。后来，高老师还推荐我担任中国人民大学法学院的博士生导师。

记：你为什么选择刑法学？

顾：那个时候没有很多的念想，我认为刑法就和小时候看的电影里面人民警察抓坏人一样，就选择了刑法。因为我在基层干了8年，担任很长时间的指导员，所以也知道刑法对维护社会治安、社会稳定有很大的作用。此外，我想自己还是有点理工科的基础，感到学刑法比较具体，不像法理那样太抽象。

记：为什么要学法学？

顾：我报考大学第一年报的是复旦大学的电子计算机专业。在那时复旦算是比较好的，因为我妹妹在复旦电子计算机系学习。那个时候懂软件的人还不太多，她是蛮早搞软件的。我觉得挺好的，就想去考这个专业。我一开始是想学自然科学的，可是后来想如果转到社会科学专业可以较快一点毕业。那时的我已经二十七八岁了，年龄大了，社会经验也有一些，还是学社会科学吧。我感觉刑法还是和我的情况比较相符合的，我更喜欢搞一些比较具体的事情。

记：读研究生期间有哪些老师对您影响很大？

顾：在学习期间，第一个对我影响大的是李培南老师，他是老红军。他给我上课，当时就我一个学生。在他家里上课，基本是聊聊天，他告诉我他自己是怎么学习的。他懂五门外语，他开始学的是英语。新中国成立后，他们家在长乐路，附近有个俄罗斯老太太，于是他就学了俄语。他的德语是在他当"四清"工作组的团长时学习的，当时他去做团长时带了一本《资本论》和一本《德华字典》，结果"四清"结束了，他德语也学得差不多了。此外他还懂日语和世界语。他跟我说我们实际上就是抓紧一切时间学习,另外还跟我说了一些学习《资本论》方面的事情。当时他有个助手叫马勤,李老师夫人叫戴朋,他们一起指导我学习,这个过程比较短。接着有一位叫刘少荣的老师专门指导我学刑法,刘少荣是湖南大学的教授,刑法专业的功底是比较深的,同样也是到他家里学习。当时有三位同学,一位是现任市人大常委会副秘书长林荫茂,还有一位叫柯葛壮,现在我所当教授。当时还有一位老师叫李昌道,是复旦法学院的院长。他给我们讲课,总是拎着一个大皮包,里面都是一张张卡片,思路也很清楚。另外还有一位是何海晏老师,他很有趣。因为那时法律书很少,在给我们上戴雪的《宪法精义》时,他拿着一本英文书,看一段讲一段。他26岁毕业于美国纽约大学,获博士学位,现在已经100岁了,我前两天还跑到他家里去给他祝寿。我的指导老师肖开权是朝阳大学毕业的,后到我国台湾地区当初级法官。他是中共地下党员,1949年新中国成立前夕,乘最后一班船从台湾回到大陆,真是九死一生。

记:有没有同学印象比较深的?

顾:我们那时是第二届。第一届比较多一点,就是沈国明等同学。当时的条件比较艰苦,我们就住在大楼的教室里。大家门对门,我们是13个人,除了3个女生外,10

个男生住在一个房间里,我是班长。条件比较艰苦,上下铺都有人睡。平时学习的时候,房间还是比较大的,中间正好有十张桌子,每人一个,大家看书,学习也很认真。因为大家都是经过了"文化大革命"而且也在社会上待了比较长的时间,所以大家学习劲头比较足。我们10个男生中,我很清楚地记得有一位叫李仪俊的同学,他学的是经济学,在《中国社会科学》上发表了一篇论文,我在《法学研究》上发表了一篇论文《也谈刑法中的因果关系》,1983年4月份登出来的。我应该是1982年寄出去的。在学习期间,一个人都不认识的,文章都是乱投的,结果给我发表在《法学研究》上。这篇文章发表后,我们所的黄道副所长把所里两位年轻同志叫到他的办公室。他原来是学哲学的,他认为我的这篇论文写得很好,让他们好好学习。所以研究生期间我感觉我还是学了一点东西,做了一点事情。因为原来也没有这方面的基础,那时上海是没有法律本科的。那个时候我们社科院图书馆有个最大的好处就是旧中国的法律书特别多。那个时候华政也有一个书库。两个书库有个共同点就是馆内的书的纸张都是发黄的,很脆的,看起来要很当心的,我们就看那些书。我感觉那个时候还是学了点东西,打了点基础,看了不少书。那个时候洗澡条件比较差,我作为班长代表同学们去和社科院的领导谈洗澡的问题,后来领导对我们也很关心,这个问题也解决了。那个时候专门弄了一个浴室。这种小事想起来也蛮有意思的。我们上一届那个班中的厉无畏同学

是我们的老大哥,他是学经济的,比我们大六七岁,也有像沈国明这样比我们小的同学。我们前面只有一届,我们是第二届。在我们当中只有我一个学刑法,还有一个学民商法,一个学国际法,一共三个人学法学。我们这个班什么专业都有,学文学的,学经济的,学法学的,而且学法学三个人是三个专业。但是13个人中,居然有一个人可以在《中国社会科学》发表一篇文章,还有我竟然也在《法学研究》上发表了一篇文章,这是不可想象的。那时的我们毕业以后不用找工作,对我们来说工作是一件很方便的事情,我们愿意留下来就留下来,不愿意的人就到外面去工作。我后来就留在了法学研究所,先做普通的科研人员,不久就担任刑法研究室的副主任,在所里待了3年,就调到院部去了,担任科研处副处长,然后担任院办主任,接着担任院长助理,就这样大概6年,1992年又回到法学所,担任副所长主持工作,后来担任所长,一直到现在,这也创造了一个奇迹,在一个单位待那么长时间却从没被调动。

记:那您有没有想过去做实务?

顾:我没有想过要去法院、检察院做实务。我觉得,当时由于我发表了一篇文章就对自己搞科研有点信心。其实当时发表的东西也不少,从现在来看,我们那个时候发表的零零碎碎的各种文章也挺多的。我印象比较深的一件事就是:在1985年还是1986年的时候,那一年,我大概拿到六七千块的稿费。我觉得我花不完,就去问我们的院党委书记严要不要上交一部分。她说不必上交,还问会不会搞错?我说不会的,因为我拿了稿费我老婆都给我记账的。当时工资其实很低的,大概只有一百块还是几十块,我感觉靠写文章拿点稿费作为收入挺好的,所以也比较安心。

> 我原来认为我国的修正案这种方式好,反应快,社会上出现的问题马上就能够得到反应,……现在我认为这个问题也要具体分析,不是所有的反应快都是好的,有时候反应太快了反而不好,刑法应该有相应的稳定性……我跟日本法官有接触,和中国法官也有接触。不一定日本法官素质比中国好,我感到他们的法律很稳定,老的法律大家熟了就自然熟能生巧,自然执行就好。

记:您后来去日本读的博士?

顾:我博士没有读,我上的是博士课程。我是1989年去日本的。那个时候日本东京大学的校长叫平野龙一,到我们所来访问,当时是所长齐乃宽让我和他一起去接待的。后来平野龙一做我的经济保证人让我去了日本。我意想不到的是早稻田的校长西原春夫成为我的指导老师。这件事和我1986年出的一本书有关——《刑法中的一罪与数罪问题》。我把这本书送给了平野龙一,他会中文的。中国的刑法、刑诉法翻译成日文就是他翻的。我估计他拿到我的书之后也稍作了一下翻阅,因此对我的印象也比较深。当时我在日本的待遇也非常高,西原春夫作为指导老师,学术振兴会出钱,一个月54万日元,相当于一个日本教授的工资,车费之类的另外算。我的学习为期3个月,一共加起来大概200万日元不到。我到日本后就参加他们的博士课程。

中国法学会刑法学研究会成立大会于 1984 年在四川成都举行
前排左六为高铭暄老师,后排左六为顾肖荣老师

我的日文不好都是自学的,一般的听、学、讲还可以,当时也翻译了一些东西。但是西原都安排得很好,每次上课他都给我找了个留学生给我当翻译。所以西原对我来说也是很重要的导师,我从他身上学到了很多做事的方法。除了给我安排听课外,他还安排我到日本游学,就是去拜访日本主要大学的主要研究刑法的教授。我到一个地方都会有人接待,比方说到冈山,就是我们经济刑法的老师神山敏雄接待我;到京都大学是铃木老师接待我。广岛的老师间筑教授,还在火车站安排了 5 个人拿着牌子欢迎我。当然间筑教授还不是很有名,在东京拜访和结识了有名的教授宫泽浩一。北面一直到北海道,南面一直到九州,我都去一一拜访。西原还带我去参加日本刑法学界的年会,他安排得非常周到。有一次阎立教授跟我说,好像你在日本的名声比在国内还大,我说这个都是我老师安排的,我这个老师做事很仔细,他也没有征求过我的意见,就都给我全部安排好了。我在日本除了听他们博士生的课,还听了别的课。这是 1989 年的事情。然后在 1992 年我又去了冈山大学半年,跟该校的神山老师学习经济刑法,我的办公室就在他的隔壁。在他的办公室里,书堆得满满的,而我的办公室都是空的书架,我们外国人也不可能有很多书。他的学习精神是值得我学习的,这点对我影响很大。他家离学校不远,讲课和研究从早上一直到晚上,吃过晚饭再来学校,一直学习到十一点再回去,每天都是很刻苦的全心全意工作。而且他们大家互相之间不怎么来往的,有一次我最先发现他生病了,别的老师却不知道,这还是因为我在他隔壁,去敲门时发现他不在办公室,才知道他生病了。我一共大概去日本十几次,有各种各样的理由,例如访问、作报告、交流、开会等。西原老师对我很好,我们现在基本上每年都要见一次。他跟我说,2010 年本来在西安要见一次,但是他夫人正好去世,所以没有见面。他对我们中国人很友好,我们上海市人民政府给他颁发了一个白玉兰奖,他和苏惠渔老师的关系也很好的。我在中间最主要做了一件事就是参加

了西原老师举办的中日刑事法学术研讨会,每隔两年搞一次,今年在中国,明年在日

中日刑事法学术研讨会
右一为顾肖荣老师,左一为西原春夫,左二为平野龙一教授

本。从 1988 年开始,一直举办到前两年,一共举办了十几次,我大概参加了八九次。研讨会主要是中日之间的刑法学者的学术交流,实际上相互之间的了解也越来越深,好比中日比较刑法,从总则到分则比较的非常细,最后促进了他们对我们刑法的了解。最典型的一次是在吉林大学开会,有一位东京

大学的刑法教授松尾浩一讲到,现在中国的刑法和我们的真正区别就在两个地方,一个是犯罪的预备未遂,中国规定在总则当中,日本规定在分则当中;还有一个法人犯罪,原来也是一个问题,现在实际上他们也有法人犯罪,但是我们是在刑法典中规定,他们没有在刑法典中规定;其他都是一些细微的差别。通过这样的交流,大家对对方国家的刑法都很了解,实际上也促进了中日友谊。有一次我们在日本开会的时候,我的保证人东大校长平野龙一来了,苏老师也去了。双方发言后,平野龙一说,他看中方的发言阐述问题比较深刻,而且视野广阔,具有前瞻性,他们日方的发言都是拘泥于解释论,我们相互交流很有好处,我们中日刑法交流会要世世代代办下去,一直要办到 21 世纪。那个时候会议离结束还早,他讲完后就站起来走掉了,所有人都很恭敬。因为得到了平野龙一等日本最厉害的刑法教授的充分肯定,所以我感到这件事对我的影响很大。我是参加者。一开始这个会是以我们上海为主办的,但是实际上上海这方面的力量是不够的,后来参加研讨会的中方人员变成了实际部门的处长,如监狱管理处的处长,公安局的处长、副处长等,而参加会议的日本学者都是东大教授、早大教授等第一流大学的一流教授。后来他们就感觉到不太对等,就转到北京去了,由高铭暄老师接手了一段时间。所以,在我们刑法学界,我感到这件事情我参与比较多。西原对我也很信任的,比如每次讨论的题目总是要来征求一下我的意见。最近我自己也有两个事情比较高兴。第一个就是《法学研究》上 2008 年第 1 期写的《中国刑法学 30 年》里面有两个地方提到我,第一个十年提到我,第二个十年也提到我,说我保持着当年的辉煌,这等于是《法学研究》肯定我了。还有一个是我 2010 年年初申请到一个国家重大课题,是我们上海法学界零的突破,是我们国家的重大课题,深化金融体制改革。另外我参加一些活动,到全国人大开了 4 次制定或修订法律的重要会议。我把那些会议的通知和会议文件之类的都保管得很好。

记:您认为我们国内和日本刑法是不是差距越来越小?

顾:那当然了,但是各个国家情况不一样,我国的刑法已经有修正案(八)了。我原

来认为我国的修正案这种方式好,反应快,社会上出现的问题马上就能够得到反应,我们现在法律立起来多快啊,网上一炒作,群众一呼吁,然后变成人民代表在人代会上发言的热点,人代会上的热点变成法律的可能性就大了,也很有可能不是全部。从修正案(一)到(七)反应都很快。但是我现在感觉到太快不行,你看其他国家刑法修改毕竟是很少的,人家一两百年才修改几个条文,可我们加起来几百个都有了,而每个修正案最少也要十多个条文,这样的频度太高。关于现在的修正案(八),我写了一篇文章发表在《政治与法律》上。我认为至少要删掉5个罪名,欠工资也要入罪? 醉酒驾车也要入罪? 醉酒驾车其实是可以通过现有的法律整治的,何必要加这个罪名。还有好多类似的情形,我是研究金融犯罪的,特别有意见的就是骗取银行贷款作为一个单独的犯罪和贷款诈骗罪分开,这样是不行的。这让我感到民事欺诈银行也是存在的,这样使所有的欺诈都成了犯罪,这样扩大了犯罪的范围不好。原来我认为可能中国的反应快是好的,但是通过思考比较,现在我认为这个问题也要具体分析,不是所有的反应快都是好的,有时候反应太快了反而不好,刑法应该有相应的稳定性。

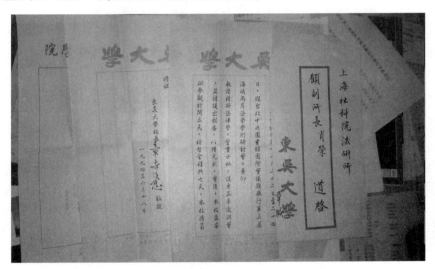

东吴大学校长
章孝慈致顾肖荣所长的书信

记:这可不可以理解为一开始的立法过于粗糙了,所以在调整期要变动得快点?

顾:也不是这个意思。它原来的条文修改得也有很好的。我国的刑法条文比日本的也多了很多,一共四百多条,日本才两百多条。我们1997年《刑法》以后已经有很多的条文了。现在再加上修正案(八),当然(八)是征求意见了,但是已经有修正案(七)。你看有多少条罪名啊。这个里面的问题是,有一些罪规定得太细了。当然我们的意图是好的,是为了防止扩大刑事责任范围,规定得很细,概括性不强。日本的条文之所以少,是因为它的概括性比较强,另外它有好多犯罪如经济犯罪是规定在特别刑事法中的。比方说证券交易法里,这个其中也有好多犯罪。实际上刑法典中间已经看不出来了。我们所有的罪都集中在一个法律中,我认为这是中国刑法的一个优点,但是我们的罪的罪名,概括性不强。日本的罪名,例如背信罪,概括性很强,可以从民事到商事。而我们一个背信行为就要多少条文,现有的有背信二字的就有两个,相似的、相近的有五六个,相关的至少十几个。法律条文的概括性很重要,有利有弊。我们规定得很死很细,从主体到行为再到对象,主要是预防我们法官出入人罪乱判,但是有时候这些不能规定很死,尤其是网络犯罪,出来一个又要增加一个罪名,该怎么概括呢?比如现在有第三方支付,也涉及很多新的问题。

记:是不是说明日本法官的素质比中国高,所以在领会法律适用上做得比中国好?

顾肖荣老师部分代表著作

顾:我跟日本法官有接触,和中国法官也有接触。这个问题很难说,不一定日本法官素质比中国好,当然他们日本人肯定是这么想的。我曾经问过他们为什么能够搞好,他们当然没有明确说,但是最后的意思就是我们日本人素质好,包括我的老师跟我讲的时候也暴露出来这个想法。在日本,每年司法考试,25 000人中间只考取500个,包括检察官、法官和律师。他们的名片最大的职称不是写博士,是在第一行写司法考试合格者,这就相当于我是中国科学院院士一样,表明他素质很高。当然博士在日本也比较难考。所以他们很严格,相当于五百取一,所以我的老师西原有的时候跟我讲,今年我们学校考取的人怎么样,很高兴来告诉我,多少人录取一个,这一年就会很高兴,当然不是每年都说。通过一个比较严格的准入机制,我感到这是很重要的方面。另外我感到他们的法律很稳定,他们的刑法修改准备讨论草案讨论了五六十年还没有通过。老的法律很稳定,就自然熟能生巧,自然执行就好。所以并不是说他们的素质高,中国人说不定比他们更聪明,只是有的做法需要进一步完善,我这个人比较保守,还是希望不要改得太快,希望稳定为好。

我感到学术方面还是需要争论,要有辩论,这方面的气氛比较淡,还做得不够,我感到这个是阻碍学术发展的。我们现在争论的问题都是鸡毛蒜皮的,真正大的问题也没有人去好好组织……现在对于有些案件大家争论得比较多,比如"许霆案",但这个毕竟不是基础理论问题,这个实际上是法院决定的事情。学者应该对基础理论问题好好争论争论。

记:您在各种法学研究方法中最欣赏哪种?

顾:我还是比较欣赏经验主义和实证主义。我是觉得任何时候都要经历比较。听人家讲的我总是将信将疑,我觉得调查研究,掌握第一手材料才是最重要的,此外要听取第一线法官、检察官的意见也是很重要的。当然听取意见不是完全听他们的,要把他们的意见概括抽象出来,得出一点新的东西,让人口服心服。如果每次都是讲老套,不痛不痒是不行的,要点到穴位。但是这个本事哪里来,还是需要靠实际工作。因为我在基层干得时间久,我感到在基层工作的经验很重要。基层工作就意味着你直接和群众接触,知道这个工作应该怎么开展。我最相信就是实践出真知。当然我对国外的资料参考也很重视。我主要的著作里面也有我翻译的日本的体系刑法,现在叫《刑法学辞典》。现在这本书是考北大、武大博士研究生必备的参考书。他们的基础知识有非常完整的框架结构。这种基础理论、基础知识,我觉得还是很重要。这次中国法制出版社,让我写一个200万字的体系刑法学,也正在写。刑法基础的理论框架很重要,好多框架结构、很多的基本概念,这些都不能自己乱想。所以我感到刑法和物理、化学有很多的相似之处,因为物理、化学也都有很多定理。基础理论一定要研究得很扎实,基本概念一定要掌握得很准确。我发现现在社会上报纸上的报道,很多法律知识都是不准确的。如果要我去给他们纠正也不可能,只能看的时候很愤怒,觉得应该马上写封信给他指出来,但是第二天就算了,也因为没有那么多时间和精力。因此我感觉实践经验和基础知识这两个方面是最主要的。

记:您认为在我们国家刑法领域还有哪些方面有需要开拓的新领域和发展空间呢?

顾:最近我也看了一下赵秉志把刑法和环保等新领域结合起来等见解。我觉得,我今年中标了一个国家重大课题,就是深化金融体制改革,我感到我们对经济犯罪这方面应该有很大的发挥余地。因为经济犯罪现在已经到了扰乱很多人的日常生活的地步,像电信诈骗等之类的,让老百姓已经防不胜防,大家互相之间已经不信任了。我感到这方面是一个新的挑战,但也不是新的领域,可以说是旧的领域的翻版,国外有的早就有了。另外一方面,我们中国人特别聪明,有些外国人怎么也想不到的东西,中国人都会发明出来,所以我感觉到经济犯罪或者金融犯罪,包括网络犯罪,好多新花样层出不穷,是我们研究的重点,至少是我现在研究的重点。因为我们研究刑法的人研究得太细、太微观,我感觉也是有问题的。我以前写的东西都是很细很细的,而且我也特别喜欢。我的硕士论文的题目就是《论想象竞合犯》。现在回过头来看,我感到有些东西还是要从宏观方面考虑比较好,这样可能会对刑法的研究更加有帮助。因为我现在也是正好在教比较刑法。比较刑法也是一个宏观的角度,对一些比较大的,大家普遍关心的问题进行评价。我感到还是很有意思的。所以我想朝这两个方面再努力,一个是经济刑法,另一个就是比较刑法,就是宏观的角度。当然其他方面一些新的领域,赵秉志讲的也是对的,环境保护之类的。但是我们这些人已经到了这个年龄了,有的太新的领域还是应该让年轻人去研究。

记:我们国家现在的学术氛围怎么样,学术规范有没有得到很好的执行?

顾肖荣老师的部分兼职聘书

顾:从我们上海、北京总得来讲,还是比较和谐的。大家也没有文人相轻的现象。但是不能说绝对没有,有点也是个别的,但是占主流的是大家互相尊重。第二个还是有竞争的,也应该有竞争。比方讲我们这里经济刑法搞得比较好,基础理论当然也搞了一些。华政,当然我现在等于也是华政的博导,有些老师擅长犯罪构成理论等。每个老师都有自己擅长的领域,在这个领域中可以互相竞争。但是我感到学术方面还是需要争论,要有辩论,这方面的气氛比较淡,还做得不够,我感到这个是阻碍学术发展的。我们现在争论的问题都是鸡毛蒜皮的,真正大的问题也没有人去好好组织。当然对于大的问题的定义每个人都不一样,但是对于大家都公认的大问题就应该组织争论。现在对于有些案件大家争论得比较多,比如"许霆案",但这个毕竟不是基础理论问题,这个实际上是法院决定的事情。学者应该对基础理论问题好好争论争论。

2010 年顾肖荣老师与女儿顾华在世博会合影

记：现在的中青年学者浮躁吗？

顾：也不是说浮躁。我在所里开会的时候一直讲，他们各方面的条件比我们好，比如提高外语能力的条件，和国外资料接触的条件，和当年老师上课的条件相比，和他们自己的学习能力相比，比我们当年都要好。但是他们缺乏两个东西，第一个因素是社会经验。沈国明也讲了一句话，我们当年是从十几年积累下来的人中挑选出来的人才。第二个因素，我感觉是精神方面的，所以我这次带着我们所将近 20 个博士，到红旗渠去参观了一下，学习"自力更生、艰苦创业、团结协作、无私奉献"的红旗渠精神。现在年轻人的条件在我们看来已经很好了，但是还有人讲某某人每年挣十几万、几十万，现在住的地方不好，等等。我们像你们这个年龄住的地方也是很小的，现在你们条件已经很好了。精神不够，也不能说是浮躁，这个其实很正常。他是实习研究员，想升助理研究员，助理研究员想升副教授，这个不能说是浮躁。看到前面有个人比我强就算了，是很消极的，而我现在看到很多人都比较积极的。他想一步步往上走，我感到不能叫浮躁。但是精神力量太缺乏，精神动力太少了。就像我们这辈就比不上老一辈，他们打过仗，从死人堆里爬出来，但是你们这辈应该要超过我们。

记：能不能给我们法学院的学生提几点希望？

顾：现在优秀的书是很多的。当然如果不说我们刑法学的专业书的话，我自己买书、看书的时候，比较喜欢看老一辈的回忆录。这也是一种动力。我认为年轻人，特别是男孩子应该多看，要有雄心壮志。你们还是要学这些东西。他们讲的是打仗的事情，有的时候是新中国成立以后的事。这些老一辈的回忆录我觉得可以看看。因为我现在眼睛不好，也看得少了一点。理论方面，本来我就是看专业书比较多，最新的论文，看经济刑法的书多一点。大部头的理论著作看得比较少，还有看得比较多的就是美国证券法的书。这些都是我们专业方面的书。其他有些东西我是不要看的，风风月月、花花草草我都不要看的。诗集我也看一点。你们不看的东西，我倒喜欢看，比如《贺敬之诗选》我很喜欢看。对青年人的希望，我觉得就是"自力更生、艰苦创业、团结协作、无私奉献"的红旗渠精神。年轻人现在读书读得太单一，要跳出这个书本，精神方面要更奋发一点。这次去了以后，我们这些年轻博士都感到不虚此行，还感到很震撼。我感到很高兴。

附录二　主要著作及编著书目

《刑法中的一罪与数罪问题》，学林出版社 1986 年版。

《党制之争》（合著），上海人民出版社 1990 年版。

《刑法的根基与哲学》（合译），上海三联书店 1991 年版。

《量刑的原理与操作》（合编），上海社会科学院出版社 1991 年版。

《刑法学词典》（合译），上海翻译出版公司 1991 年版。

《法人犯罪概论》（合著），上海远东出版社 1992 年版。

《怎样打赢股票官司》（主编），上海人民出版社 1993 年版。

《证券管理与证券违规违法》（主编），福建人民出版社 1994 年版。

《证券违法犯罪》（主编），上海人民出版社 1994 年版。

《证券交易法教程》（主编），法律出版社 1995 年版。

《沪深上市公司 97 年中报精粹（上海卷）》（主编），上海社会科学院出版社 1997 年版。

《沪深上市公司 97 年中报精粹（深圳卷）》（主编），上海社会科学院出版社 1997 年版。

《劳动法比较研究》（合著），澳门基金会 1997 年版。

《证券犯罪与证券违规违法》（主编），中国检察出版社 1998 年版。

《生命法学论丛》（合编），文汇出版社 1998 年版。

《中国实用法律大全》（合编），上海文化出版社 1998 年版。

《劳动法比较研究》（合著），福建人民出版社 1999 年版。

《美国日本证券犯罪实例精选》（合编），上海社会科学院出版社 1999 年版。

《证券交易法教程》（新版）（主编），法律出版社 1999 年版。

《20 年来中国政治体制改革和民主法制建设》（合编），重庆出版社 1999 年版。

《信用证、信用卡、外汇票据犯罪认定与处罚（上、下）》（合编），台海出版社 2000 年版。

《证券期货犯罪比较研究》（合著），法律出版社 2003 年版。

《刑法的根基与哲学》（合译），法律出版社 2004 年版。

《软件知识产权保护》（合编），上海社会科学院出版社 2004 年版。

《金融犯罪惩治规制国际化研究》（合编），法律出版社 2005 年版。

"现代法治的理念与运作丛书"（主编），上海人民出版社 2005 年版。

《商法的理念与运作》（主编），上海人民出版社 2005 年版。

《经济刑法》(1—14 缉)(主编),上海社会科学院出版社。

《经济刑法》(15—16 辑)(合编),上海社会科学院出版社。

《证券法教程》(主编),法律出版社 2006 年版。

《当前金融犯罪新问题研究》(合著),黑龙江人民出版社 2008 年版。

《经济刑法总论比较研究》(合著),上海社会科学院出版社 2008 年版。

《上海法治建设三十年专题研究》(合编),上海社会科学院出版社 2008 年版。

《"选择性适用"的假设与中国的法治实践》(合编),上海社会科学院出版社 2009 年版。

《体系刑法学(1—8)》(合编),中国法制出版社 2012 年版。

《证券法教程》(第 3 版)(主编),法律出版社 2014 年版。

《深化金融体制改革研究》(合编),黑龙江人民出版社 2016 年版。

附录三　硕博士名录

一、博士研究生

王宝杰　中国人民大学 2002 级博士研究生，论文题目：金融犯罪的国际化防治研究。

刘志高　中国人民大学 2003 级博士研究生，论文题目：司法工作人员渎职犯罪基本问题研究。

肖吕宝　中国人民大学 2004 博士研究生，论文题目：主客观违法论在刑法解释上的展开。

邓文莉　中国人民大学 2005 级博士研究生，论文题目：刑罚配置论纲。

王利宾　中国人民大学 2007 级博士研究生，论文题目：酌定量刑情节规范适用研究。

安文录　华东政法大学、上海社会科学院联合博士点 2004 级博士研究生，论文题目：公司犯罪若干问题研究。

万国海　华东政法大学、上海社会科学院联合博士点 2004 级博士研究生，论文题目：经济犯罪的刑事政策研究。

李　睿　华东政法大学、上海社会科学院联合博士点 2005 级博士研究生，论文题目：信用卡犯罪研究。

郭　晶　华东政法大学、上海社会科学院联合博士点 2005 级博士研究生，论文题目：法定犯问题研究。

曹　坚　华东政法大学、上海社会科学院联合博士点 2006 级博士研究生，论文题目：从犯问题研究。

陈　玲　华东政法大学、上海社会科学院联合博士点 2007 级博士研究生，论文题目：背信犯罪研究。

吴苌弘　华东政法大学、上海社会科学院联合博士点 2008 级博士研究生，论文题目：个人信息的刑法保护研究。

秦新承　华东政法大学、上海社会科学院联合博士点 2009 级博士研究生，论文题目：支付方式的演进对诈骗犯罪的影响研究。

胡洪春　华东政法大学、上海社会科学院联合博士点 2010 级博士研究生，论文题目:我国存贷款犯罪研究。

胡春健　华东政法大学、上海社会科学院联合博士点 2011 级博士研究生,论文题目:论金融消费者的刑事保护。

王佩芬　华东政法大学、上海社会科学院联合博士点 2012 级博士研究生,论文题目:发票犯罪立法研究。

万志尧　华东政法大学、上海社会科学院联合博士点 2013 级博士研究生,论文题目:互联网金融犯罪问题研究。

吴　丹　北京师范大学 2006 级博士研究生,论文题目:银行工作人员犯罪研究。

涂龙科　北京师范大学 2007 级博士研究生,论文题目:经济刑法规范特性研究。

二、硕士研究生

华　肖　上海社会科学院法学所 1995 级刑法学硕士研究生,论文题目:论内幕交易、泄露内幕信息罪。

刘成军　上海社会科学院法学所 1997 级刑法学硕士研究生,论文题目:操纵证券交易价格罪研究。

杜文俊　上海社会科学院法学所 1999 级刑法学硕士研究生,论文题目:证券犯罪的民事赔偿问题研究。

安文录　上海社会科学院法学所 2000 级刑法学硕士研究生,论文题目:未成年人刑事责任制度研究。

栾小丽　上海社会科学院法学所 2002 级刑法学硕士研究生,论文题目:论信用卡犯罪。

王佩芬　上海社会科学院法学所 2003 级刑法学硕士研究生,论文题目:死缓制度论析。

高　宇　上海社会科学院法学所 2004 级刑法学硕士研究生,论文题目:网络环境下知识产权犯罪认定问题研究。

胡健涛　上海社会科学院法学所 2004 级刑法学硕士研究生,论文题目:证券公司非法委托理财行为刑事责任研究。

杜小丽　上海社会科学院法学所 2005 级刑法学硕士研究生,论文题目:知识产权犯罪刑罚配置问题研究。

王　瑞　上海社会科学院法学所 2005 级刑法学硕士研究生,论文题目:试论背信损害上市公司利益罪。

揭志文　上海社会科学院法学所 2006 级刑法学硕士研究生,论文题目:背信犯罪研究。

许　佳　上海社会科学院法学所 2007 级刑法学硕士研究生,论文题目:组织、领导传销活动罪的立法及司法适用研究。

吕　洁　上海社会科学院法学所 2008 级刑法学硕士研究生,论文题目:由第三方支付引起的经济犯罪研究。

魏　华　上海社会科学院法学所 2009 级刑法学硕士研究生,论文题目:完善我国刑法中的背信犯罪。

欧小丽　上海社会科学院法学所 2010 级刑法学硕士研究生,论文题目:涉市场退出机制犯罪研究。

殷震夏　上海社会科学院法学所 2011 级刑法学硕士研究生,论文题目:涉市场进入犯罪研究。

章忠敏　上海外贸学院 1998 级硕士研究生,论文题目:网上证券交易的法律监管。

张　闽　上海外贸学院 2003 级硕士研究生,论文题目:资本多数决滥用的法律救济问题研究。

陈　玲　上海外贸学院 2004 级硕士研究生,论文题目:揭开公司面纱制度研究。

阮小青　上海外贸学院 2005 级硕士研究生,论文题目:我国独立董事的功能性和独立性研究。

李灵芝　上海外贸学院 2008 级硕士研究生,论文题目:中美股东派生诉讼制度比较研究。

附录四　经济刑法论丛书目

安文录:《公司犯罪初论》,黑龙江人民出版社2008年版。

刘志高:《司法工作人员渎职犯罪基本问题研究》,上海社会科学院出版社2008年版。

王宝杰:《金融犯罪的国际化防治研究》,黑龙江人民出版社2008年版。

万国海:《经济犯罪的刑事政策研究》,黑龙江人民出版社2008年版。

肖吕宝:《主客观违法论在刑法解释上的展开》,上海社会科学院出版社2008年版。

杜文俊:《单位人格刑事责任研究》,黑龙江人民出版社2008年版。

王洪青:《附加刑研究》,上海社会科学院出版社2009年版。

郭　晶:《刑事领域中法定犯问题研究》,黑龙江人民出版社2009年版。

李　睿:《信用卡犯罪研究》,上海社会科学院出版社2009年版。

曹　坚:《从犯问题研究》,上海社会科学院出版社2009年版。

陈庆安:《超法规排除犯罪性事由研究》,上海社会科学院出版社2010年版。

王利宾:《酌定量刑情节规范化适用研究》,上海社会科学院出版社2010年版。

曹　坚:《经济犯罪疑难问题与审判政策解析》,上海社会科学院出版社2010年版。

涂龙科:《经济刑法规范特性研究》,上海社会科学院出版社2012年版。

秦新承:《支付方式的演变对诈骗犯罪的影响研究》,上海社会科学院出版社2012年版。

陈　玲:《背信犯罪比较研究》,上海社会科学院出版社2012年版。

王春丽:《行政执法与刑事司法衔接研究》,上海社会科学院出版社2013年版。

胡洪春:《我国存贷款犯罪研究》,上海社会科学院出版社2013版。

吴长弘:《个人信息的刑法保护研究》,上海社会科学院出版社2014版。

王佩芬:《发票犯罪立法研究》,上海社会科学院出版社2015年版。

胡春健:《金融消费者刑事保护问题研究》,上海社会科学院出版社2015年版。

万志尧:《互联网金融犯罪问题研究》,黑龙江人民出版社2016年版。

许　美:《酌定量刑情节规范适用研究》,黑龙江人民出版社2016年版。